# Unseld

**Medizinisches Wörterbuch**
französisch – deutsch · deutsch – französisch

# Unseld

# Medizinisches Wörterbuch

französisch – deutsch · deutsch – französisch

Herausgegeben von
**Dr. med. Dieter Werner Unseld,**
Hechingen (Hohenzollern), Deutschland

Bearbeitet von
**Dr. med. Marie-Christine Balg-Alengrin und**
**Dr. med. Georg Balg,**
Le Rieulong, Frankreich

4. Auflage 2009

Die in diesem Werk aufgeführten Begriffe wurden sorgfältig geprüft.
Dennoch können Autor und Verlag keine Gewähr für die Richtigkeit der
Angaben übernehmen.

**Bibliografische Information der Deutschen Nationalbibliothek**
Die Deutsche Nationalbibliothek verzeichnet diese Publikation in der
Deutschen Nationalbibliografie; detaillierte bibliografische Daten sind im
Internet über http://dnb.d-nb.de abrufbar.

ISBN 978-3-8047-5045-6
MedPharm Scientific Publishers, an imprint of Wissenschaftliche
Verlagsgesellschaft mbH, Stuttgart

Ein Markenzeichen kann warenrechtlich geschützt sein, auch wenn ein
Hinweis auf etwa bestehende Schutzrechte fehlt. Patentrechtliche
Einschränkungen sind zu beachten.

Umschlaggestaltung: Atelier Schäfer, D-Esslingen

Satz: Dörr + Schiller, D-Stuttgart
Druck: Kösel, D-Altusried

# Inhaltsverzeichnis

# Sommaire

# orwort

rundlage des vorliegenden deutsch-französischen medizinischen Wörterbuches ist
e von D. W. Unseld konzipierte deutsch-englische Version, welche inzwischen
reits in ihrer 12. Auflage erschienen ist.

Das Wörterbuch ist auf die praktischen Bedürfnisse der in der Medizin und ihren
renzgebieten Tätigen ausgerichtet (Ärzte, Zahnärzte, Tierärzte, Pharmazeuten,
sychologen, Biologen, Chemiker, Physiker, Fachübersetzer).

Dem Konzept der englisch-deutschen Ausgabe folgend, ist auch der deutsch-fran-
ösische Unseld auf den aktuellen „Sprachalltag" der Medizin und ihrer angrenzen-
en Gebiete ausgerichtet. Dabei wurden auch für die direkte Kommunikation
Gespräch, Brief) besonders wichtige Ausdrücke berücksichtigt.

Um die heute im Vordergrund der Sprachgewohnheiten stehende Übersetzung
nes Stichwortes rasch zu finden, waren wir bestrebt, nur die wichtigsten Überset-
ungsmöglichkeiten anzugeben. Damit blieben Format und Preis des Wörterbuches
otz seiner 60.000 Stichwörter im schon bewährten Rahmen der deutsch-englischen
usgabe.

| | |
|---|---|
| echingen, im Herbst 2009 | D. W. Unseld |
| e Rieulong, im Herbst 2009 | M. C. und G. Balg |

# réface

e présent volume est la quatrième édition de l'ouvrage conçu à partir de la version
riginale du dictionnaire de médecine allemand-anglais de D. W. Unseld, plus exacte-
ent à partir de la douzième édition revue et complétée par D. W. Unseld.

Ce dictionnaire est destiné à répondre aux besoins pratiques – lectures mais aussi
ommunication directe (conversation, courrier...) – de toutes les personnes œuvrant
ans le domaine de la médecine ou des disciplines voisines (médecins, dentistes,
étérinaires, pharmaciens, psychologues, biologistes, chimistes, physiciens, auteurs de
aductions scientifiques, infirmières...).

Comme le Unseld allemand-anglais, la présente version allemand-français traite du
langage de tous les jours» entre médecins ou praticiens de disciplines voisines.

Notre objectif essentiel étant de permettre de trouver rapidement la traduction la
us efficace, nous avons voulu choisir le(s) mot(s) actuellement le plus en usage dans
langage courant des diverses spécialités, renonçant aux expressions plus rares ou su-
ttes à interprétation complexe. Dans ce contexte et malgré un nombre de mots
ipérieur à 60.000, le dictionnaire garde les avantages de format et de prix réduits de
version allemand-anglais.

| | |
|---|---|
| echingen, automne 2009 | D. W. Unseld |
| e Rieulong, automne 2009 | M. C. et G. Balg |

# Vorbemerkungen für den deutschen Benutzer

1. Die lateinischen „nomina anatomica" sind international und deswegen in der Regel nicht aufgeführt. Lediglich Körperteile, welche in einer der beiden oder in beiden Sprachen im klinischen Gebrauch vorzugsweise mit abweichender oder besonderer Bezeichnung benannt werden, sind angegeben.

2. Für manche Diagnosen, Symptome u. a. sind im Deutschen wie im Französischen mehrere Bezeichnungen gebräuchlich. Findet man einen Ausdruck nicht angegeben, so suche man also nach gleichbedeutenden Bezeichnungen, evtl. auch nach dem entsprechenden lateinischen Namen.

3. Manche Wörter sind unter dem Stichwort des Sammelbegriffes rubrifiziert, z. B. „Mandelsäure" unter „Säure, Mandel-".

4. Es ist zu beachten, dass im Französischen – von hier nicht weiter interessierenden Ausnahmen abgesehen – nur Eigennamen mit großen Anfangsbuchstaben geschrieben werden.

5. Abkürzungen:
   | | | |
   |---|---|---|
   | m. | = | männlich |
   | f. | = | weiblich |
   | n. | = | sächlich |
   | pl. | = | Mehrzahl |
   | obstetr. | = | geburtshilflicher Ausdruck |
   | dent. | = | zahnmedizinischer Ausdruck |
   | vet. | = | veterinärmedizinischer Ausdruck |

6. Die Umlaute ä, ö, ü sind – wie heute üblich geworden – bei der alphabetischen Einordnung nicht besonders berücksichtigt.

7. Bei deutschen Wörtern wurde in einschlägigen Fällen die Schreibung mit Z bzw. mit K der Schreibung mit C vorgezogen. Man suche aber doch unter dem Buchstaben C, wenn unter Z bzw. K nichts zu finden ist.

8. Zusammengesetzte Substantiva sind im Deutschen häufig, im Französischen viel seltener. Im Französischen erfolgt die Präzisierung eines Begriffes oft erst mit einer Wortgruppe.
   Beispiel:     Gefühlsverarmung = manque de réponse émotionnelle.

9. Der Bindestrich wird in der französischen Sprache immer mehr zur Ausnahme. Er wird heute oft sogar auch dann vermieden, wenn dadurch in bestimmten Fällen eine besondere Aufmerksamkeit beim Lesen des Wortes erforderlich wird (Prononzierung).
   Beispiele:     proinsuline an Stelle von pro-insuline
                        thiouracile an Stelle von thio-uracile

10. Die direkte Umwandlung eines Substantives in sein Adjektiv ist im
    Französischen seltener möglich als im Deutschen.

    | Beispiel: | Substantiv | Adjektiv |
    |---|---|---|
    | französisch: | chromosome sexuel | des chromosomes sexuels |
    | deutsch: | Sexchromosom | sexchromosomal |

11. Die französischen Adjektive werden nur für das Maskulinum angegeben.
    Die Umwandlung der gebräuchlichsten Endigungen ins Femininum folgt
    den bekannten Regeln:

    | Maskulinum | Femininum |
    |---|---|
    | -al | -ale |
    | -el | -elle |
    | -eux | -euse |
    | -ien | -ienne |
    | -teur | -trice |

    unveränderlich sind:

    | | |
    |---|---|
    | -ique | -ique |
    | -ite | -ite |
    | -trope | -trope |

12. Manche Begriffe sind streng genommen nicht übersetzbar, da sie landes-
    spezifisch sind. Die angegebene „Übersetzung" dient als Verständnishilfe
    des Begriffes.

    | Beispiele: | Einweisungsschein | = | lettre pour hospitalisation |
    |---|---|---|---|
    | | Medizinalassistent | = | médecin assistant des hôpitaux en stage |

13. Eine Besonderheit der täglichen Umgangssprache besteht darin, dass die Titel
    „médecin, dentiste und vétérinaire" im Französischen – unabhängig vom
    Geschlecht seines Trägers – immer ihr männliches Geschlecht behalten.
    Die anpassende Umschreibung „Madame le médecine" z. B. ist nicht üblich.

14. Die Wiedergabe von Markenbezeichnungen, Gebrauchs- und Handelsnamen
    berechtigt auch dann, wenn keine nähere Kennzeichnung erfolgt ist,
    nicht zu der Annahme, dass diese im Sinne der Warenzeichen- und Marken-
    schutzgesetzgebung als frei zu betrachten wären und deshalb von jedermann
    benutzt werden dürfen.

# Remarques pour l'utilisateur français

1. Il ne nous a pas paru nécessaire de reprendre tous les termes anatomiques en latin, la plupart étant internationalement admis. On trouvera surtout ici les parties du corps désignées de façon particulière dans l'une des deux langues.

2. Certains symptômes, syndromes... ont en allemand comme en français plusieurs dénominations. Si l'expression n'est pas trouvée d'emblée, on cherchera à un terme de même sens, éventuellement au nom latin.

3. Dans la partie allemand-français on trouve certains mots à la rubrique du mot commun: par exemple: Mandelsäure à Säure, Mandel-

4. Abréviations:

   | | | |
   |---|---|---|
   | m. | = | masculin |
   | f. | = | féminin |
   | n. | = | neutre |
   | pl. | = | pluriel |
   | dent. | = | vocabulaire odontologique |
   | vet. | = | vocabulaire vétérinaire |

5. Les lettres ä, ö, ü, ne modifient pas l'ordre alphabétique qui reste le même qu'avec a, o, u.

6. Certains mots allemands s'écrivant avec z ou k, nous avons le plus souvent préféré cette orthographe, peuvent aussi, s'écrire avec un c.
   Si le mot ne trouve pas à z ou à, k il peut se trouver à c.

7. Nous avons évité le plus souvent possible l'utilisation du trait d'union, gênant pour l'ordre alphabétique.

8. S'il n'existe parfois aucun terme correspondant exactement dans les deux langues, cela tient par exemple à des différences d'organisation administrative entre les deux pays. La traduction donnée n'a qu'une valeur d'orientation.
   Exemple: Einweisungsschein = lettre pour hospilisation ...

9. L'indication de marques ou dénominations commerciales, même si aucune précision n'est donnée, ne permet pas l'utilisation de la dénomination en dehors des règles et lois de protection en vigueur.

# Erster Teil
**französisch – deutsch**

# Première partie
**français – allemand**

# A

**à jeun** nüchtern (mit leerem Magen)
**abactérien** abakteriell
**abaisse-langue m.** Mundspatel f., Zungendrücker m.
**abandon m.** Verwahrlosung f.
**abattage m.** Schlachten n.
**abattoir m.** Schlachthaus n.
**abattre** schlachten
**abaxial** abaxial
**abcès m.** Abszeß m.
**abcès alvéolaire m.** Alveolarabszeß m.
**abcès amygdalien m.** Mandelabszeß m.
**abcès apical m.** Wurzelspitzenabszeß m.
**abcès chaud m.** heißer Abszeß m.
**abcès de Brodie m.** Brodiescher Abszeß m.
**abcès du foie m.** Leberabszeß m.
**abcès du pied m.** Hufabszeß m. (vet.)
**abcès du poumon m.** Lungenabszeß m.
**abcès du psoas m.** Psoasabszeß m.
**abcès froid m.** kalter Abszeß m.
**abcès gingival m.** Zahnfleischabszeß m.
**abcès hypostatique m.** Senkungsabszeß m.
**abcès péritonsillaire m.** Peritonsillarabszeß m.
**abcès stercoral m.** Kotabszeß m.
**abcès tardif m.** Spätabszeß m.
**abdomen m.** Abdomen n., Bauch m.
**abdomen dur m.** brettharte Bauchdeckenspannung f.
**abdomen météorisé m.** Blähbauch m.
**abdomen sans préparation m. (ASP)** Abdomen-Übersicht f.
**abdominal** abdominal
**abdominalgie f.** Abdominalgie f.
**abdominoantérieur** abdominoanterior
**abdominocentèse f.** Abdominozentese f.
**abdominocystique** abdominozystisch
**abdominogénital** abdominogenital
**abdominoinguinal** ventroinguinal

**abdominomédian** ventromedian
**abdominopérineal** abdominoperineal
**abdominopostérieur** abdominoposterior, ventroposterior
**abdominoscope m.** Abdominoskop n.
**abdominoscopie f.** Abdominoskopie f.
**abdominoscopique** abdominoskopisch
**abdominoscrotal** abdominoskrotal
**abdominothoracique** abdominothorakal
**abdominovaginal** abdominovaginal
**abdominovésical** abdominovesikal
**abducteur m.** Abduktor m.
**abduction f.** Abduktion f.
**aberrant** aberrierend
**aberration f.** Aberration f., Abweichung f.
**abétalipoprotéinémie f.** Abetalipoproteinämie f.
**abêtir** verdummen (trans.)
**abêtir, s'** verdummen (intrans.), verblöden
**abiétine f.** Abietin n.
**abiogénèse f.** Abiogenese f.
**abiogénétique** abiogenetisch
**abiose f.** Abiose f.
**abiotique** abiotisch
**abiotrophie f.** Abiotrophie f.
**abiotrophique** abiotrophisch
**abiurétique** abiuretisch
**ablactation f.** Ablaktation f.
**ablastine f.** Ablastin n.
**ablation f.** Ablatio f., Entfernung (Beseitigung) f.
**ablation de la croûte f.** Krustenentfernung f.
**ablation du faisceau de His f.** His-Bündel-Ablation f.
**ablépharie f.** Fehlen n.des Augenlides
**ablutiomanie f.** Waschzwang m.
**ablution f.** Abwaschung f.
**abomasite f.** Abomasitis f., Labmagenentzündung f.
**abomasopexie f.** Abomasopexie f.

abomasus m. Abomasus m., Labmagen m.
abondance f. Abundanz f.
abord m. Zugang m.
abortif abortiv
abortif m. Abortivum n.
aboulie f. Abulie f., Willensmangel m.
aboulique abulisch
aboulomanie f. Abulomanie f.
abrachie f. Abrachie f.
abrachiocéphalie f. Abrachiozephalie f.
abraser abhobeln, abradieren, ausschaben
abrasif abrasiv
abrasif m. Schleifmittel n.
abrasion f. Abrasio f., Abrasion f., Abrieb m., Ausschabung f.
abréaction f. Abreaktion f.
abréagir abreagieren
abréviation f. Abkürzung f.
abrupt abrupt
abscisse f. Abszisse f.
absence de bruit respiratoire f. aufgehobenes Atmen n.
absence de descente de la tête f. Kopfhochstand m. (gebh.)
absence de douleur f. Schmerzlosigkeit f.
absence de pouls f. Pulslosigkeit f.
absence de vie f. Leblosigkeit f.
absolu absolut
absorbabilité f. Absorptionsfähigkeit f.
absorbant absorbierend
absorbant m. Absorbens n.
absorber absorbieren, aufsaugen
absorptiométrie f. Absorptiometrie f.
absorption f. Absorption f., Aufnahme f.
absorption d'eau f. Wasseraufnahme f.
abstenir, s' sich enthalten
abstinence f. Abstinenz f.
abstinent abstinent, enthaltsam
abstraction f. Abstraktion f.
abstrait abstrakt
abus m. Mißbrauch m.
académicien m. Akademiker m.
académicienne f. Akademikerin f.
académie f. Akademie f.
académique akademisch

acalculie f. Akalkulie f.
acanthocéphalus m. Akanthozephalus m.
acanthocyanose f. Akanthozyanose f.
acantholyse f. Acantholyse f., Akantholyse f.
acantholytique acantholytisch, akantholytisch
acanthome m. Akanthom n.
acanthose f. Akanthose f.
acanthosis nigricans f. Acanthosis nigricans f.
acapnie f. Akapnie f.
acarapis m. Acarapis m.
acarbose m. Acarbose f.
acardie f. Akardie f.
acare m. Krätzemilbe f., Milbe f.
acare des oiseaux m. Vogelmilbe f.
acarophobie f. Krätzephobie f.
acatalasie f. Akatalasie f.
acataphasie f. Akataphasie f.
accabler überlasten
accélérateur d'électrons m. Elektronenbeschleuniger m.
accélérateur de particules m. Teilchenbeschleuniger m.
accélérateur linéaire m. Linearbeschleuniger m.
accélération f. Akzeleration f., Beschleunigung f.
accélérer akzelerieren
accent m. Akzent m.
accentuation f. Akzentuation f.
accentuer akzentuieren
accepteur m. Akzeptor m.
accès m. Anfall m.; Zutritt m.
accès d'étouffement m. Erstickungsanfall m.
accès de fièvre m. Fieberanfall m.
accès de glaucome aigu m. Glaukomanfall m.
accessibilité f. Zugänglichkeit f.
accessible zugänglich
accident m. Unfall m.
accident de la circulation m. Verkehrsunfall m.
accident de ski m. Schi-Unfall m.
accident de travail (AT) m. Arbeitsunfall m.
accident transfusionnel m. Transfusionszwischenfall m.
accidentel zufällig

acclimatation f.   Akklimatisierung f.
acclimater   akklimatisieren
accommodation f.   Akkommodation
f.
accommoder   akkommodieren
accouchement m.   Entbindung f., Gebären n., Geburt f., Niederkunft f.
accouchement (déroulement de l') m.
Geburtsvorgang m.
accouchement accéléré m.   Schnellentbindung f.
accouchement au forceps m.   Zangenentbindung f.
accouchement par le siège m.   Steißgeburt f.
accouchement précipité m.   Sturzgeburt f.
accouchement sans douleur m.
schmerzlose Geburt f.
accouchement, en cours d'   gebärend
accouchement, provocation de l' f.
Geburtseinleitung f.
accoucher   entbinden
accouplement m.   Paarung f.
accoupler   paaren
accoutumance f.   Gewöhnung f.
accoutumer   gewöhnen
accoutumer, s'   sich gewöhnen
accrétion f.   Accretio f.
accroissement m.   Steigerung f.
accroître   vermehren
accroupi, être   hocken
accumuler   akkumulieren, ansammeln
acébutolol m.   Azebutolol n.
acélidine f.   Acelidin n.
acémétacine f.   Acemetacin n.
acénocoumarol m.   Acenocoumarol n.
acéphalie f.   Azephalie f.
acerbe   herb
acétabuloplastie f.   Acetabuloplastik
f., Azetabuloplastik f.
acétacétate m.   Azetazetat n.
acétacétyle m.   Azetazetyl n.
acétal m.   Azetal n.
acétaldéhyde m.   Azetaldehyd n.
acétamide m.   Azetamid n.
acétamidine f.   Azetamidin n.
acétaminofluorène m.   Azetaminofluoren n.
acétanilide m.   Acetanilid n., Azetanilid n.
acétarsone f.   Azetarson n.

acétate m.   Acetat n., Azetat n.
acétate d'aluminium m.   essigsaure
Tonerde f.
acétate de cuivre m.   Kupferazetat n.
acétate de plomb m.   Bleiazetat n.
acétate de potassium m.   Kaliumazetat
n.
acétate de zinc m.   Zinkazetat n.
acétazolamide m.   Acetazolamid n.,
Azetazolamid n.
acétidine f.   Azetidin n.
acéto-acidose f.   Ketoazidose f.
acétobromanilide m.   Azetobromanilid n.
acétobutolol m.   Azetobutolol n.
acétoglycosurie f.   Azetoglykosurie f.
acétohexamide m.   Azetohexamid n.
acétol m.   Azetol n.
acétolase f.   Azetolase f.
acétoménaphtone f.   Azetomenadion
n.
acétonaphtone f.   Azetonaphthon n.
acétone m.   Aceton n.
acétonémie f.   Azetonämie f., Ketoná-
mie f.
acétonémique   azetonämisch
acétonide m.   Acetonid n., Azetonid n.
acétonitrate m.   Azetonitrat n.
acétonitrile m.   Azetonitril n.
acétonorésorcinol m.   Azetonresorzin
n.
acétonurie f.   Azetonurie f., Ketonurie
f.
acétonyle m.   Azetonyl n.
acétophénazine f.   Azetophenazin n.
acétophénétidine f.   Acetophenetidin
n., Azetophenitidin n.
acétophénone f.   Azetophenon n.
acétopyrine f.   Azetopyrin n.
acétosal m.   Azetosal n.
acétrizoate m.   Acetrizoat n.
acétylacétone f.   Azetylazeton n.
acétylation f.   Azetylierung f.
acétylcholine f.   Acetylcholin n., Azetylcholin n.
acétylcholinestérase f.   Azetylcholinesterase f.
acétylcystéine f.   Azetylzystein n.
acétylcytidine f.   Azetylzytidin n.
acétyldigitoxine f.   Azetyldigitoxin n.
acétyldigoxine f.   Acetyldigoxin n.,
Azetyldigoxin n.

acétylene m. Azetylen n.
acétyler azetylieren
acétylglucosamine f. Azetylglukosamin n.
acétylglycine f. Azetylglyzin n.
acétylhistidine f. Azetylhistidin n.
acétylhydrazine f. Azetylhydrazin n.
acétyllysine f. Azetyllysin n.
acétylméthadol m. Azetylmethadol n.
acétylphénylhydrazine f. Azetylphenylhydrazin n.
acétylsalicylamide m. Azetylsalizylamid n.
acétylsérotonine f. Azetylserotonin n.
acétyltannin m. Azetyltannin n.
acétylthymol m. Azetylthymol n.
acétyltransférase f. Azetyltransferase f.
acéxamate m. Acexamat n.
achalasie f. Achalasie f.
acheilie f. Acheilie f.
achèvement m. Beendigung f.
achever beendigen
achillée f. Schafgarbe f.
achillodynie f. Achillodynie f.
achillotomie f. Achillotomie f.
achlorhydrie f. Achlorhydrie f.
achlorhydrique achlorhydrisch
acholie f. Acholie f.
acholurie f. Acholurie f.
acholurique acholurisch
achondrogenèse f. Achondrogenesis f.
achondroplasie f. Achondroplasie f.
achoppement syllabique f. Silbenstolpern n.
achorèse f. Achorese f.
achrestique achrestisch
achromasie f. Achromasie f., Farbenblindheit f.
achromate m. Achromat m.
achromatique achromatisch
achromatocyte m. Achromatozyt m.
achromatopsie f. Achromatopsie f.
achromie f. Achromie f.
achromobacter m. Achromobacter m.
achylie f. Achylie f.
achylique achylisch
achymie f. Achymie f.
acidalbumine f. Azidalbumin n.
acide sauer
acide m. Säure f.
acide abiétinique m. Abietinsäure f.

acide absinthique m. Absinthsäure f.
acide acétique m. Essigsäure f.
acide acétique glacial m. Eisessig m.
acide acéto-acétique m. Azetessigsäure f.
acide acétylaminohydroxyphénylarsonique m. Azetylaminohydroxyphenylarsonsäure f.
acide acétylénique m. Azetylensäure f.
acide acétylepsilonaminocaproïque m. Azetylepsilonaminokapronsäure f.
acide acétylneuraminique m. Azetylneuraminsäure f.
acide acétylsalicylique m. Azetylsalizylsäure f.
acide acétyltannique m. Azetylgerbsäure f.
acide acéxamique m. Azetamidokapronsäure f.
acide aconitique m. Akonitsäure f.
acide acrylique m. Akrylsäure f.
acide acylneuraminique m. Acylneuraminsäure f.
acide adénosine diphosphorique m. Adenosindiphosphorsäure f.
acide adénosine phosphorique m. Adenosinphosphorsäure f.
acide adénosine triphosphorique m. Adenosintriphosphorsäure f.
acide adénylique m. Adenylsäure f.
acide adipique m. Adipinsäure f.
acide aétianique m. Aetiansäure f.
acide agaricique m. Agarizinsäure f.
acide aldarique m. Aldarsäure f.
acide aldonique m. Aldonsäure f.
acide alginique m. Alginsäure f.
acide aliphatique m. aliphatische Säure f.
acide allantoxanique m. Allantoxansäure f.
acide allanturique m. Allantursäure f.
acide alloxanique m. Alloxansäure f.
acide amidotrizoïque m. Amidotrizoesäure f.
acide aminé m. Aminosäure f.
acide aminé à chaîne ramifiée m. verzweigtkettige Aminosäure f.
acide aminoacétique m. Aminoessigsäure f.
acide aminoadipique m. Aminoadipinsäure f.

acide **aminobenzoïque** m.   Aminoben-
zoesäure f.
acide **aminobutyrique** m.   Aminobut-
tersäure f.
acide **aminocaproïque** m.   Aminoka-
pronsäure f.
acide **aminoglutamique** m.   Aminoglu-
tarsäure f.
acide **aminohydroxybutyrique** m.
Aminohydroxybuttersäure f.
acide **aminoisobutyrique** m.   Aminoi-
sobuttersäure f.
acide **aminolévulinique** m.   (ALA)
Aminolävulinsäure f. (ALS)
acide **aminométhylcyclohexane carboxylique** m.   Aminomethylzyklohe-
xankarbonsäure f.
acide **aminopénicillanique** m.   Amino-
penicillansäure f.
acide **aminosalicylique** m.   Aminosali-
zylsäure f.
acide **aminovalérianique** m.   Amino-
baldriansäure f.
acide **anthranilique** m.   Anthranilsäure
f.
acide **arachidique** m.   Arachinsäure f.
acide **arachidonique** m.   Arachidon-
säure f.
acide **argininosuccinique** m.   Arginin-
bernsteinsäure f.
acide **aristolochique** m.   Aristolochia-
säure f.
acide **aromatique** m.   aromatische
Säure f.
acide **arsanilique** m.   Arsanilsäure f.
acide **arsénieux** m.   Arsenige Säure f.
acide **arsénique** m.   Arsensäure f.
acide **arsinique** m.   Arsinsäure f.
acide **arsonique** m.   Arsonsäure f.
acide **aryloxyacétique** m.   Aryloxyes-
sigsäure f.
acide **ascorbique** m.   Askorbinsäure f.
acide **aspartique** m.   Asparaginsäure f.
acide **aurique** m.   Goldsäure f.
acide **barbitutique** m.   Barbitursäure f.
acide **béhénique** m.   Behensäure f.
acide **benzilique** m.   Benzilsäure f.
acide **benzoique** m.   Benzoesäure f.
acide **bétaoxybutyrique** m.   Betaoxybuttersäure f.
acide **bichloracétique** m.   Bichloressig-
säure f.

acide **biliaire** m.   Gallensäure f.
acide **borique** m.   Borsäure f.
acide **borosalicylique** m.   Borsalizyl-
säure f.
acide **butyléthylbarbiturique** m.   Buty-
lethylbarbitursäure f.
acide **butyrique** m.   Buttersäure f.
acide **cacodylique** m.   Kakodylsäure f.
acide **camphoglucuronique** m.   Kamp-
hoglukuronsäure f.
acide **camphorique** m.   Kampfersäure
f.
acide **cantharidique** m.   Kantharidin-
säure f.
acide **caprique** m.   Caprinsäure f., Ka-
prinsäure f.
acide **caproïque** m.   Capronsäure f.,
Kapronsäure f.
acide **caprylique** m.   Caprylsäure f.,
Kaprylsäure f.
acide **carbaminocarboxylique** m.   Car-
baminocarbonsäure f.
acide **carbamique** m.   Carbamidsäure
f., Aminoameisensäure f., Karbamid-
säure f.
acide **carbonique** m.   Carbonsäure f.,
Kohlensäure f.
acide **carboxyglutamique** m.   Karbox-
ylglutaminsäure f.
acide **carboxylique** m.   Karbonsäure f.
acide **carminéacétique** m.   Karmines-
sigsäure f.
acide **céphalinique** m.   Cephalinsäure
f.
acide **céphalosporanique** m.   Cephalo-
sporansäure f.
acide **cérébronique** m.   Cerebronsäure
f.
acide **cérotinique** m.   Cerotinsäure f.
acide **cétoglutarique** m.   Ketoglutar-
säure f.
acide **cétoisocaproïque** m.   Ketoisoka-
pronsäure f.
acide **cétolithocholique** m.   Ketolitho-
cholsäure f.
acide **cétosuccinique** m.   Ketobern-
steinsäure f.
acide **cétylique** m.   Cetylsäure f.
acide **chaulmoogrique** m.   Chalmoog-
rasäure f.
acide **chélidonique** m.   Chelidonsäure
f.

acide chénodésoxycholique m. Chenodesoxycholsäure f.
acide chloracétique m. Chloressigsäure f.
acide chloreux m. Chlorige Säure f.
acide chlorhydrique m. Salzsäure f.
acide chlorhydrique libre m. freie Salzsäure f.
acide chlorique m. Chlorsäure f.
acide chlorogénique m. Chlorogensäure f.
acide cholanique m. Cholansäure f.
acide cholatique m. Cholalsäure f.
acide cholestérinique m. Cholesterinsäure f.
acide cholique m. Cholsäure f.
acide chondroïtine-sulfate m. Chondroitinschwefelsäure f.
acide chondroïtique m. Chondroitinsäure f.
acide chromique m. Chromsäure f.
acide chromotropique m. Chromotropsäure f.
acide chrysophanique m. Chrysophansäure f.
acide cinnamique m. Zimtsäure f.
acide citrique m. Zitronensäure f.
acide clamidoxique m. Clamidoxinsäure f.
acide clavulanique m. Clavulansäure f.
acide clofibrique m. Clofibrinsäure f.
acide clupanodonique m. Clupanodonsäure f.
acide crésylique m. Kresylsäure f.
acide cromoglicique m. Cromoglicinsäure f.
acide crotonique m. Krotonsäure f.
acide cyanhydrique m. Blausäure f., Zyanwasserstoffsäure f.
acide cyanique m. Cyansäure f., Zyansäure f.
acide cyanurique m. Cyanursäure f.
acide cyclohexane sulfamique m. Cyclohexansulfaminsäure f.
acide cystéinesulfonique m. Zysteinsulfonsäure f.
acide cystéique m. Zysteinsäure f.
acide cytidylique m. Cytidylsäure f.
acide décanoïque m. Decansäure f.
acide décénoïque m. Decensäure f.
acide décylénique m. Decylsäure f.

acide déhydroacétique m. Dehydroessigsäure f.
acide déhydrocholique m. Dehydrocholsäure f.
acide deltaaminolévulinique m. Deltaaminolävulinsäure f.
acide désoxycholique m. Desoxycholsäure f.
acide désoxyribonucléique m. Desoxyribonukleinsäure f.
acide dextronique m. Dextronsäure f.
acide diacétique m. Azetessigsäure f.
acide diaminoacétique m. Diaminoessigsäure f.
acide diaminopimélique m. Diaminopimelinsäure f.
acide dibasique m. zweibasige Säure f.
acide dicarboxylique m. Dikarbonsäure f.
acide dichloracétique m. Dichloressigsäure f.
acide diéthylbarbiturique m. Diäthylbarbitursäure f., Diethylbarbitursäure f.
acide diéthylène triamine pentaacétique m. Diethylentriaminpentaessigsäure f.
acide dihydrofolique m. Dihydrofolsäure f.
acide dihydrolipoïque m. Dihydroliponsäure f.
acide dihydroxybenzoïque m. Dihydroxybenzoesäure f.
acide dihydroxybutyrique m. Dihydroxybuttersäure f.
acide dihydroxypalmitique m. Dihydroxypalmitinsäure f.
acide dihydroxyphénylglycolique m. Dihydroxymandelsäure f.
acide dihydroxyphénylacétique m. Dihydroxyphenylessigsäure f.
acide dihydroxypropionique m. Dihydroxypropionsäure f.
acide dioxovalérianique m. Dioxovaleriansäure f.
acide diphosphoglycérique m. Diphosphoglyzerinsäure f.
acide diphosphonique m. Diphosphonsäure f.
acide dithionique m. Dithionsäure f.
acide docosanoïque m. Docosansäure f.

acide docosapentaénoïque m.  Docosapentaensäure f.
acide dodécanoïque m.  Dodecansäure f.
acide édétique m.  Edetinsäure f.
acide élaïdique m.  Elaidinsäure f.
acide ellagique m.  Benzoarsäure f., Ellagsäure f.
acide énanthique m.  Heptansäure f.
acide epsilon-aminocaproïque m.  Epsilonaminokapronsäure f.
acide ergotinique m.  Ergotinsäure f.
acide érucique m.  Erucasäure f.
acide érythronique m.  Erythronsäure f.
acide étacrynique m.  Ätacrynsäure f., Etacrynsäure f.
acide éthylènediaminetétraacétique m.  Äthylendiamintetraessigsäure f., Ethylendiamintetraessigsäure f.
acide éthylmalonique m.  Äthylmalonsäure f., Ethylmalonsäure f.
acide étianique m.  Etiansäure f.
acide étidronique m.  Etidronsäure f.
acide eugénique m.  Eugensäure f.
acide faible m.  schwache Säure f.
acide filicique m.  Filixsäure f.
acide flufénamique m.  Flufenaminsäure f.
acide fluoroacétique m.  Fluoressigsäure f.
acide fluorocarboxylique m.  Fluorkarbonsäure f.
acide folinique m.  Folinsäure f.
acide folique m.  Folsäure f.
acide formiminoglutamique m.  Formiminoglutaminsäure f.
acide formique m.  Ameisensäure f.
acide formyltétrahydrofolique m.  Formyltetrahydrofolsäure f.
acide fort m.  starke Säure
acide fumarique m.  Fumarsäure f.
acide fusidinique m.  Fusidinsäure f.
acide galacturonique m.  Galakturonsäure f.
acide gallique m.  Gallussäure f.
acide gammaaminobutyrique m.  Gammaaminobuttersäure f.
acide gastrique m.  Magensäure f.
acide gentisique m.  Gentisinsäure f.
acide gluconique m.  Glukonsäure f.

acide glucosaccharique m.  Glukozuckersäure f.
acide glucuronique m.  Glukuronsäure f.
acide glutaconique m.  Glutakonsäure f.
acide glutaminique m.  Glutaminsäure f.
acide glutamylglutaminique m.  Glutamylglutaminsäure f.
acide glutarique m.  Glutarsäure f.
acide glutinique m.  Glutinsäure f.
acide glycérique m.  Glyzerinsäure f.
acide glycérophosphorique m.  Glyzerophosphorsäure f.
acide glycocholique m.  Glykocholsäure f.
acide glycogallique m.  Glykogallussäure f.
acide glycolique m.  Glykolsäure f.
acide glycolithocholique m.  Glykolithocholsäure f.
acide glycolurique m.  Glycolursäure f.
acide glycyrrhizique m.  Glycyrrhizinsäure f.
acide glyoxylique m.  Glyoxylsäure f.
acide gras m.  Fettsäure f.
acide guanidinoacétique m.  Guanidinoessigsäure f.
acide guanidinosuccinique m.  Guanidinobernsteinsäure f.
acide guanylique m.  Guanylsäure f.
acide gulonique m.  Gulonsäure f.
acide helvétique m.  Helvellasäure f.
acide heptacosanoïque m.  Heptacosansäure f.
acide hexadécanoïque m.  Hexadecansäure f.
acide hexadécénoïque m.  Hexadecensäure f.
acide hexanoïque m.  Hexansäure f.
acide hexonique m.  Hexonsäure f.
acide hexosédiphosphorique m.  Hexosediphosphorsäure f.
acide hexuronique m.  Hexuronsäure f.
acide hippurique m.  Hippursäure f.
acide homogentisique m.  Homogentsinsäure f.
acide homopipéridinique m.  Homopiperidinsäure f.

acide homovanilique m. Homovanillinsäure f.
acide humique m. Huminsäure f.
acide hyaluronique m. Hyaluronsäure f.
acide hydracrylique m. Hydrakrylsäure f.
acide hydrazoïque m. Stickstoffwasserstoffsäure f.
acide hydriodé m. Jodwasserstoffsäure f.
acide hydriodique m. Jodwasserstoffsäure f.
acide hydrobromique m. Bromwasserstoffsäure f.
acide hydrochlorique m. Salzsäure f.
acide hydrofluorique m.. Fluorwasserstoffsäure f., Flußsäure f.
acide hydroxamique m. Hydroxamsäure f.
acide hydroxyanthranilique m. Hydroxyanthranilsäure f.
acide hydroxybutyrique m. Hydroxybuttersäure f.
acide hydroxycarboxylique m. Hydroxykarbonsäure f.
acide hydroxycholanique m. Hydroxycholansäure f.
acide hydroxycyanique m. Hydroxyzyansäure f.
acide hydroxyheptadécatriénoïque m. Hydroxyheptadecatriensäure f.
acide hydroxyicosatétraénoïque m. Hydroxyicosatetraensäure f.
acide hydroxyindolacétique m. HIES Hydroxyindolessigsäure f.
acide hydroxyméthylglutarique m. Hydroxymethylglutarsäure f.
acide hydroxyoxoadipique m. Hydroxyoxoadipinsäure f.
acide hydroxyoxoglutarique m. Hydroxyoxoglutarsäure f.
acide hydroxyphénylacétique m. Hydroxyphenylessigsäure f.
acide hydroxyphényl-lactique m. Hydroxyphenylmilchsäure f.
acide hydroxyphénylpyruvique m. Hydroxyphenylbrenztraubensäure f.
acide hydroxytétradécanoïque m. Hydroxytetradecansäure f.
acide hypobromé m. Unterbromige Säure f.

acide hypochloré m. Unterchlorige Säure f.
acide hyponitré m. Untersalpetrige Säure f.
acide hypophosphoré m. Unterphosphorige Säure f.
acide hypophosphorique m. Unterphosphorsäure f.
acide hyposulfuré m. Unterschweflige Säure f.
acide ichiba m. Ichibasäure f.
acide icosanique m. Eicosasäure f., Icosansäure f.
acide icosapentaénoïque m. Icosapentaensäure f.
acide icosatétraénoïque m. Icosatetraensäure f.
acide icosatriénoïque m. Icosatriensäure f.
acide idonique m. Idonsäure f.
acide idosaminique m. Idosaminsäure f.
acide iduronique m. Iduronsäure f.
acide igasurique m. Igasursäure f.
acide imidazolacétique m. Imidazolessigsäure f.
acide iminé m. Iminosäure f.
acide indacrynique m. Indacrynsäure f.
acide indolacétique m. Indolessigsäure f.
acide inosique m. Inosinsäure f.
acide insaturé m. ungesättigte Säure f
acide iobenzaminique m. Iobenzaminsäure f.
acide iocarmique m. Iocarminsäure f.
acide iocétarnique m. Iocetaminsäure f.
acide iodique m. Jodsäure f.
acide iodogorgoïque rn. Iodgorgosäure f., Jodgorgosäure f.
acide iodoxamique m. Iodoxaminsäure f.
acide ioglicique m. Ioglicinsäure f.
acide ioglycamique m. Ioglycaminsäure f.
acide iopanoïque m. Iopansäure f.
acide iophénoxique m. Iophenoxinsäure f.
acide iopronique m. Iopronsäure f.
acide iotalamique m. Iotalaminsäure f.

acide iotroxique m.   Iotroxinsäure f.
acide ioxaglique m.   Ioxaglinsäure f.
acide ioxitalamique m.   Ioxitalamin-
säure f.
acide isocitrique m.   Isozitronensäure
f.
acide isonicotinique m.   Isonikotin-
säure f.
acide isopropylacétique m.   Isopropyl-
essigsäure f.
acide isovalérianique m.   Isovalerian-
säure f.
acide kynurique m.   Kynurensäure f.
acide lactique m.   Milchsäure f.
acide lactobionique m.   Laktobions-
äure f.
acide laurique m.   Laurinsäure f.
acide lévulinique m.   Lävulinsäure f.
acide lignocérique m.   Lignocerinsäure
f.
acide linoléique m.   Linolsäure f.
acide linolénique m.   Linolensäure f.
acide lipoïque m.   Liponsäure f.
acide lithocholique m.   Lithocholsäure
f.
acide lysergique m.   Lysergsäure f.
acide maléique m.   Maleinsäure f.
acide malique m.   Äpfelsäure f.
acide malonique m.   Malonsäure f.
acide manganique m.   Mangansäure f.
acide mannitique m.   Mannitsäure f.
acide mannuronique m.   Mannuron-
säure f.
acide margarique m.   Margarinsäure f.
acide méconique m.   Mekon f.
acide méfénamique m.   Mefenamin-
säure f.
acide mélissique m.   Melissinsäure f.
acide mercapturique m.   Merkaptur-
säure f.
acide métaphosphorique m.   Meta-
phosphorsäure f.
acide méthacrylique m.   Methakryl-
säure f.
acide méthanoïque m.   Methansäure f.
acide méthylmalonique m.   Methyl-
malonsäure f.
acide méthyloctadécanoïque m.   Me-
thyloktadecansäure f.
acide mévalonique m.   Mevalonsäure
f.

acide monobasique m.   einbasige
Säure f.
acide monocarboxylique m.   Mono-
karbonsäure f.
acide monochloracétique m.   Mono-
chloressigsäure f.
acide morruique m.   Lebertranfett-
säure f.
acide mucique m.   Schleimsäure f.
acide mucoïtine sulfurique m.   Mukoi-
tinschwefelsäure f.
acide muramique m.   Muraminsäure f.
acide mycocéranique m.   Mykoceran-
säure f.
acide myristique m.   Myristinsäure f.
acide nalidixique m.   Nalidixinsäure f.
acide naphtalène sulfonique m.   Naph-
thalinsulfonsäure f.
acide nervonique m.   Nervonsäure f.
acide neuraminique m.   Neuramin-
säure f.
acide nicotinique m.   Nikotinsäure f.
acide niflumique m.   Nifluminsäure f.
acide nitré m.   Salpetrige Säure f.
acide nitrique m.   Salpetersäure f.
acide nitromuriatique m.   Königswasser n.
acide nitrosonitrique m.   rauchende
Salpetersäure f.
acide nonacosanoïque m.   Nonaco-
sansäure f.
acide nucléique m.   Nukleinsäure f.
acide octacosanoïque m.   Montan-
säure f.
acide octadécadiénoïque m.   Oktade-
cadiensäure f.
acide octadécanoïque m.   Oktadecan-
säure f.
acide octadécatriénoïque m.   Oktade-
catriensäure f.
acide octanoïque m.   Oktansäure f.
acide oléique m.   Ölsäure f.
acide orotique m.   Orotsäure f.
acide orthoaminosalicylique m.   Or-
thoaminosalizylsäure f.
acide orthophosphorique m.   Ortho-
phosporsäure f.
acide osmique m.   Osmiumsäure f.
acide oxalacétique m.   OES, Oxalessigsäure f.
acide oxalique m.   Kleesäure f., Oxal-
säure f.

acide oxaloacétique m.   Oxalessigsäure f.
acide oxalosuccinique m.   Oxalbernsteinsäure f.
acide oxoadipique m.   Oxoadipinsäure f.
acide oxobutyrique m.   Oxobuttersäure f.
acide oxocarboxylique m.   Oxokarbonsäure f.
acide oxoisocaproïque m.   Oxoisokapronsäure f.
acide oxoisovalérianique m.   Oxoisobaldriansäure f., Oxoisovaleriansäure f.
acide oxolinique m.   Oxolinsäure f.
acide oxosuccinique m.   Oxobernsteinsäure f.
acide oxyacétique m.   Oxyessigsäure f.
acide oxyphénylglycolique m.   Oxymandelsäure f.
acide palmitique m.   Palmitinsäure f.
acide palmitoléique m.   Palmitoleinsäure f.
acide pantothénique rn.   Pantothensäure f.
acide paraaminobenzoïque m.   Paraaminobenzoesäure f.
acide paraaminohippurique m.   Paraaminohippursäure f.
acide paraaminosalicylique m.   Paraaminosalizylsäure f.
acide paraffinique m.   Paraffinsäure f.
acide pélargonique m.   Pelargonsäure f.
acide pénicillanique m.   Penicillansäure f.
acide pénicillique m.   Penicillsäure f.
acide pentacosanoïque m.   Pentacosansäure f.
acide pentadécanoïque m.   Pentadecansäure f.
acide pentanoïque m.   Pentansäure f.
acide peracétique m.   Peressigsäure f.
acide perborique m.   Perborsäure f.
acide perchlorique m.   Perchlorsäure f.
acide permanganique m.   Permangansäure f.
acide phénique m.   Karbolsäure f.
acide phénylacétique m.   Phenylessigsäure f.

acide phénylchinolinecarboxylique m.   Phenylchinolinkarbonsäure f.
acide phényléthylbarbiturique m.   Phenylethylbarbitursäure f.
acide phénylglycolique m.   Mandelsäure f.
acide phénylsalicylique m.   Phenylsalicylsäure f.
acide phosphatidique m.   Phosphatidsäure f.
acide phosphiné m.   Phosphinige Säure f.
acide phosphinique m.   Phosphinsäure f.
acide phosphonique m.   Phosphonsäure f.
acide phosphonoacétique m.   Phosphonoessigsäure f.
acide phosphonoformique m.   Phosphonoameisensäure f.
acide phosphoré m.   Phosphorige Säure f.
acide phosphoribosylimidazolacétique m.   Phosphoribosylimidazolessigsäure f.
acide phosphorique m.   Phosphorsäure f.
acide phosphotungstique m.   Phosphorwolframsäure f.
acide phtalique m.   Phthalsäure f.
acide phytanique m.   Phytansäure f.
acide phytique m.   Fytinsäure f., Phytinsäure f.
acide picolinique m.   Pikolinsäure f.
acide picrique m.   Pikrinsäure f.
acide pimélique m.   Pimelinsäure f.
acide pipécolique m.   Pipecolinsäure f.
acide pipémidique m.   Pipemidsäure f.
acide pipéridinique m.   Piperidinsäure f.
acide plasmanique m.   Plasmansäure f
acide polyacrylique m.   Polyakrylsäure f.
acide polycytidylique m.   Polycytidylsäure f.
acide polyène m.   Polyensäure f.
acide polyinsaturé m.   mehrfach ungesättigte Säure f.
acide polythymidylique m.   Polythymidylsäure f.
acide propionique m.   Propionsäure f

**acide propylpentanoïque m.** Propylpentansäure f.
**acide prostadiénoïque m.** Prostadiensäure f.
**acide prostanoïque m.** Prostansäure f.
**acide pyridinetricarboxylique m.** Pyridintrikarbonsäure f.
**acide pyrogallique m.** Pyrogallussäure f.
**acide pyroglutamique m.** Pyroglutaminsäure f.
**acide pyromucique m.** Brenzschleimsäure f.
**acide pyrophosphorique m.** Pyrophosphorsäure f.
**acide pyrosulfurique m.** rauchende Schwefelsäure f.
**acide pyruvique m.** Brenztraubensäure f.
**acide quinique m.** Chinasäure f.
**acide quinolinecarbonique m.** Chinolinkarbonsäure f.
**acide quinolinique m.** Chinolinsäure f.
**acide résiduel m.** Säurerest m.
**acide résorcylique m.** Resorzylsäure f.
**acide rétinoïque m.** Retinsäure f.
**acide ribonique m.** Ribonsäure f.
**acide ribonucléique m.** Ribonukleinsäure f.
**acide ricinolique m.** Rizinolsäure f.
**acide rosolique m.** Rosolsäure f.
**acide saccharique m.** Zuckersäure f.
**acide salicylé m.** Salizylige Säure f.
**acide salicylique m.** Salizylsäure f.
**acide santalinique m.** Santalinsäure f.
**acide santoninique m.** Santoninsäure f.
**acide saturé m.** gesättigte Säure f.
**acide sébacique m.** Sebazinsäure f.
**acide séléneux m.** Selenige Säure f.
**acide sélénique m.** Selensäure f.
**acide sialique m.** Sialinsäure f.
**acide silicique m.** Kieselsäure f.
**acide silicowolframique m.** Wolframatokieselsäure f.
**acide sorbique m.** Sorbinsäure f.
**acide sozoïodolique m.** Sozojodolsäure f.
**acide stéarique m.** Stearinsäure f.
**acide subérique m.** Suberinsäure f.
**acide succinique m.** Bernsteinsäure f.

**acide sulfaloxique m.** Sulfaloxinsäure f.
**acide sulfaminique m.** Sulfaminsäure f.
**acide sulfanilique m.** Sulfanilsäure f.
**acide sulfinique m.** Sulfinsäure f.
**acide sulfonique m.** Sulfonsäure f.
**acide sulfosalicylique m.** Sulfosalizylsäure f.
**acide sulfuré m.** Schwefelige Säure f.
**acide sulfurique m.** Schwefelsäure f.
**acide tannique m.** Gerbsäure f.
**acide tartrique m.** Weinsäure f.
**acide taurocholique m.** Taurocholsäure f.
**acide téichoïque m.** Teichonsäure f.
**acide téichuronique m.** Teichuronsäure f.
**acide tellurique m.** Tellursäure f.
**acide tétrabasique m.** vierbasige Säure f.
**acide tétracosanoïque m.** Tetracosansäure f.
**acide tétradécanoïque m.** Tetradecansäure f.
**acide tétraméthylhexadécanoïque m.** Tetramethylhexadecansäure f.
**acide thioacétique m.** Thioessigsäure f.
**acide thioaminopropionique m.** Thioaminopropionsäure f.
**acide thioctique m.** Thioktsäure f.
**acide thiocyanique m.** Rhodansäure f., Thiozyansäure f.
**acide thiosulfurique m.** Thioschwefelsäure f.
**acide thréonique m.** Threonsäure f.
**acide thymidylique m.** Thymidylsäure f.
**acide tiaprofénique m.** Tiaprofensäure f.
**acide tiénylique m.** Tienylsäure f.
**acide tranexamique m.** Tranexamsäure f.
**acide tribasique m.** dreibasige Säure f.
**acide tricarboxylique m.** Trikarbonsäure f.
**acide trichloroacétique m.** Trichloressigsäure f.
**acide tricosanoïque m.** Tricosansäure f.

acide triiodobenzoïque m. Trijodben-
zoesäure f.
acide triiodothyroacétique m. Trijod-
thyroessigsäure f.
acide triméthylacétique m. Trimethyl-
essigsäure f.
acide triméthyloctacosanoïque m. Tri-
methyloktacosansäure f.
acide triphosphorique m. Triphos-
phorsäure f.
acide tropique m. Tropasäure f.
acide tuberculostéarique m. Tuberku-
lostearinsäure f.
acide undécylénique m. Undecylen-
säure f.
acide undécylique m. Undecylsäure f.
acide uridinediphosphoglucuronique
m. Uridindiphosphoglukuronsäure
f.
acide uridylique m. Uridylsäure f.
acide urique m. Harnsäure f.
acide uronique m. Uronsäure f.
acide ursodésoxycholique m. Ursode-
soxycholsäure f.
acide valérianique m. Baldriansäure
f., Valeriansäure f.
acide valproique m. Valproinsäure f.
acide vanadique m. Vanadinsäure f.
acide vanillique m. Vanillesäure f.
acide vanylmandélique m. Vanillin-
mandelsäure f.
acide xanoxique m. Xanoxinsäure f.
acide xanthique m. Xanthinsäure f.
acide xanthurénique m. Xanthuren-
säure f.
acide xanthylique m. Xanthylsäure f.
acide xénazoïque m. Xenazoesäure f.
acide xényhéxénique m. Diphenesen-
säure f.
acide xylonique m. Xylonsäure f.
acidémie f. Azidämie f.
acidémie propionique f. Propionazidämie f.
acidémique azidämisch
acidifier ansäuern, sauer machen, säuern
acidimètre m. Azidimeter n.
acidité f. Säuregehalt m.
acidité gastrique f. Magensäure f.
acidité totale f. Gesamtazidität f.
acidocilline f. Acidocillin n.

acidodéoxythymidine f. Azidodesoxythymidin n.
acidomètre m. Azidimeter n.
acidophile azidophil
acidorésistance f. Säureresistenz f.
acidorésistant säurebeständig, säureresistent
acidose f. Acidose f., Azidose f.
acidose de jeûne f. Hungerazidose f.
acidose lactique f. Laktatazidose f.,
Laktazidose f.
acidothymidine f. Acidothymidin n.,
Azidothymidin n.
acidulé säuerlich
acier m. Stahl m.
acier inoxydable m. rostfreier Stahl
m.
acier spécial m. Edelstahl m.
acinésie spermique f. Akinospermie f.
acinesthésie f. Akinästhesie f.
acineux azinös
acinotubulaire azinotubulär
aclarubicine f. Aclarubicin n.
acluracile m. Acluracil n.
acné f. Acne f., Akne f.
acné chlorique f. Chlorakne f.
acné miliaire f. Hautgrieß m.
acné rosacée f. Rosazea f.
aconit m. Aconit n., Akonit n.
aconitine f. Aconitin n., Akonitin n.
acoustique akustisch
acoustique f. Akustik f.
acquis erworben
acridine f. Akridin n.
acrisorcine f. Acrisorcin n.
acrocentrique akrozentrisch
acrocéphalie f. Akrozephalie f.
acrocéphalosyndactylie f. Akrozephalosyndaktylie f.
acrocyanose f. Akrozyanose f.
acrocyanotique akrozyanotisch
acrodermatite f. Akrodermatitis f.
acrodynie f. Akrodynie f.
acrodynie infantile de Selter-Swift-Feer
f. Feersche Krankheit f.
acrogérie f. Akrogerie f.
acrohyperhidrose f. Akrohyperhidrose f.
acrokératose f. Akrokeratose f.
acroléine f. Acrolein n.
acromégalie f. Akromegalie f.
acromégalique akromegal

**acromicrie f.** Akromikrie f.
**acromioclaviculaire** akromioklavikulär
**acromioscapulaire** akromioskapulär
**acromiothoracique** akromiothorakal
**acroostéolyse f.** Akroosteolyse f.
**acropachie f.** Akropachie f.
**acroparesthésie f.** Akroparästhesie f.
**acroparesthésique** akroparästhetisch
**acrosarcomatose de Kaposi f.** Kaposi-Syndrom n.
**acrosine f.** Akrosin n.
**acrosome m.** Akrosom n.
**acrylamide m.** Acrylamid n., Akrylamid n.
**acrylate m.** Acrylat n., Akrylat n.
**acryle m.** Akryl n.
**acrylonitrile m.** Akrylonitril n.
**acte compulsif m.** Zwangshandlung f.
**acte d'accoucher m.** Geburtsakt m.
**acte manqué m.** Fehlleistung f.
**ACTH (hormone corticotrope) f.** Corticotropin (ACTH) n.
**actif** aktiv
**actif en surface** oberflächenaktiv
**actinide m.** Actinid n., Aktinid n.
**actinique** aktinisch
**actinium m.** Aktinium n.
**actinobacillose f.** Aktinobazillose f.
**actinologique** strahlenkundlich
**actinomyces m.** Actinomyces m.
**actinomycétome m.** Aktinomyzetom n.
**actinomycine f.** Actinomycin n., Aktinomycin n.
**actinomycose f.** Actinomycose f., Aktinomykose f.
**actinomycosique** aktinomykotisch
**actinothérapie f.** Aktinotherapie f., Strahlentherapie f.
**actinouranium m.** Aktinouran n.
**action f.** Aktion f.
**action de masse, loi d' f.** Massenwirkungsgesetz n.
**action de remplacement f.** Ersatzhandlung f.
**action en état d'émotion f.** Affekthandlung f.
**action tampon f.** Pufferung f.
**activateur m.** Aktivator m.

**activateur tissulaire du plasminogène m.** Gewebsplasminogenaktivator m.
**activation f.** Aktivierung f.
**activer** aktivieren
**activité f.** Aktivität f., Betriebsamkeit f., Tätigkeit f.
**activité cardiaque f.** Herzarbeit f.
**activité cérébrale f.** Hirntätigkeit f.
**activité de repos f.** Ruhetätigkeit f.
**activité gonadotropique totale f.** TGA (totale gonadotrope Aktivität) f.
**activité insulinoïde f.** ILA (insulinartige Aktivität) f.
**actol m.** Aktol n.
**actomyosine f.** Aktomyosin n.
**actualiser** aktualisieren
**acuité f.** Akuität f., Schärfe (Sinnesorgan) f.
**acuité visuelle f.** Sehschärfe f.
**acuponcture f.** Akupunktur f.
**acyanoblepsie f.** Blaublindheit f.
**acyclique** azyklisch
**acycloguanosine f.** Acycloguanosin n.
**acylase f.** Azylase f.
**acyldéhydrogénase f.** Acyldehydrogenase f. , Azyldehydrogenase f.
**acyle m.** Acyl n., Azyl n.
**acyléthanolamine f.** Acylethanolamin n.
**acylguanidine f.** Acylguanidin n.
**acyluréidométhylpénicilline f.** Acylureidomethylpenicillin n.
**acyluréidopénicilline f.** Acylureidopenicillin n.
**adactylie f.** Adaktylie f.
**adamantanamine f.** Adamantanamin n.
**adamantine f.** Adamantin n.
**adamantinome m.** Adamantinom n.
**adamantoblaste m.** Adamantoblast m.
**adamantotome m.** Schmelzmesser n., Schmelzspalter m.
**adamantoylcytarabine f.** Adamantoylcytarabin n.
**adamsite f.** Adamsit n.
**adaptateur m.** Adapter m.
**adaptation f.** Adaptation f., Angleichung f., Anpassung f.
**adaptation à l'obscurité f.** Dunkelanpassung f.

adaptation d'un bandeau f. Bandanpassung f.
adaptation de la prothèse f. Zahnprothesenanpassung f. (dent.)
adaptation de la teinte f. Farbanpassung f. (dent.)
adaptation des lunettes f. Brillenanpassen f.
adaptation exacte f. Feineinstellung f.
adapter adaptieren, anpassen
adaptinose f. Adaptinose f.
Addison, maladie d' f. Morbus Addison m.
addisonisme m. Addisonismus m.
additif m. Additiv n.
addition f. Beimischung f.
adducteur m. Adduktor m.
adduction f. Adduktion f.
adélomorphe adelomorph
adémétionine f. Ademetionin n.
adénine f. Adenin n.
adénite f. Adenitis f.
adénite sudoripare f. Schweißdrüsenabszeß m.
adénitique adenitisch
adénoacanthome m. Adenoacanthom
n.
adénoangiosarcome m. Adenoangiosarkom n.
adénoblaste m. Adenoblast m.
adénocarcinome m. Adenocarcinom
n.
adénocèle f. Adenozele f.
adénochondrome m. Adenochondrom n.
adénofibrome m. Adenofibrom n.
adénographie f. Adenographie f.
adénohypophyse f. Hypophysenvorderlappen m.
adénoïde adenoid
adénoïdectomie f. Adenoidektomie f.
adénoïdien adenoid
adénolipomatose f. Adenolipomatose
f.
adénolymphome m. Adenolymphom
n.
adénomateux adenomatös
adénomatose pulmonaire f. Hetzseuche f. (vet.)
adénome m. Adenom n.
adénome myxoïde m. Myxadenom n.

adénome prostatique m. Prostataadenom n.
adénome sébacé m. Adenoma sebaceum n.
adénome sudorifère m. Adenoma sudoriferum n.
adénome thyroïdien m. Schilddrüsenadenom n.
adénomyome m. Adenomyom n.
adénopathie caséeuse f. Tyrom n.
adénopathie cervicale f. Halslymphknotenschwellung f.
adénopathie hilaire f. Hiluslymphknotenerkrankung f.
adénosclérose f. Adenosklerose f.
adénosine f. Adenosin n.
adénosine triphosphate f. Adenosintriphosphat n.
adénosquameux adenosquamös
adénotome m. Adenotom n.
adénotomie f. Adenotomie f.
adénovirus m. Adenovirus n.
adénylate m. Adenylat n.
adénylcyclase f. Adenylcyclase f.
adeps lanae m. Adeps lanae m.
adeps lanae anhydricus m. Adeps lanae anhydricus m.
adéquat adäquat, angemessen
adermine f. Adermin n.
adhérence f. Verwachsung f.
adhérence foetomembraneuse f. Simonartscher Strang m.
adhérences gastriques f.pl. Magenver
wachsung f.
adhésif festhaftend, verklebend
adhésif m. Heftpflaster n.
adhésion f. Adhäsion f.
adhésion de la prothèse f. Prothesenhaftung f.
adhésion des orteils f. Zehenverwachsung f.
adhésion pleurale f. Pleuraadhäsion
adiabatique adiabatisch
adiadococinésie f. Adiadochokinesie
f.
adiaphorèse f. Adiaphorese f.
adinazolam m. Adinazolam n.
adipeux adipös, fett, fettig
adipocire f. Adipocire n., Leichenwachs n.
adipocyte m. Adipozyt m., Fettzelle f
Lipozyt m.

**adiponécrose f.** Adiponekrose f.
**adipose f.** Fettsucht f.
**adiposité f.** Adipositas f.
**adiposité douloureuse f.** Adipositas dolorosa f.
**adiposogénital** adiposogenital
**adiposogigantisme m.** Adiposogigantismus m.
**adipsie f.** Adipsie f.
**adiurétine f.** Adiuretin n.
**adjuvant m.** Adjuvans n.
**administrateur m.** Verwalter m.
**administration f.** Applikation f., Darreichung f., Verabreichung f.; Verwaltung f.
**administration hospitalière f.** Krankenhausverwaltung f.
**administrer** applizieren, verabreichen; verwalten
**admission f.** Annahme f. (Zulassungf.), Aufnahme f.
**admission à l'hôpital f.** Krankenhausaufnahme f.
**ADN (acide désoyxyribonucléique) m.** DNS (Desoxyribonukleinsäure) f.
**ADN complémentaire (ADNc) m.** Kopie-DNS f.
**ADN recombinant m.** Rekombinanten-DNS f.
**adolescence f.** Adoleszenz f., Jünglingsalter n.
**adolescent m.** Adoleszent m.
**adonidine f.** Adonidin n.
**adonite f.** Adonit n.
**adontie f.** Adontie f.
**adoptif** adoptiv
**adoption f.** Adoption f.
**adoucir** lindern
**adoucissant** reizmildernd
**adoucisseur m.** Enthärtungsmittel n.
**ADP (acide adénosine diphosphorique m.)** Adenosindiphosphorsäure f.
**adragant m.** Traganth m.
**adrénaline f.** Adrenalin n.
**adrénergique** adrenergisch
**adrénochrome m.** Adrenochrom n.
**adrénocorticotrope** adrenokortikotrop
**adrénocorticotrophine (ACTH) f.** Kortikotropin n., adrenokortikotropes Hormon n.

**adrénogénital** adrenogenital
**adrénolytique** adrenolytisch
**adrénomédullaire** adrenomedullär
**adrénotrope** adrenotrop
**adriamycine f.** Adriamycin n.
**adsorber** adsorbieren
**adsorption f.** Adsorption f.
**adulte** erwachsen
**adulte m.** erwachsene Person f.
**adynamie f.** Adynamie f.
**aération f.** Belüftung f., Lüftung f.
**aérémie des caissons f.** Caissonkrankheit f.
**aérer** belüften, lüften
**Aerobacter aerogenes m.** Bacillus lactis aerogenes m.
**aérobie** aerob
**aérobie m.** Aerobier m.
**aérocystoscopie f.** Aerozystoskopie f.
**aérocystoscopique** aerozystoskopisch
**aérodymamique f.** Aerodynamik f.
**aérodynamique** aerodynamisch
**aérogramme m.** Aerogramm n.
**aérographie f.** Aerographie f.
**aérographique** aerographisch
**aéromammographie f.** Aeromammographie f.
**aéroneuropathie f.** Aeroneurose f.
**aérophagie f.** Aerophagie f., Luftschlucken n.
**aérosol m.** Aerosol m.
**aérosyringite f.** Aerosyringitis f.
**affaiblir** schwächen
**affaiblir, s'** erschlaffen
**affaiblissement m.** Schwächung f.
**affamé** hungrig
**affect m.** Affekt m.
**affecter** affizieren, angreifen
**affectif** affektiv
**affection f.** Affektion f., Befall m., Erkrankung f., Krankheit f.
**affection à échinocoque f.** Echinokokkenkrankheit f.
**affection à ixodidés f.** Zeckenbefall m., Ixodiasis f.
**affection à knémidokoptes f.** Knemidokoptiasis f.
**affection à spirillum f.** Spirillose f.
**affection auriculaire par les tiques f.** Ohrenzeckenkrankheit f.
**affection cardiaque f.** Herzleiden n.

affection de Brocq.f.   Brocqsche Krankheit f.
affection des oreilles f.   Ohrenleiden n.
affection du système pilaire f.   Trichonose f.
affection gynécologique f.   Frauenkrankheit f.
affection herpétique f.   Herpetismus m.
affection méningée f.   Meningiose f.
affection par nématodes f.   Nematodenbefall m.
affection pellagreuse f.   Pellagrose f.
affection syphilitique f.   Syphilose f.
affection systémique f.   Systemerkrankung f.
affection tératoïde f.   Teratose f.
affection valvulaire f.   Klappenfehler m.
affection valvulaire cardiaque f.   Herzklappenfehler m.
affectivité f.   Affektivität f., Thymopsyche f.
afférence f.   Afferenz f.
afférent   afferent, zuführend
affichage numérique m.   Digitalanzeige f.
affinité (chem.) f.   Verwandtschaft f., Affinität f.
afflux m.   Afflux m., Zufluß m.
affusion (d'après Kneipp) f.   Guß (nach Kneipp) m.
afibrinogénémie f.   Afibrinogenämie f.
aflatoxine f.   Aflatoxin n.
AFP (alpha-1-foetoprotéine) f.   AFP (Alpha-1-Foetoprotein) n.
agalactie f.   Agalaktie f.
agammaglobulinémie f.   Agammaglobulinämie f.
aganglionose f.   Aganglionose f.
agar m.   Agar m.
agar amidon m.   Stärkeagar m.
agar de Dieudonné m.   Dieudonné-Agar m.
agar de Drigalski m.   Drigalski-Agar m.
agar de Löffler m.   Löffler-Agar m.
agar-dextrose m.   Dextrose-Agar m.
agar-fuchsine m.   Fuchsin-Agar m.
agar-gélatine m.   Gelatine-Agar m.
agar-glucose m.   Glukose-Agar m.

agar-liquide d'ascite m.   Ascites-Agar m.
agar-pomme de terre-sang m.   Kartoffel-Blut-Agar m.
agar-sang m.   Blut-Agar m.
agar-sel biliaire m.   Gallensalz-Agar m.
agar-sérum m.   Serum-Agar m.
agar-tellurite m.   Tellurit-Agar m.
agar-vert brillant m.   Brillantgrün-Agar m.
agaric m.   Blätterpilz m.
agaric du mélèze m.   Lärchenschwamm m.
agaric tue-mouche m.   Fliegenpilz m.
agaricine f.   Agarizin n.
agarose m.   Agarose f.
agastrique   agastrisch
agate f.   Achat m.
âge m.   Alter n., Lebensalter n.
âge adulte m.   Erwachsenenalter n.
âge avancé m.   höheres Alter n.
âge préscolaire m.   Vorschulalter n.
âge scolaire m.   Schulalter n.
agénitalisme m.   Agenitalismus m.
agenouiller, s'   knien
agent m.   Agens n.
agent inhibiteur m.   Hemmstoff m.
agent nocif m.   Noxe f.
agent pathogène m.   Krankheitserreger m.
agent polisseur m.   Poliermittel n.
agglomération f.   Agglomerat n.
agglomération cellulaire f.   Zellverband m.
agglutinable   agglutinabel
agglutination froide f.   Kälteagglutination f.
agglutiner   agglutinieren
agglutinine f.   Agglutinin n.
agglutinine froide f.   Kälteagglutinin n
agglutinine saline f.   Salzagglutinin n.
aggravation f.   Aggravation f., Verschlimmerung f.
aggraver   aggravieren, erschweren, verschlimmern
agir   wirken
agissant rapidement   schnellwirkend
agitateur m.   Rührmaschine f., Schüttelapparat m.
agitation f.   Agitation f., Rastlosigkeit f., Unruhe f.

agitation motrice f.   motorische Unruhe f.
agitation violente f.   Tobsucht f.
agité   agitiert, unruhig
aglossie f.   Aglossie f.
aglycone m.   Aglukon n., Aglykon n.
agnathie f.   Agnathie f.
agneau m.   Lamm n.
agneler   lammen
agnosie f.   Agnosie f.
agnosie auditive f.   Seelentaubheit f.
agnosie symbolique f.   Symbolagnosie
f.
agnosie tactile f.   Astereognosie f.
agnosie visuelle f.   Seelenblindheit f.
agonal   agonal
agonie f.   Agonie f., Todeskampf m.
agoniste m.   Agonist m.
agoraphobie f.   Agoraphobie f., Platzangst f.
agrafage m.   Verklammerung f.
agrafe f.   Klammer f., Spange f.,
Wundklammer f.
agrafe annulaire f.   Ringklammer f.
agrafe d'appui f.   Auflageklammer f.
agrafe de fixation f.   Befestigungsklammer f.
agrafe de tension f.   Zugklammer f.
agrafe double f.   Doppelarmklammer
f.
agrafe drainage f.   Drainageklammer
f., Dränageklammer f.
agrafe en épingle â cheveux f.   Haarnadelklammer f.
agrafe métallique f.   Drahtklammer f.
agrafer   klammern
agrammatisme m.   Agrammatismus
m., Akataphasie f.
agrandir   vergrößern
agrandissement m.   Vergrößerung f.
agranulocytaire   agranulozytär
agranulocytose f.   Agranulozytose f.
agraphie f.   Agraphie f.
agréable   angenehm
agrégabilité f.   Aggregierfähigkeit f.
agrégat m.   Aggregat n., Gemenge n.
agrégation f.   Aggregation f.
agréger   aggregieren
agressif   aggressiv
agressine f.   Aggressin n.
agression f.   Aggression f.
agryphie f.   Agryphie f.

AGS (syndrome adrénogénital) m:
AGS (adrenogenitales Syndrom) n.
agueusie f.   Ageusie f.
aide f.   Gehilfin f.
aide m.   Gehilfe m.
aide puéricultrice f.   Kinderpflegerin f.
aide sociale f.   Sozialhilfe f., Wohlfahrt
f.
aide soignant m.   Krankenpflegehelfer
m.
aide soignante f.   Krankenpflegehelferin f.
aigreurs f. pl.   Sodbrennen n.
aigu   akut
aiguille f.   Nadel f.
aiguille (radiculaire) f.   Wurzelnadel f.
aiguille à biopsie de Silverman f.   Vim-
Silverman-Nadel f.
aiguille à ponction f.   Punktionsnadel
f.
aiguille boomerang f.   Bumerangnadel
f.
aiguille d'anesthésie f.   Anästhesienadel f.
aiguille d'autopsie f.   Sektionsnadel f.
aiguille d'exploration f.   Untersuchungsnadel f.
aiguille de ponction lombaire f.   Lumbalpunktionsnadel f.
aiguille de radium f.   Radiumnadel f.
aiguille de suture f.   chirurgische Nadel f.
aiguille neurologique f.   Nervnadel f.
aiguiser   schärfen
ail m.   Knoblauch n.
aile f.   Flügel m.
aile du nez f.   Nasenflügel m.
aile iliaque f.   Darmbein n.
aimant m.   Magnet m.
aimant oculaire m.   Augenmagnet m.
aine f.   Leiste f.
air m.   Luft f.
air alvéolaire m.   Alveolarluft f.
air ambiant m.   Raumluft f.
air chaud m.   Heißluft f.
air complémentaire m.   Komplementärluft f.
air comprimé m.   Druckluft f., Preßluft f.
air de réserve m.   Reserveluft f.
air météorisant m.   Blähluft f.
air repulsé m.   Pendelluft f.

air résiduel m.   Residualluft f.
aire d'arrêt f.   Anschlagfläche f. (dent.)
aire d'occlusion f.   Okklusionszone f.
aire déservie f.   Versorgungsgebiet n.
aisselle f.   Achselhöhle f.
ajmaline f.   Ajmalin n.
ajouter   zufügen
ajustement m.   Angleichung f., Anpassung f., Justierung f.
ajuster   ajustieren, anpassen, justieren
akinésie f.   Akinesie f.
akinétique   akinetisch
alabamine f.   Alabamin n.
alaisoir (pour canal radiculaire) m.   Wurzelkanalerweiterer m.
alanine f.   Alanin n.
alaniser   alanieren
alantolactone f.   Alantolakton n.
alanylalanine f.   Alanylalanin n.
alanylhistidine f.   Alanylhistidin n.
alanylleucine f.   Alanylleucin n.
alarme f.   Alarm m.
alarmer   alarmieren
alastrim m.   Alastrim n.
albâtre m.   Alabaster m.
albentazole m.   Albentazol n.
albinisme m.   Albinismus m.
albinos   albinotisch
albinos m.   Albino m.
albuginée f.   Albuginea f.
albuginéotomie f.   Albugineotomie f.
albumine f.   Albumin n., Eiweiß n.
albumine bovine f.   Rinderalbumin n.
albumine humaine f.   Humanalbumin n.
albuminomètre m.   Albuminometer n.
albuminurie f.   Albuminurie f.
albuminurique   albuminurisch
albumose f.   Albumose f.
alcali m.   Alkali n.
Alcaligenes faecalis m.   Bacillus faecalis alcaligenes m.
alcalin   basisch
alcalinisation f.   Alkalisation f., Alkalisierung f.
alcaliniser   alkalisieren
alcalinité f.   Alkalinität f.
alcalique   alkalisch
alcaloïde m.   Alkaloid n.
alcaloïde de la pervenche m.   Vincaalkaloid n.
alcaloïde tropa m.   Tropa-Alkaloid n.

alcalose f.   Alkalose f.
alcalose, en état d'   alkalotisch
alcane m.   Alkan n.
alcaptone m.   Alkapton n.
alcaptonurie f.   Alkaptonurie f.
alcène m.   Alken n.
alclofénac m.   Alclofenac n.
alcool m.   Alkohol m.
alcool absolu m.   absoluter Alkohol m.
alcool allylique m.   Allylalkohol m.
alcool amylique m.   Amylalkohol m., Fuselöl m.
alcool aromatique m.   aromatischer Alkohol m.
alcool butylique m.   Butylalkohol m.
alcool cétylique m.   Cetylalkohol m.
alcool dénaturé m.   vergällter Alkohol m.
alcool déshydraté m.   dehydrierter Alkohol m.
alcool dilué m.   verdünnter Alkohol m.
alcool éthylique m.   Äthylalkohol m., Ethylalkohol m., Spiritus m.
alcool insaturé m.   Alkohol, ungesättigter m.
alcool méthylique m.   Methylalkohol m.
alcool primaire m.   primärer Alkohol m.
alcool propylique m.   Propyl-Alkohol m.
alcool secondaire m.   sekundärer Alkohol m.
alcool tertiaire m.   tertiärer Alkohol m.
alcoolique   alkoholisch
alcoolique f.   Alkoholikerin f.
alcoolique m.   Alkoholiker m.
Alcooliques Anonymes m. pl.   A. A. (Anonyme Alkoholiker m. pl.)
alcoolisme m.   Alkoholismus m.
alcoolodépendance f.   Alkoholsucht f.
alcoyle m.   Alkyl n.
alcuronium m.   Alcuronium n.
aldéhyde f.ou m.   Aldehyd m.
aldéhyde de glycérine m.   Glyzerinaldehyd m.
aldicarb m.   Aldicarb n.
aldocorticostérone f.   Aldokortikosteron n.

**aldohexose m.** Aldohexose f.
**aldol m.** Aldol n.
**aldolase f.** Aldolase f.
**aldométasone f.** Aldometason n.
**aldose m.** Aldose f.
**aldostérone f.** Aldosteron n.
**aldostéronisme m.** Aldosteronismus m.
**aldrine f.** Aldrin n.
**aléne f.** Ahle f.
**alerter** alarmieren
**alésoir m.** Räumahle f.
**aleucémique** aleukämisch
**aleucie f.** Aleukie f.
**aleurate m.** Aleurat n.
**alexie f.** Alexie f.
**alexine f.** Alexin n.
**alèze f.** Krankenunterlage f.
**alfadolone m.** Alfadolon n.
**alfentanil m.** Alfentanil n.
**algésie f.** Algesie f.
**algie f.** Algie f.
**alginate m.** Alginat n.
**algodystrophie f.** Algodystrophie f.
**algolagnie f.** Algolagnie f.
**algophobie f.** Algophobie f.
**algorithme m.** Algorithmus m.
**algose f.** Algose f.
**alicyclique** alizyklisch
**aliénation mentale f.** Geistesstörung f., Irrsinn m.
**aliéné** geistesgestört, gemütskrank, irre
**alifédrine f.** Alifedrin n.
**alignement normal des dents m.** normale Zahnausrichtung f.
**alimémazine f.** Alimemazin n.
**aliment m.** Speise f.
**alimentaire** alimentär
**alimentaire, d'origine** ernährungsbedingt
**alimentation f.** Ernährung f., Kost f.
**alimentation normale f.** Vollkost f.
**alimentation par purées f.** Breikost f.
**alimentation, concernant l'** ernährungsmäßig
**aliments de lest m. pl.** unverdauliche Nahrungsbestandteile m. pl.
**alinidine f.** Alinidin n.
**aliphatique** aliphatisch
**alité** bettlägerig
**alizapride f.** Alizaprid n.

**alizarine f.** Alizarin n.
**alkali volatil m.** Salmiakgeist m.
**alkoxyde m.** Alkoxid n.
**alkylamine f.** Alkylamin n.
**alkyle m.** Alkyl n.
**alkyler** alkylieren
**alkyne f.** Alkin n.
**allaité, âge d'être m.** Säuglingsalter n.
**allaiter** säugen, stillen (an der Brust ernähren)
**allantoïnate m.** Allantoinat n.
**allantoïne f.** Allantoin n.
**allassothérapie f.** Umstimmungsbehandlung f.
**allèle** allel
**allèle m.** Allel m.
**allélomorphe** allelomorph
**allélomorphie f.** Allelomorphie f.
**allélomorphisme m.** Allelie f.
**aller plus mal** sich verschlimmern
**allergéne m.** Allergen n.
**allergie f.** Allergie f.
**allergie à la farine f.** Mehlallergie f.
**allergie à la plume f.** Federallergie f.
**allergie alimentaire f.** Nahrungsmittelallergie f.
**allergie croisée f.** Kreuzallergie f.
**allergique** allergisch
**alliage m.** Legierung f.
**alliage argent-palladium m.** Silber-Palladium-Legierung f.
**alliage d'argent m.** Silberlegierung f.
**alliage d'or m.** Goldlegierung f.
**alliage en fusion** Aufbrenntechnik f. (dent.)
**alliage or-platine m.** Platin-Gold-Legierung f.
**alliage, faire un** legieren
**alloanticorps m.** Alloantikörper m.
**alloantigène m.** Alloantigen n.
**allobiose f.** Allobiose f.
**allobiotique** allobiotisch
**allocation familiale f.** Kinderbeihilfe f., Kindergeld n.
**allocentrique** allozentrisch
**allocinésie f.** Allokinese f.
**allogénique** allogen
**allogreffe f.** Homotransplantat n.
**allongé** liegend
**allonger** strecken, verlängern
**allopathe f.** Allopathin f.
**allopathe m.** Allopath m.

allopathie f. Allopathie f.
allopathique allopathisch
alloprégnandiol m. Allopregnandiol n.
alloprégnane f. Allopregnan n.
alloprégnanolone f. Allopregnanolon n.
allopsychique allopsychisch
allopsychose f. Allopsychose f.
allopurinol m. Allopurinol n.
allorythmie f. Allorhythmie f.
allorythmique allorhythmisch
allose m. Allose f.
allotropie f. Allotropie f.
allotropique allotrop
allotypique allotypisch
alloxane m. Alloxan n.
alloxanthine f. Alloxanthin n.
alloxazine f. Alloxazin n.
alloxine f. Alloxin n.
allyle m. Allyl n.
allylestrénol m. Allylestrenol n.
almadrate m. Almadrat n.
aloès m. Aloe f.
aloïne f. Aloin n.
alopecia areata f. alopecia areata f.
alopécie f. Alopezie f., Haarausfall m.
alopécie séborrhéique f. seborrhoische Alopezie f.
alpha-I-foetoprotéine (AFP) f. Alpha-1-foetoprotein (AFP) n.
alphaadrénergique alphaadrenergisch
alphabétique alphabetisch
alphabloquant m. Alpha-Hezeptoren-Blocker m.
alphaglobuline f. Alphaglobulin n.
alphaméthyldopa m. Alpha-Methyl-dopa n.
alprazolam m. Alprazolam n.
alprénolol m. Alprenolol n.
alprostadil m. Alprostadil n.
altération f. Alteration f., Zerrüttung f.
altération de la couleur f. Verfärbung f.
altération de la personnalité f. Wesensänderung f.
altérations de la personnalité f. pl. Persönlichkeitsveränderungen f. pl.
altérations séniles f. pl. Altersveränderungen f. pl.
alternant alternierend

alternatif alternierend, alternativ
altrétamine f. Altretamin n.
altrose m. Altrose f.
aluminate m. Aluminat n.
alumine f. Tonerde f.
aluminium m. Aluminium n.
aluminose f. Aluminose f.
alun m. Alaun n.
alvéobronchiolite f. Alveobronchiolitis f.
alvéolaire alveolär
alvéolé wabig
alvéole f. Alveole f.
alvéole dentaire f. Zahnalveole f.
alvéolectomie f. Alveolektomie f.
alvéolite f. Alveolitis f.
alvéoloartériel alveoloarteriell
alvéolocapillaire alveolokapillär
alvéoloclasie f. Alveoloklasie f.
alvéolodentaire alveolodental, dento-alveolär
alvéololabial alveololabial
alvéololingual alveololingual
alvéoloplastie f. Alveoloplastik f.
alvéolotomie f. Alveolotomie f.
alvéoloveineux alveolovenös
alvéolyse f. Alveolarpyorrhöe f., Alveolyse f.
alymphie f. Alymphie f.
alymphocytose f. Alymphozytose f.
alymphoplasie f. Alymphoplasie f.
amaigri abgemagert
amaigrissement m. Abmagerung f., Gewichtsabnahme f.
amalgame m. Amalgam n., Amalgamfüllung f.
amalgame quaternaire m. Vierstoffamalgam n.
amalgamer amalgamieren
amanite phalloide f. Knollenblätterpilz m.
amantadine f. Amantadin n.
amastie f. Amastie f.
amateur, en laienhaft
amaurose f. Amaurose f.
amaurotique amaurotisch
ambénonium m. Ambenonium n.
ambivalence f. Ambivalenz f.
ambivalent ambivalent
amblyopie f. Amblyopie f.
ambroxol m. Ambroxol n.
ambulance f. Krankenwagen m.

ambulance médicalisée f. (SAMU) m.
Notarztwagen m.
ambulant ambulant
amcinonide m. Amcinonid n.
âme f. Gemüt n., Seele f.
amélanotique amelanotisch
amélie f. Amelie f.
amélioration f. Besserung f., Relief n.,
Verbesserung f.
amélioration de l'humeur f. Stimmungsaufhellung f.
améliorer ausbessern, bessern, verbessern
améloblaste m. Ameloblast m.
améloblastome m. Adamantinom n.,
Ameloblastom n.
amélodentinal adamantodentinal,
amelodentinal
amélogenèse f. Amelogenese f.
aménorrhée f. Amenorrhöe f.
aménorrhéique amenorrhoisch
amer bitter
américium m. Americium n.
amétropie f. Ametropie f.
amézinium m. Amezinium n.
amiante f. Asbest m.
amibe f. Amöbe f.
amibicide amöbizid
amibicide m. amöbizides Mittel n.
amiboïde amöboid
amicilline f. Amicillin n.
amicrobiose f. Amikrobiose f.
amidase f. Amidase f.
amide f. Amid n.
amide acide m. Säureamid n.
amide de chloral m. Chloralamid n.
amidon m. Stärke (chem.) f.
amidotrizoate m. Amidotrizoat n.
amikacine f. Amikacin n.
amiloride m. Amilorid n.
amimie f. Amimie f.
aminase f. Aminase f.
amine f. Amin n.
aminoacidurie f. Aminoazidurie f.
aminoacridine f. Aminoacridin n.
aminobenzoate m. Aminobenzoat n.
aminoglucoside m. Aminoglykosid n.
aminométhane m. Aminomethan n.
aminopeptidase f. Aminopeptidase f.
aminophénazol m. Aminophenazol n.
aminophylline f. Aminophyllin n.
aminoprotéase f. Aminoprotease f.

aminopyrine f. Aminopyrin n., Dimethylaminophenazon n.
aminoquinoléine f. Aminochinolin n.
aminosalicylate m. Aminosalizylat n.
aminothiazole m. Aminothiazol n.
aminotransférase f. Aminotransferase
f.
amiodarone f. Amiodaron n.
amithiazone f. Thioazetazon n.
amitose f. Amitose f.
amitotique amitotisch
amitryptiline f. Amitryptilin n.
ammoniacal ammoniakalisch, ammoniakhaltig
ammoniaque f. Ammonium n.
ammoniaque gaz m. Ammoniak n.
ammoniémie f. Ammoniämie f.
amnésie f. Amnesie f., Gedächtnisverlust m.
amnésie ponctuelle f. Gedächtnislücke f.
amnésique amnestisch
amniocentèse f. Amniozentese f.
amniogène amniogen
amniographie f. Amniographie f.
amniographique amniographisch
amnionite f. Amnionitis f.
amnioscope m. Amnioskop n.
amnioscopie f. Amnioskopie f.
amnioscopique amnioskopisch
amniotique amniotisch
amniotomie f. Amniotomie f.
amobarbital m. Amobarbital n.
amodiaquine f. Amodiaquin n.
amoindrir vermindern
amorphe amorph
amoxicilline f. Amoxicillin n.
AMP cyclique (adénosine monophosphate cyclique) m. cAMP (cyclisches Adenosinmonophosphat) n.
ampère m. Ampere n.
amphétamine f. Amphetamin n.
amphiarthrose f. Amphiarthrosis f.
amphibien m. Amphibie f.
amphibole amphibol
amphicyte m. Kapselzelle f.
amphorique amphorisch
amphotère amphoter
amphotéricine f. Amphotericin n.
ampicilline f. Ampicillin n.
amplificateur m. Verstärker m.

amplificateur terminal m. Endverstärker m.
amplitude f. Amplitude f.
ampoule f. Blase f., Glühlampe f.
ampoule f. (pharm.) Ampulle f.
ampoule f. (anat.) Ampulle f.
ampoule cristalline f. Kristallampulle f.
ampouler ampullieren
amprolium m. Amprolium n.
ampullaire ampullär
amputation f. Amputation f.
Amputation de Pirogoff f. Pirogoffsche Amputation f.
amputation du bras d'après Krukenberg f. Krukenbergarm m.
amputation du membre inférieur d'après Gritti f. Grittische Amputation f.
amputation vitale f. Vitalamputation f.
amputé (e) m., f. Amputierte (r) f., m.
amputer amputieren
amputer un membre ein Glied absetzen
amrinone f. Amrinon n.
amsacrine f. Amsacrin n.
amusie f. Amusie f.
amygdale f. Mandel f. (med.), Tonsille f.
amygdale linguale f. Tonsilla lingualis f., Zungenmandel f.
amygdale palatine f. Gaumenmandel f., Tonsilla palatina f.
amygdale pharyngienne f. Rachenmandel f., Tonsilla pharyngea f.
amygdalectomie f. TE (Tonsillektomie) f.
amygdalectomiser tonsillektomieren
amygdaline f. Amygdalin n.
amygdalite f. Tonsillitis f.
amygdalotome m. Tonsillotom n.
amygdalotomie f. Tonsillotomie f.
amylase f. Diastase (enzymol.) f.
amyle m. Amyl n.
amylène m. Amylen n.
amylène hydraté m. Amylenhydrat n.
amyloïde amyloid
amyloïde m. Amyloid n.
amyloïdisme splénique m. Schinkenmilz f., Wachsmilz f.

amyloïdose f. Amyloidose f., Amylose f.
amylolyse f. Amylolyse f.
arnylomaltase f. Amylomaltase f.
amylopectine f. Amylopektin n.
amylopectinose f. Amylopektinose f.
amylosulfate m. Amylosulfat n.
amyoplasie f. Amyoplasie f.
amyostatique amyostatisch
amyotrophie f. Amyotrophie f., Muskelatrophie f.
amyotrophique amyotrophisch
anabiose f. Anabiose f.
anabolique anabolisch
anabolique m. Anabolikum n.
anabolisme m. Anabolismus m.
anacholie f. Anacholie f.
anachorèse f. Anachorese f.
anachorétique anachoretisch
anacide anazid
anacidité f. Anazidität f.
anaclitique anaklitisch
anacousie f. Anakousie f.
anaérobie anaerob
anaérobie m. Anaerobier m.
anal anal
analbuminémie f. Analbuminämie f.
analeptique analeptisch
analeptique m. Analeptikum n., analeptisches Mittel n.
analgésie f. Analgesie f.
analgésique analgetisch
analgésique m. Analgetikum n., analgetisches Mittel n.
analgétique schmerzstillend
analogie f. Analogie f.
analogue analog
analogue m. Analogon n.
analyse f. Analyse f.
analyse d'urine f. Harnanalyse f., Urinanalyse f.
analyse de gaz f. Gasanalyse f.
analyse spectrale f. Spektralanalyse f.
analyser analysieren
analyses des dépenses f. Kostenanalyse f.
analyseur m. Analysator m.
analytique analytisch
anamnèse f. Anamnese f., Krankengeschichte f., Vorgeschichte f.
anamnestique anamnestisch
anamorphose f. Anamorphose f.

**anaphase f.** Anaphase f.
**anaphorèse f.** Anaphorese f.
**anaphylactique** anaphylaktisch
**anaphylactoïde** anaphylaktoid
**anaphylatoxine f.** Anaphylatoxin n., Apotoxin n.
**anaphylaxie f.** Anaphylaxie f.
**anaplasie f.** Anaplasie f.
**anaplasmose f.** Anaplasmose f.
**anaplastique** anaplastisch
**anarthrie f.** Anarthrie f.
**anasarque f.** Anasarka f.
**anastigmate** anastigmatisch
**anastigmate m.** Anastigmat m.
**anastigmatique** anastigmatisch
**anastomose f.** Anastomose f.
**anastomose de nerf de Jacobson f.** Jacobsonsche Anastomose f.
**anastomose latérolatérale f.** Seit-zu-Seit-Anastomose f.
**anastomose latéroterminale f.** Seit-zu-End-Anastomose f.
**anastomose portocavale f.** portocavale Anastomose f.
**anastomose termino-latérale f.** End-zu Seit-Anastomose f.
**anastomose termino-terminale f.** End zu-End-Anastomose f.
**anastomoser** anastomosieren
**anastomosite f.** Anastomositis f.
**anastomotique** anastomotisch
**anatomie f.** Anatomie f.
**anatomique** anatomisch
**anatomiste f.** Anatomin f.
**anatomiste m.** Anatom m.
**anatoxine f.** Anatoxin n.
**anavenin m.** Anavenin n.
**ancrage m.** Anker m., Verankerung f. (dent.)
**ancrage annulaire m.** Ringanker m. (dent.)
**ancrage cavalier m.** Reiterverankerung f. (dent.)
**ancrage de bridge m.** Brückenanker m., Brückenverankerung f.
**ancrer** verankern
**Ancylostoma duodenale f.** Ankylostoma duodenale n.
**andradiol m.** Andradiol n.
**androgène** androgen
**androgène m.** Androgen n.

**androgénisation f.** Androgenisierung f.
**androgynie f.** Androgynie f.
**andrologie f.** Andrologie f.
**andrologique** andrologisch
**androstanazole m.** Androstanazol n.
**androstane m.** Androstan n.
**androstanediol m.** Androstandiol n.
**androstanedione f.** Androstandion n.
**androstérone f.** Androsteron n.
**androtrope** androtrop
**androtropie f.** Androtropie f.
**anéantir** vernichten
**anémie f.** Anämie f., Blutarmut f.
**anémie aplasique f.** aplastische Anämie f.
**anémie de Cooley f.** Cooleysche Anämie f.
**anémie érythroblastique f.** Erythroblastenanämie f., Mittelmeeranämie f.
**anémie infectieuse f.** Infektanämie f.
**anémie mégaloblastique f.** Megaloblastenanämie f.
**anémie pernicieuse f.** perniziöse Anämie f.
**anémique** anämisch, blutarm
**anencéphalie f.** Anenzephalie f.
**anergie f.** Anergie f.
**anergique** anergisch
**anérythropsie f.** Rotblindheit f.
**anesthésie f.** Anästhesie f., Betäubung f.
**anesthésie en selle f.** Reithosenanästhesie f.
**anesthésie endotrachéale f.** Endotrachealnarkose f.
**anesthésie générale f.** Allgemeinnarkose f.
**anesthésie locale f.** Leitungsanästhesie f., Lokalanästhesie f.
**anesthésie par inhalation f.** Inhalationsnarkose f.
**anesthésie par le froid f.** Kälteanästhesie f.
**anesthésie superficielle f.** Oberflächenanästhesie f.
**anesthésier** anästhesieren
**anesthésiologie f.** Anästhesiologie f.
**anesthésiologique** anästhesiologisch
**anesthésique** anästhetisch

anesthésique m.   Anästhetikum n., Betäubungsmittel n.
anesthésiste f.   Anästhesistin f.
anesthésiste m.   Anästhesist m., Fachgebietsarzt für Anästhesie m.
anétodermie f.   Anetodermie f.
aneuploïde   aneuploid
aneuploïdie f.   Aneuploidie f.
aneurine f.   Aneurin n.
aneusomie f.   Aneusomie f.
anévrismal   aneurysmatisch
anévrisme m.   Aneurysma n.
anévrisme cardiaque m.   Herzaneurysma n.
anévrismectomie f.   Aneurysmektomie f.
angéite f.   Angütis f., Vaskulitis f.
angéitique   angütisch
angiectasie f.   Angiektasie f., Gefäßerweiterung f.
angiectomie f.   Angiektomie f.
angine f.   Angina f.
angine agranulocytaite f.   Angina agranulocytica f.
angine de Ludwig f.   Angina Ludovici f.
angine de poitrine f.   Angina pectoris f.
angine de Vincent f.   Angina Plaut-Vincent f.
angine folliculaire f.   Angina follicularis f.
angine lacunaire f.   Angina lacunaris f.
angine tabagique f.   Tabakangina f.
angineux   anginös
angioblaste m.   Angioblast m.
angioblastome m.   Angioblastom n.
angiocardiogramme m.   Angiokardiogramm n.
angiocardiographie f.   Angiokardiographie f.
angiocardiographique   angiokardiographisch
angioendothélium m.   Angioendothelium n.
angiofibrome m.   Angiofibrom n.
angiographie f.   Angiographie f., Vasographie f.
angiographie intraveneuse avec soustraction osseuse f.   ISA (intravenöse Subtraktionsangiographie) f.
angiographique   angiographisch

angioimmunoblastique angioimmuno blastisch
angiokératome m.   Angiokeratom n.
angiokératose f.   Angiokeratose f.
angiolipomatose f.   Angiolipomatose f.
angiologie f.   Angiologie f.
angiologique   angiologisch
angiolymphome m.   Angiolymphom n.
angiolyse f.   Angiolyse f.
angiomatose f.   Angiomatose f.
angiomatose de la rétine de von Hippel f.   Netzhautangiomatose f.
angiomatose encéphalotrigéminée f.   Sturge-Webersches Syndrom n.
angiome m.   Angiom n.
angiome cirsoïde m.   Rankenangiom n.
angiome serpigineux de Hutchinson m.   Angioma serpiginosum n.
angiomyome m.   Angiomyom n.
angiomyoneurome m.   Angiomyoneurom n.
angiomyosarcome m.   Angiomyosarkom n.
angionévropathique   angioneurotisch
angiopathie f.   Angiopathie f.
angioplastie f.   Angioplastik f., Gefäßplastik f.
angioplastie coronaire transluminale per cutanée f.   PTCA (perkutane transluminale coronare Angioplastik) f.
angiorécepteur m.   Angiorezeptor m.
angiosarcome m.   Angiosarkom n.
angioscope m.   Angioskop n.
angioscopique   angioskopisch
angiospasme m.   Angiospasmus m., Gefäßspasmus m., Vasospasmus m.
angiospastique   angiospastisch, vasospastisch
angiostornie f.   Angiostomie f., Vasostomie f.
angiostrongylose f.   Angiostrongyliasis f.
angiotensinase f.   Angiotensinase f.
angiotensine f.   Angiotensin n., Hypertensin n.
angiotensinogène m.   Angiotensinogen n.
angiotomie f.   Angiotomie f.

angiotonine f.   Angiotonin n.
angle m.   Flexur f., Winkel m.
angle anodique m.   Anodenwinkel m.
angle costophrénique m.   Zwerchfellrippenwinkel m.
angle de Garland m.   Garlandsches
Dreieck n.
angle de l'oeil m.   Augenwinkel m.
angle de la chambre antérieure m.
Kammerwinkel des Auges m.
angle de la mâchoire m.   Kieferwinkel
m.
angle de la paupière m.   Lidwinkel m.
angle de prise de vue m.   Bildwinkel
m.
angle iridocornéen m.   Kammerwinkel
des Auges m.
angle mésial m.   Mesialwinkel m.
angle ponto-cérébelleux m.   Kleinhirnbrückenwinkel m.
angle visuel m.   Blickwinkel m., Gesichtswinkel m.
angoisse f.   Angst f.
angoisse de la mort f.   Todesangst f.
angor au repos m.   Ruhe-Angina f.
angor d'effort m.   Belastungsangina f.
angulaire   eckig, winkelig
angulation f.   Knickung f., Winkelbildung f.
angulation urétérale f.   Ureterknickung f.
anhédonisme m.   Anhedonie f.
anhépathique   anhepatisch
anhidrose f.   Anhidrose f.
anhidrotique   anhidrotisch, anthidrotisch
anhidrotique m.   Anthidrotikum n.
anhydrase f.   Anhydrase f.
anhydrase carbonique f.   Carboanhydrase f., Karboanhydrase f.
anhydrémie f.   Anhydrämie f.
anhydrémique   anhydrämisch
anhydride m.   Anhydrid n.
anhydride acide m.   Säureanhydrid n.
anhydrique   anhydrisch
anhydrométhylènecitrate m.   Anhydromethylenzitrat n.
anictérique   anikterisch
aniléridine f.   Anileridin n.
aniline f.   Anilin n.
aniline, intoxication par l' f.   Anilinvergiftung f.

anilisme m.   Anilinvergiftung f.
animal   animalisch, tierisch
animal à sang chaud m.   Warmblüter
m.
animal à sang froid m.   Kaltblüter m.
animal domestique m.   Haustier n.
animal rampant m.   Kriechtier n.
animal utilisé en expérience m.   Versuchstier n.
animaux reproducteurs m. pl.   Zuchtvieh n.
animé   belebt
animer   beleben
anion m.   Anion n.
aniridie f.   Aniridie f.
anis m.   Anis m.
anis, huile d' f.   Anisöl n.
anisakiase f.   Anisakiasis f.
anisate m.   Anisat n.
anisindione f.   Anisindion n.
anisine f.   Anisin n.
anisochromasie f.   Anisochromasie f.
anisochromatique   anisochromatisch
anisocorie f.   Anisokorie f.
anisocytose f.   Anisozytose f.
anisodonte   anisodont
anisognathe   anisognath
anisomastie f.   Anisomastie f.
anisomélie f.   Anisomelie f.
anisomérique   anisomerisch
anisométrope   anisometrop
anisométropie f.   Anisometropie f.
anisopéristaltique   anisoperistaltisch
anisotonique   anisotonisch
anisotrope   anisotrop
anisotropine f.   Anisotropin n.
ankyloblépharon m.   Ankyloblepharon n.
ankyloglossie f.   Ankyloglossie f.
ankylopoïétique   ankylopoetisch
ankylosant   ankylosierend
ankylosé   ankylotisch
ankylose f.   Ankylose f.
ankylose de l'épaule f.   Schultersteife f.
ankylostome m.   Hakenwurm m.
ankylostomiase f.   Ankylostomiasis f.
anneau m.   Ring m.
anneau de Bandl m.   Bandlsche Furche
f.
anneau de Cabot m.   Cabotscher Ring
m.

**anneau de Newton m.**   Newtonscher Ring m.
**anneau de serrage m.**   Klemmring m.
**anneau de ténia m.**   Bandwurmglied n.
**anneau de Waldeyer m.**   Rachenring m.
**anneau du bassin m.**   Beckenring m.
**anneau inguinal m.**   Inguinalring m., Leistenring m.
**année de naissance f.**   Geburtsjahr n.
**annexe f.**   Adnex m.
**annexite juxta-utérine f.**   Mesometritis f.
**annexopexie f.**   Adnexheftung f.
**annoncer**   ankündigen, anzeigen
**annulaire**   ringförmig
**annulation f.**   Löschung f.
**annuloaortique**   annuloaortal
**annuloplastie f.**   Annuloplastik f.
**anode f.**   Anode f., Antikathode f.
**anode tournante f.**   Drehanode f.
**anodontie f.**   Anodontie f.
**anogénital**   anogenital
**anomalie f.**   Anomalie f.
**anomalie de position f.**   Lageanomalie f.
**anomalie du septum auriculaire f.**   Vorhofseptumdefekt m.
**anomalie du septum interventriculaire f.**   Ventrikelseptumdefekt m.
**anomalie primaire du septum auriculaire f.**   Primumtyp eines Vorhofseptumdefekts m.
**anomalie secondaire du septum auriculaire f.**   Secundumtyp eines Vorhofseptumdefekts m.
**anomalie septale cardiaque f.**   kardialer Septumdefekt m.
**anomalie vasculopulmonaire de Scimitar f.**   Scimitarsyndrom n.
**anomérique**   anomer
**anonyme**   anonym
**anopérinéal**   anoperineal
**anophèle m.**   Anopheles f.
**anophtalmie f.**   Anophthalmie f.
**anoplastie f.**   Anusplastik f.
**anopsie f.**   Anopsie f.
**anorchidie f.**   Anorchie f., Anorchismus m.
**anorchie f.**   Anorchie f.
**anorectal**   anorektal
**anorexiant m.**   Appetitzügler m.

**anorexie f.**   Anorexie f.
**anorganique**   anorganisch
**anormal**   aberrierend, abnorm, anomal, anormal, regelwidrig
**anormalité f.**   Abnormität f.
**anosmie f.**   Anosmie f.
**anosognosie f.**   Anosognosie f.
**anostose f.**   Anostose f.
**anotie f.**   Anotie f.
**anovésical**   anovesikal
**anovulatoire**   anovulatorisch
**anoxémie f.**   Anoxämie f.
**anoxémique**   anoxämisch
**anoxie f.**   Anoxämie f., Anoxie f.
**anse f.**   Schleife f., Schlinge f.
**anse à amygdales f.**   Tonsillenschlinge f.
**anse afférente f.**   zuführende Schlinge f.
**anse aveugle f.**   blinde Schlinge f.
**anse d'anastomose f.**   Anastomosenschenkel m.
**anse de Henle f.**   Henlesche Schleife f.
**anse en platine f.**   Platinöse f.
**anse métallique f.**   Drahtschlinge f.
**anse nasale f.**   Nasenschlinge f.
**anse oculaire f.**   Augenschlinge f.
**anse pour ablation de polypes de l'oreille f.**   Ohrpolypenschlinge f.
**anse sigmoïde f.**   Sigmoid n.
**antacide**   antacid, antazid
**antacide m.**   Antacidum n., Antazidum n.
**antagglutinine f.**   Antagglutinin n.
**antagonisme m.**   Antagonismus m.
**antagoniste**   antagonistisch
**antagoniste m.**   Antagonist m.
**antagoniste de calcium m.**   Kalziumantagonist m.
**antalgique**   analgetisch, schmerzlindernd
**antalgique m.**   Analgetikum n., analgetisches Mittel n., schmerzstillendes Mittel n.
**antazoline f.**   Antazolin n.
**antééédants m. pl.**   Vorgeschichte f.
**antéfixation f.**   Antefixation f.
**antéflexion f.**   Anteflexion f.
**antégrade**   antegrad
**anténatal**   antenatal, vorgeburtlich
**antenne f.**   Antenne f., Fühler m.

**antéposition f.** Anteposition f., Vorlagerung f.
**antéroapical** anteroapikal
**antérocclusion f.** Vorbißstellung f.
**antérodorsal** anterodorsal
**antérograde** anterograd
**antéroinférieur** anteroinferior
**antéropostérieur** anteroposterior
**antéroseptal** anteroseptal
**antérosuperieur** anterosuperior
**antéversion f.** Anteversion f.
**antéverti** antevertiert
**anthaptène m.** Anthapten n.
**anthélix m.** Anthelix f.
**anthelminthique** anthelminthisch
**anthelminthique m.** Anthelminthikum n., Wurmmittel n.
**anthracène m.** Anthrazen n.
**anthracose f.** Anthrakose f.
**anthracosique** anthrakotisch
**anthracycline f.** Anthracyclin n.
**anthraline f.** Anthralin n.
**anthramine f.** Anthramin n.
**anthraquinone f.** Anthrachinon n.
**anthrarobine f.** Anthrarobin n.
**anthrax m.** Anthrax m., Karbunkel m.
**anthropologique** anthropologisch
**anthropologue f.** Anthropologin f.
**anthropologue m.** Anthropologe m.
**anthropométrie f.** Anthropometrie f.
**anthropométrique** anthropometrisch
**anthropozoonose f.** Anthropozoonose f.
**antiacide** antazid
**antialcoolique f.** Alkoholgegnerin f.
**antialcoolique m.** Alkoholgegner m.
**antiallergique** antiallergisch
**antiallergique m.** Antiallergikum n.
**antiandrogène m.** Antiandrogen n.
**antianémique** antianämisch
**antiangineux** antianginös
**antianticorps m.** Anti-Antikörper m.
**antiantitoxine f.** Anti-Antitoxin n.
**antiapoplectique** antiapoplektisch
**antiarthritique** antiarthritisch
**antiarythmique** antiarrhythmisch
**antiarythmisant m.** Antiarrhythmikum n.
**antiasthmatique** antiasthmatisch
**antiasthmatique m.** Antiasthmatikum n.

**antibactérien** antibakteriell
**antibiliaire** antibiliös
**antibiotique** antibiotisch
**antibiotique m.** Antibiotikum n.
**antiblennorragique** antigonorrhoisch
**antibradycardique** antibradykard
**anticancéreux m.** Antikrebsmittel n.
**anticarcinogène** antikarzinogen
**anticarie** antikariös
**anticaries** kariesverhütend
**anticatarrhal** antikatarrhalisch
**anticathode f.** Anode f.
**anticellulaire** antizellulär
**anticétogène** antiketogen
**anticholinergique** anticholinergisch
**anticholinergique m.** Anticholinergikum n.
**anticholinestérase m.** Anticholinesterase f.
**antichymotrypsine f.** Antichymotrypsin n.
**anticoagulant** antikoagulierend
**anticodon m.** Anticodon m.
**anticomplément m.** Antikomplement n.
**anticomplémentaire** antikomplementär
**anticonceptionnel** antikonzeptionell, empfängnisverhütend
**anticongestif m.** abschwellendes Mittel n.
**anticonvulsif** antikonvulsiv
**anticonvulsivant m.** Antikonvulsivum n.
**anticorps m.** Antikörper m.
**anticorps froid m.** Kälteantikürper m.
**anticorps, excédent d' m.** Antikörperüberschuß m.
**anticorps, manque d' m.** Antikörpermangel m.
**anticyclique** antizyklisch
**anticytolysine f.** Antizytolysin n.
**antidépresseur m.** Antidepressivum n.
**antidépressif** antidepressiv
**antidiabétique** antidiabetisch
**antidiabétique m.** Antidiabetikum n.
**antidiabétogène** antidiabetogen
**antidiphtérique** antidiphtherisch
**antidiurétique** antidiuretisch
**antidiurétique m.** Antidiuretikum n.
**antidote m.** Antidot n., Gegengift n.
**antidromique** antidrom

**antidyspeptique** antidyspeptisch
**antiémétique** antiemetisch
**antiémétique m.** Antiemetikum n.
**antienzyme f.** Antienzym n.
**antiépileptique** antiepileptisch
**antiépileptique m.** Antiepileptikum n.
**antiestrogéne m.** Antiöstrogen m.
**antifébrile** antifebril
**antiferment m.** Aneiferment n.
**antifibrillatoire** antifibrillatorisch
**antifibrine f.** Acetanilid n.
**antifibrinolysine f.** Antifibrinolysin n.
**antiflux m.** Antiflußmittel n.
**antifongique** antifungal, antimykotisch
**antifungique** antifungal
**antigène n.** Antigen n.
**antigène antithyréoglobuline m.** Antithyreoglobulinantigen n.
**antigène Australie m.** Australiaantigen n.
**antigène carcino-embryonnaire (CEA)
m.** karzinoembryogenes Antigen n.
carcinoembryogenes Antigen n.
**antigène cellulaire m.** Zellantigen n.
**antigène complet m.** Vollantigen n.
**antigène cryptique m.** Kryptantigen n.
**antigène d'enveloppe m.** Mantelantigen n.
**antigène de Gold m.** karzinoembryogenes Antigen n.
**antigène de surface m.** Oberflächenantigen n.
**antigéne nucléaire m.** Kernantigen n.
**antigène partiel m.** Partialantigen n.
**antigène-polypeptide tissulaire m.** Gewebspolypeptidantigen n.
**antigène précoce m.** Frühantigen n.
**antigénicité f.** Antigenität f.
**antigénique** antigen
**antiglobuline f.** Antiglobulin n.
**antihémolytique** antihämolytisch
**antihémophilique** antihämophil
**antihémorragique** antihämorhagisch
**antiherpétique** antiherpetisch
**antiherpétique m.** Antiherpeticum n.
**antihistaminique** antihistaminisch
**antihistaminique m.** Antihistaminikum n.
**antihyaluronidase f.** Antihyaluronidase f.
**antihypertenseur** antihypertonisch

**antiinflammatoire** entzündungshemmend, entzündungswidrig
**antilipolytique** antilipolytisch
**antilope f.** Antilope f.
**antilymphocytaire** antilymphozytär
**antimétabolique** antimetabolisch
**antimétabolite m.** Antimetabolit m.
**antimicrobien** antimikrobiell
**antimitotique m.** Mitosehemmstoff
m.
**antimoine m.** Antimon n.
**antimoniate m.** Antimonat n.
**antimonylgluconate m.** Antimonylglukonat n.
**antimuscarinique m.** Antimuskarinmittel n.
**antimycotique** antimykotisch
**antimycotique m.** Antimykotikum n.
**antinéoplasique** antineoplastisch
**antineuralgique** antineuralgisch
**antineuralgique m.** Antineuralgikum
n.
**antinévritique** antineuritisch
**antinociceptif** antinocizeptiv
**antinucléaire** antinukleär
**antipaludéen m.** Malariamittel n.
**antiparasitaire** antiparasitär
**antiparkinsonien m.** Parkinsonmittel
n., Mittel gegen Parkinson
**antipathie f.** Antipathie f.
**antipathique** unsympathisch
**antipéristaltique** antiperistaltisch
**antipéristaltisme m.** Antiperistaltik f.
**antiperspirant m.** Anthidrotikum n.
**antiphagocytaire** antiphagozytär
**antiphlogistique** antiphlogistisch
**antiphlogistisque m.** Antiphlogistikum n.
**antiplasmine f.** Antiplasmin n.
**antiprolifératif** antiproliferativ
**antiprotéase f.** Antiprotease f.
**antiprurigineux** antipruriginös, juckreizstillend
**antipsychotique** antipsychotisch
**antipsychotique m.** antipsychotische
Mittel n.
**antipyrétique** antipyretisch, fieberser-
kend
**antipyrétique m.** Antipyretikum n.,
Fiebermittel n.
**antipyrine f.** Antipyrin n.
**antirachitique** antirachitisch

antirhumatismal  antirheumatisch
antirhumatismal m.  Antirheumatikum n.
antirhumatismal non-stéroïdien m.
  NSAR (nichtsteroidales Antirheumatikum.) n.
antirongeurs  rodentizid
antirouille m.  Rostschutzmittel n.
antiséborrhéique  antiseborrhoisch
antiséborrhéique m.  Antiseborrhoikum n.
antisepsie f.  Antisepsis f.
antiseptique  antiseptisch, keimtötend
antiseptique m.  Antiseptikum n.
antisérotonine m.  Antiserotonin n.
antisérum m.  Antiserum n.
antisialogogue  speichelhemmend
antisome m.  Antisom n.
antispasmodique  antispastisch, krampflösend
antispasmodique m.  Antispastikum n., Spasmolytikum n.
antistaphylolysine f.  Antistaphylolysin n.
antistreptodornase f.  Antistreptodornase f.
antistreptokinase (AKS) f.  Antistreptokinase f.
antistreptolysine f.  Antistreptolysin n.
antisyphilitique  antisyphilitisch
antisyphilitique m.  Antiluetikum n., Antisyphilitikum n.
antitachycardique  antitachycard
antitétanique  antitetanisch
antithrombine f.  Antithrombin n.
antithrombique m.  Antithrombotikum n.
antithrombokinase f.  Antithrombokinase f.
antithromboplastique  antithromboplastisch
antithrombotique  antithrombotisch
antitoxine f.  Antitoxin n.
antitoxine de gangrène gazeuse f.  Gasgangränantitoxin n.
antitoxine diphtérique f.  Diphtherieantitoxin n.
antitoxine tétanique f.  Tetanusantitoxin n.
antitoxique  antitoxisch
antitragus m.  Antitragus m.

antitrichomonas m.  Trichomonadenmittel n.
antituberculeux  antituberkulös
antitussif  hustenlindernd, hustenstillend
antitussif m.  hustenstillendes Mittel n.
antiurokinase f.  Antiurokinase f.
antivénéneux m.  Gegengift n.
antiviral m.  Antivirusmittel n.
antivitamine f.  Antivitamin n.
antixérophtalmique  antixerophthalmisch
antral  antral
antre m.  Antrum n.
antre de Highmore m.  Kieferhöhle f.
antrectomie f.  Antrektomie f.
antrocystectomie f.  Antrozystektomie f.
antronasal  antronasal
antroscope m.  Antroskop n.
antroscopie f.  Antroskopie f.
antroscopique  antroskopisch
antrostomie f.  Antrostomie f.
antrotomie f.  Antrotomie f.
antrotympanique  antrotympanisch
antrum m.  Antrum n.
anucléé  kernlos
anurie f.  Anurie f., Harnsperre f.
anurique  anurisch
anus m.  After m.
anus artificiel m.  Kunstafter m.
anus contre nature m.  Anus praeternaturalis m.
anuscope m.  Anoskop n., .Anuskop n.
anuscopie f.  Anoskopie f., Anuskopie f.
anxiété de base f.  Grundangst f.
anxiété diurne f.  Tagangst f.
anxiolyse f.  Anxiolyse f.
anxiolytique  angstlösend, anxiolytisch
anxiolytique m.  angstlösendes Mittel n., anxiolytisches Mittel n.
aorte f.  Aorta f.
aortite f.  Aortitis f.
aortocoronaire  aortokoronar
aortofémoral  aortofemoral
aortographie f.  Aortographie f.
aortoiliaque  aortoiliakal
aortoiliofémoral  aortoiliofemoral
aortoplastie f.  Aortenplastik f.

apaisement m. Beruhigung f.
apaiser stillen (beruhigen)
apalcilline f. Apalcillin n.
apallique apallisch
aparalytique aparalytisch
apareunie f. Apareunie f.
apathie f. Apathie f.
apathique apathisch
apatite f. Apatit m.
APC virus m. Adenovirus n.
apepsie f. Apepsie f.
apeptique apeptisch
apériodique aperiodisch
apesanteur f. Schwerelosigkeit f.
apex orbitaire, syndrome de l' m. Orbitaspitzensyndrom n.
apex radiculaire m. Wurzelspitze f., Zahnwurzelspitze f.
apexcardiogramme m. (ACG) Apexkardiogramm n. (AKG)
apexcardiographie f. Apexkardiographie f.
apexogramme m. Apexkardiogramm n.
apexographique apexkardiographisch
aphagie f. Aphagie f.
aphakie f. Aphakie f.
aphasie f. Aphasie f.
aphasie nominale f. Wortfindungsstörung f.
aphasiologie f. Aphasiologie f.
aphasique aphasisch
aphone aphonisch, stimmlos
aphonie f. Aphonie f.
aphrodiasique m. Aphrodisiakum n.
aphte m. Aphthe f.
apical apikal
apicite f. Apizitis f.
apicogramme m. Apikogramm n.
apicolyse f. Apikolyse f.
apicostomie f. Apikostomie f.
apicotomie f. Apikotomie f.
apiol m. Apiol n.
aplanat m. Aplanat m.
aplanation f. Applanation f.
aplanétique aplanatisch
aplanir ebnen
aplanocytose f. Aplanozytose f.
aplasie f. Aplasie f.
aplasique aplastisch
aplatir abflachen
aplatissement m. Verflachung f.

apnée f. Apnoe f.
apnéique apnoisch
apocrine apokrin
apoenzyme f. Apoenzym n.
apoferritine f. Apoferritin n.
apolipoprotéine f. Apolipoprotein n
apomorphine f. Apomorphin n.
aponévroplastie f. Faszienplastik f.
aponévrose f. Aponeurose f., Faszie
apophysaire apophysär
apophyse f. Apophyse f., Knochenvorsprung m.
apophyse articulaire f. Gelenkfortsa m.
apophyse coracoide f. Processus cor coideus m.
apophyse épineuse f. Dornfortsatz r
apophyse mastoïde f. Mastoid n., Warzenfortsatz m.
apophyse transverse f. Querfortsatz m.
apophyse zygomatique f. Jochfortsa m., Processus zygomaticus m.
apophysite f. Apophysitis f.
apoplectiforme apoplektiform
apoplectique apoplektisch
apoplexie f. Apoplexie f.
apoplexie cérébrale f. Gehirnschlag m., Schlaganfall m.
apoprotéine f. Apoprotein n.
apotoxine f. Apotoxin n.
appareil m. Apparat m., Gerät n.
appareil à affichage visuel m. Sichta zeigegerät n.
appareil à distiller m. Destillierappa rat m.
appareil à inhalations m. Inhalation apparat m.
appareil à micro-ondes m. Mikrowe lentherapiegerät n.
appareil à moulage m. Gußmaschin f.
appareil à mouler sous pression m. Druckgußgerät n.
appareil à ondes courtes m. Kurzwe lentherapiegerät n.
appareil à perfusion m. Infusionsger: n.
appareil à pipetter m. Pipettiergerät
appareil à pneumothorax m. Pneumothoraxapparat m.

A

appareil à quatre valves m.   Vierventilgerät n.
appareil à six valves m.   Sechsventilgerät n.
appareil à soudure m.   Lötgerät n.
appareil à tension m.   Blutdruckapparat m.
appareil à usages multiples m.   Allzweckmaschine f.
appareil acoustique m.   Hörapparat
m.
appareil cardiorespiratoire m.   Herz-
Lungen-Maschine f.
appareil d'aide à la marche m.   Gehwagen m.
appareil d'alarme m.   Lärmapparat m.
appareil d'anesthésie m.   Narkoseapparat m.
appareil d'électrocardiographie à enregistrement sur bande m.   EKG-
Bandspeichergerät n.
appareil d'entraînement m.   Übungsgerät n.
appareil d'exploration pulpaire m.
Pulpenprüfgerät n.
appareil d'insertion m.   Einführgerät
n.
appareil d'orthodontie m.   Zahnregulierungsapparat m.
appareil d'oxygénothérapie m.   Sauerstofftherapiegerät n.
appareil de chauffage m.   Heizgerät n.
appareil de contention m.   Halteappa-
rat m.
appareil de Golgi m.   Golgi-Apparat
m.
appareil de mesure m.   Meßvorrichtung f.
appareil de mesure de coagulation m.
Gerinnungsmeßgerät n.
appareil de mesure de la résistance cutanée m.   Hautwiderstandsmeßgerät
n.
appareil de mesure du débit cardiaque
m.   Herzleistungsmeßgerät n.
appareil de microdosage m.   Mikrodosiergerät n.
appareil de radiologie m.   Röntgenapparat m.
appareil de recuit m.   Glühapparat m.
appareil de suture m.   Nähapparat m.

appareil de suture par agrafe m.
Klammernahtinstrument n.
appareil de titrage m.   Titriergerät n.
appareil de Zander m.   Zanderapparat
m.
appareil digestif m.   Verdauungsapparat m.
appareil extenseur m.   Extensionsvorrichtung f.
appareil frigorifique m.   Gefrierapparat m.
appareil locomoteur m.   Bewegungsapparat m.
appareil pour aérosol m.   Aerosolapparat m.
appareil pour fusion de la cire m.
Wachsschmelzer m.
appareil respiratoire m.   Respirationstrakt m.
appareil urinaire m.   Harntrakt m.
appareillage m.   Apparatur f.
appareillage d'extension de la colonne
vertébrale de Glisson m.   Glissonsche Schlinge f.
appareillage pour transfusion indirecte
m.   Apparat zur indirekten Bluttransfusion m.
apparenté   verwandt
appariement m.   Paarung f.
apparier   paaren
apparition de la pilosité pubienne f.
Pubarche f.
appauvrissement m.   Verarmung f.
appendectomie f.   Appendektomie f.
appendice m.   Anhangsgebilde n., Ap-
pendix m.
appendice auriculaire cardiaque m.
Herzohr n.
appendice vermiculaire m.   Blinddarm
m., Wurmfortsatz m.
appendice xiphoïde rn.   Schwertfortsatz m., Xiphoid m.
appendicite f.   Appendizitis f.
appétit m.   Appetit m.
applicateur m.   Applikator m.
applicateur de radium m.   Radiumträger m.
application f.   Anlegung f., Anwendung f., Applikation f.
application de pommade f.   Salbenanwendung f.
appliquer   anwenden, applizieren

appliquer un mordant   beizen (dent.)
apport m.   Versorgung f.
apport alimentaire par gastrostomie f.
   Magenfistelernährung f.
apport de cocaïne m.   Kokainisierung
   f.
apport de sang m.   Blutversorgung f.
apposition f.   Apposition f.
appositionnel   appositional
apprendre   erfahren
apprenti m.   Auszubildender m., Lehrling m.
apprentie f.   Auszubildende f.
apprêt m.   Haftlack m. (dent.)
approche f.   Annäherung f.
approfondir   vertiefen
approfondissement m.   Vertiefung f.
approvisionnement m.   Verpflegung f.
appui à la marche m.   Beinstütze f.
appui cervical m.   Halsstütze f.
appui tête m.   Kopfhalter m.
appuyer   stemmen
apraxie f.   Apraxie f.
apraxique   apraktisch
âpre   herb
après la mort   postmortal
après la phase aigue   postakut
aprindine f.   Aprindin n.
aprobarbital m.   Aprobarbital n.
aprosexie f.   Aprosexie f.
aprotinine f.   Aprotinin n.
apte à participer à la compétition
   wettbewerbsfähig
apte au travail   arbeitsfähig
apte au vol   fliegertauglich
aptitude f.   Fähigkeit f.
aptitude à conduire f.   Fahrtauglichkeit f.
aptitude au travail f.   Arbeitsfähigkeit
   f.
aptitude visuelle f.   Sehkraft f., Sehvermögen n.
aptyalisme m.   Aptyalismus m.
apudome m.   Apudom n.
aqueduc m.   Aquädukt m.
aqueduc de Sylvius m.   Aquaeductus
   Sylvii m.
aqueduc du mésencéphale m.   Aquaeductus Sylvii m.
aqueux   wässerig, wäßrig
aquocobalamine f.   Aquokobalamin
   n.

arabinofuranose m.   Arabinofuranos
   f.
arabinofuranosidase f.   Arabinofura
   nosidase f.
arabinogalactane m.   Arabinogalakta
   n.
arabinose m.   Arabinose f.
arabinoside m.   Arabinosid n.
arabinosurie f.   Arabinosurie f.
arabinoxylane m.   Arabinoxylan n.
arabitol m.   Arabit (Alkohol) m.
arachidonate m.   Arachidonat n.
arachnides m. pl.   Arachnida n. pl.
arachnitis f.   Arachnitis f.
arachnodactylie f.   Arachnodaktylie
arachnoïdite f.   Arachnitis f., Arachnoiditis f.
aragonite f.   Aragonit m.
araignée f.   Spinne f.
araignée venimeuse f.   Giftspinne f.
arbitraire   willkürlich
arborisation f.   Arborisation f.
arbovirus m.   Arbovirus m.
arbre bronchique m.   Bronchialbaur
   m.
arbre généalogique m.   Stammbaum
   m.
arbre vasculaire m.   Gefäßbaum m.
arbutine f.   Arbutin n.
arc m.   Bogen m.
arc branchial m.   Kiemenbogen m.
arc costal m.   Rippenbogen m.
arc d'extension m.   Dehnungsbogen
   m., Extensionsbügel m. dent.
arc Edgewise m.   Kantenbogen m.
arc facial m.   Gesichtsbogen m.
arc métallique m.   Drahtbogen m.
arc réflexe m.   Reflexbogen m.
arc sénile de la cornée m.   Arcus senil
arc vertébral m.   Wirbelbogen m.
arcade f.   Arkade f., Bogen (Gewölb
   m.
arcade alvéolaire f.   Alveolarbogen r
arcade dentaire f.   Zahnbogen m.
arcade fémorale f.   Leistenband n.,
   Poupartsches Band n.
arcade zygomatique f.   Jochbogen m
arceau m.   Gewölbe n.
archaïque   archaisch
arche géminée f.   Zwillingsbogen m.
archébiose f.   Abiogenese f.

archétype m.   Archetyp m., Urtyp m.
architectonie f.   Architektonik f.
architectonique   architektonisch
archive f.   Archiv n.
archives centrales f. pl.   Zentralarchiv n.
archives radiologiques f. pl.   Röntgenarchiv n.
arciforme   bogig
aréactivité f.   Reaktionsunfähigkeit f.
arécaïdine f.   Arecaidin n.
arécoline f.   Arecolin n.
aréflexie f.   Areflexie f.
aréflexie pupillaire f.   Pupillenstarre f.
aréflexique   reflexlos
arégénératif   aregenerativ
arénation f.   Sandbad n.
arénavirus rn.   Arenavirus n.
aréolaire   areolär
arête f.   Grat m.
argent m.   Silber n.
argentaffine   argentaffin
argentaffinome m.   Argentaffinom n.
argentamine f.   Argentamin n.
argenter   versilbern
argentophile   argentophil
argentum proteinicum m.   Argentum proteinicum n.
arginase f.   Arginase f.
arginine f.   Arginin n.
argininosuccinase f.   Argininosukzinase f
argininosuccinate m.   Argininosukzinat n.
argon m.   Argon n.
argyrie f.   Argyrie f.
argyrophile   argyrophil
argyrose f.   Argyrie f.
ariboflavinose f.   Ariboflavinose f.
arithmomanie f.   Arithmomanie f., Zählzwang m., Zwangszählen n.
armature du bridge f.   Brückengerüst n.
armoire à instruments f.   Instrumentenschrank m.
ARN (acide ribonucléique) m.   RNS (Ribonukleinsäure) f.
ARN de transfert m.   Transfer-RNS f.
ARN messager m.   Botschafter-RNS f., Messenger-RNS f.
aromatique   aromatisch

arôme m.   Aroma n., Geschmackstoff m., Würze f.
arqué   bogig
arrachement m.   Abriß m., Riß m.
arrêt m.   Stillstand m.
arrêt cardiaque m.   Herzstillstand m.
arrêt circulatoire m.   Kreislaufstillstand m.
arrêt de maturation m.   Reifungsstillstand m.
arrêt de travail m.   Arbeitsunfähigkeit f., AU (Arbeitsunfähigkeit) f.
arrêter   aufhalten, zum Stillstand bringen
arrhénoblastome m.   Arrhenoblastom n.
arriéré   zurückgeblieben
arrière-plan m.   Hintergrund m.
arrondir   abrunden
arrosion f.   Arrosion f.
arsanilate m.   Arsanilat n.
arsenate m.   Arsenat n.
arsenic m.   Arsen n.
arsenic trioxydé m.   Arsenik n.
arsénical   arsenhaltig (fünfwertig)
arsénieux   arsenhaltig (dreiwertig)
arsenite f.   Arsenit n.
arsine f.   Arsin n.
arsonate m.   Arsonat n.
art de guérir m.   Heilkunst f.
art du diagnostic m.   Diagnostik f.
artefact m.   Artefakt n., Kunstprodukt n.
artère basilaire f.   Arteria basilaris f.
artère brachiale f.   Arteria brachialis f.
artère carotide externe f.   Arteria carotis externa f.
artère carotide interne f.   Arteria carotis interna f.
artère carotide primitive f.   Arteria carotis communis f.
artère centrale de la rétine f.   Arteria centralis retinae f.
artère cérébelleuse f.   Arteria cerebelli f.
artère cérébrale f.   Arteria cerebri f.
artère circonflexe fémorale f.   Arteria circumflexa femoris f.
artère communicante f.   Arteria communicans f.
artère coronaire f.   Arteria coronaris f.
artère crurale f.   Arteria femoralis f.

**artère diaphragmatique f.** Arteria phrenica f.
**artère épigastrique f.** Arteria epigastrica f.
**artère fémorale f.** Arteria femoralis f.
**artère fémorale profonde f.** Arteria profunda femoris f.
**artère frontale f.** Arteria frontalis f.
**artère gastrique f.** Arteria gastrica f.
**artère gastroépiploïque f.** Arteria gastroepiploica f.
**artère hélicine f.** Korkzieherarterie f.
**artère hémorroïdale f.** Arteria haemorrhoidalis f.
**artère hépatique f.** Arteria hepatica f.
**artère honteuse f.** Arteria pudendalis f.
**artère humérale f.** Arteria brachialis f.
**artère hypogastrique f.** Arteria hypogastrica f.
**artère iléocolique f.** Arteria ileocolica f.
**artère iliaque f.** Arteria iliaca f.
**artète intercostale f.** Arteria intercostalis f.
**artère labiale f.** Arteria labialis f.
**artère lacrymale f.** Arteria lacrimalis f.
**artère laryngée f.** Arteria laryngea f.
**artère linguale f.** Arteria lingualis f.
**artère mammaire f.** Arteria mammaria f.
**artère maxillaire f.** Arteria maxillaris f.
**artère méningée f.** Arteria meningica f.
**artère mésentérique f.** Arteria mesenterica f.
**artère obturatrice f.** Arteria obturatoria f.
**artère occipitale f.** Arteria occipitalis f.
**artère ombilicale f.** Arteria umbilicalis f.
**artète ophtalmique f.** Arteria ophthalmica f.
**artère ovarienne f.** Arteria ovarica f.
**artère palatine f.** Arteria palatina f.
**artère pancréatico-duodénale f.** Arteria pancreaticoduodenalis f.
**artère périnéale f.** Arteria perinealis f.
**artère péronière f.** Arteria fi'bularis f., Arteria peronea f.
**artère poplitée f.** Arteria poplitea f.

**artère pulmonaire f.** Arteria pulmonalis f.
**artère radiale f.** Arteria radialis f.
**artère rénale f.** Arteria renalis f.
**artère rétinienne f.** Retinalarterie f.
**artère rétinienne angiospastique argentée f.** Silberdrahtarterie f.
**artère sousclavière f.** Arteria subclavia f.
**artère sousorbitaire f.** Arteria infraorbitalis f.
**artère spermatique f.** Arteria spermatica f.
**artère splénique f.** Arteria lienalis f.
**artète susorbitaire f.** Arteria supraorbitalis f.
**artère temporale f.** Arteria temporalis f.
**artère terminale f.** Endarterie f.
**artère thoracique f.** Arteria thoracalis f.
**artère thyroïdienne f.** Arteria thyreoidea f.
**artère tibiale f.** Arteria tibialis f.
**artère utérine f.** Arteria uterina f.
**artère vertébrale f.** Arteria vertebralis f.
**artérialisation f.** Arterialisierung f.
**artérialiser** arterialisieren
**artériel** arteriell
**artériocapillaire** arteriokapillär
**artériogramme m.** Arteriogramm n.
**artériographie f.** Arteriographie f.
**artériographique** arteriographisch
**artériolaire** arteriolär
**artériole f.** Arteriole f.
**artérioscléreux** arteriolosklerotisch
**artériosclérotisch**
**artériosclérose f.** Arteriosklerose f.
**artériosclérose coronaire f.** Koronarsklerose f.
**artérioveneux** arteriovenös
**artérite f.** Arterütis f.
**arthralgie f.** Arthralgie f., Gelenkschmerz m.
**arthralgique** arthralgisch
**arthrectomie f.** Arthrektomie f.
**arthrite f.** Arthritis f.
**arthrite de Lyme f.** Lyme-Krankheit f.
**arthrite infectieuse f.** Infektarthritis
**arthrite rhumatoïde f.** Gelenkrheumatismus, primär chronischer m.

arthritique arthritisch
**arthritisme m.** Arthritismus m.
**arthrodèse f.** Arthrodese f.
**arthrographie f.** Arthrographie f.
**arthrographique** arthrographisch
**arthrogrypose f.** Arthrogrypose f.
**arthrolyse f.** Arthrolyse f.
**arthropathie f.** Arthropathie f.
**arthropathie climactérique f.** klimakterische Arthropathie f.
**arthrophyte m.** Gelenkmaus f.
**arthropodes m. pl.** Arthropoda n. pl.
**arthroscope m.** Arthroskop n.
**arthroscopique** arthroskopisch
**arthrose déformante f.** Arthrosis deformans f.
**arthrose interépineuse f.** Baastrupsche Krankheit f.
**arthrotomie f.** Arthrotomie f.
**article à usage unique m.** Einmalartikel m., Einwegartikel m.
**article dentaire m.** Dentalartikel m.
**articulaire** artikulär
**articulateur m.** Artikulator m., Bißgerät n.
**articulation f.** Artikulation f., Gelenk n.
**articulation à rotation axiale f.** Axialrotationsgelenk n.
**articulation ballottante f.** Schlottergelenk n., Wackelgelenk n.
**articulation cochléaire f.** Schraubgelenk n.
**articulation cotyloïde f.** Pfannengelenk n.
**articulation de la hanche f.** Hüftgelenk n.
**articulation de Lisfranc f.** Lisfrancsches Gelenk n.
**articulation du doigt f.** Fingergelenk n.
**articulation du genou f.** Kniegelenk n.
**articulation du pied f.** Hufgelenk n. (vet.)
**articulation éllipsoïde f.** Ellipsoidgelenk n.
**articulation en charnière f.** Scharniergelenk n.
**articulation en pivot f.** Drehgelenk n., Radgelenk n.
**articulation intervertébrale f.** Wirbelgelenk n.

**articulation irritée f.** Reizgelenk n.
**articulation orbiculaire f.** Kugelgelenk n., Nußgelenk n.
**articulation par emboitement f.** Sattelgelenk n.
**articulation sacro-iliaque f.** Sakroiliakalgelenk n.
**articulation scapulohumérale f.** Schultergelenk n.
**articulation temporomandibulaire f.** Kaugelenk n., Unterkiefergelenk n.
**articulation temporomaxillaire f.** Kiefergelenk n.
**articulé** gegliedert
**articulé dentaire m.** Biß m.
**articulé mésiodistal m.** Mesialbiß m.
**articuler** artikulieren
**artificiel** artifiziell, künstlich
**artiodactyles m. pl.** Paarhufer m. pl.
**aryépiglottique** aryepiglottisch
**arylamidase f.** Arylamidase f.
**arylarsonate m.** Arylarsonat n.
**arylation f.** Arylierung f.
**arylcyclohexylamine f.** Arylzyklohexylamin n.
**aryle m.** Aryl n.
**arylsulfatase f.** Arylsulfatase f.
**arylsulfate m.** Arylsulfat n.
**arythmie f.** Arrhythmie f.
**arythmie sinusienne f.** Sinusarrhythmie f.
**arythmique** arrhythmisch
**arythmisant** arrhythmieerzeugend
**ASA (acide acétylsalicylique) m.** ASS (Acetylsalizylsäure) f.
**asa foetida f.** Asa foetida f.
**asbestose f.** Asbestose f.
**ascaride m.** Spulwurm m.
**ascaridiase f.** Askaridiasis f.
**ascaris m.** Askaris m.
**ascendant** aszendierend
**ascenseur réservé aux lits m.** Bettenaufzug m.
**ascite f.** Aszites m.
**ascorbate m.** Ascorbat n., Askorbat n.
**asémie f.** Asemie f.
**asepsie f.** Asepsis f.
**aseptique** aseptisch
**asésamie f.** Asesamie f.
**asexué** geschlechtslos
**asialie f.** Asialie f.
**asidérose f.** Asiderose f.

asile m. Asyl n.
asocaïnol m. Asocainol n.
asocial asozial
asparaginase f. Asparaginase f.
asparaginate m. Asparaginat n.
asparagine f. Asparagin n.
aspartate m. Aspartat n.
aspartylglycosylamine f. Aspartylglycosylamin n.
aspécifique unspezifisch
aspect clinique m. Krankheitserscheinung f.
aspect denté m. Zähnelung f.
asperger benetzen
aspergillose f. Aspergillose f.
aspermatisme m. Aspermatismus m.
aspermie f. Aspermatismus m., Aspermie f.
aspersion f. Benetzung f.
asphyxie f. Asphyxie f., Erstickung f.
asphyxique asphyktisch
aspidinol m. Aspidinol n.
aspirateur m. Aspirator m., Saugapparat m.
aspiration f. Aspiration f., Sog m.
aspiration de calcul f. Steinabsaugung
f.
aspirer absaugen, aspirieren, einsaugen
assainir bereinigen
assemblage m. Gefüge n.
assemblée f. Gesellschaft f.
assimilation f. Angleichung f., Assimilation f., Verarbeitung f.
assimiler assimilieren
assis sitzend
assistance f. Assistenz f., Fürsorge f.
assistance aux personnes âgées f. Altenfürsorge f.
assistance externe f. Außenfürsorge f.
assistance respiratoire de longue durée
f. Langzeitbeatmung f.
assistant m. Assistent m.
assistant médical m. Arzthelfer m.
assistant social m. Fürsorger m.
assistante dentaire f. zahnärztliche
Helferin f.
assistante en chirurgie dentaire f.
Zahnarzthelferin f.
assistante médicale f. Arzthelferin f.
assistante sociale f. Fürsorgerin f.
assister assistieren

associatif assoziativ
association f. Assoziation f.
association de diarrhée et vomissements
f. Brechdurchfall m.
association hospitalière f. Krankenhausgesellschaft f.
association médicale f. Ärzteverein m.
associé begleitend
associer assoziieren
assoiffé durstig
assortiment m. Sortiment n.
assurance accident f. Unfallversicherung f.
assurance de l'hôpital f. Krankenhausversicherung f.
assurance invalidité f. Invalidenversicherung f.
assurance maladie f. Krankenversicherung f.
assurance maladie privée f. Privatkran
kenversicherung f.
assurance responsabilité civile f. Haftpflichtversicherung f.
assurance sociale f. Sozialversicherung f.
assurance vie f. Lebensversicherung f.
assurer sichern
astasie f. Astasie f.
astatine f. Astat n.
astéatose f. Asteatose f.
astémizole m. Astemizol n.
aster m. Aster m.
astéréognosie f. Astereognosie f.
asthénie f. Asthenie f.
asthénique asthenisch
asthénopie f. Asthenopie f.
asthmatique asthmatisch
asthme m. Asthma m.
asthme bronchique m. Asthma bronchiale n., Bronchialasthma n.
asthme cardiaque m. Asthma cardiale
n., Herzasthma n.
asticot m. Made f.
astigmatique astigmatisch
astigmatisme m. Astigmatismus m.,
Stabsichtigkeit f.
astigmomètre m. Astigmometer n.
astringent adstringierend
astringent m. Adstringens n.
astroblastome m. Astroblastom n.
astrocyte m. Astrozyt m.
astrocytome m. Astrozytom n.

**astronautique f.** Astronautik f.
**astrovirus m.** Astrovirus n.
**asymétrie f.** Asymmetrie f.
**asymétrique** asymmetrisch
**asymétrogammagramme m.** Asymmetrogammagramm n.
**asymptomatique** asymptomatisch, symptomlos
**asynchrone** asynchron
**asynchronie f.** Asynchronie f.
**asynclitique** asynklitisch
**asynclitisme m.** Asynklitismus m.
**asynclitisme postérieur m.** Litzmannsche Obliquität f.
**asynergie f.** Asynergie f.
**asynergique** asynergisch
**asystolie f.** Asystolie f.
**ataractique m.** Ataraktikum n.
**ataraxie f.** Ataraxie f.
**atavique** atavistisch
**atavisme m.** Atavismus m.
**ataxie f.** Ataxie f.
**ataxique** ataktisch
**atélectasie f.** Atelektase f.
**atélectasie en plaque f.** Plattenatelektase f.
**atélectasie lobaire f.** Lappenatelektase f.
**atélectasie marginale f.** Randatelektase f.
**atélectasique** atelektatisch
**ateliers protégés m. pl.** beschützende Werkstätte f. pl.
**aténolol m.** Atenolol n.
**athérogène** atherogen
**athéromateux** atheromatös
**athérome m.** Atherom n.
**athérosclérose f.** Atherosklerose f.
**athérosclérotique** athétose f. Athetose f.
**athétosique** athetotisch
**athlète m.** Athlet m.
**athlétique** athletisch
**athmosphérique** athmosphärisch
**athyréose f.** Athyreose f.
**athyroïdie f.** Athyreose f.
**atlantoaxial** atlantoepistropheal
**atlantomastoïdien** atlantomastoidal
**atlantooccipital** atlantookzipital
**atlas m.** Atlas m.
**atmokausis f.** Atmokausis f.
**atmosphère f.** Atmosphere f.

**atome m.** Atom n.
**atomique** atomar
**atomisation f.** Atomisierung f.
**atomiseur m.** Zerstäuber m.
**atonie f.** Atonie f., Erschlaffung f.
**atonie gastrique f.** Magenatonie f.
**atonie pupillaire f.** Pupillatonie f.
**atonique** schlaff
**atopique** atopisch
**atoxyle m.** Atoxyl n.
**ATP (acide adénosine triphosphorique) m.** ATP (Adenosintriphosphorsäure) f.
**atransferrinémie f.** Atransferrinämie f.
**atraumatique** atraumatisch
**atrésie f.** Atresie f.
**atrésique** atresisch, atretisch
**atrial** atrial
**atrichie f.** Atrichie f.
**atrioseptostomie f.** Atrioseptostomie f.
**atrioventriculaire** atrioventrikulär
**atrophia infantum f.** Pädatrophie f.
**atrophie f.** Atrophie f., Schwund m.
**atrophie cutanée f.** Hautatrophie f.
**atrophie de compression f.** Druckatrophie f.
**atrophie du cortex cérébral f.** Hirnrindenatrophie f.
**atrophie granuleuse f.** Granularatrophie f.
**atrophie jaune aigue du foie f.** akute gelbe Atrophie f.
**atrophie musculaire progressive f.** progressive Muskelatrophie f.
**atrophie optique f.** Optikusatrophie f.
**atrophie par inactivité f.** Inaktivitätsatrophie f.
**atrophie pigmentaire f.** Pigmentatrophie f.
**atrophier, s'** verkrüppeln
**atrophique** atrophisch
**atrophoderma m.** Atrophoderma n.
**atropine f.** Atropin m.
**atropinisation f.** Atropinisierung f.
**attache f.** Bändelung f., Befestigung f. (dent.)
**attachement m.** Befestigung f., Geschiebe n. (dent.)
**attachement à boule m.** Kugelschiene f. (dent.)

**attachement à glissière m.** Riegelgeschiebe n.

**attachement à la mère m.** Mutterbindung f.

**attachement à poli m.** Schmirgelgeschiebe n. (dent.)

**attachement à verrou f.** Einriegelgeschiebe n.

**attachement barre conjonctrice m.** Steggeschiebe n. (dent.)

**attachement de Ash m.** Ash-Geschiebe n. (dent.)

**attachement-friction m.** Reibgeschiebe n. (dent.)

**attachement parallèle m.** Parallelgeschiebe n.

**attachement rainuré m.** Schlitzgeschiebe n.

**attaque f.** Anfall m., Attacke f.

**attaque cardiaque f.** Herzattacke f.

**attaquer** befallen

**atteindre** befallen

**atteint d'amusie** amusisch

**atteinte f.** Befall m.

**atteinte des phanères f.** Phanerose f.

**atteinte du cément f.** Zementose f.

**atteinte polysystémique f.** Vielsystembefall m.

**attelle f.** Schiene f.

**attelle articulaire f.** Gelenkschiene f.

**attelle d'abduction f.** Abduktionsschiene f.

**attelle d'ancrage f.** Ankerschiene f. (dent.)

**attelle de Cramer f.** Cramer-Schiene f.

**attelle de marche f.** Gehschiene f.

**attelle de nuit f.** Nachtschiene f.

**attelle du genou f.** Knieschiene f.

**attelle en papier maché f.** Pappschiene f.

**attelle métallique f.** Drahtschiene f., Kramerschiene f.

**attelle nasale f.** Nasenschiene f.

**attelle péricoronaire f.** Kronenschiene f.

**attelle pour fracture maxillaire f.** Kieferfrakturschiene f.

**attelle protectrice f.** Schutzschiene f.

**attention f.** Aufmerksamkeit f.

**atténuer** lindern

**attestation f.** Attest n.

**attester** attestieren

**atticoantrotomie f.** Atticoantrotomie f.

**attique m.** Epitympanum n., Paukendach n.

**attirer** anziehen

**attitude f.** Haltung f.

**attitude intra-utérine f.** Fruchthaltung f.

**attitude psychique, mauvaise f.** psychische Fehlhaltung f.

**attitude, d'** lagemäßig

**attitude, dû à l'** haltungsbedingt

**attraction f.** Anziehung f.

**atypie f.** Atypie f.

**atypie cellulaire f.** Zellatypie f.

**atypique** atypisch

**aubépine f.** Crataegus oxyacantha m., Weißdorn m.

**audibilité f.** Hörbarkeit f.

**audible** hörbar

**audiofréquence f.** Tonfrequenz f.

**audiologie f.** Audiologie f.

**audiologique** audiologisch

**audiomètre m.** Audiometer n.

**audiométrie f.** Audiometrie f.

**audiométrie tonale f.** Reintonaudiometrie f.

**audiométrique** audiometrisch

**audiopsychique** audiopsychisch

**audiovisuel** audiovisuell

**auditif** auditorisch

**audition f.** Hören n.

**audition colorée f.** Psychochromästhesie f.

**audition directionnelle f.** Richtungshören n.

**auge f.** Trog m.

**augmentation de la tension f.** Blutdruckanstieg m.

**augmentation de pression f.** Druckanstieg m.

**augmentation des forces f.** Kraftsteigerung f.

**augmenter** erhöhen

**aumônerie de l'hôpital f.** Krankenhausseelsorge f.

**aura f.** Aura f.

**auranofine f.** Auranofin n.

**auriculaire** aurikulär

**auriculoventriculaire** aurikuloventrikulär

**auroallylthiouréidobenzoate m.** Auroallylthioureidobenzoat n.

**aurothioglucose m.** Aurothioglukose f.

**aurothiomalate m.** Aurothiomalat n.

**auscultation f.** Auskultation f.

**auscultatoire** auskultatorisch

**ausculter** abhorchen, auskultieren

**autacoïde m.** Lokalhormon n.

**auteur f.** Autorin f.

**auteur m.** Autor m.

**autisme m.** Autismus m.

**autiste** autistisch

**autistique** autistisch

**autoagglutination f.** Autoagglutination f.

**autoagression f.** Autoagression f.

**autoanalyse f.** Autoanalyse f.

**autoanalyseur m.** Autoanalyzer m.

**autoanticorps m.** Auto-Antikörper m.

**autoantigène m.** Autoantigen n.

**autocannibalisme m.** Autokannibalismus m.

**autocastration f.** Autokastration f., Selbstkastration f.

**autochtone** autochthon

**autoclave m.** Autoklav m.

**autocritique f.** Selbstkritik f.

**autodigestion f.** Selbstverdauung f.

**autodurcissant** selbsthärtend (dent.)

**autoérotique** autoerotisch

**autogène** autogen

**autogreffe f.** Autotransplantat n.

**autoguérison f.** Selbstheilung f.

**autohémolyse f.** Autohämolyse f.

**autohémolysine f.** Autohämolysin n., Autolysin n.

**autohémolytique** autohämolytisch

**autohypnose f.** Autohypnose f.

**autoimmun** autoimmun

**autoimmunisation f.** Autoimmunisation f., Selbstimmunisierung f.

**autoimmunité f.** Autoimmunität f.

**autoinduction f.** Selbstinduktion f.

**autoinfection f.** Autoinfektion f.

**autointoxication** Autointoxikation f.

**autoisolysine f.** Autoisolysin n.

**autologue** autolog

**autolysat m.** Autolysat n.

**autolyse f.** Autolyse f.

**autolyser** autolysieren

**autolysine f.** Autolysin n.

**autolytique** autolytisch

**automatique** automatisch

**automatisation f.** Automatisation f., Automatisierung f.

**automatiser** automatisieren

**automatisme m.** Automatik f., Automatismus m.

**automatisme ambulatoire m.** Poriomanie f.

**automatisme cardiaque m.** Herzautomatismus m.

**automatisme de la prise de cliché m.** Belichtungsautomatik f.

**automutilation f.** Selbstbeschädigung f., Selbstverstümmelung f.

**autonettoyage m.** Selbstreinigung f.

**autonome** autonom

**autonomie f.** Autonomie f.

**autopharmacologique** autopharmakologisch

**autophonie f.** Autophonie f.

**autoplastie f.** Autoplastik f.

**autopolymère m.** Autopolymerisat n.

**autoprécipitine f.** Autopräzipitin n.

**autopréservation f.** Selbsterhaltung f.

**autoprotection f.** Selbstschutz m.

**autopsie f.** Leichenöffnung f., Obduktion f.

**autopsier** obduzieren

**autopsychique** autopsychisch

**autopsychose f.** Autopsychose f.

**autoradiographie f.** Autoradiographie f.

**autoradiographique** autoradiographisch

**autorécepteur m.** Autorezeptor m.

**autorégulation f.** Autoregulation f., Selbstregulierung f.

**autorelaxation f.** Selbstentspannung f.

**autorisation f.** Zulassung f.

**autoscopie f.** Autoskopie f.

**autosome m.** Autosom n.

**autosomie f.** Autosomie f.

**autosomique** autosomal

**autosuggestion f.** Autosuggestion f.

**autotoxine f.** Autotoxin n.

**autotransfusion f.** Autotransfusion f.

**autotransplantation f.** Autotransplantation f.

**autotrophique** autotroph

**autovaccin m.** Autovakzine f.

**autovaccination f.** Autovakzination f.

aux cheveux blancs   weißhaarig
auxiliaire   auxiliär
auxiliairement   hilfsweise
auxiliaires soignants m. pl.   pflegerisches Hilfspersonal n.
auxine f.   Auxin n.
avaler   schlucken
avaler de travers   sich verschlucken
avance des spermatozoïdes Y sur les X
f.   Zertation f.
avant   vorangehend
avant bras m.   Unterarm m.
avec contrôle informatisée   computerassistiert
avenine f.   Avenin n.
aversion f.   Unlust f.
aveugle   blind
aveugle f.   Blinde f.
aveugle m.   Blinder m.
aviaire   aviär
avide de plaisir   genußsüchtig
avidité f.   Avidität f.
avis médical m.   ärztlicher Rat m.
avitaminose f.   Avitaminose f.
Avogadro, loi d' f.   Avogadrosches Gesetz n.
avoir des domaines communs   ineinandergreifen
avoir des rapports sexuels   verkehren,
geschlechtlich
avoir les règles   menstruieren
avoir un accident   verunglücken
avortement m.   Abort m. Fehlgeburt f.
avortement artificiel m.   künstliche
Fehlgeburt f.
avortement complet m.   Abortus completus m.
avortement criminel m.   Abortus criminalis m., Abtreibung (gyn.) f.
avortement épidémique m.   seuchenhafter Abortus m. (vet.)
avortement fébrile m.   Abortus febrilis
m.
avortement habituel m.   Abortus habitualis m.
avortement imminent m.   Abortus imminens m., drohende Fehlgeburt f.
avortement incomplet m.   Abortus incompletus m.
avortement provoqué m.   Abortus artificialis m.

avortement septique m.   septische
Fehlgeburt f.
avortement tubaire m.   Tubarabort m.
avorter   abortieren, verwerfen (vet.)
avulsion d'une dent f.   Zahnextraktion
f.
axanthopsie f.   Axanthopsie f., Gelbblindheit f.
axe m.   Achse f.
axe d'ouverture m.   Öffnungsachse f.
axe de la dent m.   Zahnachse f.
axe du bassin m.   Beckenachse f.
axe électrique du coeur m.   Herzachse
f.
axe visuel m.   Sehachse f.
axenique   axenisch
axérophtol m.   Axerophthol n.
axial   axial
axile   axial
axillaire   axillar
axillobilatéral   axillobilateral
axillofémoral   axillofemoral
axillounilatéral   axillounilateral
axiobuccocervical   axiobukkozervikal
axiobuccogingival   axiobukkogingival
axiobuccolingual   axiobukkolingual
axiodistal   axiodistal
axiodistocervical   axiodistozervikal
axiodistogingival   axiodistogingival
axiodistoincisal   axiodistoinzisal
axiodistoocclusal   axiodistookklusal
axiogingival   axiogingival
axioincisal   axioinzisal
axiomésiocervical   axiomesiozervikal
axiomésiodistal   axiomesiodistal
axiopulpaire   axiopulpal
axioversion f.   Axioversion f.
axolotl m.   Axolotl m.
axone m.   Achsenzylinderfortsatz m.,
Axon n.
axoplasme m.   Axoplasma n.
Ayersa, syndrome de m.   Ayerzasche
Krankheit f.
azaadénine f.   Azaadenin n.
azaconazole m.   Azaconazol n.
azahypoxanthine f.   Azahypoxanthin
n.
azapétine f.   Azapetin n.
azapropazone f.   Azapropazon n.
azarabine f.   Azarabin n.
azathioprine f.   Azathioprin n.
azauracil m.   Azauracil n.

azauridine f.  Azauridin n.
azipramine f.  Azipramin n.
azobenzène m.  Azobenzen n.
azole m.  Azol n.
azolitmine f.  Azolitmin n.
azoospermie f.  Azoospermie f.
azorubine, épreuve à l' f.  Azorubinprobe f.
azosémide m.  Azosemid n.
azoté  stickstoffhaltig
azoté, non  stickstofffrei
azote m.  Stickstoff m.

azote de l'urée m.  Harnstoffstickstoff
   m.
azote restant m.  Reststickstoff m.
azotémie f.  Azotämie f.
azotémique  azotämisch
azouridine f.  Azouridin n.
azthréonam m.  Aztreonam n.
azulène m.  Azulen n.
azur m.  Azur m.
azurophile  azurophil
azurophilie f.  Azurophilie f.
azygographie f.  Azygographie f.

# B

babésiose f.   Babesiose f.
babeurre m.   Buttermilch f.
bacampicilline f.   Bacampicillin n.
bacillaire   bazillär
bacille   Stäbchen (bakteriol) n.
bacille   Bacillus m., s. auch Bazillus, Bazillus m.
bacille acidorésistant m.   säurefestes Stäbchen n.
bacille de Bordet-Gengou m.   Bordet-Gengouscher Keuchhustenbazillus m.
bacille de Calmette et Guérin m.   Bacillus Calmette-Guérin m.
bacille de Doederlein m.   Döderleinscher Bazillus m.
bacille de Flexner m.   Flexner-Bazillus m.
bacille de Frisch m   Rhinosklerombazillus m.
bacille de Hansen m.   Leprabazillus m.
bacille de Koch m.   Kochscher Bazillus m.
bacille de la morve m   Rotzbazillus m.
bacille de Morax et Axenfeld m.   Diplokokkus Morax-Axenfeld m.
bacille de Pfeiffer m.   Influenzabazillus m.
bacille de Shiga m   Ruhrbazillus (Shiga-Kruse) m, Shiga-Kruse-Bazillus m.
bacille de Yersin m   Pestbazillus m.
bacille d'Eberth m   Typhusbazillus m.
bacille diphtérique m.   Diphtheriebazillus m.
bacille du smegma m   Smegmabazillus m.
bacille dysentérique (Flexner) m.   Ruhrbazillus Flexner m.
bacille encapsulé m.   Kapselbazillus m.
bacille paratyphique A m.   Paratyphus-A-Bazillus m.
bacille paratyphique B m.   Paratyphus-B-Bazillus m.
bacille paratyphique C m.   Paratyphus-C-Bazillus m.

bacille pseudodiphtérique m.   Pseudodiphtheriebazillus m.
bacille tuberculeux m.   Tuberkelbazillus m.
bacillémie f.   Bazillämie f.
bacilliforme   bazilliform
bacillogène   bazillogen
bacillophobie f.   Bazillophobie f.
bacillose f.   Bazillose f.
bacillurie f.   Bazillurie f.
bacillus anthracis m.   Bacillus anthracis m.
bacitracine f.   Bacitracin n.
baclofène m.   Baclofen n.
bactéricide   bakterizid
bactéricide m.   bakterizides Mittel n.
bactérie f.   Bacterium n., s. auch Bakterium, Bakterium n.
bactériémie f.   Bakteriämie f.
bactériémique   bakteriämisch
bactérien   bakteriell
bactériocholie f.   Bakteriocholie f.
bactériologie f.   Bakteriologie f.
bactériologique   bakteriologisch
bactériologue f.   Bakteriologin f.
bactériologue m.   Fachgebietsarzt für Bakteriologie m., Bakteriologe m.
bactériolyse f.   Bakteriolyse f.
bactériolytique   bakteriolytisch
bactériophage m.   Bakteriophage m.
bactériophagie f.   Bakteriophagie f.
bactériophobie f.   Bakteriophobie f.
bactériostatique   bakteriostatisch
bactériotrope   bakteriotropisch
Bacterium granulosis m.   Noguchia granulosis f.
bactériurie f.   Bakteriurie f.
Bacteroïdes m.   Bakteroides n.
baculovirus m.   Baculovirus n.
bagasosse f.   Bagasosse f.
baigner   baden
baignoire f.   Badewanne f.
bâillement m.   Gähnen n.
bâillement convulsif m.   Gähnkrampf m.
bâiller   gähnen

bâillon m.   Kieferknebel m.
bain   Bad n.
bain à quatre cellules m.   Vierzellenbad n
bain aux extraits de pin m.   Fichtennadelbad n.
bain carbo-gazeux m.   Kohlendioxidbad n.
bain complet m.   Vollbad n.
bain d'air m.   Luftbad n.
bain de bouche m.   Mundspülung f.
bain de boue m.   Moorbad n,
  Schlammbad n.
bain de bras m.   Armbad n.
bain de cire m.   Wachsbad n.
bain de fixage m.   Fixierbad n.
bain de lumière m.   Lichtbad n.
bain de mer m.   Seebad n.
bain de pied m.   Fussbad n.
bain de pieds alterné m.   Wechselfuss-
  bad n.
bain de siège m.   Sitzbad n.
bain de soleil m.   Sonnenbad n.
bain de vapeur m.   Dampfbad n.
bain d'étuve m.   Schwitzbad n
bain d'huile m.   Ölbad n.
bain électro-lumineux de la tête m.
  Kopflichtbad n.
bain gradué m.   ansteigendes Bad n.
bain hydroélectrique m.   Stangerbad
  n.
bain hyperthermique m.   Überwärmungsbad n.
bain local m.   Teilbad n.
bain-marie m.   Wasserbad n.
bain minéral m.   Mineralbad n.
bain moussant m.   Schaumbad n.
bain oxygéné m.   Sauerstoffbad m.
bain permanent m.   Dauerbad n.
bain salé m.   Solbad n.
bain sulfureux m.   Schwefelbad n.
bain traitant m.   Medizinalbad n.
bains m.pl.   Bäderabteilung f.
baïonnette f.   Bayonett n.
baisse de la natalité f.   Geburtenrückgang m.
baisse de pression f.   Druckabfall m.
balance f.   Waage f.
balancelle f.   Schaukelbett n.
balanite f.   Balanitis f.
balanitique   balanitisch
balanoposthite f.   Balanoposthitis f.

balantidiase f.   Balantidiasis f.
Balantidium coli m.   Balantidium coli
  n.
balayage m.   Scan m.
balbutiement m.   Stammeln n.
balbutiement infantile m.   Lallen n.
balistocardiogramme m.   Ballistokardiogramm n.
balistocardiographie f.   Ballistokardiographie f.
balistocardiographique   ballistokardiographisch
ballisme m.   Ballismus m.
ballon m.   Ballon m.
ballon en verre m.   Kolben (=Flasche)
  m
ballon gonflable m.   Aufblasballon m.
ballon intra-utérin m.   Metreurynter
  m.
ballottement m.   Ballottement n.
balnéologie f.   Balneologie f.
balnéologique   balneologisch
balnéothérapie f.   Balneotherapie f.
banc de massage m.   Massagebank f.
bandage m.   Bandage f, Binde f, Verband m.
bandage abdominal m.   Bauchbinde f.
bandage amidonné m.   Stärkeverband
  m.
bandage compressif m.   Kompressionsverband m.
bandage croisé en huit m.   Achtertourenverband m.
bandage de Desault m.   Desault-Verband m.
bandage de Velpeau m.   Velpeauscher
  Verband m.
bandage en sac à dos m.   Rucksackverband m.
bandage herniaire f.   Bruchband n.
bandage imbriqué m.   Dachziegelverband m.
bandage mentonnière m.   Kinnschleuder f.
bandage plâtré m.   Gipsverband m.
bandage pour anus artificiel m.
  Kunstafterbandage f.
bandage protecteur m.   Schutzverband
  m
bandager   bandagieren
bandagiste m.   Bandagist m.
bande f.   Band n., Binde f., Streifen m.

bande amidonnée f.　Stärkebinde f.
bande de flanelle f.　Flanellbinde f.
bande de gaze f.　Mullbinde f, Musselinbinde f.
bande élastique d'Esmarch f.　Esmarchsche Binde f.
bande en coton f.　Baumwollbinde f.
bande ombilicale f　Nabelbinde f.
bande vidéo f.　Videoband n.
bandeau m.　Kronenband n.
bandelette obturante f.　Schlussleiste f.
bander　verbinden (= Verband anlegen)
Bang , maladie de f.　Morbus abortus Bang m.
banistérine f.　Banisterin n.
banque de greffons tissulaires f.　Gewebebank f.
banque de peau f.　Hautbank f.
banque des os f.　Knochenbank f.
banque d'organes : reins f.　Nierenbank f.
banque du sang f.　Blutbank f.
banque du sperme f.　Samenbank f.
banquette (d'examen) f.　Untersuchungsliege f.
banthine f.　Banthin n.
baquet m.　Kübel m.
baragnosie f.　Baragnosie f.
barbe f.　Bart m.
barbiturique m.　Barbiturat n.
baresthésie f.　Baresthesie f.
barodontalgie f.　Barodontalgie f.
barorécepteur m.　Barorezeptor m.
baroréflexe m.　Baroreflex m.
barotraumatisme m.　Barotrauma n.
barre f.　Bügel m.
barre de connexion f.　Steg (dent.) m.
barre transversale f.　Querbügel (dent.) m.
barrer　verlegen (= verstopfen)
barrière f.　Schranke f.
barrière f.　Barriere f.
barrière hémato-encéphalique f.　Blut-Liquorschranke f.
barrière placentaire f.　Plazentaschranke f.
bartholinite f.　Bartholinitis f.
bartonella m.　Bartonella f.
bartonellose f.　Bartonelliasis f.
barylalie f.　Barylalie f.
baryum m.　Barium n.

bas de compression m.　Strumpf , Kompressions- m.
bas élastique m.　Gummistrumpf m., Strumpf, elastischer m.
bas élastique compressif m.　Kompressionsstrumpf m.
bas en caoutchouc m.　Gummistrumpf, m.
basal　basal
basaliome m.　Basaliom n.
base f.　Aufstellung f, Base f. (chem), Basis f.
base (d'une prothèse dentaire) f.　Gaumenplatte (eines künstlichen Gebisse) f.
base cire f.　Wachsbasis f.
base de la couronne f.　Kronenbasis f.
base de prothèse f.　Prothesenfuss m.
base du crâne f.　Schädelbasis f.
base excess (=BE) m.　Basenüberschuss m.
Basedow , maladie de f.　Morbus Basedow m.
basicité f.　Basizität f.
baside f.　Basidie f.
basidiospore m.　Basidiospore f.
basifiant　basenbildend
basilaire　basilär
basinasal　basinasal
basion m.　Basion n.
basiotripsie f.　Basiotripsie f.
basique　basisch
basitemporal　basitemporal
basivertébral　basivertebral
basophile　basophil
basophilie f.　Basophilie f.
basophobie f.　Basophobie f.
basse fréquence f.　Niederfrequenz f.
basse molécularité, de　niedermolekular
basse pression f.　Niederdruck m., Tiefdruck m.
bassin m.　Becken n, Becken n. (anat), Bettschüssel f., Steckbecken n.
bassin aplati m.　plattes Becken n.
bassin de Nägele m.　Nägelebecken n
bassin dystrophique m.　Assimilationsbecken n.
bassin en bec m.　Schnabelbecken n.
bassin en entonnoir m.　trichterförmiges Becken n.

bassin généralement élargi m.   allgemein erweitertes Becken n.
bassin généralement rétréci m.   allgemein verengtes Becken n.
bassin rachitique m.   rachitisches Becken n.
bassinet m.   Becken der Niere n., Nierenbecken n.
bâtard m.   Bastard m.
bathmotrope   bathmotrop
batiment de logement des infirmières m.   Schwesternwohnheim n.
batiste f.   Batist m.
bâton de cire m.   Wachsstab m.
bâtonnet m.   Stab m.
bâtonnet en verre m.   Glasstange f.
bâtonnet, en forme de   stabförmig
bâtonnets et cônes de la rétine m. pl.   Stäbchen und Zapfen der Netzhaut des Auges pl.
battement m.   Flattern n, Schlag m., Schlagen n.
battement cardiaque m.   Herzschlag m, Herzschlagen n.
batterie f.   Batterie f.
battre   pulsieren, schlagen
baume m.   Balsam m.
baume d'Algérie m.   Mekkabalsam m.
baume de Canada m.   Canadabalsam m.
baume de tolu m.   Tolubalsam m.
baume du Pérou m.   Perubalsam m.
béate f.   Beatin n.
bec m.   Schnabel m.
bec à gaz m.   Brenner m.
bec Bunsen m.   Bunsenbrenner m.
bec crochu m.   Habichtschnabel m.
bec de lièvre m.   Hasenscharte f, Lippen-Kieferspalte f.
bec en corne de vache m.   Kuhhornschnabel m.
béchique   hustenstillend
béclométhasone f.   Beclomethason n.
Becquerel m.   Becquerel n.
bégaiement m.   Stottern n.
bégayer   stottern
béhénate m.   Behenat n.
bélier m.   Widder m.
belladone f.   Belladonna f, Tollkirsche f.
bémégride m.   Bemegrid n.
bémétizide m.   Bemetizid n.

bénazine f.   Benazin n.
bendazol m.   Bendazol n.
bendrofluazide m.   Bendrofluazid n.
bendrofluméthiazide m.   Bendroflumethiazid n.
bénéfique   heilbringend
bénétonide m.   Benetonid n.
benfotiamine f.   Benfotiamin n.
bénignité f.   Gutartigkeit f.
bénin   gutartig
benjoin m.   Benzoe n.
bénorilate m.   Benorilat n.
benoxaprofène m.   Benoxaprofen n.
bensérazide f.   Benserazid n.
bentyl m.   Bentyl n.
benzaldéhyde f.   Benzaldehyd n.
benzalkonium m.   Benzalkonium n.
benzamide m.   Benzamid n.
benzanilide m.   Benzanilid n.
benzanthrène m.   Benzanthren n.
benzatropine f.   Benzatropin n.
benzbromarone f.   Brenzbromaron n.
benzéthonium m.   Benzethonium n.
benzidine f.   Benzidin n.
benzilate m.   Benzilat n.
benzimidazole m.   Benzimidazol n.
benzine f.   Benzin (chem) n.
benziodarone f.   Benziodaron n.
benznidazole m.   Benznidazol n.
benzoate m.   Benzoat n.
benzoate de sodium m.   Natriumbenzoat n
benzocaïne f.   Benzocain n.
benzocycloheptathiophène m.   Benzozykloheptathiophen n.
benzodiazépine f.   Benzodiazepin n.
benzodioxane m.   Benzodioxan n.
benzol m.   Benzol n.
benzonaphtol m.   Benzonaphthol n.
benzonitrile m.   Benzonitril n.
benzophénone f.   Benzophenon n.
benzopyrène m.   Benzpyren n.
benzoquinone f.   Benzochinon n.
benzothiazidine f.   Benzothiazidin n.
benzotropine f.   Benztropin n.
benzoyle m.   Benzoyl n.
benzphétamine f.   Benzphetamin n.
benzyle m.   Benzyl n.
benzylmorphine f.   Benzylmorphin n.
benzylorange m.   Benzylorange n.

benzylpyrimidine f. Benzylpyrimidin n.
béphénium m. Bephenium n.
bépridil m. Bepridil n.
béquille f. Krücke f.
berceau m. Wiege f.
béribéri m. Beriberi f.
berkélium m. Berkelium n.
bérylliose f. Berylliose f.
béryllium m. Beryllium n.
bésilate m. Besilat n.
besoin m. Drang m., Bedarf m, Be-
nürfnis n.
besoin d'air m. Lufthunger m.
bêta-adrénergique beta-adrenerg
bêtabloquant m. Betarezeptorenblocker m.
bêtaglobuline f. Betaglobulin n.
bétail m. Vieh n.
bétaïne f. Betain n.
bêtalactamase f. Betalactamase f.
bêtalactame m. Betalactam n.
bétaméthasone f. Betamethason n.
bêtathérapie f. Betatron-Therapie f.
bétatoxol m. Betaxolol n.
bêtatron m. Betatron n.
bétazole m. Betazol n.
bête dumm
béthanidine f. Bethanidin n.
beurre de cacao m. Kakaobutter f.
bévantolol m. Bevantolol n.
bézafibrate m. Bezafibrat n.
biberon m. Saugfläschchen n.
bibliothèque f. Bibliothek f.
bibliothèque de l'hôpital f. Krankenhausbibliothek f.
bibliothérapie f. Bibliotherapie f.
bicamérisé zweikammerig
bicarbonate m. Bikarbonat n.
bicarbonate de potassium m. Kaliumbikarbonat n.
bicarbonate de sodium m. Natriumbikarbonat n.
bicarbonate de soude m. doppeltkohlensaures Natron n.
bicentrique bizentrisch
bichlorure m. Bichlorid n.
bichlorure de mercure m. Quecksilberbichlorid n.
biconcave bikonkav
biconvexe bikonvex
bicyclique bizyklisch

bidimensionnel zweidimensional
bidirectionnel bidirektional
bien portant gesund
bière f. Totenbahre f.
bifasciculaire bifaszikulär
bifocal bifokal
bifonazole m. Bifonazol n.
bifurcation f. Gabelung f., Abzweigung f., Bifurkation f.
bifurcation carotidienne f. Karotisgabel f.
bigéminisme m. Bigeminie f.
biguanide m. Biguanid n.
bilabial bilabial
bilan occlusif m. Bissanalyse f.
bilatéral doppelseitig, beiderseitig,
beidseitig, bilateral
bilatéralité f. Beidseitigkeit f.
bile f. Galle f.
bilharzie f. Bilharziom n.
bilharziose f. Bilharziose f.
biliaire biliär, gallig
bilieux biliös, gallig
biliflavine f. Biliflavin n.
bilifuscine f. Bilifuszin n.
bilirubine f. Bilirubin n.
bilirubine directe f. direkt reagierendes Bilirubin n.
bilirubine indirecte f. indirekt reagierendes Bilirubin n.
bilirubine totale f. Gesamtbilirubin n.
bilirubinémie f. Bilirubinämie f.
bilirubinurie f. Bilirubinurie f.
biliverdine f. Biliverdin n.
bilophodonte bilophodont
bimanuel bimanuell
bimaxillaire bimaxillär
bimétal m. Bimetall n.
binaire binär, dual
binaural binaural
binauriculaire diotisch
binoculaire binokulär
biocatalyseur m. Biokatalysator m.
biochimie f. Biochemie f.
biochimique biochemisch
biochimiste f. Biochemikerin f.
biochimiste m. Biochemiker m.
bioclimatologie f. Bioklimatologie f.
biocontrôle m. Steuerung , biologische f.
biocontrôler steuern , biologisch

**biodisponibilité f.** Verfügbarkeit , biologische f.
**bioélectrique** bioelektrisch
**bioessai m.** Bioassay m.
**bioéthique** bioethisch
**bioéthique f.** Bioethik f.
**biofeedback m.** Biofeedback m.
**biogène** biogen
**biogenèse f.** Biogenese f.
**biogénétique** biogenetisch
**biologie f.** Biologie f.
**biologie appliquée f.** angewandte Biologie f.
**biologie moléculaire f.** Molekularbiologie f.
**biologique** biologisch
**biologiste f.** Biologin f.
**biologiste m.** Biologe m.
**bioluminiscence f.** Bioluminiszenz f.
**biomécanique** biomechanisch
**biomédecine f.** Biomedizin f.
**biomédical** biomedizinisch
**biométéorologie f.** Biometeorologie f.
**biométéorologique** biometeorologisch
**biométrique** biometrisch
**biométrique f.** Biometrik f.
**bionateur m.** Bionator m.
**bionique f.** Bionik f.
**biopharmacie f.** Biopharmazie f.
**biophore m.** Biophor n.
**biophysique f.** Biophysik f.
**bioprothèse f.** Bioprothese f.
**biopsie f.** Biopsie f.
**biopsie à l'aiguille f.** Nadelbiopsie f.
**biopsie à l'aiguille fine f.** Feinnadelbiopsie f.
**biopsie à l'emporte-pièce f** Stanzbiopsie f.
**biopsie ganglionnaire scalénique f** Skalenus-Lymphknotenbiopsie f.
**biopsie hépatique f.** Leberbiopsie f.
**biopsie musculaire f.** Muskelbiopsie f.
**biopsie par aspiration f.** Saugbiopsie f.
**biopsie pulmonaire f.** Lungenbiopsie f.
**biopsie rectale f.** Mastdarmbiopsie f.
**biopsie rénale f.** Nierenbiopsie f.
**bioptique** bioptisch
**bioscopie f.** Bioskopie f.
**biosphère f.** Biosphäre f.
**biostabilité f.** Biostabilität f.

**biostatistique** biostatistisch
**biostatistique f.** Biostatistik f.
**biosynthèse f.** Biosynthese f.
**biosynthétique** biosynthetisch
**biotélémétrie f.** Biotelemetrie f.
**biotine f.** Biotin n.
**biotransformation f.** Biotransformation f.
**biotropisme m.** Biotropie f.
**biovulaire** zweieiig
**bioxydation f.** Bioxidation f.
**bipariétal** biparietal
**bipartite** zweigeteilt
**bipartition f.** Zweiteilung f.
**bipède** zweibeinig, zweifüssig
**bipède m.** Zweifüsser m.
**bipéridène m.** Biperiden n.
**biphasique** biphasisch
**biphényle m.** Biphenyl n.
**biphosphate de sodium m.** Natriumbiphosphat n.
**biplan** biplan
**bipolaire** bipolar, zweipolig
**bipupillaire** bipupillär
**bipyridine f.** Bipyridin n.
**biréfracteur** doppelbrechend
**biréfringent** doppelbrechend
**bisacodyl m.** Bisacodyl n.
**bisazoté** bisdiazotiert
**bischloréthyl-nitroso-urée f.** BisChlorethyl-Nitroso-Harnstoff m.
**biscotte f.** Zwieback m.
**biscuit m.** Biskuit m.
**bisexuel** bisexuell
**bishydroxycoumarine f.** Bishydroxycoumarin n.
**bismuth m** Bismut n., Wismut n.
**bismuth subgallique m.** Bismutum subgallicum n.
**bismuth subnitrique m.** Bismutum subnitricum n.
**bison m.** Bison m.
**bispécifique** bispezifisch
**bistable** bistabil
**bistouri (coupe ligature) m.** Ligaturmesser n.
**bistouri m.** Bistouri m., Iridektomiemesser n., Lappenmesser n., Messer n.
**bisulfate m.** Bisulfat n.
**bisulfate de quinine m.** Chininbisulfat n.

bisulfate de sodium m    Natriumbisulfat n.
bisulfite m.    Bisulfit n.
bisulfite de sodium m.    Natriumbisulfit
n.
bisulfure m.    Bisulfid n.
bitartrate m.    Bitartrat n.
bitartrate de potassium m.    Kaliumbitartrat n.
bitemporal    bitemporal
bithionate m.    Bithionat n.
bitionolate m.    Bitionolat n.
bitropique    biotrop
bituminate m.    Bituminat n.
biuret m.    Biuret n.
bivalence f.    Bivalenz f., Zweiwertigkeit f.
bivalent    bivalent, zweiwertig
biventral    biventral
biventriculaire    biventrikulär
blanc d'oeuf m.    Eiweiss n., Eiklar n.
blanchir    weissen
blanchissant m.    Bleichmittel n.
blaste m.    Blast m., Blastzelle f.
blastème m.    Blastem n.
blastocyste m.    Blastozyste f.
blastoderme m.    Blastoderm n., Keimscheibe f.
blastogenèse f.    Blastogenese f.
blastogénèse f.    Knospung f.
blastogénétique    blastogenetisch
blastomateux    blastomatös
blastomatose f.    Blastomatose f.
blastome m.    Blastom n.
blastomère m.    Blastomere f.
blastomycète m.    Sprosspilz m.
blastomykose f.    Blastomykose f.
blastopathie f.    Blastopathie f.
blastophtorie f.    Blastophthorie f.
blastula f.    Blastula f.
blastulation f.    Blastulation f.
blennorragie f.    Blennorhagie f.
blennorragique    blennorrhagisch
bléomycine m.    Bleomycin n.
blépharectomie f.    Blepharektomie f.
blépharite f.    Blepharitis f.
blépharo-adénite f.    Liddrüsenentzündung f.
blépharoplastie f.    Blepharoplastik f.
blépharoptose f.    Blepharoptose f.
blépharospasme m.    Blepharospasmus
m.

blépharostat m.    Lidhalter m., Augenlidhalter m.
blessé    verwundet
blessé à la tête    kopfverletzt
blessé grave m.    schwerverletzte Person f.
blesser    verletzen, verwunden
blessure f.    Verletzung f., Verwundung
f, Wunde f.
blessure avec rétention de la balle f.
Steckschuss m.
blessure de la tête f.    Kopfverletzung f.
blessure de sortie du projectile f.    Aus-
schusswunde f.
blessure d'entrée du projectile f.    Ein-
schusswunde f.
blessure lacérée f.    Risswunde f.
blessure par arme à feu f.    Schusswunde f.
blessure par contusion f.    Quetschwunde f
blessure par la selle f.    Satteldruck
(vet.) m.
blessure perforante f.    Stichwunde f.
blessure sportive f.    Sportverletzung f.
bleu    blau
bleu alcian m.    Alcianblau n.
bleu de Berlin m.    Berlinblau n.
bleu de bromophénol m.    Bromphenolblau n.
bleu de bromothymol m.    Bromthymolblau n.
bleu de méthylène m.    Methylenblau
n.
bleu de Prusse m.    Preussisch Blau n.
bleu de thymol m.    Thymolblau n.
bleu de toluidine m.    Toluidinblau n.
bleu de Turnbull m.    Turnbullblau n.
bleu d'indigo m.    Indigoblau n.
bleu Evans m.    Evans-Blau n.
bleu trypane m.    Trypanblau n
bloc    Block m.
bloc à l'alcool m.    Alkoholblockade f.
bloc auriculaire m.    Ohrblock m
bloc cardiaque m.    Herzblock m.
bloc cardiaque fonctionnel dissocié de
Mobitz m.    Mobitz-Block m.
bloc complet m.    Austrittsblock m.
bloc d'arborisation m    Verzweigungsblock m
bloc de branche m.    His-Bündel-Block
m.

**bloc de branche droit m.** Rechtsschenkelblock m, rechtseitiger Schenkelblock m.

**bloc de branche gauche m.** Linksschenkelblock m, linksseitiger Schenkelblock m.

**bloc de polymérisation m.** Blockpolymerisat n.

**bloc de sortie m.** Austrittsblock m.

**bloc en selle m.** Sattelblock m

**bloc muqueux m.** Mukosa-Block m.

**bloc sino-auriculaire m.** SA-Block, sinuatrialer Block m.

**bloc sympathique m.** Sympathikusblockade f.

**bloc trifasciculaire m.** tri-faszikulärer Block m.

**bloc vertébral m.** Blockwirbel m.

**blocage m.** Blockieren n., Blockade f., Drossel (techn) f, Sperrung f., Verblockung f.

**blocage de l'expression affective m.** Affektstauung f.

**blocage du ganglion stellaire m.** Stellatumblockade f.

**blond** blond

**bloquer** ausblocken, blockieren

**blouse d'OP f.** Operationshemd n.

**bobine f.** Spule f.

**bobine d'induction f.** Spule , Induktions f.

**Boeck , syndrome de m.** Morbus Boeck m.

**boisson f.** Getränk n.

**boisson alcoolisée f.** alkoholisches Getränk n.

**boite à instruments f.** Besteckkasten m.

**boite à instruments chirurgicaux f.** Operationsbesteckkasten m.

**boite pour expédition f** Versandgefäss n

**boiter** hinken, humpeln, lahmen

**bol m.** Bolus m.

**boldine f.** Boldin n.

**bolet satan m.** Satanpilz m.

**bolus m.** Bolus m.

**bombardement m.** Bombardierung f.

**bombarder** bombardieren

**bombésine f.** Bombesin n.

**bonne santé f.** Wohlbefinden n.

**bonnet m.** Kappe f.

**bonnet phrygien m.** phrygische Mütze f.

**bopindolol m.** Bopindolol n.

**borane m.** Boran n.

**borate m.** Borat n.

**borate de sodium m.** Natriumborat n.

**borate de soude m.** Borax n.

**bord** Rand m, Saum m.

**bord alvéolaire m.** Alveolarrand m.

**bord de cire mordue f.** Bisswachswall m.

**bord d'une plaie m.** Wundrand m.

**bord gingival m.** Zahnfleischrand m.

**bord occlusal m.** Bisswall m.

**bordant** umfänglich

**bordetella m.** Bordetella f.

**bordure f.** Einfassung f., Leiste f.

**bore m.** Bor n.

**borglycérine f.** Borglyzerin n.

**borgne** einäugig

**bornéol m.** Borneol n.

**bornyval m.** Bornyval n.

**Borrelia duttonii f.** Spirochaeta Duttoni f.

**Borrelia novyi f.** Spirochaeta Novyi f.

**Borrelia recurrentis f.** Spirochaeta Obermeieri f.

**Borrelia vincenti f.** Spirillum Vincenti n.

**borreliose de Lime f.** Lime-Krankheit f.

**bosse f.** Beule f., Höcker m.

**botanique** botanisch

**botanique f.** Botanik f.

**botaniste f.** Botanikerin f.

**botaniste m.** Botaniker m.

**botryomykose f.** Botryomykose f.

**botulisme m.** Botulismus m., Wurstvergiftung f., Lebensmittelvergiftung f.

**bouc m.** Bock m.

**bouchage f.** Abstöpselung f.

**bouche f.** Mund m.

**bouche à bouche m.** Mund-zu-Mund-Beatmung f.

**bouche de tapir f.** Tapirlippe f.

**boucher** abstöpseln

**bouchon m.** Pfropf m., Stöpsel m.

**bouchon de cérumen m.** Cerum obturans n, Ohrschmalzpfrof m.

**bouchon de Dittrich m.** Dittrichscher Pfropf m.

**bouchon en caoutchouc m.** Gummi-stöpsel m.
**bouchon muqueux m.** Schleimpfropf m.
**boucle métallique f.** Drahtumschlin-gung f.
**boue f.** Schlammm m.
**boue sapropélique f.** Faulschlamm m.
**bouffée f.** Wallung f.
**bouffée de chaleur f.** Hitzewallung f.
**bouffi** aufgedunsen, gedunsen
**bougie m.** Bougie m.
**bougie Berkefeld f.** Berkefeldfilter m.
**bougie de Hegar f.** Hegarstift m.
**bougirage m.** Bougierung f.
**bouillie f.** Brei m.
**bouillir** sieden
**bouilloire f.** Kochkessel m.
**bouillon m.** Bouillon f., Brühe f.
**bouillon de viande m.** Fleischbrühe f.
**bouillotte f.** Wärmflasche f.
**boulimie f.** Bulimie f.
**bourdonnements m. pl.** Tinnitus m.
**bourdonnements d'oreilles m. pl.** Oh-rensausen n.
**bourgeon m.** Knospe f.
**bourgeon charnu m.** wildes Fleisch n., Granulation f.
**bourgeon épithélial m.** Epithelknospe f.
**bourgeonnement m.** Knospung f.
**bourrage m.** Ausstopfung f.
**bourrelet m.** Wulst m.
**bourrelet des jointures des doigts m.** Fingerknöchelpolster n.
**bourrelet endocardique m.** Endokard-kissen n.
**bourrelet gingival m.** Zahnfleisch-randwulst m.
**bourrelet marginal m.** Randwulstbil-dung f.
**bourrelet périoplique m.** Hufballen m.
**bourrer** ausstopfen
**bourse f.** Bursa f.
**bourse séreuse f.** Schleimbeutel m.
**bourses f.pl.** Hodensack m.
**boursoufflé** gedunsen
**bout de sein m.** Brustwarzenhütchen n.
**bout du doigt m.** Fingerspitze f.
**bout du nez m.** Nasenspitze f.

**bouteille f.** Flasche f.
**bouteille de gaz f.** Gasflasche f.
**bouteille de perfusion f.** Infusionsfla-sche f.
**bouteille d'oxygène f.** Sauerstofffla-sche f.
**bouton m.** Knopf m, Pickel (med.) m.
**bouton m. (dermatol)** Finne f.
**bouton d'Alep m.** Aleppobeule f., Orientbeule f.
**bovin** bovin
**brachialgie f.** Brachialgie f.
**brachiocéphale** brachiozephal
**brachycéphale** brachyzephal
**brachycéphalie f.** Brachyzephalie f.
**brachydactylie f.** Brachydaktylie f.
**brachygnathie f.** Brachygnathie f.
**brachymétropie f.** Brachymetropie f.
**bradsot m.** Bradsot m., Magenpara-rauschbrand m.
**brady-arrythmie f.** Bradyarrhythmie f.
**bradycardie f.** Bradykardie f.
**bradycardique** bradykard
**bradycinétique** bradykinetisch
**bradykinésie f.** Bradykinesie f.
**bradykinine f.** Bradykinin n.
**bradylalie f.** Bradylalie f.
**bradyphrasie f.** Bradyphrasie f.
**bradyphrénie f.** Bradyphrenie f.
**bradypnée f.** Bradypnoe f.
**bradytéléocinèse f.** Bradyteleokinese f.
**bradytrophie f.** Bradytrophie f.
**bradytrophique** bradytroph
**bradyurie f.** Bradyurie f.
**braille m.** Blindenschrift f.
**brancard m.** Trage f.
**branche f.** Ast m, Branche (med) f., Schenkel m., Zweig m.
**branche perforante de la veine fémorale f.** Vena perforans f.
**branchement m.** Netzanschluss m.
**branchial** branchial, branchiogen
**branchie f.** Kieme f.
**branler** wanken
**bras m.** Arm m.
**bras ballant m.** Gelenkarm m.
**brassard m.** Armstütze f.
**brassard de la Croix Rouge m.** Rot-kreuzarmbinde f.
**brasure f.** Hartlot n.
**brasure majeure f.** Hauptlot n.

**Braxton-Hicks , manoeuvre de f.** Wendung , nach Braxton Hicks f.
**brèche f.** Lücke f.
**bregma m.** Bregma n.
**Bremsstrahlung m.** Bremsstrahlung f.
**breuvage m.** Trank (vet.) m.
**brevet de spécialité m.** Patent n.
**breveté** patentiert
**bride f.** Band n., Strang m.
**bride isolée f.** Einzelstrang m.
**bridge m.** Brücke f., Zahnbrücke f. (dent.)
„**bridge „"free-end"" m."** Schwebebrücke (dent.) f., Freiend-Brücke f.
**bridge à deux piliers m.** Zweipfeilerbrücke f.
**bridge à inter court m.** Kurzspannbrücke f.
**bridge à plusieurs inters m.** mehrspannige Brücke f.
**bridge amovible m.** abnehmbare Brücke f.
**bridge antérieure m.** Frontbrücke f.
**bridge arc m.** Bügelbrücke f.
**bridge cantilever m.** Auslegerbrücke f., Kragbrücke f., Schwebebrücke f.
**bridge coulé monolithique m.** Vollgussbrücke f.
**bridge couronne jacket m.** Jacketkronenbrücke f.
**bridge en matière synthétique m.** Kunststoffbrücke f.
**bridge en or m.** Goldbrücke f.
**bridge fixé m.** festsitzende Brücke f.
**bridge free end m.** Schwebebrücke (dent) f.
**bridge pontique m.** Ponticbrücke f.
**bridge suspension m.** Hängebrücke f.
**brisure f.** Knick m.
**broche d'extension f.** Drahtzug m., Expansionsdraht m.
**broche vissée f.** Gewindestift m.
**brochure f.** Broschüre f.
**bromacétone f.** Bromazeton n.
**bromate m.** Bromat n.
**bromazépam m.** Bromazepam n.
**brome m.** Brom n.
**bromélaïne f.** Bromelain n.
**broméline f.** Bromelin n.
**bromhexine f.** Bromhexin n.
**bromide de potassium m.** Kaliumbromid n.

**bromindione f.** Bromindion n.
**bromique** bromhaltig
**bromisme m.** Bromismus m.
**bromobenzène m.** Brombenzol n.
**bromocriptine f.** Bromocriptin n.
**bromoforme** bromoform
**bromopride m.** Bromoprid n.
**bromosalicylate m.** Bromsalizylat n.
**bromphéniramine f.** Brompheniramin n.
**bromure m.** Bromid n.
**bromure de potassium m.** Kaliumbromid n.
**bromure de sodium m.** Natriumbromid n.
**bromure de tétraéthylammonium m.** Tetraethylammoniumbromid n.
**bromure d'hexaméthonium m.** Hexamethoniumbromid n.
**bromure d'ipratropium m.** Ipratropiumbromid n.
**bronchadénite f.** Bronchadenitis f.
**bronchial** bronchial
**bronchiectasie f.** Bronchiektase f.
**bronchiectasique** bronchiektatisch
**bronchiloquie f.** Bronchiloquie f.
**bronchioalvéolaire** bronchioalveolär
**bronchiolaire** bronchiolär
**bronchiolite f.** Bronchiolitis f.
**bronchite f.** Bronchialkatarrh m., Bronchitis f.
**bronchoadénite f.** Bronchoadenitis f.
**bronchoalvéolaire** bronchoalveolär
**bronchoconstriction f.** Bronchokonstriktion f.
**bronchogramme m.** Bronchogramm n.
**bronchographie f.** Bronchographie f.
**bronchographique** bronchographisch
**broncholithiase f.** Broncholithiasis f.
**bronchologie f.** Bronchologie f.
**bronchologique** bronchologisch
**bronchomoteur** bronchomotorisch
**bronchophonie f.** Bronchophonie f.
**bronchoplastie f.** Bronchoplastik f.
**bronchopleural** bronchopleural
**bronchopleuropneumonie f.** Bronchopleuropneumonie f.
**bronchopneumonie f.** Bronchopneumonie f.
**bronchopneumonique** bronchopneumonisch

broncho-pyorrhée f.   Bronchoblenorrhöe f.
bronchoscope m.   Bronchoskop n.
bronchoscopie f.   Bronchoskopie f.
bronchoscopique   bronchoskopisch
bronchospirométrie f.   Bronchospirometrie f.
bronchosténose f.   Bronchostenose f.
bronchotomie f.   Bronchotomie f.
bronchovésiculaire   bronchovesikulär
bronzage f.   Bräune f.
bronzage solaire m.   Sonnenbräune f.
bronzer   bräunen
brosser   abbürsten
brouillage m.   Verwischung f.
brouillard m.   Grauschleier m.
brouillard avec fumée m.   Nebel mit
Rauch m.
brouillard épais m.   Nebel, dichter m.
brouillé   trüb, verwischt
broxuridine f.   Broxuridin n.
broyer   verreiben
broyeur m.   Kollermühle f.
Brucella abortus f.   Brucella abortus f.
brucella f.   Brucelle f.
Brucella melitensis f.   Brucella melitensis f.
brucellose f.   Bangsche Krankheit f.,
Brucellose f.
bruit m.   Geräusch n.
bruit à la percussion m.   Klopfschall
m.
bruit de caille m.   Mövenschrei-Geräusch n.
bruit de cuir neuf m.   Lederknarren n.
bruit de fermeture des valvules pulmonaires m.   Pulmonalton m
bruit de fond m.   Grundgeräusch n.
bruit de galop m.   Galopprhythmus m.
bruit de Korotkoff m.   Korotkoff-Ton
m.
bruit dédoublé m.   Herzton, gespaltener m.
bruit d'éjection protosystolique m.
Klick m.
bruit d'ouverture m.   Öffnungston m.
bruit du coeur m.   Geräusch, Herz- n,
Herzton m.
bruit pathologique du coeur m.   Herzgeräusch n.
bruit respiratoire m.   Atmungsgeräusch n., Atemgeräusch n.

bruit respiratoire bronchique m.
Bronchialatmen n.
bruit respiratoire bronchovésiculaire
m.   bronchovesikuläres Atemgera-
üsch n.
bruit respiratoire diminué m.   abgeschwächtes Atemgeräusch n.
bruit valvulaire m.   Herzklappengeräusch n.
bruit vasculaire m.   Gefässton m.
bruit veineux de nonnes m.   Nonnensausen n
bruits intestinaux m.pl.   Darmgeräusch n.
brûler   einbrennen, verbrennen
brûlure f.   Verbrennung f.
brûlure électrique f.   Strommarke f.
brûlure par un acide f.   Verätzung
(traumatol.) f.
brûlures (premier/second/troisième degré) f. pl.   Verbrennungen (ersten/
zweiten/dritten Gades) f. pl.
brume f.   Nebel m.
brun   schwarzhaarig
brun de Bismarck m.   Bismarckbraun
n.
brun rouille   rostbraun
brunir   bräunen
brunissoir m.   Polierinstrument n.,
Zahnpoliergerät n.
brushite f.   Brushit m.
bruxomanie f.   Bruxomanie f.
bubon m.   Bubo m.
bubon de la peste m.   Pestbeule f.
buccal   bukkal
buccale , respiration f.   Mundatmung
f.
buccoaxial   bukkoaxial
buccoaxiocervical   bukkoaxiozervikal
buccodentaire   dentobukkal
buccodistal   bukkodistal
buccogingival   bukkogingival
buccolabial   bukkolabial
buccolingual   bukkolingual
buccomésial   bukkomesial
bucconasal   bukkonasal
bucco-occlusal   bukkookklusal
buccopharyngé   bukkopharyngeal
buccoproximal   proximobukkal
buccopulpaire   bukkopulpal
buclosamide f.   Buclosamid m.
buée f.   Dampf m.

**Buerger, maladie de f.**   Winiwarter-
   Buergersche Krankheit f
**bufétolol m.**   Bufetolol n.
**bufétonine f.**   Bufetonin n.
**buféxamac m.**   Bufexamac n.
**buformine f.**   Buformin n.
**bulbaire**   bulbär
**bulbe m.**   Zwiebel f.
**bulbe rachidien m.**   Nachhirn n.
**bulbite f.**   Bulbitis f.
**bulbogastrone f.**   Bulbogastron n.
**bulbomimique**   bulbomimisch
**bulboscope m.**   Bulboskop n.
**bulboscopie f.**   Bulboskopie f.
**bulboscopique**   bulboskopisch
**bulbo-uréthral**   bulbourethral
**bulboventriculaire**   bulboventrikulär
**bulle f.**   Blase f.
**bulle d'air f.**   Luftblase f.
**bulletin de sortie m.**   Entlassungsschein m.
**bulleux**   bullös
**bullose f.**   Bullose f.
**bumétanide m.**   Bumetanid n.
**bungarotoxine f.**   Bungarotoxin n.
**bunitrolol m.**   Bunitrolol n.
**bunodonte**   bunodont
**bunolol m.**   Bunolol n.
**bunolophodonte**   bunolophodont
**bunosélénodonte**   bunoselenodont
**bunyavirus m.**   Bunya-Virus n.
**buphénine f.**   Buphenin n.
**buphtalmie f.**   Buphthalmus m.
**bupivacaïne f.**   Bupivacain n.
**bupranolol m.**   Bupranolol n.
**buprénorphine f.**   Buprenorphin n.
**burette f.**   Bürette f.

**burimamide m.**   Burimamid n.
**burin m.**   Meissel m.
**burning feet syndrome m.**   burning
   feet-Syndrom n.
**bursectomie f.**   Bursektomie f.
**bursite f.**   Bursitis f.
**bursopathie f.**   Bursopathie f.
**buséréline f.**   Buserelin n.
**busulfan m.**   Busulfan n.
**but m.**   Ziel n
**butaclamol m.**   Butaclamol n.
**butadiène m.**   Butadien n.
**butalamine f.**   Butalamin n.
**butambène m.**   Butamben n.
**butamine f.**   Butamin n.
**butandiol m.**   Butandiol n.
**butane m.**   Butan n.
**butapérazine f.**   Butaperazin n.
**butazone f.**   Butazon n.
**butée f.**   Endpfeiler m., Widerlager n.
**butoprozine f.**   Butoprozin n.
**butyldopamine f.**   Butyldopamin n.
**butylène m.**   Butylen n.
**butylparabène m.**   Butylparaben n.
**butylpipéridine m.**   Butylpiperidin n.
**butyramide m.**   Butyramid n.
**butyrate m.**   Butyrat n.
**butyrocholinestérase f.**   Butyrocholinesterase f.
**butyrolactone f.**   Butyrolakton n.
**butyrophénone f.**   Butyrophenon n.
**buvable**   trinkbar
**buvant mal**   trinkfaul
**by-pass m.**   Bypass m.
**byssinose f.**   Byssinose f.
**Bywatter , syndrome de m.**   Crush-
   Syndrom n.

# C

cabine f.   Kabine f.
cabine (de déshabillage) f.   Umkleideraum m.
cabine pressurisée f.   Überdruckkammer f.
cabinet de consultation m.   Sprechzimmer n., Arztpraxis f.
cabinet de groupe m.   Gemeinschaftspraxis f., Gruppenpraxis f.
cabinet de médecine générale m.   Allgemeinpraxis f.
cabinet du dentiste m.   Zahnarztpraxisraum m.
cabinet du médecin m.   Praxisräume
des Arztes f. pl.
cabinet médical m.   Arztpraxis f., ärztliche Praxis f.
câble m.   Kabel n.
câble de raccordement m.   Verbindungskabel n.
cable de secteur m.   Netzkabel m.
cacao m.   Kakao m.
cachectique   kachektisch
cachet m.   Tablette f., Waffel f. (dent.)
cacheter   versiegeln
cachexie f.   Kachexie f.
cachexie palustre f.   Malariakachexie
f.
cachou m.   Katechu n.
cacodylate m.   Kakodylat n.
cacodylate de sodium m.   Natriumkakodylat n.
cacodyle m.   Kakodyl n.
cadavérine f.   Cadaverin n., Kadaverin
n.
cadavre m.   Leiche f.
cadmium m.   Cadmium n.
cadre m.   Rahmen m.
cadre d'aide à la marche m.   Laufgestell n.
caducité f.   Gebrechlichkeit f.
caduque   decidual
caduque f.   Decidua f., Dezidua f.
caduque foetale f.   Decidua capsularis
f.
caduque gravidique f.   Decidua graviditis f.

caduque marginale f.   Decidua marginalis f.
caduque menstruelle f.   Decidua menstruationis f.
caduque pariétale f.   Decidua parietalis f.
caduque utéro-placentaire f.   Decidua
basalis f.
caecal   zökal
caecum m.   Coecum n., Zökum n.
cafard tropical m.   Tropenkoller m.
caféine f.   Coffein n., Koffein n.
caféine citratée f.   Coffeinum citricum
n.
caféine-benzoate de sodium f.   Coffeinum benzoicum n.
cage de Faraday f.   Faradayscher Käfig
m.
cage thoracique f.   Brustkasten m.
caillé m.   Sauermilch f.
caillette f.   Abomasus m.
caillot m.   Gerinnsel n., Koagel n.
caillot cruorique m.   Cruorgerinnsel n.
caillot rond m.   Kugelthrombose f.
caisse d'assurance maladie f.   Krankenkasse f.
caisse du tympan f.   Paukenhöhle f.,
Mesotympanum n.
cal m.   Kallus m.
calamine f.   Galmei m.
calcanéen   kalkaneal
calcanéocuboïdien   kalkaneokuboid
calcanéodynie f.   Kalkaneodynie f.
calcanéonaviculaire   kalkaneonavikular
calcanéopéronéen   kalkaneofibular
calcanéoplantaire   calcaneoplantar,
kalkaneoplantar
calciductine f.   Calciductin n.
calcifédiol m.   Calcifediol n.
calciférol m.   Calciferol n.
calcification f.   Kalzifikation f., Verkal
kung f.
calcification cartilagineuse f.   Knorpel
verkalkung f.
calcifier   kalzifizieren, verkalken
calcination f.   Kalzination f.

**calcinose f.**  Calcinose f., Kalzinose f.
**calcipénie f.**  Kalkmangel m.
**calciprive**  kalzipriv
**calciprotéine f.**  calciumbindendes Protein (CaBP) n.
**calcitonimone f.**  Calcitonimon n.
**calcitonine f.**  Calcitonin n.
**calcitriol m.**  Calcitriol n.
**calcium m.**  Calcium n., Kalzium n.
**calciurie f.**  Kalziurie f.
**calcul m.**  Berechnung f. (math.); Stein m.
**calcul biliaire m.**  Gallenstein m.
**calcul bloqué m.**  Steineinklemmung f.
**calcul de l'urétère m.**  Harnleiterstein m.
**calcul du calice m.**  Kelchstein m.
**calcul en bois de cerf m.**  Nierenbeckenausgußstein m.
**calcul en corail m.**  Korallenstein m.
**calcul mûriforme m.**  Maulbeerstein m.
**calcul pancréatique m.**  Pankreasstein m.
**calcul rénal m.**  Nierenstein m.
**calcul salivaire m.**  Speichelstein m.
**calcul tonsillaire m.**  Tonsillenstein m.
**calcul uratique m.**  Uratstein m.
**calcul urinaire m.**  Harnstein m.
**calcul vésical m.**  Blasenstein m.
**calculatrice f.**  Rechenmaschine f.
**cale f.**  Keil m.
**cale griffe m.**  Krallenheber m.
**calfater**  abdichten
**calfeutrer**  abdichten
**calibrage m.**  Eichung f.
**calibration f.**  Kalibrierung f.
**calibre m.**  Kaliber n.
**calibrer**  kalibrieren
**calice m.**  Kelch m.
**californium m.**  Californium n.
**calleux**  hornig, kallös
**callosité f.**  Callositas f., Hautschwiele f., Schwiele f.
**callosotomie f.**  Kallosotomie f.
**calmant**  beruhigend
**calmant m.**  Beruhigungsmittel n.
**calmer**  beruhigen, lindern, ruhigstellen, sedieren
**calmoduline f.**  Calmodulin n.
**calomel m.**  Kalomel n.
**calorie f.**  kleine Kalorie f.

**calorigène**  kalorigen
**calorimètre m.**  Kalorimeter n.
**calorimétrie f.**  Kalorimetrie f.
**calorimètrique**  kalorimetrisch
**calorique**  kalorisch
**calot d'OP m.**  Operationsmütze f.
**calotte f.**  Kalotte f.
**calotte, de la**  tegmental
**camarade m.**  Genosse m.
**camazépam m.**  Camazepam n.
**cambium m.**  Kambium n.
**cambrillon m.**  Senkfußeinlage f.
**camisole de force f.**  Zwangsjacke f.
**camomille f.**  Kamille f.
**camphre m.**  Campher m., Kampfer m.
**campimètre m.**  Kampimeter n.
**campimétrie f.**  Kampimetrie f.
**campimétrique**  kampimetrisch
**camptodactylie f.**  Kamptodaktylie f.
**Campylobacter m.**  Campylobacter m.
**camsilate m.**  Camsilat n.
**camsylate m.**  Camsylat n.
**canal m.**  Gang (Durchgang) m., Kanal m.
**canal alvéolaire m.**  Alveolarkanal m.
**canal artériel m.**  Ductus arteriosus m.
**canal artériel de Botal m.**  Botallischer Gang m., Ductus arteriosus botalli m.
**canal biliaire m.**  Gallengang m.
**canal central m.**  Zentralkanal m.
**canal central de coulée m.**  zentraler Gußkanal m., Hauptgußkanal m.
**canal cholédoque m.**  Ductus choledochus m., Gallengang m.
**canal cystique m.**  Ductus cysticus m.
**canal d'écoulement m.**  Abflußkanal m.
**canal de coulée m.**  Gußkanal m., Wachsgußkanal m. (dent.)
**canal de Havers m.**  Haverssches Kanälchen n.
**canal de Wirsung m.**  Ductus wirsungianus m.
**canal déférent m.**  Samenleiter m., Vas deferens n.
**canal fémoral m.**  Adduktorenkanal m.
**canal hépatique m.**  Ductus hepaticus m.
**canal hetniaire m.**  Bruchkanal m.

canal inguinal m.   Leistenkanal m.
canal lacrymal m.   Ductus lacrimalis m.
canal lymphatique m.   Lymphgang m.
canal pancréatique m.   Ductus pancreaticus m.
canal pulpaire m.   Pulpenkanal m.
canal rachidien m.   Wirbelkanal m.
canal radiculaire m.   Wurzelkanal m., Zahnwurzelkanal m.
canal semicirculaire m.   Bogengang m.
canal thoracique m.   Ductus thoracicus m., Milchbrustgang m.
canal thyréoglosse m.   Ductus thyreoglossus m.
canal vidien m.   Canalis pterygoideus m.
canaliculaire   kanalikulär
canalisation f.   Kanalisation f.
canard m.   Schnabeltasse f.
cancer m.   Krebs m. (med.)
cancer bronchique m.   Bronchialkarzinom n.
cancer cutané m.   Hautkrebs m.
cancer de l'estomac m.   Magenkrebs m.
cancer de la prostate m.   Prostatakarzinom n.
cancer des fumeurs de pipe m.   Pfeifenraucherkrebs m.
cancer des ramoneurs m.   Schornsteinfegerkrebs m.
cancer du col de l'utérus m.   Kollumkarzinom n.
cancer du corps de l'utérus m.   Korpuskarzinom n.
cancer du goudron m.   Teerkrebs m.
cancer du sein m.   Brustkrebs m., Mammakarzinom n.
cancer en cuirasse m.   Panzerkrebs m.
cancer squirrheux m.   Scirrhus m.
cancer testiculaire m.   Hodenkrebs m.
cancéreux   krebsartig
cancérigène   karzinogen
cancérogène   kanzerogen, krebserzeugend
cancérophobie f.   Karzinophobie f.
cancérostase f.   Karzinostase f.
cancérostatique   kanzerostatisch
cancérostatique m.   Kanzerostasemittel n.
cancérotoxique   kanzerotoxisch

cancroide   kankroid
cancroide m.   Kankroid n.
candela f.   Candela f.
candicidine f.   Candicidin n.
candida m.   Monilia f.
candidat m.   Bewerber m., Prüfling m.
candidate f.   Bewerberin f.
candidature f.   Bewerbung f.
canine f.   Eckzahn m.
cannabine f.   Cannabin n.
cannabinol m.   Cannabinol n.
cannabisme m.   Haschischsucht f.
canneler   kannelieren
cannelle f.   Zimt m.
cannibalisme m.   Kannibalismus m.
cantharidine f.   Cantharidin n.
canthoplastie f.   Kanthoplastie f.
cantilever m.   Anhänger m. (dent.)
canule f.   Kanüle f.
canule à ailettes f.   Flügelkanüle f.
canule à ballonnet f.   Ballonkanüle f.
canule de Belloc f.   Bellocqsche Röhre f.
canule de conversation f.   Sprechkanüle f.
canule de lavage f.   Spülkanüle f.
canule de saignée de Strauss f.   Straußsche Kanüle f.
canule larynx artificiel f.   Sprechventilkanüle f.
canule pour le prélèvement de sang f.   Blutentnahmekanüle f.
canule trachéale f.   Trachealkanüle f.
canule tympanique f.   Paukenspülröhrchen n.
caoutchouc m.   Gummi m., Kautschuk m.
caoutchouc mousse m.   Schaumgummi m.
caoutchouc vulcanisé m.   Hartgummi m.
capable   fähig
capable de gagner sa vie   erwerbsfähig
capable de procréer   zeugungsfähig
capable de résorption   resorptionsfähig
capacitation f.   Kapazitation f.
capacité f.   Fähigkeit f., Inhalt m., Kapazität f.
capacité auditive f.   Hörvermögen n.
capacité d'adaptation f.   Anpassungsfähigkeit f.

capacité d'allaiter f.   Stillfähigkeit f.
capacité de cohésion f.   Kohäsionsvermögen n.
capacité de concentration f.   Konzentrationsvermögen n.
capacité de contracter une affaire f.   Geschäftsfähigkeit f.
capacité de diffusion f.   Diffusionskapazität f.
capacité de discernement f.   Einsichtsfähigkeit f.
capacité de fixation f.   Bindungskapazität f.
capacité de fixation en fer de sérum f.   Eisenbindungskazität (EBK) f.
capacité de gagner sa vie f.   Erwerbsfähigkeit f.
capacité de perception f.   Wahrnehmungsvermögen n.
capacité de procréer   Zeugungsfähigkeit f.
capacité de réalisation f.   Leistungsfähigkeit f:
capacité de résistance f.   Widerstandsfähigkeit f.
capacité de résorption f.   Resorptionsfähigkeit f.
capacité de rétention f.   Retentionsfestigkeit f.
capacité de tester f.   Testierfähigkeit f.
capacité résiduelle f.   Residualkapazität f.
capacité respiratoire maximum f.   Atemgrenzwert m.
capacité vitale f.   Vitalkapazität f.
capacité vitale forcée f.   forcierte Vitalkapazität f.
capacités olfactives f. pl.   Geruchsvermögen n.
capacités visuelles f: pl.   Sehleistung f.
capillaire   kapillär
capillaire m.   Kapillare f.
capillarité f.   Kapillarität f.
capillaroscopie f.   Kapillarmikroskopie f.
capillaroscopique   kapillarmikroskopisch
capnimètre m.   Kapnometer n.
capnimétrie f.   Kapnometrie f.
capnimétrique   kapnometrisch
capobénate m.   Capobenat n.
capping m.   Kappenbildung f.

capréomycine f.   Capreomycin n.
caproate m.   Caproat n., Kaproat n.
caprofène m.   Caprofen n.
caprylate m.   Caprylat n., Kaprylat n.
capsicum m.   Capsicum n.
capside f.   Capsid n., Kapsid n.
capsomére m.   Kapsomer n.
capsule f.   Kapsel f.
capsule articulaire f.   Gelenkkapsel f.
capsule d évaporation f.   Abdampfschale f.
capsule de Bowman f.   Bowmansche Kapsel f.
capsule de Glisson f.   Glissonsche Kapsel f.
capsule gélatineuse f.   Gelatinekapsel f.
capsulectomie f.   Kapsulektomie f.
capsulite f.   Tenonitis f.
capsulotome m.   Kapselmesser n.
capsulotomie f.   Kapsulotomie f.
capteur m.   Meßfühler m., Sensor m.
captodiamine f.   Captodiamin n.
captopril m.   Captopril n.
caractère rn.   Charakter m.
caractère douloureux m.   Schmerzhaftigkeit f.
caractère grenu m.   Körnigkeit f.
caractère inadéquat m.   Inadäquanz f.
caractère infectieux m.   Infektiosität f.
caractère mutagène m.   Mutagenität f.
caractère polycrote m.   Polykrotie f.
caractère radical m.   Radikalität f.
caractère réfractaire m.   Refraktäreigenschaft f.
caractère sexuel m.   Geschlechtsmerkmal n.
caractères physiques m. pl.   Körperbeschaffenheit f.
caractériser   charakterisieren
caractéristique   charakteristisch, eigentümlich, kennzeichnend
caractéristiques physiques f.   pl. Leibesbeschaffenheit f.
caractérologie f.   Charakterkunde f.
carbachol m.   Carbachol m., Karbachol n.
carbacrylamine f.   Karbakrylamin n.
carbamate m.   Karbamat n.
carbamazépine f.   Carbamazepin n., Karbamazepin n.

carbamazine f. Carbamazin n., Karbamazin n.

carbamoylbétaméthylcholine f. Karbamoylbetamethylcholin n.

carbamoylphosphate m. Karbamoylphosphat n.

carbamoyltransférase f. Karbamoyltransferase f.

carbamylase f. Karbamylase f.

carbamyle m. Karbamyl n.

carbamylphosphate m. Carbamylphosphat n.

carbapénem m. Carbapenem n.

carbaril m. Carbaril n.

carbaryle m. Karbaryl n.

carbazide m. Karbazid n.

carbazone f. Karbazon n.

carbécilline f. Carbecillin n.

carbénicilline f. Karbenicillin n.

carbénoxolone f. Carbenoxolon n., Karbenoxolon n.

carbide m. Karbid n.

carbidopa f. Carbidopa n.

carbimazol m. Carbimazol n., Karbimazol n.

carbimide m. Karbimid n.

carbinol m. Carbinol n., Karbinol n.

carbohydrase f. Karbohydrase f.

carboligase f. Karboligase f.

carboline f. Karbolin n.

carbométrie f. Kapnometrie f.

carbomycine f. Carbomycin n.

carbonate m. Karbonat n., kohlensaures Salz n.

carbonate d'ammoniaque m. Hirschhornsalz n.

carbonate de calcium m. Calciumcarbonat n., Kalziumkarbonat n.

carbonate de magnésium m. Magnesiumkarbonat n.

carbonate de potassium m. Kaliumkarbonat n.

carbonate de sodium m. Natriumkarbonat n.

carbone m. Kohlenstoff m.

carbonisation f. Verkohlung f.

carboniser verkohlen

carbonyle m. Carbonyl n., Karbonyl n.

carbophile carbophil, karbophil

carborundum m. Karborund n.

carboxamide m. Carboxamid n., Karboxamid n.

carboxyhémoglobine f. Karboxyhämoglobin n.

carboxylase f. Carboxylase f., Karboxylase f.

carboxylation f. Karboxylierung f.

carboxyle m. Karboxyl n.

carboxyler karboxylieren

carboxyméthylcellulose f. Karboxymethylzellulose f.

carboxypeptidase f. Carboxypeptidase f., Karboxypeptidase f.

carbromal m. Carbromal n.

carburant m. Kraftstoff m.

carbure d'hydrogène m. Kohlenwasserstoff m.

carbure de silicium m. Siliziumkarbid n.

carbutamide m. Carbutamid n., Karbutamid n.

carbutérol m. Carbuterol n.

carcino-embryonnaire carcinoembryonal, karzinoembryonal

carcinoide m. Karzinoid n.

carcinolyse f. Karzinolyse f.

carcinolytique karzinolytisch

carcinomateux karzinomatös

carcinomatose f. Karzinomatose f.

carcinome m. Karzinom n.

carcinome annulaire m. Ringwallkarzinom n.

carcinome cirrhotique m. szirrhöses Karzinom n.

carcinome d'amputation m. Stumpfkarzinom n.

carcinome villeux m. Zottenkarzinom n.

carcinosarcome m. Karzinosarkom n.

carcinose f. Karzinose f.

cardamome f. Kardamom n.

Cardarelli, signe de m. Oliver-Cardarellisches Zeichen n.

cardia m. Kardia f.

cardiaque kardial

cardinal kardinal

cardioaccélération f. Herzbeschleunigung f.

cardiogénique kardiogen

cardiogramme m. Kardiogramm n.

cardiographie f. Kardiographie f.

**cardiographie magnétoscopique f.**
Magnetokardiographie f.
**cardiographie polaire f.**  Polarkardiographie f.
**cardiographique** kardiographisch
**cardiolipine f.**  Cardiolipin n.
**cardiologie f.**  Kardiologie f.
**cardiologique** kardiologisch
**cardiologue f.**  Kardiologin f., Herz-
spezialistin f.
**cardiologue m.**  Kardiologe m., Herzspezialist m.
**cardiolyse f.**  Kardiolyse f.
**cardiomalacie f.**  Herzerweichung f.,
Kardiomalazie f.
**cardiomégalie f.**  Herzvergrößerung f.,
Kardiomegalie f.
**cardiomyopathie f.**  Kardiomyopathie
f.
**cardiooesophagien** kardioösophageal
**cardioomentopexie f.**  Kardioomentopexie f.
**cardiopathie f.**  Herzkrankheit f., Kardiopathie f.
**cardiopathie coronarienne f.**  KHK f.
(koronare Herzkrankheit)
**cardiopathique** kardiopathisch
**cardiophobie f.**  Herzangst f.
**cardioplégie f.**  Kardioplegie f.
**cardioportal** kardioportal
**cardioprotecteur** kardioprotektiv
**cardiopulmonaire** kardiopulmonal,
pneumokardial
**cardiorespiratoire** kardiorespiratorisch
**cardiosclérose f.**  Kardiosklerose f.
**cardiosélectif** kardioselektiv
**cardiosélectivité f.**  Kardioselektivität
f.
**cardiospasme m.**  Cardiospasmus m.
**cardiothérapie f.**  Herzbehandlung f.
**cardiothermographie f.**  Kardiothermographie f.
**cardiotocographe m.**  Kardiotokograph m.
**cardiotocographie f.**  Kardiotokographie f.
**cardiotocographique** kardiotokographisch
**cardiotonique** herzstärkend, kardiotonisch

**cardiotonique accessoire m.**  Digitaloid n.
**cardiotoxicité f.**  Kardiotoxizität f.
**cardiotoxicose f.**  Herzkrankheit, hyperthyreotische f.
**cardiotoxique** kardiotoxisch
**cardiovasculaire** kardiovaskulär
**cardioversion f.**  Kardioversion f.
**cardite f.**  Karditis f.
**carénal** karinal
**carence f.**  Mangel m.
**carence en fer f.**  Eisenmangel m.
**carène f.**  Karina f.
**carénone f.**  Carenon n.
**caréonate m.**  Careonat n.
**carfluzépate m.**  Carfluzepat n.
**carié** kariös
**carie f.**  Zahnfäule f., Fraß m. (med.),
Karies f.
**caries, provoquant des** kariserzeu-
gend
**carinamide m.**  Carinamid n.
**carindacilline f.**  Carindacillin n.
**carinoïde** carinal
**carisoprodol m.**  Carisoprodol n.
**carmin m.**  Karmin n.
**carminatif** blähungswidrig, carminativ
**carminatif m.**  blähungswidriges Mittel n., Carminativum n.
**carmustine f.**  Carmustin n.
**carnification f.**  Karnifikation f.
**carnifier** karnifizieren
**carnitine f.**  Carnitin n., Karnitin n.
**carnivore** fleischfressend
**carnosinase f.**  Karnosinase f.
**carnosine f.**  Carnosin n., Karnosin n.
**caroncule f.**  Karunkel m.
**caroncule duodénale f.**  Vatersche Papille f.
**caroténase f.**  Karotinase f.
**carotène m.**  Karotin n.
**caroténoïde m.**  Karotinoid n.
**carotidogramme m.**  Karotispulskurve
f.
**carotte f.**  Karotte f.
**carpe m.**  Handwurzel f.
**carphologie f.**  Floccilegium n., Flockenlesen n., Krozidismus m.
**carpien** karpal
**carpométacarpien** karpometakarpal
**carpopédal** karpopedal

carragéen m. Irländisches Moos n.
carragheen m. Carrageen n.
carré m. Quadrat n.
carte de l'activité électrique cérébrale
f. Kartierung der elektrischen Hirntätigkeit f.
carte perforée f. Lochkarte f.
cartilage m. Knorpel m.
cartilage aryténoïde m. Aryknorpel
m.
cartilage aryténoïdien m. Aryknorpel
m.
cartilage corniculé m. Santorinischer
Knorpel m.
cartilage cricoïde m. Ringknorpel m.
cartilage cunéiforme de Wrisberg m.
Wrisbergscher Knorpel m.
cartilage thyroïde m. Schildknorpel
m.
cartilagineux kartilaginär, knorpelig
cartothèque f. Kartothek f.
cartrizoate m. Cartrizoat n.
carvi m. Kümmel m.
caryoblaste m. Karyoblast m.
caryocinèse f. Karyokinese f.
caryoclasie f. Karyoklasie f.
caryogamie f. Karyogamie f.
caryogramme m. Kariogramm n.
caryolyse f. Karyolyse f.
caryolytique karyolytisch
caryométrie f. Karyometrie f.
caryorrhexis m. Karyorrhexis f.
caryosome m. Karyosom n.
caryotrope karyotrop
caryotype m. Karyotyp m.
caryotypique karyotypisch
cas m. Fall (Casus) m.
cas limite m. Grenzfall m.
cascade f. Kaskade f.
caséeux käsig
caséification f. Tyrose f., Verkäsung f.
caséifier verkäsen
caséinate m. Kaseinat n.
caséine f. Kasein n.
caséinogénate m. Kaseinogenat n.
caséinogène m. Kaseinogen n.
cassette f. Kassette f. (radiol.)
cassette sériée f. Serienkassette f.
castrat m. Kastrat m.
castration f. Entmannung f., Kastration f.

castration par irradiation f. Strahlenkastration f.
castration unilatérale f. Semikastration f.
casuistique kasuistisch
catabiose f. Katabiose f.
catabiotique katabiotisch
catabolique katabolisch
catabolisant m. Katabolikum n.
cataboliser katabolisieren
catabolisme m. Katabolismus m.
catabolite m. Katabolit m.
catalase f. Catalase f., Katalase f.
catalepsie f. Katalepsie f.
cataleptique kataleptisch
catalogue m. Katalog m.
catalysateur m. Katalysator m.
catalyse f. Katalyse f.
catalyser katalysieren
catalytique katalytisch
catamnèse f. Katamnese f.
catamnestique katamnestisch
cataphorèse f. Kataphorese f.
cataphorétique kataphoretisch
cataplasie f. Anaplasie f., Kataplasie f.
cataplasme m. Breiumschlag m., Kataplasma n., Umschlag m.
cataplasme de moutarde m. Senfpflaster n.
cataplastique kataplastisch
cataplexie f. Kataplexie f.
cataplexie affective f. affektiver Tonusverlust m.
cataracte f. Cataracta f., Katarakt f.,
grauer Star m., Star (med.) m.
catatacte adhérente f. Cataracta
accreta f.
cataracte capsulaire f. Cataracta capsularis f., Kapselstar m.
cataracte centrale f. Zentralstar m.
cataracte corticale f. Cataracta corticalis f., Rindenstar m.
cataracte d'irradiation f. Strahlenkatarakt f.
cataracte débutante f. Cataracta incipiens f.
cataracte des souffleurs de verre f.
Glasbläserstar m.
cataracte fusiforme f. Cataracta fusiformis f., Spindelstar m.
cataracte hypermûre f. Cataracta hypermatura f.

cataracte lamellaire f.   Cataracta lamellaris f.
cataracte lenticulaire f.   Cataracta lenticularis, Linsenstar m.
cataracte mûre f.   Cataracta matura f.
cataracte nucléaire f.   Cataracta nuclearis f., Kernstar m.
cataracte polaire f.   Cataracta polaris
f., Polstar m.
cataracte ponctuée f.   Cataracta
punctata f.
cataracte punctiforme f.   punktförmiger Star m.
cataracte secondaire f.   Nachstar m.
cataracte sénile f.   Altersstar m.
cataracte tumescente f.   Cataracta intumescens f.
cataracte zonulaire f.   Cataracta zonularis f., Schichtstar m.
catarrhal   katarrhalisch
catarrhe m.   Katarrh m.
catarrhe tubaire m.   Syringitis f.
catatonie f.   Katatonie f.
catatonique   katatonisch
catéchine f.   Catechin n., Katechin n.
catéchol m.   Katechol n.
catécholamine f.   Brenzkatechinamin
n., Katecholamin n.
catégorie f.   Kategorie f.
catgut m.   Catgut n., Katgut m.
catharsis f.   Katharsis f.
cathartique   kathartisch
cathepsine f.   Kathepsin n.
cathéter m.   Katheter m.
cathéter à ballonnet m.   Ballonkatheter m.
cathéter à demeure m.   Dauerkatheter
m.
cathéter cardiaque m.   Herzkatheter
m.
cathéter d'irrigation m.   Spülkatheter
m.
cathéter de Bozeman m.   Bozeman-
scherkatheter m.
cathéter de Mercier m.   Merciescher-
katheter m.
cathéter de Nélaton m.   Nélatonkatheter m.
cathéter de Pezzer m.   Pezzerscherka-
theter m.
cathéter enroulable m.   Einrollkatheter
m.

cathéter flottant m.   Einschwemmkatheter m.
cathéter Fogarty m.   Fogartykatheter
m.
cathéter trachéal m.   Trachealkatheter
m.
cathéter urétéral m.   Harnleiterkatheter m.
cathéter veineux m.   Venenkatheter m.
cathéter veineux central m.   Zentralvenenkatheter m.
cathétériser   katheterisieren
cathétérisme m.   Katheterismus m.
cathétérisme cardiaque m.   Herzkatheterisierung f.
cathétérisme laryngé m.   Intubation f.
cathétérisme par bougie m.   Bougierung f.
cathode f.   Kathode f.
cathode incandescente f.   Glühkathode f.
cation m.   Kation n.
cationique   kationisch
cauchemars m. pl.   Alpdrücken n.
caudal   kaudal
caudale, en direction   kaudalwärts
causal   kausal, ursächlich, verursachend
causalgie f.   Kausalgie f.
causalgique   kausalgisch
cause f.   Ursache f.
cause partielle f.   Teilursache f.
causer   auslösen, bewirken, hervorrufen, verursachen
caustique   ätzend, kaustisch
caustique m.   Ätzmittel n.
cautère m.   Ätzmittel n., Glüheisen n.
(med.), Kauter m.
cautérisant m.   Kaustikum n.
cautérisation f.   Kaustik f., Kauterisation f., Verätzung (therap.) f.
cautériser   ätzen, ausbrennen, kauterisieren, wegbrennen
caverne f.   Kaverne f.
caverneux   kavernös
cavernome m.   Kavernom n.
cavernoscopie f.   Kavernoskopie f.
cavernosographie f.   Kavernosographie f.
cavernostomie f.   Kavernostomie f.
cavitaire   kavitär

cavité f. Aussparung f., Grube f., Höhle f., Kavität f.
cavité abdominale f. Bauchhöhle f.
cavité articulaire f. Gelenkhöhle f.
cavité buccale f. Mundhöhle f.
cavité cotyloïde f. Hüftgelenkspfanne f.
cavité glénoïde f. Gelenkpfanne f.
cavité médullaire f. Marksinus m.
cavité pulpaire f. Pulpenhöhle f.
cavité thoracique f. Brusthöhle f.
cavité vestibulaire f. Backentasche f.
cavités pneumatiques paranasales f. pl. NNH (Nasennebenhöhlen) f. pl.
cavographie f. Cavographie f., Kavographie f.
cavoligature f. Kavaligatur f.
CEA (antigène carcino-embryonnaire) m. CEA (carcinoembryogenes Antigen) n.
cébocéphalie f. Zebozephalie f.
cécité f. Blindheit f., Erblindung f.
cécité corticale f. Rindenblindheit f.
cécité musicale f. Notenblindheit f.
cécité verbale f. Wortblindheit f.
céfacétrile m. Cefacetril n.
céfaclor m. Cefaclor n.
céfadroxil m. Cefadroxil n.
céfalexine f. Cefalexin n.
céfaloridine f. Cefaloridin n.
céfamandole m. Cefamandol n.
céfapirine f. Cefapyrin n:
céfazoline f. Cefazolin n.
céfménoxime m. Cefmenoxim n.
céfopérazone f. Cefoperazon n.
céfotaxime f. Cefotaxim n.
céfotétane m. Cefotetan n.
céfotiam m. Cefotiam n.
céfoxitine f. Cefoxitin n.
céfradine f. Cefradin n.
céftazidime m. Cefcazidim n.'
céftisoxime m. Ceftisoxim n.
céftriaxone f. Ceftriaxon n.
céfuroxime m. Cefuroxim n.
ceinture f. Gürtel m., Sitzgurt m.
ceinture abdominale f. Bauchhalter m.
ceinture de sécurité f. Sicherheitsgurt m.
ceinture médicale f. Leibbinde f.
ceinture scapulaire f. Schultergürtel m.

cellobiase f. Zellobiase f.
celloïdine f. Zelloidin n.
cellulaire zellenförmig, zellulär
cellulairement stable zellständig
cellulase f. Zellulase f.
cellule f. Zelle f.
cellule à mucus f. Schaumzelle f.
cellule adélomorphe f. Hauptzelle f.
cellule adventicielle f. Adventitiazelle f.
cellule alpha f. Alpha-Zelle f.
cellule auditive de l'organe de Corti f. Haarzelle des Cortischen Organes f.
cellule B f. B-Zelle f.
cellule basale f. Basalzelle f.
cellule béta f. Beta-Zelle f.
cellule brillante f. Glitzerzelle f.
cellule C f. C-Zelle f.
cellule caliciforme f. Becherzelle f.
cellule capsulaire f. Mantelzelle f.
cellule cardiaque de lésion f. Herzfehlerzelle f.
cellule chargée en lipide f. Fettspeicherzelle f.
cellule chevelue f. pathologische Haarzelle f.
cellule cible f. Schießscheibenzelle f., Zielscheibenzelle f.
cellule claire f. Klarzelle f.
cellule conjonctive f. Inozyt m.
cellule de compression f. Windkessel m:
cellule de comptage f. Meßkammer f., Zählkammer f.
cellule de Ferrata f. Ferratazelle f.
cellule de Hargrave f. LE-Zelle f.
cellule de Heidenhain f. Hauptzelle f.
cellule de Hürthle f. Hürthlezelle .f.
cellule de l'épidérme Blamenteux f. Stachelzelle f.
cellule de la névroglie f. Gliazelle f.
cellule de Langerhans f. Langerhanssche Zelle f.
cellule de Paneth f. Panethsche Zelle f.
cellule de remplissage f. Füllkörper m.
cellule de revêtement f . Belegzelle f.
cellule délomorphe f. Belegzelle f.
cellule du tissu réticulé f. Retikulumzelle f.
cellule effectrice f. Effektorzelle f.
cellule en bague à sceau f. Siegelringzelle f.

cellule en panier f.   Korbzelle f.
cellule épendymaire f.   Glioblast m.
cellule étoilée de Kupffer f.   Kupffersche Sternzelle f.
cellule fille f.   Tochterzelle f.
cellule fusiforme f.   Spindelzelle f.
cellule ganglionnaire f.   Ganglienzelle
f.
cellule géante f.   Riesenzelle f.
cellule germinative f.   Keimzelle f.
cellule gliale fusiforme posthypophysaire f.   Pituizyt m.
cellule globoïde f.   Globoidzelle f.
cellule granuleuse f.   Granularzelle f.
cellule gustative f.   Geschmackszelle f.
cellule intermédiaire f.   Übergangszelle
f.
cellule intersticielle f.   Zwischenzelle f.
cellule interstitielle de Leydig f.   Leydigsche Zwischenzelle f.
cellule jeune f.   Blastzelle f.
cellule LE f.   LE-Zelle f.
cellule leucocytaire jeune f.   jugendlicher Leukozyt m.
cellule lymphoïde f.   Lymphoidzelle f.
cellule lymphoïde nulle f.   Nullzelle f.
cellule mastoïdienne f.   Warzenfortsatzzelle f.
cellule mémorisante f.   Gedächtniszelle
f.
cellule mère f.   Mutterzelle f.
cellule migratrice f.   Wanderzelle f.
cellule mitrale f.   Mitralzelle f.
cellule monochromatophile f.   monochromatophile Zelle f.
cellule mûriforme f.   Maulbeerzelle f.
cellule musculaire f.   Muskelzelle f.
cellule naevique f.   Naevozyt m., Naevuszelle f.
cellule nerveuse f.   Nervenzelle f.
cellule NK (natural killer cell) f.   Killerzelle f.
cellule nouvelle f.   Frischzelle f.
cellule olfactive f.   Riechzelle f.
cellule pacemaker f.   Pacemakerzelle f.
cellule pavimenteuse f.   Pflasterzelle f.
cellule pigmentaire f.   Pigmentzelle f.
cellule principale f.   Hauptzelle f.
cellule pyramidale f.   Pyramidenzelle f.
cellule ronde f.   Rundzelle f.
cellule sensorielle f.   Sinneszelle f.
cellule souche f.   Stammzelle f.

cellule T f.   T Zelle f.
cellule T helper f.   Helferzelle f.
cellule thécale f.   Thekazelle f.
cellule vacuolochromatique du rhinosclérome f.   Mikuliczsche Zelle f.
cellule vitreuse f.   Milchglaszelle f.
cellulite f.   Zellgewebsentzündung f.
cellulose f.   Zellstoff m., Zellulose f.
cément m.   Zement m.
cémenter   zementieren
cémentification f.   Zementbildung f.
cémentite f.   Zementitis f.
cémentoblaste m.   Zementoblast m.
cémentoclasie f.   Zementoklasie f.
cémentoclaste m.   Zementoklast m.
cémentocyte m.   Zementozyt m.
cémentodentinien   zementodentinal
cémentome m.   Zementom n.
cendre f.   Asche f.
cénesthésie f.   Zönästhesie f.
centigramme m.   Zentigramm n.
centilitre m.   Zentiliter n.
centimètre m.   Zentimeter n.
central   zentral
centralisation f.   Zentralisation f.,
Zentralisierung f.
centralisation circulatoire f.   Kreislaufzentralisierung f.
centre m.   Mittelpunkt m., Zentrum n.
centre anticancéreux m.   Krebsklinik f.
centre cérébral du langage m.   Sprachzentrum n.
centre d'information m.   Beratungsstelle f.
centre de consultation maternelle m.
Mütterberatungszentrum n.
centre de l'audition m.   Hörzentrum n.
centre de médecine sociale m.   Sozialstation f.
centre de pansements m.   Hauptverbandplatz m.
centre de soins m.   Behandlungszentrum n.
centre de soins de postcure m.   Nachsorgekrankenhaus n.
centre germinal m.   Keimzentrum n.
centre gustatif m.   Geschmackszentrum n.
centre hospitalier universitaire (CHU)
m.   Universitätsklinik f.
centre moteur m.   motorisches Zentrum n.

centre moteur du langage de Broca m. Brocasches Zentrum n.
centre nerveux m. Nervenzentrum n.
centre olfactif m. Riechzentrum n.
centre réflexe m. Reflexzentrum n.
centre respiratoire m. Atemzentrum n.
centre visuel m. Sehzentrum n.
centrifugation f. Zentrifugierung f.
centrifuge zentrifugal
centrifugé m. Zentrifugat n.
centrifuger zentrifugieren
centrifugeuse f. Zentrifuge f.
centriole m. Zentralkörperchen n., Zentriol n.
centripète zentripetal
centroblaste m. Zentroblast m.
centroblastique zentroblastisch
centrocytaire zentrozytär
centrocyte m. Zentrozyt m.
centroencéphalique zentrenzephal
centrolécithique zentrolezithal
centrolobaire zentrolobär
centrolobulaire zentrilobulär
centromère m. Kinetochor n., Zentromer n.
centroplasme m. Zentroplasma n.
centrosome m. Zentralkörper m., Zentrosom n.
céphadrine f. Cephadrin n.
céphalalgie f. Cephalalgie f.
céphalée f. Kopfschmerz m.
céphalée de Cluster f. Clusterkopfschmerz m.
céphalée de tension f. Spannungskopfschmerz m.
céphalexine f. Cephalexin n.
céphalhématome m. Kephalhämatom n.
céphaline f. Cephalin n., Kephalin n.
céphalocèle f. Kephalozele f.
céphalomètre m. Kephalometer n.
céphalométrie f. Kephalometrie f., Schädelmessung f.
céphalométrique kephalometrisch
céphalopancréatectomie f. Zephalopankreatektomie f.
céphaloridine f. Cephaloridin n.
céphalosporinase f. Cephalosporinase f.
céphalosporine f. Cephalosporin n.
céphalotine f. Cephalotin n.

céphalotomie f. Kephalotomie f.
céphalotripsie f. Kephalotripsie f.
céphalozine f. Cephalozin n.
céramidase f. Zeramidase f.
céramide f. Ceramid n., Zeramid n.
céramique f. Keramik f.
céramique, en keramisch
céramiste f. Keramikerin f.
céramiste m. Keramiker m.
cérasine f. Kerasin n.
cercaire f. Zerkarie f.
cerclage m. Zerklage f.
cercle m. Kreis m.
cercle vicieux m. Circulus vitiosus m.
cercosporose f. Zerkosporose f.
cercueil m. Sarg m.
cérébelleux zerebellar
cérébellorubrospinal zerebellorubrospinal
cérébellostriaire striozerebellar
cérébellovestibulaire zerebellovestibulär
cérébral cerebral, zerebral
cérébromaculaire zerebromakulär
cérébromalacie f. Gehirnerweichung f.
cérébroméningé zerebromeningeal
cérébrone f. Zerebron n.
cérébrosclérose f. Zerebralsklerose f.
cérébrosidase f. Zerebrosidase f.
cérébroside m. Zerebrosid
cérébrosidose f. Zerebrosidose f.
cérébrospinal zerebrospinal
cérébrotendineux zerebrotendinös
cérébrovasculaire zerebrovaskulär
cérium m. Cer n., Zer n.
céroïde m. Zeroid n.
certificat m. Attest n., Zertifikat n., Zeugnis n.
certificat d'aptitude au travail, faire un Gesundschreiben n.
certificat de décès m. Totenschein m.
certificat de vaccination m. Impfschein m.
céruléine f. Caerulein n.
cérulétide m. Ceruletid n.
céruloplasmine f. Coeruloplasmin n.
cérumen m. Ohrenschmalz m., Ohrschmalz m., Zerumen n.
cérumineux zeruminal
cerveau m. Gehirn n., Hirn n.

cerveau électronique m.   Elektronengehirn n.
cervelet m.   Kleinhirn n.
cervical   zervikal
cervicite f.   Kolpitis f.
cervicoaxial   zervikoaxial
cervicobrachial   zervikobrachial
cervicobuccal   zervikobukkal
cervicolingual   zervikolingual
cervicoscopie f.   Zervikoskopie f.
cervicovaginal   zervikovaginal
césarienne f.   Kaiserschnitt m., Schnittentbindung f.
césarienne de Porro f.   Porro-Operation f.
césium m.   Caesium n., Zäsium n.
cessation f.   Aufhören n.
cesser   aufhören
cestode m.   Cestode m., Zestode f.
cétiprolol m.   Cetiprolol n.
cétoacide m.   Ketosäure f.
cétobémidone f.   Zetobemidon n., Cetobemidon n.
cétocomposé m.   Ketoverbindung f.
cétogène   ketogen
cétoglutarate m.   Ketoglutarat n.
cétoheptose m.   Ketoheptose f.
cétohexokinase f.   Ketohexokinase f.
cétohexose m.   Ketohexose f.
cétoisocaproate m.   Ketoisokaproat n.
cétoisovalériate m.   Ketoisovaleriat n.
cétolaurate m.   Ketolaurat n.
cétolytique   ketolytisch
cétone f.   Keton n.
cétonémie f.   Ketonämie f.
cétonurie f.   Ketonurie f.
cétopipérazine f.   Ketopiperazin n.
cétoplastique   ketoplastisch
cétose (acidocétose) f.   Ketose (Azidose) f.
cétose m.   Ketose (Ketozucker) f.
cétosique   ketotisch
cétostéroïde m.   Ketosteroid n.
cétotétrose m.   Ketotetrose f.
cétothiolase f.   Ketothiolase f.
cétylpyridinium m.   Cetylpyridinium
n.
cévadille f.   Sabadille f.
chaîne f.   Kette f.
chaîne courte f.   kurze Kette f.
chaîne de télévision f.   Fernsehkette f.
chaîne fermée f.   geschlossene Kette f.

chaîne latérale f.   Seitenkette f.
chaîne légère f.   leichte Kette f., Leichtkette f.
chaîne longue f.   lange Kette f.
chaîne lourde f.   schwere Kette f.
chaîne ouverte f.   offene Kette f.
chaîne réflexe f.   Kettenreflex m.
chaîne, en-   kettenartig
chair f.   Fleisch n.
chair de poule f.   Gänsehaut f.
chaise percée f.   Nachtstuhl m.
chalarose f.   Chalarose f.
chalaze f.   Hahnentritt m. (vet.)
chalazion m.   Chalazion n., Hagelkorn n.
chaleur f.   Hitze f., Wärme f.
chaleur du corps f.   Körperwärme f.
chaleur fébrile f.   Fieberhitze f.
chalicose f.   Chalikose f.
chambre f.   Kammer f.
chambre antérieure f.   Vorderkammer
f.
chambre antérieure de l'oeil f.   vordere
Augenkammer f.
chambre climatique f.   Klimakammer
f.
chambre de Boyden f.   Boydenkammer f.
chambre de diffusion f.   Diffusionskammer f.
chambre du patient f.   Krankenzimmer n.
chambre froide pour les corps f.   Leichenkühlraum m.
chambre hypobare f.   Unterdruckkammer f.
chambre noire f.   Dunkelkammer f.
chambre postérieure de l'oeil f.   hintere Augenkammer f.
chambre pulpaire f.   Pulpenkammer f.
champ auditif m.   Hörbereich m.
champ fixé m.   Stehfeld n.
champ inférieur m.   Unterfeld n.
champ lumineux m.   Leuchtfeld n.
champ magnétique m.   Magnetfeld n.
champ obscur m.   Dunkelfeld n.
champ opératoire m.   Operationsgebiet n.
champ pulmonaire m.   Lungenfeld n.
champ pulmonaire apical m.   Lungenspitzenfeld n.

champ pulmonaire inférieur m. Lungenunterfeld n.
champ pulmonaire moyen m. Lungenmittellappen m.
champ pulmonaire supérieur m. Lungenoberfeld n.
champ visuel m. Gesichtsfeld n.
champignon m. Pilz m.
champignon comestible m. eßbarer Pilz m.
champignon vénéneux m. Giftpilz m.
chance f. gutes Risiko n.
chanceler taumeln
chancre m. Schanker m.
chancre syphilitique m. syphilitischer Primäraffekt m.
chancreux schankrös
chancroïde m. weicher Schanker m.
changeant unstet
changement m. Umschlag (Änderung) m., Veränderung f.
changement d'hôte m. Wirtswechsel m.
changement de hauteur m. Höhenverstellung f.
changement de position m. Lageveränderung f.
changement de syndrome m. Syndromwechsel m.
changement de temps m. Witterungsumschlag m.
changer de couleur verfärben
changeur d'échantillon m. Probenwechsler m.
changeur de cassette m. Kassettenwechsler m.
changeur de film m. Filmwechsler m.
chanvre m. Hanf m.
chapelet rachitique m. rachitischer Rosenkranz m.
charbon m. Milzbrand m.
charbon activé m. Carbo medicinalis f.
charbon animal m. Tierkohle f.
charbon de bois m. Holzkohle f.
charbon symptomatique m. Rauschbrand m.
charge f. Belastung f., Ladung f., Last f.
charge consécutive f. Nachbelastung f.

charge de production f. Herstellungscharge f.
charge permanente f. Dauerbelastung f.
charge utile f. Nutzlast f.
charge volumique f. Volumenbelastung f.
chargé(e) de cours m./f. Dozent(in) m./f.
charger beladen, belasten, laden
chariot m. Transportwagen m.
chariot (pour le transport des malades) m. Krankentransportwagen m.
chariot d'anesthésie m. Narkosewagen m.
chariot pour les corps m. Leichenmulde f.
charlatan m. Quacksalber m.
charlatane f. Quacksalberin f.
charlatanisme m. Quacksalberei f.
charnière du bridge f. Brückenscharnier n.
charnière f. Scharnier n.
charnu fleischig
charpente osseuse f. Knochengerüst n.
châtaigne f. Kastanie f.
chatouillement m. Kitzeln n.
chatouiller kitzeln
châtrer kastrieren
chaud warm
chauffer erhitzen, wärmen
chauve haarlos, kahl, kahlköpfig
chaux f. Kalk m.
chaux éteinte f. Kalziumhydroxid n.
chaux sodée f. Natronkalk m.
chef de clinique m. Oberärztin f., Oberarzt m.
chef de service m. Chefarzt m.
chéilectomie f. Cheilektomie f.
chéilite f. Cheilitis f.
cheilognathouranoschizis m. Wolfsrachen m.
chéiloplastie f. Lippenplastik f.
chéiloschizis m. Lippenspalte f.
chéilose f. Cheilose f.
chélatase f. Chelatase f.
chélate m. Chelat n.
chélateur m. Chelatbildner m.
chélidoine f. Chelidonium n.
chéloïde f. Keloid n.
chéloïde cicatricielle f. Narbenkeloid n.

chémodectome m.   Chemodektom n.

chémonucléolyse f.   Chemonukleolyse f.

chémoprophylaxie f.   Chemoprophylaxe f.

chémorécepteur m.   Chemorezeptor m.

chémorésistance f.   Chemoresistenz f.

chémorésistant   chemoresistent

chémosis m.   Chemosis f.

chemothérapie f.   Chemotherapie f.

chéoplastie f.   Cheoplastik f.

chéoplastique   cheoplastisch

chercheur m.   Finder m., Forscher m.

chérubinisme m.   Cherubismus m.

cheval bai m.   Braune (vet.) f.

cheval blanc m.   Schimmel (Pferd) m.

chevêtre m.   Capistrum n., Halfterverband m.

cheveu m.   Haar n.

cheveux gris, aux   grauhaarig

cheville f.   Bolzen m., Dübel m., Fußgelenk m., Pflock m.

cheville en valgus f.   Knickfuß m.

chiasma m.   Chiasma n.

chiasmatique   chiasmatisch

chicot m.   Zahnstumpf m.

chimère f.   Schimäre f.

chimie f.   Chemie f.

chimie des colloïdes f.   Kolloidchemie f.

chimie physiologique f.   physiologische Chemie f.

chimiocinétique   chemokinetisch

chimiocinétique f.   Chemokinetik f.

chimiotactique   chemotaktisch

chimiotactisme m.   Chemotaxis f.

chimiotaxie f.   Chemotaxis f.

chimiothérapeutique   chemotherapeutisch

chimiothérapie f.   Chemotherapie f.

chimique   chemisch

chimisme m.   Chemismus m.

chimiste f.   Chemikerin f.

chimiste m.   Chemiker m.

chinone f.   Chinon n.

chinoside m.   Chinosid n.

chinosol m.   Chinosol n.

chique f.   Sandfloh m.

chiropraticien m.   Chiropraktiker m.

chiropraxie f.   Chiropraxis f.

chiropraxique   chiropraktisch

chirurgical   chirurgisch

chirurgie f.   Chirurgie f.

chirurgie à coeur ouvert f.   Chirurgie am offenen Herzen f.

chirurgie abdominale f.   Bauchchirurgie f.

chirurgie buccale f.   Mundchirurgie f.

chirurgie cardiaque f.   Herzchirurgie f.

chirurgie cérébrale f.   Hirnchirurgie f.

chirurgie d'urgence f.   Notfallchirurgie f.

chirurgie dentaire f.   Zahnheilkunde f.

chirurgie dentaire conservatrice f.   konservierende Zahnheilkunde f.

chirurgie esthétique f.   plastische Chirurgie f.

chirurgie générale f.   allgemeine Chirurgie f.

chirurgie majeure f.   große Chirurgie f.

chirurgie maxillaire f.   Kieferchirurgie f.

chirurgie optique f.   Augenchirurgie f.

chirurgie pulmonaire f.   Lungenchirurgie f.

chirurgie reconstructive f.   Wiederherstellungschirurgie f.

chirurgie thoracique f.   Thoraxchirurgie f.

chirurgie vasculaire f.   Gefäßchirurgie f.

chirurgie vétérinaire f.   Tierchirurgie f.

chirurgien m.   Chirurg m., Fachgebietsarzt für Chirurgie m.

chirurgien chef du service m.   Chefchirurg m.

chirurgien vétérinaire m.   Tierchirurg m.

chirurgienne f.   Chirurgin f.

chitine f.   Chitin n.

chitosamine f.   Chitosamin n.

Chlamydia f.   Chlamydie f.

chloasma m.   Chloasma n.

chloracétate m.   Chlorazetat n.

chloral m.   chloral m.

chloralose f.   Chloralose f.

chlorambucil m.   Chlorambucil n.

chloramine f.   Chloramin n.

chloramphénicol m.   Chloramphenicol n.

chlorate m.   Chlorat n.

chlordane m.   Chlordan n.

chlordantoïne f.   Chlordantoin n.

chlordécone f. Chlordecon n.
chlordiazépoxide m. Chlordiazepoxid n.
chlordinitrobenzène m. Chlordinitrobenzol n.
chlore m. Chlor n.
chlore résiduel m. Restchlor n.
chlorer chlorieren
chloréthylcyclohexyl-nitroso-urée f. Chloräthyl-Cyclohexyl-Nitroso-Hamstoff, m.
chloréthyle m. Chloräthyl n.
chlorhexadol m. Chlorhexadol n.
chlorhexidine f. Chlorhexidin n.
chlorhydrique muriatisch
chlorite f. Chlorit n.
chlormadinone f. Chlormadinon n.
chlorméthiazole m. Chlormethiazol n.
chlorobutanol m. Trichlorisobutylalkohol m.
chlorocyte m. Chlorozyt m.
chlorodontie f. Chlorodontie f.
chloroforme m. Chloroform n.
chloroformisation f. Chloroformierung f.
chloroguanide m. Chloroguanid n.
chloroiodoquine f. Iodchloroxychinolin n.
chlorolymphosarcome m. Chlorolymphosarkom n.
chlorome m. Chlorom n.
chloromyélome m. Chloromyelom n.
chlorophénol m. Chlorophenol n.
chlorophylle f. Clorophyll n.
chloroprène m. Chloropren n.
chloroprive chloropriv
chloropurine f. Chloropurin n.
chloroquine f. Chloroquin n.
chlorose f. Chlorose f.
chlorothiazide m. Chlorothiazid n.
chlorotique bleichsüchtig, chlorotisch
chlorotrianisène m. Chlorotrianisen n.
chloroxazone f. Chloroxazon n.
chlorphénésine f. Chlorphenesin n.
chlorphéniramine f. Chlorpheniramin n.
chlorphénol m. Chlorphenol n.
chlorphénoxamine f. Chlorphenoxamin n.
chlorphentermine f. Chlorphentermin n.

chlorpromazine f. Chlorpromazin n.
chlorpropamide m. Chlorpropamid n.
chlorprotixène m. Chlorprotixen n.
chlortalidone f. Chlortalidon n.
chlortétracycline f. Chlortetracyclin n.
chlorure m. Chlorid n.
chlorure calcique m. Chlorkalk m.
chlorure d'ammonium m. Ammoniumchlorid n.
chlorure d'éthyle m. Chlorethyl n.
chlorure de calcium m. Calciumchlorid n., Chlorkalzium n., Kalziumchlorid n.
chlorure de chaux m. Chlorkalk m.
chlorure de potassium m. Chlorkalium n., Kaliumchlorid n.
chlorure de sodium m. Kochsalz n., Natriumchlorid n.
chlorure de triphényltétrazolium m. TTC (Triphenyltetrazoliumchlorid) n.
chlorure de zinc m. Zinkchlorid n.
chlorure mercureux m. Kalomel n., Quecksilberchlorid n.
chlorure mercuriel m. Merkurochlorid n.
chlorzotocine f. Chlorzotocin n.
chlorzoxazone f. Chlorzoxazon n.
choanal choanal
choane f. Choane f.
choc m. Puff (med.) m., Schock m., Stoß m.
choc d'explosion m. Explosionsschock m.
choc de la pointe du coeur m. Spitzenstoß m.
choc en dôme m. hebender Spitzenstoß m.
choc nerveux m. Nervenschock m.
choc par insuffisance circulatoire aigue m. Kreislaufschock m.
choc toxique, syndrome de m. toxisches Schocksyndrom n.
choix de l'objet m. Objektwahl f.
choix des dates m. Terminwahl f.
cholagogue cholagog
cholagogue m. Cholagogum n.
cholane m. Cholan n.
cholangiogramme m. Cholangiogramm n.

cholangiographie f.   Cholangiographie
f.
cholangiographie transhépatique percutanée f.   PTC (perkutane transhepatische Cholangiographie) f.
cholangiographique   cholangiographisch
cholangiolite f.   Cholangiolitis f.
cholangiome m.   Cholangiom n.
cholangiométrie f.   Cholangiometrie f.
cholangiopancréaticographie f.   Cholangiopankreatikographie f.
cholangiopancréaticographie endoscopique par voie rétrograde f.   ERCP
(endoskopische retrograde Choian-
giopankreatikographie) f.
cholangioscopie f.   Cholangioskopie f.
cholangiostomie f.   Cholangiostomie
f.
cholangiotomie f.   Cholangiotomie f.
cholangite f.   Cholangitis f.
cholangitique   cholangitisch
cholanthrène m.   Cholanthren n.
cholate m.   Cholat n.
cholécalciférol m.   Cholecalciferol n.
cholécystectomie f.   Cholezystektomie
f.
cholécystite f.   Cholezystitis f.
cholécystitique   cholezystitisch
cholécystoduodénostomie f.   Cholezystoduodenostomie f.
cholécystogastrostomie f.   Cholezystogastrostomie f.
cholécystogramme m.   Cholezystogramm n.
cholécystographie f.   Cholezystographie f.
cholécystographique   cholezystographisch
cholécystoiléostomie f.   Cholezystoileostomie f.
cholécystojéjunostomie f.   Cholezystojejunostomie f.
cholécystokinine f.   Cholecystokinin
(CCK) n.
cholécystolithiase f.   Cholezystolithiasis f.
cholécystopathie f.   Cholezystopathie
f.
cholécystopexie f.   Cholezystopexie f.
cholécystostomie f.   Cholezystostomie
f.

cholédochoduodénostomie f.   Choledochoduodenostomie f.
cholédochoectomie f.   Choledochektomie f.
cholédochoentérostomie f.   Choledochoenterostomie f.
cholédochojéjunostomie f.   Choledochojejunostomie f.
cholédocholithiase f.   Choledocholithiasis f.
cholédocholithotomie f.   Choledocholithotomie f.
cholédochoplastie f.   Choledochusplastik f.
cholédochorraphie f.   Choledochorra-
phie f.
cholédochoscopie f.   Choledochoskopie f.
cholédochostomie f.   Choledochostomie f.
cholédochotomie f.   Choledochotomie
f.
cholélithiase f.   Cholelithiasis f.
cholélitholyse f.   Cholelitholyse f.
cholémie f.   Cholämie f.
cholémique   cholämisch
cholépéritonite f.   gallige Peritonitis f.
choléra asiatique m.   Cholera asiatica
f.
choléra des volailles m.   Geflügelcholera f.
choléra du porc   Schweinepest f.
cholérèse f.   Cholerese f.
cholérétique   choleretisch
cholérétique m.   Choleretikum n.
cholestase f.   Cholestase f.
cholestatique   cholestatisch, cholostatisch
cholestéatome m.   Cholesteatom n.
cholestérase f.   Cholesterase f.
cholestérol m.   Cholesterin n.
cholestérol total m.   Gesamtcholesterin n.
cholestyramine f.   Cholestyramin n.
choline f.   Cholin n.
cholinergique   cholinergisch
cholinestérase f.   Cholinesterase f.
cholostase f.   Cholostase f.
cholurie f.   Cholurie f.
chondrification f.   Knorpelbildung f.,
Verknorpelung f.
chondrine f.   Chondrin n.

chondriome m. Chondriom n.
chondrite f. Chondritis f.
chondroadénome m. Chondroadenom n.
chondroangiome m. Chondroangiom
n.
chondroblaste m. Chondroblast m.
chondroblastome m. Chondroblastom n.
chondrocalcinose f. Chondrokalzinose f.
chondroclaste m. Chondroklast m.
chondrocyte m. Chondrozyt m.
chondrodysplasie f. Chondrodysplasie f.
chondrodystrophie f. Chondrodystrophie f.
chondroectodermique chondroektodermal
chondrogène chondrogen
chondrogenèse f. Chondrogenese f.,
Knorpelbildung f.
chondroïtinase f. Chondroitinase f.
chondroïtine f. Chondroitin n.
chondrolyse f. Chondrolyse f.
chondromalacie f. Chondromalazie f.
chondromatose f. Chondromatose f.
chondrome m. Chondrom n.
chondromyxome m. Chondromyxom
n.
chondroostéodystrophie f. Chondroosteodystrophie f.
chondroplastie f. Chondroplastik f.
chondroplastique chondroplastisch
chondrosarcome m. Chondrosarkom
n.
chondrotomie f. Chondrotomie f.
chordés m. pl. Chordata n. pl.
chordite f. Chorditis f.
chordite tubéreuse (des chanteurs) f.
Sängerknötchen n.
chordoblastome m. Chordoblastom
n.
chordome m. Chordom n.
chordotomie f. Chordotomie f.
chorée de Huntington f. Corea Huntington f.
chorée de Sydenham f. Chorea Sydenham f.
choréiforme choreiform
choréique choreatisch
choréo-athétoïde choreoathetoid

choréo-athétose f. Choreoathetose f.
choréomanie f. Choreomanie f.
chorial chorial
chorio-allantoïde m. Chorioallantois
f.
chorioangiome m. Chorioangiom n.
choriocarcinome m. Chorionkarzinom n.
chorio-épithéliome m. Choriom n.,
Chorionkarzinom n.
chorioïdectomie f. Chorioidektomie f.
chorioïdite f. Chorioiditis f.
chorioïdopathie f. Chorioidopathie f.
chorioïdopathique chorioidopathisch
chorioméningite f. Choriomeningitis
f.
chorion m. Chorion n.
choriorétinite f. Chorioretinitis f.
choristie f. Choristie f.
choristome m. Choristom n.
choroïde f. Aderhaut f., Chorioidea f.
choroïdien choroidal
Christmas, facteur de m. Christmas-
Faktor m.
chromaffine chromaffin
chromaffinome m. Chromaffinom n.
chromargentaffine chromargentaffin
chromate m. Chromat n.
chromatide f. Chromatide f.
chromatine f. Chromatin n.
chromatine sexuelle f. Geschlechtschromatinkörper m., Sexchromatin
n.
chromatique chromatisch
chromatogène chromatogen
chromatographe à phase liquidienne
m. Flüssigkeitschromatograph m.
chromatographe en phase gazeuse m.
Gaschromatograph m.
chromatographie f. Chromatographie
f.
chromatographie à phase liquidienne
f. Flüssigkeitschromatographie f.
chromatographie en colonne f. Säulenchromatographie f.
chromatographie gazeuse f. Gaschromatographie f.
chromatographie liquidienne de pression élevée f. Hochdruckflüssigkeitschromatographie f.
chromatographique chromatographisch

chromatolyse f.   Chromatolyse f.
chromatophile   chromatophil
chromatophilie f.   Chromatophilie f.
chromatophore m.   Chromatophor n.
chromatopsie f.   Chromatopsie f.
chromatose f.   Chromatose f.
chromatoskiamètre m.   Chromatoskiameter n.
chrome m.   Chrom n.
chromhidrose f.   Chromhidrose f.
chromocystoscopie f.   Chromozystoskopie f.
chromocystoscopique   chromozystoskopisch
chromogène   chromogen
chromogène m.   Chromogen n.
chromomère m.   Chromomer n.
chromonéma m.   Chromonema n.
chromophile   chromophil
chromophobe   chromophob
chromoscope m.   Chromoskop n.
chromoscopie f.   Chromoskopie f.
chromoscopique   chromoskopisch
chromosome m.   Chromosom n.
chromosome de Christchurch m.
  Christchurch-Chromosom n.
chromosome en anneau m.   Ringchromosom n.
chromosome géant m.   Riesenchromosom n.
chromosomes sexuels m. pl.   Sexchro-
  mosomen n. pl.
chromotrope   chromotrop
chromozyme m.   Chromozym n.
chronaxie f.   Chronaxie f.
chronaximètre m.   Chronaximeter n.
chronaximétrie f.   Chronaximetrie f.
chronaximétrique   chronaximetrisch
chronomètre m.   Stoppuhr f.
chronopharmacologie f.   Chronopharmakologie f.
chronopharmacologique   chronopharmakologisch
chronotrope   chronotrop
chrysarobine f.   Chrysarobin n.
chrysène m.   Chrysen n.
chrysoïdine f.   Chrysoidin n.
chrysophanate m.   Chrysophanat n.
chrysothérapie f.   Goldbehandlung f.
chrysotoxine f.   Chrysotoxin n.
chuchoter   flüstern

chute f.   Abfall (Abstieg) m., Fall
  (Sturz) m.
chute de cheveux f.   Haarausfall m.
chute de tension f.   Blutdruckabfall m.
chuter   abfallen (absteigen)
Chvostek, signe de m.   Chvosteksches
  Zeichen n.
chyle m.   Chylus m.
chyleux   chylös
chylomicron m.   Chylomicron n.
chylopéricarde m.   Chyloperikard n.
chylopéritoine m.   Chyloperitoneum
  n.
chylothorax m.   Chylothorax m.
chylurie f.   Chylurie f.
chyme m.   Chymus m.
chymeux   chymös
chymopapaïne f.   Chymopapain n.
chymosine f.   Labferment n.
chymotrypsine f.   Chymotrypsin n.
cibenzoline f.   Cibenzolin n.
cible f.   Zielscheibe f.
cicatrice f.   Narbe f.
cicatrice de constriction f.   Schnürnarbe f.
cicatrice postopérative f.   Operationsnarbe f.
cicatriciel   narbig
cicatriciel, d'aspect   narbenähnlich
cicatrisation f.   Narbenbildung f., Vernarbung f.
cicatrisation (primaire/secondaire) f.
  Wundheilung (primäre/sekundäre) f.
cicatriser   vernarben, verwachsen
ciclacilline f.   Ciclacillin n.
ciguë f.   Schierling m.
cil m.   Augenwimper f., Wimper f., Zilie f.
cil vibratile rn.   Geißel f. (biol.)
cilastatine f.   Cilastatin n.
ciliaire   ziliar
ciliectomie f.   Ziliektomie f.
ciliospinal   ziliospinal
ciment m.   Zement m.
ciment de silicate m.   Silikatzement m.
ciment oxyde de zinc m.   Zinkzement
  m.
ciment silicate de zinc m.   Zinksilikatzement m.
cimenter   zementieren
cimétidine f.   Cimetidin n.

Cimex lectularius m.    Cimex lectularius m.
cinabre m.    Zinnober m.
cinéangiographie f.    Kineangiographie
f.
cinéangiographique    kineangiographisch
cinématographie f.    Kinematographie
f.
cinéradiographie f.    Kineradiographie
f., Kineröntgenographie f.
cinésie paradoxale f.    Bradykinesie f.
cinésiologie f.    Kinesiologie f.
cinésiologique    kinesiologisch
cinesthésie f.    Kinästhesie f.
cinétique    kinetisch
cinétique f.    Kinetik f.
cinétose f.    Kinetose f.
cinétose des astronautes f.    Raumfahrerkrankheit f.
cingulectomie f.    Zingulektomie f.
cinnamate m.    Cinnamat n.
cinnarizine f.    Cinnarizin n.
cinoxacine f.    Cinoxacin n.
cinquième, maladie f.    fünfte Krankheit f.
cintré    gewölbt
cipionate m.    Cipionat n.
ciprofloxacine f.    Ciprofloxacin n.
ciproximide m.    Ciproximid n.
circadien    zirkadian, zirkadisch
circiné    zirzinär
circoncision f.    Beschneidung f., Umschneidung f., Zirkumzision f.
circonférence f.    Umfang m., Zirkumferenz f.
circonscrit    zirkumskript
circonvulution f.    Gyrus m.
circonvolution cérébrale f.    Gehirnwindung f.
circonvolution postcentral/précentral
f.    hintere/vordere Zentralwindung
f.
circuit m.    Stromkreis m.
circuit contrôle m.    Regelkreis m.
circuit fonctionnel m.    Funktionskreis
m.
circulaire    kreisförmig, zirkulär
circulation f.    Kreislauf m., Verkehr
m., Zirkulation f.
circulation collatérale f.    Kollateralkreislauf m.

circulation porte f.    Pfortaderkreislauf
m.
circulation pulmonaire f.    kleiner
Kreislauf m., Lungenkreislauf m.
circulation résiduelle f.    Restkreislauf
m.
circulation sanguine f.    Blutkreislauf
m.
circulation systémique f.    großer Kreislauf m.
circulatoire    zirkulatorisch
circuler    zirkulieren
circumduction f.    Zirkumduktion f.
cire f.    Wachs m.
cire brûlée f.    Wachsausbrennen n.
cire d'abeille f.    Bienenwachs m.
cire minérale f.    Mineralwachs n.
cire mordue f.    Wachsbiß m.
cire osseuse f.    Knochenwachs n.
cireux    wächsern
cirrhose f.    Cirrhose f., Zirrhose f.
cirrhose adipeuse f.    Fettzirrhose f.
cirrhose atrophique du foie f.
Schrumpfleber f.
cirrhose congestive f.    Stauungszirrhose f.
cirrhose de Laennec f.    Laennecsche
Zirrhose f.
cirrhose du foie f.    Leberzirrhose f.
cirrhose pigmentaire f.    Pigmentzirrhose f.
cirrhose pigmentaire diabétique f.
Bronzediabetes m.
cirrhotique    cirrhotisch, zirrhotisch
cirsoïde    varizenähnlich
cisaillement m.    Abscherung f.
cisailles à plâtre f. pl.    Gipsschere f.
ciseau m.    Meißel m.
ciseau à émail m.    Schmelzmeißel m.
ciseau plat m.    Flachmeißel m.
ciseau rotatif m.    Drehmeißel m.
ciseaux m. pl.    Schere f.
ciseaux à couronne m. pl.    Kronenschlitzer m.
ciseaux à gencive m. pl.    Zahnfleischschere f.
ciseaux à métal m. pl.    Blechschere f.
ciseaux à ongles m. pl.    Nagelschere f.
ciseaux à pansement m. pl.    Verbandschere f.
ciseaux d'anatomie m. pl.    anatomische Schere f.

ciseaux de chirurgie m. pl.  Operationsschere f., chirurgische Schere f.
ciseaux pour couper le cordon m. pl.  Nabelschnurschere f.
cisplatine m.  Cis-Platinum n.
cisternal  zisternal
cisternographie f.  Zisternographie f.
cisternostomie f.  Zisternostomie f.
cistron m.  Cistron n., Zistron n.
citalopram m.  Citalopram n.
citer  zitieren
citerne f.  Zisterne f.
citrate m.  Zitrat n.
citrate de sodium m.  Natriumzitrat n.
citrine f.  Zitrin n.
citrochlorure m.  Citrochlorid n., Zitrochlorid n.
citrulline f.  Citrullin n., Zitrullin n.
citrullinémie f.  Citrullinämie f.
citrullinurie f.  Citrullinurie f.
civière f.  Trage f.
cladosporiose f.  Cladosporiose f., Kladosporiose f.
cladotrichose f.  Cladotrichose f., Kladotrichose f.
clair  klar
clamp m.  Halter m., Klammer f., Klemme f.
clamp à position ouverte ou fermée m.  Quetschhahn m.
clamp à ressort m.  Federklemme f.
clamp bronchique m.  Bronchusklemme f.
clamp compressif m.  Quetschklemme f.
clamp intestinal m.  Darmklemme f.
clamp intestinal de Payr m.  Payrsches Darmkompressorium n.
clamp proximal m.  Approximalklammer f.
clamp tubulaire m.  Schlauchklemme f.
clamp urétral m.  Penisklemme f.
clamper  abklemmen
clapotement m.  Plätschergeräusch n.
clarification f.  Klärung f.
clarifier  klären
Clarke, colonne de f.  Clarkesche Säule f.
clasmatocyte m.  Klasmatozyt m.
classe f.  Klasse f.
classeur m.  Hefter m.

classification f.  Gliederung f., Gruppierung f., Klassifikation f.
classification d'Angle f.  Anglesche Einteilung f.
classification de Manchester f.  Manchester-Einteilung f.
classification par stades f.  Stadieneinteilung f.
classifier  klassifizieren
classique  klassisch
clastique  klastisch
claudication f.  Hinken n.
claudication intermittente f.  Claudicatio intermittens f., Dysbasia intermittens f.
claustrophilie f.  Claustrophilie f., Klaustrophilie f.
claustrophobie f.  Claustrophobie f., Klaustrophobie f.
clavelée f.  Schafspocken f. pl.
clavicepsine f.  Clavicepsin n.
clavicule f.  Schlüsselbein n.
clavipectoral  klavipektoral
clavunalate m.  Clavulanat n.
clearance de l'urée f.  Harnstoffclearance f.
cléidocrânien  kleidokranial
cléidotomie f.  Kleidotomie f.
clémizole m.  Clemizol n.
clenbutérol m.  Clenbuterol n.
cliché m.  Röntgenaufnahme f.
cliché en gros plan m.  Nahaufnahme (röntg.) f.
cliché radiologique m.  Röntgenaufnahme f.
cliché sans préparation f.  Leeraufnahme (röntg.) f.
cliché sur plaque m.  Übertisch-Röntgenaufnahme f.
clidinium m.  Clidinium n.
client m.  Klient m.
client (e) privé (e) m. f.  Privatpatient (in) m. f.
cliente f.  Klientin f.
clientèle f.  Klientel n.
clignement réflexe m.  Blinzelreflex m.
cligner  blinzeln
clignoter  blinzeln
climactérique  klimakterisch
climat m.  Klima n.
climatique  klimatisch
climatiser  klimatisieren

climatiseur m.   Klimaanlage f.
climatologie f.   Klimatologie f.
climatologique   klimatologisch
climatothérapie f.   Klimabehandlung
   f.
clindamycine f.   Clindamycin n.
clinicien m.   Kliniker m.
clinicienne f.   Klinikerin f.
clinico-pathologique   klinisch-pathologisch
clinique   klinisch
clinique f.   Klinik f., Krankenanstalt f.
   (private)
clinique de désintoxication f.   Trinkerheilstätte f.
clinique de traumatologie f.   Unfallkrankenhaus n.
clinique dentaire f.   Zahnklinik f.
clinique dépendante de médecins libéraux f.   Belegkrankenhaus n.
clinique des brulûres f.   Brandverletztenklinik f.
clinique gynécologique f.   Frauenklinik f.
clinique pédiatrique f.   Kinderklinik f.
clinique privée f.   Privatklinik f.
clinodactylie f.   Klinodaktylie f.
clioquinol m.   Clioquinol n., Iodchloroxychinolin n., Jodchloroxychinolin
   n.
clip m.   Klammer f.
clitoridien   klitoral
clitoris m.   Kitzler m., Klitoris f.
clivable   spaltbar
clivage m.   Dissiziion f., Furchung f.
cloacal   kloakal
cloacogène   kloakogen
cloaque m.   Kloake f.
clobazam m.   Clobazam n.
clobétasone f.   Clobetason n.
clodantoïne f.   Clodantoin n.
clofazimine f.   Clofazimin n.
clofénapate m.   Clofenapat n.
clofénotane m.   Clofenotan n.
clofibrate m.   Clofibrat n.
cloison f.   Scheidewand f.
cloison nasale f.   Nasenscheidewand
   f., Nasenseptum n., Septum nasi n.
cloisonné   septiert
cloisonnement m.   Septierung f.
cloisonner   septieren
clométhiazole m.   Clomethiazol n.

clomifène m.   Clomifen n.
clomipramine f.   Clomipramin n.
clonage m.   Cloning n., Klonierung f.
clonazépam m.   Clonazepam n.
clone m.   Klon m., Stamm (genet.) m.
clonidine f.   Clonidin n.
clonique   klonisch
clono-tonique   klonisch-tonisch
clonorchiase f.   Clonorchiose f.
Clonorchis sinensis m.   Clonorchis sinensis m.
clonus m.   Klonus m.
clonus de la rotule m.   Patellarklonus
   m.
clonus du pied m.   Fußklonus m.
clopamide m.   Clopamid n.
clopenthixol m.   Clopenthixol n.
Cloquet, ganglion de m.   Rosenmüllersche Drüse f.
clorazépate m.   Clorazepat n.
clore   veschließen
clorgyline f.   Clorgylin n.
clorindione f.   Clorindion n.
clortermine f.   Clortermin n.
closilate m.   Closilat n.
clostridie f.   Clostridie f.
clostridiopeptidase f.   Clostridiopeptidase f.
Clostridium botulinum m.   Bacillus
   botulinus m., Clostridium botulinum
   n.
Clostridium oedematis maligni m.   Bacillus oedematis maligni m., Clostridium oedematis maligni n.
Clostridium putrificum m.   Bacillus
   putrificus m., Clostridium putrificum
   n.
Clostridium tetani m.   Bacillus tetani
   m., Clostridium tetani n.
Clostridium Welchü m.   Clostridium
   Welchü n., Gasbazillus m.
clothixamide m.   Clothixamid n.
clotiazépam m.   Clotiazepam n.
clotrimazole m.   Clotrimazol n.
clou m.   Nagel m.
clou d'ostéosynthèse m.   Knochennagel m.
clou intramédullaire pour ostéosynthèse m.   Knochenmarksnagel m.
clouer   nageln, vernageln
clownisme m.   Clownismus m.
cloxacilline f.   Cloxacillin n.

clozapine f.   Clozapin n.
clystère m.   Einlauf m., Klistier n.
coactivation f.   Koaktivation f.
coactiver   koaktivieren
coagglutination f.   Coagglutination f.,
   Koagglutination f.
coagglutinine f.   Koagglutinin n.
coagulabilité f.   Koagulabilität f.
coagulant   koagulierend
coagulant m.   Koagulans n.
coagulase f.   Koagulase f.
coagulateur   koagulativ
coagulateur m.   Koagulationsgerät n.
coagulateur LASER m.   LASER-Koagulationsgerät n.
coagulation f.   Gerinnung f., Koagulation f.
coagulation au LASER f.   LASER-Koagulation f.
coagulation sanguine f.   Blutgerinnung
   f.
coaguler   gerinnen, koagulieren
coagulogramme m.   Koagulogramm
   n.
coagulopathie f.   Gerinnungsstörung
   f., Koagulopathie f.
coallergie f.   Parallergie f.
coallergique   parallergisch
coaltar m.   Steinkohlenteer m.
coarctation de l'aorte f.   Aortenisthmusstenose f.
coarticulation f.   Koartikulation f.
coaxial   koaxial
cobalamine f.   Cobalamin n., Kobalamin n.
cobalt m.   Cobalt n., Kobalt m.
cobamide m.   Cobamid n.
cobaye m.   Meerschweinchen n.
cobra m.   Kobra f.
cocaïne f.   Cocain n., Kokain n.
cocaïne tropa f.   Tropakokain n.
cocaïniser   kokainisieren
cocaïnomane f.   Kokainistin f.
cocaïnomane m.   Kokainist m.
cocaïnomanie f.   Kokainismus m.
cocancérogenèse f.   Kokarzinogenese
   f.
cocarboxylase f.   Cocarboxylase f.
coccidie f.   Coccidium n., Kokzidie f.
coccidioïdomycose f.   Coccidioidomykose f., Kokzidioidomykose f.

coccidiose f.   Coccidiose f., Kokzidiose
   f.
coccidiostatique   coccidiostatisch,
   kokzidiostatisch
coccidiostatique m.   Coccidiostaticum
   n., Kokzidiostatikum n.
coccygodynie f.   Coccygodynie f.,
   Kokzygodynie f.
coccygopubien   pubokokzygeal
cochléaire   cochleär, kochleär
cochléite f.   Cochleitis f.
cochléographie f.   Cochleographie f.,
   Kochleographie f.
cochléovestibulaire   cochleovestibulär,
   kochleovestibulär
cocon m.   Kokon m.
codage m.   Codierung f., Kodierung f.
code m.   Code m., Kode m.
code de déontologie médicale m.   ärztliche Berufsordnung f.
codéhydrase f.   Kodehydrase f.
codéhydrogénase f.   Codehydrogenase
   f., Kodehydrogenase f.
codéine f.   Codein n., Kodein n.
coder   codieren, kodieren
codominance f.   Kodominanz f.
codominant   kodominant
codon m.   Codon n.
codon non sens m.   Terminatorcodon
   n.
coefficient m.   Koeffizient m.
coelentéré m.   Coelenterata n. pl.
coeliacographie f.   Zöliakographie f.
coeliaque, maladie f.   Zöliakie f.
coelome m.   Zölom n.
coenzyme m.   Coenzym n., Koenzym
   n.
coeur m.   Gemüt n., Herz n.
coeur artificiel m.   Kunstherz n.
coeur d'athlète m.   Sportherz n.
coeur de grenouille m.   Froschherz n.
coeur en goutte m.   Tropfenherz n.
coeur gras m.   Fettherz n.
coeur sénile m.   Altersherz n.
coeur tigré m.   Tigerfellherz n.
coexister   koexistieren
cofacteur m.   Ko-Faktor m.
coferment m.   Koferment n.
coformycine f.   Coformycin n.
cognitif   kognitiv
cognition f.   Erkenntnis f.
cohabitation f.   Kohabitation f.

cohérent kohärent
cohésion f. Kohäsion f.
cohydrogénase f. Cohydrogenase f.
coiffe f. Kopfhaube f. (dent.)
coïlocytose f. Koilozytose f.
coïlonychie f. Koilonychie f.
coin m. Keil m., Winkelstück n.
coin de la dent m. Zahnwinkel m.
coin ouvre-bouche m. Mundkeil m.
coincement m. Einkeilung f.
coincer einkeilen
coïncidence f. Koinzidenz f.
coït m. Coitus m., Kohabitation f., Koitus m.
col m. Cervix m.
col (de l'utérus) m. Zervix f., Gebärmutterhals m.
col de la vessie m. Blasenhals m.
col du fémur m. Schenkelhals m.
cola m. Kola f.
colation f. Kolation f.
colature f. Kolation f.
colchicine f. Colchizin n., Kolchizin n.
colectomie f. Colektomie f., Kolektomie f.
coléreux cholerisch
colérique cholerisch
colestipol m. Colestipol n.
coléstyramine f. Colestyramin n.
colibacille m. Colibazillus m., Kolibazillus m.
colica mucosa f. Colica mucosa f.
colicine f. Kolizin n.
colipyélite f. Colipyelitis f.
colique f. Kolik f.
colique de miséréré f. Miserere n.
colique hépatique f. Gallenkolik f.
colique intestinale f. Darmkolik f.
colique néphrétique f. Nierenkolik f.
colique urétérale f. Ureterkolik f.
colistiméthanesulfonate de sodiurn m. Colistinmethansulfonat-Natrium n.
colistine f. Colistin n.
colite f. Colitis f., Kolitis f.
colite ulcéreuse f. Colitis ulcerosa f.
colitique colitisch
collaborateur m. Mitarbeiter m.
collaboratrice f. Mitarbeiterin f.
collagénase f. Kollagenase f.
collagène kollagen
collagène m. Kollagen n.

collagénose f. Collagenose f., Kollagenose f.
collagénose mixte f. Mischkollagenose f.
collant klebrig
collapsothérapie f. Kollapstherapie f.
collapsus m. Kollaps m.
collapsus circulatoire m. Kreislaufkollaps m.
collapsus circulatoire dû à la chaleur m. Hitzekollaps m.
collatéral kollateral
collation (entre les repas) f. Zwischenmahlzeit f.
colle f. Kleber (Klebematerial) m.
collecter sammeln
collection fluide f. Flüssigkeitsansammlung f.
collection purulente f. Abszeß m.
collègue f. Kollegin f.
collègue m. Kollege m.
coller verkleben
collet m. Zahnhals m.
collet gingival m. Kronenrand m.
collimater ausblenden
collimateur m. Kollimator m., Tiefenblende f.
collimation f. Ausblendung f.
colliquatif kolliquativ
collision f. Zusammenprall m.
collodion m. Collodium n., Kollodium n.
colloïdal colloidal, kolloidal
colloïde m. Colloid n., Kolloid n.
colloïdoosmotique kolloidosmotisch
collyre m. Augentropfen f.
coloanal koloanal
coloboma m. Kolobom n.
colobome uvéal m. Uveakolobom n.
colocolostomie f. Kolokolostomie f.
cologastrostomie f. Kologastrostomie f.
côlon m. Dickdarm m.
colonie f. Kolonie f.
colonne f. Säule f.
colonne vertébrale f. Wirbelsäule f.
colonne vertébrale cervicale f. Halswirbelsäule f., HWS f.
colonne vertébrale lombaire f. Lendenwirbelsäule f., LWS f.
colonne vertébrale thoracique f. Brustwirbelsäule (BWS) f.

**colonoscope m.** Colonoskop n., Kolonoskop n.
**colonoscopie f.** Colonoskopie f., Kolonoskopie f.
**colonoscopique** colonoskopisch, kolonoskopisch
**colopexie f.** Colopexie f., Kolopexie f.
**colophane f.** Kolophonium n.
**coloplication f.** Coloplicatio f., Kolonfaltung f.
**coloptose f.** Coloptose f., Koloptose f.
**coloquinte f.** Colocynthe f., Kolocynthe f., Kolozynthe f.
**colorable** färbbar, tingible
**colorant m.** Farbstoff m.
**colorant azoïque m.** Azo-Farbstoff m.
**colorant de Burri m.** Burritusche f.
**coloration f.** Färben n., Färbung f., Tinktion f.
**coloration capsulaire f.** Kapselfärbung f.
**coloration de Giemsa f.** Giemsafärbung f.
**coloration de Gram f.** Gramfärbung f.
**coloration de Löffler f.** Löfflerfärbung f.
**coloration de van Gieson f.** Gieson-Färbung f.
**coloration différentielle f.** Gegenfärbung f.
**coloration différentielle, faire une** gegenfärben
**coloration double f.** Doppelfärbung f.
**coloration du noyau f.** Kernfärbung f.
**coloration fluorescente f.** Fluorchromierung f.
**coloration immédiate f.** Schnellfärbung f.
**coloration vitale f.** Vitalfärbung f.
**coloré au vert brillant** brillantgrün
**colorectal** colorektal, kolorektal
**colorer** färben, tingieren
**colorimètre m.** Kolorimeter n.
**colorimétrie f.** Kolorimetrie f.
**colorimétrique** kolorimetrisch
**coloscope m.** Coloskop n., Koloskop n.
**coloscopie f.** Coloskopie f., Koloskopie f.
**coloscopique** coloskopisch, koloskopisch

**colostomie f.** Colostomie f., Kolostomie f.
**colostrum m.** Kolostrum n., Vormilch f.
**colotomie f.** Colotomie f., Kolotomie f.
**colpeurynter m.** Kolpeurynter m.
**colpocèle f.** Kolpozele f.
**colpocléisis f.** Kolpokleisis f.
**colpocoeliotomie f.** Kolpozöliotomie f.
**colpocystocèle f.** Kolpozystozele f.
**colpocystoplastie f.** Blasenscheidenplastik f.
**colpodynie f.** Kolpodynie f.
**colpopérinéoplastie f.** Kolpoperineoplatik f., Scheiden-Dammplastik f.
**colpophotographie f.** Kolpofotografie f.
**colpoplastie f.** Scheidenplastik f.
**colpoplastie colique f.** Dickdarmscheide f.
**colporraphie f.** Kolporrhaphie f.
**colposcope m.** Kolposkop n.
**colposcopie f.** Kolposkopie f.
**colposcopique** kolposkopisch
**colpostat m.** Kolpostat m.
**colpotomie f.** Kolpotomie f.
**columelle f.** Modiolus m.
**coma m.** Coma n., Koma n.
**comateux** comatös, komatös
**combinaison azoique f.** Azo-Verbindung f.
**combinaison de deux laits f.** Zwiemilch f.
**combustible m.** Brennstoff m.
**combustion f.** Verbrennung f.
**comédon m.** Komedo m., Mitesser m.
**comestible** eßbar
**comité m.** Komitee n.
**comité de direction de l'hôpital m.** Krankenhausvorstand m.
**comité de gestion de l'hôpital m.** Krankenhausausschuß m.
**commande à pied m.** Fußschalter m.
**commensalisme m.** Kommensalismus m.
**commissural** kommissural
**commissure f.** Kommissur f.
**commissure des lèvres f.** Mundwinkel m.

commissurotomie f. Kommissurotomie f.
commotion cérébrale f. Commotio
cerebri f., Gehirnerschütterung f.
communication f. Kommunikation f.
communication personnelle f. persönliche Mitteilung f.
communiquer kommunizieren
commutateur m. Schalter m.
commutateur central m. Hauptschalter m.
commutateur séquentiel m. Stufenschalter m.
commutation (electr.) f. Umschaltung
f.
compact kompakt
compagne f. Genossin f.
comparable vergleichbar
comparer vergleichen
compartiment m. Kompartiment n.
compas m. Zirkel m.
compatibilité f. Kompatibilität f., Verträglichkeit f.
compatible kompatibel, verträglich
compensateur kompensatorisch
compensation f. Ersatz m., Kompensation f.
compensatoire kompensatorisch
compenser ausgleichen, kompensieren
compétence f. Kompetenz f.
compétent kompetent
compétitif kompetitiv
compétition f. Wettbewerb m.
compétitivement wettbewerbsmäßig
complément m. Ergänzung f., Komplement n., Vervollständigung f.
complémentaire ergänzend, komplementär
complet vollständig
complexe komplex
complexe m. Komplex m.
complexe à chaîne courte m. kurzkettige Verbindung f.
complexe à chaîne longue m. langkettige Verbindung f.
complexe d'Eisenmenger m. Eisenmengerkomplex m.
complexe d'infériorité m. Minderwertigkeitskomplex m.
complexe d'Oedipe m. Ödipuskomplex m.

complexe de Jokaste m. Jokastekomplex m.
complexe immun m. Immunkomplex
m.
complexe insulinique m. Mischinsulin
n.
complexe maternel m. Mutterkomplex m.
complexe polymère m. Mischpolymerisat n.
complexe QRS m. Kammeranfangsschwankung f.
complexe symptomatique m. Symptomenkomplex m.
complexe vitamine B m. Vitamin-B-
Komplex m.
complexométrie f. Chelometrie f.,
Komplexometrie f.
complexométrique komplexometrisch
compliance f. Kooperationsbereitschaft f.
complication f. Komplikation f., Zwischenfall m.
complication tardive f. Spätkomplikation f.
complications, sans komplikationslos
compliqué kompliziert
compliquer erschweren
comportement m. Benehmen n.
composante f. Komponente f.
composé m. Verbindung (chem.) f.
composè aliphatique m. aliphatische
Verbindung f.
composé cyclique m. zyklische Verbindung f.
composé ferreux m. zweiwertige Eisenverbindung f.
composé ferrique m. dreiwertige Eisenverbindung f.
composé insaturé m. ungesättigte Ver
bindung f.
composé sultam m. Sultam-Verbindung f.
composite de calage m. Mischblock
m. (dent.)
composition f. Zusammensetzung f.
compréhension f. Auffassung f., Verstand m.
compréhension verbale f. Sprachverständnis n.
comprendre verstehen

compresse f. Kompresse f.

compresse humide d'après Priessnitz f. Prießnitzwickel m.

compresseur m. Kompressor m.

compression f. Druck m., Einsparung f., Kompression f., Stauchung f., Zusammendrücken n.

comprimé m. Tablette f.

comprimé à mâcher m. Kautablette f.

comprimé sur PVC m. PVC-Gerüst-Tablette f.

comprimer komprimieren, zusammendrücken

compte gouttes m. ,Tropfenzähler m., Tropfer m.

compte rendu m. Bericht m.

compte rendu de radiographie m. Röntgenbericht m.

compter zählen, auszählen

compteur m. Zähler m.

compteur à scintillation m. Szintillationszähler m.

compteur de particules m. Teilchenzähler m.

compteur du débit sanguin m. Stromuhr f.

compteur Geiger m. Geiger-Zählrohr n.

compulsion f. Zwang (psych.) m.

concave hohl, konkav

concavité f. Konkavität f.

concavoconvexe konkavkonvex

concentration d'ions hydrogène f. Wasserstoffionenkonzentration f.

concentration inhibitrice minimale (MIC) f. MHK (minimale Hemmkonzentration) f.

concentration maximale admissible (CMA) f maximal zulässige Konzentration f.

concentration maximale permise sur le lieux de travail f. MAK (maximale Arbeitsplatzkonzentration) f.

concentré m. Kondensat n., Konzentrat n.

concentrer konzentrieren, verdichten

concentrique konzentrisch

concept m. Vorstellungsbild n.

conception f. Empfängnis f.

concernant de nombreux os polyostotisch

conchoscopie f. Konchoskopie f.

conchotome m. Conchotom n., Konchotom n.

conchotomie f. Conchotomie f., Konchotomie f.

conclinaison f. Konklination f.

concomitant begleitend

concordance f. Konkordanz f., Übereinstimmung f.

concordant konkordant

concret konkret

concrétion f. Konkrement n., Konkretion f.

concrétion môlaire f. Steinmole f.

condensat éthylène-eau m. Makrogol n.

condensateur m. Kondensor m.

condensation f. Kondensation f., Verdichtung f.

condensé m. Kondensat n.

condionnement de l'air m. Klimaanlage f.

condition f. Bedingung f., Kondition f., Zustand m.

condition du test f. Versuchsbedingung f.

conditionné bedingt

conditionnel bedingt, konditional, konditionell

conditionnement m. Konditionierung f.

conditions de l'environnement f. pl. Umweltbedingungen f. pl.

condom m. Kondom n.

conducteur du son schalleitend

conducteur thermique m. Wärmeleiter m.

conductibilité thermique f. Wärmeleitfähigkeit f.

conductible leitfähig

conduction f. Konduktion f., Leitung f. (physik.), Überleitung f.

conduction du son f. Schalleitung f.

conduction osseuse f. Knochenleitung f.

conduction osseuse du son f. Knochenleitung des Schalls f.

conductométrie f. Konduktometrie f.

conduire, se sich verhalten

conduit m. Gang (Durchgang) m., Kanal m.

conduit auditif m. Gehörgang m.

conduit lacrymal m. Tränengang m.

conduite f.  Verhalten n.
conduite automobile f.  Autofahren n.
conduite d'air f.  Luftleitung f.
conduite d'eau f.  Wasserleitung f.
condurango m.  Condurango f.
condylaire  kondylär
condylomateux  kondylomatös
condylomatose f.  Kondylomatose f.
condylome m.  Kondylom n.
condylome acuminé m.  Condyloma acuminatum n., Feigwarze f.
cône m.  Kegel m., Konus m.
cône focalisant m.  Zentrierkonus m. dent.
cônes et bâtonnets (de la rétine) m. pl.  Zapfen und Stäbchen (der Retina) pl.
confabulation f.  Konfabulation f.
confabulatoire  konfabulatorisch
confabuler  konfabulieren
conférence f.  Konferenz f.
confidentiel  vertraulich
configuration f.  Konfiguration f.
configurer  konfigurieren
conflit m.  Konflikt m.
confluence f.  Konfluenz f.
confluent  konfluierend
conformation physique f.  Körperbau m.
conforme à la nature  naturgemäß
conforme aux règles  regelrecht
confus  verwirrt
confusion f.  Konfusion f., Verwirrung f.
confusion mentale f.  Geistesverwirrung f.
congédier  entlassen
congénital  angeboren, kongenital
congestif  kongestiv
congestion f.  Blutandrang m., Blutversackung f., Kongestion f., Stauung f.
congestion pelvienne f.  spastische Parametropathie f.
congestion pulmonaire f.  Lungenstauung f.
congestion veineuse f.  Venenstauung f.
congestion veineuse cervicale f.  Halsvenenstauung f.
congestionner  stauen
conglomérat m.  Konglomerat n.

conglomération f.  Zusammenballung f.
conglutination f.  Konglutination f.
conglutinine f.  Conglutinin n., Konglutinin n.
conglutinogène m.  Konglutinogen n.
congrès m.  Kongreß m., Tagung f.
congruent  kongruent
conidie f.  Konidie f.
conidiospore f.  Exospore f.
conine f.  Coniin n., Koniin n.
coniomètre m.  Koniometer m.
coniosporose f.  Koniosporose f.
coniotomie f.  Koniotomie f.
conique  konisch
conisation f.  Konisation f.
conjonctival  conjunctival, konjunktival
conjonctive f.  Bindehaut f., Konjunktiva f.
conjonctivite f.  Augenbindehautentzündung f., Bindehautentzündung f., Conjunctivitis f., Konjunktivitis f.
conjonctivite blennorragique f.  Blennorrhöe f., Gonoblennorhöe f.
conjonctivite épidémique des piscines f.  Schwimmbadkonjunktivitis f.
conjonctivite épidémique mucopurulente f.  epidemische mukopurulente Konjunktivitis f.
conjonctivite printannière f.  Frühjahrskonjunktivitis f.
conjonctivoglandulaire  konjunktivoglandulär
conjonctivoplastie f.  Bindehautplastik f.
conjugaison f.  Konjugation f.
conjugal  ehelich
conjugase f.  Konjugase f.
conjugué  konjugiert
conjugué m.  Konjugat n.
conjuguer  konjugieren
Conn, syndrome de m.  Conn-Syndrom n.
connecter  schalten
connectif  eine Verbindung betreffend
conotrunculaire  konotrunkal
consanguinité f.  Blutverwandtschaft f., Inzucht f.
conscience f.  Bewußtsein n., Gewisser n.

conscience intentionnelle f.  Bewußtheit f.
consciencieux  gewissenhaft
conseil m.  Beratung f., Rat m.
conseiller  raten
consensuel  konsensuell
consensus m.  Konsens m.
consentement m.  Einverständniserklärung f., Einwilligung f., Zustimmung f.
consentement informé m.  Einverständniserklärung nach Aufklärung
f., Zustimmungserklärung nach Aufklärung f.
conservateur  konservativ
conservateur m.  Konservierungsmittel
n.
conservation f.  Aufbewahrung f., Erhaltung f.
conserve f.  Konserve f.
conserve de plasma f.  Plasmakonserve
f.
conserve de sang f.  Blutkonserve f.
conserver  konservieren
consigne d'emploi f.  Betriebsanleitung
f.
consistance f.  Konsistenz f.
consistométrie f.  Konsistometrie f.
consistométrique  konsistometrisch
consolidation f.  Konsolidierung f.,
Verfestigung f.
consolider  konsolidieren
consommation f.  Verbrauch m.
consommation d'eau f.  Wasserverbrauch m.
consommation d'oxygène f.  Sauerstoffverbrauch m.
consomption f.  Aufbrauch m., Auszehrung f., Schwindsucht f., Verschmächtigung f.
consonne f.  Konsonant m.
constant  konstant
constante f.  Konstante f.
constante d'Avogadro f.  Loschmidtsche Konstante f.
constante diélectrique f.  Dielektrizitätskonstante f.
constatation f.  Erkenntnis f.
constipation f.  Hartleibigkeit f., Obstipation f., Stuhlverstopfung f., Verstopfung f.
constipé  obstipiert, verstopft

constiper  den Stuhlgang stopfen
constitutif  konstitutiv
constitution f.  Beschaffenheit f., Konstitution f., Körperverfassung f.
constitution lymphatique f.  Status
lymphaticus m.
constitutionnel  anlagebedingt, konstitutionell
constricteur  konstriktorisch
constricteur m.  Konstriktor m.
constrictif  konstriktorisch
constriction f.  Einschnürung f., Konstriktion f.
constructif  konstruktiv
construction f.  Bau m.
consultant m.  Konsiliararzt m.
consultante f.  Konsiliarärztin f.
consultation f.  Beratung f., Konsilium
n., Konsultation f.
consultation du conseiller conjugal f.
Eheberatung f.
consultations sur rendez-vous f. pl.
Bestellpraxis f.
consumer, se  ausglühen
contact m.  Berührung f., Kontakt m.
contact des faces occlusales m.  Okklusionskontakt m.
contagieux  ansteckend
contagion f.  Ansteckung f.
contagiosité f.  Infektiosität f.
contamination f.  Kontamination f.
contaminer  anstecken, kontaminieren, verseuchen
contenance f.  Fassungsvermögen n.,
Gehalt m. (physik.)
contenant de l'air  lufthaltig
contenant de l'antimoine  antimonhaltig
contenant de l'oxygène  sauerstoffhaltig
contenant du potassium  kaliumhaltig
contenir  enthalten
contenu m.  Inhalt m.
contiguité f.  Kontiguität f.
continence f.  Kontinenz f.
continence intestinale f.  Continentia
alvi f.
continent  kontinent
continuellement  kontinuierlich
continuité f.  Kontinuität f.
contour m.  Kontur f.
contourné  konturiert

contourner umgehen
contraceptif m. Antikonzipiens n.,
Kontrazeptivum n.
contraceptif oral m. Antibabypille f.,
orales Kontrazeptivum n.
contraception f. Empfängnisverhütung f.
contracter kontrahieren
contracter une maladie sich eine
Krankheit zuziehen
contracter, se zusammenziehen n.
contractile kontraktil
contractilité f. Kontraktilität f.
contraction f. Kontraktion f., Zusammenziehung f.
contraction cardiaque ectopique f.
Systole nichtsinusalen Ursprungs f.
contraction prémonitoire f. Vorwehe
f.
contracture f. Kontraktur f.
contracture articulaire f. Gelenkkontraktur f.
contracture cicatricielle f. Narbenkontraktur f.
contracture de flexion f. Beugekontraktur f.
contrainsulaire kontrainsulär
contraire au goût geschmackwidrig
contrasexuel gegengeschlechtlich
contraste m. Kontrast m.
contraversion, en kontraversiv
contre courant m. Gegenstrom m.
contre électrophorèse f. Gegenstromelektrophorese f.
contre extension f. Gegenextension f.
contre incision f. Gegeninzision f.
contre indication f. Gegenanzeige f.
contre jour m. Gegenlicht n.
contre mesure f. Gegenmaßnahme f.
contre occupation f. Gegenbesetzung
f.
contre ouverture f. Gegenöffnung f.
contre pulsation f. Gegenpulsation f.
contre régulation f. Gegenregulation
f.
contre traction f. Gegenzug m.
contre transfert m. Gegenübertragung
f.
contrecoup m. Contrecoup m.
contreindication f. Kontraindikation
f.
contreindiqué kontraindiziert

contribution f. Beitrag m.
contrôlabilité f. Steuerbarkeit f.
contrôlable steuerbar
contrôlant la croissance wachstumsregulierend
controlatéral kontralateral
contrôle m. Kontrolle f.
contrôle de la précision m. Genauigkeitsprüfung f.
contrôle de qualité f. Qualitätskontrolle f.
contrôle de santé m. Gesundheitsüberwachung f.
contrôle des naissances m. Geburtenkontrolle f.
contrôle final m. Abschlußkontrolle
f., Endkontrolle f.
contrôle programmé, sous programmgesteuert
contrôle radiologique m. Röntgenkontrolle f.
contrôler kontrollieren
controrégulateur gegenregulatorisch
controversé kontrovers
contusion f. Kontusion f., Prellung f.
contusion cérébrale f. Contusio cerebri f., Gehirnprellung f.
convaincant glaubhaft
convalescence f. Genesung f., Rekonvaleszenz f.
convalescent m. Rekonvaleszent m.
convalescente f. Rekonvaleszentin f.
convallamaroside m. Convallamarin
n.
convallarine f . Convallarin n.
convallatoxine f. Convallatoxin n.
conventionné kassenzulässig
convergence f. Konvergenz f.
convergent konvergent
converger konvergieren
conversion f. Konversion f.
convertase f. Convertase f., Konvertase f.
convertine f. Konvertin n.
convertir konvertieren, umwandeln
convertisseur d'image m. Bildwandle
m.
convexe konvex
convexité f. Konvexität f.
convexoconcave konvexokonkav
convulsif konvulsiv, krampfhaft

convulsion f.  Konvulsion f., Krampf m., Zuckung f.
convulsion émotive f.  Affektkrampf m.
convulsivant  krampfauslösend
convulsivant m.  krampfauslösendes Mittel n.
Coombs, test de m.  Coombs-Test m.
coopératif  kooperativ
coopération f.  Kooperation f.
coopérer  kooperieren
coordination f.  Koordination f.
coordonnée f.  Koordinate f.
coordonner  koordinieren
copieux  kopiös
copolymère m.  Kopolymer n.
copolymérisation f.  Kopolymerisation f., Mischpolymerisation f.
coprécipitation f.  Kopräzipitation f.
coprémie f.  Koprämie f.
coprolagnie f.  Koprolagnie f.
coprolalie f.  Koprolalie f.
coprolithe m.  Kotstein m.
coprophagie f.  Koprophagie f.
coprophile  koprophil
coprophilie f.  Koprophilie f.
coproporphyrine f.  Koproporphyrin n.
coprostane m.  Koprostan n.
coprostanol m.  Koprosterin n.
coprostase f.  Koprostase f.
coqueluche f.  Keuchhusten m., Pertussis f.
cor m.  Clavus m., Hühnerauge n.
coraco-acromial  korakoakromial
coraco-brachial  korakobrachial
coraco-claviculaire  korakoklavikulär
coracoïde  rabenschnabelartig
corde f.  Chorda f.
corde vocale f.  Stimmband n., Stimmlippe f.
corde vocale supérieure f.  Taschenband n., Taschenfalte f.
cordectomie f.  Cordektomie f.
cordon m.  Chorda f., Funikulus m.
cordon antérieur m.  Vorderstrang m.
cordon latéral m.  Seitenstrang (neurol.) m.
cordon médullaire m.  Markstrang m.
cordon ombilical m.  Nabelschnur f.
cordon postérieur m.  Hinterstrang m.

cordon spermatique m.  Samenstrang m., Funiculus spermaticus m.
cordotomie f.  Chordotomie f., Cordotomie f.
core de la couronne m.  Kronenkern m.
corépresseur m.  Corepressor m.
coriandre m.  Koriander m.
corindon m.  Korund n.
corné  hornartig, hornig
corne f.  Horn n.
corne d'Ammon f.  Ammonshorn n.
corne frontale f.  Vorderhorn n.
corne latérale f.  Seitenhorn n.
corne occipitale des ventricules latéraux du cerveau f.  Hinterhorn n.
cornée f.  Hornhaut (des Auges) f.
cornéen  korneal
cornéoscléreux  korneoskleral
cornet nasal m.  Nasenmuschel f.
corniculé  hornförmig
cornue f.  Retorte f.
cornutine f.  Cornutin n., Kornutin n.
coronaire  coronar
coronal  koronal
coronarien  koronar
coronarite f.  Koronaritis f.
coronarographie f.  Koronarographie f.
coronarographique  koronarographisch
coronavirus m.  Coronavirus n.
corps m.  Körper m., Leib m.; Leiche f.
corps acétonique m.  Azetonkörper m.
corps calleux m.  Corpus callosum n.
corps caverneux m.  Schwellkörper m.
corps cétonique m.  Ketonkörper m.
corps ciliaire m.  Ciliarkörper m., Ziliarkörper m.
corps d'Auer m.  Auerstäbchen n.
corps de Heinz m.  Heinzsches Innenkörperchen n.
corps de Jolly m. pl.  Jollykörper m. pl.
corps de l'ongle m.  Nagelplatte f.
corps de Nissl m.  Nisslsches Körperchen n.
corps du bridge m.  Brückenkörper m.
corps étranger m.  Fremdkörper m.
corps genouillé m.  Kniehöcker m.
corps gras neutre m.  Neutralfett n.
corps jaune m.  Corpus luteum n., Gelbkörper m.

corps microscopique m. Mikrokörper m.
corps mugueux de Malpighi m. Malpighisches Körperchen n.
corps strié m. Corpus striatum n.
corps vertébral m. Wirbelkörper m.
corps vertébral lombaire m. LWK (Lendenwirbelkörper) m.
corps vitré m. Glaskörper m.
corpulence f. Korpulenz f.
corpulent dickleibig, korpulent
corpusculaire korpuskulär
corpuscule m. Körperchen n., Korpuskel n.
corpuscule basal m. Basalkörperchen n.
corpuscule chromatinien de Moore m. Geschlechtschromatinkörper m.
corpuscule de Golgi m. Golgi-Körper m.
corpuscule de Guarnieri m. Guarnierisches Körperchen n.
corpuscule de Hassal m. Hassalsches Körperchen n.
corpuscule de Pacini m. Pacinisches Körperchen n.
corpuscule du tact m. Tastkörperchen n.
correctif korrigierend
correctif m. Korrigens n.
correction f. Korrektur f.
correction chirurgicale de la difformité f. Epithese f.
correction chirurgicale de la direction des cils f. Illaqueation f.
correction de l'alignement des dents f. Zahnregulierung f.
corrélatif korrelativ
corrélation f. Korrelation f.
correspondant à l'âge altersbezogen
correspondre korrespondieren
corriger korrigieren
corrine f. Corrin n.
corrinoïde m. Corrinoid n.
corroder ätzen
corrompre, se faulen
corrosif ätzend, korrosiv
corrosif m. ätzendes Mittel n.
corrosion f. Korrosion f.
corset m. Korsett n., Mieder n.
corset de soutien m. Stützkorsett n.
cortex m. Rinde (med.) f.

cortex cérébral m. Hirnrinde f.
cortex de la scissure calcarine m. Kalkarina-Rinde f.
cortex visuel m. Kalkarina-Rinde f.
cortexolone f. Cortexolon n.
cortexone f. Cortexon n.
Corti, organe de m. Cortisches Organ n.
cortical kortikal
corticofuge kortikofugal
corticoïde m. Corticosteroid n.
corticolibérine f. Corticoliberin n.
corticomédullaire kortikomedullär
corticopète kortikopetal
corticospinal kortikospinal
corticostéroïde m. Corticosteroid n., Kortikosteroid n.
corticostérone f. Corticosteron n., Kortikosteron n.
corticostriatospinal kortikostriatospinal
corticosurrénale f. Nebennierenrinde f., NNR f
corticotrope kortikotrop
corticotrophine f. Corticotropin n., Kortikotropin n.
cortine f. Cortin n.
cortisol m. Cortisol n.
cortisone f. Cortison n.
cortodoxone f. Cortodoxon n.
corymbé korymbiform
corynébactérie f. Corynebakterie f.
Corynebacterium diphtheriae m. Diphtheriebazillus m.
Corynebacterium xerosis m. Xerosebazillus m.
corysa m. Schnupfen m.
cosmétique kosmetisch
cosmétique f. Kosmetik f.
cosmétique m. kosmetisches Mittel n.
cosmique kosmisch
costal kostal
costectomie f. Kostotomie f.
Costen, syndrome de m. Costen-Syndrom n.
costocervical kostozervikal
costoclaviculaire kostoklavikulär
costorugine f. Rippenraspatorium n.
costotome m. Rippenschere f.
costovertébral kostovertebral
cosynthase f. Cosynthase f., Kosynthase f.

cotarnine f. Cotarnin n., Kotarnin n.
côte f. Rippe f.
côte cervicale f. Halsrippe f.
côte flottante f. Costa fluctuans f.
côte lombaire f. Lendenrippe f.
côte m. Seite f.
côtes soudées f. pl. Gabelrippe f.
coton m. Baumwolle f., Watte f.
coton tige m. Wattestäbchen n.
cotrimaxole m. Cotrimaxol n.
cotylédon m. Pflanzenkeim m., Kotyledone f.
cou m. Hals m.
cou épaissi m. Stiernacken m.
couche f. Schicht (Lage) f.
couche cornée de la peau f. Hornhaut (der Oberhaut) f.
couche de demi-absorption du tissu f. Gewebe-Halbwerttiefe f.
couche de Malpighi f. Keimschicht f.
couche granuleuse f. Körnerschicht f.
couche intermédiaire f. Zwischenschicht f.
coucher betten
couches f. pl. Kindbett n., Wochenbett n.
coude m. Ellbogen m., Ellenbogen m., Knick m.
coudre nähen
couenne f. Schwarte f., Speckhaut f.
couler angießen, rinnen
couleur f. Farbe f.
couleur brune f. Bräune f.
couleur complémentaire f. Komplementärfarbe f.
Coulomb m. Coulomb n.
coumarine f. Coumarin n., Cumarin n., Kumarin n.
coumaryl m. Coumaryl n.
coup m. Schlag m.
coup de chaleur m. Hitzschlag m.
coup de couteau m. Messerstich m.
coup de soleil m. Sonnenbrand m.
coupe f. Schale (Gefäß) f.
coupe (hist.) f. Schnitt m.
coupe à la congélation f. Gefrierschnitt m.
coupe circuit m. elektrischer Überlastungsschutz m.
coupe en série f. Serienschnitt m.
coupe en verre f. Glasschale f.

coupe fil m. Drahtschere f., Fadenabschneider m.
coupelle à éponge f. Schwammschale f.
coupelle de coloration f. Färbeschale f.
couper abschneiden, schneiden
couper en biseau abschrägen
couper le cordon ombilical abnabeln
couplé gepaart
couple m. Paar n.
couple de rotation m. Drehmoment n.
coupler koppeln
coupure f. Ausschaltung f., Schnittwunde f.
coupure au jet d'eau f. Wasserstrahlschnitt m.
courant m. Strömung f., Strom m.
courant à basse tension m. Schwachstrom m.
courant alternatif m. Wechselstrom m.
courant d'action m. Aktionsstrom m.
courant d'activité électrique cérébrale m. Hirnaktionsstrom m.
courant d'air m. Luftstrom m., Zugluft f.
courant d'air lamellaire m. Lamellenluftstrom m.
courant d'électrode m. Elektrodenstrom m.
courant de chauffage m. Heizstrom m.
courant de haute fréquence m. Hochfrequenzstrom m.
courant de stimulation m. Reizstrom m.
courant de tube m. Röhrenstrom m.
courant direct m. Gleichstrom m.
courant électrique m. elektrischer Strom m.
courant faradique m. faradischer Strom m.
courant force m. Starkstrom m.
courant galvanique m. galvanischer Strom m.
courant inverse m. Gegenstrom m.
courant seuil m. Schwellstrom m.
courant triphasé m. Drehstrom m.
courbé gebogen
courbe f. Kurve f.
courbe d'étalonnage f. Eichkurve f.

courbe dans la journée f.   Tagesprofil n.

courbe de dilution f.   Verdünnungskurve f.

courbe de dilution du colorant f.   Farbstoffverdünnungskurve f.

courbe de distribution f.   Verteilungskurve f.

courbe de température f.   Fieberkurve f.

courber   biegen

courbure f.   Beugung f., Krümmung f.

courge f.   Kürbis m.

couronne (de la dent) f.   Zahnkrone f.

couronne à bandeau f.   Bandkrone f.

couronne à épaulement f.   Schulterkrone f.

couronne à facette f   Facettenkrone f.

couronne à pilier f.   Pfeilerkrone f.

couronne à pivot f.   Stiftkrone f.

couronne à tenon f.   Dübelkrone f.

couronne acrylique f.   Acrylatkrone f.

couronne ancrée f.   Ankerkrone f. (dent.)

couronne avec évent f.   gefensterte Krone f.

couronne céramo-métallique f.   Keramik-Metallkrone f.

couronne cônique f.   Kegelkrone f.

couronne coulée f.   Gußkrone f.

couronne coulée en un seul temps f.   Vollgußkrone f.

couronne creuse de revêtement f.   Glockenkrone f.

couronne de Morrison f.   Ringdeckelkrone f.

couronne de revêtement f.   Hülsenkrone f.

couronne du sabot f.   Hufkrone f.

couronne en céramique f.   Keramikkrone f.

couronne en matière synthétique f.   Kunststoffkrone f.

couronne en plastique f.   Plastikkrone f.

couronne en porcelaine f.   Porzellankrone f., Porzellanvollkrone f.

couronne équatoriale f.   Monaster n.

couronne jacket f.   Jacketkrone f., Mantelkrone f.

couronne métallique f.   Ganzmetallkrone f., Metallkrone f.

couronne occlusale f.   Aufbißkrone f.

couronne préformée f.   Fertigkrone f.

couronne primaire f.   Primärkrone f.

couronne sans épaulement f.   schulterlose Krone f.

couronne secondaire f.   sekundäre Krone f.

couronne téléscope f.   Teleskopkrone f.

couronne „thimble crown" f.   Fingerhutkrone f.

couronne trois quarts f.   Dreiviertelkrone f.

couronnement m.   Überkronung f.

couronner   überkronen

cours m.   Kurs m., Seminar n., Vorlesung f.

cours de perfectionnement m.   Kurs für Fortgeschrittene m.

cours pour débutants m.   Anfängerkurs m.

court circuit m.   Kurzschluß m.

court, à effet-   kurzwirkend

coussin m.   Kissen n.

coussin d'air m.   Luftkissen n.

coussin électrique m.   Heizkissen n.

coussinet plantaire m.   Hufpolster n.

coût de la journée d'hôpital m.   Tagespflegesatz m.

coût du traitement m.   Behandlungskosten f.

couteau m.   Messer n.

couteau à amputation m.   Amputationsmesser n.

couteau à cartilage m.   Knorpelmesser n.

couteau à plâtre m.   Gipsmesser n.

couture f.   Naht f.

couvée f.   Brut f.

couvée putride f.   Faulbrut f. (vet.)

couver   brüten, schwelen

couvercle m.   Klappe f.

couvercle à glissière m.   Schiebedeckel m.

couvercle de protection m.   Schutzklappe f.

couvert   bedeckt

couverture f.   Bedeckung f., Decke f.

couverture de transfert f.   Transferkappe f.

couveuse f.   Couveuse f.

couvre-objet m.   Deckglas n.

couvre-oteille m.   Ohrenklappe f.
couvrir   bedachen, bedecken, decken,
  überdachen
couvrir (par sutute)   übernähen
covalence f.   Kovalenz f.
covalent   kovalent
covariance f.   Kovarianz f.
cover denture f.   Cover denture m.
  (dent.)
cowpérite f.   Cowperitis f.
coxa valga f.   Coxa valga f.
coxa vara f.   Coxa vara f.
Coxiella f.   Coxiella f.
Coxiella burnetii f.   Rickettsia Burneti
  f.
coxite f.   Coxitis f.
coxitique   coxitisch
coxsackie virus m.   Coxsackie-Virus
  m.
cozymase f.   Cozymase f., Kozymase f.
CPK (créatine (phospho) kinase) f.
  CPK (Creatininphosphokinase) f.
crachat m.   Auswurf m., Sputum n.
cracher   ausspucken, speien
crachoir m.   Sputumbecher m.
craie f.   Kreide f.
crainte f.   Furcht f.
crampe f.   Krampf m.
cramponnement m.   Verklammerung
  f.
crâne m.   Schädel m.
crâne osseux m.   knöcherne Hirnschale f.
crâne perforé m.   Wabenschädel m.
crânial   kranial
crâniectomie f.   Kraniektomie f.
crânien   kranial
crâniocarpotarsien   kraniokarpotarsal
crâniocaudal   kraniokaudal
crâniocérébral   kraniozerebral
crânioclaste m.   Kranioklast m.
crânioclaviculaire   kraniokleidal
crâniofacial   kraniofazial
crâniohypophysaire   kraniohypophysär
crâniométaphysaire   kraniometaphysär
crâniométrie f.   Kraniometrie f.
crâniométrique   kraniometrisch
crâniopage m.   Kephalopagus m.
crâniopharyngé   kraniopharyngeal

crâniopharyngiome m.   Kraniopharyngiom n.
cranioplastie f.   Schädelplastik f.
crâniosacral   kraniosakral
crâniosynostose f.   Kraniosynostose f.
crâniotabès m.   Kraniotabes f.
crâniotomie f.   Kraniotomie f.
crapaud m.   Kröte f.
craquelure f.   Maronage f.
craquement articulaire m.   Gelenkknacken n.
craquer   knirschen
crataegine f.   Crataegin n.
cratère m.   Krater m.
cratomètre m.   Kratometer n.
créatif   kreativ
créatine f.   Creatin n., Kreatin n.
créatine kinase f.   Creatinkinase f.,
  Kreatinkinase f.
créatine phosphate f.   Kreatinphosphat n.
créatinine f.   Creatinin n., Kreatinin n.
créativité f.   Kreativität f.
créature f.   Kreatur f.
crèche f.   Kinderkrippe f.
crématoire m.   Verbrennungshalle f.
crématorium m.   Krematorium n.
crème f.   Rahm m., Sahne f.
crème d'avoine f.   Haferschleim m.
crénelé   gezackt
créosol m.   Kreosol n.
créosote m.   Kreosot n.
crépitant   krepitierend
crépitation f.   Crepitatio f., Krepitation f.
crescendo m.   Crescendo n.
crésol m.   Kresol n.
crésol phtaléine f.   Kresolphthalein n.
CREST-Syndrome m.   CREST Syndrom n.
crésyle m.   Kresyl n.
crête f.   Leiste f.
crête du tibia f.   Schienbeinkante f.
crête iliaque f.   Beckenkamm m.,
  Darmbeinkamm m.
crête mammaire f.   Milchleiste f.
crête neurale f.   Neuralleiste f.
crétin m.   Kretin m.
crétinisme m.   Kretinismus m.
crétinoïde   kretinoid
creuset m.   Tiegel m.
creux   hohl

creux m. Höhle f.
creux de la fontanelle m. Babymulde f., Säuglingsmulde f.
creux épigastrique m. Herzgrube f., Magengrube f.
creux poplité m. Kniekehle f.
crevassé rissig
crevasse f. Schrunde f.
CRF (corticotropin releasing factor) m. CRF m., Corticotropin-freisetzender Faktor m.
crible m. Sieb n.
cricoaryténoïde krikoarytänoid
cricoïdectomie f. Krikoidektomie f.
cricopharyngé krikopharyngeal
cricothyroïdien krikothyreoidal
cricothyrotomie f. Krikothyreoidotomie f.
cricotomie f. Krikotomie f.
criminel kriminell
criminel (le) m. f. Verbrecher (in) m. f.
crinière f. Mähne f. (vet.)
cris spasmodique m. Schreikrampf m.
crise f. Anfall m., Krise f., Krisis f.
crise avec chute f. Sturzanfall m.
crise convulsive psychasthénique f. Affektepilepsie f.
crise d'éternuements f. Ptarmus m.
crise d'hystérie f. Hysterieanfall m.
crise de convulsions f. Krampfanfall m.
crise de vertige f. Schwindelanfall m.
crise épileptique cursive f. Kursivanfall m.
crise éveillé f. Wachanfall m.
crise parathyroïdienne f. krisenhafter, akuter Hyperparathyreoidismus m.
crise réticulocytaire f. Retikulozytenkrise f.
crissement m. Knirschen n.
cristal m. Kristall m.
cristal de Charcot-Leyden m. Charcot-Leydenscher Kristall m.
cristal de sulfate ammoniomagnésien m. Sargdeckelkristall m.
cristallin kristallisch
cristallin m. Linse f. (anatom.)
cristallisation f. Kristallisation f.
cristalliser kristallisieren
cristallographie f. Kristallographie f.
cristallographique kristallographisch
cristalloïde kristalloid

cristalloïde m. Kristalloid n.
cristallurie f. Kristallurie f.
cristalthermographie f. Kristallthermographie f.
cristobalite f. Cristobalit n.
cristothermographie f. Cristothermographie f.
cristothermographie liquide f. Flüssigkristallthermographie f.
cristothermographique cristothermographisch
critique kritisch
critique f. Kritik f.
crochet m. Haken m.
crochet chaîne m. Kettenhaken m.
crochet pointu m. scharfer Haken m.
crochu hakenförmig
crocidisme m. Flockenlesen n., Krozidismus m.
Crohn, maladie de f. Crohnsche Krankheit f., Morbus Crohn m.
croisé gekreuzt
croisement m. Kreuzung f.
croiser kreuzen
croissance f. Wachstum n., Wuchs m.
croissance lente, à langsam wachsend
croissance rapide, à schnellwachsend
Croix Rouge f. Rotes Kreuz n.
cromesilate m. Cromesilat n.
cromoglycate m. Cromoglykat n.
crosse de l'aorte f. Aortenbogen m.
crotonase f. Krotonase f.
crotonate m. Krotonat n.
crotonyle m. Crotonyl n., Krotonyl n.
croup m. Croup m., Krupp m.
croupal croupös, kruppös
croûte f. Borke (med.) f., Kruste f.
croûte de lait f. Milchschorf m.
croyable glaubhaft
CRP (C-réactive protéine) f. C-reaktives Protein f.
cru roh, ungekocht
crural krural
crustacés m. pl. Crustacea n. pl.
cryesthésie f. Kryästhesie f.
cryochirurgical kryochirurgisch
cryochirurgie f. Kryochirurgie f.
cryodessication f. Kryodessikation f.
cryogène kryogen
cryoglobuline f. Cryoglobulin n., Kälteglobulin n., Kryoglobulin n.

**cryoglobulinémie f.** Kryoglobulinämie f.
**cryoprécipité m.** Kryopräzipitat n., Cryopräzipitat n.
**cryoscopie f.** Kryoskopie f.
**cryosonde f.** Kältesonde f.
**cryothalamotomie f.** Kryothalamotomie f.
**cryothérapie f.** Cryotherapie f., Kälteanwendung f., Kryotherapie f.
**crypte f.** Krypte f.
**cryptique** kryptisch
**cryptite f.** Kryptitis f.
**cryptococcose f.** Kryptokokkose f.
**cryptogénétique** kryptogenetisch
**cryptomérie f.** Kryptomerie f.
**cryptorchidie f.** Kryptorchismus m.
**cryptospermie f.** Kryptospermie f.
**cryptosporidiose f.** Kryptosporidiose f.
**cubital** kubital, ulnar
**cubitocarpien** ulnokarpal
**cubitoradial** ulnoradial
**cubitus, vers le** ulnarwärts
**cucurbitin m.** Bandwurmglied n.
**cuillère f.** Eßlöffel m., Löffel m.
**cuillère à thé f.** Teelöffel m.
**cuillère mesure f.** Meßlöffel m.
**cuir chevelu m.** behaarte Kopfhaut f.
**cuire** kochen
**cuisine de l'hôpital f.** Krankenhausküche f.
**cuisine de régime f.** Diätküche f.
**cuisse f.** Oberschenkel m., Schenkel m.
**cuisson sous vide f.** Vakuumbrennverfahren n. (dent.)
**cuivre m.** Kupfer n.
**cuivrer** verkupfern
**cuivreux** kupferhaltig (einwertig/univalent)
**cul-de-sac conjonctival m.** Konjunktivalsack m.
**cul-de-sac de Douglas m.** Douglasscher Raum m.
**culdoscope m.** Kuldoskop n.
**culdoscopie f.** Culdoskopie f., Kuldoskopie f.
**culdoscopique** kuldoskopisch
**culdotomie f.** Kuldotomie f.
**cultiver** kultivieren
**culture f.** Kultur f.

**culture bactérienne f.** bakteriologische Kultur f.
**culture cellulaire f.** Zellkultur f.
**culture d'organe f.** Organkultur f.
**culture de moelle f.** Markkultur f.
**culture de moelle osseuse f.** Knochenmarkskultur f.
**culture de pomme de terre f.** Kartoffelkultur f.
**culture de tissu f.** Gewebskultur f.
**culture par piqûre f.** Stichkultur f.
**culture pure f.** Reinkultur f.
**culturel** kulturell
**cumin m.** römischer Kümmel m:
**cumulatif** kumulativ
**cumulation f.** Kumulation f.
**cumuler** kumulieren
**cunéiforme** keilförmig
**cunnilingus m.** Cunnilingus m.
**cupréine f.** Cuprein n., Kuprein n.
**cuproxiline f.** Cuproxilin n.
**cupulogramme m.** Kupulogramm n.
**cupulolithiase f.** Kupulolithiasis f.
**cupulométrie f.** Kupulometrie f.
**curabilité f.** Heilbarkeit f.
**curable** heilbar
**curage m.** Auskratzung f.
**curare m.** Kurare n., Pfeilgift n.
**curarine f.** Curarin n., Kurarin n.
**curarisation f.** Curarisierung f., Kurarisierung f.
**curatelle f.** Pflegschaft f.
**curatif** kurativ
**cure f.** Heilung f., Kur f.
**cure d'amaigrissement f.** Entfettungskur f.
**cure de cinq ans f.** Fünfjahresheilung f.
**cure de diète absolue f.** Hungerkur f.
**cure de repos f.** Liegekur f.
**cure de sommeil f.** Heilschlaf m., Schlafkur f.
**cure de suralimentation f.** Mastkur f.
**cure en décubitus alterné f.** Rollkur f.
**cure Kneipp f.** Kneippbehandlung f.
**cure-ongles m.** Nagelreiniger m.
**cure-oreille m.** Ohrlöffel m.
**curettage m.** Auskratzung f., Ausschabung f., Curettage f., Kürettierung f.
**curettage aspiratif m.** Vakuumkürettage f.

curette f. Curette f., Kürette f., scharfer Löffel m.
curette à adénoïdes f. Adenotom n.
curette à os f. scharfer Knochenlöffel m.
curette utérine f. Uteruskürette f.
curetter kürettieren
Curie m. Curie n.
curium m. Curium n.
cuticule f. Häutchen n.
cutter à émail m. Schmelzschneider m.
cutter-fil métallique m. Drahtschneider m.
cuvette f. Schale f., Küvette f.
CV (capacité vitale) f. VK (Vitalkapazität) f.
cyanamide m. Zyanamid n., Cyanamid n.
cyanidanol m. Zyanidanol n.
cyanoacrylate m. Zyanoakrylat n., Cyanoacrylat n.
cyanocobalamine f. Zyanokobalamin n.
cyanoformate m. Zyanoformat n.
cyanopindolol m. Zyanopindolol n.
cyanosé zyanotisch
cyanose f. Cyanose f., Zyanose f.
cyanose de shunt f. Mischzyanose f.
cyanotique cyanotisch
cyanure m. Zyanid n.
cyanure de potassium m. Zyankali n.
cybernétique kybernetisch
cybernétique f. Kybernetik f.
cyclamate m. Cyclamat n., Zyklamat n.
cyclandélate m. Cyclandelat n.
cyclase f. Cyclase f., Zyklase f.
cyclazocine f. Cyclazocin n.
cycle m. Zyklus m.
cycle de Krebs m. Krebszyklus m.
cycle de l'acide citrique m. Zitronensäurezyklus m.
cycle menstruel m. Menstruationszyklus m.
cyclectomie f. Zyklektomie f.
cyclique cyclisch, zyklisch
cyclite f. Cyclitis f., Zyklitis f.
cyclizine f. Cyclizin n.
cyclobenzaprine m. Cyclobenzaprin n.
cyclodialyse f. Zyklodialyse f.
cyclodiène m. Cyclodien n.

cycloduction f. Zykloduktion f.
cyclofuramine f. Zyklofuramin n.
cycloguanil m. Zykloguanil n.
cyclohexane m. Cyclohexan n., Hexamethylen n., Zyklohexan n.
cyclooxygénase f. Zyklooxygenase f.
cyclopentane m. Zyklopentan n.
cyclopentaneperhydrophénanthrène m. Zyclopentanperhydrophenanthren n.
cyclopenthiazide m. Cyclopenthiazid n., Zyklopenthiazid n.
cyclopentolate m. Cyclopentolat n., Zyklopentolat n.
cyclophorie f. Zyklophorie f.
cyclophosphamide m. Cyclophosphamid n., Zyklophosphamid n.
cyclophrénie f. Zyklophrenie f.
cyclopie f. Zyklopie f.
cyclopropane m. Cyclopropan n., Zyklopropan n.
cyclosérine f. Cycloserin n., Zykloserin n.
cyclospasme m. Zyklospasmus m.
cyclosporine f. Ciclosporin n., Cyclosporin n., Zyklosporin n.
cyclothiazide m. Cyclothiazid n., Zyklothiazid n.
cyclothymie f. Zyklothymie f.
cyclothymique zyklothym
cyclothymique m., f. zyklothyme Person f.
cyclotomie f. Zyklotomie f.
cyclotron m. Cyclotron n., Zyklotron n.
cyclovergence f. Zyklovergenz f.
cylindraxile neuraxonal
cylindre m. Zylinder m.
cylindre adipeux m. Fettzylinder m.
cylindre astrocytaire m. Gliastift m.
cylindte axe m. Achsenzylinder m.
cylindre cireux m. Wachszylinder m.
cylindre de gaze m. Verbandstofftrommel f.
cylindre de Külz m. Komazylinder m.
cylindre en verre m. Glaszylinder m.
cylindre gradué m. Meßzylinder m., Zylindermeßglas n.
cylindre granuleux m. granulierter Zylinder m.
cylindre hyalin m. hyaliner Zylinder m.

cylindre urinaire m.   Harnzylinder m.
cylindrique  zylindrisch
cylindrome m.   Zylindrom n.
cylindrurie f.   Zylindrurie f.
cymarine f.   Zymarin n.
cymarose m.   Zymarose f.
cymaroside m.   Zymarosid n.
cynarine f.   Cynarin n.
cyphoscoliose f.   Kyphoskoliose f.
cyphoscoliotique  kyphoskoliotisch
cyphose f.   Kyphose f.
cyphosique  kyphotisch
cypionate m.   Cypionat n.
cyproheptadine f.   Cyproheptadin n.
cyprotérone f.   Cyproteron n., Zyproteron n.
cyproximide m.   Cyproximid n.
cystadénocarcinome m.   Zystadenokarzinom n.
cystadénolymphome m.   Zystadenolymphom n.
cystadénome m.   Cystadenom n., Kystadenom n., Zystadenom n.
cystathionine f.   Zystathionin n.
cystathioninurie f.   Zystathioninurie f.
cystéamine f.   Zysteamin n.
cystectomie f.   Zystektonlie f.
cystéine f.   Zystein n.
cysticercose f.   Cysticercosis f., Zystizerkose f.
cysticerque m.   (parasitol.) Finne f.
cystine f.   Zystin n.
Cystinose f.   Abderhalden-Fanconisches Syndrom n., Zystinose f.
cystinurie f.   Zystinurie f.
cystique  cystisch, zystisch
cystite f.   Cystitis f., Zystitis f.
cystite en plaque f.   Malakoplakie f.
cystitique  cystitisch
cystocèle f.   Blasenbruch m., Cystocele
   f., Vesikozele f., Zystozele f.
cystodynie f.   Reizblase f.
cystographie f.   Zystographie f.
cystojéjunostomie f.   Zystojejunostomie f.
cystomanomètre m.   Zystomanometer
   n.
cystome m.   Custom n., Kystom n.
cystomètre m.   Zystometer n.
cystométrie f.   Zystometrie f.
cystopexie f.   Blasenfixation f.
cystoplastie f.   Blasenplastik f.

cystopyélite f.   Zystopyelitis f.
cystorraphie f.   Blasennaht f.
cystoscope m.   Cystoskop n., Zystoskop n.
cystoscopie f.   Cystoskopie f., Zystoskopie f.
cystoscopique  cystoskopisch, zystoskopisch
cystostomie f.   Zystostomie f.
cystotome m.   Zystitom n.
cystotomie f.   Zystitomie f.
cystouréthroscope m.   Zystourethroskop n.
cytarabine f.   Cytarabin n.
cytase f.   Cytase f., Zytase f.
cytidine f.   Cytidin n., Zytidin n.
cytidylate m.   Cytidylat n.
cytoarchitectonie f.   Zytoarchitektonik f.
cytoarchitectonique  zytoarchitektonisch
cytoblastome néoplasique m.   Meristom n.
cytochalasine f.   Cytochalasin n., Zytochalasin n.
cytochimie f.   Zellularchemie f., Zytochemie f.
cytochimique  zytochemisch
cytochrome m.   Cytochrom n., Zytochrom n.
cytochrome peroxydase f.   Zytochromperoxidase f.
cytocinèse f.   Zytokinetik f.
cytocinétique  zytokinetisch
cytodiagnostic m.   Zytodiagnostik f.
cytodiagnostique  zytodiagnostisch
cytogenèse f.   Zytogenese f.
cytogénétique  zytogenetisch
cytogénétique f.   Zytogenetik f.
cytoglobine f.   Cytoglobin n., Zytoglobin n.
cytohistomorphologie f.   Zytohistomorphologie f.
cytohistomorphologique  zytohistomorphologisch
cytohormonal  zytohormonal
cytokératine f.   Zytokeratin n.
cytokine f.   Zytokin n.
cytokinine f.   Cytokinin n., Zytokinin
   n.
cytolipine f.   Zytolipin n.
cytologie f.   Zytologie f.

**cytologie d'aspiration f.**   Aspirationszytologie f.
**cytologique**   zytologisch
**cytolyse f.**   Zytolyse f.
**cytolytique**   zytolytisch
**cytomégalie f.**   Zytomegalie f.
**cytomégalovirus m.**   Zytomegalie-
Virus n.
**cytométaplasie f.**   Zellmetaplasie f.
**cytométrie f.**   Zytometrie f.
**cytomorphologie f.**   Zellmorphologie
f.
**cytopathogène**   zytopathogen
**cytopathologie f.**   Zellpathologie f.,
Zellularpathologie f., Zytopathologie f.
**cytopempsis m.**   Zytopempsis f.
**cytophage m.**   Zytophage m.
**cytophile**   zytophil
**cytophysiologie f.**   Zellphysiologie f.

**cytoplasme m.**   Cytoplasma n., Zellplasma n., Zytoplasma n.
**cytoplasmique**   zytoplasmatisch
**cytoprotecteur**   zytoprotektiv
**cytosine f.**   Cytosin n., Zytosin n.
**cytosine-arabinoside f.**   Cytosin-Arabinosid n.
**cytosome m.**   Zytosom n.
**cytosphère f.**   Zytosphäre f.
**cytosquelette m.**   Zellskelet n.
**cytostatique**   zytostatisch
**cytostatique m.**   Zytostatikum n.
**cytotaxine f.**   Zytotaxin n.
**cytothérapie f.**   Zellulartherapie f.
**cytotoxicité f.**   Zytotoxizität f.
**cytotoxine f.**   Zellgift n.
**cytotoxique**   zytotoxisch
**cytotrope**   zytotrop
**cytotrophoblaste m.**   Zytotrophoblast
m.

# D

**dacarbazine f.**  Dacarbazin n., Dakarbazin n.

**dacryo-adénite f.**  Dakryoadenitis f., Tränendrüsenentzündung f.

**dacryocanaliculite f.**  Dakryokanalikulitis f., Tränengangentzündung f.

**dacryocystectomie f.**  Dakryozystektomie f.

**dacryocystite f.**  Dakryozystitis f., Tränensackentzündung f.

**dacryocystotomie f.**  Dakryozystotomie f.

**dacryographie f.**  Dakryographie f.

**dactinomycine f.**  Dactinomycin n.

**dactylogramme m.**  Fingerabdruck m.

**dactylolysis f.**  Daktylolyse f.

**dactyloscopie f.**  Daktyloskopie f.

**dacuronium m.**  Dacuronium n.

**daidzéine f.**  Daidzein n.

**dalton m.**  Dalton n.

**daltonien**  farbenblind

**daltonien m.**  farbenblinde Person f.

**daltonisme m.**  Farbenblindheit f.

**daltonisme rouge vert m.**  Rotgrünblindheit f.

**dammar m.**  Dammar n.

**danazol m.**  Danazol n.

**dandinant**  watschelig

**dandinement m.**  watschelnder Gang m.

**dandiner, se**  watscheln

**danger mortel m.**  Lebensgefahr f., Todesgefahr f.

**danger public m.**  Gemeingefährlichkeit f.

**dans l'indécision**  offenstehend

**danse de Saint-Guy f.**  Veitstanz m.

**dantrolène m.**  Dantrolen n.

**dantrone m.**  Dantron n.

**dapsone m.**  Dapson n.

**dartre m.**  Flechte f.

**date de l'accouchement f.**  Geburtstermin m.

**date fixée f.**  Termin m.

**date limite d'utilisation f.**  Verfallsdatum n.

**daunomycine f.**  Daunomycin n.

**davier m.**  Faßzange f., Knochenfaßzange f., Zahnzange f.

**dazadrol m.**  Dazadrol n.

**dazilamine f.**  Dazilamin n.

**dazolicine f.**  Dazolicin n.

**de fortune**  behelfsmäßig

**déacétylase f.**  Deazetylase f.

**déacétyle m.**  Deazetyl n.

**débiliter**  entkräften

**débimètre m.**  Flußmesser m.

**débit m.**  Leistung f.

**débit cardiaque m.**  Herzleistung f.

**débitmètre m.**  Durchflußmesser m.

**débloquer**  entblocken

**débobiner**  abspulen

**débordement m.**  Überfließen n.

**déborder**  überfließen

**debout**  aufrecht, stehend

**déboxamet m.**  Deboxamet n.

**débrisoquine f.**  Debrisochin n.

**début de grossesse m.**  Frühschwangerschaft f.

**débutant m.**  Anfänger m.

**débutante f.**  Anfängerin f.

**décalage m.**  Verschiebung f.

**décalage de phase m.**  Phasenverschiebung f.

**décalcification f.**  Entkalkung f.

**décalcifier**  entkalken

**décaméthonium m.**  Dekamethonium n.

**décanoate m.**  Decanoat n.

**décantation f.**  Dekantierung f., Klärung f.

**décanter**  dekantieren

**décanulation f.**  Kanülenentfernung f

**décapeptide m.**  Dekapeptid n.

**décapitation f.**  Dekapitation f.

**décapiter**  enthaupten

**décapsulation f.**  Dekapsulation f.

**décapsuler**  dekapsulieren

**décarboxylase f.**  Dekarboxylase f.

**décarboxylation f.**  Dekarboxylierung f.

**décarboxyler**  dekarboxylieren

**décérébration f.**  Enthirnung f.

**décérébrer**  enthirnen

décès m.  Todesfall m.
décharger  entladen
décharné  knochig
déchet m.  Abfall (Überbleibsel) m.
déchiqueté  gezackt
déchiqueter (avec les dents)  zerbeißen
déchirement m.  Zerreißung f.
déchirer  reißen
déchirure des ligaments f.  Bänderriß
  m.
déchirure mitrale des cordages f.  Mitralklappensehnenfadenabriß m.
déchirure musculaire f.  Muskelriß m.
déchirure périnéale f.  Dammriß m.
déchirure vasculaire f.  Gefäßzerreißung f.
déchloration f.  Entchlorung f.
déchoir  verfallen
décholestériniser  entcholesterinisieren
décibel m.  Dezibel n.
décidual  dezidual
décilitre m.  Deziliter m.
décimémide m.  Decimemid n.
décimètre m.  Dezimeter n.
décinormal  zehntelnormal
décisif  durchschlagend
décitropine f.  Decitropin n.
déclancher  auslösen
déclaration obligatoire, à  meldepflichtig
déclinaison f.  Deklinierung f.
décloxicine f.  Decloxizin n.
décoction f.  Abkochung f.
décollation f.  Enthauptung f.
décollement m.  Ablösung (Loslösung)
  f.
décollement de la rétine m.  Netzhautablösung f.
décoller  ablösen
décoloration f.  Abblassen n.
décoloration bitemporale f.  bitemporale Abblassung f.
décolorer  entfärben
décominol m.  Decominol n.
décompensation f.  Dekompensation
  f.
décompensation circulatoire f.  Kreislaufversagen n.
décompenser  dekompensieren
décomplémentation f.  Dekomplementierung f.

décomposant les protéines  eiweißspaltend
décomposer  abbauen
décomposer  (chem.) spalten
décomposer, se  verwesen
décomposition f.  Abbau m., Verwesung f., Zersetzung f.
décompression f.  Dekompression f.
décomprimer  dekomprimieren
décongestionnant  abschwellend
décontamination f.  Dekontamination
  f.
décontaminer  dekontaminieren
décontractant  entspannend
décortication f.  Ausschälung f., Dekapsulation f., Dekortikation f.
décortication du rein f.  Nierendekapsulation f.
décortiquer  ausschälen
découper  zerschneiden
découpler  entkoppeln
découverte f.  Entdeckung f.
découvrir  freilegen
decrescendo m.  Decrescendo n.
décrire  beschreiben
décroissance f.  Abfall (Abstieg) m.,
  Dekrudeszenz f.
décroître  abfallen (absteigen)
dectaflur m.  Dectaflur n.
décubitus (attitude de) m.  Dekubitus
  m.
décubitus dorsal m.  Rückenlage f.
décubitus latéral m.  Seitenlage f.
décussation f.  Kreuzung f.
dédifférenciation f.  Entdifferenzierung f.
dédifférencier  entdifferenzieren
déditonium m.  Deditonium n.
dédoublement m.  Doppelung f.
dédoublement d'un bruit du coeur m.
  Spaltung eines Herztones f.
dédoubler  abspalten
déduction f.  Folgerung f.
défaut m.  Fehler m.
défaut de la parole m.  Sprachfehler m
défaut de remplissage m.  Füllungsdefekt m.
défaut génétique m.  Erbschaden m.
défaut par inhibition m.  Hemmungsmißbildung f.
défavorable  infaust, ungünstig

**défécation f.** Defäkation f., Stuhlgang m.

**défectueux** fehlerhaft

**défense f.** Abwehr f.

**défense (zool.) f.** Stoßzahn m.

**défenseur m.** Defensor m.

**défensif** defensiv

**déférentite f.** Deferentitis f.

**déféroxamine f.** Deferoxamin n.

**défervescence f.** Deferveszenz f.

**déffaillance cardiaque f.** Herzversagen n.

**déffaillance de la mémoire f.** Gedächtnisschwäche f.

**défibrillateur m.** Defibrillator m.

**défibrillation f.** Defibrillation f., Defibrillierung f.

**défibriller** defibrillieren

**défibrination f.** Defibrination f.

**défibriner** defibrinieren

**défibrotide m.** Defibrotid n.

**déficience f.** Mangel m.

**déficience de la suture f.** Nahtinsuffizienz f.

**déficience immunitaire f.** Immunmangel m.

**déficience mentale f.** Geistesschwäche f.

**déficit m.** Defizit n.

**défigurer** entstellen, verunstalten

**défini** konturiert

**définition f.** Bestimmung f., Definition f.

**déflazacort m.** Deflazacort n.

**déflexion f.** Abbiegung f., Deflexion f.

**défloration f.** Defloration f.

**déformation f.** Verbildung f., Verformung f., Verunstaltung f., Verzeichnung f., Entstellung f.

**déformer** verbilden

**défosfamide m.** Defosfamid n.

**dégazage m.** Entgasung f.

**dégazer** entgasen

**dégel m.** Auftauen n.

**dégénératif** degenerativ

**dégénérer** entarten

**dégénérescence f.** Degeneration f., Entartung f.

**dégénérescence graisseuse f.** Verfettung f.

**dégénérescence protoplasmatique myéliniforme f.** Myelinose f.

**dégénérescence segmentaire f.** Segmentdegeneration f.

**dégénérescence wallérienne f.** Wallersche Degeneration f.

**déglutition f.** Schluckakt m., Schlucken n.

**dégoût m.** Ekel m.

**dégradation f.** Abbau m., Degradierung f., Verfall m.

**dégrader** abbauen, degradieren

**dégraisser** entfetten

**dégranulateur m.** Degranulator m.

**dégranulation f.** Degranulation f., Entgranulierung f.

**dégranuler** degranulieren

**degré m.** Gon m., Grad m., Stufe f.

**degré de froid m.** Kältegrad m.

**degré de pureté m.** Reinheitsgrad m.

**degré de température m.** Wärmegrad m.

**degré de vascularisation m.** Gefäßreichtum m.

**degré hygrométrique m.** Feuchtigkeitsgrad m.

**déhiscence f.** Dehiszenz f.

**déhiscence après laparotomie f.** Platzbauch m.

**déhydrase f.** Dehydrase f.

**déhydratation f.** Entwässerung f.

**déhydrater** entwässern

**déhydrocholate m.** Dehydrocholat n.

**déhydrocorticostérone f.** Dehydrokortikosteron n.

**déhydroémétine f.** Dehydroemetin n.

**déhydroépiandrostérone f.** Dehydroepiandrosteron (DHA) n.

**déhydrogénase f.** Dehydrase f., Dehydrogenase f.

**déhydropeptidase f.** Dehydropeptidase f.

**déhydrostilboestrol m.** Dehydrostilbestrol n.

**déhydroxylation f.** Dehydroxylierung f.

**déiodation f.** Entjodierung f.

**déiodinase f.** Dejodinase f.

**déjà vu** déjà vu

**déjeuner d'épreuve m.** Probefrühstück n.

**délabrement m.** Zerfall m.

**délai m.** Verzögerung f.

**délai d'attente m.** Wartezeit f.

délantérone f. Delanteron n.
délergotrile m. Delergotril n.
délétère deletär
délétion f. Deletion f.
délétion antigénique f. Antigenverlust m.
délicat schwächlich, zart
délimitation f. Abgrenzung f., Grenze f.
délimiter abgrenzen
délirant delirant
délire m. Delirium n.
délire d'explication m. Erklärungswahn m.
délire d' interprétation m. Beziehungswahn m.
délite de culpabilité m. Versündigungswahn m.
délire de filiation m. Abstammungswahn m.
délire de négation m. Verneinungswahn m.
délire de persécution m. Verfolgungswahn m.
délire de révélation m. Offenbarungswahn m.
délire des aboyeurs m. Neurophonie f.
délire hallucinatoire m. Halluzinose f.
délire messianique m. Sendungswahn m.
délirium tremens m. Delirium tremens n.
délivrance f. Geburt f., Nachgeburt f.
délivrance post mortem f. Leichengeburt f.
delprosténate m. Delprostenat n.
deltavirus m. Deltavirus n.
demande f. Bedarf m.
demander un effort Überwindung kosten
démangeaison f. Jucken n.
démanger jucken
démarcation f. Demarkation f.
démarche f. Gang (Gehen) m., Gangart f.
démarche atactique f. ataktischer Gang m.
démarche dandinante f. Watschelgang m.
démarche spasmodique f. Scherengang m.

démarche tibutante f. schwankender Gang m.
démasculinisation f. Entmännlichung f.
démécarium m. Demecarium n.
déméclocycline f. Demeclocyclin n.
démécoléine f. Demecolein n.
démécycline f. Demecyclin n.
démence f. Demenz f.
démence sénile f. Altersdemenz f.
dément dement
dément (e) m., f. demente Person f.
démétasine f. Demetasin n.
déméthylation f. Demethylation f., Demethylierung f., Entmethylierung f.
déméthylchlortétracycline f. Demethylchlortetrazyklin n.
déméthyler demethylieren
déméthylimipramine f. Demethylimipramin n.
démexiptiline f. Demexiptilin n.
demi bain m. Halbbad n.
demi couronne f. Hohlkrone f.
demi jour m. Zwielicht n.
demi onde f. Halbwelle f.
demi saturation f. Halbsättigung f.
demi vie f. Halbwertzeit f., HWZ f.
déminéralisation f. Demineralisation f.
démoconazole m. Democonazol n.
démodulation f. Demodulation f.
démoduler demodulieren
démonstration f. Demonstration f.
démonter abmontieren
démontrer demonstrieren
démoxépam m. Demoxepam n.
démoxytocine f. Demoxytocin n.
démyélinisation f. Entmyelinisierung f.
démyéliniser entmyelinisieren
dénatonium m. Denatonium n.
dénaturation f. Denaturierung f.
dénaturer denaturieren, vergällen
dénavérine f. Denaverin n.
dendrite f. Dendrit m.
dénervation f. Denervierung f., Entnervung f.
dénerver entnerven
dengue f. Dengue f.
dénombrement m. Auszählung f.

**dénomination commune f.**   Freiname (eines Medikamentes) m., Trivialbezeichnung (eines Medikamentes), f.
**denpidazone f.**   Denpidazon n.
**dense**   dicht
**densigraphie f.**   Densographie f.
**densimétrie f.**   Densometrie f.
**densité f.**   Dichte f.
**densitomètre m.**   Densitometer n.
**densitométrie f.**   Densitometrie f.
**densitométrique**   densitometrisch
**dent f.**   Zahn m.
**dent à venin f.**   Giftzahn m.
**dent arrachée f.**   ausgeschlagener Zahn m.
**dent artificielle f.**   Kunstzahn m.
**dent cônique, à**   haplodont
**dent d'ancrage f.**   Ankerzahn m., Stützzahn m. (dent.)
**dent de devant f.**   Frontzahn m.
**dent de lait f.**   Milchzahn m.
**dent de sagesse f.**   Weisheitszahn m.
**dent en or f.**   Goldzahn m.
**dent incluse f.**   eingeklemmter Zahn m.
**dent mal placée f.**   verlagerter Zahn m.
**dent qui saisit la proie f.**   Fangzahn m.
**dent retenue f.**   Blockzahn m.
**dentaire**   dental
**dental**   dental
**dentatorubral**   dentatorubral
**denté**   gezackt, zackig
**dentier m.**   künstliches Gebiß n.
**dentier enlevable m.**   herausnehmbares Gebiß n.
**dentier fixé m.**   festsitzendes, künstliches Gebiß n.
**dentifrice m.**   Zahnpflegemittel n.
**dentimètre m.**   Dentimeter n.
**dentine f.**   Dentin n.
**dentine secondaire f.**   Sekundärdentin n.
**dentinoblaste m.**   Dentinoblast m.
**dentinoblastome m.**   Dentinoblastom n.
**dentinocémentaire**   dentinozemental
**dentinome m.**   Dentinom n.
**dentiste m.**   Dentist m., Dentistin f., Zahnarzt m., Zahnärztin f.
**dentition f.**   Zahnung f.
**dentition restante f.**   Restgebiß n.
**dentofacial**   dentofazial

**dentogingival**   dentogingival, gingivodental
**dents f. pl.**   natürliches Gebiß n.
**dents branlantes f. pl.**   Zahnlockerung f.
**dents de lait f. pl.**   Milchgebiß n.
**dents définitives f. pl.**   bleibendes Gebiß n.
**dents irrégulières f. pl.**   Zahnunregelmäßigkeit f.
**denture f.**   Gebiß n.
**dénudation f.**   Denudation f., Freilegung f.
**dénuder**   freilegen
**déodorant**   desodorierend
**déodorant m.**   desodorierendes Mittel n.
**déodorisation f.**   Desodorierung f.
**déodoriser**   desodorieren
**déontologie f.**   Standeskunde f.
**déoxypyridoxine f.**   Deoxypyridoxin n.
**dépanner**   entstören
**département m.**   Abteilung f.
**dépassant la région**   überregional
**dépendance f.**   Abhängigkeit f., Bedingtheit f.
**dépendance médicamenteuse f.**   Arzneimittelabhängigkeit f.
**dépendant**   abhängig (von Drogen, Alkohol), bedingt
**dépendant de l'âge**   altersabhängig
**dépendant de la dose**   dosisabhängig
**dépendant de la fréquence**   frequenzabhängig
**dépendant du temps**   zeitabhängig
**dépense f.**   Aufwand m.
**dépérir**   siechen, verkümmern
**dépersonnalisation f.**   Depersonalisation f., Entpersönlichung f.
**déphosphamide m.**   Dephosphamid n.
**déphosphorylation f.**   Dephosphorylation f., Dephosphorylierung f.
**déphosphoryler**   dephosphorylieren
**dépigmentation f.**   Depigmentierung f.
**dépigmenter**   depigmentieren
**dépilatoire**   haarentfernend
**dépilatoire m.**   Enthaarungsmittel n., Haarentfernungsmittel n.
**dépistage m.**   Erkennung f., Screening n.
**déplacement m.**   Verlagerung f.

déplacement axial m.  Achsenverschiebung f.
déplacement labial  Labialverschiebung f.
déplacement subphrénique du colon m.  Chilaiditi-Syndrom n.
déplacement transversal m.  Querverlagerung f.
déplacer  verlegen (weiterleiten)
déplomber  entbleien
dépolarisation f.  Depolarisation f.
dépolariser  depolarisieren
dépolymérase f.  Depolymerase f.
dépolymérisation f.  Depolymerisierung f.
dépolymériser  depolymerisieren
dépôt m.  Ablagerung f., Belag m., Depot n.
dépôt d'ordures m.  Mülldeponie f.
dépôt de graisse m.  Fettdepot n.
dépôt dentaire m.  Dentaldepot n.
dépôt urinaire couleur de briques m.  Ziegelmehlsediment n.
dépourvu de cellules  zellfrei
dépramine f.  Depramin n.
dépressif  depressiv
dépression f.  Depression f., Mulde f.
dépression réactionnelle f.  reaktive Depression f.
déprimé  eingedrückt, gedrückt
déprodone f.  Deprodon n.
déprostil m.  Deprostil n.
deptropine f.  Deptropin n.
dépuratif  blutreinigend
dépurer  klären
déqualinium m.  Dequalinium n.
déraciné  wurzellos
déracinement m.  Entwurzelung f.
déranger  stören
déréisme m.  Dereismus m.
dérépression f.  Derepression f.
dérivatif  ableitend
dérivatif m.  ableitendes Mittel n.
dérivation f.  Ableitung f.
dérivation f. (ECG)  Ableitung f.
dérivation ECG de Nehb f.  Nehbsches Dreieck n.
dérivation standard f.  Standardableitung f.
dérivé m.  Derivat n.
dériver  ableiten
dermatane m.  Dermatan n.

dermatite f.  Dermatitis f.
dermatite actinique f.  Dermatitis actinica f.
dermatite calorique f.  Calorose f.
dermatite des herbes f.  Wiesendermatitis f.
dermatite du fermier f.  Farmerhaut f.
dermatite exfoliative f.  Dermatitis exfoliativa f.
dermatite herpétiforme f.  Dermatitis herpetiformis f.
dermatite streptococcique f.  Streptodermie f.
dermatitique  dermatitisch
dermatofibrome m.  Dermatofibrom n.
dermatofibrosarcome m.  Dermatofibrosarkom n.
dermatoglyphe simiesque m.  Affenfurche f.
dermatoglyphes m. pl.  Tastleistenmuster der Haut n.
dermatologie f.  Dermatologie f.
dermatologique  dermatologisch
dermatologue f.  Dermatologin f., Hautärztin f.
dermatologue m.  Dermatologe m., Hautarzt m.
dermatolyse f.  Dermatolyse f.
detmatomanie f.  Dermatomanie f.
dermatome m.  Dermatom n., segmentaler Hautinnervationsbezirk m.
dermatomycose f.  Dermatomykose f.
dermatomyosite f.  Dermatomyositis f.
dermatophobie f.  Dermatophobie f.
dermatophyte m.  Dermatophyt m.
dermatophytose f.  Dermatophytie f.
dermatoplastie f.  Hautplastik f.
dermatosclérose f.  Dermatosklerose f.
dermatose  Dermatose f., Hautkrankheit f.
dermatose acarienne des membres inférieurs f.  Milbenseuche der Beine f.
dermatose bulleuse f.  Podopompholyx m., Pompholyx m.
dermatose de la perchlornaphtaline f.  Perna n.
dermatose phytotoxique f.  Phytonose f.
dermatotrope  dermatotrop
dermatoviscéral  kutiviszeral
derme m.  Lederhaut f.

**derme du pied m.** Lederhaut des Hufs f. (vet.)
**dermite à Demodex folliculorum f.** Demodexausschlag m.
**dermite des neiges f.** Gletscherbrand m.
**dermochondrocornéen** dermochondrokorneal
**dermographisme m.** Dermographismus m.
**dernière dent f.** Endzahn m.
**dernière heure f.** Todesstunde f.
**derrière m.** Hinterteil n.
**désacétylase f.** Desazetylase f.
**désacétyle m.** Desazetyl n.
**désacidification f.** Entsäuerung f.
**désacidifier** entsäuern
**désacylase f.** Desazylase f.
**désaffection f.** Entfremdung f.
**désafférence f.** Deafferentierung f.
**désalaniser** desalanieren
**désamidase f.** Desamidase f.
**désamidation f.** Desamidierung f.
**désaminase f.** Desaminase f.
**désamination f.** Desaminierung f.
**désandrogénisation f.** Desandrogenisierung f.
**désarticuler** exartikulieren
**désaturase f.** Desaturase f.
**descémétite f.** Descemetitis f.
**descendance f.** Nachkommenschaft f.
**descendant** deszendierend
**descendant m.** Nachkomme m.
**descendre** absteigen
**descendre de** abstammen
**descente f.** Abstieg m., Senkung (Tiefertreten) f.
**descinolone f.** Descinolon n.
**description f.** Beschreibung f.
**désenflement m.** Abschwellung f.
**désenfler** abschwellen
**désensibilisation f.** Desensibilisierung f.
**désensibiliser** desensibilisieren
**déserpidine f.** Deserpidin n.
**desferrioxamine f.** Desferrioxamin n.
**desglugastrine f.** Desglugastrin n.
**déshabillage m.** Auskleidung f.
**déshabiller** entkleiden
**déshabituer** abgewöhnen
**déshydrogénation f.** Dehydrierung f.
**désinfectant** desinfizierend

**désinfectant m.** Desinfektionsmittel n.
**désinfecter** desinfizieren
**désinfection f.** Desinfektion f.
**désinfection au scrubber f.** Scheuerdesinfektion f.
**désinfection des mains f.** Händedesinfektion f.
**désinfection du local f.** Raumdesinfektion f.
**désinfection finale f.** Schlußdesinfektion f.
**désinhiber** enthemmen
**désinhiber une voie** bahnen
**désinhibition f.** Enthemmung f.
**désinhibition d'une voie f.** Bahnung f.
**désintégration f.** Abbau m., Desintegration f.
**désintégrer** abbauen
**désintoxication f.** Entgiftung f., Entzug m.
**désintoxiquer** entgiften, entwöhnen
**désipramine f.** Desipramin n.
**désir sexuel m.** Geschlechtstrieb m.
**deslanoside m.** Deslanosid n.
**desmocyte m.** Desmozyt m.
**desmodontal** desmodontal
**desmodonte m.** Desmodont m.
**desmolase f.** Desmolase f.
**desmologie f.** Desmologie f.
**desmoplastique** desmoplastisch
**desmopressine f.** Desmopressin n.
**desmosome m.** Desmosom n.
**désoblitération f.** Desobliteration f.
**désogestrel m.** Desogestrel n.
**désomorphine f.** Desomorphin n.
**désonide m.** Desonid n.
**désordre m.** Unordnung f.
**désorganisation f.** Desorganisation f.
**désorientation f.** Bewußtseinstrübung f., Desorientierung f.
**désorienté** bewußtseinsgetrübt, desorientiert
**désoxycholate m.** Desoxycholat n.
**désoxycorticostérone f.** Desoxykortikosteron n.
**désoxydation f.** Desoxydation f.
**désoxyder** desoxydieren
**désoxygénation f.** Sauerstoffentladung f.
**désoxyglucose m.** Deoxyglucose f., Desoxyglukose f.

désoxypyridoxine f. Desoxypyridoxin n.

désoxyribonucléase f. Desoxyribonuklease f.

désoxyribonucléotide m. Desoxyribonukleotid n.

désoxyribose m. Desoxyribose f.

désoxyriboside m. Desoxyribosid n.

désoxystreptamine f. Desoxystreptamin n.

désoxyuridine f. Desoxyuridin n.

déspécification f. Despezifizierung f.

déspiralisation f. Despiralisierung f.

desquamatif desquamativ

desquamation f. Abschuppung f., Desquamation f., Schuppung f.

desquamation épithéliale f. Epithalaxie f.

desquamer abschuppen

déssaler entsalzen

déssalinisation f. Entsalzung f.

déssèchement m. Austrocknung f.

déssécher austrocknen

dessication f. Exsikkation f.

destination f. Bestimmung f.

destructible zerstörbar

destructif verderblich

destruction f. Vernichtung f., Zerstörung f.

détachement m. Ablösung (Loslösung) f., Abstoßung f.

détacher ablösen, loslösen

détacher par trans-section durchtrennen

détartrage m. Zahnsteinentfernung f.

détartrant m. Zahnsteinentferner m.

détection précoce f. Frühentdeckung f.

détendre, se entspannen

détendu locker

détente f. Entspannung f.

détérénol m. Deterenol n.

détérioration f. Verschlechterung f.

détérioration du parenchyme pulmonaire f. Pneumonose f.

détérioration mentale f. geistiger Abbau m.

détérioration permanente f. Dauerschaden m.

détériorer beschädigen, verschlechtern

déterminant m. Determinante f.

détermination de la résistance f. Resistenzbestimmung f.

détermination du groupe sanguin f. Blutgruppenbestimmung f.

détermination du moment de la mort f. Todeszeitpunktbestimmung f.

détermination du sexe f. Geschlechtsbestimmung f.

détersif m. Detergens n.

détersifs m. pl. Detergentien n. pl.

détorubicine f. Detorubicin n.

détournement m. Ablenkung f.

détourner ablenken (psychol.), abwenden, entfremden

détralfate m. Detralfat n.

détresse respiratoire f. Atemnot f.

détritus m. Detritus m.

détroit m. Isthmus m.

détroit du bassin m. Beckenöffnung f.

détroit inférieur du bassin m. Beckenausgang m.

détroit supérieur du bassin m. Beckeneingang m.

détruire töten (abtöten), zerstören

détruisant la tumeur tumorizid

détruisant les mollusques molluskizid

dette d'oxygène f. Sauerstoffschuld f.

détumescence f. Abschwellung f.

deuil m. Trauer f.

deutéranopie f. Deuteranopie f., Grünblindheit f.

deutérium m. Deuterium n.

deutéron m. Deuteron n.

dévaluer abwerten

dévasculariser devaskularisieren, entvaskularisieren

développement m. Entwicklung f.

développement du film m. Filmentwicklung f.

développement, trouble du m. Fehlentwicklung f.

développer entwickeln

développer, se gedeihen

développeuse de films radiologiques f. Röntgenfilm-Entwicklungsmaschine f.

devenir aveugle erblinden

devenir cartilagineux verknorpeln

devenir plat abflachen

déviation f. Abbiegung f., Abweichung f., Deviation f., Umleitung f.

déviation à gauche f.   Linksverschiebung f.
déviation angulaire f.   Abknickung f.
déviation de l'utérus f.   Uterusverlagerung f.
déviation septale f.   Septumdeviation f.
déviation standard f.   Standardabweichung f.
dévitalisation f.   Devitalisierung f.
dévitaliser   devitalisieren
devoir de déclarer m.   Anzeigepflicht f.
dévorer   verschlingen
dexaméthasone f.   Dexamethason n.
dexamisole m.   Dexamisol n.
dexbromphéniramine f.   Dexbrompheniramin n.
dexivacaïne f.   Dexivacain n.
dexoxadrol m.   Dexoxadrol n.
dexpanthénol m.   Dexpanthenol n.
dexpropanolol m.   Dexpropanolol n.
dextilidine f.   Dextilidin n.
dextran m.   Dextran n.
dextranomère m.   Dextranomer n.
dextrine f.   Dextrin n.
dextroamphétamine f.   Dextroamphetamin n.
dextrocardie f.   Dextrokardie f.
dextrofémine f.   Dextrofemin n.
dextrogyre   rechtsdrehend
dextrométhorphane m.   Dextromethorphan n.
dextromoramide m.   Dextromoramid
n.
dextroposition f.   Dextroposition f.
dextroposition, en   dextroponiert
dextropropoxyphène m.   Dextropropoxyphen n.
dextrorotation f.   Rechtsdrehung f.
dextrorphane m.   Dextrorphan n.
dextrose m.   Dextrose f.
dextrothyroxine f.   Dextrothyroxin n.
dextroversion f.   Dextroversion f.
dextroversion, en   dextrovertiert
dézymotiser   entfermentieren
diabète de Brittle m.   Brittle-Diabetes
m.
diabète insipide m.   Diabetes insipidus
m.
diabète insulinoprive m.   Insulinmangeldiabetes m.
diabète néonatal m.   Neugeborenendiabetes m.

diabète rénal m.   Diabetes renalis m.
diabète rénal des phosphates m.   Phosphatdiabetes m.
diabète sucré m.   Diabetes mellitus m.
diabétique   diabetisch, zuckerkrank
diabétique f.   Diabetikerin f.
diabétique m.   Diabetiker m.
diabétogène   diabetogen
diacétamate m.   Diacetamat n., Diazetamat n.
diacétate m.   Diazetat n.
diacétate d'éthinodiol m.   Ethinodioldiazetat n.
diacétolol m.   Diacetolol n., Diazetolol
n.
diacétyle m.   Diazetyl n.
diacétylmorphine f.   Diazethylmorphin n.
diacide m.   Disäure f.
diacinèse f.   Diakinese f.
diacoptique   diakoptisch
diacyle m.   Diacyl n., Diazyl n.
diadococinésie f.   Diadochokinese f.
diagnostic m.   Diagnose f.
diagnostic définitif m.   endgültige Diagnose f.
diagnostic différentiel m.   Differentialdiagnose (DD) f.
diagnostic erroné m.   Fehldiagnose f.
diagnostic fonctionnel m.   Funktionsdiagnostik f.
diagnostic immédiat m.   Anhiebsdiagnose f.
diagnostic précoce m.   Früherkennung
f.
diagnostic provisoire m.   vorläufige
Diagnose f.
diagnostic supposé m.   Verdachtsdiagnose f.
diagnostique   diagnostisch
diagnostiquer   diagnostizieren
diagonal   diagonal
diagramme m.   Diagramm n.
diakinèse f.   Diakinese f.
dialdéhyde m.   Dialdehyd n.
diallyle m.   Diallyl n.
dialyse f.   Dialyse f.
dialyse à domicile f.   Heimdialyse f.
dialyse à long terme f.   Langzeitdialyse
f.
dialyse centrale f.   Zentrumsdialyse f.

dialyse péritonéale f.   Peritonealdialyse f.
dialyser   dialysieren
dialyseur m.   Dialysator m.
diamètre m.   Durchmesser m.
diamètre antéropostérieur du détroit supérieur m.   Conjugata vera f
diamètre du bassin m.   Beckendurchmesser m., Konjugata f.
diamètre externe du bassin m.   Conjugata externa f.
diamètre promonto-sous pubien m.   Conjugata diagonalis f.
diamètre transverse m.   Querdurchmesser m.
diamide m.   Diamid n.
diamidine f.   Diamidin n.
diamidomonoester m.   Diamidomonoester m.
diamine f.   Diamin n.
diaminobenzidine f.   Diaminobenzidin n.
diaminocyclohexane m.   Diaminozyklohexan n.
diaminodiphosphatide m.   Diaminodiphosphatid n.
diaminomonophosphatide m.   Diaminomonophosphatid n.
diamocaïne f.   Diamocain n.
diamorphine f.   Diamorphin n.
diampromide m.   Diampromid n.
dianhydrogalacticol m.   Dianhydrogalaktikol n.
dianisidine f.   Dianisidin n.
dianisyl m.   Dianisyl n.
diapason m.   Stimmgabel f.
diapédèse f.   Diapedese f.
diaphanoscope m.   Phaneroskop n.
diaphanoscopie f.   Diaphanoskopie f., Phaneroskopie f.
diaphanoscopique   phaneroskopisch
diaphorase f.   Diaphorase f.
diaphorèse f.   Diaphorese f.
diaphorétique   diaphoretisch, schweißtreibend
diaphorétique m.   Diaphoretikum n., schweißtreibendes Mittel n.
diaphragmatique   diaphragmatisch
diaphragme m.   Blende (röntg.) f., Zwerchfell n.
diaphragme cervical m.   Zervikalmatrize f.

diaphragme de Bucky m.   Bucky-Blende f.
diaphragme de l'iris m.   Irisblende f.
diaphysaire   diaphysär
diaphyse f.   Diaphyse f.
diaplacentaire   diaplazentar
diaquoferrate m.   Diaquoferrat n.
diarginyl m.   Diarginyl n.
diarrhée f.   Diarrhöe f.
diarrhée bacillaire des poussins f.   Kükenruhr f.
diarrhée blanche du veau f.   weiße Kälberruhr f.
diarrhée des voyageurs f.   Reisediarrhöe f.
diarrhée en purée de pois f.   Erbsensuppenstuhl m.
diascopie f.   Diaskopie f.
diastasis m.   Diastase (anat.) f.
diastasis des muscles grands droits de l'abdomen m.   Rektusdiastase f.
diastème m.   Diastema n.
diastéréo-isomére m.   Diastereoisomer n.
diastéréo-isomèrie f.   Diastereoisomerie f.
diastéréo-isomérique   diastereoisomer
diastole f.   Diastole f.
diastolique   diastolisch
diathermie f.   Diathermie f., Elektrokaustik f.
diathèse f.   Diathese f.
diathèse hémorragique f.   Blutungsneigung f.
diathétique   diathetisch
diatrizoate m.   Diatrizoat n.
diavéridine f.   Diaveridin n.
diazépam m.   Diazepam n.
diazépine f.   Diazepin n.
diazépoxide m.   Diazepoxid n.
diazine f.   Diazin n.
diazocomposé m.   Diazoverbindung f.
diazoréaction f.   Diazoreaktion f.
diazoréaction d'Ehrlich f.   Ehrlichsche Reaktion f.
diazoter   diazotieren
diazoxide m.   Diazoxid n.
dibasique   zweibasig
dibémethine f.   Dibemithin n.
dibénamine f.   Dibenamin n.
dibenzanthracène m.   Dibenzanthracen n.

dibenzazépine f. Dibenzazepin n.
dibenzodiazépine f. Dibenzodiazepin n.
dibenzoxazépine f. Dibenzoxazepin n.
dibromochloropropane m. Dibromchlorpropan n.
dibrompropamidine f. Dibrompropamidin n.
dibromsalan m. Dibromsalan n.
dibromure m. Dibromid n.
dibudinate m. Dibudinat n.
dibutyle m. Dibutyl n.
dicarbamate m. Dikarbamat n.
dichloracétate m. Dichlorazetat n.
dichloramine f. Dichloramin n.
dichlorbenzène m. Dichlorbenzol n.
dichloréthane m. Dichlorethan n.
dichlorphénamide m. Dichlorphenamid n.
dichlorure m. Dichlorid n.
dichotomie f. Dichotomie f.
dichromasie f. Dichroismus m.
dichromatique dichromatisch
dichromatopsie f. Dichromatopsie f.
diciferrone f. Diciferron n.
diclofénac m. Diclofenac n.
diclofensine f. Diclofensin n.
diclofurime m. Diclofurim n.
diclométide m. Diclometid n.
diclonixine f. Diclonixin n.
dicloxacilline f. Dicloxacillin n.
dicoumarine f. Dicumarin n., Dikumarin n.
dicoumarol m. Bishydroxycoumarin n., Dicumarol n., Dikumarol n.
dicrote dikrot
dicrotisme m. Dikrotie f.
dictaphone f. Diktiergerät n.
dicter diktieren
dicyandiamide m. Dicyandiamid n., Dizyandiamid n.
dicyclomine f. Dizykloverin n.
dicyclovérine f. Dicycloverin n.
didactique didaktisch
didrovaldrate m. Didrovaldrat n.
dieldrine f. Dieldrin n.
diélectrique dielektrisch
diencéphale m. Zwischenhirn n.
diencéphalique dienzephal
diène m. Dien n.
diénoestrol m. Dienestrol n.
diester m. Diester m.

diestérase f. Diesterase f.
diète f. Diät f.
diète au jus de fruit f. Saftfasten n.
diététicien m. Diätetiker m.
diététicienne f. Diätetikerin f.
diététique diätetisch
diététique f. Diätetik f., Ernährungslehre f.
diéthadione f. Dietroxin n.
diéthazine f. Diethazin n.
diéthylamide m. Diethylamid n.
diéthylcarbamazine f. Diethylkarbamazin n.
diéthylèneglycol m. Diethylenglykol n.
diéthylpropionate m. Diethylpropionat n.
diéthylstilboestrol m. Diethylstilböstrol n.
difénoxine f. Difenoxin n.
différé verzögert
différence f. Differenz f.
différenciation f. Differenzierung f.
différencier differenzieren
différend m. Streitfrage f.
différent different
différentiel differential
difformité f. Deformität f., Mißbildung f.
difformité cicatricielle f. Narbenverunstaltung f.
difformité du nez f. Nasendeformität f.
diffraction f. Beugung (opt.) f., Diffraktion f.
diffractométrie f. Diffraktometrie f.
diffus diffus
diffuser diffundieren
diffusion f. Diffusion f.
diflorasone f. Diflorason n.
difluanazine f. Difluanazin n.
difluprednate m. Difluprednat n.
digérer verdauen
digeste bekömmlich
digestibilité f. Verdaulichkeit f.
digestible verdaulich
digestif digestiv
digestif m. Digestivum n., Verdauungsmittel n.
digestion f. Verdauung f.
diginatigénine f. Diginatigenin n.
digital digital

digitale f.   Digitalis n.
digitaline f.   Digitalin n., Digitoxin n.
digitalisation f.   Digitalisierung f.
digitaliser   digitalisieren
digitalisme m.   Digitalose f.
digitogénine f.   Digitogenin n.
digitonine f.   Digitonin n.
digitoxigénine f.   Digitoxigenin n.
digitoxose m.   Digitoxose f.
digluconate m.   Diglukonat n.
diglucoside m.   Diglukosid n.
dignité f.   Dignität f.
digoxigénine f.   Digoxigenin n.
digoxine f.   Digoxin n.
diguanidine f.   Diguanidin n.
digue caoutchouc f.   Kofferdam m.
dihexyvérine f.   Dihexyverin n.
dihydralazine f.   Dihydralazin n.
dihydrate m.   Dihydrat n.
dihydroalprénol m.   Dihydroalprenol n.
dihydrocodéine f.   Dihydrocodein n.
dihydrocodéinone f.   Dihydrocodeinon n.
dihydrodigoxine f.   Dihydrodigoxin n.
dihydroergotamine f.   Dihydroergotamin n.
dihydrofolate m.   Dihydrofolat n.
dihydrophénylalanine f.   Dihydrophenylalanin n.
dihydrnpyridine f.   Dihydropyridin n.
dihydrostreptomycine f.   Dihydrostreptomycin n.
dihydrotachystérol m.   Dihydrotachysterin n.
dihydrotestostérone f.   Dihydrotestosteron n.
dihydroxycholcalciférol m.   Dihydroxycholcalciferol n.
diimide m.   Diimid n.
diimide carbonique m.   Karbodiimid n.
diiodide m.   Dijodid n.
diiodothyronine f.   Dijodthyronin n.
diiodothyrosine f.   Dijodthyrosin n.
diisocyanate m.   Diisozyanat n.
dilatant   dilatativ
dilatateur   dilatativ
dilatateur m.   Dilatator m., Erweiterer m.
dilatateur de Kollmann m.   Kollmanndilatator m.

dilatation f.   Ausdehnung f., Dilatation f., Erweiterung f.
dilatation cardiaque f.   Herzdilatation f.
dilatation de l'aorte f.   Aortenerweiterung f.
dilatation de l'intestin par voie rectale f.   Prokteuryse f.
dilater   ausdehnen, dilatieren, erweitern
dilaurate m.   Dilaurat n.
dilazep m.   Dilazep n.
diloxanide m.   Diloxanid n.
diltiazem m.   Diltiazem n.
diluant m.   Verdünnungsmittel n.
diluer   verdünnen
dilution f.   Verdünnung f.
dilution de l'indicateur f.   Indikatorverdünnung f.
dimalcate m.   Dimalcat n.
dimenhydrinate m.   Dimenhydrinat n.
dimension f.   Dimension f.
dimension externe f.   Außenmaß n.
dimension, à une   eindimensional
dimercaprol m.   Dimercaprol n.
dimère   dimer
diméthoxyamphétamine f.   Dimethoxyamphetamin n.
diméthylamine f.   Dimethylamin n.
diméthylaminoazobenzène m.   Dimethylaminoazobenzol n.
diméthylaminophénol m.   Dimethylaminophenol n.
diméthylarginine f.   Dimethylarginin n.
diméthylbiguanide m.   Dimethylbiguanid n.
diméthylcystéine f.   Dimethylzystein n
dirnéthyldithiocarbamate m.   Dimethyldithiokarbamat n.
diméthylguanidine f.   Dimethylguanidin n.
diméthylnitrosamine f.   Dimethylnitrosamin n.
diméthylsulfoxide f.   Dimethylsulfoxid n.
diméthyltriazène m.   Dimethyltriazen n.
diminuer   abnehmen
diminuer progressivement   ausschleichen

iminution f. Abklingen n., Abnahme (Verringerung) f., Nachlassen n., Verminderung f.
imorphe dimorph
imorphisme m. Dimorphismus m.
inicotinate m. Dinikotinat n.
initrate m. Dinitrat n.
initrate d'isosorbide m. Isosorbiddinitrat n.
initrobenzène m. Dinitrobenzol m.
initrophénol m. Dinitrophenol n.
nophobie f. Höhenangst f.
noprostone f. Dinoproston n.
nucléotidase f. Dinukleotidase f.
nucléotide m. Dinukleotid n.
octyle m. Dioctyl n.
octylsulfosuccinate de sodium m. Natriumdioctylsulfosukzinat n.
ode f. Diode f.
odone f. Diodon n.
one f. Dion n.
optrie f. Dioptrie f.
oxadrol m. Dioxadrol n.
oxamate m. Dioxamat n.
oxane f. Dioxan n.
oxanone f. Dioxanon n.
oxine f. Dioxin n.
oxyde m. Dioxid n.
oxyde d'azote m. Stickstoffdioxid n.
oxyde de carbone m. Kohlendioxid n.
oxygénase f. Dioxygenase f.
pantoylferrate m. Dipantoylferrat n.
peptidase f. Dipeptidase f.
peptide m. Dipeptid n.
phasique diphasisch
phénicilline f. Diphenicillin n.
phénoxylate m. Diphenoxylat n.
phénydramine f. Diphenhydramin n.
phénylamine f. Diphenylamin n.
phényle m. Diphenyl n.
phénylhydantoine f. Diphenylhydantoin n.
phénylméthane m. Diphenylmethan n.
phosphatase f. Diphosphatase f.
phosphate m. Diphosphat n.
phosphoglycérate m. Diphosphoglyzerat n.
phosphoglycéromutase f. Diphosphoglyzeromutase f.

diphosphonate m. Diphosphonat n.
diphosphonucléoside m. Diphosphonukleosid n.
diphosphoramidate m. Diphosphoramidat n.
diphosphorodithioate m. Diphosphorodithioat n.
diphoxazide m. Diphoxazid n.
diphtérie f. Diphtherie f.
diphtérie des volailles f. Geflügelpockendiphtherie f.
diphtérique diphtherisch
diphtéroïde diphtheroid
Diphyllobothrium latum m. Bothriocephalus latus m.
dipicrylamine f. Dipikrylamin n.
dipipanone f. Dipipanon n.
dipiprovérine f. Dipiproverin n.
diplacousie f. Diplakusis f.
diplégie f. Diplegie f.
diplégique diplegisch
diplobacille m. Diplobazillus m.
diplococcus m. Diplokokkus m.
diplocoque m. Diplokokkus m.
diploé f. Diploe f.
diploïde diploid
diplophonie f. Diplophonie f.
diplopie f. Diplopie f., Doppeltsehen n.
dipolaire dipolar
diponium m. Diponium n.
diprénorphine f. Diprenorphin n.
diprobutine f. Diprobutin n.
diprophylline f. Diprophyllin n.
dipropionate m. Dipropionat n.
diprotrizoate m. Diprotrizoat n.
diproxadol m. Diproxadol n.
dipsomanie f. Dipsomanie f., Methomanie f.
dipyridamole f. Dipyridamol n.
dipyrone f. Dipyron n.
direct direkt
directeur de l'hôpital m. Krankenhausdirektor m.
direction f. Leitung f. (Direktion)
direction médiane, en medianwärts
direction orale, en oralwärts
direction proximale, en - - proximalwärts
direction radiale, en - - radialwärts
direction sacrale, en - - sakralwärts
direction terminale, en - - endwärts

direction ventrodorsale, en - - ventrodorsalwärts
dirigé vers l'intérieur   medialwärts
dirigé vers le centre   zentralwärts
diriger   steuern
disaccharidase f.   Disaccharidase f.
disaccharide m.   Disaccharid n.
discordance f.   Diskordanz f.
discordant   diskordant
discret   diskret
discussion f.   Diskussion f.
dislocation f.   Dislokation f., Verrenkung f.
dislocation du ménisque (genou) f.
Meniskusdislokation am Knie f.
disloquer   ausrenken
dismutase f.   Dismutase f.
disobutamide m.   Disobutamid n.
disopyramide m.   Disopyramid n.
disparaître   verschwinden
disparition f.   Abklingen n.
dispensaire m.   Dispensarium n.
dispenser   dispensieren
dispersé   dispers
disperser   zerstreuen (phys.)
dispersion f.   Dispersion f., Streuung
f., Zerstreuung (phys.) f.
disponibilité f.   Verfügbarkeit f.
disponible   verfügbar
disposé à la distraction   ablenkbar
(psychol.)
dispositif m.   Vorrichtung f.
disposition f.   Anlage f. (Talent n.), Bereitschaft f., Disposition f., Veranlagung f.
disposition à f.   Anfälligkeit f.
disposition d'esprit f.   Gemütsverfassung f.
disposition héréditaire f.   Erbanlage f.
disproportion f.   Disproportion f.,
Mißverhältnis n.
disproportionnel   disproportional
disque m.   Scheibe f.
disque anodique m.   Anodenteller m.
disque intervertebral m.   Bandscheibe
f., Zwischenwirbelscheibe f.
dissection f.   Präparation (anatom.) f.
dissection anatomique f.   Sektion
(anatom.) f.
dissémination f.   Disseminierung f.
disséminé   disseminiert

disséquer   präparieren (anatom.), sezieren
dissertation f.   Dissertation f.
dissimilation f.   Abbau m., Dissimilation f.
dissimiler   abbauen, dissimilieren
dissociant les graisses   fettspaltend
dissociation f.   Dissoziation f., Spaltung f.
dissocier   dissoziieren
dissolution f.   Auflösung f.
dissolvant m.   Lösungsvermittler m.
dissoudre   auflösen, lösen
distal f   distal
distance   Abstand m., Distanz f., Entfernung f.
distance de sécurité f.   Sicherheitsabstand m.
distance de vision f.   Sehweite f.
distance focale f.   Brennweite f.
distance foyer-écran f.   Fokus-Schirmabstand m.
distance foyer-film f.   Fokus-Filmabstand m.
distance foyer-objet f.   Fokus-Objektabstand m.
distendre   ausdehnen, dehnen, überdehnen
distendu   aufgetrieben
distension f.   Ausdehnung f., Überdehnung f.
distigmine f.   Distigmin n.
distillat m.   Destillat n.
distiller   destillieren
distinctif   apperzeptiv
distinction f.   Apperzeption f., Unterscheidung f.
distinguer   unterscheiden
distoangulaire   distoangulär
distobuccal   distobukkal
distobuccoocclusal   distobukkookkllu-
sal
distobuccopulpaire   distobukkopulpa
distocclusion f.   Distalbiß m., Distokklusion f.
distolabial   distolabial
distolingual   distolingual
distomatose f.   Distomiasis f., Leberegelbefall m.
distomolaire   distomolar
distorsion f.   Verzerrung f., Zerrung f
distorsion f.   Distorsion f.

distorsion musculaire f.   Muskelzerrung f.
distoversion f.   Distoversion f.
distraction f.   Ablenkung (psychol.) f.,
Zerfahrenheit f., Zerstreuung
(psych.) f.
distraire   ablenken (psychol.), zerstreuen (psych.)
distrait   zerstreut
distributeur m.   Verteiler m.
distribution f.   Verteilung f.
distribution de nourriture f.   Fütterung
f.
disulergine f.   Disulergin n.
disulfate m.   Disulfat n.
disulfure m.   Disulfid n.
dit   sogenannt
ditazépate m.   Ditazepat n.
dithiocarbamate m.   Dithiokarbamat
n.
dithiocarbamoylhydrazine f.   Dithiokarbamoylhydrazin n.
dithiocarbonate m.   Dithiokarbonat n.
dithiol m.   Dithiol n.
dithionate m.   Dithionat n.
dithizone f.   Dithizon n.
dithranol m.   Dithranol n.
dithymol m.   Dithymol n.
ditolamide m.   Ditolamid n.
diurèse f.   Diurese f.
diurétique   diuretisch
diurétique m.   Diuretikum n.
diurétique de l'anse m.   Schleifendiuretikum n.
divergence f.   Diskrepanz f., Divergenz
f.
divergent   divergent
diversion f.   Diversion f.
diverticule m.   Divertikel n.
diverticule de Meckel m.   Meckelsches
Divertikel n.
diverticule de pulsion m.   Pulsionsdivertikel n.
diverticule de traction m.   Traktionsdivertikel n.
diverticulectomie f.   Divertikulektomie
f.
diverticulite f.   Divertikulitis f.
diverticulose f.   Divertikulose f.
diviser   abspalten
division f.   Abspaltung f., Teilung f.
division cellulaire f.   Zellteilung

division de la conscience f.   Bewußtseinsspaltung f.
division nucléaire f.   Kernteilung f.
division réductionnelle f.   Reduktionsteilung f.
divulsion f.   Absprengung f.
dixanthogène m.   Dixanthogen n.
dizygote   dizygot
DL (dose létale) f.   DL (dosis letalis) f.
dobésilate m.   Dobesilat n.
dobutamine f.   Dobutamin n.
DOC (désoxycorticostérone) f.   DOC
(Desoxycorticosteron) n.
DOCA (désoxycortone) f.   DOCA
(Desoxycorticosteronazetat) n.
docétrizoate m.   Docetrizoat n.
doconazole m.   Doconazol n.
docteur m.   Arzt m., Doktor m.
docteur honoris causa m.   Ehrendoktor m.
doctorat m.   Promotion f.
document m.   Dokument n.
dodécyl m.   Dodezyl n.
Doehle, corps de m.   Döhlesches Einschlußkörperchen n.
dofamium m.   Dofamium n.
dogmatique   dogmatisch
dogme m.   Dogma n.
doigt m.   Finger m.
doigt à ressort m.   schnellender Finger
m.
doigt hippocratique m.   Trommelschlägelfinger m.
doigtier m.   Fingerling m.
doléances f. pl.   Beschwerden f. pl.
dolichocéphale   dolichozephal
dolichocéphalie f.   Dolichozephalie f.
dolichomélie f.   Dolichomelie f.
domaine m.   Bereich m.
dôme pleural m.   Pleurakuppel f.
domestique   häuslich
dominance f.   Dominanz f.
dominant   dominant
domiphène m.   Domiphen n.
dommage m.   Schaden m.
dompéridone f.   Domperidon n.
donner   eingeben
donner un tour de reins, se   sich verheben
donneur m.   Spender m.
donneur d'organe m.   Organspender
m.

**donneur de sang m.** Blutspender m.
**donneuse f.** Spenderin f.
**donneuse de sang f.** Blutspenderin f.
**donovanie f.** Donovanie f.
**dopa f.** Dopa n.
**dopage m.** Aufputschen n., Doping n.
**dopamine f.** Dopamin n.
**dopaminergique** dopaminergisch
**dopaoxydase f.** Dopaoxydase f.
**doper** aufputschen
**doping m.** Aufputschmittel n.
**Doppler-sonographie à émission conti-nue m.** Doppler-Sonographie mit kontinuierlicher Schallemission f.
**Doppler-sonographie, pulsé m.** ge-pulste Doppler-Sonographie f.
**dorer** vergolden
**dormir** schlafen
**dornase f.** Dornase f.
**dorsal** dorsal
**dorsoantérieur** dorsoanterior
**dorsolombaire** dorsolumbal
**dorsopalmaire** dorsovolar
**dorsopostérieur** dorsoposterior
**dorsoventral** dorsoventral
**dos m.** Rücken m.
**dos creux m.** Hohlrücken m.
**dos de la main m.** Handrücken m.
**dos du nez m.** Nasenrücken m.
**dos du pied m.** Fußrücken m.
**dos plat m.** Flachrücken m..
**dos rond m.** Rundrücken m.
**dosage m.** Bestimmung f., Dosierung f.
**dosage augmenté m.** erhöhte Dosie-rung f.
**dosage de l'alcoolémie f.** Blutalkohol-bestimmung f.
**dosage de l'irradiation m.** Strahlendo-sierung f.
**dosage des gaz du sang m.** Blutgas-messung f.
**dosage diminué m.** erniedrigte Dosie-rung f.
**dosage élevé m.** hohe Dosierung f.
**dosage faible m.** niedrige Dosierung f.
**dosage par chélation m.** Chelometrie f.
**dose f.** Dosis f.
**dose d'entretien f.** Erhaltungsdosis f.
**dose d'exposition f.** Belichtungsdosis f., Bestrahlungsdosis f.

**dose de sortie f.** Austrittsdosis f.
**dose efficace f.** Wirkungsdosis f.
**dose en profondeur f.** Tiefendosis f.
**dose érythème f.** Erythemdosis f., Hautdosis f.
**dose incidente f.** Einfalldosis f.
**dose journalière f.** Tagesdosis f.
**dose locale f.** Ortsdosis f.
**dose protectrice f.** Schutzdosis f.
**dose seuil f.** Schwellendosis f.
**dose simple f.** Einzeldosis f.
**doseur m.** Dosiergerät n.
**dosimètre m.** Dosimeter n.
**dosimètre (de film radiographique) m.** Filmdosimeter n.
**dosimétrie f.** Dosimetrie f.
**dosimétrique** dosimetrisch
**dossier médical m.** Krankenakten f. pl.
**dosulépine f.** Dosulepin n.
**dotéfonium m.** Dotefonium n.
**double** doppelt, zweifach
**double bride f.** Doppelstrang m.
**double diffusion f.** Doppeldiffusion f.
**double électrode f.** Doppelelektrode f.
**double exposition f.** Doppelbelich-tung f.
**double fermeture de Collin f.** Doppel-lappenverschluß m.
**double image f.** Doppelbild n.
**double liaison f.** Doppelbindung f.
**double malformation f.** Doppelmiß-bildung f.
**double menton m.** Doppelkinn n.
**double rein en bobine m.** Zwillings-spulenniere f.
**doubler** doublieren
**douche f.** Dusche f.
**douleur f.** Schmerz m.
**douleur (de l'accouchement) f.** Ge-burtswehe f.
**douleur à la pression f.** Druckschmerz m.
**douleur abdominale f.** Bauchschmerz m.
**douleur au relâchement f.** Loslaß-schmerz m.
**douleur continue f.** beständiger Schmerz m.
**douleur de la joue f.** Pareidolie f.
**douleur dentaire f.** Dentalgie f.

douleur du moignon f.   Stumpfschmerz m.
douleur du mollet f.   Wadenschmerz
m.
douleur expulsive f.   Preßwehe f.
douleur intense f.   starker Schmerz m.
douleur légère f.   leichter Schmerz m.
douleur nocturne f.   Nachtschmerz m.
douleur permanente f.   Dauerschmerz
m.
douleur primaire f.   Urschmerz m.
douleur propagée f.   fortgeleiteter
Schmerz m.
douleur radiculaire f.   Wurzelschmerz
m.
douleur rapportée f.   Fernschmerz m.
douleur, à l'origine de   schmerzerzeugend
douleurs d'expulsion f. pl.   Preßwehen
f. pl.
douleurs de l'accouchement f.   pl. Wehen f. pl.
douleurs de la dilatation f. pl.   Eröff-
nungswehen f. pl.
douleurs postpartales f. pl.   Nachwehen f. pl.
douloureux   schmerzhaft
douloureux à la pression   druckschmerzhaft
dourine f.   Beschälseuche f.
doute m.   Unsicherheit (Zweifel) f.
douteux   dubiös
douve du foie f.   Leberegel m.
doxapram m.   Doxapram n.
doxépine f.   Doxepin n.
doxibétasol m.   Doxibetasol n.
doxifluridine f.   Doxifluridin n.
doxorubicine f.   Doxorubicin n.
doxycycline f.   Doxycyclin n.
doxylamine f.   Doxylamin n.
doyen m.   Dekan m.
dracontiase f.   Drakunkulose f.
dracunculose f.   Drakunkulose f.
dragée m.   Dragée n.
drain m.   Drain m., Drän m.
drainage m.   Drainage f., Dränage f.
drainage aspirant de Redon m.   Redondrainage f.
drainage cholédoque m.   Gallengangsdränage f.
drainage de Buelau m.   Bülausche
Drainage f.

drainage par aspiration m.   Saugdrainage f.
drainage pariétal de Monaldi m.   Monaldidrainage f.
drainer   ableiten (Flüssigkeit), drainieren, dränieren
dramatique   dramatisch
drastique   drastisch
drastique m.   drastisches Mittel n.
drépanocyte m.   Sichelzelle f., Drepanozyt m.
drogué   drogenabhängig
drogue f.   Suchtmittel n., Droge f.
drogue dépendant   süchtig
droguiste f.   Drogistin f.
droguiste m.   Drogist m.
droit   aufrecht, gerade
droitier   rechtshändig
drométrizole m.   Drometrizol n.
dromostanolone f.   Dromostanolon n.
dromotrope   dromotrop
dropéridol m.   Droperidol n.
dropropizine f.   Dropropizin n.
drostanolone f.   Drostanolon n.
drotavérine f.   Drotaverin n.
drotébanol m.   Drotebanol n.
droxypropine f.   Droxypropin n.
druse f.   Druse f. (med.)
dualisme m.   Dualismus m.
dualiste   dualistisch
duazomycine f.   Duazomycin n.
Dubin-Johnson, maladie de f.   Dubin-
Johnson-Syndrom n.
ductographie f.   Ductographie f.
dulcitol m.   Galaktit n.
dulofibrate m.   Dulofibrat n.
dumping syndrome m.   Dumpingsyndrom n.
duodénal   duodenal
duodénite f.   Duodenitis f.
duodénobiliaire   duodenobiliär
duodénocholécystostomie f.   Duodenocholezystostomie f.
duodénocholédochotomie f.   Duodenocholedochotomie f.
duodénojéjunal   duodenojejunal
duodénopancréatectomie f.   Duodenopankreatektomie f.
duodénostomie f.   Duodenostomie f.
duodénum m.   Zwölffingerdarm m.,
Duodenum n.

**D**

**duplication f.** Verdoppelung f., Doppelung f., Duplikation f.
**duplication aponévrotique f.** Faszien-doppelung f.
**duplication tandem f.** Tandemduplikation f.
**dupracétam m.** Dupracetam n.
**Dupuytren, maladie de f.** Dupuytrensche Kontraktur f.
**dur d'oreille** schwerhörig
**durable** dauerhaft
**dural** dural
**duraplastie f.** Duraplastik f.
**durci à froid** kaltgehärtet (dent.)
**durcir** abbinden, härten (dent.)
**durcissant à froid** kalthärtend (dent.)
**durcissement m.** Verhärtung f., Härten n.
**durcisseur m.** Härter m.
**durée f.** Dauer f., Laufzeit f.
**durée d'action f.** Wirkungsdauer f.
**durée de conservation f.** Haltbarkeitsdauer (bei Lagerung) f.
**durée de l'essai f.** Versuchsdauer f.
**durée de l'hospitalisation f.** Krankenhausverweildauer f.
**durée, de longue -** langdauernd
**durée de vie f.** Lebensdauer f.
**durée du traitement f.** Behandlungsdauer f.
**dureté f.** Härte f.
**durillon m.** Leichdorn m.
**Duroziez, signe de m.** Duroziezsches Doppelgeräusch n.
**dydrogestérone f.** Dydrogesteron n.
**dynamique** dynamisch
**dynamique f.** Dynamik f.
**dynamisation f.** Potenzierung (homöop.) f.
**dynamiser** potenzieren (homöop.)
**dynamo f.** Dynamo m.
**dynamomètre m.** Dynamometer n.
**dynorphine f.** Dynorphin n.
**dysacousie f.** Dysakusis f.
**dysarthrie f.** Dysarthrie f.
**dysautonomie f.** Dysautonomie f.
**dysbasie f.** Dysbasia f.
**dyschézie f.** Dyschezie f.
**dyschondroplasie f.** Dyschondroplasie f.
**dyschromie f.** Dyschromie f.
**dyscinétique** dyskinetisch

**dyscranie f.** Dyskranie f.
**dyscrasie f.** Dyskrasie f.
**dyscrasique** dyskrasisch
**dysdiadococinésie f.** Dysdiadochokinese f.
**dysembryoplasie f.** Hamartie f.
**dysencéphalie f.** Dysenzephalie f.
**dysenterie f.** Ruhr f., Dysenterie f.
**dysenterie amibienne f.** Amöbenruhr f.
**dysenterie bacillaire f.** Bazillenruhr f.
**dysentérique** dysenterisch
**dysergie f.** Dysergie f.
**dysergique** dysergisch
**dysfonction f.** Dysfunktion f., Fehlfunktion f.
**dysgénésie f.** Dysgenese f.
**dysgénésie gonadique f.** Gonadendysgenesie f.
**dysgeusie f.** Dysgeusie f.
**dysglossie f.** Dysglossie f.
**dysgnathie f.** Dysgnathie f.
**dysgrammatisme m.** Dysgrammatismus m.
**dysgraphie f.** Schreibstörung f.
**dyshidrie f.** Dyshidrie f.
**dyshidrose f.** Dyshidrose f.
**dyskératose f.** Dyskeratose f.
**dyskinésie f.** Dyskinesie f.
**dyslalie f.** Dyslalie f.
**dyslexie f.** Dyslexie f., Legasthenie f.
**dyslogomathie f.** Dyslogomathie f.
**dysmélie f.** Dysmelie f.
**dysménorrhée f.** Dysmenorrhöe f.
**dysmétabolique** stoffwechselgestört
**dysmnésie f.** Dysmnesie f.
**dysmorphie f.** Dysmorphie f.
**dysopsie f.** Dysopsie f.
**dysostose f.** Dysostose f.
**dysovarisme m.** Dysovarismus m.
**dyspareunie f.** Dyspareunie f.
**dyspepsie f.** Dyspepsie f.
**dyspepsie de fermentation f.** Gärungsdyspepsie f.
**dyspeptique** dyspeptisch
**dysphagie f.** Schluckbeschwerden f. pl., Dysphagie f.
**dysphasie f.** Dysphasie f.
**dysphonie f.** Dysphonie f.
**dysphorie f.** Dysphorie f.
**dysphorique** dysphorisch
**dysplasie f.** Dysplasie f.

**dysplasie cranienne f.**   Lückenschädel m.
**dysplasie ectodermale f.**   Ektodermaldysplasie f.
**dysplasique**   dysplastisch
**dyspnée f.**   Dyspnoe f.
**dyspnée au repos f.**   Ruhedyspnoe f.
**dyspnée d'egort f.**   Belastungsdsypnoe f.
**dyspnée de Cheyne-Stokes f.**   Cheyne-Stokessches Atmen n.
**dyspnée de Kussmaul f.**   Kußmaulsche Atmung f.
**dyspnéique**   dyspnoisch, kurzatmig
**dyspraxie f.**   Dyspraxie f.
**dysprosium m.**   dysprosium n.
**dysprotéinémie f.**   Dysproteinämie f.
**dysraphie f.**   Dysrhaphie f.
**dysraphique**   dysrhaphisch
**dysrythmie f.**   Dysrhythmie f.
**dysrythmique**   dysrhythmisch
**dyssynergie f.**   Dyssynergie f.
**dystélectasie f.**   Dystelektase f.
**dystélectasique**   dystelektatisch
**dysthymie f.**   Dysthymie f.
**dysthyroidie f.**   Dysthyreose f.

**dystocie f.**   Dystokie f., Geburtshindernis n.
**dystonie f.**   Dystonie f.
**dystonie neurovégétative f.**   vegetative Dystonie f.
**dystonique**   dystonisch
**dystopie f.**   Dystopie f.
**dystopique**   dystopisch
**dystrophie f.**   Dystrophie f.
**dystrophie adiposo-génitale de Babinski-Froehlich f.**   Fröhlichsches Syndrom n.
**dystrophie du nourrisson f.**   Säuglingsdystrophie f.
**dystrophie farineuse f.**   Mehlnährschaden m.
**dystrophie musculaire progressive f.**   Dystrophia musculorum progressiva (Erb.) f.
**dystrophie sympathique réflexe f.**   reflektorische sympathische Dystrophie f.
**dystrophique**   dystrophisch
**dysurie f.**   Dysurie f.
**dysurique**   dysurisch

# E

eau f. Wasser n.
eau de chaux f. Kalkwasser n.
eau de refroidissement f. Kühlwasser n.
eau de vie f. Branntwein m.
eau distillée f. Aqua destillata f.
eau lourde f. schweres Wasser n.
eau mère f. Mutterlauge f.
eau minérale f. Brunnen (Mineralwasser) m.
eau oxygénée f. Wasserstoffsuperoxid n.
eau potable f. Trinkwasser n.
eau salée f. Salzwasser n., Sole f.
eau savonneuse f. Seifenwasser n.
eaux sales f. pl. Abwasser n.
ébauche f. Entwurf m., Rohform f.
ébauche f. (embryol.) Anlage (angeborene Eigenschaft) f.
éblouir blenden
éblouissement m. Blendung f.
ébouillanter verbrühen
éburnation f. Eburnisation f.
ECA (enzyme de Conversion de l'angiotensine) f. ACE (Angiotensin-Conversions-Enzym) n.
écailleux schuppig
écarlate n. Scharlachrot n.
écatte-joues m. Wangenhalter m.
écarter abduzieren
écarter les jambes die Beine spreizen
écarter, s' abschweifen
écarteur m. Gewebehaken m., Spreizer m., Wundhaken m.
écarteur automatique m. Wundsperrer m.
écarteur des joues m. Backenhalter m.
écarteur du muscle m. Muskelhaken m.
écarteur labial m. Lippenhalter m.
ecchondrome m. Ekchondrom n.
ecchymose f. Ekchymose f.
eccrine ekkrin
ECG (électrocardiogramme) m. EKG (Elektrokardiogramm) n.
ECG après épreuve d'effort m. Belastungs-EKG n.

ECG au repos m. Ruhe-EKG n.
ECG orthostatique m. Steh-EKG n.
ECG, complexe QRS m. EKG, QRS-Komplex m.
ECG, dérivation I, II, III f. EKG, Ableitung I, II, III f.
ECG, dérivation périphérique f. EKG, Extremitätenableitung f.
ECG, dérivation précordiale f. EKG, Brustwandableitung f.
ECG, onde P f. EKG, P-Zacke f.
ECG, onde T f. EKG, T Welle f.
ECG, onde U f. EKG, U-Welle f.
ecgonine f. Ecgonin n., Ekgonin n.
échange m. Austausch m.
échange cationique m. Kationenaustausch m.
échange gazeux m. Gasaustausch m.
échange plasmatique m. Plasmaaustausch m.
échangeur m. Austauscher m.
échangeur d'ions m. Ionenaustauscher m.
échangeur thermique m. Wärmeaustauscher m.
échantillon de sang m. Blutprobe f.
échantillon médical m. Ärztemuster n.
échantillonnier des couleurs d'émail m. Zahnfarbenschlüssel m.
échappement m. Ersatzschlag m.
écharpe f. Armtrageschlinge f., Mitella f.
échec m. Mißerfolg m.
échelle graduée f. Skala f.
Echinococcus cysticus m. Echinococcus cysticus m.
échinostomiase f. Echinostomiasis f.
échinuriose f. Echinuriose f.
écho m. Echo n.
écho, sans echofrei
échoacousie f. Echoakusis f.
échocardiographie f. Echokardiographie f.
échocardiographique echokardiographisch
échoencéphalographie f. Echoenzephalographie f.

échographie f.   Echographie f.
échographie bidimensionnelle f.   zweidimensionale Echographie f.
échographie en mode M f.   eindimensionale Echographie f., M-Mode-
Echographie f.
échographique   echographisch
écholalie f.   Echolalie f.
échoscopie f.   Echoskopie f.
échoscopique   echoskopisch
échosonique   echosonisch
échothiopate m.   Echothiopat n.
échotomographie f.   Echotomographie f., Schnittbildechographie f.
échoventriculographie f.   Echoventrikulographie f.
échoventriculographique   echoventrikulographisch
ECHO virus m.   ECHO-Virus n.
écipramidil m.   Ecipramidil n.
éclairage m.   Beleuchtung f.
éclairage céphalique m.   Kopflicht n.
éclaircissement m.   Aufhellung f., Klärung f.
éclairer   aufhellen, beleuchten
éclampsie f.   Eklampsie f.
éclamptique   eklamptisch
éclat m.   Span m., Splitter m.
éclat osseux m.   Knochenspan m.
éclatement m.   Aufsplitterung f., Splitterung f.
éclissage m.   Schienung f.
éclisse d'abduction f.   Abduktionsschiene f.
éclisser   schienen
écluse f.   Schleuse f.
ecmnésie f.   Ekmnesie f.
école d'infirmières f.   Krankenpflegeschule f., Schwesternschule f.
école de sage-femmes f.   Hebammenschule f.
école maternelle f.   Kindergarten m.
école pour enfants inadaptés f.   Hilfsschule f., Sonderschule f.
écolier m.   Schulkind n.
écologie f.   Environtologie f., Ökologie
f.
écologique   environtologisch, ökolo-
gisch
écologiste f.   Environtologin f.
écologiste m.   Environtologe m.
éconazole m.   Econazol n.

économie f.   Einsparung f., Ökonomie
économisant du temps   zeitsparend
économiser   einsparen
écorce f.   Borke (botan.) f., Rinde (botan.) f.
écorce de quinquina f.   Chinarinde f.
écorché   wund
écorchure f.   Abschürfung , f., Hautabschürfung f., Scheuerwunde f.
écotaxie f.   Ökotaxis f.
écoulement m.   Abfluß m., Ausfluß m.,
Fluor m.
écoulement de larmes m.   Tränenfluß
m.
écouler, s'   abfließen
écouter   abhorchen
écouteur m.   Kopfhörer m.
écran amplificateur d'image m.   Bildverstärker m.
écran d'éclairage m.   Aufhellschirm m.
écran fluorescent m.   Röntgenschirm
m.
écran fluoroscopique m.   Leuchtschirm m.
écraser   quetschen, zermalen
écrou de fixation m.   Befestigungsschraube f.
ectasie f.   Ektasie f.
ectasie oesophagienne f.   Speiseröhrenektasie f.
ectatique   ektatisch
ecthyma m.   Ecthyma n., Ekthym n.
ectoderme m.   Ektoderm n.
ectodermique   ektodermal
ectodermose f.   Ektodermose f.
ectoglie f.   Ektoglia f.
ectomie f.   Ektomie f.
ectoparasite m.   Ektoparasit m.
ectopie f.   Ektopie f.
ectopie inguinale du testicule f.   Leistenhoden m.
ectopie rénale pelvienne f.   Beckenniere f.
ectopique   ektopisch
ectoplasme m.   Ektoplasma f.
ectropion m.   Ektropion n.
eczéma m.   Ekzem n.
eczéma allergique m.   allergisches Ekzem n.
eczéma atopique m.   endogenes Ekzem n.

E

eczéma aux sels de chrome m.   Chromatekzem n.
eczéma du nourrisson m.   Säuglingsekzem n.
eczéma du pied m.   Fußekzem n. (vet.)
eczéma séborrhéique m.   Gneiß m.
eczéma squameux m.   Schuppenausschlag m.
eczéma vaccinatoire m.   Eczema vaccinatum n.
eczémateux   ekzematös
eczématisation f.   Ekzematisierung f.
édenté   zahnlos
édétate m.   Edetat n.
édisylate m.   Edisylat n.
éditorial m.   Herausgeberartikel m.
édrophonium m.   Edrophonium n.
EDTA (éthylène diamine tétra acétate) m.   EDTA (Ethylendiamintetraazetat) n.
éducation disciplinaire f.   Fürsorgeerziehung f.
édulcorant m.   Süßstoff m.
Edwardsielle f.   Edwardsielle f.
effacer   auslöschen, auswischen
effaceur m.   Wischer m.
efféminaton f.   Verweiblichung f.
efférent   efferent
effet m.   Wirkung f.
effet antiprotozoaire m.   Antiprotozoen-Wirkung f.
effet de levier m.   Hebelwirkung f.
effet de nébulosité m.   Nubecula f.
effet Doppler m.   Doppler-Effekt m.
effet dynamique spécifique m.   spezifisch-dynamische Wirkung f.
effet en profondeur m.   Tiefenwirkung f.
effet indésirable m.   unerwünschte Wirkung f.
effet levier m.   Hebelkraft f.
effet prolongé, à - -   langwirkend
effet protecteur m.   Schutzwirkung f.
effet radioprotecteur m.   Strahlenschutzwirkung f.
effet secondaire m.   Nebenwirkung f.
effet shunt m.   Nebenschlußreaktion f.
effet tardif m.   Nachwirkung f.
effet tératogène m.   Teratogenität f.
efficace   leistungsfähig, wirksam
efficace, très -   stark wirksam
efficacité f.   Wirksamkeit f.

efficacité masticatoire f.   Kautüchtigkeit f.
efficacité nutritive f.   Nährkraft f.
efficience f.   Leistung f.
efflorescence f.   Effloreszenz f.
effort m.   Anstrengung f.
effort excessif m.   Überbeanspruchung f.
effort physique m.   körperliche Belastung f.
effrayer   erschrecken
effritement m.   Zerbröckelung f.
effroi m.   Schrecken m.
éfloxate m.   Efloxat n.
égaliser   ausgleichen
égo-complexe m.   Ich-Komplex m.
égocentrique   egozentrisch
égophonie f.   Agophonie f.
égout m.   Abflußkanal m.
égratigner   kratzen
égratignure f.   Kratzer m.
eicosanoïde m.   Eicosanoid n.
eidétique   eidetisch
einsteinium m.   Einsteinium n.
éjaculation f.   Ejakulat n., Ejakulation f., Samenerguß m.
éjaculer   ejakulieren
ektébine f.   Ektebin n.
élaboration du bridge m.   Brückenarbeit f.
élaïdine f.   Elaidin n.
élaïdiniser   elaidinisieren
élargir   verbreitern
élargissement m.   Dehnung f., Erweiterung f.
élargissement du champ de conscience m.   Bewußtseinserweiterung f.
élargisseur du canal de passage du nerf m.   Nervenkanalerweiterer m.
élastance f.   Elastanz f.
élastase f.   Elastase f.
élasticité f.   Elastizität f.
élastinase f.   Elastinase f.
élastine f.   Elastin n.
élastique   elastisch
élastogenèse f.   Elastogenese f.
élastolysat m.   Elastolysat n.
élastomère m.   Elastomer n.
élastoprotéinase f.   Elastoproteinase f
élastorrhexie f.   Elastorrhexis f.
élastose f.   Elastose f.
électif   elektiv

électricité f.  Elektrizität f.
électrification f.  Stromversorgung f.
électrifier  elektrifizieren
électrique  elektrisch
électrisation f.  Elektrisierung f.
électriser  elektrisieren
électroacoustique  elektroakustisch
électroacoustique f.  Elektroakustik f.
électroaimant m.  Elektromagnet m.
électroanalyse f.  Elektroanalyse f.
électroanalytique  elektroanalytisch
électroatriogramme m.  Elektroatriogramm n.
électrobiologie f.  Elektrobiologie f.
électrobiologique  elektrobiologisch
électrocardiogramme (ECG) m.  Elektrokardiogramm (EKG) n.
électrocardiogramme enregistré sur
bande n.  Bandspeicherelektrokardiogramm n.
électrocardiogramme précordial m.
Brustwandelektrokardiogramm n.
électrocardiographe m.  Elektrokardiograph m.
électrocardiographie f.  Elektrokardiographie f.
électrocardiographique  elektrokardiographisch
électrocardiophonographie f.  Elektrokardiophonographie f.
électrocautérisation f.  Elektrokauterisation f.
électrochimique  elektrochemisch
électrochirurgie f.  Elektrochirurgie f.
électrochirurgique  elektrochirurgisch
électrochoc m.  Elektrokrampfbehandlung f., Elektroschock m.
électrocoagulateur m.  Elektrokoagulator m.
électrocoagulation f.  Elektrokoagulation f.
électrocochléograhie f.  Elektrokochleographie f.
électrocorticographie f.  Elektrokortikographie f.
électrocorticographique  elektrokortikographisch
électrocytochimie f.  Elektrozytochemie f.
électrocytochimique  elektrozytochemisch
électrode f.  Elektrode f.

électrode céphalique f.  Kopfhautelektrode f.
éléctrode de coagulation f.  Koagulati-
onselektrode f.
électrode en verre f.  Glaselektrode f.
électrode périphérique f.  Extremitätenelektrode f.
électrode plaque f.  Plattenelektrode f.
électrode ponctuelle f.  Punktelektrode
f.
électrode thoracique f.  Brustwandelektrode f.
électrode ventouse f.  Saugelektrode f.
électtode vis f.  Schraubelektrode f.
éléctroencéphalogramme (EEG) m.
Elektroenzephalogramm (EEG) n.
électroencéphalographe m.  Elektroenzephalograph m.
électroencéphalographie f.  Elektroenzephalographie f.
électroencéphalographique  elektroenzephalographisch
électroendosmose f.  Elektroendosmose f.
électroendosmotique  elektroendosmotisch
électroentérographie f.  Elek.troente-
rographie f.
électrofocalisation f.  Elektrofokussierung f.
électrogramme m.  Elektrogramm n.
électrokymographie f.  Elektrokymo-
graphie f.
électrolyse f.  Elektrolyse f.
électrolyte m.  Elektrolyt m.
électrolytique  elektrolytisch
électromagnétique  elektromagnetisch
électromassage m.  Elektromassage f.
électromécanique  elektromechanisch
électromédical  elektromedizinisch
électromètre m.  Elektrometer n.
électromyogramme m.  Elektromyogramm n.
électromyographie f.  Elektromyographie f.
électromyographique  elektromyographisch
électron accéléré m.  schnelles Elektron n.
électron m.  Elektron n.
électronarcose f.  Elektronarkose f.
électronégatif  elektronegativ

électroneurolyse f.   Elektroneurolyse f.
électronique  elektronisch
électronothérapie f.   Betatron-Therapie f.
électronystagmographie f.   Elektronystagmographie f.
électropharmacologie f.   Elektropharmakologie f.
électrophile  elektrophil
électrophorèse f.   Elektrophorese f.
électrophorèse à flux continu f.
Durchflußelektrophorese f.
électrophorèse à haute tension f.
Hochspannungselektrophorese f.
électrophorèse cellulaire f.   Zellelektrophorese f.
électrophorèse de gradient de densité f.   Dichtegradientelektrophorese f.
électrophorèse de zone f.   Zonenelektrophorese f.
électrophorèse en couche mince f.
Dünnschichtelektrophorese f.
électrophorèse sur papier f.   Papierelektrophorese f.
électrophotomètre m.   Elektrophotometer n.
électrophotométrie f.   Elektrophotometrie f.
électrophysiologie f.   Elektrophysiologie f.
électrophysiologique  elektrophysiologisch
électropositif  elektropositiv
électropupillographie f.   Elektropupillographie f.
électropupillographique  elektropupillographisch
électrorécepteur m.   Elektrorezeptor m.
électrorétinographie f.   Elektroretinographie f.
électrospectrographie f.   Elektrospektrographie f.
électrostatique  elektrostatisch
électrothérapeute m.   Elektrotherapeut m.
électrothérapeutique  elektrotherapeutisch
électrothérapie f.   Elektrotherapie f.
électrotocographie f.   Elektrotokographie f.

électrotocographique  elektrotokographisch
électrotonique  elektrotonisch
électrotonus m.   Elektrotonus m.
électroventriculogramme m.   Elektroventrikulogramm n.
électuaire m.   Elektuarium n., Latwerge f.
élément m.   Bestandteil m., Element n.
élément de rechange m.   Ersatzteil n.
élément figuré azurophile m.   Azurgranulom n.
élément figuré du sang m.   Blutkörperchen n.
élément pathogène m.   Krankheitsstoff m.
élément trivalent m.   dreiwertiges Element n.
élémentaire  elementar
élémicine f.   Eiemicin n.
éléphantiasique  elephantiastisch
éléphantiasis m.   Elephantiasis f.
élevage m.   Aufzucht f., Zucht f
élévateur m.   Elevator m., Elevatorium n., Heber m.
élévateur (pour racine) m.   Wurzelheber m.
élévateur nasal m.   Nasenelevatorium n.
élévateur périostique nasal m.   Nasenknochenhautelevator m.
élévateur pour fragment apical m.   Wurzelspitzenheber m.
élévation f.   Elevation f., Erhöhung f.
élève infirmier m.   Krankenpflegeschüler m.
élève infirmière f.   Krankenpflegeschülerin f., Schwesternschülerin f.
élever  steigern
éliminase f.   Eliminase f.
élimination f.   Entfernung (Beseitigung) f.
élimination d'eau f.   Wasserausscheidung f.
élimination de liquide f.   Ausschwemmung f.
élimination des insectes f.   Insektenvernichtung f.
élimination urinaire, à  harnpflichtig
élimination urinaire de concrétion f.
Lithurie f.

éliminer ausrotten, ausstoßen, eliminieren
ELISA (titrage immunoenzymatique utilisant un antigène adsorbé) m. ELISA (Enzymimmunoassay) m.
élixir m. Elixier n.
élixir parégorique m. Tinctura Opii camphorata f.
elliptique elliptisch
elliptocyte m. Elliptozyt m.
elliptocytose f. Elliptozytose f.
éloignement m. Entfernung (Abstand) f.
élongation d'un nerf f. Nervendehnung f.
éluat m. Eluat n.
élucider aufhellen, klären
éluer eluieren
élution f. Elution f.
émaciation f. Abmagerung f.
émacié abgemagert
émail m. Glasur f., Schmelz m.
émail (des dents) m. Zahnschmelz m.
émail fendillé m. gesprenkelter Zahnschmelz m.
émaillage f. Glasurbrand m. (dent.)
émailler glasieren
émanation f. Emanation f.
émanation du radium f. Radiumemanation f.
émasculation f. Entmannung f., Eviration f.
émasculer entmannen
embarras m. Bedrängnis f.
embarrassé verlegen (perplex)
embaumement m. Einbalsamierung f.
embaumer einbalsamieren
embolalie f. Embolalie f.
embole m. Embolus m.
embolectomie f. Embolektomie f.
embolie f. Embolie f.
embolie gazeuse f. Luftembolie f.
embolie graisseuse f. Fettembolie f.
embolie pulmonaire f. Lungenembolie f.
embolique embolisch
embolus m. Embolus m.
embonate m. Embonat n., Pamoat n.
embonpoint m. Fettleibigkeit f.
embouchure f. Einmündung f., Mundstück n.
embramine f. Embramin n.

embrasure interdentaire f. Interdentaleinziehung f.
embrouiller vernebeln
embryocardie f. Embryokardie f.
embryocide m. Fruchttötung f.
embryogenèse f. Embryogenese f.
embryologie f. Embryologie f.
embryologique embryologisch
embryon m. Embryon n., Frucht (gebh.) f., Keim m., Leibesfrucht f.
embryonnaire embryonal
embryopathie f. Fruchtschädigung f.
embryotomie f. Embryotomie f.
embutramide m. Embrutamid n.
émédullation f. Entmarkung f.
émépronium m. Emepronium n.
émergence de la tête f. Durchtreten des Kopfes sub partu n.
émeri m. Schmirgel m.
émétine f. Emetin n.
émétique m. Brechmittel n.
émétomanie f. Emetomanie f.
émetteur béta m. Betastrahler m.
émetteur de rayons alpha m. Alpha-Strahler m.
émetteur gamma m. Gammastrahler m.
EMG (électromyogramme) m. EMG (Elektromyogramm) n.
émilium m. Emilium n.
éminence f. Prominenz f.
éminence de l'orteil f. Zehenballen m.
éminence mastoidienne f. Processus mastoideus m.
éminence thénar m. Daumenballen m.
éminences du gros et du petit orteil f. pl. Fußballen m. pl.
éminences thénar et hypothénar f. pl. Handballen m. pl.
éminent prominent
émission f. Ausstrahlung f., Emission f.
émission de champ f. Feldemission f.
émission électron m. Sekundärelektron n.
emmailloter wickeln
emménagogue emmenagog
emménagogue m. Emmenagogum n.
emmener wegführen
emmétrope emmetrop
emmétropie f. Emmetropie f., Normalsichtigkeit f.

émodine f.  Emodin n.
émollient  weichmachend
émollient m.  weichmachendes Mittel n.
émorfazone f.  Emorfazon n.
émotif  empfindsam
émotionnel  emotionell
émotivité f.  Emotionalität f.
émoussé  stumpf
empalernent m.  Pfählung f.
empêchement d'allaiter m.  Stillhindernis n.
empêcher  behindern, hindern, verhindern
emphysémateux  emphysematös
emphysème m.  Emphysem n.
emphysème pulmonaire m.  Lungenemphysem n.
empiètement m.  Übergreifen n.
empirer  sich verschlechtern
empirisme m.  Empirie f.
emplâtre m.  Heftpflaster n., Pflaster n.
emplâtre adhésif m.  Klebepflaster n.
emplâtre vésicatoire m.  Zugpflaster n.
emploi m.  Anwendung f.
emploi, mode d' m.  Anwendungsart f.
employé des services de médecine préventive m.  Gesundheitsfürsorger m.
employée des services d'hygiène f.  Gesundheitspflegerin f.
employée des services de médecine préventive f.  Gesundheitsfürsorgerin f.
employer  anwenden, verwenden
empoisonnement m.  Vergiftung f.
empoisonnement au sélénium m.  Selenvergiftung f.
empoisonnement de l'eau m.  Wasservergiftung f.
empoisonnement du sang m.  Blutvergiftung f.
empoisonner  vergiften
emporte-pièce m.  Locheisen n., Stanze f.
emporter  abführen
empreinte f.  Abdruck m. (dent.)
empreinte au porte-empreinte f.  Löffelabdruck m.
empreinte dentaire f.  Zahnabdruck m.
empreinte digitale f.  Fingerabdruck m.
empreinte en plâtre f.  Gipsabdruck m.

empreinte finale f.  Endabdruck m. (dent.)
empreinte inlay cire f.  Wachsinlayabdruck m.
empreinte mnésique f.  Engramm n.
empreinte occlusale f.  Okklusionsabdruck m.
empreinte partielle f.  Teilabdruck m. (dent.)
empreinte pour inlay f.  Inlayabdruck m.
empreinte sur cire f.  Wachsabdruck m.
empreinte sur cire mordue f.  Bißabdruck m. (dent.)
empyème m.  Empyem n.
émulsifiant m.  Emulgator m.
émulsion f.  Emulsion f.
émulsion hydro-huileuse f.  Öl-in-Wasser-Emulsion f., Wasser-Öl-Emulsion f.
émulsionner  emulgieren
en bloc  en bloc
en direction distale  distalwärts
en direction dorsale  dorsalwärts
en état d'ébriété  betrunken
en état de concevoir  empfängnisfähig
en forme de coeur  herzförmig
en vain  erfolglos
énalapril m.  Enalapril n.
énantate m.  Enantat n., Önanthat n.
enanthémateux  enanthemathös
énanthème m.  Enanthem n.
énanthème de Koplik m.  Kopliksche Flecken m pl.
énanthiomorphe  enanthiomorph
énanthotoxine f.  Oenanthotoxin n.
énarthrose f.  Enarthrose f.
enbucrilate m.  Enbucrilat n.
encaïnide m.  Encainid n.
encapsulement m.  Abkapselung f.
encapsuler  abkapseln, einkapseln, verkapseln
enceinte  schwanger
encéphale antérieur m.  Vorhirn n.
encéphalite f.  Enzephalitis f.
encéphalite léthargique de Von Economo f.  Enzephalitis lethargica f.
encéphalites, à l'origine d'  enzephalitogen
encéphalitique  enzephalitisch

encéphaloartériographie f.   Enzephaloarteriographie f.
encéphalogramme m.   Enzephalogramm n.
encéphalographe m.   Enzephalograph
m.
encéphalographique   enzephalographisch
encéphalomalacie f.   Enzephalomalazie f.
encéphalomyélite équine f.   Pferdeenzephalomyelitis f.
encéphalopathie traumatique du boxeur f.   Boxerenzephalopathie f.
enchondrome m.   Enchondrom n.
enciprazine f.   Enciprazin n.
enclavé   eingekeilt
enclave cellulaire f.   Zelleinschluß m.
enclomifène m.   Enclomifen n.
enclume f.   Amboß (med.) m.
encombrement m.   Überfüllung f.
encombrer   hindern
encoprésie f.   Enkopresis f.
encre f.   Tinte f.
encyprate m.   Encyprat n.
endangéite f.   Endangiitis f.
endangéite oblitérante f.   Endangiitis
obliterans f.
endangéitique   endangiitisch
endartériectomie f.   Endarterektomie
f.
endémie f.   Endemie f.
endémique   endemisch
endoamnioscopie f.   Endoamnioskopie f.
endoamnioscopique   endoamnioskopisch
endoanévrismorraphie f.   Endoaneurysmorrhaphie f.
endoantitoxine f.   Endoantitoxin n.
endobronchique   endobronchial
endocarde m.   Endokard n.
endocardique   endokardisch
endocardite f.   Endokarditis f.
endocardite bactérienne f.   Endokarditis lenta f.
endocardite lente maligne d ,Osler f.
Endokarditis lenta f.
endocervical   endozervikal
endochondral   endochondral
endocochléaire   endokochleär
endocranien   endokranial

endocrine   endokrin, inkretorisch, innersekretorisch
endocrinologie f.   Endokrinologie f.
endocrinologique   endokrinologisch
endocrinopathie f.   Endokrinopathie f.
endocytose f.   Endozytose f.
endoderme m.   Entoderm n.
endodésoxyribonucléase de restriction
f.   Restriktionsendonuklease f.
endodontie f.   Endodontie f.
endodontique   endodontisch
endoenzyme f.   Endoenzym n.
endogène   endogen
endognathion m.   Endognathion n.
endolabyrinthite f.   Endolabyrinthitis
f.
endolaryngé   endolaryngeal
endolombaire   endolumbal
endolymphe f.   Endolymphe f.
endomètre m.   Endometrium n.
endométriose f.   Endometriose f.
endométrite f.   Endometritis f.
endomitose f.   Endomitose f.
endommager   beschädigen
endomyocardiaque   endomyokardial
endomyocardite f.   Endomyokarditis
f.
endonasal   endonasal
endoneural   endoneural
endonucléase f.   Endonuklease f.
endonucléolytique   endonukleolytisch
endopéritonéal   endoperitoneal
endoperoxyde m.   Endoperoxid n.
endophasie f.   Endophasie f.
endophlébite f.   Endophlebitis f.
endophotographie f.   Endophotographie f.
endophtalmite f.   Endophthalmitis f.
endophyte m.   Endophyt m.
endoplasmatique   endoplasmatisch
endoplasme m.   Endoplasma n.
endoprothèse f.   Endoprothese f.
endoprothèse totale f.   TEP (Totalendoprothese) f.
endoprothétique   endoprothetisch
endoréactif   endoreaktiv
endormir, s'   einschlafen
endorphine f.   Endorphin n.
endosalpingite f.   Endosalpingitis f.
endoscope m.   Endoskop n.
endoscopie f.   Endoskopie f.

endoscopie d'urgence f. Notfallendoskopie f.
endoscopique endoskopisch
endosmose f. Endosmose f.
endosmotique endosmotisch
endostal endostal
endostéome m. Endosteom n.
endostite f. Endostitis f.
endothélial endothelial
endothéliite f. Endotheliitis f.
endothélioblastome m. Endothelioblastom n.
endothéliome m. Endotheliom n.
endothéliome myxoïde m. Myxoendotheliom n.
endothéliose f. Endotheliose f.
endothélium m. Endothel n.
endothermique endotherm
endothyme endothym
endotoxine f. Endotoxin n.
endotoxique endotoxisch
endotrachéal endotracheal
endouréthral endourethral
endoutérin endouterin
endovésical endovesikal
endralazine f. Endralazin n.
endrisone f. Endrison n.
endroit de mesure m. Meßplatz m.
endurance f. Ausdauer f., Ertragen n.
endurcir abhärten
endurer leiden
énergétique energetisch
énergétique f. Energielehre f.
énergie f. Energie f.
énergie solaire f. Sonnenenergie f.
énergie vitale f. Biotonus m.
énergique drastisch
énerver entnerven, denervieren
énestébol m. Enestebol n.
enfance f. Kindesalter n., Kindheit f.
enfant au biberon m. Flaschenkind n.
enfant né avant terme m. frühgeborenes Kind n.
enfanter gebären
enfantin kindisch
enfler anschwellen
enflurane m. Enfluran n.
enflure f. Anschwellung f.
enflure du pénis f. Penisschwellung f.
enfoncés, aux yeux hohläugig
ENG (électronystagmogramme) m.
ENG (Elektronystagmogramm) n.

engagement m. Geburtsbeginn m.
(obstetr.)
engelure f. Frostbeule f., Hautschaden
durch Kälte m.
engelures f. pl. Perniosis f.
engendrer erzeugen, zeugen
engrarmme m. Engramm n.
éniclobrate m. Eniclobrat n.
énilconazole m. Enilconazol n.
énivrement m. Rausch m., Trunkenheit f.
énivrer berauschen
enképhalinamide m. Enkephalinamid
n.
enképhaline f. Enkephalin n.
enkystement m. Abkapselung f., Einkapselung f., Verkapselung f.
enkyster abkapseln
enlacer umschlingen
enlever abtragen, entfernen
enlever le polype polypektomieren
enlever par grattage abkratzen
enlever par pincement abkneifen
énol m. Enol n.
énolase f. Enolase f.
énolase spécifique des neurones f.
NSE (neuronenspezifische Enolase) f.
énolicam m. Enolicam n.
énophtalmie f. Enophthalmie f.
énostose f. Enostose f.
énoxacine f. Enoxacin n.
énoxolone f. Enoxolon n.
enpiprazole m. Enpiprazol n.
enprazépine f. Enprazepin n.
enraidissement m. Versteifung f.
enregistrement graphique prolongé
m. Langzeitschreibung f.
enregistrer eintragen, registrieren
enrichir anreichern
enrichissement m. Anreicherung f.
enrober einbetten
enroué heiser
enrouement m. rauher Hals m., Heiserkeit f.
enroulement m. Windung f.
enrouler aufwickeln
enrouler, s' sich drehen
enrouleur m. Bindenwickler m.
enseignante universitaire f. Dozentin
f.
enseignement m. Unterricht m.

enseignement au chevet du malade m.
Unterricht am Krankenbett m.
enseignement programmé m.  programmierter Unterricht m.
ensemble de cas cliniques m.  Krankengut n.
ensemencement en stries m.  Strichkultur f.
ensoleillement m.  Besonnung f.
ensoleiller  besonnen (bestrahlen)
Entamoeba histolytca f.  Entamoeba histolytica f.
entéléchie f.  Entelechie f.
entendement m.  Verstehen n.
entendre  hören
entéral  enteral
entérite f.  Enteritis f.
entérite à Gastrodiscoïdes hominis f.  Gastrodisciasis f.
entéritique  enteritisch
entéroanastomose f.  Enteroanastomose f.
entérobiliaire  enterobiliär
entérocèle f.  Enterozele f.
entérocholécystostomie f.  Enterocholezystostomie f.
entérocholécystotomie f.  Enterocholezystotomie f.
entérochromaffine  enterochromaffin
entéroclyse f.  Enteroklyse f.
entérocolite f.  Enterokolitis f.
entérocolostomie f.  Enterokolostomie f.
entérocoque m.  Enterokokkus m.
entérocyte m.  Enterozyt m.
entérogastrone f.  Enterogastron n.
entéroglucagon m.  Enteroglukagon n.
entérohépatique  enterohepatisch
entérohépatite f.  Enterohepatitis f.
entérohormone f.  Enterohormon n.
entérokinase f.  Enterokinase f.
entérokystome m.  Enterozyste f.
entérolithiase f.  Enterolithiasis f.
entérologie f.  Enterologie f.
entéropathie f.  Enteropathie f.
entéropathie exsudative f.  eiweißverlierend Enteropathie f.
entéropexie f.  Enteropexie f.
entéroptose f.  Enteroptose f.
entérorécepteur m.  Enterorezeptor m.
entérorraphie f.  Darmnaht f.
entérostomal  enterostomal

entérostomie f.  Enterostomie f.
entérotome m.  Darmschere f.
entérotornie f.  Enterotomie f.
entérotoxémie f.  Enterotoxämie f.
entérotoxine f.  Enterotoxin n.
entérovirus m.  Enterovirus n.
entité f.  Entität f.
entocone m.  Entokon n.
entoderme m.  Entoderm n.
entomologie f.  Entomologie f.
entomophtora, mycose à f.  Entomophthoramykose f.
entonnoir m.  Trichter m.
entonnoir de séparation m.  Scheidetrichter m.
entonnoir en verre m.  Glastrichter m.
entorse f.  Verrenkung f., Verstauchung f.
entrailles f. pl.  Darm m., Eingeweide n. pl.
entraînement m.  Training n.
entrainer, s'  trainieren
entrave f.  Fessel f. (vet.)
entrée f.  Eingabe f., Einmündung f., Eintritt m.
entregreffer, s'  verwachsen
entrepôt m.  Speicher m.
entretien m.  Wartung f.
entropion m.  Entropion n.
énucléation f.  Ausschälung f., Enukleation f.
énucléer  ausschälen, enukleieren
énurésie f.  Bettnässen n., Enuresis f.
énurésique f.  Bettnässerin f.
énurésique m.  Bettnässer m.
envahissement m.  Ausbruch m.
enveloppe f.  Hülle f.
enveloppe amniotique f.  Amnion n.
enveloppe conjonctive f.  Zahnsäckchen n.
enveloppe extérieure f.  Schale (Rinde) f.
enveloppe protectrice f.  Schutzhülle f.
enveloppe scléreuse f.  Skleralschale f.
enveloppement m.  Packung f., Wickel m.
enveloppement chaud m.  heiße Packung f.
enveloppement humide m.  feuchte Packung f., feuchter Wickel m.
enveloppement humide chaud m.  feuchtwarmer Wickel m.

**envelopper** einhüllen, einwickeln
**envie f.** Lust f., Niednagel m., Penisneid m.
**environnement m.** Umgebung f., Umwelt f.
**environnement, concernant l'** environtologisch
**enviroxime m.** Enviroxim n.
**envoi d'un patient m.** Überweisung eines Patienten f.
**envoyer** überweisen
**envoyer un patient m.** einen Patienten überweisen
**enzyme m. ou f.** Ferment n.
**enzyme branchante f.** Verzweigungsenzym n.
**enzyme cellulaire f.** Zellenzym n.
**enzyme de conversion de l'angiotensine (ECA) f.** ACE (Angiotensin-Conversions-Enzym) n.
**enzyme de Warburg f.** Warburgsches Atmungsferment n.
**enzyme débranchante f.** Entzweigungsenzym n.
**enzyme exocellulaire f.** Exoenzym n.
**enzyme malique f.** Malatenzym n.
**enzyme réparante f.** Reparaturenzym n.
**enzymologie f.** Fermentlehre f.
**épaissir** eindicken, verdicken
**épaississement d'un ongle m.** Onychophym n.
**épanchement m.** Erguß m.
**épanchement de sang m.** Blutaustritt m.
**épanchement péricardique m.** Perikarderguß m.
**épanchement pleural m.** Pleuraerguß m.
**épanchement sanguin m.** Bluterguß m.
**épargnant le sphincter** sphinkterschonend
**épargner** schonen
**éparvin m.** Spat m. (vet.)
**épaule f.** Schulter f.
**éperon m.** Sporn m.
**éperon du calcanéum m.** Fersensporn m., Kalkaneussporn m.
**épicanthus m.** Epikanthus m.
**épicarde m.** Epikard n.
**épicardectomie f.** Epikardektomie f.

**épicardia m.** Epikardia f.
**épicardial** epikardial
**épicarine f.** Epikarin n.
**épice f.** Gewürz n.
**épicondylite f.** Epikondylitis f.
**épicône médullaire m.** Epikonus m.
**épicranien** epikranial
**épicrise f.** Epikrise f.
**épicritique** epikritisch
**épidémie f.** Seuche f.
**épiderme m.** Oberhaut f.
**épidermisation f.** Überhäutung f.
**épidiascope m.** Epidiaskop n.
**épididyme m.** Nebenhoden m.
**épididymite f.** Epididymitis f.
**épididymoorchite f.** Epididymoorchitis f.
**épidural** epidural
**épifascial** epifaszial
**épigastre m.** Oberbauch m.
**épigastrique** epigastrisch
**épigénétique** epigenetisch
**épiglotte f.** Epiglottis f.
**épiglottique** epiglottisch
**épiglottite f.** Epiglottitis f.
**épignathe m.** Epignathus m.
**épilation f.** Enthaarung f., Epilation f., Haarentfernung f.
**épilepsie f.** Epilepsie f., Fallsucht f.
**épilepsie corticale de Bravais-Jackson f.** Jacksonepilepsie f.
**épilepsie cursive f.** Prokursivanfall m.
**épilepsie de réveil f.** Aufwachepilepsie f.
**épilepsie essentielle f.** genuine Epilepsie f.
**épilepsie jacksonienne f.** Jacksonsche Epilepsie f.
**épilepsie matinale f.** Aufwachepilepsie f., morgendliche Epilepsie f.
**épilepsie mineure f.** Sphagiasmus m.
**épilepsie myoclonique f.** Myoklonusepilepsie f.
**épilepsie nocturne f.** nächtliche Epilepsie f.
**épilepsie réflexe f.** Reflexepilepsie f.
**épilepsie secondaire traumatique f.** traumatische Epilepsie f.
**épilepsie tardive f.**, Spätepilepsie f.
**épileptiforme** epileptiform
**épileptique** epileptisch, fallsüchtig
**épileptique f.** Epileptikerin f.

épileptique m.   Epileptiker m.
épileptoïde   epileptoid
épiler   enthaaren, epilieren
épimérase f.   Epimerase f.
épimère m.   Epimer n.
épimérie f.   Epimerie f.
épimérisation f.   Epimerisation f.
épimestrol m.   Epimestrol n.
épine f.   Stachel m.
épinéphrine f.   Adrenalin n., Epinephrin n.
épineural   epineural
épinèvre f.   Epineurium n.
épipharyngite f.   Epipharyngitis f.
épiphora f.   Epiphora f.
épiphysaire   epiphysär
épiphyse f.   Epiphyse (endokrinol.) f.,
   Epiphyse (osteol.) f., Zirbeldrüse f.
épiphysiodèse f.   Epiphysiodese f.
épiphysiolyse f.   Epiphysenlösung f.
épiphysite f.   Epiphysitis f.
épiplocèle f.   Epiplozele f.
épiploïque   omental
épiploïte f.   Omentitis f.
épiploon m.   Epiploon n., Netz (med.)
   n.
épiplopexie f.   Epiplopexie f.
épipodophyllotoxine f.   Epipodophyllotoxin n.
épirizole m.   Epirizol n.
épirubicine f.   Epirubicin n.
épiscléreux   episkleral
épisclérite f.   Episkleritis f.
épiscope m.   Episkop n.
épisiotomie f.   Dammschnitt m., Episiotomie f.
épisode schizophrénique m.   schizophrener Schub m.
épispadias m.   Epispadie f.
épistasis m.   Epistase f.
épistatique   epistatisch
épistaxis f.   Nasenbluten n.
épistémiologie f.   Erkenntniskritik f.
épitarse m.   Epitarsus m.
épitaxie f.   Epitaxie f.
épitestostérone f.   Epitestosteron n.
épithalamique   epithalamisch
épithalamus m.   Epithalamus m.
épithélial   epithelial
épithélioma m.   Karzinom n.
épithélioma à petites cellules m.   kleinzelliges Karzinom n.

épithélioma basocellulaire m.   Basalzellenepitheliom n.
épithélioma colloïde m.   Kolloidkarzinom n.
épithélioma cystique m.   zystisches
   Karzinom n.
épithélioma mucipare m.   Gallertkrebs
   m.
épithélioma squameux m.   Deckzellenepitheliom n.
épithéliose f.   Epitheliose f.
épithélisation f.   Epithelisierung f.
épithéliser   epithelisieren
épithélium m.   Epithel n.
épithélium à cellules cylindriques m.
   Zylinderepithel n.
épithélium adamantin m.   Schmelzepithel n.
épithélium cubique m.   kubisches Epithel n.
épithélium de passage m.   Übergangsepithel n.
épithélium germinatif m.   Keimepithel
   n.
épithélium glandulaire m.   Drüsenepithel n.
épithélium pavimenteux m.   Pflasterepithel n., Plattenepithel n.
épithélium stratifié m.   mehrschichtiges Epithel n.
épithélium vibratile m.   Flimmerepithel n.
épithéloïde   epitheloid
épithème m.   Epithem n.
épitizide m.   Epitizid n.
épitope m.   Epitop n.
épitrochléaire   epitrochlear
épitrochlée f.   Epitrochlea f.
épitrochléite f.   Epitrochleitis f.
épituberculose f.   Epituberkulose f.
épitympanal   epitympanal
épitympanite f.   Epitympanitis f.
épitype m.   Epityp m.
épizoonose f.   Epizoonose f.
épizootique   epizootisch
éponge f.   Schwamm m.
éponge en caoutchouc f.   Gummischwamm m.
éponger   abtupfen
éponychium m.   Eponychium n., Nagelhaut f.
éponyme m.   Eponym n.

époophore m.　Parovarium n.
époprosténol m.　Epoprostenol n.
épouillage m.　Entlausung f.
épouse f.　Gattin f.
époux m.　Gatte m.
époxydation f.　Epoxidation f.
époxyde m.　Epoxid n.
époxyrésine f.　Epoxidharz n.
éprazinone f.　Eprazinon n.
épreuve f.　Belastung f., Erprobung f.,
　Probe (Test) f.
épreuve à la bromosulfonaphtaléine f.
　Bromsulfophthaleintest m., Bromsul-
　faleintest m.
épreuve croisée donneurreceveur f.
　Kreuzprobe f.
épreuve d'insufflation nasootique de
　Politzer f.　Politzerverfahren n.
épreuve de Barany f.　Baranyscher
　Versuch m.
épreuve de chauffage des urines f.
　Kochprobe f.
épreuve de concentration f.　Konzen-
　trationsversuch m.
épreuve de dilution f.　Wasserversuch
　m.
épreuve de dilution (Volhard) f.　rena-
　ler Verdünnungsversuch m.
épreuve de galactosutie provoquée f.
　Galaktosebelastungsprobe f.
épreuve de Hammarsten f.　Hammars-
　tensche Probe f.
épreuve de Marsch f.　Marsch-Probe f.
épreuve des deux verres f.　Zweigläser-
　probe f.
épreuve des trois verres f.　Dreigläser-
　probe f.
épreuve doigtnez f.　Finger-Nasen-Ver-
　such m.
épreuve fonctionnelle pulmonaire f.
　Lungenfunktionsprüfung f.
épreuve talongenou f.　Knie-Hacken-
　versuch m.
éprouvé depuis longtemps　altbewährt
éprouver　empfinden
éprouvette f.　Reagenzglas n.
eptazocine f.　Eptazocin n.
épuisé　erschöpft, übermüdet
épuisement m.　Erschöpfung f.
épuisement nerveux m.　Nervenzu-
　sammenbruch m.
épulide f.　Epulis f.

équarrissage m.　Abdeckerei f. (vet.)
équarrisseur m.　Abdecker m. (vet.)
équarrissoir m.　Reibahle f.
équation f.　Gleichung f.
équidés m. pl.　Einhufer m.
équilatéral　gleichseitig
équilibration f.　Aquilibrierung f.
équilibre m.　Gleichgewicht n.
équilibre acidobasique m.　Säure-Ba-
　sen-Gleichgewicht n.
équilibre hydrique m.　Wasseraushalt
　m.
équilibrer m.　äquilibrieren, ausbalan-
　cieren, ausgleichen, ins Gleichge-
　wicht bringen
équilibrométrie f.　Äquilibriometrie f.
équimolaire　äquimolar
équimoléculaire　äquimolekular
équin　equin
équipe de sauvetage f.　Bergungsmann-
　schaft f.
équipe de secours f.　Rettungsmann-
　schaft f.
équipement m.　Ausrüstung f., Aus-
　stattung f., Betriebsmaterial n., Gerät
　n.
équipement de poche m.　Taschenbe-
　steck n.
équipement pour changement de lit
　m.　Umbettvorrichtung f.
équipement pour cure de sommeil f.
　Heilschlafgerät n.
équipement pour soulever le patient
　m.　Patientenhebegerät n.
équipement radiologique m.　Rönt-
　genanlage f., Röntgeneinrichtung f.
équivalence f.　Äquivalenz f.
équivalent　äquivalent
équivalent m.　äquivalent n.
équivalent acide m.　Säureäquivalent
　n.
équivalent d'épilepsie m.　epileptisches
　Äquivalent n.
équivalent phobique m.　Angstäquiva-
　lent n.
équivalent respiratoire m.　Atemäqui-
　valent n.
équivalentgramme m.　Grammäquiva-
　lent n.
éradication f.　Ausrottung f., Eradika-
　tion f.
érafler　ritzen

**éraflure f.** Abschürfung f., Schramme f.
**éraflure de balle f.** Streifschuß m.
**erbium m.** Erbium n.
**érectile** erektil
**érection f.** Erektion f.
**éreinté** kreuzlahm
**érepsine f.** Erepsin n.
**éréthisme m.** Erethismus m.
**ERG (éléctrorétinogramme) m.** ERG (Elektroretinogramm) n.
**erg m.** Erg n.
**ergastoplasme m.** Ergastoplasma n., Kinetoplasma n.
**ergochrysine f.** Ergochrysin n.
**ergoclavine f.** Ergoclavin n.
**ergocornine f.** Ergocornin n.
**ergocristine f.** Ergocristin n.
**ergocryptine f.** Ergokryptin n.
**ergographe m.** Ergograph m.
**ergographie f.** Ergographie f.
**ergographique** ergographisch
**ergomètre m.** Ergometer n., Kraftmesser m.
**ergométrie f.** Ergometrie f.
**ergométrie (bicyclette) f.** Fahrradergometrie f.
**ergométrine f.** Ergobasin n., Ergometrin n.
**ergométrique** ergometrisch
**ergomonamine f.** Ergomonamin n.
**ergonomie f.** Ergonomie f.
**ergosine f.** Ergosin n.
**ergosinine f.** Ergosinin n.
**ergospirométrie f.** Ergospirometrie f.
**ergospirométrique** ergospirometrisch
**ergostérol m.** Ergosterin n.
**ergot m.** Afterklaue f.
**ergot de seigle m.** Mutterkorn n., Secale cornutum n.
**ergotamine f.** Ergotamin n.
**ergotaminine f.** Ergotaminin n.
**ergothérapie f.** Arbeitstherapie f., Ergotherapie f.
**ergothionéine f.** Ergothionein n.
**ergotine f.** Ergotin n.
**ergotinine f.** Ergotinin n.
**ergotisme m.** Ergotismus m.
**ergotoxine f.** Ergotoxin n.
**ergotrope** ergotrop
**ériger** erigieren
**ériodictine f.** Eriodictin n.

**ériodictyol m.** Eriodictyol n.
**érosion f.** Erosion f.
**érotique** erotisch
**érotisme m.** Erotik f.
**érotogène** erogen
**érotomanie f.** Erotomanie f.
**erreur au point zéro f.** Nullpunktabweichung f.
**erreur de mesure f.** Meßfehler m.
**erreur, zone d' f.** Fehlerbereich m.
**érroné** falsch
**éructation f.** Aufstoßen n., Rülpsen n.
**éructer** aufstoßen, rülpsen
**éruptif** eruptiv
**éruption f.** Ausbruch m., Ausschlag m., Durchbruch m., Eruption f.
**éruption cutanée f.** Hautausschlag m.
**éruption dentaire f.** Zahndurchbruch m.
**éruptions sudorales miliaires f. pl.** Schweißbläschen n. pl.
**Erwinia f.** Erwinie f.
**érysipèle m.** Erysipel n., Rose f.
**érysipéloide m.** Erysipeloid n., Schweinerotlauf m. (vet.)
**Erysipelothrix insidiosa f.** Erysipelothrix insidiosa f.
**érythème m.** Erythem n.
**érythème arthritique épidémique m.** Erythema arthriticum epidemicum n.
**érythème induré de Bazin m.** Erythema induratum n.
**érythème infectieux m.** Erythema infectiosum n., Ringelröteln f. pl.
**érythème noueux m.** Erythema nodosum n.
**érythème pernio m.** Frostbeule f., Hautschaden durch Kälte m., Pernio f.
**érythème polymorphe m.** Erythema exsudativum multiforme n.
**érythrémie f.** Erythrämie f.
**érythrémique** erythrämisch
**érythritol m.** Erythrit n.
**érythroblaste m.** Erythroblast m.
**érythroblastique** erythroblastisch
**érythroblastome m.** Erythroblastom n.
**érythroblastose f.** Erythroblastose f.
**érythroconte m.** Erythrokont m.
**érythrocyanose f.** Erythrozyanose f.
**érythrocytaire** erythrozytär

E

érythrocyte m.  Erythrozyt m.
érythrocytose f.  Erythrozytose f.
érythrodermie f.  Erythrodermie f.
érythrodontie f.  Erythrodontie f.
érythrogenèse f.  Erythrogenese f.
érythrogénétique  erythrogenetisch
érythrohépatique  erythrohepatisch
érythrokératodermie f.  Erythrokeratodermie f.
érythrokinétique  erythrokinetisch
érythroleucémie f.  Erythroleukämie f.
érythroltétranitrate m.  Erythroltetranitrat m.
érythromélalgie f.  Erythromelalgie f.
érythromélie f.  Erythromelie f.
érythromycine f.  Erythromycin n.
érythrophagocytose f.  Erythrophagozytose f.
érythrophobie f.  Erythrophobie f.
érythroplasie f.  Erythroplasie f.
érythropoïèse f.  Erythropoese f.
érythropoïétique  erythropoetisch
érythroprosopalgie f.  Erythroprosopalgie f.
érythropsie f.  Erythropsie f., Rotsehen n.
érythrose f.  Erythrose (chem.) f., Erythrose (dermatol.) f.
érythrotrichie f.  Erythrotrichie f.
érythrulose f.  Erythrulose f.
érythrurie f.  Erythrurie f.
escarre f.  Dekubitalgeschwür n., Schorf m., Wundliegen n.
escarre de brûlure f.  Brandschorf m.
escarre de décubitus f.  Dekubitus m.
escarrifié  schorfig
escarrifier  verschorfen
Escherichia  Escherichia, Escherichie f.
Escherichia coli m.  Bacillus coli communis m., Colibazillus m., Escherichia coli f.
esculétine f.  Äsculetin n., Esculetin n.
esculine f.  Äsculin n.
esmolol m.  Esmolol n.
ésophorie f.  Esophorie f.
ésotérique  esoterisch
espace de Disse m.  Dissescher Raum m.
espace de Holzknecht m.  Holzknechtscher Raum m.
espace interalvéolaire m.  Interalveolarraum m. (dent.)

espace intercostal m.  ICR (Intercostalraum) m., Interkostalraum m., Zwischenrippenraum m.
espace interdentaire m.  Interdentium n.
espace lymphatique m.  Lymphspalte f.
espace mort m.  Totraum m.
espace rétrocardiaque m.  HHR (Hinterherzraum) m., Retrocardialraum m.
espace scalénique m.  Skalenuslücke f.
espace sousarachnoïdien m.  Subarachnoidalraum m.
espace sousdural m.  Subduralraum m.
espèce f.  Art f., Gattung f.
espoir de vie m.  Lebenserwartung f.
espoirs m. pl.  Zukunftserwartung f.
esprit m.  Geist m.
esquille f.  Knochenspan m.
essai m.  Erprobung f., Probe f., Versuch m.
essai à l'improviste m.  Stichprobe f.
essai de charge m.  Belastungsprobe f.
essai en double insu m.  Doppelblindversuch m.
essai en simple-double aveugle m.  einfacher-doppelter Blindversuch m.
essai médicamenteux in vivo chez l'animal m.  Arzneimittelprüfung am lebenden Tier f.
essai préliminaire m.  Vorversuch m.
essai récepteur m.  Rezeptorassay m.
essai sur le terrain m.  Feldversuch m.
essai thérapeutique médicamenteux m.  Arzneimittelprüfung f.
essayage m.  Anprobe f. (dent.)
essence f.  Essenz f., Kraftstoff m.
essence d'eucalyptus f.  Eukalyptusöl n.
essence de cannelle f.  Zimtöl n.
essence de girofle f.  Nelkenöl n.
essence de santal f.  Sandelöl n.
essence de térébenthine f.  Terpentinöl n.
essence de wintergreen f.  Wintergrünöl n.
essentiel  essentiell
essoufflé  atemlos, kurzatmig
essoufflement m.  Atemlosigkeit f., Kurzatmigkeit f.

essuyer   abwischen, wischen
estéolate m.   Esteolat n.
ester m.   Ester m.
ester de l'acide sulfurique m.   Schwefelsäureester m.
ester éthylique m.   Ethylester m.
ester méthylique m.   Methylester m.
estérase f.   Esterase f.
estérification f.   Veresterung f.
estérifier   verestern
estérolyse f.   Esterolyse f.
estérolytique   esterolytisch
esthésiomètre m.   Tastzirkel m.
esthésioneuroblastome m.   Ästhesioneuroblastom n.
esthétique   ästhetisch
estimation f.   Schätzung f.
estomac m.   Magen m.
estomac biloculaire m.   Sanduhrmagen m.
estomac en cascade m.   Kaskadenmagen m.
estomac en corne m.   Stierhornmagen
m.
estomac en hameçon m.   Angelhakenmagen m.
estradiol m.   Estradiol n.
estramustine f.   Estramustin n.
estrogène m.   Estrogen n.
estrogénique   estrogen
estropié m.   Krüppel m.
établi   feststehend
établissement de cure m.   Kuranstalt f.
étacrynate m.   Etacrynat n.
étafédrine f.   Etafedrin n.
étage inférieur de la cavité tympanique
m.   Paukenboden m.
étage supérieur de la cavité tympanique
m.   Epitympanum n.
étain m.   Zinn n.
étain à souder m.   Lötzinn n.
étaler   schmieren
étalon (cheval) m.   Zuchthengst m.
étalon m.   Eichmaß n., Normalmaß n.
étalonnage m.   Eichung f.
étalonner   eichen
étamirane f.   Etamiran n.
étanchéfication f.   Abdichtung f.
étancher   abdichten
étancher le sang   Blut stillen
état m.   Status m., Verfassung f., Zustand m.

état crépusculaire m.   Dämmerzustand
m.
état d'acidose, en   azidotisch
état d'alerte m.   Alarmbereitschaft f.
état d'angoisse m.   Angstzustand m.
état d'équilibre „steady state" m.
Fließgleichgewicht n.
état d'esprit m.   Stimmungslage f.
état d'exception m.   Ausnahmezustand m.
état d'hypercalcitonie m.   Hypercalcitonismus m.
état de corrélation m.   Korrelat n.
état de demisommeil m.   Verschlafenheit f.
état de dénutrition m.   Hungerzustand
m.
état de malaise m.   Kater m. (schlechtes Befinden)
état de postinfarctus m.   Zustand nach
Infarkt m.
état de rêve m.   Traumzustand m.
état de santé m.   Befinden n., Gesundheitszustand m.
état de sommeil m.   Eingeschlafensein
n.
état de tension m.   Spannungszustand
m.
état général m.   Allgemeinbefinden n.,
Allgemeinzustand m.
état maladif m.   Krankheit f. (Gebrechen, Siechtum)
état nutritionnel m.   Ernährungszustand m.
état pathologique m.   Sucht (Krankheit) f.
état postapoplectique m.   Zustand
nach Apoplexie m.
état postembolique m.   Zustand nach
Embolie m.
état postischémique m.   Zustand nach
Ischämie m.
état postopératif m.   Zustand nach
Operation m.
état trouble m.   Trübung f.
état vermineux m.   Verwurmung f.
étazolate m.   Ethazolat n.
éteindre   auslöschen
étendeur m.   Ausbreiter m.
étendre   ausbreiten, dehnen
étendu   ausgedehnt
étendue f.   Ausbreitung f., Umfang m.

E

éternuement m.   Niesen n.
éternuer   niesen
éthambutol m.   Äthambutol n., Ethambutol n.
éthamoxytriphétol m.   Ethamoxytriphetol n.
éthane m.   Äthan n., Ethan n.
éthanol m.   Äthanol m., Äthylalkohol m., Ethanol n.
éthanolamine f.   Äthanolamin n., Ethanolamin n., Olamin n.
éthanolaminose f.   Ethanolaminose f.
éthanolate m.   Äthanolat n., Ethanolat n.
étharine f.   Etharin n.
éther m.   Äther m., Ether m.
éther pour narcose m.   Narkoseether m.
éthinamate m.   Ethinamat n.
éthinyle m.   Äthinyl n., Ethinyl n.
éthinyloestradiol m.   Ethinylestradiol n.
éthionamide m.   Äthionamid n., Ethionamid n.
éthionate m.   Ethionat n.
éthique   ethisch, sittlich
éthique f.   Ethik f.
éthistérone f.   Ethisteron n.
ethmoïdal   ethmoidal
ethmoïdectomie f.   Ethmoidektomie f., Siebbeinhöhlenausräumung f.
ethnique   ethnisch
ethnographie f.   Ethnographie f.
ethnographique   ethnographisch
ethnologie f.   Ethnologie f.
ethnologique   ethnologisch
éthoheptazine f.   Ethoheptazin n.
éthologie f.   Ethologie f.
éthosuximide m.   Ethosuximid n.
éthylamide m.   Äthylamid n., Ethylamid n.
éthylation f.   Äthylierung f., Ethylierung f.
éthyle m.   Äthyl n., Ethyl n.
éthylène m.   Athylen n., Ethylen n.
éthylènediamine f.   Ethylendiamin n.
éthylester m.   Ethylester m.
éthylisme m.   Äthylismus m., Ethylismus m.
éthylsuccinate m.   Ethylsukzinat n.
étiandiolone f.   Ätiandiolon n.
étidocaïne f.   Etidocain n.

étidronate m.   Etidronat n.
étioanolone f.   Ätioanolon n.
étiologie f.   Ätiologie f.
étiologique   ätiologisch, kausal
étioporphyrine f.   Ätioporphyrin n.
étiqueter   etikettieren
étodimate m.   Etodimat n.
étofibrate m.   Etofibrat n.
étoile f.   Stern m.
étoposide m.   Etoposid n.
étoprine m.   Etoprin n.
étorphine f.   Etorphin n.
étouffer   ersticken
étoxadrol m.   Etoxadrol n.
étozoline f.   Etozolin n.
étranglé   eingeklemmt (Bruch)
étranglement m.   Einklemmung f., Einschnürung f., Strangulation f.
étrangler   drosseln (verengen), einklemmen, erdrosseln, erwürgen, strangulieren
étrangler (s')   würgen
être m.   Sein n.
être affligé   trauern
être asexué m.   geschlechtsloses Lebewesen n.
être atteint   befallen sein
être de reste   abfallen, übrig bleiben
être dégoûté   sich ekeln
être excité   aufgeregt sein
être indisposé   unpäßlich sein
étrétinate m.   Etretinat n.
étrier m.   Stapes m., Steigbügel m.
étroit   eng
étude de cas f.   Fallstudie f.
étude en suivi f.   Verlaufsstudie f.
étude multicentrique f.   multizentrische wissenschaftliche Arbeit f.
étude pilote f.   PilotStudie f.
étudiant m.   Student m.
étudiant (e) en médecine m., f   Medizinstudent (in) m., f.
étudiante f.   Studentin f.
étui à dissection m.   Präparierbesteck n.
étuver   dünsten, schmoren
eubiotique f.   Eubiotik f.
eucaïne f.   Eukain n.
eucapnie f.   Eukapnie f.
euchinine f.   Euchinin n.
euchromatine f.   Euchromatin n.
euchromatopsie f.   Euchromatopsie f

euchylie f.   Euchylie f.
euchymie f.   Euchymie f.
eudermique   hautfreundlich
eugénique   eugenisch
eugénisme m.   Eugenik f.
eugénol m.   Eugenol n.
eugénolate m.   Eugenolat n.
euglobuline f.   Euglobulin n.
eugnathe   eugnath
eumétabolique   eumetabolisch, stoff-
    wechselgesund
eumydrine f.   Eumydrin n.
eunuchoïde   eunuchoid
eunuchoïdisme m.   Eunuchoidismus
    m.
eunuque m.   Eunuch m., Kastrat m.
eupareunie f.   Eupareunie f.
eupatorine f.   Eupatorin n.
eupeptique   eupeptisch
euphorie f.   Euphorie f.
euphorique   euphorisch
euphorisant   euphorisierend
euploïde   euploid
euploïdie f.   Euploidie f.
eupocrine f.   Eupocrin n.
europium m.   Europium n.
euryopie f.   Euryopie f.
eurytherme   eurytherm
eurythmie f.   Eurhythmie f.
eurythmique   eurhythmisch
eusomie f.   Eusomie f.
eutectique   eutektisch
euthanasie f.   Euthanasie f.
euthyroïdien   euthyreot
eutrophie f.   Eutrophie f.
eutrophique   eutrophisch
évacuation f.   Entleerung f., Evakua-
    tion f.
évacuation de l'air f.   Entlüftung f.
évacuer   entleeren
évacuer les fèces   defäkieren
évagination f.   Umstülpung f.
évaluation f.   Auswertung f., Bewer-
    tung f.
évaluation immédiate f.   Schnellbe-
    stimmung f.
évaluer   auswerten
évanoui   ohnmächtig
évanouir, s'   ohnmächtig werden
évanouissement m.   Ohnmacht f.
évaporation f.   Verdampfung f., Ver-
    dunstung f.

évaporer   verdampfen
éveillé, à demi   halbwach
éveiller   aufwecken, wecken
éveiller, s'   aufwachen, erwachen
événement m.   Erlebnis n., Vorfall (Er-
    eignis) m.
événement traumatisant m.   Traumati-
    sierung f.
éventration f.   Eventration f.
éverser, s'   ektropionieren
éversion f.   Eversion f.
évider   aushöhlen
évidoir m.   Hohlbohrer m.
éviscération f.   Eviszeration f.
évitable   verhütbar
éviter   vermeiden
évolutif   evolutiv
évolution f.   Entwicklung f., Evolution
    f., Verlauf m.
évolution clinique f.   klinischer Verlauf
    m., Krankheitsverlauf m.
évolution spontanée f.   Selbstentwick-
    lung f., Spontanverlauf m.
évolution, selon l' -   entwicklungs-
    mäßig
évoquer   evozieren
exacerbation f.   Aufflackern n., Exa-
    zerbation f.
exacerber   aufflackern
exact   exakt, genau
exactitude f.   Genauigkeit f.
exactitude d'adaptation f.   Paßgenau-
    igkeit f.
exagérer   übertreiben
exaltation f.   Exaltiertheit f., Über-
    spanntheit f.
exalté   exaltiert
examen m.   Examinierung f., Prüfung
    f., Untersuchung f.
examen cardiaque m.   Herzuntersu-
    chung f.
examen de contrôle m.   Kontrollunter-
    suchung f., Nachuntersuchung f.
examen d'Etat m.   Staatsexamen n.
examen de l'équilibre m.   Gleichge-
    wichtsprüfung f.
examen de l'ouïe m.   Hörprüfung f.
examen de la fonction hépatique m.
    Leberfunktionsprüfung f.
examen de la vue m.   Sehprüfung f.
examen du cadavre m.   Leichenschau
    f.

examen du sang m. Blutuntersuchung f.

examen en série m. Reihenuntersuchung f.

examen par questions à choix multiples (QCM) m. Auswahlfragen, Examen n.

examen pour prescription des verres m. Brillenbestimmung f.

examen prénatal m. Schwangerenvorsorgeuntersuchung f.

examen radiologique m. Röntgenuntersuchung f.

examen radiologique systématique m. Röntgenreihenuntersuchung f.

examinateur m. Prüfer m.

examinatrice f. Prüferin f.

examiner examinieren, prüfen, untersuchen

examiner au microscope mikroskopisch untersuchen

examiner la bouche, lampe pour f. Mundlampe f.

exanthémateux exanthematisch

exanthème m. Ausschlag m., Exanthem n., Hautausschlag m.

exanthème subit m. Exanthema subitum n.

exanthème vésiculaire m. Bläschenausschlag m., Exanthema vesiculosum n.

exarticulation f. Exartikulation f.

excavateur m. Exkavator m.

excavation f. Exkavation f.

excavation à sec f. Trockenbohren n.

excaver aushöhlen, exkavieren

excédent m. Überschuß m.

excédent antigénique m. Antigenüberschuß m.

excentrique ekzentrisch, exzentrisch

excès m. Exzeß m., Übermaß n.

excès d'apport m. Redundanz f.

excès de poids m. Übergewicht n.

excessif exzessiv, übermäßig

excipient m. Exzipiens n.

excipient pour pâtes m. Salbengrundlage f.

exciser exzidieren

excision f. Ausschneidung f., Exzision f.

excision cunéiforme f. Keilexzision f.

excision d'une plaie f. Wundauschneidung f.

excision exploratrice f. Probeexzision f.

excitabilité f. Erregbarkeit f., Reizbarkeit f.

excitable erregbar

excitant erregend

excitant m. Erregungsmittel n., Weckmittel n.

excitation f. Aufregung f., Erregung f.

exciter erregen

exclure ausschalten

exclusion f. Ausschaltung f., Ausschluß m.

excochléation f. Exkochleation f.

excoriation f. Exkoriation f., Schürfwunde f.

excorier wundreiben

excrément m. Kot m.

excreta m. pl. Exkret n.

excréter ausscheiden

excrétion f. Absonderung f., Ausscheidung f., Exkretion f., Freisetzung f.

excrétion urinaire f. Harnausscheidung f.

excrétoire exkretorisch

excroissance f. Auswuchs m.

excursion f. Exkursion f.

excyclophorie f. Exzyklophorie f.

exénératiori f. Exenteration f.

exercice m. Übung f.

exercice physique m. Leibesübung f.

exercice respiratoire m. Atemübung f.

exérèse f. Exhairese f.

exérèse du phrénique f. Phrenikusexairese f.

exérèse du rein et de la capsule rénale f. Nephrokapsektomie f.

exérèse en quadrant f. Quadrantektomie f.

exergue exergonisch

exfoliation f. Abschilferung f., Abschuppung f., Exfoliation f.

exfolier abblättern, abschilfern

exhalaison f. Ausdünstung f.

exhalation f. Exhalation f.

exhaler ausdünsten

exhumation f. Exhumierung f.

exhumer exhumieren

exigeant de l'espace raumfordernd

exigence f. Bedürfnis n.
existence f. Dasein n., Existenz f.
existentiel existentiell
exister existieren
exoantigène m. Exoantigen n.
exocrine exokrin
exocytose f. Exozytose f.
exodontie f. Exodontie f.
exogène exogen
exognathie f. Exognathie f.
exon m. Exon n.
exongulation f. Ausschuhen n.
exonucléase f. Exonuklease f.
exonucléolytique exonukleolytisch
exophorie f. Exophorie f.
exophtalmie f. Exophthalmus m.,
Glotzauge n.
exophtalmique exophthalmisch
exophytique exophytisch
exosmose f. Exosmose f.
exosmotique exosmotisch
exostose f. Exostose f., Überbein n.
expansif expansiv
expansion f. Expansion f.
expectorant m. Expektorans n.
expectoration f. Auswurf m., Expektoration f.
expectorer ausspucken, auswerfen,
expektorieren
expérience f. Erfahrung f., Erlebnis n.,
Experiment n.
expérience sur l'animal f. Tierexperiment n., Tierversuch m.
expérimental experimentell
expérimentateur m. Experimentator
m.
expérimenté erfahren (adject.), vertraut (mit)
expérimenter experimentieren
expert erfahren (adject.), sachverständig
expert m. Gutachter m., Sachverstän-
diger m.
experte f. Gutachterin f.
expertise f. Gutachtertätigkeit f.
expertise médicale f. ärztliches Gutachten n.
expertise médicale, demander une
ärztliches Gutachten einholen
expertise médicale, faire une ärztliches Gutachten abgeben
expertise, d' gutachtlich

expiration f. Ausatmung f., Exspiration f., Exspirium n.
expiration, en fin d' endexpiratorisch
expiratoire exspiratorisch
expirer ausatmen, exspirieren
explant m. Explantat n.
explantation f. Explantation f.
explanter explantieren
exploitation f. Ausnutzung f., Verwertung f.
exploiter ausnutzen
exploration f. Erforschung f., Exploration f.
exploration cardiaque fonctionnelle f.
Herzfunktionsprüfung f.
exploratoire exploratorisch
explorer forschen
exploser explodieren
explosibilité f. Explosivität f.
explosif explosiv
explosion f. Explosion f.
exposant m. Exponent m.
exposé freiliegend
exposer aux rayons solaires der Sonnenbestrahlung aussetzen
exposition aux rayons f. Strahlenexposition f.
exposition radiologique f. Belichtung
f.
exposition, mauvaise f. Fehlbelichtung f.
expression f. Ausdruck m., Ausdrücken n., Expression f.
expression corporelle f. Körpersprache f.
expression du visage f. Gesichtsausdruck m.
exprimer ausdrücken, auspressen, exprimieren
expulser ausstoßen, austreiben, heraustreiben
expulsion f. Ausstoßung f., Austreibung f.
exsangue ausgeblutet, blutleer
exsanguination f. Entblutung f.
exsanguiner ausbluten, blutleer machen, entbluten
exsanguinotransfusion f. Austauschtransfusion f., Blutaustausch m.
exsiccation f. Exsikkation f.
exsiccose f. Exsikkose f.

E

exsudat m.   Absonderung f., Exsudat n.

exsudation f.   Ausschwitzung f., Exsudation f.

exsudation dans la tunique interne f.   Insudation f.

extase f.   Ekstase f.

extenseur m.   Expander m., Extensor m., Strecker m.

extensibilité f.   Dehnbarkeit f.

extensible   erweiterungsfähig

extension f.   Dehnung f., Extension f., Streckung f.

extension par broche m.   Drahtextension f.

exténuation f.   Erschöpfung f.

externe   extern

extérocepteur   exterozeptiv

extinction f.   Erlöschen n., Extinktion f.

extirpation f.   Exstirpation f.

extirper   ausrotten, exstirpieren

extorsion f.   Extorsion f.

extraalvéolaire   extraalveolär

extraamniotique   extraamniotisch

extraarticulaire   extraartikulär

extrabulbaire   extrabulbär

extracanalaire   extraduktal

extracanaliculaire   extrakanalikulär

extracapillaire   extrakapillär

extracapsulaire   extrakapsulär

extracardiaque   extrakardial

extracavitaire   extrakavitär

extracellulaire   extrazellulär

extrachromosomique   extrachromosomal

extraciliaire   extraziliär

extracoronal   extrakoronal

extracorporel   extrakorporal

extracranien   extrakranial

extracteur m.   Extraktor m., Zieher m.

extracteur annulaire m.   Ringstripper m.

extracteur de pivot m.   Stiftzieher m.

extractible   extrahierbar

extraction f.   Extraktion f.

extraction d'une dent f.   Zahnziehen n.

extraction par ventouse obstétricale f.   Vakuumextraktion f.

extradural   extradural

extrafascial   extrafaszial

extrafocal   extrafokal

extrafovéal   extrafoveal

extragastrique   extragastral

extragénital   extragenital

extrahépatique   extrahepatisch

extrahypophysaire   extrahypophysär

extraintestinal   extraintestinal

extraire   extrahieren

extrait m.   Extrakt m.

extrait de foie m.   Leberextrakt m.

extrait de Gingko biloba m.   Gingko bilobaExtrakt m.

extrait de jaborandi m.   Jaborin n.

extrait de jalap m.   Jalapin n.

extrait de nerprun m.   Cascara SagradaExtrakt m.

extrait fluide d'ergot m.   Extractum secalis cornuti fluidum n.

extrait hypophysaire du lobe antérieur m.   Hypophysenvorderlappenextrakt m.

extrait liquidien m.   Fluidextrakt m.

extrait parathyroïdien m.   Nebenschilddrüsenextrakt m.

extrait total du lobe postérieur de l'hypophyse m.   Hypophysin n.

extralobaire   extralobär

extralymphatique   extralymphatisch

extramaxillaire   extramaxillär

extramédullaire   extramedullär

extramitochondrique   extramitochondrial

extramural   extramural

extranodal   extranodal

extranodulaire   extranodulär

extranucléaire   extranukleär

extraoral   extraoral

extraorbitaire   extraorbital

extraosseux   extraossär

extraovarien   extraovariell

extrapancréatique   extrapankreatisch

extrapapillaire   extrapapillär

extrapelvien   extrapelvin

extrapéritonéal   extraperitoneal

extrapleural   extrapleural

extrapolation f.   Extrapolierung f.

extrapoler   extrapolieren

extrapulmonaire   extrapulmonal

extrapyramidal   extrapyramidal

extrarénal   extrarenal

extrasensoriel   außersinnlich

extraséreux   extraserös

extrasphinctérien  extrasphinkterisch
extrastimulation f.  Extrareiz m.
extrasynovial  extrasynovial
extrasystole f.  Extrasystole f.
extrasystole auriculaire f.  Vorhofextrasystole f.
extrasystole supraventriculaire f.  supraventrikuläre Extrasystole f.
extrasystole ventriculaire f.  ventrikuläre Extrasystole f.
extratrachéal  extratracheal
extrautérin  extrauterin
extravaginal  extravaginal

extravasation f.  Blutaustritt m., Extravasat n.
extravasculaire  extravaskulär
extraventriculaire  extraventrikulär
extraversion, faire une  extravertieren
extravertébral  extravertebral
extravésical  extravesikal
extréme  extrem
extrémité f.  Extremität f.
extrophie f.  Extrophie f.
extroversion f.  Extroversion f.
extrusion f.  Extrusion f.

**E**

# F

fab m.  Fab n.
fabella f.  Fabella f.
fabriquer  erzeugen
face f.  Gesicht n.
face de grenouille f.  Froschgesicht n.
faces de la couronne f. pl.  Kronendeckel m.
facetté  fazettiert
facette f.  Fazette f.
facies myopathique m.  Maskengesicht
n.
facilement fusible  leicht schmelzbar
facilitation f.  Förderung f.
faciobrachial  faziobrachial
faciocervical  faziozervikal
faciolingual  faziolingual
facioplastie f.  Gesichtsplastik f.
facioscapulohuméral  fazioskapulohumeral
facioversion f.  Fazioversion f.
façon de voir f.  Betrachtungsweise f.
facteur m.  Faktor m.
facteur antinucléaire m. (FAN)  antinukleärer Faktor m. (ANF)
facteur citrovorum m.  Citrovorum-
Faktor m.
facteur clarifiant m.  LipocaicFaktor
m.
facteur d'activation des ostéoclastes
m.  osteoklastenaktivierender Faktor (OAF) m.
facteur d'activation des plaquettes
(PAF) m.  thrombozytenaktivierender Faktor m.
facteur de croissance des cellules nerveuses (NGF) m.  Nervenwachstumsfaktor m.
facteur de nécrose tumorale (TNF) m.
TNF m., Tumornekrosefaktor m.
facteur de risque m.  Risikofaktor m.
facteur déclanchant m.  Auslöser m.
facteur extrinsèque m.  extrinsic factor
m.
facteur Hageman m.  HagemanFaktor
m.
facteur inhibiteur de la MSH m.  MIF
(MSH inhibierender Faktor) m.

facteur inhibiteur de la somatotropine
m.  GIF (Hemmfaktor für Somatotropin) m.
facteur intrinsèque m.  Intrinsic-
Faktor m.
facteur intrinsèque de Castle m.
Castle-Faktor m.
facteur oncogène m.  Onkogen n.
facteur pathogène m.  krankheitsverursachender Faktor m., pathogener
Faktor m.
facteur Rh m.  RhFaktor m.
facteur Rhésus m.  Rhesusfaktor m.
facteur rhumatoïde m.  Rheumafaktor
(RF) m.
facteur stimulant une colonie m.  koloniestimulierender Faktor m.
facteur Stuart m.  StuartProwerFaktor
m.
facultatif  fakultativ
faculté f.  Fähigkeit f., Fakultät f.
FAD (flavine adéninedinucléotide) f.
FAD (FlavinAdeninDinukleotid) n.
fagopyrisme m.  Fagopyrismus m.
faible  matt, schwach
faible d'esprit  geistesschwach,
schwachsinnig
faible voltage m.  Niederspannung f.
faiblesse f.  Schwäche f.
faiblesse physique f.  Körperschwäche
f.
faiblir  schwach werden
faim f.  Hunger m.
faim dévorante f.  Heißhunger m.
faire défaut  mangeln
faire des éclats  absplittern
faire des efforts de vomissement  würgen, Brechreiz haben
faire des fumigations  räuchern
faire geler  gefrieren lassen
faire l'épreuve de Politzer  politzern
faire l'expérience  erfahren
faire le charlatan  quacksalbern
faire mal  schmerzen
faire opérer, se  sich operieren lassen
faire rage  rasen
faire ressort  schnappen (Gelenk)

faite un alliage par fusion   aufbrennen (dent.)
faire un arrêt de travail   krankschreiben
faire un avortement   abtreiben (gyn.)
faire un examen complet (du malade)   einen Patienten gründlich untersuchen
faire un examen de contrôle   nachuntersuchen
faire un frottis   einen Abstrich machen
faire un marquage radioactif   radioaktiv markieren
faire un pronostic   prognostizieren
faire un renvoi   aufstoßen (rülpsen)
faire une décoction   abkochen
faire une expansion   expandieren
faire une expertise   begutachten
faire une obstruction muqueuse   verschleimen
faire une radiographie   eine Röntgenaufnahme anfertigen
faire une suture   nähen
faisceau m.   Bündel n.
faisceau de Burdach m.   Burdachscher Strang m.
faisceau de Flechsig m.   Flechsigsches Bündel n.
faisceau de Gowers m.   Gowers Bündel, Gowerssches Bündel n.
faisceau de His m.   HisBündel n., Hissches Bündel n.
faisceau de Kent m.   Kentsches Bündel n.
faisceau de Meynert m.   Meynertsches Bündel n.
faisceau pyramidal m.   Pyramidenbahn f.
faisceau rubrospinal de von Monakow m.   Monakowsches Bündel n.
fait d'entendre des voix m.   Stimmenhören n.
fait d'être gaucher m.   Linkshändigkeit f.
falciforme   sichelförmig
familier   familiär
famotidine f.   Famotidin n.
fanatique   fanatisch
fango m.   Fango m.
fanon m.   Hufhaar n.
farad m.   Farad n.
faradique   faradisch

faradisation f.   Faradisation f.
faradiser   faradisieren
farine f.   Mehl n.
farine d'avoine f.   Hafermehl n.
farine de moutarde f.   Senfmehl n.
farineux   mehlig
farnésyldiphosphate m.   Farnesyldiphosphat n.
fascia m.   Faszie f.
fasciculé   faszikulär
fasciectomie f.   Fasziektomie f.
fasciite f.   Fasziitis f.
fasciodèse f.   Fasziodese f.
Fasciola hepatica f.   Distonum hepaticum n., Fasciola hepatica f.
Fasciola, atteinte par f.   Faszioliasis f.
Fasciolopsis, affection à f.   Fasciolopsiasis f.
fasciotomie f.   Fasziotomie f.
fatigabilité f.   Ermüdbarkeit f.
fatigué   abgeschlagen, müde
fatigue f.   Ermattung f., Ermüdung f., Müdigkeit f.
fatiguer   ermüden
faune f.   Fauna f.
fausse angine f.   Pseudoangina f.
fausse conclusion f.   Trugschluß m.
fausse côte f.   falsche Rippe f.
fausse couche f.   Abort m., Fehlgeburt f.
fausse membrane f.   Pseudomembran f.
faussement négatif   falschnegativ
faussement positif   falschpositiv
faute f.   Fehler m.
faute de régime f.   Diätfehler m.
faute professionnelle f.   Kunstfehler m.
fauteuil d'opération m.   Operationsstuhl m.
fauteuil dentaire m.   zahnärztlicher Stuhl m.
fauteuil gynécologique m.   gynäkologischer Untersuchungsstuhl m.
fauteuil hydraulique m.   Ölpumpstuhl m. (dent.)
fauteuil percé m.   Toilettenstuhl m.
fauteuil roulant m.   Rollstuhl m., Sitzwagen m.
faux   falsch
faux f.   Sichel f.
faux contact m.   Wackelkontakt m.
faux croup m.   Pseudokrupp m.

faux ictère m. Pseudoikterus m.
favisme m. Favismus m.
favorable günstig
favorisant l'immunotolérance tolerogen
favorisant la guérison heilungsfördernd
favorisant la pigmentation pigmentationsfördernd
favorisant la sécrétion sekretionsfördernd
favorisation f. Förderung f.
favus m. Erbgrind m., Favus m.
fazadinium m. Fazadinium n.
fébantel m. Febantel n.
fébarbamate m. Febarbamat n.
fébrile fieberhaft, fiebrig
fécal fäkal, kotig
fèces f. pl. Kot m.
fécondation f. Befruchtung f.
fécondation in vitro f. extrakorporale Befruchtung f.
féconder befruchten
fécondité f. Fruchtbarkeit f.
féculent fäkulent
fédrilate m. Fedrilat n.
felbinac m. Felbinac n.
félodipine f. Felodipin n.
félypressine f. Felypressin n.
féminin weiblich
féminisation f. Feminisierung f.
féminiser feminisieren, verweiblichen
féminité f. Weiblichkeit f.
femme f. Gattin f., Frau f.
femme accouchée f. Puerpera f.
femme en couches f. Wöchnerin f.
fémoral femoral
fémorofémoral femorofemoral
fémorofessier glutäofemoral
fémoropoplité femoropopliteal
fémoropubien pubofemoral
fendiline f. Fendilin n.
fendre aufspalten, schlitzen, spalten
fendre, se absplittern
fénestration f. Fensterung f.
fénestration, pratiquer une fenstern
fenêtre cutanée f. Hautfenster n.
fenêtre d'observation f. Beobachtungsfenster n.
fénétylline f. Fenetyllin n.
fenfluramine f. Fenfluramin n.
fénofibrate m. Fenofibrat n.

fenouil m. Fenchel m.
fénovérine f. Fenoverin n.
fénoxypropazine f. Fenoxypropazin n.
fénozolone f. Fenozolon n.
fenpipramide m. Fenpipramid n.
fenquizone f. Fenquizon n.
fente f. Furche f., Schlitz m., Spalt m., Spalte f.
fente branchiale f. Kiemengang m.
fente du sabot f. Hufspalte f.
fente palpébrale f. Lidspalte f.
fer m. Eisen n.
fer à cheval m. Hufeisen n.
fer radioactif m. Radioeisen n.
fer réduit m. Ferrum reductum n.
fer rouge m. Glüheisen n.
férédétate m. Feredetat n. (vet.)
ferme fest, geschlossen
ferment m. Ferment n.
ferment de défense m. Abwehrferment n.
fermentaire fermentativ
fermentation f. Gärung f.
fermenter fermentieren
fermer abdichten
fermeture f. Abdichtung f., Verschluß m.
fermeture à ressort f. Federschloß n.
fermeture à verrou f. Durchsteckverschluß m.
fermeture à vis f. Schraubverschluß m.
fermeture baïonnette f. Bajonettverschluß m.
fermeture d'un espace f. Lückenschluß m. (dent.)
fermetute de bouteille f. Flaschenverschluß m.
fermeture magnétique f. Magnetschließvorrichtung f.
fermium m. Fermium n.
fermoir m. Verschluß (Schloß) m.
ferreux eisenhaltig (zweiwertig)
ferricyanure m. Ferrizyanid n.
ferricytochrome m. Ferricytochrom n., Ferrizytochrom n.
ferrioxamine f. Ferrioxamin n.
ferrique eisenhaltig (dreiwertig)
ferrite f. Ferrit n.
ferritine f. Ferritin n.
ferrochélate m. Ferrochelat n.

ferrocholinate m.   Ferrocholinat n.
ferrocinétique   ferrokinetisch
ferrocinétique f.   Ferrokinetik f.
ferroglycine f.   Ferroglyzin n.
ferrolactate m.   Ferrolaktat n.
ferrothérapie f.   Eisentherapie f.
ferrugineux   eisenhaltig
fertile   fruchtbar
fertiliser   fruchtbar machen
fertilité f.   Fruchtbarkeit f.
férulate m.   Ferulat n.
fesse f.   Gesäßbacke f.
fesses f. pl.   Gesäß n.
fessier   glutäal
fétichisme m.   Fetischismus m.
fétide   fötid
feuille f.   Folie f.
feuille d'argent f.   Silberfolie f.
feuille de maladie f.   Krankenschein m.
feuillet blastodermique m.   Keimblatt
    n.
fève de Calabar f.   Calabarbohne f.,
    Kalabarbohne f.
fibranne f.   Zellwolle f.
fibre f.   Faser f.
fibre ascendante f.   Kletterfaser f.
fibre collagène f.   Kollagenfaser f.
fibre grillagée f.   Gitterfaser f.
fibre musculaire f.   Muskelfaser f.
fibre nerveuse f.   Nervenfaser f.
fibre optique f.   Glasfaser f.
fibreux   fibrös
fibrillaire   fibrillär
fibrillation f.   Flimmern n.
fibrillation auriculaire f.   Vorhofflim-
    mern n.
fibrillation musculaire f.   Muskelflim-
    mern n.
fibrillation ventriculaire f.   Kammer-
    flimmern n.
fibrille f.   Fibrille f.
fibriller   fibrillieren
fibriller (card.)   flimmern
fibrilloflutter m.   Flimmerflattern n.
fibrillose f.   Fibrillose f.
fibrine f.   Fibrin n.
fibrineux   fibrinös
fibrinogène   fibrinogen
fibrinogène m.   Fibrinogen n.
fibrinogénopénie f.   Fibrinogenopenie
    f.
fibrinoïde   fibrinoid

fibrinokinase f.   Fibrinokinase f.
fibrinolyse f.   Fibrinolyse f.
fibrinolysine f.   Fibrinolysin n.
fibrinolysokinase f.   Fibrinolysokinase
    f.
fibrinolytique   fibrinolytisch
fibrinopénie f.   Fibrinopenie f.
fibrinopeptide m.   Fibrinopeptid n.
fibroadénie f.   Fibroadenie f.
fibroadénome m.   Fibroadenom n.
fibroaréolaire   fibroareolär
fibroblaste m.   Fibroblast m.
fibroblastome m.   Fibroblastom n.
fibrocarcinome m.   Fibrokarzinom n.
fibrocartilage m.   Faserknorpel m.
fibrocartilagineux   fibrokartilaginös
fibrocystique   fibrozystisch
fibrocyte m.   Fibrozyt m., Inozyt m.
fibroélastose f.   Fibroelastose f.
fibroépithéliome m.   Fibroepitheliom
    n.
fibrogliome m.   Fibrogliom n.
fibrohistiocytome m.   Fibrohistiozy-
    tom n.
fibrohyalin   fibrohyalin
fibroïde   fibroid
fibrokératome m.   Fibrokeratom n.
fibrolipome m.   Fibrolipom n.
fibrolysine f.   Fibrolysin n.
fibromateux   fibromatös
fibromatose f.   Fibromatose f.
fibrome m.   Fibrom n.
fibromusculaire   fibromuskulär
fibromyome m.   Fibromyom n.
fibromyxome m.   Fibromyxom n.
fibromyxosarcome m.   Fibromyxosar-
    kom n.
fibronectine f.   Fibronectin n.
fibro-optique f.   Fiberoptik f.
fibro-ostéite f.   Fibroostitis f.
fibro-ostéoclasie f.   Fibroosteoklasie f.
fibroplasie f.   Fibroplasie f.
fibroplastine f.   Fibroplastin n.
fibroplastique   fibroplastisch
fibrosarcome m.   Fibrosarkom n.
fibroscopie f.   Fibroendoskopie f.
fibroscopique   fibroendoskopisch
fibrose f.   Fibrose f.
fibrosite f.   Fibrositis f.
fibrothorax m.   Pleuraschwarte f.
fibulaire   fibulär
fiche de maladie f.   Krankenblatt n.

fichier m.   Datei f., Kartei f.
fichier des patients m.   Patientenkartei f.
fiel de boeuf m.   Rindergalle f.
fièvre f.   Fieber n.
fièvre à phlébotome f.   Sandfliegenfieber n.
fièvre à tique f.   Zeckenfieber n.
fièvre à tiques d'Afrique du Sud f.   Zehntagefieber n.
fièvre à Trypanosoma gambiense f.   Gambiafieber n.
fièvre aphteuse f.   Maul und Klauenseuche f.
fièvre bilieuse f.   Gallenfieber n.
fièvre bilieuse hémoglobinurique f.   Schwarzwasserfieber n.
fièvre boutonneuse méditérranéenne f.   Boutonneuse-Fieber n.
fièvre d'étiologie inconnue f.   Fieber ungeklärter Ursache n.
fièvre de cinq jours f.   Fünftagefieber n.
fièvre de la montée de lait f.   Milchfieber n.
fièvre de la vallée du Rift f.   Rifttalfieber n.
fièvre de Malte f.   Maltafieber n.
fièvre de Sindbis f.   Sindbisfieber n.
fièvre de Wolhynie f.   Wolhynisches Fieber n.
fièvre des boues f.   Schlammfieber n.
fièvre des champs de canne à sucre f.   Zuckerrohrfieber n.
fièvre des fondeurs f.   Gießerfieber n.
fièvre des Montagnes Rocheuses f.   Rocky-Mountain-Fieber n.
fièvre des rizières f.   Bataviafieber n., Reisfeldfieber n.
fièvre des trois jours des jeunes enfants f.   Dreitagefieber n.
fièvre du chanvre f.   Cannabiosis f.
fièvre dûe au froid humide f.   Nebelfieber m.
fièvre étiocholanoloseptique f.   Ätiocholanolonfieber n.
fièvre fluviale du Japon f.   Tsutsugamusfieber n.
fièvre intermittente f.   Wechselfieber n.
fièvre jaune f.   Gelbfieber n.
fièvre jaune tropicale f.   Buschgelbfieber n.

fièvre méditerranéenne familiale (FMF) f.   gehäuft auftretendes Fieber der Mittelmeerländer n.
fièvre octane f.   Octana f., Oktana f.
fièvre ondulante f.   Febris ondulans f., undulierendes Fieber n.
fièvre paludéenne f.   Malariafieber n.
fièvre papatasi f.   Papatasi-Fieber n.
fièvre puerpérale f.   Kindbettfieber n., Puerperalfieber n., Wochenfieber n.
fièvre Q f.   Q-Fieber n.
fièvre quarte f.   Malaria quartana f.
fièvre récurrente f.   Rückfallfieber n.
fièvre rouge f.   Coloradozeckenfieber n., Dengue f.
fièvre saline f.   Salzfieber n.
fièvre secondaire au cathétérisme f.   Katheterfieber n.
fièvre Spondweni f.   Spondwenifieber n.
fièvre subtierce f.   Malaria subtertiana f.
fièvre tierce f.   Malaria tertiana f.
fièvre traumatique f.   Wundfieber n.
fièvre typhoïde f.   Flecktyphus m., Nervenfieber f.
fièvre urineuse f.   Urosepsis f.
fièvre vaccinale f.   Impffieber n.
fièvre virale de Semliki f.   Semliki-Wald-Fieber n.
fièvre, avoir la   fiebern
fiévreux   fieberkrank
figure f.   Gestalt f.
fil m.   Faden m., Garn n.
fil (retors) m.   Zwirn m.
fil d'argent m.   Silberdraht m.
fil de cuivre m.   Kupferdraht m.
fil de Florence m.   Silkwormgut n.
fil de ligature m.   Unterbindungsfaden m.
fil de suture en soie m.   chirurgische Nähseide f., chirurgische Seide f.
fil métallique m.   Draht m., Eisendraht m.
fil régulateur m.   Regulierdraht m.
fil-scie de Gigli m.   Giglische Säge f.
filaire f.   Filarie f.
filaire de Bancroft f.   Wuchereria bancrofti f.
filament m.   Faden m.
filament à incandescence m.   Glühdraht m.

filament muqueux m.   Schleimfaden m.
filamenteux   fadenbildend
filariose f.   Filariasis f.
filariose à mansonella f.   Mansonelliasis f.
filial   filial
filière Charrière f.   Charriéresche Skala f.
filière pelvienne f.   Geburtskanal m.
filiforme   fadenförmig, filiform
film m.   Film m.
film à plusieurs couches m.   Mehrschichtfilm m.
film protecteur m.   Schutzfilm m.
film radiologique m.   Röntgenfilm m.
filtrable   filtrabel, filtrierbar
filtration f.   Filtration f., Filtrierung f.
filtre m.   Filter n., Seiher m.
filtre à air m.   Luftfilter m.
filtre à eau m.   Wasserfilter n.
filtre acoustique m.   Tonblende f.
filtre antipoussière m.   Staubfilter n.
filtre barrière m.   Sperrfilter n.
filtre de membrane m.   Membranfilter m.
filtre de Seitz m.   Seitzfilter m.
filtrer   filtrieren
fimbria f.   Fimbria f.
fimbriolyse f.   Fimbriolyse f.
final   final
finir   aufhören, beendigen
fipexide m.   Fipexid n.
fission nucléaire f.   Kernspaltung f., Spaltung eines Atomkerns f.
fissure f.   Fissur f., Ritze f.
fissure anale f.   Analfissur f.
fistule f.   Fistel f.
fistule alimentaire f.   Ernährungsfistel f.
fistule anale f.   Analfistel f.
fistule aponévrotique f.   Faszienfensterung f.
fistule artérioveineuse f.   arteriovenöse Fistel f.
fistule biliaire f.   Gallenfistel f.
fistule coccygienne f.   Steißbeinfistel f.
fistule d'alimentation de Witzel f.   Witzelfistel f.
fistule d'Eck f.   Ecksche Fistel f.
fistule dentaire f.   Zahnfistel f.

fistule du cartilage du sabot f.   Hufknorpelfistel f.
fistule gastrique f.   Magenfistel f.
fistule gingivale f.   Zahnfleischfistel f.
fistule intestinale f.   Kotfistel f.
fistule mammaire f.   Milchfistel f.
fistule rectourétérale f.   Rektoureteralfistel f.
fistule rectovésicale f.   Blasendarmfistel f.
fistule salivaire f.   Speichelfistel f.
fistule stercorale f.   Kotfistel f.
fistule vaginale f.   Scheidenfistel f.
fistule vésicovaginale f.   Blasenscheidenfistel f.
fistulectomie f.   Fistulektomie f.
fistuleux   fistulös
fistulographie f.   Fistulographie f.
fistulotomie f.   Fistulotomie f.
fixateur m.   Fixator m., Fixiermittel n.
fixation f.   Befestigung f., Bindung f., Fixierung f.
fixation de l'électrode f.   Elektrodenhalter m.
fixation du bridge f.   Brückenbefestigung f.
fixation par clou f.   Nagelung f.
fixation par vis f.   Verschraubung f.
fixation paternelle f.   Vaterbindung f.
fixation utérine f.   Uterusfixation f.
fixé   festsitzend, feststehend
fixer   fixieren
flaccidité f.   Schlaffheit f.
flacon m.   Fläschchen n., Kolben (Flasche) m.
flacon comptegouttes m.   Tropfflasche f.
flacon d'Erlenmeyer m.   Erlenmeyerkolben m.
flagellation f.   Flagellation f.
flagelle m.   Geißel f. (biol.)
flagellés m. pl.   Flaggellata n. pl.
flagelline f.   Flagellin n.
flamber   ausglühen, versengen
flammé, d'aspect-   flammig
flanc m.   Flanke f.
flasque   welk
flatulence f.   Blähung f., Flatulenz f.
flatulent   blähend
flavane f.   Flavan n.
flavanone f.   Flavanon n.
flavine f.   Flavin n.

**flavivirus m.** Flavivirus n.
**Flavobacterium m.** Flavobacterium n.
**flavonate m.** Flavonat n.
**flavone f.** Flavon n.
**flavonoïde** flavonoid
**flavonolignane m.** Flavonolignan n.
**flavoprotéine f.** Flavoprotein n.
**flavoxate m.** Flavoxat n.
**flécaïnide m.** Flecainid n.
**fléchir** beugen
**flegmatique** phlegmatisch
**fleur d'oranger f.** Orangenblüte f.
**fleur de soufre f.** Schwefelblüte f.
**flexibilité f.** Flexibilität f., Nachgiebigkeit f.
**flexion f.** Beugung f., Flexion f., Knickung f.
**flocon m.** Flocke f.
**floconneux** flockig
**floculation f.** Ausflockung f., Flockung f.
**flore f.** Flora f.
**flore buccale f.** Mundflora f.
**flore vaginale f.** Scheidenflora f.
**flottation f.** Flotation f., Flottieren n.
**flou** unscharf, verschwommen
**flou m.** Unschärfe f.
**flou périphérique m.** Randunschärfe f.
**floxacine f.** Floxacin n.
**fluacizine f.** Fluacizin n.
**flubendazole m.** Flubendazol n.
**fluclorolone f.** Fluclorolon n.
**fluconazole m.** Fluconazol n.
**fluctuant** fluktuierend
**fluctuation f.** Fluktuation f.
**fluctuer** fluktuieren
**flucytosine f.** Flucytosin n., Fluzytosin
n.
**fludrocortisone f.** Fludrocortison n.
**flufénamate m.** Flufenamat n.
**fluide** flüssig
**fluide m.** Flüssigkeit f.
**fluidification f.** Lyonisierung f.
**fluidographie f.** Fluidographie f.
**fluidographique** fluidographisch
**flumazénil m.** Flumazenil n.
**fluméthasone f.** Flumethason n.
**fluméthiazide m.** Flumethiazid n.
**flunarizine f.** Flunarizin n.
**flunisolide m.** Flunisolid n.
**flunitrazepam m.** Flunitrazepam n.
**fluocinolone f.** Fluocinolon n.

**fluocortolone f.** Fluocortolon n.
**fluor m.** Fluor m.
**fluoranile m.** Fluoranil n.
**fluoration f.** Fluorierung f.
**fluorbenside m.** Fluorbenzid n.
**fluordésoxithymidine f.** Fluordesoxithymidin n.
**fluorénal m.,** Fluorenal n.
**fluorène m.** Fluoren n.
**fluorénone f.** Fluorenon n.
**fluorénylacétamide m.** Fluorenylazetamid n.
**fluorer** fluorieren
**fluorescéine f.** Fluoreszein n.
**fluorescéine de sodium f.** Natriumfluoreszein n.
**fluorescence f.** Fluoreszenz f.
**fluorite f.** Fluorit n.
**fluoroacétate m.** Fluorazetat n.
**fluoroapatite f.** Fluorapatit m.
**fluoroborate m.** Fluoroborat n.
**fluorochlorohydrocarbone m.** Fluorchlorkohlenwasserstoff m.
**fluorocyte m.** Fluorozyt m.
**fluorocytosine f.** Fluorozytosin n.
**fluorodinitrobenzène m.** Dinitrofluorbenzol n.
**fluorohydrocortisone f.** Fluorohydrocortison n.
**fluorométholone f.** Fluorometholon
n.
**fluorophosphate m.** Fluorophosphat
n.
**fluoroprednisolone f.** Fluoroprednisolon n.
**fluoropyrimidine f.** Fluoropyrimidin
n.
**fluoroquinolone f.** Fluorchinolon n.
**fluoroscopie f.** Fluoroskopie f.
**fluoroscopie thoracique f.** Thoraxdurchleuchtung f.
**fluoroscopique** fluoroskopisch
**fluorose f.** Fluorose f.
**fluorouracile m.** Fluorouracil n.
**fluorure m.** Fluorid n.
**fluorure de silicium m.** Siliziumfluorid
n.
**fluoxétine f.** Fluoxetin n.
**flurandrénolide m.** Fludroxycortid n.
**flurane m.** Fluran n.
**flurocitabine f.** Flurocitabin n.
**flurophate m.** Flurophat n.

flurotyle m.  Flurotyl n.
fluroxène m.  Fluroxen n.
flush m.  Flush m.
fluspirilène m.  Fluspirilen n.
flutamide m.  Flutamid n.
flutter m.  Flattern n.
flutter auriculaire m.  Vorhofflattern n.
flutter ventriculaire m.  Kammerflattern n.
fluviographe m.  Fluvograph m.
fluviographique  fluvographisch
flux m.  Fluor m., Fluß m., Flußmittel
   n., Strom m.
focal  fokal
focalisation f.  Fokussierung f.
focaliser  fokussieren
foetal  fötal, fetal
foetofoetal  fetofetal
foetomaternel  fetomaternal, fötomaternal
foetopathie f.  Fetopathie f., Fötopathie f.
foetoplacentaire  fetoplazentar, föto-
   plazentar
foetoprotéine f.  Fetoprotein n., Fötoprotein n.
foetor m.  Fötor m.
foetoscopie f.  Fetoskopie f., Fötoskopie f.
foetotoxique  fetotoxisch, fötotoxisch
foetus m.  Fötus m., Frucht (obstetr.)
   f., Leibesfrucht f.
foie m.  Leber f.
foie cardiaque m.  Stauungsleber f.
foie de choc m.  Schockleber f.
foie glacé m.  Zuckergußleber f.
foie silex m.  Feuersteinleber f.
folate m.  Folat n.
folie f.  Irrsinn m., Verrücktheit f.,
   Wahn m., Wahnsinn m.
folinate m.  Folinat n.
folinérine f.  Folinerin n.
folliculaire  follikulär
follicule m.  Follikel m.
follicule de Graaf m.  Graafscher Follikel m.
follicule pileux m.  Haarbalg m.
folliculine f.  Follikelhormon n.
folliculite f.  Follikulitis f.
folliculite épilante f.  Folliculitis decalvans f.
fonction f.  Funktion f.

fonction circulatoire f.  Kreislauffunktion f.
fonction de mastication f.  Kaufunktion f.
fonction hypophysaire, trouble de la
   m.  Hypophysenfunktionsstörung f.
fonction pompe f.  Pumpfunktion f.
fonctionnaire de santé publique m.
   Gesundheitsbeamter m.
fonctionnel  funktionell, zweckbestimmt
fond m.  Fundus m.
fond d'oeil m.  Augenhintergrund m.
fond de cavité m.  Kavitätenlack m.
fondamental  fundamental
fondant m.  Flußmittel n.
fondement m.  Fundament n.
fondre  einschmelzen, schmelzen
fongueux  fungös
fontanelle f.  Fontanelle f.
forage m.  Bohren n., Forage f.
foramen m.  Loch n.
foraminotomie f.  Foraminotomie f.
forcé  forciert, zwanghaft
force f.  Kraft f.
force d'impulsion f.  Triebkraft f.
force de rotation f.  Drehkraft f.
force de tension f.  Zugkraft f.
force musculaire f.  Muskelkraft f.
forcément  zwangsweise
forceps m.  Geburtszange f., Zange
   (obstetr.) f.
forceps au détroit supérieur m.  hohe
   Zange f.
forceps céphalique m.  Schädelzange f.
forceps de Tarnier m.  Achsenzugzange f.
foret m.  Drillbohrer m., Knochenbohrer m.
foret diamanté m.  Diamantbohrer m.
foret hélicoidal m.  Spiralbohrer m.
forgé  geschmiedet
formaldéhyde f.  Formaldehyd m.
formamidase f.  Formamidase f.
formamide m.  Formamid n.
formamidine f.  Formamidin n.
formant des acides  säurebildend
formant des concrétions  steinbildend
format m.  Format n.
format de poche m.  Taschenformat n.
format du film m.  Filmformat n.

F

**formateur de complexe** m.   Komplexbildner m.
**formation** f.   Ausbildung f., Bildung
  (Entstehung) f., Gebilde n.
**formation calleuse** f.   Kallusbildung f.
**formation continue** f.   Fortbildung f.
**formation d'infirmière** f.   Schwesternausbildung f.
**formation d'une fistule** f.   Fistelbildung f.
**formation de caverne** f.   Kavernisierung f.
**formation de cavité** f.   Höhlenbildung
  f.
**formation de concrétions** f.   Steinbildung f.
**formation de croûtes** f.   Krustenbildung f.
**formation de dépôt** f.   Ablagerungsvorgang m.
**formation de la bile** f.   Gallenbildung
  f.
**formation de mucus** f.   Schleimbildung
  f.
**formation de papules** f.   Papelbildung
  f.
**formation de tubercule** f.   Tuberkelbildung f.
**formation de varices** f.   Varizenbildung f.
**formation du complément** f.   Komplementbildung f.
**formation interosseuse** f.   Osteodesmose f.
**formation médicale postuniversitaire**
  **f.**   ärztliche Weiterbildung f.
**formation pour profession soignante**
  **f.**   Krankenpflegeausbildung f.
**formation vésiculaire** f.   Bläschenbildung f.
**forme** f.   Ausgußkörper m., Form f.,
  Gestalt f., Gußform f.
**forme (d'une vitamine)** f.   Vitamer n.
**forme commercialisée** f.   Handelsform
  f.
**forme d'administration** f.   Darreichungsform f.
**forme de l'onde** f.   Wellenform f.
**forme de la tête à la naissance** f.   Konfiguration des fötalen Kopfes sub
  partu f.
**forme de S, en**   S-förmig

**forme de transport** f.   Transportform
  f.
**forme intermédiaire** f.   Zwischenform
  f.
**forme occlusale** f.   Bißform f.
**forme retard d'un médicament** f.   Depotform eines Arzneimittels f.
**formébolone** f.   Formebolon n.
**formel**   gestaltisch
**former**   ausbilden, formen
**formiate** m.   Formiat n.
**formiminotransférase** f.   Formiminotransferase f.
**forminitrazole** f.   Forminitrazol n.
**formolgélification** f.   Formolgelreaktion f.
**formothione** f.   Formothion n.
**formulaire** m.   Formelsammlung f.
**formule** f.   Formel f.
**formule dentaire** f.   Zahnformel f.
**formule érythrocytaire** f.   rotes Blutbild n.
**formule leucocytaire** f.   weißes Blutbild n.
**formule médicamenteuse sur ordon-
  nance** f.   Rezepturarznei f.
**formule sanguine** f.   Blutbild (BB) n.
**formule structurale** f.   Strukturformel
  f.
**formylase** f.   Formylase f.
**formyle** m.   Formyl n.
**formylglutamate** m.   Formylglutamat
  n.
**formylkynurénine** f.   Formylkynurenin n.
**formyltransférase** f.   Formyltransferase f.
**fornicotomie** f.   Fornikotomie f.
**fort**   kräftig
**fortifiant**   roborierend
**fortifiant** m.   Roborans n.
**fortifier**   kräftigen, stärken
**fortifier, se**   erstarken, sich stärken
**fosfomycine** f.   Fosfomycin n.
**fosse** f.   Grube f.
**fosse nasale** f.   Nasenhöhle f.
**fossette** f.   Delle f., Grübchen n.
**fossette de Pacchioni** f.   Pacchionische
  Grübchen n.
**fotemustine** f.   Fotemustin n.
**fou**   irre, verrückt
**fougère** f.   Farn m.

fouler   verstauchen
fouloir m.   Stopfer m.
fouloir à amalgame m.   Amalgamstopfer m.
foulure tendineuse f.   Sehnenzerrung f.
four de haute fréquence m.   Anlaßofen m. (dent.)
four de recuit m.   Glühofen m. (dent.)
four de séchage m.   Trockenofen m.
fourche f.   Gabel f.
fourchette f.   Gabel f., Strahl m. (vet.)
fourchette du sabot f.   Hufstrahl m.
fourmillement m.   Ameisenlaufen n.
fovea f.   Fovea f.
fovéal   foveal
foyer m.   Brennpunkt m., Fokus m., Herd (med.) m.
foyer de haute précision m.   Feinstfokus m.
foyer dentaire m.   Zahnfokus m.
foyer épidémique m.   Seuchenherd n.
foyer précis m.   Feinfokus m.
foyer rond m.   Rundherd m.
fraction f.   Fraktion f.
fraction protéique f.   Eiweißfraktion f.
fractionné   fraktioniert
fractionnement m.   Fraktionierung f.
fractionner   fraktionieren
fracture f.   Bruch m., Fraktur f., Knochenbruch m.
fracture articulaire f.   Gelenkfraktur f.
fracture avec enfoncement f.   Impressionsfraktur f.
fracture basilaire f.   Schädelbasisfraktur f.
fracture clivée f.   Abschälungsfraktur f.
fracture comminutive f.   Splitterfraktur f., Trümmerfraktur f.
fracture complexe f.   komplizierte Fraktur f.
fracture d'hyperextension f.   Biegungsfraktur f.
fracture de Bennett f.   Bennettsche Fraktur f.
fracture de Cooper f.   Cooperfraktur f.
fracture de fatigue f.   Ermüdungsfraktur f.
fracture de Gosselin f.   Gosselinsche Fraktur f.
fracture de marche f.   Marschfraktur f.

fracture de Monteggia f.   Monteggiafraktur f.
fracture de Stieda f.   Stiedafraktur f.
fracture des marins f.   Schipperfraktur f.
fracture du crâne f.   Schädelbruch m.
fracture du crâne avec enfoncement de la table interne f.   Schädelimpressionsfraktur f.
fracture du fémur f.   Oberschenkelbruch m.
fracture en bois vert f.   Grünholzfraktur f.
fracture en boutonnière f.   Lochfraktur f.
fracture en série f.   Serienfraktur f.
fracture en spirale f.   Spiralfraktur f.
fracture esquilleuse f.   Eierschalenfraktur f.
fracture extraarticulaire f.   extraartikuläre Fraktur f.
fracture extracapsulaire f.   extrakapsuläre Fraktur f.
fracture impactée f.   eingekeilte Fraktur f.
fracture intracapsulaire f.   intrakapsuläre Fraktur f.
fracture longitudinale f.   Längsfraktur f.
fracture maxillaire f.   Kieferfraktur f.
fracture ouverte f.   offene Fraktur f.
fracture ouverte comminutive f.   komplizierte Splitterfraktur f.
fracture par arme à feu f.   Schußbruch m.
fracture par compression f.   Kompressionsfraktur f.
fracture par contusion f.   Quetschfraktur f.
fracture par hyperextension f.   Dehnungsfraktur f.
fracture par projectile f.   Schußfraktur f.
fracture périarticulaire f.   periartikuläre Fraktur f.
fracture pertrochantérienne f.   pertrochantere Fraktur f.
fracture simple f.   einfache Fraktur f.
fracture spiroïde f.   Spiralfraktur f.
fracture spontanée f.   Spontanfraktur f.

fracture subcapitale f. subkapitale Fraktur f.

fracture supracondylaire f. suprakondyläre Fraktur f.

fracture transversale f. Querfraktur f.

fragile brüchig

fragilité f. Brüchigkeit f., Fragilität f.

fragilocyte m. Fragilozyt m.

fragment m. Fragment n.

fragment de racine m. Wurzelfragment n.

fragment osseux m. Knochensplitter m.

fragment radiculaire m. Wurzelsplitter m.

fragmentation f. Fragmentation f.

frai m. Laich m.

fraîcheur f. Kühle f.

frais kühl

frais d'ordonnance m. pl. Rezeptgebühr f.

fraise f. Bohrer m., Zahnbohrer m.

fraise à fissure f. Fissurenbohrer m.

fraise à rosette f. Rosenbohrer m. (dent.)

fraise conique f. Kegelbohrer m.

fraise conique à finir f. Kegelfinierer m.

fraise cylindrique f. Versenkbohrer m. (dent.)

fraise de finition f. Finierbohrer m.

fraise de haute fréquence rotative f. Hochtourenbohrer m.

fraise pour cavité f. Kavitätenbohrer m., Querkavitätenbohrer m.

fraise pour racine f. Wurzelfräse f.

fraiser fräsen

framboesia f. Frambösie f.

framboesia cutanée f. Frambösie-Exanthem n.

framycétine f. Framycetin n.

francisella f. Francisella f.

francium m. Francium n.

franguloside m. Frangulin n.

fraxiparine f. Fraxiparin n.

frayeur f. Schreck m.

frein m. Bremse f.

freiner drosseln (verlangsamen)

frelon m. Hornisse f.

frémissement m. Fremitus m., schnurrendes Geräusch n., Schwirren n.

frémissement hydatique m. Hydatidenschwirren n.

frénésie f. Raserei f.

frénulotomie f. Frenulotomie f.

fréquence f. Frequenz f., Häufigkeitsquote f.

fréquence cardiaque f. Herzfrequenz f., HF f.

fréquence du pouls f. Pulsfrequenz f.

fréquent frequent

frères et soeurs m. pl. Geschwister (biol.) n.

friction f. Abreibung f., Einreibung f., Friktion f., Inunktion f., Reibung f.

frictionner einreiben

frictionner avec une pommade einreiben mit Salbe

frigide frigid

frigidité f. Frigidität f.

frisson m. Schauer m., Schüttelfrost m.

frissonnant fröstelnd

frissonnement m. Frösteln n.

frissonner schauern

frissons, avoir des frösteln

froid kalt

froid, avoir frieren

froissement ligamentaire m. Bänderzerrung f.

froncer falten

front m. Stirn f.

frontal frontal

frontobasal frontobasal

frontonasal frontonasal

frontooccipital frontookzipital

frontopariétal frontoparietal

frontotemporal frontotemporal

frontozygomatique frontozygomatisch

frottement péricardique m. Perikardreiben n.

frottement pleural m. Pleurareiben n.

frotter abreiben, frottieren, reiben, scheuern

frottis m. Abstrich m.

frottis sanguin m. Blutausstrich m.

fructofuranosidase f. Fruktofuranosidase f.

fructokinase f. Fruktokinase f.

fructolyse f. Fruktolyse f.

fructose m. Fruchtzucker m., Fruktose f.

**fructosurie f.**   Fruktosurie f.
**fruit m.**   Frucht f.
**frustrant**   frustran
**frustration f.**   Frustration f.
**FSH (hormone folliculostimulante) f.**
   FSH (follikelstimulierendes Hormon)
   n.
**FTAABS (fluorescent treponemal anti-body adsorbed serum) m.**   FTAAbs-Test (Fluoreszenz Treponema palli-dumAntikörperAbsorptionstest) m.
**ftalofyne f.**   Ftalofyn n.
**fuadine f.**   Fuadin n.
**fubéridazole m.**   Fuberidazol n.
**fuchsine f.**   Fuchsin n.
**fuchsine phéniquée f.**   Karbolfuchsin
   n.
**fuchsinophile**   fuchsinophil
**fuconate m.**   Fuconat n.
**fucopentaose m.**   Fucopentaose f.
**fucosamine f.**   Fucosamin n.
**fucose f.**   Fucose f.
**fucosedéhydrogénase f.**   Fucosedehy-drogenase f.
**fucosidase f.**   Fucosidase f.
**fucoside m.**   Fucosid n.
**fucosidose m.**   Fucosidose f.
**fucosyllactose m.**   Fucosyllaktose f.
**fucosyltransférase f.**   Fucosyltransfe-rase f.
**fugue f.**   Fugue f.
**fuite f.**   Lecksein n., Undichtigkeit f.
**fuite des idées f.**   Gedankenflucht f.,
   Ideenflucht f.
**fulgurant**   blitzartig
**fulguration f.**   Blitzschlag m., Fulgura-tion f.
**fulminant**   fulminant
**fumarase f.**   Fumarase f.
**fumarate m.**   Fumarat n.
**fumée f.**   Rauch m.
**fumer**   rauchen
**fumeur m.**   Raucher m.
**fumeuse f.**   Raucherin f.
**fumigation f.**   Ausräucherung f., Fumi-gation f.

**fundus m.**   Fundus m.
**fundusectomie f.**   Fundektomie f.
**fungicide**   fungizid
**fungistatique**   fungistatisch
**fungus m.**   Fungus m.
**funiculaire**   funikulär
**funiculite f.**   Funikulitis f.
**funiculus m.**   Funikulus m.
**furaltadone f.**   Furaltadon n.
**furanocoumarine f.**   Furanocumarin
   n.
**furanose m.**   Furanose f.
**furanoside m.**   Furanosid n.
**furazone f.**   Furazon n.
**furet m.**   Frettchen n.
**furétonide m.**   Furetonid n.
**fureur f.**   Wut f.
**furoate m.**   Furoat n.
**furoncle m.**   Furunkel n.
**furoncle de la lèvre m.**   Lippenfurun-kel n.
**furoncle du pied m.**   Stollbeule f. (vet.)
**furonculaire**   furunkulös
**furonculose f.**   Furunkulose f.
**furosémide m.**   Furosemid n.
**furylalanine f.**   Furylalanin n.
**fuscine f.**   Fuscin n., Fuszin n.
**fuseau m.**   Spindel f.
**fuseau achromatique m.**   Zentralspin-del f.
**fuseau mitotique m.**   Mitosespindel f.
**fusible m.**   Sicherung (electr.) f.
**fusible à haute température**   schwer
   schmelzbar
**fusidate m.**   Fusidat n.
**fusiforme**   fusiform
**fusion f.**   Fusion f., Verschmelzung f.
**fusion céramométallique f.**   Verbund-keramik f. dent.
**Fusobacterium fusiforme m.**   Fusob-acterium fusiforme n.
**fusoborréliose f.**   Fusoborreliose f.
**fusospirillaire**   fusospirillär
**futurologie f.**   Futurologie f.

# G

**GABA (acide gammaaminobutyrique) m.** GABS (Gammaaminobutter-säure) f.
**gadolinium m.** Gadolinium n.
**Gaffkya tetragena m.** Mikrokokkus tetragenus m.
**gain antigénique m.** Antigenzuwachs m.
**gain de force m.** Stärkung f.
**gain du poids m.** Gewichtszunahme f.
**gaine f.** Hülle f.
**gaine de myéline f.** Myelinscheide f.
**gaine de Schwann f.** Neurilemm n.
**gaine synoviale tendineuse f.** Sehnenscheide f.
**galactagogue** galaktogog, laktagog
**galactagogue m.** Galaktagogum n., Laktagogum n.
**galactane m.** Galaktan n.
**galactase f.** Galaktase f.
**galactocèle f.** Milchzyste f.
**galactocérébroside m.** Galaktozerebrosid n.
**galactocérébrosidose f.** Galaktozerebrosidose f.
**galactoflavine f.** Galaktoflavin n.
**galactogène** milchbildend
**galactogenèse f.** Galaktopoese f.
**galactogogue** milchtreibend
**galactogogue m.** milchtreibendes Mittel n.
**galactokinase f.** Galaktokinase f.
**galactolipide m.** Galaktolipid n.
**galactophorite f.** Milchgangentzündung f.
**galactorrhée f.** Galaktorrhöe f.
**galactosamine f.** Galaktosamin n.
**galactosaminyltransférase f.** Galaktosaminyltransferase f.
**galactose m.** Galaktose f.
**galactosémie f.** Galaktosämie f.
**galactosidase f.** Galaktosidase f.
**galactoside m.** Galaktosid n.
**galactostase f.** Milchstauung f.
**galactosurie f.** Galaktosurie f.
**galactosyle m.** Galaktosyl n.

**galactosylhydroxylysyle m.** Galaktosylhydroxylysyl n.
**galactosyltransférase f.** Galaktosyltransferase f.
**galantamine f.** Galanthamin n.
**gale f.** Krätze f., Räude f., Scabies f., Skabies f.
**gale chorioptique f.** Chorioptesräude f.
**galénique** galenisch
**galénique f.** Galenik f.
**galéotomie f.** Galeotomie f.
**galeux** räudig
**gallamine f.** Gallamin n.
**gallate m.** Gallat n.
**gallium m.** Gallium n.
**gallon m.** Gallone f.
**gallopamil m.** Gallopamil n.
**galvanique** galvanisch
**galvanocautérisation f.** Galvanokaustik f.
**galvanomètre m.** Galvanometer n.
**galvanomètre à corde m.** Saitengalvanometer n.
**galvanotactique** galvanotaktisch
**gamasoïdose f.** Vogelmilbenkrätze f.
**gamète m.** Gamet m.
**gamétocyte m.** Gametozyt m.
**gamétogonie f.** Gametogonie f.
**gamétopathie f.** Gametopathie f.
**gammacaméra f.** Gammakamera f.
**gammaglobuline f.** Gammaglobulin n.
**gamma-GT (gammaglutamyltransférase) f.** Gamma-GT (Gamma-Glutamyltransferase) f.
**gammaspectrométrie f.** Gammaspektrometrie f.
**gammatron m.** Gammatron n.
**gamme d'ondes f.** Wellenbereich m.
**gammopathie f.** Gammopathie f.
**gamone f.** Gamon n.
**ganciclovir m.** Ganciclovir n.
**gangliectomie f.** Gangliektomie f.
**gangliocyte m.** Gangliozyt m.
**gangliogliome m.** Gangliogliom n.
**gangliome m.** Gangliom n.

**ganglion de Frankenhäuser m.** Frankenhäusersches Ganglion n.
**ganglion de Gasser m.** Ganglion Gasseri n., Gassersches Ganglion n.
**ganglion du tronc cérébral m.** Stammganglion n.
**ganglion inguinal m.** Leistenlymphknoten m.
**ganglion lymphatique m.** Lymphknoten m.
**ganglion stellaire m.** Ganglion stellatum n.
**ganglionectomie f.** Ganglionektomie f.
**ganglioneuroblastome m.** Ganglioneuroblastom n.
**ganglioneurome m.** Ganglioneurom n.
**ganglionite f.** Ganglionitis f.
**ganglioplégique m.** Ganglienblocker m., Ganglioplegikum n.
**ganglioside m.** Gangliosid n.
**gangliosidose f.** Gangliosidose f.
**gangosa f.** Gangosa f.
**gangrène f.** Gangrän n.
**gangrène gazeuse f.** Gasbrand m., Gasgrangrän n.
**gangrène pulmonaire f.** Lungengangrän n.
**gangréneux** brandig, gangränös
**gant de plomb m.** Bleihandschuh m.
**gant en caoutchouc m.** Gummihandschuh m.
**gants d'anatomie m. pl.** Sektionshandschuhe f. pl.
**gants de chirurgie m. pl.** Operationshandschuhe m. pl.
**gapicomine f.** Gapicomin n.
**garantie de la qualité f.** Qualitätssicherung f.
**garde f.** Bereitschaftsdienst m.
**garde (être de) f.** Rufbereitschaft f.
**garde m.** Wärter m.
**garde de nuit f.** Nachtwache f.
**Gardnerella f.** Gardnerelle f.
**gargariser** gurgeln
**gargarisme m.** Gurgelwasser n.
**gargoylisme m.** Gargoylismus m.
**garrot (vet.) m.** Widerrist m.
**garrot m.** Schnürer m., Staubinde f., Abklemmvorrichtung m., Abschnürbinde f.

**gastéropode m.** Schnecke (zoolog.) f.
**gastralgie f.** Gastralgie f.
**gastralgique** gastralgisch
**gastrectasie f.** Gastrektasie f.
**gastrectomie f.** Gastrektomie f.
**gastrectomie de Krönlein f.** Krönleinsche Operation f.
**gastrectomie de Polya f.** Polya-Operation f.
**gastrine f.** Gastrin n.
**gastrinome m.** Gastrinom n.
**gastrique** gastrisch
**gastrite f.** Gastritis f.
**gastrite congestive f.** Stauungsgastritis f.
**gastrite métaplasique f.** Umbaugastritis f.
**gastritique** gastritisch
**gastrocaméra f.** Gastrocamera f., Gastrokamera f.
**gastrocardiaque** gastrokardial
**gastrocinétique** gastrokinetisch
**gastrocolique** gastrokolisch
**gastrocolostomie f.** Gastrokolostomie f.
**gastrodiscoïdes m.** Gastrodiscoides m.
**gastroduodénal** gastroduodenal
**gastroduodénite f.** Gastroduodenitis f.
**gastroduodénostomie f.** Gastroduodenostomie f.
**gastroentérite f.** Gastroenteritis f.
**gastroentérite estivale f.** Sommerbrechdurchfall m.
**gastroentérocolite f.** Gastroenterokolitis f.
**gastroentérologie f.** Gastroenterologie f.
**gastroentérologique** gastroenterologisch
**gastroentérologue f.** Gastroenterologin f.
**gastroentérologue m.** Gastroenterologe m.
**gastroentéroptose f.** Gastroenteroptose f.
**gastroentérostomie f.** GE (Gastroenterostomie) f.
**gastrogastrostomie f.** Gastrogastrostomie f.
**gastrogène** gastrogen
**gastrojéjunal** gastrojejunal

G

gastrojéjunostomie f. Gastrojejunostomie f.

gastrone f. Gastron n.

gastropathie f. Gastropathie f., Magenleiden n.

gastropéristaltique peristolisch

gastropéristaltisme m. Peristole f.

gastropexie f. Gastropexie f.

gastrophiliase f. Gastrophiliasis f.

gastrophrénique gastrophrenisch

gastroplastie f. Gastroplastik f., Magenplastik f.

gastroplégie f. Gastroplegie f.

gastroplication f. Fundoplicatio f.

gastroptose f. Gastroptose f.

gastrorésection f. Magenresektion f.

gastroscope m. Gastroskop n.

gastroscope peropératoire m. Operationsgastroskop n.

gastroscopie f. Gastroskopie f.

gastroscopique gastroskopisch

gastrospasme m. Magenkrampf m.

gastrosplénique gastrolienal

gastrostomie f. Gastrostomie f.

gastrosuccorrhée de Reichmann f. Gastrosukkorrhöe f.

gastrotomie f. Gastrotomie f.

gastrula f. Gastrula f.

gastrulation f. Gastrulation f.

gâter verderben, verpfuschen

gaucher linkshändig

Gaucher, maladie de f. Gauchersche Krankheit f.

gavage m. Überfütterung f.

gavage par sonde oesophagienne m. Sondenernährung f.

gaz m. Gas n.

gaz d'échappement m. Abgas n., Autoabgas n.

gaz du sang m. Blutgas n.

gaz hilarant m. Lachgas n.

gaz propulsif m. Treibgas m.

gaz toxique m. Giftgas n.

gaz, rempli de - gasgefüllt

gaze f. Gaze f., Mull m.

gaze hydrophile f. Verbandstoff m.

gazer begasen

gazeux gasartig, gasförmig

gazoanalyseur m. Gasanalysator m.

géant m. Riese m.

geindre ächzen

gel m. Gel n.

gel amidon m. Stärke-Gel n.

gel chromatographie f. Gel-Chromatographie f.

gel diffusion f. Gel-Diffusion f.

gel filtration f. Gel-Filtration f.

gel-résine artificielle m. Gel-Kunstharz n.

gélatine f. Gallerte f., Gelatine f.

gélatine de zinc f. Zinkleim m.

gélatineux gallertig, gelatinös

gélatiniser gelatinieren

gelé erfroren

geler erfrieren, gefrieren, vereisen

gélification f. Gelierung f.

gélose f. Gelose f.

gélotripsie f. Gelotripsie f.

gelsémine f. Gelsemin n.

gelure f. Erfrierung f.

gémazocine f. Gemazocin n.

gémellologie f. Zwillingsforschung f.

géméprost m. Gemeprost n.

gémir ächzen, stöhnen

gênant hemmend

gencive f. Zahnfleisch n.

gêné behindert

gène m. Gen n.

gêne f. Unbehagen n.

gène inexprimé m. Gen, stilles n.

gène mutateur m. Mutatorgen n.

gène régulateur m. Regulatorgen n.

géner behindern

général generell

généralisation f. Generalisation f.

généralisé generalisiert

générateur m. Generator m.

générateur d'impulsions m. Impulsator m.

génération f. Generation f.

génération spontanée f. Abiogenese f., Urzeugung f.

genèse f. Genese f.

généticien m. Genetiker m.

généticienne f. Genetikerin f.

génétique genetisch

génétique f. Genetik f.

géniculocalcarinien genikulokalkarin

génie génétique m. Gentechnologie f.

genièvre m. Wacholder m.

géniohyoïdien geniohyoidal

génisse f. Färse f.

génital genital

génitopelvien genitopelvisch

**génitospinal**   genitospinal
**génoblaste m.**   Genoblast m.
**génodermatose f.**   Genodermatose f.
**génome m.**   Genom n.
**génopathie f.**   Genopathie f.
**génotoxique**   genotoxisch
**genoux cagneux m. pl.**   X-Beine n. pl.
**genre m.**   Gattung f.
**gentamycine f.**   Gentamycin n.
**gentiobiose f.**   Gentiobiose f.
**gentisate m.**   Gentisat n.
**genu recurvatum m.**   Genu recur-
    vatum n.
**genu valgum m.**   Genu valgum n., X-
    Bein n.
**genu varum m.**   Genu varum n., O-
    Bein n.
**géomédecine f.**   Geomedizin f.
**géomédical**   geomedizinisch
**géométrie f.**   Geometrie f.
**géométrique**   geometrisch
**géophagisme m.**   Geophagie f.
**géotrichose f.**   Geotrichose f.
**gerbille f.**   Gerbillus m., Rennmaus f.
**gérer**   verwalten
**gériatrie f.**   Geriatrie f.
**gériatrique**   geriatrisch
**germanium m.**   Germanium n.
**germe m.**   Anlage (angeborene Eigen-
    schaft) f., Keim m.
**germe de plante m.**   Pflanzenkeim m.
**germer**   keimen
**germicide**   keimtötend
**germicide m.**   keimtötendes Mittel n.
**germinal**   germinal
**germinatif**   germinativ
**germinoblastique**   germinoblastisch
**germinoblastome m.**   Germinoblas-
    tom n.
**germinome m.**   Germinom n.
**gérontologie f.**   Gerontologie f.
**gérontologique**   gerontologisch
**gérontologue m.**   Gerontologe m.
**gérontoxon m.**   Arcus senilis m.
**gestaltisme m.**   Gestalttherapie f.
**gestation f.**   Gestation f., Schwanger-
    schaft f., Tragezeit f.
**geste m.**   Gebärde f.
**gestion f.**   Verwaltung f.
**gestodène m.**   Gestoden n.
**gestose f.**   Gestose f., Schwanger-
    schaftstoxikose f.

**GFR (filtration glomérulaire) f.**   GFR
    (glomeruläre Filtrationsrate) f.
**GHRF (growth hormone releasing
    factor) m.**   GRF (wachstumshor-
    monfreisetzender Faktor) m.
**GHRIH (somatostatine) f.**   GHRIH
    (Hemmhormon für Wachstumshor-
    monfreisetzung) n.
**giardiase f.**   Lambliasis f.
**gibbosité pottique f.**   Gibbus m.
**gigantisme m.**   Gigantismus m., Rie-
    senwuchs m.
**gigantoblaste m.**   Gigantoblast m.
**gigantocyte m.**   Gigantozyt m.
**gingival**   gingival
**gingivectomie f.**   Gingivektomie f.
**gingivite f.**   Gingivitis f., Zahnfleisch-
    entzündung f.
**gingivolabial**   gingivolabial
**gingivoplastie f.**   Gingivoplastik f.
**gingivorragie f.**   Zahnfleischblutung f.
**gingivorrhée f.**   Ulorrhöe f.
**gingivostomatite f.**   Gingivostomatitis
    f.
**gingivotome m.**   Zahnfleischkappens-
    tanze f.
**GIP (gastric inhibitory peptide) m.**
    GIP (gastrisch inhibierendes Polypep-
    tid) n.
**gipome m.**   Gipom n.
**gitaline f.**   Gitalin n.
**gitaloxigénine f.**   Gitaloxigenin n.
**gitaloxine f.**   Gitaloxin n.
**gitoformate m.**   Gitoformat n.
**gitogénine f.**   Gitogenin n.
**gitoxigénine f.**   Gitoxigenin n.
**gitoxine f.**   Gitoxin n.
**givrage m.**   Vereisung f.
**glabre**   haarlos
**glace f.**   Eis n.
**glafénine f.**   Glafenin n.
**glaire cervicale f.**   Zervixschleim m.
**gland m.**   Eichel (med.) f.
**glande f.**   Drüse f.
**glande bulbourétrale de Méry f.**
    Cowpersche Drüse f.
**glande de Bartholin f.**   Bartholinsche
    Drüse f.
**glande de Brunner f.**   Brunnersche
    Drüse f.
**glande de Lieberkühn f.**   Lieberkühn-
    sche Krypte f.

glande de Meibomius f. Meibomsche Drüse f.
glande de Moll f. Mollsche Drüse f.
glande de Nuhn f. Nuhnsche Drüse f.
glande de Serre f. Serresche Drüse f.
glande génitale f. Geschlechtsdrüse f., Keimdrüse f.
glande intercarotidienne f. Glomus caroticum n.
glande lacrymale f. Tränendrüse f.
glande mammaire f. Brustdrüse f., Mamma f.
glande mucipare f. Schleimdrüse f.
glande parathyroïde f. Epithelkörperchen n.
glande paraurétrale de Skene f. Skenesche Drüse f.
glande parotide f. Ohrspeicheldrüse f., Parotis f.
glande pilosébacée f. Haarbalgdrüse f.
glande pinéale f. Epiphyse (endokrinol.) f., Zirbeldrüse f.
glande salivaire f. Speicheldrüse f.
glande sébacée f. Talgdrüse f.
glande sudoripare f. Schweißdrüse f.
glande surrénale f. Nebenniere f.
glande thyroïde f. Schilddrüse f., Thyreoidea f.
glandotrope glandotrop
glandulaire drüsig, glandulär
glaromètre m. Glarometer n.
glarométrie f. Glarometrie f.
glarométrique glarometrisch
glaucarubine f. Glaukarubin n.
glaucobiline f. Glaukobilin n.
glaucomateux glaukomatös
glaucome m. Glaukom n., grüner Star m.
glaucome pigmentaire m. Pigmentglaukom n.
glaziovine f. Glaziovin n.
glénoïde glenoidal
gleptoferrone f. Gleptoferron n.
gliadine f. Gliadin n.
glibenclamide m. Gibenclamid n.
glibutimine f. Glibutimin n.
gliclazide m. Gliclazid n.
glioblastome m. Glioblastom n.
glioblastose f. Glioblastose f.
gliomatose f. Gliomatose f.
gliome m. Gliom n.
gliome muqueux m. Myxogliom n.

gliome optique m. Optikusgliom n.
gliome posthypophysaire m. Pituizytom n.
glionodule m. Gliaknötchen n.
gliosarcome m. Gliosarkom n.
gliose f. Gliose f.
glipentide m. Glipentid n.
glipizide m. Glipizid n.
gliquidone f. Gliquidon n.
glisoxépide m. Glisoxepid n.
glissière f. Kassettenwagen m.
global global
globe oculaire m. Augapfel m.
globine f. Globin n.
globoside m. Globosid n.
globulaire kugelig
globule m. Kügelchen n.
globule blanc m. Leukozyt m.
globule polaire m. Polkörperchen n.
globule rouge m. Erythrozyt m.
globule rouge de mouton m. Schaferythrozyt m.
globuline f. Globulin n.
globuline antithymocytes f. Antithymozyten-Globulin n.
globuline autoimmune f. Autoimmunglobulin n.
globuline plasmatique f. Plasmaglobulin n.
glomangiome m. Glomangiom n.
glomangiose f. Glomangiose f.
glomectomie f. Glomektomie f.
glomérulaire glomerulär
glomérulite f. Glomerulitis f.
glomérulonéphrite f. Glomerulonephritis f.
glomérulopathie f. Glomerulopathie f.
glomérulosclérose f. Glomerulosklerose f.
glossectomie f. Glossektomie f.
Glossina morsitans f. Glossina morsitans f.
Glossina palpalis f. Glossina palpalis f.
glossite f. Glossitis f.
glossite de Hunter f. Huntersche Glossitis f.
glossodynie f. Glossodynie f.
glossoépiglottique glossoepiglottisch
glossolabial glossolabial
glossolalie f. Glossolalie f.

glossomanie f. Glossomanie f.

glossopalatin glossopalatinal, palato-glossal

glossopharyngien glossopharyngeal

glossoplastie f. Zungenplastik f.

glossoplégie f. Zungenlähmung f., Glossoplegie f.

glossoptose f. Glossoptose f.

glossopyrosis m. Zungenbrennen n.

glossospasme m. Glossospasmus m.

glossotomie f. Glossotomie f.

glossyskin m. Glanzhaut f.

glotte f. Glottis f., Stimmritze f.

glottique glottisch

gloxazone f. Gloxazon n.

glucagon m. Glukagon n.

glucagonome m. Glukagonom n.

glucaldrate m. Glucaldrat n.

glucamine f. Glukamin n.

glucane m. Glukan n.

glucaspaldrate m. Glucaspaldrat n.

gluceptate m. Glukeptat n.

glucinium m. Beryllium n.

glucocérébrosidase f. Glukozerebrosidase f.

glucocérébroside m. Glukozerebrosid n.

glucocérébrosidose f. Glukozerebrosidose f.

glucocorticoide m. Glukokortikoid n.

glucogenèse f. Glukogenese f.

glucokinase f. Glukokinase f.

glucokinine f. Glukokinin n.

glucomètre m. Glukometer n.

gluconate m. Glukonat n.

gluconate de calcium m. Calciumglukonat n., Kalziumglukonat n.

gluconéogenèse f. Glukoneogenese f.

glucoplastique glukoplastisch

glucoprotéine f. Glukoprotein n.

glucopyranose m. Glukopyranose f.

glucosamine f. Glukosamin n.

glucosaminidase f. Glukosaminidase f.

glucosazone f. Glukosazon n.

glucose m. Glukose f., Traubenzucker m.

glucose phosphatase f. Glukosephosphatase f.

glucose phosphate m. Glukosephosphat n.

glucosidase f. Glukosidase f.

glucoside m. Glukosid n.

glucoside cardiotonique m. Herzglykosid n.

glucoside de la digitale pourprée m. Purpureaglykosid n.

glucoside pur m. Reinglykosid n.

glucosurie f. Glukosurie f.

glucosyltransférase f. Glukosyltransferase f.

glucurolactone f. Glukurolakton n.

glucuronate m. Glukuronat n.

glucuronidase f. Glukuronidase f.

glucuronide m. Glukuronid n.

glucuronosylcyclotransférase f. Glukuronosylzyklotransferase f.

glucuronosyltransférase f. Glukuronosyltransferase f.

glue f. Kleber (Klebematerial) m.

glutamate m. Glutamat n.

glutamate déhydrogénase f. GLDH (Glutamatdehydrogenase) f.

glutaminase f. Glutaminase f.

glutamine f. Glutamin n.

glutamyl m. Glutamyl n.

glutamylcyclotransférase f. Glutamylzyklotransferase f.

glutamylcystéine f. Glutamylzystein n.

glutamyltransférase f. Glutamylstransferase f.

glutaral m. Glutaral n.

glutaraldéhyde m. Glutaraldehyd m.

glutarate m. Glutarat n.

glutardialdéhyde f. Glutardialdehyd m.

glutathion m. Glutathion n.

glutéline f. Glutelin n.

gluten m. Gluten n., Kleber m.

gluthétimide m. Gluthetimid n.

glycane m. Glycan n.

glycémie f. Glykämie f.

glycémie à jeun f. Nüchternblutzucker m.

glycémique glykämisch

glycéraldéhyde m. Glyzeraldehyd m.

glycérate m. Glyzerat n.

glycératémie f. Glyzeratämie f.

glycéride m. Glyzerid n.

glycérine f. Glyzerin n., Glycerol n.

glycérite m. Glyzerit n.

glycérokinase f. Glyzerokinase f.

glycérol m. Glycerol n., Glyzerol n., Glyzerin, Glycerin

G

glycérophosphatase f. Glyzerophosphatase f.
glycérophosphate m. Glyzerophosphat n.
glycérophosphate déhydrogénase f. Glyzerophosphatdehydrogenase f.
glycérophosphatide m. Glyzerophosphatid n.
glycérophosphoryl choline f. Glyzerophosphorylcholin n.
glycéryl m. Glyzeryl n.
glycidaldéhyde f. Glyzidaldehyd n.
glycinamide m. Glyzinamid n.
glycinate m. Glyzinat n.
glycine f. Glycin n., Glykokoll n., Glyzin n.
glycinose f. Glyzinose f.
glycinurie f. Glyzinurie f.
glycocalyx m. Glykokalix m.
glycocéramidose f. Glykozeramidose f.
glycocolle m. Glykokoll n.
glycocyamine f. Glykozyamin n.
glycodiazine f. Glycodiazin n., Glykodiazin n.
glycogénase f. Glykogenase f.
glycogène m. Glykogen n.
glycogenèse f. Glykogenese f., Glykogenie f.
glycogénolyse f. Glykogenolyse f.
glycogénolytique glykogenolytisch
glycogénose f. Glykogenose f., Glykogenspeicherkran'kheit f.
glycol m. Glykol n.
glycolipide m. Glykolipid n.
glycolyse f. Glykolyse f.
glycolytique glykolytisch
glyconéogenèse f. Glykoneogenese f.
glycopeptide m. Glykopeptid n.
glycophorine f. Glykophorin n.
glycoprive glykopriv
glycoprotéine f. Glykoprotein n.
glycoprotéine foetale f. Fetuin n.
glycopyrrolate m. Glykopyrrolat n.
glycosaminoglycane m. Glykosaminoglykan n.
glycosidase f. Glykosidase f.
glycoside m. Glykosid n.
glycosyltransférase f. Glykosyltransferase f.
glycyle m. Glyzyl n.
glycylglycine f. Glyzylglyzin n.

glycylhistidine f. Glyzylhistidin n.
glycylleucine f. Glyzylleuzin n.
glycylnorleucine f. Glyzylnorleuzin n.
glycylsérine f. Glyzylserin n.
glycyrrhizine f. Glyzyrrhizin n.
glymidine f. Glymidin n.
glyoxal m. Glyoxal n.
glyoxalase f. Glyoxalase f.
glyoxalate m. Glyoxalat n.
glyoxalyl urée f. Glyoxalylharnstoff m.
glysobuzole m. Glysobuzol n.
gnathion m. Gnathion n.
gnathométrie f. Gnathometrie f.
gnathoschisis m. Kieferspalte f.
gnotobiotique gnotobiotisch
GnRH (lulibérine) f. GnRH (Gonadotropin-Releasing-Hormon) n.
gobelet m. Becherglas n.
gobelet de rinçage m. Spülbecher n.
goitre m. Kropf m., Struma f.
goitre colloïdal m. Kolloidkropf m.
goitre exophtalmique m. Basedowsche Krankheit f.
goitre nodulaire m. Knotenkropf m.
goitre parenchymateux m. Parenchymkropf m.
goitre plongeant m. Tauchkropf m.
goitre pubertaire m. Adoleszentenkropf m.
goitre toxique m. toxischer Kropf m.
goitreux kropfig
gomme f. Gumma f.
gomme arabique f. Gummi arabicum m.
gomme de Karaya f. Karayagummi m.
gomme de protection f. Guargummi m.
gomme de scammonée f. Skammonium n.
gomme de silicone f. Silikongummi m.
gomme laque f. Schellack m.
gommeux gummös
Gomphocarpus uzarae m. Uzara f.
gomphose f. Gomphose f.
gon m. Gon m.
gonade f. Geschlechtsdrüse f., Keimdrüse f.
gonadectomie f. Gonadektomie f., Keimdrüsenentfernung f.

gonadoblastome m.   Gonadoblastom n.
gonadolibérine (LHRH) f.   Gonadoliberin n.
gonadoréline f.   Gonadorelin n.
gonadotrope   gonadotrop
gonadotropine f.   Gonadotropin n.
gonadotropine chorionique f.   Choriongonadotropin n.
gonarthrite f.   Gonarthritis f., Gonitis f., Kniegelenkentzünd.ung f.
gonflage m.   Aufblasung f.
gonflé   aufgedunsen, aufgetrieben
gonflement m.   Intumeszenz f.
gonfler   aufblasen, quellen, schwellen
gongylonémose f.   Gongylonemiasis f.
goniomètre m.   Goniometer n.
gonion m.   Gonion n.
gonioscope m.   Gonioskop n.
gonioscopie f.   Gonioskopie f.
gonioscopique   gonioskopisch
goniotomie f.   Goniotomie f.
gonocoque m.   Gonokokkus m.
gonocyte m.   Gonozyt m.
gonocytome m.   Gonozytom n.
gonomérie f.   Gonomerie f.
gonorrhée f.   Go f., Gonorrhöe f., Tripper m.
gonorrhéique   gonorrhoisch
gonosomal   gonosomal
gonosome m.   Gonosom n.
Gordon, signe de m.   Gordonsches Zeichen n.
gorge f.   Gurgel f., Rachen m.
goseréline f.   Goserelin n.
goudron m.   Teer m.
goudron de pin m.   Pix liquida f.
gouge f.   Hohlmeißel m.
gourme f.   Druse f.
gourme équine f.   Pferdestaupe f. (vet.)
gousse f.   Hülse f.
goût m.   Geschmack m.
goût du plaisir m.   Genußsucht f.
goûter   schmecken
goutte f.   Gicht f., Tropfen m.
goutte à goutte   tropfenweise
goutte à goutte postmictionnel m.   Nachträufeln (des Harns). n.
goutte calcique f.   Kalkgicht f.
goutte en suspension f.   hängender Tropfen m.
goutte épaisse f.   dicker Tropfen m.

goutte localisée à l'épaule f.   Omagra f.
gouttelette f.   Tröpfchen n.
gouttelette lipidique intracellulaire f.   Liposom n.
goutter   tropfen
gouttes pour l'estomac f. pl.   Magentropfen m. pl.
gouttes pour le nez f. pl.   Nasentropfen f. pl.
goutteux   gichtig
gouttière f.   Rinne f.
gouttière de Boehler f.   Böhler-Schiene f.
gouttière de Kocher f.   Kocherrinne f.
gracile   grazil
grade m.   Neugrad m.
gradient m.   Gradient m.
graduation f.   Gradierung f., Graduierung f.
graduel   graduell
graduer   graduieren
grain riziforme m.   Reiskörper m.
graine f.   Samen (botan.) m.
graines de lin f. pl.   Leinsamen m.
graisse f.   Fett n., Schmalz n.
graisse de laine anhydre f.   Wollfett n.
graisser   einfetten, schmieren, überfetten   graisseux fettig
Gram négatif   gramnegativ
Gram positif   grampositiv
gramicidine f.   Gramicidin n.
graminol m.   Graminol n.
gramme m.   Gramm n.
grand angle m.   Weitwinkel m.
grand hippocampe m.   Ammonshorn n.
grande courbure de l'estomac f.   große Kurvatur f.
grandeur f.   Größe f.
granulation f.   wildes Fleisch n., Granulation f., Körnelung f., Körnung f.
granulation vitale f.   Vitalgranulation f.
granule m.   Körnchen n.
granuler   granulieren
granuleux   granulär
granulocyte m.   Granulozyt m., granulierter Leukozyt m.
granulomateux   granulomatös
granulomatose f.   Granulomatose f.
granulome m.   Granulom n.

G

granulome annulaire m.   Granuloma annulare n.
granulome apical m.   Wurzelspitzen-granulom n.
granulome ulcéreux des organes génitaux m.   Granuloma venereum n.
granulomère m.   Granulomer n.
granulopénie f.   Granulozytopenie f.
granulopénique   granulozytopenisch
granulopoïèse f.   Granulozytopoese f.
granulopoiétique   granulozytopoetisch
granulose f.   Granulose f.
graphique   graphisch
graphique m.   bildliche Darstellung f.
graphologie f.   Graphologie f.
graphologique   graphologisch
graphomanie f.   Graphomanie f.
graphospasme m.   Schreibkrampf m.
gras   fett
gratter   kratzen
grattoir m.   Knochenschaber m., Schaber m.
gravelle f.   Nierengrieß m., Harngrieß m.
gravement blessé   schwerverletzt, schwerverwundet
gravement handicapé   schwerbehindert
gravement malade   todkrank
gravide   trächtig
gravier m.   Grieß m.
gravimètre m.   Gravimeter n.
gravimétrie f.   Gravimetrie f.
gravimétrique   gravimetrisch
gravitation f.   Gravitation f.
greffe f.   Implantat n.
greffe allogénique f.   Allotransplantat n.
greffe de moelle osseuse f.   Knochenmarkstransplantation f.
greffe de réseau de peau f.   Maschentransplantat n.
greffe de Reverdin f.   Reverdinsche Transplantation f.
greffe épidermique de Thiersch f.   Thiersch-Transplantation f.
greffer   aufpfropfen, implantieren, transplantieren
greffon m.   Transplantat n.
greffon synthétique m.   synthetisches Transplantat n.

grenouille f.   Frosch m.
grenure f.   Körnung f.
griffe f.   Gabel f., Klaue f., Kralle f.
grille f.   Gitter n., Raster (röntg.) m.
grille antidiffusante f.   Rasterblende f.
grille de cristal f.   Kristallgitter n.
griller   rösten
grimacer, fait de m.   Grimassieren n.
grincement de dents m.   Zähneknirschen n.
grincer   knirschen
grippal   grippal
grippe f.   Grippe f.
grippe asiatique f.   asiatische Grippe f.
gris   grau
griséofulvine f.   Griseofulvin n.
Grocco, triangle de m.   Rauchfuß Groccosches Dreieck n.
gros intestin m.   Dickdarm m.
grossesse abdominale f.   Bauchhöhlenschwangerschaft f.
grossesse avancée f.   fortgeschrittene Schwangerschaft f.
grossesse avancée, en état de - -   hochschwanger
grossesse avec oedèmes, protéinurie et hypertension f.   Gestose mit Ödemen, Proteinurie und Hochdruck f.
grossesse extrautérine f.   Extrauteringravidität f.
grossesse gémellaire f.   Zwillingsschwangerschaft f.
grossesse nerveuse f.   Scheinschwangerschaft f.
grossesse pluriembryonnaire f.   Mehrlingsschwangerschaft f.
grossesse tubaire f.   Eileiterschwangerschaft f., Tubargravidität f.
groupe m.   Gruppe f.
groupe azoïque m.   Azo-Gruppe f.
groupe de muscles m.   Muskelgruppe f.
groupe éthylèneimine m.   Ethylenimino-Gruppe f.
groupe fonctionnel m.   Wirkgruppe f.
groupe sanguin m.   Blutgruppe f.
groupement m.   Gruppierung f.
guabenxane m.   Guabenxan n.
guaïacol m.   Guaiakol n.
guaïazulène m.   Guaiazulen n.
guamécycline f.   Guamecyclin n.
guanase f.   Guanase f.

guanéthidine f.   Guanethidin n.
guanfacine f.   Guanfacin n.
guanidase f.   Guanidase f.
guanide m.   Guanid n.
guanidine f.   Guanidin n.
guanine f.   Guanin n.
guanosine f.   Guanosin n.
guanoxan m.   Guanoxan n.
guanylate m.   Guanylat n.
guanyle m.   Guanyl n.
guanylhistamine f.   Guanylhistamin n.
guanylyl m.   Guanylyl n.
guêpe f.   Wespe f.
guérir   gesunden, heilen (intransitiv),
   heilen (transitiv)
guérison f.   Gesundung f., Heilung f.
guérison de primière intention f.   Heilung per primam intentionem f.
guérison de seconde intention f.   Heilung per secundam intentionem f.
guérison définitive f.   Dauerheilung f.
guérison secondaire f.   Sekundärheilung f.
guérison spontanée f.   Spontanheilung
   f.
guérisseur m.   Heilpraktiker m.
guêtre f.   Hufstiefel m.
gui m.   Mistel f.
guide ligature m.   Ligaturenführer m.
guide métallique m.   Führungsdraht
   m.
Guillain et Barré, syndrome de m.
   Guillain-Barré-Syndrom n.
gulose m.   Gulose f.
Gunn, signe de m.   Gunnsches Zeichen n.

gustatif   geschmacklich
gustomètre m.   Gustometer n.
gustométrique   gustometrisch
guttapercha f.   Guttapercha f.
guttural   guttural
gymnastique f.   Gymnastik f.
gymnastique dans l'eau f.   Unterwassergymnastik f.
gymnastique de préparation à l'accouchement f.   Schwangerengymnastik
   f.
gymnastique médicale f.   Heilgymnastik f.
gymnastique postpartale f.   Wochenbettgymnastik f.
gymnastique thérapeutique f.   Krankengymnastik f.
gymnophobie f.   Gymnophobie f.
gynandroblastome m.   Gynandroblastom n.
gynatrésie f.   Gynatresie f.
gynécologie f.   Gynäkologie f.
gynécologique   gynäkologisch
gynécologue f.   Frauenärztin f., Gynäkologin f.
gynécologue m.   Fachgebietsarzt für
   Frauenkrankheiten m., Fachgebietsarzt für Gynäkologie m., Frauenarzt
   m., Gynäkologe m.
gynécomastie f.   Gynäkomastie f.
gypsespath m.   Gipsspat m.
gyrase f.   Gyrase f.
gyrase, inhibiteur de la m.   Gyrasehemmer m.

**G**

# H

habénulaire  habenulär
habiller  ankleiden, anziehen
habitude f.  Gewohnheit f.
habituel  habituell, routinenmäßig
habronémose f.  Habronemiasis f.
hache f.  Beil n.
hachimycine f.  Hachimycin n.
Haemophilus conjunctivitidis m.
    Koch Weecks-Bazillus m.
Haemophilus ducreyi m.  Streptobacil-
    lus Ducrey-Unna m., Streptobacte-
    rium ulceris mollis n.
hafnia m.  Hafnie f.
hafnium m.  Hafnium n.
halètement m.  paroxysmale Dyspnoe
    f. (vet.)
haleter  keuchen
halistérèse f.  Halisterese f.
hallucination f.  Halluzination f.
hallucination auditive f.  Gehörshallu-
    zination f.
hallucination gustatise f.  Geschmack-
    shalluzination f.
hallucination olfactive f.  Geruchshal-
    luzination f.
hallucination optique f.  optische Hal-
    luzination f.
hallucination sensorielle f.  Sinnestäu-
    schung f.
hallucination tactile f.  Berührungshal-
    luzination f.
hallucinatoire  wahnhaft
hallucinogène  halluzinogen
hallucinogène m.  Halluzinogen n.
hallux valgus m.  Hallux valgus m.
hallux varus m.  Hallux varus m.
halofantrine f.  Halofantrin n.
halofénate m.  Halofenat n.
halogène m.  Halogen n.
halogéner  halogenieren
haloïde  kochsalzähnlich
halomètre m.  Halometer n.
halométrie f.  Halometrie f.
halométrique  halometrisch
halopéridol m.  Haloperidol n.
haloprédone f.  Halopredon n.

haloprogestérone f.  Haloprogesteron
    n.
halothane m.  Halothan n.
hamaméline f.  Hamamelin n.
hamamélis m.  Hamamelis f.
hamartome m.  Hamartom n.
hamster m.  Hamster m.
hamster doré m.  Goldhamster m.
hanche f.  Hüfte f.
hanche à ressort de Morel-Lavalée f.
    schnappende Hüfte f.
handicap m.  Behinderung f.
handicapé  behindert
handicapé (e) m., f.  körperbehinderte
    Person f.
handicapé mentalement  geistig behin-
    dert
hantavirus m.  Hantavirus n.
haphalgésie f.  Haphalgesie f.
haploïde  haploid
haploïdie f.  Haploidie f.
haplotype m.  Haplotyp m.
haptène m.  Halbantigen n., Hapten n.
haptoglobine f.  Haptoglobin n.
haptophore m.  Haptophor n.
haricot m.  Brechschale f., Nieren-
    schale f.
haricot soja m.  Soyabohne f.
harmine f.  Harmin n.
harpon m.  Harpune f.
hasard m.  Zufall m.
haschisch m.  Haschisch m.
haustration f.  Haustrierung f.
haute fréquence f.  Hochfrequenz f.
haute tension f.  Hochspannung f.
    (elektr.)
HAV (virus de l'hépatite A) m.  HAV
    (Hepatitis-A-Virus) n.
Hb (hémoglobine) f.  Hb (Hämoglo-
    bin) n.
hCG (gonadotrophine chorionique) f.
    CG (Choriongonadotropin) n.
hCG (hormone chorionique gonado-
    trophique) f.  HCG (humanes Cho-
    riongonadotropin) n.
HDV (virus de l'hépatite delta) m.
    HDV (Hepatitis Delta-Virus) n.

hébéphrène   hebephren
hébéphrénie f.   Hebephrenie f.
hébéphrénie secondaire f.   Pfropfhebephrenie f.
héboïdie f.   Heboidie f.
hectique   hektisch
hectolitre m.   Hektoliter n.
hélice f.   Schnecke (biochem.) f.
hélicobacter m.   Helicobacter m.
hélioexposition f.   Besonnung f.
héliothérapie f.   Heliotherapie f.
hélium m.   Helium n.
hélix m.   Helix f.
hellébore m.   Helleborus m., Nieswurz
  f.
helminthiase f.   Helminthiasis f.,
  Wurmbefall m.
helminthologie f.   Helminthologie f.
helminthologique   helminthologisch
hémagglutination f.   Hämagglutination f.
hémagglutinine f.   Hämagglutinin n.
hémangioendothéliome m.   Hämangioendotheliom n.
hémangiome m.   Blutschwamm m.,
  Hämangiom n.
hémarthrose f.   blutiger Gelenkerguß
  m., Hämarthrose f.
hématémèse f.   Bluterbrechen n., blutiges Erbrechen n., Hämatemesis f.
hématie f.   Erythrozyt m.
hématies empilées f. pl.   Geldrollenbildung f.
hématimètre m.   Hämazytometer n.
hématine f.   Hämatin n.
hématinurie f.   Hämatinurie f.
hématique   bluthaltig
hématoblaste m.   Hämatoblast m.
hématocéle f.   Hämatozele f.
hématocolpos m.   Hämatokolpos m.
hématocrite m.   Hämatokrit m.
hématocyturie f.   Hämatozyturie f.
hématogène   hämatogen
hématogonie f.   Hämatogonie f.
hématoïdine f.   Hämatoidin n.
hématologie f.   Hämatologie f.
hématologique   hämatologisch
hématologue f.   Hämatologin f.
hématologue m.   Hämatologe m.
hématome m.   Hämatom m.
hématome céphalique m.   Cephalhämatom n.

hématome en lunettes m.   Brillenhämatom n.
hématome sousdural m.   subdurales
  Hämatom n.
hématomyélie f.   Hämatomyelie f.
hématopoïèse f.   Blutbildung f., Hämopoese f.
hématopoïétique   blutbildend, hämo-
  poecisch
hématoporphyrine f.   Hämatoporphyrin n.
hématose f.   Arterialisierung f.
hématotoxique   hämatotoxisch
hématoxyline f.   Hämatoxylin n.
hématozoaire de Laveran m.   Laveransches Körperchen n.
hématurie f.   Hämaturie f.
hème m.   Häm n.
héméralopie f.   Hemeralopie f., Nachtblindheit f.
hémiacétal m.   Hemiazetal n.
hémiachromatopsie f.   Hemiachromatopsie f.
hémialgie f.   Hemialgie f.
hémiamblyopie f.   Hemiamblyopie f.
hémianesthésie f.   Hemianästhesie f.
hémianopsie f.   Hemianopsie f.
hémianopsie binasale f.   binasale Hemianopsie f.
hémianopsie bitemporale f.   bitemporale Hemianopsie f., Scheuklappenhemianopsie f.
hémianopsie en quadrant f.   Quadran-
  tenhemianopsie f.
hémianopsie hétéronyme f.   heteronyme Hemianopsie f.
hémianopsie homonyme f.   homonyme Hemianopsie f.
hémianoptique   hemianoptisch
hémiapraxie f.   Hemiapraxie f.
hémiataxie f.   Hemiataxie f.
hémiathétose f.   Hemiathetose f.
hémiatrophie f.   Hemiatrophie f.
hémiballisme m.   Hemiballismus m.
hémibloc m.   Hemiblock m.
hémicellulase f.   Hemizellulase f.
hémicellulose f.   Hemizellulose f.
hémichorée f.   Halbseitenchorea f.,
  Hem.chorea f.
hémicorporectomie f.   Hemikorporektomie f.

hémidesmosome m. Hemidesmosom
n
hémiépilepsie f. Halbseitenepilepsie f.,
Hemiepilepsie f.
hémigastrectomie f. Hemigastrektomie
hémignathie f. Hemignathie f.
hémihydrate m. Hemihydrat n.
hémihydrochlorure m. Hemihydrochlorid n.
hémihyperhidrose f. Hemihyperhidrose
hémihypertrophie f. Halbseitenhypertrophie f., Hemihypertrophie f.
hémilaminectomie f. Hemilaminek-
tom f.
hémilaryngectomie f. Hemilaryngektomie f.
hémilombalisation f. Hemilumbalisa-
tic f.
hémine f. Hämin n.
hémiparésie f. Hemiparese f.
hémiparésique hemiparetisch
hémiparesthésie f. Hemiparästhesie f.
hémipelvectomie f. Hemipelvektomie
f.
hémiplégie f. Halbseitenlähmung f.,
Hemiplegie f.
hémiplégique hemiplegisch
hémisacralisation f. Hemisakralisation f.
hémispasme m. Hemispasmus m.
hémisphére f. Hemisphäre f.
hémisphérectomie f. Ilemisphärekto-
mie f.
hémisuccinate m. Hemisukzinat n.
hémizygote hemizygot
hémobilie f. Hämobilie f.
hémoblaste m. Hämoblast m.
hémoblastose f. Hämoblastose f.
hémochromatose f. Hämochromatose
f.
hémochromomètre m. Hämochromometer n.
hémoconcentration f. Bluteindickung
f.
hémoculture f. Blutkultur f.
hémocytoblaste m. Hämozytoblast
m.
hémocytométre de Thoma-Zeiss m.
Thoma-Zeiss-Zählkammer f.
hémodialyse f. Hämodialyse f.

hémodialyseur m. Hämodialysegerät
n.
hémodilution f. Hämodilution f.
hémodynamique hämodynamisch
hémodynamique f. Hämodynamik f.
hémoglobine f. Hämoglobin n.
hémoglobinolyse f. Hämoglobinolyse
f.
hemoglobinomètre m. Hämoglobinometer n.
hémoglobinopathie f. Hämoglobinopathie f.
hémoglobinurie f. Hämoglobinurie f.
hémogramme f. Blutbild (BB) n.
hémolyse f. Hämolyse f.
hémolyser hämolysieren
hémolysine f. Hämolysin n.
hémolytique hämolytisch
hémomètre m. Hämometer n.
hémoperfusion f. Hämoperfusion f.
hémopéricarde m. Hämoperikard n.
hémophile hämophil
hémophile m. Bluter m.
hémophile m., f. hämophile Person f.
hémophilie f. Hämophilie f.
hémophtalmie f. Hämophthalmus m.
hémoptysie f. Hämoptoe f., Hämoptyse f.
hémoptysie violente f. Blutsturz m.
hémopyrrol m. Hämopyrrol n.
hémorragie f. Blutung f., Hämorrhagie f.
hémorragie capsulaire f. Kapselblutung f.
hémorragie cérébrale f. Hirnblutung
f.
hémorragie de grossessse f. Schwangerschaftsblutung f.
hémorragie de la délivrance f. Nachgeburtsblutung f.
hémorragie de privation f. Abbruchblutung f., Entzugsblutung f.
hémorragie folliculaire f. Abbruchblu
tung f.
hémorragie intermenstruelle f. Zwischenblutung f.
hémorragie intestinale f. Darmblutung f.
hémorragie massive f. Massenblutung
f., Verblutung f.
hémorragie pulmonaire f. Lungenblu
tung f.

hémorragie récidivante f.   Wiederholungsblutung f.
hémorragie secondaire f.   Nachblutung f.
hémorragie sousarachnoïdienne f.   Subarachnoidalblutung f.
hémorragie surrénale f.   Nebennierenblutung f.
hémorragie traumatique du cerveau moyen f.   Erythrom n.
hémorragie utérine f.   Uterusblutung f.
hémorragique   hämorrhagisch
hémorroïdal   hämorrhoidal
hémorroïde f.   Hämorrhoide f.
hémorroïdectomie f.   Hämorrhoidektomie f.
hémosidérine f.   Hämosiderin n.
hémosidérose f.   Hämosiderose f.
hémostase f.   Hämostase f.
hémostatique   hämostatisch
hémostatique m.   blutstillendes Mittel n., Hämostatikum n.
hémostyptique   hämostyptisch
hémostyptique m.   Hämostyptikum n.
hémothorax m.   Hämatothorax m., Hämothorax m.
hémotoxine f.   Blutgift n., Hämotoxin n.
hémotoxique   hämotoxisch
henry m.   Henry n.
héparane m.   Heparan n.
héparine f.   Heparin n.
héparinisation f.   Heparinisierung f.
hépariniser   heparinisieren
hépaticocholécystojéjunostomie f.   Hepatikocholezystojejunostomie f.
hépaticoduodénostomie f.   Hepatikoduodenostomie f.
hépaticogastrostomie f.   Hepatikogastrostomie f.
hépaticojéjunal   hepatikojejunal
hépaticojéjunostomie f.   Hepatikojejunostomie f.
hépaticostomie f.   Hepatikostomie f.
hépaticotomie f.   Hepatikotomie f.
hépatique   hepatisch
hépatisation f.   Hepatisation f.
hépatisé   hepatisiert
hépatite f.   Hepatitis f.
hépatite A/B/nonA/nonB f.   Hepatitis A/B/nonA/nonB f.
hépatite virale f.   Virushepatitis f.

hépatobiliaire   hepatobiliär
hépatocellulaire   hepatozellulär
hépatocholangioduodénostomie f.   Hepatocholangioduodenostomie f.
hépatocholangite f.   Hepatocholangitis f.
hépatocyte m.   Hepatozyt m.
hépatogastrique   hepatogastrisch
hépatogène   hepatogen
hépatographie f.   Hepatographie f.
hépatolenticulaire   hepatolentikulär
hépatomégalie f.   Hepatomegalie f.
hépatopathie f.   Hepatopathie f.
hépatorénal   hepatorenal
hépatose f.   Hepatose f.
hépatosplénique   hepatolienal
hépatosplénomégalie f.   Hepatosplenomegalie f.
hépatotoxicité f.   Hepatotoxizität f.
hépatotoxique   hepatotoxisch
hépatotrope   hepatotrop
heptachlore m.   Heptachlor n.
heptadécyl…   Heptadecyl…
heptaène m.   Heptaen n.
heptahydrate m.   Heptahydrat n.
heptaminol m.   Heptaminol n.
heptane m.   Heptan n.
heptanoate m.   Heptanoat n.
heptathiophène m.   Heptathiophen n.
heptavalent   siebenwertig
heptavérine f.   Heptaverin n.
heptolamide m.   Heptolamid n.
heptose m.   Heptose f.
heptulose m.   Heptulose f.
heptyle m.   Heptyl n.
herbe f.   Kraut n.
herbicide   herbizid
herbicide m.   Herbizid n.
herbier m.   Kräuterbuch n.
herbivore   pflanzenfressend
héréditaire   erblich, vererbbar
hérédité f.   Vererbung f., Erblichkeit f., Heredität f.
hérédoataxie f.   Heredoataxie f.
hérédodégénérescence f.   Heredodegeneration f.
héritage m.   Erbgang m.
hérité   vererbt
hermaphrodisme m.   Hermaphroditismus m.
hermaphrodite m.   Zwitter m.
hermétique   hermetisch, dicht

herniation f. Hernienbildung f.
herniation incomplète f. unvollständige Hernie f.
hernie f. Bruch m., Hernie f.
hernie adhérente avec glissement f.
Gleitbruch m.
hernie cicatricielle f. Narbenbruch m.
hernie crurale f. Schenkelhernie f.
hernie de glissement f. Gleithernie f.
hernie de Littre f. Littresche Hernie f.
hernie de Malgaigne f. Malgaignesche
Hernie f.
hernie de Spieghel f. Spieghelsche
Hernie f.
hernie de Treitz f. Treitzsche Hernie f.
hernie diaphragmatique f. Zwerchfellhernie f.
hernie directe f. direkte Hernie f.
hernie discale f. Bandscheibenprolaps
m.
hernie épigastrique f. epigastrische
Hernie f.
hernie épiploïque f. Netzhernie f.
hernie étranglée f. eingeklemmte Hernie f.
hernie fémorale f. Schenkelhernie f.
hernie hiatale f. Hiatushernie f.
hernie incarcérée f. inkarzerierte Hernie f.
hernie indirecte f. indirekte Hernie f.
hernie inguinale f. Leistenbruch m.,
Leistenhernie f.
hernie interne f. innere Hernie f.
hernie irréductible f. irreponible Hernie f.
hernie musculaire f. Muskelhernie f.
hernie obturatrice f. Hernia obturatoria f.
hernie ombilicale f. Nabelhernie f.
hernie réductible f. reponible Hernie f.
hernie scrotale f. skrotale Hernie f.
herniorraphie f. Herniorrhaphie f.
herniotomie f. Herniotomie f.
héroïne f. Heroin n.
héroïnomanie f. Heroinsucht f.
héroïque heroisch
herpangine f. Herpangina f.
herpès m. Herpes m.
herpès cutanéomuqueux génital m.
Herpes progenitalis m.
herpès labial m. Herpes labialis m.
herpès simplex m. Herpes simplex m.

herpèsvirus m. Herpesvirus n.
herpétiforme herpetiform
herpétique herpetisch
hertz m. Hertz n.
hésiter zögern
hespéridine f. Hesperidin n.
hétacilline f. Hetacillin n.
hétaflur m. Hetaflur n.
hétéroagglutination f. Heteroagglutination f.
hétéroanticorps m. Heteroantikörper
m.
hétéroantigène m. Heteroantigen n.
hétéroautoplastie f. Heteroautoplastik f.
hétérocentrique heterozentrisch
hétérochromatine f. Heterochromatin
n.
hétérochromatique heterochromatisch
hétérochrome heterochrom
hétérochromie f. Heterochromie f.
hétérochromosome m. Geschlechtschromosom n., Heterochromosom n.
hétérocomplément m. Heterokomplement n.
hétérocyclique heterozyklisch
hétérodesmotique heterodesmotisch
hétérodonte heterodont
hétérogène heterogen
hétérogénétique hetrogenetisch
hétérogonie f. Heterogonie f.
hétérogreffe f. Heterotransplantat n.
hétéroimmunité f. Heteroimmunität f.
hétéroinfection f. Heteroinfektion f.
hétéroinoculation f. Heteroinokulation f.
hétérointoxication f. Heterointoxikation f.
hétérokinèse f. Heterokinese f.
hétérolalie f. Heterolalie f.
hétérologie f. Heterologie f.
hétérologue heterolog
hétéromorphe heteromorph
hétéromorphie f. Heteromorphie f.
hétéronium m. Heteronium n.
hétéronome heteronom
hétéronyme heteronym
hétérophagie f. Heterophagie f.
hétérophile heterophil
hétérophonique heterophon
hétérophorie f. Heterophorie f.

hétéroplasie f.   Heteroplasie f.
hétéroplastique   heteroplastisch
hétéroploïde   heteroploid
hétéropolysaccharide m.   Heteropolysaccharid n.
hétéroscopie f.   Heteroskopie f.
hétérosexuel   heterosexuell
hétérosome m.   Heterosom n.
hétérospécifique   heterospezifisch
hétérosuggestion f.   Heterosuggestion
f.
hétérotoxine f.   Heterotoxin n.
hétérotransplantation f.   Heterotransplantation f.
hétérotrope   heterotrop
hétérotrophe   heterotroph
hétérotrophie f.   Heterotrophie f.
hétérotropie f.   Heterotropie f.
hétérotypique   heterotypisch
hétéroxène   heteroxen
hétérozygote   heterozygot
heure, par   stündlich
heures de visite f. pl.   Besuchszeit f.
hexacétonide m.   Hexacetonid n.
hexachlorocyclohexane m.   Hexachlorozyklohexan n.
hexachlorophène m.   Hexachlorophen
n.
hexachlorure m.   Hexachlorid n.
hexacyclonate m.   Hexazyklonat n.
hexafluorure m.   Hexafluorid n.
hexafluronium m.   Hexafluronium n.
hexagonal   sechseckig
hexagone artériel de Willis m.   Circulus arteriosus m.
hexahydrate m.   Hexahydrat n.
hexahydrobenzoate m.   Hexahydrobenzoat n.
hexamère m.   Hexamer n.
hexamérique   hexamer
hexaméthonium m.   Hexamethonium
n.
hexaméthylène m.   Hexamethylen n.
hexaméthylènediamine f.   Hexamethylendiamin n.
hexaméthylènetétramine f.   Hexamethylentetramin n.
hexaméthylmélamine f.   Hexamethylmelamin n.
hexaméthylphosphamide m.   Hexamethylphosphamid n.

hexaméthylpropylèneaminoxime m.
Hexamethylpropylenaminoxim n.
hexamide m.   Hexamid n.
hexane m.   Hexan n.
hexanicotinate m.   Hexanikotinat n.
hexanitrate m.   Hexanitrat n.
hexanoate m.   Hexanoat n.
hexanol m.   Hexanol n.
hexaose m.   Hexaose f.
hexapeptide m.   Hexapeptid n.
hexaploïde   hexaploid
hexapropymate m.   Hexapropymat n.
hexavalent   sechswertig
hexédrine f.   Hexedrin n.
hexétidine f.   Hexetidin n.
hexidine f.   Hexidin n.
heximide m.   Heximid n.
hexitol m.   Hexit n.
hexobarbital m.   Hexobarbital n.
hexobendine f.   Hexobendin n.
hexoestrol m.   Hexestrol n.
hexokinase f.   Hexokinase f.
hexon m.   Hexon n.
hexopeptidase f.   Hexopeptidase f.
hexoprénaline f.   Hexoprenalin n.
hexopyrronium m.   Hexopyrronium
n.
hexosamine f.   Hexosamin n.
hexosaminidase f.   Hexosaminidase f.
hexosane m.   Hexosan n.
hexosazone f.   Hexosazon n.
hexose m.   Hexose f.
hexosediphosphatase f.   Hexosediphosphatase f.
hexosediphosphate m.   Hexosediphosphat n.
hexosidase f.   Hexosidase f.
hexosyltransférase f.   Hexosyltransferase f.
hexuronate m.   Hexuronat n.
hexylamine f.   Hexylamin n.
hexylcaïne f.   Hexylcain n.
hexyle m.   Hexyl n.
hexylrésorcine f.   Hexylresorcin n.
hiatus m.   Lücke f.
hibernation f.   Winterschlaf m.
hibernation artificielle f.   künstlicher
Winterschlaf m.
hibernome m.   Hibernom n.
hidradénite f.   Hidradenitis f.
hidradénome m.   Hidradenom n.
hidrorrhée f.   Hyperhidration f.

hidrosadénomes de Fox-Fordyce m.
   pl.   Fox-Fordycesche Krankheit f.
hidrose f.   Hidrose f.
hidrotique   hidrotisch
hiérarchie f.   Hierarchie f.
hiérarchique   hierarchisch
hilaire   hilär
hile m.   Hilus m.
hilifuge   hilifugal
hilipète   hilipetal
hilite f.   Hilitis f.
hippothérapie f.   Hippotherapie f.,
   Reittherapie f.
hippurate m.   Hippurat n.
hippurie f.   Hippurie f.
hippus pupillaire m.   Irisschlottern n.
hirsutisme m.   Hirsutismus m.
hirudine f.   Hirudin n.
hirudinea f.   Hirudinea f.
histaminase f.   Histaminase f.
histamine f.   Histamin n.
histaminergique   histaminergisch
histidase f.   Histidase f.
histidinase f.   Histidinase f.
histidine f.   Histidin n.
histidinémie f.   Histidinämie f.
histidyle m.   Histidyl n.
histidylglycine f.   Histidylglyzin n.
histioblaste m.   Histioblast m.
histiochimie f.   Histiochemie f.
histiocytaire   histiozytär
histiocyte m.   Histiozyt m.
histiocytome m.   Histiozytom n.
histiocytose f.   Histiozytose f.
histiotrope   histiotrop
histoadhésif m.   Gewebe Klebstoff m.
histochimique   histiochemisch
histocompatibilité f.   Gewebeverträglichkeit f., Histokompatibilität f.
histocompatible   gewebeverträglich
histogenèse f.   Histogenese f.
histogramme m.   Histogramm n.
histoire de la médecine f.   Medizingeschichte f.
histologie f.   Histologie f.
histologique   histologisch
histologue m.   Histologe m.
histolyse f.   Histolyse f.
histolytique   histolytisch
histomorphologie f.   Histomorphologo-
   gie f.

histomorphologique   histomorphologisch
histomorphométrie f.   Histomorphometrie f.
histomorphométrique   histomorphometrisch
histone f.   Histon n.
histopathologie f.   Histopathologie f.
histopathologique   histopathologisch
histoplasmose f.   Histoplasmose f.
histotomographie f.   Histotomographie f.
histotomographique   histotomographisch
histotoxique   histotoxisch
histotrope   histotrop
HIV (Human Immunodeficiency Virus)
   m.   HIV (humanes Immundefekt-
   Virus) n.
hMG (human menopausal gonadotropin) f.   HMG (menschliches Menopausen-Gonadotropin) n.
Hodgkin, maladie de f.   Hodgkinsche
   Krankheit f., Morbus Hodgkin m.
holandrique   holandrisch
holmium m.   Holmium n.
holoblastique   holoblastisch
holocellulose f.   Holozellulose f.
holocrine   holokrin
holodiastolique   holodiastolisch
hologamie f.   Hologamie f.
holographie f.   Holographie f.
hologynique   hologyn
holoparasite m.   Holoparasit m.
holosystolique   holosystolisch
holotype m.   Holotyp m.
holoxénique   holoxenisch
homalographie f.   Homalographie f.
homarginine f.   Homarginin n.
homatropine f.   Homatropin n.
homéogreffe f.   Homöotransplantat n
homéopathe f.   Homöopathin f.
homéopathe m.   Homöopath m.
homéopathie f.   Homöopathie f.
homéopathique   homöopathisch
homéostase f.   Homöostase f.
homéotransplantation f.   Homöotransplantation f.
homéotypique   homöotypisch
homicide m.   Totschlag m.
homme m.   Mann m.
homocentrique   homozentrisch

homochlorcyclisine f.   Homochlorcyclizin n.
homocitrulline f.   Homocitrullin n.
homocyclique   homozyklisch
homocystéine f.   Homozystein n.
homocystéinurie f.   Homozysteinurie
f.
homocytotrope   homozytotrop
homodesmotique   homodesmotisch
homoérotique   homoerotisch
homofénazine f.   Homofenazin n.
homogène   gleichartig, gleichmäßig,
homogen
homogénéisation f.   Homogenisierung
f.
homogénéiser   homogenisieren
homogénéité f.   Homogenität f.
homogentisate m.   Homogentisat n.
homogreffe f.   Homotransplantat n.
homoïoplastique   homoioplastisch
homolatéral   homolateral
homologie f.   Homologie f.
homologue   allogen, homolog
homologue m.   Homolog n.
homomérie f.   Homomerie f.
homonome   homonom
homonyme   homonym
homophénazine f.   Homophenazin n.
homoplastie f.   Homoplastik f.
homoplastique   homoplastisch
homoproline f.   Homoprolin n.
homosalate m.   Homosalat n.
homosérine f.   Homoserin n.
homosexualité f.   Homosexualität f.
homosexuel   homosexuell
homosexuel m.   Urning m., Uranist
m., Homosexueller
homotaurine f.   Homotaurin n.
homothermique   homothermisch
homotransplantation f.   Homotransplantation f.
homozygote   homozygot
homozygotie f.   Homozygotie f.
honoraire m.   Honorar n.
hôpital m.   Krankenanstalt f., Krankenhaus n.
hôpital (financé par la communauté publique) m.   gemeinnütziges Krankenhaus n.
hôpital avec enseignement universitaire
m.   Lehrkrankenhaus n.

hôpital central m.   Schwerpunktkrankenhaus n.
hôpital de jour m.   Tagesklinik f.
hôpital de nuit f.   Nachtklinik f.
hôpital de prison m.   Gefängniskrankenhaus n.
hôpital militaire m.   Lazarett n., Militärkrankenhaus n.
hôpital pour incurables m.   Siechenhaus n.
hôpital régional m.   Bezirkskrankenhaus n., Kreiskrankenhaus n.
hoquet m.   Schluckauf m., Singultus
m.
hordéine f.   Hordein n.
hordénine f.   Hordenin n.
horizon m.   Gesichtskreis m., Horizont m.
horizontal   horizontal
hormonal   hormonell
hormone f.   Hormon n.
hormone adrénocorticotrope (ACTH)
f.   ACTH (adrenocorticotropes
Hormon) n.
hormone antidiurétique f.   antidiuretisches Hormon (ADH) n., Vasopressin n.
hormone cellulaire f.   Zellhormon n.
hormone corticosurrénale f.   Nebennierenrindenhormon n.
hormone corticotrope f.   Kortikotropin n.
hormone de croissance f.   Wachstumshormon n.
hormone de maturation folliculaire f.
Follikelreifungshormon n.
hormone de stimulation gonadotropique f.   Gonadotropinreleasing-Hor-
mon n.
hormone dilatatrice des mélanophores
f.   Intermedin n.
hormone du lobe postérieur de l'hypophyse f.   Hypophysenhinterlappenhormon n.
hormone lactogèneplacentaire humaine
f.   menschliches Plazenta-Laktationshormon n.
hormone lutéinisante f.   (LH) Luteinisierungshormon n.
hormone lutéotrope f.   LTH (luteotropes Hormon) n.

**hormone mélanostimulante (MSH) f.** Melanoliberin n., melanozytenstimulierendes Hormon n.

**hormone mélanotrope f.** Melanotropin n.

**hormone neurocrine f.** Neurohormon n.

**hormone ovarienne f.** weibliches Keimdrüsenhormon n.

**hormone peptidique f.** Peptidhormon n.

**hormone sexuelle f.** Geschlechtshormon n., Sexualhormon n.

**hormone stéroidienne f.** Steroidhormon n.

**hormone testiculaire f.** männliches Keimdrüsenhormon n.

**hormone thyréotrope f.** thyreotropes Hormon n.

**hormone thyroidienne f.** Schilddrüsenhormon n.

**hormone tissulaire f.** Gewebshormon n.

**hormonothérapie f.** Hormonbehandlung f.

**Horner, syndrome de m.** Hornersches Syndrom n.

**horoptère f.** Horopter m.

**hors d'haleine** atemlos

**hors mariage** außerehelich

**hospice m.** Pflegeanstalt f.

**hospitalisation f.** stationäre Einweisung f., Krankenhausaufnahme f.

**hospitalisation forcée f.** Zwangshospitalisierung f.

**hospitaliser, faire** einliefern in ein Krankenhaus

**hospitalisme m.** Hospitalismus m.

**hôte m.** Empfänger m., Wirt m.

**hôte de prédilection m.** Hauptwirt m.

**hôte intermédiaire m.** Zwischenwirt m.

**hôte paraténique m.** Nebenwirt m.

**houblon m.** Hopfen m.

**hPL (hormone lactogène placentaire) f.** HPL (menschliches Plazentalaktogen) n.

**HSV (virus de l'Herpès simplex) m.** HSV (Herpes Simplex Virus) n.

**Ht (hématocrite) f.** HK (Hämatokrit) m.

**HTLV (Human T Leucémia Virus) m.** HTLV n.

**huile f.** Öl n.

**huile camphrée f.** Kampferöl n.

**huile d'amande f.** Mandelöl n.

**huile d'arachide f.** Erdnußöl n.

**huile d'olive f.** Olivenöl n.

**huile de cèdre f.** Zedernholzöl n.

**huile de Chaulmoogra f.** Chaulmoograöl n.

**huile de chénopode f.** Oleum Chenopodü anthelminthici n., Wurmsamenöl n.

**huile de croton f.** Krotonöl n.

**huile de foie de morue f.** Lebertran m.

**huile de germe de blé f.** Weizenkeimöl n.

**huile de goudron f.** Teeröl n.

**huile de graine de cotonnier f.** Baumwollsamenöl n.

**huile de henné f.** Hennaöl n.

**huile de lin f.** Leinöl n.

**huile de moutarde f.** Senföl n.

**huile de ricin f.** Oleum Ricini n., Rizinusöl n.

**huile de sabine f.** Sabinaöl n.

**huile de sassafras f.** Sassafrasöl n.

**huile de sésame f.** Sesamöl n.

**huile de thuya f.** Thujaöl n.

**huile essentielle f.** ätherisches Öl n.

**huile iodée f.** Jodöl n.

**huile minérale f.** Mineralöl n.

**huile végétale f.** Pflanzenöl n.

**humain** menschlich

**humanité f.** Menschlichkeit f.

**humectation f.** Anfeuchtung f.

**humecter** befeuchten, wässern

**huméroscapulaire** humeroskapulär

**humeur f.** Stimmung f.

**humeur aqueuse f.** Augenwasser n., Kammerwasser des Auges n.

**humeur triste f.** traurige Gemütsverstimmung f.

**humide** feucht

**humidification f.** Anfeuchtung f., Befeuchtung f.

**humidifier** anfeuchten

**humidité f.** Feuchtigkeit f.

**humidité atmosphérique f.** Luftfeuchtigkeit f.

**humoral** humoral

**Hurler, maladie de f.**  Hurler-Syndrom n., Pfaundler-Hurlersche Krankheit f.
**hyalin**  hyalin
**hyalinisation f.**  Hyalinisierung f.
**hyaliniser**  hyalinisieren
**hyalinose f.**  Hyalinose f.
**hyalite f.**  Glaskörperentzündung f., Hyalitis f.
**hyaloïde**  hyaloid
**hyalomère m.**  Hyalomer n.
**hyaloplasme m.**  Hyaloplasma n.
**hyaluronate m.**  Hyaluronat n.
**hyaluronidase f.**  Hyaluronidase f.
**hybridation f.**  Hybridation f.
**hybride m.**  Bastard m., Hybride m.
**hybridome m.**  Hybridom n.
**hycanthone f.**  Hycanthon n.
**hyclate m.**  Hyclat n.
**hydantoïnate m.**  Hydantoinat n.
**hydantoïne f.**  Hydantoin n.
**hydarthrose f.**  wäßriger Gelenkerguß m., Hydrarthrose f.
**hydatide f.**  Hydatide f.
**hydrabamine f.**  Hydrabamin n.
**hydracarbazine f.**  Hydracarbazin n.
**hydragogue**  hydragog
**hydralazine f.**  Hydralazin n.
**hydramine f.**  Hydramin n.
**hydramnion m.**  Hydramnion n.
**hydramniotique**  hydramniotisch
**hydrargyrisme m.**  Merkurialismus m.
**hydrase f.**  Hydrase f.
**hydrastine f.**  Hydrastin n.
**hydratase f.**  Hydratase f.
**hydrate m.**  Hydrat n.
**hydrate de calcium m.**  Kalziumhydroxid n.
**hydrate de carbone m.**  KH n., Kohlenhydrat n.
**hydrate de chloral m.**  Chloralhydrat n.
**hydrate de potasse m.**  Ätzkali n.
**hydrate de trikétohydrindène m.**  Triketohydrindenhydrat n.
**hydration f.**  Hydration f.
**hydraulique**  hydraulisch
**hydrazide m.**  Hydrazid n.
**hydrazine f.**  Hydrazin n.
**hydrazinophthalazine f.**  Hydrazinophthalazin n.
**hydrazone f.**  Hydrazon n.
**hydrémie f.**  Hydrämie f.

**hydrémique**  hydrämisch
**hydride m.**  Hydrid n.
**hydriodate m.**  Hydriodat n.
**hydrique**  wasserhaltig
**hydroa vacciniforme m.**  Hydroa vacciniforme n.
**hydroabsorbant**  wasserbindend
**hydrobilirubine f.**  Hydrobilirubin n.
**hydrobromate m.**  Hydrobromat n.
**hydrobromure m.**  Hydrobromid n.
**hydrobulbie f.**  Hydrobulbie f.
**hydrocarbone halogéné m.**  Halogenkohlenwasserstoff m.
**hydrocarbure m.**  Kohlenwasserstoff m.
**hydrocèle f.**  Hydrozele f., Wasserbruch m.
**hydrocéphalie f.**  Wasserkopf m.
**hydrocéphalie externe f.**  Hydrocephalus externus m.
**hydrochlorate d'ammoniaque m.**  Salmiak m.
**hydrochlorothiazide m.**  Hydrochlorothiazid n.
**hydrochlorure m.**  Hydrochlorid n.
**hydrochlorure d'éthylmorphine f.**  Athylmorphinhydrochlorid n.
**hydrochlorure de procaïne m.**  Procainhydrochlorid n.
**hydrochlorure de quinine m.**  Chininhydrochlorid n.
**hydrocholestérol m.**  Hydrocholesterin n.
**hydrocodone f.**  Hydrocodon n.
**hydrocolloïdal**  hydrokolloidal
**hydrocolloïde m.**  Hydrokolloid n.
**hydrocortisone f.**  Hydrocortison n.
**hydrocupréine f.**  Hydrocuprein n., Hydrokuprein n.
**hydrocyste m.**  Schweißzyste f.
**hydrodynamique**  hydrodynamisch
**hydrodynamique f.**  Hydrodynamik f.
**hydroélectrique**  hydroelektrisch
**hydrofluméthiazide m.**  Hydroflumethiazid n.
**hydrofraisage m.**  Naßbohren n.
**hydrogénase f.**  Hydrogenase f.
**hydrogénation f.**  Hydrierung f.
**hydrogène m.**  Wasserstoff m.
**hydrogène chloruré m.**  Chlorwasserstoff m.

**hydrogène lourd m.**   schwerer Wasserstoff m.
**hydrogène sulfuré m.**   Schwefelwasserstoff m.
**hydrogènelyase f.**   Hydrogenlyase f.
**hydrogéner**   hydrieren
**hydrolabile**   hydrolabil
**hydrolabilité f.**   Hydrolabilität f.
**hydrolase f.**   Hydrolase f.
**hydrolysable**   hydrolysabel
**hydrolyse f.**   Hydrolyse f.
**hydrolyser**   hydrolysieren
**hydrolytique**   hydrolytisch
**hydromediastin m.**   Hydromediastinum n.
**hydromélie f.**   Hydromelie f.
**hydrométrie f.**   Hydrometra f.
**hydromeulage m.**   Naßschleifen n.
**hydromorphone f.**   Hydromorphon n.
**hydronéphrose f.**   Hydronephrose f.
**hydronéphrotique**   hydronephrotisch
**hydronium m.**   Hydronium n.
**hydropathie f.**   Hydropathie f.
**hydropectique**   hydropektisch
**hydropéricarde m.**   Hydroperikard n.
**hydrophile**   hydrophil, wasseranziehend
**hydrophilie f.**   Hydrophilie f.
**hydrophobe**   hydrophob, wasserabstoßend
**hydrophobie f.**   Hydrophobie f.
**hydrophtalmie f.**   Hydrophthalmie f.
**hydropique**   hydropisch, wassersüchtig
**hydropneumothorax m.**   Seropneumothorax m.
**hydrops m.**   Hydrops m., Wassersucht f.
**hydroquinone f.**   Hydrochinon n.
**hydrorrhée f.**   Hydrorrhöe f.
**hydrosalpinx m.**   Hydrosalpinx f., Saktosalpinx f.
**hydrosoluble**   wasserlöslich
**hydrostatique**   hydrostatisch
**hydrotalcite m.**   Hydrotalcit n.
**hydrothérapeutique**   hydrotherapeutisch
**hydrothérapie f.**   Hydrotherapie f.
**hydrothorax m.**   Hydrothorax m., Serothorax m.
**hydrotomie f.**   Hydrotomie f.
**hydrotropie f.**   Hydrotropie f.

**hydrotubation f.**   Hydrotubation f.
**hydrouretère m.**   Hydroureter m.
**hydroxicalciférol m.**   Hydroxycalciferol n.
**hydroxindasol m.**   Hydroxindasol m.
**hydroxonium m.**   Hydroxonium n.
**hydroxyacide m.**   Hydroxysäure f.
**hydroxybutyrate m.**   Hydroxybutyrat n.
**hydroxybutyrate déshydrogénase f.**   HBDH (Hydroxybutyratdehydrogenase) f.
**hydroxychloroquine f.**   Hydroxychlorochin n.
**hydroxycholécalcifétol m.**   Hydroxycholecalciferol n.
**hydroxycobalamine f.**   Hydroxykobalamin n.
**hydroxycodéine f.**   Hydroxykodein n.
**hydroxycorticostéroïde m.**   Hydroxykortikosteroid n.
**hydroxyde m.**   Hydroxid n., Hydroxyd n.
**hydroxyde de calcium m.**   Calciumhydroxid n.
**hydroxyde de potassium m.**   Kaliumhydroxid n.
**hydroxyde de sodium m.**   Natriumhydroxid n.
**hydroxydopamine f.**   Hydroxydopamin n.
**hydroxyéthylamidon m.**   Hydroxyethylstärke f.
**hydroxylamine f.**   Hydroxylamin n.
**hydroxylapatite f.**   Hydroxylapatit m.
**hydroxylase f.**   Hydroxylase f.
**hydroxylation f.**   Hydroxylierung f.
**hydroxyle m.**   Hydroxyl n.
**hydroxyler**   hydroxylieren
**hydroxylysine f.**   Hydroxylysin n.
**hydroxyméthylglutaryl Coenzyme-A réductase f.**   Hydroxymethyl-Glutaryl-Coenzym-A-Reduktase f.
**hydroxynervone f.**   Hydroxynervon n.
**hydroxynitrile m.**   Hydroxynitril n.
**hydroxyprogestérone f.**   Hydroxyprogesteron n.
**hydroxyproline f.**   Hydroxyprolin n.
**hydroxyprolinémie f.**   Hydroxyprolinämie f.
**hydroxyprolinurie f.**   Hydroxyprolinurie f.

**hydroxypropylidène m.**   Hydroxypropyliden n.
**hydroxypropylméthylcellulose f.**   Hydroxypropylmethylzellulose f.
**hydroxyquinoléine f.**   Hydroxychinolin n.
**hydroxystéroïde m.**   Hydroxysteroid n.
**hydroxytoluène m.**   Hydroxytoluol n.
**hydroxytryptamine f.**   Hydroxytryptamin n.
**hydroxytryptophane m.**   Hydroxytryptophan n.
**hydroxyurée f.**   Hydroxykarbamid n.
**hydroxyzine f.**   Hydroxyzin n.
**hygiène f.**   Gesundheitspflege f., Hygiene f. (Lehrfach)
**hygiène buccale f.**   Mundhygiene f.
**hygiène corporelle f.**   Körperpflege f.
**hygiène dentaire f.**   Zahnpflege f.
**hygiène dentaire à l'école f.**   Schulzahnpflege f.
**hygiénique**   hygienisch
**hygromatose f.**   Hygromatose f.
**hygrome m.**   Hygrom n.
**hygrome du coude m.**   Ellenbogenhygrom n. (vet.)
**hygromètre m.**   Hygrometer n.
**hygrométrie f.**   Hygrometrie f.
**hygrométrique**   hygrometrisch
**hygronium m.**   Hygronium n.
**hygroscopique**   hygroskopisch
**hymécromone f.**   Hymecromon n.
**hymen m.**   Hymen n.
**hyménal**   hymenal
**hymenectomie f.**   Hymenektomie f.
**hyménite f.**   Hymenitis f.
**hyménolepsiase f.**   Hymenolepsiasis f.
**Hymenolepsis nana m.**   Zwergbandwurm m.
**hyobranchial**   hyobranchial
**hyoglossique**   hyoglossal
**hyoscine f.**   Hyoscin n.
**hyoscyamine f.**   Hyoscyamin n.
**hyoscyamus m.**   Hyoscyamus m.
**hyothyroïdien**   hyothyroidal
**hypacousie f.**   Hypakusis f.
**hyperabduction f.**   Hyperabduktion f.
**hyperacide**   hyperazid, superazid
**hyperacidifier**   übersäuern
**hyperacidité f.**   Hyperazidität f., Superazidität f., Übersäuerung f.

**hyperacousie f.**   Hyperakusis f.
**hyperactivité f.**   Hyperaktivität f., Superaktivität f., Überaktivität f.
**hyperadrénalisme m.**   Hyperadrenalismus m.
**hyperaigu**   hyperakut, perakut
**hyperalbuminémie f.**   Hyperalbuminämie f.
**hyperaldostéronisme m.**   Hyperaldosteronismus m.
**hyperalgésie f.**   Hyperalgesie f.
**hyperalgésique**   hyperalgetisch
**hyperalgie f.**   Hyperalgie f.
**hyperaminoacidurie f.**   Hyperaminoazidurie f.
**hyperammoniémie f.**   Hyperammoniämie f.
**hyperargininémie f.**   Hyperargininämie f.
**hyperbare**   hyperbar
**hyperbétalipoprotéinémie f.**   Hyperbetalipoproteinämie f.
**hyperbilirubinémie f.**   Hyperbilirubinämie f.
**hyperbilirubinémique**   hyperbilirubinämisch
**hyperbole f.**   Hyperbel f.
**hypercalcémie f.**   Hypercalcämie f.
**hypercalcitonisme m.**   Hyperkalzitonismus m.
**hypercalciurie f.**   Hyperkalziurie f.
**hypercalorique**   hyperkalorisch
**hypercapnie f.**   Hyperkapnie f.
**hypercapnique**   hyperkapnisch
**hypercémentose f.**   Hyperzementose f.
**hyperchlorémie f.**   Hyperchlorämie f.
**hyperchlorémique**   hyperchlorämisch
**hyperchlorhydrie f.**   Hyperchlorhydrie f.
**hyperchlorhydrique**   hyperchlorhydrisch
**hypercholestérolémie f.**   Hypercholesterinämie f., Hypercholesterolämie f.
**hyperchromatique**   hyperchromatisch
**hyperchrome**   hyperchrom
**hyperchromie f.**   Hyperchromasie f.
**hypercinésie f.**   Hyperkinesie f.
**hypercoagulabilité f.**   Hyperkoagulabilität f.
**hypercorrection f.**   Überkorrektur f.
**hypercorticisme m.**   Hyperkortizismus m.

H

**hypercuprémie f.**  Hypercuprämie f., Hyperkuprämie f.
**hyperdense**  hyperdens
**hyperdicrotisme m.**  Hyperdikrotie f.
**hyperdiploïde**  hyperdiploid
**hyperémèse f.**  Hyperemesis f.
**hyperémèse de la femme enceinte f.**  Schwangerschaftserbrechen n.
**hyperémie f.**  Hyperämie f.
**hyperémie passive f.**  Stauungshyperämie f.
**hyperémique**  hyperämisch
**hyperéosinophilie f.**  Hypereosinophilie f.
**hyperergie f.**  Hyperergie f.
**hyperergique**  hyperergisch
**hyperesthésie f.**  Hyperästhesie f.
**hyperesthétique**  hyperästhetisch
**hyperexcitabilité f.**  Übererregbarkeit f.
**hyperexcitable**  übererregbar
**hyperexie f.**  Hyperexie f.
**hyperextension f.**  Hyperextension f., Überstreckung f.
**hyperfibrinolyse f.**  Hyperfibrinolyse f.
**hyperfibrinolytique**  hyperfibrinolytisch
**hyperflexibilité f.**  Hyperflexibilität f.
**hyperflexion f.**  Hyperflexion f.
**hyperfonction f.**  Hyperfunktion f., Überfunktion f.
**hyperfonction adénohypophysaire f.**  Hypophysenvorderlappenüberfunktion f.
**hyperfonction corticosurrénale f.**  Nebennierenrindenüberfunktion f.
**hyperfonction du thymus f.**  Thymusdrüsenüberfunktion f.
**hyperfonction hypophysaire f.**  Hypophysenüberfunkuon f.
**hyperfonction neurohypophysaire f.**  Hypophysenhinterlappenüberfunktion f.
**hypergalactie f.**  Hypergalaktie f.
**hypergénitalisme m.**  Hypergenitalismus m.
**hyperglobulie f.**  Hyperglobulie f.
**hyperglobulinémie f.**  Hyperglobulinämie f.
**hyperglucagonémie f.**  Hyperglukagonämie f.
**hyperglycémie f.**  Hyperglykämie f.

**hyperglycémie provoquée f.**  Glukosebelastung f.
**hyperglycémique**  hyperglykämisch
**hyperglycinémie f.**  Hyperglyzinämie f.
**hypergonadisme m.**  Keimdrüsenüberfunktion f.
**hyperhaute fréquence f.**  Superhochfrequenz f.
**hyperhémique**  hyperämisch
**hyperhidrose f.**  Hyperhidrose f.
**hyperhydratation f.**  Überwässerung f.
**hypéricine f.**  Hypericin n.
**hyperimmun**  hyperimmun
**hyperimmunoglobuline f.**  Hyperimmunglobulin n.
**hyperinsulinisme m.**  Hyperinsulinismus m.
**hyperkaliémie f.**  Hyperkaliämie f.
**hyperkératose f.**  Hyperkeratose f.
**hyperkératose de Kyrle f.**  Kyrlesche Hyperkeratose f.
**hyperkinésie f.**  Hyperkinesie f.
**hyperkinétique**  hyperkinetisch
**hyperleucocytose f.**  Hyperleukozytose f.
**hyperlipémie f.**  Hyperlipämie f.
**hyperlipidémie f.**  Hyperlipidämie f.
**hyperlordose f.**  Hohlkreuz n.
**hyperlutéinisation f.**  Hyperluteinisierung f.
**hyperlysinémie f.**  Hyperlysinämie f.
**hypermagnésiémie f.**  Hypermagnesiämie f.
**hypermature**  überreif
**hyperménorrhée f.**  Hypermenorrhöe f.
**hyperméthioninémie f.**  Hypermethioninämie f.
**hypermétrope**  fernsichtig, hypermetrop, hyperopisch, weitsichtig
**hypermétropie f.**  Hypermetropie f.
**hyperminéralisation f.**  Hypermineralisation f.
**hypermobilité f.**  Supermotilität f.
**hypermotilité f.**  Hypermotilität f.
**hypernasalité f.**  Hypernasalität f.
**hypernatriémie f.**  Hypernatriämie f.
**hypernéphrome m.**  Grawitztumor m., Hypernephrom n.
**hypernormal**  hypernormal, supernormal, übernormal
**hyperopie f.**  Hyperopie f.

hyperopie axiale f.   Achsenhyperopie
f.
hyperornithinémie f.   Hyperornithinämie f.
hyperorthognathe   hyperorthognath
hyperosmolaire   hyperosmolar
hyperosmolarité f.   Hyperosmolarität
f.
hyperosmose f.   Hyperosmose f.
hyperostose f.   Hyperostose f.
hyperostose ankylosante vertébrale f.
Spondylosis hyperostotica f.
hyperoxalurie f.   Hyperoxalurie f.
hyperoxalurique   hyperoxalurisch
hyperoxémie f.   Hyperoxie f.
hyperoxie f.   Hyperoxie f.
hyperparathyroïdie f.   Epithelkörperchenüberfunktion f.
hyperparathyroïdisme m.   Hyperparathyreoidismus m.
hyperpathie f.   Hyperpathie f.
hyperpéristaltique f.   Hyperperistaltik
f.
hyperphagie f.   Hyperphagie f.
hyperphénylalaninémie f.   Hyperphenylalaninämie f.
hyperphosphatémie f.   Hyperphosphatämie f.
hyperpigmentation f.   Hyperpigmentation f.
hyperplasie f.   Hyperplasie f.
hyperplasie du thymus f.   Thymushyperplasie f.
hyperplastique   hyperplastisch
hyperploïde   hyperploid
hyperpnée f.   Hyperpnoe f.
hyperpolarisation f.   Hyperpolarisation f.
hyperpression f.   Überdruck m.
hyperproinsulinémie f.   Hyperproinsulinämie f.
hyperprolactinémie f.   Hyperprolaktinämie f.
hyperprolinémie f.   Hyperprolinämie
f.
hyperprotéinémie f.   Hyperproteinämie f.
hyperpyrétique   hyperpyretisch
hyperréactivité f.   Hyperreaktivität f.
hyperréflexie f.   Hyperreflexie f.
hypersalivation f.   Hypersalivation f.

hypersarcosinémie f.   Hypersarkosinämie f.
hypersécréteur   hypersekretorisch
hypersécrétion f.   Hypersekretion f.,
Suersekretion f.
hypersécrétoire   hypersekretorisch
hypersegmentaire   übersegmentiert
hypersegmentation f.   Hypersegmentation f., Übersegmentation f.
hypersegmenté   hypersegmentiert
hypersélectif   superseleknv
hypersensibilisation f.   Allergisierung
f.
hypersensibilité f.   Hypersensibilität f.,
Überempfindlichkeit f.
hypersensible   hypersensibel, überempfindlich
hypersexualité f.   Hypersexualität f.
hypersomnie f.   Hypersomnie f.,
Schlafsucht f.
hypersplénisme m.   Hypersplenie f.
hypersthénurie f.   Hypersthenurie f.
hypersystole f.   Hypersystole f.
hypertélorisme m.   Hypertelorismus
m.
hypertensif   hypertensiv
hypertensine f.   Hypertensin n.
hypertension f.   Hochdruck m., Hypertension f.
hypertension artérielle de type Goldblat
f.   Goldblat-Hypertonie f.
hypertension avec pâleur f.   blasser
Hochdruck m.
hypertension avec rougeur congestive
f.   roter Hochdruck m.
hypertension d'impédance f.   Widerstandshochdruck m.
hypertension essentielle f.   essentielle
Hypertonie f.
hypertension néphrogène f.   nephrogene Hypertonie f.
hypertension portale f.   portale Hypertonie f., Pfortaderhochdruck m.
hyperthermie f.   Hyperthermie f.,
Überwärmung f.
hyperthermie avec frisson f.   hitziges
Fieber n.
hyperthymie f.   Hyperthymie f.
hyperthymique   hyperthym
hyperthyréose f.   Hyperthyreose f.
hyperthyroïdie f.   Hyperthyreose f.
hyperthyroïdien   hyperthyreotisch

H

**hypertonie f.** Hochdruck m., Hypertonie f.
**hypertonique** hypertonisch
**hypertrichose f.** Hypertrichose f.
**hypertriglycéridémie f.** Hypertriglyzeridämie f.
**hypertriploïde** hypertriploid
**hypertrophie f.** Hypertrophie f.
**hypertrophie cardiaque f.** Herzhypertrophie f.
**hypertrophie prostatique f.** Prostatahypertrophie f.
**hypertrophique** hypertrophisch
**hyperuricémie f.** Hyperurikämie f.
**hypervalinémie f.** Hypervalinämie f.
**hypervariable** hypervariabel
**hyperventilation f.** Hyperventilation f.
**hypervirulent** supervirulent
**hyperviscosité f.** Hyperviskosität f.
**hypervisqueux** hyperviskös
**hypervitaminose f.** Hypervitaminose f.
**hypervolémie f.** Hypervolämie f.
**hyphe m.** auf. Hyphe f., Pilzfaden m.
**hyphéma m.** Hyphäma n.
**hyphomycète m.** Schimmelpilz m., Hyphomyzet m.
**hyphomycose f.** Hyphomykose f.
**hypinose f.** Hypinose f.
**hypnagogique** hypnagog
**hypnoanalyse f.** Hypnoanalyse f.
**hypnoanalytique** hypnoanalytisch
**hypnocatharsis f.** Hypnokatharsis f.
**hypnogène** hypnogen
**hypnoïde** hypnoid
**hypnopompique** hypnopomp
**hypnose f.** Hypnose f.
**hypnothérapie f.** Hypnotherapie f., Schlafbehandlung f.
**hypnotique** hypnotisch
**hypnotique m.** Hypnotikum n.
**hypnotisation f.** Hypnotisierung f.
**hypnotiser** hypnotisieren
**hypnotiseur m.** Hypnotiseur m.
**hypnotisme m.** Hypnotismus m.
**hypoacide** hypazid
**hypoacidité f.** Hypazidität f., Subacidität f., Subazidität f.
**hypoaffectivité f.** Gemütsarmut f.
**hypoaldostéronisme m.** Hypoaldosteronismus m.
**hypoalgésie f.** Hypalgesie f.

**hypoalgésique** hypalgetisch
**hypoalphalipoprotéinémie f.** Hypoalphalipoproteinämie f.
**hypoandrogénie f.** Hypoandrogenismus m.
**hypobare** hypobar
**hypobarie f.** Hypobarismus m.
**hypobétalipoprotéinémie f.** Hypobetalipoproteinämie f.
**hypoboulie f.** Hypobulie f.
**hypobromite m.** Hypobromit n.
**hypocalcémie f.** Hypokalzämie f.
**hypocalcémique** hypokalzämisch
**hypocalorique** hypokalorisch, unterkalorisch
**hypocapnie f.** Hypokapnie f.
**hypochlorémie f.** Hypochlorämie f.
**hypochlorémique** hypochlorämisch
**hypochlorhydrie f.** Hypochlorhydrie f.
**hypochlorhydrique** hypazid, hypochlorhydrisch
**hypochlorite m.** Hypochlorit n.
**hypochlorite de sodium m.** Natriumhypochlorit n.
**hypocholestérolémie f.** Hypocholesterinämie f.
**hypochondre m.** Hypochondrium n.
**hypochondriaque m.** Hypochonder m.
**hypochromasie f.** Hypochromasie f.
**hypochromatique** hypochromatisch
**hypochrome** hypochrom
**hypochromie f.** Hypochromie f.
**hypochylie f.** Hypochylie f.
**hypocinésie f.** Hypokinese f.
**hypocinétique** hypokinetisch
**hypocoagulabilité f.** Hypokoagulabilität f.
**hypocomplémentémie f.** Hypokomplementämie f.
**hypocondriaque** hypochondrisch
**hypocondrie f.** Hypochondrie f.
**hypoconide m.** Hypokonid n.
**hypoconulide m.** Hypokonulid n.
**hypoconvertinémie f.** Hypokonvertinämie f.
**hypocorticisme m.** Nebennierenrindenunterfunktion f.
**hypodense** hypodens
**hypodermique** subkutan, subdermal
**hypodermose f.** Hypodermose f.

**hypodipsie f.** Hypodipsie f.
**hypodontie f.** Hypodontie f.
**hypodynamique** hypodynamisch
**hypoesthésie f.** Hypästhesie f.
**hypoesthétique** hypästhetisch
**hypofonction f.** Hypofunktion f., Unterfunktion f.
**hypofonction adénohypophysaire f.** Hypophysenvorderlappenunterfunktion f.
**hypofonction hypophysaire f.** Hypophysenunterfunktion f.
**hypofonction neurohypophysaire f.** Hypophysenhinterlappenunterfunktion f.
**hypogalactie f.** Hypogalaktie f.
**hypogammaglobulinémie f.** Hypogammaglobulinämie f.
**hypogastrique** hypogastrisch
**hypogénésie f.** Hypogenesie f.
**hypogénie f.** Hypogenie f.
**hypogénitalisme m.** Hypogenitalismus m.
**hypoglycémie f.** Hypoglykämie f.
**hypoglycémie spontanée f.** Spontanhypoglykämie f.
**hypoglycémique** hypoglykämisch
**hypognathe** hypognath
**hypognathie f.** Hypognathie f.
**hypogonadique** hypogonadal
**hypogonadisme m.** Hypogonadismus m., Keimdrüsenunterfunktion f.
**hypogueusie f.** Hypogeusie f.
**hypohéma m.** Hyphäma n.
**hypokaliémie f.** Hypokaliämie f.
**hypolastie f.** Hypolastie f.
**hypolipidémie f.** Hypolipidämie f.
**hypolipoprotéinémie f.** Hypolipoproteinämie f.
**hypoliquorrhée f.** Hypoliquorrhöe f.
**hypologie f.** Hypologie f.
**hypomagnésémie f.** Hypomagnesiämie f.
**hypomane** hypomanisch
**hypomanie f.** Hypomanie f.
**hypomastie f.** Hypomastie f.
**hypomélanose f.** Hypomelanose f.
**hypoménorrhée f.** Hypomenorrhöe f.
**hypométrie f.** Hypometrie f.
**hypométropie f.** Hypometropie f.
**hypomimie f.** Hypomimie f.

**hypominéralisation f.** Hypomineralisation f.
**hypomnésie f.** Hypometrie f.
**hypomotilité f.** Hypomobilität f.
**hyponasalité f.** Hyponasalität f.
**hyponatrémie f.** Hyponatriämie f.
**hyponatriurie f.** Hyponatriurie f.
**hyponoïa f.** Hyponoia f.
**hypo oestrogénémie f.** Hypoestrogenämie f.
**hypoorchidie f.** Hyporchidie f.
**hypo osmie f.** Hyposmie f.
**hypoosmotique** hypoosmotisch, hyposmotisch
**hypopallesthésie f.** Hypopallästhesie f.
**hypoparathyroïdie f.** Epithelkörperchenunterfunktion f., Hypoparathyreoidismus m.
**hypophalangie f.** Hypophalangie f.
**hypopharyngien** hypopharyngeal
**hypopharyngoscopie f.** Hypopharyngoskopie f.
**hypophonie f.** Hypophonie f.
**hypophosphatasie f.** Hypophosphatasie f.
**hypophosphate m.** Hypophosphat n.
**hypophosphatémie f.** Hypophosphatämie f.
**hypophosphaturie f.** Hypophosphatasie f
**hypophosphite m.** Hypophosphit n.
**hypophrasie f.** Hypophrasie n.
**hypophysaire** hypophysär
**hypophyse f.** Hirnanhangdrüse f., Hypophyse f.
**hypophysectomie f.** Hypophysektomie f.
**hypophysectomiser** hypophysektomieren
**hypophysio-sphénoïdien** hypophysiosphenoidal
**hypophysite f.** Hypophysitis f.
**hypopion m.** Hypopion n.
**hypoplasie f.** Hypoplasie f.
**hypoplasique** hypoplastisch
**hypoplastique** hypoplastisch
**hypoploïdie f.** Hypoploidie f.
**hypopraxie f.** Hypopraxie f.
**hypoprotéinémie f.** Hypoproteinämie f.
**hypoprothrombinémie f.** Hypoprothrombinämie f.

hypoprotidémie f. Hypalbuminämie f.
hyporéactivité f. Hyporeaktivität f.
hyporéflexie f. Hyporeflexie f.
hyposalie f. Hyposalie f.
hyposalivation f. Hyposalivation f.
hyposensibilisation f. Hyposensibilisierung f.
hyposidérémie f. Hyposiderämie f.
hyposomie f. Hyposomie f.
hypospadias m. Hypospadie f.
hypospermie f. Hypospermie f.
hypostase f. Hypostase f.
hypostatique hypostatisch
hyposthénurie f. Hyposthenurie f.
hyposulfite de sodium m. Natriumhyposulfit n.
hypotaxie f. Hypotaxie f.
hypotélorisme m. Hypotelorismus m.
hypotenseur hypotensiv
hypotension f. Hypotension f., Unterdruck m.
hypothalamique hypothalamisch, subthalamisch
hypothalamo-hypophysiogonadique hypothalamo-hypophysiogonadal
hypothalamotomie f. Hypothalamotomie f.
hypothermie f. Hypothermie f., Unterkühlung f., Untertemperatur f.
hypothermie spontanée f. Spontanhypothermie f.
hypothermique hypothermisch
hypothèse f. Hypothese f.
hypothétique hypothetisch
hypothyréose f. Hypothyreose f.
hypothyroïdie f. Hypothyreose f.
hypothyroïdien hypothyreotisch
hypothyroïdisme m. Hypothyreose f.
hypotonie f. Hypotonie f.
hypotonique hypotonisch
hypotrichose f. Hypotrichose f.
hypotrophie f. Hypotrophie f.
hypotrophique hypotroph
hypotympanotomie f. Hypotympanotomie f.
hypoventilation f. Hypoventilation f.
hypovitaminose f. Hypovitaminose f.
hypovolémie f. Hypovolämie f.
hypovolémique hypovolämisch
hypovolition f. Hypovolie f.
hypoxanthine f. Hypoxanthin n.
hypoxémie f. Hypoxämie f.

hypoxémique hypoxämisch
hypoxie f. Hypoxämie f., Hypoxie f.
hypozoospermie f. Hypozoospermie f.
hypromellose f. Hypromellose f.
hypsarythmie f. Hypsarrhythmie f.
hypsocéphalie f. Turmschädel m.
hypsochromie f. Hypsochromie f.
hypsodonte hypsodont
hypsophobie f. Hypsophobie f.
hystérectomie f. Hysterektomie f.
hystérectomie par voie abdominale f. abdominale Hysterektomie f.
hystérésis f. Hysterese f.
hystérie f. Hysterie f.
hystérique hysterisch
hystérique f. Hysterikerin f.
hystérique m. Hysteriker m.
hystérocèle f. Hysterozele f.
hystérocervicotomie f. Hysterozervikotomie f.
hystéroépilepsie f. Hysteroepilepsie f.
hystérographie f. Hysterographie f., Uterographie f.
hystérographique hysterographisch
hystéromucographie f. Hysteromukographie f.
hystéronarcolepsie f. Hysteronarkolepsie f.
hystéropelvioplastie f. Uteropelvioplastik f.
hystéropexie f. Hysteropexie f.
hystéroptose f. Hysteroptose f.
hystérosalpingectomie f. Hysterosalpingektomie f.
hystérosalpingographie f. Hysterosalpingographie f., Metrosalpingographie f.
hystérosalpingostomie f. Hysterosalpingostomie f.
hystérosalpingotomie f. Hysterosalpingotomie f.
hystéroscope m. Hysteroskop n.
hystétoscopique hysteroskopisch
hystérostomatotomie f. Hysterostomatotomie f.
hystérothermographie f. Uterothermographie f.
hystérotomie f. Hysterotomie f.
hystérotomie abdominale f. abdominale Hysterotomie f.
hystérotonine f. Hysterotonin n.

# I

ianthinopsie f.   Ianthinopsie f.
iatrogène   iatrogen
ibudilast m.   Ibudilast n.
ibuvérine f.   Ibuverin n.
ichthyosarcotoxisme m.   Ichthyosarkotoxismus m.
ichthyose f.   Ichthyose f.
ichthyosiforme   ichthyosiform
ichthyotique   ichthyosiform, ichthyotisch
icosanoate m.   Icosanoat n.
icosanoïde m.   Icosanoid n.
ICSH (interstitial cell stimulation hormone) f.   ICSH (Leydigzellstimulierendes Hormon) n.
ictère m.   Gelbsucht f., Ikterus m.
ictère hyperurobilinémique m.   Urobilinikterus m.
ictère néonatal m.   Neugeborenenikterus m.
ictère nucléaire m.   Kernikterus m.
ictère rétentionnel m.   Verschlußikterus m.
ictérique   gelbsüchtig, ikterisch
idéal   ideal
idéal m.   Ideal n.
idéation f.   Ideation f.
idée f.   Gedanke m., Idee f., Vorstellung (geistige) f.
idée délirante f.   Wahnidee f.
idéel   ideatorisch
identification f.   Erkennung f., Identifizierung f.
identification, site d' m.   Erkennungsstelle f.
identifier   identifizieren
identique   identisch
identité f.   Identität f.
idéogène   ideogenetisch
idioagglutinine f.   Idioagglutinin n.
idiochromatine f.   Idiochromatin n.
idiochromatique   idiochromatisch
idiochromidie f.   Idiochromidie f.
idiocinétique   idiokinetisch
idiocratique   idiokratisch
idioélectrique   idioelektrisch
idiogramme m.   Idiogramm n.

idioisoagglutinine f.   Idioisoagglutinin n.
idioisolysine f.   Idioisolysin n.
idiolalie f.   Idiolalie f.
idiologisme m.   Idiologismus m.
idiolysine f.   Idiolysin n.
idiomusculaire   idiomuskulär
idiopathique   idiopathisch
idiophrasie f.   Idiophrasie f.
idiosyncrasie f.   Idiosynkrasie f.
idiosyncrasique   idiosynkratisch
idiot m.   Idiot m.
idiotie f.   Idiotie f.
idiotopie f.   Idiotopie f.
idiotopique   idiotopisch
idiotrope   idiotrop
idiotype m.   Idiotyp m.
idiotypique   idiotypisch
idioventriculaire   idioventrikulär
idite f.   Idit n.
iditol m.   Idit n.
idose m.   Idose f.
iduronate m.   Iduronat n.
iduronidase f.   Iduronidase f.
ifosfamide m.   Ifosfamid n.
Ig (immunoglobuline) f.   IG (Immunglobulin) n.
igname f.   Yamwurzel f.
ignipuncture f.   Ignipunktur f.
iléite f.   Ileitis f.
iléite terminale f.   Ileitis terminalis f.
iléoanal   ileoanal
iléocaecal   ileozökal
iléocolique   ileokolisch
iléocolite f.   Ileokolitis f.
iléocolostomie f.   Ileokolostomie f.
iléocolotomie f.   Ileokolotomie f.
iléocystoplastie f.   Ileozystoplastie f.
iléocystostomie f.   Ileozystostomie f.
iléocystotomie f.   Ileozystotomie f.
iléoiléostomie f.   Ileoileostomie f.
iléojéjunal   jejunoileal
iléojéjunostomie f.   Ileojejunostomie f.
iléon m.   Ileum n.
iléoproctostomie f.   Ileoproktostomie f.
iléorectal   ileorektal

iléorraphie f.   Ileorrhaphie f.
iléosigmoïdostomie f.   Ileosigmoidostomie f.
iléostomie f.   Ileostomie f.
iléotomie f.   Ileotomie f.
iléotransversostomie f.   Ileotransversostomie f.
iléus m.   Ileus m.
iliaque   iliakal
iliococcygien   iliokokzygeal
iliofémoral   iliofemoral
ilioinguinal   ilioinguinal
ilion m.   Darmbein n.
iliopelvien   iliopelvin
iliopubien   iliopubisch
iliosacré   iliosakral
iliotibial   iliotibial
illusion f.   Illusion f.
illusions f. pl.   Wunschdenken n.
illusoire   illusionär
iloprost m.   Iloprost n.
îlot pancréatique de Langerhans m.
Langerhanssche Insel f.
i.m. (intramusculaire)   i.m. (intramuskulär)
image f.   Bild n.
image consécutive f.   Nachbild n.
image d'artériosclérose en fil de cuivre
(FO) f.   Kupferdrahtarterie f.
image de colonne vertébrale „en bambou" f.   Bambusstabwirbelsäule f.
image de niveaux liquides intestinaux
f.   Spiegelbildung im Darm (radiol.)
f.
image de section f.   Schnittbild n.
image rétinienne f.   Netzhautbild n.
image sur écran f.   Schirmbild n.
imagerie radiographique f.   Radioimaging n.
imaginaire   imaginär
imagination f.   Einbildung f., Phantasie f.
imaginer, s'   sich einbilden
imbécilité f.   Schwachsinn m.
imiclopazine f.   Imiclopazin n.
imidazol m.   Imidazol n.
imide m.   Imid n.
iminodipeptidurie f.   Iminodipeptidurie f.
iminoglycinurie f.   Iminoglycinurie f.
iminophénimide m.   Iminophenimid
n.

iminostilbène m.   Iminostilben n.
imipramine f.   Imipramin n.
imitatif   imitatorisch
imitation f.   Imitation f.
immatriculation f.   Immatrikulation f.
immatriculer   immatrikulieren
immature   unreif
immaturité f.   Unreife f.
immédiat   unmittelbar
immersion f.   Untertauchen n.
immersion huileuse f.   Ölimmersion f.
immigration f.   Einwanderung f.
immigrer   einwandern
imminent   drohend (bevorstehend)
immision f.   Immission f.
immobile   immobil, unbeweglich
immobilisation f.   Ruhigstellung (Fixation) f.
immobiliser   immobilisieren, ruhigstellen (fixieren)
immobilité f.   Immobilität f., Unbeweglichkeit f.
immoral   unsittlich
immun   immun
immunisation f.   Immunisierung f.
immunisation préventive f.   Schutzimpfung f.
immuniser   immunisieren
immuniser (contre)   feien (gegen)
immunité f.   Immunität f.
immunoadhérence f.   Immunadhärenz
f.
immunoadsorption f.   Immunadsorption f.
immunoblaste m.   Immunoblast m.
immunoblastique   immunoblastisch
immunoblot m.   Immunoblot m.
immunochimie f.   Immunchemie f.
immunochimique   immunchemisch
immunochromatographie f.   Immunochromatographie f.
immunocompétent   immunkompeten
immunocyte m.   Immunozyt m.
immunocytome m.   Immunozytom n
immunodéficience expérimentale de
l'animal f.   Runt-Krankheit f.
immunodermatologie f.   Immundermatologie f.
immunodermatologique   immundermatologisch
immunodiffusion f.   Immunodiffusio
f.

immunoélectrophorèse f.　Immunelektrophorese f.
immunoessai m.　Immunoassay m.
immunofluorescence f.　Immunfluoreszenz f., Immunofluoreszenz f.
immunoglobuline f.　Immunglobulin
n.
immunohématologie f.　Immunhämatologie f.
immunohistochimie f.　Immunhisto-
chemie f.
immunohistopathologie f.　Immunhistopathologie f.
immunologie f.　Immunitätslehre f.,
Immunologie f.
immunologique　immunologisch
immunomodulateur m.　Immunmodulator m.
immunomodulation f.　Immunmodulation f.
immunonéphélométrie f.　Immunonephelometrie f.
immunonéphélométrique　immunono-
phelometrisch
immunoperoxydase f.　Immunoperoxidase f.
immunopharmacologie f.　Immunopharmakologie f.
immunopharmacologique　immunopharmakologisch
immunoprolifératif　immunoproliferativ
immunoradiométrie f.　Immunoradiometrie f.
immunoradiométrique　immunoradiometrisch
immunoréactif　immunreaktiv
immunoréaction f.　Immunoreaktion
f.
immunoréactivité f.　Immunreaktionsfähigkeit f., Immunreaktivität f.
immunostimulant　immunstimulierend
immunostimulant m.　Immunstimulans n.
immunosuppressif　immunsuppressiv
immunosuppression f.　Immunosuppression f.
immunotechnique f.　Immuntechnik f.
immunothérapeutique　immuntherapeutisch

immunothérapie f.　Immunotherapie
f., Immuntherapie f.
imolamine f.　Imolamin n.
imparcazine f.　Imparcazin n.
impédance f.　Impedanz f.
impénétrabilité f.　Undurchdringlichkeit f.
impénétrable　undurchdringlich, undurchgängig
impératif m.　Imperativ m.
imperceptible　unmerklich
imperméable　undurchlässig, wasserdicht
impétigineux　impetiginös
impétiginisation f.　Impetiginisierung
f.
impétigo m.　Impetigo m.
implant m.　Implantat n.
implant cochléaire m.　elektronische
Innenohrprothese f.
implantable　implantabel
implantation f.　Einbettung f., Implantation f.
implantation de radium f.　Radiumspickung f.
implanter　implantieren
implantologie f.　Implantologie f.
implication f.　Einbeziehung f., Folgerung f.
imprécis　ungenau
imprégnation f.　Imprägnation f., Im-
prägnierung f.
imprégnation argyrique f.　Silberimprägnation f., Silberimprägnierung f.
imprégner　imprägnieren
impression f.　Eindruck m., Impression
f.
impression de boule f.　Globusgefühl
n.
impression sur feuille f.　Folienabdruck m.
imprévisible　unvorhersehbar
improductif　unergiebig
impromidine f.　Impromidin n.
impropre　ungeeignet
improvisé　behelfsmäßig
impuissance f.　Hilflosigkeit f., Impotenz f.
impuissant　hilflos, impotent
impulsif　impulsiv
impulsion f.　Antrieb m., Impuls f.

**impulsion, manque d' m.**  Antriebsschwäche f.
**impur**  unrein
**impur (chem.)**  unsauber
**impureté f.**  Unreinheit f., Verunreinigung f.
**in vitro**  in vitro
**in vivo**  in vivo, intravital
**inaccessible**  unzugänglich
**inactif**  inaktiv
**inactivateur m.**  Inaktivator m.
**inactivation f.**  Inaktivierung f.
**inactiver**  inaktivieren
**inactivité f.**  Inaktivität f.
**inadapté aux conditions tropicales**
tropenuntauglich
**inadéquat**  inadäquat
**inamélioré**  ungebessert
**inanimé**  unbelebt
**inanition f.**  Inanition f., Verhungern
n.
**inapaisable**  unstillbar
**inappétence f.**  Appetitlosigkeit f., In-
nappetenz f.
**inapte au travail**  arbeitsunfähig
**inattendu**  unerwartet
**inattention f.**  Zerstreutheit f.
**incapable**  unfähig
**incapable de gagner sa vie**  erwerbsunfähig
**incapacité de contracter une affaire f.**
Geschäftsunfähigkeit f.
**incapacité de travailler f.**  Arbeitsunfähigkeit f
**incarcération f.**  Inkarzeration f.
**incarcération épiploïque f.**  Netzeinklemmung f.
**incarcération stercorale f.**  Koteinklemmung f.
**incarcérer**  einklemmen, inkarzerieren
**incarné**  eingewachsen
**incassable**  unzerbrechlich
**incertain**  unsicher (zweifelhaft)
**inceste m.**  Inzest m.
**inchangé**  unverändert
**incidence f.**  Häufigkeitsquote f., Inzidenz f.
**incident m.**  Zwischenfall m.
**incinérateur m.**  Veraschungsgerät n.,
Verbrennungsofen m.
**incinération f.**  Einäscherung f., Leichenverbrennung f., Veraschung f.

**incinérer**  veraschen, (Leichen) verbrennen
**inciser**  aufschneiden, einschneiden
**inciseur m.**  Schlitzer m.
**incisif**  inzisal
**incision f.**  Einschnitt m., Inzision f.
**incision (chir.) f.**  Schnitt m.
**incision cruciale f.**  Kreuzschnitt m.
**incision de la pointe f.**  Spitzenbeschneidung f.
**incision dorso-lombaire f.**  Flankenschnitt m.
**incision du grand droit de l'abdomen
f.**  Rektusschnitt m.
**incision en „bouche de poisson" f.**
Fischmaulschnitt m.
**incision en cravatte f.**  Kragenschnitt
m.
**incision médiane f.**  Mittelschnitt m.
**incision perforante f.**  Stichinzision f.
**incision semicirculaire f.**  Bogenschnitt
m.
**incisive f.**  Schneidezahn m.
**incisure f.**  Inzisur f.
**inclinaison f.**  Inklination f., Neigung
f.
**inclinaison distale f.**  Distalneigung f.
**inclinaison en avant f.**  Vorwärtsbeugung f.
**inclusion f.**  Einbettung f., Einschluß
m., Einschlußkörperchen n.
**inclusion cytomégalique f.**  zytomegaler Einschluß m.
**incohérence f.**  Inkohärenz f.
**incohérent**  inkohärent, sprunghaft
**incommode**  unbehaglich, unbequem
**incompatibilité f.**  Inkompatibilität f.,
Unverträglichkeit f.
**incompatibilité Rhésus f.**  Rhesusunverträglichkeit f.
**incompatible**  inkompatibel, unverträglich
**incomplet**  unvollständig
**incongruent**  inkongruent
**inconscience f.**  Bewußtlosigkeit f.
**inconscient**  bewußtlos, unbewußt
**inconstance f.**  Unbeständigkeit f.
**inconstant**  unbeständig
**incontinence f.**  Inkontinenz f.
**incontinence affective f.**  Affektinkontinenz f.

incontinence fécale f. Stuhlinkontinenz f.

incontinence pigmentaire f. Pigmentinkontinenz f.

incontinence urinaire f. Harninkontinenz f.

incontinent inkontinent, unenthaltsam

incontrôlable unkontrollierbar

incontrôlé unkontrolliert

incorporation f. Aufnahme f., Einverleibung f., Inkorporation f.

incorporer einverleiben, inkorporieren

incorrect fehlerhaft, unrichtig

incrément m. Inkrement n.

incrétion f. Inkretion f.

incrustation coulée f. Inlayguß m.

incubateur m. Brutapparat m., Inkubator m.

incubation f. Bebrütung f., Inkubation f.

incuber ausbrüten, bebrüten, inkubieren

incudectomie f. Inkudektomie f.

incudomalléaire inkudomalleal

incudostapédien inkudostapedial

incurable unheilbar

incurvation f. Krümmung f.

incyclophorie f. Inzyklophorie f.

incyclotropie f. Inzyklotropie f.

incyclovergence f. Inzyklovergenz f.

indanedione f. Indandion n.

indapamide m. Indapamid n.

indécision f. Offenstehen n.

indemne unverletzt

indemnité f. Krankheitsgewinn m.

indemnité de déplacement f. Wegegeld n.

indemnité kilométrique f. Kilometergeld n.

indénolol m. Indenolol n.

indépendant unabhängig

indésirable unerwünscht

indestructible unzerstörbar

indéterminé unbestimmt

index m. Index m., Zeigefinger m.

index de coloration m. FI (Färbeindex) m.

index globulaire Färbeindex m.

index, épreuve de l' f. Zeigeversuch m.

indican m. Indikan n.

indicanurie f. Indikanurie f.

indicateur m. Indikator m.

indication f. Anzeigestellung f., Indikation f.

indice m. Index m.

indice d'acide m. Säurezahl f.

indice palatin m. Gaumenindex m.

indifférence f. Indifferenz f., Stumpfheit f.

indifférencié undifferenziert

indifférent indifferent

indigéré unverdaut

indigeste unverdaulich

indigestibilité f. Unverdaulichkeit f.

indigestion f. Indigestion f.

indigo m. Indigo n.

indigocarmine f. Indigokarmin n.

indigotine f. Indigotin n.

indigotinedisulfonate de sodium m. indigosulfonsaures Natrium n.

indiquer anzeigen, indizieren

indirect indirekt

indisposé unpäßlich

indisposition f. leichte Gesundheitsstörung f., Übelbefinden n., Unpäßlichkeit f.

indissocié undissoziiert

indissoluble unauflöslich, unlöslich

indistinct undeutlich

indium m. Indium n.

individualiser individualisieren

individualité f. Individualität f.

individuation f. Individuation f.

individuel individuell

indol m. Indol n.

indolacéturie f. Indolazeturie f.

indolamine f. Indolamin n.

indolence f. Indolenz f.

indolent indolent

indolone f. Indolon n.

indolore schmerzlos

indométacine f. Indomethacin n.

indoxyle m. Indoxyl n.

indoxylurie f. Indoxylurie f.

indriline f. Indrilin f.

inducteur m. Inducer m., Induktor m.

inductif induktiv

induction f. Induktion f.

induction de l'anesthésie f. Narkoseeinleitung f.

induire induzieren

induration f. Induration f.
induré indurativ
indurer indurieren
inédit unveröffentlicht
inéducable unerziehbar
inefficace unwirksam
inerte inert, regungslos
inertie utérine f. Wehenschwäche f.
inévitable unausbleiblich
inexcitable unerregbar
inexpliqué ungeklärt
inexploré unerforscht
infantile infantil, kindlich
infantilisme m. Infantilismus m.
infarcir infarzieren
infarcissement m. Infarzierung f.
infarctus m. Infarkt m.
infarctus asymptomatique m. stummer Infarkt m.
infarctus coronarien m. Coronarinfarkt m., Koronarinfarkt m.
infarctus du myocarde m. Herzinfarkt m., Herzmuskelinfarkt m.
infarctus du myocarde antérieur m. Vorderwandinfarkt m.
infarctus du myocarde latéral m. Lateralinfarkt m.
infarctus du myocarde postérieur m. Hinterwandinfarkt m.
infarctus endocardique m. Innenschichtinfarkt m.
infarctus pulmonaire m. Lungeninfarkt m.
infarctus récent m. frischer Infarkt m.
infécondité f. Unfruchtbarkeit f.
infectable ansteckungsfähig
infecter anstecken, infizieren
infectieux ansteckend, infektiös
infection f. Infekt m., Infektion f.
infection à adénovirus f. Adenovirusinfektion f.
infection à Escherichia f. Escherichiose f.
infection à gonocoque f. Gonokokkeninfektion f.
infection de la blessure f. Wundinfektion f.
infection des voies urinaires f. Harnwegsinfektion f.
infection diphtérique d'une blessure f. Wunddiphtherie f.

infection focale f. Fokalinfektion f., Herdinfektion f.
infection mixte f. Mischinfektion f.
infection par souillure f. Schmierinfektion f.
infection postsplénectomique f. Postsplenektomieinfektion f.
infection rhinopulmonaire f. Rhinopneumonitis f.
infection secondaire f. Sekundärinfektion f.
inférolatéral inferolateral
inféromédian inferomedian
inféropostérieur inferoposterior
infertile unfruchtbar
infestation parasitaire f. Parasitenbefall m.
infiltrat m. Infiltrat n.
infiltration f. Infiltration f., Infiltrierung f.
infiltrer infiltrieren
infinitésimal infinitesimal
infirme gebrechlich
infirmerie f. Krankenabteilung f., Sanitätseinrichtung f.
infirmier m. Krankenpfleger m., Pfleger m.
infirmier chef m. Oberpfleger m.
infirmier d'anesthésie m. Anästhesiepfleger m.
infirmier des urgences m. Rettungssanitäter m.
infirmier enseignant m. Schulpfleger m.
infirmier spécialisé m. Funktionspfleger m.
infirmier stagiaire m. Krankenpflegepraktikant f.
infirmière f. Krankenschwester f.
infirmière assistante opératoire f. Instrumentierschwester f., Operationsschwester f.
infirmière chef f. Oberschwester f.
infirmière chef du personnel soignant f. Oberin f.
infirmière d'anesthésie f. Anästhesieschwester f.
infirmière de gériatrie f. Altenpflegerin f.
infirmière de la commune f. Gemeindeschwester f.

infirmière de puériculture f.   Kinderkrankenschwester f.
infirmière du service de maternité f.
Wochenpflegerin f.
infirmière enseignante f.   Schulschwester f., Unterrichtsschwester f.
infirmière responsable de l'unité de
soins f.   Stationsschwester f.
infirmière spécialisée f.   Funktionsschwester f.
infirmière stagiaire f.   Krankenpflegepraktikantin f.
infirmité f.   Gebrechen n., Gebrechlichkeit f.
inflammable   feuergefährlich
inflammation f.   Entzündung f.
inflammation de l'intima f.   Intimitis f.
inflammation du thymus f.   Thymitis f.
inflammation du tissu adipeux f.   Fettgewebeentzündung f.
inflammation du tissu feuilleté f.   Hufrehe f.
inflammation du veru montanum f.
Colliculitis seminalis f.
inflammation laminaire f.   Rehe f.
(vet.)
inflammation périanale f.   Pectenitis f.
inflammation péristyloïdienne f.   Styloiditis f.
inflammation sacro-iliaque f.   Sakroiliitis f.
inflammation, développer une   sich
entzünden
inflammatoire   entzündlich
influence f.   Beeinflussung f.
influencer   beeinflussen
influenza f.   Influenza f.
influenzavirus m.   Influenzavirus n.
information f.   Aufklärung f., Information f.
informosome m.   Informosom n.
infraauriculaire   infraaurikulär
infracapsulaire   infrakapsulär
infrachiasmatique   infrachiasmatisch
infraclusion f.   Infraokklusion f.
infraduction f.   Infraduktion f.
infraglottique   infraglottisch
infrahyoïdien   infrahyoidal
inframammaire   inframammär
inframandibulaire   inframandibulär
infranucléaire   infranukleär
infraocclusion f.   Infraokklusion f.

infraombilical   infraumbilikal
infrapatellaire   infrapatellar
infrarouge   infrarot
infrarouge m.   Infrarot n.
infrasellaire   infrasellär
infraspinal   infraspinal
infrasternal   infrasternal
infrastructure f.   Infrastruktur f.
infratemporal   infratemporal
infratrachéal   infratracheal
infratrochléen   infratrochleär
infratubaire   infratubar
infraturbinal   infraturbinal
infravalvulaire   infravalvulär
infravergence f.   Infravergenz f.
infraversion f.   Infraversion f.
infundibiliforme   trichterförmig
infundibulaire   infundibulär
infundibulectomie f.   Infundibulektomie f.
infuser   infundieren
infusion f.   Infus m., Infusion f., Tee m.
infusion de tilleul f.   Lindenblütentee
m.
infusoire cilié m.   Ciliata n. pl.
infusoires m. pl.   Infusorien f. pl.
ingestion f.   Ingestion f.
ingestion de nourriture f.   Nahrungsaufnahme f.
inguinal   inguinal
inguinoabdominal   inguinoabdominal
inguinocrural   inguinokrural
inguino-fessier   glutäoinguinal
inguinolabial   inguinolabial
inguinoscrotal   inguinoskrotal
INH (isoniazide) f.   INH (Isoniazid) n.
inhalateur de poche m.   Tascheninhalator m.
inhalation f.   Einatmung f., Inhalation
f.
inhalation de fumée f.   Rauchinhalation f.
inhaler   einatmen, inhalieren
inhibant   unterdrückend
inhibant la cholinestérase   cholinesterasehemmend
inhibant la sécrétion   sekretionshemmend
inhibé   gehemmt
inhiber   hemmen
inhibine f.   Inhibin n.
inhibiteur   hemmend

inhibiteur m.   Hemmer m., Inhibitor m.
inhibiteur de l'anhydrase carbonique m.   Carboanhydrasehemmer m., Karboanhydrasehemmer m.
inhibiteur de l'ovulation m.   Ovulationshemmer m.
inhibiteur de la xanthineoxydase m.   Xanthinoxidasehemmer m.
inhibiteur des récepteurs m.   Rezeptorenblocker m.
inhibition f.   Hemmung f., Inhibition f., Unterdrückung f.
inhibition de la maturation f.   Reifungshemmung f.
inhibition protectrice f.   Schutzhemmung f.
inhomogène   inhomogen
inhomogénité f.   Inhomogenität f.
inhumain   unmenschlich
inhumanité f.   Unmenschlichkeit f.
ininfluencé   unbeeinflußt
inion m.   Inion n.
initial   initial
initiation f.   Initiation f.
initier le traitement   anbehandeln
injectable   injizierbar
injecter   einspritzen, injizieren, spritzen
injecter pour déboucher   ausspritzen
injecteur m.   Düse f., Injektor m.
injection f.   Injektion f.
injection d'extrait de foie f.   Leberextraktinjektion f.
injections intra-variqueuses sclérosantes f. pl.   Krampfaderverödung f., Varizenverödung f.
inlay m.   Gußfüllung f., Inlay n., gegossene Zahnfüllung f.
inlay cire m.   Wachsinlay n.
inlay métal m.   gegossene Metallfüllung f. (dent.)
inné   angeboren
innervation f.   Innervation f.
innerver   innervieren
inocclusion dentaire f.   offener Biß m.
inoculation f.   Inokulation f.
inoculer   einimpfen, inokulieren
inodilatateur m.   Inodilatator m.
inodore   geruchlos
inoffensif   unschädlich
inopérabilité f.   Inoperabilität f.

inopérable   inoperabel
inopérant   wirkungslos
inopportun   unpassend
inorganique   anorganisch
inosine f.   Inosin n.
inositol m.   Inosit n.
inotrope   inotrop
inotropie f.   Inotropie f.
inprévisible   unberechenbar
inproquone f.   Inproquon n.
inquiéter, s'   sich aufregen
inquiétude f.   Ruhelosigkeit f.
insalivation f.   Einspeichelung f., Insalivation f., Speicheldurchmischung f.
insaliver   einspeicheln
insalubre   gesundheitsschädlich, unhygienisch
insaturé   ungesättigt
inscription f.   Beschriftung f., Eintragung f., Inskription f.
insecte m.   Insekt n.
insecticide   insektizid
insecticide m.   Insektenvertilgungsmittel n., Insektizid n.
insélectionné   unausgewählt
insémination f.   Besamung f., Insemination f.
insensé   wahnsinnig
insensibilité f.   Gefühllosigkeit f., Taubheit (Gefühl) f., Unempfindlichkeit f.
insensible   gefühllos, taub (hypästhetisch), unempfindlich
insertion f.   Ansatz m., Insertion f.
insipide   geschmacklos, ungenießbar
insipidité f.   Geschmacklosigkeit f.
insolation f.   Hitzschlag m., Sonnenstich m.
insoluble   unauflösbar, unlösbar
insomnie f.   Insomnie f., Pervigilium n., Schlaflosigkeit f.
insonorisation f.   Schalldämpfung f.
inspecter   kören (vet.)
inspecteur sanitaire des abattoirs m.   Fleischbeschauer m.
inspection f.   Inspektion f.
inspiration f.   Einatmung f., Inspiration f.
inspiratoire   inspiratorisch
inspirer   einatmen, inspirieren
instabilité f.   Instabilität f.

instabilité émotionnelle f.   unausgeglichene Gemütsverfassung f.
instable   instabil, unstabil
installations m. pl.   Anlage (Konstruktion) f.
instantanément   augenblicklich
instillation f.   Instillation f.
instiller   einträufeln, instillieren, tröpfeln
instinct m.   Instinkt m., Trieb m.
instinct de troupeau m.   Herdentrieb
m.
instinct maternel m.   Mutterinstinkt
m.
instinctif   instinktiv
institut m.   Institut n.
institut de radiologie m.   Röntgeninstitut n.
instrument m.   Gerät n., Instrument n.
instrument à double usage m.   Doppelinstrument n.
instrument d'irrigation m.   Spülinstrument n.
instrument de clivage m.   Spalter m.
instrument de finition m.   Finierinstrument n.
instrument de mesure m.   Meßgerät n.
instrument de modelage m.   Modellierinstrument n.
instrument de séparation m.   Separierinstrument n.
instrument en rubis m.   Rubininstru-
mentn.
instrument manuel m.   Handinstru-
mentn.
instrument pour canal radiculaire m.
Wurzelkanalinstrument m.
instrument pour pose de digue en caoutchouc m.   Kofferdam-Instrument n. (dent.)
instrumental   instrumentell
instrumentation f.   Instrumentierung f.
instruments m. pl.   Besteck n.
instruments chirurgicaux m. pl.   Operationsbesteck n.
instruments de dissection m. pl.   Sektionsbesteck n.
insuffisance f.   Dekompensation f., Insuffizienz f.
insuffisance affective f.   Affektschwäche f.

insuffisance aortique f.   Aorteninsuffizienz f.
insuffisance cardiaque f.   Herzinsuffizienz f.
insuffisance cardiaque congestive f.
Stauungsinsuffizienz, kardiale f.
insuffisance cardiaque droite f.
Rechtsherzinsuffizienz f.
insuffisance cardiaque droite décompensée f.   dekompensierte Rechtsherzinsuffizienz f.
insuffisance cardiaque gauche f.
Linksherzinsuffizienz f.
insuffisance de succion f.   Saugschwäche f.
insuffisance hépathique f.   Hepatargie
f.
insuffisance médullaire f.   Knochenmarkinsuffizienz f.
insuffisance mitrale f.   Mitralinsuffizienz f.
insuffisance myocardique f.   Herzmuskelinsuffizienz f.
insuffisance pulmonaire f.   Pulmonalinsuffizienz f.
insuffisance pylorique f.   Pylorusinsuffizienz f.
insuffisance rénale f.   Nierenversagen
n.
insuffisance surrénalienne f.   Nebenniereninsuffizienz f.
insuffisance tricuspide f.   Trikuspidalinsuffizienz f.
insuffisance vasculaire f.   Gefäßschwäche f.
insuffisant   insuffizient, unzureichend
insufflateur manuel m.   Handbeatmungsgerät n.
insufflation f.   Aufblasung f., Einblasung f., Insufflation f.
insufflation bucconasale f.   Mund-zu-
Nase-Beatmung f.
insufflation d'air f.   Lufteinblasung f.
insufflations avec un masque à ballon f.
pl.   Beutelbeatmung f.
insuffler   aufblasen, einblasen
insulaire   insulär
insulinase f.   Insulinase f.
insuline f.   Insulin n.
insuline bovine f.   Rinderinsulin n.
insuline de porc f.   Schweineinsulin n.
insuline humaine f.   Humaninsulin n.

insuline ordinaire f.  Altinsulin n.
insuline retard f.  Depotinsulin n.
insulinisation f.  Insulinisierung f.
insuliniser  insulinisieren
insulinodépendant  insulinbedürftig
insulinome m.  Adenom des Inselgewebes n., Insulinom n.
insulinothérapie f.  Insulintherapie f.
insulinotrope  insulinotrop
intact  unversehrt
intégral  integral
intégralité f.  Ganzheit f.
intégration f.  Integration f.
intégrer  integrieren
integrité f.  Integrität f.
intellect m.  Intellekt m.
intelligence f.  Intelligenz f.
intelligent  intelligent
intensif  intensiv
intensification f.  Intensivierung f.
intensifier  intensivieren
intensimètre m.  Intensimeter n.
intensimétrie f.  Intensimetrie f.
intensimétrique  intensimetrisch
intensité f.  Heftigkeit f., Intensität f.
intensité du champ f.  Feldstärke f.
intention f.  Absicht f., Zielvorstellung
f., Zweck m.
intentionnel  absichtlich, beabsichtigt
inter m.  Zwischenglied n. (dent.)
interaction f.  Interaktion f., Wechselwirkung f.
interalvéolaire  interalveolär
interauriculaire  interaurikulär
intercalaire  interkalär
intercarpien  interkarpal
intercellulaire  interzellulär
intercepteur m.  Interzeptor m.
interchangeable  austauschbar, auswechselbar
interchromosomique  interchromosomal
intercinésie f.  Interkinese f.
intercolumnaire  interkolumnär
intercondylaire  interkondylär
interconversion f.  Interkonversion f.,
Zwischenumwandlung f.
intercostal  interkostal
intercostobrachial  interkostobrachial
intercostohuméral  interkostohumeral
intercricothyréotomie f.  Interkrikothyreotomie f.

intercurrent  interkurrent
intercuspidation f.  Interkuspidation f.
interdental  interdental
interdigital  interdigital
interdisciplinaire  interdisziplinär
interfacial  interfazial
interférence f.  Interferenz f.
interférence psychogène f.  psychogene
Überlagerung f.
interférer  interferieren
interféromètre m.  Interferometer n.
interférométrie f.  Interferometrie f.
interféron m.  Interferon n.
interganglionnaire  interganglionär
interglobulaire  interglobulär
intérieur m.  Inneres n.
interindividuel  interindividuell
intériorisation f.  Verinnerlichung f.
interlabial  interlabial
interleukine f.  Interleukin n.
interligne articulaire m.  Gelenkspalt
m.
interligne dentaire m.  Interdentalraum m.
interlobaire  interlobär
interlobulaire  interlobulär
intermaxillaire  intermaxillär
intermédiaire  intermediär
intermédiaire m.  Überträger m., Vermittler m.
intermédine f.  Intermedin n.
intermédiolatéral  intermediolateral
intermission f.  Intermission f.
intermittence f.  Intermission f.
intermittence, être en  intermittieren
intermittent  intermittierend
intermoléculaire  intermolekular
interne  innerlich, intern, medial
interne f.  Krankenhaushilfsärztin f.
interne m.  Krankenhaushilfsarzt m.
interneuronal  interneuronal
interneurone m.  Schaltneuron n.
interniste f.  Internistin f.
interniste m.  Internist m.
internodal  internodal
internucléaire  internukleär
interocclusal  interokklusal
interpariétal  interparietal
interpédiculaire  interpedikulär
interpédonculaire  interpedunkulär
interphalangien  interphalangeal
interpoler  interpolieren

interposer  interponieren
interposition f.  Interposition f.
interprismatique  interprismatisch
interproximal  interproximal
interradiculaire  interradikulär
interrénalisme m.  Interrenalismus m.
interrompre  unterbrechen
interrompre un traitement  eine Behandlung absetzen, eine Behandlung
unterbrechen
interrupteur culbuteur m.  Kippschalter m.
interruption f.  Unterbrechung f.
interruption d'un traitement f.  Unterbrechung einer Behandlung f.
interruption d'une thérapeutique f.
Absetzen einer Behandlung n.
interruption de grossesse f.  Schwangerschaftsabbruch m.
intersegmentaire  intersegmentär
intersexualité f.  Intersexualität f.
intersexué m.  Intersex m.
interstice m.  Interstitium n.
interstitium m.  Interstitium n.
intertarsien  intertarsal
interthalamique  interthalamisch
intertrabéculaire  intertrabekulär
intertransversal  intertransversal
intertrigineux  intertriginös
intertrigo m.  Intertrigo m.
intertrigo périnéal m.  Wolf (med.) m.
intertrochantérien  intertrochanterisch
intervalle m.  Intervall n., Zwischenraum n.
intervalle de contraste m.  Helligkeitsumfang m.
intervalle de mesure m.  Meßbereich
m.
intervalvulaire  intervalvulär
intervention f.  Intervention f.
intervention chirurgicale f.  Eingriff m.
interventriculaire  interventrikulär
intervertébral  intervertebral
intervilleux  intervillös
intestin m.  Darm m.
intestin glacé m.  Zuckergußdarm m.
intestin grêle m.  Dünndarm m.
intestinal  intestinal
intima f.  Intima f.
intime  intim
intolérance f.  Intoleranz f.
intolérant  intolerant

intonation f.  Intonation f.
intorsion f.  Intorsion f.
intoxication f.  Intoxikation f.
intoxication alimentaire f.  Lebensmittelvergiftung f.
intoxication au thallium f.  Thalliumvergiftung f.
intoxication fluorée f.  Fluorvergiftung
f.
intoxication myristique f.  Myristizismus m.
intoxication nicotinique f.  Nikotinvergiftung f.
intoxication par l'antimoine f.  Antimonvergiftung f.
intoxication par l'huile de sabine f.
Sabinaölvergiftung f.
intoxication par la solanine f.  Solaninvergiftung f.
intoxication par le bismuth f.  Wismutvergiftung f.
intoxication par le blé sarasin f.  Buchweizenvergiftung f.
intoxication par le zinc f.  Zinkvergiftung f.
intoxication par les coquillages f.  Muschelvergiftung f.
intoxication sabinique f.  Sabinismus
m.
intoxication saturnine f.  Bleivergiftung f.
intoxication septique f.  septische Intoxikation f.
intoxication sérique f.  Serumvergiftung f.
intoxication stibiée f.  Stibialismus m.
intra-abdominal  intraabdominell
intraacineux  intraazinös
intra-alvéolaire  intraalveolär
intra-amniotique  intraamniotisch
intra-aortique  intraaortal
intraartériel  i. a. (intraarteriell)
intra-articulaire  intraartikulär
intra-auriculaire  intraatrial
intrabronchique  intrabronchial
intracanalaire  intraduktal
intracanaliculaire  intrakanalikulär
intracapillaire  intrakapillär
intracapsulaire  intrakapsulär
intracardiaque  intrakardial
intracavitaire  intrakavitär
intracellulaire  intrazellulär

intracérébelleux   intrazerebellar
intracérébral   intrazerebral
intracervical   intrazervikal
intrachromosomique   intrachromosomal
intraciliaire   intraziliär
intracisternal   intrazisternal
intracoronaire   intrakoronar
intracoronal   intrakoronal
intracorporel   intrakorporal
intracrânien   intrakraniell
intracutané   intrakutan
intradermique   intradermal
intraduodénal   intraduodenal
intradural   intradural
intraépithélial   intraepithelial
intrafocal   intrafokal
intragastrique   intragastral
intraglandulaire   intraglandulär
intrahépatique   intrahepatisch
intrahypophysaire   intrahypophysär
intraindividuel   intraindividuell
intraité   unbehandelt
intralaryngé   intralaryngeal
intralingual   intralingual
intralobaire   intralobär
intralobulaire   intralobulär
intralombaire   intralumbal
intraluminaire   intraluminal
intramammaire   intramammär
intramaxillaire   intramaxillär
intramédullaire   intramedullär
intraméningé   intrameningeal
intramitochondrique   intramitochondrial
intramuqueux   intramukosal
intramural   intramural
intramusculaire   intramuskulär
intramyocardique   intramyokardial
intranasal   intranasal
intraneural   intraneural
intranodal   intranodal
intranodulaire   intranodulär
intranucléaire   intranukleär
intraoculaire   intraokulär
intraoral   intraoral
intraorbital   intraorbital
intraosseux   intraossal, intraossär
intrapancréatique   intrapankreatisch
intrapapillaire   intrapapillär
intrapartal   intrapartal
intrapelvien   intrapelvin

intrapéricardique   intraperikardial
intrapéritonéal   intraperitoneal
intraphase f.   Interphase f.
intraplacentaire   intraplazentar
intrapleural   intrapleural
intrapulmonaire   intrapulmonal
intrarectal   intrarektal
intrarénal   intrarenal
intrascrotal   intraskrotal
intrasphinctérien   intrasphinkterisch
intraspinal   intraspinal
intrasplénique   intralienal, intrasplenisch
intrasternal   intrasternal
intrasynovial   intrasynovial
intrathécal   intrathekal
intrathoracique   intrathorakal
intrathyroïdien   intrathyreoidal
intratrachéal   intratracheal
intrauréthral   intraurethral
intrautérin   intrauterin
intravaginal   intravaginal
intravalvulaire   intravalvulär
intravasculaire   intravasal
intraveineux   intravenös
intraventriculaire   intraventrikulär
intravésical   intravesikal
intravitreux   intravitreal
intriptyline f.   Intriptylin n.
introduction f.   Einführung f., Introduktion f.
introduire   einführen
introjection f.   Introjektion f.
intron m.   Intron (intervenierende Region) n.
introspection f.   Selbstbeobachtung f.
introversion f.   Introversion f.
introvertir   introvertieren
intrusion f.   Intrusion f.
intubation f.   Intubation f.
intuber   intubieren
intumescence f.   Intumeszenz f.
intussusception f.   Intussuszeption f.
inulase f.   Inulase f.
inuline f.   Inulin n.
inutile   unbrauchbar, unnötig, zwecklos
inutilisé   ungebraucht
invagination f.   Intussuszeption f., Invagination f.
invalide   gebrechlich, invalid, versehrt
invalide m.   Invalide m.

invalidité f.   Invalidität f.
invasif   invasiv
invasion f.   Invasion f.
invasivité f.   Eindringungsvermögen
n., Invasionsvermögen n.
inverse   invers, revers
inversement   umgekehrt
inversion f.   Inversion f., Umkehrung
f.
inversion antigénique f.   Antigenumkehr f.
invertase f.   Invertin n.
invertébré   wirbellos
invertine f.   Invertin n.
investigateur m.   Untersuchender m.
investigation f.   Erforschung f., Forschung f.
investigatrice f.   Untersuchende f.
investissement de l'objet m.   Objektbesetzung f.
investissement de la libido m.   Libidobesetzung f.
invétéré   inveteriert
invisible   unsichtbar
involontaire   unfreiwillig, unwillkürlich, zwanghaft
involution f.   Involution f.
invulnérable   unverwundbar
iodamide m.   Jodamid n.
iodaminoacide m.   Jodaminosäure f.
iodamphétamine f.   Iodamphetamin n.
iodate m.   Iodat n., Jodat n.
iodation f.   Jodierung f.
iodé   jodhaltig
iode m.   Iod n., Jod n.
iode fixé aux protéines m.   proteingebundenes Jod n.
ioder   jodieren
iodide f.   Jododermie f.
iodoamphétamine f.   Jodamphetamin
n.
iodobenzylguanidine f.   Iodobenzylguanidin n., Jodobenzylguanidin n.
iodoforme m.   Jodoform n.
iodohippurate m.   Iodhippurat n., Jodhippurat n.
iodométrie f.   Jodometrie f.
iodométrique   jodometrisch
iodopsine f.   Jodopsin n.
iodostéarate m.   Iodostearat n., Jodostearat n.

iodothio-uracile m.   Jodothiouracil n.,
Iodthiouracil n.
iodure m.   Iodid n., Jodid n.
iodure de potassium m.   Kaliumjodid
n.
iodure de sodium m.   Natriumjodid n.
ion m.   Ion n.
ionisation f.   Ionisation f.
ioniser   ionisieren
ionium m.   Ionium n.
ionogramme m.   Ionogramm n.
ionomètre m.   Ionometer n.
ionométrie f.   Ionometrie f.
ionométrique   ionometrisch
ionothérapeutique   iontophoretisch
iontothérapie f.   Iontophorese f.
iopamidol m.   Iopamidol n.
iophendylate m.   Iophendylat n.
iopodate m.   Iopodat n.
iopydol m.   Iopydol n.
iopydone f.   Iopydon n.
iosulamide m.   Iosulamid n.
iotalamate m.   Iothalamat n.
iotrolane m.   Iotrolan n.
ipéca m.   Brechwurzel f.
ipexidine f.   Ipexidin n.
ipragratine f.   Ipragratin n.
iprazochrome m.   Iprazochrom n.
iprindole m.   Iprindol n.
ipronidazole m.   Ipronidazol n.
iproxamine f.   Iproxamin n.
iprozilamine f.   Iprozilamin n.
ipsolatéral   ipsilateral
ipsoversé   ipsiversiv
iridectomie f.   Iridektomie f.
iridectomie, pratiquer une   iridektomieren
iridectropion m.   Iridektropium n.
iridencleisis m.   Iridenkleisis f.
iridentropion m.   Iridentropion n.
iridium m.   Iridium n.
iridocèle f.   Iridozele f.
iridochoroidite f.   Iridochoroiditis f.
iridocornéen   iridokorneal
iridocyclite f.   Iridozyklitis f.
iridodiagnostic m.   Augendiagnose f.,
Irisdiagnose f.
iridodialyse f.   Iridodialyse f.
iridonésis m.   Iridonesis f., Irisschlottern n., Linsenschlottern n.
iridoplégie f.   Iridoplegie f.
iridosclérotomie f.   Iridosklerotomie f.

iridoscope m. Iridoskop n.
iridoscopique iridoskopisch
iridotomie f. Iridotomie f.
iris m. Iris f.
iris bombé m. Napfkucheniris f.
irite f. Iritis f.
irradiation f. Bestrahlung f.
irradiation à champs mobile f. Bewegungsbestrahlung f.
irradiation au cobalt f. Kobaltbestrahlung f.
irradiation au radium f. Radiumbestrahlung f.
irradiation consécutive f. Nachbestrahlung f.
irradiation convergente f. Konvergenzbestrahlung f.
irradiation de contact f. Kontaktbestrahlung f.
irradiation pendulaire f. Pendelbestrahlung f.
irradiation rotative f. Rotationsbestrahlung f.
irradiation solaire f. Sonnenbestrahlung f.
irradiation sous lamelles de plomb f. Siebbestrahlung f.
irradiation totale f. Ganzkörperbestrahlung f.
irradiation X f. Röntgenbestrahlung f.
irradié, totalement ganzkörperbestrahlt
irradier bestrahlen, röntgenbestrahlen
irradier aux ultraviolets ultraviolett bestrahlen
irrationnel irrational
irréductible ununterdrückbar
irréflexion f. Gedankenlosigkeit f.
irrégularité f. Irregularität f., Unregelmäßigkeit f.
irrégulier entrundet, irregulär, ungleichmäßig, unregelmäßig
irrémazole m. Irremazol n.
itresponsabilité f. Unzurechnungsfähigkeit f.
irresponsable unzurechnungsfähig
irréversible irreversibel, unumkehrbar
irrévocable unwiderruflich
irrigateur m. Irrigator m.
irrigation f. Irrigation f.
irrigation sanguine f. Durchblutung f.
irritable erethisch, reizbar

irritant aufreizend, irritierend
irritation f. Reizung f.
irritation intestinale f. Darmgrimmen n., Darmreizung f.
irriter irritieren, reizen
ischémie f. Ischämie f.
ischémie cérébrale transitoire f. TIA (transitorische ischämische Attacke) f.
ischémique ischämisch
ischiocrural ischiokrural
ischiopubien ischiopubisch
ischiorectal ischiorektal
ischurie paradoxale f. Ischuria paradoxa f.
isétionate m. Isetionat n., Isoäthionat n.
isoagglutination f. Isoagglutination f.
isoagglutinine f. Isoagglutinin n.
isoalloxazine f. Isoalloxazin n.
isoamylamine f. Isoamylamin n.
isoanticorps m. Isoantikörper m.
isoantigène m. Isoantigen n.
isoarécaïdine f. Isoarecaidin n.
isobornyle m. Isobornyl n.
isobutyrate m. Isobutyrat n.
isocaproate m. Isokaproat n.
isocarboxacide m. Isocarboxazid n.
isochromatide f. Isochromatide n.
isochromatique isochromatisch
isochromosome m. Isochromosom n.
isochrone isochron
isochronie f. Isochronie f.
isocitrate m. Isozitrat n.
isocyanate m. Isozyanat n.
isocyanure m. Isozyanid n.
isocytose f. Isozytose f.
isodense isodens
isodontique isodontisch
isodose f. Isodosis f.
isodynamique isodynamisch
isoélectrique isoelektrisch
isoénergétique isoenergetisch
isoenzyme f. Isoenzym n.
isoenzyme-MB f. MB-Isoenzym n.
isoétarine f. Isoetarin n.
isoéthionate m. Isoethionat n.
isoflurane m. Isofluran n.
isogame isogam
isohémolysine f. Isohämolysin n.
isohydrie f. Isohydrie f.
iso-iconie f. Isoikonie f.

iso-immunisation f.  Isoimmunisation f.
iso-ionie f.  Isoionie f.
isolat m.  Isolat n.
isolation f.  Absonderung (Isolierung) f.
isolé  vereinzelt
isolécithal m.  Isolezithal n.
isolement m.  Isolierung f.
isolement d'un organe m.  Skelettierung f.
isoler  absondern, isolieren
isoler en clone  klonieren
isoler un organe  skelettieren
isologue  isolog
isolysine f.  Isolysin n.
isomaltase f.  Isomaltase f.
isomaltose m.  Isomaltose f.
isomérase f.  Isomerase f.
isomère  isomer
isomère m.  Isomer n.
isomérie f.  Isomerie f.
isométhadone f.  Isomethadon n.
isométheptène m.  Isomethepten n.
isométrie f.  Isometrie f.
isométrique  isometrisch
isométropie f.  Isometropie f.
isomorphe  isomorph
isomylamine f.  Isomylamin n.
isomyosine f.  Isomyosin n.
isoniazide f.  Isoniazid n.
isonitrile m.  Isonitril n.
isoosmotique  isoosmotisch
isopentényle m.  Isopentenyl n.
isopéristaltique  isoperistaltisch
isophorie f.  Isophorie f.
isophosphamide m.  Isophosphamid n.
isopie f.  Isopie f.
isoplastique  isoplastisch
isopotentiel m.  Isopotential n.
isoprénaline f.  Isoprenalin n., Isopropylnoradrenalin n.
isoprène m.  Isopren n.
isoprinosine f.  Isoprinosin n.
isopropamide m.  Isopropamid n.
isoproponal m.  Isopropanol n.
isopropylartérénol m.  Isopropylartérénol n.
isopropyle m.  Isopropyl n.
isopropylhydrazine f.  Isopropylhydrazin n.

isopropylnoradrénaline f.  Isopropylnoradrenalin n.
isoptère m.  Isoptere f.
isopyknose f.  Isopyknose f.
isopyknotique  isopyknotisch
isoquinoline f.  Isochinolin n.
isorythmique  isorhythmisch
isosérum m.  Isoserum n.
isosexuel  isosexuell
Isospora belli f.  Isospora belli f.
Isospora hominis f.  Isospora hominis f.
isosporiase f.  Isosporiasis f.
isostérie f.  Isosterie f.
isostérique  isosterisch
isosthénurie f.  Isosthenurie f.
isosthénurique  isosthenurisch
isostimulation f.  Isostimulation f.
isosulpride m.  Isosulprid n.
isotachophorèse f.  Isotachophorese f.
isotachophorétique  isotachophoretisch
isotherme  isothermisch
isothiazine f.  Isothiazin n.
isothiazole m.  Isothiazol n.
isothiocyanate m.  Isothiozyanat n.
isothiphendyl m.  Isothiphendyl n.
isotone  isoton
isotonie f.  Isotonie f.
isotonique  isotonisch
isotope m.  Isotop n.
isotransplantation f.  Isotransplantation f.
isotrope  isotrop
isotype m.  Isotyp m.
isotypique  isotypisch
isovalérylglycine f.  Isovalerylglyzin n.
isovolémie f.  Isovolämie f.
isovolumétrique  isovolumetrisch
isovolumique  isovolumisch
isoxazole m.  Isoxazol n.
isoxazolidone f.  Isoxazolidon n.
isoxsuprine f.  Isoxsuprin n.
isozygote  isozygot
isozyme m.  Isozym n.
israpidine f.  Israpidin n.
issue f.  Ausgang m.
issue fatale f.  tödliches Ende n.
isthme m.  Isthmus m.
isthme de l'utérus m.  Uterinsegment n.
isthmectomie f.  Isthmektomie f.

isthmique  isthmisch
**itanoxone f.**  Itanoxon n.
**itération f.**  Iteration f.
**itraconazole m.**  Itraconazol n.
**i.v. (intraveneux)**  i.v. (intravenös)
**ivermectine f.**  Ivermectin n.
**ivoire m.**  Dentin n.

ivre  betrunken
**ivresse f.**  Trunkenheit f.
**ivresse de profondeur f.**  Tiefenrausch m.
**ivrogne m.**  trunksüchtige Person f.
**ixodidé m.**  Ixodes m.

# J

**jacket m.** Kronenmantel m.
**jackscrew m.** Dehnungschraube f. (dent.)
**jactation f.** Jaktation f.
**jalousie f.** Eifersucht f.
**jalousie maniaque f.** Eifersuchtswahn m.
**jambe f.** Bein n. (Extremität), Unterschenkel m.
**jambe arquée f.** O-Bein n.
**jambe en X f.** X-Bein n.
**jambes écartées, pas m.** Spreizschritt m.
**jambière f.** Beinhalter m.
**jardin d'enfants m.** Kindergarten m.
**jardinière d'enfants f.** Kindergärtnerin f.
**jarret m.** Kniebeuge f.
**jauge f.** Eichmaß n.
**jaune clair** hellgelb
**jaune d'alizarine m.** Alizaringelb n.
**jaune d'oeuf m.** Eigelb n.
**jaune de paranilinium m.** Metanilgelb n.
**jaune foncé** dunkelgelb
**jaune moyen** mittelgelb
**jaunisse f.** Gelbsucht f., Ikterus m.
**jéjunal** jejunal
**jéjunite f.** Jejunitis f.
**jéjunocolostomie f.** Jejunokolostomie f.
**jéjunoiléostomie f.** Jejunoileostomie f.
**jéjunojéjunostomie f.** Jejunojejunostomie f.
**jéjuno-jéjunostomie complémentaire f.** Braunsche Anastomose f.
**jéjunostomie f.** Jejunostomie f.
**jéjunum m.** Jejunum n.
**jet moyen d'urine m.** Mittelstrahlharn m.

**jeune génération f.** Nachwuchsgeneration f.
**jeûner** fasten
**joint m.** Abdichtung f., Dichtung (techn.) f.
**joint vissé m.** Schraubenverbindung f.
**jointure f.** Fuge f.
**jonction f.** Verbindungsstelle f.
**josamycine f.** Josamycin n.
**joue f.** Backe f., Wange f.
**jouissance f.** Genuß m.
**joule m.** Joule n.
**juglon m.** Juglon n.
**jugulaire** jugulär
**jugulomaxillaire** jugomaxillär
**jumeau m.** Zwilling m.
**jumeaux dizygotes m. pl.** zweieiige Zwillinge m. pl.
**jumeaux faux m. pl.** zweieiige Zwillinge m. pl.
**jumeaux monozygotes m. pl.** eineiige Zwillinge m. pl.
**jumeaux vrais m. pl.** eineiige Zwillinge m. pl.
**jument d'élevage f.** Zuchtstute f.
**juste** gerade
**juvénile** jugendlich, juvenil
**juxtaarticulaire** juxtaartikulär
**juxtaépiphysaire** juxtaepiphysär
**juxtaglomérulaire** juxtaglomerulär
**juxtamédullaire** juxtamedullär
**juxtaoral** juxtaoral
**juxtapapillaire** juxtapapillär
**juxtaposition f.** Juxtaposition f.
**juxtapylorique** juxtapylorisch
**juxtaspinal** juxtaspinal
**juxtautérin** parametran, parametrisch

# K

Kala-Azar m.   Kala-Azar f.
kaliurie f.   Kaliurese f.
kallicréine f.   Kallikrein n.
kallicréinogène m.   Kallikreinogen n.
kallidine f.   Kallidin n.
kallidinogénase f.   Kallidinogenase f.
kallidinogène m.   Kallidinogen n.
kanamycine f.   Kanamycin n.
kaolin m.   Kaolin n.
kaolinose f.   Kaolinose f.
katal m.   Katal n.
kéfir m.   Kefir m.
kélotomie f.   Kelotomie f.
kelvin m.   Kelvin n.
kératane m.   Keratan n.
kératine f.   Keratin n.
kératinisation f.   Keratinisierung f.,
   Verhornung f.
kératiniser   verhornen
kératite f.   keratitis f.
kératite en bandelette f.   Bandkeratitis
   f.
kératite interstitielle f.   Keratitis inter-
   stitialis f.
kératite neuroparalytique f.   Keratitis
   neuroparalytica f.
kératite phlycténulaire f.   Keratitis
   phlyctaenulosa f.
kératite ponctuée f.   Descemetitis f.
kératocentèse f.   Keratozentese f.
kératocochléaire   keratokochleär
kératocône m.   Keratokonus m.
kératoconjonctivite f.   Keratokonjunktivitis f.
kératocyte m.   Stechapfelerythrozyt m.
kératodermie f.   Keratodermie f.
kératohyalin   keratohyalin
kératoiritis f.   Keratoiritis f.
kératolyse f.   Keratolyse f.
kératolytique   keratolytisch
kératomalacie f.   Keratomalazie f.
kératome m.   Keratom n.
kératomètre de Javal m.   Javal-Opthalmometer n.
kératoprothèse f.   Keratoprothese f.
kératoscope m.   Keratoskop n.
kératoscopique   keratoskopisch

kératose f.   Keratose f.
kératosique   keratotisch
kératotomie f.   Keratotomie f.
kérion m.   Kerion Celci n.
kerma m.   Kerma n.
kermès m.   Kermesbeere f.
kétamine f.   Ketamin n.
kétansérine f.   Ketanserin n.
kétazocine f.   Ketazocin n.
kétazolam m.   Ketazolam n.
kétimipramine f.   Ketimipramin n.
kétobémidone f.   Ketobemidon n.
kétobutyrate m.   Ketobutyrat n.
kétoconazole m.   Ketoconazol n.
kétoprofène m.   Ketoprofen n.
kétorolactrométhamine f.   Ketorolaktromethamin n.
kétotifen m.   Ketotifen n.
kétoxal m.   Ketoxal n.
khellidine f.   Khellidin n.
khelline f.   Khellin n.
khellinine f.   Khellinin n.
kilobase f.   Kilobase f.
kilocalorie f.   große Kalorie f., Kilokalorie f.
kilocurie m.   Kilocurie n.
kilogramme m.   Kilogramm n.
kilohertz m.   Kilohertz n.
kilolitre m.   Kiloliter m./n.
kilomètre m.   Kilometer m./n.
kilovolt m.   Kilovolt n.
kilowatt m.   Kilowatt n.
kinase f.   Kinase f.
kinésithérapeute f.   Bewegungstherapeutin f.
kinésithérapeute m.   Bewegungstherapeut m.
kinésithérapie f.   Bewegungstherapie f
kinesthésique   kinästhetisch
kinétochore m.   Kinetochor n.
kinétoscopie f.   Kinetoskopie f.
kininase f.   Kininase f.
kinine f.   Kinin n.
kinine plasmatique f.   Plasmakinin n.
kininogénase f.   Kininogenase f.
kininogène m.   Kininogen n.
klebsiella f.   Klebsiella f.

**Klebsiella ozenae m.**  Bacterium ozenae n.
**Klebsiella pneumoniae f.**  Bacillus pneumoniae m., Friedländerscher Bazillus m.
**kleptomane f.**  Kleptomanin f.
**kleptomane m.**  Kleptomane m.
**kleptomaniaque**  kleptomanisch
**kleptomanie f.**  Kleptomanie f.
**Klinefelter, syndrome de m.**  Klinefelter Syndrom n.
**Köhler, maladie de f.**  Köhlerscher Krankheit f.
**kraurosis f.**  Kraurose f.
**krypton m.**  Krypton n.
**kwashiorkor m.**  Kwashiorkor m.
**kymogramme m.**  Kymogramm n.
**kymographe m.**  Kymograph m.

**kymographie f.**  Kymographie f.
**kymographique**  kymographisch
**kynuréninase f.**  Kynureninase f.
**kynurénine f.**  Kynurenin n.
**kyste m.**  Cyste f., Zyste f.
**kyste de rétention m.**  Retentionszyste f.
**kyste dermoïde m.**  Dermoidzyste f.
**kyste du thymus m.**  Thymuszyste f.
**kyste hématique de l'ovaire m.**  Schokoladenzyste f.
**kyste maxillaire m.**  Kieferzyste f.
**kyste ovarien m.**  Ovarialzyste f.
**kyste subchondral m.**  Geröllzyste f.
**kyste synovial m.**  Überbein n.
**kysteux**  zystisch
**kystique**  zystisch
**kystitome m.**  Kystom n.

# L

lab m. Rennin n.
lab-ferment m. Labferment n.
labial labial
labiale f. Lippenlaut m.
labile labil
labilité f. Labilität f.
labilité affective f. Affektlabilität f.
labioalvéolaire labioalveolar
labiodentaire dentolabial, labiodental
labioglossolaryngé labioglossolaryngeal
labiomentonnier labiomental
labionasal labionasal
labiopalatin labiopalatinal
labioproximal proximolabial
laborantin m. Laborant m.
laborantine f. Laborantin f.
laboratoire m. Labor n., Laboratorium n.
laboratoire de prothése dentaire m. zahntechnisches Labor n.
laboratoire de recherche m. Forschungslabor n.
labyrinthe m. Labyrinth n.
labyrinthectomie f. Labyrinthektomie f.
labyrinthique labyrinthär
labyrinthite f. Labyrinthitis f.
labyrinthotomie f. Labyrinthotomie f.
lac lacrymal m. Tränensee m.
lacération f. Rißwunde f.
lacérer zerreißen
lachésine f. Lachesin n.
lâcheuse f. Drückebergerin f.
lacrymotomie f. Lakrimotomie f.
lactacidogène m. Laktazidogen n.
lactalbumine f. Laktalbumin n.
lactamase f. Lactamase f., Laktamase f.
lactame m. Lactam n.
lactase f. Laktase f.
lactate m. Laktat n.
lactate de calcium m. Calciumlaktat n., Kalziumlaktat n.
lactation f. Laktation f., Säugen n.
Lactobacillus acidophilus m. Lactobacillus acidophilus m.

Lactobacillus bifidus m. Lactobacillus bifidus m.
Lactobacillus bulgaricus m. Lactobacillus bulgaricus m.
lactodensimètre m. Laktodensimeter n.
lactoferrine f. Laktoferrin n.
lactoflavine f. Laktoflavin n.
lactogène laktogen
lactone f. Lakton n.
lactose m. Laktose f., Milchzucker m.
lactosidose f. Laktosidose f.
lactosurie f. Laktosurie f.
lactotrope laktotrop
lactovégétarien laktovegetabil
lactrodectisme m. Latrodectismus m.
lactulose m. Lactulose f., Laktulose f.
lacunaire lakunär
lacune f. Lakune f., Lücke f.
lacune circonscripte de la conscience f. Bewußtseinslücke f.
lagophtalmie f. Lagophthalmus m.
laïque m. Laie m.
laisser sortir entlassen
lait m. Milch f.
lait de chèvre m. Ziegenmilch f.
lait de magnésie m. Magnesiamilch f.
lait de sorcière m. Hexenmilch f.
lait de souffre m. Schwefelmilch f.
lait de vache m. Kuhmilch f.
lait dilué à 50 % m. Halbmilch f.
lait écrémé m. Magermilch f.
lait humain m. Frauenmilch f.
lait maternel m. Muttermilch f.
laiteux milchig
laiton m. Messing m.
lallation f. Lallen n., Lamdazismus m
lalopathie f. Lalopathie f.
lalophobie f. Lalophobie f.
laloplégie f. Laloplegie f.
lambdacisme m. Lambdazismus m.
lambeau m. Lappen m.
lambeau (de peau pour chirurgie plastique) m. Hautlappen (für plastisch Chirurgie) m.
lambeau bipédiculé m. doppelt gestielter Hautlappen m.

lambeau cylindrique m.   Rollhautlappen m.

lambeau de glissement m.   Verschiebehautlappen m.

lambeau de peau m.   Kutislappen m.

lambeau de rotation m.   Rotationshautlappen m.

lambeau de tissu m.   Gewebslappen m.

lambeau insulaire m.   Inselhautlappen m.

lambeau ouvert m.   freier Hautlappen m.

lambeau pédiculé m.   Stiellappen m.

lambeaux leucocytaires de Gumprecht m. pl.   Gumprechtsche Scholle f.

lambert m.   Lambert n.

Lamblia intestinalis f.   Lamblia intestinalis m.

lambliase f.   Lambliasis f.

lame (porte-objet) f.   Objektträger m.

lame dentaire f.   Zahnleiste f.

lame quadrijumelle f.   Vierhügelplatte f.

lame rasoir f.   Rasiermesser m.

lamellaire   lamellär

lamelle f.   Deckglas n.

laminaire   laminar

laminaire f.   Laminarstift m.

laminectomie f.   Laminektomie f.

laminotomie f.   Laminotomie f.

lampas m.   Gaumengeschwulst n. (vet.)

lampe f.   Lampe f.

lampe à arc f.   Kohlenbogenlampe f.

lampe à fente f.   Spaltlampe f.

lampe à quartz mercurielle f.   Quecksilberdampfquarzlampe f.

lampe à ultraviolets f.   Ultraviolettlampe f.

lampe de dermothérapie de Kromayer f.   Kromayerlampe f.

lampe de Gullstrand f.   Gullstrandsche Spaltlampe f.

lampe de signalisation f.   Signallampe f.

lampe frontale f.   Stirnlampe f.

lamziekte f.   Lamziekte f.

lanatoside m.   Lanatosid n.

lance-poudre m.   Pulverbläser m.

lancements, avec   klopfend (Abszeß)

lancette f.   Abszeßmesser n., Blutentnahmelanzette f., Lanzette f.

lancette gingivale f.   Zahnfleischmesser n.

lancette ophtalmique f.   Augenlanzette f.

lancinant   lanzinierend

langage m.   Sprache (Sprechweise) f., Sprechen n.

langage familier m.   Umgangssprache f.

langage gestuel m.   Zeichensprache f.

langage symbolique m.   Symbolsprache f.

lange m.   Windel f.

langue f.   Zunge f.

langue chargée f.   belegte Zunge f.

langue framboisée f.   Erdbeerzunge f., Himbeerzunge f.

langue géographique f.   Landkartenzunge f., Lingna geographica f.

langue hirsute f.   Haarzunge f.

langue noire pileuse f.   schwarze Haarzunge f., Melanotrichia linguae f.

langue plicaturée f.   Lingua scrotalis f.

languette f.   Lasche f.

lanoline f.   Lanolin n.

lanolol m.   Lanolol n.

lanostérol m.   Lanosterin n.

lanthane m.   Lanthan n.

lanthanide m.   Lanthanid n.

lanthionine f.   Lanthionin n.

lanugo m.   Lanugo n.

LAP (leucine aminopeptidase) f.   LAP (Leucin-Aminopeptidase) f.

laparoscope m.   Laparoskop n.

laparoscopie f.   Laparoskopie f.

laparoscopique   laparoskopisch

laparotomie f.   Laparotomie f.

laparotomie exploratrice f.   Probelaparotomie f.

laparotomiser   laparotomieren

lapiner   lapinisieren

lapsus (Freud) m.   Freudscher Versprecher m.

laque f.   Lack m.

lard m.   Schweinefett n.

large d'un doigt   QF (querfingerbreit)

large de deux doigts   zweiquerfingerbreit

largeur f.   Breite f.

larme f.   Träne f.

larmoiement m. Tränen n.
larmoyer tränen
larva migrans f. Larva migrans f.
larvé larviert
larve f. Larve f.
larvicide m. Larvenvertilgungsmittel n.
laryngé laryngeal
laryngectomie f. Laryngektomie f.
laryngectomiser laryngektomieren
laryngite f. Laryngitis f.
laryngocèle f. Laryngozele f.
laryngographie f. Laryngographie f.
laryngographique laryngographisch
laryngologie f. Laryngologie f.
laryngologique laryngologisch
laryngologie f. Laryngologin f.
laryngologue m. Laryngologe m.
laryngomalacie f. Laryngomalazie f.
laryngopharyngien laryngopharyngeal
laryngopharyngite f. Laryngopharyngitis f.
laryngoplastie f. Kehlkopfplastik f.
laryngoscope m. Kehlkopfspiegel m., Laryngoskop n.
laryngoscopie f. Laryngoskopie f.
laryngoscopie en suspension f. Schwebelaryngoskopie f.
laryngoscopique laryngoskopisch
laryngospasme m. Laryngospasmus m.
laryngostomie f. Laryngostomie f.
laryngotomie f. Laryngotomie f.
laryngotrachéite f. Laryngotracheitis f.
laryngotrachéobronchite f. Laryngotracheobronchitis f.
laryngotrachéoscopie f. Laryngotracheoskopie f.
larynx m. Kehlkopf m., Larynx m.
lasalocide m. Lasalocid n.
lassé abgeschlagen
lassitude f. Ermüdung f., Mattigkeit f.
latamoxef m. Latamoxef n.
latence f. Latenz f.
latent latent
latéral lateral, seitlich
latéralisation f. Lateralisation f.
latéralité f. Lateralität f.
latéroflexion f. Lateroflexion f.
latérognathie f. Laterognathie f.

latéroposition f. Lateroposition f.
latéropulsion f. Lateropulsion f.
latérotorsion f. Laterotorsion f.
latérotrusion f. Laterotrusion f.
latéroventral lateroventral
latéroversion f. Lateroversion f.
lathyrisme m. Lathyrismus m.
latitude d'exposition f. Belichtungsspielraum m.
latrines f. pl. Latrine f.
LATS (long acting thyroïd stimulator) m. LATS (langwirkender Schilddrüsenstimulator) m.
lauralkonium m. Lauralkonium n.
laurate m. Laurat n.
lauréat m. Preisträger m.
lauréate f. Preisträgerin f.
laurier-rose m. Oleander m.
lauroguadine f. Lauroguadin n.
lauryle m. Lauryl n.
LAV (Lymphadenopathy Associated Virus) m. LAV (lymphadenopathieassoziertes Virus) m.
lavable waschbar
lavage m. Spülung f., Waschung f.
lavage d'estomac m. Magenspülung f.
lavage d'oreille m. Ohrtoilette f.
lavande f. Lavendel m.
lave-main m. Handwaschbecken n.
lavement m. Einlauf m., Klistier n.
lavement alimentaire m. Nährklistier n.
lavement baryté double m. Doppelkontrasteinlauf m.
lavement de nettoyage m. Reinigungseinlauf m.
lavement opaque m. KE m., Kontrasteinlauf m.
laver abwaschen, ausspülen, spülen, waschen
laxatif abführend, laxierend
laxatif m. Abführmittel n., Laxans n. Laxativum n.
laxité ligamentaire f. Bändererschlaffung f.
layette f. Säuglingswäsche f.
LDH (lacticodéshydrogénase) f. LDH (Laktatdehydrogenase) f.
LE (lupus érythémateux) m. LE (Lupus Erythematodes) m.
lécithinase f. Lezithinase f.
lécithine f. Lezithin n.

lectine f.   Lektin n.
lecture de la pensée f.   Gedankenlesen n.
lecture sur les lèvres f.   Lippenlesen n.
Legionella pneumophila f.   Legionella pneumophila f.
légionellose f.   Legionellose f.
légumine f.   Legumin n.
légumineux   leguminös
léiomyome m.   Leiomyom n.
léiomyosarcome m.   Leiomyosarkom n.
léiopyrrole m.   Leiopyrrol n.
Leishmania donovani f.   Leishmania donovani f.
leishmaniose f.   Leishmaniose f.
leishmaniose cutanée f.   Hautleishmaniose f.
lemnocyte f.   Lemnozyt m.
lénitif m.   Linderungsmittel n.
lente f.   Nisse f.
lenteur f.   Lahmheit f.
lenticône m.   Lentikonus m.
lenticulothalamique   lentikulothalamisch
lentiginose f.   Lentiginose f.
lentigo m.   Lentigo m.
lentille f.   Linse f.
lentille d'approche f.   Vorsatzlinse f.
lentille de contact f.   Kontaktlinse f., Haftschale f.
lentille glissante f.   Schiebelinse f.
lentilles échangeables f. pl.   Auswechseloptik f.
léontiasis m.   Leontiasis f.
lépidose f.   Lepidose f.
lèpre f.   Lepra f.
lèpre anesthésique f.   Lepra anaesthetica f.
lèpre nodulaire f.   Lepra tuberosa f.
lépreux   leprös
lépride f.   Leprid n.
léprologie f.   Leprologie f.
léprologue f.   Leprologin f.
léprologue m.   Leprologe m.
léprome m.   Leprom n.
lépromine f.   Lepromin n.
léproserie f.   Leprosorium n.
leptacline f.   Leptaclin n.
leptocyte m.   Leptozyt m.
leptodactylie f.   Leptodaktylie f.
leptoméningite f.   Leptomeningitis f.

leptoméningite à staphylocoque f.   Staphylokokkenleptomeningitis f.
leptoméningitique   leptomeningitisch
leptophos m.   Leptophos m.
Leptospira autumnalis f.   Leptospira autumnalis f.
Leptospira canicola f.   Leptospira canicola f.
Leptospira grippotyphosa f.   Leptospiragrippotyphosa f.
Leptospira icterohaemorrhagiae f.   Leptospira icterogenes f.
leptospirose f.   Leptospirose f.
leptotène m.   Leptotän n.
leptothricose f.   Leptothrikose f.
leptothrix m.   Leptothrix m.
lergotrile m.   Lergotril n.
lesbien   lesbisch
lésion f.   Läsion f.
lésion cérébrale f.   Hirnverletzung f.
lésion cérébrale, ayant une   hirnverletzt
lésion d'irradiation f.   strahlenschaden m.
lésion d'origine posturale f.   Haltungsschaden m.
lésion miliaire du poumon f.   Schrotkornlunge f.
lésion myocardique   Herzmuskelschaden m., Myokardschaden m.
lésion rénale f.   Nierenschaden m.
lésion tardive f.   Spätschaden m.
lésions gommeuses f. pl.   Gummose f.
lessive f.   Lauge f.
lessive de soude f.   Natronlauge f.
létal   letal
létalité f.   Letalität f.
léthargie f.   Lethargie f.
léthargie d'Afrique f.   afrikanische Schlafkrankheit f.
létimide m.   Letimid n.
lettre pour hospitalisation f.   Einweisungsschein m.
leucanémie f.   Leukanemie f.
leucémie f.   Leukämie f.
leucémie aigue lymphoblastique f.   akute lymphatische Leukose f. (ALL)
leucémie aigue non lymphocytaire f. (ANLL)   akute nichtlymphozytäre Leukämie f. (ANLL)
leucémie aleucémique f.   Aleukämie f.

leucémie lymphoïde f.   lymphatische
Leukämie f.
leucémie lymphoïde chronique f.
chronische lymphatische Leukämie
(CLL) f.
leucémie monoblastique f.   Monozytenleukämie f.
leucémie myéloïde f.   myeloische Leukämie f.
leucémie myéloïde aigue f.   akute myeloische Leukose f. (AML)
leucémie myéloïde chronique f.   chronische myeloische Leukämie (CML)
f.
leucémie plasmocytaire f.   Plasmazellenleukämie f.
leucémique   leukämisch
leucémoïde   leukämoid
leucine f.   Leucin n., Leuzin n.
leucine aminopeptidase f.   Leucin-
Aminopeptidase f.
leucinose f.   Ahornsirupkrankheit f.,
Leucinose f., Leuzinose f.
leucoblaste m.   Leukoblast m.
leucocianidol m.   Leucocianidol n.
leucocidine f.   Leukozidin n.
leucocytaire   leukozytär
leucocyte m.   Leukozyt m.
leucocyte à bâtonnet m.   stabkerniger
Leucozyt m.
leucocyte à noyau polymorphe m.   polymorphkerniger Leukozyt m.
leucocyte non granulé m.   ungranulierter Leukozyt m.
leucocyte polymorphonucléaire m.
polymorphkerniger Leucozyt m.
leucocytoclasique   leukozytoklastisch
leucocytolyse f.   Leukozytolyse f.
leucocytopénie f.   Leukozytopenie f.
leucocytose f.   Leukozytose f.
leucocytotoxique   leukozytotoxisch
leucocyturie f.   Leukozyturie f.
leucodermie f.   Leukodermie f.
leucodystrophie f.   Leukodystrophie f.
leucoencéphalite f.   Leukoenzephalitis
f.
leucoencéphalopathie f.   Leukoenzephalopathie f.
leucokératose f.   Leukoplakie f.
leucolysine f.   Leukolysin n.
leucomaïne f.   Leukomain n.
leucomalacie f.   Leukomalazie f.

leucome m.   Leukom n.
leucomycine f.   Leucomycin n.
leucomyélite f.   Leukomyelitis f.
leuconychie f.   Leukonychie f.
leucopénie f.   Leukopenie f.
leucopénique   leukopenisch
leucophérèse f.   Leukopherese f.
leucoplasie f.   Leukoplakie f.
leucoplaste m.   Heftpflaster n.
leucopoïèse f.   Leukopoese f.
leucopoïétique   leukopoetisch
leucopsine f.   Leukopsin n.
leucorrhée f.   Fluor albus m., Leukorrhöe f.
leucosarcomatose f.   Leukosarkomatose f.
leucose f.   Leukose f.
leucosine f.   Leucosin n.
leucotaxie f.   Leukotaxis f.
leucotaxine f.   Leukotaxin n.
leucotoxine f.   Leukotoxin n.
leucotoxique   leukotoxisch
leucotrichie f.   Leukotrichie f.
leucotriène f.   Leukotrien n.
leukine f.   Leukin n.
lévallorphan m.   Lävallorphan n., Levallorphan n.
lévamisole m.   Levamisol n.
lévamphétamine f.   Levamphetamin n.
lévartérénol m.   Levarterenol n.
lever   heben
levier m.   Elevatorium n., Hebel m.
levier à pédale m.   Fußhebel m.
lévitation f.   Levitation f.
lévocardiogramme m.   Lävokardio-
grammn.
lévodopa f.   Levodopa n.
lévofuraltadone f.   Levofuraltadon n.
lévogyre   linksdrehend
lévomépromazine f.   Levomepromazin
n.
lévométhadone f.   Levomethadon n.
lévométioméprazine f.   Levometiopra-
zinn.
lévophacétopérane m.   Levofacetoper-
ann.
lévorotation f.   Lävorotation f., Linksdrehung f.
lévothyroxine f.   Levothyroxin n.
lévoversion f.   Lävoversion f.
lèvre (supérieure/inférieure) f.   Lippe
(obere/untere) f.

**lèvre de la vulve, grande f.** große
Schamlippe f.
**lèvre de la vulve, petite f.** kleine
Schamlippe f.
**lèvre inférieure f.** Unterlippe f.
**lèvre supérieure f.** Oberlippe f.
**lévulinate m.** Lävulinat n., Levulinat
n.
**lévulose m.** Lävulose f.
**lévulosurie f.** Lävulosurie f.
**levure f.** Hefe f.
**LH (hormone lutéinisante) f.** LH (luteinisierendes Hormon) n.
**LH f.** ICSH (leydigzellenstimulieren-
des Hormon) n.
**LH-RH (LH Releasing Hormon) f.**
LHRH (LH-freisetzendes Hormon)
n.
**liaison f.** Bindung f., Verbindung f.
**liant m.** Bindemittel n.
**libécillide m.** Libecillid n.
**libération f.** Freisetzung f.
**libérer** freigeben, freisetzen
**libidineux** libidinös
**libido f.** Geschlechtstrieb m., Libido f.
**librairie f.** Bücherei f.
**licence f.** Lizenz f.
**licenciement m.** Entlassung (Kündigung) f.
**licencier** entlassen (kündigen)
**lichen m.** Flechte f., Lichen m.
**Lichen chronicus simplex m.** Lichen
chronicus simplex m.
**lichen d'Islande m.** Isländisches Moos
n.
**Lichen niditus m.** Lichen niditus m.
**Lichen ruber planus m.** Lichen ruber
planus m.
**Lichen scrofulosus m.** Lichen scrofulosus m.
**lichen simplex m.** Neurodermatitis f.
**lichénification f.** Lichenifizierung f.
**lichénoïde** lichenoid
**lidamidine f.** Lidamidin n.
**lidocaïne f.** Lidocain n.
**lidoflazine f.** Lidoflazin n.
**lié au sexe** geschlechtsgebunden
**liénopancréatique** lienopankreatisch
**liénorénal** lienorenal
**lientérie f.** Lienterie f.
**lieue f.** Meile f.
**lièvre m.** Hase m.

**ligament m.** Band n., Chorda f., Ligament n.
**ligament alvéolodentaire m.** Zahnhalteapparat m.
**ligament collatéral m.** Seitenband m.
**ligament collatéral médial m.** Innenband (siehe auch: Binnenband)
**ligament croisé m.** Kreuzband n.
**ligament de Gimbernat m.** Gimbernatsches Band n., Ligamentum Gim-
bernatin.
**ligament large de l'utérus m.** Mutterband, breites n.
**ligament longitudinal m.** Längsband
n.
**ligament rond de l'utérus m.** rundes
Mutterband n.
**ligand m.** Ligand m.
**ligase f.** Ligase f.
**ligature f.** Abbindung f., Ligatur f.,
Unterbindung f.
**ligature de Stannius f.** Stanniussche
Ligatur f.
**ligature des trompes f.** Tubenligatur f.
**ligature métallique f.** Unterbindungsdraht m.
**ligature par fil métallique f.** Drahtligatur f.
**ligature périvasculaire f.** Umstechung
f.
**ligature, faire une** ligieren
**ligaturer** abbinden, unterbinden
**ligne f.** Linie f.
**ligne axillaire, antérieure/postérieure
f.** vordere/hintere Axillarlinie f.
**ligne d'Ellis-Garland f.** Ellis-Garlandsche Linie f.
**ligne de base f.** Grundlinie f.
**ligne de démarcation f.** Demarkationslinie f., Grenzlinie f.
**ligne de finition f.** Abschlußlinie f.
(dent.)
**ligne de Fraunhofer f.** Fraunhofersche
Linie f.
**ligne de Nélaton f.** Nélatonsche Linie
f.
**ligne de Schoemaker f.** Schoemakersche Linie f.
**ligne directrice f.** Richtlinie f.
**ligne épiphysaire f.** Epiphysenlinie f.
**ligne iléoombilicale de Monro f.**
Monro-Richtersche Linie f.

**L**

ligne médiane f.    Mittellinie f.
ligne médioclaviculaire f.    MCL (Medioclavicularlinie) f., Medioklavikularlinie f.
ligne primitive f.    Primitivstreifen m.
ligne spectrale f.    Spektrallinie f.
ligne zéro f.    Nullstrich m.
lignée f.    Stamm (botan., zoolog.) m.
lignine f.    Lignin n.
lignocaïne f.    Lignocain n.
limaçon m.    Schnecke (anatom.) f.
limbique    limbisch
lime f.    Feile f.
lime à ongles f.    Nagelfeile f.
limer    abfeilen, feilen
limitation f.    Begrenzung f.
limite f.    Grenze f., Grenzlinie f.
limite adamanto-cémentale f.    Schmelz Zement-Grenze f.
limite d'âge f.    Altersgrenze f.
limite d'audibilité f.    Hörgrenze f.
limiter    begrenzen, limitieren
linceul m.    Leichentuch n.
lincomycine f.    Lincomycin n.
lindane m.    Lindan n.
linéaire    linear
linge m.    Wäsche f.
linge de corps m.    Leibwäsche f.
lingoversion f.    Linguaversion f.
lingual    lingual
linguatula serrata f.    Linguatula serrata f.
linguistique    linguistisch
linguistique f.    Linguistik f.
lingula f.    Lingula f.
linguoalvéolaire    lingua-alveolär
linguoaxial    linguoaxial
linguocclusion f.    Linguokklusion f.
linguodentaire    linguadental
linguodental    linguodental
linguodistal    linguodistal
linguofacial    linguofazial
linguogingival    linguogingival
linguolabial    linguolabial
linguoproximal    proximolingual
liniment m.    Liniment n.
linite f.    Linitis f.
linkage m.    Bindung f.
linoléate m.    Linoleat n.
linoléine f.    Linolein n.
liothyronine f.    Liothyronin n.
lipacidurie f.    Lipazidurie f.

lipase pancréatique f.    Steapsin n.
lipémie f.    Lipämie f.
lipémique    lipämisch
lipide m.    Lipid n.
lipidose f.    Lipidose f.
lipoamide m.    Lipamid n.
lipoate m.    Lipoat n.
lipoatrophie f.    Lipatrophie f., Lipoatrophie f.
lipoatrophique    lipoatrophisch
lipoblaste m.    Lipoblast m.
lipoblastome m.    Lipoblastom n.
lipobrachie f.    Abrachie f.
lipochondrodystrophie f.    Lipochondrodystrophie f.
lipochondrome m.    Lipochondrom n.
lipochrome m.    Lipochrom n.
lipodystrophie f.    Lipodystrophie f.
lipofuscine f.    Lipofuscin n.
lipofuscinose f.    Lipofuscinose f.
lipogène    lipogen
lipoglucoprotéinose f.    Lipoglykoproteinose f.
lipogranulomatose f.    Lipogranulomatose f.
lipoïde m.    Lipoid n.
lipoïdique    lipoidal
lipoïdocalcinogranulomatose f.    Lipoidkalzinogranulomatose f.
lipoïdoprotéinose f.    Lipoidproteinose f.
lipoïdose f.    Lipoidose f.
lipoïdurie f.    Lipoidurie f.
lipolyse f.    Lipolyse f.
lipolytique    lipolytisch
lipomateux    lipomatös
lipomatose f.    Lipomatose f.
lipomatose cervicale de Madelung f.    Madelungscher Fetthals m.
lipome m.    Lipom n.
lipomucopolysaccharidose f.    Lipomucopolysaccharidose f.
lipomyome m.    Lipomyom n.
lipomyxome m.    Lipomyxom n.
lipopeptide m.    Lipopeptid n.
lipopexie f.    Lipopexie f.
lipophagie f.    Lipophagie f.
lipophagocytose f.    Lipophagozytose f.
lipophanérose f.    Fettphanerose f.
lipophile    lipophil
lipopneumopathie f.    Fettpneumonie f.

**lipopolysaccharide m.** Lipopoly-saccharid n.
**lipoprotéine f.** Lipoprotein n.
**lipoprotéine de haute/basse/très basse densité f.** Lipoprotein mit hoher/niedriger/sehr niedriger Dichte n.
**lipoprotéine lipase f.** Lipoproteinlipase f.
**lipoprotéinémie f.** Lipoproteinämie f.
**liposarcorne m.** Liposarkom n.
**liposoluble** fettlöslich, öllöslich
**lipotrope** lipotrop
**lipotropine f.** Lipotropin n.
**lipoxygénase f.** Lipoxygenase f.
**lipurie f.** Lipurie f.
**lipurique** lipurisch
**liquéfaction f.** Einschmelzung f., Kolliquation f., Verflüssigung f.
**liquéfier** verflüssigen
**liqueur de Dakin m.** Dakinsche Lösung f.
**liquide** flüssig
**liquide m.** Flüssigkeit f.
**liquide allantoïde m.** Allantoisflüssigkeit f.
**liquide amniotique m.** Fruchtwasser n.
**liquide céphalo-rachidien m.** (LCR) Liquor cerebrospinalis m., Zerebrospinalflüssigkeit f.
**liquide de contraste m.** Kontrastflüssigkeit f.
**liquide de lavage m.** Spülflüssigkeit f., Waschflüssigkeit f.
**liquide de remplissage plasmatique m.** Plasmaexpander m.
**liquide de soudure m.** Lötwasser n.
**liquide extracellulaire m.** extrazelluläre Flüssigkeit (ECF) f.
**liquide intracellulaire m.** ICF (intracelluläre Flüssigkeit) f.
**liquide lacrymal m.** Tränenflüssigkeit f.
**liquide obtenu par ponction m.** Punktat n.
**liquide séminal m.** Samenflüssigkeit f.
**liquorrhée f.** Liquorrhöe f.
**liseré gingival m.** Zahnfleischsaum m.
**liseré gingival saturnin m.** Bleisaum (am Zahnfleisch) m.
**liseré marginal m.** Randabschluß m. (dent.)

**liseré matriciel m.** Formband n. (dent.)
**lisière f.** Grenze f.
**lisinopril m.** Lisinopril n.
**lisse** glatt
**liste d'attente f.** Warteliste f.
**Listeria monocytogenes m.** Listeria monocytogenes f.
**listériose f.** Listeriose f.
**lisuride m.** Lisurid n.
**lit m.** Bett n.
**lit à barreaux m.** Gitterbett n.
**lit de l'ongle m.** Nagelbett n.
**lit du malade m.** Krankenbett n.
**lit orthopédique à extension m.** Streckbett n.
**lit plâtré m.** Gipsbett n.
**lit réglable m.** Niveaubett n.
**lit sanitaire m.** Klosettbett n.
**literie f.** Bettzeug n.
**lithiase rénale f.** Nephrolithiasis f.
**lithiase salivaire f.** Ptyalolithiasis f.
**lithiase urétérale f.** Ureterolithiasis f.
**lithium m.** Lithium n.
**lithocholate m.** Lithocholat n.
**lithocystotomie f.** Lithozystotomie f.
**lithogène** lithogen
**lithogenèse f.** Lithogenese f.
**litholapaxie f.** Litholapaxie f.
**litholyse f.** Litholyse f., Steinauflösung f.
**litholytique** litholytisch
**lithotomie f.** Steinschnitt m.
**lithotripsie f.** Lithotripsie f.
**lithotriteur m.** Lithotripter m.
**lithotritie f.** Lithotripsie f., Steinzertrümmerung f.
**litière f.** Streu f.
**litige m.** Rechtsstreit m.
**litre m.** Liter m./n.
**littérature f.** Literatur f.
**livedo m.** Livedo f.
**livide** livid, totenblaß
**lividomycine f.** Lividomycin n.
**loa-loa f.** Filaria loa f.
**loase f.** Loiasis f.
**lobaire** lobär
**lobe m.** Flügel m., Lappen m.
**lobé** gelappt
**lobe antérieur de l'hypophyse m.** Adenohypophyse f., HVL (Hypophysenvorderlappen) m.

L

lobe de Home m.   Homescher Lappen m.
lobe frontal m.   Stirnlappen m., Frontallappen m.
lobe inférieur m.   Unterlappen m.
lobe moyen m.   Mittellappen m.
lobe pariétal m.   Parietallappen m.
lobe postérieur de l'hypophyse m.   HHL (Hypophysenhinterlappen) m.
lobe pulmonaire m.   Lungenlappen m.
lobe pulmonaire inférieur m.   Lungenunterlappen m.
lobe supérieur m.   Oberlappen m.
lobe temporal m.   Temporallappen m.
lobectomie f.   Lobektomie f.
lobéline f.   Lobelin n.
lobendazole m.   Lobendazol n.
lobostomie f.   Lobostomie f.
lobotomie f.   Lobotomie f.
lobulaire   lobulär
lobulation f.   Lappung f.
lobule m.   Läppchen n.
lobule de l'oreille m.   Ohrläppchen n.
local   lokal, örtlich
local m.   Bau m.
localisateur m.   Lokalisator m.
localisation f.   Lokalisation f.
localisation de l'effet f.   Wirkungsort m.
localisation de la mesure f.   Meßstelle f.
localisé en profondeur   tiefsitzend
localiser   lokalisieren
lochies f. pl.   Lochien f. pl., Wochenfluß m.
lochiométrie f.   Lochiometra f.
lochiostase f.   Lochienstauung f.
locomoteur   lokomotorisch
locomotion f.   Fortbewegung f.
lodipérone f.   Lodiperon n.
lodoxamide m.   Lodoxamid n.
lofépramine f.   Lofepramin n.
lofexidine f.   Lofexidin n.
loflazépate m.   Loflazepat n.
logasthénie f.   Logasthenie f.
loge rénale f.   Nierenlager n.
logement des animaux m.   Tierstall m.
logique   logisch
logoclonie f.   Logoklonie f.
logopathie f.   Logopathie f.
logopédie f.   Logopädie f.
logopédique   logopädisch

logopédiste m.   Logopäde m.
logophobie f.   Logophobie f.
logorrhée f.   Logorrhöe f.
logosémantique   logosemantisch
loi d'Arndt-Schulz f.   Arndt-Schulzsches Gesetz n.
loi de Courvoisier f.   Courvoisiersches Zeichen n.
loi de Gay-Lussac f.   Gay-Lussacsches Gesetz n.
loi de Mendel f.   Mendelsches Gesetz n.
loi du tout ou rien f.   Alles-oder-Nichts-Gesetz n.
loi naturelle f.   Naturgesetz n.
lois de Mendel, se conformer aux   mendeln
lombaire   lumbal
lombalisation f.   Lumbalisation f.
lombes f. pl.   Lende f.
lombodorsal   lumbodorsal
lombosacré   lumbosakral
lomustine f.   Lomustin n.
long   zeitraubend
longévité f.   Langlebigkeit f.
longiligne   leptosom
longitudinal   longitudinal
longueur f.   Körperlänge f.
longueur d'onde f.   Wellenlänge f.
lonidamine f.   Lonidamin n.
lopagnosie f.   Lopagnosie f.
lopéramide m.   Loperamid n.
loquacité f.   Geschwätzigkeit f.
lorapride m.   Loraprid n.
loratadine f.   Loratadin n.
lorbamate m.   Lorbamat n.
lordose f.   Lordose f.
lordotique   lordotisch
lormétazépam m.   Lormetazepam n.
losange m.   Raute f.
losange de Michaélis m.   Michaelische Raute f.
losindole f.   Losindol n.
lotifazole m.   Lotifazol n.
lotion au zinc f.   Zinkschüttelmixtur f.
lotion buccale f.   Mundspülwasser n.
lotion oculaire f.   Augenspülflüssigkeit f.
lotucaïne f.   Lotucain n.
louche f.   Schöpflöffel m.
loucher   schielen
loupe f.   Lupe f., Vergrößerungsglas n

loupe oculaire f.   Augenlupe f.
loupe otologique f.   Ohrlupe f.
lourd   schwer
lovastatine f.   Lovastatin n.
loxapine f.   Loxapin n.
LSD (lysergide) m.   LSD (Lysergsäurediethylamid) n.
lucanthone f.   Lucanthon n.
lucide   luzid
luciférase f.   Luciferase f.
luciférine f.   Luciferin n.
luette f.   Uvula f., Zäpfchen (anat.) n.
lumbago m.   Hexenschuß m., Lumbago f.
lumen m.   Lumen n.
lumière f.   Licht n.
lumière du jour f.   Tageslicht n.
lumière froide f.   Kaltlicht n.
lumière infra-rouge f.   Rotlicht n.
luminescence f.   Lumineszenz f.
luminomètre m.   Luminometer n.
luminosité f.   Leuchtkraft f.
lunaire   mondförmig
lunatique   mondsüchtig
lunettes f.   Brille f.
lunettes à oxygène f. pl.   Sauerstoffbrille f.
lunettes acoustiques f. pl.   Hörbrille f.
lunettes bifocales f. pl.   Bifokalbrille f.
lunettes correctrices du strabisme f.
pl.   Schielbrille f.
lunettes d'exploration du nystagmus f.
pl.   Frenzelbrille f.
lunettes de lecture f. pl.   Lesebrille f.
lunettes de protection f. pl.   Schutzbrille f.
lunettes pour la vision à distance f. pl.
Fernbrille f.
lunettes rayons X f. pl.   Röntgenbrille
f.
lunettes sténopéiques f. pl.   Lochbrille
f.
lunettes teintées f. pl.   getönte Brille f.
lupoïde   lupoid
lupome m.   Lupom n.
lupus m.   Lupus m.
lupus érythémateux m.   Erythematodes m., Lupus erythematodes m.
lupus érythémateux disséminé m.   generalisierter Lupus erythematodes m.
lupus pernio m.   Lupus pernio m.

lupus tuberculeux m.   Lupus vulgaris
m.
lutéinisation f.   Luteinisierung f.
lutéiniser   luteinisieren
lutéotrope   luteotrop
lutétium m.   Lutetium n.
lux m.   Lux n.
luxation f.   Luxation f.
luxer   luxieren, verrenken
lyase f.   Lyase f.
lycopode m.   Lycopodium n.
lydase f.   Lydase f.
lykopène m.   Lykopin n.
lymphadénectomie f.   Lymphadenektomie f.
lymphadénite f.   Lymphadenitis f.
lymphadénite virale f.   Katzenkratzkrankheit f.
lymphadénitique   lymphadenitisch
lymphadénome m.   Lymphadenom n.
lymphadénopathie f.   Lymphknotenerkrankung f.
lymphadénose m.   Lymphadenose f.
lymphadénose aleucémique f.   aleukämische Lymphadenose f.
lymphadénose leucémique f.   leukämische Lymphadenose f.
lymphangiectasie f.   Lymphangiektasie
f.
lymphangio-endothéliome m.   Lym-
phangioendothelium n.
lymphangiome m.   Lymphangiom n.
lymphangiomyomatose f.   Lymphangiomyomatose f.
lymphangiosarcome m.   Lymphangiosarkom n.
lymphangite f.   Lymphangitis f.
lymphangitique   lymphangitisch
lymphatique   lymphatisch
lymphe f.   Lymphe f.
lymphe tissulaire f.   Gewebelymphe f.
lymphoblaste m.   Lymphoblast m.
lymphoblastique   lymphoblastisch
lymphoblastome m.   Lymphoblastom
n.
lymphocèle f.   Lymphozele f., Lymphzyste f.
lymphocytaire   lymphozytär
lymphocyte m.   Lymphozyt m.
lymphocyte T m.   T-Lymphozyt m.
lymphocytopénie f.   Lymphozytopenie
f.

lymphocytophtisie f. Lymphozytophthise f.
lymphocytopoïèse f. Lymphozytopoese f.
lymphocytose f. Lymphozytose f.
lymphocytotoxine f. Lymphozytotoxin n.
lymphocytotrope lymphozytotrop
lymphogène lymphogen
lymphogranulomateux lymphogranulomatös
lymphogranulomatose f. Lymphogranulomatose f.
lymphogranulomatose vénérienne f. Lymphogranuloma inguinale n.
lymphogranulome m. Lymphogranulomn.
lymphoïde lymphoid
lymphokine f. Lymphokin n.
lymphologie f. Lymphologie f.
lymphomateux lymphomatös
lymphomatose f. Lymphomatose f.
lymphome m. Lymphom n.
lymphome à cellules polymorphes m. gemischtzelliges Lymphom n.
lymphome de Burkitt m. Burkitt-Tumor m.
lymphome non hodgkinien m. nicht lymphogranulomatöses Lymphom n.
lymphopénie f. Lymphopenie f.
lymphopénique lymphopenisch
lymphoplasmaphérèse f. Lymphoplasmapherese f.
lymphoplasmocytaire lymphoplasmozytär
lymphoplasmocytoïde lymphoplasmozytoid
lymphopoïèse f. Lymphopoese f.
lymphopoïétique lymphopoetisch
lymphoprolifératif lymphoproliferativ
lymphoréticulaire lymphoretikulär
lymphoréticulose f. Lymphoretikulose f.

lymphorragie f. Lymphorrhöe f.
lymphosarcomatose f. Lymphosarkomatose f.
lymphosarcome m. Lymphosarkom n.
lymphotoxine f. Lymphotoxin n.
lynestrénol m. Lynestrenol n.
lyophile lyophil
lyophilisation f. Gefriertrocknung f., Lyophilisierung f.
lyophiliser lyophilisieren
lyophobe lyophob
lyotrope lyotrop
lypressine f. Lypressin n.
lysate m. Lysat n.
lyse des corps de Nissl f. Tigrolyse f.
lysergamide f. Lysergamid n.
lysergide m. Lysergid n.
lysine f. Lysin n. (Aminosäure), Diaminokapronsäure f.
lysine (anticorps) f. Lysin (Antiköper) n.
lysine hydroxylase f. Lysinhydroxylase f.
lysis f. Lyse f., Lysis f.
lysoforme m. Lysoform n.
lysogène lysogen
lysogénie f. Lysogenie f.
lysokinase f. Lysokinase f.
lysolécithine f. Lysolezithin n.
lysolipide m. Lysolipid n.
lysophosphoglycéride m. Lysophosphoglyzerid n.
lysophospholipide m. Lysophospholipid n.
lysosomal lysosomal
lysosome m. Lysosom n.
lysozyme m. Lysozym n.
lysyle m. Lysyl n.
lysyllysine f. Lysyllysin n.
lysyloxidase f. Lysyloxidase f.
lytique lytisch
lyxylose m. Lyxulose f.

# M

macaque m.   Makake m.
macération f.   Mazerat n., Mazeration
    f.
macérer   mazerieren
mâchoire f.,   Kiefer m.
mâchoire inférieure f.   Unterkiefer m.
mâchoire supérieure f.   Oberkiefer m.
macroamylase f.   Makroamylase f.
macroblaste m.   Makroblast m.
macrocellulaire   großzellig
macrocéphalique   makrozephal
macrochéilie f.   Makrocheilie f.
macrocirculation f.   Makrozirkulation
    f.
macrocréatinekinase f.   Makrocreatin-
    kinase f.
macrocytaire   makrozytär
macrocyte m.   Makrozyt m.
macrodontie f.   Makrodontie f.
macroenzyme f.   Makroenzym n.
macrofolliculaire   großfollikulär
macrogamète m.   Makrogamet m.
macrogénitosomie f.   Makrogenitalis-
    mus m.
macroglobuline f.   Makroglobulin n.
macroglobulinémie f.   Makroglobuli-
    nämie f.
macroglossie f.   Makroglossie f.
macrognathie f.   Makrognathie f.
macrogyrie f.   Makrogyrie f.
macrohématurie f.   Makrohämaturie f.
macrolécithiné   makrolezithal
macrolide m.   Makrolid m.
macrolymphocyte m.   Makrolympho-
    zyt m.
macromélie f.   Makromelie f.
macromoléculaire   makromolekular
macromolécule f.   Makromolekül n.
macronucleus m.   Makronukleus m.
macrophage m.   Makrophage m.
macrophage chromophagocytaire m.
    Pigmentophage m.
macrophtalmie f.   Makrophthalmie f.
macroprolactinome m.   Makroprolak-
    tinom n.
macropsie f.   Makropsie f.
macroscopique   makroskopisch

macrosomie f.   Großwuchs m., Ma-
    krosomie f.
macrostomie f.   Makrostomie f.
macrothrombocyte m.   Makrothrom-
    bozyt m.
macrotie f.   Makrotie f.
macrotraumatisme m.   Makrotrauma-
    tismus m.
maculaire   makulär, makulös
maculé   fleckig
macule f.   Fleck m.
maculocérébral   makulozerebral
maculopapuleux   makulopapulös
maculopathie f.   Makulopathie f.
maculovésiculaire   makulovesikulär
MAF (facteur d'activation des macro-
    phages) m.   MAF (makrophagenak-
    tivierender Faktor) m.
mafénide m.   Mafenid n.
magaldrate m.   Magaldrat n.
magenta m.   Magenta n.
magistral   magistral
magnésie f.   Magnesia f.
magnésium m.   Magnesium n.
magnésium calciné m.   Magnesium-
    oxid n.
magnétique   magnetisch
magnétiser   magnetisieren
magnétoélectrophorèse f.   Magnet-
    elektrophorese f.
magnétoencéphalogramme m.   MEG
    (Magneto-Enzephalogramm) n.
magnétoencéphalographie f.   Magne-
    tenzephalographie f.
magnétophone m.   Tonbandgerät n.
maigre   hager, mager
maigreur f.   Magerkeit f.
maigrir   abmagern, abnehmen
maille f.   Masche f.
maillechort m.   Neusilber n.
mailles serrées, à   engmaschig
maillet m.   Hammer (aus Holz) m.
main f.   Hand f.
main ballante f.   Fallhand f.
main bote f.   Klumphand f.
main d'accoucheur f.   Geburtshelfer-
    hand f.

main de prédicateur f.   Predigerhand f.
main de singe f.   Affenhand f.
main en griffe f.   Klauenhand f., Krallenhand f.
main fourche f.   Spalthand f.
maintenance d'espace f.   Lückenhalter m. (dent.), Platzhalter m. (dent)
maintien m.   Aufrechterhaltung f.
maison de repos f.   Erholungsheim n.
maison de retraite f.   Altenheim n., Altersheim n.
maison de soins f.   Pflegeheim m.
maison mortuaire f.   Leichenhalle f.
maître de conférences m.   Dozent m.
majoration f.   Erhöhung f.
mal   übel (krank)
mal au ventre m.   Leibschmerzen m. pl.
mal aux dents m.   Zahnschmerz m.
mal aux reins m.   Kreuzschmerz m.
mal comitial m.   genuine Epilepsie f.
mal d'altitude m.   Höhenkrankheit f.
mal de Cadeiras m.   Mal de Caderas n.
mal de l'espace m.   Weltraumkrankheit f.
mal de mer m.   Naupathie f., Seekrankheit f.
mal de Pott m.   Malum Potti n.
mal de tête m.   Kopfschmerz m.
mal des aviateurs m.   Fliegerkrankheit f.
mal des montagnes m.   Bergkrankheit f.
mal des rayons m.   Röntgenkater m., Strahlenkater m.
mal des transports m.   Reisekrankheit f.
mal du coït m.   Beschälseuche f. (vet.)
mal du pays m.   Heimweh n.
mal perforant plantaire m.   Malum perforans pedis n.
malabsorption f.   Malabsorption f.
malabsorption intestinale f.   intestinale Resorptionsstörung f.
malachite f.   Malachit m.
malacie f.   Malazie f.
malacique   malazisch
malacotique   malakotisch
malade   krank (attributiv), krank (prädikativ), krank (von Körperteilen)
malade m.   Kranker m.
malade f.   Kranke f.

malade du foie   leberkrank
malade mental m.   Geisteskranker m.
malade mentale f.   Geisteskranke f.
malade mentalement   geistesgestört
maladie f.   Affektion f., Erkrankung f., Krankheit f., Leiden n., Leidenszustand m., Übel n.
maladie allergique f.   Allergose f.
maladie artérielle oblitérante f.   arterielle Verschlußkrankheit (AVK) f.
maladie atopique f.   Allergose f.
maladie autoimmune f.   Autoimmunkrankheit f.
maladie cardiaque f.   Herzerkrankung f., Herzleiden n.
maladie cardio-vasculaire f.   Herz- und Kreislaufkrankheit f.
maladie carencielle f.   Mangelkrankheit f.
maladie coeliaque f.   Coeliakie f., Zöliakie f.
maladie coeliaque de Herter f.   Herter-Heubnersche Krankheit f.
maladie d'Abt-Letterer-Siwe f.   Abt-Letterer-Siwesche Krankheit f.
maladie d'Addison f.   Addisonsche Krankheit f.
maladie d'Albers-Schönberg f.   Albers Schönbergsche Marmorknochenkrankheit f., Marmorknochenkrankheit f.
maladie d'Aléutian f.   Aleutenkrankheit f.
maladie d'Alzheimer f.   Alzheimersche Krankheit f.
maladie d'Ebstein f.   Ebsteinsche Anomalie f.
maladie d'Osler f.   Oslersche Krankheit f.
maladie de Baastrup f.   Baastrupsche Krankheit f.
maladie de Bang f.   Bangsche Krankheit f.
maladie de Banti f.   Bantisches Syndromn.
maladie de Barlow f.   Moeller-Barlowsche Krankheit f.
maladie de Basedow f.   Basedowsche Krankheit f.
maladie de Bechterew f.   Bechterewsche Krankheit f.

**maladie de Biermer f.**    Biermersche pernizöse Anämie f., pernizöse Anämie f.

**maladie de Bloch et Sulzberger f.** Bloch-Sulzberger-Syndrom n.

**maladie de Borna f.**    Bornasche Krankheit f.

**maladie de Bornholm f.**    Bornholmkrankheit f.

**maladie de Brill-Lederer f.**    Lederersche Anämie f.

**maladie de Brill-Symmers f.**    Brill-Symmerssche Krankheit f.

**maladie de Brill-Zinsser f.**    Brillsche Krankheit f.

**maladie de Chagas f.**    Chagas-Krankheit f., amerikanische Schlafkrankheit f.

**maladie de Creutzfeld-Jacob f.**    Jakob Creutzfeldsche Krankheit f.

**maladie de Cushing f.**    Cushingsche Krankheit f.

**maladie de Dercum f.**    Dercumsche Krankheit f.

**maladie de Fabry f.**    Fabrysche Krankheit f.

**maladie de Gilchrist f.**    Gilchristische Krankheit f.

**maladie de Hallervorden-Spatz f.**    Hallervorden-Spatzsche Krankheit f.

**maladie de Hand-Schüller-Christian f.** Hand-Schüller-Christiansche Krankheit f.

**maladie de Hanot f.**    Hanotsche Zirrhose f.

**maladie de Heubner f.**    Heubnersche Krankheit f.

**maladie de Hirschsprung f.**    Hirschsprungsche Krankheit f.

**maladie de Hodgkin m.**    Lymphogranulomatose f.

**maladie de Jüngling f.**    Jünglingsche Krankheit f.

**maladie de Kahler f.**    Kahlersche Krankheit f.

**maladie de Kawasaki f.**    Kawasaki-Syndrom n.

**maladie de Kienböck f.**    Kienböcksche Krankheit f.

**maladie de la mouche tsé-tsé f.**    Nagana f.

**maladie de Léo Buerger f.**    Bürgersche Krankheit f.

**maladie de Letterer-Siwe f.**    Letterer-Siwesche Krankheit f.

**maladie de Lignac-Fanconi f.**    Abderhalden-Fanconisches Syndrom n.

**maladie de Little f.**    Littlesche Krankheit f.

**maladie de Marek f.**    Mareksche Krankheit f. vet.

**maladie de Menkes f.**    Menkes-Syndrom n.

**maladie de Montgomery f.**    afrikanische Schweinepest f.

**maladie de Newcastle f.**    atypische Hühnerpest f., Newcastle-Krankheit f.

**maladie de Nicolas-Favre f.**    vierte Geschlechtskrankheit f., Lymphogranuloma inguinale n.

**maladie de Osgood-Schlatter f.**    Osgood-Schlattersche Erkrankung f.

**maladie de Pelizaeus-Merzbacher f.** Merzbacher-Pelizaeussche Krankheit f.

**maladie de Quincke f.**    Quinckesche Krankheit f.

**maladie de Schweinsberger f.** Schweinsberger Krankheit f.

**maladie des caissons f.**    Taucherkrankheit f.

**maladie des chaînes lourdes f.** Schwerkettenkrankheit f.

**maladie des chiffonniers f.**    Hadernkrankheit f.

**maladie des herbes f.**    Graskrankheit f.

**maladie des légionnaires f.**    Legionärskrankheit f.

**maladie des transports f.**    Autokrankheit f.

**maladie des urines à odeur de sirop d'érable f.**    Ahornsirupkrankheit f.

**maladie diarrhéique f.**    Diarrhose f.

**maladie du barbillon f.**    Läppchenkrankheit f. (vet.)

**maladie du cri du chat f.**    Katzenschrei-Syndrom n.

**maladie du Haff f.**    Haffkrankheit f.

**maladie du rein f.**    Nierenkrankheit f.

**maladie du sommeil f.**    Schlafkrankheit f.

**M**

**maladie épidémique des chiens f.**
Stuttgarter Hundeseuche f.
**maladie glycogénique de Gierke f.**
Gierkesche Krankheit f.
**maladie héréditaire f.** Erbkrankheit f.
**maladie infectieuse f.** Infektionskrankheit f.
**maladie mentale f.** Geisteskrankheit
f., Gemütskrankheit f.
**maladie motrice du mouton f.** Springkrankheit der Schafe f.
**maladie nerveuse f.** Nervenkrankheit
f.
**maladie nutritionnelle f.** Ernährungskrankheit f.
**maladie par avitaminose f.** Vitaminmangelkrankheit f.
**maladie polyvasculaire f.** Mehrgefäßerkrankung f.
**maladie préliminaire f.** Vorkrankheit
f.
**maladie professionnelle f.** Berufskrankheit f.
**maladie tropicale f.** Tropenkrankheit
f.
**maladie variqueuse f.** Varikose f.
**maladie vasculaire f.** Gefäßkrankheit
f.
**maladie vénérienne f.** Geschlechtskrankheit f.
**maladie vénérienne, quatrième f.**
vierte Geschlechtskrankheit f., Lymphogranuloma inguinale n.
**maladie virale f.** Viruskrankheit f.
**maladif** kränklich
**maladif, être** kränkeln
**maladresse f.** Unsicherheit (Ungeschicklichkeit) f.
**maladroit** ungeschickt, unsicher
**malaise m.** Unwohlsein n.
**malandre f.** Mauke f.
**malaria f.** Malaria f.
**malariathérapie f.** Malariatherapie f.
**malathion m.** Malathion n.
**malaxer** kneten
**maldigestion f.** Maldigestion f.
**mâle** männlich
**mâle m.** (Tier) Männchen n.
**maléate m.** Maleat n.
**maléimide m.** Maleimid n.
**malformation f.** Mißbildung f.

**malformation congénitale f.** Geburtsfehler m.
**malformation du sacrum en pointe f.**
Sacrum acutum n.
**malheur m.** Unglücksfall m.
**malignité f.** Malignität f.
**malignolipine f.** Malignolipin n.
**malin** bösartig, maligne
**malléable** schmiedbar
**malléaire** malleal
**malléine f.** Mallein n.
**malléole f.** Malleolus m.
**malléole externe f.** äußerer Knöchel
m.
**malléole interne f.** innerer Knöchel m.
**malléollaire** malleolär
**malnutrition f.** Fehlernährung f.,
Mangelernährung f.
**malocclusion f.** Malokklusion f.
**malocclusion dentaire f.** Bißanomalie
f.
**malodorant** übelriechend
**malonate m.** Malat n.
**malonyldialdéhyde f.** Malondialdehyd m.
**malonyle m.** Malonyl n.
**malotilate m.** Malotilat n.
**malposition f.** Fehlstellung f.
**malpropre** unsauber
**malrotation f.** Malrotation f.
**malsain** gesundheitsschädlich
**malt m.** Malz n.
**maltase f.** Maltase f.
**malthusianisme m.** Ma1thusianismus
m.
**maltose m.** Maltose f., Malzzucker m
**maltraiter** mißhandeln
**maman, future f.** werdende Mutter f.
**mamelle f.** Mamille f.
**mamelon m.** Brustwarze f., Zitze f.
**mamillaire** mamillär
**mamillotéctal** mamillotegmental
**mamillothalamique** mamillothalamisch
**mammaire** mammär
**mammectomie f.** Mammaabtragung
f.
**mammifère m.** Säugetier n.
**mammographe m.** Mammographiegerät n.
**mammographie f.** Mammographie f
**mammographique** mammographisc'

mammoplastie f.   Mammaplastik f.
mammotropine f.   Mammotropin n.
manchette f.   Handgelenkmanschette f., Manschette f.
manchot   einarmig
mandélate m.   Mandelat n.
mandibulaire   mandibulär
mandibule f.   Bißflügel m., Mandibula f.
mandibulofacial   mandibulofazial
mandibulooculofacial   mandibulooculofazial
mandibulopharyngien   mandibulopharyngeal
mandrill m.   Mandrell m.
mandrin m.   Mandrin m. (dent.)
manganèse m.   Mangan n.
manganisme m.   Manganismus m.
manger   essen
maniaque   manisch
manie f.   Manie f., Sucht f.
manie de collection f.   Sammelsucht f.
manie hyperactive f.   Ergasiomanie f.
manière f.   Art f.
maniérisme m.   Manieriertheit f.
manifestation f.   Manifestation f.
manifestation associée f.   Begleiterscheinung f.
manifestation tardive f.   Spätmanifestation f.
manifeste   manifest
manipulation f.   Manipulation f.
manivelle tournante f.   Drehkurbel f.
mannane m.   Mannan n.
mannequin m.   Phantom n.
mannitol m.   Mannit n.
mannitol hexanitrate m.   Nitromannit n.
mannokinase f.   Mannokinase f.
mannosamine f.   Mannosamin n.
mannose m.   Mannose f.
mannosidase f.   Mannosidase f.
mannoside m.   Mannosid n.
mannosidose f.   Mannosidose f.
manœuvre f.   Handgriff (Manipulation) m., Kunstgriff m., Manöver n.
manœuvre de Jendrassik f.   Jendrassikscher Handgriff m.
manœuvre de pression du fond de l'utérus f.   Kristellerscher Handgriff m.
manœuvre de Schreiber f.   Schreiberscher Handgriff m.

manœuvre de Smellie f.   Veit-Smelliescher Handgriff m.
manœuvre de Zangemeister f.   Zangemeisterscher Handgriff m.
manœuvre obstétricale de Prague f.   Prager Handgriff m.
manœuvre obstétricale de Ritgen f.   Ritgenscher Handgriff m.
manœuvre obstétricale de Wigand f.   Wigandscher Handgriff m.
manomètre m.   Manometer n.
manométrie f.   Manometrie f.
manométrique   manometrisch
manque d'appétit m.   Appetitlosigkeit f.
manque d'expression f.   Ausdrucksmangel m.
manque d'expressivité m.   Ausdruckmangel m.
manque de dents m.   Zahnausfall m.
manque de discernement m.   mangelnde Einsichtsfähigkeit f., Uneinsichtigkeit f.
manque de goût m.   Geschmacklosigkeit f.
manque de mémoire m.   Merkschwäche f., Vergeßlichkeit f.
manque de poids m.   Untergewicht m.
manque de réponse émotionnelle m.   Gefühlsverarmung f.
manque de sens critique m.   Kritikschwäche f.
manquer   ausbleiben, fehlen, mangeln, verfehlen
mansonella f.   Mansonelle f.
manteau des hémisphères m.   Hirnmantel m.
Mantoux, test de m.   Mendel-Mantoux-Probe f.
manubriosternal   manubriosternal
manucure-pédicure f.   Hand-und Fußpflege f.
manuel   manuell
manuel m.   Handbuch n., Organon n.
MAO (monoamine oxydase) f.   MAO (Monoaminooxydase) f.
maprotiline f.   Maprotilin n.
marasme m.   Marasmus m.
marastique   marantisch
marbrure f.   Marmorierung f., Marmorisierung f.
marc de café, en   kaffeesatzartig

marche f.  Gang m., Gehen n.
marche en cercle f.  zirkulärer Gang m.
marche en trainant les pieds f.  schlurfender Gang m.
marée f.  Gezeitenwelle f.
marge f.  Spielraum m.
marge de sécurité thérapeutique f.
 therapeutische Breite f.
marginal  marginal
margination f.  Margination f.
mari m.  Gatte m.
mariage m.  Ehe f.
marihuana f.  Marihuana n.
marquage m.  Markierung f.
marquage du film m.  Filmbeschriftung f.
marquage radioactif m.  radioaktive
 Markierung f.
marque f.  Kennzeichen n., Marke f.
marque de strangulation f.  Würgemal
 n.
marquer  markieren
marqueur m.  Marker m.
marron m.  Eßkastanie f.
marron d'Inde m.  Roßkastanie f.
marsupial m.  Beuteltier n.
marsupialisation f.  Marsupialisation
 f.
marteau m.  Hammer (aus Metall) m.
marteau à réflexes m.  Reflexhammer
 m.
marteau de l'oreille moyenne m.
 Hammer (Ohr) m., Malleus m.
marteau de percussion m.  Perkussionshammer m.
masculin  männlich, maskulin
masculiniser  maskulinisieren
masochisme m.  Masochismus m.
masochiste  masochistisch
masochiste f.  Masochistin f.
masochiste m.  Masochist m.
masque m.  Maske f.
masqué  maskiert
masque à gaz m.  Atemschutzgerät n.
masque buccal m.  Mundschutztuch n.
masque d'anesthésie m.  Narkosemaske f.
masque facial m.  Gesichtsmaske f.
masque facial à valve de Kuhn m.
 Kuhnsche Maske f.
masque respiratoire à ballon m.
 Atembeutel m.

masquer  maskieren
massage m.  Knetung f., Massage f.
massage cardiaque m.  Herzmassage f.
massage cardiaque à thorax fermé m.
 äußere Herzmassage f.
massage cardiaque direct m.  direkte
 Herzmassage f.
masse f.  Masse f.
masse, en  massenhaft
masser  kneten, massieren
masseur m.  Masseur m.
masseuse f.  Masseuse f.
massif  massiv
mastectomie f.  Ablatio mammae f.,
 Brustabtragung f., Mammaabtragung f., Mastektomie f.
mastic m.  Mastix m.
masticateur m.  Kauapparat m.
mastication f.  Kauakt m., Kauen n.
masticatoire  mastikatorisch
mastiquer  kauen
mastite f.  Mastitis f.
mastitique  mastitisch
mastocyte m.  Mastozyt m., Mastzelle
 f.
mastocytome m.  Mastozytom n.
mastocytose f.  Mastozytose f.
mastodynie f.  Mastodynie f.
mastoïdectomie f.  Mastoidektomie f.
mastoïdien  mastoidal
mastoïdite f.  Mastoiditis f.
mastoïdite de Bezold f.  Bezoldsche
 Mastoiditis f.
mastoïdotomie f.  Mastoidotomie f.
mastoïdotympanectomie f.  Mastoidotympanektomie f.
mastopathie f.  Mastopathie f.
mastoptose f.  Mastoptose f.
mastose f.  Mastose f.
mastotomie f.  Mastotomie f.
masturbation f.  Masturbation f.
masturber  masturbieren
masturber, se  onanieren
matelas d'eau m.  Wasserbett n.
matelas sanitaire m.  Klosettmatratze
 f.
matériau de substitution m.  Ersatzstoff m.
matériel  materiell
matériel m.  Material n., Materielle n.
matériel d'autopsie m.  Obduktionsbesteck n.

**matériel de conduction m.** Leitmaterial n.

**matériel de suture m.** Nahtmaterial n.

**matériel pour expédition bactériologique m.** Versandgefäß für bakteriologische Zwecke n.

**maternel** mütterlich

**maternité f.** Entbindungsanstalt f., Mutterschaft f.

**maternofoetal** maternofötal

**mathématique** mathematisch

**matière de lest f.** Ballastmaterial n.

**matière plastique f.** Kunststoff m.

**matière première f.** Rohmaterial n.

**matinal** morgendlich

**matou m.** Kater m. (Tier)

**matrice f.** Gebärmutter f., Matrize f., Uterus m.

**matrice adamantine f.** Schmelzmatrix f.

**matrice en platine f.** Platinmatrize f.

**matrice unguéale f.** Nagelmatrix f.

**maturation f.** Reifung f.

**maturité f.** Reife f.

**maturité précoce f.** Frühreife f.

**maturité sexuelle f.** Geschlechtsreife f.

**maussaderie f.** Verstimmung f.

**mauvais** infaust

**mauvais traitement m.** Mißhandlung f.

**mauvaise haleine f.** Mundgeruch m.

**mauvaise odeur f.** Gestank m.

**mauvaise pratique f.** fehlerhafte Praxis f.

**mauvaise probabilité f.** schlechtes Risiko n.

**maux m. pl.** Beschwerden f. pl.

**maxillaire** maxillär

**maxillaire m.** Maxilla f.

**maxillaire inférieur m.** Unterkiefer m.

**maxillofacial** maxillofazial

**maxillomandibulaire** maxillomandibulär

**maximal** maximal

**maximaliser** maximieren

**maximum** maximal

**maximum m.** Maximum n.

**maziprédone f.** Mazipredon n.

**MCV (volume globulaire moyen) m.** MEV (mittleres Erythrozytenvolumen) n.

**méat m.** Gang (Durchgang) m.

**méatotome m.** Meatotom n.

**méatotomie f.** Meatotomie f.

**mébanazine f.** Mebanazin n.

**mébendazole m.** Mebendazol n.

**mébénoside m.** Mebenosid n.

**mébévérine f.** Mebeverin n.

**mébolazine f.** Mebolazin n.

**mébutamate m.** Mebutamat n.

**mébutizide m.** Mebutizid n.

**mécamylamine f.** Mecamylamin n.

**mécanicien dentiste m.** Zahntechniker m.

**mécanique f.** Mechanik f.

**mécanisme m.** Mechanismus m.

**mécanisme d'action m.** Wirkungsmechanismus m.

**mécanisme de défense m.** Abwehrmechanismus m.

**mécanisme de la parole m.** Sprechmechanismus m.

**mécanocardiographie f.** Mechanokardiographie f.

**mécanorécepteur m.** Mechanorezeptor m.

**mécanothérapeutique** medikomechanisch

**mécanothérapie f.** Mechanotherapie f.

**mécarbinate m.** Mecarbinat n.

**mèche de gaze f.** Gazestreifen m.

**mécilinam m.** Mecilinam n.

**méclizine f.** Meclizin n.

**méclocycline f.** Meclocyclin n.

**méclofénoxate m.** Meclofenoxat n.

**méclorisone f.** Meclorison n.

**mécloxamine f.** Mecloxamin n.

**méconium m.** Mekonium n.

**mécrylate m.** Mecrylat n.

**médecin m.** Arzt m.

**médecin, (Madame le) m.** Ärztin f.

**médecin assistant des hôpitaux m.** Assistenzarzt m.

**médecin conseil m.** Vertrauensarzt m., Vertrauensärztin f.

**médecin consultant m.** beratender Arzt m.

**médecin conventionné m.** Kassenarzt m., Kassenärztin f.

**médecin de famille m.** Hausarzt m.

**médecin de l'entreprise m.** Werksarzt m.

**médecin de marine m.** Schiffsarzt m.

M

médecin de santé publique m.  Amtsarzt m.
médecin de santé publique m. (Madame le)  Amtsärztin f.
médecin de service m.  diensttuender
Arzt m.
médecin des urgences m.  Notarzt m.,
Notärztin f.
médecin donnant un pronostic m.
Prognostiker (in) m., f.
médecin du travail m.  Betriebsarzt m.
médecin fonctionnaire m.  beamteter
Arzt m.
médecin généraliste m.  Allgemeinpraktiker m.
médecin habilité à traiter les accidents
du travail m.  Durchgangsarzt m.
médecin hospitalier m.  Assistenzarzt
m., Assistenzärztin f., Krankenhausarzt m., Krankenhausärztin f.
médecin légiste m.  Leichenbeschauer
m.
médecin libéral et hospitalier m.  Belegarzt m., Belegärztin f., Krankenhausbelegarzt m., Krankenhausbelegärztin f.
médecin naturopathe m.  Naturheilkundige f., Naturheilkundiger m.
médecin personnel m.  Leibarzt m.
médecin praticien généraliste m.  praktischer Arzt m.
médecin qui diagnostique m.  Diagnostiker m., Diagnostikerin f.
médecin qui envoie le patient m.  über-
weisender Arzt m.
médecin salarié m.  angestellter Arzt
m.
médecin scolaire m.  Schularzt m.,
Schulärztin f.
médecine f.  Medizin f.
médecine de l'aviation f.  Luftfahrtmedizin f.
médecine de la procréation f.  Reproduktionsmedizin f.
médecine des urgences f.  Notfallmedizin f.
médecine du travail f.  Arbeitsmedizin
f.
médecine générale f.  Allgemeinmedizin f.
médecine industrielle f.  Gewerbemedizin f.

médecine interne f.  Innere Medizin f.
médecine légale f.  Gerichtsmedizin f.
médecine naturiste f.  Naturheilkunde
f.
médecine nucléaire f.  Nuklearmedizin
f.
médecine préventive f.  Gesundheitsfürsorge f.
médecine scolaire f.  Schulmedizin f.
médecine spatiale f.  Raumfahrtmedizin f.
médecine sportive f.  Sportmedizin f.
médecine tropicale f.  Tropenmedizin
n.
médecine vétérinaire f.  Tierheilkunde
f., Veterinärmedizin f.
médial  medial
médian  median
médianécrose f.  Medianekrose f.
médiasclérose f.  Mediasklerose f.,
Mönckebergsche Sklerose f.
médiastin m.  Mediastinum n., Mittelfell n.
médiastinal  mediastinal
médiastinite f.  Mediastinitis f.
médiastinopéricardite f.  Mediastinoperikarditis f.
médiastinoscope m.  Mediastinoskop
n.
médiastinoscopie f.  Mediastinoskopie
f.
médiastinotomie f.  Mediastinotomie
f.
médiateur m.  Mediator m.
médiation f.  Vermittlung f.
médiation cellulaire, à  zellvermittelt
médical  ärztlich, medizinisch
médicament m.  Arzneimittel n., Heilmittel n., Medikament n.
médicament antipsorique m.  Krätzeheilmittel n.
médicament contre la lèpre m.  Lepra
mittel n.
médicament délivré uniquement sur ordonnance m.  verschreibungspllich-
tiges Arzneimittel n.
médicament en vente libre m.  Handverkaufsmedikament n.
médicament inscrit à la Pharmacopée
m.  Arzneibuchpräparat n.
médicament naturel m.  Naturarznei

**médicament opothérapeutique m.** Organtherapeutikum n.

**médicament psychotrope m.** Psychopharmakon n.

**médicament retard m.** Retard-Arzneimittel n.

**médicament universel m.** Allerweltsmittel n.

**médicamenteuse, d'origine** arzneimittelbedingt

**médication f.** Medikation f.

**médico-aéronautique** luftfahrtmedizinisch

**médico-légal** forensisch, gerichtsmedizinisch, medikolegal

**médico-pédagogique** heilpädagogisch

**médicotechnique** medizinisch-technisch

**médifoxamine f.** Medifoxamin n.

**médioaxillaire** medioaxillär

**médiocarpien** mediokarpal

**médiolatéral** mediolateral

**médiosagittal** mediosagittal

**médius m.** Mittelfinger m.

**médrogestone f.** Medrogeston n.

**médronate m.** Medronat n.

**médroxyprogestérone f.** Medroxyprogesteron n.

**médrylamine f.** Medrylamin n.

**médrysone f.** Medryson n.

**medulla oblongata f.** Oblongata f.

**médullaire** medullär

**médulloblaste m.** Medulloblast m.

**médulloblastome m.** Medulloblastom n.

**médullographie f.** Medullographie f.

**médullosurténale f.** Nebennierenmark n.

**néfait m.** Verbrechen n.

**néfénamate m.** Mefenamat n.

**néfentidine f.** Mefentidin n.

**néfiant** mißtrauisch

**néfloquine f.** Mefloquin n.

**néfruside m.** Mefrusid n.

**négabulbe m.** Megabulbus m.

**négacaryoblaste m.** Megakaryoblast m.

**négacaryocyte m.** Megakaryozyt m.

**négacôlon m.** Megakolon n.

**négahertz m.** Megahertz n.

**négalécithique** megalezithal

**mégalérythème épidémique m.** Großfleckenkrankheit f., fünfte Krankheit f., Megalerythema epidemicum n.

**mégaloblaste m.** Megaloblast m.

**mégaloblastose f.** Megaloblastose f.

**mégalocytaire** megalozytär

**mégalocyte m.** Megalozyt m.

**mégalocytose f.** Megalozytose f.

**mégalomanie f.** Größenwahn m.

**mégaoesophage m.** Megaösophagus m.

**mégasigmoïde m.** Makrosigmoid n., Megasigma n.

**mégestrol m.** Megestrol n.

**méglitinide m.** Meglitinid n.

**méglumine f.** Meglumin n.

**méiose f.** Meiose f., Reifungsteilung f.

**méladrazine f.** Meladrazin n.

**mélamine f.** Melamin n.

**mélancolie f.** Melancholie f., Schwermut f., Tiefsinn m.

**mélancolie d'involution f.** Rückbildungsmelancholie f.

**mélancolique** melancholisch

**mélancolique f.** Melancholikerin f.

**mélancolique m.** Melancholiker m.

**mélange m.** Gemenge n., Mischung f.

**mélange anesthésique m.** Narkosegemisch m.

**mélanger** durchmischen, mischen, vermengen

**mélangeur m.** Mischer m.

**mélanine f.** Melanin n.

**mélanique** melanotisch

**mélanoblaste m.** Melanoblast m.

**mélanocarcinome m.** Melanokarzinom n.

**mélanocyte m.** Melanozyt m.

**mélanodendrocyte m.** Melanodendrozyt m.

**mélanodermie f.** Graphitose f., Melanodermie f.

**mélanodontie f.** Melanodontie f.

**mélanogène m.** Melanogen n.

**mélanoglossie f.** Melanoglossie f.

**mélanokératose f.** Melanoplakie f.

**mélanome m.** Melanoblastom n., Melanom n.

**mélanophage m.** Melanophage m.

**mélanophore m.** Melanophor m.

**mélanosarcome m.** Melanosarkom n.

**mélanose f.** Melanose f.

**M**

mélanotrichie f.   Melanotrichia f.
mélanurie f.   Melanurie f.
mélarsonyl m.   Melarsonyl n.
mélasme m.   Melasma n.
mélatonine f.   Melanostatin n., Melatonin n.
méléna m.   Melaena f.
mélétimide m.   Meletimid n.
mélibiose f.   Melibiose f.
mélinamide m.   Melinamid n.
mélioïdose f.   Melioidose f.
mélisse f.   Melisse f.
méloplastie f.   Meloplastik f.
mélorhéostose f.   Melorheostose f.
melpérone f.   Melperon n.
melphalan m.   Melphalan n.
mémantine f.   Memantin n.
membrane f.   Membran f.
membrane alvéolo-dentaire f.   Wurzelhaut f., Zahnwurzelhaut f.
membrane basale f.   Basalmembran f.
membrane cellulaire f.   Zellmembran
f., Zellwand f.
membrane (lame élastique postérieure)
de Descemet f.   Descemetsche
Membran f.
membrane de Reissner f.   Reissnersche
Membran f.
membrane du tympan f.   Trommelfell
n.
membrane nucléaire f.   Kernmembran
f.
membrane ovocytaire f.   Oolemm n.
membrane ovulaire f.   Eihaut f.
membranes de l'oeuf m. pl.   Fruchtblase f.
membraneux   membranös
membranoprolifératif   membranproli-
ferativ
membre m.   Glied n., Mitglied n.
membre artificiel m.   Kunstglied n.
membre fantôme m.   Phantomglied n.
membre honoraire m.   Ehrenmitglied
n.
membres m. pl.   Gliedmaßen f. pl.
mémoire f.   Erinnerung f., Gedächtnis
n.
mémoire à court terme f.   Kurzzeitgedächtnis n., Neugedächtnis n.
mémoire à long terme f.   Langzeitgedächtnis n.

mémoire immédiate f.   Immediatgedächtnis n.
mémoire rétrograde f.   Altgedächtnis
n.
ménadiol m.   Menadiol n.
ménadione f.   Menadion n.
ménagement m.   Schonung f.
ménarché f.   Menarche f.
ménatétrénone f.   Menatetrenon n.
menbutone f.   Menbuton n.
mendélévium m.   Mendelevium n.
menhidrose f.   Menhidrose f.
Ménière, maladie de f.   Ménièrescher
Symptomenkomplex m.
méningé   meningeal
méninge f.   Hirnhaut f.
méningiome m.   Meningeom n., Meningiom n.
méningiopathie f.   Meningose f.
méningisme m.   Meningismus m.
méningite f.   Hirnhautentzündung f.,
Meningitis f.
méningite aigue à liquide clair f.   akute
aseptische Meningitis f.
méningite épidémique f.   epidemische
Meningitis f.
méningite lymphocytaire f.   lymphozytäre Meningitis f.
méningite purulente f.   eitrige Meningitis f.
méningite tuberculeuse f.   tuberkulöse
Meningitis f.
méningite virale f.   Virusmeningitis f.
méningitique   meningitisch
méningocèle f.   Meningozele f.
méningocoque m.   Meningokokkus
m.
méningoencéphalite f.   Meningoenzephalitis f.
méningoencéphalite verno-estivale f.
Frühsommermeningoenzephalitis f.,
FSME f.
méningoencéphalomyélite f.   Meningoenzephalomyelitis f.
méningoradiculonévrite f.   Meningoradikuloneuritis f.
méningovasculaire   meningovaskulär
méniscectomie f.   Meniskektomie f.
méniscotome m.   Meniskusmesser n.
méniscotomie f.   Meniskotomie f.
ménisque m.   Meniskus m.

ménisque discoïde m.   Scheibenmeniskus m.
ménitrazépam m.   Menitrazepam n.
ménoctone f.   Menocton n.
ménolyse f.   Menolyse f.
ménométrorragie f.   Menometrorrhagie f.
ménopause f.   Klimakterium n., Menopause f.
ménorragie f.   Menorrhagie f.
menstruation f.   Menstruation f.
menstruel   menstruell
mensuel   monatlich
mensuration f.   Messung f.
mental   geistig, mental
mentalité f.   Mentalität f.
menthe poivrée f.   Pfefferminze f.
menthol m.   Menthol n.
mentoantérieur   mentoanterior
mentodorsopostérieur   mentodorsoposterior
mentolabial   mentolabial
menton m.   Kinn n.
mentonnière f.   Kinnstütze f.
mentonniere, sous   submental
mentooccipital   okzipitomental
mentopostérieur   mentoposterior
méobentine f.   Meobentin n.
mépazine f.   Mepazin n.
mépenzolate m.   Mepenzolat n.
mépéridine f.   Meperidin n.
méphentermine f.   Mephentermin n.
mépivacaïne f.   Mepivacain n.
méprobamate m.   Meprobamat n.
mépyramine f.   Mepyramin n.
méquitazine f.   Mequitazin n.
néralgie f.   Meralgie f.
néralgie paresthésique f.   Meralgia
paraesthetica f.
merbromine f.   Merbromin n.
mercaptan m.   Merkaptan n.
mercaptoéthanol m.   Merkaptoethylalkohol m.
mercaptopurine f.   Merkaptopurin n.
mercaptovaline f.   Merkaptovalin n.
mercure m.   Quecksilber n.
mercureux   quecksilberhaltig (einwertig)
mercurique   quecksilberhaltig (zweiwertig)
mercuroliutol m.   Mercurobutol n.
mère f.   Mutter f.

méridien   meridional
méridien m:   Meridian m.
méroblastique   meroblastisch
mérocrine   merokrin
mérogonie f.   Merogonie f.
mérozoïte m.   Merozoit m.
mésabolone f.   Mesabolon n.
mésangiocapillaire   mesangiokapillär
mésangioprolifératif   mesangioproliferativ
mésangium m.   Mesangium n.
mésaortite f.   Mesaortitis f.
mescaline f.   Meskalin n.
méséclazone f.   Meseclazon n.
mésencéphale m.   Mittelhirn n.
mésencéphalique   mesenzephal
mésencéphalite f.   Mesenzephalitis f.
mésenchymateux   mesenchymal
mésenchyme m.   Mesenchym n.
mésenchymome m.   Mesenchymom n.
mésentère m.   Gekröse n., Mesenterium n.
mésentérique   mesenterial, mesenterisch
mésentérographie f.   Mesenterikographie f.
mésial   mesial
mésioangulaire   mesioangulär
mésiobuccal   mesiobukkal
mésiocclusion f.   Mesiokklusion f.
mésiocclusodistal   mesiookklusodistal
mésiodistal   mesiodistal
mésiolingual   mesiolingual
mésioposition f.   Mesialstellung f.
mésioversion f.   Mesioversion f.
mesna m.   Mesna n.
mésobilifuscine f.   Mesobilifuscin n.
mésobilirubine f.   Mesobilirubin n.
mésobilirubinogène m.   Mesobilirubinogen n.
mésoblaste m.   Mesoblast m.
mésocaval   mesokaval
mésocclusif   mesiookklusal
mésoderme m.   Mesoderm n.
mésodiastolique   mesodiastolisch
mésodiencéphalique   mesodienzephal
mésoexpiratoire   mittelexspiratorisch
mésogastre m.   Mesogastrium n.
mésogène   mesomel
mésoinositol m.   Mesoinosit n.
méso inspiratoire   mittelinspiratorisch
mésomérie f.   Mesomerie f.

M

mésonéphros m. Urniere f.
mésopharynx m. Mesopharynx m.
mésoridazine f. Mesoridazin n.
mésosystolique mesosystolisch
mésothéliome m. Mesotheliom n.
mésothélium m. Mesothelium n.
mésotil m. Mesotil n.
mésotympanal mesotympanisch
mestanolol m. Mestanolol n.
mestérolone f. Mesterolon n.
mestranol m. Mestranol n.
mésuprine f. Mesuprin n.
mesure f. Maß n., Messung f.
mesure à faible risque f. risikoarme
  Maßnahme f.
mesure à haut risque f. risikoreiche
  Maßnahme f.
mesure comparative f. Vergleichsmessung f.
mesure d'urgence f. Sofortmaßnahme
  f.
mesure de contrainte f. Zwangsmaßnahme f.
mesure de précaution f. Vorsichtsmaßregel f.
mesure télémétrique f. Fernmessung f.
mesurer messen
mesures de sauvetage f. pl. Rettungsmaßnahmen f. pl.
mésuximide m. Mesuximid n.
mésylate m. Mesylat n.
métabolique metabolisch
métaboliquement stoffwechselmäßig
métabolisable metabolisierbar
métabolisation f. Verstoffwechselung
  f.
métaboliser metabolisieren, verstoffwechseln
métabolisme m. Stoffwechsel m., Umsatz m.
métabolisme basal m. Grundumsatz
  m., GU m.
métabolisme de repos m. Ruhestoffwechsel m.
métabolisme glucidique m. Zuckerstoffwechsel m.
métabolisme intermédiaire m. Intermediärstoffwechsel m.
métabolisme lipidique m. Fettstoffwechsel m.
métabolisme protidique m. Eiweißstoffwechsel m.

métabolite m. Metabolit m., Stoffwechselprodukt n.
métabolite de transport m. Transportmetabolit m.
métacarpe m. Mittelhand f.
métacarpien metakarpal
métacentrique metazentrisch
métacercaire f. Metazerkarie f.
métacholine f. Metacholin n.
métacholinium m. Metacholin n.
métachromasie f. Metachromasie f.
métachromatique metachromatisch
métacinèse f. Metakinese f.
métaclazépam m. Metaclazepam n.
métahexamide m. Metahexamid n.
métal m. Metall n.
métal à souder Lötmittel n.
métal doux m. Weichmetall n.
métal lourd m. Schwermetall n.
métal précieux m. Edelmetall n.
métal semi-précieux m. Halbedelmetall n.
métallique metallisch
métallocéramique f. Metallkeramik f.
  dent.
métalloïde m. Metalloid n., Nichtmetall n.
métallophile metallophil
métallurgie f. Metallurgie f.
métamfazone f. Metamfazon n.
métamizole m. Metamizol n.
métamorphopsie f. Metamorphopsie
  f.
métamorphose f. Metamorphose f.,
  Verwandlung f.
métamphétamine f. Metamphetamin
  n.
métamyélocyte m. Metamyelozyt m.
métanéphrine f. Metanephrin n.
métanéphros m. Nachniere f.
métaphase f. Metaphase f.
métaphylaxie f. Metaphylaxe f.
métaphysaire metaphysär
métaphyse f. Metaphyse f.
métaplasie f. Metaplasie f.
métaplasique metaplastisch
métapneumonique metapneumonisch
métartériole f. Metarteriole f.
métastase f. Metastase f.
métastase à distance f. Fernmetastase
  f.
métastasier metastasieren

métastatique   metastatisch
métastrongylus m.   Metastrongylus m.
metatarsalgie f.   Metatarsalgie f.
métatarse m.   Mittelfuß m.
métatarsien   metatarsal
métaxalène m.   Metaxalen n.
métaxénie f.   Metaxenie f.
métazide m.   Metazid n.
métazoaire m.   Metazoon n.
métazocine f.   Metazocin n.
métencéphale m.   Hinterhirn n.
méténéprost m.   Meteneprost n.
méténolone f.   Metenolon n.
météorisme m.   Blähung f.
météorisme de la panse m.   Tympanie
   des Pansens f.
météorologie f.   Meteorologie f.
météorologique   meteorologisch
météorotrope   meteorotrop
métergoline f.   Metergolin n.
métescufylline f.   Metescufyllin n.
méthacrylate m.   Methakrylat n.
méthadol m.   Methadol n.
méthadone f.   Methadon n.
méthaminodiazépoxide m.   Methiaminodiazepoxid n.
méthananthéline f.   Methananthelin n.
méthandrosténolone f.   Methandrostenolon n.
méthane m.   Methan n.
méthanol m.   Methylalkohol m.
méthapiprilène m.   Metapiprilen n.
méthaqualone f.   Methaqualon n.
methémoglobine f.   Methämoglobin
   n.
méthergoline f.   Methergolin n.
méthiazide m.   Methiazid n.
méthiazole m.   Methiazol n.
néthimazole m.   Methimazol n.
néthionine f.   Methionin n.
néthobromure m.   Methobromid n.
néthode f.   Methode f.
néthode d'incision f.   Schnittführung
   f.
néthode de coloration f.   Färbemethode f.
néthode de Gibson-Crédé f.   Crédéscher Handgriff m.
néthode de Kjeldahl f.   Kjeldahlverfahren n.
néthode de lavage à épuisement f.
   Auswaschmethode f.

méthode de mesure f.   Meßmethode f.
méthode de Nylander f.   Nylandersche
   Probe f.
méthode de palpation f.   Abtastmethode f.
méthode de sevrage f.   Entziehungsmethode f.
méthode de Uhlenhuth f.   Uhlenhuthsches Verfahren n.
méthode de wash out f.   Auswaschmethode f.
méthode tomographique f.   Schichtaufnahmeverfahren n.
méthodologie f.   Methodologie f.
méthodologique   methodologisch
méthoptérine f.   Methopterin n.
méthopyrapone f.   Methopyrapon n.
méthotrexate m.   Methotrexat n.
méthoxalène m.   Methoxalen n., Methoxypsoralen n.
méthoxamine f.   Methoxamin n.
méthoxyflurane m.   Methoxyfluran n.
méthylamine f.   Methylamin n.
méthylaminoacide m.   Methylamino-
   säure f.
méthylarginine f.   Methylarginin n.
méthylate m.   Methylat n.
méthylation f.   Methylierung f.
méthylbenzéthonium m.   Methylbenzethonium n.
méthylbromure m.   Methylbromid n.
méthylcholantrène m.   Methylcholantren n.
méthylcholine f.   Methylcholin n.
méthylcrotonylglycine f.   Methy1kro-
   tonylglyzin n.
méthyldigoxine f.   Methyldigoxin n.
méthyldiméthoxyamphétamine f.
   Methyldimethoxyamphetamin n.
méthyldiphenhydramine f.   Methyldiphenhydramin n.
méthyldopa m.   Methyldopa n.
méthyldopate m.   Methyldopat n.
méthyle m.   Metil n.
méthylène m.   Methylen n.
méthyler   methylieren
méthylglycoside m.   Methylglykosid n.
méthylhistamine f.   Methylhistamin n.
méthylhistidine f.   Methylhistidin n.
méthylhydrocortisone f.   Methylhydrocortison n.
méthyliodure m.   Methyliodid n.

**méthylnitroso-urée f.**   Methylnitrosoharnstoff m.
**méthylphénidate m.**   Methylphenidat
n .
**méthylphénylhydrazine f.**   Methylphenylhydrazin n.
**méthylprednisolone f.**   Methylprednisolon n.
**méthylrosanilinium m.**   Methylrosanilin n.
**méthyltertbutyléther m.**   Methyl-tert.-
butylether n.
**méthylthiouracile m.**   Methylthiouracil n.
**méthyltransférase f.**   Methyltransferase f.
**méthysergide m.**   Methysergid n.
**métiamide m.**   Metiamid n.
**métier m.**   Beruf m.
**métipranol m.**   Metypranol n.
**métixène m.**   Metixen n.
**métizoline f.**   Metizolin n.
**métoclopramide m.**   Metoclopramid
n.
**métolazone f.**   Metolazon n.
**métopisme m.**   Metopismus m.
**mètre m.**   Meter n.
**mètre à ruban m.**   Handmaß n.
**mètre carré m.**   Quadratmeter m.
**mètre cube m.**   Kubikmeter m.
**métrifonate m.**   Metrifonat n.
**métrique**   metrisch
**métrite f.**   Metritis f.
**métrizoate m.**   Metrizoat n.
**métronidazole m.**   Metronidazol n.
**métropathie hémorragique f.**   Metropathia haemorrhagica f.
**métropathologique**   metropathisch
**métrorragie f.**   Metrorrhagie f.
**mettant la vie en danger**   lebensbedrohlich
**mettre au lit**   betten
**mettre au monde**   gebären
**mettre bas**   werfen (vet.)
**mettre en abduction**   abduzieren
**mettre en adduction**   adduzieren
**mettre en circuit**   einschalten
**mettre en état**   instandsetzen
**mettre en hyperextension**   überstrecken
**mettre en marche**   ingangsetzen
**mettre en pronation**   pronieren

**mettre en quarantaine**   in Quarantäne
legen
**mettre en solution**   in Lösung bringen
**mettre en supination**   supinieren
**mettre en sûreté**   bergen
**mettre la prise de terre**   erden
**métyrapone f.**   Metyrapon n.
**métyrosine f.**   Metyrosin n.
**meulage m.**   Einschleifen n.
**meulage à sec m.**   Trockenschleifen n.
**meule f.**   Schleifgerät n.
**meuler**   abschleifen, einschleifen
**meurtre m.**   Mord m.
**meurtre par empoisonnement m.**
Giftmord m.
**meurtrissure f.**   Quetschung f.
**mévalonate m.**   Mevalonat n.
**mexilétine f.**   Mexiletin n.
**mexréonate m.**   Mexreonat n.
**mézépine f.**   Mezepin n.
**miansérine f.**   Mianserin n.
**mibolérone f.**   Miboleron n.
**micelle f.**   Micelle f., Mizelle f.
**miconazole m.**   Miconazol n.
**microabscès m.**   Mikroabszeß m.
**microagrégat m.**   Mikroaggregat n.
**microanalyse f.**   Mikroanalyse f.
**microanalytique**   mikroanalytisch
**microanévrisme m.**   Mikroaneurysma
n.
**microangiopathie f.**   Mikroangiopathie f.
**microbe m.**   Mikrobe m.
**microbicide**   mikrobizid
**microbien**   mikrobiell
**microbiologie f.**   Mikrobiologie f.
**microbiologique**   mikrobiologisch
**microbiologiste f.**   Mikrobiologin f.
**microbiologiste m.**   Mikrobiologe m.
**microblaste m.**   Mikroblast m.
**microbulbe m.**   Mikrobulbus m.
**microcaillot m.**   Mikrothrombus m.
**microcalorimètre m.**   Mikrokalorimeter n.
**microcalorimétrie f.**   Mikrokalorimetrie f.
**microcalorimétrique**   mikrokalorimetrisch
**microcapsule f.**   Mikrokapsel f.
**microcellulaire**   kleinzellig
**microcentrifugeuse f.**   Mikrozentrifuge
f.

microcéphalie f.  Mikrozephalie f.
microcéphalique  mikrozephal
microchimie f.  Mikrochemie f.
microchimique  mikrochemisch
microchirurgie f.  Mikrochirurgie f.
microchirurgique  mikrochirurgisch
microcirculation f.  Mikrozirkulation f.
microcirculatoire  mikrozirkulatorisch
microclima m.  Mikroklima n.
Micrococcus m.  Mikrokokkus m.
microcorie f.  Mikrokorie f.
microcrânie f.  Mikrokranie f.
microcristal m.  Mikrokristall m.
microcristallin  mikrokristallinisch
microculture f.  Mikrokultur f.
microcurie m.  Mikrocurie n.
microcystique  kleinzystisch
microcytaire  mikrozytär
microcyte m.  Mikrozyt m.
microcytose f.  Mikrozytose f.
microdactylie f.  Mikrodaktylie f.
microdensitomètre m.  Mikrodensitometer n.
microdensitométrie f.  Mikrodensitometrie f.
microdensitométrique  mikrodensitometrisch
microdétermination f.  Mikrobestimmung f.
microdontie f.  Mikrodontie f.
microélectrode f.  Mikroelektrode f.
microélectrophorèse f.  Mikroelektrophorese f.
microélément m.  Mikroelement n.
microembole m.  Mikroembolus f.
microencapsulement m.  Mikroverkapselung f.
microfibrille f.  Mikrofibrille f.
microfilaire f.  Mikrofilarie f.
microfilament m.  Mikrofilament n.
microfilm m.  Mikrofilm m.
microfiltration f.  Mikrofiltration f.
microfiltre m.  Mikrofilter m.
microfloculation f.  Mikroflockung f.
microfraise f.  Mikrobohrer m.
microfuite f.  mikroskopische Undichtigkeit f.
microgamète m.  Mikrogamet m.
microgénie f.  Mikrogenie f.
microglie f.  Mikroglia f.

microgliomatose f.  Mikrogliomatose f.
microglobuline f.  Mikroglobulin n.
microglossie f.  Mikroglossie f.
micrognathie f.  Mikrognathie f.
micrograin m.  Mikrokorn n.
microgramme m.  Mikrogramm n.
microgyrie f.  Mikrogyrie f.
microhémorragie f.  Sickerblutung f.
microinduration f.  Mikrohärte f.
microinfarctus m.  Mikroinfarkt m.
microinjection f.  Mikroinjektion f.
Microlaryngoscopie f.  Mikrolaryngoskopie f.
microlécithique  mikrolezithal
microlitre m.  Mikroliter m.
micromanie f.  Kleinheitswahn m., Mikromanie f.
micromanipulateur m.  Mikromanipulator m.
micromanomètre m.  Mikromanometer n.
micromanométrie f.  Mikromanometrie f.
micromanométrique  mikromanometrisch
micromastie f.  Mikromastie f.
micromélie f.  Mikromelie f.
micromesure f.  Mikromessung f.
microméthode f.  Mikromethode f.
micromètre m.  Mikrometer m.
micromole f.  Mikromol n.
micromoléculaire  mikromolekular
micromolécule f.  Mikromolekül n.
micromyélie f.  Mikromyelie f.
micromyéloblaste m.  Mikromyeloblast m.
micromyélocyte m.  Mikromyelozyt m.
micron m.  Mikron n.
microneurochirurgical  mikroneurochirurgisch
microneurochirurgie f.  Mikroneurochirurgie f.
micronucléus m.  Mikrokern m.
microonde f.  Mikrowelle f.
microordinateur m.  Mikrocomputer m.
microorganisme m.  Mikroorganismus m.
microparaprotéinose f.  Mikroparaproteinose f.

microparticule f. Mikropartikel f.
microperfusion f. Mikroperfusion f.
microphage m. Mikrophage m.
microphakie f. Mikrophakie f.
microphone m. Mikrophon n.
microphtalmie f. Mikrophthalmie f.
microphysique f. Mikrophysik f.
microphyte m. Mikrophyt m.
micropinocytose f. Mikropinozytose
f.
microplaque de chauffe f. Mikroheiztisch m.
micropolyadénie f. Mikropolyadenie
f.
micropolygyrie f. Mikropolygyrie f.
microponction f. Mikropunktion f.
micropsie f. Mikropsie f.
microquantité f. Mikroquantität f.
microradiographie f. Mikroradiographie f.
microradiographique mikroradiographisch
microradiologie f. Mikroradiologie f.
microradiologique mikroradiologisch
microrchidie f. Mikroorchidie f.
microréaction f. Mikroreaktion f.
microrhéologie f. Mikrorheologie f.
microrhéologique mikrorheologisch
microscope (binoculaire/monoculaire)
m. (binokuläres/monokuläres) Mikroskop n.
microscope chirurgical m. Operationsmikroskop n.
microscope cornéen m. Hornhautmikroskop n.
microscope électronique m. Elektronenmikroskop n.
microscope électronique à scintigraphie
f. Rasterelektronenmikroskop n.
microscope en contraste de phase m.
Phasenkontrastmikroskop n.
microscopie f. Mikroskopie f.
microscopique mikroskopisch
microsmatique mikrosmatisch
microsome m. Mikrosom n.
microsomie f. Kleinwuchs m., Mikrosomie f.
microsomique mikrosomal
microspectrophotomètre m. Mikrospektrophotometer n.
microspectrophotométrie f. Mikrospektrophotometrie f.

microspectrophotométrique mikrospektrophotometrisch
microsporie f. Mikrosporie f.
Microsporon Audouini m. Mikrosporon Audouini n.
Microsporon furfur m. Mikrosporon
furfur n.
Microsporon mentagrophytes m. Mikrosporon mentagrophytes n.
Microsporon minutissimum m. Mikrosporon minutissimum n.
microstomie f. Mikrostomie f.
microthélie f. Mikrothelie f.
microthrombosé mikrothrombotisch
microthrombose f. Mikrothrombose
f.
microtie f. Mikrotie f.
microtitraqe m. Mikrotiter m.
microtome m. Mikrotom n.
microtome à congélation m. Gefriermikrotom n.
microtoxicité f. Mikrotoxizität f.
microtoxique mikrotoxisch
microtrabécule m. Mikrotrabekel m.
microtransfusion f. Mikrotransfusion
f.
microtraumatisme m. Mikrotrauma
n.
microtubulaire mikrotubulär
microunité f. Mikroeinheit f.
microvascularisation f. kapilläre Gefäßversorgung f.
microvillosité f. Kleinzotte f.
miction f. Miktion f., Urinieren n.,
Wasserlassen n.
miction par regorgement f. Überlaufblase f.
midi de la vie m. Lebensmitte f.
midodrine f. Midodrin n.
MIF (facteur inhibiteur de la migration)
f. MIF (migrationsinhibierender
Faktor) m.
mifépristone f. Mifepriston n.
migérose m. Migerose f.
migraine f. Migräne f.
migrateur wandernd
migration f. Migration f., Wanderung
f.
migration testiculaire f. Descensus testis m.
migrer wandern
mildiou m. Mehltau m.

mile m.  Meile f.
miliaire  miliar
miliaire f.  Schweißfriesel m.
miliaire à bulles claires f.  Miliaria cristallina f.
miliaire sur fond érythémateux f.  Miliaria rubra f.
milieu m.  Medium n., Milieu n., Umwelt f.
milieu d'Endo m.  Endonährboden m.
milieu de culture de Clauberg m.  Claubergscher Nährboden m.
milieu de culture m.  Nährboden m.
milieu de Drigalski m.  Drigalski-Nährboden m.
milipertine f.  Milipertin n.
militracène f.  Militracen n.
milium m.  Milium n.
milksickness f.  Milchkrankheit f. (vet.)
millepertuis m.  Johanniskraut n.
milliampère m.  Milliamper n.
millibar m.  Millibar n.
millicurie m.  Millicurie n.
milliéquivalent (mEq) m.  Milliäquivalent n.
milligramme m.  Milligramm n.
millilitre m.  Milliliter n.
millimètre m.  Millimeter n.
millimicron m.  Millimikron n.
millimole f.  Millimol n.
millisievert m.  Millisievert n.
millivolt m.  Millivolt n.
milrinone f.  Milrinon n.
mimbane m.  Mimban n.
mimétique  mimetisch
mimétique m.  Mimetikum n.
mimétisme m.  Mimikry n.
minaprine m.  Minaprin n.
minaxolone f.  Minaxolon n.
mince  schlank
mindopérone f.  Mindoperon n.
minépentate m.  Minepentat n.
miner  unterhöhlen, unterminieren
minéral  mineralisch
minéral m.  Mineral n.
minéralisation f.  Mineralisierung f.
minéralocorticoïde m.  Mineralokortikoid n.
miniforet m.  Miniaturbohrer m.
minimal  minimal
minimiser  minimieren

minimum  minimal
minimum m.  Minimum n.
ministère de la santé publique m.  Gesundheitsministerium n.
minuterie f.  Schaltuhr f., Zeitschalter m.
miolécithique  miolezithal
miristalkonium m.  Miristalkonium n.
miroir m.  Spiegel m.
miroir buccal m.  Mundspiegel m.
miroir concave m.  Hohlspiegel m.
miroir dentaire m.  Zahnspiegel m.
miroir frontal m.  Stirnreflektor m.
miscibilité f.  Mischbarkeit f.
miscible  mischbar
mise à la masse f.  Erdung f.
mise à mort f.  Tötung f.
mise au lit f.  Betten n.
mise en culture f.  Kultivierung f.
mise en état f.  Instandsetzung f.
mise en marche f.  Ingangsetzen n.
mise en place f.  Anbringen n.
mise en position surélevée f.  Hochlagerung f.
mise en position transversale f.  Querlagerung f.
mise en train f.  Ingangkommen n.
mise sous tutelle f.  Entmündigung f.
misonidazole m.  Misonidazol n.
missed abortion m.  verhaltene Fehlgeburt f.
mite f.  Milbe f.
mitochondries f. pl.  Chondriom n., Mitochondrien n. pl.
mitochondrique  mitochondrial
mitogen m.  Mitogen n.
mitogène  mitogen
mitogenèse f.  Mitogenese f.
mitoguazone f.  Mitoguazon n.
mitome m.  Mitom n.
mitomycine f.  Mitomycin n.
mitoplasme m.  Mitoplasma n.
mitopodozide m.  Mitopodozid n.
mitose f.  Karyokinese f., Mitose f.
mitosome m.  Mitosom n.
mitostatique  mitostatisch
mitostatique m.  Mitostatikum n.
mitotane m.  Mitotan n.
mitoténamine f.  Mitotenamin n.
mitotique  mitotisch
mitoxantrone f.  Mitoxantron n.
mitralisation f.  Mitralisation f.

M

**mixeur sous vide m.** Vakuummischer m.

**mixidine f.** Mixidin n.

**mixoscopie f.** Mixoskopie f.

**mixture f.** Gemisch n., Mixtur f.

**mixture à agiter f.** Schüttelmixtur f.

**Miyagawanella f.** Miyagawanella f.

**mnémotechnique f.** Mnemotechnik f.

**mnésique** mnestisch

**mobécarb m.** Mobecarb n.

**mobentoxamine f.** Mobentoxamin n.

**mobile** beweglich, mobil

**mobilisation f.** Mobilisierung f.

**mobiliser** bewegen, mobilisieren

**mobilité f.** Beweglichkeit f., Mobilität f.

**moctamide m.** Moctamid n.

**modal** modal

**modalité f.** Modalität f.

**modalité réflexe f.** Reflexmuster n.

**mode d'action m.** Wirkungsweise f.

**mode de vie m.** Lebensweise f.

**modèle m.** Modell n., Muster n., Patrize f. (dent.)

**modèle anatomique d'étude m.** anatomisches Modell n.

**modèle de prothèse en cire m.** Wachsgebiß n.

**modèle en cire m.** Wachsmodell n., Wachsschablone f.

**modèle en plâtre m.** Gipsmodell n.

**modeler** modellieren

**modéré** mäßig

**modificateur m.** Modifikator m.

**modification f.** Modifikation f., Umstimmung f.

**modifier** modifizieren

**modulation f.** Modulation f.

**module m.** Modul m.

**moduler** modulieren

**moelle f.** Mark n., Medulla f.

**moelle cervicale f.** Halsmark n.

**moelle épinière f.** Rückenmark n.

**moelle osseuse f.** Knochenmark n.

**moelle sternale f.** Sternalmark n.

**moelle, extraire la** entmarken

**moelle, sans** marklos

**mofébutazone f.** Mofebutazon n.

**moflovérine f.** Mofloverin n.

**mofoxime m.** Mofoxim n.

**moignon m.** Stummel m., Stumpf m.

**moignon cervical m.** Zervixstumpf m.

**moignon d'amputation m.** Amputationsstumpf m.

**moignon de racine m.** Wurzelstumpf m.

**moisissure f.** Schimmelpilz m., Schimmel m.

**moitié du temps de gestation f.** Schwangerschaftsmitte f.

**mol (mole) f.** Mol n.

**molaire** molar

**molaire f.** Backenzahn m., Mahlzahn m. (dent.), Molar m.

**molalité f.** Molalität f.

**molarité f.** Molarität f.

**moldine f.** Moldine f.

**môle f.** Mole f.

**môle charnue f.** Fleischmole f.

**môle hydatiforme f.** Blasenmole f.

**môle sanglante f.** Blutmole f.

**moléculaire** molekular

**molécule f.** Molekül n.

**molindone f.** Molindon n.

**mollet m.** Wade f.

**molluscum contagiosum m.** Dellwarze f., Molluscum contagiosum n.

**mollusque m.** Molluske f.

**molsidomine f.** Molsidomin n.

**molybdate m.** Molybdat n.

**molybdate de sodium m.** Natriummolybdat n.

**molybdène m.** Molybdän n.

**molybdéneux** molybdänhaltig (dreiwertig)

**molybdénique** molybdänhaltig (sechswertig)

**moment (phys.) m.** Hebelkraft f.

**moment des consultations m.** Sprechstunde f.

**moment du pic m.** Gipfelzeit f.

**moment où la maladie éclate m.** Ausbruch einer Krankheit m.

**momentanément** momentan

**momification f.** Mumifizierung f.

**monalazone f.** Monalazon n.

**monaural** monaural, monotisch

**mongolisme m.** Mongolismus m.

**mongoloïde** mongoloid

**moniléthrix m.** Monilethrix f.

**moniliase f.** Moniliasis f.

**moniliforme** perlschnurartig

moniteur m.   Monitor m., Überwachungsanlage f., Überwachungsgerät n.

monitoring m.   technische Überwachung f.

monitoring au lit du malade m.   dezentrale Patientenüberwachung f.

monitoring électrocardiographique prolongé m.   Langzeitelektrokardiogramm n.

monoacétate m.   Monoazetat n.

monoamide m.   Monamid n.

monoamine f.   Monamin n., Monoamin n.

monoamine oxydase f.   Monoaminoxidase n.

monoaminergique   monoaminergisch

monoamniotique   monamniotisch

monoarthrite f.   Monarthritis f.

monoarticulaire   monartikulär

monobasique   monobasisch

monobenzone f.   Monobenzon n.

monoblaste m.   Monoblast m.

monobrachie f.   Monobrachie f.

monochromateur m.   Monochromator m.

monochromatique   monochromatisch

monochromatophile   monochromatophil

monoclonal   monoklonal

monocrote   monokrotisch

monoculaire   monokulär

monocyclique   monozyklisch

monocytaire   monozytär

monocyte m.   Monozyt m.

monocytose f.   Monozytose f.

monodactylie f.   Monodaktylie f.

monofasciculaire   monofaszikulär

monogénique   monogen

monohybride m.   Monohybride f.

monohydrate m.   Monohydrat n.

monohydrolase f.   Monohydrolase f.

monoinsuline f.   Monospeziesinsulin n.

monokine f.   Monokin n.

monolaurate m.   Monolaurat n.

monomanie f.   Monomanie f.

monomère   monomer

monomère m.   Monomer n.

monomoléculaire   monomolekular

monomorphe   monomorph

monomorphie f.   Monomorphie f.

monomphalien m.   Monomphalus m.

mononévrite f.   Mononeuritis f.

mononitrate m.   Mononitrat n.

mononitrate d'isosorbide m.   Isosorbidmononitrat n.

mononucléaire   mononukleär

mononucléé   einkernig

mononucléose f.   Mononukleose f.

mononucléose infectieuse f.   Pfeiffersches Drüsenfieber n.

mononucléotide m.   Mononukleotid n.

monoovulatoire   monoovulatorisch

monooxygénase f.   Monooxygenase f.

monoparésie f.   Monoparese f.

monophasique   monophasisch

monophénol m.   Monophenol n.

monophobie f.   Monophobie f.

monophosphate m.   Monophosphat n.

monophosphate de dibutyryladénosine m.   Dibutyryladenosinmonophosphat n.

monophosphothiamine f.   Monophosphothiamin n.

monophtalmie f.   Monophthalmie f., Monopie f.

monoplasmatique   monoplasmatisch

monoplégie f.   Monoplegie f.

monorchidie f.   Monorchismus m.

monosaccharide m.   Monosaccharid n.

monosialoganglioside m.   Monosialogangliosid n.

monosomal   monosomal

monosome m.   Monosom n.

monosomie f.   Monosomie f.

monospécifique   monospezifisch

monosporiose f.   Monosporiose f.

monostotique   monostotisch

monosulfate m.   Monosulfat n.

monosymptomatique   monosymptomatisch

monosynaptique   monosynaptisch

monothioglycérol m.   Monothioglyzerinn.

monothiopyrophosphate m.   Monothiopyrophosphat n.

monotriche   monotrich

monotrope   monotrop

monouréide m.   Monoureid n.

monovalent   monovalent

monovasculopathie f. Eingefäßerkrankung f.
monoxène monoxen
monoxyde m. Monoxid n.
monoxyde de carbone m. Kohlenmonoxid n.
monozygote monozygot
monstre m. Mißgeburt f.
monstre sympodique m. Sympus m.
montage en parallèle m. Parallelschaltung f.
montage expérimental m. Versuchsanordnung f.
monter aufsteigen, montieren
Montgomery, tubercule de m. Montgomerysche Drüse f.
monture de lunettes f. Brillengestell n.
mopérone f. Moperon n.
mopidamol m. Mopidamol n.
moprolol m. Moprolol n.
moral moralisch
Morax, bacille de m. Morax-Axenfeldscher Bazillus m.
moraxella f. Moraxella f.
Moraxella lacunata f. Diplokokkus
Morax-Axenfeld m.
morazone f. Morazon n.
morbide morbid
morbidité f. Morbidität f.
morbiliforme morbiliform
morcellement m. Morcellement n.,
Zerstückelung f.
mordre abbeißen, beißen
mordus en cire m. Beißblock m.
Morgagni, syndrome de m. Morgagnisches Syndrom m.
morgue f. Leichenschauhaus n.
moria f. Witzelsucht f.
moribond moribund
morne stumpf
Moro, test de m. Moroprobe f.
moroxydine f. Moroxydin n.
morphème m. Morphem n.
morphine f. Morphin n., Morphium
n.
morphinique, traitement m. Morphinbehandlung f.
morphinisme m. Morphinismus m.
morphinomanie f. Morphinsucht f.
morphogenèse f. Morphogenese f.
morphogénétique morphogenetisch
morphologie f. Morphologie f.

morphologique morphologisch
morphométrie f. Morphometrie f.
morphométrique morphometrisch
morphopsie f. Morphopsie f.
morphothérapie f. Gestalttherapie f.
Morquio, maladie de f. Morquio-Syndrom n.
morrhuate m. Morrhuat n.
morsure f. Biß m.
morsure cruciale f. Kreuzbiß m.
morsure de chien f. Hundebiß m.
morsure de la langue f. Zungenbiß m.
morsure de serpent f. Schlangenbiß m.
morsuximide m. Morsuximid n.
mort abgestorben, tot
mort f. Tod m.
mort (genre de) f. Todesart f.
mort apparente f. Scheintod m.
mort cérébrale f. Hirntod m.
mort de faim, à demi halbverhungert
mort foetale f. Fruchttod m.
mort par arrêt cardiaque f. Herztod
m.
mort par syncope cardiaque brusque
f. Sekundenherztod m.
mort subite du nourrisson f. plötzlicher Kindstod m., plötzlicher Säuglingstod m., Wiegentod m.
mort-né totgeboren
mort-né (enfant) m. Totgeburt f.
mortalité f. Mortalität f., Sterblichkeit
f.
mortalité des nourrissons f. Säuglingssterblichkeit f.
mortel mortal, sterblich, todbringend,
tödlich
mortier m. Mörser m.
morula f. Morula f.
morulation f. Morulation f.
morve f. Rotz m.
morve des chiens f. Hundestaupe f.
mosaïque f. Mosaik n.
mosaïque du tabac f. Tabak-Mosaikkrankheit f.
Moschcowitz, syndrome de m.
Moschcowitz-Syndrom n.
moteur motorisch
moteur m. Motor m.
motiline f. Motilin n.
motilité f. Motilität f.
motivation f. Motivierung f.
motiver motivieren

**motrétinide m.**   Motretinid n.
**motricité f.**   Motorik f.
**Mott, cellule de f.**   Mott-Zelle f.
**mouche f.**   Fliege f.
**mouche à viande f.**   Schmeißfliege f.
**mouche cantharide f.**   Kantharide f.
**mouche du varron f.**   Dasselfliege f.
**mouche tsé-tsé f.**   Tsetsefliege f.
**moucher, se**   schneuzen
**moucheture f.**   Tüpfelung f.
**moufle f.**   Muffel f.
**mouillé**   feucht, naß
**mouiller**   befeuchten, nässen
**moulage m.**   Abguß m. (dent.), Moulage m.
**moulage cannelé m.**   Hohlguß m.
**moulage d'expansion m.**   Expansionsguß m.
**moulage défectueux m.**   Fehlguß m. (dent.)
**moulage du bridge m.**   Brückenguß m.
**moulage sous vide m.**   Vakuumguß m. (dent.)
**moulage, faire un**   gießen
**moule m.**   Form f., Gußform f.
**mourir**   sterben, verenden
**mourir d'hémorragie**   verbluten
**mourir de soif**   verdursten
**moussant**   schaumbildend
**mousse f.**   Moos n., Schaum m.
**mousse de nylon f.**   Schaumstoff m.
**mousseline f.**   Musselin m.
**moustique m.**   Moskito m., Stechmücke f.
**moutarde à l'azote f.**   Stickstofflost m.
**moutarde-uracile f.**   Uracil-Lost n.
**mouvement m.**   Bewegung f.
**mouvement brownien m.**   Brownsche Molekularbewegung f.
**mouvement de masse m.**   Massenbewegung f.
**mouvement de retrait m.**   Rückwärtsbewegung f.
**mouvement foetal m.**   Kindsbewegung f. (obstetr.)
**mouvement latéral m.**   Seitwärtsbewegung f.
**mouvement parkinsonien de roulement entre le pouce et l'index m.**   Pillendreherbewegung f.
**mouvement réflexe m.**   Reflexbewegung f.

**mouvement réflexe de mastication m.**   Freßreflex m.
**mouvement spontané m.**   Spontanbewegung f.
**moxa m.**   Moxa m.
**moxalactam m.**   Moxalactam n.
**moxaprindine f.**   Moxaprindin n.
**moxastine f.**   Moxastin n.
**moxavérine f.**   Moxaverin n.
**moxazocine f.**   Moxazocin n.
**moxibustion f.**   Moxibustion f.
**moxipraquine f.**   Moxipraquin n.
**moxisylyte m.**   Moxisylyt n.
**moxnidazole m.**   Moxnidazol n.
**moyen curatif m.**   Kurmittel n.
**moyen de finition m.**   Finierer m.
**moyen de séparation m.**   Separiermittel n.
**moyenne f.**   Durchschnitt m., Mittelwert m.
**MSF (facteur stimulant de la MSH) m.**   MRF (MSH-freisetzender Faktor) m.
**MSH (hormone mélanotrope) f.**   MSH (melanozytenstimulierendes Hormon) n.
**mucigène**   schleimbildend
**mucilage m.**   Mucilago n.
**mucinase f.**   Muzinase f.
**mucine f.**   Mucin n., Muzin n.
**mucineux**   muzinös
**mucinose f.**   Mucinose f., Muzinose f.
**mucocèle f.**   Mukozele f.
**mucociliaire**   mukoziliar
**mucocutané**   mukokutan
**mucocyte m.**   Mukozyt m.
**mucoépidermoïde**   mukoepidermoid
**mucogingival**   mukogingival
**mucoglobuline f.**   Mukoglobulin n.
**mucoïde**   mukoid
**mucoïde m.**   Mukoid n.
**mucoïtine f.**   Mukoitin n.
**mucolipidose f.**   Mukolipidose f.
**mucolyse f.**   Mukolyse f.
**mucolytique**   schleimlösend
**mucolytique m.**   Mukolytikum n.
**mucopeptide m.**   Mukopeptid n.
**mucopériostal**   mukopenostal
**mucopolysaccharide m.**   Mukopolysaccharid n.
**mucopolysaccharidose f.**   Mukopolysaccharidose f.

mucoprotéine f.  Mukoprotein n.
mucormycose f.  Mukormycose f.
mucosaccharide m.  Mukosaccharid n.
mucosité f.  Schleim m.
mucostatique  mukostatisch
mucostatique m.  Mukostatikum n.
mucosulfatidose f.  Mukosulfatidose f.
mucoviscidose f.  Mukoviszidose f.
mucus nasal m.  Nasenschleim m.
mue f.  Mauserung f., Stimmbruch m.
muguet m.  Soor m.
mulet m.  Maultier n.
multiarticulaire  multiartikulär
multiaxial  multiaxial
multicapacité f.  Pluripotenz f.
multicapsulaire  multikapsulär
multicellulaire  multizelluär
multicentrique  multizentrisch
multicontacts m. pl.  Mehrpunktkontakt m.
multicuspidien  vielzipfelig
multicystique  multizystisch
multidimensionnel  mehrdimensional
multidisciplinaire  multidisziplinär
multifactoriel  multifaktoriell
multifocal  multifokal
multiglandulaire  multiglandulär
multilobulaire  multilobulär
multiloculaire  vielkammerig
multimorbidité f.  Multimorbidität f.
multinodulaire  multinodulär
multinucléaire  multinukleär
multipare f.  Mehrgebärende f., Multipara f., Pluripara f.
multiphasique  mehrphasig, multiphasisch
multiple  multipel
multiple sclérose f.  Multiple Sklerose f.
multiplication des cellules de Langerhans f.  Polynesie f.
multiplier  vermehren
multipolaire  multipolar, pluripolar
multipotent  pluripotent
multisensoriel  multisensorisch
multivalent  multivalent
multivalvulaire  multivalvulär
multivitaminé m.  Multivitamin n.
Münchhausen, syndrome de m.  Münchhausen-Syndrom n.

Münchmeyer, syndrome de m.  Münchmeyer-Syndrom n.
muqueuse f.  Mucosa f., Mukosa f., Schleimhaut f.
muqueuse alvéolaire f.  Alveolarschleimhaut f.
muqueuse buccale f.  Mundschleimhaut f.
muqueux  mukös, schleimig
mûr  reif
mur m.  Wand f.
mural  mural, wandständig
muramidase f.  Muramidase f.
muraminidase f.  Muraminidase f.
muramyldipeptide m.  Muramyldipeptid n.
muréine f.  Murein n.
murexide m.  Murexid n.
murmure m.  Geräusch n.
murmure respiratoire m.  Atmungsgeräusch n.
murmure vésiculaire respiratoire m.  Bläschenatemgeräusch n., Bläschenatmung f.
musc m.  Moschus m.
muscarine f.  Muskarin n.
muscimol m.  Muscimol n.
muscle m.  Muskel m.
muscle cardiaque m.  Herzmuskel m.
muscle extenseur m.  Streckmuskel m.
muscle facial m.  Gesichtsmuskel m.
muscle fléchisseur m.  Flexor m.
muscle lisse m.  glatter Muskel m.
muscle oculomoteur m.  Augenmuskel m.
muscle papillaire m.  Papillarmuskel m.
muscle pectoral m.  Brustmuskel m.
muscle strié m.  quergestreifter Muskel m., Skelettmuskel m.
musculaire  muskulär
musculature f.  Muskulatur f.
musculeux  muskulös
musculocutané  muskulokutan
musculomembraneux  muskulomembranös
musculosquelétaire  muskuloskeletal
musculotrope  muskulotrop
museau m.  Schnauze f.
musical  musikalisch
mutagène  mutagen
mutagène m.  Mutagen n.

**mutagénèse f.**   Mutagenese f.
**mutant m.**   Mutante f.
**mutarotase f.**   Mutarotase f.
**mutarotation f.**   Mutarotation f.
**mutase f.**   Mutase f.
**mutation f.**   Mutation f.
**mutilation f.**   Verstümmelung f.
**mutilation névrotique des ongles f.**
   Onychotillomanie f.
**mutiler**   verstümmeln
**mutisme m.**   Mutismus m., Stummheit
   f.
**muton m.**   Muton n.
**mutualisme m.**   Mutualismus m.
**mutuel**   gegenseitig
**muzolimine f.**   Muzolimin n.
**myalgie f.**   Myalgie f.
**myasthénie d'Érb-Goldflam f.**   Myasthenia gravis pseudoparalytica f.
**myasthénique**   myasthenisch
**myatonie f.**   Myatonie f.
**myatrophie f.**   Myatrophie f.
**myatrophique**   myatrophisch
**mycélium m.**   Myzel n.
**mycétique**   mykotisch
**mycobactérie f.**   Mykobakterie f.
**mycobactérien**   mykobakteriell
**Mycobactérium m.**   Mycobacterium
   n.
**Mycobacterium avium m.**   Mycobacterium avium n.
**Mycobacterium bovis m.**   Mycobacterium bovis n.
**Mycobacterium leprae m.**   Mycobacterium leprae n.
**Mycobacterium smegmatis m.**   Mycobacterium smegmatis n.
**Mycobacterium tuberculosis m.**   Mycobacterium tuberculosis n.
**mycologie f.**   Mykologie f.
**mycologique**   mykologisch
**mycologue f.**   Mykologin f.
**mycologue m.**   Mykologe m.
**mycoplasma m.**   Mycoplasma n.
**mycose f.**   Mykose f.
**mycosis fongoïde f.**   Mycosis fungoides f.
**mycotoxicité f.**   Mykotoxizität f.
**mycotoxicose f.**   Mykotoxikose f.
**mycotoxine f.**   Mykotoxin n.
**mycotoxique**   mykotoxisch
**mydriase f.**   Mydriasis f.

**mydriatique**   mydriatisch
**mydriatique m.**   Mydriatikum n.
**myéline f.**   Myelin n.
**myélinisation f.**   Myelinisierung f.
**myélinisé**   markhaltig
**myélinisé, non**   myelinfrei
**myélinolyse f.**   Myelinolyse f.
**myélinopathie f.**   Myelinopathie f.
**myélite f.**   Myelitis f.
**myélitique**   myelitisch
**myéloarchitectonie f.**   Myeloarchitektonik f.
**myéloblaste m.**   Myeloblast m.
**myéloblastome m.**   Myeloblastom n.
**myéloblastose f.**   Myeloblastose f.
**myélocathexis f.**   Myelokathexis f.
**myélocèle f.**   Myelozele f.
**myélocyte m.**   Myelozyt m.
**myélodysplasie f.**   Myelodysplasie f.
**myélofibrose f.**   Markfibrose f., Myelofibrose f.
**myélogène**   myelogen
**myélogenèse f.**   Myelogenese f.
**myélogramme m.**   Myelogramm n.
**myélographie f.**   Myelographie f.
**myélographique**   myelographisch
**myéloïde**   myeloid
**myélolipome m.**   Myelolipom n.
**myélolyse f.**   Myelolyse f.
**myélomalacie f.**   Myelomalazie f.
**myélomatose f.**   Myelomatose f.
**myélome m.**   Myelom n.
**myéloméningocèle f.**   Meningomyelozele f.
**myéloopticoneuropathie f.**   Myelooptikoneuropathie f.
**myélopathie f.**   Myelopathie f.
**myéloperoxydase f.**   Myeloperoxidase
   f.
**myélophtisie f.**   Myelophthise f.
**myéloprolifératif**   myeloproliferativ
**myéloradiculopathie f.**   Myeloradikulopathie f.
**myélosarcome m.**   Myelosarkom n.
**myéloscintigraphie f.**   Myeloszintigraphie f.
**myélosclérose f.**   Myelosklerose f.
**myélose f.**   Myelose f.
**myélose aleucémique f.**   aleukämische
   Myelose f.
**myélose érythrémique aigue f.**   leukämische Myelose f.

myélose funiculaire f. funikuläre Myelose f., funikuläre Spinalerkrankung f.
myélotomie f. Myelotomie f.
myiase f. Myiasis f.
myiase cutanée f. Hautmadenfraß m.
mylohyoïdien mylohyoidal
myoadénylate m. Myoadenylat n.
myoarchitectonique myoarchitektonisch
myoatrophie f. Muskelschwund m.
myoblaste m. Myoblast m.
myoblastome m. Myoblastom n.
myocarde m. Herzmuskel m., Myokard n.
myocardique myokardial
myocardite f. Myokarditis f.
myocarditique myokarditisch
myocardopathie f. Myokardose f.
myoclonie f. Myoklonie f.
myoclonique myoklonisch
myoculateur m. Myokulator m.
myocyte m. Myozyt m.
myodégénérescence f. Myodegeneration f.
myodésopsie f. Mückensehen n.
myodystrophie f. Muskeldystrophie f.
myoélectrique muskelelektrisch
myoendocardiaque myoendokardial
myofibrille f. Myofibrille f.
myofibrome m. Myofibrom n.
myofibrose f. Myofibrose f.
myogélose f. Myogelose f.
myogène myogen
myoglobine f. Myoglobin n.
myoglobine oxydée f. Metmyoglobin n.
myoglobinémie f. Myoglobinämie f.
myoglobinurie f. Myoglobinurie f.
myoglobuline f. Myoglobulin n.
myographe m. Myograph m.
myographie f. Myographie f.
myographique myographisch
myohémoglobine f. Myohämoglobin n.
myoïde myoid
myokinase f. Myokinase f.
myokymie f. Muskelwogen n., Myokymie f.
myolipome m. Myolipom n.
myologie f. Myologie f.
myolyse f. Myolyse f.

myomalacie f. Myomalazie f.
myomateux myomatös
myome m. Myom n.
myomectomie f. Myomektomie f.
myomètre m. Myometrium n.
myométrite f. Myometritis f.
myone f. Myon n.
myonécrose f. Myonekrose f.
myonème m. Myonem n.
myoneural myoneural
myoneurome m. Myoneurom n.
myopathie f. Myopahtie f.
myopathie congénitale à axe central f. Zentralfibrillenmyopathie f.
myopathie congénitale à bâtonnets f. Stäbchenmyopathie f.
myopathique myopathisch
myope kurzsichtig, myop, myopisch
myophosphorylase f. Myophosphorylase f.
myopie f. Kurzsichtigkeit f., Myopie
myopie axiale f. Achsenmyopie f.
myopie crépusculaire f. Nachtmyopie f.
myoplasma m. Myoplasma n.
myoplastie f. Muskelplastik f.
myorelaxant m. Muskelrelaxans n.
myosalpingite f. Myosalpingitis f.
myosarcome m. Myosarkom n.
myosine f. Myosin n.
myosis m. Miosis f.
myosite f. Myositis f.
myosite ossifiante f. Myositis ossificans f.
myostéome traumatique m. Exerzierknochen m.
myoténotomie f. Myotenotomie f.
myothermique myothermal
myotique miotisch
myotique m. Miotikum n.
myotome m. Myotom n.
myotomie f. Myektomie f., Myotomie f.
myotonie f. Myotonie f.
myotonie congénitale de Thomsen f. Myotonia congenita (Thomsen) f.
myotonique myotonisch
myotonomètre m. Myotonometer n.
myotrope myotrop
myovasculaire myovaskulär
myringite f. Myringitis f.
myringoplastie f. Myringoplastik f.

myringostomie f.  Myringostomie f.
myringotome f.  Myringotom n.
myringotomie f.  Myringotomie f.
myristate m.  Myristat n.
myristicine f.  Myristicin n.
myristine f.  Myristin n.
myrophine f.  Myrophin n.
myrrhe f.  Myrrhe f.
myrtécaïne f.  Myrtecain n.
mysophobie f.  Mysophobie f.
mythomanie f.  Mythomanie f.
mytilotoxine f.  Mytilotoxin n.
myxoblastome m.  Myxoblastom n.
myxochondrofibrosarcome m.  Myxochondrofibrosarkom n.
myxochondrome m.  Myxochondrom
   n.
myxochondrosarcome m.  Myxochondrosarkom n.

myxocyte m.  Myxozyt m.
myxoedémateux  myxödematös
myxoedème m.  Myxödem n.
myxofibrome m.  Myxofibrom n.
myxofibrosarcome m.  Myxofibrosarkom n.
myxolipome m.  Myxolipom n.
myxomateux  myxomatös
myxomatose f.  Myxomatose f.
myxome m.  Myxom n.
myxomyome m.  Myxomyom n.
myxonévrome m.  Myxoneurom n.
myxonévrose f.  Myxoneurose f.
myxosarcome m.  Myxosarkom n.
myxovirus m.  Myxovirus n.
Myxovirus influenzae m.  Grippevirus
   n.

M

# N

nabumétone m.  Nabumeton n.
NAD (nicotinamide-adénine-dinucléotide) n.  NAD (Nikotinamid-Adenin-Dinukleotid) n.
nadide m.  Nadid n.
nadolol m.  Nadolol n.
nadoxolol m.  Nadoxolol n.
naépaïne f.  Naepain n.
naevoïde  naevoid
naevolipome m.  Naevolipom n.
naevoxanthoépithéliome m.  Naevoxanthoepitheliom n.
naevus m.  Muttermal n., Naevus m.
nafivérine f.  Nafiverin n.
nafomine f.  Nafomin n.
nafoxidine f.  Nafoxidin n.
nafronyl m.  Nafronyl n.
naftifine f.  Naftifin n.
naftypramide m.  Naftypramid n.
nager  schwimmen
nain  zwergwüchsig
nain m.  Zwerg m.
naissance f.  Geburt f.
naissance après terme f.  Spätgeburt f.
naissance d'un enfant viable f.  Lebendgeburt f.
naissance prématurée f.  Frühgeburt f.
naissance spontanée f.  Spontangeburt f.
naissance, obligation de déclarer la f.  Geburtsanzeigepflicht f.
nalbuphine f.  Nalbuphin n.
naled m.  Naled n.
nalidixine f.  Nalidixin n.
nalmexone m.  Nalmexon n.
nalorphine f.  Nalorphin n.
naloxane m.  Naloxan n.
naloxone f.  Naloxon n.
naltrexone f.  Naltrexon n.
nandrolone f.  Nandrolon n.
nanisme m.  Nanosomie f., Zwergwuchs m.
nanogramme m.  Nanogramm n.
nanomélie f.  Nanomelie f.
nanoparticule f.  Nanopartikel f.
naphazoline f.  Naphazolin n.
naphtaline f.  Naftalin n., Naphtalin n.

naphtazone f.  Naftazon n.
naphtidine f.  Naphtidin n.
naphtoate m.  Naphtoat n.
naphtolate m.  Naphtholat n.
naphtolphtaléine f.  Naphtholphtalein n.
naphtonone f.  Naphthonon n.
naphtoquinone f.  Naphthochinon n.
naphtyle m.  Naphthyl n.
naprodoxime m.  Naprodoxim n.
naproxol m.  Naproxol n.
napsilate m.  Napsilat n.
napsylate m.  Napsylat n.
narcissisme m.  Narzißmus m.
narcistique  narzißtisch
narcoanalyse f.  Narkoanalyse f.
narcolepsie f.  Narkolepsie f.
narcoleptique  narkoleptisch
narcose f.  Narkose f.
narcose d'azote f.  Tiefenrausch m.
narcose de base f.  Basisnarkose f.
narcose par intubation f.  Intubationsnarkose f.
narcotique  narkotisch
narcotique m.  Narkotikum n.
narcotique à effet de courte durée m.  Kurznarkotikum n.
narcotiser  narkotisieren
narcotiseur m.  Narkotiseur m.
narcylène m.  Narcylen n.
narine f.  Nasenloch n.
nasal  nasal
nasillement m.  Näseln n.
nasion m.  Nasion n.
nasociliaire  nasoziliar
nasofrontal  nasofrontal
nasolabial  nasolabial
nasolacrymal  nasolakrimal
nasooculaire  nasookular
nasooral  nasooral
nasopalatin  nasopalatinal
nasopalpébral  nasopalpebral
nasopharyngien  nasopharyngeal
nasotrachéal  nasotracheal
natalité f.  Geburtenhäufigkeit f.
natalité trop élevée f.  Geburtenüberschuß m.

**natif** nativ
**natriurèse f.** Natriurese f.
**natriurique** natriuretisch
**naturel** natürlich
**nausée f.** Brechreiz m., Ekel m., Nausea f., Übelkeit f.
**naviculaire** navikular
**nébidrazine f.** Nebidrazin n.
**nébulisateur m.** Vernebler m.
**nébulisation f.** Vernebelung f.
**Necator americanus m.** Necator americanus m.
**nécessaire m.** Bedarf m.
**nécessaire de microscopie m.** Mikroskopiebesteck n.
**nécessaire de vaccination m.** Impfbesteck n.
**nécessaire pour intubation m.** Intubationsbesteck n.
**nécessité urgente f.** Not f.
**nécrobiose f.** Nekrobiose f.
**nécrobiotique** nekrobiotisch
**nécrolyse f.** Nekrolyse f.
**nécrolytique** nekrolytisch
**nécrophile** nekrophil
**nécrophilie f.** Nekrophilie f.
**nécropsie f.** Nekropsie f.
**nécrorésection f.** Mortalamputation f.
**nécrosé** abgestorben
**nécrose f.** Nekrose f.
**nécrose de la fourchette f.** Strahlfäule f. (vet.)
**nécrose papillaire f.** Papillennekrose f.
**nécrose parcellaire f.** Mottenfraßnekrose f.
**nécroser** nekrotisieren
**nécroser, se** absterben
**nécrospermie f.** Nekrospermie f.
**nécrotique** nekrotisch
**nécrotomie f.** Nekrotomie f.
**nédocromil m.** Nedocromil n.
**néencéphale m.** Neenzephalon n.
**NEFA (acides gras non estérifiés) m. pl.** FFS (freie Fettsäuren) f. pl.
**négatif** negativ
**négation f.** Negation f., Verneinung f.
**négativisme m.** Negativismus m.
**Negri, corps de m. pl.** Negrisches Körperchen n.
**neige carbonique f.** Kohlensäureschnee m.

**Neisseria gonorrhoeae f.** Gonokokkus m.
**Nelson, test de m.** Nelson-Test m.
**némaline f.** Nemalin n.
**némathelminthe m.** Nemathelminth m.
**nématode m.** Nematode m.
**néoantigène m.** Neoantigen n.
**néocortical** neokortikal
**néodymium m.** Neodym n.
**néoformation f.** Neubildung f.
**néogenèse f.** Neogenese f.
**néohexaose m.** Neohexaose f.
**néologisme m.** Neologismus m.
**néon m.** Neon n.
**néonatal** neonatal
**néonatologie f.** Neonatologie f.
**néonatologique** neonatologisch
**néophobie f.** Neophobie f.
**néoplasie f.** Neoplasie f.
**néoplasme m.** Neoplasma n.
**néoplastique** neoplastisch n.
**néoptérine f.** Neopterin n.
**néostigmine f.** Neostigmin n.
**néostomie f.** Neostomie f.
**néostriatal** neostriatal
**néostriatum m.** Neostriatum n.
**néoténie f.** Neotenie f.
**néotétraose m.** Neotetraose f.
**néothalamus m.** Neothalamus m.
**néphalomètre m.** Nephalometer n.
**néphalométrie f.** Nephalometrie f.
**néphalométrique** nephalometrisch
**néphélopsie f.** Nephelopsie f.
**néphrectomie f.** Nephrektomie f., Nierenentfernung f.
**nephrectomiser** nephrektomieren
**néphrite f.** Nephritis f.
**néphrite des champs f.** Feldnephritis f.
**néphrite en foyer f.** Herdnephritis f.
**néphritique** nephritisch
**néphroblastome m.** Nephroblastom n.
**néphrocalcinose f.** Nephrokalzinose f.
**néphrogène** nephrogen
**néphrogramme isotopique m.** Isotopennephrogramm n.
**néphrographie f.** Nephrographie f.
**néphrologie f.** Nephrologie f.
**néphrologique** nephrologisch
**néphrologue f.** Nephrologin f.
**néphrologue m.** Nephrologe m.

**néphron m.** Nephron n.
**néphronophthise f.** Nephronophthise f.
**néphropathie f.** Nephropathie f.
**néphropathie de choc f.** Schockniere f.
**néphropexie f.** Nephropexie f.
**néphroprotecteur** nephroprotektiv
**néphroptose f.** Nephroptose f.
**néphrosclérose f.** Nephrosklerose f., Schrumpfniere f.
**néphrosclérotique** nephrosklerotisch
**néphrose f.** Nephrose f.
**néphrose amyloïde f.** Amyloidnephrose f.
**néphrose lipoïdique f.** Lipoidnephrose f.
**néphrosonéphrite f.** Nephritis mit nephrotischem Einschlag f.
**néphrostomie f.** Nephrostomie f.
**néphrotique** nephrotisch
**néphrotomie f.** Nephrotomie f.
**néphrotoxicité f.** Nephrotoxizität f.
**néphrotoxique** nephrotoxisch
**néphrotrope** nephrotrop, renotrop
**néphrourétérectomie f.** Nephroureterektomie f.
**neptunium m.** Neptunium n.
**nerf m.** Nerv m., Nervus m.
**nerf auditif m.** Nervus acusticus m.
**nerf cardiaque sympathique accélérateur m.** Nervus accelerans m.
**nerf cochléen m.** Nervus cochlearis m.
**nerf cranien m.** Hirnnerv m.
**nerf crural m.** Nervus femoralis m.
**nerf cubital m.** Nervus ulnaris m.
**nerf dentaire m.** Zahnnerv m.
**nerf facial m.** Fazialis-Nerv m., Nervus facialis m.
**nerf génitocrural m.** Nervus genitofemoralis m.
**nerf glossopharyngien m.** Nervus glossopharyngeus m.
**nerf grand hypoglosse m.** Nervus hypoglossus m.
**nerf grand sciatique m.** Nervus ischiadicus m.
**nerf grand sympathique m.** Nervus sympathicus m., Sympathikus m.
**nerf iliohypogastrique m.** Nervus iliohypogastricus m.
**nerf intercostal m.** Nervus intercostalis m.

**nerf intermédiaire de Wrisberg m.** Nervus intermedius m.
**nerf médian m.** Nervus medianus m.
**nerf moteur oculaire commun m.** Nervus oculomotorius m.
**nerf moteur oculaire externe m.** Nervus abducens m.
**nerf obturateur m.** Nervus obturatorius m.
**nerf olfactif m.** Nervus olfactorius m.
**nerf optique m.** Nervus opticus m.
**nerf pathétique m.** Nervus trochlearis m.
**nerf péronier m.** Nervus peronaeus m.
**nerf petit abdominoscrotal m.** Nervus ilioinguinalis m.
**nerf phrénique m.** Nervus phrenicus m.
**nerf pneumogastrique m.** Nervus vagus m.
**nerf radial m.** Nervus radialis m.
**nerf récurrent du pneumogastrique m.** Nervus recurrens m.
**nerf sciatique poplité externe m.** Peronäusnerv m.
**nerf sciatique poplité interne avec le nerf tibial postérieur m.** Nervus tibialis m.
**nerf sousorbitaire m.** Nervus infraorbitalis m.
**nerf splanchnique m.** Nervus splanchnicus m.
**nerf trijumeau m.** Nervus trigeminus m.
**nerf vestibulocochléaire m.** Nervus vestibulocochlearis m.
**nérium m.** Nerium n.
**nerveux** nerval, nervös
**nervone f.** Nervon n.
**nervosité f.** Nervosität f.
**nésidioblastome m.** Nesidioblastom n.
**nétilmicine f.** Netilmycin n.
**nettoyage m.** Reinigung f.
**nettoyage de la plaie m.** Wundreinigung f.
**nettoyant m.** Reiniger m.
**nettoyeur m.** Putzer m.
**neural** neural
**neuralgie f.** Nervenschmerz m.
**neuralgie du muscle multifide f.** Multifidus-Dreieck-Syndrom n.

neuraminidase f.   Neuraminidase f.
neurapraxie f.   Neurapraxie f.
neurasthénie f.   Nervenschwäche f.,
   Neurasthenie f.
neurasthénique   neurasthenisch
neurasthénique f.   Neurasthenikerin f.
neurasthénique m.   Neurastheniker m.
neurilemme m.   Neurolemm n.
neurine f.   Neurin n.
neurinome m.   Neurinom n.
neurinome acoustique m.   Akustikusneurinom n.
neurite m.   Neurit m.
neuroblaste m.   Neuroblast m.
neuroblastome m.   Neuroblastom n.
neurochirurgical   neurochirurgisch
neurochirurgie f.   Neurochirurgie f.
neurochirurgien m.   Neurochirurg m.
neurocirculatoire   neurozirkulatorisch
neurocrinomoteur   neurosekretomotorisch
neurocutané   neurokutan
neurodermatite f.   Neurodermitis f.
neurodermatose f.   Neurodermatose f.
neurodystrophie f.   Neurodystrophie
   f.
neurodystrophique   neurodystrophisch
neuroectodermique   neuroektodermal
neuroendocrinien   neuroendokrin
neuroendocrinium m.   Neuroendokrinium n.
neuroendocrinologie f.   Neuroendokrinologie f.
neuroentérochordal   neuroenterochordal
neuroépithélial   neuroepithelial
neuroépithéliome m.   Neuroepitheliom n.
neuroépithélium m.   Neuroepithel n.,
   Sinnesepithel n.
neuroépithélium olfactif m.   Riechepithel n.
neurofibrillaire   neurofibrillär
neurofibrille f.   Neurofibrille f.
neurofibromatose f.   Neurofibromatose f.
neurofibrome m.   Neurofibrom n.
neurofibrosarcome m.   Neurofibrosarkom n.
neurofilament m.   Neurofilament n.
neurogéne   neurogen

neurogliocytome m.   Neurogliozytom
   n.
neurogliomatose f.   Neurogliomatose
   f.
neurogliome m.   Neurogliom n.
neurographie f.   Neurographie f.
neurohormonal   neurohormonal
neurohumoral   neurohumoral
neurohypophysaire   neurohypophysär
neurohypophyse f.   Hypophysenhinterlappen m., Neurohypophyse f.
neuroimmunologie f.   Neuroimmunologie f.
neuroimmunologique   neuroimmunologisch
neuroinsulaire   neuroinsulär
neurokératine f.   Neurokeratin n.
neurokinine f.   Neurokinin n.
neurolabyrinthite f.   Neurolabyrinthitis f.
neuroleptanalgésie f.   Neuroleptanalgesie f., Neuroleptanästhesie f., NLA
   f.
neuroleptique   neuroleptisch
neuroleptique m.   Neuroleptikum n.
neurolipidose f.   Zeramidose f.
neurologie f.   Neurologie f.
neurologique   neurologisch
neurologue f.   Neurologin f.
neurologue m.   Fachgebietsarzt für
   Neurologie m., Neurologe m.
neurolyse f.   Neurolyse f.
neuromicrochirurgical   neuromikrochirurgisch
neuromicrochirurgie f.   Neuromikrochirurgie f.
neuromusculaire   neuromuskulär
neuromyélite f.   Neuromyelitis f.
neuromyosite f.   Neuromyositis f.
neuronal   neuronal
neurone m.   Neuron n., Neurozyt m.
neurone moteur m.   Motoneuron n.,
   motorisches Neuron n.
neurone sensitif m.   sensorisches Neuron n.
neuronophagie f.   Neuronophagie f.
neuroophtalmologie f.   Neuroophtalmologie f.
neurootologie f.   Neuroootologie f.
neuropapilite f.   Neuropapillitis f.
neuroparalysie f.   Neuroparalyse f.
neuroparalytique   neuroparalytisch

**N**

neuropathie f. Neuropathie f.
neuropathique nervenkrank, neuropathisch
neuropathologie f. Neuropathologie f.
neuropathologique neuropathologisch
neuropeptide m. Neuropeptid n.
neuropharmacologie f. Neuropharmakologie f.
neurophrénie f. Neurophrenie f.
neurophysine f. Neurophysin n.
neurophysiologie f. Neurophysiologie f.
neurophysiologique neurophysiologisch
neuropile m. Neuropilem n.
neuroplasme m. Neuroplasma n.
neuroplastie f. Nervenplastik f.
neuroplégique neuroplegisch
neuroplégique m. Neuroplegikum n.
neuropore m. Neuroporus m.
neuropsychiatrie f. Neuropsychiatrie f.
neuropsychopharmacologie f. Neuropsychopharmakologie f.
neuroradiologie f. Neuroradiologie f.
neuroradiologique neuroradiologisch
neurorécepteur m. Neurorezeptor m.
neurorétinite f. Neuroretinitis f.
neurorraphie f. Nervennaht f.
neurosécrétion f. Neurosekretion f.
neurosécrétoire neurosekretorisch
neurosome m. Neurosom n.
neurospore m. Neurospora f.
neurostimulation f. Neurostimulation f.
neurosyphilis f. Neurolues f., Neurosyphilis f.
neurosyphilitique neurosyphilitisch
neurotensine f. Neurotensin n.
neurotmésis f. Neurotmesis f.
neurotomie f. Neurotomie f.
neurotoxine f. Nervengift n., Neurotoxin n.
neurotoxique neurotoxisch
neurotransducteur m. Neurotransducer m.
neurotransmetteur m. Neurotransmitter m.
neurotransmission f. Neurotransmission f.

neurotrope neurotrop
neurotrophie f. Neurotrophie f.
neurotrophique neurotroph
neurotropisme m. Neurotropie f.
neurotubule m. Neurotubulus m.
neurovaccine f. Neurovakzine f.
neurovasculaire neurovaskulär
neurovégétatif neurovegetativ
neuroviscéral neuroviszeral
neurula f. Neurula f.
neutralisation f. Neutralisierung f.
neutraliser neutralisieren
neutramycine f. Neutramycin n.
neutre neutral
neutrino m. Neutrino n.
neutrocyte m. Neutrozyt m.
neutrocytose f. Neutrozytose f.
neutron m. Neutron n.
neutropénie f. Neutropenie f.
neutropénique neutropenisch
neutrophile neutrophil
neutrophile m. neutrophiler Leukozyt m.
neutrophilie f. Neutrophilie f.
névralgie f. Neuralgie f.
névralgie faciale f. Opalgie f., Trigeminusneuralgie f.
névralgie intercostale f. Interkostalneuralgie f.
névralgique neuralgiform, neuralgisch
névrectomie f. Neurektomie f.
névrite f. Neuritis f.
névrite alcoolique f. alkoholische Neuritis f.
névrite diphtérique f. diphtherische Neuritis f.
névrite optique f. Neuritis nervi optici f.
névrite rétrobulbaire f. retrobulbäre Neuritis f.
névritique neuritisch
névroglie f. Glia f., Neuroglia f.
névrome m. Neurom n.
névropathe nervenleidend
névropathe f. Neuropathin f.
névropathe m. Neuropath m.
névropathie f. Nervenleiden n.
névropathique neurotisch
névrosé m. Neurotiker m.
névrose f. Neurose f.
névrose à crampes douloureuses f. Krampusneurose f.

névrose cardiaque f.   Cor nervosum n., Herzneurose f.

névrose collective f.   Kollektivneurose f.

névrose d'angoisse f.   Angstneurose f.

névrose d'appauvrissement f.   Verarmungswahn m.

névrose d'appréhension f.   Erwartungsneurose f.

névrose d'indemnisation f.   Entschädigungsneurose f.

névrose d'infestation f.   Dermatozoenwahn m.

névrose d'obsession f.   Zwangsneurose f.

névrose de carrière f.   Aufstiegsneurose f.

névrose de revendication f.   Begehrungsneurose f., Rentenneurose f.

névrose exogène f.   Fremdneurose f.

névrose gastrique f.   Magenneurose f.

névrose hiérarchique f.   Angsthierarchie f.

névrose professionnelle f.   Beschäftigungsneurose f.

névrose sexuelle f.   Sexualneurose f.

névrose vasculaire f.   Angioneurose f., Vasoneurose f.

névrose viscérale f.   Organneurose f.

névrosée f.   Neurotikerin f.

newton (N) m.   Newton n.

nexine f.   Nexin n.

nez m.   Nase f.

nez bouché m.   Stockschnupfen m.

nez concave m.   Sattelnase f.

nialamide m.   Nialamid n.

niaprazine f.   Niaprazin n.

nicamétate m.   Nicametat n.

nicardipine f.   Nicardipin n.

nicergoline f.   Nicergolin n.

nicévérine f.   Niceverin n.

niche f.   Nische f.

niche de Haudek f.   Haudeksche Nische f.

nickel m.   Nickel n.

nickelé   vernickelt

niclosamine f.   Niclosamin n.

nicoclonate m.   Nicoclonat n.

nicocortonide m.   Nicocortonid n.

nicofuranose m.   Nicofuranose n.

nicofurate m.   Nicofurat n.

nicomorphine f.   Nicomorphin n.

niconazole m.   Niconazol n., Nikonazol n.

nicothiazone f.   Nicothiazon n.

nicotinamide m.   Nikotinamid n., Nikotinsäureamid n.

nicotinate m.   Nikotinat n., Nikotinsäuresalz n.

nicotine f.   Nikotin n.

nicotinoyle m.   Nikotinoyl n.

nictindole m.   Nictindol n.

nictitation f.   Niktitation f.

nid de Betz m.   Zellnest n.

nidation f.   Nidation f.

nidroxyzone f.   Nidroxyzon n.

Niemann-Pick, maladie de f.   Niemann-Picksche Krankheit f.

nifédipine f.   Nifedipin n.

nifénazone f.   Nifenazon n.

nigrostriaire   striatonigral

nigrostrié   nigrostriär

nihilisme m.   Nihilismus m.

nikéthamide m.   Nikethamid n.

niludipine f.   Niludipin n.

nimésulide m.   Nimesulid n.

nimidane m.   Nimidan n.

nimodipine f.   Nimodipin n.

nimorazole m.   Nimorazol n.

nimustine f.   Nimustin n.

niobium m.   Niob n.

niprofazone f.   Niprofazon n.

niridazole m.   Niridazol n.

nisobamate m.   Nisobamat n.

nisoldipine f.   Nisoldipin n.

nisoxétine f.   Nisoxetin n.

nitacrine f.   Nitacrin n.

nitarsone f.   Nitarson n.

nitavirus m.   Nitavirus n.

nitazoxanide m.   Nitazoxanid n.

nitramine f.   Nitramin n.

nitramisol m.   Nitramisol n.

nitrate m.   Nitrat n.

nitrate d'argent m.   Höllenstein m., Silbernitrat n.

nitrate de méthyle m.   Methylnitrat n.

nitrate de potassium m.   Kaliumnitrat n.

nitrate de sodium m.   Natriumnitrat n.

nitrazépate m.   Nitrazepat n.

nitrémie f.   Niträmie f.

nitrendipine f.   Nitrendipin n.

nitreux   nitros, stickstoffhaltig (dreiwertig)

**nitride m.** Nitrid n.
**nitrification f.** Nitrifikation f.
**nitrifier** nitrifizieren
**nitrile m.** Nitril n.
**nitrique** stickstoffhaltig (fünfwertig)
**nitrite m.** Nitrit n.
**nitrite d'amyle m.** Amylnitrit n.
**nitrite de sodium m.** Natriumnitrit n.
**nitroalkyle m.** Nitroalkyl n.
**nitroaniline f.** Nitroanilin n.
**nitroaryle m.** Nitroaryl n.
**nitrobenzène m.** Nitrobenzol n.
**nitrobenzylthio-inosine f.** Nitrobenzylthioinosin n.
**nitrobleu m.** Nitroblau n.
**nitrocholine f.** Nitrocholin n.
**nitrofurane m.** Nitrofuran n.
**nitrofurantoïne f.** Nitrofurantoin n.
**nitrofurazone m.** Nitrofurazon n.
**nitroglycérine f.** Nitroglyzerin n.
**nitroimidazole m.** Nitroimidazol n.
**nitrophénol m.** Nitrophenol n.
**nitroprusside m.** Nitroprussid n.
**nitroréductase f.** Nitroreduktase f.
**nitrosamine f.** Nitrosamin n.
**nitrosourée f.** Nitrosoharnstoff m.
**nitrostigmine f.** Nitrostigmin n.
**niveau m.** Niveau n., Spiegel (z. B. einer Flüssigkeit) m.
**niveau liquidien m.** Flüssigkeitsspiegel
m.
**niveaux liquides intestinaux m. pl.**
Dünndarmspiegelbildung f.
**niveler** abflachen
**nivellement de la racine m.** Wurzelglättung f.
**nizatidine f.** Nizatidin n.
**nizofénone f.** Nizofenon n.
**nobélium m.** Nobelium n.
**Nocardia f.** Nocardia f.
**nocardiose f.** Nocardiose f.
**nociceptif** nozizeptiv
**nocodazole m.** Nocodazol n.
**noctambulisme m.** Noktambulismus
m.
**nocturne** nächtlich
**nodal** nodal
**nodoc m.** Nodoc n.
**nodosité f.** Knoten m.
**nodosité de Heberden f.** Heberdenscher Knoten m.
**nodoventriculaire** nodoventrikulär

**nodulaire** knotig, nodulär
**nodule m.** Knötchen n.
**nodule d'Aschoff m.** Aschoffsches
Knötchen n.
**nodule des trayeurs m.** Melkerknoten
m.
**nodule froid m.** kalter Knoten m.
**nodule rhumatismal m.** Rheumaknötchen n.
**nodule toxique m.** warmer Knoten m.
**noétien** noëtisch
**noeud m.** Knopf m., Knoten m.
**noeud chirurgical m.** chirurgischer
Knoten m.
**noeud d'ajust m.** Weiberknoten m.
**noeud d'Aschoff-Tawara m.** Aschoff-
Tawara-Knoten m.
**noeud de Keith et Flack m.** Keith-
Flackscher Knoten m.
**noeud plat m.** Schifferknoten m.
**noeud sinusal m.** Sinusknoten m.
**nofécaïnide m.** Nofecainid n.
**Noguchia f.** Noguchia f.
**noix de bétel f.** Betelnuß f.
**noix de coco f.** Kokosnuß f.
**noix muscade f.** Muskatnuß f.
**noix vomique f.** Nux vomica E
**nom commercial m.** Handelsname m.
**nom de spécialité m.** Handelsname m.
**noma m.** Noma n., Wasserkrebs m.
**nombre atomique m.** Ordnungszahl,
Kernladungszahl f. (chem.)
**nombre d'oxydation m.** Oxidationszahl f.
**nombre de germes m.** Keimzahl f.
**nombre de lits m.** Bettenkapazität f.
**nombre de patients vus m.** Patientendurchgang m.
**nombre de tours par minute m.** UpM
(Umdrehungen pro Minute) f. pl.
**nombre total m.** Gesamtzahl f.
**nombril m.** Nabel m.
**nomenclature f.** Nomenklatur f.
**nomogramme m.** Nomogramm n.
**nomothétique** nomothetisch
**nomotrope** nomotrop
**non angineux** nichtanginös
**non conducteur m.** Nichtleiter m.
**non dilué** unverdünnt
**non estérifié** unverestert
**non fumeur m.** Nichtraucher m.
**non fumeuse f.** Nichtraucherin f.

non guéri  ungeheilt
non identique  nichtidentisch
non invasif  nichtinvasiv
non irritant  reizlos
non linéaire  nichtlinear
non miscible  unmischbar
non palpable  nicht tastbar
non pathogène  apathogen
non physiologique  unphysiologisch
non pigmenté  unpigmentiert
non purulent  nichteitrig
non reconnu  unerkannt
non réversible  nicht reversibel
non sanglant  unblutig
non sédatif  nichtsedierend
non spécifique  nichtspezifisch
non stéroïdien  nichtsteroidal
non supprimable  nicht unterdrückbar
non suspect  unverdächtig
non tempéré  ungemildert
non tropical  nichttropisch
non vacciné  ungeimpft
non vénérien  nichtvenerisch
non viable  nicht lebensfähig
nonapeptide m.  Nonapeptid n.
nonapérone f.  Nonaperon n.
nonapyrimine f.  Nonapyrimin n.
nonivamide m.  Nonivamid n.
nonoxynol m.  Nonoxinol n.
noopsyché f.  Noopsyche f.
noopsychisme m.  Noopsyche f.
nootrope  nootrop
noraciméthadol m.  Noracimethadol n.
noradrénaline f.  Noradrenalin n.
noramidopyrine f.  Noramidopyrin n.
norandrosténolone f.  Norandrostenolon n.
norbolétone f.  Norboleton n.
norbornène m.  Norbornen n.
norbudrine f.  Norbudrin n.
norcodéine f.  Norcodein n.
nordinone f.  Nordinon n.
noréphédrine f.  Norephedrin n.
norépinéphrine f.  Norépinephrin n.
noréthandrolone f.  Noräthandrolon n., Norethandrolon n.
noréthindrone f.  Norethindron n.
noréthistérone f.  Norethisteron n.
norgestimate m.  Norgestimat n.
norleucine f.  Norleucin n.
normal  normal

normalisation f.  Normalisierung f.
normaliser  normalisieren
normalité f.  Normalität f.
normergique  normergisch
norméthadone f.  Normethadon n.
normoblaste m.  Normoblast m.
normocclusion f.  Normalbiß m.
normochromasie f.  Normochromasie f.
normochrome  normochrom
normochromie f.  Normochromie f.
normocyte m.  Normozyt m.
normoglycémique  normoglykämisch
normorphine f.  Normorphin n.
normospermie f.  Normospermie f.
normotensif  normoton
normothermie f.  Normothermie f.
normothermique  normothermisch
normovolémie f.  Normovolämie f.
normoxique  normoxisch
norpipanone f.  Norpipanon n.
norprogestérone f.  Norprogesteron n.
norpseudoéphédrine f.  Norpseudoephedrin n.
nortestostérone f.  Nortestosteron n.
nortriptyline f.  Nortriptylin n.
noscapine f.  Narcotin n., Noscapin n.
nosémose f.  Nosematose f.
nosiheptide m.  Nosiheptid n.
nosocomial  nosokomial
nosologie f.  Nosologie f.
nosologique  nosologisch
notalgie f.  Rückenschmerz m.
notatine f.  Notatin n.
noter  aufzeichnen
notes f. pl.  Aufzeichnung f.
notochorde f.  Urwirbelsäule f.
noueux  knotig
nourrice f.  Amme f.
nourrir  ernähren, nähren
nourrissant  nährend, nahrhaft
nourrisson m.  Brustkind n., Säugling n.
noutriture f.  Futter n. (vet.), Nahrung f., Verpflegung f.
nouveau-né m.  Neugeborenes n.
novarsénobenzol m.  Neoarsphenamin n.
noxiptiline f.  Noxiptilin n.
noyade f.  Ertrinken n.
noyau m.  Kern m.
noyau (cellulaire) m.  Zellkern m.

N

noyau caudé m.  Nucleus caudatus m.
noyau d'Edinger-Westphal m.  Edingerscher Kern m.
noyau de Deiters m.  Deitersscher
Kern m.
noyau en fusion m.  Verschmelzungskern m.
noyé m.  Wasserleiche f.
noyer  ertränken
noyer, se  ertrinken
NSILA (non suppressible insulinlike
activity) f.  NSILA (nicht unterdrückbare insulinartige Aktivität) f.
nu  nackt
nucal  nuchal
nucléaire  nukleär
nucléase f.  Nuklease f.
nucléé  kernhaltig
nucléinate m.  Nukleinat n.
nucléine f.  Nuklein n.
nucléoalbumine f.  Nukleoalbumin n.
nucléocapside f.  Nukleokapsid n.
nucléohistone f.  Nukleohiston n.
nucléoïde  nukleoid
nucléoïde m.  Nukleoid n.
nucléolaire  nukleolär
nucléole m.  Nukleolus m.
nucléolonème m.  Nukleolonema n.
nucléolyse f.  Nukleolyse f.
nucléomagnétique  kernmagnetisch
nucléon m.  Nucleon n., Nukleon n.
nucléophile  nukleophil
nucléoplasme m.  Karyoplasma n.,
Nukleoplasma n.
nucléoprotéine f.  Nukleoproteid n.,
Nukleoprotein n.
nucléosidase f.  Nukleosidase f.
nucléoside m.  Nukleosid n.
nucléosome m.  Nukleosom n.
nucléotidase f.  Nukleophosphatase f.,
Nukleotidase f.
nucléotide m.  Nukleotid n.
nucléotide transférase f.  Nukleotidyltransferase f.
nuclide m.  Nuklid n.
nuclotixène m.  Nuclotixen n.

nudité f.  Nacktheit f.
nuisible  schädlich
nullipare f.  Nullipara f.
nullisomie f.  Nullisomie f.
nummulaire  münzenartig, nummulär
nummuliforme  münzenförmig
nuque f.  Genick n., Nacken m.
nutritif  nutritiv
nutrition f.  Ernährung f.
nutritionnel  nutritionell
nyctalopie f.  Nyktalopie f., Tagblindheit f.
nyctomètre m.  Nyktometer n.
nyctométrie f.  Nyktometrie f.
nyctométrique  nyktometrisch
nycturie f.  Nykturie f.
nylidrine f.  Nylidrin n.
nympholabial  nympholabial
nymphomanie f.  Nymphomanie f.
nystagmogène  nystagmogen
nystagmogramme m.  Nystagmogramm n.
nystagmographe m.  Nystagmograph
m.
nystagmographie f.  Nystagmographie
f.
nystagmographique  nystagmographisch
nystagmus m.  Nystagmus m.
nystagmus aux changements de position de la tête m.  Lagenystagmus
m.
nystagmus de fixation m.  Einstellnystagmus m.
nystagmus des mineurs m.  Bergmannsnystagmus m.
nystagmus optocinétique m.  Fixationsnystagmus m.
nystagmus pendulaire m.  Pendelnystagmus m.
nystagmus rotatoire m.  rotatorischer
Nystagmus m.
nystagmus saccadé m.  Rucknystagmus m.
nystatine f.  Nystatin n.

# O

obélion m.   Obelion n.
obèse   fettleibig
obésité f.   Fettleibigkeit f., Fettsucht f.
obésité alimentaire f.   Mastfettsucht f.
obésité du tronc f.   Stammfettsucht f.
obex m.   Obex m.
obidoxime m.   Obidoxim n.
objectif   objektiv
objectif m.   Objektiv n.
objet m.   Objekt n.
objet à usages multiples m.   Mehrzweckobjekt m.
oblativité f.   Oblativität f.
obligation de contrôle f.   Kontrollzwang m.
obligation de déclarer f.   Meldepflicht f.
oblique   schief, schräg
obliquité du bassin de Nägele f.   Nägelesche Obliquität f.
obliquité pelvienne f.   Beckenobliquität f.
oblitération f.   Obliteration f., Verödung f.
oblitération coronarienne f.   Coronarverschluß m.
oblitérer   obliterieren
obnubilation f.   Benommenheit f., Bewußtseinstrübung f.
obscurcissement m.   Schwärzung (röntgenol.) f., Verdunkelung f.
observance f.   Kooperationsbereitschaft f.
observation   Beobachtung f.
observation accessoire f.   Nebenbefund m.
observation fortuite f.   Zufallsbefund m.
observations f. pl.   Befund m.
observations (radiographie) f. pl.   Röntgenbefund m.
observations à l'admission f. pl.   Aufnahmebefund m.
obsession f.   Besessenheit f., Zwang (psych.) m., Zwangsvorstellung f.
obsessionnel   anankastisch
obsolète   obsolet

obstétrical   geburtshilflich
obstétricien m.   Geburtshelfer m.
obstétricienne f.   Geburtshelferin f.
obstétrique f.   Geburtshilfe f.
obstructif   obstruktiv
obstruction f.   Obstruktion f., Verlegung f.
obstruer   verstopfen
obturateur m.   Obturator m., Verschluß (fotogr.) m.
obturation f.   Füllung f., Obturation f., Plombierung f.
obturation dentaire f.   Zahneinlage f., Zahnfüllung f.
obturation du canal radiculaire f.   Wurzelkanalfüllung f.
obturation temporaire f.   Einlage (Zahneinlage) f.
obtusion f.   Obtusion f.
occasionnel   gelegentlich
occasionnellement   gelegentlich
occipital   okzipital
occipitoantérieur   okzipitoanterior
occipitobregmatique   okzipitobregmatisch
occipitocervical   okzipitozervikal
occipitofrontal   okzipitofrontal
occipitopariétal   okzipitoparietal
occipitopostérieur   okzipitoposterior
occipitotemporal   okzipitotemporal
occiput m.   Hinterkopf m.
occlusal   okklusal
occluseur m.   Okkludator m.
occlusif   okklusif
occlusion f.   Abokklusion f., Aufbiß m. (Stomatologie), Biß m. (dent.), Okklusion f., Verschluß m.
occlusion attritionnelle f.   Deckbiß m. (dent.)
occlusion balancée f.   Okklusionsausgleich m.
occlusion bout à bout f.   Kopfbiß m. (dent.)
occlusion centrique f.   Kopfbiß m. (dent.)
occlusion coronaire f.   Koronarverschluß m.

occlusion du canal cystique f. Zystikusverschluß m.
occlusion en rétropulsion f. retrale
Okklusion f.
occlusion intermédiaire f. Zwischenbiß m.
occlusion latérale f. laterale Okklusion f., Seitenbiß m.
occlusion normale f. Neutralbiß m.
occlusion par lambeau f. Lappenverschluß m.
occlusion postnormale f. Rückbiß m.
occlusion profonde f. Tiefbiß m.
occlusion protrusive f. protrale Okklusion, f.
occlusion variable f. Gleitbiß m.
occlusion vasculaire f. Gefäßverschluß m.
occlusomètre m. Okklusometer n.
occlusométrie f. Okklusometrie f.
occlusométrique okklusometrisch
occupation f. Beschäftigung f., Besetzung
occupation des lits f. Bettenbelegung
f.
ochratoxine f. Ochratoxin f.
ochronose f. Ochronose f.
ocrase f. Ocrase f.
ocre m. Ocker m.
ocrilate m. Ocrilat n.
octabenzone f. Octabenzon n.
octamylamine f. Octamylamin n.
octane m. Octan n., Oktan n.
octanoate m. Octanoat n., Oktanoat
n.
octastine f. Octastin n.
octatropine f. Octatropin n.
octavalent oktavalent
octavérine f. Octaverin n.
octazamide m. Octazamid n.
octénidine f. Octenidin n.
octocriléne m. Octocrilen n.
octodrine f. Octodrin n.
octogonal achteckig
octopamine f. Octopamin n., Oktopamin n.
octotiamine f. Octotiamin n.
octovalent achtwertig
octriptyline f. Octriptylin n.
octrizole m. Octrizol n.
oculaire okulär
oculaire m. Okular n.

oculiste m. Augenärztin f., Augenarzt
m.
oculoauriculaire okuloaurikulär
oculocardiaque okulokardial
oculocérébral okulozerebral
oculocutané okulokutan
oculodental okulodental
oculodentodigital okulodentodigital
oculomandibulofacial okulomandibulofazial
oculomoteur okulomotorisch
oculootocutané okulootokutan
oculopharyngien okulopharyngeal
oculopupillaire okulopupillär
oculovasculaire okulovaskulär
oculovertébral okulovertebral
ocytocique m. Wehenmittel n.
Oddi, sphincter d' m. Sphincter Oddi
m.
oddite f. Odditis f.
odeur f. Duft m., Geruch m.
odeur attirante f. Duftlockstoff m.
odeur de cadavre f. Leichengeruch m.
odontalgie f. Odontalgie f., Zahnschmerz m.
odontoaméloblastome m. Odontoameloblastome n.
odontoblaste m. Odontoblast m.
odontoblastome m. Odontoblastom
n.
odontoclaste m. Odontoklast m.
odontogène dentogen, odontogen
odontogenèse f. Zahnbildung f.
odontographe m. Odontograph m.
odontoïde m. Odontoid n.
odontologie f. Zahnheilkunde f.
odontome m. Odontom n.
odontotomie f. Odontotomie f.,
Zahntrepanation f.
odorat m. Geruchsinn m.
oedémateux ödematös
oedème m. Ödem n.
oedème de Calabar m. Calabarbeule
f., Kalabarbeule f.
oedème de dénutrition m. Hungerödem n.
oedème de la luette m. Uvulaödem n.
oedème de Quincke m. Quincke-
Ödem n.
oedème papillaire m. Papillenödem n
oedème pulmonaire m. Lungenödem
n.

**oedème trophique m.** Trophödem n.
**oedipisme m.** Ödipismus m.
**oeil m.** Auge n.
**oeil chassieux m.** Triefauge n.
**oeil de perdrix m.** Clavus m., Hühnerauge n.
**oeil luisant m.** Glanzauge n.
**oeil qui coule m.** Lippitudo f.
**oeillère f.** Augenklappe f.
**oeillet m.** Öse f.
**oesophage m.** Ösophagus m., Speiseröhre f.
**oesophagectasie f.** Ösophagektasie f.
**oesophagien** ösophagal
**oesophagite f.** Ösophagitis f., Speiseröhrenentzündung f.
**oesophagite de reflux f.** Refluxösophagitis f.
**oesophagocolique** ösophagokolisch
**oesophagoduodénostomie f.** Ösophagoduodenostomie f.
**oesophagogastrique** ösophagogastrisch
**oesophagogastrostomie f.** Ösophagogastrostomie f.
**oesophagojéjunogastrostomie f.** Ösophagojejunogastrostomie f.
**oesophagoplastie f.** Ösophagusplastik
f., Speiseröhrenplastik f.,
**oesophagoscope m.** Ösophagoskop n.
**oesophagoscopie f.** Ösophagoskopie
f.
**oesophagoscopique** ösophagoskopisch
**oesophagostomie f.** Ösophagostomie
f.
**oestradiol m.** Östradiol n., Estradiol
**oestrane f.** Östran n., Estran n.
**oestriol m.** Estriol n., Östriol n.
**oestrogène** östrogen
**oestrogène m.** Östrogen n.
**oestrone f.** Estron n., Follikelhormon
n., Östron n.
**oestrus m.** Brunst f.
**oeuf m.** Ei n., Eizelle f.
**oeuf de Naboth m.** Nabothsches Ei n.
**oeuf de poule m.** Hühnerei n.
**officiel** offiziell
**officinal** offizinell
**oftascéine f.** Oftascein n.
**OG (oreillette gauche) f.** LA (linkes
Atrium) n.

**ohm m.** Ohm n.
**oïdiomycose f.** Oidiomykose f.
**oïdium m.** Oidium n.
**oignon m.** Speisezwiebel f.
**oindre** salben
**oléandrine f.** Oleandrin n.
**oléate m.** Oleat n.
**oléfine f.** Olefin n.
**oléine f.** Olein n.
**oléome m.** Oleom n.
**oléorésine f.** Oleoresin n.
**oléorésine d'aspidium f.** Extractum
Filicis n.
**oléothorax m.** Oleothorax m.
**olfactif** olfaktorisch
**olfactomètre m.** Olfaktometer n.
**oligémie f.** Oligämie f.
**oligémique** oligämisch
**oligoanalyse f.** Spurenanalyse f.
**oligoanurie f.** Oligoanurie f.
**oligoclonal** oligoklonal
**oligocytémie f.** Oligozythämie f.
**oligodactylie f.** Oligodaktylie f.
**oligodendroblastome m.** Oligodendroblastom n.
**oligodendrocyte m.** Oligodendrozyt
m.
**oligodendroglie f.** Oligodendroglia f.
**oligodipsie f.** Oligodipsie f.
**oligodontie f.** Oligodontie f.
**oligodynamique** oligodynamisch
**oligoélément m.** Spurenelement n.
**oligoépilepsie f.** Oligoepilepsie f.
**oligolécithique** oligolezithal
**oligoménorrhée f.** Oligomenorrhöe f.
**oligomère m.** Oligomer n.
**oligomérie** Oligomerie f.
**oligomérique** oligomer
**oligomorphe** oligomorph
**oligonucléotide m.** Oligonukleotid n.
**oligopeptide m.** Oligopeptid n.
**oligophrénie f.** Oligophrenie f.
**oligophrénie phénylpyruvique f.**
Brenztraubensäureschwachsinn m.,
Oligophrenia phenylpyruvica f.
**oligosaccharide m.** Oligosaccharid n.
**oligosaccharidose f.** Oligosaccharidose f.
**oligosialie f.** Oligosialie f.
**oligospermie f.** Oligospermie f.
**oligosymptomatique** oligosymptomatisch

oligotrichie f. Oligotrichie f.
oligotrophique oligotroph
oligozoospermie f. Oligozoospermie f.
oligurie f. Oligurie f.
oligurique oligurisch
olive (bulbaire) f. Olive f.
olivocérébelleux olivozerebellar
olivopontocérébelleux olivopontozerebellar
Olmer, maladie d' f. Olmersche Krankheit f.
olsalazine f. Olsalazin n.
omalgie f. Omalgie f.
omarthrite f. Omarthritis f.
omasite f. Omasitis f.
ombilical umbilikal
ombrageant schattengebend
ombre f. Schatten m.
ombre cardiaque f. Herzschatten m.
Ombrédanne masque d' m. Ombrédanne-Maske f.
omentopexie f. Netzanheftung f., Omentopexie f.
omentoplastie f. Netzplastik f.
omettre unterlassen
omnipotent omnipotent
omoclaviculaire omoklavikulär
omoconazole m. Omoconazol n.
omohyoïdien omohyoidal
omonastéine f. Omonastein n.
omoplate f. Schulterblatt n.
omphalectomie f. Omphalektomie f., Umbilektomie f.
omphalite f. Omphalitis f.
omphalocèle f. Nabelbruch m., Omphalocele f., Omphalozele f.
omphalopage m. Omphalopagus m.
omphalophlébite f. Omphalophlebitis f.
omphalotomie f. Abnabelung f., Omphalotomie f.
omphalotripsie f. Omphalotripsie f.
OMS (Organisation Mondiale de la Santé) f. Weltgesundheitsorganisation f.
onanie f. Ipsation f.
onanisme m. Onanie f.
onchocercome m. Onchozerkom n.
onchocercose f. Onchozerkiasis f.
oncocyte m. Onkozyt m.
oncofoetal onkofetal, onkofötal

oncogène onkogen
oncogenèse f. Geschwulstbildung f., Onkogenese f.
oncogénétique onkogenetisch
oncologie f. Onkologie f.
oncologique onkologisch
oncolyse f. Onkolyse f.
oncolytique onkolytisch
oncornavirus m. Oncornavirus n.
oncotique onkotisch
onde f. Welle f.
onde aigue f. steile Welle (EEG) f.
onde alpha f. Alpha-Welle f.
onde béta f. Beta-Welle f.
onde courte f. Kurzwelle f.
onde delta f. Delta-Welle f.
onde gamma f. Gamma-Welle f.
onde lambda f. Lambda-Welle f.
onde longue f. Langwelle f.
onde rapide f. Kammeranfangsschwankung f.
onde sonore f. Schallwelle f.
onde T f. Kammerendschwankung f.
onde thêta f. Theta-Welle f.
onde U f. U-Welle f.
onde ultracourte f. Ultrakurzwelle f.
onde ultrasonore f. Ultraschallwelle f.
onde zêta f. Zeta-Welle f.
ondes initiales du complexe ventriculaire f. pl. Kammeranfangsschwankung f.
Ondiri maladie d' f. Ondiriitis f.
ondulant undulierend
ondulation f. Undulation f.
onduler undulieren
ongle m. Nagel m.
ongle m. (vet.) Huf m.
ongle du doigt m. Fingernagel m.
ongle du pied m. Zehennagel m.
ongle hippocratique m. Uhrglasnagel m.
ongle incarné m. eingewachsener Nagel m., Unguis incarnatus m.
ongle piqueté m. Nageltritt m. (vet.)
onguent gris m. graue Salbe f.
ongulé m. Huftier n.
onirisme m. Oneirismus m.
onirogène oneirogen
oniroïde oneiroid
onirophrénie f. Oneirophrenie f.
onlay m. Onlay n.
ontoanalyse f. Daseinsanalyse f.

ontogenèse f.   Ontogenese f.
ontogénétique   ontogenetisch
onychauxis f.   Onychauxis f.
onychie f.   Onychie f.
onychoclasie f.   Onychoklasie f.
onychogrypose f.   Onychogrypose f.
onycholyse f.   Onycholyse f.
onychomalacie f.   Onychomalazie f.
onychomycose f.   Onychomykose f.
onychopathie f.   Onychopathie f.
onychophagie f.   Nagelkauen n., Onychophagie f.
onychorrhexie f.   Onychorrhexis f.
onychorrhexis m.   Nagelbrüchigkeit f.
onychoschizis m.   Onychoschisis f.
onychose f.   Onychose f.
onyx m.   Onyx m.
ooblaste m.   Ooblast m.
oocéphale m.   Oozephalus m.
oocinète m.   Ookinet m.
oocyste m.   Oozyste f.I
oocyte m.   Oozyt m.
oogamie f.   Oogamie f.
oogenèse f.   Oogenese f.
oogonie f.   Oogonie f.
oophorectomie f.   Oophorektomie f.
oophyte m.   Oophyt m.
oosporose f.   Gosporose f.
opacifiant   kontrastgebend
opacité f.   Opazität f., Trübung f., Verschattung f.
opacité de la cornée f.   Hornhauttrübung f.
opacité du corps vitreux f.   Glaskörpertrübung f.
opacité du cristallin f.   Linsentrübung
   f.
opacité pulmonaire en pièce de monnaie f.   münzenförmige Lungenverschattung f.
opalescence f.   Opaleszenz f.
opalescent   opaleszierend
opaque   opak
opaque à la lumière   lichtundurchlässig
opérant   operant
opérateur (gène) m.   Operator-Gen n.
opérateur m.   Operateur m.
opératif   operativ
opération f.   Operation f.
opération d'Alexander f.   Alexander-
   Adams-Operation f.

opération de Bassini f.   Bassini-Operation f.
opération de Billroth I/II f.   Billroth-I/
   II-Operation f.
opération de Caldwell-Luc f.   Caldwell-Luc-Operation f.
opération de Chopart f.   Chopartsche
   Amputation f.
opération de Délorme f.   Délormesche
   Operation f.
opération de Gigli f.   Hebosteotomie f.
opération de Halsted f.   Halstedsche
   Operation f.
opération de Killian f.   Killiansche
   Operation f.
opération de Küster f.   Küstersche
   Operation f.
opération de l'étrier f.   Platinektomie f.
opération de Langenbeck f.   Langenbecksche Operation f.
opération de Schauta f.   Schauta-Operation f.
opération de transposition f.   Verlagerungsoperation f.
opération de Weber-Ramstedt f.   Weber-Ramstedtsche Operation f.
opération réalisée tôt f.   Frühoperation
   f.
opérer   eine Operation vornehmen,
   operieren
opérer le doigt   den Finger operieren
opérer un patient   einen Patienten operieren
opérer un patient de l'appendicite   einen Patienten wegen Appendizitis
   operieren
opéron m.   Operon n.
ophiase f.   Ophiasis f.
ophidisme m.   Ophidismus m.
ophryon m.   Ophryon n.
ophryospinal   ophryospinal
ophtalmie f.   Ophthalmie f.
ophtalmie des neiges f.   Schneeblindheit f.
ophtalmite f.   Ophthalmitis f.
ophtalmoangiotonomètre m.   Ophthalmoangiotonometer n.
ophtalmodiaphanoscope m.   Ophthalmodiaphanoskop n.
ophtalmodiaphanoscopie f.   Ophthalmodiaphanoskopie f.

ophtalmodynamomètre m.   Ophthalmodynamometer n.
ophtalmodynamométrie f.   Ophthalmodynamometrie f.
ophtalmofantôme m.   Ophthalmophantom n.
ophtalmologie f.   Ophthalmologie f.
ophtalmologique   ophthalmologisch
ophtalmologiste f.   Ophthalmologin f.
ophtalmologiste m.   Ophthalmologe m.
ophtalmologue f.   Augenärztin f.
ophtalmologue m.   Augenarzt m., Fachgebietsarzt für Augenkrankheiten m.
ophtalmomètre m.   Ophthalmometer n.
ophtalmomyase f.   Ophthalmomyiasis f.
ophtalmopathie f.   Ophthalmopathie f.
ophtalmopathie des soudeurs f.   Schweißerophthalmie f.
ophtalmophacomètre m.   Ophthalmophakometer n.
ophtalmophacométrie f.   Ophthalmophakometrie f.
ophtalmoplastie f.   Ophthalmoplastie f.
ophtalmoplégie f.   Ophthalmoplegie f.
ophtalmoplégique   ophthalmoplegisch
ophtalmoscope m.   Funduskop n., Ophthalmoskop n.
ophtalmoscopie f.   Funduskopie f., Ophthalmoskopie f.
ophtalmoscopique   funduskopisch, ophthalmoskopisch
ophtalmospectroscope m.   Ophthalmospektroskop n.
ophtalmospectroscopie f.   Ophthalmospektroskopie f.
ophtalmostat m.   Ophthalmostat m.
ophtalmotomie f.   Ophthalmotomie f.
opiate m.   Opiat n.
opiniazide m.   Opiniazid n.
opioïde m.   Opioid n.
opiomanie f.   Opiumsucht f.
opisthiobasal   opisthiobasal
opisthion m.   Opisthion n.
opisthionasal   opisthionasal
opisthogénie f.   Opisthogenie f.
opisthognathie f.   Opisthognathie f.

opisthotonus m.   Opisthotonus m.
opistorchiase f.   Opisthorchiasis f.
opistorchis m.   Opisthorchis m.
opium m.   Opium n.
opodeldoc fluide m.   flüssiger Opodeldok m.
opodeldoc liniment m.   fester Opodeldok m.
Oppenheim, signe d' m.   Oppenheimsches Zeichen n.
opportun   opportun
opportuniste   opportunistisch
opposé   entgegengesetzt
opposé à la bouche   aboral
oppression f.   Beklemmung f.
oppression cardiaque f.   Herzbeklemmung f.
opsine f.   Opsin n.
opsiurie f.   Opsiurie f.
opsoclonie f.   Opsoklonie f.
opsomanie   Opsomanie f.
opsonine f.   Opsonin n.
opsonisation f.   Opsonisierung f.
opsoniser   opsonisieren
opsonocytophagie f.   Opsonozytophagie f.
opsonocytophagique   opsonozytophagisch
opticien m.   Optiker m.
opticienne f.   Optikerin f.
opticochiasmatique   optikochiasmatisch
optimal   optimal
optimalisation f.   Optimierung f.
optimiser   optimieren
optimiste   optimistisch
optimum m.   Optimum n.
optique   optisch
optique f.   Optik f.
optocinétique   optokinetisch
optodynamomètre m.   Optodynamometer n.
optogramme m.   Optogramm n.
optomètre m.   Optometer n.
optométrie f.   Optometrie f.
optométrique   optometrisch
optotype m.   Optotype f., Sehzeichen n.
or m.   Gold n.
or dentaire m.   Zahngold n.
or doux m.   Weichgold n.
or jaune m.   Gelbgold n.

or laminé m.   Walzgold n.
or radioactif m.   Radiogold n.
oral   mündlich, oral
orange   orangefarben
orange f.   Orange f.
orange m.   Orange (Farbe) n.
orange méthylique m.   Methylorange
n.
orazamide m.   Orazamid n.
orbiculaire   orbikulär
orbiculoantérocapsulaire   orbikuloanterokapsulär
orbiculociliaire   orbikuloziliär
orbiculopostérocapsulaire   orbikuloposterokapsulär
orbitaire   orbital
orbitale f.   Orbitale f.
orbite f.   Augenhöhle f., Orbita f.
orbitofrontal   orbitofrontal
orbitonasal   orbitonasal
orbitonomètre m.   Orbitonometer n.
orbitonométrie f.   Orbitonometrie f.
orbitopathie f.   Orbitopathie f.
orbitotemporal   orbitotemporal
orbitotomie f.   Orbitotomie f.
orbivirus m.   Orbivirus n.
orcéine f.   Orzein n.
orchidectomie f.   Hodenentfernung f.,
Orchiektomie f.
orchidomètre m.   Orchidometer n.
orchidopexie f.   Orchidopexie f.
orchite f.   Orchitis f.
orcine f.   Orcin n.
orciprénaline f.   Orciprenalin n., Orziprenalin n.
orconazole m.   Orconazol n.
ordinateur m.   Computer m.
ordonnance f.   Rezept n., Verschreibung f.
ordonnée f.   Ordinate f.
ordonner   verschreiben
ordre m.   Bereich m.
ordre de grandeur m.   Größenordnung
f.
ordre de normalité m.   Regelbereich
m.
oreille f.   Ohr n.
oreille décollée f.   abstehendes Ohr n.
oreille interne f.   Innenohr n.
oreille moyenne f.   Mittelohr n.
oreillette cardiaque f.   Herzvorhof m.

oreillette droite f.   RA (rechtes Atrium)
n., rechter Vorhof des Herzens m.
oreillette gauche f.   linker Vorhof des
Herzens m.
oreillons m. pl.   Mumps m., Ziegenpeter m.
orexie nocturne, syndrome d' m.
Nachtessersyndrom n.
orfvirus m.   Orfvirus n.
organe m.   Organ n.
organe cible m.   Zielorgan n.
organe du goût m.   Geschmacksorgan
n.
organe génital m.   Geschlechtsorgan n.
organe interne m.   inneres Organ n.
organe olfactif m.   Geruchsorgan n.
organe sensoriel m.   Sinnesorgan n.
organe terminal m.   Endorgan n.
organe voisin m.   Nachbarorgan n.
organes génitaux m. pl.   Genitalien f.
pl., Geschlechtsteile n. pl., Zeugungsorgane n. pl.
organes génito-urinaires m. pl.   Harn
und Geschlechtsorgane n. pl.
organique   organisch
organisateur m.   Organisator m.
organisation f.   Organisation f.
organiser   organisieren
organisme m.   Organismus m.
organisme hôte m.   Wirtsorganismus
m.
organisme receveur m.   Wirtsorganismus m.
organite m.   Organell n.
organogenèse f.   Organbildung f., Organentwicklung f.
organoïde   organoid
organoïde m.   Organoid n.
organoleptique   organoleptisch
organothérapeutique   organotherapeutisch
organothérapie f.   Organotherapie f.
organotrope   organotrop
organotropisme m.   Organotropie f.
organule m.   Organelle f.
orgasme m.   Orgasmus m.
orgastique   orgastisch
orgelet m.   Gerstenkorn n. (med.),
Hordeolum n.
orgotéine f.   Orgotein n.
orientation f.   Orientierung f.

orienté en fonction du problème problemorientiert
orienté vers le patient patientenorientiert
orifice m. Mündung f.
orifice externe de l'oreille m. Ohrloch
n.
orifice externe de l'utérus m. äußerer
Muttermund m.
orifice herniaire m. Bruchpforte f.
orifice interne de l'utérus m. innerer
Muttermund m.
origine f. Herkunft f., Ursprung m.
oripavine f. Oripavin n.
ORL (oreille, nez, gorge) HNO (Hals,
Nase, Ohren)
ormétoprime m. Ormetoprim n.
ornidazole m. Ornidazol n.
ornipressine f. Ornipressin n.
ornithine f. Ornithin n.
Ornithodorus moubata m. Ornithodorus moubata m.
ornithoïde vogelartig
ornithose f. Ornithose f.
orobasal orobasal
orofacial orofazial
orofaciodigital orofaziodigital
orohypopharynx m. Orohypopharynx m.
oropharyngien oropharyngeal
oropharynx m. Oropharynx m.
orosomucoïde m. Orosomukoid n.
orotase f. Orotase f.
orotate m. Orotat n.
orotidine f. Orotidin n.
orotidylate m. Orotidylat n.
orotidyldécarboxylase f. Orotidyldekarboxylase f.
orotidylpyrophosphorylase f. Orotidylpyrophosphorylase f.
orotrachéal orotracheal
Oroya, fièvre de f. Oroyafieber n.
orpanoxine f. Orpanoxin n.
orphanvirus m. Orphanvirus n.
orphénadrine f. Orphenadrin n.
orteil m. Zehe f.
orteil à ressort m. schnellende Zehe f.
orteil en griffe m. Krallenzehe f.
orteil en marteau m. Hammerzehe f.
orteil surnuméraire m. Überzehe f.
orteils se recouvrant m. pl. übereinanderstehende Zehen f. pl.

orténamine f. Ortenamin n.
orthèse f. Orthese f.
orthochrome orthochrom, orthochromatisch
orthochromie f. Orthochromasie f.,
Orthochromie f.
orthodontie f. Orthodontie f.
orthodontique orthodontisch
orthodromique orthodrom
orthogenèse f. Orthogenese f.
orthognathe orthognath
orthogonal orthogonal
orthograde orthograd
orthologie f. Orthologie f.
orthologique orthologisch
orthomoléculaire orthomolekular
orthomyxovirus m. Orthomyxovirus
n.
orthopantomographie f. Orthopantomographie f.
orthopède m. Fachgebietsarzt für Orthopädie m.
orthopédie f. Orthopädie f.
orthopédique orthopädisch
orthopédiste f. Orthopädin f.
orthopédiste m. Orthopäde m.
orthophénylphénol m. Orthophenylphenol n.
orthophorie f. Orthophorie f.
orthophosphate m. Orthophosphat n.
orthophrénie f. Orthophrenie f.
orthopnée f. Orthopnoe f.
orthoposition f. Orthostellung f.
orthopoxvirus m. Orthopoxvirus n.
orthoptique f. Orthoptik f.
orthoptiste f. Orthoptistin f.
orthoptiste m. Orthoptist m.
orthoptoscope m. Orthoptoskop n.
orthoptoscopie f. Orthoptoskopie f.
orthorythmique orthorhythmisch
orthoscope m. Orthoskop n.
orthoscopie f. Orthoskopie f.
orthoscopique orthoskopisch
orthostase f. Orthostase f.
orthostatique orthostatisch
orthotonique orthotonisch
orthotopique orthotopisch
orthotrope orthotrop
orthovanadate m. Orthovanadat n.
os m. Knochen m.
os à moelle m. Markknochen m.

os cunéiforme m. Keilbein (Fuß, Hand) n.
os du pied m. Hufbein n.
os ethmoïde m. Siebbein n.
os hyoïde m. Zungenbein n.
os iliaque m. Hüftknochen m.
os intermaxillaire m. Zwischenkiefer m.
os propre du nez m. Hasenbein n.
os scaphoïde m. Kahnbein n.
os sésamoïde m. Sesambein n.
os sphénoïde m. Keilbein (Kopf) n.
osazone f. Osazon n.
oscillateur m. Oszillator m.
oscillation f. Oszillation f., Schwingung (elektr.) f.
oscillogramme m. Oszillogramm n.
oscillographe m. Oszillograph m.
oscillographie f. Oszillographie f.
oscillographique oszillographisch
oscillomètre m. Oszillometer n.
oscillométrie f. Oszillometrie f.
oscillométrique oszillometrisch
oscillopie f. Oszillopsie f.
osmadizone f. Osmadizon n.
osmate m. Osmat n.
osmiophile osmiophil
osmium m. Osmium n.
osmolalité f. Osmolalität f.
osmolarité f. Osmolarität f.
osmole m. Osmol n.
osmologie f. Osmologie f.
osmomètre m. Osmometer n.
osmométrie f. Osmometrie f.
osmométrique osmometrisch
osmophorèse f. Osmophorese f.
osmorécepteur m. Osmorezeptor m.
osmorégulation f. Osmoregulation f.
osmose f. Osmose f.
osmothérapie f. Osmotherapie f.
osmotique osmotisch
ossature f. Knochengerüst n.
osséofibreux osseofibrös
osseux knöchern
ossiculectomie f. Ossikulektomie f.
ossification f. Ossifikation f., Verknöcherung f.
ossification musculaire des cavaliers f. Reiterknochen m.
ossifier verknöchern
ossifier, s' ossifizieren
ostectomie f. Ostektomie f.

ostéite f. Ostitis deformans f.
ostéite apophysaire d'Osgood-Schlatter f. Schlattersche Krankheit f.
ostéite déformante f. Ostitis deformans f.
ostéoangiolathyrisme m. Osteoangiolathyrismus m.
ostéoarthrite f. Osteoarthritis f.
ostéoarthropathie f. Osteoarthropathie f.
ostéoarthrose f. Osteoarthrose f.
ostéoarthrose interépineuse de Baastrup f. Osteoarthrosis interspinalis f.
ostéoblaste m. Osteoblast m.
ostéoblastique osteoblastisch
ostéoblastome m. Osteoblastom n.
ostéocalcine f. Osteocalcin n., Osteokalzin n.
ostéochondrite f. Osteochondritis f.
ostéochondrofibrome m. Osteochondrofibrom n.
ostéochondromatose f. Osteochondromatose f.
ostéochondrome m. Osteochondrom n.
ostéochondrosarcome m. Osteochondrosarkom n.
ostéochondrose f. Osteochondrose f.
ostéochondrose vertébrale de Scheuermann f. Osteochondrosis juvenilis Scheuermann f.
ostéoclasie f. Osteoklasie f.
ostéoclaste m. Osteoklast m.
ostéoclastique osteoklastisch
ostéoclastome m. Osteoklastom n.
ostéocyte m. Osteozyt m.
ostéodentine f. Osteodentin n.
ostéodentinome m. Osteodentinom n.
ostéodynie f. Osteodynie f.
ostéodystrophie f. Osteodystrophie f.
ostéofibrome m. Osteofibrom n.
ostéogénèse f. Knochenbildung f., Osteogenese f.
ostéogenèse imparfaite f. Osteogenesis imperfecta f.
ostéogénétique osteogenetisch
ostéogénique knochenbildend, osteogen
ostéoïde osteoid
ostéoïde m. Osteoid n.
ostéologie f. Osteologie f.

ostéologique   osteologisch
ostéolyse f.   Osteolyse f.
ostéolyse massive idiopathique f.
  kryptogenetische progressive Osteolyse f.
ostéolytique   osteolytisch
ostéomalacie f.   Osteomalazie f.
ostéomalacique   osteomalazisch
ostéome m.   Osteom n.
ostéomyélite f.   Osteomyelitis f.
ostéomyélitique   osteomyelitisch
ostéomyélofibrose f.   Osteomyelofibrose f.
ostéon m.   Osteon n.
ostéonécrose f.   Osteonekrose f.
ostéoneuroendocrine   osteoneuroendokrin
ostéopathie f.   Osteopathie f.
ostéopétrose f.   Osteopetrosis f.
ostéophyte m.   Osteophyt m.
ostéoplastie f.   Osteoplastik f.
ostéoplastique   osteoplastisch
ostéopoïkilie f.   Osteopoikilie f.
ostéoporose f.   Osteoporose f.
ostéoporotique   osteoporotisch
ostéopsathyrose f.   Osteopsathyrose f.
ostéosarcome m.   Osteosarkom n.
ostéosclérose f.   Osteosklerose f.
ostéosclérotique   osteosklerotisch
ostéosynthèse f.   Osteosynthese f.
ostéotome m.   Knochenmeißel m., Osteotom n.
ostéotomie f.   Osteotomie f.
ostréogrycine f.   Ostreogrycin n.
otalgie f.   Otalgie f.
otectomie f.   Otektomie f.
othématome m.   Othämatom n.
otiobiose f.   Otiobiose f.
otite f.   Otitis f.
otite baro-traumatique f.   Barotitis f.
otite externe f.   Otitis externa f.
otite labyrinthique f.   Otitis interna f.
otite moyenne f.   Otitis media f.
otocéphalie f.   Otozephalie f.
otodental   otodental
otodynie f.   Otodynie f.
otogène   otogen
otolithe m.   Otolith m., Statolith m.
otolithique   otolithisch
otologie f.   Otiatrie f., Otologie f.
otologique   otiatrisch, otologisch
otologiste f.   Otologin f.

otologiste m.   Otologe m.
otomandibulaire   otomandibulär
otomastoïdite f.   Otomastoiditis f.
otomycose f.   Otomykose f.
otoplastie f.   Ohrplastik f.
otorhinolaryngologie f.   Otorhinolaryngologie f., Hals-Nasen-Ohrenheilkunde f.
otorhinolaryngologique   hals-nasen-
  ohrenärztlich
oto-rhino-laryngologiste (ORL) m.
  Fachgebietsarzt für Hals-Hasen-Oh-
  renleiden m.
otorhinolaryngologue f.   Hals-Nasen-
  Ohrenärztin f.
otorhinolaryngologue m.   Hals-Nasen-Ohrenarzt m.
otorrhée f.   Ohrenfluß m.
otosclérose f.   Otosklerose f.
otoscope m.   Ohrenspiegel m., Ohrspiegel m., Otoskop n.
otoscopie f.   Otoskopie f.
otoscopique   otoskopisch
ototoxique   ototoxisch
otovertébral   otovertebral
ouabaïne f.   Strophanthin (g-Stroph.)
  n.
oublieux   vergeßlich
ouïe f.   Gehör n., Hören n.
ouraque m.   Urachus m.
outil m.   Werkzeug n.
output m.   Ausstoß m.
ouvert   offen
ouvert, à demi   halboffen
ouverture f.   Apertur f., Öffnung f.
ouverture d'espace f.   Lückenöffner m.
  (dent).
ouvrage funèbre m.   Trauerarbeit f.
ouvre-bouche m.   Mundsperrer m.
ouvre-bouche en caoutchouc m.
  Gummikeil m.
ovaire m.   Eierstock m.
ovaires f. pl.   Ovarium n.
ovalbumine f.   Ovalbumin n.
ovalocyte m.   Ovalozyt m.
ovalocytose f.   Ovalozytose f.
ovarectomie f., ovariectomie f.   Eierstockentfernung f., Ovarektomie f.
ovariectomier   oophorektomieren,
  ovariektomieren
ovarien   ovariell
ovariocentèse f.   Ovariozentese f.

ovariohystérectomie f.  Ovariohysterektomie f.
ovariopexie f.  Ovariopexie f.
ovariosalpingectomie f.  Ovariosalpingektomie f.
ovariotomie f.  Ovariotomie f.
ovariotubaire  ovariotubal
ovariprive  ovaripriv
ovarite f.  Oophoritis f.
ovarohystérectomie f.  Oophorohysterektomie f.
ovotestis m.  Testovarium n.
ovulaire  ovulär
ovulation f.  Ovulation f.
ovulatoire  ovulatorisch
ovule (pharmacol.) m.  Vaginalzäpfchen n.
ovule m.  Ei (med.) n., Eizelle f., Ovulum n.
oxabarzole m.  Oxabarzol n.
oxabolone f.  Oxabolon n.
oxacarbazépine f.  Oxacarbazepin n.
oxadimédine f.  Oxadimedin n.
oxalacétate m.  Oxalazetat n.
oxalate m.  Oxalat n.
oxalate de calcium m.  Kalziumoxalat
n.
oxalate de lithium m.  Lithiumoxalat
n.
oxalose f.  Oxalose f.
oxalosuccinate m.  Oxalosukzinat n.
oxalurie f.  Oxalurie f.
oxanamide m.  Oxanamid n.
oxandrolone f.  Oxandrolon n.
oxaprotiline f.  Oxaprotilin n.
oxazine f.  Oxazin n.
oxazone f.  Oxazon n.
oxdralazine f.  Oxdralazin n.
oxendolone f.  Oxendolon n.
oxétorone f.  Oxetoron n.
oxibendazole m.  Oxibendazol n.
oxibenzone f.  Oxibenzon n.
oxiclipine f.  Oxiclipin n.
oxiclozanide m.  Oxiclozanid n.
oxidopamine f.  Oxidopamin n.
oxifénamate m.  Oxifenamat n.
oxime m.  Oxim n.
oxiquinoline f.  Oxichinolin n.
oxiramide m.  Oxiramid n.
oxitriptyline f.  Oxitriptylin n.
oxmétidine f.  Oxmetidin n.
oxoacide m.  Oxosäure f.

oxogestone f.  oxogeston n.
oxoglutaramide m.  Oxoglutaramid n.
oxoglutarate m.  Oxoglutarat n.
oxolamine f.  Oxolamin n.
oxoménazine f.  Oxomenazin n.
oxonazine f.  Oxonazin n.
oxophénarsine f.  Oxophenarsin n.
oxophile  oxophil
oxoproline f.  Oxoprolin n.
oxoprolinurie f.  Oxoprolinurie f.
oxostéroïde m.  Oxosteroid n.
oxotrémorine f.  Oxotremorin n.
oxybenzone f.  Oxybenzon n.
oxybuprocaïne f.  Oxybuprocain n.
oxybutinine f.  Oxybutinin n.
oxycéphalie f.  Oxyzephalie f., Kleeblattschädel m.
oxychlorure de zinc m.  Zinkoxychlorid n.
oxyclipine f.  Oxyclipin n.
oxyclozanide m.  Oxyclozanid n.
oxycodone f.  Oxycodon n.
oxyconazole m.  Oxiconazol n., Ox-
yconzol n.
oxydant  oxidativ, oxydativ
oxydant m.  Oxidans n.
oxydase f.  Oxidase f., Oxydase f.
oxydase sulfurée f.  Sulfitoxidase f.
oxydase-négatif  oxidasenegativ, oxydasenegativ
oxydase-positif  oxidasepositiv, oxydasepositiv
oxydation f.  Oxidation f., Oxydation
f.
oxyde m.  Oxid n., Oxyd n.
oxyde d'aluminium m.  Aluminium-
oxid n.
oxyde d'azote m.  Stickoxid n.
oxyde de calcium m.  Kalziumoxid n.
oxyde de carbone m.  Kohlenmonoxid
n.
oxyde de magnésium m.  Magnesiumoxid n.
oxyde de mercure m.  Quecksilberoxid n.
oxyde de zinc m.  Zinkoxid n.
oxyder  oxidieren, oxydieren
oxydimétrie f.  Oxidimetrie f.
oxydipentonium m.  Oxydipentonium
n.
oxydoréductase f.  Oxidoreduktase f.
oxydose f.  Oxidose f.

**oxyfédrine f.** Oxifedrin n., Oxyfedrin n.
**oxyfénamate m.** Oxyfenamat n.
**oxygénant m.** Oxygenator m.
**oxygénase f.** Oxygenase f.
**oxygénateur pompe m.** Pumpoxygenator m.
**oxygénation f.** Oxygenierung f., Sauerstoffbeladung f.
**oxygène m.** Sauerstoff m.
**oxygène atome m.** Singulettsauerstoff m.
**oxygéner** oxygenieren
**oxyhémoglobine f.** Oxyhämoglobin n.
**oxymestérone f.** Oxymesteron n.
**oxymétazoline f.** Oxymetazolin n.
**oxymétholone f.** Oxymetholon n.
**oxymètre m.** Oxymeter n.
**oxymétrie f.** Oxymetrie f.
**oxymétrique** oxymetrisch
**oxynitrilase f.** Oxynitrilase f.
**oxypertine f.** Oxypertin n.

**oxyphenbutazone f.** Oxyphenbutazon n.
**oxyphénol m.** Brenzkatechin n.
**oxyphénylurie f.** Oxyphenylurie f.
**oxyphile** oxyphil
**oxyphosphate m.** Oxyphosphat n.
**oxyphosphate de cuivre m.** Kupferoxiphosphat n.
**oxypurine f.** Oxypurin n.
**oxypurinol m.** Oxypurinol n.
**oxyquinoline f.** Oxychinolin n.
**oxysulfure m.** Oxysulfid n.
**oxytétracycline f.** Oxytetracyclin n.
**oxytocine f.** Oxytocin n.
**oxytropiumbromure m.** Oxytropiumbromid n.
**oxyure m.** Madenwurm m.
**oxyure vermiculaire m.** Oxyuris vermicularis f.
**oxyurose f.** Oxyuriasis f.
**ozène m.** Stinknase f., Ozaena f.
**ozocérite f.** Ozokerit m.
**ozone m.** Ozon n.

# P

pacemaker m.   Schrittmacher m.
pacemaker à fréquence fixe m.   festfrequenter Schrittmacher m.
pacemaker à impulsions auriculaires m.   ventrikelinhibierter Schrittmacher m.
pacemaker à synchronisation ventriculaire m.   ventrikelsynchronisierter Schrittmacher m.
pacemaker bifocal m.   bifokaler Schrittmacher m.
pacemaker mobile m.   wandernder Schrittmacher m.
pacemaker sentinelle m.   Demandschrittmacher m.
pacemaker séquentiel m.   sequentieller Schrittmacher m.
pacemaker stand-by m.   Stand-by-Schrittmacher m.
pachycéphalie f.   Pachyzephalie f.
pachydactylie f.   Pachydaktylie f.
pachydermie f.   Pachydermie f.
pachyglossie f.   Pachyglossie f.
pachygyrie f.   Pachygyrie f.
pachyméningite f.   Pachymeningitis f.
pachyméningopathie f.   Pachymeningose f.
pacrinolol m.   Pacrinolol n.
padimate m.   Padimat n.
Paget, maladie de f.   Pagetsche Krankheit f.
PAH (acide paraaminohippurique) m.   PAH (Paraaminohippursäure) f.
palais m.   Gaumen m.
palais, voute du f.   Gaumengewölbe n.
palatal   palatal, palatinal
palatin   palatin
palatomaxillaire   palatomaxillär
palatonasal   palatonasal
palatopharyngien   palatopharyngeal
palatoplégie f.   Palatoplegie f.
palatoproximal   palatoproximal
palatoschizis m.   Gaumenspalte f.
pâle   blaß, bleich
paléocinétique   paläokinetisch
paléoneurologie f.   Paläoneurologie f.
paléontologie f.   Paläontologie f.

paléopathologie f.   Paläopathologie f.
paléostriatum m.   Paläostriatum n.
paléothalamus m.   Paläothalamus m.
pâleur f.   Abblassen n., Blässe f.
paliers, sans   stufenlos
palilalie f.   Palilalie f.
palimpseste f.   Palimpsest m.
palindrome m.   Palindrom n.
palindromique   palindromisch
palingraphie f.   Palingraphie f.
palinphrasie f.   Palinphrasie f.
paliopsie f.   Palinopsie f.
palissade f.   Palisade f.
palladium m.   Palladium n.
pallanesthésie f.   Pallanästhesie f.
pallesthésie f.   Pallästhesie f.
palliatif   behelfsmäßig, palliativ
palliatif m.   Palliativum n.
pallidectomie f.   Pallidektomie f.
pallidoansolenticulaire   pallidoansal
pallidofuge   pallidofugal
pallidostrié   pallidostriär
pallidotomie f.   Pallidotomie f.
pallidum m.   Pallidum n.
pallium m.   Hirnmantel m.
palmaire   palmar, volar
palmitamide m.   Palmitamid n.
palmitate m.   Palmitat n.
palmitine f.   Palmitin n.
palmoplantaire   palmoplantar
palmure f.   Schwimmhaut f.
palmure pénienne f.   Penis palmatus m.
palpabilité f.   Tastbarkeit f.
palpable   palpabel, tastbar
palpation f.   Palpation f., Tasten n.
palpébral   palpebral
palper   palpieren, tasten
palpitant   klopfend
palpitation cardiaque f.   Herzklopfen n.
paludisme m.   Malaria f., Sumpffieber n.
paludisme à accès quotidiens m.   Malaria quotidiana f.
paludisme pulmonaire m.   Lungenmalaria f.

**paludisme tropical m.**   Malaria tropica
f.
**pamaquine f.**   Pamaquin n.
**pamidronate m.**   Pamidronat n.
**pampre, en forme de**   pampiniform
**panacée f.**   Allheilmittel n., Panazee f.
**panagglutinable**   panagglutinabel
**panagglutination f.**   Panagglutination
f.
**panagglutinine f.**   Panagglutinin n.
**panaris m.**   Panaritium n., Umlauf m.
**panartérite f.**   Panarteriitis f.
**pancardite f.**   Pankarditis f.
**panchromatique**   panchromatisch
**Pancoast, cancer de m.**   Pancoasttumor m.
**pancréas m.**   Bauchspeicheldrüse f.,
Pankreas n.
**pancréatectomie f.**   Pankreatektomie f.
**pancréatectomiser**   pankreatektomieren
**pancréaticocholécystostomie f.**   Pan-
kreatikocholecystostomie f.
**pancréaticoduodénal**   pankreatikoduodenal
**pancréaticoduodénostomie f.**   Pankreatikoduodenostomie f.
**pancréaticojéjunal**   pankreatikojejunal
**pancréatine f.**   Pancreatin n.
**pancréatique**   pankreatisch
**pancréatite f.**   Bauchspeicheldrüsenentzündung f., Pankreatitis f.
**pancréatitique**   pankreatitisch
**pancréatoduodénal**   pankreatoduodenal
**pancréatoduodénectomie f.**   Pankreatoduodenektomie f.
**pancréatoentérostomie f.**   Pankreatoenterostomie f.
**pancréatogène**   pankreatogen
**pancréatographie f.**   Pankreatikographie f., Pankreatographie f.
**pancréatotrope**   pankreatotrop
**pancréolauryl, test du m.**   Pankreolauryl-Test m.
**pancréolithiase f.**   Pankreolithiasis f.
**pancréolytique**   pankreolytisch
**pancréotrope**   pankreotrop
**pancréozymine f.**   Pankreozymin n.
**pancytopénie f.**   Panzytopenie f.
**pandémie f.**   Pandemie f.
**pandémique**   pandemisch

**Pandy, test d'hyperalbuminorachie de
m.**   Pandysche Probe f.
**panencéphalite f.**   Panenzephalitis f.
**panendoscope m.**   Panendoskop n.
**panesthésie f.**   Panästhesie f.
**panidazole m.**   Panidazol n.
**panique**   panisch
**panique f.**   Panik f.
**panleucopénie f.**   Panleukopenie f.
**panmixie f.**   Panmixie f.
**panmyélopathie f.**   Panmyelopathie f.
**panmyélophtisie f.**   Panmyelophthise
f.
**panne de courant f.**   Stromausfall m.
**panneau m.**   Schild n.
**pannicule m.**   Pannikulus m.
**panniculectomie f.**   Pannikulektomie f.
**pannus m.**   Pannus m.
**panophtalmite f.**   Panophthalmitis f.
**panoptique**   panoptisch
**panostéite f.**   Panostitis f.
**panotite f.**   Panotitis f.
**panplégie f.**   Panplegie f.
**panse f.**   Pansen m.
**pansement f.**   Verband m.
**pansement compressif m.**   Druckverband m.
**pansement d'une plaie m.**   Wundverband m.
**pansement d'urgence m.**   Notverband
m.
**pansement de première urgence m.**
Schnellverband m.
**pansement huileux étanche de Billroth
m.**   Billrothbatist m.
**pansement ooclusif m.**   Okklusivverband m.
**pansement sur éclisse m.**   Schienenverband m.
**panser**   verbinden (Verband anlegen)
**pansinusite f.**   Pansinusitis f.
**pantalgie f.**   Pantalgie f.
**panthénol m.**   Panthenol n.
**pantographe m.**   Pantograph m.
**pantomographie f.**   Pantomographie f.
**pantomorphie f.**   Pantomorphie f.
**pantoscopique**   pantoskopisch
**pantothénate m.**   Pantothenat n.
**pantotrope**   pantotrop
**pantoyltaurine f.**   Pantoyltaurin n.
**panuvéite f.**   Panuveitis f.
**panzootique**   panzootisch

**papaïne f.** Papain n.
**Papanicolaou, coloration de f.** Papanicolaoufärbung f.
**papavérine f.** Papaverin n.
**papavéroline f.** Papaverolin n.
**papayotine f.** Papayotin n.
**papier m.** Papier n.
**papier buvard m.** Fließpapier n.
**papier enregistreur m.** Registrierpapier n.
**papier filtre m.** Filterpapier n.
**papier radiographie m.** Röntgenpapier n.
**papier test m.** Reagenzpapier n., Teststreifenverfahren n.
**papillaire** papillär
**papille f.** Papille f.
**papille dentaire f.** Zahnpapille f.
**papille gustative f.** Geschmacksknospe f.
**papille optique f.** blinder Fleck m., Optikuspapille f., Sehnervpapille f.
**papillectomie f.** Papillektomie f.
**papillite f.** Papillitis f.
**papillomaculaire** papillomakulös
**papillomateux** papillomatös
**papillomatose f.** Papillomatose f.
**papillomavirus m.** Papillomavirus n.
**papillome m.** Papillom n.
**papillorétinite f.** Papilloretinitis f.
**papillosphinctérotomie f.** Papillosphinkterotomie f.
**papillotomie f.** Papillotomie f.
**papovavirus m.** Papovavirus n.
**pappataci, fièvre à f.** Pappatacifieber n.
**Pappenheim, coloration panoptique de f.** Pappenheimfärbung f.
**papule f.** Papel f., Quaddel f.
**papuleux** papulär, papulös
**papuloérythémateux** papuloerythematös
**papulopustuleux** papulopustulös
**papulose f.** Papulose f.
**papulosquameux** papulosquamös
**papulovésiculaire** papulovesikulär
**paquet m.** Ballen m., Paket n.
**par exemple** z.B. (zum Beispiel)
**paraaminobenzoate m.** Paraaminobenzoat n.
**paraannulaire** paraannulär
**parabène m.** Paraben n.

**parabiose f.** Parabiose f.
**parabiotique** parabiotisch
**parablaste m.** Parablast m.
**parablastome m.** Parablastom n.
**parabole f.** Parabel f.
**paracardiaque** parakardial
**paracellulaire** parazellulär
**paracentèse f.** Paracentese f., Parazentese f.
**paracentèse tympanique f.** Parazentese des Trommelfells f.
**paracentral** parazentral
**paracervical** parazervikal
**paracétamol m.** Paracetamol n., Parazetamol n.
**parachloromercuribenzoate m.** Parachloromercuribenzoat n.
**parachlorophénol m.** Parachlorophenol n.
**parachromatine f.** Parachromatin n.
**paracoccidioïdomycose f.** Paracoccidioidomykose f.
**paracortical** parakortikal
**paracousie f.** Parakusis f.
**paracrine** parakrin
**paracyclique** parazyklisch
**paracystite f.** Parazystitis f.
**paradentaire** paradental
**paradentium m.** Parodontium n.
**paradentose f.** Paradentose f.
**paradesmose f.** Paradesmose f.
**paradigme m.** Paradigma n.
**paradiméthylaminobenzaldéhyde m.** Paradimethylaminobenzaldehyd m.
**paradipsie f.** Paradipsie f.
**paradontologie f.** Parodontologie f.
**paradontologique** parodontologisch
**paradoxal** paradox
**paradoxe m.** Paradoxon n.
**paraduodénal** paraduodenal
**parafentizide m.** Parafentizid n.
**paraffine f.** Paraffin n.
**paraffinome m.** Paraffinom n.
**parafolliculaire** parafollikulär
**paraforme f.** Paraform n.
**paragammacisme m.** Paragammazismus m.
**paragangliome m.** Paragangliom n.
**paraganglion m.** Paraganglion n.
**paragglutination f.** Paragglutination f.
**paraglobuline f.** Paraglobulin n.
**paragonimose f.** Paragonimiasis f.

P

**Paragonimus Ringeri m.** Paragonimus Ringeri m.
**Paragonimus Westermani m.** Distonum pulmonale n., Lungenegel m., Paragonimus Westermani m.
**paragrammatisme m.** Paragrammatismus m.
**paragraphie f.** Paragraphie f.
**paragueusie f.** Parageusie f.
**parahémophilie f.** Parahämophilie f.
**parahépatique** parahepatisch
**parahiatal** parahiatal
**parahypnose f.** Parahypnose f.
**parainfectieux** parainfektiös
**parainfection f.** Parainfektion f.
**parainfluenza f.** Parainfluenza f.
**parakératose f.** Parakeratose f.
**parakinésie f.** Parakinese f.
**parakinésique** parakinetisch
**paralalie f.** Paralalie f.
**paralambdacisme m.** Paralambdazismus m.
**paraldéhyde f.** Paraldehyd m.
**paraleucoblaste m.** Paraleukoblast m.
**paralexie f.** Paralexie f.
**paralingual** paralingual
**parallaxe f.** Parallaxe f.
**parallèle** parallel
**paralogie f.** Paralogie f.
**paralymphoblaste m.** Paralymphoblast m.
**paralysant** paralytogen
**paralyser** lähmen, paralysieren
**paralysie f.** Lahmheit f., Lähmung f., Paralyse f.
**paralysie à tiques f.** Zeckenlähme f.
**paralysie bulbaire progressiv f.** progressive Bulbärparalyse f.
**paralysie bulbo-spinale progressive f.** progressive Bulbärparalyse f.
**paralysie de la déglutition f.** Schlucklähmung f.
**paralysie des abducteurs des cordes vocales f.** Postikusparese f.
**paralysie dorsale f.** Rucksacklähmung f.
**paralysie du muscle grand dentelé f.** Serratuslähmung f.
**paralysie du voile du palais f.** Gaumensegellähmung f.
**paralysie extrapyramidale f.** Paralysis agitans f.

**paralysie faciale f.** Gesichtslähmung f.
**paralysie faciale de Bell f.** Fazialislähmung f.
**paralysie générale de Bayle f.** Dementia paralytica f.
**paralysie générale syphilitique f.** progressive Paralyse f.
**paralysie laryngée f.** Kehlkopflähmung f.
**paralysie obstétricale f.** Geburtslähmung f.
**paralysie par compression f.** Drucklähmung f., Kompressionslähmung f.
**paralysie par section médullaire f.** Querschnittslähmung f.
**paralysie récurrentielle f.** Rekurrensparese f.
**paralysie tremblante f.** Schüttellähmung f.
**paralysie vasculaire f.** Gefäßlähmung f.
**paralytique** gelähmt, lahm, paralytisch
**paralytique f.** Paralytikerin f.
**paralytique m.** Paralytiker m.
**paralytique m. f.** gelähmte Person f.
**paramagnétique** paramagnetisch
**paramastite f.** Paramastitis f.
**paramastoïdite f.** Paramastoiditis f.
**paramédian** paramedian
**paramédical** paramedizinisch
**paraméthadione f.** Paramethadion n.
**paraméthasone f.** Paramethason n.
**paramètre m.** Parameter m., Parametrium n.
**paramétrite f.** Parametritis f.
**paramétritique** parametritisch
**paramétropathie spasmodique f.** vegetative Pelvipathie f.
**paramimie f.** Paramimie f.
**paramnésie f.** Paramnesie f.
**paramnésie de certitude f.** Erinnerungsfälschung f.
**paramolaire** paramolar
**paramphistomose f.** Paramphistomiasis f.
**paramucine f.** Paramuzin n.
**paramunition f.** Paramunisierung f., Paramunität f.
**paramyéline f.** Paramyelin n.
**paramyéloblaste m.** Paramyeloblast m.

paramyéloblastique paramyeloblastisch
**Paramyoclonus multiplex m.** Paramyoklonus multiplex m.
paramyotonie **f.** Paramyotonie f.
paramyxovirus **m.** Paramyxovirus n.
**paranasal** paranasal
**paranéoplasique** paraneoplastisch
**paranéphrétique** paranephritisch
**paranéphritique** paranephritisch
**paraneural** paraneural
**paranitrosulfathiazole m.** Paranitrosulfathiazol n.
**paranoïa f.** Paranoia f.
**paranoïaque** paranoisch
**paranoïaque f.** Paranoikerin f.
**paranoïaque m.** Paranoiker m.
**paranoïde** paranoid
**paranomia f.** Paranomie f.
**paranormal** paranormal
**paraoesophagien** paraösophageal
**paraombilical** paraumbilikal
**paraovarien** parovarial
**paraoxonase f.** Paraoxonase f.
**paraoxone f.** Paraoxon n.
**parapancréatique** parapankreatisch
**paraparésie f.** Paraparese f.
**parapédèse f.** Parapedese f.
**parapemphigus m.** Parapemphigus m.
**parapenzolate m.** Parapenzolat n.
**parapharyngien** parapharyngeal
**paraphasie f.** Paraphasie f.
**paraphasique** paraphasisch
**paraphilie f.** Paraphilie f.
**paraphilique** paraphil
**paraphilique m. f.** paraphile Person f.
**paraphimosis f.** Paraphimose f.
**paraphonie f.** Paraphonie f.
**paraphrasie f.** Paraphrasie f.
**paraphrénie f.** Paraphrenie f.
**paraphrénique** paraphrenisch
**paraplacentaire** paraplazentar
**paraplégie f.** Paraplegie f.
**paraplégie d'Erb f.** Erbsche Lähmung f.
**paraplégie spastique familiale f.** spastische Spinalparalyse f.
**paraplégique** paraplegisch
**paraposition f.** Metastellung f., Parastellung f.
**parapoxvirus m.** Parapoxvirus n.
**parapraxie f.** Parapraxie f.

**paraprostatique** paraprostatisch
**paraprotéine f.** Paraprotein n.
**paraprotéinémie f.** Paraproteinämie f.
**paraprotéinurie f.** Paraproteinurie f.
**parapsoriasis m.** Parapsoriasis f.
**parapsychologie f.** Parapsychologie f.
**parapsychologique** parapsychologisch
**parapulpaire** parapulpal
**parapycnomorphe** parapyknomorph
**pararhizoclasie f.** Pararhizoklasie f.
**pararhotacisme m.** Parärhotazismus m.
**pararosaniline f.** Pararosanilin n.
**parasacral** parasakral
**parasagittal** parasagittal
**parasalpingite f.** Parasalpingitis f.
**parascarlatine f.** vierte Krankheit f.
**parasialome m.** Parasialom n.
**parasigmatisme m.** Parasigmatismus m.
**parasitaire** parasitär
**parasite m.** Parasit m., Schmarotzer m.
**parasite intestinal m.** Eingeweideparasit m.
**parasiticide** parasitentötend, parasitizid
**parasiticide m.** parasitentötendes Mittel n.
**parasitisme m.** Parasitismus m.
**parasitologie f.** Parasitologie f.
**parasitologique** parasitologisch
**parasitophobie f.** Parasitophobie f.
**parasitose f.** Parasitose f.
**parasitotrope** parasitotrop
**parasomnie f.** Parasomnie f.
**paraspadias m.** Paraspadie f.
**paraspasme m.** Paraspastik f.
**parasternal** parasternal
**parasympathique** parasympathisch, vagal
**parasympathique m.** Parasympathikus m.
**parasympatholytique** parasympathikolytisch
**parasympathomimétique** parasympathikomimetisch
**parasynapse f.** Parasynapse f.
**parasyphilis f.** Metasyphilis f., Parasyphilis f.

parasyphilitique metasyphilitisch, parasyphilitisch
parasystolie f. Parasystole f.
parathion m. Parathion n.
parathormone f. Parathormon n., PTH n.
parathymie f. Parathymie f.
parathyréoprive parathyreopriv
parathyréotrope parathyreotrop
parathyroïdectomie f. Parathyreoidektomie f.
parathyroïdien parathyreoidal
paratrachome m. Paratrachom n.
paratrophique paratroph
paratuberculeux paratuberkulös
paratuberculose f. Paratuberkulose f.
paratype m. Paratyp m.
paratyphlite f. Paratyphlitis f.
paratyphlitique paratyphlitisch
paratyphus m. Paratyphus m.
paratypique paratypisch
paraunguéal paraungual
paraurétral paraurethral
paravaginal paravaginal
paravasation f. Paravasat n.
paraveineux paravenös
paravertébral paravertebral
paravésical paravesikal
paraxazone f. Paraxazon n.
parbendazole m. Parbendazol n.
parconazole m. Parconazol n.
Pardee, onde Q de f. Pardee-Q n.
parenchymateux parenchymatös
parenchyme m. Parenchym n.
parent m. Verwandter m.
parental elterlich, parental
parente f. Verwandte f.
parenté f. Blutverwandtschaft f.
parentéral parenteral
parents m. pl. Eltern n. pl.
pareptide m. Pareptid n.
parésie f. Parese f.
parésique paretisch
paresseux träge
paresthésie f. Parästhesie f.
paresthésie en ceinture f. Zonästhesie f.
paresthésique parästhetisch
paréthoxycaïne f. Parethoxycain n.
parfum m. Duft m.
pargévérine f. Pargeverin n.
pargyline f. Pargylin n.

paridocaïne f. Paridocain n.
pariétal parietal, wandständig
pariétofrontal parietofrontal
pariétooccipital parietookzipital
pariétotemporal pariétotemporal
pariétoviscéral parietoviszeral
Parinaud, syndrome de m. Parinaud-syndrom n.
Parkinson, maladie de f. Morbus Parkinson m.
parkinsonien, patient m. Parkinson-Patient m.
parkinsonienne, patiente f. Parkinson-Patientin f.
parkinsonisme m. Parkinsonismus m.
parodontal parodontal
parodonte m. Parodont n.
parodontite f. Paradentitis f., Parodontitis f.
parodontome m. Parodontom n.
parodontopathie f. Parodontopathie f.
parodontose f. Parodontose f.
paroi abdominale f. Bauchdecke f., Bauchwand f.
paroi alvéolaire f. Alveolarwand f.
paroi antérieure f. Vorderwand f.
paroi colique f. Dickdarmwand f.
paroi postérieure f. Hinterwand f.
paroi thoracique f. Brustwand f.
paroi vasculaire f. Gefäßwand f.
parole mal articulée f. verwaschene Sprache f.
parole saccadée f. skandierende Sprache f.
parombilical parumbilikal
paromphalocèle f. Paromphalozele f.
paronychose f. Paronychie f.
paroophorite f. Paroophoritis f.
parophtalmie f. Parophthalmie f.
parosmie f. Parosmie f.
parostéite f. Parostitis f.
parotidectomie f. Parotidektomie f.
parotidite f. Parotitis f.
paroxétine f. Paroxetin n.
paroxypropione f. Paroxypropion n.
paroxysmal paroxysmal
paroxysme m. Höhepunkt m., Paroxysmus m.
parsalmide m. Parsalmid n.
partenaire f. Partnerin f.
partenaire m. Partner m.

parthénogenèse f.   Parthenogenese f.
participant m.   Teilnehmer m.
participante f.   Teilnehmerin f.
participation f.   Beteiligung f.
particulaire   partikulär
particularité f.   Eigentümlichkeit f.
particule f.   Partikel f., Teilchen n.
particule de Dane f.   Dane-Partikel f.
partie f.   Teil m., Partie f.
partie antérieure du pied f.   Vorfuß m.
partie laryngienne du pharynx f.   Hy-
    popharynx m.
partie supérieure du corps f.   Oberkör-
    per m.
parties honteuses f.pl.   Schamteile f. pl.
parties molles f. pl.   Weichteile f. pl.
parties vitales f. pl.   edle Körperteile n.
    pl.
partir   abgehen
parturiente f.   Gebärende f., Kreißende
    f.
parulie f.   Parulis f.
parvispermie f.   Parvispermie f.
parvovirus m.   Parvovirus n.
PAS (acide paraaminosalicylique) m.
    PAS (Paraaminosalizylsäure) f.
pas de résection possible   nicht rese-
    zierbar
pas de vis m.   Gewinde n.
pascal m.   Pascal n.
Paschen-Borrel, corps élémentaire de
    m.   Paschensches Körperchen n.
passage m.   Durchgang m., Passage f.
passage baryté m.   Magen-Darm-Pas-
    sage f. (röntg.)
passage d'animaux m.   Tierpassage f.
passager   vorübergehend
Passavant, bourrelet de m.   Passavant-
    scher Wulst m.
passe-fil de Deschamps m.   De-
    schamps-Nadel f.
passif   passiv
passivité f.   Passivität f.
pasteurella f.   Pasteurelle f.
pasteurella tularensis m.   Bacterium
    tularense n.
pasteurellose aviaire f.   Geflügelpas-
    teurellose f.
pasteurisation f.   Pasteurisierung f.
pasteuriser   pasteurisieren
pastille f.   Pastille f.
patching m.   Patching n.

pâte f.   Paste f.
pâte de Lassar f.   Lassarsche Paste f.
pâte de zinc f.   Zinkpaste f.
patellaire   patellar
patellectomie f.   Patellektomie f.
patellite f.   Patellitis f.
paternel   väterlich
paternité f.   Vaterschaft f.
pathergie f.   Pathergie f.
pathergique   pathergisch
pathétique   pathetisch
pathoanatomique   pathoanatomisch
pathobiochimie f.   Pathobiochemie f.
pathobiologie f.   Pathobiologie f.
pathobiologique   pathobiologisch
pathogène   krankmachend, pathogen
pathogénétique   pathogenetisch
pathogénie f.   Pathogenese f.
pathognomonique   pathognomonisch
pathographie f.   Pathographie f.
pathologie f.   Pathologie f.
pathologie animale f.   Tierpathologie
    f.
pathologique   pathologisch
pathologiste f.   Pathologin f.
pathologiste m.   Pathologe m.
pathomimie f.   Pathomimie f.
pathomorphologie f.   Pathomorphose
    f.
pathophysiologie f.   Pathophysiologie
    f.
patience f.   Geduld f.
patient (e) m., f.   Kranke m., f.,
    Patient(in) m., f.
patient (e) accidenté (e) m., f.   Unfall-
    patient(in) m., f.
patient (e) chronique m., f.   Langzeit-
    patient(in) m., f.
patient (e) d'âge moyen (ne) m., f.   Pa-
    tient(in) in mittlerem Lebensalter m.,
    f.
patient (e) externe m., f.   ambulanter
    Patient m., ambulante Patientin f.
patient hospitalisé m., f.   stationärer
    Patient m., stationäre Patientin f.
patient (e) posant des problèmes m., f.
    Problempatient(in) m., f.
patients assurés sociaux m. pl.   Kas-
    senpatienten m. pl.
patron m.   Schablone f.
patte f.   Pfote f.
paturon m.   Fesselgelenk n.

P

**Paul-Bunnell, réaction de f.** Paul-Bunnell-Test m.
**paume de la main f.** Handfläche f.
**paupière f.** Augenlid n., Lid n.
**pause f.** Pause f.
**pause compensatrice f.** kompensatorische Pause f.
**pauvre en cellules** zellarm
**pauvreté f.** Armut f.
**pavillon de l'oreille m.** Ohrmuschel f.
**pavot m.** Schlafmohn m.
**payet l'honoraire** honorieren (Honorar bezahlen)
**PBG (progesterone binding globulin) f.** PBG (progesteronbindendes Globulin) n.
**PCE (polyarthrite chronique évolutive) f.** PCP (primär chronische Polyarthritis) f.
**peau f.** Haut f., Fell n., Schale f.
**peau d'orange f.** Orangenhaut f.
**peau squameuse f.** Schuppenhaut f.
**peau vernie f.** Glanzhaut f.
**pêche-fil m.** Fadenfänger m.
**pectinase f.** Pektinase f.
**pectine f.** Pektin n.
**pectine estérase f.** Pektase f.
**pectoral** hustenstillend, pektoral
**pectoriloquie f.** Pektoriloquie f.
**pédérastie f.** Päderastie f.
**pédiatre f.** Kinderärztin f., Pädiaterin f.
**pédiatre m.** Fachgebietsarzt für Kinderkrankheiten m., Kinderarzt m., Pädiater m.
**pédiatrie f.** Kinderheilkunde f., Pädiatrie f.
**pédiatrique** pädiatrisch
**pédicule m.** Stiel m.
**pédicule vertébral m.** Wirbelbogenwurzel f.
**pédiculicide** läusetötend
**pédiculicide m.** Entlausungsmittel n., läusetötendes Mittel n.
**pédiculose f.** Pedikulose f.
**pédicure f.** Fußpflege f., Fußpflegerin f.
**pédicure m.** Fußpfleger m.
**pédicure-manicure f.** Fuß- und Handpflege f.
**pédieux** pedal
**pédigree m.** Stammbaum (biol.) m.

**pédoaudiologie f.** Pädoaudiologie f.
**pédoaudiologique** pädoaudiologisch
**pédonculaire** pedunkulär
**pédonculé** gestielt
**pédoncule cérébral m.** Gehirnstiel m.
**pédoncule d'attache m.** Haftstiel m.
**pédonculotomie f.** Pedunkulotomie f.
**pédophile** pädophil
**pédophilie f.** Pädophilie f.
**PEF (pic du volume expiratoire maximal/seconde) m.** MF (maximale Flußrate) f.
**Pel-Ebstein, maladie de f.** Pel-Ebsteinsche Krankheit f.
**pelade f.** alopecia areata f.
**pelage m.** Fell n.
**peler** schälen
**peler, se** sich häuten, sich schälen
**Pelger-Hüet, anomalie nucléaire de f.** Pelgersche Kernanomalie f.
**péliome m.** Peliom n.
**Pelizaeus-Merzbacher, maladie de f.** Pelizaeus-Merzbachersche Krankheit f.
**pellagre f.** Pellagra f.
**pellagreux** pellagrös
**pellagrogène** pellagragen
**pellagroïde** pellagroid
**pellet m.** Pillchen n.
**pelletiérine f.** Pelletierin n.
**pelliculaire** pellikulär
**pellicule f.** Schuppe f.
**pelliculose f.** Haarschuppenkrankheit f.
**pellotine f.** Pellotin n.
**peloïde** peloid
**péloïde m.** Peloid n.
**pelote f.** Bausch m., Pelotte f.
**pelvien** pelvin
**pelvigraphie f.** Beckenmessung f., Pelvigraphie f.
**pelvimètre à compas m.** Beckenzirkel m.
**pelvimétrie f.** Beckenmessung f., Pelvimetrie f.
**pelvimétrique** pelvimetrisch
**pelvipathie spasmodique f.** spastische Pelvipathie f.
**pelvipéritonite f.** Pelveoperitonitis f., Pelviperitonitis f.
**pelvirectal** pelvirektal
**pelvis m.** Becken n. (anat.)

pelvisacré  pelvisakral
pelviscopie f.  Pelviskopie f.
pelviscopique  pelviskopisch
pelvistomie f.  Pelviostomie f.
pelvitomie f.  Pelviotomie f.
pelvitrochantérien  pelvitrochanterisch
pelviurétral  pelviurethral
pémoline f.  Pemolin n.
pemphigoïde  pemphigoid
pemphigoïde m.  Pemphigoide n.
pemphigus m.  Pemphigus m.
pempidine f.  Pempidin n.
pénalisation f.  Penalisation f.
penbutolol m.  Penbutolol n.
pencher  kippen, verkanten
pendre  hängen
pénectomie f.  Penektomie f.
pénétrabilité f.  Penetrabilität f.
pénétrance f.  Penetranz f.
pénétrant  penetrant
pénétration f.  Durchdringung f., Penetration f.
pénétrer  eindringen, penetrieren
penflutizide m.  Penflutizid n.
pénicillamine f.  Penicillamin n.
pénicillanate m.  Penicillanat n.
pénicillinase f.  Penicillinase f.
pénicilline f.  Penicillin n.
penicilline retard f.  Depotpenicillin n.
pénil m.  Schamhügel m.
pénimépicycline f.  Penimepicyclin n.
penis m.  männliches Glied n., Penis m.
pénitis f.  Penitis f.
penné  gefiedert
pénoscrotal  penoskrotal
penprostène m.  Penprosten n.
pensée f.  Denken n., Gedanke m.
pensée autistique f.  autistisches Denken n.
pensée obsessionnelle f.  Zwangsdenken n.
pensée onirique f.  Traumdenken n.
pensée, transmission de la f.  Gedankenübertragung f.
pensif  nachdenklich, tiefsinnig
pension d'invalidité f.  Invalidenrente f.
pentabamate m.  Pentabamat n.
pentabasique  pentabasisch
pentaborate m.  Pentaborat n.

pentabromacétone f.  Pentabromazeton n.
pentabromure m.  Pentabromid n.
pentachlornitrobenzène m.  Pentachlornitrobenzol n.
pentachlorure m.  Pentachlorid n.
pentaérythrityle, tétranitrate de m.  PETN (Pentaerythrityltetranitrat) n.
pentagastrine f.  Pentagastrin n.
pentagestrone f.  Pentagestron n.
pentahydrate m.  Pentahydrat n.
pentalamide m.  Pentalamid n.
pentalogie f.  Pentalogie f.
pentalogie de Fallot f.  Fallotsche Pentalogie f.
pentamère  pentamer
pentamère m.  Pentamer n.
pentamidine f.  Pentamidin n.
pentane m.  Pentan n.
pentapeptide m.  Pentapeptid n.
pentapipéride m.  Pentapiperid n.
pentaploïde  pentaploid
pentaquine f.  Pentaquin n.
pentasaccharide m.  Pentasaccharid n.
pentasomie f.  Pentasomie f.
pentastomiase f.  Pentastomiasis f.
pentatrichomonas m.  Pentatrichomonas m.
pentavalent  fünfwertig
pentazocine f.  Pentazocin n.
pentdyopent m.  Pentdyopent n.
penténoate m.  Pentenoat n.
pentétate m.  Pentetat n.
pentétrazol m.  Pentetrazol n.
pentitol m.  Pentit n.
pentizidone f.  Pentizidon n.
pentolate m.  Pentolat n.
pentomone f.  Pentomon n.
pentose m.  Pentose f.
pentoside m.  Pentosid n.
pentosurie f.  Pentosurie f.
pentoxide m.  Pentoxid n.
pentoxifylline f.  Pentoxifyllin n.
pentoxyvérine f.  Pentoxyverin n.
pentulose f.  Pentulose f.
pentyle m.  Pentyl n.
pentylénetétrazol m.  Pentylentetrazol n.
péotomie f.  Peotomie f.
péplomère m.  Peplomer n.
peplos m.  Peplos m.
pepsine f.  Pepsin n.

pepsinogène m.  Pepsinogen n.
pepstatine f.  Pepstatin n.
peptase f.  Peptase f.
peptidase f.  Peptidase f.
peptide m.  Peptid n.
peptidergique  peptidergisch
peptidoglycane m.  Peptidoglykan n.
peptidyl m.  Peptidyl n.
peptique  peptisch
peptocoque m.  Peptokokkus m.
peptone m.  Pepton n.
peptone de Witte f.  Wittepepton n.
peptonurie f.  Peptonurie f.
peracétate m.  Perazetat n.
péradoxime m.  Peradoxim n.
pérafensine f.  Perafensin n.
péralopride m.  Peraloprid n.
pératizole m.  Peratizol n.
pérazine f.  Perazin n.
perborate de sodium m.  Natriumperborat n.
perceptible  wahrnehmbar
perceptif  perzeptiv, perzeptuell
perception f.  Apperzeption f., Wahrnehmung f.
perception sensorielle f.  Sinneswahrnehmung f.
perception sonore f.  Schallwahrnehmung f.
perception spatiale f.  Raumsinn m.
percer  abzapfen, bohren, durchstechen, erstechen
perceuse à main f.  Handbohrer m.
percevoir  wahrnehmen
perchlorate m.  Perchlorat n.
perchloréthylén m.  Perchlorethylen n.
perchlorométhylmercaptane m.  Perchlormethylmerkaptan n.
perchlorure m.  Perchlorid n.
percolateur m.  Perkolator m.
percolation f.  Perkolation f.
percoler  perkolieren
percussion f.  Perkussion f.
percutané  perkutan
percuter  perkutieren
perdant du sodium  natriumverlierend
perdant le potassium  kaliumverlierend
perdre la sensibilité  absterben (gefühllos werden)
perdre son sang  ausbluten
père m.  Vater m.

perfectionnement m.  Fortbildung f.
perflunafène m.  Perflunafen n.
perforateur m.  Bohrer m., Perforatorium n.
perforation f.  Durchbruch m., Perforation f.
perforer  durchbohren, perforieren
performance f.  Leistung f.
perfusé m.  Perfusat n.
perfuser  infundieren, perfundieren
perfuseur m.  Perfusionsgerät n.
perfusion f.  Infusion f., Perfusion f.
perfusion intraveineuse continue f.  intravenöse Dauertropfinfusion f.
perfusion par voie sous-cutané f.  subkutane Infusion f.
pergolide m.  Pergolid n.
perhexiline f.  Perhexilin n.
périacineux  periazinös
périadénite f.  Periadenitis f.
périampullaire  periampullär
périamygdalien  peritonsillär
périamygdalite f.  Peritonsillitis f.
périanal  perianal, zirkumanal
périapical  periapikal
périappendicite f.  Périappendizitis f.
périartériel  periarteriell
périarthrite f.  Periarthritis f.
périartérite noueuse f.  Periarteriitis
   nodosa f.
périarthrite scapulo-humérale f.  Periarthritis humeroscapularis f.
périarthropathie f.  Periarthropathie f.
périarticulaire  zirkumartikulär
périauriculaire  periaurikulär
périaxial  periaxial
périaxillaire  periaxillär
périaxonial  periaxonal
péribronchial  peribronchial
péribronchiectasique  peribronchiektatisch
péribronchiolaire  peribronchiolär
péribronchite f.  Peribronchitis f.
péribulbaire  peribulbär, zirkumbulbär
péricanaliculaire  perikanalikulär
péricapillaire  perikapillär
péricapsulaire  perikapsulär
péricarde m.  Herzbeutel m., Perikard
   n.
péricardectomie f.  Perikardektomie f.
péricardiectomie f.  Perikardiektomie
   f.

péricardiolyse f.   Perikardiolyse f.
péricardique   perikardial
péricardite f.   Perikarditis f.
péricardite calcifiante f.   Panzerherz n.
péricardite constrictive f.   Concretio
  pericardii f.
péricarditique   perikarditisch
péricardodiaphragmatique   perikardiodiaphragmatisch
péricardopleural   perikardiopleural
péricardostomie f.   Perikardiostomie f.
péricardotomie f.   Perikardiotomie f.
péricellulaire   perizellulär
péricémentique   perizemental
péricémentite f.   Perizementitis f.
péricémentoclasie f.   Perizementoklasie f.
péricentral   perizentral
péricholangite f.   Pericholangitis f.
péricholécystique   pericholezystisch
péricholécystite f.   Pericholezystitis f.
péricholécystitique   pericholezystitisch
périchondral   perichondral
périchondrite f.   Perichondritis f.
péricolite f.   Perikolitis f.
péricornéen   perikorneal, zirkumkorneal
péricoronite f.   Perikoronitis f.
péricystite f.   Perizystitis f.
péridectomie f.   Periektomie f.
péridental   peridental
péridiverticulite f.   Peridivertikulitis f.
périduodénite f.   Periduodenitis f.
périduodénitique   periduodenitisch
péridural   peridural
périfocal   perifokal
périfolliculaire   perifollikulär
périfolliculite f.   Perifollikulitis f.
périgastrique   perigastrisch
périgastrite f.   Perigastritis f.
périglandulaire   periglandulär
périhépathique   perihepatisch
périhépatite f.   Perihepatitis f.
péril m.   Unsicherheit (Gefahr) f.
périlabyrinthite f.   Perilabyrinthitis f.
périlaryngé   perilaryngeal
périlaryngite f.   Perilaryngitis f.
périlleux   unsicher (gefährlich)
périlobaire   perilobär
périlobulaire   perilobulär
périlymphe f.   Perilymphe f.
périmandibulaire   perimandibulär

périmastite f.   Perimastitis f.
périmembraneux   perimembranös
périmétazine f.   Perimetazin n.
périmètre m.   Perimeter n.
périmètre thoracique m.   Brustumfang
  m.
périmétrie f.   Perimetrie f.
périmétrique   perimetrisch
périmétrite f.   Perimetritis f.
périmétritique   perimetritisch
périmusculaire   perimuskulär
périmysium m.   Perimysium n.
périnatal   perinatal
périnatologie f.   Perinatologie f.
périnatologique   perinatologisch
périndropil m.   Perindropil n.
périnéal   perineal
périnée m.   Damm (anat.) m., Perineum n.
périnéoplastie f.   Dammplastik f.
périnéphrite f.   Perinephritis f.
périnéphritique   perinephritisch
périneural   perineural
périnèvre m.   Perineurium n.
périnévrite f.   Perineuritis f.
périnucléaire   perinukleär
périoculaire   periokulär, zirkumokulär
période f.   Periode f.
période anténatale f.   Vorgeburtsperiode f.
période d'allaitement f.   Stillperiode f.
période d'évacuation f.   Austreibungszeit (kardiol.) f.
période d'expulsion f.   Austreibungszeit (obstetr.) f., Austreibungszeit
  (kardiol.) f.
période d'incubation f.   Inkubationszeit f.
période d'observation f.   Beobachtungszeitraum m.
période de collecte des urines f.   Harnsammelperiode f.
période de dilatation du col f.   Eröffnungsperiode (obstetr.) f.
période de la délivrance f.   Nachgeburtsperiode f.
période de mise en tension f.   Anspannungszeit f.
période de travail, être en   kreißen
période de Wenckebach f.   Wenckebachsche Periode f.

P

période intermenstruelle f. Intermenstruum n.

période néonatale f. Neugeborenenperiode f.

période post stimulation cardiaque f. Periode nach Schrittmacherbehandlung f.

période postmenstruelle f. Postmenstruum n.

pétiode présphygmique f. Anspannungszeit f.

périodicité f. Periodizität f.

périodique periodisch

périodontaire periodontal

périodonte m. Zahnbett n.

périodontite f. Periodontitis f.

périodontite abcédée f. Wurzelhautabszeß m.

périodontoclasie f. Periodontoklasie f.

périodontopathie f. Paradentopathie f.

périombilical periumbilikal

périopératoire perioperativ

périople m. Huffett n.

périoral perioral, zirkumoral

périorbitaire zirkumorbital

périorbital periorbital

périorchite f. Periorchitis

périoste m. Periost n.

périostique periostal

périostite f. Periostitis f.

périostitique periostitisch

périostose f. Periostose f.

péripancréatique peripankreatisch

péripancréatite f. Peripankreatitis f.

péripapillaire peripapillär

péripharyngien peripharyngeal

périphérie f. Peripherie f.

périphérique peripher

périphlébite f. Periphlebitis

péripleural peripleural

péripleurite f. Peripleuritis f.

péripolèse f. Peripolese f.

périporte periportal

périproctite f. Periproktitis f.

périproctitique periproktitisch

périprostatite f. Paraprostatitis f., Periprostatitis f.

périprothétique periprothetisch

péripulpaire zirkumpulpal

péripylorique peripylorisch

périr de froid erfrieren

périradiculaire periradikulär

périrectal pararektal, periproktisch

périrénal perirenal

périrhizoclasie f. Perirhizoklasie f.

périsalpingite f. Perisalpingitis f.

périsellaire perisellär

périsigmoïdite f. Perisigmoiditis f.

périsinusite f. Perisinusitis f.

périsinusoïdal perisinusoidal

périsplénite f. Perisplenitis f.

périsplénitique perisplenitisch

périssable verderblich

péristaltique peristaltisch

péristaltisme m. Peristaltik f.

péristaltisme rétrograde m. Retroperistaltik f.

péristase f. Peristase f.

péristatique peristatisch

péritendinite f. Peritendinitis f.

péritoine m. Bauchfell n., Peritoneum n.

péritomie f. Pannusoperation f.

péritonéal peritoneal

péritonéoscopie f. Peritoneoskopie f.

péritonéoveineux peritoneovenös

péritonite f. Peritonitis f.

péritonitique peritonitisch

péritrachéal peritracheal

pérityphlite f. Perityphlitis f.

pérityphlitique perityphlitisch

périunguéal parungual, periungual

périurétral periurethral

périvaginal perivaginal

périvaginite f. Perikolpitis f.

périvalvulaire perivalvulär

périvasculaire perivaskulär, zirkumvaskulär

périveineux perivenös

périvéinulaire perivenolär

périventriculaire periventrikulär, zirkumventrikulär

périvésical perivesikal

perlapine f. Perlapin n.

perle épithéliale f. Hornperle f.

perlèche f. Faulecke f., Perlèche f.

perlingual perlingual

permanence f. Permanenz f.

permanent permanent

permanganate de potassium m. Kaliumpermanganat n.

permanganique übermangansauer

perméabilité f.  Durchgängigkeit f.,
Durchlässigkeit f., Permeabilität f.
perméabilité vasculaire f.  Gefäßpermeabilität f.
perméable  durchgängig, passierbar,
permeabel
perméation f.  Permeation f.
permuter  umstellen
pernasal  pernasal
pernicieux  perniziös
péromélie f.  Peromelie f.
péroné m.  Wadenbein n.
peroral  peroral
peroxydase f.  Peroxydase f.
peroxyde m.  Peroxid n.
peroxyde d'azote m.  Stickoxidul n.
peroxyde d'hydrogène, test au m.
Schaumprobe f.
peroxyde de magnésium m.  Magnesiumperoxid n.
peroxysome m.  Peroxisom n.
perpétuel  fortdauernd
perphénazine f.  Perphenazin n.
persévération f.  Perseveration f.
persistant  persistierend
persister  persistieren
personnalité f.  Persönlichkeit f.
personnalité psychopathique f.  psychopathische Persönlichkeit f.
personne f.  Person f.
personne assurée obligatoirement f.
pflichtversicherte Person f.
personne atteinte d'une maladie aigue
f.  akutkranke Person f.
personne atteinte de la lèpre f.  leprakranke Person f.
personne ayant une achromasie f.  farbenblinde Person f.
personne chargée des soins f.  Pflegeperson f.
personne convalescente f.  genesende
Person f.
personne de contact f.  Kontaktperson
f.
personne de référence f.  Bezugsperson
f.
personne gravement handicapée f.
schwerbehinderte Person f.
personne myope f.  myope Person f.
personne pratiquant le contrôle f.
Prüferin f.

personne s'opposant à la vaccination
f.  Impfgegner m.
personne soignante f.  Krankenpflegeperson f.
personne titulaire d'un doctorat f.
promovierte Person f.
personnel de l'hôpital m.  Krankenhauspersonal n.
personnel médical m.  medizinisches
Personal n.
personnel soignant m.  Pflegepersonal
n.
persorption f.  Persorption f.
perspiration f.  Ausdünstung f., Exhalation f., Perspiration f.
perspirer  ausdünsten
persuasion f.  Persuasion f.
persufflation f.  Persufflation f.
persulfate m.  Persulfat n.
perte f.  Verlust m.
perte brutale de l'audition f.  Hörsturz
m.
perte d'acuité auditive f.  Ertaubung f.
perte d'affectivité f.  Affektabstumpfung f.
perte d'eau f.  Wasserverlust m.
perte d'efficacité f.  Wirkungsverlust
m.
perte d'objet (psy.) f.  Objektverlust m.
perte de conscience f.  Bewußtseinsverlust m.
perte de féminité f.  Entweiblichung
f.
perte de la vitalité pulpaire f.  Pulpentod m.
perte de la vue f.  Erblindung f.
perte de poids f.  Gewichtsverlust m.
perte de précision f.  Bewegungsunschärfe f.
perte de sels f.  Salzverlust m.
perte des eaux f.  Vorwasser n.
perte liquidienne f.  Flüssigkeitsverlust
m.
pertechnétate m.  Pertechnetat n.
Perthes, maladie de f.  Perthessche
Krankheit f.
pertrochantérien  pertrochanter
pertuberculaire  pertuberkulär
perturbation f.  Perturbation f., Störung f.
perturber  stören
péruvoside m.  Peruvosid n.

P

pervers pervers
perversion f. Perversion f.
perversion de frottement d'étoffes f. Friktionismus m.
perversité f. Perversität f.
pérymisial perimysial
pèse-bébé m. Säulingswaage f.
pessaire m. Pessar n.
pessaire de Hodge m. Hodge-Pessar n.
pessaire en anneau m. Ringpessar n.
pessaire en massue m. Menge-Pessar n.
pessaire occlusif de Mensinga m. Mensingapessar n.
pessaire utérin de Thomas m. Thomas-Pessar n.
pessimisme m. Pessimismus m.
peste f. Pest f.
peste atypique de la volaille f. atypische Geflügelpest f.
peste aviaire f. Hühnerpest f.
peste bovine f. Rinderpest f.
peste bubonique f. Beulenpest f., Bubonenpest f.
peste classique de la volaille f. klassische Geflügelpest f.
peste équine f. Paardenziekte f., Pferdepest f.
peste pneumonique f. Lungenpest f.
peste septicémique f. Pestsepsis f.
pestilent pestartig
pétéchial petechial
pétéchie f. Petechie f.
péthidine f. Pethidin n.
petit crochet m. Häkchen n.
petit enfant m. Kleinkind n.
petit-lait m. Molke f.
petit lit du nouveau-né m. Neugeborenenbettchen n.
petit mal épileptique m. petit mal n.
petite cellule épithéliomateuse f. Haferzelle f.
petite chirurgie f. kleine Chirurgie f.
petite courbure de l'estomac f. kleine Kurvatur f.
petite enfance, de la frühkindlich
petites pertes sanglantes f. uterine Schmierblutung f.
Petri, boîte de f. Petrischale f.
pétrichloral m. Petrichloral n.
pétrification f. Versteinerung f.

pétrifier versteinern
pétrissage m. Knetung f.
pétroapicite f. Petroapizitis f.
pétrole m. Petroleum n.
pétrooccipital petrookzipital
pétrosite f. Petrositis f.
pétrosphénoidien petrosphenoidal
pétrosquameux petrosquamös
pétrotympanique petrotympanisch
Petruschky, lait de tournesol de m. Petruschkysche Lackmusmolke f.
peu féminin unweiblich
peu important geringgradig
peu psychologique unpsychologisch
peur f. Angst f., Angstgefühl n., Furcht f.
peur de l'école f. Schulangst f.
peur de la nuit f. Nachtangst f.
Peyer, plaque de f. Peyerscher Lymphfollikelhaufen m.
peyotl m. Peyotl m.
Pfannenstiel, incision de f. Pfannenstielscher Querschnitt m.
phacite f. Linsenentzündung f.
phacocèle f. Phakozele f.
phacogénique phakogen
phacomalacie f. Phakomalazie f.
phacome m. Phakom n.
phacomètre m. Phakometer n.
phacométrique phakometrisch
phacosclérose f. Linsenverhärtung f.
phacoscopie f. Phakoskopie f.
phacoscotasmus m. Phakoskotasmus m.
phagédénisme m. Phagedänismus m.
phagocytaire phagozytär
phagocyte m. Phagozyt m.
phagocyter phagozytieren
phagocytolyse f. Phagozytolyse f.
phagocytose f. Phagozytose f.
phagolyse f. Phagolyse f.
phagophobie f. Phagophobie f.
phagosome m. Phagosom n.
phakitis f. Phakitis f.
phalange f. Phalanx f.
phalangien phalangeal
phallique phallisch
phallite f. Phallitis f.
phalloïdine f. Phalloidin n.
phalloplastie f. Penisplastik f.
phallotoxine f. Phallotoxin n.
phanquinone f. Phanquinon n.

pharmaceutique  pharmazeutisch
pharmaceutique f.  Pharmazeutik f.
pharmacie f.  Apotheke f., Pharmazie
f.
pharmacie de l'hôpital f.  Krankenhaus-Apotheke f.
pharmacie-dépendance f.  Zweig-Apo-
theke f.
pharmacien m.  Apotheker m., Pharmazeut m.
pharmacien (ne) de l'hôpital m., f.
Krankenhausapotheker (in) m., f.
pharmacienne f.  Apothekerin f., Pharmazeutin f.
pharmacochimie f.  Pharmakochemie
f.
pharmacochimique  pharmakochemisch
pharmacochimiste m., f.  Pharmakochemiker (in) m., f.
pharmacocinétique  pharmakokinetisch
pharmacocinétique f.  Pharmakokinetik f.
pharmacodépendance f.  Arzneimittelsucht f.
pharmacodynamie f.  Pharmakodynamik f.
pharmacodynamique  pharmakodynamisch
pharmacognosie f.  Pharmakognosie f.
pharmacognosique  pharmakognostisch
pharmacologie f.  Pharmakologie f.
pharmacologique  pharmakologisch
pharmacologue f.  Pharmakologin f.
pharmacologue m.  Pharmakologe m.
pharmacomanie f.  Pharmakomanie f.
Pharmacopée f.  Arzneibuch n., Pharmakopöe f.
pharmacopsychose f.  Pharmakopsychose f.
pharmacopsychiatrie f.  Pharmakopsychiatrie f.
pharmacothérapeutique  pharmakotherapeutisch
pharmacothérapie f.  Pharmakotherapie f.
pharyngite f.  Halsentzündung f., Pharyngitis f.
pharyngite latérale f.  Seitenstrangangina f.

pharyngitique  pharyngitisch
pharyngoamygdalite f.  Pharyngotonsillitis f.
pharyngoconjonctival  pharyngokonjunktival
pharyngolaryngien  pharyngolaryngeal
pharyngopalatin  pharyngopalatinal
pharyngoscope m.  Pharyngoskop n.
pharyngoscopie f.  Pharyngoskopie f.
pharyngoscopique  pharyngoskopisch
pharyngospasme m.  Pharyngospasmus m.
pharyngotomie f.  Pharyngotomie f.
pharynx m.  Pharynx m.
phase f.  Phase f.
phase de latence f.  Latenzzeit f.
phase de repos f.  Ruhestadium n.
phase folliculaire proliférative f.  Follikelphase f.
phase orale f.  orale Phase f.
phase postmitotique f.  postmitotische
Phase f.
phase prémitotique f.  prämitotische
Phase f.
phase prodromale f.  Prodromalstadium n.
phase progestative f.  Gelbkörperphase f., Lutealphase f.
phase solide f.  Festphase f.
phase terminale f.  Kammerendschwankung f.
phasine f.  Phasin n.
phasique  phasisch
phénacémide m.  Phenacemid n.
phénacétine f.  Phenazetin n.
phénadoxone m.  Phenadoxon n.
phénamazoline f.  Phenamazolin n.
phénampromide m.  Phenampromid
n.
phénanthrène m.  Phenanthren n.
phénanthroline f.  Phenanthrolin n.
phénazapyridine f.  Phenazapyridin n.
phénazine f.  Phenazin n.
phénazocine f.  Phenazocin n.
phénazone f.  Phenazon n.
phénazopyridine f.  Phenazopyridin n.
phenbrobamate m.  Phenbrobamat n.
phenbutazone f.  Phenbutazon n.
phencyclidine f.  Phencyclidin n.,
Phenzyklidin n.
phendimétrazine f.  Phendimetrazin n.

P

phénelzine f. Phenelzin n.
phénéthylamine f. Phenethylamin n.
phénéturide m. Pheneturid n.
phenglutarimide m. Phenglutarimid n.
phénicarbazide m. Phenicarbazid n.
phénidate m. Phenidat n.
phénindamine f. Phenindamin n.
phénindione f. Phenindion n.
phéniprazine f. Pheniprazin n.
phéniramine f. Pheniramin n.
phenmétrazine f. Phenmetrazin n.
phénobarbital m. Luminal n., Phenobarbital n.
phénocopie f. Phänokopie f.
phénol m. Phenol n.
phénol liquéfié m. Phenolum liquefactum n.
phénolase f. Phenolase f.
phénolate m. Phenolat n.
phénoler phenolieren
phénolphtaléine f. Phenolphthalein n.
phénolsulfonephtaléine f. Phenolrot n.
phénomène m. Phänomen n.
phénomène d'Arthus m. Arthus-Phänomen n.
phénomène d'harmonica m. Handharmonika-Phänomen n.
phénomène de Ashman m. Ashman-Phänomen n.
phénomène de flaque m. Pfützenphänomen n.
phénomène de Hochsinger m. Hochsingersches Zeichen n.
phénomène de réentrée m. Phänomen der kreisenden Erregung n.
phénoménologie f. Phänomenologie f.
phénoménologique phänomenologisch
phénotane m. Phenotan n.
phénothiazine f. Phenothiazin n.
phénotype m. Phänotyp m.
phénotypique phänotypisch
phénoxétol m. Phenoxetol n.
phénoxybenzamine f. Phenoxybenzamin n.
phenprocoumone m. Phenprocoumon n.
phenpropionate m. Phenpropionat n.
phensuximide m. Phensuximid n.
phentermine f. Phentermin n.

phentolamine f. Phentolamin n.
phénylacétylguanidine f. Phenylazetylguanidin n.
phénylalaninase f. Phenylalaninase f.
phénylalanine f. Phenylalanin n.
phénylbutazone f. Phenylbutazon n.
phénylbutyrate m. Phenylbutyrat n.
phénylcétonurie f. Phenylketonurie f.
phénylcyclopropylamine f. Phenylzyklopropylamin n.
phényle m. Phenyl n.
phénylène m. Phenylen n.
phénylène diamine f. Phenylendiamin n.
phényléphrine f. Phenylephrin n.
phényléthanolamine f. Phenyläthanolamin n., Phenylethanolamin n.
phényléthylamine f. Phenylethylamin n.
phényléthylbiguanide m. Phenylethylbiguanid n.
phényléthylhydrazine f. Phenylethylhydrazin n.
phénylhydrazine f. Phenylhydrazin n.
phénylmercuriborate m. Phenylmercuriborat n.
phénylpyruvate m. Phenylpyruvat n.
phénylquinoline f. Phenylchinolin n.
phénylsulfonate m. Phenylsulfonat n.
phénylthiourée f. Phenylthioharnstoff m.
phénythilone f. Phenythilon n.
phénytoïne f. Phenytoin n.
phéochromocytome m. Phäochromozytom n.
phérormone f. Pherormon n.
phialide f. Phialide f.
philosophie f. Philosophie f.
philosophique philosophisch
phimosis m. Phimose f.
phlébectasie f. Phlebektasie f., Venektasie f.
phlébectomie f. Phlebectomie f.
phlébite f. Phlebitis f.
phlébitique phlebitisch
phlébodynamométrie f. Phlebodynamometrie f.
phlébogramme m. Phlebogramm n.
phlébographie f. Phlebographie f., Venographie f.
phlébographique phlebographisch
phlébolithe m. Phlebolith m.

**phlébothrombose f.** Phlebothrombose f.
**phlébotomie f.** Phlebotomie f., Venaesectio f., Venensektion f.
**Phlebotomus papatasii m.** Phlebotomus papatasii m.
**phlébovirus m.** Phlebovirus n.
**phlegmatia f.** Phlegmasie f.
**phlegmon m.** Phlegmone f.
**phlegmoneux** phlegmonös
**phlogistique** phlogistisch
**phlorhizine f.** Phlorhizin n.
**phloroglucine f.** Phlorogluzin n.
**phloxine f.** Phloxin n.
**phlyctène f.** Phlyktäne f.
**phlyctène de brûlure f.** Brandblase f.
**phobie f.** Phobie f.
**phobie cardiaque f.** Kardiophobie f.
**phobie de la nudité f.** Nudophobie f.
**phobie de situation f.** Situationsangst f.
**phobique** phobisch
**phobophobie f.** Phobophobie f.
**phocomalacie f.** Linsenerweichung f.
**phocomélie f.** Phokomelie f.
**pholcodine f.** Pholcodin n.
**phon m.** Phon n.
**phonasthénie f.** Phonasthenie f., Rhesasthenie f.
**phonation f.** Phonation f.
**phonème m.** Phonem n.
**phonétique** phonetisch
**phonétique f.** Phonetik f.
**phoniatrie f.** Phoniatrie f.
**phoniatrie, spécialiste de f.** Phoniatrin f.
**phoniatrie, spécialiste de m.** Phoniater m.
**phonique** phonatorisch
**phonoangiographie f.** Phonangiographie f.
**phonocardiogramme m.** Phonokardiogramm n., PKG n.
**phonocardiographe m.** Phonokardiograph m.
**phonocardiographie f.** Herzschallschreibung f., Phonokardiographie f.
**phonocardiographique** phonokardiographisch
**phonogramme m.** Phonogramm n.
**phonographie f.** Phonographie f.
**phonographique** phonographisch

**phonologie f.** Phonologie f.
**phonologique** phonologisch
**phonophobie f.** Phonophobie f.
**phonopsie f.** Phonopsie f.
**phonoscope m.** Phonoskop n.
**phonotransducteur m.** Schallkopf m.
**phorbol m.** Phorbol n.
**phoromètre m.** Phoropter m.
**phosgène m.** Phosgen n.
**phosphagène m.** Phosphagen n.
**phosphamide m.** Phosphamid n.
**phosphane m.** Phosphan n.
**phosphatase f.** Phosphatase f.
**phosphatase acide f.** Prostataphosphatase f., saure Phosphatase f.
**phosphate f.** Fosfat n., Phosphat n.
**phosphaté** phosphathaltig
**phosphate à haute énergie m.** energiereiches Phosphat n.
**phosphate de cuivre m.** Kupferphosphat n.
**phosphate de sodium m.** Natriumphosphat n.
**phosphate organique m.** Organophosphat n.
**phosphate terreux m.** Erdphosphat n.
**phosphate triple m.** Tripelphosphat n.
**phosphatidate m.** Phosphatidat n.
**phosphatide m.** Phosphatid n.
**phosphatidyle m.** Phosphatidyl n.
**phosphatine f.** Phosphatin n.
**phosphatogéne** phosphatbildend
**phosphaturie f.** Phosphaturie f.
**phosphide m.** Phosphid n.
**phosphine f.** Phosphin n.
**phosphite m.** Phosphit n.
**phosphoadénosine f.** Phosphoadenosin n.
**phosphocréatine f.** Phosphokreatin n.
**phosphodiester m.** Phosphodiester m.
**phosphodiestérase f.** Phosphodiesterase f.
**phosphoénolpyruvate m.** Phosphoenolpyruvat n.
**phosphofructokinase f.** Phosphofruktokinase f.
**phosphoglucomutase f.** Phosphoglukomutase f.
**phosphogluconate m.** Phosphoglukonat n.
**phosphoglucose m.** Phosphoglukose f.

phosphoglycérate m. Phosphoglyzerat n.
phosphoglycéride m. Phosphoglyzerid n.
phosphokinase f. Phosphokinase f.
phospholambane m. Phospholamban n.
phospholipase f. Phospholipase f.
phospholipide m. Phospholipid n.
Phosphomanno-isomérase f. Phosphomannoisomerase f.
phosphonate m. Phosphonat n.
phosphonoformate m. Phosphonoformat n.
phosphoprotéine f. Phosphoprotein n.
phosphopyridine f. Phosphopyridin n.
phosphore m. Phosphor m.
phosphore organique m. organischer Phosphor m.
phosphorer phosphorieren
phosphorescence f. Phosphoreszenz f.
phosphoreux phosphorhaltig (dreiwertig)
phosphoribosylpyrophosphate m. Phosphoribosylpyrophosphat n.
phosphoribosyltransférase f. Phosphoribosyltransferase f.
phosphorique phosphorhaltig (fünfwertig)
phosphorofluoridate m. Phosphorofluoridat n.
phosphorylase f. Phosphorylase f.
phosphorylation f. Phosphorylierung f.
phosphoryle m. Phosphoryl n.
phosphoryler phosphorylieren
phosphoryléthanolamine f. Phosphorylethanolamin n.
phosphosérine f. Phosphoserin n.
phosphosulfate m. Phosphosulfat n.
phosphothiamine f. Phosphothiamin n.
phosphotransférase f. Phosphotransferase f.
phosphowolframate m. Phosphowolframat n.
phot m. Phot n.
photique photisch
photoalgie f. Photodynie f.
photoallergie f. Photoallergie f.
photoallergique photoallergisch
photobiologie f. Photobiologie f.

photocellule f. Photozelle f.
photochimiothérapie f Photochemotherapie f.
photochimique photochemisch
photochromogéne photochromogen
photocoagulation f. Lichtkoagulation f., Photokoagulation f.
photodermie f. Photodermie f.
photodynamique photodynamisch
photoélectrique photoelektrisch
photogastroscopie f. Photogastroskopie f.
photogénique photogen
photographie f. Photographie f.
photographique photographisch
photohétérotrophie f. Photoheterotrophie f.
photoinactivation f. Photoinaktivierung f.
photokinésie f. Photokinese f.
photokinésique photokinetisch
photolyse f. Photolyse f.
photolytique photolytisch
photomètre m. Photometer n.
photomètre à degrés m. Stufenphotometer n.
photomètre de flamme m. Flammenphotometer n.
photométrie f. Photometrie f.
photométrie de flamme f. Flammenphotometrie f.
photométrique photometrisch
photomicroscopie f. Photomikroskopie f.
photomorphose f. Photomorphose f.
photon m. Photon n.
photooxydation f. Photooxidation f.
photophobie f. Lichtscheu f., Photophobie f.
photophosphorylation f. Photophosphorylierung f.
photopsie f. Photopsie f.
photopsine f. Photopsin n.
photorécepteur m. Photorezeptor m.
photoscintigraphie f. Photoszintigraphie f.
photosensibilisation f. Photosensibilisierung f.
photosensibilité f. Lichtempfindlichkeit f., Photosensibilität f.
photosensible lichtempfindlich, photosensibel

photostimulation f. Lichtstimulation f.
photosynthèse f. Photosynthese f.
phototaxie f. Phototaxis f.
photothérapie f. Phototherapie f.
phototimer m. Phototimer m.
phototoxique phototoxisch
phototrope phototrop
phototrophique phototroph
phrénicocolique phrenikokolisch
phrénicotomie f. Phrenikotomie f.
phrénicotripsie f. Phrenikotripsie f.
phrénocolique phrenokolisch
phrénoélévation f. Zwerchfellhochstand m.
phrénologie f. Phrenologie f.
phrénologique phrenologisch
phrénologue f. Phrenologin f.
phrénologue m. Phrenologe m.
phrénoplégie f. Zwerchfellähmung f.
phrénoptose f. Zwerchfelltiefstand m.
phrénosine f. Phrenosin n.
phrynodermie f. Phrynodermie f.
phtalamate m. Phthalamat n.
phtalamidine f. Phthalamidin n.
phtalanilide f. Phthalanilid n.
phtalate m. Phthalat n.
phtalazine f. Phthalazin n.
phtaléine f. Phthalein n.
phtalidolone f. Phthalidolon n.
phtalylsulfathiazol m. Phthalylsulfathiazol n.
phtiriase inguinale f. Filzlausbefall m.
phtiriase pubienne f. Phthiriasis inguinalis f.
phtisie f. Phthise f.
phtisie pulmonaire f. Lungenschwindsucht f.
phtisiogenèse f. Phthisiogenese f.
phtisique phthisisch, schwindsüchtig
phycomycose f. Phykomykose f.
phylaxie f. Phylaxis f.
phyllopyrrol m. Phyllopyrrol n.
phylloquinone f. Phyllochinon n.
phylogenèse f. Phylogenese f.
phylogénétique phylogenetisch
phylum m. Phylum n.
physalis m. Physalide f.
physicien m. Physiker m.
physicienne f. Physikerin f.
physicochimique physikalisch-chemisch

physiochimie f. physiologische Chemie f.
physiochimique physiologisch-chemisch
physiologie f. Physiologie f.
physiologie cellulaire f. Zellularphysiologie f.
physiologie sensorielle f. Sinnesphysiologie f.
physiologique physiologisch
physiologiste f. Physiologin f.
physiologiste m. Physiologe m.
physiopsychique physiopsychisch
physiothérapeute m. f. Physiotherapeut (in) m., f.
physiothérapie f. Physiotherapie f.
physiothérapique physiotherapeutisch
physique physikalisch, physisch
physique f. Physik f.
physique nucléaire f. Kernphysik f.
physiquement körperlich
physiquement handicapé körperbehindert
physostigmine f. Physostigmin n.
phytase f. Phytase f.
phytate m. Phytat n.
phytine f. Phytin n.
phytoagglutinine f. Phytoagglutinin n.
phytoglobuline f. Phytoglobulin n.
phytohémagglutinine f. Phytohämagglutinin n.
phytohormone f. Phytohormon n.
phytoménadione f. Phytomenadion n.
phytostérol m. Phytosterin n.
phytothérapie f. Phytotherapie f.
phytotoxine f. Phytotoxin n.
phytotoxique phytotoxisch
pian m. Frambösie f.
pic m. Gipfel m.
pic de charge m. Spitzenbelastung f.
pica m. Pica f.
picafibrate m. Picafibrat n.
pichet m. Kanne f.
Pick, atrophie cérébrale de f. Picksche Atrophie f.
Pickwick, syndrome de m. Pickwick-Syndrom n.
piclonidine f. Piclonidin n.
picloxydine f. Picloxydin n.
picobenzide m. Picobenzid n.
picodralazine f. Picodralazin n.

picofarad m. Picofarad n.
picolamine f. Picolamin n.
picopérine f. Picoperin n.
picophosphate m. Picofosfat n., Picophosphat n.
picoprazole m. Picoprazol n.
picornavirus m. Picornavirus n.
picosulfate m. Picosulfat n.
picrate m. Pikrat n.
picrine f. Pikrin n.
picrogueusie f. Pikrogeusie f.
picrotoxine f. Pikrotoxin n.
pidolate m. Pidolat n.
pièce de travail f. Arbeitsraum m.
pied m. Fuß m., Stativ n.
pied à coulisse m. Schublehre f.
pied ballant m. Fallfuß m.
pied bot m. Klumpfuß m.
pied bot équin m. Pes equinus m., Spitzfuß m.
pied bot talus m. Hackenfuß m., Pes calcaneus m.
pied bot talus-valgus m. Pes calcaneovalgus m.
pied bot talus-varus m. Pes calcaneovarus m.
pied bot valgus m. Pes valgus m.
pied bot valgus équin m. Pes equinovalgus m.
pied bot varus m. Pes varus m.
pied bot varus équin m. Pes equinovarus m.
pied creux m. Hohlfuß m., Pes cavus m.
pied de Madura m. Madurafuß m.
pied en griffe m. Klauenfuß m.
pied étalé m. Spreizfuß m.
pied fendu m. Spaltfuß m.
pied plat m. Pes planus m., Plattfuß m., Senkfuß m.
pied plat valgus m. Pes planovalgus m.
pied, fouler le den Fuß verstauchen
piedra f. Piedra f., Tinea nodosa f.
pierre f. Stein m.
pierre à aiguiser f. Schleifstein m.
pierre d'Arkansas f. Arkansasabziehstein m.
pierre ponce f. Bimsstein m.
pierre précieuse f. Edelstein m.
piézocéramique piezokeramisch
piézochimie f. Piezochemie f.

piézoélectrique piezoelektrisch
piézoesthésie f. Drucksensibilität f.
piézogène piezogen
PIF (prolactin inhibiting factor) m. PIF (prolaktininhibierender Faktor) m.
pifarnine f. Pifarnin n.
pifénate m. Pifenat n.
pifexol m. Pifexol n.
pifoxime m. Pifoxim n.
pigment m. Pigment n.
pigment biliaire m. Gallenfarbstoff m.
pigmentation f. Pigmentation f., Pigmentierung f.
pigmenté pigmentiert
pigmenter pigmentieren
pilaire pilar
pile f. Batterie f.
pilier de bridge m. Brückenpfeiler m., Brückenträger m.
pilier du voile du palais m. Gaumenbogen m.
pilocarpine f. Pilokarpin n.
pilomoteur pilomotorisch
pilon m. Pistill n.
pilosité pubienne f. Schamhaar n.
pilule f. Pille f.
pilule contraceptive f. Antibabypille f.
pilules de Blaud f. pl. Blaudsche Pillen f. pl.
piméclone f. Pimeclon n.
piméfylline f. Pimefyllin n.
piméthixène m. Pimethixen n.
pimétine f. Pimetin n.
pimétrémide m. Pimetremid n.
piminodine f. Piminodin n.
pimozide m. Pimozid n.
pimpernelle f. Pimpernelle f.
pincé eingeklemmt
pince f. Klemme f., Zange f.
pince à biopsie f. Biopsiezange f., Probeexzisionszange f.
pince à biopsie rectale f. Mastdarmbiopsiezange f.
pince à chalazion f. Chalazionpinzette f.
pince à crochets f. Hakenzange f.
pince à disséquer f. anatomische Pinzette f.
pince à drap f. Moskitoklemme f., Tuchklemme f.

pince à enlever les agrafes f.   Klammerentfernungszange f.
pince à entropion f.   Entropionpinzette f.
pince à épiler f.   Epilationspinzette f.
pince à esquille f.   Splitterpinzette f.
pince à extraction f.   Extraktionszange f., Fremdkörperzange f.
pince à faux germes f.   Abortuszange f.
pince à fixation f.   Fixierpinzette f.
pince à griffes f.   Hakenpinzette f., Vulsellum n.
pince à mors fenêtré (pour calculs biliaires) f.   Gallensteinfaßzange f.
pince à ongles f.   Nagelzange f.
pince à os f.   Knochenfaßzange f., Knochenzange f.
pince à pansement f.   Kornzange f.
pince à papier f.   Bulldogklemme f.
pince à poser les agrafes f.   Klammeranlegezange f.
pince à séquestre f.   Faßzange f., Greifzange f., Sequesterzange f.
pince à stérilisation f.   Sterilisierpinzette f.
pince à tampon f.   Tamponzange f.
pince à tamponnement utérin f.   Uterustamponzange f.
pince artérielle de Kocher f.   Kocherklemme f.
pince chirurgicale f.   chirurgische Pinzette f.
pince ciseaux f.   Irispinzette f.
pince compressive f.   Quetschpinzette f.
pince coupante f.   Zwickzange f.
pince d'alaisage f.   Dehnzange f.
pince de Bernhard f.   Wundrandpinzette f.
pince de compression aortique de Sehrt f.   Sehrtsches Kompressorium n.
pince de Cornet f.   Deckglaspinzette f., Objektträgerpinzette f.
pince de forcipressure f.   Druckklemme f.
pince de Kjeland f.   Kjelandzange f.
pince de Michel f.   Wundklammerpinzette f.
pince de Péan f.   Péansche Klemme f.
pince de Tarnier f.   Tarniersche Zange f.

pince de tension f.   Drahtspannzange f.
pince dentée amygdalienne f.   Tonsillenfaßzange f.
pince dentée d'Asch f.   Darmfaßzange f.
pince dentée pour saisir le poumon f.   Lungenfaßzange f.
pince gouge f.   Hohlmeißelzange f., Löffelzange f.
pince hémostatique f.   Arterienklemme f., Gefäßklemme f.
pince orthodontique f.   Orthodontiezange f.
pince porte-aiguille f.   Nadelhalter m.
pince porte-vis f.   Knochenschraubenhaltezange f.
pince pour ablation de l'ongle f.   Nagelextraktionszange f.
pince pour ablation de polypes f.   Polypenzange f.
pince pour strabisme f.   Schielpinzette f.
pince tire-langue f.   Zungenhalter m., Zungenzange f.
pince tord-fil f.   Drahtbiegezange f.
pince universelle f.   Kombinationszange f.
pincer   abklemmen, klemmen, zerzupfen
pinces à cire f. pl.   Wachszange f.
pincette f.   Pinzette f.
pincette à tampon nasal f.   Nasentamponpinzette f.
pinéalectomie f.   Pinealektomie f.
pinéalocyte m.   Pinealozyt m.
pinéalome m.   Pinealom n.
pinène m.   Pinen n.
pinguecula f.   Pinguecula f.
pinocyte m.   Pinozyt m.
pinocytose f.   Pinozytose f.
pinolcaïne f.   Pinolcain n.
pinta f.   Pinta f.
Pinto, mal de m.   Pinto-Krankheit f.
pipacycline f.   Pipacyclin n.
pipamazine f.   Pipamazin n.
pipampérone f.   Pipamperon n.
pipébuzone f.   Pipebuzon n.
pipécolate m.   Pipecolat n.
pipémide m.   Pipemid n.
pipenzolate m.   Pipenzolat n.
pipéracétazine f.   Piperacetazin n.

pipéramide m.  Piperamid n.
pipérazine f.  Piperazin n.
pipéridine f.  Piperidin n.
pipéridolate m.  Piperidolat n.
pipérine f.  Piperin n.
pipérocaïne f.  Piperocain n.
pipéthamate m.  Pipethamat n.
pipette f.  Pipette f.
pipetter  pipettieren
pipoctanone f.  Pipoctanon n.
pipofézine f.  Pipofezin n.
pipothiazine f.  Pipotiazin n.
pipoxizine f.  Pipoxizin n.
piprinhydrinate m.  Piprinhydrinat n.
piqûre f.  Einstich m., Injektion f.,
    Stich m.
piqûre d'abeille f.  Bienenstich m.
piqûre de punaise f.  Wanzenstich m.
piqûre de tique f.  Zeckenbiß m.
piqûre venimeuse f.  giftiger Stich m.
pirenzépine f.  Pirenzepin n.
pirétanide m.  Piretanid n.
piridocaïne f.  Piridocain n.
piriforme  birnenförmig
pirinidazole m.  Pirinidazol n.
piritramide m.  Piritramid n.
pirlindol m.  Pirlindol n.
piroctone f.  Pirocton n.
pirogliride m.  Piroglirid n.
piroheptine f.  Piroheptin n.
pirolate m.  Pirolat n.
pirolazamide m.  Pirolazamid n.
piroplasmose f.  Piroplasmose f.
piroximone f.  Piroximon n.
Pirquet, cutiréaction de f.  Pirquetsche
    Probe f.
pis m.  Euter n.
Pit, cellule de f.  Pit-Zelle f.
pitofénone f.  Pitofenon n.
pituxate m.  Pituxat n.
pityriasis rosé/rubra/versicolor m.  Pi-
    tyriasis rosea/rubra/versicolor f.
pityrosporum m.  Pityrosporum n.
Pityrosporum orbiculare m.  Mikro-
    sporon furfur m.
pivalate m.  Pivalat n.
pivaloylindandione f.  Pivaloylindan-
    dion n.
pivenfrine f.  Pivenfrin n.
pivot m.  Stift m., Zapfen m. (dent.)
pivot d'ancrage m.  Ankerstift m.
    (dent.)

PL (ponction lombaire) f.  LP (Lumbal
    punktion) f.
placebo m.  Placebo n., Plazebo n.
placenta m.  Mutterkuchen m., Pla-
    zenta f.
placenta praevia m.  Placenta praevia
    f.
placentaire  plazentar
placentation f.  Plazentation f.
placentite f.  Plazentitis f.
placentographie f.  Plazentographie f.
placentome m.  Plazentom n.
placentotoxine f.  Plazentotoxin n.
placer  anbringen
Placido, disque de m.  Placidosche
    Scheibe f.
placode f.  Plakode f.
plaie cavitaire f.  Wundhöhle f.
plaie escarrifiée f.  Wundschorf m.
plaie par morsure f.  Bißwunde f.
plaindre de, se  klagen über
plaintes f. pl.  Beschwerden f. pl.
plaisant  angenehm
plaisir anticipé m.  Vorlust f.
plan  eben
plan m.  Ebene f.
plan corporel m.  Körperebene f.
plan d'occlusion m.  Okklusionsebene
    f.
plan de l'objet m.  Objektebene f.
plan de régime m.  Diätschema n.
plan frontal m.  Frontalebene f.
plan oeil-oreille m.  Ohr-Augen-Ebene
    f.
plan oto-orbital de Francfort m.
    Frankfurter Horizontale f.
plan pelvien m.  Beckenebene f.
plan tomographique m.  Schichtebene
    (röntgenol.) f.
planche f.  Brett n.
plancher de la bouche m.  Mundbo-
    den m.
plancher pelvien m.  Beckenboden m.
planconcave  plankonkav
planconvexe  plankonvex
plancton m.  Plankton n.
planigraphie f.  Planigraphie f.
planigraphique  planigraphisch
planimétrie f.  Planimetrie f.
planing familial m.  Familienplanung
    f.

planocellulaire flachzellig, planozellulär
planocyte m. Planozyt m.
planocytose f. Planozytose f.
plantaire plantar
plante f. Pflanze f.
plante du pied f. Fußsohle f.
plante vénéneuse f. Giftpflanze f.
planter einstechen (Nadel)
plantigrade m. Sohlengänger m.
plaquage en porcelaine m. Porzellanverblendung f.
plaque f. Plaque f., Platte f.
plaque à ailettes f. Flügelplatte f.
plaque aspirante f. Saugplatte f.
plaque d'occlusion f. Bißplatte f. (dent.)
plaque de base f. Aufstellplatte f. (dent.), Basisplatte f.
plaque de mélange f. Mischplatte f. (dent.)
plaque de mixage f. Anrührplatte f. (dent.)
plaque de prothèse f. Prothesenplatte f.
plaque de prothèse dentaire f. Zahnprothesenplatte f.
plaque érythémateuse f. Erythroplakie f.
plaque neurale f. Neuralplatte f.
plaque pour ostéosynthèse f. Knochenplatte f.
plaque terminale f. Endplatte f.
plaque vibrante f. Rüttelplatte f.
plaquette f. Täfelchen n.
plaquette (sanguine) f. Blutplättchen n.
plaquette de protection f. Strahlenschutzplakette f.
plasma m. Plasma n.
plasma congelé m. Gefrierplasma n.
plasma frais surgelé m. Tiefkühlfrischplasma n.
plasma germinatif m. Keimplasma n.
plasma humain m. Humanplasma n.
plasma sec m. Mixoplasma n.
plasma, succédané du m. Plasmaersatzmittel n.
plasmacytoïde plasmazytoid
plasmal m. Plasmal n.
plasmalogène m. Plasmalogen n.
plasmaphérèse f. Plasmapherese f.

plasmatique plasmatisch
plasmide m. Plasmid n.
plasmine f. Plasmin n.
plasminogène m. Plasminogen n.
plasmoblaste m. Plasmablast m.
plasmocytaire plasmozytär
plasmocyte m. Plasmazelle f.
plasmocytome m. Plasmozytom n.
plasmocytose f. Plasmazellenvermehrung f.
plasmodesme m. Plasmodesma n.
plasmodicide plasmodientötend
plasmodicide m. Plasmodizid n.
Plasmodium falciparum m. Plasmodium falciparum n.
Plasmodium immaculatum m. Plasmodium immaculatum n.
Plasmodium malariae m. Plasmodium malariae n.
Plasmodium vivax m. Plasmodium vivax n.
plasmogamie f. Plasmogamie f.
plasmolyse f. Plasmolyse f.
plasmolytique plasmolytisch
plasmome m. Plasmom n.
plasticité f. Plastizität f.
plastide m. Plastid n., Trophoblast m.
plastie f. Plastik (Operation) f.
plastie cartilagineuse f. Knorpelplastik f.
plastie de la mâchoire f. Kieferplastik f.
plastie osseuse f. Knochenplastik f.
plastie par lambeau f. Lappenplastik f.
plastique plastisch
plastique m. Plastik (Material) n.
plastogamie f. Plastogamie f.
plastomère m. Plastomer m.
plastosome m. Plastosom n.
plateau m. Plateau n., Tablett n.
plateau à instruments m. Instrumentenkorb m.
plateau strié m. Kutikularsaum m.
plathelminthe m. Plathelminth m., Plattwurm m.
platinate m. Platinat n.
platine m. Platin n.
plâtre m. Gips m.
plâtre de marche m. Gehgipsverband m.

plâtre dur m. Hartgips m., Marmorgips m.
plâtrer gipsen
platybasie f. Platybasie f.
platycéphalie f. Platyzephalie f.
platycnémie f. Säbelscheidentibia f.
platycranie f. Platykranie f.
platymorphisme m. Platymorphie f.
plein voll
plein air m. Freiluft f.
plein de santé kerngesund
plein de vers madig
pléiochromie f. Pleiochromie f.
pléiochromique pleiochrom
pléiotrope pleiotrop
pléocytose f. Pleozytose f.
pléomorphe pleomorph
pléomorphisme m. Pleomorphie f.
pléonexie f. Pleonexie f.
pléonostéose f. Pleonostose f.
pléoptique f. Pleoptik f.
plérocercoïde m. Plerozerkoid n.
plésiomonas f. Plesiomonas f.
plessimètre m. Plessimeter n.
pléthore f. Plethora f., Vollblütigkeit f.
pléthorique blutreich, plethorisch,
vollblütig
pléthysmogramme m. Plethysmogramm n.
pléthysmographe m. Plethysmograph
m.
pléthysmographie f. Plethysmographie f.
pléthysmographique plethysmographisch
pleural pleural
pleurectomie f. Pleurektomie f.
pleurésie f. Brustfellentzündung f.,
Pleuritis f.
pleurésique pleuritisch
pleurodèse f. Pleurodese f.
pleurodynie f. Pleurodynie f.
pleurogène pleurogen
pleuromuline f. Pleuromulin n.
pleuropéricardique pleuroperikardial
pleuropéricardite f. Pleuroperikarditis
f.
pleuropéritonéal pleuroperitoneal
pleuropéritonéostomie f. Pleuroperitoneostomie f.
pleuropneumolyse f. Pleuropneumolyse f.

pleuropneumonie f. Pleuropneumonie
f.
pleuroscopie f. Pleuroskopie f.
pleurotomie f. Pleurotomie f.
pleuroviscéral pleuroviszeral
plèvre f. Brustfell n., Pleura f.
plexique, atteinte f. Plexuserkrankung
f.
plexus m. Geflecht n., Plexus m.
plexus brachial m. Plexus brachialis
m.
plexus cervical m. Plexus cervicalis m.
plexus d'Auerbach m. Auerbachscher
Plexus m.
plexus de Meissner m. Meissnerscher
Plexus m.
plexus sacré m. Plexus sacralis m.
plexus solaire m. Plexus solaris m.
pli m. Falte f.
pli palmaire m. Handfurche f.
pliage m. Faltung f.
plication f. Plikation f.
plicotomie f. Plikotomie f.
plier falten
plieuse f. Faltapparat m.
plissement m. Faltung f.
pliure f. Abknickung f., Knick m.
ploïdie f. Ploidie f.
plomb m. Blei n.
plombage Füllung f., Plombe f. (dent.)
plomber plombieren
plonger untertauchen
plumage m. Gefieder n.
Plummer-Vinson, syndrome de m.
Plummer-Vinson-Syndrom n.
pluriglandulaire pluriglandulär
pluriloculaire mehrkammerig, multilokulär
plurinucléaire mehrkernig
pluriorificiel pluriorifiziell
plusieurs couches, à mehrschichtig
plusieurs entrées, à mehrtorig
plutonium m. Plutonium n.
pneumarthrogramme m. Pneumarthrogramm n.
pneumarthrographie f. Pneumarthrographie f.
pneumarthrographique pneumarthrographisch
pneumarthrose f. Pneumarthrose f.
pneumatique pneumatisch
pneumatisation f. Pneumatisierung f.

**pneumatiser** pneumatisieren
**pneumatocèle f.** Pneumatozele f.
**pneumatose f.** Pneumatose f.
**pneumaturie f.** Pneumaturie f.
**pneumectomie f.** Pneumektomie f.
**pneumobacille de Friedländer m.** Pneumobazillus Friedländer m.
**pneumocolon m.** Pneumokolon n.
**pneumoconiose f.** Pneumokoniose f.
**pneumocoque m.** Pneumokokkus m.
**Pneumocystis carinii f.** Pneumocystis carinii f.
**pneumocystographie f.** Pneumozystographie f.
**pneumocystose f.** Pneumozystose f.
**pneumocyte m.** Pneumozyt m.
**pneumoencéphalographie f.** Pneumenzephalographie f.
**pneumographe m.** Pneumograph m.
**pneumographie f.** Pneumographie f.
**pneumographie magnétoscopique f.** Magnetopneumographie f.
**pneumographique** pneumographisch
**pneumolithe m.** Pneumolith m.
**pneumologie f.** Pneumologie f., Pulmologie f.
**pneumologique** pneumologisch, pulmologisch
**pneumologue f.** Pulmologin f.
**pneumologue m.** Pulmologe m.
**pneumolyse f.** Pneumolyse f.
**pneumomédiastin m.** Pneumomediastinum n.
**pneumomètre m.** Pneumometer n.
**pneumométrie f.** Pneumometrie f.
**pneumométrique** pneumometrisch
**pneumonectomie f.** Pneumonektomie f.
**pneumonie f.** Lungenentzündung f., Pneumonie f.
**pneumonie aigue interstitielle f.** akute interstitielle Pneumonie f.
**pneumonie bilieuse f.** biliöse Pneumonie f.
**pneumonie caséeuse f.** käsige Pneumonie f.
**pneumonie de déglutition f.** Aspirationspneumonie f.
**pneumonie fibreuse f.** fibröse Pneumonie f.
**pneumonie hypostatique f.** hypostatische Pneumonie f.

**pneumonie lobaire f.** Lobärpneumonie f.
**pneumonie migratrice f.** Wanderpneumonie f.
**pneumonie secondaire à l'infarctus pulmonaire f.** Infarktpneumonie f.
**pneumonie virale f.** Viruspneumonie f.
**pneumonique** pneumonisch
**pneumopathie f.** Pneumopathie f.
**pneumopathie de choc f.** Schocklunge f.
**pneumopéricarde m.** Pneumoperikard n.
**pneumopéritoine m.** Pneumoperitoneum n.
**pneumopéritonéographie f.** Pneumoperitoneographie f.
**pneumopyélographie f.** Pneumopyelographie f.
**pneumoradiographie f.** Pneumoradiographie f.
**pneumorétropéritoine m.** Pneumoretroperitoneum n.
**pneumoscrotum m.** Pneumoskrotum n.
**pneumotachogramme m.** Pneumotachogramm n.
**pneumotachographe m.** Pneumotachograph m.
**pneumotachographie f.** Pneumotachographie f.
**pneumotachographique** pneumotachographisch
**pneumothorax m.** Pneumothorax m.
**pneumothorax à soupape m.** Ventilpneumothorax m.
**pneumothorax sous tension m.** Spannungspneumothorax m.
**pneumothorax spontané m.** Spontanpneumothorax m.
**pneumotrope** pneumotrop
**poche f.** Sack m., Tasche (anat.) f., Tasche f.
**poche à air de l'estomac f.** Magenblase f.
**poche à urines f.** Urinauffangbeutel m.
**poche alvéolaire f.** Alveolarspalte f.
**poche d'urine f.** Harnauffangbeutel m.

poche de perfusion f. Infusionsbeutel m.
poche génienne f. Wangentasche f.
poche gingivale f. Zahnfleischtasche f.
poche recevant les sécrétions f. Sekretsammelgefäß n.
poche valvulaire f. Klappentasche f.
poche, en sackartig
podagre f. Podagra n.
podocyte m. Podozyt m.
pododermatite verruqueuse f. Hufkrebs m.
podophylline f. Podophyllin n.
podophyllotoxine f. Podophyllotoxin n.
podotrochilite f. Hufrollenentzündung f.
podotrochléite f. Podotrochlitis f., Strahlbeinlahmheit f.
poids m. Gewicht n.
poids à la naissance m. Geburtsgewicht n.
poids atomique m. Atomgewicht n.
poids du corps m. Körpergewicht n.
poids moléculaire (PM) m. Mol.-Gew. n., Molekulargewicht n.
poids spécifique m. spezifisches Gewicht n.
poids, sans schwerelos
poignée f. Griff m., Handgriff m.
poignée (du câble) f. Kabelgriff m.
poignet m. Handgelenk n.
poïkilocyte m. Poikilozyt m.
poïkilocytose f. Poikilozytose f.
poïkilodermie f. Poikiloderma f., Poikilodermie f.
poïkiloïdie f. Poikiloploidie f.
poïkilosmose f. Poikilosmose f.
poïkilothermie f. Poikilothermismus m.
poïkilothymique poikilothym
poil m. Haar n.
poing m. Faust f.
point m. Punkt m.
point alvéolaire m. Alveolarpunkt m.
point culminant m. Höhepunkt m.
point d'attaque m. Angriffspunkt m.
point d'ébulition m. Siedepunkt m.
point d'inflexion m. Wendepunkt m.
point de Boas m. Boasscher Druckpunkt m.

point de Bolton m. Boltonscher Punkt m.
point de compression dû à la prothése m. Prothesendruckstelle f.
point de congélation m. Gefrierpunkt m.
point de côté m. Seitenstechen n.
point de départ m. Ausgangspunkt m.
point de fonte m. Taupunkt m.
point de fusion m. Schmelzpunkt m.
point de Mac Burney rn. McBurneyscher Punkt m.
point de mesure m. Meßpunkt m.
point de pression m. Druckpunkt m.
point de sortie du nerf m. NAP (Nervenaustrittspunkt) m.
point douloureux m. Schmerzpunkt m.
point lacrymal m. Tränenpunkt m.
point maximum m. punctum maximum m.
point ovarien hypersensible m. Hyperovarie f.
point sous-claviculaire d'Erb m. Erbscher Punkt m.
point, en forme de punktförmig
pointe f. Spitze f., Zipfel m.
pointe de la langue f. Zungenspitze f.
points hémorragiques m. pl. punktförmige Blutung f.
Poiseuille, loi de f. Poiseuillesches Gesetz n.
poison m. Gift n.
poitrine f. Brust f.
poitrine développée, à vollbrüstig
poitrine plate f. Flachbrust f.
poivre m. Pfeffer m.
polaire polar
polarimètre m. Polarimeter n.
polarimétrie f. Polarimetrie f.
polarimétrique polarimetrisch
polarisation f. optische Drehung f, Polarisation f., Polarisierung f.
polariscopie f. Polariskopie f.
polariser polarisieren
polarité f. Polarität f.
polarographe m. Polarograph m.
polarographie f. Polarographie f.
polarographique polarographisch
pôle m. Pol m.
poli m. Politur f.

**police sanitaire f.**   Gesundheitspolizei f., Sanitätspolizei f.
**policlinique f.**   Poliklinik f.
**poliodystrophie f.**   Poliodystrophie f.
**polioencéphalite f.**   Polioenzephalitis f.
**poliomyélite f.**   Kinderlähmung f.
**poliomyélite antérieure aigue f.**   Poliomyelitis anterior acuta f.
**poliomyélitique**   poliomyelitisch
**poliose f.**   Poliose f.
**polir**   polieren, schleifen
**polir à l'émeri**   schmirgeln
**polisaponine f.**   Polisaponin n.
**polissoir de finition m.**   Finierfeile f.
**pollakiurie f.**   Pollakisurie f.
**pollen m.**   Pollen m.
**pollinose f.**   Pollenkrankheit f., Pollinose f.
**pollution f.**   Pollution f., Umweltverschmutzung f.
**pollution de l'air f.**   Luftverunreinigung f.
**polonium m.**   Polonium n.
**poloxalène m.**   Poloxalen n.
**polyacryl m.**   Polyacryl n., Polyakryl n.
**polyacrylamide m.**   Polyakrylamid n.
**polyacrylate m.**   Polyakrylat n.
**polyacrylonitrile m.**   Polyakrylonitril n.
**polyadénite f.**   Polyadenitis f.
**polyagglutination f.**   Polyagglutination f.
**polyalgie f.**   Polyalgesie f.
**polyamide m.**   Polyamid n.
**polyamine f.**   Polyamin n.
**polyanionprécipitation f.**   Polyanionenpräzipitation f.
**polyartérite f.**   Polyarteriitis f.
**polyarthrite f.**   Polyarthritis f.
**polyarthrite chronique rhumatismale f.**   primär chronische Polyarthritis f.
**polyarthrite rhumatoide aigue f.**   Polyarthritis rheumatica acuta f.
**polyarthrite tuberculeuse de Poncet f.**   Poncetsches Rheumatoid n.
**polyarthritique**   polyarthritisch
**polyarticulaire**   polyartikulär
**polyase f.**   Polyase f.
**polyavitaminose f.**   Polyavitaminose f.
**polyaxial**   polyaxial
**polybasique**   polybasisch

**polycaryocyte m.**   Polykaryozyt m.
**polycentrique**   polyzentrisch
**polychimiothérapeutique**   polychemotherapeutisch
**polychimiothérapie f.**   Polychemotherapie f.
**polychlorer**   polychlorieren
**polycholie f.**   Polycholie f.
**polychondrite f.**   Polychondritis f.
**polychromasie f.**   Polychromasie f.
**polychromatophile**   polychromatophil
**polychromatophilie f.**   Polychromatophilie f.
**polychrome**   polychromatisch
**polyclonal**   polyklonal
**polycyclique**   polyzyklisch
**polycystique**   polyzystisch
**polycystographie f.**   Polyzystographie f.
**polycythémie f.**   Polyzythämie f.
**polycytose f.**   Polyzytose f.
**polydactylie f.**   Polydaktylie f.
**polydésoxyribonucléotide m.**   Polydesoxyribonukleotid n.
**polydioxanone f.**   Polydioxanon n.
**polydipsie f.**   Polydipsie f.
**polyélectrolyte m.**   Polyelektrolyt m.
**polyène m.**   Polyen n.
**polyépiphysaire**   polyepiphysär
**polyergique**   polyergisch
**polyesthésie f.**   Polyästhesie f.
**polyétadène m.**   Polyetaden n.
**polyéthylène m.**   Polyäthylen n., Polyethylen n.
**polygalactie f.**   Polygalaktie f.
**polygalacturonase f.**   Polygalakturonase f.
**polygalacturonate m.**   Polygalakturonat n.
**polygéminie f.**   Polygéminie f.
**polygénique**   polygen
**polyglandulaire**   polyglandulär
**polyglobulie f.**   Polyglobulie f.
**polygonal**   polygonal
**polyhexanide m.**   Polihexanid n.
**polyhydroxypolycyclique**   polyhydroxypolyzyklisch
**polyhyperménorrhée f.**   Polyhypermenorrhöe f.
**polyhypoménorrhée f.**   Polyhypomenorrhöe f.
**polyinsaturé**   ungesättigt, mehrfach

**polyinsulaire** polynesisch, multifokal
**polyisoprène m.** Polyisopren n.
**polyménorrhée f.** Polymenorrhöe f.
**polymérase f.** Polymerase f.
**polymère** polymer
**polymère m.** Polymer n.
**polymérie f.** Polymerie f.
**polymérisation f.** Polymerisation f., Polymerisierung f.
**polymériser** polymerisieren
**polymérisme m.** Polymerie f.
**polyméthylène m.** Polymethylen n.
**polymoléculaire** hochmolekular
**polymorphe** polymorph
**polymorphisme m.** Polymorphie f.
**polymyalgie f.** Polymyalgie f.
**polymyosite f.** Polymyositis f.
**polyneural** polyneural
**polyneuropathie f.** Polyneuropathie f.
**polyneuroradiculoganglionite f.** Neuronitis f.
**polynévrite f.** Polyneuritis f.
**polynévritique** polyneuritisch
**polynucléaire** polynukleär
**polynucléaire m.** segmentkerniger Leukozyt m.
**polynucléaire basophile m.** basophiler Leukozyt m.
**polynucléaire éosinophile m.** eosinophiler Leukozyt m.
**polynucléaire neutrophile m.** neutrophiler Leukozyt m.
**polynucléotide m.** Polynukleotid n.
**polyoestradiol m.** Polyöstradiol n.
**polyol m.** Polyol n.
**polyomavirus m.** Polyomavirus n.
**polyopsie f.** Polyopsie f.
**polyorchidie f.** Polyorchidie f.
**polyostéochondrite f.** Polyosteochondritis f.
**polyostose f.** Polyostose f.
**polyotie f.** Polyotie f.
**polyovulation f.** Polyovulation f.
**polypathie f.** Polypathie f.
**polype m.** Polyp m.
**polype cervical m.** Zervikalpolyp m.
**polype de la muqueuse nasale m.** Nasenschleimhautpolyp m.
**polypectomie f.** Polypektomie f.
**polypeptidase f.** Polypeptidase f.
**polypeptide m.** Polypeptid n.
**polypeux** polypös

**polyphagis f.** Polyphagie f.
**polyphasique** polyphasisch
**polyphosphate m.** Polyphosphat n.
**polyploïde** polyploid
**polyploïdie f.** Polyploidie f.
**polypoïde** polypoid
**polypose f.** Polypose f.
**polypragmasie f.** Polypragmasie f.
**polyprényle m.** Polyprenyl n.
**polypropylène m.** Polypropylen n.
**polyradiculaire** poliradikulär
**polyradiculite f.** Polyradikulitis f.
**polyradiculonévrite f.** Polyradikuloneuritis f.
**polyribonucléotide m.** Polyribonukleotid n.
**polyribosome m.** Polyribosom n.
**polysaccharide m.** Polysaccharid n.
**polyscléradénite f.** Polyskleradenitis f.
**polysérosite f.** Polyserositis f.
**polysiloxane m.** Polysiloxan n.
**polysomie f.** Polysomie f.
**polysomique** polysom
**polysomnographie f.** Polysomnographie f.
**polysomnographique** polysomnographisch
**polysorbate m.** Polysorbat n.
**polyspermie f.** Polyspermie f.
**polystichiasis f.** Polystichiasis f.
**polystyrène m.** Polystyrol n.
**polysulfate m.** Polysulfat n.
**polysymptomatique** polysymptomatisch
**polysynaptique** polysynaptisch
**polythélie f.** Polythelie f.
**polythiazide m.** Polythiazid n.
**polytopie f.** Polytopie f.
**polytopique** polytopisch
**polytoxicomanie f.** Polytoxikomanie f.
**polytransfusé** mehrfach transfundiert
**polytraumatiser** mehrfach traumatisieren, mehrfach verletzen
**polytrope** polytrop
**polyuréthane m.** Polyurethan n.
**polyurie f.** Polyurie f.
**polyvalent** polyvalent
**polyvinyle m.** Polyvinyl n.
**polyxène** polyxen
**pommade f.** Pomade f., Salbe f.
**pommade boriquée f.** Borsalbe f.

**pommade d'oxyde de zinc f.** Zinksalbe f.
**pommade émulsifiée f.** Emulsionssalbe f.
**pommade nasale f.** Nasensalbe f.
**pommade ophtalmique f.** Augensalbe
f.
**pommade réfrigérante f.** Kühlsalbe f.
**pomme d'Adam f.** Adamsapfel m.
**pompe f.** Pumpe f.
**pompe à ballon intraaortique f.** IABP
(intra-aortale Ballonpumpe) f.
**pompe à diffusion d'huile f.** Öldiffusionspumpe f.
**pompe à jet d'eau f.** Wasserstrahlpumpe f.
**pompe à perfusion f.** Infusionspumpe
f.
**pompe à vide f.** Vakuumpumpe f.
**pompe aspirante f.** Saugpumpe f.
**pompe de filtrage f.** Filtrierpumpe f.
**pomper** abpumpen, auspumpen,
pumpen
**ponction f.** Einstich m., Punktion f.
**ponction cisternale f.** Subokzipitalpunktion f.
**ponction exploratrice f.** Probepunktion f.
**ponction lombaire f.** Lumbalpunktion f.
**ponction pleurale f.** Pleurapunktion f.
**ponction sous-occipitale f.** SOP (Subokzipitalpunktion) f.
**ponction sternale f.** Sternalpunktion f.
**ponction veineuse f.** Venenpunktion f.
**ponction ventriculaire f.** Ventrikelpunktion f.
**ponctionner** abzapfen, einstechen,
punktieren
**ponctuel** punktuell
**ponfibrate m.** Ponfibrat n.
**pont m.** pons m.
**pont de Varole m.** Brücke (anat.) f.
**pont de Wheatstone m.** Wheatstonesche Brücke f.
**pontage m.** Umgehung f.
**pontocérébelleux** pontozerebellär, zerebellopontin
**poplité** popliteal
**population f.** Population f.
**population rurale f.** Landbevölkerung
f.

**population urbaine f.** Stadtbevölkerung f.
**poradénite f.** Poradenitis f.
**porcelaine f.** Porzellan n.
**porcelet m.** Ferkel n.
**pore m.** Pore f.
**porencéphalie f.** Porenzephalie f.
**poreux** porös
**porokératose f.** Porokeratose f.
**porose f.** Porose f.
**porose cérébrale f.** Porozephalose f.
**porphine f.** Porphin n.
**porphobilinogène m.** Porphobilinogen n.
**porphyrie f.** Porphyrie f., Porphyrismus m.
**porphyrine f.** Porphyrin n.
**porphyrinémie f.** Porphyrinämie f.
**porphyrinurie f.** Porphyrinurie f.
**porphyropsine f.** Porphyropsin n.
**port m.** Tragen n.
**portant des dents** zahntragend
**portatif** tragbar
**porte m.** Halter m., Halterung f.
**porte f.** Portal n., Pforte f.
**porte d'entrée f.** Eintrittspforte f.
**porte amalgame m.** Amalgamträger
m.
**porte empreinte métallique non perforé
m.** Löffelplatte f.
**porte empreinte-partielle m.** Teilabdrucklöffel m.
**porte empreinte perforé m.** Lochlöffel
m.
**porte fil m.** Fadenführer m.
**porte film m.** Filmhalter m.
**porte inlay m.** Inlayhalter m.
**porte instruments m.** Instrumentenhalter m.
**porte lancette m.** Impffederhalter m.
**porte ligature m.** Ligaturenhalter m.
**porte serviettes m.** Serviettenhalter m.
**porte tampon m.** Tamponträger m.
**portée f.** Wurf (zool.) m.
**porter** eintragen, tragen
**porteur m.** Träger m.
**porteur de canule m.** Kanülenhalter
m.
**porteur de feuille m.** Folienträger m.
**porteur de germe m.** Keimträger m.
**porteur de germes chronique m.** Dauerausscheider m.

P

**porteur de prothèse m.** Prothesenträger m.

**porteur de vitamine m.** Vitaminträger m.

**porteuse de prothèse f.** Prothesenträgerin f.

**portion f.** Portion f.

**portion vaginale du col de l'utérus f.** Portio f.

**portocaval** portocaval

**portographie f.** Portographie f.

**pose-bistouri m.** Messerbänkchen n.

**pose de broche f.** Verdrahtung f.

**pose de l'inlay f.** Inlayeinbettung f.

**positif** positiv

**position f.** Lage f., Position f.

**position allongée f.** Liegen n.

**position anormale de la dent f.** Zahnstellungsanomalie f.

**position de décubitus ventral f.** Bauchlage f.

**position de la dent f.** Zahnstellung f.

**position de repos f.** Ruhelage f.

**position de Trendelenburg f.** Kopftieflage f.

**position de Walcher f.** Walchersche Hängelage f.

**position génu-cubitale f.** Knie-Ellenbogen-Lage f.

**position haute du diaphragme f.** Hochstand (des Zwerchfells) m.

**position intermédiaire, en** zwischengelagert

**position moyenne f.** Mittellage f.

**position occipitale antérieure f.** vordere Hinterhauptshaltung f.

**position occipitale postérieure f.** hintere Hinterhauptshaltung f.

**position occlusale f.** Bißlage f., Okklusallage f., Okklusionslage f.

**position opposée, en** gegenüberliegend

**position transversale f.** Querstand (obstetr.) m.

**position verticale (ECG) f.** Steiltyp (EKG) m.

**positionnel** stellungsmäßig

**positionnement m.** Lagerung f. (in eine Lage bringen)

**positionnement pour vésicotomie m.** Steinschnittlage f.

**positionneur m.** Positioner m.

**positrocéphalogramme m.** Positrozephalogramm n.

**positrocéphalographique** positrozephalographisch

**positron m.** Positron n.

**positrontomographie f.** PET (Positronenemissionstomographie) f., Positronencomputertomographie f.

**poskine f.** Poskin n.

**posologie f.** Posologie f., Dosierung f.

**possibilité de perfusion f.** Perfusionsfähigkeit f.

**possibilité de résection f.** Resezierbarkeit f.

**postagressif** postaggressiv

**postalimentaire** postalimentär

**postapoplectique** postapoplektisch

**postavortif** postabortiv

**postcardiotomique, syndrome m.** Postkardiotomiesyndrom n.

**postcentral** postzentral

**postcholécystectomique, syndrome m.** Postcholezystektomiesyndrom n.

**postclimactérique** postklimakterisch

**postcoïtal** postkoital

**postcommissural** postkommissural

**postcommissurotomie, syndrome de m.** Postkommissurotomie-Syndrom n.

**postcommotionnel, syndrome m.** Postkommotionssyndrom n.

**postcondensation f.** Nachkondensation f.

**postcontusionnel, syndrome m.** Postkontusionssyndrom n.

**postcure f.** Nachkur f.

**postdécharge f.** Nacherregung f.

**postdental** postdental

**postdiastolique** postdiastolisch

**postdiphtérique** postdiphtherisch

**poste de pansement m.** Verbandplatz m.

**postencéphalitique** postenzephahtisch

**postépileptique** postepileptisch

**postéroinférieur** posteroinferior

**postérolatéral** posterolateral

**postéromédial** posteromedial

**postéromédian** posteromedian

**postéropariétal** posteroparietal

**postérotemporal** posterotemporal

**postérovésiculaire** posterovesikulär

postextrasystolique postextrasystolisch
postfébrile postfebril
postganglionnaire postganglionär
postgastrectomique, syndrome m.
Postgastrektomie-Syndrom n.
postglomérulaire postglomerulär
postgrippal postgrippal
posthémorragique posthämorrhagisch
posthépatique posthepatisch
posthépatitique posthepatitisch
postherpétique postherpetisch
posthite f. Posthitis f.
posthume posthum
posthypnotique posthypnotisch
postinfarctus du myocarde, syndrome
de m. Postmyokardinfarkt-Syndrom n.
postischémique postischämisch
postjonctionnel postjunktional
postlactation f. Postlaktation f.
postmastectomie, syndrome de m.
Postmastektomiesyndrom n.
postménopausal postmenopausal
postmitotique postmitotisch
postnasal postnasal
postnatal postnatal
postopératoire postoperativ
postorbitaire postorbital
postpartum postpartal
postpéricardiotomie, syndrome de m.
Postperikardiotomiesyndrom n.
postphlébitique postphlebitisch
postpneumonique postpneumonisch
postpoliomyélitique postpoliomyelitisch
postposition f. Postposition f.
postpotentiel m. Nachpotential n.
postprandial postprandial
postpubertaire postpubertär
postsinusoïdal postsinusoidal
poststénosique poststenotisch
postsynaptique postsynaptisch
postthrombosique postthrombotisch
posttraumatique posttraumatisch
postural haltungsmäßig
posture f. Haltung f., Stellung f.
postvaccinal postvakzinal
postviral postviral
postzygotique postzygotisch
pot m. Kanne f.

Potain, aspirateur d'épanchement m.
Potainscher Apparat m.
potasse f. Pottasche f.
potasse caustique f. Ätzkali n.
potassium m. Kalium n.
potence f. Bettgalgen m.
potentialisation f. Potenzierung
(pharm.) f.
potentialiser potenzieren
potentiel potentiell
potentiel m. Potential n., potentiell
potentiel de défense m. Abwehrkraft
f.
potentiel de pointe m. Spitzenpotential (EKG) n.
potentiel évoqué m. provoziertes Potential n.
potentiomètre m. Potentiometer n.
potentiométrie f. Potentiometrie f.
potentiométrique potentiometrisch
potion f. Trank m.
potomanie f. Potomanie f.
Pott, mal vertébral de m. Pottscher
Bukkel m.
Potter, syndrome de m. Potter-Syndrom n.
pou m. Laus f.
pou de la tête m. Kopflaus f.
pou du corps m. Kleiderlaus f.
pou du pubis m. Filzlaus f.
poubelle f. Abfalleimer m.
poubelle des pansements f. Verbands-
toffeimer m.
pouce m. Daumen m.
poudre f. Puder n., Pulver n.
poudre à éternuer f. Schnupfpulver m.
poudre biliaire f. Gallenpulver n.
poudre brûlée f. Pulverschmauch m.
poudre de Dover f. Doversches Puder
n.
poudre de lycopode f. Bärlappsamen
m.
poudre de marbre f. Marmorpulver n.
poudre dentifrice f. Zahnpulver n.
poudre effervescente f. Brausepulver
n.
poudre insecticide f. Insektenpulver n.
poudre ipéca-opium f. Pulvis Ipecacuanhae opiatus m.
poudre pectorale f. Brustpulver n.
poudre pour les pieds f. Fußpuder n.
poudrer pudern

P

**poule d'élevage f.** Zuchthuhn n.
**pouliner** fohlen
**pouls m.** Puls m.
**pouls alternant m.** Pulsus alternans m.
**pouls bigéminé m.** Pulsus bigeminus m.
**pouls capillaire m.** Kapillarpuls m.
**pouls capillaire sur l'ongle m.** Nagelpuls m.
**pouls carotidien m.** Karotispuls m.
**pouls déficitaire m.** Pulsdefizit n.
**pouls dur m.** gespannter Puls m.
**pouls dur d'hypertension intracranienne m.** Druckpuls m.
**pouls filiforme m.** fadenförmiger Puls m.
**pouls paradoxal m.** Pulsus paradoxus m.
**pouls pédieux m.** Fußpuls m.
**pouls radial m.** Radialispuls m.
**pouls veineux m.** Venenpuls m.
**pouls, sans -** pulslos
**poumon m.** Lunge f.
**poumon aréolaire m.** Wabenlunge f.
**poumon congestif m.** Stauungslunge f.
**poumon d'acier m.** Eiserne Lunge f.
**poumon du fermier m.** Farmerlunge f.
**poumon floconneux m.** Schneegestöberlunge f.
**poumon oedémateux m.** Flüssigkeitslunge f.
**pouponnière f.** Säuglingsheim m.
**pour observation** z. B. (zur Beobachtung)
**pourcentage m.** Prozent n.
**pourcentage volumique m.** Volumprozent n.
**pourpre de bromocrésol m.** Bromkresolpurpur m.
**pourpre de crésol m.** Kresolpurpur m.
**pourpre visuel m.** Erythropsin n., Sehpurpur m.
**pourrir** verfaulen
**pourriture f.** Fäulnis f.
**pourvu de dents** gezahnt
**pousse couronne en buis m.** Kronensetzer m.
**poussée f.** Schub m.
**pousser** wachsen
**poussière f.** Staub m.
**poussière de forage f.** Bohrstaub m.

**poussières domestiques f. pl.** Hausstaub m.
**poussin m.** Küken n.
**poussivité f.** Dämpfigkeit f. (vet.)
**poussoir m.** Stoßeisen n. (dent.)
**pouvoir adhésif m.** Haftfestigkeit f.
**pouvoir conducteur m.** Leitfähigkeit f.
**pouvoir curatif m.** Heilkraft f.
**pouvoir d'imbibition m.** Quellkraft f.
**pouvoir séparateur m.** Auflösungsvermögen n.
**povidone f.** Povidon n.
**pragmatagnosie f.** Pragmatagnosie f.
**pragmatique** pragmatisch
**pragmatisme m.** Pragmatismus m.
**pramivérine f.** Pramiverin n.
**pramocaïne f.** Pramocain n.
**pramoxine f.** Pramoxin n.
**prampine f.** Prampin n.
**praséodyme m.** Praseodym n.
**prastérone f.** Prasteron n.
**praticien m.** praktischer Arzt m.
**pratique** praktisch, zweckmäßig
**pratiquer** praktizieren
**pratiquer la résection** resezieren
**pratiquer une bursectomie** bursektomieren
**pratiquer une divulsion** absprengen
**praxadine f.** Praxadin n.
**prazépine f.** Prazepin n.
**praziquantel m.** Praziquantel n.
**préagonique** präagonal
**préalbumine f.** Präalbumin n.
**préaltéré** vorgeschädigt
**préamplificateur m.** Vorverstärker m.
**préanalytique** präanalytisch
**préanaphylactique** präanaphylaktisch
**préauriculaire** präaurikulär
**prébétalipoprotéine f.** Präbetalipoprotein n.
**prébuberté f.** Präpubertät f.
**précancéreux** präkanzerös
**précancérose f.** Präkanzerose f.
**précapillaire** präkapillär
**précapillaire m.** Präkapillare f.
**précarcinomateux** präkarzinomatös
**précarieux** präkariös
**précédant** vorausgehend, vorhergehend
**précentral** präzentral
**précharge f.** Vorlast f.

**précipitation f.** Präzipitation f.
**précipité m.** Präzipitat n.
**précipité d'oxyde jaune de mercure m.**
   Hydrargyrum oxydatum flavum n.
**précipité de chlorure mercureux m.**
   Hydrargyrum praecipitatum album
   n.
**précipiter** fällen (chem.), niederschlagen
**précipitine f.** Präzipitin n.
**précipitinogène m.** Präzipitinogen n.
**précirrhotique** präzirrhotisch
**précis** genau
**précision f.** Genauigkeit f., Präzision f.
**précision de la mesure f.** Meßgenauigkeit f.
**préclinique** präklinisch, vorklinisch
**précoce** frühreif
**précoïtal** präkoital
**précoma m.** Präkoma n.
**précomateux** präkomatös
**précommissural** präkommissural
**préconscient** vorbewußt
**précordial** präkordial
**précurseur m.** Vorläufer m.
**prédentine f.** Prädentin n.
**prédestination f.** Vorherbestimmung
   f.
**prédiabète m.** Prädiabetes m.
**prédiabétique** prädiabetisch
**prédiastolique** prädiastolisch
**prédigestion f.** Vorverdauung f.
**prédisposant** prädisponierend
**prédisposé** anfällig
**prédisposition f.** Prädisposition f.
**prédisposition à f.** Anfälligkeit f.
**prednazate m.** Prednazat n.
**prednazoline f.** Prednazolin n.
**prednicarbate m.** Prednicarbat n.
**prednimustine f.** Prednimustin n.
**prednisolamate m.** Prednisolamat n.
**prednisolone f.** Prednisolon n.
**prednisone f.** Prednison n.
**prednylidène m.** Prednyliden n.
**prédominant** überwertig, vorherrschend
**prédominer** prädominieren, vorherrschen
**prééclampsie f.** Präeklampsie f.
**prééclamptique** präeklamptisch
**préémailler** vorglasieren
**préépileptique** präepileptisch

**préexcitation f.** Präexzitation f.
**préexistant** vorbestehend, vorherbestehend
**préface f.** Vorwort n.
**préfénamate m.** Prefenamat n.
**préférence f.** Prädilektion f.
**préformation f.** Präformation f.
**préformation de caillot f.** Preclotting
   n.
**préforme test f.** Proberohling m.
   (dent.)
**préformer** präformieren
**préfrontal** präfrontal
**préganglionnaire** präganglionär
**Pregl, solution de f.** Preglsche Lösung
   f.
**prégnane m.** Pregnan n.
**prégnanolone m.** Pregnanolon n.
**prégnène m.** Pregnen n.
**prégnénolone f.** Pregnenolon n.
**préhépatique** prähepatisch
**préhypertonique** prähypertonisch
**préhypophysaire** prähypophysär
**préinvasif** präinvasiv
**préischémique** präischämisch
**préjonctionnel** präjunktional
**prélèvement à l'éponge m.** Schwammbiopsie f.
**rélèvement à la brosse m.** Bürstenabstrich m.
**prélèvement de sang m.** Blutentnahme
   f.
**prélèvement-échantillon m.** Probe
   (Untersuchungsmaterial) f.
**prélimbique** prälimbisch
**prématuré** früh, vorzeitig
**prématuré m.** frühgeborenes Kind n.
**prémaxillaire** prämaxillar
**prémédication f.** Prämedikation f.,
   Vorbehandlung f.
**prémédiquer** vorbehandeln
**prémélanose f.** Prämelanose f.
**préménopausal** präklimakterisch
**prémenstruel** prämenstruell
**premier plan m.** Vordergrund m.
**première dentition f.** Milchgebiß n.
**prémitotique** prämitotisch
**prémolaire f.** Prämolar m.
**prémonitoire** prämonitorisch
**prémorbide** prämorbid
**prémortel** prämortal
**prémunition f.** Prämunität f.

prénatal pränatal
prendre einnehmen
prendre des précautions Vorkehrungen treffen
prendre froid sich erkälten, sich verkühlen
prendre soin de warten (pflegen)
prendre un bain baden
prendre une empreinte einen Abdruck nehmen
prendre une forme larvée larvieren
prénéoplasique präneoplastisch
prénettoyer vorreinigen
prénistéine f. Prenistein n.
prénovérine f. Prenoverin n.
prénuptial vorehelich
prénylamine f. Prenylamin n.
préoccupation f. Nachdenklichkeit f.
préopératoire präoperativ
préoptique präoptisch
préovulatoire präovulatorisch
préparalytique präparalytisch
préparation f. Präparat n., Präparation f., Vorbereitung f., Zubereitung f.
préparation à l'entrée à l'école d'infirmière f. Krankenpflegevorschule f.
préparation composée f. zusammengesetztes Präparat n.
préparation du moignon f. Stumpfpräparation f. (dent.)
préparation écrasée f. Quetschpräparat n.
préparation en coupes f. Slice cut m.
préparation en lamelle f. Scheibenschnitt m.
préparation microscopique f. Abstrich m.
préparation par tamponnement f. Tupfpräparat n.
préparation pharmaceutique f. Pharmakon n.
préparation vétérinaire f. Tierarznei f.
préparer präparieren, zubereiten
prépatellaire präpatellar
prépéritonéal präperitoneal
prépolir anpolieren
prépolissage m. Vorpolieren n.
prépondérance f. Präponderanz f.
prépontique präpontin
prépsychotique präpsychotisch
prépubertaire präpubertär

prépuce m. Vorhaut f.
prépuce pendant m. überhängende Vorhaut f.
préputial präputial
préputiotomie f. Präputiotomie f.
prépylorique präpylorisch
prépyramidal präpyramidal
prérénal prärenal
présacré präsakral
presbyacousie f. Presbyakusis f.
presbyophrénie f. Presbyophrenie f.
presbyopie f. Presbyopie f.
presbyte alterssichtig, presbyop
presbytie f. Alterssichtigkeit f., Weitsichtigkeit f.
présclérose f. Präsklerose f.
présclérotique präsklerotisch
prescription f. Verordnung f.
prescription non-renouvelable f. einmalige Verordnung f.
prescription obligatoire, à rezeptpflichtig
prescription sur ordonnance f. Rezeptur f.
prescriptions thérapeutiques f. pl. Behandlungsvorschrift f.
prescrire rezeptieren, verordnen
présellaire präsellär
présence f. Vorkommen n.
présence de poux f. Verlausung f.
présence de sphacèles f. Sphakelismus m.
présénile präsenil
présénilité f. Präsenilität f.
présentation f. vorangehender Eiteil m. (obst.), Handelsform f. (pharm.)
présentation céphalique f. Schädellage f., Kopflage f.
présentation de l'épaule f. Schulterlage f.
présentation de la face f. Gesichtslage f.
présentation de la tête f. Kopflage f.
présentation droite f. Geradstand m., Längslage f.
présentation du foetus f. vorangehender Eiteil m.
présentation du front f. Stirnlage f.
présentation du siège f. Steißlage f.
présentation du sommet f. Hinterhauptslage f.

présentation foetale f.　Fruchteinstellung f.

présentation frontale f.　Vorderhauptshaltung f.

présentation modèle-hôpital f.　Anstaltspackung f.

présentation pathologique f.　Fehllage (obstetr.) f.

présentation transversale f.　Querlage (obstetr.) f.

préservatif m.　Gummischutz (Kondom) m., Präservativ n.

présinusoïdal　präsinusoidal

présomptif　präsumptiv

presse f.　Kompressorium n.

presser　auspressen, drängen

pression f.　Drang m., Druck m.

pression auriculaire f.　Vorhofdruck m.

pression d'insertion f.　Verkeilungsdruck m.

pression de l'air f.　Luftdruck m.

pression de remplissage f.　Füllungsdruck m.

pression du liquide céphalorachidien f.　Liquordruck m.

pression hydraulique f.　Wasserdruck m.

pression intraoculaire f.　Augeninnendruck m.

pression intraventriculaire f.　Ventrikeldruck m.

pression masticatoire f.　Kaudruck m.

pression météorique f.　Blähdruck m.

pression négative f.　Unterdruck m.

pression partielle f.　Partialdruck m.

pression sanguine f.　Blutdruck m.

pression veineuse f.　Venendruck m.

pressorécepteur m.　Pressorezeptor m.

pressoréceptif　pressorezeptiv

prestation de maladie f.　Krankengeld n.

présténosé　prästenotisch

présuicidaire　präsuizidal

présure f.　Chymase f.

présynaptique　präsynaptisch

présystolique　präsystolisch

prêt à injecter　spritzbereit, spritzfertig

prêtant à la classification, se　klassifizierbar

prétendu　sogenannt

préthyroïdien　präthyreoidal

prétiadil m.　Pretiadil n.

prétibial　prätibial

prétrachéal　prätracheal

prévalence f.　Prävalenz f.

prévalent　prävalent

prévenir　verhüten, vorbeugen

prévention f.　Prävention f., Verhütung f.

prévention des accidents f.　Unfallverhütung f.

prévertébral　prävertébral

prévésical　prävesikal

prévisible　vorhersehbar

prévoir　vorhersagen

prézygotique　präzygotisch

PRF (facteur de libération de la prolactine) m.　PRF (prolaktinfreisetzender Faktor) m.

priapisme m.　Priapismus m.

pribécaïne f.　Pribecain n.

Price-Jones, courbe de f.　Price-Jonessche Kurve f.

pridéfine f.　Pridefin n.

prifuroline f.　Prifurolin n.

prilocaïne f.　Prilocain n.

primaire　primär

primaquine f.　Primaquin n.

primate m.　Primat m.

primidone f.　Primidon n.

primipare　erstgebärend

primipare f.　Erstgebärende f., Primipara f.

primordial　primordial

primvérose f.　Primverose f.

principe m.　Prinzip n.

principe actif m.　Wirkstoff m.

principe d'exclusion m.　Ausschlußprinzip n.

Prinzmetal, syndrome angineux de m.　Prinzmetal-Angina f.

priorité f.　Priorität f.

prise f.　Griff m.; Eingriff m.; Einnahme f.; Entnahme f.; Anschluss m.

prise d'empreinte sur cire mordue f.　Bißnahme f. (dent.)

prise de mesures f.　Prothesenanmessung f.

prise de sang f.　Blutentnahme f., Blutprobenentnahme f.

prise de secteur f.　Netzstecker m.

prise de terre f.　Erdung f.

prismatique　prismatisch

prisme m. Prisma n.
prisme de Nicol m. Nicolsches Prisma
n.
prismooptomètre m. Prismenoptometer n.
pristinamycine f. Pristinamycin n.
privation f. Entziehung f., Entzug m.
privation de nourriture f. Nahrungsmittelentzug m.
privé privat
prix Nobel m. Nobelpreis m.
proaccélérine f. Proakzelerin n.
proactivateur m. Proaktivator m.
probabilité f. Wahrscheinlichkeit f.
probarbital m. Probarbital n.
probénécide m. Probenecid n.
probilifuscine f. Probilifuszin n.
problème de vision m. Sehstörung f.
procaïnamide m. Procainamid n.,
Prokainamid n.
procaïne f. Procain n., Prokain n.
procarbazine f. Procarbazin n., Prokarbazin n.
procaryote m. Prokaryot m.
procédé duplex m. Duplexsystem n.
procédure f. Handlungsweise f., Prozedur f., Verfahren n.
procès m. Prozeß m.
procès alvéolaire m. Kieferkamm m.
processus d'hémolyse m. Hämolysierung f.
processus de guérison m. Heilungsprozeß m.
prochlorpérazine f. Prochlorperazin
n.
prochromosome m. Prochromosom
n.
prochymosine f. Prochymosin n.
procidence du cordon f. Nabelschnurvorfall m., Nabelschnurvorlagerung
f.
procidence du pied f. Fußvorlagerung
f.
procinonide m. Procinonid n.
procodazole m. Procodazol n.
procollagène m. Prokollagen n.
proconvertine f. Proconvertin n., Prokonvertin n.
procréation f. Nachwuchserzeugung
f., Zeugung f.
proctectomie f. Proktektomie f.
proctitique proktitisch

proctocolectomie f. Proktokolektomie f.
proctocystotomie f. Proktozystotomie
f.
proctogène proktogen
proctologie f. Proktologie f.
proctologique proktologisch
proctologue m. Proktologe m.
proctopexie f. Proktopexie f.
proctoscopie f. Proktoskopie f.
proctoscopique proktoskopisch
proctosigmoïdectomie f. Proktosigmoidektomie f.
proctosigmoïdoscope m. Rektoromanoskop n.
proctosigmoïdoscopie f. Proktosigmoidoskopie f., Rektoromanoskopie
f.
proctosigmoïdoscopique proktosigmoidoskopisch
proctostomie f. Proktostomie f.
proctotomie f. Proktotomie f.
procyclidine f. Procyclidin n.
prodilitine f. Prodilitin n.
prodrome m. Prodrom n., Vorzeichen
n. (med.)
prodromique prodromal
producteur de chaleur wärmebildend
productif ergiebig, produktiv
production f. Ausstoß m., Produktion
f.
production d'une ombre f. Schattengebung f.
production de métastases f. Metastasenbildung f.
produire erzeugen, freisetzen
produit m. Produkt n.
produit alimentaire m. Nahrungsmittel n.
produit aspiré m. Aspirat n.
produit bloquant m. blockierendes
Mittel n.
produit cancérigène m. Karzinogen n.
produit chimique m. Chemikalie f.
produit contre les rongeurs m. Rodentizid n.
produit d'hémolyse m. Hämolysat n.
produit d'hydrolyse m. Hydrolysat n.
produit d'ultrafiltration m. Ultrafiltrat
n.
produit de contraste m. Röntgenkontrastmittel n.

produit de fission (atom.) m. Spaltprodukt n.
produit de lavage m. Waschmittel n.
produit de luxe m. Genußmittel n.
produit de marque m. Markenpräparat n.
produit de nettoyage m. Reinigungsmittel n.
produit de percolation m. Perkolat n.
produit de polymérisation m. Polymerisat n.
produit de soins corporels m. Körperpflegemittel n.
produit de traitement du ténia m.
Bandwurmmittel n.
produit dialysé m. Dialysat n.
produit filtré m. Filtrat n.
produit galénique m. galenisches Mittel n.
produit homogénéisé m. Homogenat
n.
produit humidifiant m. Netzmittel n.
produit médicamenteux m. Arzneiware f.
produit nootrope m. nootropes Mittel
n.
produit phytosanitaire m. Pflanzenschutzmittel n.
produit pour les blessures m. Wundmittel m.
produit pustulant m. blasentreibendes
Mittel n.
produit radiopharmaceutique m. Radiopharmakon n.
produit vésicant m. blasenziehendes
Mittel n.
produits alimentaires m. pl. Lebensmittel n. pl.
proéminence f. Vorwölbung f.
proenzyme f. Proenzym n.
proérythroblaste m. Proerythroblast
m.
proestérase f. Proesterase f.
profane m. Laie m.
profénamine f. Profenamin n.
proferment m. Proferment n.
professeur m., f. Professor (in) m., f.
professeur d'université m. Dozent m.
professeur de faculté m., f. Universitätslehrer (in) m., f.
profession f. Beruf m.

profession exigeant un diplome universitaire f. akademischer Beruf m.
professionnel beruflich, berufsbedingt, professionell
profibrine f. Profibrin n.
profibrinolysine f. Profibrinolysin n.
profil m. Profil n.
profil d'oiseau m. Vogelgesicht n.
profondeur de champ f. Tiefenschärfe
f.
profondeur de l'anesthésie f. Narkosetiefe f.
profus profus
progabide m. Progabid n.
progame progam
progastrine f. Progastrin n.
progénie f. Progenie f.
progénital progenital
progérie f. Progerie f.
progestagène m. Progestagen n.
progestatif progestativ
progestatif m. Gestagen n.
progestérone f. Corpus-luteum-Hor-
mon n., Gelbkörperhormon n., Lutein n., Luteohormon n., Progesteron
n.
proglottis m. Bandwurmglied n.
proglucagon m. Proglukagon n.
proglumétacine f. Proglumetacin n.
proglumide m. Proglumid n.
prognathie f. Prognathie f.
programmable programmierbar
programmateur m. Programmierer
m., Programmiergerät n.
programmation f. Programmierung f.
programmé programmiert
programmé à l'avance vorprogrammiert
programme disponible m. Abrufprogramm n.
programmer programmieren
progrès m. Besserung f., Fortschritt
m.
progrès m. pl. Fortschritte m. pl.
progresser fortschreiten
progressif progredient, progressiv
progression f. Progredienz f., Progression f.
proheptazine f. Proheptazin n.
proinsuline f. Proinsulin n.
projection f. Pojektion f.

P

projection oblique antérieure droite f.
erster Schrägdurchmesser m., Fechterstellung f.
projection oblique antérieure gauche
f. zweiter Schrägdurchmesser m.,
Boxerstellung f.
prolaber  prolabieren
prolactine f.  Prolaktin n.
prolactine f.  Laktationshormon n.
prolactinome m.  Prolaktinom n.
prolactolibérine f.  Prolaktoliberin n.
prolamine f.  Prolamin n.
prolan m.  Prolan n.
prolapsus m.  Vorfall (Prolaps) m.
prolapsus de l'iris m.  Irisprolaps m.
prolapsus du vagin m.  Scheidenvorfall
m.
prolapsus mitral de Barlow m.  floppy
valve
prolidase f.  Prolidase f.
proliférant  wuchernd
prolifératif  proliferativ
prolifération f.  Proliferation f., Wucherung f.
proliférer  proliferieren
proligestone f.  Proligeston n.
prolinamide m.  Prolinamid n.
prolinase f.  Prolinase f.
proline f.  Prolin n.
proline oxydase f.  Prolinoxidase f.
prolintane m.  Prolintan n.
prolinurie f.  Prolinurie f.
prolixe  weitschweifig
prologue m.  Vorspiel n.
prolongation f.  Verlängerung f.
prolongement m.  Fortsatz m.
prolongement de Deiters m.  Achsenzylinderfortsatz m.
prolongement de la vie m.  Lebensverlängerung f.
prolonger  prolongieren
prolylhydroxylase f.  Prolylhydroxylase f.
prolylhydroxyproline f.  Prolylhydroxyprolin n.
promazine f.  Promazin n.
promégacaryocyte m.  Promegakaryozyt m.
promégaloblaste m.  Promegaloblast
m.
promégestone f.  Promegeston n.

promésobilifuscine f.  Promesobilifuszin n.
prométaphase f.  Prometaphase f.
prométhazine f.  Promethazin n.
prométhium m.  Promethium n.
promiscuité f.  Promiskuität f.
promolate m.  Promolat n.
promonocyte m.  Promonozyt m.
promontoire m.  Promontorium n.
promoteur m.  Initiator m., Promotor
m.
promotion f.  Promotion f.
promoxolane m.  Promoxolan n.
prompt  prompt
promyélocytaire  promyelozytär
promyélocyte m.  Promyelozyt m.
pronation f.  Pronation f.
pronéphros m.  Vorniere f.
prononcer  phonieren
pronostic m.  Prognose f.
pronostique  prognostisch
pronucléus m.  Vorkern m.
propafénone f.  Propafenon n.
propagation f.  Ausbreitung f., Propagation f., Verbreitung f.
propager  ausbreiten
propamide m.  Propamid n.
propamidine f.  Propamidin n.
propane m.  Propan n.
propanediol m.  Propandiol n.
propanocaïne f.  Propanocain n.
propanol m.  Propanol n.
propanolamine f.  Propanolamin n.
propanthéline f.  Propanthelin n.
proparacaïne f.  Proparacain n.
propatylnitrate m.  Propatylnitrat n.
propazolamide m.  Propazolamid n.
propédeutique  propädeutisch
propédeutique f.  Propädeutik f.
propénidazole m.  Propenidazol n.
propentdyopent m.  Propentdyopent
n.
properdine f.  Properdin n.
prophage m.  Prophage m.
prophase f.  Prophase f.
prophénamine f.  Prophenamin n.
prophylactique  prophylaktisch, vorbeugend
prophytaxie f.  Prophylaxe f., Vorbeugung f.
propice  günstig
propinétidine f.  Propinetidin n.

propiolactone f. Propiolakton n.
propiomazine f. Propiomazin n.
propion m. Propion n.
propionate m. Propionat n.
propionibactérium m. Propionibakterium n.
propionitrile m. Propionitril n.
propionyle m. Propionyl n.
propiophénone f. Propiophenon n.
propipocaïne f. Propipocain n.
propisergide m. Propisergid n.
propivérine f. Propiverin n.
propizépine f. Propizepin n.
proportiomètre m. Ratimeter n.
proportion f. Proportion f., Rate f.
proportionnel proportional
propoxate m. Propoxat n.
propoxycaïne f. Propoxycain n.
propoxyphène m. Propoxyphen n.
propranolol m. Propranolol n.
propre sang m. Eigenblut n.
propriété f. Eigenschaft f., Eigentum n.
propriété d'adjuvant f. Adjuvantizität f.
propriocepteur m. Propriozeptor m.
proprioceptif propriozeptiv
proprioception f. Propriozeption f.
propulsif propulsiv
propulsion f. Propulsion f.
propylamine f. Propylamin n.
propylbutyldopamine f. Propylbutyldopamin n.
propyle m. Propyl n.
propylène m. Propylen n.
propylhexédrine f. Propylhexedrin n.
propylidène m. Propyliden n.
propyliodone f. Propyliodon n.
propylthiouracile m. Propylthiouracil n.
propypérone f. Propyperon n.
propyphénazone f. Propyphenazon n.
propyromazine f. Propyromazin n.
proquazone f. Proquazon n.
proquinolate m. Proquinolat n.
prorénoate m. Prorenoat n.
proscillaridine f. Proscillaridin n.
prosécrétine f. Prosekretin n.
prosecteur m. Prosektor m.
prosopagnosie f. Prosopagnosie f.
prosopalgie f. Prosopalgie f.
prosoplégie f. Gesichtslähmung f.

prosopoplégie f. Prosopoplegie f.
prospectif prospektiv
prostacycline f. Prostazyklin n.
prostaglandine f. Prostaglandin n.
prostalène m. Prostalen n.
prostanoïde m. Prostanoid n.
prostate f. Prostata f., Vorsteherdrüse f.
prostatectomie f. Prostatektomie f.
prostatique prostatisch
prostatite f. Prostatitis f.
prostatorrhée f. Prostatorrhöe f.
prostatotomie f. Prostatotomie f.
prostatovésiculectomie f. Prostatovesikulektomie f.
prosthétique prosthetisch
prostitution f. Prostitution f.
prosulpride m. Prosulprid n.
prosultiamine f. Prosultiamin n.
protactinium m. Protaktinium n.
protaminase f. Protaminase f.
protamine f. Protamin n.
protanopie f. Protanopie f.
protéase f. Protease f.
protecteur protektiv
protecteur m. Protektor m.
protecteur fond de cavité m. Kavitätenschutzlack m.
protection f. Abschirmung f., Schutz m., Sicherung f.
protection contre les rayons X f. Röntgenstrahlenschutz m.
protection de l'environnement f. Umweltschutz m.
protection de l'oeil f. Augenschutz m.
protection de la joue f. Backenschützer m.
protection de la santé f. Gesundheitsschutz m.
protection des gonades f. Gonadenschutz m.
protection du doigt f. Fingerschützer m.
protection du nourrisson f. Säuglingsfürsorge f.
protection maternelle f. Mutterschutz m.
protection périodique f. Monatsbinde f.
protection plombée f. Bleischutz m.
protection pulpaire f. Unterfüllung f. (dent.)

**protection respiratoire f.** Atemschutz m.

**protection solaire f.** Sonnenschutzmittel n.

**protège-joues m.** Wangenschützer m.

**protéger** abschirmen

**protéide m.** Proteid n.

**protéinase f.** Proteinase f.

**protéine f.** Eiweiß n., Protein n.

**protéine C réactive f.** C-reaktives Protein n.

**protéine de transport f.** Trägerprotein n., Transportprotein n.

**protéine du choc thermique f.** Hitzeschock-Protein n.

**protéine sérique f.** Serumeiweiß n.

**protéines de Bence-Jones f. pl.** Bence-Jonesscher Eiweißkörper m.

**protéines du liquide céphalorachidien f.** Liquoreiweiß n.

**protéines totales f. pl.** Gesamteiweiß n.

**protéines, sans** eiweißfrei

**protéino-composé** eiweißgebunden

**protéinose f.** Proteinose f.

**protéinothérapie f.** Proteinkörpertherapie f.

**protéinurie f.** Eiweißharnen n.

**protéoglycane m.** Proteoglykan n.

**protéohormone f.** Proteohormon n.

**protéolipide m.** Proteolipid n.

**protéolyse f.** Proteolyse f.

**protéolytique** proteolytisch

**protéose f.** Proteose f.

**Proteus vulgaris m.** Proteus vulgaris m.

**prothéobromine f.** Protheobromin n.

**prothèse f.** Ersatz m., Prothese f., Prothetik f.

**prothèse à crochet f.** Klammer-Zahnteilprothese f.

**prothèse adhésive f.** Haftprothese f.

**prothèse amovible f.** herausnehmbare Prothese f.

**prothèse articulaire f.** Gelenkersatz m., Gelenkprothese f.

**prothèse auditive f.** Hörgerät n.

**prothèse coulée f.** Gußprothese f.

**prothèse de couverture f.** Deckprothese f.

**prothèse de la hanche f.** Hüftprothese f.

**prothèse définitive f.** Dauerprothese f.

**prothèse dentaire f.** künstliches Gebiß n., zahnärztliche Prothetik f., Zahnersatz m., Zahnprothese f.

**prothèse dentaire complète f.** Vollzahnprothese f.

**prothèse dentaire „free-end" f.** Freiendprothese f. (dent.)

**prothèse dentaire immédiate f.** Immepdiatprothese f. (dent.)

**prothèse dentaire inférieure f.** Unterkiefer-Zahnprothese f.

**prothèse dentaire partielle f.** Teilzahnprothese f.

**prothèse dentaire provisoire f.** provisorische Zahnprothese f.

**prothèse dentaire supérieure f.** Oberkiefer-Zahnprothese f.

**prothèse fixée** festsitzende Prothese f.

**prothèse immédiate f.** Sofortprothese f. (dent.)

**prothèse magnétique f.** Magnetprothese f.

**prothèse partielle f.** Teilprothese f.

**prothèse partielle inférieure f.** Unterkiefer-Teilprothese f.

**prothèse partielle supérieure f.** Oberkiefer-Teilprothese f.

**prothèse provisoire f.** Interimprothese f., Behelfsprothese f.

**prothèse temporaire f.** provisorische Prothese f.

**prothèse totale f.** Vollprothese f.

**prothèse totale inférieure f.** UnterkieferVollprothese f.

**prothèse totale supérieure f.** OberkieferVollprothese f.

**prothèse valvulaire f.** Klappenersatz m.

**prothésiste f.** Prothetikerin f.

**prothésiste m.** Prothetiker m.

**prothétique** prothetisch

**prothétic (dentaire) f.** Zahnprothetik f., prothetische Zahnheilkunde f.

**prothixène m.** Prothixen n.

**prothrombinase f.** Prothrombinase f.

**prothrombine f.** Prothrombin n.

**prothrombinopénie f.** Prothrombinmangel m., Prothrombinopenie f.

**protide m.** Eiweiß (Protein) n.

**protide plasmatique m.** Plasmaeiweiß n.

protiofate m.   Protiofat n.
protionamide f.   Protionamid n.
protiréline f.   Protirelin n.
protoblaste m.   Protoblast m.
protocole m.   Protokoll n.
protocône m.   Protokonus m.
protodiastolique   protodiastolisch
proton m.   Proton n.
protoplasmatique   protoplasmatisch
protoplasme m.   Protoplasma n.
protoplaste m.   Protoplast m.
protoporphyrine f.   Protoporphyrin n.
protoporphyrinogène m.   Protoporphyrinogen n.
protosystolique   protosystolisch
prototoxine f.   Prototoxin n.
prototype m.   Prototyp m.
protovératrine f.   Protoveratrin n.
protozoaire m.   Protozoon n.
protozoose f.   Protozoonose f.
protraction f.   Protraktion f.
protriptyline f.   Protriptylin n.
protrusion f.   Ausstülpung f., Protrusion f., Vortreibung f.
protubérance f.   Höcker m., Protuberanz f.
protubérance occipitale externe f.
  Inion n.
provirus m.   Provirus m.
provisoirement   vorläufig
provitamine f.   Provitamin n.
provocation f.   Provokation f., Verursachung f., Initiation f.
provoquer   auslösen, provozieren, verursachen
provoquer le dégoût   ekeln
provoquer une allergie   allergisieren
proxazole m.   Proxazol n.
proxétil m.   Proxetil n.
proxibutène m.   Proxibuten n.
proximal   approximal, proximal
proxymétacaïne f.   Proxymetacain n.
proxyphylline f.   Proxyphyllin n.
prozapine f.   Prozapin n.
prozone f.   Prozone f.
prurigineux   pruriginös
prurigo nodulaire m.   Prurigo mitis/
  nodularis m.
prurit m.   Pruritus m., Jucken n.
psammocarcinome m.   Psammokarzinom n.
psammome m.   Psammom n.

psammosarcome m.   Psammosarkom
  n.
pseudarthrose f.   Pseudarthrose f.
pseudoagglutination f.   Pseudoagglutination f.
pseudoagraphie f.   Pseudoagraphie f.
pseudoanévrysme m.   Pseudoaneurysma n.
pseudobinaural   pseudobinaural
pseudobradycardie f.   Pseudobradykardie f.
pseudobulbaire   pseudobulbär
pseudococaïne f.   Pseudokokain n.
pseudodémence f.   Pseudodemenz f.
pseudodiphtérie f.   Pseudodiphtherie f.
pseudodiploidie f.   Pseudodiploidie f.
pseudoéphédrine f.   Pseudoephedrin n.
pseudofracture f.   Pseudofraktur f.
pseudoglaucome m.   Pseudoglaukom
  n.
pseudogliome m.   Pseudogliom n.
pseudoglobuline f.   Pseudoglobulin n.
pseudogonorrhée f.   Pseudogonorrhöe
  f.
pseudogoutte f.   Pseudogicht f.
pseudographie f.   Pseudographie f.
pseudogrossesse f.   Phantomschwangerschaft f.
pseudogueusie f.   Pseudogeusie f.
pseudohallucination f.   Pseudohalluzination f.
pseudohermaphrodisme m.   Pseudohermaphroditismus m.
pseudohermaphrodisme partiel m.
  Androgynie f.
pseudohernie f.   Pseudohernie f.
pseudohypertrophie f.   Pseudohypertrophie f.
pseudohypertrophique   pseudohypertrophisch
pseudohypoparathyroidie f.   Pseudohypoparathyreodismus m.
pseudoisochromatique   pseudoisochromatisch
pseudokyste m.   Pseudozyste f.
pseudolésion f.   Pseudoläsion f.
pseudoleucémie f.   Pseudoleukämie f.
pseudologie f.   Pseudologie f.
pseudolymphome m.   Pseudolymphom n.
pseudomasturbation f.   Pseudomasturbation f.

P

pseudomembraneux pseudomembranös
**Pseudomonas aeruginosa m.** Bacillus
pyoceaneus m., Pseudomonas aeruginosa m.
**pseudomonas m.** Pseudomonas m.
**pseudomyxome m.** Pseudomyxom n.
**pseudoobstruction f.** Pseudoobstruktion f.
**pseudoparalysie f.** Pseudoparalyse f.,
Scheinlähmung f.
**pseudopéritonite f.** Peritonismus m.
**pseudopode m.** Pseudopodie f.
**pseudoprimaire** pseudoprimär
**pseudorage bovine f.** Aujeszkysche
Krankheit f., Pseudowut f.
**pseudoréaction f.** Pseudoreaktion f.
**pseudorhumatisme infectieux m.**
Rheumatoid n.
**pseudosclérose f.** Pseudosklerose f.
**pseudoséreux** pseudoserös
**pseudostructure f.** Pseudostruktur f.
**pseudotabes m.** Pseudotabes f.
**pseudotuberculose f.** Pseudotuberkulose f.
**pseudotuberculose aspergillaire f.**
Taubenzüchterlunge f.
**pseudounipolaire** pseudounipolar
**pseudouridinurie f.** Pseudouridinurie
f.
**pseudoxanthome m.** Pseudoxanthom
n.
**psicaïne f.** Psicain n.
**psilocybine f.** Psilocybin n.
**psilosis m.** Psilose f.
**psittacose f.** Papageienkrankheit f.
**psoralène m.** Psoralen n.
**psoriasiforme** psoriasiform
**psoriasique** psoriatisch
**psoriasis m.** Psoriasis f., Schuppenflechte f.
**psychalgie f.** Psychalgie f.
**psychalgique** psychalgisch
**psychanalyse f.** Psychoanalyse f.
**psychanalyste m.** Psychoanalytiker m.
**psychanalytique** psychoanalytisch
**psychasthénie f.** Psychasthenie f.
**psychasthénique** psychasthenisch
**psychataxie f.** Psychataxie f.
**psychédélique** psychedelisch, psychodelisch
**psychiatre f.** Psychiaterin f.

**psychiatre m.** Fachgebietsarzt für Psy
chiatrie m., Psychiater m.
**psychiatrie f.** Psychiatrie f.
**psychiatrie hospitalière f.** Anstaltspsy
chiatrie f.
**psychiatrique** psychiatrisch
**psychique** psychisch, seelisch
**psychisme m.** Psyche f., psychischer
Befund m.
**psychoacoustique** psychoakustisch
**psychoacoustique f.** Psychoakustik f.
**psychoactif** psychoaktiv
**psychoandrologie f.** Psychoandrologie f.
**psychobiologie f.** Psychobiologie f.
**psychochimie f.** Psychochemie f.
**psychochirurgical** psychochirurgisch
**psychochirurgie f.** Psychochirurgie f.
**psychochirurgien m.** Psychochirurg
m.
**psychocinésie f.** Psychokinesie f.
**psychocinétique** psychokinetisch
**psychodiagnostic m.** Psychodiagnostik f.
**psychodiagnostique** psychodiagnostisch
**psychodrame m.** Psychodrama n.
**psychodynamique** psychodynamisch
**psychodynamique f.** Psychodynamik
f.
**psychogalvanique** psychogalvanisch
**psychogène** psychogen
**psychogénèse f.** Psychogenie f.
**psychogériatrie f.** Alterspsychiatrie f.
**psychogynologie f.** Psychogynologie f
**psycholinguistique f.** Psycholinguistik
f.
**psychologie f.** Psychologie f.
**psychologie animale f.** Tierpsychologie f.
**psychologie du subconscient f.** Tiefen
psychologie f.
**psychologique** psychologisch
**psychologue f.** Psychologin f.
**psychologue m.** Psychologe m.
**psycholyse f.** Psycholyse f.
**psychométrie f.** Psychometrie f.
**psychométrique** psychometrisch
**psychomoteur** ideokinetisch, ideomo
torisch, psychomotorisch
**psychonévrose f.** Psychoneurose f.
**psychonévrotique** psychoneurotisch

**psychopathe f.**  Psychopathin f.
**psychopathe m.**  Psychopath m.
**psychopathie f.**  Psychopathie f.
**psychopathique**  psychopathisch
**psychopharmacologie f.**  Psychopharmakologie f.
**psychopharmacologique**  psychopharmakologisch
**psychophysique**  psychophysisch
**psychoprophylaxie f.**  Psychoprophylaxe f.
**psychoréactif**  psychoreaktiv
**psychose f.**  Psychose f.
**psychose atypique f.**  Mischpsychose f.
**psychose de foule f.**  Massenpsychose
f.
**psychose de plaideur f.**  Prozeßpsychose f.
**psychose du fil barbelé f.**  Stacheldrahtkrankheit f.
**psychose gestationnelle f.**  Schwangerschaftspsychose f.
**psychose maniacodépressive f.**  ma-
nischdepressive Psychose f.
**psychose marginale f.**  Randpsychose
f.
**psychose nihiliste f.**  Nichtigkeitswahn
m.
**psychose par incarcération prolongée
f.**  Haftpsychose f.
**psychose régressive f.**  Involutionspsychose f.
**psychose résiduelle f.**  Residualwahn
m.
**psychose schizophrénique f.**  schizophrene Psychose f.
**psychosensoriel**  psychosensorisch
**psychosexuel**  psychosexuell
**psychosocial**  psychosozial
**psychothérapeutique**  psychotherapeutisch
**psychothérapie f.**  Psychotherapie f.
**psychothérapie de groupe f.**  Gruppenpsychotherapie f.
**psychotique**  psychotisch
**psychotogénique**  psychotogen
**psychotomimétique**  psychoseimitierend, psychotomimetisch
**psychotrope**  psychotrop
**psychovégétatif**  psychovegetativ
**psychromètre m.**  Psychrometer n.
**psychrothérapie f.**  Psychrotherapie f.

**ptérine f.**  Pteridin n.
**ptérygion m.**  Flügelfell n., Pterygium
n.
**ptérygomandibulaire**  pterygomandibulär
**ptérygomaxillaire**  pterygomaxillär
**ptérygopalatin**  pterygopalatin
**ptérygotympanique**  pterygotympanisch
**ptilosis m.**  Ptilose f.
**ptomaine f.**  Leichengift n., Ptomain n.
**ptosé**  ptotisch
**ptose f.**  Ptose f.
**ptose mitrale f.**  Mitralklappenprolaps
m.
**ptyaline f.**  Ptyalin n.
**ptyalisme m.**  Ptyalismus m.
**ptyalocèle f.**  Ptyalozele f.
**puanteur f.**  Gestank m.
**pubère**  mannbar, pubertierend
**pubertaire**  puberal, pubertal, pubertär
**puberté f.**  Geschlechtsreife f., Mannbarkeit f., Pubertät f.
**puberté précoce f.**  Pubertas praecox f.
**pubien**  pubisch
**pubiotomie f.**  Hebosteotomie f., Pubiotomie f.
**pubis m.**  Schambein n.
**puboprostatique**  puboprostatisch
**puborectal**  puborektal
**pubotibial**  pubotibial
**pubovésical**  pubovesikal
**puce f.**  Floh m.
**puce de l'homme f.**  Pulex irritans m.
**puéricultrice f.**  Säuglingspflegerin f.
**puéril**  pueril
**puerpéral**  puerperal
**puerpéralité f.**  Puerperium n.
**puissance génératrice f.**  Zeugungskraft f.
**puissance réfringente f.**  Brechkraft f.
**puissance sexuelle f.**  Potenz f.
**puissant**  potent, wirksam, stark
(pharmakol.)
**pulmoaortique**  pulmoaortal
**pulmonaire**  pulmonal
**pulmorénal**  pulmorenal
**pulpaire**  pulpal, pulpär
**pulpe f.**  Gallerte f., Kronenpulpa f.,
Pulpa f.
**pulpe dentaire f.**  Zahnpulpa f.
**pulpectomie f.**  Pulpektomie f.

pulpite f. Pulpitis f.
pulpome m. Pulpom n.
pulpose f. Pulpose f.
pulpotomie f. Pulpotomie f.
pulsatile pulsierend
pulsatille f. Pulsatilla f.
pulsation f. Pulsschlag m.
pulvérisation f. Pulverisierung f.
pulvériser pulverisieren
punaise f. Bettwanze f., Wanze f.
pupillaire pupillär
pupille f. Pupille f.
pupillographie f. Pupillographie f.
pupillographique pupillographisch
pupillomètre m. Pupillometer n.
pur rein, unvermischt
purée f. Brei m.
pureté f. Reinheit f.
purgatif abführend
purge f. Abführmittel n.
purger abführen
purifié gereinigt
purinase f. Purinase f.
purine f. Purin n.
Purkinje, fibre de f. Purkinjesche Faser
f.
puromycine f. Puromycin n.
purpura m. Purpura f.
purpura de Schönlein m. Peliosis
rheumatica f.
purpura thrombopénique m. thrombopenische Purpura f.
purpura thrombopénique de Werlhof
m. Morbus maculosus Werlhofi m.
purulent eiterig, purulent
pus m. Eiter m.
pustulant blasentreibend
pustulation f. Pustelbildung f.
pustule f. Pustel f.
pustule maligne f. Pustula maligna f.
pustule vaccinale f. Impfpustel f.
pustule variolique f. Blatter f.
pustuleux pustulös
pustulose f. Pustulose f.
putréfaction f. Fäulnis f.
putrescent verwesend
putrescine f. Putreszin n.
putride faulig, jauchig
pyarthrose f. Pyarthrosis f.
pycnocyte m. Pyknozyt m.
pycnoïde pyknisch
pycnolepsie f. Pyknolepsie f.

pycnomorphe pyknomorph
pycnose f. Pyknose f.
pycnotique pyknotisch
pyélectasie f. Pyelektasie f.
pyélite f. Pyelitis f.
pyélite à colibacille f. Kolipyelitis f.
pyélitique pyelitisch
pyélogramme m. Pyelogramm n.
pyélographie f. Pyelographie f.
pyélographie ascendante f. retrograde
Pyelographie f.
pyélographie en inspiration-expiration
f. Veratmungspyelographie f.
pyélographie intraveineuse f. intravenöse Pyelographie f.
pyélographique pyelographisch
pyélolithotomie f. Pyelolithotomie f.
pyélonéostomie f. Pyeloneostomie f.
pyélonéphrite f. Pyelonephritis f.
pyélonéphritique pyelonephritisch
pyéloscopie f. Pyeloskopie f.
pyélostomie f. Pyelostomie f.
pyélotomie f. Pyelotomie f.
pyéloveineux pyelovenös
pyémie f. Pyämie f.
pyémique pyämisch
pygopage m. Pygopagus m.
pyléphlébite f. Pylephlebitis f.
pylore m. Pylorus m.
pylorectomie f. Pylorektomie f.
pylorique pylorisch
pylorogastrectomie f. Pylorogastrektomie f.
pyloroplastie f. Pylorusplastik f.
pylorospasme m. Pylorospasmus m.
pylorotomie f. Pyloromyotomie f.
pyocèle f. Pyozele f.
pyocyte m. Eiterzelle f.
pyodermie f. Pyodermie f.
pyogène pyogen
pyohémie f. Septikopyämie f.
pyométrie f. Pyometra f.
pyométrite f. Pyometritis f.
pyomyosite f. Pyomyositis f.
pyonéphrose f. Pyonephrose f.
pyopneumothorax m. Pyopneumothorax m.
pyorrhée f. Pyorrhöe f.
pyorrhée alvéolaite f. Alveolarpyorrhöe f.
pyosalpingite f. Pyosalpingitis f.

**pyosalpingo-ovarite f.**  Pyosalpingo-Oophoritis f.
**pyosalpinx m.**  Pyosalpinx m.
**pyospermie f.**  Pyospermie f.
**pyothorax m.**  Pyothorax m.
**pyramidal**  pyramidal
**pyranne m.**  Pyran n.
**pyrannose m.**  Pyranose f.
**pyranoside m.**  Pyranosid n.
**pyrantel m.**  Pyrantel n.
**pyrazine f.**  Pyrazin n.
**pyrazionate m.**  Pyrazionat n.
**pyrazole m.**  Pyrazol n.
**pyrazolone f.**  Pyrazolon n.
**pyrèthre m.**  Pyrethrum n.
**pyrétogène**  fiebererzeugend
**pyrétothérapie f.**  Fiebertherapie f.
**pyribenzamine f.**  Pyribenzamin n.
**pyricarbate m.**  Pyricarbat n.
**pyridine f.**  Pyridin n.
**pyridinium m.**  Pyridinium n.
**pyridofylline f.**  Pyridofyllin n.
**pyridostigmine f.**  Pyridostigmin n.
**pyridoxal m.**  Pyridoxal n.
**pyridoxamine f.**  Pyridoxamin n.
**pyridoxine f.**  Adermin n., Pyridoxin n.
**pyrilamine f.**  Pyrilamin n.
**pyriméthamine f.**  Pyrimethamin n.
**pyrimidine f.**  Pyrimidin n.
**pyrimidopyrimidine f.**  Pyrimidopyrimidin n.
**pyrithiamine f.**  Pyrithiamin n.
**pyrithione f.**  Pyrithion n.
**pyrithioxine f.**  Pyrithioxin n.
**pyrithyldione f.**  Pyrithyldion n.
**pyroctéchine f.**  Brenzkatechin n.
**pyrogallol m.**  Pyrogallol n.

**pyrogène**  pyrogen
**pyrogène m.**  Pyrogen n.
**pyroglobine f.**  Pyroglobin n.
**pyroglobuline f.**  Pyroglobulin n.
**pyroglutamylamide m.**  Pyroglutamylamid n.
**pyrolagnie f.**  Pyrolagnie f.
**pyrolyse f.**  Pyrolyse f.
**pyromanie f.**  Pyromanie f.
**pyrone f.**  Pyron n.
**pyronine f.**  Pyronin n.
**pyroninophile**  pyroninophil
**pyrophosphatase f.**  Pyrophosphatase f.
**pyrophosphate m.**  Pyrophosphat n.
**pyrophosphate de sodium m.**  Natriumpyrophosphat n.
**pyrophosphokinase f.**  Pyrophosphokinase f.
**pyrophosphorylase**  Pyrophosphorylase f.
**pyropoïkilocytose f.**  Pyropoikilozytose f.
**pyrotoxine f.**  Pyrotoxin n.
**pyrovalérone f.**  Pyrovaleron n.
**pyroxamine f.**  Pyroxamin n.
**pyrrocaïne f.**  Pyrrocain n.
**pyrrolase f.**  Pyrrolase f.
**pyrrole m.**  Pyrrol n.
**pyrrolidine f.**  Pyrrolidin n.
**pyrrolidone f.**  Pyrrolidon n.
**pyrroline f.**  Pyrrolin n.
**pyrrolnitrine f.**  Pyrrolnitrin n.
**pyruvate m.**  Pyruvat n.
**pyruvate kinase f.**  Pyruvatkinase f.
**pyrvinium m.**  Pyrvinium n.
**pyurie f.**  Pyurie f.
**pyurique**  pyurisch

# Q

quadrangulaire viereckig
quadranopsie f. Quadrantenanopsie f.
quadrant m. Quadrant m.
quadricuspidien vierzipfelig
quadriplégie f. Quadriplegie f.
quadrivalent vierwertig
quadrupare f. Quadripara f.
quadrupède vierbeinig, vierfüßig
quadrupède m. Vierfüßer m.
quadruplé m. Vierling m.
qualification f. Befähigung f., Qualifikation f.
qualifier qualifizieren
qualitatif qualitativ
qualité f. Beschaffenheit f., Eigenschaft f., Qualität f.
qualité d'image f. Bildqualität f.
qualités nutritives f. pl. Nahrhaftigkeit f.
quantification f. Quantifizierung f.
quantifier quantifizieren
quantitatif quantitativ
quantité f. Menge f., Quantität f., Quantum n.
quantum m. Quant n.
quarantaine f. Quarantäne f.
quartz m. Quarz m.
quatacaïne f. Quatacain n.
quaternaire quartär, quaternär
quatrième ventricule m. vierter Ventrikel m.
quazépam m. Quazepam n.
quazodine f. Quazodin n.
québrachitol m. Quebrachitol n.
Queckenstedt-Stookey, épreuve de f. Queckenstedtsches Zeichen n.
quercétine f. Quercetin n.
queue f. Schwanz m.

queue d'aronde f. Schwalbenschwanz m. (dent.)
queue du pancréas f. Pankreasschwanz m.
Quick, temps de m. Quicktest m.
quifénadine f. Quifenadin n.
quilifoline f. Chilifolin n., Quilifolin n.
quinacrine f. Mepacrin n.
quinaldine f. Chinaldin n., Quinaldin n.
quinapril m. Quinapril n.
quinbolone f. Quinbolon n.
quinestrol m. Chinestrol n.
quinétalate m. Quinetalat n.
quinéthazone f. Quinethazon n., Chinethazon n.
quinfamide m. Quinfamid n.
quinidine f. Chinidin n.
quinine f. Chinin n.
quinisocaïne f. Quinisocain n.
quinocide m. quinocid n.
quinone f. Chinon n.
quinprénaline f. Quinprenalin n.
quinquavalent quinquivalent
quinte coquelucheuse f. Keuchhustenanfall m.
quintuplé m. Fünfling m.
quinupramine f. Quinupramin n.
quipazine f. Quipazin n.
quitter abgehen
quotient m. Quotient m.
quotient d'élimination m. Abklingquote f.
quotient d'élimination élevé m. hohe Abklingquote f.
quotient intellectuel (QI) m. Intelligenzquotient (IQ) m.

# R

rabique   tollwütig
raboter   abhobeln
raboteux   uneben
raccourcir   verkürzen
race f.   Rasse f.
racéfémine f.   Racefemin n.
racémase f.   Racemase f., Razemase f.
racémate m.   Racemat n., Razemat n.
racémétirosine f.   Racemetirosin n.
racémeux   racemös, razemös
racémique   racemisch, razemisch
racémoramide m.   Racemoramid n.
racépinéfrine f.   Racepinefrin n.
rachis m.   Rückgrat n.
rachischisis m.   Rachischisis f., Rhachischisis f.
rachitique   rachitisch
rachitisme m.   Englische Krankheit f.,
   Rachitis f.
rachitisme tardif m.   Spätrachitis f.
racial   rassisch
racine f.   Wurzel f.
racine antérieure f.   Vorderwurzel f.
racine carrée f.   Quadratwurzel f.
racine d'aspidium f.   Rhizoma filicis
racine d'un nerf f.   Nervenwurzel f.
racine de ginseng f.   Ginseng-Wurzel f.
racine de guimauve f.   Radix Althaeae
   f.
racine de la dent f.   Zahnwurzel f.
racine de la langue f.   Zungenwurzel f.
racine de réglisse f.   Süßholzwurzel f.
racine du nez f.   Nasenwurzel f.
racine postérieure f.   Hinterwurzel f.
racine unguéale f.   Nagelwurzel f.
raclement de gorge m.   Räuspern n.
racler   abschaben
racler la gorge, se   sich räuspern
racloir m.   Schabemesser n.
racourcissement du membre inférieur
   m.   Beinverkürzung f.
rad m.   Rad (radiol.) n.
radar m.   Radar m.
radiaire   strahlig
radial   radial
radian m.   Radiant m.

radiation f.   Ausstrahlung f., Strahlung
   f.
radiation de fond f.   Grundstrahlung f.
radiation optique de Gratiolet f.   Gratioletsche Sehstrahlung f.
radiation thermique f.   Wärmestrahlung f.
radiation utile, faisceau de m.   Nutzstrahlenbündel n.
radical   radikal
radical m.   Radikal n.
radiculaire   radikulär
radiculite f.   Nervenwurzelreizung f.,
   Radikulitis f.
radiculographie f.   Radikulographie f.
radiculonévrite f.   Radikuloneuritis f.
radiculotomie f.   Radikulotomie f.
radioactif   radioaktiv
radioactinium m.   Radioaktinium n.
radioactivité f.   Radioaktivität f.
radioanalyse f.   Radioanalyse f.
radioanalytique   radioanalytisch
radiobiologie f.   Radiobiologie f.,
   Strahlenbiologie f.
radiocardiographie f.   Radiokardiographie f.
radiocardiographique   radiokardiographisch
radiocarpien   radiokarpal
radiochimie f.   Radiochemie f.
radiochimique   radiochemisch
radiochromate m.   Radiochromat n.
radiochromatographie f.   Radiochromatographie f.
radiochrome m.   Radiochrom n.
radiocobalt m.   Radiokobalt m.
radiocolloïde m.   Radiokolloid n.
radiocubital   radioulnar
radiodermite f.   Röntgendermatitis f.,
   Strahlendermatitis f.
radiodiagnostic m.   Röntgendiagnose
   f.
radiodiagnostique   röntgendiagnostisch
radiodiagnostique f.   Röntgendiagnostik f.

R

radioexposition f. Strahlenbelastung f.
radiofibrose f. Strahlenfibrose f.
radiofilm dentaire m. Dentalfilm m.
radiogène radiogen
radioglucose m. Radioglukose f.
radiogramme m. Röntgenaufnahme f.
radiographie f. Radiographie f., Röntgenbild n., Röntgenographie f., Röntgenphotographie f.
radiographie (d'ensemble) f. Übersichtsaufnahme f.
radiographie articulaire f. Arthrogramm n.
radiographie de contraste f. Kontrastdarstellung f. (röntg.)
radiographie dentaire f. Zahn-Röntgenuntersuchung f.
radiographie panoramique f. Panoramaröntgenaufnahme f.
radiographie sous plaque f. Untertisch-Röntgenaufnahme f.
radiographie sur plaque f. Obertisch-Röntgenaufnahme f.
radiographie thoracique f. Thorax-Röntgenaufnahme f.
radiographie visée f. Zielaufnahme f.
radiographique radiographisch
radiohuméral radiohumeral
radioimmunoessai m. Radioimmunoassay m., RIA m.
radioimmunologie f. Radioimmunologie f.
radioiode m. Radiojod n.
radioioder mit Radioijod versehen
radioisotope m. Radioisotop n.
radioligand m. Radioligand m.
radiologie f. Radiologie f., Strahlenheilkunde f.
radiologique radiologisch, röntgenologisch
radiologue f. Radiologin f., Röntgenologin f.
radiologue m. Röntgenologe m., Radiologe m., Fachgebietsarzt für Radiologie m.
radiolyse f. Radiolyse f.
radiomarqueur m. Radioindikator m.
radiomètre m. Radiometer n.
radionécrose f. Radionekrose f., Strahlennekrose f.
radionuclide m. Radionuklid n.

radioopacité f. Strahlenundurchlässigkeit f.
radioopaque strahlenundurchlässig f.
radiopharmacologie f. Radiopharmakologie f.
radiophosphore m. Radiophosphor m.
radiophotographie f. Radiophotographie f.
radiophysique radiophysikalisch
radioprotection f. Strahlenschutz m.
radiorécepteur essai m. Radiorezeptorassay m.
radiorésistance f. Strahlenresistenz f.
radiorésistant strahlenresistent
radioscopie f. Röntgendurchleuchtung f.
radiosensibilité f. Strahlenempfindlichkeit f.
radiosensible strahlenempfindlich
radiostrontium m. Radiostrontium n.
radiothallium m. Radiothallium n.
radiothérapie f. Röntgenbehandlung f., Strahlentherapie f.
radiothérapie de champ f. Feldbestrahlung f.
radiothérapie de contact f. Nahbestrahlung f.
radiothérapie en mégavoltage f. Megavolt-Strahlentherapie f.
radiothérapie profonde f. Röntgentiefenbestrahlung f.
radiothorium m. Radiothorium n.
radiotoxicité f. Strahlentoxizität f.
radiotraceur m. Radioindikator m., Radiotracer m.
radiotransparence f. Strahlendurchlässigkeit f.
radiotransparence partielle f. partielle Strahlendurchlässigkeit f.
radiotransparent strahlendurchlässig
radiotransparent, partiellement partiell strahlendurchlässig
radium m. Radium n.
radium ovoïde m. Radium-Ei n.
radiummémolyse f. Radiummemolyse f.
radon m. Radon n.
raffiner raffinieren
raffinose m. Raffinose f.
rafoxanide m. Rafoxanid n.
rafraîchir erfrischen

**rafraîchissement m.**  Labung f.

**rage f.**  Lähmungswut f. (vet.), Rabies f., Tollwut f., Wut f.

**rager**  toben

**ragocyte m.**  RA-Zelle f., Rhagozyt m.

**raide**  steif

**raideur f.**  Straffheit f.

**raideur de la nuque f.**  Nackensteife f.

**raidir**  versteifen

**rainure d'ancrage f.**  Ankerrinne f. (dent.)

**rajeunir**  verjüngen

**rajeunissement m.**  Verjüngung f.

**râle m.**  Geräusch n., Rasselgeräusch n.

**râle humide m.**  feuchtes Rasselgeräusch n.

**râle sec m.**  trockenes Rasselgeräusch n.

**ralentir**  verlangsamen, verzögern

**ralentissement m.**  Verlangsamung f.

**râler**  rasseln, röcheln

**Raman effet m.**  Raman-Effekt m.

**ramicotomie f.**  Ramikotomie f.

**ramification f.**  Ramifikation f., Verästelung f., Verzweigung f.

**ramifié**  verzweigt

**ramifier**  verästeln

**ramifier, se**  verzweigen

**ramipril m.**  Ramipril n.

**ramnodigine f.**  Ramnodigin n.

**ramolli**  malazisch

**ramper**  kriechen

**Ramstedt-Weber, opération de f.**  Ramstedt-Webersche Operation f.

**rance**  ranzig

**randomisation f.**  Zufallsauswahlverfahren n.

**randomiser**  randomisieren, unausgewählt verwenden

**rangée de dents f.**  Zahnreihe f.

**rangement des films radiologiques m.**  Röntgenfilmlager n.

**ranitidine f.**  Ranitidin n.

**ranule f.**  Ranula f.

**Ranvier, étranglement de m.**  Ranviersche Einschnürung f.

**Ranvier, membrane de f.**  Ranviersche Membran f.

**râpe f.**  Raspel f.

**rapetissement m.**  Schrumpfung f.

**raphé m.**  Raphe f.

**rapidité f.**  Geschwindigkeit f., Schnelligkeit f.

**rappel de vaccination m.**  Wiederholungsimpfung f.

**rappeler**  hervorrufen

**rapport m.**  Bericht m., Rapport m., Referat n., Verhältnis n.

**rapport médical m.**  Krankenbericht m., Krankheitsbericht m.

**rapport sexuel m.**  Geschlechtsverkehr m.

**rapports (sexuels) m. pl.**  geschlechtlicher Verkehr m.

**raptus m.**  Raptus m.

**raréfaction f.**  Rarefizierung f.

**raser**  rasieren

**rash m.**  flüchtiger Hautausschlag m.

**rassasié**  satt

**rassasiement m.**  Sättigungsgefühl n.

**rassemblement m.**  Versammlung f.

**RAST (radioallergosorbent-test) m.**  Radioallergosorbent-Test m.

**rat m.**  Ratte f.

**rat musqué m.**  Bisamratte f.

**rat Wistar m.**  Wistar-Ratte f.

**rate f.**  Milz f.

**rate mobile f.**  Wandermilz f.

**rate porphyre f.**  Porphyrmilz f.

**rate sagou f.**  Sagomilz f.

**rate, sans**  milzlos

**Rathke, poche de f.**  Rathkesche Tasche f.

**rathyronine f.**  Rathyronin n.

**raticide m.**  Rattengift n.

**ration f.**  Ration f.

**rationalisation f.**  Rationalisierung f.

**rationnel**  rational, rationell

**Raynaud, maladie nécrosante de f.**  Raynaudsches Gangrän n.

**rayon m.**  Strahl m.

**rayon alpha m.**  Alpha-Strahl m.

**rayon béta m.**  Betastrahl m.

**rayon cathodique m.**  Kathodenstrahl m.

**rayon central m.**  Zentralstrahl m.

**rayon d'action m.**  Reichweite f.

**rayon de miel m.**  Wabe f.

**rayon gamma m.**  Gammastrahl m.

**rayon infrarouge m.**  Infrarotstrahl m.

**rayon LASER m.**  LASER-Strahl m.

**rayon lumineux m.**  Lichtstrahl m.

**rayon MASER m.**  MASER-Strahl m.

R

**rayon primaire m.** Primärstrahl m.
**rayonnement de freinage m.** Bremsstrahlung f.
**rayonnement mou (technique du) m.** Weichstrahltechnik f.
**rayonner** strahlen
**rayons diffusés m. pl.** Streustrahlen m. pl.
**rayons limites de Bucky m. pl.** Grenzstrahl m.
**rayons X m. pl.** Röntgenstrahlen m. pl.
**raz de marée m.** Flutwelle f.
**razoxane f.** Razoxan n.
**RBP (retinol binding protein) f.** RBP (retinolbindendes Protein) n.
**réabsorber** rückresorbieren
**réabsorption f.** Rückresorption f.
**réactance f.** Reaktanz f.
**réacteur m.** Reaktor m.
**réacteur nucléaire m.** Kernreaktor m.
**réactif** reaktiv
**réactif m.** Reagens n.
**réactif de Stokes m.** Stokes-Reagens n.
**réaction f.** Reaktion f.
**réaction à l'or colloïdal f.** Goldsolreaktion f.
**réaction au latex f.** Latex-Tropfentest m.
**réaction croisée f.** Kreuzreaktion f.
**réaction cutanée f.** Hautreaktion f.
**réaction d'antifibrinolysine f.** Antifibrinolysinreaktion (AFR) f.
**réaction d'opposition f.** Trotzreaktion f.
**réaction de dégénérescence f.** Entartungsreaktion (EAR) f.
**réaction de Dick f.** Dick-Test m.
**réaction de fermentation f.** Gärungsprobe f.
**réaction de fixation du complément f.** KBR. (Komplementbindungsreaktion) f.
**réaction de floculation f.** Flockungsreaktion f.
**réaction de Frei f.** Freische Probe f.
**réaction de Gerhardt f.** Gerhardtsche Probe f.
**réaction de Gmelin f.** Gmelinsche Probe f.

**réaction de Herxheimer f.** Herxheimersche Reaktion f., Jarisch-Herxheimersche Reaktion f.
**réaction de Legal f.** Legalsche Probe f.
**réaction de Mantoux f.** Mantoux-Probe f.
**réaction de mastix f.** Mastixreaktion f.
**réaction de Meinicke f.** Meinickereaktion f.
**réaction de Nonne-Apelt f.** Nonne-Apeltsche Reaktion f.
**réaction de Paul-Bunnell f.** Hanganutziu-Deicher-Test m., Paul-Bunell-Test m.
**réaction de réveil f.** Weckreaktion f.
**réaction de Sahli f.** Sahlische Desmoidreaktion f.
**réaction de Schultz-Charlton f.** Auslöschphänomen n.
**réaction de tonus brachial f.** Armtonusreaktion f.
**réaction de transfusion f.** Bluttransfusionsreaktion f.
**réaction du biuret f.** Biuretprobe f.
**réaction en chaîne f.** Kettenreaktion f.
**réaction immédiate f.** Sofortreaktion f.
**réaction intermédiaire f.** Zwischenreaktion f.
**réaction lente, à** langsam reagierend
**réaction médicamenteuse f.** Arzneimittelreaktion f.
**réaction psychique f.** Psychoreaktion f.
**réaction rapide, à** schnell reagierend
**réaction secondaire f.** Nebenreaktion f.
**réactivation f.** Reaktivierung f.
**réactiver** reaktivieren
**réactivité f.** Reaktionsfähigkeit f., Reaktionsvermögen n.
**réactivité à la parole f.** Ansprechbarkeit f.
**Read, formule du métabolisme de base de f.** Readsche Formel f.
**réafférence f.** Reafferenz f.
**réagine f.** Reagin n.
**réagir** reagieren
**réalisateur m.** Realisator m.
**réalisation f.** Leistung f.

réalisation en pulsion f.   Impulsbetrieb
m.
réalisation manuelle f.   Handstück n.
réaliser   ausagieren, realisieren
réaliser la finition   finieren
réalité f.   Realität f.
réamputation f.   Nachamputation f.,
Reamputation f.
réanimation f.   Intensivbehandlung f.,
Reanimation f., Wiederbelebung f.
réanimer   reanimieren, wiederbeleben
réattachement m.   Reattachement m.,
Wiederanbindung f.
rebasage m.   Unterfütterungsmaterial
n.
rebaser   unterfüttern (dent.)
rebobiner   zurückspulen
rebond m.   Abprall m., Rückprall m.
rebord alvéolaire m.   Alveolarfortsatz
m.
rebord en cire m.   Wachswall m.
(dent.)
rebreathing m.   Rückatmung f.
recalcification f.   Rekalzifizierung f.
recalcifier   rekalzifizieren
recanalisation f.   Rekanalisation f.
recanaliser   rekanalisieren
réceptacle m.   Gefäß (Behälter) n.
récepteur m.   Rezeptor m.
récepteur adrénergique m.   Adrenorezeptor m.
récepteur alpha m.   Alpha-Rezeptor
m.
récepteur béta m.   Betarezeptor m.
récepteur béta-adrénergique m.   Betarezeptor m.
récepteur de l'étirement m.   Dehnungsrezeptor m.
réceptif   empfänglich
réceptivité f.   Empfänglichkeit f.
récessif   rezessiv
récessivité f.   Rezessivität f.
récessus m.   Rezeß m.
récessus hypotympanique m.   Hypotympanum n.
receveur m.   Empfänger m.
recharge f.   Nachfüllpackung f.
réchauffement m.   Wiedererwärmung
f.
recherche f.   Forschung f.

recherche de paternité par le groupe
sanguin f.   Vaterschaftsblutgruppenbestimmung f.
recherche sur le cerveau f.   Hirnforschung f.
rechercher   forschen
rechute f.   Relaps m.
rechuter   rückfällig werden
récidivant   rückfällig
récidive f.   Rezidiv n., Rückfall m.
récidive hémorragique f.   Blutungsrückfall m.
récidive sérologique f.   Serorezidiv n.
récidiver   rezidivieren
récipient collecteur m.   Sammelgefäß
n.
réciproque   beiderseitig, gegenseitig,
reziprok
recirculant   rezirkulierend
recirculation f.   Rezirkulation f.
Recklinghausen, maladie de von f.
Recklinghausensche Krankheit f.
réclinaison f.   Reklination f.
recolorer   überfärben
recombinaison f.   Rekombination f.
recombinant   rekombinant
recombinant m.   Rekombinant m.
recompensation f.   Rekompensation f.
recompression f.   Rekompression f.
recon m.   Recon n.
réconfort m.   Labung f.
réconfortement m.   Kräftigung f.
reconstructeur   rekonstruktiv
reconstruction f.   Rekonstruktion f.
record m.   Rekord m.
recourbure f.   Rekurvation f.
recouvert   belegt (bedeckt), überzogen
recouvert de cire   wachsbeschichtet
recouvrement m.   Überlappung f.,
Wiederauffindung f., Wiederinbesitznahme f.
recouvrement radiculaire m.   Wurzelkappe f.
recouvrer   zurückgewinnen
recristallisation f.   Rekristallisation f.
recristalliser   rekristallisieren
recrudescence f.   Rekrudeszenz f.
recrutement m.   Recruitment n.
rectal   rektal
rectangulaire   rechteckig
rectificateur m.   Gleichrichter m.
rectification f.   Rektifizierung f.

R

rectifier  rektifizieren
rectite f.  Proktitis f.
rectoabdominal  rektoabdominal
rectocèle f.  Rektozele f.
rectocolite f.  Proktokolitis f.
rectoscope m.  Rektoskop n.
rectoscopie f.  Rektoskopie f.
rectoscopique  rektoskopisch
rectosigmoïde m.  Rektosigmoid n.
rectostomie f.  Rektostomie f.
rectourétéral  rektoureteral
rectoutérin  rektouterin
rectovaginal  rektovaginal
rectovésical  rektovesikal
rectum m.  Mastdarm m., Rektum n.
recuire  einbrennen
recul m.  Rückstoß m.
récupération f.  Wiedergewinnung f.
recurarisation f.  Rekurarisierung f.
récurrent  rekurrierend
recyclage m.  Rezyklierung f., Wiederaufbereitung f.
recycler  rezyklieren, wiederaufbereiten
redégradation f.  Wiederverschlimmerung f.
redislocation f.  Redislokation f.
redistillation f.  Redestillation f.
redressement m.  Redressement n.
redressement osseux chirurgical m.
 Osteokampsis f.
redresser  aufrichten
réductance f.  Reduktanz f.
réductase f.  Reduktase f.
réduction f.  Abbau m., Einrichtung f.,
 Reduktion f., Reposition f., Verkürzung f.
réduction du poids f.  Gewichtsverminderung f.
réduire  abbauen, drosseln (verengen),
 einrenken, einrichten (z.B. eine Verrenkung), reduzieren, reponieren
réduire, se  schrumpfen
reduplication f.  Reduplikation f.
réemboîtement m.  Wiederanfügung f.
réévaluation f.  Wiederauswertung f.
référence f.  Beziehung f., Referenz f.
refermer, se  zuheilen (Wunde)
refertilisation f.  Refertilisierung f.
refixation f.  Refixation f., Wiederanheftung f.
réflecteur m.  Reflektor m.

réflectomètre m.  Reflektometer n.
réflectométrie f.  Reflektometrie f.
réflectométrique  reflektometrisch
réflectoscope m.  Reflektoskop n.
réflectoscopie f.  Reflektoskopie f.
réflectoscopique  reflektoskopisch
refléter  reflektieren
réflexe  reflektorisch
réflexe m.  Reflex m.
réflexe absent m.  fehlender Reflex m.
réflexe achilléen m.  Achillessehnenreflex m.
réflexe acquis m.  erworbener Reflex
 m.
réflexe alimentaire m.  Freßreflex m.
réflexe anal m.  Analreflex m.
réflexe bicipital m.  Bizepsreflex m.
réflexe ciliaire m.  Ziliarreflex m.
réflexe conditionné m.  bedingter Reflex m.
réflexe conjonctival m.  Konjunktivalreflex m.
réflexe convulsif m.  Krampfreflex m.
réflexe coordonné m.  koordinierter
 Reflex m.
réflexe cornéen m.  Hornhautreflex
 m., Kornealreflex m.
réflexe crémastérien m.  Cremasterreflex m.
réflexe croisé m.  gekreuzter Reflex m.
réflexe cutané m.  Hautreflex m.
réflexe cutané abdominal m.  Bauchdeckenreflex m.
réflexe d'attitude m.  Stellreflex m.
réflexe d'axone m.  Axonreflex m.
réflexe d'étreinte (Moro) m.  Umklammerungsreflex m., Mororeflex m.
réflexe d'extension musculaire m.
 Muskeldehnungsreflex m.
réflexe d'Oppenheim m.  Oppenheimscher Reflex m.
réflexe de Babinski m.  Babinski Reflex m.
réflexe de Bainbridge m.  Bainbridge-
 Reflex m.
réflexe de Bechterew m.  Bechterewscher Reflex m.
réflexe de Bechterew-Mendel m.
 Bechterewscher Reflex m.
réflexe de Bezold-Jarisch m.  Bezold-
 Jarisch-Reflex m.
réflexe de défense m.  Fluchtreflex m.

réflexe de déglutition m.   Schluckreflex m.

réflexe de dilatation m.   Dehnungsreflex m.

réflexe de frayeur m.   Schreckreflex m.

réflexe de masse m.   Massenreflex m.

réflexe de Mayer de la phalange basale m.   Mayerscher Grundreflex m.

réflexe de Mendel-Bechterew m.   Mendel-Bechterewscher Reflex m.

réflexe de Moro m.   Umarmungsreflex m., Mororeflex m.

réflexe de Pavlov m.   Pawlowscher Reflex m.

réflexe de perception m.   Wahrnehmungsreflex m.

réflexe de posture m.   Haltungsreflex m.

réflexe de saisie m.   Greifreflex m.

réflexe de sommation m.   Summationsreflex m.

réflexe de succion m.   Saugreflex m.

réflexe extéroceptif m.   Fremdreflex m.

réflexe laryngé m.   Kehlkopfreflex m.

réflexe musculaire m.   Muskelreflex m.

réflexe pathologique m.   pathologischer Reflex m.

réflexe périostal m.   Periostreflex m.

réflexe pharynqien m.   Würgreflex m.

réflexe photomoteur m.   Lichtreflex m.

réflexe pilomoteur m.   Gänsehautreflex m.

réflexe proprioceptif m.   Eigenreflex m.

réflexe psychogalvanique m.   psychogalvanischer Reflex m.

réflexe pupillaire m.   Pupillenreflex m.

réflexe pupillaire à l'accomodation m.   Akkomodationsreflex m.

réflexe pupillaire consensuel m.   konsensueller Lichtreflex m.

réflexe pyramidal de Gordon m.   Gordonscher Reflex m.

réflexe pyramidal de Rossolimo m.   Rossolimoreflex m.

réflexe radial m.   Radiusperiostreflex m.

réflexe rénorénal m.   renorenaler Reflex m.

réflexe retardé m.   verzögerter Reflex m.

réflexe rotulien m.   Patellarsehnenreflex m.

réflexe secondaire m.   Nachreflex m.

réflexe sexuel m.   Sexualreflex m.

réflexe sinocarotidien m.   Karotissinusreflex m.

réflexe tendineux m.   Sehnenreflex m.

réflexe tricipital m.   Trizepsreflex m.

réflexe tussigène m.   Hustenreflex m.

réflexe vagal m.   Vagusreflex m.

réflexe vésical m.   Blasenreflex m.

reflexe viscéral m.   viszeraler Reflex m.

réflexion f.   Besinnung f., Reflexion f.

réflexogène   reflexogen

réflexothérapie f.   Reflextherapie f.

reflux m.   Reflux m., Rückfluß m.

reflux pyéloveineux m.   pyelovenöser Reflux m.

refoulement m.   Verdrängung f.

réfractaire   refraktär

réfractif   refraktiv

réfraction f.   Refraktion f.

réfraction des rayons f.   Strahlenbrechung f.

réfractomètre m.   Refraktometer n.

réfractométrie f.   Refraktometrie f.

réfractométrique   refraktometrisch

refracture f.   Refraktur f.

réfréner   zügeln

réfrigérant m.   Kühlmittel n.

réfrigérateur m.   Kühlschrank m.

réfrigération f.   Kühlung f.

refroidi à l'air   luftgekühlt

refroidi à l'eau   wassergekühlt

refroidir   kühlen

refroidissement m.   Abkühlung f., Erkältung f.

Refsum, maladie de f.   Refsum-Syndrom m.

regagner   wiedergewinnen

régénératif   regenerativ

régénération f.   Regeneration f.

régénérer   regenerieren

régime m.   Diät f., Kost f.

régime additionnel m.   Beikost f.

régime carné m.   Fleischkost f.

régime cru m.   Rohkost f.

régime hypercalcique m.   kalziumreiche Diät f.

régime hypervitaminé m.   vitaminreiche Diät f.

R

régime hypoprotidique m.  eiweißarme Diät f., eiweißarme Kost f.
régime hypovitaminé m.  vitaminarme
Kost f.
régime léger m.  Schonkost f.
régime pauvre en calcium m.  kalkarme Kost f.
régime pauvre en gluten m.  glutenarme Diät f.
régime riche en calcium m.  kalkreiche
Kost f.
régime riche en protéines m.  eiweißreiche Diät f.
régime riche en vitamines m.  vitaminreiche Kost f.
régime sans gluten m.  glutenfreie Diät
f.
région f.  Bezirk m., Gebiet n., Region
f.
région cardiaque f.  Herzgegend f.
région dorsale du pied f.  Rist m.
région épigastrique f.  Epigastrium n.
région hypogastrique f.  Hypogastrium n., Unterbauch m.
région limitrophe f.  Grenzgebiet n.
région lombaire f.  Lendengegend f.
région mésogastrique f.  Mittelbauch
m.
région palmaire de la main f.  Handteller m.
région rhinopharyngée f.  Nasenrachenraum m.
régional  regional, regionär
registre m.  Register n.
registre de vaccination m.  Impfliste f.
réglable  verstellbar
réglage m.  Justierung f., Regulierung
f.
réglage de longueur m.  Längenverstellung f.
réglage du point zéro m.  Nullpunkteinstellung f.
règle f.  Regel f.
règle approximative f.  Faustregel f.
règle de Budin f.  Budinsche Regel f.
règle de positionnement f.  Lagerungsregel f. (obstetr.)
règlement m.  Regelung f.
régler  regulieren
règles f. pl.  Monatsblutung f., Regel
(Menstruation) f.
réglisse f.  Lakritze f.

règne animal m.  Tierreich n.
régressif  involutiv, regressiv
régression f.  Regression f., Rückbildung f., Rückschritt m.
régulateur m.  Regler m.
régulateur de pression m.  Druckregler
m.
régulateur de vitesse m.  Drehzahlregler m., Geschwindigkeitsregler m.
régulation f.  Regulation f., Steuerung
f.
régulation d'amplification f.  Verstärkungsregelung f.
régulier  gleichmäßig, regelmäßig, regulär
régurgitation f.  Regurgitation f.
régurgitation acide f.  saures Aufstoßen n.
réhabilitation f.  Rehabilitation f.
réhabiliter  rehabilitieren
réhydratation f.  Rehydratation f.
Reichmann, maladie de f.  Reichmannsche Krankheit f.
Reil, insula de f.  Reilsche Insel f.
réimplantation f.  Reimplantation f.,
Replantation f., Wiedereinpflanzung
f.
réimplanter  replantieren
rein m.  Niere f.
rein artificiel m.  künstliche Niere f.
rein artificiel en bobine m.  Spulenniere f.
rein de la femme enceinte m.  Schwangerschaftsniere f.
rein des goutteux m.  Gichtniere f.
rein en fer à cheval m.  Hufeisenniere
f.
rein en galette m.  Kuchenniere f.
rein flottant m.  Wanderniere f.
rein kystique m.  Cystenniere f., Zystenniere f.
rein mastic m.  Kittniere f.
rein spongieux m.  Schwammniere f.
réinduction f.  Reinduktion f.
reine des abeilles f.  Weisel m.
réinfarctus m.  Reinfarkt m.
réinfection f.  Reinfektion f.
réinfusion f.  Reinfusion f.
réinnervation f.  Reinnervation f.
réinstallation f.  Wiedereinrichtung f.
réintégration f.  Reintegration f.
réintubation f.  Reintubation f.

**Reiter, syndrome de m.** Reitersche-
Krankheit f.
**rejet m.** Ablehnung f., Abstoßung f.
**rejet d'une greffe m.** Abstoßung eines
Transplantates f.
**rejeton m.** Nachwuchs m.
**relâchement m.** Erschlaffung f.
**relâcher** erschlaffen, lockern
**rélaparotomie f.** Relaparotomie f.
**relation f.** Beziehung f., Verkehr m.
**relation lesbienne f.** lesbische Liebe f.
**relaxant** entspannend
**relaxant m.** Entspannungsmittel n.,
Relaxans n.
**relaxation autogène f.** autogenes Training n.
**relaxer** relaxieren
**relaxine f.** Relaxin n.
**relever les mesures** vermessen (messen)
**relief m.** Relief n.
**relief de la muqueuse m.** Schleimhautrelief n.
**relier** verbinden (vereinigen)
**rem m.** rem n.
**remâcher** wiederkäuen
**Remak, signe de m.** Remaksches Zeichen , n.
**rémanence f.** Überrest m.
**remaniement m.** Überarbeitung f.
**remarquable** auffällig
**rembourrer** polstern
**remède m.** Arznei f., Heilmittel n.,
Medikament n.
**remettre** einrenken
**reminéralisation f.** Remineralisation f.
**rémission f.** Remission f.
**rémitent** remittierend
**remnographie (RMH) f.** KST f.
(Kernspintomographie), kernmagnetische Resonanz f.
**remplacement m.** Ersatz m.
**remplacer** ersetzen
**remplir** füllen
**remplissage m.** Füllung f.
**remplissage-drainage de la vessie m.**
Tidaldränage f.
**remplissage liquidien m.** Flüssigkeitsersatz m.
**remplissage volumique m.** Expander
m., Volumenersatz m.
**renaissance f.** Wiederaufleben n.

**rénal** renal
**rencontre f.** Aneinanderstoßen n., Zu-
sammentreffen n.
**rendez-vous m.** Termin m.
**rendre enceinte** schwängern
**rendre rugueux** aufrauhen
**renflement nerveux m.** Neuralwulst
m.
**renforçant la prothèse** prothesenstützend. (dent.)
**renforcement m.** Verstärkung f.
**reniflement m.** Schniefen n.
**renifler** schnüffeln
**rénine f.** Renin n.
**réninome m.** Reninom n.
**rénofacial** renofazial
**rénographie f.** Renographie f.
**renoncement m.** Vermeidung f.
**rénorénal** renorenal
**renouveler** erneuern
**renouvellement m.** Erneuerung f.
**rénovasculaire** renovaskulär
**rentrée f.** Wiedereintritt m.
**renversement m.** Umpolung f.
**renverser** ausschütten
**rénytoline f.** Renytolin n.
**réocclusion f.** Reokklusion f.
**réopération f.** Nachopération f., Reoperation f.
**réopérer** nachoperieren
**réovirus m.** Reovirus n.
**réoxydation f.** Reoxidation f.
**réoxyder** reoxidieren
**répandre** streuen
**réparable** wiederherstellbar
**réparation f.** Reparatur f.
**réparer** reparieren
**répartition vasculaire f.** Gefäßanordnung f.
**repas m.** Mahl n., Mahlzeit f.
**repas d'épreuve m.** Probemahlzeit f.
**repérage m.** Ortung f.
**repercolation f.** Reperkolation f.
**repère m.** Marke f.
**reperfusion f.** Reperfusion f.
**repeuplement m.** Wiederbesiedelung
f.
**réplétion f.** Völle f.
**repli m.** Falte f.
**repli unguéal m.** Nagelwall m.
**replicase f.** Replikase f.
**replication f.** Replikation f.

**replicon m.** Replikon n.
**repolarisation f.** Erregungsrückbildung f., Repolarisierung f.
**repolariser** repolarisieren
**réponse f.** Antwort f.
**réponse immunitaire f.** Immunantwort f.
**repopulation f.** Wiederbesiedelung f.
**repos m.** Ruhe f.
**repos au lit m.** Bettruhe f.
**repose pied m.** Fußstütze f.
**repose tête m.** Nackenrolle f.
**reposer, se** ruhen
**repoussant** abstoßend, widerlich
**repousser** verdrängen, zurückdrängen
**repoussoir pour bandeau m.** Bandtreiber m. (dent).
**représentation graphique f.** bildliche Darstellung f., graphische Darstellung f.
**répresseur m.** Repressor m.
**répressible** unterdrückbar
**répression f.** Repression f.
**réprimer** unterdrücken
**reprise f.** Wiederaufnahme f.
**reprise de l'aptitude au travail f.** Wiederherstellung der Arbeitsfähigkeit f.
**reproducteur** fortpflanzend, Fortpflanzungs…
**reproductibilité f.** Reproduzierbarkeit f.
**reproductible** reproduzibel, reproduzierbar
**reproductif** reproduktiv
**reproduction f.** Fortpflanzung f., Reproduktion f.
**reproduire** fortpflanzen
**reptile m.** Reptil n.
**répugnance f.** Widerwille m.
**répugnant** ekelhaft
**répulsion f.** Repulsion f.
**rescinnamine f.** Rescinnamin n.
**réseau m.** Geflecht n.
**réseau fibreux m.** Fasernetz n., Faserwerk n.
**résection f.** Resektion f.
**résection apicale f.** Wurzelspitzenamputation f., Wurzelspitzenresektion f.
**résection impossible, de** unresezierbar
**résection polaire f.** Polresektion f.
**résection possible, de** resezierbar

**résection segmentaire f.** Segmentresektion f.
**résectoscope m.** Resektoskop n.
**réserpine f.** Reserpin n.
**réserve f.** Reserve f.
**réserve alcaline f.** Alkalireserve f.
**réserve centrale de lits f.** Bettenzentrale f.
**réserve respiratoire f.** Atemreserve f.
**réservoir m.** Reservoir n., Tank m., Behälter m.
**résidu m.** Abfall (Überbleibsel) m., Rückstand m.
**résidu auditif m.** Hörrest m.
**résiduaire** residual
**résilience f.** Resilienz f.
**résilient** resilient
**résine f.** Harz n.
**résine acrylique f.** Akrylharz n.
**résine artificielle f.** Kunstharz n.
**résineux** harzig
**résinoïde** harzartig
**résistance f.** Anlauffestigkeit f. (dent.), Resistance f., Resistenz f., Widerstand m.
**résistance à l'abrasion f.** Abrasionsfestigkeit f.
**résistance à l'épreuve f.** Belastbarkeit f.
**résistance à la déformation f.** Verformungswiderstand m.
**résistance à la torsion f.** Verwindungswiderstand m.
**résistance à la traction f.** Zugfestigkeit f.
**résistance au mèdicament f.** Arzneimittelresistenz f.
**résistance croisée f.** gekreuzte Resistenz f.
**résistance cutanée f.** Hautwiderstand m.
**résistance d'écoulement f.** Strömungswiderstand m.
**résistance de frottement f.** Reibungswiderstand m.
**résistance globulaire f.** Erythrozytenresistenz f.
**résistance torsionnelle f.** Torsionswiderstand m.
**résistance vasculaire f.** Gefäßwiderstand m., Nachlast f.
**résistant** resistent

**résistant au feu**   feuerfest
**résistant au traitement**   therapieresistent
**résistant aux acides**   säurefest
**résistant aux sulfonamides**   sulfonamidresistent
**résister**   widerstehen
**résonance f.**   Resonanz f.
**résonance magnétique nucléaire (RMN) f.**   kernmagnetische Resonanz f., Kernspintomographie f.
**résorantel m.**   Resorantel n.
**résorbable**   resorbierbar
**résorber**   aufsaugen, resorbieren
**résorcine f.**   Resorzin n.
**résorption f.**   Resorption f.
**respirateur m.**   Beatmungsgerät n., Beatmungsmaschine f., Respirator m.
**respirateur hyperbare m.**   Druckluftbeatmungsgerät n.
**respiration f.**   Atem m., Atmung f., Respiration f.
**respiration abdominale f.**   Zwerchfellatmung f., Bauchatmung f.
**respiration artificielle f.**   künstliche Beatmung f.
**respiration cellulaire f.**   Zellatmung f.
**respiration d'oxygène f.**   Sauerstoffatmung f.
**respiration de Biot f.**   Biotsche Atmung f., Biotsches Atmen n.
**respiration de Cheyne-Stokes f.**   Cheyne-Stokessche Atmung f.
**respiration de suffocation f.**   Schnappatmung f.
**respiration forcée f.**   Preßatmung f.
**respiration indéfinie f.**   unbestimmtes Atmen n.
**respiration nasale f.**   Nasenatmung f.
**respiration pénible f.**   schwerer Atem m.
**respiration puérile f.**   pueriles Atmen n.
**respiration spontanée f.**   Spontanatmung f.
**respiration thoracique f.**   Brustatmung f.
**respiratoire**   respiratorisch
**respirer**   atmen, respirieren
**respirophonogramme m.**   Respirophonogramm n.

**respirophonographie f.**   Respirophonographie f.
**respirophonographique**   respirophonographisch
**responsabilité f.**   Haftbarkeit f., Zurechnungsfähigkeit f.
**responsabilité civile f.**   Haftpflicht f.
**ressentir**   empfinden, fühlen
**resserrement m.**   Verengung f.
**ressort m.**   Feder (z.B. Uhrfeder) f., Elastizität f., Zuständigkeit f.
**ressort distal m.**   Distalfeder f.
**restant**   restlich
**reste m.**   Rest m., Überbleibsel n.
**reste auditif m.**   Hörinsel f.
**resténose f.**   Restenose f.
**rester**   übrigbleiben, andauern
**restitution f.**   Restitution f.
**restrictif**   restriktiv
**restriction de l'aptitude au travail f.**   MdE (Minderung der Erwerbsfähigkeit) f.
**résultat de l'examen m.**   Befund m., Prüfungsergebnis
**résultat de l'expérience m.**   Versuchsergebnis n.
**résultat de laboratoire m.**   Laborbefund m.
**résultat de mesure m.**   Meßergebnis n.
**résultat postérieur m.**   Spätergebnis n.
**résultat provisoire m.**   Zwischenergebnis n.
**résultat tardif m.**   Spätresultat n.
**résumé m.**   Zusammenfassung f.
**rétablir**   wiederherstellen
**rétablir, se**   genesen
**rétablissement m.**   Erholung f., Wiederherstellung f.
**retard m.**   Verspätung f., Verzögerung f.
**retard de la conduction ventriculaire droite m.**   Rechtsverspätung (kardiol.) f.
**retard de la conduction ventriculaire gauche m.**   Linksverspätung f. (kardiol.)
**retardé**   retardiert, zurückgeblieben
**retardement m.**   Nachhinken n., Retardation f., Verschleppung (Verzögerung) f.
**retarder**   protrahieren
**retassure f.**   Lunker m. (dent.)

R

retenant le potassium  kaliumsparend
retenir  verhalten, zurückhalten
rétention f.  Retention f., Verhaltung f.
rétention d'eau f.  Wasserretention f.
rétention de foetus mort f.  verhaltene
Totgeburt f.
rétention liquidenne f.  Flüssigkeitsretention f.
rétention urinaire f.  Harnretention f.,
Harnverhaltung f., Urinverhaltung f.
réticulaire  netzartig, retikulär
réticuliforme  netzförmig
réticulocyte m.  Retikulozyt m.
réticulocytose f.  Retikulozytose f.
réticuloendothélial  retikuloendothelial
réticuloendothéliome m.  Retikuloendotheliom n.
réticuloendothéliose f.  Retikuloendotheliose f.
réticuloendothélium m.  Retikuloendothel n.
réticulogranulomatose f.  Retikulogranulomatose f.
réticulohistiocytaire  retikulohistiozytär
réticulohistiocytose f.  Retikulohistiozytose f.
réticulosarcome m.  Retikulosarkom
n., Retothelsarkom n.
réticulose f.  Retikulose f.
rétinal m.  Retinal n.
rétine f.  Netzhaut f., Retina f.
rétinien  retinal
rétinite f.  Retinitis f.
rétinoblastome m.  Retinoblastom n.
rétinodialyse f.  Retinodialyse f.
rétinographie f.  Retinographie f.
rétinoïde  retinoid
rétinol m.  Retinol n.
rétinopathie f.  Retinopathie f.
rétinoscope m.  Retinoskop n., Skiaskop n.
rétinoscopie f.  Retinoskopie f., Skiaskopie f.
rétinoscopique  retinoskopisch, skiaskopisch
retirer  entziehen, zurückziehen
retour à la vie m.  Wiedererweckung f.
retourner  umstülpen
rétracter  zurückziehen
rétracteur m.  Retraktor m.

rétractile  retraktil
rétraction f.  Retraktion f.
retraite f.  Altersrente f.
rétrécir  einengen, verengen
rétrécissement m.  Einengung f.
rétrécissement du bassin m.  Beckenverengung f.
rétrécissement mitral m.  Mitralstenose f.
rétrécissement pulmonaire m.  Pulmonalstenose f.
rétrécissement rectal m.  Rektumstriktur f.
rétrécissement subaortique hypertrophique congénital m.  IHSS (idiopathische hypertrophische Subaortenstenose) f.
rétroauriculaire  retroaurikulär
rétrobulbaire  retrobulbär
rétrocaecal  retrozökal
rétrocardiaque  retrokardial
rétrocaval  retrokaval
rétroclusion f.  Kopfbiß m. (dent.)
rétrocochléaire  retrokochleär
rétrocolique  retrokolisch
rétrocontrôle m.  Rückkopplung f.
rétrocourbure f.  Rückwärtskrümmung f.
rétrocursif  retrokursiv
rétrodéplacement m.  Rückwärtsverlagerung f.
rétrofléchi  retroflektiert
rétroflexion f.  Retroflexion f.
rétrognathie f.  Retrognathie f.
rétrograde  retrograd
rétrolabyrinthique  retrolabyrinthär
rétrolental  retrolental
rétromamillaire  retromamillär
rétromammaire  retromammär
rétromandibulaire  retromandibulär
rétromaxillaire  retromaxillär
rétromolaire  retromolar
rétronasal  retronasal
rétroorbitaire  retroorbital
rétropatellaire  retropatellar
rétropelvien  retropelvin
rétroperfusion f.  Retroperfusion f.
rétropéritonéal  retroperitoneal
rétropharyngien  retropharyngeal
rétroplacentaire  retroplazentar
rétropneumopéritoine m.  Retropneumoperitoneum n.

rétroposition f.   Retroposition f.
rétroposition, en   retroponiert
rétropubien   retropubisch
rétropulsif   retropulsiv
rétropulsion f.   Retropulsion f.
rétrospectif   retrospektiv
rétrospondylolisthésis m.   Retrospon-
    dylolisthese f.
rétrosternal   retrosternal
rétrotitrage m.   Rücktitration f.
rétrotonsillaire   retrotonsillär
rétrotympanique   retrotympanal
retroussement m.   Umstülpung f.
rétroutérin   retrouterin
retrouver   wiederauffinden
rétrovaccin m.   Retrovakzine f.
rétrovaginal   retrovaginal
rétroversé   retrovertiert
rétroversion f.   Retroversion f.
rétroversion-flexion f.   Retroversioflex-
    xion f.
rétrovirus m.   Retrovirus n.
rétrusion f.   Retrusion f.
revaccination f.   Wiederimpfung f.,
    Zweitimpfung f.
revascularisation f.   Revaskularisation
    f.
rêve m.   Traum m.
rêve éveillé m.   Wachtraum m.
rêve fébrile m.   Fiebertraum m.
réveil m.   Aufwachen n., Erwachen n.
révélateur m.   Entwickler m.
revendicateur m.   Querulant m.
revendicatif   querulatorisch
revendicatrice f.   Querulantin f.
rêver   träumen
réversibilité f.   Reversibilität f.
réversible   reversibel
réversion f.   Reversion f.
révertase f.   Revertase f.
revêtement m.   Auflage f. (dent.), Be-
    lag m., Overlay n., Überzug m.
revêtement (couronne) f.   Verblend-
    krone f.
revêtement péritonéal de l'utérus m.
    Perimetrium n.
revêtir   verblenden (dent.)
révision f.   Überholung (Reparatur) f.
revue f.   Zeitschrift f.
revue de la littérature f.   Literaturüber-
    sicht f.
revue spécialisée f.   Fachzeitschrift f.

révulsif m.   ableitendes Mittel n.
révulsion f.   Blutableitung f.
rhabdomyolyse f.   Rhabdomyolyse f.
rhabdomyome m.   Rhabdomyom n.
rhabdophobie f.   Rhabdophobie f.
rhabdosarcome m.   Rhabdosarkom n.
rhabdovirus m.   Rhabdovirus n.
rhachitome m.   Wirbelsäulensäge f.
rhagade f.   Rhagade f.
rhamnose m.   Rhamnose f.
rhamnoside m.   Rhamnosid n.
rhénium m.   Rhenium n.
rhéobase f.   Rheobase f.
rhéographe m.   Rheograph m.
rhéographie f.   Rheographie f.
rhéographique   rheographisch
rhéologie f.   Rheologie f.
rhéologique   rheologisch
rhéoscope m.   Rheoskop n.
rhéoscopie f.   Rheoskopie f.
rhéostat m.   Rheostat m.
rhéostose f.   Rheostose f.
rhéotropisme m.   Rheotaxis f.
rhinencéphale m.   Riechhirn n.
rhinencéphalie f.   Rhinenzephalie f.
rhinite f.   Rhinitis f.
rhinite atrophique f.   Rhinitis atrophi-
    cans f.
rhinite membraneuse f.   Rhinitis mem-
    branacea f.
rhinite vasomotrice f.   Rhinitis vaso-
    motoria f.
rhinobasal   rhinobasal
rhinogène   rhinogen
rhinolalie f.   Rhinolalie f.
rhinolithe m.   Rhinolith m.
rhinologie f.   Rhinologie f.
rhinologique   rhinologisch
rhinologue f.   Rhinologin f.
rhinologue m.   Rhinologe m.
rhinomanométrie f.   Rhinomanome-
    trie f.
rhinomanométrique   rhinomanome-
    trisch
rhinomycose f.   Rhinomykose f.
rhinomyiase f.   Rhinomyiasis f.
rhinopathie f.   Rhinopathie f.
rhinopharyngien   rhinopharyngeal
rhinopharyngite f.   Nasopharyngitis f.,
    Rhmopharyngitis f.
rhinopharynx m.   Nasopharynx m.,
    Rhinopharynx m.

R

rhinophonie f.   Rhinophonie f.
rhinophyma m.   Rhinophym n.
rhinoplastie f.   Nasenplastik f., Rhinoplastik f.
rhinorrhée f.   Rhinorrhöe f.
rhinosclérome m.   Rhinosklerom n.
rhinoscope m.   Nasenspiegel m., Rhinoskop m.
rhinoscopie f.   Rhinoskopie f.
rhinoscopique   rhinoskopisch
rhinosporidiose f.   Rhinosporidiose f.
rhinovirus m.   Rhinovirus n.
rhizobium m.   Rhizobium n.
rhizome m.   Rhizom n.
rhizomélique   rhizomel
rhizopodes m. pl.   Rhizopoda n. pl.
rhizotomie f.   Rhizotomie f.
rhizotomie postérieure de Foerster f.
Förstersche Operation f.
rhodamine f.   Rhodamin n.
rhodanate m.   Rhodanat n.
rhodium m.   Rhodium n.
rhodopsine f.   Rhodopsin n.
rhombencéphale m.   Rautenhirn n.
rhomboïde   rhomboid
rhonchus m.   Giemen n.
rhoptrie f.   Toxonem n.
rhubarbe f.   Rhabarber m.
rhumatismal   rheumatisch
rhumatisme m.   Rheumatismus m.
rhumatisme aigu fébrile m.   fieberhafter akuter Rheumatismus m.
rhumatisme articulaire m.   Gelenkrheumatismus m.
rhumatisme articulaire aigu (R.A.A.)
m.   akuter Gelenkrheumatismus m.
rhumatisme articulaire chronique m.
sekundär chronische Polyarthritis f.
rhumatisme articulaire secondaire chronique m.   sekundär chronischer Gelenkrheumatismus m.
rhumatisme cardiaque m.   rheumatische Herzkrankheit f.
rhumatisme musculaire m.   Muskelrheumatismus m.
rhumatoïde   rheumatoid
rhumatologie f.   Rheumatologie f.
rhumatologiquer   reumatologisch
rhumatologue f.   Rheumatologin f.
rhumatologue m.   Rheumatologe m.
rhume m.   Erkältung f., Erkältungsinfekt m.

rhume des foins m.   Heufieber n.
ribaminol m.   Ribaminol n.
ribitol m.   Ribit n.
riboflavine f.   Riboflavin n.
ribofuranose m.   Ribofuranose f.
ribofuranoside m.   Ribofuranosid n.
ribohexose m.   Ribohexose f.
ribonucléase f.   Ribonuklease f.
ribonucléoside m.   Ribonukleosid n.
ribonucléotide m.   Ribonukleotid n.
riboprine f.   Riboprin n.
ribose m.   Ribose f.
riboside m.   Ribosid n.
ribosomal   ribosomal
ribosome m.   Ribosom n.
ribotide m.   Ribotid n.
riboxine f.   Riboxin n.
ribulose m.   Ribulose f.
riche en cellules   zellreich
ricin m.   Rizin n.
ricinisme m.   Rizinismus m.
ricinoléate m.   Rizinoleat n.
Rickettsia prowazekii f.   Rickettsia
Prowazeki f.
rickettsie f.   Rickettsie f.
rickettsiose f.   Rickettsiose f.
ridé   runzelig
ride f.   Runzel f.
Riedel, thyroïdite de f.   Riedel-Struma
f.
Rieder, cellule de f.   Riederzelle f.
rifapentine f.   Rifapentin n.
rigide   rigid
rigidité f.   Rigidität f., Rigor m., Starre
f., Steifhheit f.
rigidité cadavérique f.   Leichenstarre
f., Totenstarre f.
rigidité matinale f.   Morgensteifigkeit
f.
rigueur f.   Genauigkeit f.
rilmafazone f.   Rilmafazon n.
rimantadine f.   Rimantadin n.
rimexolone f.   Rimexolon n.
rinçage de bouche, appareil pour m.
Mundduschengerät n.
rince-pipettes m.   Pipettenspülgerät n.
rincer   abspülen, ausspülen
Rinne, épreuve de f.   Rinnescher Versuch m.
rire   lachen
rire m.   Lachen n.
rire convulsif m.   Zwangslachen n.

**risque** m. Risiko n.
**risque sanitaire** m. Gesundheitsrisiko n.
**RIST (radioimmunosorbent-test)** m. Radioimmunosorbent-Test m.
**ritodrine** f. Ritodrin n.
**rituel amoureux** m. Liebesvorspiel n.
**Rivalta, réaction de** f. Rivaltaprobe f.
**riz** m. Reis m.
**rizolipase** f. Rizolipase f.
**RNA anticodon** m. Antisense-RNS f.
**Roarticulation** f. Rogelenk n.
**robénidine** f. Robenidin n.
**robinet à deux voies** m. Zweiwege-hahn m.
**robinet à trois voies** m. Dreiwegehahn m.
**Rochelle, sel de la** m. Rochellesalz n.
**rocher** m. Felsenbein n.
**rocivérine** f. Rociverin n.
**roentgenologie** f. Röntgenologie f.
**roentgenologue** m. Fachgebietsarzt für Röntgenologie m.
**roentgenthérapie** f. Röntgentherapie f.
**roentgenthérapie à faible tension** f. Niedervolt-Röntgentherapie f.
**roentgenthérapie à haute tension** f. Hochvolt-Röntgentherapie f.
**roflurane** m. Rofluran n.
**Roger, maladie de** f. Morbus Roger m.
**rolétamide** m. Roletamid n.
**rolicyprine** f. Rolicyprin n.
**rolitétracycline** f. Rolitetracyclin n.
**Romberg, signe de** m. Rombergsches-Zeichen n.
**rompre** rupturieren
**ronflant** schnarchend
**ronfler** schnarchen
**rongement** m. Abkauung f.
**rongement des ongles** m. Fingernägel-beißen n.
**ronger** nagen, zerfressen
**rongeur** m. Nagetier n.
**Rorschach, test de** m. Rorschachtest m.
**rosace** f. Rosette f.
**rosaniline** f. Rosanilin n.
**roséole** f. Roseole f.
**rosette (histol.)** f. Rosette f.

**Rossolimo, signe de** m. Rossolimo-Reflex m.
**rostral** rostral
**rotation** f. Drehung f., Rotation f., Umdrehung f.
**rotation externe** f. Auswärtsdrehung f.
**rotatoire** rotatorisch
**rotavirus** m. Rotavirus n.
**roténone** f. Rotenon n.
**roter** rülpsen
**rôtir** braten
**rotor** m. Rotor m.
**rotoxamine** f. Rotoxamin n.
**rotule** f. Kniescheibe f.
**roucoulement** m. Gurren n.
**roue** f. Rad n.
**rouge congo** m. Kongorot n.
**rouge de bengale** m. Bengalrot n.
**rouge de bromophénol** m. Bromphen-olrot n.
**rouge de chlorphénol** m. Chlorphen-olrot n.
**rouge de crésol** m. Kresolrot n.
**rouge méthylique** m. Methylrot n.
**rouge neutre** m. Neutralrot n.
**rouge propyl** m. Propylrot n.
**rouge trypane** m. Trypanrot n.
**rougéole** f. Masern f.
**rougeur** f. Röte f.
**rougeur du visage** f. Gesichtsrötung f.
**rougir** erröten, röten
**rougissement** m. Erröten n., Rötung f.
**rouille** f. Rost m.
**rouleau de compression** m. Klemm-rolle f.
**rouleau de coton** m. Watterolle f.
**roulement de Flint** m. Flintsches Ge-räusch n.
**rouler** wickeln
**routine** f. Routine f.
**roux** rothaarig
**Rovsing, signe d'appendicite de** m. Rovsingsches Zeichen n.
**roxarsone** f. Roxarson n.
**roxatidine** f. Roxatidin n.
**roxibolone** f. Roxibolon n.
**roxopérone** f. Roxoperon n.
**ruban adhésif** m. Klebeband n.
**ruban métrique** m. Meßband n.
**rubéfiant** hautrötend

**R**

**rubéfiant m.** hautrötendes Mittel n.,
Rubefaciens n.
**rubéole f.** Röteln f. pl.
**rubéole scarlatiforme f.** vierte Krankheit f., Rubeola scarlatinosa f., Skarlatinoid n.
**rubéose f.** Rubeose f.
**rubidazone f.** Rubidazon n.
**rubidium m.** Rubidium n.
**rubrospinal** rubrospinal
**rubrospinocérébelleux** rubrospinozerebellar
**rude** schroff; rauh
**rudiment m.** Rudiment n.
**rudimentaire** rudimentär
**rugine f.** Raspatorium n.
**ruminant m.** Wiederkäuer m.
**rumination f.** Rumination f., Wiederkäuen n.
**Rumpel-Leede, phénomén de m.**
Rumpel-Leedesches Phänomen n.
**rupture f.** Durchbruch m., Ruptur f.
**rupture cardiaque f.** Herzruptur f.
**rupture de la poche des eaux f.** Blasensprung m.
**rupture de la rate f.** Milzruptur f.
**rupture de la trompe f.** Tubenruptur f.

**rupture utérine f.** Uterusruptur f.
**rural** ländlich
**rush m.** Wallung f.
**Russell, corps de m.** Russellkörperchen n.
**rut m.** Brunst f.
**ruthénium m.** Ruthenium n.
**rutherford m.** Rutherford n.
**rutilisme m.** Rutilismus m.
**rutine f.** Rutin n.
**rutinose m.** Rutinose f.
**rutinoside m.** Rutinosid n.
**ruvazone f.** Ruvazon n.
**rythme m.** Rhythmus m.
**rythme cardiaque m.** Herzrhythmus
m.
**rythme d'échappement m.** Ersatzrhythmus m.
**rythme foetal m.** Embryokardie f.
**rythme nodal m.** Knotenrhythmus m.
**rythme sinusal m.** Sinusrhythmus m.
**rythmique** rhythmisch
**rythmique f.** Rhythmik f.
**rythmogène** rhythmogen
**rythmologie f.** Rhythmologie f.
**rythmologique** rhythmologisch

# S

**s'écailler** abblättern
**Sabin et Feldman, dye-test de m.** Sabin-Feldmantest m.
**sabler** mit Sand abstrahlen (dent.)
**sableuse f.** Abstrahlgebläse n., Sandstrahlgebläse n.
**sabot m.** Huf m.
**sac m.** Sack m.
**sac de sable m.** Sandsack m.
**sac en plastique m.** Plastikbeutel m.
**sac herniaire m.** Bruchsack m.
**sac lacrymal m.** Tränensack m.
**sac, en forme de** sackförmig
**saccharase f.** Saccharase f.
**saccharate m.** Saccharat n.
**saccharide m.** Saccharid n.
**saccharification f.** Verzuckerung f.
**saccharimètre m.** Saccharimeter n.
**saccharine f.** Sacharin n.
**saccharogalactorrhée f.** Saccharogalaktorrhöe f.
**saccharolytique** zuckerspaltend
**saccharomycète m.** Saccharomyces m.
**saccharomycose f.** Saccharomykose f.
**saccharopine f.** Saccharopin n.
**saccharose m.** Saccharose f., Sukrose f.
**saccule m.** Säckchen n.
**sacculocochléaire** sakkulokochleär
**sacralisation f.** Sakralisation f.
**sacré** sakral
**sacroantérieur** sakroanterior
**sacrococcygien** sakrokokzygeal
**sacroiliaque** sakroiliakal
**sacrolombaire** sakrolumbal
**sacropelvien** sakropelvisch
**sacropérinéal** sakroperineal
**sacropostérieur** sakroposterior
**sacrosciatique** sakroischiadisch
**sacrospinal** sakrospinal
**sadique** sadistisch
**sadique f.** Sadistin f.
**sadique m.** Sadist m.
**sadisme m.** Sadismus m.
**safran m.** Safran m.
**safranine f.** Safranin n.
**sage-femme f.** Hebamme f.

**sage-femme hospitalière f.** Krankenhaushebamme f.
**sagittal** sagittal
**saignée f.** Aderlaß m.
**saignement m.** Blutung f.
**saigner** bluten, zur Ader lassen
**saillir** beschälen
**sain** gesund
**salacétamide m.** Salacetamid n.
**salafibrate m.** Salafibrat n.
**salantel m.** Salantel n.
**salazodine f.** Salazodin n.
**salazosulfadimidine f.** Salazosulfadimidin n.
**salazosulfapyridine f.** Salazosulfapyridin n.
**salazosulfathiazole m.** Salazosulfathiazol n.
**salbutamol m.** Salbutamol n.
**salé** salzhaltig
**salétamide m.** Saletamid n.
**saleté f.** Schmutz m.
**salfluvérine f.** Salfluverin n.
**salicylaldéhyde m.** Salizylaldehyd m.
**salicylamide m.** Salizylamid n.
**salicylanilide m.** Salizylanilid n.
**salicylate m.** Salizylat n.
**salicylate de sodium m.** Natriumsalizylat n.
**salicylate mercuriel m.** Merkursalizylat n.
**salicylazosulfapyridine f.** Salizylazosulfapyridin n.
**salicyle m.** Salizyl n.
**salicylthérapie f.** Salizyltherapie f.
**salidiurétique** saliuretisch
**salidiurétique m.** Saliuretikum n.
**salin** salinisch
**salinazide m.** Salinazid n.
**saline f.** Saline f.
**salipyrine f.** Salipyrin n.
**salivation f.** Speichelfluß m.
**salive f.** Speichel m.
**salle d'accouchement f.** Kreißsaal m.
**salle d'anatomie pathologique f.** Sektionsraum m.
**salle d'attente f.** Wartezimmer n.

salle d'hôpital f.   Krankensaal m.
salle d'opération f.   Operationssaal m.
salle de désinfection f.   Bettensterilisierraum m.
salle de pansement f.   Verbandraum
m.
salle de réveil f.   Aufwachraum m.
salle de soins f.   Behandlungsraum m.
salle des plâtres f.   Gipsraum m.
Salmonella enteridis m.   Bacillus enteridis Gärtner m.
Salmonella typhimurium m.   Bacillus
typhi murium m.
salmonelle f.   Salmonella f.
salmonellose f.   Salmonelleninfektion
f.
salol m.   Salol n.
salpêtre m.   Salpeter m.
salpingectomie f.   Salpingektomie f.,
Tubektomie f.
salpingite f.   Salpingitis f.
salpingographie f.   Salpingographie f.
salpingolyse f.   Salpingolyse f.
salpingoovarectomie f.   Salpingo-Oophorektomie f.
salpingoovarite f.   Salpingo-Oophoritis f.
salpingostomie f.   Salpingostomie f.
salpingotomie f.   Salpingotomie f.
salpingourétérostomie f.   Salpingoureterostomie f.
salsalate m.   Salsalat n.
salsepareille f.   Sarsaparille f.
salurétique   saluretisch
salurétique m.   Saluretikum n.
salutaire   gesundheitsfördernd, heilsam
salve f.   Salve f.
samarium m.   Samarium n.
sanatorium m.   Heilanstalt f., Sanatorium n.
sandwich, technique du f.   Sandwiching n.
sang m.   Blut n.
sang chaud, à   warmblütig
sang conservé m.   konserviertes Blut
n., Konservenblut n.
sang de cadavre m.   Leichenblut n.
sang du cordon m.   Nabelschnurblut
n.
sang en circulation aller-retour m.
Pendelblut n.

sang frais m.   Frischblut n.
sanglant   blutig (blutbefleckt)
sangsue f.   Blutegel m.
sangsue du cheval f.   Pferdeegel m.
sanguin   blutstrotzend, sanguinisch
sanguinolent   sanguinolent
sanitaire   hygienisch, sanitär
sans anomalie   ohne Befund (o. B.)
sans complications   unkompliziert
sans connaissance   bewußtlos
sans dérangement   ungestört
sans élément pathogène   pathogenfrei
sans gluten   glutenfrei
sans infarctus   nichtinfarziert
sans paroi   wandlos
sans particularités   oB (ohne Befund)
sans pyrogènes   pyrogenfrei
sans sel   ungesalzen
sans suture   nahtlos
sans vésicules   blasenfrei
santaline f.   Santalin n.
santé f.   Gesundheit f.
Santé Publique f.   öffentliches Gesundheitswesen n.
santonine f.   Santonin n.
sapogénine f.   Sapogenin n.
saponification f.   Verseifung f.
saponifier   verseifen
saponine f.   Saponin n.
saprophytaire   saprophytär
saprophyte m.   Saprophyt m.
saralasine f.   Saralasin n.
sarcine f.   Sarzine f.
sarcocèle f.   Sarkozele f.
sarcocystose f.   Sarkozystose f.
sarcoïde m.   Sarkoid n.
sarcoïde de Boeck f.   Boecksches Sarkoid n.
sarcoïdose f.   Sarkoidose f.
sarcolemme m.   Sarkolemm n.
sarcolysine f.   Sarcolysin n.
sarcomateux   sarkomatös
sarcomatose f.   Sarkomatose f.
sarcome m.   Sarkom n.
sarcome à cellules fusiformes m.   Spindelzellensarkom n.
sarcome à cellules géantes m.   Riesenzellensarkom n.
sarcome d'Ewing m.   Ewing-Tumor
m.
sarcome de Rous m.   Rous-Sarkom n.

**sarcome globocellulaire m.** Rundzellensarkom n.
**sarcomère m.** Sarkomer n.
**sarcoplasmatique** sarkoplasmatisch
**sarcoplasme m.** Sarkoplasma n.
**sarcopsyllose f.** Sarkopsyllosis f.
**sarcopte m.** Sarcoptes f.
**sarcopte de la gale m.** Krätzemilbe f.
**sarcosine f.** Sarcosin n.
**sarcosome m.** Sarkosom n.
**sarcosporidiose f.** Sarkosporidiose f.
**sardonique** sardonisch
**sarmentocymarine f.** Sarmentozymarin n.
**sarmentogénine f.** Sarmentogenin n.
**sarmentose f.** Sarmentose f.
**sarpicilline f.** Sarpicillin n.
**satellite m.** Satellit m.
**satiété f.** Sattheit f., Überdruß m.
**satisfaction f.** Befriedigung f.
**satisfaction sexuelle f.** sexuelle Befriedigung f.
**satisfaire** befriedigen
**satisfaire un besoin** ein Bedürfnis verrichten
**satisfaisant** befriedigend, zufriedenstellend
**saturation f.** Sättigung f.
**saturation en oxygène f.** Sauerstoffsättigung f.
**saturé** gesättigt
**saturer** sättigen
**saturnin** bleihaltig
**saturnisme m.** Saturnismus m.
**satyriasis m.** Satyriasis f.
**sauge f.** Salbei m.
**sauna m.** Sauna f.
**saupoudreuse f.** Streudose f.
**sautant** saltatorisch
**sauvetage m.** Bergung f.
**saveur f.** Geschmack m.
**savon m.** Seife f.
**savon de résine m.** Resinat n.
**savonneux** seifig
**SC (sous-cutané)** sc (subcutan)
**Scadding, syndrome de m.** Scadding-Syndrom n.
**scalène, syndrome du m.** Skalenussyndrom n.
**scalénectomie f.** Skalenektomie f.
**scalénotomie f.** Skalenusdurchtrennung f.

**scalp m.** Skalpierung f.
**scalpel m.** Messer n., Skalpell n.
**scalpel à cataracte m.** Starmesser n.
**scalpel chirurgical m.** Operationsskalpell n.
**scalpel de dissection m.** anatomisches Skalpell n.
**scander** skandieren
**scandium m.** Scandium n., Skandium n.
**scanner m.** Scanner m.
**scanner complexe m.** Mischscan m.
**scanographie f.** CT (Computer-Tomographie) f., Scanner m.
**scanographie générale f.** Ganzkörper-Computertomographie f.
**scaphocéphalie f.** Kielschädel m., Skaphozephalie f.
**scaphoïde** kahnförmig
**scapulaire** skapular
**scapuloclaviculaire** skapuloklavikular
**scapulohuméral** skapulohumeral
**scapulopéronier** skapuloperoneal
**scarificateur m.** Impffeder f.
**scarification f.** Skarifikation f.
**scarlatiforme** scharlachähnlich
**scarlatine f.** Scharlach m.
**scarlatiniforme** skarlatiniform
**Scarpa, triangle de m.** Scarpasches Dreieck n.
**scatole m.** Skatol n.
**schéma m.** Schema n.
**schéma de traitement m.** Behandlungsschema n.
**schématique** schematisch
**Scheuermann, maladie de f.** Scheuermannsche Krankheit f.
**Schick, réaction de f.** Schicktest m.
**Schiff, réactif de m.** Schiff-Reagens n.
**Schiller, test de m.** Schillersche Probe f.
**schistocyte m.** Schistozyt m.
**schistose f.** Schistose f.
**Schistosoma haematobium m.** Distonum haematobium n., Schistosoma haematobium n.
**schistosomiase f.** Schistosomiasis f.
**schizoaffectif** schizoaffektiv
**schizogonie f.** Schizogonie f.
**schizoïde** schizoid
**schizonte m.** Schizont m.
**schizophrène** schizophren

S

schizophrène f.   Schizophrene f.
schizophrène m.   Schizophrener m.
schizophrénie f.   Schizophrenie f.
schizophrénie catatonique f.   Katatonie f.
schizophrénie hébéphrénie f.   Hebephrenie f.
schizophrénie paranoïaque f.   Paranoia f.
schizophrénie secondaire f.   Pfropfschizophrenie f.
schizothymie f.   Schizothymie f.
schizothymique   schizothym
Schlemm, canal de m.   Schlemmscher
Kanal m.
Schmorl, nodule de m.   Schmorlsches
Knötchen n.
Schüffner, granulations de f. pl.
Schüffnersche Tüpfelung f.
Schultz-Charlton, phénomène de m.
Schultz-Charltonsches Auslöschphänomen n.
Schwabach, épreuve de f.   Schwabachscher Versuch m.
Schwann, gaine de f.   Schwannsche
Scheide f.
schwannome m.   Schwannom n.
scialytique m.   Operationslampe f.
sciatique f.   Ischiassyndrom n.
scie f.   Säge f.
scie à amputation f.   Amputationssäge
f.
scie à plâtre f.   Gipssäge f.
scie de Gigli f.   Kettensäge f.
science f.   Wissenschaft f.
science de l'avulsion dentaire f.   Zahnextraktionslehre f.
science des rayonnements f.   Strahlenkunde f.
sciences naturelles f. pl.   Naturwissenschaft f.
scientifique   wissenschaftlich
scientifique m., f.   Wissenschaftler (in)
m., f.
scilla f.   Szilla f.
scillaridine f.   Szillaridin n.
scille f.   Scilla f.
scilline f.   Szillin n.
scillitoxine f.   Szillitoxin n.
scintigramme m.   Szintigramm n.
scintigraphie f.   Szintigraphie f.

scintigraphie au thallium f.   Thalliumszintigraphie f.
scintigraphie myocardique f.   Myokardszintigraphie f.
scintigraphique   szintigraphisch
scintillateur m.   Szintillator m.
scintillation f.   Flimmern n., Szintillation f.
scintillement m.   Flimmern n.
scintiller   flimmern
scintiphotographie f.   Szintifotografie
f.
scission f.   Abspaltung f.
scissure f.   Aufspaltung f., Furche f.,
Spalt m.
scissure perpendiculaire externe f.   Affenspalte f.
sclérectomie f.   Sklerektomie f.
sclérème m.   Sklerem n.
scléreux   skleral
sclérite antérieure f.   Skleritis anterior
f.
sclérite postérieure f.   Skleritis posterior f.
scléritique   skleritisch
scléroconjonctival   sklerokonjunktival
sclérocornéen   sklerokorneal
sclérodactylie f.   Sklerodaktylie f.
sclérodermie f.   Sklerodermie f.
scléroedème m.   Sklerödem n.
sclérome m.   Sklerom n.
sclérophtalmie f.   Sklerophthalmie f.
sclérose f.   Sklerose f., Sklerosierung f.,
Verkalkung f.
sclérose coronarienne f.   Koronarsklerose f.
sclérose en plaques (SEP) f.   MS f.,
multiple Sklerose f.
sclérose latérale f.   Lateralsklerose f.
sclérose latérale amyotrophique f.
amyotrophische Lateralsklerose f.
sclérose sphinctérienne f.   Sphinktersklerose f.
sclérose systémique progressive f.   progressive Systemsklerose f.
sclérose tubéreuse f.   tuberöse Sklerose
f.
scléroser   sklerosieren, veröden
sclérothérapie f.   Verödungstherapie f.
sclérotique   sklerotisch
sclérotique f.   Lederhaut f. (opthalm.),
Sklera f.

sclérotome m.  Sklerotom n.
sclérotomie f.  Sklerotomie f.
scolex m.  Skolex m.
scoliose f.  Skoliose f.
scoliotique  skoliotisch
scopolamine f.  Skopolamin n.
scopolamine, bromhydrate de m.  Scopolaminum hydrobromicum n.
scopulariopsidose f.  Skopulariopsidose f.
scorbut m.  Skorbut m.
scorbutique  skorbutisch
score m.  Score m.
scorie f.  Schlacke f.
scorifier, se  verschlacken
scorpion m.  Skorpion m.
scotome m.  Skotom n.
scotome central m.  Zentralskotom n.
scotome scintillant m.  Flimmerskotom n.
scotométrie f.  Skotometrie f.
scotophobie f.  Skotophobie f.
scotopsine f.  Skotopsin n.
scrofule f.  Skrofeln f. pl., Skrofulose f.
scrofuleux  skrofulös
scrofuloderme m.  Skrofuloderm n.
scrotal  skrotal
scrotum m.  Hodensack m., Skrotum n.
scybale f.  Skybalum n.
SDH (sorbitol-déhydrogénase) f.  SDH (Sorbit-Dehydrogenase) f.
séance f.  Sitzung f.
seau m.  Eimer m.
seau à ordures m.  Abfalleimer m.
sébacé  talgig
séborrhée f.  Seborrhöe f.
séborrhée huileuse f.  Salbengesicht n.
séborrhéique  seborrhoisch
sébostase f.  Sebostase f.
sébotrope  sebotrop
sec  trocken
séchage m.  Austrocknung f.
sèche-film m.  Filmtrockner m.
sécher  trocknen
sécheresse de la bouche f.  Mundtrockenheit f.
séchoir m.  Trockengerät n.
séchoir armoire m.  Trockenschrank m.
séclazone f.  Seclazon n.
secondaire  sekundär

secondipare  zweitgebärend
secondipare f.  Zweitgebärende f.
secouer  erschüttern
secourisme m.  Erste Hilfe f.
secouriste m.  Sanitäter m.
secours m.  Rettung f.
secousse f.  Erschütterung f.
secousse d'ouverture anodique f.  Anodenöffnungszuckung f.
secousse d'ouverture cathodique f.  Kathodenöffnungszuckung f.
secousse de fermeture anodique f.  Anodenschließungszuckung f.
secousse de fermeture cathodique f.  Kathodenschließungszuckung f.
sécovérine f.  Secoverin n.
secret médical m.  Arztgeheimnis n.
secret professionnel m.  Schweigepflicht f.
sécrétagogue  sekretagog
secrétaire f.  Sekretärin f.
secrétaire m.  Sekretär m.
sécrétant  sezernierend
sécréter  abscheiden, absondern (ausscheiden), sezernieren
sécréteur m.  Sekretor m.
sécrétine f.  Secretin n., Sekretin n.
sécrétinome m.  Sekretinom n.
sécrétion f.  Absonderung (Ausscheidung) f., Sekret n., Sekretion f.
sécrétion abondante f.  Sukkorrhöe f.
sécrétion de base d'acide gastrique f.  basale Magensäuresekretion (BAO) f.
sécrétion interne f.  Inkretion f., innere Sekretion f.
sécrétogogue m.  Secretagogum n.
sécrétoire  sekretorisch
sécrétolytique  sekretolytisch
sécrétolytique m.  Sekretolytikum n.
secteur m.  Netz (elektr.) n., Sektor m.
section f.  Abteilung f., Sektion f.
section transversale f.  Querschnitt m.
sectionner  abschneiden, durchschneiden
sécurinine f.  Securinin n.
sécurité f.  Sicherheit f.
sédatif  beruhigend, sedativ
sédatif m.  Beruhigungsmittel n., Sedativum n.
sédatif de jour m.  Tagessedativum n.

sédation f.   Ruhigstellung f, Sedierung f.
sédation forcée f.   forcierte Ruhigstellung f.
sédentaire   häuslich
sédiment m.   Sediment n.
sédimentation f.   Sedimentierung f.
sédimentation du sang f.   Blutsenkung f.
sédoheptulose m.   Sedoheptulose f.
segment m.   Segment n.
segment nerveux m.   Neuralsegment n.
segment primordial m.   Ursegment n.
segmentaire   segmental
segmentation f.   Furchung f., Segmentierung f.
segmenté   segmentiert
segmenter, se   furchen
ségrégation f.   Segregation f.
sein m.   Brust f., Busen m., Mamma f.
séjour à l'hôpital m.   Krankenhausaufenthalt m.
sel m.   Salz n.
sel biliaire m.   Gallensalz n.
sel d'or m.   Goldsalz n.
sel de Carlsbad m.   Karlsbader Salz n.
sel de Glauber m.   Glaubersalz n.
sel de la Rochelle m.   Seignettesalz n.
sel disodique m.   Dinatriumsalz n.
sel haloïde m.   Halid n., Halogenid n.
sel minéral m.   Mineralsalz n.
sel volatil m.   Riechsalz n.
sélectif   selektiv
sélection f.   Selektion f.
sélectionneur de programme m.   Programmwähler m.
sélectivité f.   Selektivität f.
sélégénine f.   Selegenin n.
sélénate m.   Selenat n.
sélénide m.   Selenid n.
sélénite m.   Selenit n.
sélénium m.   Selen n.
sélénodonte   selenodont
sélénométhylcholestérol m.   Selenomethylcholesterin n.
Selivanoff, réaction de f.   Seliwanowsche Probe f.
sellaire   sellär
selle f.   Sattel m.
selle (bridge) f.   Sattelbrücke f. (dent.)

selle turcique f.   Sella turcica f., Türkensattel m.
selles couleur bitume f. pl.   Teerstuhl m.
selles en crottes de mouton f. pl.   Schafkotstuhl m.
selles en forme de crayon f. pl.   Bleistiftkot m.
selles putrides f. pl.   Fäulnisstuhl m.
selles riziformes f. pl.   Reiswasserstuhl m.
selles savonneuses f. pl.   Seifenstuhl m.
selon la phase   phasengesteuert
sémantique   semantisch
sémantique f.   Semantik f.
semblable   ähnlich
séméiologie f.   Semiologie f.
séméiologique   semiologisch
semelle-support f.   Plattfußeinlage f.
semen-contra m.   Wurmsamen m.
semestre m.   Semester n.
semialdéhyde m.   Semialdehyd m.
semiautomatique   halbautomatisch
semicarbazide m.   Semikarbazid n.
semicarbazone f.   Semikarbazon n.
semicirculaire   semizirkulär
semiconducteur m.   Halbleiter m.
semidécussation f.   Semidekussation f.
semiessentiel   semiessentiell
semiéthanolate m.   Semiethanolat n.
semihydrate m.   Semihydrat n.
semilunaire   halbmondförmig
semimalin   semimaligne
semimembraneux   semimembranös
séminaire m.   Seminar n.
séminome m.   Dysgerminom n., Seminom n.
semiovale   semioval
semiperméable   semipermeabel
semiquantitatif   halbquantitativ, semiquantitativ
semisolide   halbfest
semisynthétique   halbsynthetisch, semisynthetisch
semithiocarbazone f.   Semithiokarbazon n.
semivertical   semivertikal
semoule f.   Grieß m.
sémustine f.   Semustin n.
séné m.   Senna f.
sénescence f.   Altern n., Seneszenz f.
sénile   altersschwach, senil

sénilité f. Senilität f.

sennoside m. Sennosid n.

sens m. Sinn m.

sens des couleurs m. Farbensinn m.

sens du goût m. Geschmacksinn m.

sens du toucher m. Berührungssinn m., Tastsinn m.

sens statique m. Gleichgewichtssinn m.

sens thermique m. Temperatursinn m.

sensation f. Empfindung f., Gefühl n., Sensation f.

sensation de brûlure f. brennendes Gefühl n.

sensation de culpabilité f. Schuldgefühl n.

sensation de globe f. Kloßgefühl n.

sensation de lourdeur épigastrique f. Magendrücken n.

sensation de vertige f. Schwindelgefühl m.

sensation gustative f. Schmecken n.

sensibilisation f. Sensibilisierung f.

sensibiliser sensibilisieren

sensibilité f. Sensibilität f.

sensibilité au froid f. Kälteempfindlichkeit f.

sensibilité au toucher f. Berührungsempfindlichkeit f.

sensibilité aux changements de temps f. Wetterfühligkeit f.

sensibilité du film f. Filmempfindlichkeit f.

sensibilité profande f. Tiefensensibilität f.

sensible empfindlich, sensibel

sensible à la pression druckempfindlich

sensible aux changements de temps wetterfühlig

sensing m. Sensing n.

sensitif sensitiv

sensitivité f. Sensitivität f.

sensitométrie f. Sensitometrie f.

sensitométrique sensitometrisch

sensoriel sensoriell, sensorisch

sensorimoteur sensomotorisch

sensorium m. Sensorium n.

sentiment m. Empfindung f., Gefühl n., Gemüt n.

sentiment d'ensemble m. Allgemeingefühl n.

sentiment de réplétion m. Völlegefühl n.

sentiment de sa propre valeur m. Selbstwertgefühl n.

sentiment du temps m. Zeitsinn m.

sentir fühlen, riechen, verspüren

sentir mauvais stinken

séparateur m. Separator m.

séparation f. Absonderung (Isolierung) f., Durchtrennung f., Separation f., Trennung f.

séparer absondern (isolieren), aufspalten, separieren

sépharose m. Sepharose f.

septal septal

septicémie f. Sepsis f., Septikämie f.

septicémie lente f. Sepsis lenta f.

septicémie orale f. orale Sepsis f.

septicémie postsplénectomique f. Postsplenektomiesepsis f.

septicémie puerpérale f. Puerperalsepsis f.

septicémie traumatique f. Wundsepsis f.

septique septisch

septonasal septonasal

septooptique septooptisch

septostomie f. Septostomie f.

septum m. Septum n.

septum auriculaire m. Vorhofscheidewand f., Vorhofseptum n.

septum interventriculaire m. Ventrikelseptum n., Kammerscheidewand f.

septum lucidum m. Septum pellucidum n.

séquelle f. Folgeerscheinung f.

séquelles tardives f. pl. Spätfolgen f. pl.

séquence f. Aufeinanderfolge f., Sequenz f.

séquentiel sequentiell

séquestration f. Sequesterbildung f.

séquestre m. Sequester m.

séquestre dentaire m. Zahnsequester m.

séquestre osseux inclus m. Totenlade f.

séquestrectomie f. Sequestrektomie f.

séquestrotomie f. Sequestrotomie f.

séreux serös

serfibrate m. Serfibrat n.

S

série f.   Serie f.
série de production f.   Herstellungscharge f.
série, en   serienmäßig
sériel   reihenmäßig
sérieux   schwer (ernst)
sérine f.   Serin n.
seringue f.   Spritze f.
seringue à trois voies f.   Dreiwegespritze f.
seringue à usage unique f.   Einmalspritze f.
seringue de Pravaz f.   Pravazsche
Spritze f., Rekordspritze f.
seringue en verre f.   Glasspritze f.
seringue métallique f.   Metallspritze f.
seringue otologique f.   Ohrspritze f.
seringue tout verre f.   Ganzglasspritze
f.
serment d'Hippocrate m.   Eid des Hippokrates m.
sermétacine f.   Sermetacin n.
sermoréline f.   Sermorelin n.
séroconversion f.   Serumkonversion f.
sérodiagnostic m.   Serodiagnose f.
sérodiagnostic de Widal-Felix m.   Gruber-Widalsche Reaktion f.
sérofibreux   serofibrös
sérofibrineux   serofibrinös
sérologie f.   Serologie f.
sérologique   serologisch
séromembraneux   seromembranös
séromuqueux   seromukös
séronégatif   seronegativ
séropositif   seropositiv
séroprophylaxie f.   Serumprophylaxe
f.
séropurulent   seropurulent
séroréaction f.   Seroreaktion f.
sérosanguinolent   serosanguinolent
séroséreux   seroserös
sérosite f.   Serositis f.
sérosynovite f.   Serosynovitis f.
sérothérapie f.   Serumbehandlung f.
sérotonine f.   Serotonin n.
sérotoninome m.   Serotoninom n.
sérotympan m.   Serotympanum n.
sérovaccination f.   Serovakzination f.
serpent m.   Schlange f.
serpent à sonnettes m.   Klapperschlange f.
serpent venimeux m.   Giftschlange f.

serpigineux   serpiginös
serrapeptase f.   Serrapeptase f.
serratia f.   Serratie f.
serré   straff
serrer   einklemmen, klemmen
Sertoli, cellule de f.   Sertolische Zelle f.
sérum m.   Serum n.
sérum (sanguin) m.   Blutserum n.
sérum anti Rh m.   Anti-Rh-Serum n.
sérum antilymphocytaire m. (ALS)
Antilymphozytenserum n. (ALS)
sérum antiméningococcique m.   Meningokokkenserum n.
sérum antitétanique m.   Tetanusserum
n.
sérum antitoxique m.   Heilserum n.
sérum antivenimeux m.   Schlangenserum, antitoxisches n.
sérum bovin m.   Rinderserum n.
sérum de cheval m.   Pferdeserum n.
sérum physiologique m.   physiologische Kochsalzlösung f.
service m.   Abteilung f.
service après vente m.   Kundendienst
m.
service d'équarrissage m.   Tierkörperbeseitigungsanstalt f.
service d'isolement m.   Isolierstation f.
service d'obstétrique m.   Entbindungsabteilung f.
service d'ophtalmologie m.   Augenabteilung f.
service de dialyse m.   Dialysestation f.
service de médecine du travail m.   gewerbeärztlicher Dienst m.
service de radiologie m.   Röntgenabteilung f.
service de santé publique m.   Gesundheitsamt n.
service de soins m.   Pflegedienst m.
service des accidents m.   Unfallstation
f.
service des consultations externes m.
Ambulanz f.
service des entrées m.   Aufnahmestation f.
service des maladies contagieuses m.
Infektionsabteilung f.
service des soins m.   Behandlungsstation f.
service des soins intensifs m.   Intensivpflegestation f.

service fermé/ouvert m.  geschlossene/ offene Abteilung f.

service hospitalier m.  Krankenhaus- abteilung f., Krankenstation f.

services de santé publique m. pl.  Ge- sundheitsbehörde f.

services sociaux militaires m. pl.  mili- tärische Versorgungsbehörde f.

serviette de bain f.  Badetuch n.

servir d'intermédiaire  vermitteln

sesquichlorure m.  Sesquichlorid n.

sesquioléate m.  Sesquioleat n.

sesquiterpène m.  Sesquiterpen n.

sessile  breitbasig aufsitzend, sessil

sétariase f.  Setariasis f.

sétazindol m.  Setazindol n.

sétiptiline f.  Setiptilin n.

seuil m.  Schwelle f.

seuil auditif m.  Hörschwelle f.

seuil d'excitabilité m.  Reizschwelle f.

seuil lumineux m.  Lichtschwelle f.

seuil olfactif m.  Riechschwelle f.

sévérité f.  Strenge f.

sévoflurane m.  Sevofluran n.

sevrage m.  Abstillen n.

sevrer  abstillen, entwöhnen

sexe m.  Geschlecht n.

sexologie f.  Sexologie f., Sexual- wissenschaft f.

sexologique  sexologisch

sexologue f.  Sexologin f.

sexologue m.  Sexologe m.

sexualité f.  Sexualität f.

sexuel  geschlechtlich, sexuell

sféricase f.  Sfericase f.

SGOT (sérum glutamo-oxaloacétique transaminase) f.  GOT (Glutamin- säure-Oxalessigsäure-Transaminase) f.

SGPT (sérum glutamopyruvique trans- aminase) f.  GPT (Glutaminsäure- Brenztraubensäure-Transaminase) f.

shaker m.  Schüttler m.

SHBG (sex hormone binding globulin) f.  SHHG (sexualhormonbindendes Globulin) n.

Sheehan, syndrome de m.  Sheehan- Syndrom n.

shigella f.  Shigelle f.

shigella paradysenteriae Strong f.  Ruhrbazillus (Strong) m.

Shigella Sonnei f.  Ruhrbazillus (Sonne) m.

shigellose f.  Shigellose f.

Shrapnell, membrane flaccide de f.  Shrapnellsche Membran f.

shunt m.  Abzweigung f., Nebenlei- tung f., Nebenschluß m., Shunt m.

shunt gauche-droite m.  Links-Rechts- Shunt m.

shunt droite-gauche m.  Rechts-Links- Shunt m.

Sia, test de floculation de m.  Sia-Test m.

sialadénite f.  Sialadenitis f., Speichel- drüsenentzündung f.

sialadénographie f.  Sialadenographie f.

sialagogue  sialagog

sialagogue m.  Sialagogum n.

sialoéjecteur m.  Speichelzieher m.

sialogogue  speicheltreibend

sialogramme m.  Sialogramm n.

sialographie f.  Sialographie f.

sialographique  sialographisch

sialolithiase f.  Sialolithiasis f.

sialome m.  Sialom n.

sialopénie f.  Sialopenie f.

sialorrhée f.  Sialorrhöe f.

sialose f.  Sialose f.

sialyltransférase f.  Sialyltransferase f.

siamois, frères m. pl.  Siamesische Zwillinge m. pl.

SIDA (Syndrome d'Immuno-Défence Acquise) m.  AIDS (erworbenes Im- mundefektsyndrom) n.

sidéramine f.  Sideramin n.

sidéroachrestique  sideroachrestisch

sidéroblaste m.  Sideroblast m.

sidéroblastique  sideroblastisch

sidérochrome m.  Siderochrom n.

sidérocyte m.  Siderozyt m.

sidéropénie f.  Eisenmangel m., Sidero- penie f.

sidéropénique  sideropenisch

sidérophile  siderophil

sidérose f.  Siderose f.

sidétotique  siderotisch

siège m.  Steiß m.

siemens m.  Siemens n.

sievert m.  Sievert n.

sifflant  zischend

sifflet m.  Pfeife f.

sifflet de Galton m.  Galtonsche Pfeife f.

sigmatisme m.  Sigmatismus m.

sigmoïdectomie f.  Sigmoidektomie f.

sigmoïdite f.  Sigmoiditis f.

sigmoïdopexie f.  Sigmoidanheftung f.

sigmoïdoproctostomie f.  Sigmoidoproktostomie f.

sigmoïdoscopie f.  Sigmoidoskopie f.

sigmoïdostomie f.  Sigmoidostomie f.

signal m.  Signal n.

signal d'avertissement m.  Warnsignal n.

signature f.  Signatur f.

signe m.  Kennzeichen n., Krankheitszeichen n., Zeichen n.

signe caractéristique m.  Merkmal n.

signe d'Abadie m.  Abadiesches Zeichen n.

signe d'Ahlfeld m.  Ahlfeldsches Zeichen n.

signe d'Amoss m.  Amosssches Zeichen n., Dreifußzeichen n.

signe d'atteinte myocardique de Schapiro m.  Schapirosches Zeichen n.

signe d'Erb m.  Erbsches Zeichen n.

signe d'occlusion intestinale de Wahl m.  Wahlsches Zeichen n.

signe de Babinski m.  Babinskisches Zeichen n.

signe de Blumberg m.  Blumbergsches Zeichen n.

signe de Broadbent m.  Broadbentsches Zeichen n.

signe de Brudzinski m.  Brudzinskisches Zeichen n.

signe de Charles Bell m.  Bellsches Phänomen n.

signe de croisement m.  Kreuzungsphänomen n.

signe de d'Espine m.q  (d') Espine-Zeichen n.

signe de Dejerine m.  Dejerinesches Zeichen n.

signe de Graefe m.  Graefesches Zeichen n.

signe de Griesinger m.  Griesingersches Zeichen n.

signe de grossesse m.  Schwangerschaftszeichen n.

signe de Kernig m.  Kernigsches Zeichen n.

signe de Küstner m.  Küstnersches Zeichen n.

signe de l'utérus gravide de Piskacek m.  Piskaceksche Ausladung f.

signe de Lasègue m.  Lasèguesches Zeichen n.

signe de Mahler m.  Mahlersches Zeichen n.

signe de Moebius m.  Möbiussches Zeichen n.

signe de mort m.  Todeszeichen n.

signe de Parrot m.  Parrotsches Zeichen n.

signe de Schlange m.  Schlangesches Zeichen n.

signe de vie m.  Lebenszeichen n.

signe du changement de son de Wintrich m.  Wintrichscher Schallwechsel m.

signe du pouce de Wartenberg m.  Wartenbergsches Zeichen n.

signe du trépied m.  Dreifußzeichen n.

signe précurseur m.  Vorbote m.

signe pyramidal m.  Pyramidenbahnzeichen n.

significatif  signifikant

significativité f.  Signifikanz f.

silandrone f.  Silandron n.

silencieux  stumm

silhouette f.  Silhouette f.

silhouette cardiaque f.  Herzsilhouette f.

silicate m.  Silikat n.

silicatose f.  Silikatose f.

silice f.  Siliziumdioxid n.

silicium m.  Silizium n.

silicoanthracose f.  Silikoanthrakose f.

silicofluorure m.  Silikofluorid n.

silicone f.  Silikon n.

silicose f.  Silikose f.

silicosidérose f.  Silikosiderose f.

silicotique  silikotisch

silicotuberculose f.  Silikotuberkulose f.

sillon m.  Furche f..

sillon gingival m.  Gingivaspalte f.

sillon inguéal de Beau m.  Beau-Reilsche Linie f.

sillon latéral de l'ongle m.  Nagelfalz m.

sillon médian sous-nasal m.  Philtrum n.

sillon neural m.   Neuralrinne f.
sillon subgingival m.   Subgingivalspalt
m.
sillonné   gefurcht
silos, maladie des ouvriers des f.   Silofüllerkrankheit f.
silydianine f.   Silydianin n.
silymarine f.   Silymarin n.
simfibrate m.   Simfibrat n.
simiesque   affenartig
Simmonds, maladie de f.   Simmondssche Krankheit f.
simple   einfach
simplifier   vereinfachen
simtrazène m.   Simtrazen n.
simulateur m.   Simulant m., Simulator
m.
simulation f.   Simulation f.
simulatrice f.   Simulantin f.
simuler   fingieren, simulieren
simultané   simultan
simvastatine f.   Simvastatin n.
sinapisme m.   Senfpapier n.
sincalide m.   Sincalid n.
sinciput m.   Vorderhaupt n.
sinéfungine f.   Sinefungin n.
singe m.   Affe m.
singe Rhésus m.   Rhesusaffe m.
single photon emission computed tomographie (SPECT) f.   Single-Photon-Emissionscomputertomographie
(SPECT) f.
sinistrocardie f.   Sinistrokardie f.
sinistroposition f.   Sinistroposition f.
sinistroposition, en   sinistroponiert
sinoauriculaire   sinuatrial
sinobronchial   sinobronchial
sinobronchique   sinubronchial
sinobronchite f.   Sinobronchitis f.
sinospiral   sinuspiral
sinoventriculaire   sinuventrikulär
sinus m.   Höhle f., Sinus m.
sinus carotidien m.   Carotissinus m.,
Karostissinus m.
sinus caverneux m.   Sinus cavernosus
m.
sinus ethmoïdal m.   Siebbeinhöhle f.
sinus frontal m.   Stirnhöhle f.
sinus lymphatique m.   Lymphsinus m.
sinus maxillaire m.   Kieferhöhle f.
sinus nasal m.   Nasennebenhöhle f.
sinus sphénoïdal m.   Keilbeinhöhle f.

sinus, maladie du f.   Sinusknotensyndrom n.
sinusal   sinusal
sinusite f.   Sinusitis f.
sinusite baro-traumatique f.   Barosinusitis f.
sinusite ethmoïdale f.   Ethmoiditis f.,
Sinusitis ethmoidalis f.
sinusite frontale f.   Sinusitis frontalis f.
sinusite maxillaire f.   Sinusitis maxillaris f.
sinusite sphénoïdale f.   Keilbeinhöhlenentzündung f., Sinusitis sphenoidalis f.
sinusoïdal   sinusförmig, sinusoidal
sinusoïde f.   Sinusoid n.
siphon m.   Heber m., Siphon m.
siphonage de l'estomac m.   Magenausheberung f., Magenauspumpung f.
siphonage fractionné de l'estomac m.
fraktionierte Magenausheberung f.
Sipple, syndrome de m.   Sipple-Syndrom n.
sirénomélie f.   Sirenomelie f.
site actif m.   aktiver Site m.
site de fixation m.   Bindungsstelle f.
sitofibrate m.   Sitofibrat n.
sitogluside m.   Sitoglusid n.
sitostérine f.   Sitosterin n.
situation f.   Lage f., Situation f.
situation d'urgence f.   Notlage f.
situation émotionnelle f.   Gemütslage
f.
situs m.   Situs m.
situs inversus m.   Situs inversus m.
situs transversus m.   Situs transversus
m.
Sjögren, syndrome de m.   Sicca-Syndrom n., Sjögren-Syndrom n.
skiascopie f.   Skiaskopie f.
smegma m.   Smegma n.
SNC (système nerveux central) m.
ZNS (Zentralnervensystem) n.
Snellen, test visuel de m.   Snellensche
Sehprobe f.
sobre   nüchtern (nicht trunken)
social   sozial
société f.   Gesellschaft f.
sociologie f.   Soziologie f.
sociosexuel   soziosexual
sodium m.   Natrium n.

S

sodoku m. Rattenbißkrankheit f., Sodoku m.
sodomie f. Sodomie f.
soif f. Durst m.
soigner pflegen
soin de la bouche m. Mundpflege f.
soin de la plaie m. Wundversorgung f.
soins m. pl. Pflege f., Versorgung f.
soins à long terme m. pl. Langzeitpflege f.
soins aux malades m. pl. Krankenpflege f.
soins d'urgence m. pl. Notfallversorgung f.
soins de base m. pl. Grundpflege f.
soins de groupe m. pl. Gruppenpflege f.
soins domestiques m. pl. Hauspflege f.
soins en période postpartale m. pl. Wochenpflege f.
soins hospitaliers m. pl. Krankenhauspflege f.
soins infirmiers spéciaux m. pl. Sonderkrankenpflege f.
soins intensifs m. pl. Intensivpflege f.
soins maximum m. pl. Maximalversorgung f. (med.)
soins médicaux m. pl. Heilfürsorge f., ärztliche Versorgung f.
soins médicaux centraux m. pl. Zentralversorgung f. (med.)
soins médicaux de base m. pl. medizinische Grundversorgung f.
soins réguliers m. pl. Regelversorgung f.
sol m. Sol n.
solaire solar
solanine f. Solanin n.
solarium m. Solarium n.
sole f. Trachtenwand f. (vet.)
solide kräftig, solid
solidifier verfestigen
solitaire solitär
solubilisation f. Solubilisierung f.
solubiliser lösen
solubilité f. Löslichkeit f.
soluble löslich
soluble, peu schwerlöslich
soluté de Fowler m. Fowlersche Lösung f.
soluté de Lugol f. Lugolsche Lösung f.
solution f. Lösung f.

solution d'origine f. Stammlösung f.
solution de Chlumsky f. Chlumskysche-Lösung f.
solution de crésol savonneux f. Kresolseifenlösung f.
solution de Hayem f. Hayemsche Lösung f.
solution de lavage f. Spüllösung f.
solution de Mandl f. Mandlsche Lösung f.
solution de Ringer f. Ringerlösung f.
solution de Tyrode f. Tyrodelösung f.
solution de Vleminckx f. Vleminckxsche-Lösung f.
solution durcissante f. Härterlösung f.
solution orale f. Liquidum n. (galen.)
solution standard f. Standardlösung f.
solution starter f. Starterlösung f.
solvant m. Lösungsmittel n.
solvation f. Solvation f.
solypertine f. Solypertin n.
somatique somatisch
somatogénique somatogen
somatogramme m. Somatogramm n.
somatolibérine f. Somatoliberin n.
somatologie f. Somatologie f.
somatomammotropine f. Somatomammotropin n.
somatomédine f. Somatomedin n.
somatosensoriel somatosensorisch
somatostatine f. Somatostatin n.
somatostatinome m. Somatostatinom n.
somatotrope somatotrop
somatotrophine f. Somatotropin n.
somite m. Primitivsegment n.
sommation f. Summation f., Summierung f.
sommeil m. Schlaf m.
sommeil réparateur m. Heilschlaf m.
somnambule somnambul
somnambule m., f. Schlafwandler (in) m., f.
somnambulisme m. Schlafwandeln n., Somnambulismus m.
somnifère schlafbringend
somnifère m. Schlafmittel n.
somnifère à action prolongée m. Durchschlafmittel n.
somnifère à effet de courte durée m. Einschlafmittel n.
somnographie f. Somnographie f.

somnographique somnographisch
somnolence f. Dämmerschlaf m., Schläfrigkeit f., Somnolenz f.
somnolent schläfrig, somnolent
son m. Klang m., Schall m., Ton (Laut) m.; Kleie f.
son de blé m. Weizenkleie f.
son de riz m. Reiskleie f.
son dominant m. Oberton m.
son tympanique m. tympanitischer Schall m.
sonde f. Sonde f.
sonde à ballonnet f. Ballonkatheter m.
sonde à bouton f. Knopfsonde f.
sonde à demeure f. Dauerkatheter m., Verweilkatheter m.
sonde cannelée f. Hohlsonde f.
sonde d'alimentation f. Ernährungssonde f.
sonde d'exploration (de la poche gingivale) f. Zahnfleischtaschensonde f.
sonde d'irrigation à demeure f. Dauerspülkatheter m.
sonde duodénale f. Duodenalsonde f.
sonde intestinale à ballon de Miller Abbott f. Miller-Abbott-Sonde f.
sonde magnétique f. Magnetsonde f.
sonde nasale f. Nasensonde f.
sonde oesophagienne f. Magensonde f.
sonde rainurée f. Rillensonde f.
sonde urétérale f. Ureterkatheter m.
sonde utérine f. Uterussonde f.
sonder sondieren
songe m. Traum m.
sonnette d'alarme f. Alarmklingel f.
sonographie f. Sonographie f.
sonographique sonographisch
sonore sonor, stimmhaft
sonorifier beschallen
sonotomographie f. Sonotomographie f.
sophomanie f. Sophomanie f.
sopitazine f. Sopitazin n.
soporeux soporös
sorbinicate m. Sorbinicat n.
sorbitane m. Sorbitan n.
sorbitol m. Sorbit m.
sorbitol déhydrogénase f. Sorbitdehydrogenase f.
sorbose m. Sorbose f.
sorte f. Art f., Gattung f.

sortie f. Ausgang m., Entlassung f.
sortie du nerf f. Nervenaustritt m.
soucier, se sich sorgen
soudan m. Sudan n.
soudanophilie f. Sudanophilie f.
soude f. Soda f.
soude caustique f. Ätznatron n., kaustisches Natron n.
souder löten, schweißen
souder, se zusammenwachsen
soudure f. Zusammenwachsen n.
soudure de réparation f. Nachlot n.
souffle m. Atmen n.; blasendes Geräusch n.
souffle amphotique m. amphorisches Atmen n.
souffle cardiaque m. Herzgeräusch n.
souffler ausblasen, blasen
soufflerie f. Gebläse n.
soufflerie à jet f. Strahlgebläse m.
souffrant d'insomnie schlaflos
souffrant d'une helminthiase wurmkrank
souffrir kranken, leiden
soufre m. Schwefel m.
soufre précipité m. Sulfur praecipitatum n.
soufre sublimé m. Sulfur sublimatum n.
souiller schänden, verschmutzen, verunreinigen
souillure f. Verschmutzung f.
soulagement m. Entlastung f., Erleichterung f., Linderung f.
soulager entlasten
soulever anheben, heben
soulever au levier abhebeln
soupçon m. Verdacht m.
soupe de farine de céréales f. Schleimsuppe f.
soupe de farine de riz f. Reisschleim m.
soupirer seufzen
souple gelenkig
souplesse f. Gelenkigkeit f.
source bibliographique f. Literaturquelle f.
source d'images f. Bildgeber m.
source d'infection f. Ansteckungsquelle f.
source médicinale f. Heilquelle f.
source thermale f. Thermalquelle f.

S

**sourcil** m. Augenbraue f., Braue f.
**sourd** taub (gehörlos)
**sourd-muet** taubstumm
**souris articulaire** f. Gelenkmaus f.
**sousalimentation** f. Unterernährung f.
**sousalimenté** unterernährt
**sousamygdalien** infratonsillär
**sousaxillaire** infraaxillär
**souscaréné** subkarinal
**souscatégorie** f. Subkategorie f.
**sousclasse** f. Subklasse f., Unterklasse f.
**sousclaviculaire** infraklavikulär
**souscolorer** unterfärben
**souscortical** subkortikal
**souscorticographie** f. Subkortikographie f.
**souscostal** subkostal
**souscrânien** subkapital
**souscutané** subkutan
**sousdéveloppé** unterentwickelt
**sousdéveloppement** m. Unterentwicklung f.
**sousdosage** m. Unterdosierung f.
**sousdoser** unterdosieren
**sousdural** subdural
**sousespèce** f. Unterart f.
**sousexposer** unterbelichten
**sousfamille** f. Unterfamilie f.
**sousgroupe** m. Untergruppe f.
**soushissien** unterhalb des His-Bündels
**sousincision** f. Unterschnitt m. (dent.)
**sousmarin** submarin
**sousmaxillaire** inframaxillär
**sousmuqueux** submukös
**sousoccipital** subokzipital
**sousorbitaire** infraorbital
**souspatellaire** subpatellar
**souspériosté** subperiostal
**souspéritonéal** subperitoneal
**souspleural** subpleural
**sousscapulaire** subskapulär
**soussternal** substernal
**soustemporal** subtemporal
**soustraction angiographie** f. Subtraktionsangiographie f.
**soustraction angiographie digitale** f. digitale Subtraktionsangiographie (DSA) f.
**soustype** m. Subtypus m.
**sousunguéal** subungual
**sousunité** f. Untereinheit f.

**sousxiphoïdien** subxiphoidal
**soutenant** stützend, unterstützend
**soutenir** stützen, unterstützen
**soutien** m. Stütze f.
**soutien de l'épaule** m. Schulterstütze f.
**soutien du dos** m. Rückenstütze f.
**soutien gorge** m. Brusthalter m.
**souvenir** m. Erinnerung f.
**sozoiodolate** m. Sozojodolat n.
**sparadrap** m. Heftpflaster n., Pflasterverband m.
**sparganose** f. Sparganose f.
**spartéine** f. Spartein n.
**spasme** m. Krampf m., Spasmus m.
**spasme bronchique** m. Bronchialspasmus m.
**spasme du larynx** m. Larynxspasmus m.
**spasme musculaire** m. Muskelkrampf m., Muskelspasmus m.
**spasme vasculaire** m. Gefäßkrampf m.
**spasme visuel** m. Blickkrampf m.
**spasmoanalgésique** spasmoanalgetisch
**spasmoanalgésique** m. Spasmoanalgetikum n.
**spasmodique** krampfhaft
**spasmolyse** f. Spasmolyse f.
**spasmolytique** krampflösend, spasmolytisch
**spasmophile** spasmophil
**spasmophilie** f. Spasmophilie f.
**spasticité** f. Spastik f., Spastizität f.
**spasticoataxique** spastisch-ataktisch
**spastique** spastisch
**spath** m. Schwerspat
**spatial** räumlich
**spatule** f. Spatel m.
**spatule à amalgame** f. Amalgamlöffel m.
**spatule à empreinte** f. Abdrucklöffel m. (dent.)
**spatule à modeler la cire** f. Wachsfließer m.
**spatule à plâtre** f. Pflasterspatel m.
**spatule en bois** f. Holzspatel m.
**spatule en plexiglas** f. Glasspatel m.
**spécial** speziell
**spécialisation** f. Fachgebietsweiterbildung f., Spezialismus m.
**spécialiser** spezialisieren

**spécialiste m., f.** Fachgebietsarzt m., Fachgebietsärztin f., Gebietsarzt m., Gebietsärztin f., Spezialist (in) m., f.

**spécialiste d'anatomo-pathologie m.** Fachgebietsarzt für Pathologie m.

**spécialiste d'hygiène et de médecine préventive f.** Hygienikerin f.

**spécialiste d'hygiène et médecine préventive m.** Fachgebietsarzt für Hygiene m., Hygieniker m.

**spécialiste d'optométrie m., f.** Optometrist (in) m., f.

**spécialiste de diététique m.** Ernährungswissenschaftler m.

**spécialiste de gériatrie f.** Geriaterin f.

**spécialiste de gériatrie m.** Geriater m.

**spécialiste de l'alimentation f.** Ernährungswissenschaftlerin f.

**spécialiste de médecine interne m.** Fachgebietsarzt für innere Medizin m.

**spécialiste de médecine sportive f.** Sportärztin f.

**spécialiste de médecine sportive m.** Sportarzt m.

**spécialiste de phoniatrie f.** Phoniater m., Phoniaterin f.

**spécialiste de traumatologie m.** Unfallspezialist m.

**spécialiste des oreilles m., f.** Ohrenarzt Ohrenärztin, m., f.

**spécialiste des yeux f.** Augenspezialistin f.

**spécialiste des yeux m.** Augenspezialist m.

**spécialité f.** Spezialgebiet n., Spezialität f.

**spécialité médicamenteuse f.** Arzneimittelspezialität f.

**spécificité f.** Spezifität f.

**spécifique** spezifisch

**spécifique de l'âge** altersspezifisch

**spécifique de l'organe** organspezifisch

**spécifique du groupe** gruppenspezifisch

**SPECT (single photon emission computed tomographie) f.** SPECT (Single-Photon-Emissions-Computertomographie) f.

**spectinomycine f.** Spectinomycin n.

**spectométrie de masse, en** massenspektrometrisch

**spectral** spektral

**spectre m.** Spektrum n.

**spectre d'action m.** Wirkungsspektrum n.

**spectre de Wiener m.** Wiener-Spektrum n.

**spectre large m.** Breitspektrum n.

**spectrine f.** Spektrin n.

**spectrochimie f.** Spektrochemie f.

**spectrographie f.** Spektrographie f.

**spectromètre m.** Spektrometer n.

**spectromètre de masse m.** Massenspektrometer n.

**spectrométrie f.** Spektrometrie f.

**spectrométrique** spektrometrisch

**spectrophotomètre m.** Spektrophotometer n.

**spectrophotométrie f.** Spektrophotometrie f.

**spectrophotométrique** spektrophotometrisch

**spectroscope m.** Spektroskop n.

**spectroscopie f.** Spektroskopie f.

**spectroscopique** spektroskopisch

**spéculum m.** Spekulum n.

**spéculum de l'oreille m.** Ohrtrichter m.

**spéculum de Sims m.** Simssches Spekulum n.

**spéculum nasal m.** Nasenspekulum n.

**spéculum vaginal m.** Scheidenspekulum n., Vaginalspekulum n.

**spermaceti m.** Walrat m.

**spermarché f.** Spermarche f.

**spermase f.** Spermase f.

**spermatine f.** Spermatin n.

**spermatoblaste m.** Spermatoblast m.

**spermatocèle f.** Spermatozele f.

**spermatocystite f.** Samenblasenentzündung f., Spermatozystitis f.

**spermatocyte m.** Spermatozyt m.

**spermatocyte de premier ordre m.** Spermiozyt m.

**spermatogenèse f.** Spermatogenese f.

**spermatogénique** samenbildend

**spermatogonie f.** Spermatogonium n.

**spermatolyse f.** Spermatolyse f.

**spermatolytique** spermatolytisch

**spermatorrhée f.** Spermatorrhöe f.

**spermatozoïde m.** Spermatozoon n.

**spermaturie f.** Semenurie f., Seminurie f., Spermaturie f.

**S**

sperme m. Samen m. (med.), Sperma n.
spermicide spermatozid, spermizid
spermidine f. Spermidin n.
spermine f. Spermin n.
spermiogénèse f. Spermiogenese f.
sphacélation f. Brandigwerden n.
Sphaerophorus m. Sphaerophorus m.
sphénofrontal sphenofrontal
sphénoïdal sphenoidal
sphénomaxillaire sphenomaxillär
sphénooccipital sphenookzipital
sphénoorbital sphenoorbital
sphénopariétal sphenoparietal
sphénotemporal sphenotemporal
sphénozygomatique sphenozygomatisch
sphérique kugelig, sphärisch
sphérocyte Sphärozyt m.
sphérocytose f. Sphärozytose f.
sphincter m. Schließmuskel m., Sphinkter m.
sphinctérectomie f. Sphinterektomie f.
sphinctéroplastie f. Sphinkterplastik f.
sphinctérotomie f. Sphinkterotomie f.
sphingogalactoside m. Sphingogalaktosid n.
sphingoglucolipide m. Sphingoglykolipid n.
sphingolipide m. Sphingolipid n.
sphingolipidose f. Sphingolipidose f.
sphingolipoïdose f. Zerebrosidlipoidose f.
sphingomyélinase f. Sphingomyelinase f.
sphingomyéline f. Sphingomyelin n.
sphingomyélinose f. Sphingomyelinose f.
sphingophospholipide m. Sphingophospholipid n.
sphingosine f. Sphingosin n.
sphygmobolomètre m. Sphygmobolometer n.
sphygmogramme m. Sphygmogramm n.
sphygmographe m. Sphygmograph m.
sphygmographie f. Sphygmographie f.
sphygmographique sphygmographisch

sphygmomanométre m. Blutdruckapparat m., Sphygmomanometer n.
sphygmomanomètre de Riva-Rocci m. Riva-Rocci-Blutdruckmesser m.
sphygmomètre m. Pulsmeßgerät n., Sphygmometer n.
sphygmotonomètre m. Sphygmotonometer n.
spica m. Kornährenverband m., Spica f.
spiclomazine f. Spiclomazin n.
Spielmeyer-Vogt, syndrome de m. Spielmeyer-Vogt-Syndrom n.
spigélia f. Spigelia f.
spigéline f. Spigelin n.
spin nucléaire m. Kernspin m.
spina bifida f. Spina bifida f.
spinal spinal
spinobulbaire spinobulbär
spinocellulaire spinozellulär, stachelzellig
spinocérébelleux spinozerebellar
spinocortical spinokortikal
spinothalamique spinothalamisch
spipérone f. Spiperon n.
spirale f. Spirale f.
spirale de Curschmann m. Curschmannsche Spirale f.
spiralisation f. Spiralisation f.
spiramide m. Spiramid n.
spirgétine f. Spirgetin n.
spirille f. Spirille f.
spirillolyse f. Spirillolyse f.
spirillum m. Spirillum n.
Spirillum buccale m. Spirillum buccale n.
Spirillum minus m. Spirillum minus n., Spirillum morsus muris n.
spiritueux hochprozentig
spiritueux m. hochprozentiges Getränk n., Spirituose f.
Spirochaeta berbera f. Spirochaeta berbera f.
Spirochaeta bronchialis f. Spirochaeta bronchialis f.
Spirochaeta dentium f. Spirochaeta dentium f.
Spirochaeta forans f. Spirochaeta forans f.
Spirochaeta morsus muris f. Spirochaeta morsus muris f.

Spirochaeta refringens f.   Spirochaeta
   refringens f.
spirochète m.   Spirochäte f., Spirochaeta f., Spironema f.
spirochétose f.   Spirochätose f.
spirogermanium m.   Spirogermanium
   n.
spirographie f.   Spirographie f.
spirographique   spirographisch
spirolactone f.   Spirolakton n.
spiromètre m.   Spirometer n.
spirométrie f.   Spirometrie f.
spirométrique   spirometrisch
spironolactone f.   Spironolakton n.
spirorénone f.   Spirorenon n.
spiroxasone f.   Spirosaxon n.
spiroxatrine f.   Spiroxatrin n.
splanchnicotomie f.   Splanchnikotomie f.
splanchnique   splanchnisch
splanchnocystique   splanchnozystisch
splanchnoptose f.   Splanchnoptose f.
splénectomie f.   Splenektomie f.
splénectomiser   splenektomieren
splénique   lienal, splenisch
splénisation f.   Splenisation f.
splénite f.   Splenitis f.
splénogène   splenogen
splénomégalie f.   Splenomegalie f.
splénoportogramme m.   Splenoportogramm n.
splénoportographie f.   Splenoportographie f.
splénoportographique   splenoportographisch
splénoptose f.   Splenoptose f.
splénorénal   splenorenal
splénorraphie f.   Splenorrhaphie f.
spodogène   spodogen
spoliation f.   Beraubung f.
spondylarthrite f.   Spondylarthritis f.
spondylarthrite ankylosante f.   Spondylarthritis ankylopoetica f.
spondylarthrose f.   Spondylarthrose f.
spondylarthrose hypertrophique f.
   Spondylarthrosis deformans f.
spondylite f.   Spondylitis f.
spondylite ankylosante f.   Spondylitis
   ankylopoetica f.
spondylite hypertrophique f.   Spondylosis deformans f.

spondylite tuberculeuse f.   Spondylitis
   tuberculosa f.
spondylitique   spondylitisch
spondylodèse f.   Spondylodese f.
spondyloépiphysaire   spondyloepiphysär
spondylogène   spondylogen
spondylolisthésis m.   Spondylolisthese
   f.
spondylolyse f.   Spondylolyse f.
spondylométaphysaire   spondylometaphysär
spondylopathie f.   Spondylopathie f.
spondyloschisis m.   Spaltwirbel m.
spondylose f.   Spondylose f.
spongieux   fungös, schwammig
spongiforme   schwammförmig, spongiform
spongioblaste m.   Spongioblast m.
spongioblastome m.   Spongioblastom
   n.
spongiocyte m.   Spongiozyt m.
spongioplasma m.   Spongioplasma n.
spongiose f.   Spongiose f.
spontané   spontan
spontanéité f.   Spontaneität f.
sporadique   sporadisch
sporange m.   Sporangium n.
spore f.   Spore f.
sporicide   sporenabtötend
sporoblaste m.   Sporoblast m.
sporocyste m.   Sporont m.
sporogénèse f.   Sporogenie f.
sporogonie f.   Sporogonie f.
sporomycose f.   Sporomykose f.
sporotrichose f.   Sporotrichose f.
sporotrichum m.   Sporotrichon n.
sporozoaire m.   Sporozoon n.
sporozoïte m.   Sporozoit m.
sporulation f.   Sporulation f.
spot focal m.   Brennfleck m.
spray m.   Spray m.
sprue f.   Sprue f.
squalène m.   Squalen n.
squameux   squamös
squamomastoïdien   squamomastoidal
squamopariétal   squamopariétal
squamosphénoïdal   squamosphenoidal
squamotympanique   squamotympanisch
squelette m.   Gerippe n., Skelet n.

S

squirrhe m. Szirrhus m.
squirrheux szirrhös
SRIF (somatostatine) f. SRIF (Hemm-faktor für Somatotropin) m.
stabilisateur m. Stabilisator m.
stabilisation f. Stabilisation f.
stabilisation d'un diabète f. Einstel-lung eines Diabetes f.
stabiliser stabilisieren
stabiliser un diabète einen Diabetes einstellen
stabilité émotionnelle f. ausgeglichene Gemütsverfassung f.
stable stabil
stachyose f. Stachyose f.
stade m. Stadium n.
stade avancé m. Spätstadium n.
stade initial m. Anfangsstadium n., Initialstadium n.
stade intermédiaire m. Übergangssta-dium n., Zwischenstadium n.
stade pachytène m. Pachytän n.
stade précoce m. Frühstadium n.
stade précurseur m. Vorstufe f.
stade zygotène m. Zygotän n.
stagnation f. Stagnation f.
stagner stagnieren
stalagmomètre m. Stalagmometer n.
stalagmométrie f. Stalagmometrie f.
stanazol m. Stanazol n.
standard m. Standard m.
standardisation f. Standardisierung f.
standardiser standardisieren
stannate m. Stannat n.
stanneux zinnhaltig (zweiwertig)
stannifère zinnhaltig
stannique zinnhaltig (vierwertig)
stanolone f. Stanolon n.
stanozolol m. Stanozolol n.
stapédectomie f. Stapedektomie f.
stapédien stapedial
stapédioténotomie f. Stapediotenoto-mie f.
stapédiovestibulaire stapediovestibu-lär
stapédolyse f. Stapedolyse f.
staphylocoagulase f. Staphylokoagu-lase f.
Staphylococcus albus m. Staphylococ-cus albus m.
Staphylococcus aureus m. Staphylo-coccus aureus m.

Staphylococcus citreus m. Staphylo-coccus citreus m.
Staphylococcus tetragenus m. Staphy-lococcus tetragenus m.
staphylocoque m. Staphylococcus m., Staphylokokkus m.
staphylodermie f. Staphylodermie f.
staphylokinase f. Staphylokinase f.
staphylomateux staphylomatös
staphylome m. Staphylom n.
staphylome de la cornée m. Horn-hautstaphylom n.
staphyloplastique staphyloplastisch
staphyloschisis m. Uvulaspalte f.
staphylotoxine f. Staphylotoxin n.
starter m. Starter m.
stase f. Stase f.
stase leucocytaire f. Zytostase f.
stase lymphatique f. Lymphstauung f.
stase papillaire f. Stauungspapille f.
statif de la bouteille d'oxygène m. Sauerstoffflaschenständer m.
statif pour pipettes Pipettenständer m.
station f. Station f.
station climatique f. Kurort m.
station climatique en altitude f. Hö-henkurort m.
stationnaire stationär
statique statisch
statique f. Statik f.
statistique statistisch
statistique f. Statistik f.
statistique de survie f. Überlebenssta-tistik f.
statocinétique statokinetisch
statural gestaltlich
stature f. Gestalt f., Leibesgestalt f.
steal syndrome m. Anzapfsyndrom n.
stéapsinogène m. Steapsinogen n.
stéarate m. Stearat n.
stéarine f. Stearin n.
stéaryle m. Stearyl n.
stéatadénome m. Steatadenom n.
stéatome m. Steatom n.
stéatorrhée f. Fettstuhl m., Steator-rhöe f.
stéatose f. Steatose f.
stéatose du foie f. Fettleber f.
steffimycine f. Steffimycin n.
Stein-Leventhal, syndrome de m. Stein-Leventhal-Syndrom n.
stellite m. Stellit n.

**Stellwag, signe de m.** Stellwagsches Zeichen n.

**stenbolone f.** Stenbolon n.

**sténocardie f.** Angina pectoris f., Stenokardie f.

**sténographier** stenographieren

**sténopéique** stenopäisch

**sténosé** stenotisch

**sténose f.** Stenose f.

**sténose artérielle pulmonaire f.** Pulmonalarterienstenose f.

**sténose bronchique f.** Bronchialstenose f.

**sténose de l'aorte f.** Aortenstenose f.

**sténose du pylore f.** Pylorusstenose f.

**sténose en boutonnière f.** Knopflochstenose f.

**sténose isthmique de l'aorte f.** Aortenisthmusstenose f.

**sténose laryngée f.** Kehlkopfstenose f.

**sténose trachéale f.** Trachealstenose f.

**sténose tricuspide f.** Trikuspidalstenose f.

**sténose urétérale f.** Ureterenge f.

**sténoser** stenosieren

**sténothermique** stenotherm

**sténoxénique** stenoxen

**steppage m.** Steppergang m.

**stercobiline f.** Sterkobilin n.

**stercobilinogène m.** Sterkobilinogen n.

**stercoral** kotig, sterkoral, sterkorös

**stercorémie f.** Koprämie f.

**stercuronium m.** Stercuronium n.

**stéréoauscultation f.** Stereoauskultation f.

**stéréochimie f.** Stereochemie f.

**stéréochimique** stereochemisch

**stéréocil m.** Stereozilie f.

**stéréoélectroencéphalographie f.** Stereoelektroenzephalographie f.

**stéréoencéphalotome m.** Stereoenzephalotom n.

**stéréognosie f.** Stereognosie f.

**stéréognosique** stereognostisch

**stéréogramme m.** Stereogramm n.

**stéréoisomère m.** Stereoisomer n.

**stéréoisomérie f.** Stereoisomerie f.

**stéréoisomérique** stereoisomer

**stéréomérie f.** Stereomerie f.

**stéréomicroscope m.** Stereomikroskop n.

**stéréomicroscopie f.** Stereomikroskopie f.

**stéréomicroscopique** stereomikroskopisch

**stéréophotographie f.** Stereophotographie f.

**stéréopsie f.** Stereopsis f.

**stéréoradiographie f.** Stereoröntgenographie f.

**stéréoscope m.** Stereoskop n.

**stéréoscopie f.** Stereoskopie f.

**stéréoscopique** stereoskopisch

**stéréospécifique** stereospezifisch

**stéréotactique** stereotaktisch

**stéréotaxie f.** Stereotaxie f.

**stéréotype** stereotyp

**stéréotypie f.** Stereotypie f.

**stéride m.** Sterin n.

**stérile** keimfrei, steril

**stérilet m.** Intrauterinspirale f.

**stérilisant m.** Sterilisationsmittel n.

**stérilisateur m.** Sterilisationsapparat m., Sterilisator m.

**stérilisateur sous vide m.** Hochvakuum-Sterilisationsapparat m.

**stérilisation f.** Sterilisation f.

**stérilisation à l'autoclave f.** Dampfsterilisation f.

**stérilisation par chaleur sèche f.** Trockenhitzesterilisation f.

**stérilisation par la chaleur f.** Hitzesterilisation f.

**stériliser** keimfrei machen, sterilisieren

**stérilité f.** Sterilität f., Zeugungsunfähigkeit f.

**stérique** sterisch

**sternal** sternal

**Sternberg, cellule de f.** Sternbergsche Riesenzelle f.

**sternoclaviculaire** sternoklavikular

**sternocostal** sternokostal

**sternopéricardiaque** sternoperikardial

**sternothyroïdien** sternothyreoidal

**sternotomie f.** Sternotomie f.

**sternum m.** Brustbein n., Sternum n.

**sternum, vers le** sternalwärts

**stéroïde m.** Steroid n.

**stéroïdien** steroidal

**stertoreux** stertorös

**stéthophone m.** Stethophon n.

**stéthoscope m.** Hörrohr n., Stethoskop n.

S

stéthoscope à double membrane m.
Doppelmembranstethoskop n.
stévaladite m. Stevaladit n.
STH (hormone somatotrope) f. STH
(somatotropes Hormon) n.
sthénique sthenisch
stibamine f. Stibamin n.
stibocaptate m. Stibocaptat n.
stibogluconate m. Stiboglukonat n.
Stierlin, signe de m. Stierlinsches Zeichen n.
stigmate m. Mal n., Stigma n.
stigmate costal de Stiller m. Stillersches Zeichen n.
stigmatique stigmatisch
stigmatisation f. Stigmatisierung f.
stigmatiser stigmatisieren
stigmatomètre m. Stigmatometer n.
stilbamidine f. Stilbamidin n.
stilbène m. Stilben n.
stilboestrol m. Stilbestrol n.
Still, maladie de f. Stillsche Krankheit
f.
Stilling, noyau de m. Stillingscher
Kern m.
stimulant stimulierend
stimulant m. Reizmittel n., Stimulans
n.
stimulant de l'appétit m. appetitanregendes Mittel n.
stimulateur m. Schrittmacher m., Stimulator m.
stimulateur cardiaque m. Herzschrittmacher m.
stimulateur cardiaque à la demande
m. Abrufschrittmacher m., Demand-Schrittmacher m.
stimulation f. Anregung f. (Reizung
f.), Stimulation f., Stimulierung f.
stimulation cardiaque auriculaire f.
vorhofgesteuerte Schrittmacherbehandlung f.
stimulation immunitaire f. Immunstimulation f.
stimulation localisée au LASER f. LA-
SER-Stimulation f.
stimulation nerveuse f. Nervenreizung
f.
stimulation thérapeutique f. Reiztherapie f.
stimuler anregen (reizen), erregen, stimulieren

stimulus m. Reiz m.
stimulus nociceptif m. Nocizeptor m.
stimulus sensoriel m. Sinnesreiz m.
stirimazole m. Stirimazol n.
stockage m. Lagerung (Aufbewahrung) f., Speicherung f.
stocker speichern
stoechiométrie f. Stöchiometrie f.
stomacal stomachal
stomachique m. Stomachikum n.
stomatite f. Mundsepsis f., Stomatitis
f.
stomatite à aphtes f. Stomatitis aphthosa f.
stomatite catarrhale f. Stomatitis catarrhalis f.
stomatite fusospirillaire f. Stomatitis
fusospirillaris f.
stomatite mercurielle f. Stomatitis
mercurialis f.
stomatite syphilitique f. Stomatitis syphilitica f.
stomatite ulcéreuse f. Stomatitis ulcerosa f.
stomatitique stomatitisch
stomatocytose f. Stomatozytose f.
stomatogène stomatogen
stomatologie f. Stomatologie f.
strabisme m. Strabismus m.
strabisme amblyopique m. Schielamblyopie f.
strabisme convergent m. Strabismus
convergens m.
strabisme convergant, avec einwärts-
schielend
strabisme divergent m. Strabismus divergens m.
strabisme divergent, avec auswärts-
schielend
strabisme inférieur m. Kataphorie f.
strabométrie f. Strabometrie f.
strabotomie f. Strabotomie f.
stramoine m. Stramonium n.
strangulation f. Erdrosselung f.
strangurie f. Harnzwang m.
stratification f. Schichtung f.
stratifié geschichtet
stratigraphie f. Stratigraphie f.
stréblodactylie f. Streblodaktylie f.
strephosymbolie f. Strephosymbolie f.
streptamine f. Streptamin n.
streptidine f. Streptidin n.

Streptococcus acidi lactici m.    Strepto-
coccus acidi lactici m.
Streptococcus anhaemolyticus m.
Streptococcus anhaemolyticus m.
Streptococcus brevis m.    Streptococcus
brevis m.
Streptococcus erysipelatis m.    Strepto-
coccus erysipelatis m.
Streptococcus haemolyticus m.    Streptococcus haemolyticus m.
Streptococcus longus m.    Streptococcus longus m.
Streptococcus mitior m.    Streptococcus mitior m.
Streptococcus mutans m.    Streptococcus mutans m.
Streptococcus puerperalis m.    Streptococcus puerperalis m.
Streptococcus pyogenes m.    Streptococcus pyogenes m.
Streptococcus salivarius m.    Streptococcus salivarius m.
Streptococcus scarlatinae m.    Streptococcus scarlatinae m.
Streptococcus viridans m.    Streptococcus viridans m.
streptocoque m.    Streptokokkus m.
streptodornase f.    Streptodornase f.
streptokinase f.    Streptokinase f.
streptolysine f.    Streptolysin n.
streptomycine f.    Streptomycin n.
streptomykose f.    Streptomykose f.
streptothricose f.    Streptothrikose f.,
Streptotrichose f.
streptothrix m.    Streptothrix f.
streptotrichose f.    Dermatophiliasis f.
stress m.    Belastung f., Streß m.
striaire    striär, striatal
striation f.    Streifenzeichnung f.
striation brillante f.    Glanzstreifen m.
striatoxine f.    Striatoxin n.
stricture f.    Striktur f.
stridor m.    Stridor m.
stridoreux    stridorös
strié    gestreift, streifig
strie de Nitabuch f.    Nitabuch-Streifen
m.
strinoline f.    Strinolin n.
tripping m.    Stripping n.
troboscope m.    Stroboskop m.
troboscopie f.    Stroboskopie f.
troboscopique    stroboskopisch

strobotomie f.    Schieloperation f.
stroma m.    Stroma f.
stromatose f.    Stromatose f.
Strongyloides stercoralis    Strongyloides stercoralis
strongyloïdose f.    Strongyloidose f.
strontium m.    Strontium n.
strophanthidine f.    Strophanthidin n.
strophantine f.    Strophanthin (k-Stro-
phanthin) n.
strophomycète m.    Strophomyzet m.
strophulus m.    Strophulus m.
structural    strukturell
structuration spontanée f.    Spontanstrukturierung f.
structure f.    Gefüge n., Gerüst n.,
Struktur f.
structure fine f.    Feinstruktur f.
strumectomie f.    Strumektomie f.
strumigène    kropferzeugend, strumigen
strumiprive    strumipriv
strumite f.    Strumitis f.
Strümpell, phénomène pyramidal de
m.    Strümpellscher Reflex m.
Strümpell-Lorrain, paraplégie de f.
Strümpellsche Krankheit f.
struvite f.    Struvit m.
strychnine f.    Strychnin n.
strychnisme m.    Strychninvergiftung f.
stupéfiant m.    Betäubungsmittel n.,
Rauschgift n., Rauschmittel n.
stupeur f.    Stupor m.
stupide    dumm
stupidité f.    Dummheit f.
stuporeux    stuporös
stylet m.    Stilett n.
styloïde    styloid
stylomaxillaire    stylomaxillär
styptique    blutstillend, styptisch
styptique m.    blutstillendes Mittel n.,
Styptikum n.
styptol m.    Styptol n.
styramate m.    Styramat n.
styrène m.    Styrol n.
subacétate m.    Subazetat n.
subacide    subacid, subazid
subacromial    subakromial
subaigu    subakut
subaortique    subaortal
subapical    subapikal
subaponévrotique    subaponeurotisch

subarachnoïdien  subarachnoidal
subaréolaire  subareolär
subathizone f.  Subathizon n.
subauriculaire  subaurikulär
subaxillaire  subaxillär
subcapsulaire  subkapsulär
subcaréné  subcarinal
subcellulaire  subzellulär
subchondral  subchondral
subchoroïdien  subchorioidal
subchronique  subchronisch
subcitrate m.  Subzitrat n.
subclaviculaire  subklavikulär
subclinique  subklinisch
subconscient  unterbewußt
subconscient m.  Unterbewußtsein n.
subculture f.  Subkultur f.
subdiaphragmatique  subdiaphragmatisch
subendocardiaque  subendokardial
subendothélial  subendothelial
subépicardiaque  subepikardial
subépithélial  subepithelial
subérate m.  Suberat n.
subérose f.  Suberose f.
subfascial  subfaszial
subfébrile  subfebril
subfertil  subfertil
subfraction f.  Subfraktion f.
subfragment m.  Subfragment n.
subfrontal  subfrontal
subgingival  subgingival
subglottique  subglottisch
subhépatique  subhepatisch
subictérique  subikterisch
subinfection f.  Subinfektion f.
subintimal  subintimal
subinvolution f.  Subinvolution f.
subir  erdulden, erfahren
subir une opération  sich einer Operation unterziehen
subjacent  darunterliegend
subjectif  subjektiv
sublétal  subletal
sublimation f.  Sublimation f., Sublimierung f.
sublimé m.  Sublimat n.
sublimer  sublimieren
subliminaire  unterschwellig
sublingual  sublingual
subluxation f.  Subluxation f.
submammaire  submammär

submandibulaire  submandibulär
submaxillaire  submaxillär
submétacentrique  submetazentrisch
submicroscopique  submikroskopisch
submitochondrique  submitochondrial
subnarcotique  subnarkotisch
subnormal  subnormal, unternormal
suborbitaire  suborbital
subpariétal  subparietal
subpectoral  subpektoral
subpéricardique  subperikardial
subphrénique  subphrenisch
subpopulation f.  Subpopulation f.
subsacré  pilonidal
subsalicylate de bismuth m.  Bismutum subsalicylicum n.
subscléreux  subskleral
subsensibilité f.  unterschwellige Sensibilität f.
subséquent  nachfolgend
subséreux  subserös
subspécifique  subspezifisch
substance f.  Körper m., Substanz f.
substance alkylante f.  alkylierende Substanz f.
substance amère f.  Bitterstoff m.
substance autacoïde f.  aglanduläres Hormon n.
substance bactéricide f.  Bakterizidin n.
substance blanche f.  weiße Substanz f.
substance cérébrale f.  Hirnmasse f.
substance de contraste f.  Kontrastmittel n.
substance en suspension f.  Schwebstoff m.
substance étrangère f.  Fremdstoff m.
substance expansive f.  Quellstoff m.
substance fondamentale f.  Grundsubstanz f.
substance granulofilamenteuse des réticulocytes f.  Substantia reticulofilamentosa f.
substance grise f.  graue Substanz f.
substance grise centrale f.  zentrales Grau n.
substance grise du système nerveux f.  graue Substanz des Nervensystems f.
substance hyaline f.  Hyalin n.
substance hypertensive f.  Pressorsubstanz f.

substance inhibitrice f.   Hemmkörper m.
substance mère f.   Muttersubstanz f.
substance nocive f.   Schadstoff m.
substance nutritive f.   Nährstoff m.
substance odorante f.   Riechstoff m.
substance radioactive f.   radioaktive Substanz f.
substantiel   substantiell
substimuler   untererregen
substituer   substituieren
substitutiv   substituierend
substitution f.   Substitution f.
substrat m.   Substrat n.
substructure f.   Substruktur f.
subsynaptique   subsynaptisch
subtarsien   subtarsal
subtil   subtil
subtotal   subtotal
subtrochantérien   subtrochanterisch
suburétral   suburethral
subvaginal   subvaginal
subvalvulaire   subvalvulär
subvisuel   subvisuell
suc m.   Saft m.
suc cancéreux m.   Krebsmilch f.
suc d'herbes m.   Kräutersaft m.
suc gastrique m.   Magensaft m.
succédané m.   Ersatz m., Surrogat n.
succédané du plasma m.   Volumenexpander m.
succédané du sang m.   Blutersatz m.
succédané du sucre m.   Zuckerersatz m.
succès m.   Erfolg m.
succès, avec   erfolgreich
succès, sans   erfolglos
successif   sukzessiv
succession f.   Aufeinanderfolge f., Nachfolge f.
succinase f.   Succinase f., Sukzinase f.
succinate m.   Succinat n., Sukzinat n.
succinimide m.   Sukzinimid n.
succinyle m.   Sukzinyl n.
succinyltransférase f.   Sukzinyltransferase f.
succion f.   Saugen n.
succulence f.   Sukkulenz f.
succulent   sukkulent
succussion hippocratique f.   Succussio Hippocratis f.
sucer   absaugen, saugen

suclofénide m.   Suclofenid n.
sucralfate m.   Sucralfat n.
sucrase f.   Sukrase f.
sucre m.   Zucker m.
sucre cétonique m.   Ketose (Ketozucker) f.
sucre de canne m.   Rohrzucker m.
sucre interverti m.   Invertzucker m.
sucre sanguin m.   Blutzucker (BZ) m.
sucre urinaire m.   Harnzucker m., Urinzucker m.
sucrer   süßen, zuckern
sudamina f.   Schweißflechte f.
sudation f.   Schweißabsonderung f.
Sudeck-Leriche, atrophie de f.   Sudecksche Atrophie f.
sudorifique m.   Diaphoretikum n., Schwitzmittel n.
sudoripare   schweißbildend
suer   schwitzen
sueur f.   Schweiß m.
sueur nocturne f.   Nachtschweiß m.
suffisance f.   Suffizienz f.
suffisant   suffizient
suffocation f.   Erstickung f., Suffokation f.
suffoquer   nach Luft schnappen
suffusion f.   Suffusion f.
sufosfamide m.   Sufosfamid n.
suggérer   suggerieren, vorschlagen
suggestibilité f.   Suggestibilität f.
suggestible   suggestibel
suggestif   suggestiv
suggestion f.   Andeutung f., Anregung f., Suggestion f., Vorschlag m.
suggestion verbale f.   Verbalsuggestion f.
sugillation f.   Strieme f., Sugillation f.
suicidaire   suizidal
suicide m.   Selbstmord m., Selbsttötung f., Suizid m.
suicide rationnel m.   Bilanzselbstmord m.
suicider, se   sich entleiben, Selbstmord verüben
suie f.   Ruß m.
suif m.   Talg m.
suintement m.   Exsudation f.
suite f.   Folgeerscheinung f.
suite d'accident f.   Unfallfolge f.

S

**suites d'insuffisance de soin de l'enfant f. pl.** Kindsvernachlässigungsfolgen f. pl.
**suivi m.** Nachbeobachtung f., Weiterbeobachtung f.
**suivi de postcure m.** Nachsorge f.
**sujet m.** Subjekt n.
**sujet avec hypertonie spastique m.** Spastiker (in) m., f.
**sujet contrôle m.** Kontrollperson f.
**sujet test m.** Versuchsperson f.
**sujet toxicomane m.** suchtkranke Person f.
**sujet tuberculeux m.** tuberkulosekranke Person f.
**sujétion f.** Hörigkeit f.
**sulbutiamine f.** Sulbutiamin n.
**sulclamide m.** Sulclamid n.
**sulfabenz m.** Sulfabenz n.
**sulfacétamide m.** Sulfacetamid n.
**sulfadiazine f.** Sulfadiazin n.
**sulfadiméthoxine f.** Sulfadimethoxin n.
**sulfadimidine f.** Sulfadimidin n.
**sulfadoxine f.** Sulfadoxin n.
**sulfaguanidine f.** Sulfaguanidin n.
**sulfamate m.** Sulfamat n.
**sulfamérazine f.** Sulfamerazin n.
**sulfaméthoxazole m.** Sulfamethoxazol n.
**sulfaméthoxydiazine f.** Sulfamethoxydiazin n.
**sulfaméthoxypyrazine f.** Sulfamethoxypyrazin n.
**sulfaméthoxypyridazine f.** Sulfamethoxypyridazin n.
**sulfamézathine f.** Sulfamezathin n.
**sulfanilamide m.** Sulfanilamid n.
**sulfanilate m.** Sulfanilat n.
**sulfaphénazol m.** Sulfaphenazol n.
**sulfapyridine f.** Sulfapyridin n.
**sulfapyrimidine f.** Sulfapyrimidin n.
**sulfasalazine f.** Sulfasalazin n.
**sulfasomidine f.** Sulfasomidin n.
**sulfasuccinate m.** Sulfasukzinat n.
**sulfatase f.** Sulfatase f.
**sulfate m.** Sulfat n.
**sulfate d'ammonium ferrique m.** Eisenammoniumsulfat n.
**sulfate d'ésérine m.** Eserinium sulfuricum n.
**sulfate de baryum m.** Bariumsulfat n.

**sulfate de cuivre m.** Kupfersulfat n.
**sulfate de magnésie m.** Bittersalz n.
**sulfate de magnésium m.** Magnesiumsulfat n.
**sulfate de méthyle m.** Methylsufat n.
**sulfate de potassium m.** Kaliumsulfat n.
**sulfate de quinine m.** Chininsulfat n.
**sulfate de sodium m.** Natriumsulfat n.
**sulfate de soude m.** Glaubersalz n.
**sulfate de strychnine m.** Strychninsulfat n.
**sulfate de zinc m.** Zinksulfat n.
**sulfathiazol m.** Sulfathiazol n.
**sulfatide m.** Sulfatid n.
**sulfatidose f.** Sulfatidose f.
**sulfhémoglobine f.** Sulfhämoglobin n.
**sulfhydrate m.** Sulfhydrat n.
**sulfhydryle m.** Sulfhydryl n.
**sulfinpyrazone f.** Sulfinpyrazon n.
**sulfisoxazol m.** Sulfisoxazol n.
**sulfméthémoglobine f.** Sulfmethämoglobin n.
**sulfoacide m.** Sulfosäure f.
**sulfobituminate m.** Sulfobituminat n.
**sulfocystéine f.** Sulfozystein n.
**sulfoglycoprotéine f.** Sulfoglykoprotein n.
**sulfokinase f.** Sulfokinase f.
**sulfomucine f.** Sulfomuzin n.
**sulfonamide m.** Sulfonamid n.
**sulfonate m.** Sulfonat n.
**sulfonate de méthane m.** Methansulfonat n.
**sulfone m.** Sulfon n.
**sulfonyle m.** Sulfonyl n.
**sulfonylurée f.** Sulfonylharnstoff m.
**sulforméthoxine f.** Sulformethoxin n.
**sulfosuccinate m.** Sulfosukzinat n.
**sulfotransférase f.** Sulfotransferase f.
**sulfoximine f.** Sulfoximin n.
**sulfoxone f.** Sulfoxon n.
**sulfoxyde m.** Sulfoxid n.
**sulfuré** schwefelhaltig
**sulfure m.** Sulfid n., Sulfit n.
**sulfure de potasse m.** Schwefelleber f.
**sulfureux** schwefelhaltig (zweiwertig)
**sulfurique** schwefelhaltig (sechswertig, vierwertig)
**sulfurolyse f.** Sulfitolyse f.
**sulfurylase f.** Sulfurylase f.
**sulpiride m.** Sulpirid n.

superfécondation f. Superfekundation f.

superficiel oberflächlich, superfiziell

superflu überflüssig

superfoetation f. Superfötation f.

supergène m. Supergen n.

superhélice f. Superhelix f.

superovulation f. Superovulation f.

superoxyde m. Superoxid n.

superphosphate m. Superphosphat n.

superposition f. Überlagerung f.

superspiralisation f. Überspiralisierung f.

superstition f. Aberglaube m.

supination f. Supination f.

supplémentaire supplementär, zusätzlich

supplémentation f. Anreicherung f.

supplémenter anreichern

support m. Einlage (Stütze) f., Ständer m.

support céphalique m. Schädelhalter m.

support de la perfusion m. Infusionsständer m.

support de séchage (des films) m. Filmtrockengestell n.

support en métal m. Metallständer m.

support pour la nuque m. Nackenstütze f.

supportant supportiv

supportant les conditions tropicales tropentauglich

supporter ertragen

supposer vermuten

suppositoire m. Suppositorium n., Zäpfchen n. (pharmakol.)

suppresseur m. Suppressor m.

suppressif m. unterdrückendes Mittel n.

suppression f. Suppression f.

supprimer supprimieren

suppuration f. Eiterbildung f., Eiterung f., Vereiterung f.

suppuration d'une suture f. Fadeneiterung f.

suppurer eitern, vereitern

supraanal supraanal

supraaortique supraaortal

supraauriculaire supraaurikulär

supraaxillaire supraaxillär

supracaréné supracarinal

suprachiasmatique suprachiasmatisch

supraclaviculaire supraklavikulär

supraclusion f. Supraokklusion f.

supraconduction f. Supraduktion f.

supracondylaire suprakondylär

suprafascial suprafaszial

suprafrontal superfrontal

supraglottique supraglottisch

suprahyoïdien suprahyoidal

suprailiaque suprailiakal

supralétal superletal

supraliminaire überschwellig

supramalléolaire supramalleolär

supramammaire supramammär

supramandibulaire supramandibulär

supramarginal supramarginal

supramaxillaire supramaxillär

supramoléculaire supramolekular

supranasal supranasal

supranucléaire supranukleär

supraopticohypophysaire supraopticohypophysär

suprapatellaire suprapatellär

suprarénal suprarerial

suprascapulaire supraskapulär

suprascléreux supraskleral

suprasegmentaire suprasegmental

suprasellaire suprasellär

supraspinal supraspinal

suprasternal suprasternal

suprathoracique suprathorakal

supratonsillaire supratonsillär

supratrochléen supratrochleär

supravaginal supravaginal

supravalvulaire supravalvulär

supraventriculaire supraventrikulär

supravergence f. Supravergenz f.

supraversion f. Supraversion f.

supravital supravital

surabondance f. Überfluß m.

suralimentation f. Überernährung f.

suralimenter überfüttern

suramine f. Suramin n.

surcharge f. Überforderung f., Überlastung f.

surcharger überfordern, überladen

surcompensation f. Überkompensation f.

surdéveloppé überentwickelt

surdimutité f. Taubstummheit f.

surdité f. Schwerhörigkeit f., Taubheit (Gehör) f.

S

surdité corticale f.　Rindentaubheit f.
surdité labyrinthique f.　Labyrinth-
　schwerhörigkeit f.
surdité verbale f.　Worttaubheit f.
surdosage m.　Überdosierung f.
surdose f.　Überdosis f.
surdoser　überdosieren
surélévation f.　Anhebung f.
surélever　anheben, erhöhen, hochla-
　gern
surentraîner　übertrainieren
surexcitation f.　Übererregung f.
surexciter　überreizen
surexposer　überbelichten
surexposition f.　Überbelichtung f.
surface f.　Fläche f., Oberfläche f.
surface corporelle f.　Körperoberfläche
　f.
surface d'abrasion f.　Abrasionsfläche
　f.
surface d'appui f.　Auflagefläche f.
surface de base f.　Basisfläche f.
surface de contact f.　Kontaktfläche f.
surface de mastication f.　Kaufläche f.
surface occlusale f.　Okklusalfläche f.
surface proximale f.　Approximalflä-
　che f.
surfactant m.　oberflächenaktive Sub-
　stanz f., Surfactant n.
surgelé　tiefgefroren
surhumain　übermenschlich
surinfecter　superinfizieren
surinfection f.　Superinfektion f.
surmenage m.　Überanstrengung f.
surmener　überanstrengen
surmoi m.　Super-Ego n., Über-Ich n.
surmonter　überwinden
surnageant　auf der Oberfläche
　schwimmend
surnuméraire　überzählig
surocclusion f.　Überbiß m.
surprotection f.　Überprotektion f.
surre m.　Surra f.
surrénal　adrenal
surrénalectomie f.　Adrenalektomie f.,
　Nebennierenentfernung f.
surrénalectomier　adrenalektomieren
sursaturation f.　Übersättigung f.
sursaturer　übersättigen
sursumduction f.　Sursumduktion f.
sursumvergence f.　Sursumvergenz f.
sursumversion f.　Sursumversion f.

surtransfusion f.　Übertransfusion f.
surveillance f.　Beaufsichtigung f.,
　Überwachung f.
surveillance radiologique f.　Röntgen-
　überwachung f.
surveiller　beaufsichtigen, überwachen
survivant (e) m., f.　Überlebende (r) f.,
　m.
survivre　überleben
susdiaphragmatique　supradiaphrag-
　matisch
sushépatique　suprahepatisch
sushissien　oberhalb des His-Bündels
susinguinal　suprainguinal
susombilical　supraumbilikal
susorbitaire　supraorbital
suspect　verdächtig
suspension f.　Suspension f.
suspension d'insuline-zinc f.　Insulin-
　Zinksuspension f.
suspensoir m.　Suspensorium n.
suspubien　suprapubisch
sustemporal　supratemporal
suture f.　Nähen n., Naht f., Sutur f.
suture à points perdus f.　versenkte
　Naht f.
suture artérielle f.　Arteriennaht f.
suture continue f.　fortlaufende Naht f.
suture d'un nerf f.　Nervennaht f.
suture de consolidation f.　Haltefaden
　m.
suture de Gussenbauer f.　Gussenbau-
　ersche Naht f.
suture de Lembert f.　Lembertnaht f.
suture de rétention f.　Situationsnaht f.
suture du périnée f.　Dammnaht f.
suture du tendon d'Achille f.　Achillor-
　rhaphie f.
suture en bourse f.　Tabakbeutelnaht f.
suture en boutonnière f.　Knopfnaht f.
suture en capiton f.　Matratzennaht f.
suture en éversion f.　evertierende
　Naht f.
suture en inversion f.　invertierende
　Naht f.
suture lambdoïde f.　Lambdanaht f.
suture métallique f.　Drahtnaht f.
suture plaques de plomb f.　Bleiplat-
　tennaht f.
suture point par point f.　Einzelnaht f
suture primaire f.　Primärnaht f.
suture sagittale f.　Pfeilnaht f.

suture secondaire f.   Sekundärnaht f.
suturer   vernähen, nähen
sycosis m.   Sykose f.
sycosis vulgaire m.   Sycosis vulgaris f.
symbiose f.   Symbiose f.
symbiote m.   Symbiont m.
symbiotique   symbiotisch
symblépharon m.   Symblepharon n.
symbole m.   Symbol n.
symbolique   symbolisch
symbolisation f.   Symbolisation f.,
   Symbolisierung f.
symbolophobie f.   Symbolophobie f.
symbolyser   symbolisieren
symélie f.   Symmelie f.
symétrie f.   Symmetrie f.
symétrique   symmetrisch
sympathectomie f.   Sympathektomie f.
sympathicoblastome m.   Sympathikoblastom n.
sympathicolytique   sympathikolytisch
sympathicomimétique   sympatikomi-
   metisch
sympathicotonie f.   Sympathikotonie
   f.
sympathicotonique   sympathikotonisch
sympathicotrope   sympathikotrop
sympathine f.   Sympathin f.
sympathique (anat.)   sympathisch
   (anat.)
sympathogonie f.   Sympathogonie f.
symphalangisme m.   Symphalangie f.
symphyse f.   Symphyse f.
symphyséotomie f.   Symphyseotomie
   f.
sympodie f.   Sympodie f.
symposium m.   Symposium n.
symptomatique   symptomatisch
symptomatologie f.   Semiotik f.,
   Symptomatologie f.
symptôme m.   Kennzeichen n., Krankheitszeichen n., Symptom n., Zeichen
   n.
symptôme irritatif m.   Reizerscheinung f.
symptôme majeur m.   Leitsyptom n.
symptômes de privation m. pl.   Entziehungsbeschwerden f. pl.
synapse f.   Synapse f.
synaptique   synaptisch
synaptologie f.   Synaptologie f.

synarthrose f.   Synarthrose f.
synarthrosique   synarthrodial
syncarcinogenèse   Synkarzinogenese f.
syncardiaque   synkardial
syncheilie f.   Syncheilie f.
synchondrose f.   Synchondrose f.
synchrocyclotron m.   Synchrozyklotron m.
synchrone   synchron
synchronisation f.   Synchronisation f.
synchroniser   synchronisieren
synchronisme m.   Synchronie f.
synchrotron m.   Synchrotron m.
synchysis f.   Synchyse f.
syncinésie f.   Mitbewegung f., Synkinese f.
syncinétique   synkinetisch
synclitique   synklitisch
synclitisme m.   Synklitismus m.
syncopal   synkopal
syncope f.   Ohnmachtsanfall m., Synkope f.
syncope de toux f.   Hustensynkope f.
syncytial   synzytial
syncytiotrophoblaste m.   Synzytiotrophoblast m.
syncytium m.   Synzytium n.
syndactylie f.   Fingerverwachsung f.,
   Syndaktylie f.
syndèse f.   Syndese f.
syndesmotome m.   Syndesmotom n.
syndesmotomie f.   Syndesmotomie f.
syndrome m.   Krankheit f. (mit näherer Bezeichnung), Syndrom n.
syndrome adrénogénital m.   adrenogenitales Syndrom n.
syndrome carcinoïde intestinal m.   Hedingersches Syndrom n.
syndrome cardiaque hyperkinétique
   m.   hyperkinetisches Herzsyndrom
   n.
syndrome cervical m.   Zervikalsyndrom n.
syndrome cervicobrachial m.   Schulter-Arm-Syndrom n.
syndrome d'Adams-Stokes m.
   Adams-Stokessches Syndrom n.
syndrome d'Adie m.   Adiesches Syndrom n.
syndrome d'Albright m.   Albright-
   sches-Syndrom n.

**S**

**syndrome d'apnée de sommeil m.** Schlaf-Apnoe-Syndrom n.

**syndrome d'Effort m.** Effort-Syndrom n.

**syndrome d'hémisection de la moelle de Brown-Séquard m.** Brown-Séquardsche Halbseitenlähmung f.

**syndrome de Bassen-Kornzweig m.** Abetalipoproteinaemie f.

**syndrome de Behcet m.** Behcet-Syndrom n.

**syndrome de Bloom m.** Bloom-Syndrom n.

**syndrome de bradycardie-tachycardie m.** Bradykardie-Tachykardie-Syndrom n.

**syndtome de Budd-Chiari m.** Budd-Chiari-Syndrom n.

**syndrome de Burnett m.** Milch-Alkali-Syndrom n.

**syndrome de carence sodée m.** Salzmangelsyndrom n.

**syndrome de choc toxique m.** Toxinschocksyndrom n.

**syndrome de cholostase hémolytique m.** Syndrom der eingedickten Galle n.

**syndrome de Déjerine-Klumpke m.** Klumpkesche Lähmung f.

**syndrome de dépersonnalisation m.** Depersonalisationssyndrom n.

**syndrome de Down m.** Down-Syndrom n.

**syndrome de fatigue m.** Ermüdungssyndrom n.

**syndrome de Felty m.** Felty-Syndrom n.

**syndrome de Franceschetti-Zwahlen m.** Franceschetti-Zwahlen-Syndrom n.

**syndrome de Gerstmann m.** Gerstmann-Syndrom n.

**syndrome de Goodpasture m.** Goodpasture-Syndrom n.

**syndrome de Gradenigo m.** Gradenigo-Syndrom n.

**syndrome de Hamman et Rich m.** Hamman-Rich-Syndrom n.

**syndrome de Harada m.** Harada-Syndrom n.

**syndrome de Hartnup m.** Hartnup-Syndrom n.

**syndrome de Heerfordt m.** Heerfordtsche Krankheit f.

**syndrome de Job m.** Hiob-Syndrom n.

**syndrome de Kartagener m.** Kartagenersches Syndrom n.

**syndrome de Kleine-Levin m.** Kleine-Levinsches Syndrom n.

**syndrome de Klippel-Feil m.** Klippel-Feilsche Krankheit f.

**syndrome de Korsakoff m.** Korsakoffsche Psychose f.

**syndrome de kuru m.** Kuru-Syndrom n.

**syndrome de l'apex orbitaire de Rollet m.** Malatestasyndrom n.

**syndrome de l'artère voleuse m.** Anzapfsyndrom n., Steal-Syndrom n.

**syndrome de la queue de cheval m.** Kaudasyndrom n.

**syndrome de Landry m.** Landrysche Paralysie f.

**syndrome de Laurence-Moon-Bardet Biedl m.** Laurence-Moon-Biedl-Syndrom n.

**syndrome de Libman-Sacks m.** Libman-Sacks-Syndrom n.

**syndrome de Lown-Ganong-Levine m.** LGL-Syndrom n. (Lown-Ganong-Levine-Syndrom)

**syndrome de Lutenbacher m.** Lutenbachersyndrom n.

**syndrome de malabsorption du tryptophane m.** Tryptophanmalabsorptionssyndrom n.

**syndrome de Mallory-Weiss m.** Mallory-Weiß-Syndrom n.

**syndrome de Marfan m.** Marfan-Syndrom n.

**syndrome de Meigs m.** Meigs-Syndrom n.

**syndrome de Mikulicz m.** Mikuliczsche Krankheit f.

**syndrome de Milkman m.** Milkman-Syndrom n.

**syndrome de Mondor m.** Mondorsche Krankheit f.

**syndrome de Morgagni-Adams-Stokes m.** MASA (Morgagni-Adams-Stokesscher Anfall) m.

**syndrome de pâleur-hyperthermie m.** Blässe-Hyperthermie-Syndrom n.

**syndrome de roulis rn.**   Roller-coaster-Syndrom n.

**syndrome de Sézary m.**   Sézary Syndrom n.

**syndrome de Sluder du ganglion ptérygopalatin m.**   Sluder-Syndrom n.

**syndrome de sténose aortique m.**   Aortenbogensyndrom n.

**syndrome de Zollinger-Ellison m.**   Zollinger-Ellison-Syndrom n.

**syndrome délirant d'action extérieure m.**   Beeinflussungswahn m.

**syndrome délirant d'observation m.**   Beobachtungswahn m.

**syndrome délirant de conversion m.**   Bekehrungswahn m.

**syndrome des enfants battus m.**   Kindsmißhandlungsfolgen f. pl.

**syndrome des tubercules quadrijumeaux m.**   Vierhügelsyndrom n.

**syndrome du bras des joueurs de golf m.**   Golfspielerarm m.

**syndrome du canal cubital m.**   Ulnartunnelsyndrom n.

**syndrome du quinzième jour m.**   Mittelschmerz m.

**syndrome du tunnel carpien m.**   Karpaltunnelsyndrom n.

**syndrome du tunnel tarsien m.**   Tarsaltunnelsyndrom n.

**syndrome gris m.**   Syndrom der grauen Farbe n.

**syndrome hypophysaire adiposogénital m.**   Dystrophia adiposogenitalis f.

**syndrome lymphoprolifératif lié au chromosome X m.**   Lymphogranulomatosis X f.

**syndrome ovarien gonadotropine résistant m.**   Gonadotropin-resistentes Ovarialsyndrom n.

**syndrome psychique m.**   Psychosyndrom n.

**syndrome psychique transitoire tumoral m.**   Durchgangssyndrom n.

**syndrome radiculaire m.**   Wurzelsyndrom n.

**syndrome sinusal m.**   kranker Sinusknoten-Syndrom n.

**syndrome unilatéral m.**   Halbseitensyndrom n.

**syndromique**   syndromisch

**synéchie antérieure f.**   vordere Synechie f.

**synéchie postérieure f.**   hintere Synechie f.

**synéchotomie f.**   Synechotomie f.

**synergie f.**   Synergie f.

**synergique**   synergetisch, synergisch

**synfibrose f.**   Syndesmose f.

**syngame**   syngam

**syngamie f.**   Syngamie f.

**syngénésioplastique**   syngenesioplastisch

**syngénique**   syngen

**synonyme**   synonym

**synonyme m.**   Synonym n.

**synophtalmie f.**   Synophthalmie f.

**synoptoscope m.**   Synoptoskop n.

**synorchidie f.**   Synorchidie f.

**synostose f.**   Synostose f.

**synovectomie f.**   Synovektomie f.

**synovectomier**   synovektomieren

**synovial**   synovial

**synovialome m.**   Synovialom n.

**synovie f.**   Gelenkschmiere f., Synovia f.

**synoviome m.**   Synoviom n.

**synoviorthèse f.**   Synoviorthese f.

**synovite f.**   Synovitis f.

**synsialome m.**   Synsialom n.

**syntaxe f.**   Syntaxis f.

**syntaxique**   syntaktisch

**synthase f.**   Synthase f.

**synthétase f.**   Synthetase f.

**synthétique**   synthetisch

**synthétiser**   synthetisieren

**syntonique**   synton, syntonisch

**syntropie f.**   Syntropie f.

**syphilide f.**   Syphilid n., Syphiloderma n.

**syphiligraphie f.**   Syphilologie f.

**syphilis f.**   Lues f., Syphilis f.

**syphilis congénitale f.**   konnatale Syphilis f.

**syphilis précoce latente f.**   latente Frühsyphilis f.

**syphilis primaire f.**   primäre Syphilis f.

**syphilis secondaire f.**   sekundäre Syphilis f.

**syphilis tertiaire f.**   tertiäre Syphilis f.

**syphilitique**   luetisch, syphilitisch

**syphilitique f.**   Luetikerin f.

**syphilitique m.**   Luetiker m.

S

syphilogène  syphilogen
syphilologique  syphilologisch
syphilologue (ou -graphe) f.  Syphilologin f.
syphilologue m.  Syphilologe m.
syphilome m.  Syphilom n., Lues-Ansatz m.
syphilophobie f.  Syphilophobie f.
syphon m.  Syphon m.
syringectomie f.  Syringektomie f.
syringobulbie f.  Syringobulbie f.
syringome m.  Syringom n.
syringomyélie f.  Syringomyelie f.
syringotomie f.  Syringotomie f.
sysarcose f.  Syssarkose f.
systématique  systematisch
systématique f.  Systematik f.
systématisation f.  Systematisierung f.
systématiser  systematisieren
systématologie f.  Systematologie f.
système m.  System n., Trakt m.
système APUD m.  APUD-System n.
système biphasique m.  Zweiphasensystem n.
système d'alarme m.  Alarmsystem n.
système d'arrêt m.  Arretierung f.
système d'aspiration m.  Absauganlage f.
système de conduction m.  Reizleitungssystem n.
système de conduction cardiaque m.  Erregungsleitungssystem n.
système de contention m.  Fixiervorrichtung f.
système de développement des films radiographiques m.  Filmentwicklungsmaschine f.
système de fermeture m.  Schließvorrichtung f.
système de haut et bas (narcose) m.  Pendelatmungssystem n.
système de lentilles optiques m.  Linsenoptik f.
système de médicographie m.  medizinisches bildgebendes System n.
système de passage m.  Gangsystem n.

système de scores m.  Scoresystem n.
système facilitateur ascendant m.  aufsteigendes aktivierendes System n.
système HLA d'histocompatibilité m.  HLA-Histokompatibilitätssystem n.
système immunitaire m.  Immunsystem n.
système musculaire lisse m.  glatte Muskulatur f.
système musculaire strié m.  quergestreifte Muskulatur f.
système nerveux m.  Nervensystem m.
système nerveux autonome m.  vegetatives Nervensystem n.
système nerveux central m.  Zentralnervensystem n.
système nerveux végétatif m.  vegetatives Nervensystem n.
système optique à miroirs m.  Spiegeloptik f.
système optique en vision latérale m.  Seitblickoptik f.
système optique en vision linéaire m.  Geradblickoptik f.
système optique en vision oblique m.  Schrägblickoptik f.
système pluricanalaire m.  Mehrkanalsystem n.
système redox m.  Redoxsystem n.
système réticulé activateur m.  retikuläres Aktivierungs-System n.
système réticuloendothélial m.  RES n., retikuloendotheliales System n.
système solvant m.  Fließmittel (chromatogr.) n.
système sympathique m.  Sympathicus m.
système téléscopique m.  Teleskopoptik f.
système vasculaire m.  Gefäßsystem n.
système vasculaire terminal m.  terminale Strombahn f.
systémique  systemisch
systole f.  Systole f.
systole en écho f.  Umkehrsystole f.
systolique  systolisch

# T

**TA (tension artérielle) f.**   RR (Blutdruck nach Riva-Rocci) m.

**tabac m.**   Tabak m.

**tabacosis m.**   Tabacose f., Tabakstaubvergiftung f.

**tabagisme m.**   Tabakvergiftung f.

**tabes dorsal m.**   Tabes dorsalis f.

**tabétique**   tabisch

**tabétique f.**   Tabikerin f.

**tabétique m.**   Tabiker m.

**table f.**   Tafel f.

**table à plâtrer f.**   Gipstisch m.

**table basculante f.**   Kipptisch m.

**table d'examen f.**   Untersuchungstisch m.

**table d'opération f.**   Operationstisch m.

**table de laboratoire f.**   Labortisch m.

**table de Stintzing f.**   Stintzingsche Tafel f.

**table de travail f.**   Arbeitstisch m.

**table des expositions f.**   Belichtungstabelle f.

**table où l'on dépose les cadavres f.**   Leichenablegetisch m.

**tableau m.**   Tabelle f.

**tableau clinique m.**   klinisches Bild n.

**tableau de distribution m.**   Schalttisch m.

**tablier m.**   Schurz m., Schürze f., Hottentottenschürze f. (vet.)

**tablier en caoutchouc m.**   Gummischürze f.

**tablier en caoutchouc plombifère m.**   Bleischürze f.

**taboparalysie f.**   Taboparalyse f.

**tabou m.**   Tabu n.

**tacazolate m.**   Tacazolat n.

**tache f.**   Fleck m., Mal n.

**tache aveugle f.**   blinder Fleck m.

**tache cadavérique f.**   Totenfleck m., Leichenfleck m.

**tache de Mariotte f.**   blinder Fleck m.

**tache de rousseur f.**   Sommersprosse f.

**tache hépatique f.**   Leberfleck m.

**acheté**   fleckig

**achitoscope m.**   Tachitoskop n.

**tachitoscopie f.**   Tachitoskopie f.

**tachitoscopique**   tachitoskopisch

**tachophorèse f.**   Tachophorese f.

**tachyarythmie f.**   Tachyarhythmie f.

**tachycardie f.**   Tachykardie f.

**tachycardie paroxystique f.**   paroxysmale Tachykardie f.

**tachycardie sinusale f.**   Sinustachykardie f.

**tachycardique**   tachykard

**tachykinine f.**   Tachykinin n.

**tachylalie f.**   Tachylalie f.

**tachymétrie f.**   Geschwindigkeitsmessung f.

**tachyphagie f.**   Tachyphagie f.

**tachyphylaxie f.**   Tachyphylaxie f.

**tachypnée f.**   Tachypnoe f.

**tachystérol m.**   Tachysterin n.

**tachysystolie f.**   Tachysystolie f.

**tachytrophique**   tachytroph

**tactile**   taktil

**Taenia echinococcus**   Hundebandwurm m., Taenia echinococcus

**Taenia saginata**   Taenia saginata

**Taenia solium**   Taenia solium

**taeniase f.**   Coenurose f.

**taille f.**   Körperlänge f., Leibesgröße f., Taille f.

**taille des particules f.**   Teilchengröße f.

**talalgie f.**   Talalgie f.

**talampicilline f.**   Talampicillin n.

**talbutal m.**   Talbutal n.

**talc m.**   Talk m.

**talent m.**   Talent n.

**talinolol m.**   Talinolol n.

**talofibulaire**   talofibular

**talon m.**   Ferse f., Hacke f.

**talonaviculaire**   talonavikular

**talose m.**   Talose f.

**talotibial**   talotibial

**tamarin m.**   Tamarinde f.

**tampon m.**   Bausch m., Puffer m., Tampon m., Tupfer m.

**tampon occlusif m.**   Tamponstopfer m.

**tamponnement m.**   Tamponade f.

tamponner abtupfen, ausstopfen, austupfen, puffern, tamponieren, tupfen
tanaisie f. Tanacetum n.
tangente f. Tangente f.
tangentiel tangential
tangible haptisch
tannase f. Tannase f.
tannate m. Tannat n.
tanné tanniert
tanner gerben
tannin m. Gerbstoff m., Tannin n.
tantale m. Tantal n.
taon m. Bremse (Fliege) f., Viehbremse f.
tapétochoroïdien tapetochorioidal, tapetochoroidal
tapétorétinien tapetoretinal
taraxéine f. Taraxein n.
Tardieu, tache de f. Tardieuscher Fleck m.
tarentule f. Tarantel f.
tarsalgie f. Tarsalgie f.
tarse m. Fußwurzel f.
tarse (de la paupière) m. Lidknorpel m.
tarsien tarsal
tarsite f. Tarsitis f.
tarsométatarsien tarsometatarsal
tarsotomie f. Tarsotomie f.
tart-cell f. Tart-Zelle f.
tartrate m. Tartrat n.
tartrate d'antimoine et de potassium m. Tartarus stibiatus m.
tartrate de potassium et de sodium m. Kaliumnatriumtartrat n.
tartre m. Weinstein m., Zahnbelag m.
tartre dentaire m. Zahnstein m.
tatouage m. Tätowierung f.
taureau étalon m. Zuchtbulle m.
taureau, jeune m. Farren m.
taurine f. Taurin n.
taurocholate m. Taurocholat n.
taurodontisme m. Taurodontismus m.
taurolidine f. Taurolidin n.
Taussig, syndrome de m. Taussig-Syndrom n.
tautologie f. Tautologie f.
tautomérie f. Tautomerie f.
tautomérique tautomer
taux m. Quote f.
taux de mortalité m. Sterblichkeitsquote f.

taux de naissance m. Geburtsziffer f.
taux de perte m. Ausfallquote f.
taux de survie m. Überlebensrate f.
taux des naissances m. Geburtenziffer f.
taux pour cent m. Prozentsatz m.
Tawara, noeud atrio-ventriculaire de m. Tawara-Knoten m.
taxe f. Gebühr f.
taxine f. Taxin n.
taxon m. Taxon n.
taxonomie f. Taxonomie f.
taxonomique taxonomisch
Tay-Sachs, maladie de f. Tay-Sachssche Krankheit f.
TBG (globuline fixant la thyroxine) f. TBG (thyroxinbindendes Globulin) n.
tébutate m. Tebutat n.
technétate m. Technetat n.
technétium m. Technetium n.
technicien m. Techniker m.
technicien assistant de laboratoire médical m. medizinisch-technischer Laborassistent m.
technicien assistant de radiologie m. medizinisch-technischer Röntgenassistent m.
technicienne assistante de laboratoire médical f. Laborassistentin f.
technicienne assistante de radiologie f. medizinisch-technische Röntgenassistentin f.
technique f. Technik (Verfahren) f.
technique d'attachement f. Geschiebetechnik f. (dent.)
technique de cartes perforées f. Lochkartenverfahren n.
technique de coulage des modèles f. Modellgußtechnik f.
technique de coulée f. Angußtechnik f.
technique de cuisson f. Brenntechnik f.
technique de l'inlay f. Inlaytechnik f.
technique de mesure f. Meßanordnung f.
technique des rayons pénétrants f. Hartstrahltechnik f.
technique des séries accélérées f. Schnellserientechnik f.

**technique médicale f.**   Medizintechnik f.

**technologie f.**   Technik (Wissenschaft) f., Technologie f.

**technologique**   technologisch

**tectonique**   tektonisch

**téfazoline f.**   Tefazolin n.

**téflurane m.**   Tefluran n.

**tégafur m.**   Tegafur n.

**tégument m.**   Haut f.

**Teichmann, cristal de m.**   Teichmannscher Kristall m.

**teichopsie f.**   Teichopsie f.

**teigne f.**   Dermatophytie f.

**teindre**   färben

**teint m.**   Gesichtsfarbe f.

**teinté**   getönt

**teinte f.**   Farbe f.

**teinture f.**   Farbstoff m., Färbung f., Tinktur f.

**teinture d'Arning f.**   Arningsche Tinktur f.

**teinture d'iode f.**   Jodtinktur f.

**teinture d'opium f.**   Opiumtinktur f., Tinctura Opii f.

**teinture de belladone f.**   Tinctura Belladonnae f.

**teinture de benjoin f.**   Tinctura Benzoes f.

**teinture de noix vomique f.**   Tinctura Strychni f.

**teinture de valériane f.**   Baldriantinktur f., Tinctura Valerianae f.

**télangiectasie f.**   Teleangiektasie f.

**télangiectasique**   teleangiektatisch

**télécentrique**   telezentrisch

**télécobaltothérapie f.**   Telekobaltbestrahlung f.

**télécommande f.**   Fernbedienung f.

**télédiastolique**   enddiastolisch, telediastolisch

**télégammathérapie f.**   Telegamma-Therapie f.

**télégonie f.**   Telegonie f.

**télémétrie f.**   Telemetrie f.

**télémétrique**   telemetrisch

**télencéphale m.**   Endhirn n.

**téléologie f.**   Teleologie f.

**téléologique**   teleologisch

**téléopsie f.**   Teleopsie f.

**télépathie f.**   Telepathie f.

**téléradiogramme m.**   Teleröntgenogramm n.

**téléradiographie f.**   Teleröntgenographie f.

**téléradiographie cardiaque f.**   Herzfernaufnahme f.

**téléradiothérapie f.**   Fernbestrahlung f.

**téléscope m.**   Teleskop n.

**télésystolique**   endsystolisch, telesystolisch

**téléthérapie f.**   Teletherapie f.

**téléthermomètre m.**   Fernthermometer n.

**télétraitement m.**   Datenverarbeitung f.

**télévision f.**   Fernsehen n.

**tellurate m.**   Tellurat n.

**tellure m.**   Tellur n.

**tellurite m.**   Tellurit n.

**téloblaste m.**   Teloblast m.

**télocentrique**   telozentrisch

**télodendrion m.**   Telodendron n.

**télolécithique**   telolezithal

**télomère m.**   Telomer n.

**télophase f.**   Telophase f.

**télosynapse f.**   Telosynapse f.

**tempe f.**   Schläfe f.

**tempérament m.**   Temperament n.

**tempérament lymphatique m.**   Lymphatismus m.

**tempérance f.**   Enthaltsamkeit f.

**température f.**   Temperatur f.

**température ambiante f.**   Raumtemperatur f., Zimmertemperatur f.

**température centrale f.**   Kerntemperatur f.

**température de travail f.**   Arbeitstemperatur f.

**température du corps f.**   Körpertemperatur f.

**température superficielle f.**   Oberflächentemperatur f.

**temporaire**   temporär

**temporal**   temporal

**temporoauriculaire**   temporoaurikulär

**temporofrontal**   temporofrontal

**temporomandibulaire**   temporomandibulär

**temporomaxillaire**   temporomaxillär

**temporooccipital**   temporookzipital

**temporopariétal**   temporoparietal

**temps m.**   Zeit f.

**T**

**temps d'apparition m.** Erscheinungszeit f.
**temps de circulation m.** Kreislaufzeit f.
**temps de coagulation m.** Gerinnungszeit f.
**temps de collecte des urines m.** Urinsammelperiode f.
**temps de conduction m.** Überleitungszeit f.
**temps de pose m.** Belichtungszeit m.
**temps de prothrombine m.** Prothrombinzeit f.
**temps de prothrombine partiel m.** PTT (partielle Thromboplastinzeit) f.
**temps de relâchement postsphygmique m.** Entspannungszeit (cardiol.) f.
**temps de remplissage m.** Füllungszeit f.
**temps de saignement m.** Blutungszeit f.
**temps de survie m.** Überlebensdauer f.
**temps réel m.** Echtzeit f.
**ténacité f.** Tenazität f.
**tenailles f. pl.** Kneifzange f.
**tendance f.** Neigung f.
**tendance à couler f.** Fließeigenschaft f.
**tendance à la distraction f.** Ablenkbarkeit (psychol.) f.
**tendance impulsive à se faire valoir f.** Geltungstrieb m.
**tendance suicidaire f.** Suizidneigung f.
**tendeur de la broche m.** Drahtspanner m.
**tendeur du cathéter m.** Katheterspanner m.
**tendineux** sehnig, tendinös
**tendinite f.** Tendinitis f.
**tendinite d'insertion f.** Insertionstendinitis f.
**tendon m.** Sehne f.
**tendon d'Achille m.** Achillessehne f.
**tendon du genou m.** Kniesehne f
**tendovaginite f.** Sehnenscheidenentzündung f., Tendovaginitis f.
**ténesme m.** Stuhldrang m., Tenesmus m.
**ténesme vésical m.** Harnzwang m., Strangurie f.
**teneur f.** Gehalt m. (physik.)
**teneur alcaline f.** Alkaligehalt m.
**teneur en germe f.** Keimgehalt m.

**ténia m.** Bandwurm m., Tänie f.
**ténia bovin m.** Rinderbandwurm m.
**ténia du chat m.** Katzenbandwurm m.
**ténia du chien m.** Hundebandwurm m.
**ténia du poisson m.** Fischbandwurm m.
**ténia du porc m.** Schweinebandwurm m.
**ténia du renard m.** Fuchsbandwurm m.
**téniase f.** Bandwurmbefall m.
**ténicide** bandwurmtötend
**ténicide m.** bandwurmtötendes Mittel n.
**ténifuge** bandwurmtreibend
**ténifuge m.** bandwurmtreibendes Mittel n.
**téniposide m.** Teniposid n.
**tennis elbow m.** Tennisellenbogen m.
**ténocyclidine f.** Tenocyclidin n.
**ténodèse f.** Tenodese f.
**Tenon, capsule de f.** Tenonsche Kapsel f.
**ténoplastie f.** Sehnenplastik f.
**ténorraphie f.** Sehnennaht f., Tenorrhaphie f.
**ténotome m.** Tenotom n.
**ténotomie f.** Tenotomie f.
**ténotomiser** tenotomieren
**tenside m.** Tensid n.
**tension f.** Blutdruck m., Druck m., Spannung f.
**tension de défense abdominale f.** Abwehrspannung f., Bauchdeckenspannung f.
**tension de surface f.** Oberflächenspannung f.
**tension de tube f.** Röhrenspannung f.
**tension musculaire f.** Muskelspannung f.
**tentacule (zool.) m.** Fühler m.
**tentative de suicide f.** Selbstmordversuch m., Suizidversuch m.
**tente du cervelet f.** Tentorium cerebelli n. (adj.: tentoriell)
**tenue d'un conseil f.** Konsilium n.
**ténylidone f.** Tenylidon n.
**téoclate m.** Teoclat n.
**téoprolol m.** Teoprolol n.
**téprotide m.** Teprotid n.
**tératoblastome m.** Teratoblastom n.

tératogène teratogen
tératogenèse f. Teratogenese f.
tératogénétique teratogenetisch
tératoïde teratisch
tératome m. Teratom n.
terbutaline f. Terbutalin n.
terciprazine f. Terciprazin n.
terconazole m. Terconazol n.
térébenthine f. Terpentin n.
terfénadine f. Terfenadin n.
térizidone f. Terizidon n.
terminaison f. Endigung f.
terminaison nerveuse f. Nervenendigung f.
terminal terminal
terminal m. Terminal m.
termino-terminal terminoterminal
terminologie f. Terminologie f.
terminologique terminologisch
termone f. Termon n.
ternaire ternär
térodiline f. Terodilin n.
térofénamate m. Terofenamat n.
téroxalène m. Teroxalen n.
terpène m. Terpen n.
terpinène m. Terpinen n.
terre alcaline f. Erdalkalie f.
terre d'infusoires f. Kieselgur m.
terre rare f. seltene Erde f.
terreux erdig
tertiaire tertiär
tésimide m. Tesimid n.
tesla m. Tesla n.
test m. Erprobung f., Prüfung f., Test m.
test au murexide m. Murexidprobe f.
test blanc m. Leerversuch m.
test cutané m. Hauttest m.
test d'acuité visuelle m. Sehtest m.
test d'aggrégation des plaquettes m. Plättchenaggregationstest m.
test d'Allen et Doisy m. Allen-Doisy-Test m.
test d'allergies m. Läppchenprobe f., Pflasterprobe f.
test d'Aschheim et Zondek m. Aschheim-Zondek-Test m.
test d'immunofluorescence m. IFT (Immunfluoreszenztest) m.
test d'intelligence m. Intelligenztest m.

test d'ivresse m. Berauschungsprüfung f.
test d'Obermayer m. Obermayersche Probe f.
test d'Uffelmann m. Uffelmannsche Probe f.
test d'urobilinurie de Schlesinger m. Schlesingersche Probe f.
test de Benedict m. Benedictsche Probe f.
test de Binet-Simon m. Binet-Simon-Test m.
test de chuchotement m. Flüsterprobe f.
test de dépistage m. Siebtest m.
test de détection m. Suchtest m.
test de Dold m. Doldscher Test m.
test de Donath et Landsteiner m. Donath-Landsteinerscher Test m.
test de Fehling m. Fehlingsche Probe f.
test de fonction rénale m. Nierenfunktionsprüfung f.
test de glucosurie de Trommer m. Trommersche Probe f.
test de glucuronoacidurie de Tollens m. Tollens-Probe f.
test de grossesse m. Schwangerschaftstest m.
test de Günzburg m. Günzburgsche Probe f.
test de Hunt m. Hunt-Test m.
test de Kaufmann m. Kaufmannscher Versuch m.
test de l'anneau m. Ringtest m.
test de la diastase urinaire de Wohlgemuth m. Wohlgemuthsche Probe f.
test de la fonction gastrique m. Magenfunktionsprüfung f.
test de la tyrosine urinaire de Millon m. Millonsche Probe f.
test de la vitalité pulpaire f. Vitalitätsprüfung f. (dent.)
test de Lieben m. Liebensche Probe f.
test de lyse des euglobulines m. Euglobulinlysistest m.
test de mélaninurie de Thormählen m. Thormählensche Probe f.
test de migration des macrophages m. Makrophagenmigrationstest m.
test de radioallergoadsorption m. RAST (Radioallergosorbent-Test) m.

T

**test de radioimmunoadsorption m.**
RIST (Radioimmunosorbent-Test)
m.
**test de Watson-Schwartz m.** Watson-
Schwartz-Test m.
**test de Wechsler m.** Hamburg-Wechsler-Test m.
**test du cache m.** Abdecktest m.
**test épicutané m.** Epikutantest m.
**test hydrostatique m.** Schwimmprobe
f.
**test immédiat m.** Schnelltest m.
**tester** testieren
**testiculaire** testikulär
**testicule m.** Testikel m., Hoden m.
**testicule mobile m.** Pendelhoden m.
**testolactone f.** Testolakton n.
**testostérone f.** Testosteron n.
**tétanie f.** Tetanie f.
**tétaniforme** tetaniform
**tétanique** tetanisch
**tétanoïde** tetanoid
**tétanos m.** Tetanus n., Wundstarrkrampf m.
**têtard m.** Kaulquappe f.
**tête f.** Haupt n., Kopf m.
**tête chauve f.** Glatze f., Kahlkopf m.
**tête de méduse f.** Caput medusae n.,
Medusenhaupt n.
**tête de mort f.** Totenkopf m.
**tête de pavot f.** Mohnkapsel f.
**tête du fémur f.** Caput femoris n.
**tête du pancréas f.** Pankreaskopf m.
**tête fixée à la vulve f.** Einschneiden
(obstetr.) n.
**tête métatarsienne f.** Metatarsalköpfchen n.
**téterelle f.** Milchpumpe f.
**tétine f.** Schnuller m.
**tétrabarbital m.** Tetrabarbital n.
**tétrabasique** tetrabasisch
**tétrabénazine f.** Tetrabenazin n.
**téttaborate m.** Tetraborat n.
**tétrabutyle m.** Tetrabutyl n.
**tétracaïne f.** Tetracain n.
**tétrachloréthyléne m.** Tetrachlorethylen n.
**tétrachlorodibenzodioxine f.** Tetrachlorodibenzodioxin n.
**tétrachlorure m.** Tetrachlorid n.
**tétrachlorure de carbone m.** Tetrachlorkohlenstoff m.

**tétracosactide m.** Tetracosactid n.
**tétracosapeptide m.** Tetracosapeptid
n.
**tétracycline f.** Tetracyclin n.
**tétracyclique** tetrazyklisch
**tétrade f.** Tetrade f.
**tétradécanoate m.** Tetradecanoat n.
**tétradécapeptide m.** Tetradecapeptid
n.
**tétradécylamine f.** Tetradecylamin n.
**tétradonium m.** Tetradonium n.
**tétraéthyle de plomb m.** Tetraethylblei
n.
**tétraéthylpyrophosphate m.** Tetraethylpyrophosphat n.
**tétrafluoroborate m.** Tetrafluoroborat
n.
**tétrafluorométhane m.** Tetrafluormethan n.
**tétrafluorure m.** Tetrafluorid n.
**tétrahydrocannabinol m.** Tetrahydrocannabinol n.
**tétrahydroflurane m.** Tetrahydrofluran n.
**tétrahydrofolate m.** Tetrahydrofolat
n.
**tétrahydrofurfuryldisulfure m.** Tetrahydrofurfuryldisulfid n.
**tétrahydroptéridine f.** Tetrahydropteridin n.
**tétrahydrouridine f.** Tetrahydrouridin
n.
**tétraiodothyronine f.** Tetrajodthyronin n.
**tétralogie f.** Tetralogie f.
**tétralogie de Fallot f.** Fallotsche Tetralogie f.
**tétralogique** tetralogisch
**tétramérique** tetramer
**tétraméthylammonium m.** Tetramethylammonium n.
**tétramisol m.** Tetramisol n.
**tétranicotinate m.** Tetranikotinat n.
**tétranitrate m.** Tetranitrat n.
**tétranitrol m.** Tetranitrol n.
**tétranitrométhane m.** Tetranitromethan n.
**tétraose m.** Tetraose f.
**tétraparental** tetraparental
**tétrapeptide m.** Tetrapeptid n.
**tétraplégie f.** Tetraplegie f.
**tétraploïde** tetraploid

tétraploïdie f. Tetraploidie f.
tétrapyrrol m. Tetrapyrrol n.
tétrasaccharide m. Tetrasaccharid n.
tétrasomie f. Tetrasomie f.
tétrasomique tetrasom
tétrazole m. Tetrazol n.
tétridamine f. Tetridamin n.
tétrochinone f. Tetroquinon n.
tétrodotoxine f. Tetrodotoxin n.
tétroquinone f. Tetrochinon n.
tétrose m. Tetrose f.
tétroxyde m. Tetroxid n.
tétrylammonium m. Tetrylammonium n.
tétryzoline f. Tetryzolin n.
texture f. Textur f.
thalamique thalamisch
thalamocortical thalamokortikal
thalamolenticulaire thalamolentikulär
thalamomamillaire thalamomamillär
thalamotectal thalamotegmental
thalamotomie f. Thalamotomie f.
thalamus m. Thalamus m.
thalassémie f. Thalassämie f., Thalassanämie f.
thalassothérapie f. Thalassotherapie f.
thalidomide m. Thalidomid n.
thallium m. Thallium n.
THAM (trishydroxyméthylaminométhane) m. THAM (Trishydroxymethylaminomethan) n.
thanatologie f. Thanatologie f.
thanatophobie f. Thanatophobie f.
thé m. Tee m.
thébacone f. Thebacon n.
thébaïne f. Thebain n.
thécal thekal
thécome m. Thekazellentumor m., Thekom n.
théine f. Thein n.
thélalgie f. Thelalgie f.
thélarché f. Thelarche f.
thélite f. Brustwarzenentzündung f., Thelitis f.
thélytoquien thelytokisch
thénalidine f. Thenalidin n.
thénium m. Thenium n.
théobromine f. Theobromin n.
théoclate m. Theoclat n.
théodrénaline f. Theodrenalin n.
théomanie f. Theomanie f.
théophyllinate m. Theophyllinat n.

théophylline f. Theophyllin n.
théorème m. Theorem n.
théorie f. Theorie f.
théorie de Helmholtz f. Helmholtzsche-Theorie f.
théorie de la connaissance f. Erkenntnistheorie f.
théorie des quanta f. Quantentheorie f.
théorique theoretisch
thérapeute f. Therapeutin f.
thérapeute m. Therapeut m.
thérapeutique therapeutisch
thérapeutique f. Heilkunde f.
thérapeutique de comportement f. Verhaltenstherapie f.
thérapeutique de groupe f. Gruppentherapie f.
thérapeutique de rôle f. Rollentherapie f.
thérapeutique médicamenteuse f. Arzneimitteltherapie f.
thérapie f. Therapie f.
thermal thermal
thermalgie f. Thermalgie f.
thermes m. pl. Therme f.
thermique thermisch
thermoalgésie f. Thermalgesie f.
thermoanalgésie f. Thermoanalgésie f.
thermoanesthésie f. Thermanästhesie f.
thermocautérisation f. Thermokaustik f.
thermochimie f. Thermochemie f.
thermochimiothérapie f. Thermochemotherapie f.
thermocoagulation f. Hitzekoagulation f., Thermokoagulation f.
thermocouple m. Thermoelement n.
thermodilution f. Thermodilution f.
thermodynamique thermodynamisch
thermodynamique f. Thermodynamik f.
thermoélectrique thermoelektrisch
thermoesthésie f. Thermästhesie f.
thermogène thermogen
thermogénèse f. Wärmebildung f.
thermographie f. Thermographie f.
thermographie de plaque f. Plattenthermographie f.
thermographie infrarouge f. Infrarotthermographie f.

thermographique thermographisch
thermolabile thermolabil
thermolabilité f. Thermolabilität f.
thermoluminescence f. Thermolumineszenz f.
thermomètre m. Thermometer n.
thermomètre cutané m. Hauttemperaturmeßgerät n.
thermomètre électrique m. Elektrothermometer n.
thermomètre médical m. Fieberthermometer n.
thermométrie f. Temperaturmessung f., Thermometrie f.
thermométrique thermometrisch
thermophile thermophil
thermophobie f. Thermophobie f.
thermophore m. Thermophor m.
thermoplacentographie f. Thermoplazentographie f.
thermoplastique thermoplastisch
thermoprécipitation f. Thermopräzipitation f.
thermoradiation f. Hitzestrahlung f.
thermorécepteur m. Thermorezeptor m.
thermorégulateur thermoregulatorisch
thermorégulation f. Thermoregulation f., Wärmeregulation f.
thermorésistant hitzebeständig, thermoresistent
thermosensibilité f. Wärmeempfindlichkeit f.
thermostable thermostabil
thermostat m. Thermostat m.
thermotropisme m. Thermotropie f.
thésaurismose f. Speicherkrankheit f., Thesaurismose f.
thésaurismose cystinique f. Zystinspeicherkrankheit f.
thiabendazole m. Thiabendazol n.
thiabutazide m. Thiabutazid n.
thiacétarsamide m. Thiazetarsamid n.
thiadiazole m. Thiadiazol n.
thiamazole m. Thiamazol n.
thiambutène m. Thiambuten n.
thiambutosine f. Thiambutosin n.
thiamine f. Aneurin n., Thiamin n.
thiaxanthène m. Thiaxanthen n.
thiazide m. Thiazid n.
thiazine f. Thiazin n.

thiazinium m. Thiazinium n.
thiazole m. Thiazol n.
thiazosulfone f. Thiazosulfon n.
thiénodiazépine f. Thienodiazepin n.
thiéthylpérazine f. Thiethylperazin n.
thigénol m. Thigenol n.
thimble bridge m. Fingerhutbrücke f.
thioacétal m. Thioazetal n.
thioacide m. Thiosäure f.
thioalcool m. Thioalkohol m.
thioarsénite m. Thioarsenit n.
thioate m. Thioat n.
thiobarbiturate m. Thiobarbiturat n.
thiocarlide m. Thiocarlid n.
thiocétamide m. Thiocetamid n.
thiochrome m. Thiochrom n.
thiocyanate m. Thiozyanat n.
thiocyanate de sodium m. Rhodan n.
thiocyanoacétate m. Thiozyanoazetat n.
thiodésoxyguanosine f. Thiodeoxyguanosin n.
thiodésoxyinosine f. Thiodeoxyinosin n.
thiodiglycol m. Thiodiglykol n.
thiodiphosphate rn. Thiodiphosphat n.
thioester m. Thioester m.
thioéther m. Thioäther m., Thioether m.
thiofuradène m. Thiofuraden n.
thioglucose m. Thioglukose f.
thioglycolate m. Thioglykolat n.
thioguanine f. Thioguanin n.
thiohexamide m. Thiohexamid n.
thioinosine f. Thioinosin n.
thiokinase f. Thiokinase f.
thiol m. Thiol n.
thiolase f. Thiolase f.
thiomalate m. Thiomalat n.
thionéine f. Thionein n.
thionine f. Thionin n.
thiopentone f. Thiopenton n.
thiophosphoramide m. Thiophosphoramid n.
thiopropazate m. Thiopropazat n.
thiopropérazine f. Thioproperazin n.
thiopurine f. Thiopurin n.
thiopyrophosphate m. Thiopyrophosphat n.
thiorédoxine f. Thioredoxin n.
thioridazine f. Thioridazin n.

thiosemicarbazone f.   Thiosemikarbazon n.
thiosulfate m.   Thiosulfat n.
thiosulfate de sodium m.   Natriumthiosulfat n.
thiotépa m.   Thiotepa n.
thiotétrabarbital m.   Thiotetrabarbital
n.
thiotixène f.   Thiotixen n.
thiouracil m.   Thiouracil n.
thiourée f.   Thioharnstoff m.
thixotropie f.   Thixotropie f.
Thomsen, maladie de f.   Thomsen-
sche-Krankheit f.
thonzylamine f.   Thonzylamin n.
thoracique   thorakal
thoracoabdominal   thorakoabdominal
thoracoacromial   thorakoakromial
thoracocaustie f.   Thorakokaustik f.
thoracodorsal   thorakodorsal
thoracolombaire   thorakolumbal
thoracolyse f.   Thorakolyse f.
thoracoplastie f.   Thorakoplastik f.
thoracoscopie f.   Thorakoskopie f.
thoracostomie f.   Thorakostomie f.
thoracotomie f.   Thorakotomie f.
thorax m.   Thorax m.
thorax en carène m.   Hühnerbrust f.,
Kielbrust f.
thorax en entonnoir m.   Schusterbrust
f., Trichterbrust f.
thorax en tonneau m.   faßförmiger
Thorax m.
thorax étroit, à   engbrüstig
thorium m.   Thorium n.
thréonine f.   Threonin n.
thréose m.   Threose f.
thrombasthénie f.   Thrombasthenie f.
thrombectomie f.   Thrombektomie f.
thrombine f.   Thrombin n.
thromboangéite f.   Thrombangitis f.
thromboangéite oblitérante f.   Thrombangitis obliterans f.
thromboangéitique   thrombangitisch
thrombocyte m.   Blutplättchen n.,
Thrombozyt m.
thrombocytémie f.   Thrombozythämie
f.
thrombocytolyse f.   Thrombozytolyse
f.

thrombocytopathie f.   Thrombozytopathie f.
thrombocytopénie f.   Thrombocytopenie f.
thrombocytophérèse f.   Thrombozytopherese f.
thrombocytose f.   Thrombozytose f.
thromboélastogramme m.   Thrombelastogramm n.
thromboélastographie f.   Thrombelastographie f.
thromboélastographique   thrombelastographisch
thromboembolie f.   Thromboembolie
f.
thromboembolique   thromboembolisch
thromboendartériectomie f.   Thrombendarterektomie f.
thrombogenèse f.   Thrombogenese f.
thromboglobulin m.   Thromboglobulin n.
thrombokinase f.   Thrombokinase f.
thrombolyse f.   Thrombolyse f.
thrombolytique   thrombolytisch
thrombopathie f.   Thrombopathie f.
thrombopénie f.   Thrombopenie f.
thrombopénique   thrombopenisch,
thrombozytopenisch
thrombophilie f.   Thrombophilie f.,
Thromboseneigung f.
thrombophlébite f.   Thrombophlebitis
f.
thrombophlébitique   thrombophlebitisch
thromboplastine f.   Thromboplastin n.
thromboplastine intrinsèque f.   Plasmathrombokinase f.
thromboplastine tissulaire f.   Gewebsthrombokinase f.
thromboplastique   thromboplastisch
thrombopoïèse f.   Thrombopoese f.
thrombopoïétique   thrombopoetisch
thrombose f.   Thrombose f.
thrombosé   thrombotisch
thrombose cérébrale f.   Cerebralthrombose f., Koronarthrombose f.
thrombose coronarienne f.   Coronarthrombose f.
thrombose de la veine porte f.   Pfortaderthrombose f.

thrombose veineuse iliaque f. Becken-venenthrombose f.
thrombose veineuse superficielle/pro-fonde f. oberflächliche, tiefe Venen-thrombose f.
thromboser thrombosieren
thrombospondine f. Thrombospon-din n.
thrombosthénine f. Thrombosthenin n.
thromboxane f. Thromboxan n.
thrombus m. Thrombus m.
thulium m. Thulium n.
thym m. Thymian m.
thymectomie f. Thymektomie f., Thy-musdrüsenentfernung f.
thymectomiser thymektomieren
thymidine f. Thymidin n.
thymidine kinase f. Thymidinkinase f.
thymidylate m. Thymidylat n.
thymidylyle m. Thymidylyl n.
thymine f. Thymin n.
thymoanaleptique thymoleptisch
thymoanaleptique m. Thymolepti-kum n.
thymocyte m. Thymozyt m.
thymol m. Thymol n.
thymolphtaléine f. Thymolphthalein n.
thymome m. Thymom n.
thymopentine f. Thymopentin n.
thymopoïétine f. Thymopoetin n.
thymoprive thymopriv
thymopsychisme m. Thymopsyche f.
thymosine f. Thymosin n.
thymostimuline f. Thymostimulin n.
thymotoxine f. Thymotoxin n.
thymotropisme m. Thymotropie f.
thymus m. Thymusdrüse f.
thyréolibérine f. Thyreotropin-freiset-zender Faktor m.
thyréoprive thyreopriv
thyréostatique thyréostatique
thyréostatique m. Thyreostatikum n.
thyréotoxicose f. Thyreotoxikose f.
thyréotoxique thyreotoxisch
thyréotrope thyreotrop
thyréotrophine f. Thyreotropin n.
thyroaryténoïdien thyreoarytänoidal
thyrocalcitonine f. Schilddrüsencalci-tonin n., Thyreocalcitonin n.
thyrocervical thyreozervikal

thyroépiglottique thyreoepiglottisch
thyroglobuline f. Thyreoglobulin n.
thyrohyoïdien thyreohyoidal
thyroïde accessoire f. Nebenschild-drüse f.
thyroïdectomie f. Thyreoidektomie f.
thyroïdectomiser thyreoidektomieren
thyroïdine f. Thyreoidin n.
thyroïdite f. Thyreoiditis f.
thyroïdite chronique de Hashimoto f. Hashimoto-Thyreoiditis f.
thyroïdothérapie f. Schilddrüsenthe-rapie f.
thyrotrophine f. Thyrotrophin n.
thyroxine f. Thyroxin n.
tiafibrate m. Tiafibrat n.
tiaménidine f. Tiamenidin n.
tiamiprine f. Tiamiprin n.
tianeptine f. Tianeptin n.
tiapride m. Tiaprid n.
tiaramide m. Tiaramid n.
tibia m. Schienbein n.
tibial tibial
tibialgie f. Tibialgie f.
tibiofémoral tibiofemoral
tibiopéronéen tibiofibular
tibolone f. Tibolon n.
tic m. Tic m.
tic de salaam m. Nickkrampf m., Sa-laamkrampf m.
ticlatone f. Ticlaton n.
ticlopidine f. Ticlopidin n.
tienopramine f. Tienopramin n.
Tietze, syndrome de m. Tietze-Syn-drom n.
tifémoxone f. Tifemoxon n.
Tiffeneau, épreuve de f. Tiffeneautest m.
tiflamizole m. Tiflamizol n.
tige f. Stengel m.
tige pituitaire f. Hypophysenstiel m.
tige porte-coton f. Watteträger m.
tigloïdine f. Tigloidin n.
tigroïde tigroid
tigrure f. Tigerung f.
tilidine f. Tilidin n.
tiliquinol m. Tilichinol n., Tiliquinol n.
tilorone f. Tiloron n.
tilozépine f. Tilozepin n.
timégadine f. Timegadin n.
timerfonate m. Timerfonat n.

timipérone f.   Timiperon n.
timofibrate m.   Timofibrat n.
timoprazole m.   Timoprazol n.
tinea tonsurans f.   Herpes tonsurans
   m.
tinidazole m.   Tinidazol n.
tinisulpride m.   Tinisulprid n.
tinofédrine f.   Tinofedrin n.
Tinoridine f.   Tinoridin n.
tintement m.   Klingen n.
tiocarlide m.   Tiocarlid n.
tioconazole m.   Tioconazol n.
tioctilate m.   Tioctilat n.
tioguanine f.   Tioguanin n.
tiomergine f.   Tiomergin n.
tioméstérone f.   Tiomesteron n.
tiophène m.   Thiophen n.
tiopropamine f.   Tiopropamin n.
tiosinamine f.   Tiosinamin n.
tiotidine f.   Tiotidin n.
tiotixène m.   Tiotixen n.
tioxidazole m.   Tioxidazol n.
tioxolone f.   Tioxolon n.
tipépidine f.   Tipepidin n.
tipindole f.   Tipindol n.
tique f.   Zecke f.
tiquinamide m.   Tiquinamid n.
tire au flanc m.   Drückeberger m.
tire-clou m.   Nagelzieher m.
tirer   ziehen, zupfen
tiroir, signe du m.   Schubladenphänomen n.
tiropramide m.   Tiropramid n.
tisane de camomille f.   Kamillentee m.
tisane de menthe f.   Pfefferminztee m.
tisane diurétique f.   Species diureticae
   f. pl.
tisocromide m.   Tisocromid n.
tisopurine f.   Tisopurin n.
tisoquone f.   Tisoquon n.
tissu m.   Gewebe n., Webe f.
tissu adipeux m.   Fettgewebe n.
tissu adipeux souscutané m.   Unterhautfettgewebe n.
tissu caoutchouté m.   Gummituch n.
tissu cellulaire m.   Zellgewebe n.
tissu cellulaire souscutané m.   Subcutis
   f., Subkutis f.
tissu cicatriciel m.   Narbengewebe n.
tissu conjonctif m.   Bindegewebe n.
tissu de granulation m.   Granulationsgewebe n.

tissu de soutien m.   Stützgewebe n.
tissu des îlots pancréatiques m.   Inselgewebe n.
tissu glandulaire m.   Drüsengewebe n.
tissu interstitiel m.   interstitielles Gewebe n.
tissu maternel m.   Muttergewebe n.
tissu nerveux m.   Nervengewebe n.
tissu souscutané m.   Unterhaut f.
tissulaire   geweblich
titane m.   Titan n.
titrage m.   Titration f.
titre m.   Titer m.
titre d'antistreptolysine (ASL) m.   Antistreptolysintiter (AST) m.
titrer   titrieren
tizanidine f.   Tizanidin n.
tizolémide m.   Tizolemid n.
TLE (transfert linéaire d'énergie) m.
   LET (linearer Energietransfer) m.
tocaïnide m.   Tocainid n.
tocofénoxate m.   Tocofenoxat n.
tocofibrate m.   Tocofibrat n.
tocographe m.   Tokograph m.
tocographie f.   Tokographie f.
tocographique   tokographisch
tocologie f.   Tokologie f.
tocologique   tokologisch
tocolyse f.   Tokolyse f., Wehenhemmung f.
tocolytique   tokolytisch
tocométrie f.   Tocometrie f., Tokometrie f.
tocophérol m.   Tokopherol n.
tocophobie f.   Tokophobie f.
togavirus m.   Togavirus n.
toile d'araignée f.   Spinngewebe n.
toilette f.   Toilette f.
toilette d'une plaie f.   Wundtoilette f.
toilettes f. pl.   Toilette (Klosett) f.
toilettes publiques f. pl.   Bedürfnisanstalt f.
toit du cotyle m.   Hüftgelenkspfannendach n.
toit du quatrième ventricule m.   Dach
   des vierten Ventrikels n.
tolazamide m.   Tolazamid n.
tolazoline f.   Tolazolin n.
tolboxane m.   Tolboxan n.
tolbutamide m.   Tolbutamid n.
tolciclate m.   Tolciclat n.
tolérable   erträglich

tolérance f.  Ertragen n., Toleranz f., Verträglichkeit f.
tolérance au galactose f.  Galaktosetoleranz f.
tolérance cutanée f.  Hautverträglichkeit f.
tolérance gastrique f.  Magenverträglichkeit f.
tolérance hydrocarbonée f.  Zuckertoleranz f.
tolérant  tolerant
tolérer  dulden
tolfamide m.  Tolfamid n.
tolindate m.  Tolindat n.
tolmésoxide m.  Tolmesoxid n.
tolmétine f.  Tolmetin n.
tolnaftate m.  Tolnaftat n.
tolnidamine f.  Tolnidamin n.
tolonidine f.  Tolonidin n.
toloxamine f.  Toloxamin n.
tolpentamide m.  Tolpentamid n.
tolpérisone f.  Tolperison n.
tolpiprazole m.  Tolpiprazol n.
tolpronine f.  Tolpronin n.
tolpropamine f.  Tolpropamin n.
tolpyrramide m.  Tolpyrramid n.
tolquinzole m.  Tolquinzol n.
toluène m.  Toluol n.
toluide m.  Toluid n.
toluidine f.  Toluidin n.
toluyle m.  Toluyl n.
toluylène m.  Toluylen n.
tolycaïne f.  Tolycain n.
tolyle m.  Tolyl n.
tomber malade  krank werden
Tomes, couche granuleuse de f.  Tomessche Körnerschicht f.
Tomes, fibre de f.  Tomessche Faser f.
tomocholangiographie f.  Tomocholangiographie f.
tomodensitométrie f.  Computer-Tomographie f., Emissionscomputertomographie (ECT) f., Scanner m.
tomogramme m.  Tomogramm n.
tomographe m.  Tomograph m.
tomographie f.  Laminographie f., Tomographie f.
tomographique  laminographisch, tomographisch
tomoscintigraphie f.  Tomoszintigraphie f.
tonalité f.  Klangfarbe f.

tondeuse f.  Haarschneidemaschine f.
tonicité f.  Tonizität f.
tonifier  tonisieren
tonique  tonisch
tonique m.  Tonikurn n.
tonoclonique  tonisch-klonisch
tonofibrille f.  Tonofibrille f.
tonogramme m.  Tonogramm n.
tonographe m.  Tonograph m.
tonographie f.  Tonographie f.
tonographique  tonographisch
tonomètre m.  Blutdruckapparat m., Tonometer n.
tonométrie f.  Tonometrie f.
tonométrique  tonometrisch
tonsillaire  tonsillär
tonsillectomie f.  Tonsillektomie f.
tonus m.  Tonus m.
tonus, sans  schlapp
topectomie f.  Topektomie f.
tophacé  tophusartig
tophus m.  Tophus m.
topique  topisch
topographie f.  Topographie f.
topographique  topographisch
topologie f.  Topologie f.
toprilidine f.  Toprilidin n.
torasémide m.  Torasemid n.
tordre  drehen
tormentille f.  Tormentille f.
torpeur f.  Benommenheit f., Torpidität f.
torpide  torpid
torricelli m.  Torricelli n.
torsade f.  Zopfbildung f.
torsion f.  Drall m., Torsion f., Verwindung f.
torsion axiale f.  Achsendrehung f.
torsion de l'intestin f.  Darmverschlingung f.
torsion pédiculaire f.  Stieldrehung f.
torsiversion f.  Torsiversion f.
torticolis m.  Schiefhals m., Tortikollis f.
torulopsis m.  Torulopsis f.
torulose f.  Torulose f.
tosactide m.  Tosactid n.
tosilate m., tosylate n.  Tosilat n., Tosylat n.
tosylate de brétylium m.  Bretyliumtosilat n.
tosylchloramide m.  Tosylchloramid n

**tôt** früh
**Toti, dacryorhinostomie de f.** Totische Operation f.
**touche-poussoir f.** Drucktaste f.
**toucher** angrenzen, berühren
**toucher m.** Berührung f.
**toucher, se** aneinanderstoßen
**tour m.** Wendung f.
**tour à fraiser m.** zahnärztliche Bohrmaschine f.
**tour de poitrine m.** Brustumfang m.
**tourbe f.** Torf m.
**tourbillon m.** Wirbel m.
**tourmenter** quälen
**tourments m. pl.** Quälerei f.
**tournant m.** Wendepunkt m.
**tourner** drehen, rotieren, wenden
**tourner, se** sich drehen
**tournesol m.** Lackmus m.
**tournevis m.** Schraubenzieher m.
**tourniquet m.** Handbohrer m.
**tournis m.** Drehkrankheit f., Zönurose f.
**tournoiement m.** kreisende Erregung f.
**tours par minute m. pl.** Umdrehungen pro Minute f. pl.
**tousser** husten
**toussoter** hüsteln
**toux f.** Husten m.
**toux irritative f.** Reizhusten m.
**toxémie f.** Toxämie f.
**toxémique** toxämisch
**toxicité f.** Giftigkeit f., Toxizität f.
**toxicodendrol m.** Toxikodendrol n.
**toxicodermatite f.** Toxikodermatitis f.
**toxicodermatose f.** Toxikodermatose f.
**toxicodermie f.** Toxikodermie f.
**toxicogénétique** toxikogenetisch
**toxicogénétique f.** Toxikogenetik f.
**toxicologie f.** Toxikologie f.
**toxicologique** toxikologisch
**toxicologue f.** Toxikologin f.
**toxicologue m.** Toxikologe m.
**toxicomanie f.** Drogenabhängigkeit f., Suchtkrankheit f., Toxikomanie f.
**toxicomanie médicamenteuse f.** Arzneimittelsucht f.
**toxicose f.** Toxikose f.
**toxicose focale f.** Fokaltoxikose f.
**toxidermie iodée f.** Jododermie f.

**toxine f.** Toxin n.
**toxine tuberculeuse f.** Tuberkulotoxin n.
**toxique** giftbildend, giftig, toxisch
**toxique mitotique m.** Mitosegift n.
**toxistérol m.** Toxisterin n.
**toxocarose f.** Toxocariasis f.
**toxoïde m.** Toxoid n.
**toxoïde tétanique m.** Tetanustoxoid n.
**toxophore** toxophor
**toxoplasma m.** Toxoplasma n.
**toxoplasmose f.** Toxoplasmose f.
**tozalinone f.** Tozalinon n.
**TPHA (treponemal hemagglutination) f.** TPHA (Treponema-pallidum-Hämagglutinationstest) m.
**trabéculaire** trabekulär
**trabécule m.** Trabekel n.
**tracé électrique cérébral m.** Hirnstromkurve f.
**trace f.** Spur f.
**traceur m.** Spürsubstanz f., Tracer m.
**trachéal** tracheal
**trachée f.** Luftröhre f., Trachea f.
**trachée-artère f.** Luftröhre f.
**trachée en fourreau de sabre f.** Säbelscheidentrachea f.
**trachéite f.** Tracheitis f.
**trachélisme m.** Trachelismus m.
**trachélobregmatique** trachelobregmatisch
**trachélopexie f.** Trachelopexie f.
**trachéloplastie f.** Tracheloplastik f.
**trachélotomie f.** Trachelotomie f.
**trachéobronchique** tracheobronchial
**traehéobronchite f.** Tracheobronchitis f.
**trachéolaryngé** tracheolaryngeal
**trachéomalacie f.** Tracheomalazie f.
**trachéopharyngien** tracheopharyngeal
**trachéoplastie f.** Luftröhrenplastik f.
**trachéoscopie f.** Tracheoskopie f.
**trachéoscopique** tracheoskopisch
**trachéostomie f.** Tracheostomie f.
**trachéotomie f.** Tracheotomie f.
**trachéotomiser** tracheotomieren
**trachomateux** trachomatös
**trachome m.** Trachom n.
**traction f.** Ziehen n., Zug m.
**tractotomie f.** Traktotomie f.

tractus biliaire m.  Gallentrakt m.
traditionnel  traditionell
tragus m.  Tragus m.
train sanitaire m.  Lazerettzug m.
training autogène de Schulz m.  autogenes Training n.
traire  melken
trait du visage m.  Gesichtszug m.
traitement m.  Behandlung f., Heilverfahren n., Verarbeitung f.
traitement à distance m.  Fernbehandlung f.
traitement à dose massive m.  Stoßbehandlung f.
traitement à l'hôpital m.  stationäre Behandlung f.
traitement à la suite de l'hospitalisation m.  nachstationäre Behandlung f.
traitement à long terme m.  Dauerbehandlung f.
traitement ambulatoire m.  ambulante Behandlung f.
traitement arsenical m.  Arsenbehandlung f.
traitement consécutif m.  Nachbehandlung f.
traitement d'entretien m.  Erhaltungstherapie f.
traitement d'une blessure f.  Wundbehandlung f.
traitement de Chaoul m.  Chaoulsche Nahbestrahlung f.
traitement de choix m.  Therapie der Wahl f.
traitement de courte durée m.  Kurzbehandlung f., Kurzzeitbehandlung f.
traitement de l'ulcère gastrique d'après Sippy m.  Sippykur f.
traitement de la racine m.  Wurzelbehandlung f.
traitement de longue durée m.  Langzeitbehandlung f.
traitement de Stroganoff m.  Stroganoffsche Behandlung f.
traitement de surface m.  Oberflächentherapie f.
traitement diététique m.  Diätbehandlung f.
traitement du foie m.  Lebertherapie f.
traitement en alternance f.  Pendeltherapie f.

traitement en phase de préhospitalisation m.  vorstationäre Behandlung f.
traitement en profondeur m.  Tiefentherapie f.
traitement hormonal m.  Hormonbehandlung f.
traitement inadéquat m.  Fehlbehandlung f.
traitement intensif m.  Intensivbehandlung f.
traitement mercuriel m.  Quecksilberbehandlung f.
traitement par irradiation m.  Strahlenbehandlung f.
traitemeni par l'activité m.  Beschäftigungstherapie f.
traitement par l'eau froide m.  Kaltwasserbehandlung f.
traitement par la sudation m.  Schwitzkur f.
traitement par mise au repos m.  Schonungsbehandlung f.
traitement par ondes de choc m.  Stoßwellentherapie f.
traitement par stimulation cardiaque m.  Schrittmacherbehandlung des Herzens f.
traitement par ultrasons m.  Ultraschallbehandlung f.
traitement précoce m.  Frühbehandlung f.
traitement préliminaire m.  Vorbehandlung f.
traitement préopératoire iodé de Plummer m.  Plummern n.
traitement privé m.  Privatbehandlung f.
traitement spécifique m.  gezielte Therapie f.
traitement stibié m.  Antimonbehandlung f.
traitement ultérieur m.  Weiterbehandlung f.
traitement vermifuge m.  Wurmkur f.
traiter  behandeln
traiter à chaud  vergüten (dent.)
tralonide m.  Tralonid n.
tramazoline f.  Tramazolin n.
trame f.  Gerüst n.
trance f.  Trance f.
tranchant  durchschneidend

tranchées abdominales f. pl.  Bauch-grimmen n.
tranquillisant m.  Tranquilizer m.
transabdominal  transabdominal
transacétylase f.  Transazetylase f.
transacétylation f.  Transazetylierung f.
transaldolase f.  Transaldolase f.
transaminase f.  Transaminase f.
transaminase glutamo-oxaloacétique f.  Glutaminsäure-Oxalessigsäure-Transaminase f.
transaminase glutamo-oxaloacétique sérique f.  Serum-Glutaminsäure-Oxalessigsäure-Transaminase f.
transaminase glutamopyruvique f.  Glutaminsäure-Brenztraubensäure-Transaminase f.
transaminase glutamopyruvique sérique f.  Serum-Glutaminsäure-Brenztrauben-Säure Transaminase f.
transamination f.  Transamination f.
transatrial  transatrial
transauriculaire  transaurikulär
transaxial  transaxial
transbronchique  transbronchial
transcapillaire  transkapillär
transcarbamoylase f.  Transkarbamoylase f.
transcardiaque  transkardial
transcellulaire  transzellulär
transcendant  übersinnlich
transcervical  transzervikal
transcétolase f.  Transketolase f.
transcobalamine f.  Transkobalamin n.
transconfiguration f.  Transkonfiguration f.
transcortical  transkortikal
transcortine f.  Transcortin n.
transcranien  transkranial
transcriptase f.  Transcriptase f., Transkriptase f.
transcription f.  Transcription f., Transkription f.
transcutané  transkutan
transdermique  transdermal
transdiaphragmatique  transdiaphragmatisch
transducteur m.  Transducer m.
transduction f.  Transduktion f.
transduodénal  transduodenal

transethmoïdal  transethmoidal
transfémoral  transfemoral
transférase f.  Transferase f.
transférer  überführen
transferrine f.  Transferrin n.
transfert m.  Transfer m., Verlegung (Weiterleitung) f.
transformateur m.  Transformator m., Wandler m.
transformation f.  Transformation f., Umformung f., Umwandlung f.
transformation maligne f.  bösartige Umwandlung f.
transformer  transformieren; umformen
transformylase f.  Transformylase f.
transfusé m.  Blutempfänger m.
transfusée f.  Blutempfängerin f.
transfuser  transfundieren
transfusion f.  Transfusion f.
transfusion de sang complet f.  Vollbluttransfusion f.
transfusion sanguine f.  Bluttransfusion f.
transgénique  transgen
transglucosidase f.  Transglukosidase f.
transglutaminase f.  Transglutaminase f.
transhépathique  transhepatisch
transhiatal  transhiatal
transhydrogénase f.  Transhydrase f., Transhydrogenase f.
transhydroxyméthylase f.  Transhydroxymethylase f.
transillumination f.  Transillumination f.
transistor m.  Transistor m.
transistoriser  transistorisieren
transit gastro-intestinal m. (radiol.)  MDP (Röntgen-Magen-Darm-Passage) f.
transitoire  transitorisch
transjugulaire  transjugulär
translation f.  Translation f.
translocase f.  Translokase f.
translocation f.  Translokation f.
transluminaire  transluminal
transméthylase f.  Transmethylase f.
transméthylation f.  Transmethylierung f.
transmetteur m.  Transmitter m.

T

transmettre  übertragen
transmettre héréditairement  vererben
transmigration f.  Durchwanderung f.
transminéralisation f.  Transmineralisation f.
transmissibilité f.  Übertragbarkeit f.
transmissible  übertragbar, ansteckungsfähig
transmission f.  Übertragung f.
transmission-tomodensitographie f.
Transmissionscomputertomographie f.
transmural  transmural
transmutation f.  Transmutation f.
transneuronal  transneuronal
transoesophagien  transösophageal
transombilical  transumbilikal
transorbitaire  transorbital
transpalatin  transpalatal
transpapillaire  transpapillär
transparence f.  Transparenz f.
transparent  durchsichtig, transparent
transpeptidase f.  Transpeptidase f.
transpeptidation f.  Transpeptidation
f.
transpéritonéal  transperitoneal
transpiration f.  Diaphorese f., Schwitzen n., Transpiration f.
transpirer  transpirieren
transplacentaire  transplazentar
transplantable  transplantabel
transplantation f.  Transplantation f.,
Verpflanzung f.
transplanter  verpflanzen
transpleural  transpleural
transport des malades m.  Krankentransport m.
transposition f.  Transposition f.
transposition des gros vaisseaux f.
Transposition der großen Gefäße f.
transposition des veines pulmonaires
f.  Lungenvenentransposition f.
transposon m.  Transposon n.
transrectal  transrektal
transsexuel  transsexuell
transsonore  transsonisch
transsudat m.  Transsudat n.
transsudation f.  Transsudation f.
transthoracique  transthorakal
transtrachéal  transtracheal
transuréthral  transurethral
transutérin  transuterin

transvaginal  transvaginal
transvalvulaire  transvalvulär
transveineux  transvenös
transventriculaire  transventrikulär
transversal  transversal
transversostomie f.  Transversostomie
f.
transversotomie f.  Transversotomie f.
transvésical  transvesikal
transvésiculaire  transvesikulär
transvestisme m.  Transvestitismus m.
trantélinium m.  Trantelinium n.
tranylcypromine f.  Tranylcypromin n.
trapèze (muscle) m.  Trapezmuskel m.
trapézoïde  trapezähnlich
Traube, espace de m.  Traubescher
Raum m.
traumatique  traumatisch
traumatiser  traumatisieren
traumatisme m.  Trauma n.
traumatisme acoustique m.  Lärmtrauma n.
traumatisme craniocérébral m.  Schädelhirntrauma n.
traumatisme obstétrical m.  Geburtstrauma n.
traumatisme par projection m.
Schleudertrauma n.
traumatologie f.  Traumatologie f.,
Unfallheilkunde f.
traumatophilie f.  Traumatophilie f.
travail m.  Arbeit f.
travail approfondi m.  Durcharbeitung
f.
travail de la cire m.  Wachsarbeit f.
travail de nuit m.  Nachtarbeit f.
travail intellectuel m.  geistige Arbeit f.
travail onirique m.  Traumarbeit f.
travail posté m.  Schichtarbeit f.
travailler au ciseau  meißeln
travailleur social m.  Sozialarbeiter m.
travailleur social â l'hôpital m.  Krankenhaussozialarbeiter m.
travailleuse sociale f.  Sozialarbeiterin
f.
travée f.  Joch n.
travesti m.  Transvestit m.
travestie f.  Transvestitin f.
traxanox m.  Traxanox n.
trazitiline f.  Trazitilin n.
trazodone f.  Trazodon n.
trébuchet m.  Arzneiwaage f.

tréhalase f.   Trehalase f.
tréhalose m.   Trehalose f.
Treitz, hernie de f.   Treitzsche Hernie f.
tréloxinate m.   Treloxinat n.
trématode m.   Trematode m.
tremblant   schlotternd
tremblante f.   Milchkrankheit f. (vet.),
   Traberkrankheit f., enzootische Zitterkrankheit f. (vet.)
tremblement m.   Tremor m., Zittern n.
tremblement de grande amplitude m.
   grobschlägiger Tremor m.
tremblement de repos m.   Ruhetremor
   m.
tremblement intentionnel m.   Intentionstremor m.
tremblement, petit m.   feinschlägiger
   Tremor m.
trembler   zittern
trempe f.   Härten n., Maische f.
tremper   härten
trenbolone f.   Trenbolon n.
Trendelenburg, manoeuvre de f.   Trendelenburgscher Versuch m.
trengestone f.   Trengeston n.
tréosulfan m.   Treosulfan n.
trépan m.   Bohrer m., Schädelbohrer
   m., Trepan m., Trephine f.
trépanation f.   Fensterung f., Trepanation f.
trépanation crânienne f.   Kraniofenestrie f.
trépaner   trepanieren
trépibutone f.   Trepibuton n.
trépidation f.   Trepidation f.
trépied m.   Dreifuß m.
Treponema pallidum m.   Treponema
   pallidum n.
Treponema pertenue m.   Spirochaeta
   pertenuis f., Treponema pertenue n.
tréponématose f.   Treponematose f.
treptilamine f.   Treptilamin n.
très mou   überweich
très répandu   weitverbreitet
tressaillir   zucken
trétamine f.   Tretamin n.
trétinoïne f.   Tretinoin n.
TRH (hormone de libération de la thyréostimuline) f.   TRF (thyreotropin-
   freisetzender Faktor) m.
triacétate m.   Triazetat n.
triacétine f.   Triacetin n.

triacétyloléandomycine f.   Triazetyloleandomycin n.
triacyle m.   Triacyl n.
triacylglycérol m.   Triazylglyzerin n.
triade f.   Triade f., Trias f.
triade de Hutchinson f.   Hutchinsonsche Trias f.
triade symptomatique de la maladie de
   Basedow f.   Merseburger Trias f.
triallyle m.   Triallyl n.
triamcinolone f.   Triamcinolon n.
triamide m.   Triamid n.
triamine f.   Triamin n.
triaminophosphine f.   Triaminophosphin n.
triampyzine f.   Triampyzin n.
triamtérène m.   Triamteren n.
triangle m.   Dreieck n., Triangel m./f.
triangle de Bryant m.   Bryantsches
   Dreieck n.
triangle de Grocco m.   Grocco-Rauchfußsches Dreieck n.
triangulaire   dreieckig
triarylborane m.   Triarylboran n.
triarylphosphate m.   Triarylphosphat
   n.
triatome m.   Connorrhinus magistus
   m., Triatoma f.
triazine f.   Triazin n.
triaziquone f.   Triaziquon n.
triazolam m.   Triazolam n.
tribade f.   Tribade f.
tribadisme m.   Tribadismus m.
tribasique   dreibasig
tribénoside m.   Tribenosid n.
triborate m.   Triborat n.
tribromoéthanol m.   Tribromethylalkohol m.
tribromométhane m.   Tribrommethan
   n.
tribromophénol m.   Tribromphenol n.
tribromsalan m.   Tribromsalan n.
tribromure m.   Tribromid n.
tributyle m.   Tributyl n.
tributyrinase f.   Tributyrinase f.
tricellulaire   dreizellig
tricentrique   trizentrisch
trichauxis m.   Trichauxis f.
trichiasis m.   Trichiasis f.
trichine f.   Trichine f.
Trichinella spiralis f.   Trichinella spiralis f.

trichineux trichinös
trichinose f. Trichinose f.
trichloréthanol m. Trichlorethanol n.
trichloréthylène m. Trichlorethylen n.
trichlorméthiazide m. Trichlormethiazid n.
trichlorméthine f. Trichlormethin n.
trichlorphénol m. Trichlorphenol n.
trichlorure m. Trichlorid n.
trichobézoard m. Trichobezoar n.
trichocéphale m. Peitschenwurm m., Trichocephalus dispar m.
trichocéphalose f. Trichuriasis f.
trichodento-osseux trichodentoossär
trichoépithéliome m. Trichoepitheliom n.
trichoglossie f. Trichoglossie f.
tricholeucocyte m. Tricholeukozyt m.
trichome m. Trichom n.
trichomonas m. Trichomonas f.
Trichomonas vaginalis m. Trichomonas vaginalis f.
trichomonase f. Trichomonadeninfektion f., Trichomoniasis f.
trichomycose f. Trichomykose f.
trichophytide f. Trichophytid n.
trichophytie f. Trichophytie f.
trichophytie de la barbe/de la tête/du corps f. Trichophytia barbae/capitis/corporis f.
trichophytine f. Trichophytin n.
Trichophyton acuminatum m. Trichophyton acuminatum n.
Trichophyton gypseum m. Trichophyton gypseum n.
Trichophyton tonsurans m. Trichophyton tonsurans n.
Trichophyton violaceum m. Trichophyton violaceum n.
trichopoliodystrophie f. Trichopoliodystrophie f.
trichoptera f. Köcherfliege f.
trichoptilose f. Schizotrichie f., Trichoptilose f.
trichorrhexie noueuse f. Trichorrhexis nodosa f.
trichosis m. Trichose f.
trichosporie f. Trichosporie f., Trichosporose f.
trichosporon m. Trichosporon n.
trichostrongylose f. Trichostrongyliasis f., Trichostrongylose f.

trichotillomanie f. Trichotillomanie f.
trichromasie f. Trichromasie f.
trichromatique trichromatisch
Trichuris trichiura f. Trichuris trichiura f.
triclabendazole m. Triclabendazol n.
triclazate m. Triclazat n.
triclofénate m. Triclofenat n.
triclofylline f. Triclofyllin n.
tricosactide m. Tricosactid n.
tricrésol m. Tricresol n., Trikresol n.
tricrésolamine f. Trikresolamin n.
tricrésolformaline f. Trikresolformalin n.
tricrésyl m. Trikresyl n.
tricrotie f. Trikrotie f.
tricuspidien dreizipfelig
tricyclamol m. Tricyclamol n.
tricyclique trizyklisch
tridihexéthyl m. Tridihexethyl n.
tridimensionnel dreidimensional
triénol m. Trienol n.
trientine f. Trientin n.
triéthanol m. Triäthanol n.
triéthanolamine f. Triethanolamin n.
triéthylène m. Triäthylen n.
triéthylènemélamine f. Triethylenmelamin n.
triéthylènephosphoramide m. Triethylenphosphoramid n.
triéthylènethiophosphamide m. Triethylenthiophosphamid n.
trifasciculaire trifaszikulär
triflumidate m. Triflumidat n.
trifluoméprazine f. Trifluomeprazin n.
trifluopérazine f. Trifluoperazin n.
trifluopromazine f. Trifluopromazin n.
trifluridine f. Trifluridin n.
trifocal trifokal
trifurcation f. Trifurkation f.
trigéminisme m. Trigeminie f.
triglycéride m. Triglyzerid n.
trigonal trigonal
trigone m. Dreieck n.
trigone cérébral m. Fornix cerebri m.
trigonite f. Trigonitis f.
trigonométrique trigonometrisch
trihexose m. Trihexosid n.
trihexosidase f. Trihexosidase f.
trihexyphénidyle m. Trihexyphenidyl n.

trihydrate m.   Trihydrat n.
trihydroxyméthylaminométhane m.
   Trihydroxymethylaminomethan n.
triiodothyronine f.   Trijodthyronin n.
triiodure m.   Trijodid n.
trijumeau m.   Drilling m.
trilactate m.   Trilaktat n.
trilobé  dreilappig
trilogie de Fallot f.   Fallotsche Trilogie
   f.
trimalléolaire  trimalleolär
trimébutime m.   Trimebutim n.
trimédoxime m.   Trimedoxim n.
triménone f.   Trimenon n.
trimépéridine f.   Trimeperidin n.
triméprazine f.   Trimeprazin n.
trimépropimine f.   Trimepropimin n.
trimère  trimer
trimère m.   Trimer n.
trimestre m.   Trimester n.
trimétamide m.   Trimetamid n.
trimétazidine f.   Trimetazidin n.
triméthadione f.   Trimethadion n.
triméthobenzamide m.   Trimethobenzamid n.
triméthylamine f.   Trimethylamin n.
triméthylènediamine f.   Trimethylendiamin n.
triméthylpsoralène m.   Trimethylpsoralen n.
trimétotine f.   Trimetotin n.
trimipramine f.   Trimipramin n.
trimoxamine f.   Trimoxamin n.
trinitrate m.   Trinitrat n.
trinitrobenzène m.   Trinitrobenzol n.
trinitrophénol m.   Trinitrophenol n.
trinitrotoluol m.   Trinitrotoluol n.
trinuclé  dreikernig
triokinase f.   Triokinase f.
trioléate m.   Trioleat n.
trioléine f.   Triolein n.
triolisme m.   Triolismus m.
triorthocrésylphosphate m.   Triorthokresylphosphat n.
triose m.   Triose f.
triosephosphate m.   Triosephosphat n.
trioxifène m.   Trioxifen n.
trioxopurine f.   Trioxopurin n.
trioxsalène m.   Trioxsalen n.
trioxyde m.   Trioxid n.
trioxyméthylène m.   Trioxymethylen
   n.

trioxypurine f.   Trioxypurin n.
tripamide m.   Tripamid n.
tripare  drittgebärend
tripare f.   Drittgebärende f.
tripartite  dreigeteilt
tripélennamine f.   Tripelennamin n.
tripeptide m.   Tripeptid n.
triphasé  dreiphasig
triphényléthylène m.   Triphenylethylen
   n.
triphénylméthane m.   Triphenylmethan n.
triphosphatase f.   Triphosphatase f.
triphosphate m.   Triphosphat n.
triphosphonucléoside m.   Triphosphonukleosid n.
triphosphopyridine f.   Triphosphopyridin n.
triphosphopyridinenucléotide m.   Triphosphopyridinnukleotid n.
triplé m.   Triplett m.
triple vaccin m.   Dreifach-Impfstoff
   m., Tripelvakzine f.
triplégie f.   Triplegie f.
triploïde  triploid
triploïdie f.   Triploidie f.
triplopie f.   Triplopie f.
triprolidine f.   Triprolidin n.
tripropylène m.   Tripropylen n.
trisaccharide m.   Trisaccharid n.
trishydroxyméthylaminométhane m.
   Trishydroxymethylaminomethan n.
trisialoganglioside m.   Trisialogangliosid n.
trisilicate m.   Trisilikat n.
trismaléate m.   Trismaleat n.
trismus m.   Kieferklemme f., Kiefersperre f., Trismus m.
trisomie f.   Trisomie f.
trisomique  trisom
triste  traurig
tristesse f.   Traurigkeit f.
trisulfure m.   Trisulfid n.
tritanomalie f.   Tritanomalie f.
tritanopie f.   Tritanopie f.
tritiozine f.   Tritiozin n.
tritium m.   Tritium n., überschwerer
   Wasserstoff m.
triton m.   Triton n.
tritoqualine f.   Tritoqualin n.
trituration f.   Trituration f., Verreibung f.

triturer  triturieren
trityl m.  Trityl n.
trivalence f.  Dreiwertigkeit f.
trivalent  dreiwertig, trivalent
trivasculopathie f.  Dreigefäßerkrankung f.
trizoate m.  Trizoat
trizoxime m.  Trizoxim n.
trocart m.  Trokar m.
trochantérien  trochanterisch
trochin m.  Tuberculum minus n.
trochiter m.  Tuberculum majus n.
trochlée f.  Rolle (anatom.) f.
trochléen  trochleär
troclosène m.  Troclosen n.
trofosfamide m.  Trofosfamid n.
troisième ventricule m.  dritter Ventrikel m.
troléandomycine f.  Troleandomycin
n.
trolnitrate m.  Trolnitrat n.
tromantadine f.  Tromantadin n.
trombicula f.  Trombicula f.
trométamol m.  Tris-Puffer m.
trométhamine f.  Tromethamin n.
trompe f.  Rüssel m.
trompe d'Eustache f.  Eustachische
Röhre f., Ohrtrompete f., Tube f.
trompe de Fallope f.  Eileiter m., Tube
f.
trompe utérine f.  Eileiter m., Salpinx
f.
tromper  täuschen
tronc m.  Rumpf m., Stamm (anatom.)
m.
tronc brachiocéphalique m.  Arteria
anonyma f., Truncus brachiocephalicus m., Vena anonyma f.
tronc bronchique m.  Stammbronchus
m.
tronc cérébral m.  Hirnstamm m.
tronc du nerf grand sympathique m.
Grenzstrang m.
tronc nerveux m.  Nervenstamm m.
tronculaire  trunkal
trop remplir  überfüllen
trop-plein m.  Überlauf m.
tropabazate m.  Tropabazat n.
tropatépine f.  Tropatepin n.
tropéine f.  Tropein n.
tropenziline f.  Tropenzilin n.
tropéoline f.  Tropäolin n.

trophique  trophisch
trophisme m.  Trophik f.
trophochromidie f.  Trophochromidie
f.
trophonévrose f.  Trophoneurose f.
trophonevrotique  trophoneurotisch
trophopathie f.  Ernährungsstörung f.,
Trophopathie f.
trophoplasma m.  Trophoplasma n.
trophoplaste m.  Trophoplast m.
trophotrope  trophotrop
trophozoite m.  Trophozoit m.
tropicamide m.  Tropicamid n.
tropigline f.  Tropiglin n.
tropine f.  Tropin n.
tropique  tropisch
tropiques m. pl.  Tropen f. pl.
tropirine f.  Tropirin n.
tropocollagène m.  Tropokollagen n.
tropodifène m.  Tropodifen n.
tropomyosine f.  Tropomyosin n.
troponine f.  Troponin n.
trou m.  Loch n., Ohr n.
trou de conjugaison m.  Zwischenwirbelloch n.
trouble alimentaire m.  Ernährungsstörung f.
trouble auditif m.  Hörstörung f.
trouble circulatoire m.  Kreislaufstörung f.
trouble de l'équilibration m.  Gleichgewichtsstörung f.
trouble de la conduction m.  Leitungsstörung f.
trouble de la mémoire m.  Gedächtnisstörung f.
trouble de la miction m.  Miktionsstörung f.
trouble de la parole m.  Sprachstörung
f.
trouble du comportement m.  Verhaltensstörung f.
trouble du sommeil m.  Schlafstörung
f.
trouble fonctionnel m.  Funktionsstörung f.
trouble gastrique m.  Magenbeschwerden f. pl.
trouble labyrinthique m.  Labyrinthstörung f.
trouble mental m.  Geistesgestörtheit f.

**trouble psychique m.**  seelische Störung f.
**trouble sensitif m.**  Sensibilitätsstörung f.
**trouble tactile m.**  Parapsis f.
**trouble trophique m.**  Trophonose f.
**troubles des règles m. pl.**  Regelstörung f. (gyn.)
**troubles digestifs. m. pl.**  Verdauungsstörung f.
**troué**  löchrig
**trousse d'urgence f.**  Notfallbesteck n.
**trousse de pharmacie f.**  Taschenapotheke f.
**Trousseau, phénomène de m.**  Trousseausches Zeichen n.
**troxypyrrolium m.**  Troxypyrrolium n.
**trypaflavine f.**  Trypaflavin n.
**Trypanosoma brucei m.**  Trypanosoma brucei n.
**Trypanosoma cruzi m.**  Trypanosoma cruzi n.
**Trypanosoma equiperdum m.**  Trypanosoma equiperdum n.
**Trypanosoma rhodesiense m.**  Trypanosoma rhodesiense n.
**trypanosomiase f.**  Trypanosomiasis f.
**tryparsamide f.**  Tryparsamid n.
**trypsine f.**  Trypsin n.
**trypsinogène m.**  Trypsinogen n.
**tryptamine f.**  Tryptamin n.
**tryptase f.**  Tryptase f.
**tryptique**  tryptisch
**tryptophane m.**  Tryptophan n.
**tryptophanurie f.**  Tryptophanurie f.
**TSH (hormone thyréotrope) f.**  TSH (thyreoideastimulierendes Hormon) n.
**tuaminoheptane m.**  Tuaminoheptan n.
**tubage m.**  Intubation f.
**tubaire**  tubar
**tube m.**  Rohr n., Röhre f., Tubus m.
**tube à pivot m.**  Stifthülse f.
**tube amplificateur m.**  Verstärkerröhre f.
**tube d'anesthésie**  Narkosetubus m.
**tube d'aspiration m.**  Absaugrohr n., Aspirationsrohr n., Saugrohr n.
**tube d'aspiration salivaire m.**  Speichelsaugrohr n.

**tube de drainage m.**  Drainagerohr n., Dränagerohr n.
**tube digestif m.**  Magendarmkanal m., Verdauungstrakt m.
**tube goutte à goutte m.**  Tropfrohr n.
**tube intestinal m.**  Darmrohr n.
**tube neural m.**  Neuralrohr n.
**tube pharyngien de Güdel m.**  Güdel-Tubus m.
**tube Roentgen m.**  Röntgenröhre f.
**tube sous plaque m.**  Untertischröhre f.
**tuberculaire**  tuberkulär
**tubercule m.**  Tuberkel m., Knoten m.
**tubercule de Ghon m.**  Ghonscher Tuberkel m.
**tuberculeux**  tuberkulös
**tuberculide m.**  Tuberkulid n.
**tuberculine f.**  Tuberkulin n.
**tuberculine ancienne de Koch f.**  Alttuberkulin n.
**tuberculinisation f.**  Tuberkulinanwendung f.
**tuberculocide**  tuberkulozid
**tuberculoderme m.**  Tuberkuloderm n.
**tuberculofibrose f.**  Tuberkulofibrose f.
**tuberculomanie f.**  Tuberkulomanie f.
**tuberculome m.**  Tuberkulom n.
**tuberculophobie f.**  Tuberkulophobie f.
**tuberculose f.**  Tuberkulose f.
**tuberculose ancienne non évolutive f.**  zum Stillstand gekommene Tuberkulose f.
**tuberculose articulaire f.**  Gelenktuberkulose f.
**tuberculose aviaire f.**  Vogeltuberkulose f.
**tuberculose bovine f.**  Perlsucht f.
**tuberculose fermée f.**  geschlossene Tuberkulose f.
**tuberculose mésentérique f.**  Tabes mesaraica f.
**tuberculose miliaire f.**  Miliartuberkulose f.
**tuberculose par ingestion f.**  Ingestionstuberkulose f.
**tuberculose progressive f.**  fortschreitende Tuberkulose f.
**tuberculose pulmonaire f.**  Lungentuberkulose f.

T

tuberculose rénale f.   Nierentuberkulose f.
tuberculose vertébrale f.   Wirbeltuberkulose f.
tuberculosilicose f.   Tuberkulosilikose f.
tuberculostatique   tuberkulostatisch
tuberculostatique m.   Tuberkulostatikum n.
tuberculotoxique   tuberkulotoxisch
tubéreux   tuberös
tubéroéruptif   tuberoeruptiv
tubérohypophysaire   tuberohypophysär
tubéroinfundibulaire   tuberoinfundibulär
tubérosité f.   Höcker m., Tuberosität f.
tubes contournés m. pl.   Tubuli contorti m. pl.
tubocurarine f.   Tubocurarin n.
tuboovarien   tuboovarial
tubulaire   tubulär
tubule m.   Röhrchen n., Tubulus m.
tubule collecteur rénal m.   renales Sammelröhrchen n.
tubule d'écoulement m.   Ausflußröhrchen n.
tubule rénal m.   Harnkanälchen n.
tubule rénal collecteur m.   Schaltstück Harnkanälchen n.
tubule rénale contourné m.   gewundenes Harnkanälchen n.
tubule rénal droit m.   gestrecktes Harnkanälchen n.
tubule rénal intermédiaire m.   Schaltstück (Harnkanälchen) n.
tubulonécrose f.   Tubulonekrose f.
tubulopathie f.   Tubulopathie f.
tubulovasculaire   tubulovaskulär
tuclazépam m.   Tuclazepam n.
tuer   töten
tuftsine f.   Tuftsin n.
tularémie f.   Tularämie f.
tuméfaction f.   Geschwulst n., Schwellung f.
tuméfaction de compression f.   Druckgeschwulst n. (vet.)
tuménol m.   Tumenol n.
tumeur f.   Geschwulst n., Tumor m.
tumeur de Brenner f.   Brenner-Tumor m.

tumeur de Grawitz f.   Grawitztumor m.
tumeur de la granulosa f.   Granulosazelltumor m.
tumeur en chou-fleur f.   Blumenkohltumor m.
tumeur glomique f.   Glomustumor m.
tumeur maligne f.   Malignom n.
tumeur mixte f.   Mischtumor m.
tumeur ovarienne f.   Ovarialgeschwulst f.
tumeur stercorale f.   Sterkorom n.
tumoral   tumorös
tungstène m.   Wolfram m.
tunique adventice f.   Adventitia f.
tunique interne f.   Intima f.
turbellariés m. pl.   Turbellaria n. pl.
turbidimètre m.   Turbidimeter m.
turbidimétrie f.   Turbidimetrie f.
turbidimétrique   turbidimetrisch
turbinal   turbinal
turbine f.   Turbine f.
turbine hydraulique f.   Wasserturbine f.
turbinectomie f.   Konchektomie f.
turboextraction f.   Wirbelextraktion f.
turbofraise f.   Turbinenbohrer m.
turbulence f.   Turbulenz f.
turbulent   turbulent
Türck-Meynert, faisceau de m.   Türcksches Bündel n.
turgescence f.   Turgeszenz f.
turgor m.   Turgor m.
Turner, syndrome de m.   Turner-Syndrom m.
tutelle f.   Vormundschaft f.
tutocaïne f.   Tutocain n.
tuyau m.   Schlauch m.
tuyau d'écoulement m.   Abflußrohr n., Abflußschlauch m.
tuyau de drainage d'ascite m.   Aszitesabflußrohr n.
tuyau de jonction m.   Verbindungsschlauch m.
tuyau en caoutchouc m.   Gummischlauch m.
tybamate m.   Tybamat n.
tylectomie f.   Tylektomie f.
tylome m.   Tylom n.
tylosine f.   Tylosin n.
tylosis m.   Tylosis f.
tympan m.   Trommel f., Tympanum n

**tympanal** tympanal
**tympanectomie f.** Tympanektomie f.
**tympanique** tympanisch
**tympanisé** gebläht
**tympanisme m.** Tympanie f.
**tympanite f.** Tympanie f., Tympanitis
f.
**tympanitique** tympanitisch
**tympanoeustachien** tympanoeustachisch
**tympanogramme m.** Tympanogramm
n.
**tympanographe m.** Tympanograph
m.
**tympanographie f.** Tympanographie
f.
**tympanographique** tympanographisch
**tympanomalléaire** tympanomalleal
**tympanomandibulaire** tympanomandibulär
**tympanomastoïdien** tympanomastoidal
**tympanomastoïdite f.** Tympanomastoiditis f.
**tympanométrie f.** Tympanometrie f.
**tympanoplastie f.** Trommelfellplastik
f., Tympanoplastik f.
**tympanosquameux** tympanosquamosal
**tympanotomie f.** Tympanotomie f.
**Tyndall, phénomène de m.** Tyndall-
Phänomen n.
**type m.** Typ m.
**type droit m.** Rechtstyp m.

**type gauche m.** Linkstyp m.
**type sérologique m.** Serotyp m.
**typer** typisieren
**typhlatonie f.** Typhlatonie f.
**typhlite f.** Typhlitis f.
**typhlopexie f.** Typhlopexie f.
**typhlostomie f.** Typhlostomie f.
**typhlourétérostomie f.** Typhloureterostomie f.
**typhobacillose f.** Typhobazillose f.
**typhoïde** fleckfieberartig, typhös
**typhoïde f.** Typhus abdominalis m.
**typhoïdiforme** fleckfieberförmig
**typhus des broussailles m.** Milbenfleckfieber n.
**typhus pétéchial m.** Fleckfieber n.
**typhus tacheté tropical m.** Buschfleckfieber n.
**typification f.** Typisierung f.
**typique** typisch
**typologie f.** Typologie f.
**typologique** typologisch
**tyraminase f.** Tyraminase f.
**tyramine f.** Tyramin n.
**tyromédane m.** Tyromedan n.
**tyropanoate m.** Tyropanoat n.
**tyrosinase f.** Tyrosinase f.
**tyrosine f.** Tyrosin n.
**tyrosine mono-iodée f.** Monojodtyrosin n.
**tyrosinémie f.** Tyrosinämie f.
**tyrosinose f.** Tyrosinose f.
**tyrothricine f.** Tyrothricin n.
**Tyson, glande de f.** Tysonsche Drüse
f.

T

# U

ubiquinone f. Ubichinon n.
ubiquitaire ubiquitär
ubisindine f. Ubisindin n.
ulcératif ulzerativ
ulcération f. Ulkusbildung f., Ulzeration f.
ulcération buccale f. Mundulzeration f.
ulcération de compression f. Druckgeschwür n.
ulcération du pied f. Hufgeschwür n.
ulcère m. Geschwür n., Ulkus n.
ulcère crural m. Unterschenkelgeschwür n.
ulcère de l'ongle m. Klauengeschwür n.
ulcère de la cornée m. Hornhautgeschwür n., Ulcus corneae n.
ulcère duodénal m. Duodenalgeschwür n., Ulcus duodeni n., Zwölffingerdarmgeschwür n.
ulcère gastrique m. Magengeschwür n., Ulcus ventriculi n.
ulcère par traitement stéroidien m. Steroidulkus m.
ulcère peptique jéjunal m. Ulcus jejuni pepticum n.
ulcérer ulzerieren
ulcères symétriques m. pl. Abklatschgeschwür n.
ulcéreux geschwürig, ulzerös
ulcérogène ulzerogen
ulcéroglandulaire ulzeroglandulär
ulcéromembraneux ulzeromembranös
ulectomie f. Ulektomie f.
ulégyrie f. Ulegyrie f.
ulérythème m. Ulerythem n.
Ullrich, syndrome d' m. Ullrich-Syndrom n.
ultimobranchial ultimobranchial
ultracentrifugation f. Ultrazentrifugation f.
ultracentrifuger ultrazentrifugieren
ultracentrifugeuse f. Ultrazentrifuge f.
ultradur ultrahart
ultrafiltration f. Ultrafiltration f.

ultrafiltre m. Ultrafilter n.
ultrafin ultradünn, ultrafein
ultrahaute fréquence f. Ultrahochfrequenz f.
ultrahaute température f. Ultrahochtemperatur f.
ultramicroscope m. Ultramikroskop n.
ultramicroscopique ultramikroskopisch
ultramicrotome m. Ultramikrotom n.
ultraradical ultraradikal
ultrason m. Ultraschall m.
ultrasonographie f. Ultrasonographie f.
ultrasonographique ultrasonographisch
ultrastructural ultrastrukturell
ultrastructure f. Ultrastruktur f.
ultravide m. Ultrahochvakuum n.
ultraviolet ultraviolett
ultravirus m. Ultravirus n.
ululation f. Ululation f.
umbelliférone f. Umbelliferon n.
uncinariose f. Uncinariasis f.
undécanoate m. Undecanoat n.
undécénate m. Undecenat n.
undécylénate m. Undecylat n.
unguéal ungual
uniaxial uniaxial
unicellulaire einzellig
unicentrique unizentrisch
unicuspide einzipfelig
unifasciculaire unifaszikulär
unification f. Vereinheitlichung f.
unifier vereinheitlichen
unifocal unifokal
unilatéral einseitig, unilateral
uniloculaire unilokulär
unimodal unimodal
union f. Vereinigung f.
uniovulaire eineiig
unipare f. Unipara f.
unipolaire unipolar
unipotentiel unipotential
unique einzählig
unir vereinigen

**unité f.**   Einheit f.
**unité Angstroem f.**   Angström-Einheit f.
**unité axolotl f.**   Axolotleinheit f.
**unité d'isolement en milieu stérile f.**   Isoliereinheit f.
**unité de Collip f.**   Collip-Einheit f.
**unité de deux carbones f.**   Zweikohlenstoff Fragment n.
**unité de soins f.**   Station f.
**unité de soins intensifs cardiologiques infarctus f.**   Herzinfarkt-Intensivstation f.
**unité internationale (IU) f.**   IE (Internationale Einheit) f.
**unité monocarbonique f.**   Einkohlenstoff Fragment n.
**unité Toronto f.**   Torontoeinheit f.
**univalence f.**   Univalenz f.
**univalent**   einwertig, univalent
**univentriculaire**   univentrikulär
**universel**   universell
**université f.**   Universität f.
**uracile m.**   Uracil n.
**uramustine f.**   Uramustin n.
**uranium m.**   Uran n.
**uranoplastie f.**   Gaumenplastik f.
**uranoschisis f.**   Uranoschisis f.
**uranyle m.**   Uranyl n.
**urate m.**   Urat n.
**urate monosodé m.**   Mononatriumurat n.
**uratose f.**   Uratose f.
**urbain**   städtisch
**urbanisation f.**   Verstädterung f.
**uréase f.**   Urease f.
**urée f.**   Harnstoff m., Urea f.
**urée sanguine f.**   Blutharnstoff m.
**uréfibrate m.**   Urefibrat n.
**uréide m.**   Ureid n.
**urémie f.**   Urämie f.
**urémique**   urämisch
**uréopoïèse f.**   Harnstoffbildung f.
**urétéral**   ureteral
**uretère m.**   Harnleiter m., Ureter m.
**urétérectomie f.**   Ureterektomie f.
**urétérite f.**   Ureteritis f.
**urétérocèle f.**   Ureterozele f.
**urétérocolostomie f.**   Ureterokolostomie f.
**urétérocystonéostomie f.**   Ureterozystoneostomie f.

**urétérographie f.**   Ureterographie f.
**urétéropelvien**   ureteropelvin
**urétéroplastie f.**   Harnleiterplastik f.
**urétéropyélonéostomie f.**   Ureteropyeloneostomie f.
**utétéropyélonéphrostomie f.**   Ureteropyelonephrostomie f.
**urétérorectonéostomie f.**   Ureterorektoneostomie f.
**urétérosigmoïdostomie f.**   Ureterosigmoidostomie f.
**urétérostomie f.**   Ureterostomie f.
**urétérotomie f.**   Ureterotomie f.
**urétérotrigonal**   ureterotrigonal
**urétérotubaire**   ureterotubar
**urétérourétéral**   ureteroureteral
**urétérovaginal**   ureterovaginal
**urétérovésical**   ureterovesikal, vesikoureteral
**uréthane m.**   Urethan n.
**urèthre f.**   Urethra f.
**urétral**   urethral
**urètre m.**   Harnröhre f., Urethra f.
**urétrite f.**   Urethritis f.
**urétrocèle f.**   Urethrozele f.
**urétrocystographie f.**   Urethrozystographie f.
**urétrographie f.**   Urethrographie f.
**urétrométrie f.**   Urethrometrie f.
**urétrooculoarticulaire**   urethrookuloartikulär
**urétroplastie f.**   Harnröhrenplastik f.
**urétroscope m.**   Urethroskop n.
**urétroscopie f.**   Urethroskopie f.
**urétroscopique**   urethroskopisch
**urétrostomie f.**   Urethrostomie f.
**urétrotomie f.**   Urethrotomie f.
**urgence f.**   Dringlichkeit f.
**urgences f. pl.**   Rettungsstation f.
**urgent**   drängend, dringlich
**uricolytique**   harnsäurespaltend
**uricosurique**   harnsäuretreibend
**uricosurique m.**   harnsäuretreibendes Mittel n., Urikosurikum n.
**uridine f.**   Uridin n.
**uridinurie f.**   Uridinurie f.
**uridyltransférase f.**   Uridyltransferase f.
**uridylyle m.**   Uridylyl n.
**urimètre m.**   Urimeter n.
**urinable**   harnfähig
**urinaire**   urinär

urinal m. Urinal n., Urinflasche f.
urine f. Urin m.
urine résiduelle f. Restharn m.
uriner harnen, urinieren
urineux urinös
urinifère harnleitend
urinogène harnbildend
urinogénèse f. Harnbildung f.
urinome m. Urinom n.
urinomètre m. Urometer n.
urique uratisch
urne f. Urne f.
urobiline f. Urobilin n.
urobilinémie f. Urobilinämie f.
urobilinogène m. Urobilinogen n.
urobilinogénurie f. Urobilinogenurie f.
urobilinurie f. Urobilinurie f.
urochrome m. Urochrom n.
urodynamique urodynamisch
urodynamique f. Urodynamik f.
uroérythrine f. Uroerythrin n.
urogénital urogenital
urographie f. Urographie f.
urographie par voie intraveineuse f. Ausscheidungsurographie f.
urographique urographisch
urokinase f. Urokinase f.
urokinine f. Urokinin n.
urolagnie f. Urolagnie f.
urolithe m. Urolith m.
urolithiase f. Urolithiasis f.
urologie f. Urologie f.
urologique urologisch
urologue f. Urologin f.
urologue m. Fachgebietsarzt für Urologie m., Urologe m.
uropepsine f. Uropepsin n.
uropepsinogène m. Uropepsinogen n.
uropoièse f. Uropoese f.
uropoiétique uropoetisch
uroporphyrie f. Uroporphyrie f.
uroporphyrine f. Uroporphyrin n.

uroporphyrinogène m. Uroporphyrinogen n.
urorhodine f. Urosein n.
urothélium m. Urothel n.
ursothérapie f. Ursotherapie f.
urticaire f. Nesselsucht f., Urtikaria f., Knidariasis f.
urticarien urtikariell
user verschleißen
ustilaginisme m. Ustilagismus m.
usuel üblich
usure f. Abnutzung f., Aufbrauch m.
utérin uterin
utéroabdominal uteroabdominal
utérocervical uterozervikal
utéroovarien uteroovariell
utéroplacentaire uteroplazentar
utéroplastie f. Gebärmutterplastik f.
utérosacré sakrouterin, uterosakral
utérovaginal uterovaginal
utérovésical uterovesikal
utérus m. Gebärmutter f., Uterus m.
utilisation f. Anwendung f., Utilisation f.
utiliser anwenden, utilisieren, verwerten
utriculaire utrikulär
utricule m. Utrikulus m.
utriculosacculaire utrikulosakkulär
uvéal uveal
uvée f. Uvea f.
uvéite f. Uveitis f.
uvéoméningé uveomeningeal
uvéoparotidien uveoparotisch
uvéoparotidite f. Uveoparotitis f.
uvéoplastie f. Uveaplastik f.
uviorésistant ultraviolettresistent
uviosensible ultraviolettempfindlich
uvula f. Uvula (vermis) f.
uvule f. Uvula f.
uvulite f. Uvulitis f.
uvulotomie f. Uvulotomie f.
uzarine f. Uzarin n.

# V

**vaccin** m.  Impfstoff m.
**vaccin antihépatite B** m.  Hepatitis-B
  Impfstoff m.
**vaccin antipoliomyélitique** m.  Polio
  myelitis-Impfstoff m.
**vaccin antirabique** m.  Tollwutschutzimpfung f.
**vaccin antityphique** m.  Typhusimpfstoff m.
**vaccin BCG** m.  BCG-Vakzine f.
**vaccin fractions antigéniques** m.
  Spaltvakzine f.
**vaccin polyvalent** m.  Mehrfachimpfstoff m.
**vaccin variolique** m.  Pockenlymphe f.
**vaccin vivant** m.  Lebendimpfstoff m.
**vaccinable**  impffähig
**vaccinal**  vakzinal
**vaccinateur, médecin** m.  Impfarzt m.
**vaccination** f.  Impfung f., Vakzination
  f.
**vaccination antityphique** f.  Typhusimpfung f.
**vaccination antivariolique** f.  Pockenschutzimpfung f.
**vaccination BCG** f.  BCG-Impfung f.
**vaccination de rappel** f.  Auffrischimpfung f.
**vaccination obligatoire** f.  Pflichtimpfung f.
**vaccination orale** f.  Schluckimpfung f.
**vaccine** f.  Kuhpocken f., Vakzine f.
**vaccine (virus)** f.  Vacciniavirus n.
**vaccine du cheval** f.  Pferdepocken f.
  pl.
**vaccine variolique** f.  Blatternvakzine
  f.
**vacciner**  impfen
**vaccinide** f.  Vakzinid n.
**vacciniforme**  vakziniform
**vaccinothérapie** f.  Vakzinebehandlung f.
**vacuolaire**  vakuolär
**vacuole** f.  Vakuole f.
**vacuolisation** f.  Vakuolisierung f.
**vacuoliser**  vakuolisieren
**vacuum** m.  Vakuum n.

**vacuum extractor** m.  Vakuumextraktor m.
**vagabond** m.  Vagabund m.
**vagabonder**  vagabundieren
**vagin** m.  Scheide f., Vagina f.
**vaginal**  vaginal
**vaginisme** m.  Vaginismus m.
**vaginolabial**  vaginolabial
**vaginopérinéal**  vaginoperineal
**vaginovésical**  vaginovesikal
**vagolyse** f.  Vagolyse f.
**vagolytique**  vagolytisch
**vagotomie** f.  Vagotomie f.
**vagotomie sélective proximale** f.  PSV
  (proximale selektive Vagotomie) f.
**vagotonie** f.  Vagotonie f.
**vagotonique**  vagotonisch
**vagotrope**  vagotrop
**vagovagal**  vagovagal
**vague (nerf)** m.  Vagus m.
**vaisseau** m.  Gefäß n.
**vaisseau capillaire** m.  Haargefäß n.
**vaisseau lymphatique** m.  Lymphgefäß
  n.
**vaisseau sanguin** m.  Blutgefäß n.
**valamine** f.  Valamin n.
**valconazole** m.  Valconazol n.
**valdipromide** m.  Valdipromid n.
**valence** f.  Valenz f., Wertigkeit f.
**valent (monovalent/bivalent/trivalent/**
  **tétravalent/pentavalent/hexavalent/**
  **heptavalent/octavalent)**  wertig
  (einwertig/zweiwertig/dreiwertig/
  vierwertig/fünfwertig/sechswertig/
  siebenwertig/achtwertig)
**valentiel**  valent
**valéramide** m.  Valeramid n.
**valéranilide** m.  Valeranilid n.
**valérate** m.  Valerat n.
**valérate de méthyle** m.  Methylvalerat
  n.
**valérianate** m.  Valerianat n.
**valériane** f.  Baldrian n.
**valéthamate** m.  Valethamat n.
**valeur** f.  Stellenwert m., Wert m.
**valeur maximum** f.  Höchstwert m.,
  Spitzenwert m.

valeur minimum f. Mindestwert m.
valeur moyenne f. Durchschnittswert m.
valeur nominale f. Nennwert m.
valeur normale f. Normalwert m.
valeur normale de référence f. Normwert m.
valeur nutritive f. Nährwert m.
valeur réelle f. Istwert m.
valeur régulière f. Regelbetrag m.
valeur seuil f. Schwellenwert m.
valeur souhaitée f. Sollwert m.
valeur tampon f. Pufferungsvermögen n.
valeur thermique f. Brennwert m.
validifé f. Validität f.
valine f. Valin n.
valise de médecin f. Ärztetasche f., Arzttasche f.
valléculaire vallekulär
Valleix, point de m. Valleixscher Punkt m.
valnoctamide m. Valnoctamid n.
valofane m. Valofan n.
valpérinol m. Valperinol n.
valproate m. Valproat n.
valproïnate m. Valproinat n.
valpromide m. Valpromid n.
valve f. Ventil n.
valve (bulbe) f. Ventilball m.
valve d'échappement f. Abblasventil n.
valviforme klappenförmig, valviform
valvotome m. Valvotom n.
valvotomie f. Valvotomie f.
valvulaire valvulär
valvule f. Klappe f.
valvule aortique f. Aortenklappe f.
valvule cardiaque f. Herzklappe f.
valvule connivente f. Kerckringsche Falte f.
valvule de Kohlrausch f. Kohlrauschsche Falte f.
valvule iléo-colique de Bauhin f. Bauhinsche Klappe f.
valvule mitrale f. Mitralklappe f., Mitralsegel n.
valvule semilunaire f. Taschenklappe des Herzens f.
valvule sigmoïde de l'artère pulmonaire f. Pulmonalklappe f.

valvule tricuspide f. Trikuspidalklappe f.
valvule veineuse f. Venenklappe f.
valvulite f. Valvulitis f.
valvulopathie f. Klappenerkrankung f., Valvulopathie f.
valvulopathie cardiaque f. Herzklappenerkrankung f.
valvuloplastie f. Klappenplastik f., Valvuloplastie f.
valvulotome m. Valvulotom n.
valvulotomie f. Valvulotomie f.
valvyle m. Valvyl n.
vanadate m. Vanadat n.
vanadium m. Vanadium n.
vanilline f. Vanillin n.
vanitialide m. Vanitiolid n.
vanyldisulfamide m. Vanyldisulfamid n.
vapeur f. Dampf m., Dunst m.
vapeur d'eau f. Wasserdampf m.
vaporiser, se verflüchtigen
Vaquez, maladie de f. Erythrämie f., Vaquez-Oslersche Krankheit f.
variabilité f. Variabilität f.
variable variabel
variance f. Varianz f.
variant variant
variation f. Variation f.
variation antigénique f. Antigenwechsel m.
variation dans la journée f. Tagesschwankung f.
variation de pression f. Druckschwankung f.
variations d'humeur f. pl. Stimmungsschwankung f.
varice f. Krampfader f., Varize f.
varicelle f. Varizellen f., pl. Wasserpocken f., pl., Windpocken f. pl.
varices oesophagiennes f. pl. Ösophagusvarizen f. pl.
varicocèle f. Varikozele f.
varicosité f. Varikosität f.
varicotomie f. Varikotomie f.
varier schwanken, varüeren
variété f. Abart f., Varietät f.
variole f. Blattern f., Pocken f. pl., Variola vera f.
variole aviaire f. Vogelpocken f.
variole du singe f. Affenpocken f. pl.
varioleux variolär, variolös

**varioliforme** varioliform
**varioloïde f.** Variolois f.
**variqueux** varikös
**vasal** vasal
**Vasalva, épreuve de f.** Vasalvascher Versuch m.
**vascularisation f.** Durchblutung f., Gefäßversorgung f., Vaskularisation f., Vaskularisierung f.
**vascularisé, bien/mal** durchblutet, gut/schlecht
**vasculariser** vaskularisieren
**vasculopathie f.** Gefäßerkrankung f., Vaskulopathie f.
**vasculotoxique** vaskulotoxisch
**vasectomie f.** Vasektomie f.
**vasectomiser** vasektomieren
**vaseline f.** Vaselin n.
**vaseline blanche f.** weißes Vaselin n.
**vaseline jaune f.** gelbes Vaselin n.
**vasoactif** gefäßwirksam, vasoaktiv
**vasoconstricteur** gefäßverengend, vasokonstriktiv
**vasoconstricteur m.** Vasokonstriktor m.
**vasoconstriction f.** Vasokonstriktion f.
**vasodilatateur** gefäßerweiternd, vasodilativ
**vasodilatateur m.** Gefäßerweiterer m.
**vasodilatation f.** Gefäßerweiterung f., Vasodilatation f.
**vasoépididymographie f.** Vasoepididymographie f.
**vasoépididymostomie f.** Vasoepididymostomie f.
**vasogène** vasogen
**vaso-inerte** gefäßneutral
**vasolabilité f.** Vasolabilität f.
**vasomoteur** vasomotorisch
**vasomotricité f.** Gefäßbeweglichkeit f., Gefäßbewegung f.
**vasoneuropathologique** vasoneurotisch
**vasoocclusif** vasookklusiv
**vasoorchidostomie f.** Vasoorchidostomie f.
**vasoplégie f.** Gefäßlähmung f.
**vasopresseur** vasopressorisch
**vasopresseur m.** Vasopressor m.
**vasopressine f.** Vasopressin n.
**vasotocine f.** Vasotocin n.

**vasotomie f.** Vasotomie f.
**vasovagal** vasovagal
**vasovésiculectomie f.** Vasovesikulektomie f.
**Vater, papille de l'ampoule de f.** Papilla, Vateri f.
**VCG (vectocardiogramme) m.** VKG (Vektorkardiogramm) n.
**VD (ventricule droit) m.** RV (rechter Ventrikel) m.
**VDRL (réaction d'agglutination syphilitique) f.** CMT (Cardiolipin-Mikroflockungstest) m.
**vecteur m.** Vektor m.
**vecteur de surface m.** Flächenvektor m.
**vectocardiogramme m.** Vektorkardiogramm n.
**vectocardiographie f.** Vektorkardiographie f.
**vectoriel** vektoriell
**végétal** pflanzlich
**végétarien** vegetarisch
**végétarien (ne) m., f.** Vegetarier (in) m., f.
**végétatif** vegetativ
**végétation f.** Vegetation f.
**végétations adénoïdes f. pl.** adenoide Vegetationen f. pl.
**véhicule m.** Vehikel n.
**veiller** wachen
**veiller une personne** bei jemandem wachen
**veine f.** Vene f.
**veine azygos f.** Vena azygos f.
**veine basilique f.** Vena basilica f.
**veine centrale f.** Zentralvene f.
**veine céphalique f.** Vena cephalica f.
**veine circonflexe fémorale f.** Vena circumflexa femoris f.
**veine épigastrique f.** Vena epigastrica f.
**veine fémorale f.** Vena femoralis f.
**veine frontale f.** Stirnader f.
**veine ombilicale f.** Vena umbilicalis f.
**veine porte f.** Pfortader f.
**veine pulmonaire f.** Vena pulmonalis f.
**veine saphène f.** Vena saphena f.
**veine splénique f.** Milzvene f.
**veine thyroïdienne f.** Vena thyreoidea f.

V

veineux   venös
veinoartériel   venoarteriell
veinoconstriction f.   Venokonstriktion
   f.
veinographique   venographisch
veinule f.   Venole f.
vélamenteux   velamentös
vêler   kalben
vélopharyngien   velopharyngeal
venant de naitre   neugeboren
vénéneux   giftbildend
vénéréologie f.   Venereologie f.
vénéréologique   venereologisch
vénéréologue f.   Venereologin f.
vénéréologue m.   Venereologe m.,
   Fachgebietsarzt für Geschlechtskrankheiten m.
vénérien   venerisch
venimeux   giftbildend
venin m.   tierisches Gift n.
venin cnidaire m.   Quallengift n.
venin d'abeille m.   Bienengift n.
venin d'araignée m.   Spinnengift n.
venin de cobra m.   Kobragift n.
ventilateur m.   Ventilator m.
ventilation f.   Ventilation f.
ventilation assistée f.   assistierte Beatmung f.
ventilation assistée à la demande f.
   Abrufbeatmung f.
ventilation contrôlée f.   kontrollierte
   Beatmung f.
ventilation en pression alternée f.
   Wechseldruckbeatmung f.
ventilation volontaire maximum f.
   maximale willkürliche Ventilation f.
ventilatoire   ventilatorisch
ventiler   entlüften, ventilieren
ventouse f.   Saugnapf m., Schröpfkopf
   m.
ventouse en caoutchouc f.   Gummisaugnapf m.
ventouser   schröpfen
ventral   ventral
ventre m.   Bauch m.
ventre ballonné m.   Trommelbauch m.
ventre de batracien m.   Froschbauch
   m.
ventre en bateau m.   Kahnbauch m.
ventre en besace m.   Hängebauch m.
ventriculaire   ventrikulär
ventriculaire droit   rechtsventrikulär

ventriculaire gauche   linksventrikulär
ventricule m.   Kammer f., Ventrikel m.
ventricule droit m.   rechter Ventrikel
   m.
ventricule gauche m.   linker Ventrikel
   m.
ventricule latéral m.   Seitenventrikel
   m.
ventriculoartériel   ventrikuloarteriell
ventriculoatriostomie f.   Ventrikuloatriostomie f.
ventriculoauriculaire   ventrikuloatrial
ventriculocisternal   ventrikulozisternal
ventriculocisternostomie f.   Ventrikulozisternostomie f.
ventriculogramme m.   Ventrikulogramm n.
ventriculographie f.   Ventrikulographie f.
ventriculographique   ventrikulographisch
ventriculométrie f.   Ventrikulometrie f.
ventriculomyotomie f.   Ventrikulomyotomie f.
ventriculoplastie f.   Ventrikuloplastik
   f.
ventriculoscope m.   Ventrikuloskop n.
ventriculoscopie f.   Ventrikuloskopie f.
ventriculostomie f.   Ventrikulostomie
   f.
ventrocaudal   ventrokaudal
ventrodorsal   ventrodorsal
ventrofixation de l'utérus f.   Ventrofixation f.
ventrohystéropexie f.   Ventrohysteropexie f.
ventrolatéral   ventrolateral
ventromédial   ventromedial
ver m.   Wurm m.
ver intestinal m.   Eingeweidewurm m.
ver solitaire m.   Bandwurm m.
véralipide m.   Veralipid n.
vérapamil m.   Verapamil n.
vératre blanc m.   Veratrum album n.
vératre viride m.   Veratrum viride n.
vératrine f.   Veratrin n.
vétazide m.   Verazid n.
verbal   verbal
verbascum m.   Verbascum thapsus n.
verbenone f.   Verbenon n.
verbigération f.   Verbigeration f.
verbomanie f.   Verbomanie f.

verdoglobine f.   Verdoglobin n.
véreux   wurmig
verge f.   männliches Glied n., Phallus m.
vergence f.   Vergenz f.
vergeture f.   Striemen m.
vérification f.   Nachprüfung f., Überprüfung f.
vérifier   verifizieren
vermicide   wurmtötend
vermicide m.   wurmtötendes Mittel n.
vermiculaire   wurmartig
vermiforme   wurmförmig
vermifuge   wurmtreibend
vermifuge m.   Anthelminthicum n., wurmtreibendes Mittel n.
vermine f.   Ungeziefer n.
vermouth m.   Wermut m.
Verner-Morrison, syndrome de m.   Verner-Morrison-Syndrom n.
vernir   glasieren
vérofylline f.   Verofyllin n.
verrat étalon m.   Zuchteber m.
verre m.   Glas n.
verre de fermeture m.   Verschlußglas n.
verre de lunettes m.   Brillenglas n.
verre gradué m.   Meßbecher m.
verrucosité hyaline f.   Druse f. (med)
verrue f.   Warze f.
verrue pédiculée f.   Stielwarze f.
verruga du Pérou f.   Peruwarze f., Verruca peruviana f.
verruqueux   warzig
vers le ventre   ventralwärts
verser   ausgießen, ausküvettieren, schütten
verser dans un ballon   küvettieren
version f.   Wendung f.
version céphalique f.   Wendung auf den Kopf f.
version par manoeuvre externe f.   äußere Wendung f.
version par manoeuvre interne f.   innere Wendung f.
vert brillant m.   Brillantgrün n.
vert d'indocyanine m.   Indozyaningrün n.
vert de bromocrésol m.   Bromkresolgrün n.
ert de Janus m.   Janusgrün n.

vert de Paris m.   Schweinfurter Grün n.
vertébral   vertebral
vértébré m.   Wirbeltier n.
vertèbre f.   Vertebra f., Wirbel m.
vertèbre aplatie-concave f.   Fischwirbel m.
vertèbre cervicale (corps) f.   Halswirbel m., HWK (Halswirbelkörper) m.
vertèbre cunéiforme f.   Keilwirbelbildung f.
vertèbre dorsale m.   Brustwirbel m.
vertèbre en papillon f.   Schmetterlingswirbel m.
vertèbre intermédiaire f.   Übergangswirbel m.
vertèbre lombaire m.   Lendenwirbel m.
vertèbre thoracique (corps) m.   Brustwirbelkörper (BWK) m.
vertébroartériel   vertebroarterial
vertébrobasilaire   vertebrobasiliär
vertébrochondral   vertebrochondral
vertébrocostal   vertebrokostal
vertébrofémoral   vertebrofemoral
vertébrosacré   vertebrosakral
vertébrosternal   vertebrosternal
vertébrotomie f.   Vertebrotomie f.
vertex m.   Scheitel m.
vertical   vertikal
verticomentonnier   vertikomental
vertige m.   Schwindel (med.) m., Vertigo f.
vertige auditif m.   otogener Schwindel m.
vertige auriculaire m.   Vertigo ab aure laesa f.
vertige d'ascension m.   Fahrstuhlschwindel m.
vertige labyrinthique m.   Labyrinthschwindel m.
vertige oscillant m.   Schwankschwindel m.
vertige rotatoire m.   Drehschwindel m.
vésical   vesikal
vésicant   blasenziehend
vésicant m.   Vesicans n.
vésicoabdominal   vesikoabdominal
vésicocervical   vesikozervikal
vésicoombilical   vesikoumbilikal
vésicopérinéal   vesikoperineal

vésicoprostatique prostatikovesikal, vesikoprostatisch
vésicopubien vesikopubisch
vésicorectal vesikorektal
vésicorectovaginal vesikorektovaginal
vésicorénal vesikorenal
vésicosigmoidostomie f. Vesikosigmoidostomie f.
vésicospinal vesikospinal
vésicotomie f. Vesikotomie f.
vésicouréthral vesikourethral
vésicourétral vesikourethral
vésicoutérin vesikouterin
vésicovaginal vesikovaginal
vésiculaire vesikulär
vésiculation f. Blasenbildung f.
vésicule f. Bläschen n., Cyste f.
vésicule biliaire f. Gallenblase f.
vésicule biliaire fibroatrophique f. Schrumpfgallenblase f.
vésicule fille f. Tochterblase f.
vésicule hématique f. Blutblase f.
vésicule porcelaine f. Porzellangallenblase f.
vésicule séminale f. Samenblase f.
vésiculectomie f. Vesikulektomie f.
vésiculeux cystisch
vésiculite f. Vesikulitis f.
vésiculobronchique vesikulobronchial
vésiculobulbeux vesikulobulbös
vésiculographie f. Vesikulographie f.
vésiculopapuleux vesikulopapulär
vésiculoprostatite f. Vesikuloprostatitis f.
vésiculopustuleux vesikulopustulär
vésiculotomie f. Vesikulotomie f.
vessie f. Blase f., Harnblase f.
vessie à colonnes f. Balkenblase f.
vessie de glace f. Eisbeutel m.
vessie natatoire f. Schwimmblase f.
vessie rétrécie f. Schrumpfblase f.
vessignon m. Gallen f. pl. (vet.)
vestibulaire vestibulär
vestibule m. Vestibulum n.
vestibulocérébelleux vestibulozerebellär
vestibulocochléaire vestibulokochleär
vestibulooculaire vestibulookulär
vestibuloplastie f. Vestibuloplastik f.
vestibulospinal vestibulospinal
vestibulotomie f. Vestibulotomie f.
vestibulourétral vestibulourethral

vestige m. Relikt n.
vêtements d'infirmière m.pl. Schwesternkleidung f.
vêtements d'OP m.pl. Operationskleidung f.
vétérinaire m. Tierarzt m., Tierärztin f., Veterinär m., Veterinärin f.
vétrabutine f. Vetrabutin n.
VG (ventricule gauche) m. LV (linker Ventrikel) m.
viabilité f. Lebensfähigkeit f.
viable lebensfähig
vibrateur m. Quirler (dent.) m., Rüttler m. (dent.), Summer m., Vibrator m.
vibrateur (conduction osseuse) m. Knochenhörer m.
vibrateur (matériau coulé) m. Gußschleuder f.
vibrateur à amalgame m. Amalgammischer m.
vibration f. Vibration f.
vibrations thoraciques f. pl. Stimmfremitus m.
vibratoire vibratorisch
vibrer schwingen, vibrieren
vibrio comma m. Vibrio comma n.
vibrisse f. Vibrissa f.
Viburnum prunifolium m. Viburnum prunifolium n.
Vicq d'Azyr, faisceau de m. Vicq d'Azyrsches Bündel n.
vidage m. Ausschüttung f.
vidarabine f. Vidarabin n.
vide leer
vide m. Vakuum n.
vidéoangiographie f. Videoangiographie f.
vidéoangiographique videoangiographisch
vidéodensitométrie f. Videodensitometrie f.
vidéoécran (radiologique) m. Filmbetrachtungsgerät n.
vidéographie f. Videographie f.
vidéographique videographisch
vider entleeren
vider en suçant aussaugen
vie f. Leben n.
vie, qui sauve la lebensrettend
vieillir altern
vieillissant alternd

**vieillissement m.**   Altern n., Überalterung f., Vergreisung f.
**vierge f.**   Jungfrau f.
**vigilambulisme m.**   Vigilambulismus m.
**vigilance f.**   Vigilanz f.
**vilikinine f.**   Vilikinin n.
**villeux**   villös, zottig
**villonodulaire**   villonodulär
**villosité f.**   Zotte f.
**viloxazine f.**   Viloxazin n.
**viminol m.**   Viminol n.
**vinaigre m.**   Essig m.
**vinbarbital m.**   Vinbarbital n.
**vinblastine f.**   Vinblastin n.
**vinburnine f.**   Vinburnin n.
**vincaleucoblastine f.**   Vincaleukoblastin n.
**vincamine f.**   Vincamin n.
**vincristine f.**   Vincristin n.
**vindésine f.**   Vindesin n.
**vineux**   vinös
**vinformide m.**   Vinformid n.
**vinglycinate m.**   Vinglyzinat n.
**vinleurosine f.**   Vinleurosin n.
**vinorelbine f.**   Vinorelbin n.
**vinpocétine f.**   Vinpocetin n.
**vinpoline f.**   Vinpolin n.
**vinrosidine f.**   Vinrosidin n.
**vinyle m.**   Vinyl n.
**vinylpyridine f.**   Vinylpyridin n.
**viol m.**   Notzucht f., Vergewaltigung f.
**violence f.**   Gewalttätigkeit f.
**violer**   vergewaltigen
**violet cristal m.**   Kristallviolett n.
**violet de gentiane m.**   Gentianaviolett n.
**violet de naphtol m.**   Naphtholviolett n.
**violet méthylique m.**   Methylviolett n.
**viostérol m.**   bestrahltes Ergosterin n.
**VIP (vasoactive intestinal polypeptide) m.**   VIP (vasoaktives intestinales Polypeptid) n.
**vipère f.**   Viper f.
**vipère commune f.**   Kreuzotter f.
**vipome m.**   Vipom n.
**virago f.**   Mannweib n.
**viral**   viral
**Virchow, glande de f.**   Virchowsche Drüse f.
**virémie f.**   Virämie f.

**virginal**   jungfräulich, virginell
**virginité f.**   Jungfräulichkeit f., Virginität f.
**viridofulvine f.**   Viridofulvin n.
**viril**   männlich, viril
**virilisation f.**   Maskulinisierung f., Vermännlichung f., Virilisierung f.
**viriliser**   vermännlichen, virilisieren
**virilisme m.**   Virilismus m.
**virilité f.**   Männlichkeit f.
**virion m.**   Virion n.
**virogène m.**   Virogen n.
**virologie f.**   Virologie f.
**virologique**   virologisch
**virologue m., f.**   Virusforscher (in) m., f., Virologin f., Virologe m.
**virostatique**   virostatisch
**virtuel**   virtuell
**virulence f.**   Virulenz f.
**virulent**   virulent
**virulicide**   virozid, viruzid
**virus m.**   Virus n
**virus d'Epstein-Barr m.**   Epstein-Barr-Virus n.
**virus d'immunodéficience humaine m.**   humanes Immundefekt-Virus n., HIV n.
**virus de l'encéphalite m.**   Enzephalitis-Virus n.
**virus de l'hépatite m.**   Hepatitis-Virus n.
**virus de la choriomeningite lymphocytaire m.**   lymphozytäres Choriomeningitis-Virus n.
**virus de la fièvre jaune m.**   Gelbfieber-Virus n.
**virus de la maladie des griffures de chat m.**   Katzenkratz-Virus n.
**virus de la poliomyélite m.**   Poliomyelitis-Virus n.
**virus de la rage m.**   Tollwut-Virus n.
**virus de la rougeole m.**   Masern-Virus n.
**virus de la rubéole m.**   Röteln-Virus n.
**virus de la varicelle et du zona m.**   Varizellen-Zoster-Virus n.
**virus de la variole m.**   Pocken-Virus n.
**virus des oreillons m.**   Mumps-Virus n.
**virus des verrues m.**   Warzen-Virus n.
**virus du molluscum contagiosum m.**   Molluscum contagiosum-Virus n.

**V**

**virus HIV m.** AIDS-Virus n., humanes Immundefekt-Virus (HIV) n.
**virus LAV/HTLV-III m.** LAV/HTLV-III-Virus n.
**virus lenti m.** Lenti-Virus n.
**virus simien m.** Simian-Virus n.
**virus spumeux m.** Spuma-Virus n.
**virus syncytial respiratoire m.** respiratorisches Synzytium-Virus n.
**virus visna-maedi m.** Visna-Maedi-Virus n.
**vis f.** Schraube f.
**vis calante f.** Myomheber m.
**vis d' arrêt f.** Anschlagschraube f. (dent.)
**vis d'extension f.** Dehnschraube f.
**vis de réglage f.** Regulierschraube f.
**vis de serrage f.** Halteschraube f.
**vis plate f.** Flachschraube f.
**vis pour fracture osseuse f.** Knochenschraube f.
**vis radiculaire f.** Wurzelschraube f.
**visage m.** Gesicht n.
**visage lunaire m.** Mondgesicht n., Vollmondgesicht n.
**viscéral** viszeral
**viscères m. pl.** Eingeweide n. pl.
**viscérocutané** viszerokutan.
**viscéromoteur** viszeromotorisch
**viscéropariétal** viszeroparietal
**viscéropleural** viszeropleural
**viscéroptose f.** Glenardsche Krankheit f., Viszeroptose f.
**viscérosensoriel** viszerosensorisch
**viscérotrope** viszerotrop
**viscine f.** Viszin n.
**viscoélastique** viskoelastisch
**viscosimètre m.** Viskosimeter n.
**viscosimétrie f.** Viskosimetrie f.
**viscosimétrique** viskosimetrisch
**viscosité f.** Viskosität f.
**visibilité f.** Sichtbarkeit f.
**visible** sichtbar
**visible, au delà du** ultravisible
**visioacoustïque** visuakustisch
**visiomoteur** visuomotorisch
**vision f.** Sehen n., Vision f.
**vision des couleurs, bonne f.** Farbentüchtigkeit f.
**vision en ligne droite f.** Geradeausblick m.
**vision rapprochée f.** Nahesehen n.

**vision scotopique f.** Dämmerungssehen n., Skotopie f.
**vision tubulaire f.** Röhrensehen n.
**visionneuse (films radiologiques) f.** Röntgenfilmbetrachter m.
**visiosensoriel** visuosensorisch
**visite f.** Besuch m., Visite (klinisch) f.
**visnadine f.** Visnadin n..
**visnafylline f.** Visnafyllin n.
**visqueux** klebrig, viskös
**visser** schrauben, verschrauben
**visualiser** sichtbar machen
**visuel** visuell
**visuscope m.** Visuskop n.
**vital** vital
**vitalisme m.** Vitalismus m.
**vitaliste** vitalistisch
**vitalité f.** Lebensfähigkeit f., Vitalität f.
**vitallium m.** Vitallium n.
**vitamine (A/B/C/D/E/K) f.** Vitamin (A/B/C/D/E/K) n.
**vitamine B 12 f.** Vitamin B 12 n.
**vitaminoide m.** Vitaminoid n.
**vitaminologie f.** Vitaminologie f.
**vitelline f.** Vitellin n.
**vitellolutéine f.** Vitellolutein n.
**vitesse f.** Geschwindigkeit f.
**vitesse d'écoulement f.** Strömungsgeschwindigkeit f.
**vitesse de conduction f.** Leitgeschwindigkeit f.
**vitesse de la lumière f.** Lichtgeschwindigkeit f.
**vitesse de sédimentation f.** Senkung (BSG) f.
**vitesse de sédimentation des hématies f. (VS)** Blutkörperchensenkungsgeschwindigkeit f. (BKS)
**vitesse de sédimentation du sang f.** Blutsenkungsgeschwindigkeit f.
**vitesse de transmission nerveuse f.** Nervenleitgeschwindigkeit f.
**vitesse du son f.** Schallgeschwindigkeit f.
**vitesse supersonique f.** Uberschallgeschwindigkeit f.
**vitiligineux** vitiliginös
**vitiligo m.** Vitiligo m.
**vitrectomie f.** Vitrektomie f.
**vitreux** glasig
**vitriol m.** Vitriol n.

vitronectine f. Vitronectin f.
vivant lebend
vividialyse f. Vividialyse f.
vividiffusion f. Vividiffusion f.
vivisection f. Vivisektion f.
vivre leben
vocal vokal
vocalisation f. Vokalisation f.
vocation f. Berufung f.
Vögtlin, unité d'hormone posthypophysaire f. Vögtlin-Einheit f.
voie f. Bahn f.
voie acoustique f. Hörbahn f.
voie aérienne f. Luftweg m.
voie de conduction f. Leitungsbahn f.
voie motrice f. Bewegungsbahn f.
voie nerveuse f. Nervenbahn f.
voie olfactive f. Riechbahn f.
voie visuelle f. Sehbahn f.
voies biliaires f. pl. Gallenwege f. pl.
voies hépatiques et biliaires f. pl. Leber und Gallenwege m. pl.
voile m. Schleier (radiol.) m.
voile du palais m. Gaumensegel n.
voir sehen
voisin benachbart
voix f. Stimme f.
voix chuchotée f. Flüstersprache f.
voix intérieure f. innere Stimme f.
vol et assassinat Raubmord m.
volaille f. Geflügel n.
volatil flüchtig, volatil
volatil, peu schwer flüchtig
volatil, très leicht flüchtig
volatilisation f. Verdunstung f., Verflüchtigung f.
volatiliser, se verdunsten
volazocine f. Volazocin n.
volitionnel willensmäßig, willentlich
Volkmann, attelle de f. Volkmannschiene f.
volontaire freiwillig
volontaire sain m. freiwilliger gesunder Proband m., freiwillige gesunde
Versuchsperson f.
volonté f. Wille m.
volt m. Volt n.
voltage m. Ausgangsspannung f.,
elektrische Spannung f.
voltage d'entrée m. Eingangsspannung f.

voltage d'utilisation m. Betriebsspannung f.
voltage de branchement m. Anschlußspannung f.
voltmètre m. Voltmeter n.
volume m. Volumen n.
volume de réserve m. Reservevolumen n.
volume expiratoire m. Exspirationsvolumen n.
volume expiratoire maximum/seconde
(VEMS) m. exspiratorische Atemstromstärke f.
volume globulaire m. Erythrozytenvolumen n.
volume humoral m. Körperflüssigkeit
f.
volume inspiratoire maximum/seconde
(VIMS) m. inspiratorische Atemstromstärke f.
volume minute m. Minutenvolumen
n.
volume-minute (cœur) m. Herzminutenvolumen n.
volume pulmonaire m. Lungenvolumen n.
volume résiduel m. Residualvolumen
n.
volume respiratoire m. Atemvolumen
n.
volume respiratoire/minute m. Atemminutenvolumen n.
volume sanguin m. Blutvolumen n.
volume shunt m. Shuntvolumen n.
volume systolique m. Schlagvolumen
n.
volume télésystolique m. Restblutmenge (cardiol.) f.
volumétrie f. Titrimetrie f., Volumetrie f.
volumétrique titrimetrisch, volumetrisch
volumineux umfangreich, voluminös
volupté f. Wollust f.
voluptueux wollüstig
volutine f. Volutin n.
volvulus m. Volvulus m.
vomérobasilaire vomerobasilär
voméronasal vomeronasal
vomir erbrechen, sich übergeben
vomissement m. Emesis f., Erbrechen
n.

**vomissement bilieux m.**  galliges Erbrechen n.

**vomissement de sang m.**  Bluterbrechen n.

**vomissement fécaloide m.**  Koterbrechen n.

**vomitif m.**  Brechmittel n.

**voussure f.**  Beule f.

**voûte f.**  Gewölbe n.

**voûte crânienne f.**  Kalotte f., Schädeldach n.

**voûte diaphragmatique f.**  Zwerchfellkuppel f.

**voute palatine osseuse f.**  harter Gaumen m.

**voûte plantaire f.**  Fußgewölbe n.

**vraie côte f.**  echte Rippe f.

**vrille f.**  Bohrer m.

**vrille à plâtre f.**  Gipsbohrer m.

**VS (vitesse de sédimentation des hématies) f.**  BSG (Blutsenkungsgeschwindigkeit) f.

**vue d'ensemble f.**  Überblick m.

**vue trouble f.**  verschwommenes Sehen n., Augentrübung f.

**vulcanisateur m.**  Vulkanisator m.

**vulcaniser**  vulkanisieren

**vulnérabilité f.**  Verwundbarkeit f., Vulnerabilität f.

**vulnérable**  verwundbar, vulnerabel

**vulvaire**  vulvär

**vulvectomie f.**  Vulvektomie f.

**vulvite f.**  Vulvitis f.

**vulvite, de**  vulvitisch

**vulvocrural**  vulvokrural

**vulvovaginal**  vulvovaginal

**vulvovaginite f.**  Vulvovaginitis f.

**vuzine f.**  Vuzin n.

# W

**W.-C. m.**   Wasserklosett n., WC n.
**Waaler-Rose, réaction de f.**   Waaler-Rose Test m.
**Waldeyer, anneau de m.**   Waldeyerscher Rachenring m.
**Wallenberg, syndrome de m.**   Wallenbergsches Syndrom n.
**warfarine f.**   Warfarin n.
**Waterhouse-Friderichsen, syndrome de m.**   Waterhouse-Friderichsen-Syndrom n.
**watt m.**   Watt n.
**Weber, épreuve de f.**   Weberscher Versuch m.
**Weber, syndrome de m.**   Webersches Syndrom n.
**Wechsler-Bellevue, échelle d'intelligence de f.**   Wechsler-Skala f.
**weddellite m.**   Weddellit m.
**Wegener, granulomatose de f.**   Wegenersche Granulomatose f.
**Weigert, coloration de f.**   Weigertsche Färbemethode f.
**Weil, maladie de f.**   Weilsche Krankheit f.
**Weil-Felix, réaction de f.**   Weil-Felixsche Reaktion f.
**Werdnig-Hoffmann, type de m.**   Werdnig-Hoffmannscher Typ m.
**Werlhof, maladie de f.**   Werlhofsche Purpura f.
**Wermer, syndrome de m.**   Wermersches Syndrom n.

**Wertheim, opération de f.**   Wertheimsche Operation f.
**Westphal, signe de m.**   Westphalsches Zeichen n.
**Wharton, gelée de f.**   Whartonsche Sulze f.
**whewellite f.**   Whewellit m.
**Whitehead, intervention de f.**   Whiteheadsche Operation f.
**whitlockite f.**   Whitlockit m.
**Willebrand, maladie de f.**   von Willebrand-Jürgenssche Krankheit f.
**Wilms, tumeur de f.**   Wilms-Tumor m.
**Wilson, maladie de f.**   Wilsonsche Krankheit f.
**Wipple, maladie de f.**   Wipplesche Krankheit f.
**Wiskott-Aldrich, syndrome de m.**   Wiskott-Aldrich-Syndrom n.
**Wolff, canal de m.**   Wolftscher Gang m.
**Wolff, corps de m.**   Wolffscher Körper m.
**Wolff-Parkinson-White, syndrome de m.**   Wolff Parkinson White-Syndrom n.
**wolframate m.**   Wolframat n.
**WPW m.**   WPW-Syndrom n.
**Wucheria bancrofti f.**   Filaria bancrofti f.

# X

xamotérol m.   Xamoterol n.
xanthate m.   Xanthat n.
xanthélasma m.   Xanthelasma n.
xanthène m.   Xanthen n.
xanthine f.   Xanthin n.
xanthineoxydase f.   Xanthinoxidase f.
xanthinurie f.   Xanthinurie f.
xanthiol m.   Xanthiol n.
xanthochrome   xanthochrom
xanthochromie f.   Xanthochromie f.
xanthocyanopsie f.   Xanthozyanopsie f.
xanthodermie f.   Xanthodermie f.
xanthodontie f.   Xanthodontie f.
xanthofibrome m.   Xanthofibrom n.
xanthofibrosarcome m.   Xanthoobrosarkom n.
xanthogénate m.   Xanthogenat n.
xanthogranulome m.   Xanthogranulom n.
xanthomateux   xanthomatös
xanthomatose f.   Xanthomatose f.
xanthome m.   Xanthom n.
xanthomonas m.   Xanthomonas m.
xanthone f.   Xanthon n.
xanthophylle f.   Xanthophyll n.
xanthoprotéine f.   Xanthoprotein n.
xanthopsie f.   Gelbsehen n., Xanthopsie f.
xanthoptérine f.   Xanthopterin n.
xanthosarcome m.   Xanthosarkom n.
xanthosine f.   Xanthosin n.
xanthosis m.   Xanthose f.
xanthotoxine f.   Xanthotoxin n.
xantinol m.   Xantinol n.
xantocilline f.   Xantocillin n.
xénipentone f.   Xenipenton n.
xénoantigène m.   Xenoantigen n.
xénobiotique   xenobiotisch
xénobiotique m.   Xenobiotikum n.
xénodiagnostic m.   Xenodiagnose f.
xénodiagnostique   xenodiagnostisch
xénogenèse f.   Xenogenese f.
xénogénique   xenogen, xenogenetisch
xénogreffe f.   Transplantat exenogenes n., Xenotransplantat n.

xénologie f.   Xenologie f.
xénologique   xenologisch
xénon m.   Xenon n.
xénoparasite m.   Xenoparasit m.
xénophobie f.   Xenophobie f.
xénoplastie f.   Xenoplastie f.
xénopsylla f.   Xenopsylla f.
xénotype m.   Xenotyp m.
xenthiorate m.   Xenthiorat n.
xénygloxal m.   Xenygloxal n.
xényrate m.   Xenyrat n.
xénysalate m.   Xenysalat n.
xénytropium m.   Xenytropium n.
xérodermie f.   Xeroderma n.
xérodermique   xerodermisch
xérographie f.   Xerographie f.
xérographique   xerographisch
xérophtalmie f.   Xerophthalmie f.
xéroradiographie f.   Xeroradiographie f.
xéroradiographique   xeroradiographisch
xérose f.   Xerose f.
xérostomie f.   Xerostomie f.
xérotomographie f.   Xerotomographie f.
xérotomographique   xerotomographisch
xinomiline f.   Xinomilin n.
xipamide m.   Xipamid n.
xiphocostal   xiphokostal
xiphodynie f.   Xiphodynie f.
xylamidine f.   Xylamidin n.
xylane m.   Xylan n.
xylénol m.   Xylenol n.
xylidine f.   Xylidin n.
xylite f.   Xylit m.
xylocétose m.   Xyloketose f.
xylocoumarol m.   Xylocoumarol n.
xylol m.   Xylol n.
xylométazoline f.   Xylometazolin n.
xylopyranose m.   Xylopyranose f.
xylose m.   Xylose f.
xylosurie f.   Xylosurie f.
xylulose m.   Xylulose f.
xylulosurie f.   Xylulosurie f.

# Y

**yaourt m.**  Yoghurt n.
**Yersinia enterocolitica f.**  Yersinia enterocolitica f.
**yersinie f.**  Yersinie f.
**yersiniose f.**  Yersiniose f.

**yoga m.**  Yoga m.
**Yohimbane m.**  Yohimban n.
**yohimbine f.**  Yohimbin n.
**ytterbium m.**  Ytterbium n.
**yttrium m.**  Yttrium n.

# Z

**zapizolam m.**  Zapizolam n.
**zéatine f.**  Zeatin n.
**zéaxanthine f.**  Zeaxanthin n.
**zéine f.**  Zein n.
**Zenker, diverticule de m.**  Zenkersches Divertikel n.
**zéolite f.**  Zeolit n.
**zépastine f.**  Zepastin n.
**zéranol m.**  Zeranol n.
**zéro m.**  Null f.
**zétidoline f.**  Zetidolin n.
**zeugmatographie f.**  Zeugmatographie f.
**zézaiement m.**  Lispeln n.
**zézayer**  lispeln
**zidométacine f.**  Zidometacin n.
**zidovudine f.**  Zidovudin n.
**Ziehl-Neelsen, coloration de f.**  Ziehl-Neelsen-Färbung f.
**Zieve, syndrome de m.**  Zieve-Syndrom n.
**zilantel m.**  Zilantel n.
**zinc m.**  Zink n.
**zinc en suspension m.**  Zinksuspension f.
**Zinn, zonule de f.**  Zonula zinni f.
**zinostatine f.**  Zinostatin n.
**zinviroxime m.**  Zinviroxim n.
**zirconium m.**  zirkonium n.
**zocaïnone f.**  Zocainon n.
**zoficonazole m.**  Zoficonazol n.
**zolamine f.**  Zolamin n.
**zolertine f.**  Zolertin n.

**Zollinger-Ellison, syndrome de m.**  ZE-Syndrom (Zollinger-Ellison-Syndrom) n.
**zolopérone f.**  Zoloperon n.
**zomépirac m.**  Zomepirac n.
**zona m.**  Gürtelrose f., Herpes zoster m., Zoster m.
**zonage m.**  Zonierung f.
**zonal**  zonal
**zone f.**  Zone f.
**zone d'adhésion f.**  Haftzone f.
**zone d'occlusion f.**  Okklusionsbereich m.
**zone d'occlusion latérale f.**  Seitenzahnokklusionszone f.
**zone de croissance f.**  Wachstumszone f.
**zone de décharge f.**  Entlastungszone f.
**zone de fusion f.**  Schmelzbereich m.
**zone de Head f.**  Headsche Zone f.
**zone de Kiesselbach f.**  Kiesselbachscher Ort m.
**zone de stress f.**  Belastungszone f.
**zone de traitement f.**  Behandlungszone f.
**zone de transition f.**  Übergangszone f.
**zone desservie par l'hôpital f.**  Krankenhauseinzugsgebiet n.
**zone détente f.**  Triggerzone f.
**zone métaplasique f.**  Umbauzone f.
**zone réflexe f.**  Reflexzone f.
**zone scléreuse f.**  Sklerozone f.
**zonisamide m.**  Zonisamid n.

Z

zonographie f. Zonographie f.
zonulaire zonulär
zonule de Zinn f. Linsenaufhängeapparat m.
zonulite f. Zonulitis f.
zonulolyse f. Zonulolyse f.
zooanthroponose f. Zooanthroponose f.
zoogonie f. Zoogonie f.
zookinase f. Zookinase f.
zoologie f. Zoologie f.
zoologique zoologisch
zoologue f. Zoologin f.
zoologue m. Zoologe m.
zoonose f. Zoonose f.
zooparasite m. Zooparasit m.
zoophile zoophil
zoophilie f. Zoophilie f.
zoophysiologie f. Tierphysiologie f.
zoophysiologique tierphysiologisch
zoopsie f. Zoopsie f.
zoospermie f. Zoospermie f.
zoospore f. Zoospore f.
zoostérol m. Zoosterin n.
zootoxine f. Zootoxin n.
zopiclone f. Zopiclon n.

zostériforme zosterartig
zotépine f. Zotepin n.
zoxazolamine f. Zoxazolamin n.
Zuckerkandl, corps de m. Zuckerkandlsches Organ n.
zuclopenthixol m. Zuclopenthixol m.
zygodactylie f. Zygodaktylie f.
zygomaticofacial zygomatikofazial
zygomaticofrontal zygomatikofrontal
zygomaticoorbitaire zygomatikoorbital
zygomaticosphénoïdien zygomatikosphenoidal
zygomatique zygomatisch
zygomaxillaire zygomaxillär
zygomycose f. Zygomykose f.
zygosporine f. Zygosporin n.
zygote zygotisch
zygote m. Zygote f.
zymase f. Zymase f.
zymogène m. Zymogen n.
zymogramme m. Zymogramm n.
zymohexase f. Zymohexase f.
zymolyse f. Zymolyse f.
zymostérol m. Zymosterin n.

# Zweiter Teil
**deutsch – französisch**

# Deuxième partie
**allemand – français**

# A

A.A. (=Anonyme Alkoholiker m. pl.) Alcooliques Anonymes m. pl.
AAF (=Antiatelektasefaktor) m. surfactan factor m.
Abadiesches Zeichen n. signe d'Abadie m.
abakteriell abactérien
Abart f. variété f.
Abartikulatuion f. abarticulation f.
Abasie f. abasie f.
abaxial abaxial
abbalgen peler, s'escarrifier
Abbau m. dégradation, décomposition f.
Abbau, geistiger déterioration mentale f.
abbauen dégrader, décomposer.
Abbauzelle f. cellule poubelle f.
abbeisen mordre
abbeizen (dent.) décaper
Abbiegung f. déflection , déviation f.
abbinden ligaturer
abbinden (dent.) poser
Abbindeprozess (dent.) pose
Abbindung f. ligature f.
Abblassen n. décoloration f., pâleur f.
Abblassung, bitemporale f. décoloration bitemporale f.
Abblasventil n. valve d'échappement f.
abblättern exfolier, s'écailler
Abbremsung f. décélération f.
Abbruchblutung f. hémorragie de privation f., hémorragie folliculaire f.
abbürsten brosser
Abdampfschale f. capsule d'évaporation f.
Abdecker m. équarrisseur m. (vet.)
Abdeckerei f. équarrissage m. (vet.)
Abdecktest m. test du cache m.
Abderhalden-Fanconisches Syndrom n. Cystinose f., maladie de Lignacanconi f.
abdichten calfater, calfeutrer, étancher, fermer
Abdichtung f. étanchéfication f., fermeture f., joint m.

Abdomen n. abdomen m.
Abdomen-Übersicht f. abdomen sans préparation (=ASP) .
Abdomen, akutes syndrome abdominal aigu m.
abdominal abdominal
Abdominalgie f. abdominalgie f.
abdominoanterior abdominoantérieur
abdominogenital abdominogénital
abdominoperieal abdominopérineal
abdominoposterior abdominopostérieur
Abdominoskop n. abdominoscope m.
Abdominoskopie f. abdominoscopie f.
abdominoskopisch abdominoscopique
abdominoskrotal abdominoscrotal
abdominothorakal abdominothoracal
abdominovaginal abdominovaginal
abdominovesikal abdominovésical
Abdominozentese f. abdominocentèse f.
abdominozystisch abdminocystique
Abdruck m. empreinte f. (dent.)
Abdruck, einen A. nehmen prendre une empreinte
Abdrucklöffel m. spatule f. (dent.)
Abduktion f. abduction f.
Abduktionsschiene f. attelle d'abduction f., èclisse d'abduction f.
Abduktor m. abducteur m.
Abduzenslähmung f. paralysie des abducteurs f.
abduzieren écarter, mettre en abduction
Aberglaube m. superstition f.
Aberration f. aberration f.
aberrierend aberrant, anormal
Abetalipoproteinämie f. abétalipoprotéinémie f., syndrome de Bassen-Kornzweig m.
Abfall (=Abstieg) m. chute f., décroissance f.

Abfall (=Überbleibsel) m.  déchet m., résidu m.
Abfalleimer m.  poubelle f, .seau à ordures m.
abfallen  être de reste
abfallen (=absteigen)  chuter, décroître
abfeilen  limer
abflachen  aplatir, devenir plat, niveler
abfließen  s'écouler
Abfluß m.  écoulement n.
Abflußkanal m.  canal d'écoulement m., égout m.
Abflußrohr n.  tuyau d'écoulement m.
Abflußschlauch m.  tuyau d'écoulement m.
Abformstoff (dent.) m.  matériel pour empreinte m.
Abformung (dent.)  empreinte f.
abführen  emporter, purger
abführend  laxatif, purgatif
Abführmittel n.  laxatif m., purge f.
Abgas n.  gaz déchappement m.
abgehen  partir, quitter
abgemagert  amaigri, émacié
abgeschlagen  fatigué
abgeschwächtes Atemgeräusch n.  bruit respiratoire diminué m.
abgestorben  mort, nécrosé
abgewöhnen  déshabituer
abgrenzen  délimiter
Abgrenzung f.  délimitation f.
Abguß m.  moulage m. dent.
abhängig (von Drogen, Alkhol)  dépendant
Abhängigkeit f.  dépendance f.
abhärten  endurcir
abheben  soulever au levier
abhobeln  abraser, raboter
abhorchen  ausculter, écouter
Abietin n.  abiétine f.
Abiogenese f.  abiogénèse f., archébiose f., géneration spontanée f.
abiogenetisch  abiogénétique
Abiose f.  abiose f.
abiotisch  abiotique
Abiotrophie f.  abiotrophie f.
abiotrophisch  abiotrophique
abiuretisch  abiorétique
abkapseln  encapsuler, enkyster
Abkapselung f.  encapsulement m., enkystement m.
Abkauung f.  rongement m.

Abklatschgeschwür n.  ulcères symétriques m. pl.
abklemmen  clamper, pincer
Abklemmvorrichtung m.  garrot m.
Abklingen n.  diminution d'élimination m.
Abklingquote, f.  quotient d'élimination m.
Abklingquote, hohe f.  quotient d'élimination élevé m.
abkneifen  enlever par pincement
Abknickung f.  déviation angulaire f, . pliure f.
abkochen  faire une décoction
Abkochung f.  décoction f.
abkratzen  enlever par grattage
Abkühlung f.  refroidissement m.
Abkürzung f.  abréviation f.
Ablagerung f.  dépot m.
Ablagerungsvorgang m.  formation de dépôt f.
Ablaktation f.  ablactation f.
Ablastin n.  ablstine f.
Ablatio f.  ablation f.
Ablatio mammae f.  mastectomie f.
Ablehnung f.  rejet m.
ableiten (Flüssigkeit)  drainer
ableitend  dérivatif
ableitendes Mittel n.  dérivatif m. révulsif m.
Ableitung f.  dérivation f., (ECG)
ablenkbar (psychol.)  disposé à la distraction
Ablenkbarkeit (psychol.) f.  tendance à la distraction f.
ablenken  détourner
ablenken (psychol.)  distraire
Ablenkung f.  détournement m.
Ablenkung (psychol.) f.  distraction f.
ablösen  décoller, détacher
Ablösung (=Loslösung) f.  détachement m., d'collement m.
abmagern  maigrir
Abmagerung f.  amaigrissement m., émaciation f.
abmontieren  démonter
abnabeln  couper le cordon ombilical
Abnabelung f.  omphalotomie f.
Abnahme (=Verringerung) f.  diminution f.
abnehmen  diminuer
abnehmen (=abmagern)  maigrir

**abnorm** anomal
**Abnormität f.** anormalité f.
**Abnutzung f.** usure f.
**Abokklusion f.** occlusion f
**Abomasitis f.** abomasite f
**Abomasopexie f.** abomasopexie f.
**Abomasus m.** abomasus m., caillette f.
**aboral** opposé à la bouche
**Abort m. (=Fehlbegurt f.)** avortement m., fausse couche f.
**abortieren** avorter
**abortiv** abortif
**Abortivum n.** abortif m.
**Abortus artificialis m.** avortement provoqué m
**Abortus completus m.** avortement complet m.
**Abortus criminalis m.** avortement ciminel m.
**Abortus febrilis m.** avortement fébrile m.
**Abortus habitualis m.** avortement habituel m
**Abortus imminens m.** avortement imminent m.
**Abortus incompletus m.** avortement incomplet m.
**Abortus, seuchenhafter m.** avortement épidémique m. (vet.)
**Abortuszange f.** pince à faux germes f.
**Abprall m.** rebond m.
**abpumpen** pomper
**Abrachie f.** abrachie f., lipobrachie f.
**Abrachiozephalie f.** abrachiocéphalie f.
**abradieren** abraser
**Abrasio f.** abrasion f.
**Abrasion f.** abrasion f.
**Abrasionsfestigkeit f.** résistance à l'abrasion f.
**Abrasionsfläche f.** surface d'abrasion f.
**abrasiv** abrasif
**abreagieren** abréagir
**Abreaktion f.** abréaction f.
**abreiben** frotter
**Abreibung f.** friction f.
**Abrieb m.** abrasion f.
**Abriß m.** arrachement m.
**Abrufbeatmung f.** ventilation assistée à la demande f.

**Abrufprogramm n.** programme disponible m.
**Abrufschrittmacher m.** stimulateur cardiaque à la demande m.
**abrunden** arrondir
**abrupt** abrupt
**Absauganlage f.** système d'aspiration m.
**absaugen** aspirer, sucer
**Absaugrohr n.** tube d'aspiration m.
**abschaben** racler
**Abschälungsfraktur f.** fracture clivée f.
**abscheiden** sécréter
**Abscherung f.** cisaillement m.
**abschilfern** exfolier
**Abschilferung f.** exfoliation f.
**abschirmen** protéger
**Abschirmung f.** protection f.
**abschleifen** meuler
**Abschlußkontrolle f.** contrôle final m.
**Abschlußlinie f.** ligne de finition f. (dent.)
**abschneiden** couper, sectionner
**Abschnürbinde f.** garrot m.
**abschrägen** couper en biseau
**abschuppen** desquamer
**Abschuppung f.** desquamation f., exfoliation f.
**Abschürfung f.** écorchure f., éraflure f.
**abschweifen** s'écarter
**abschwellen** désenfler
**abschwellend** décongestionnant
**abschwellendes Mittel n.** anticongestif m.
**Abschwellung f.** désenflement m., détumescence f.
**Absentismus m.** absentéisme m.
**Absetzen einer Behandlung n.** interruption d'une thérapeutique f.
**Absicht f.** intention f.
**absichtlich** intentionnel
**absolut** absolu
**absoluter Alkohol m.** alcool absolu m.
**absondern (ausscheiden)** sécréter
**absondern (isolieren)** isoler, séparer
**Absonderung (Ausscheidung) f.** excrétion f., exsudat m., sécrétion f.
**Absonderung (Isolierung) f.** isolation f., séparation f.
**Absorbens n.** absorbant m.

absorbieren  absorber
absorbierend  absorbant
Absorptiometrie f.  absorptiométrie f.
Absorption f.  absorption f.
Absorptionsfähigkeit f.  absorbabilité f.
abspalten  dédoubler, diviser
Abspaltung f.  division f., scission f.
absplittern  faire des éclats, se fendre
absprengen  pratiquer une divulsion
Absprengung f.  divulsion f.
abspulen  débobiner, rincer
abstammen  descendre de
Abstammungswahn m.  délire de filiation m.
Abstand m.  distance f.
absteigen  descendre
absterben  se nécroser
absterben (gefühllos werden)  perdre la sensibilité
Abstieg m.  descente f.
abstillen  sevrer
Abstillen n.  sevrage m.
abstinent  abstinent
Abstinenz f.  abstinence f.
abstöpseln  boucher
Abstöpselung f.  bouchage f.
abstoßend  repoussant
Abstoßung f.  détachement m., répulsion f.
Abstoßung eines Transplantates f.  rejet d'une greffe m.
abstrahlen, mit Sand  sabler (dent.)
Abstrahlgebläse n.  sableuse f.
abstrakt  abstrait
Abstraktion f.  abstraction f.
Abstrich m.  frottis m., préparation microscopique f.
Abstrich, einen A. machen  faire un frottis
abstumpfen  devenir indifférent
Abstützung f.  support m.
Abszeß m.  abcès m., collection purulente f
Abszeß, kalter m.  abcès froid m.
Abszeßmesser n.  lancette f.
Abszisse f.  abscisse f.
Abt-Letterer-Siwesche Krankheit f.  maladie d'Abt-Letterer-Siwe f.
Abtastmethode f.  méthode de palpation f.

Abteilung f.  département m., section f., service m.
Abteilung, geschlossene/offene f.  service fermé/ouvert m.
abtragen  enlever
abtreiben  expulser
abtreiben (gyn.)  faire un avortement
Abtreibung (gyn.) f.  avortement m.
abtupfen  éponger, tamponner
Abulie f.  aboulie f.
abulisch  aboulique
Abulomanie f.  aboulomanie f.
Abundanz f.  abondance f.
abwaschen  laver
Abwaschung f.  ablution f.
Abwasser n.  eaux sales f. pl.
Abwehr (immun;) f.  défense f.
Abwehr (psychol;)  résistance F
Abwehrferment n.  ferment de défense m.
Abwehrkraft f.  potentiel de défense m.
Abwehrmechanismus m.  mécanisme de défense m.
Abwehrspannung f.  tension de défense abdominale f.
Abweichung f.  aberration f., déviation f.
abwenden  détourner
abwerten  dévaluer
abwischen  essuyer
abzapfen  percer, ponctionner
Abzugkanal (dent.)  canal d'évacuation m.
Abzweigung f.  bifurcation f.
Abzweigung f. (shunt)  shunt m.
Acantholyse f.  acantholyse f.
acantholytisch  acantholytique
Acanthosis nigricans f.  acanthosis nigricans f.
Acarapis m.  acarapis m.
Acarbose f.  acarbose m.
Accretio f.  accrétion f.
ACE (Angiotensin-Conversions-Enzym) n.  enzyme de conversion de l'angiotensine (ECA) f.
Acelidin n.  acélidine f.
Acemetacin n.  acémétacine f.
Acenocoumarol n.  acénocoumarol m.
Acet siehe auch /  voir aussi Azet
Acetanilid n.  acétanilide m., antifibrine f.

Acetat n.   acétate m.
Acetazolamid n.   acétazolamide m.
Aceton n.   acétone m.
Acetonid n.   acétonide m.
Acetophenitidin n.   acétophénétidine f.
Acetrizoat n.   acétrizoate m.
Acetyl siehe auch /   voir aussi Azetyl
Acetylcholin n.   acétylcholine f.
Acetyldigoxin n.   acétyldigoxine f.
Acexamat n.   acéxamate m.
Achalasie f.   achalasie f.
Achat m.   agate f.
Acheilie f.   acheilie f.
Achillessehne f.   tendon d'Achille m.
Achillessehnenreflex m.   réflexe achilléen m.
Achillodynie f.   achillodynie f.
Achillorrhaphie f.   suture du tendon d'Achille f.
Achillotomie f.   achillotomie f.
Achlorhydrie f.   achlorhydrie f.
achlorhydrisch   achlorhydrique
Acholie f.   acholie f.
Acholurie f.   acholurie f.
acholurisch   acholurique
Achondrogenesis f.   achondrogenèse f.
Achondroplasie f.   achondroplasie f.
Achorese f.   achorèse f.
achrestisch   achrestique
Achromasie f.   achromasie f.
Achromat m.   achromate m.
achromatisch   achromatique
Achromatopsie f.   achromatopsie f.
Achromatozyt m.   achromatocyte m.
Achromie f.   achromie f.
Achromobacter m.   achromobacter m.
Achse f.   axe m.
Achselhöhle f.   aisselle f.
Achsendrehung f.   torsion axiale f.
Achsenhyperopie f.   hyperopie axiale f.
Achsenmyopie f.   myopie axiale f.
Achsenverschiebung f.   déplacement axial m.
Achsenzugzange f.   forceps de Tarnier m.
Achsenzylinder m.   cylindre-axe m.
Achsenzylinderfortsatz m.   axone m., prolongement de Deiters m.
achteckig   octogonal
Achtertourenverband m.   bandage croisé en huit m.

achtwertig   octovalent
Achylie f.   achylie f.
achylisch   achylique
Achymie f.   achymie f.
ächzen   geindre, gémir
Aciclovir n.   aciclovir m.
Acidimeter n.   acidimètre m.
Acidocillin n.   acidocilline f.
Acidose f.   acidose f.
Acidothymidin n.   acidothymidine f.
acidotisch   d'acidose
Aclarubicin n.   aclarubicine f.
Aclutacil n.   acluracile m.
Acne f.   acné f.
Aconitan n.   aconit m.
Aconitin n.   aconitine f.
Acrisorcin n.   acrisorcine f.
Acrocyanose f.   acrocyanose f.
Acrodermatitis f.   acrodermatite f.
Acrolein n.   acroléine f.
Acryl siehe auch /   voir aussi Akryl
Acrylamid n.   acrylamide m.
Acrylat n.   acrylate m.
Acrylatkrone f.   couronne acrylique f.
ACTH (adrenocorticotropes Hormon) n.   hormone adrénocorticotrope (ACTH) f.
ACTH freisetzender Faktor m.   facteur de libération de l' ACTH
Actinid n.   actinide m.
Actinomyces m.   actinomyces m.
Actinomycin n.   actinomycine f.
Actinomycose f.   actinomycose f.
Acycloguanosin n.   acycloguanosine f.
Acyl siehe auch /   voir aussi Azyl
Acyldehydrogenase f.   acyldéhydrogénase f.
Acylethanolamin n.   acyléthanolamine f.
Acylguanidin n.   acylguanidine f.
Acylierung f.   acylation f;
Acyltransférase f.   acyltransférase f.
Acylureidomethylpenicillin n.   acyluréidométhylpénicilline f.
Acylureidopenicillin n.   acyluréidopénicilline f.
Adaktylie f.   adactylie f.
Adamantanamin n.   adamantanamine f.
Adamantin n.   adamantine f.
Adamantinom n.   adamantinome m., améloblastome m.

**Adamantoblast m.** adamantoblaste
m.
**adamantodentinal** amélodentinal
**Adamantoylcytarabin n.** adamantoyl-
cytarabine f.
**Adams-Stokessches Syndrom n.** syn-
drome d'Adams-Stokes m.
**Adamsapfel m.** pomme d'Adam f.
**Adamsit n.** adamsite f.
**Adaptation f.** adaptation f.
**Adapter m.** adaptateur m.
**adaptieren** adapter
**Adaptinose f.** adaptinose f.
**adäquat** adéquat
**Addisonismus m.** addisonisme m.
**Addisonsche Krankheit f.** maladie
d'Addison f.
**Additiv n.** additif m.
**Adduktion f.** adduction f.
**Adduktor m.** adducteur m.
**Adduktorenkanal m.** canal fémoral
m.
**adduzieren** mettre en adduction
**adelomorph** adélomorphe
**Ademetionin n.** adémétionine f.
**Adenin n.** adénine f.
**Adenitis f.** adénite f.
**adenitisch** adénitique
**Adenoacanthom n.** adénoacanthome
m.
**Adenoangiosarkom n.** adénoangios-
arcome m.
**Adenoblast m.** adénoblaste m.
**Adenocarcinom n.** adénocarcinome
m.
**Adenochondrom n.** adénochondrome
m.
**Adenofibrom n.** adénofibrome m.
**Adenographie f.** adénographie f.
**Adenohypophyse f.** lobe antérieur de
l'hypophyse m.
**adenoid** adénoïde, adénoïdien
**adenoide Vegetationen f. pl.** végétati-
ons adénoïdes f. pl.
**Adenoidektomie f.** adénoïdectomie f.
**Adenolipomatose f.** adénolipomatose
f.
**Adenolymphom n.** adénolymphome
m.
**Adenom n.** adénome m.
**Adenom des Inselgewebes n.** insuli-
nome m.

**Adenoma sebaceum n.** adénome sé-
bacé m.
**Adenoma sudoriferum n.** adénome
sudorifère m.
**adenomatös** adénomateux
**Adenomyom n.** adénomyome m.
**Adenosin n.** adénosine f.
**Adenosindiphosphat (ADP) n.** acide
adénosinediphosphorique m. (ADP)
**Adenosinmonophosphat n. (AMP)**
acide adénosinemonophosphatique
(AMP)
**Adenosintriphosphat n. (ATP)** adéno-
sine triphosphate f.
**Adenosklerose f.** adénosclérose f.
**adenosquamös** adénosquameux
**Adenotom n.** adénotome m., curette à
adénoïdes f.
**Adenotomie f.** adénotomie f.
**Adenovirus n.** adénovirus m.
**Adenovirusinfektion f.** infection à
adénovirus f.
**Adenozele f.** adénocèle f.
**Adenylat n.** adénylate m.
**Adenylcyclase f.** adénylcyclase f.
**Adeps lanae m.** adeps lanae m.
**Adeps lanae anhydricus m.** adeps la-
nae anhydricus m.
**Aderhaut f.** choroïde f.
**Aderlaß m.** saignée f.
**Adermin n.** adermine f., pyridoxine f.
**ADH (=antiduretisches Hormon) n.**
ADH (=hormone antidiurétique)
**Adhäsin n.** adhésine f.
**Adhäsion f.** adhésion f.
**adiabatisch** adiabatique
**Adiadochokinesie f.** adiadococinésie
f.
**Adiaphorese f.** adiaphorèse f.
**Adiesches Syndrom n.** syndrome
d'Adie m.
**Adinazolam n.** adinazolam m.
**Adipocire n.** adipocire f.
**Adiponekrose f.** adiponécrose f.
**adipös** adipeux
**Adipositas f.** adiposité f.
**Adipositas dolorosa f.** adiposité dou-
loureuse f.
**adiposogenital** adiposogénital
**Adiposogigantismus m.** adiposogi-
gantisme m.
**Adipozyt m.** adipocyte m.

**Adipsie f.** adipsie f.
**Adiuretin n.** adiurétine f.
**Adjuvans n.** adjuvant m.
**Adjuvantizität f.** propriété d'adjuvant f.
**Adnex m.** annexe f.
**Adnexheftung f.** annexopexie f.
**Adoleszent m.** adolescent m.
**Adoleszentenkropf m.** goitre pubertaire m.
**Adonidin n.** adonidine f.
**Adonit n.** adonite f.
**Adontie f.** adontie f.
**Adoption f.** adoption f.
**adoptiv** adoptif
**adrenal** surrénal
**Adrenalektomie f.** surrénalectomie f.
**adrenalektomieren** surrénalectomier
**Adrenalin n.** adrénaline f., épinéphrine f.
**adrenergisch** adrénergique
**Adrenochrom n.** adrénochrome m.
**adrenogenital** adrénogénital
**adrenogenitales Syndrom n.** syndrome adrénogénital m.
**adrenokortikotrop** adrénocorticotrope
**adrenokortikotropes Hormon n.** adréno corticotrophine f.
**adrenolytisch** adrénolytique
**adrenomedullär** adrénomédullaire
**Adrenorezeptor m.** récepteur adrénergique m.
**adrenotrop** adrénotrope
**Adriamycin n.** adriamycine f.
**adsorbieren** adsorber
**Adsorption f.** adsorption f.
**Adstringens n.** astringent m.
**adstringierend** astringent
**ADTA (Äthylen-Diamin-Tetra-Azetat) n.** EDTA (éthyléne diamine tétra-acétate) m.
**Adventitia f.** tunique adventice f.
**Adventitiazelle f.** cellule adventicielle f.
**Adynamie f.** adynamie f.
**aerob** aérobie
**Aerobier m.** aérobie m.
**Aerodynamik f.** aérodymamique f.
**aerodynamisch** aérodynamique
**Aerogramm n.** aérogramme m.
**Aerographie f.** aérographie f.

**aerographisch** aérographique
**Aeromammographie f.** aéromammographie f.
**Aeroneurose f.** aéroneuropathie f.
**Aerophagie f.** aérophagie f.
**Aerosol m.** aérosol m.
**Aerosolapparat m.** appareil pour aérosol m.
**Aerosyringitis f.** aérosyringite f.
**Aerozystoskopie f.** aérocystoscopie f.
**aerozystoskopisch** aérocystoscopique
**Affe m.** singe m.
**Affekt m.** affect m.
**Affektabstumpfung f.** perte d'affectivité f.
**Affektepilepsie f.** crise convulsive psychasthénique f.
**Affekthandlung f.** action en état d'émotion f.
**Affektinkontinenz f.** incontinence affective f.
**Affektion f.** affection f., maladie f.
**affektiv** affectif
**Affektivität f.** affectivité f.
**Affektkrampf m.** convulsion émotive f.
**Affektlabilität f.** labilité affective f.
**Affektschwäche f.** insuffisance affective f.
**Affektstauung f.** blocage de l'expression affective m.
**affenartig** simiesque
**Affenfurche f.** dermatoglyphe simiesque m.
**Affenhand f.** main de singe f.
**Affenpocken f. pl.** variole du singe f.
**Affenspalte f.** scissure perpendiculaire externe f.
**afferent** afférent
**Afferenz f.** afférence f.
**Affinität f.** affinité f.
**affizieren** affecter
**Afflux m.** afflux m.
**Afibrinogenämie f.** afibrinogénémie f.
**Aflatoxin n.** aflatoxine f.
**AFP (Alpha-1-Foetoprotein) n.** AFP (alpha-1-foetoprotéine) f.
**AFR (=Antifibrinolysinreaktion)f.** AFR (réaction d'antifibrinolysine) f.
**After m.** anus m.
**Afterklaue f.** ergot m.
**Agalaktie f.** agalactie f.

Agammaglobulinämie f.   agammaglo-
  bulinémie f.
Aganglionose f.   aganglionose f.
Agar m.   agar m.
Agarizin n.   agaricine f.
Agarose f.   agarose m.
agastrisch   agastrique
Agenitalismus m.   agénitalisme m.
Agens n.   agent m.
Ageusie f.   agueusie f.
Agglomerat n.   agglomération f.
agglutinabel   agglutinable
agglutinieren   agglutiner
Agglutinin n.   agglutinine f.
Aggravation f.   aggravation f.
aggravieren   aggraver
Aggregat n.   agrégat m.
Aggregation f.   agrégation f.
aggregieren   agréger
Aggregierfähigkeit f.   agrégabilité f.
Aggressin n.   agressine f.
Aggression f.   agression f.
aggressiv   agressif
Agitation f.   agitation f.
agitiert   agité
Aglossie f.   aglossie f.
Aglukon n.   aglycone m.
Aglykon n.   aglycone m.
Agnathie f.   agnathie f.
Agnosie f.   agnosie f.
agonal   agonal
Agonie f.   agonie f.
Agonist m.   agoniste m.
Ägophonie f.   égophonie f.
Agoraphobie f.   agoraphobie f.
Agrammatismus m.   agrammatisme
  m.
agranulozytär   agranulocytaire
Agranulozytose f.   agranulocytose f.
Agraphie f.   agraphie f.
Agryphie f.   agryphie f.
AGS (adrenogenitales Syndrom) n.
  AGS (syndrome adrénogénital) m.
Ahle f.   alène f.
Ahlfeldsches Zeichen n.   signe d'Ahl-
  feld m.
ähnlich   semblable
Ahornsirupkrankheit f.   leucinose f.,
  maladie des urines à odeur de sirop
  d'érable

AIDS (akquiriertes Immundefektsyn-
  drom) n.   SIDA (Syndrome d'Im-
  muno Déficience Acquise) m.
Ajmalin n.   ajmaline f.
ajustieren   ajuster
Akademie f.   académie f.
Akademiker m.   académicien m.
Akademikerin f.   académicienne f.
akademisch   académique
akademischer Beruf m.   profession
  exigeant un diplome universitaire f.
Akalkulie f.   acalculie f.
Akantholyse f.   acantholyse
akantholytisch   acantholytique
Akanthom n.   acanthome m.
Akanthose f.   acanthose f.
Akanthozephalus m.   acanthocépha-
  lus m.
Akanthozyanose f.   acanthocyanose f.
Akapnie f.   acapnie f.
Akardie f.   acardie f.
Akatalasie f.   acatalasie f.
Akataphasie f.   acataphasie f., agram-
  matisme m.
AKG (Angiocardiogramm) m.   angio-
  cardiogramme m.
AKG (Apexkardiogramm) n.   ACG
  (apexcardiogramme) m.
Akinästhesie f.   acinesthésie f.
Akinesie f.   akinésie f.
akinetisch   akinétique
Akinospermie f.   acinésie spermique f.
akklimatisieren   acclimater
Akklimatisierung f.   acclimatation f.
Akkommodation f.   accommodation
  f.
Akkommodationsreflex m.   réflexe à
  l'accomodation m.
akkommodieren   accommoder
akkumulieren   accumuler
Akne f.   acné f.
Akonit n.   aconit m.
Akonitan n.   aconit m.
Akonitin n.   aconitine f.
Akridin n.   acridine f.
Akrodynie f.   acrodynie f.
Akrogerie f.   acrogérie f.
Akrohyperhidrose f.   acrohyperhi-
  drose f.
Akrokeratose f.   acrokératose f.
akromegal   acromégalique
Akromegalie f.   acromégalie f.

Akromikrie f.   acromicrie f.
akromioklavikulär   acromioclaviculaire
akromioskapulär   acromioscapulaire
akromiothorakal   acromiothoracal
Akroosteolyse f.   acroostéolyse f.
Akropachie f.   acropachie f.
Akroparästhesie f.   acroparesthésie f.
akroparästhetisch   acroparesthésique
Akrosin n.   acrosine f.
Akrosom n.   acrosome m.
akrozentrisch   acrocentrique
Akrozephalie f.   acrocéphalie f.
Akrozephalosyndaktylie f.   acrocéphalosyndactylie f.
Akrozyanose f.   acrocyanose f.
akrozyanotisch   acrocyanotique
Akryl n.   acryle m.
Akrylamid n.   acrylamide m.
Akrylat n.   acrylate m.
Akrylharz n.   résine acrylique f.
Akrylonitril n.   acrylonitrile m.
Aktinid n.   actinide m.
aktinisch   actinique
Aktinium n.   actinium m.
Aktinobazillose f.   actinobacillose f.
Aktinomycin n.   actinomycine f.
Aktinomykose f.   actinomycose f.
aktinomykotisch   actinomycosique
Aktinomyzetom n.   actinomycétome m.
Aktinotherapie f.   actinothérapie f.
Aktinouran n.   actinouranium m.
Aktion f.   action f.
Aktionsstrom m.   courant d'action m.
aktiv   actif
Aktivator m.   activateur m.
aktivieren   activer
Aktivierung f.   activation f.
Aktivierungssystem, retikuläres n.   système réticulaire facilitateur m.
Aktivität f.   activité f.
Aktol n.   actol m.
Aktomyosin n.   actomyosine f.
aktualisieren   actualiser
Akuität f.   acuité f.
Akupunktur f.   acuponcture f.
Akustik f.   acoustique f.
Akustikusneurinom n.   neurinome acoustique m.
akustisch   acoustique
akut   aigu

akute gelbe Atrophie f.   atrophie jaune aigue du foie f.
akute lymphatische Leukose f. (ALL)   leucémie lymphoblastique aigue f.
akute myeloische Leukose f. (AML)   leucémie myéloïde aigue f.
akute nichtlymphozytäre Leukämie f. (ANLL)   leucémie aigue non lymphocytaire f.
akutkranke Person f.   personne atteinte d'une maladie aigue f.
Akzeleration f.   accélération f.
akzelerieren   accélérer
Akzent m.   accent m.
Akzentuation f.   accentuation f.
akzentuieren   accentuer
Akzeptor m.   accepteur m.
Alabamin n.   alabamine f.
Alabaster m.   albâtre m.
alanieren   alaniser
Alanin n.   alanine f.
Alantolakton n.   alantolactone f.
Alanylalanin n.   alanylalanine f.
Alanylhistidin n.   alanylhistidine f.
Alanylleucin n.   alanylleucine f.
Alarm m.   alarme f.
Alarmbereitschaft f.   état d'alerte m.
alarmieren   alarmer, alerter
Alarmklingel f.   sonnette d'alarme f.
Alarmsystem n.   système d'alarme m.
Alastrim n.   alastrim m.
Alaun n.   alun m.
Albentazol n.   albentazole m.
Albers-Schönbergsche Marmorknochenkrankheit f.   maladie d'Albers-Schönberg f.
Albinismus m.   albinisme m.
Albino m.   albinos m.
albinotisch   albinos
Albrightsches Syndrom n.   syndrome d'Albright m.
Albuginea f.   albuginée f.
Albugineotomie f.   albuginéotomie f.
Albumin n.   albumine f.
Albuminometer n.   albuminomètre m.
Albuminurie f.   albuminurie f.
albuminurisch   albuminurique
Albumose f.   albumose f.
Alcianblau n.   bleu alcian m.
Alclofenac n.   alclofénac m.
Alcuronium n.   alcuronium m.
Aldehyd m.   aldéhyde f. ou m.

Aldicarb n. aldicarb m.
Aldohexose f. aldohexose m.
Aldokortikosteron n. aldocorticostérone f.
Aldol n. aldol m.
Aldolase f. aldolase f.
Aldometason n. aldométasone f.
Aldose f. aldose m.
Aldosteron n. aldostérone f.
Aldosteronismus m. aldostéronisme m.
Aldrin n. aldrine f.
Aleppobeule f. bouton d'Alep m.
Aleukämie f. leucémie aleucémique f.
aleukämisch aleucémique
Aleukie f. aleucie f.
Aleurat n. aleurate m.
Aleutenkrankheit f. maladie d'Alëutian f.
Alexander-Adams-Operation f. opération d'Alexander f.
Alexie f. alexie f.
Alexin n. alexine f.
Alfadolon n. alfadolone m.
Alfentanil n. alfentanil m.
Algesie f. algésie f.
Algie f. algie f.
Alginat n. alginate m.
Algodystrophie f. algodystrophie f.
Algolagnie f. algolagnie f.
Algophobie f. algophobie f.
Algorithmus m. algorithme m.
Algose f. algose f.
Alifedrin n. alifédrine f.
Alimemazin n. alimémazine f.
alimentär alimentaire
Alinidin n. alinidine f.
aliphatisch aliphatique
Alizaprid n. alizapride f.
Alizarin n. alizarine f.
Alizaringelb n. jaune d'alizarine m.
alizyklisch alicyclique
Alkali n. alcali m.
Alkaligehalt m. teneur alcaline f.
Alkalinität f. alcalinité f.
Alkalireserve f. réserve alcaline f.
Alkalisation f. alcalinisation f.
alkalisch alcalique
alkalisieren alcaliniser
Alkalisierung f. alcalinisation f.
Alkaloid n. alcaloïde m.
Alkalose f. alcalose f.

alkalotisch en état d'alcalose
Alkan n. alcane m.
Alkapton n. alcaptone m.
Alkaptonurie f. alcaptonurie f.
Alken n. alcène m.
Alkin n. alkyne f.
Alkohol m. alcool m.
Alkohol, absoluter m. alcool absolu
Alkohol, Allyl m. alcool allylique
Alkohol, Amyl m. alcool amylique
Alkohol, Äthyl m. alcool éthylique
Alkohol, aromatischer m. alcool aromatique m.
Alkohol, Butyl- m. alcool butylique
Alkohol, Cetyl- m. acool cétylique
Alkohol, dehydrierter m. alcool déshydraté
Alkohol, gesättigter m. alcool saturé
Alkohol, Methyl- m. alcool méthylique
Alkohol, primärer m. alcool primaire
Alkohol, Propyl- m. alcool propylique
Alkohol, sekundärer m. alcool szcondaire
Alkohol, tertiärer m. alcool tertiaire
Alkohol, ungesättigter m. alcool insaturé
Alkohol, verdünnter m. alcool dilué
Alkohol, vergällter m. alcool amer .
Alkoholblockade f. bloc à l'alcool m.
Alkoholgegner m. antialcoolique m.
Alkoholgegnerin f. antialcoolique f.
Alkoholiker m. alcoolique m.
Alkoholikerin f. alcoolique f.
alkoholisch alcoolique
alkoholisches Getränk n. boisson alcoolisée f.
Alkoholismus m. alcoolisme m.
Alkoholsucht f. alcoolodépendance f.
Alkoxid n. alkoxyde m.
Alkyl n. alcoyle m., alkyle m.
alkylieren alkyler
alkylierende Substanz f. substance alkylante f.
Allantoin n. allantoïne f.
Allantoinat n. allantoïnate m.
Allantoisflüssigkeit f. liquide allantoïde m.
allel allèle
Allel m. allèle m.
Allelie f. allélomorphisme m.

allelomorph allélomorphe
Allelomorphie f. allélomorphie f.
Allen-Doisy-Test m. test d'Allen et Doisy m.
Allergen n. allergène m.
Allergie f. allergie f.
allergisch allergique
allergisieren provoquer une allergie
Allergisierung f. hypersensibilisation f.
Allergose f. maladie allergique f., maladie atopique f.
Allerweltsmittel n. médicament universel m.
Alles-oder-Nichts-Gesetz n. loi du tout ou rien f.
Allgemeinbefinden n. état général m.
Allgemeingefühl n. sentiment d'ensemble m.
Allgemeinmedizin f. médecine générale f.
Allgemeinnarkose f. anesthésie générale f.
Allgemeinpraktiker m. médecin généraliste m.
Allgemeinpraxis f. cabinet de médecine générale m.
Allgemeinzustand m. état général m.
Allheilmittel n. panacée f.
Alloantigen n. alloantigène m.
Alloantikörper m. alloanticorps m.
Allobiose f. allobiose f.
allobiotisch allobiotique
allogen allogénique, homologue
Allokinese f. allocinésie f.
Allopath m. allopathe m.
Allopathie f. allopathie f.
Allopathin f. allopathe f.
allopathisch allopathique
Allopregnan n. alloprégnane f.
Allopregnandiol n. alloprégnandiol m.
Allopregnanolon n. alloprégnanolone f.
allopsychisch allopsychique
Allopsychose f. allopsychose f.
Allopurinol n. allopurinol m.
Allorhythmie f. allorythmie f.
allorhythmisch allorythmique
Allose f. allose m.
Allotransplantat n. greffe allogénique f., homotransplantation f.

allotrop allotropique
Allotropie f. allotropie f.
allotypisch allotypique
Alloxan n. alloxane m.
Alloxanthin n. alloxanthine f.
Alloxazin n. alloxazine f.
Alloxin n. alloxine f.
allozentrisch allocentrique
Allyl n. allyle m.
Allylalkohol m. alcool allylique m.
Allylestrenol n. allylestrénol m.
Allzweckmaschine f. appareil à usages multiples m.
Almadrat n. almadrate m.
Aloe f. aloès m.
Aloin n. aloïne f.
alopecia areata f. alopecia areata f., pelade f.
Alopezie f. alopécie f.
Alpdrücken n. cauchemars m. pl.
Alpha-1-foetoprotein (AFP) n. alpha-1foetoprotéine f. (AFP)
Alpha-Methyldopa n. alphaméthyldopa m.
Alpha-Rezeptor m. récepteur alpha m.
Alpha-Rezeptoren-Blocker m. alphabloquant m.
Alpha-Strahl m. rayon alpha m.
Alpha-Strahler m. émetteur de rayons alpha m.
Alpha-Welle f. onde alpha f.
Alpha-Zelle f. cellule alpha f.
alphadrenergisch alphaadrénergique
alphabetisch alphabétique
Alphaglobulin n. alphaglobuline f.
Alprazolam n. alprazolam m.
Alprenolol n. alprénolol m.
Alprostadil n. alprostadil m.
altbewährt éprouvé depuis longtemps
Altenfürsorge f. assistance aux personnes âgées f.
Altenheim n. maison de retraite f.
Altenpflegerin f. infirmière de gériatrie f.
Alter n. âge m.
Alter, höheres n. âge avancé m.
Alteration f. altération f.
altern vieillir
Altern n. sénescence f., vieillissement m.
alternd vieillissant

**alternierend** alternant, alternatif
**altersabhängig** dépendant de l'âge
**altersbezogen** correspondant à l'âge
**Altersdemenz f.** démence sénile f.
**Altersgrenze f.** limite d'âge f.
**Altersheim n.** maison de retraite f.
**Altersherz n.** coeur sénile m.
**Alterspsychiatrie f.** psychogériatrie f.
**Altersrente f.** retraite f.
**altersschwach** sénile
**alterssichtig** presbyte
**Alterssichtigkeit f.** presbytie f.
**altersspezifisch** spécifique de l'âge
**Altersstar m.** cataracte sénile f.
**Altersveränderungen f. pl.** altérations
séniles f. pl.
**Altgedächtnis n.** mémoire rétrograde
f.
**Altretamin n.** altrétamine f.
**Altrose f.** altrose m.
**Alttuberkulin n.** tuberculine ancienne
de Koch f.
**Aluminat n.** aluminate m.
**Aluminium n.** aluminium m.
**Aluminiumoxyd n.** oxyde d'alumi-
nium m.
**Aluminose f.** aluminose f.
**Alveobronchiolitis f.** alvéobronchio-
lite f.
**alveolär** alvéolaire
**Alveolarabszeß m.** abcès alvéolaire m.
**Alveolarbogen m.** arcade alvéolaire f.
**Alveolarfortsatz m.** rebord alvéolaire
m.
**Alveolarkanal m.** canal alvéolaire m.
**Alveolarluft f.** air alvéolaire m.
**Alveolarpunkt m.** point alvéolaire m.
**Alveolarpyorrhöe f.** alvéolyse f., pyor-
rhée alvéolaire f.
**Alveolarrand m.** bord alvéolaire m.
**Alveolarschleimhaut f.** muqueuse al-
véolaire f.
**Alveolarspalte f.** poche alvéolaire f.
**Alveolarwand f.** paroi alvéolaire f.
**Alveole f.** alvéole f.
**Alveolektomie f.** alvéolectomie f.
**Alveolitis f.** alvéolite f.
**alveoloarteriell** alvéoloartériel
**alveolodental** alvéolodentaire
**alveolokapillär** alvéolocapillaire
**Alveoloklasie f.** alvéoloclasie f.
**alveololabial** alvéololabial

**alveololingual** alvéololingual
**Alveoloplastik f.** alvéoloplastie f.
**Alveolotomie f.** alvéolotomie f.
**alveolovenös** alvéoloveineux
**Alveolyse f.** alvéolyse f.
**Alymphie f.** alymphie f.
**Alymphoplasie f.** alymphoplasie f.
**Alymphozytose f.** alymphocytose f.
**Alzheimersche Krankheit f.** maladie
d'Alzheimer f.
**Alzheimersche Zelle f.** cellule d' Alz-
heimer f.
**Amalgam n.** amalgame m.
**Amalgamfüllung f.** amalgame m.
**amalgamieren** amalgamer
**Amalgamlöffel m.** spatule à amal-
game f.
**Amalgammischer m.** vibrateur à
amalgame m.
**Amalgamstopfer m.** fouloir à amal-
game m.
**Amalgamträger m.** porte-amalgame
m.
**Amantadin n.** amantadine f.
**Amastie f.** amastie f.
**Amaurose f.** amaurose f.
**amaurotisch** amaurotique
**Ambenonium n.** ambénonium m.
**ambivalent** ambivalent
**Ambivalenz f.** ambivalence f.
**Amblyopie f.** amblyopie f.
**Amboß (med.) m.** enclume f.
**Ambroxol n.** ambroxol m.
**ambulant** ambulant
**ambulante Behandlung f.** traitement
ambulatoire m.
**ambulante Patientin f.** patiente ex-
terne f.
**ambulanter Patient m.** patient externe
m.
**Ambulanz f.** service des consultations
externes m.
**Amcinonid n.** amcinonide m.
**Ameisenlaufen n.** fourmillement m.
**amelanotisch** amélanotique
**Amelie f.** amélie f.
**Ameloblast m.** améloblaste m.
**Ameloblastom n.** améloblastome m.
**amelodentinal** amélodentinal
**Amelogenese f.** amélogenèse f.
**Amenorrhöe f.** aménorrhée f.
**amenorrhoisch** aménorrhéique

**Americium n.**   américium m.
**Ametropie f.**   amétropie f.
**Amezinium n.**   amézinium m.
**Amicillin n.**   amicilline f.
**Amid n.**   amide f.
**Amidase f.**   amidase f.
**Amidotrizoat n.**   amidotrizoate m.
**Amikacin n.**   amikacine f.
**Amikrobiose f.**   amicrobiose f.
**Amilorid n.**   amiloride m.
**Amimie f.**   amimie f.
**Amin n.**   amine f.
**Aminase f.**   aminase f.
**Aminoacridin n.**   aminoacridine f.
**Aminoazidurie f.**   aminoacidurie f.
**Aminobenzoat n.**   aminobenzoate m.
**Aminochinolin n.**   aminoquinoléine f.
**Aminoglykosid n.**   aminoglucoside m.
**Aminolävulinsäure f. (ALS)**   acide aminolévulinique m. (ALA)
**Aminomethan n.**   aminométhane m.
**Aminopeptidase f.**   aminopeptidase f.
**Aminophenazol n.**   aminophénazol m.
**Aminophyllin n.**   aminophylline f.
**Aminoprotease f.**   aminoprotéase f.
**Aminopyrin n.**   aminopyrine f.
**Aminosalizylat n.**   aminosalicylate m.
**Aminosäure f.**   acide aminé m.
**Aminosäure, verzweigkettige f.**   acide aminé à chaine ramifiée m.
**Aminothiazol n.**   aminothiazole m.
**Aminotransferase f.**   aminotransférase f.
**Amiodaron n.**   amiodarone f.
**Amitose f.**   amitose f.
**amitotisch**   amitotique
**Amitryptilin n.**   amitryptiline f.
**AML (=akute myeloische leukose) f.**   leucémie aigue myéloide f.
**Amme f.**   nourrice f.
**Ammoniak n.**   ammoniaque gaz m.
**ammoniakalisch**   ammoniacal
**ammoniakhaltig**   ammoniacal
**Ammoniämie f.**   ammoniémie f.
**Ammonium n.**   ammoniaque f.
**Ammoniumchlorid n.**   chlorure d'ammonium m.
**Ammonshorn n.**   corne d'Ammon f. grand hippocampe m.
**Amnesie f.**   amnésie f.
**amnestisch**   amnésique
**amniogen**   amniogène

**Amniographie f.**   amniographie f.
**amniographisch**   amniographique
**Amnion n.**   enveloppe amniotique f.
**Amnionitis f.**   amnionite f.
**Amnioskop n.**   amnioscope m.
**Amnioskopie f.**   amnioscopie f.
**amnioskopisch**   amnioscopique
**amniotisch**   amniotique
**Amniotomie f.**   amniotomie f.
**Amniozentese f.**   amniocentèse f.
**Amobarbital n.**   amobarbital m.
**Amöbe f.**   amibe f.
**Amöbenruhr f.**   dysenterie amibienne f.
**amöbizid**   amibicide
**amöbizides Mittel n.**   amibicide m.
**amöboid**   amiboïde
**Amodiaquin n.**   amodiaquine f.
**amorph**   amorphe
**Amorphosynthese f;**   amorphosynthèse f.
**Amoss'sches Zeichen n.**   signe d'Amoss m.
**Amoxicillin n.**   amoxicilline f.
**AMP (=Adenosinmonophosphat) n.**   AMP (adénosine monophosphate)f.
**Amper n.**   ampère m.
**Amphetamin n.**   amphétamine f.
**Amphiarthrosis f.**   amphiarthrose f.
**Amphibie f.**   amphibien m.
**amphibol**   amphibole
**amphorisch**   amphorique
**amphorisches Atmen n.**   souffle amphorique m.
**amphoter**   amphotère
**Amphotericin n.**   amphotéricine f.
**Ampicillin n.**   ampicilline f.
**Amplitude f.**   amplitude f.
**Amprolium n.**   amprolium m:
**ampullär**   ampullaire
**Ampulle f.**   ampoule f. (pharm.), ampoule f. (anat.)
**ampullieren**   ampouler
**Amputation f.**   amputation f.
**Amputationsmesser n.**   couteau à amputation m.
**Amputationssäge f.**   scie à amputation f.
**Amputationsstumpf m.**   moignon d'amputation m.
**amputieren**   amputer
**Amputierte (r) f./m.**   amputé (e) m./f.

Amrinon n. amrinone f.
Amsacrin n. amsacrine f.
Amtsarzt m. médecin de santé publique m.
Amtsärztin f. médecin de santé publique m. (Madame le)
Amusie f. amusie f.
amusisch atteint d'amusie
Amygdalin n. amygdaline f.
Amyl n. amyle m.
Amylalkohol m. alcool amylique m.
Amylen n. amylène m.
Amylenhydrat n. amylène hydraté m.
Amylnitrit n. nitrite d'amyle m.
amyloid amyloïde
Amyloid n. amyloïde m.
Amyloidnephrose f. néphrose amyloïde f.
Amyloidose f. amyloïdose f.
Amylolyse f. amylolyse f.
Amylomaltase f. amylomaltase f.
Amylopektin n. amylopectine f.
Amylopektinose f. amylopectinose f.
Amylose f. amyloïdose f.
Amylsulfat n. amylsulfate m.
Amyoplasie f. amyoplasie f.
amyostatisch amyostatique
Amyotrophie f. amyotrophie f.
amyotrophisch amyotrophique
amyotrophische Lateralsklerose f.
    sclérose latérale amyotrophique f.
Anabiose f. anabiose f.
Anabolikum n. anabolique m.
anabolisch anabolique
Anabolismus m. anabolisme m.
Anacholie f. anacholie f.
Anachorese f. anachorèse f.
anachoretisch anachorétique
anaerob anaérobie
Anaerobier m. anaérobie m.
anaklitisch anaclitique
Anakousie f. anacousie f.
anal anal
Analbuminämie f. analbuminémie f.
Analeptikum n. analeptique m.
analeptisch analeptique
analeptisches Mittel n. analeptique m.
Analfissur f. fissure anale f.
Analfistel f. fistule anale f.
Analgesie f. analgésie f.
Analgetikum n. analgésique m., antalgique m.

analgetisch analgésique, antalgique
analgetisches Mittel n. analgésique m., antalgique m.
analog analogue
Analogie f. analogie f.
Analogon n. analogue m.
Analreflex m. réflexe anal m.
Analysator m. analyseur m.
Analyse f. analyse f.
analysieren analyser
analytisch analytique
Anämie f. anémie f.
Anämie, perniziöse f. anémie pernicieuse f., maladie de Biermer f.
anämisch anémique
Anamnese f. anamnèse f.
anamnestisch anamnestique
Anamorphose f. anamorphose f.
anankastisch obsessionnel
Anaphase f. anaphase f.
Anaphorese f. anaphorèse f.
anaphylaktisch anaphylactique
anaphylaktoid anaphylactoïde
Anaphylatoxin n. anaphylatoxine f.
Anaphylaxie f. anaphylaxie f.
Anaplasie f. anaplasie f., cataplasie f.
Anaplasmose f. anaplasmose f.
anaplastisch anaplastique
Anarthrie f. anarthrie f.
Anasarka f. anasarque f.
Anästhesie f. anesthésie f.
Anästhesienadel f. aiguille d'anesthésie f.
Anästhesiepfleger m. infirmier d'anesthésie m.
anästhesieren anesthésier
Anästhesieschwester f. infirmière d'anesthésie f.
Anästhesiologie f. anesthésiologie f.
anästhesiologisch anesthésiologique
Anästhesist (in) m./f. anesthésiste m./f.
Anästhetikum n. anesthésique m.
anästhetisch anesthésique
Anastigmat m. anastigmate m.
anastigmatisch anastigmate, anastigmatique
Anastomose f. anastomose f.
Anastomosenschenkel m. anse d'anastomose f.
anastomosieren anastomoser
Anastomositis f. anastomosite f.

**anastomotisch** anastomotique
**Anatom m.** anatomiste m.
**Anatomie f.** anatomie f.
**Anatomin f.** anatomiste f.
**anatomisch** anatomique
**Anatoxin n.** anatoxine f.
**Anavenin n.** anavenin m.
**anazid** anacide
**Anazidität f.** anacidité f.
**anbehandeln** initier le traitement
**anbringen** placer
**Anbringen n.** mise en place f.
**Andeutung f.** suggestion f.
**Andradiol n.** andradiol m.
**androgen** androgène
**Androgen n.** androgène m.
**Androgenisierung f.** androgénisation f.
**Androgynie f.** androgynie f., pseudo-hermaphroditisme partiel m.
**Andrologie f.** andrologie f.
**andrologisch** andrologique
**Androstan n.** androstane m.
**Androstanazol n.** androstanazole m.
**Androstandiol n.** androstanediol m.
**Androstandion n.** androstanedione f.
**Androsteron n.** androstérone f.
**androtrop** androtrope
**Androtropie f.** androtropie f.
**aneinanderstoßen** se toucher
**Aneinanderstoßen n.** rencontre f.
**Anenzephalie f.** anencéphalie f.
**Anergie f.** anergie f.
**anergisch** anergique
**Anetodermie f.** anétodermie f.
**aneuploid** aneuploïde
**Aneuploidie f.** aneuploïdie f.
**Aneurin n.** aneurine f., thiamine f.
**Aneurysma n.** anévrisme m.
**aneurysmatisch** anévrismal
**Aneurysmektomie f.** anévrismectomie f.
**Aneusomie f.** aneusomie f.
**ANF (=Antinukleärer Faktor) m.** ANF (facteur antinucléaire) m.
**Anfall m.** accès m., attaque f., crise f.
**anfällig** prédisposé
**Anfälligkeit f.** disposition à f., prédisposition à f.
**Anfänger m.** débutant m.
**Anfängerin f.** débutante f.

**Anfängerkurs m.** cours pour débutants m.
**Anfangsstadium n.** stade initial m.
**anfeuchten** humidifier
**Anfeuchtung f.** humectation f., humidification f.
**angeboren** congénital, inné
**Angelhakenmagen m.** estomac en hameçon m.
**angenehm** agréable, plaisant
**angestellter Arzt m.** médecin salarié m.
**angewandte Biologie f.** biologie appliquée f.
**Angiektasie f.** angiectasie f.
**Angiektomie f.** angiectomie f.
**angießen** couler
**Angiitis f.** angéite f.
**angiitisch** angéitique
**Angina f.** angine f.
**Angina agranulocytica f.** angine agranulocytaire f.
**Angina follicularis f.** angine folliculaire f.
**Angina lacunaris f.** angine lacunaire f.
**Angina Ludovici f.** angine de Ludwig f.
**Angina pectoris f.** sténocardie f., angine de poitrine f.
**Angina Plaut-Vincent f.** angine de Vincent f.
**anginös** angineux
**Angioblast m.** angioblaste m.
**Angioblastom n.** angioblastome m.
**Angioendothelium n.** angioendothélium m.
**Angiofibrom n.** angiofibrome m.
**Angiographie f.** angiographie f.
**angiographisch** angiographique
**angioimmunoblastisch** angioimmunoblastique
**Angiokardiogramm n.** angiocardiogramme m.
**Angiokardiographie f.** angiocardiographie f.
**angiokardiographisch** angiocardiographique
**Angiokeratom n.** angiokératome m.
**Angiokeratose f.** angiokératose f.
**Angiolipomatose f.** angiolipomatose f.
**Angiologie f.** angiologie f.

angiologisch angiologique
**Angiolymphom n.** angiolymphome m.
**Angiolyse f.** angiolyse f.
**Angiom n.** angiome m.
**Angioma serpiginosum n.** angiome serpigineux de Hutchinson m.
**Angiomatose f.** angiomatose f.
**Angiomyom n.** angiomyome m.
**Angiomyoneurom n.** angiomyoneurome m.
**Angiomyosarkom n.** angiomyosarcome m.
**Angioneurose f.** névrose vasculaire f.
**angioneurotisch** angionévropathique
**Angiopathie f.** angiopathie f.
**Angioplastik f.** angioplastie f.
**Angiorezeptor m.** angiorécepteur m.
**Angiosarkom n.** angiosarkome m.
**Angioskop n.** angioscope m.
**angioskopisch** angioscopique
**Angiospasmus m.** angiospasme m.
**angiospastisch** angiospastique
**Angiostomie f.** angiostomie f.
**Angiostrongyliasis f.** angiostrongylose f.
**Angiotensin n.** angiotensine f.
**Angiotensinase f.** angiotensinase f.
**Angiotensinogen n.** angiotensinogène m.
**Angiotomie f.** angiotomie f.
**Angiotonin n.** angiotonine f.
**Angleichung f.** ajustement m., assimilation f., adaptation f.
**Anglesche Einteilung f.** classification d'Angle f.
**angreifen** affecter
**angrenzen** toucher
**Angriffspunkt m.** point d'attaque m.
**Angst f.** angoisse f., peur f.
**Angstäquivalent n.** équivalent phobique m.
**Angstgefühl n.** peur f.
**Angsthierarchie f.** névrose hiérarchique f.
**angstlösend** anxiolytique
**angstlösendes Mittel n.** anxiolytique m.
**Angstneurose f.** névrose d'angoisse f.
**Angstroem-Einheit f.** unité Angstroem f.
**Angstzustand m.** état d'angoisse m.

**Angußtechnik f.** technique de coulée f.
**Anhänger m.** cantilever m. (dent.)
**Anhangsgebilde n.** appendice m.
**anheben** soulever, surélever
**Anhebung f.** surélévation f.
**Anhedonie f.** anhédonisme m.
**anhepatisch** anhépathique
**Anhidrose f.** anhidrose f.
**anhidrotisch** anhidrotique
**Anhiebsdiagnose f.** diagnostic immédiat m.
**Anhydrämie f.** anhydrémie f.
**anhydrämisch** anhydrémique
**Anhydrase f.** anhydrase f.
**Anhydrid n.** anhydride m.
**anhydrisch** anhydrique
**Anhydromethylenzitrat n.** anhydro-méthylènecitrate m.
**anikterisch** anictérique
**Anileridin n.** aniléridine f.
**Anilin n.** aniline f.
**Anilinvergiftung f.** intoxication par l' aniline f., anilisme m.
**animalisch** animal
**Anion n.** anion m.
**Aniridie f.** aniridie f.
**Anis m.** anis m.
**Anisakiasis f.** anisakiase f.
**Anisat n.** anisate m.
**Anisin n.** anisine f.
**Anisindion n.** anisindione f.
**Anisochromasie f.** anisochromasie f.
**anisochromatisch** anisochromatique
**anisodont** anisodonte
**anisognath** anisognathe
**Anisokorie f.** anisocorie f.
**Anisöl n.** huile d'anis f.
**Anisomastie f.** anisomastie f.
**Anisomelie f.** anisomélie f.
**anisomerisch** anisomérique
**anisometrop** anisométrope
**Anisometropie f.** anisométropie f.
**anisoperistaltisch** anisopéristaltique
**anisotonisch** anisotonique
**anisotrop** anisotrope
**Anisotropin n.** anisotropine f.
**Anisozytose f.** anisocytose f.
**Anker m.** ancrage m. (dent.)
**Ankerkrone f.** couronne ancré f. (dent.)

**Ankerrinne f.** rainure d'ancrage f. (dent.)
**Ankerschiene f.** attelle d'ancrage f. (dent.)
**Ankerstift m.** pivot d'ancrage m. (dent.)
**Ankerzahn m.** dent d'ancrage f: (dent.)
**ankleiden** habiller
**ankündigen** annoncer
**Ankyloblepharon n.** ankyloblépharon m.
**Ankyloglossie f.** ankyloglossie f.
**ankylopoetisch** ankylopoïétique
**Ankylose f.** ankylose f.
**ankylosierend** ankylosant
**Ankylostoma duodenale n.** Ancylostoma duodenale f.
**Ankylostomiasis f.** ankylostomiase f.
**ankylotisch** ankylosé
**Anlage (angeborene Eigenschaft) f.** ébauche f. (embryol.), germe m.
**Anlage (Konstruktion) f.** installations m. pl.
**Anlage f. (Talent n.)** disposition f.
**anlagebedingt** constitutionnel
**Anlaßofen m.** four de haute fréquence m. (dent.)
**Anlauffestigkeit f.** résistance f. (dent.)
**Anlegung f.** application f.
**ANLL (=acute nichtlymphozytäre Leukämie)** ANLL (leucémie aigue non lymphocytaire) f.
**anmischen (dent.)** mélanger
**Annäherung f.** approche f.
**Annahme (Vermutung)** supposition f.
**Annahme (Zulassung) f.** admission f.
**annuloaortal** annuloaortique
**Annuloplastik f.** annuloplastie f.
**Anode f.** anode f., anticathode f.
**Anodenöffnungszuckung f.** secousse d'ouverture anodique f.
**Anodenschließungszuckung f.** secousse de fermeture anodique f.
**Anodenteller m.** disque anodique m.
**Anodenwinkel m.** angle anodique m.
**Anodontie f.** anodontie f.
**anogenital** anogénital
**anomal** anormal
**Anomalie f.** anomalie f.
**anomer** anomérique
**anonym** anonyme

**Anonyme Alkoholiker (A.A.)m. pl.** Alcooliques Anonymes m. pl.
**anoperineal** anopérinéal
**Anopheles f.** anophèle m.
**Anophthalmie f.** anophtalmie f.
**Anopsie f.** anopsie f.
**Anorchie f.** anorchidie f., anorchie f.
**Anorchismus m.** anorchidie f.
**anorektal** anorectal
**Anorexie f.** anorexie f.
**anorganisch** anorganique, inorganique
**anormal** anormal
**Anoskop n.** anuscope m.
**Anoskopie f.** anuscopie f.
**Anosmie f.** anosmie f.
**Anosognosie f.** anosognosie f.
**Anostose f.** anostose f.
**Anotie f.** anotie f.
**anovesikal** anovésical
**anovulatorisch** anovulatoire
**Anoxämie f.** anoxémie f., anoxie f.
**anoxämisch** anoxémique
**Anoxie f.** anoxie f.
**anpassen** adapter, ajuster
**Anpassung f.** adaptation f., ajustement m.
**Anpassungsfähigkeit f.** capacité d'adaptation f.
**anpolieren** prépolir
**Anprobe f.** essayage m.
**anregen (reizen)** stimuler
**Anregung f. (Reizung f.)** stimulation f.
**Anregung f. (Vorschlag m.)** suggestion f.
**anreichern** enrichir, supplémenter
**Anreicherung f.** enrichissement m., supplémentation f.
**Anrührplatte f.** plaque de mixage f. (dent.)
**ansammeln** accumuler
**Ansatz m. (Insertion f.)** insertion f.
**ansäuern** acidifier
**Anschlagfläche f.** aire d'arrêt f. (dent.)
**Anschlagschraube f.** vis d arrêt f. (dent.)
**Anschlußspannung f.** voltage de branchement m.
**anschwellen** enfler
**Anschwellung f.** enflure f.
**Anspannungszeit f.** période de mise en tension f., période présphygmique f.

**Ansprechbarkeit f.** réactivité à la parole f.
**Anstaltspackung f.** présentation modèle hôpital f.
**Anstaltspsychiatrie f.** psychiatrie hospitalière f.
**anstecken** contaminer, infecter
**ansteckend** contagieux, infectieux
**Ansteckung f.** contagion f.
**ansteckungsfähig** infectable
**Ansteckungsquelle f.** source d'infection f.
**ansteigendes Bad n.** bain gradué m.
**Anstrengung f.** effort m.
**antacid** antacide
**Antacidum n.** antacide m.
**Antagglutinin n.** antagglutinine f.
**Antagonismus m.** antagonisme m.
**Antagonist m.** antagoniste m.
**antagonistisch** antagoniste
**antazid** antiacide
**Antazolin n.** antazoline f.
**Antefixation f.** antéfixation f.
**Anteflexion f.** antéflexion f.
**antegrad** antégrade
**antenatal** anténatal
**Antenne f.** antenne f.
**Anteposition f.** antéposition f.
**anteroapikal** antéroapical
**anterodorsal** antérodorsal
**anterograd** antérograde
**anteroinferior** antéro-inférieur
**anteroposterior** antéropostérieur
**anteroseptal** antéroseptal
**anterosuperior** antérosupérieur
**Anteversion f.** antéversion f.
**antevertiert** antéverti
**Anthapten n.** anthaptène m.
**Anthelix f.** anthélix m.
**Anthelminthikum n.** vermifuge m., anthelminthique m.
**anthelminthisch** anthelminthique
**antherpetisch** antiherpétique
**Anthidrotikum n.** anhidrotique m., antiperspirant m.
**anthidrotisch** anhidrotique
**Anthrachinon n.** anthraquinone f.
**Anthracyclin n.** anthracycline f.
**Anthrakose f.** anthracose f.
**anthrakotisch** anthracosique
**Anthralin n.** anthraline f.
**Anthramin n.** anthramine f.

**Anthrarobin n.** anthrarobine f.
**Anthrax m.** anthrax m.
**Anthrazen n.** anthracène m.
**Anthropologe m.** anthropologue m.
**Anthropologin f.** anthropologue f.
**anthropologisch** anthropologique
**Anthropometrie f.** anthropométrie f.
**anthropometrisch** anthropométrique
**Anthropozoonose f.** anthropozoonose f.
**Anti-Antikörper m.** antianticorps m.
**Anti-Rh-Serum n.** sérum anti Rh m.
**Antiallergikum n.** antiallergique m.
**antiallergisch** antiallergique
**antianämisch** antianémique
**Antiandrogen n.** antiandrogène m.
**antianginös** antiangineux
**Antiantitoxin n.** antiantitoxine f.
**antiapoplektisch** antiapoplectique
**Antiarrhythmikum n.** antiarythmisant m.
**antiarrhythmisch** antiarythmique
**antiarthritisch** antiarthritique
**Antiasthmatikum n.** antiasthmatique m.
**antiasthmatisch** antiasthmatique
**Antibabypille f.** contraceptif oral m., pilule contraceptive f.
**antibakteriell** antibactériel, antibactérien
**antibiliös** antibiliaire
**Antibiotikum n.** antibiotique m.
**antibiotisch** antibiotique
**antibradykard** antibradycardique
**Anticholinergikum n.** anticholinergique m.
**anticholinergisch** anticholinergique
**Anticholinesterase f.** anticholinestérase m.
**Antichymotrypsin n.** antichymotrypsine f.
**Anticodon m.** anticodon m.
**antidepressiv** antidépressif
**Antidepressivum n.** antidépresseur m.
**Antidiabetikum n.** antidiabétique m.
**antidiabetisch** antidiabétique
**antidiabetogen** antidiabétogène
**antidiphtherisch** antidiphthérique
**Antidiuretikum n.** antidiurétique m.
**antidiuretisch** antidiurétique
**antidiuretisches Hormon (ADH) n.** hormone antidiurétique f.

**Antidot** n.  antidote m.
**antidrom**  antidromique
**antidyspeptisch**  antidyspeptique
**Antiemetikum** n.  antiémétique m.
**antiemetisch**  antiémétique
**Antienzym** n.  antienzyme f.
**Antiepileptikum** n.  antiépileptique m.
**antiepileptisch**  antiépileptique
**antifebril**  antifébrile
**Antiferment** n.  antiferment m.
**antifibrillatorisch**  antifibrillatoire
**Antifibrinolysin** n.  antifibrinolysine f.
**Antifibrinolysinreaktion (AFR)** f.  réaction d'antifibrinolysine f.
**Antiflußmittel** n.  antiflux m.
**antifungal**  antifongique, antifungique
**antigen**  antigénique
**Antigen** n.  antigène m.
– **-Antikörperreaktion** f.  réaction antigène-anticorps m.
– **Kern-**  antigène nucléaire
– **Oberflächen-**  antigène de surface
– **Parietal-**  antigène pariétal
**Antigen, karzinoembryogenes** n.  antigène carcino-embryonnaire (CEA) m., antigène de Gold m.
**Antigenität** f.  antigénicité f.
**Antigenüberschuß** m.  excédent antigénique m.
**Antigenumkehr** f.  inversion antigénique f.
**Antigenverlust** m.  délétion antigénique f.
**Antigenwechsel** m.  variation antigénique f.
**Antigenzuwachs** m.  gain antigénique m.
**Antiglobulin** n.  antiglobuline f.
**antigonotrhoisch**  antiblennorragique
**antihämolytisch**  antihémolytique, antihémorragique
**antihämophil**  antihémophilique
**Antiherpeticum** n.  antiherpétique m.
**Antihistaminikum** n.  antihistaminique m.
**antihistaminisch**  antihistaminique
**Antihyaluronidase** f.  antihyaluronidase f.
**antihypertonisch**  antihypertenseur
**antikariös**  anticarie
**antikarzinogen**  anticarcinogène
**antikatarrhalisch**  anticatarrhal

**Antikathode** f.  anode f.
**antiketogen**  anticétogène
**antikoagulierend**  anticoagulant
**Antikomplement** n.  anticomplément m.
**antikomplementär**  anticomplémentaire
**antikonvulsiv**  anticonvulsif
**Antikonvulsivum** n.  anticonvulsivant m.
**antikonzeptionell**  anticonceptionnel
**Antikonzipiens** n.  contraceptif m.
**Antikörper** m.  anticorps m.
**Antikörpermangel** m.  manque d'anticorps m.
**Antikörperüberschuß** m.  excédent d'anticorps m.
**Antikrebsmittel** n.  anticancéreux m.
**antilipolytisch**  antilipolytique
**Antilope** f.  antilope f.
**Antiluetikum** n.  antisyphilitique m.
**antilymphozytär**  antilymphocytaire
**Antilymphozytenserum** n. **(ALS)**  sérum antilymphocytaire m.
**antimetabolisch**  antimétabolique
**Antimetabolit** m.  antimétabolite m.
**antimikrobiell**  antimicrobien
**Antimon** n.  antimoine m.
**Antimonat** n.  antimoniate m.
**Antimonbehandlung** f.  traitement stibié m.
**antimonhaltig**  contenant de l'antimoine
**Antimonvergiftung** f.  intoxication par l'antimoine f.
**Antimonylglukonat** n.  antimonylgluconate m.
**Antimuskarinmittel** n.  antimuscarinique m.
**Antimykotikum** n.  antimycotique m.
**antimykotisch**  antifongique, antimycotique
**antineoplastisch**  antinéoplasique
**Antineuralgikum** n.  antineuralgique m.
**antineuralgisch**  antineuralgique
**antineuritisch**  antinévritique
**antinocizeptiv**  antinociceptif
**antinukleär**  antinucléaire
**antinukleärer Faktor** m. **(ANF)**  facteur antinucléaire m. (ANA)
**Antiöstrogen** m.  antiestrogène m.

antiparasitär   antiparasitaire
**Antipathie f.**   antipathie f.
**Antiperistaltik f.**   antipéristaltisme m.
antiperistaltisch   antipéristaltique
antiphagozytär   antiphagocytaire
**Antiphlogistikum n.**   antiphlogistique m.
antiphlogistisch   antiphlogistique
**Antiplasmin n.**   antiplasmine f.
antiproliferativ   antiprolifératif
**Antiprotease f.**   antiprotéase f.
**Antiprotozoen-Wirkung f.**   effet antiprotozoaire m.
antipruriginös   antiprurigineux
antipsychotisch   antipsychotique
**antipsychotisches Mittel n.**   antipsychotique m.
**Antipyretikum n.**   antipyrétique m.
antipyretisch   antipyrétique
**Antipyrin n.**   antipyrine f.
antirachitisch   antirachitique
**Antirheumatikum n.**   antirhumatismal m.
antirheumatisch   antirhumatismal
**Antiseborrhoikum n.**   antiséborrhéique m.
antiseborrhoisch   antiséborrhéique
**Antisense-DNS f.**   DNAanticodon m.
**Antisense-Molekül n.**   molécule anticodon f.
**Antisense-RNS f.**   RNA anticodon m.
**Antisepsis f.**   antisepsie f.
**Antiseptikum n.**   antiseptique m.
antiseptisch   antiseptique
**Antiserotonin n.**   antisérotonine m.
**Antiserum n.**   antisérum m.
**Antisom n.**   antisome m.
**Antispastikum n.**   antispasmodique m.
antispastisch   antispasmodique
**Antistaphylolysin n.**   antistaphylolysine f.
**Antistreptodornase f.**   antistreptodornase f.
**Antistreptokinase f.**   antistreptokinase (AKS) f.
**Antistreptolysin n.**   antistreptolysine f.
**Antistreptolysintiter (AST) m.**   titre d'antistreptolysine (ASL) m.
**Antisyphilitikum n.**   antisyphilitique m.
antisyphilitisch   antisyphilitique
antitachycard   antitachycardique

antitetanisch   antitétanique
**Antithrombin n.**   antithrombine f.
**Antithrombokinase f.**   antithrombokinase f.
antithromboplastisch   antithromboplastique
**Antithrombotikum n.**   antithrombique m.
antithrombotisch   antithrombique
**Antithymozyten-Globulin n.**   globuline antithymocytes f.
**Antithyreoglobulinantigen n.**   antigéne antithyréoglobuline m.
**Antitoxin n.**   antitoxine f.
antitoxisch   antitoxique
**Antitragus m.**   antitragus m.
antituberkulös   antituberculeux
**Antiurokinase f.**   antiurokinase f.
**Antivirusmittel n.**   antiviral m.
**Antivitamin n.**   antivitamine f.
antixerophthalmisch   antixérophtalmique
antizellulär   anticellulaire
antizyklisch   anticyclique
antral   antral
**Antrektomie f.**   antrectomie f.
**Antrieb m.**   impulsion f.
**Antriebsschwäche f.**   manque d'impulsion m.
antronasal   antronasal
**Antroskop n.**   antroscope m.
**Antroskopie f.**   antroscopie f.
antroskopisch   antroscopique
**Antrostomie f.**   antrostomie f.
**Antrotomie f.**   antrotomie f.
antrotympanisch   antrotympanique
**Antrozystektomie f.**   antrocystectomie f.
**Antrum n.**   antre m., antrum m.
**Antwort f.**   réponse f.
**Anurie f.**   anurie f.
anurisch   anurique
**Anus praeternaturalis m.**   anus contre nature m.
**Anuskop n.**   anuscope m.
**Anuskopie f.**   anuscopie f.
**Anusplastik f.**   anoplastie f.
anwenden   appliquer, employer, utiliser
**Anwendung f.**   application f., emploi m., utilisation f.

Anwendungsart f. mode d'emploi m.
Anxiolyse f. anxiolyse f.
anxiolytisch anxiolytique
anxiolytisches Mittel n. anxiolytique m.
Anzapfsyndrom n. steal syndrome m., syndrome de l'artère voleuse m.
anzeigen annoncer, indiquer
Anzeigepflicht f. devoir de déclarer m.
Anzeigestellung f. indication f.
anziehen attirer, habiller
Anziehung f. attraction f.
Aorta f. aorte f.
Aortenbogen m. crosse de l'aorte f.
Aortenbogensyndrom n. syndrome de sténose aortique m.
Aortenerweiterung f. dilatation de l'aorte f.
Aorteninsuffizienz f. insuffisance aortique f.
Aortenisthmusstenose f. coarctation de l'aorte f., sténose isthmique de l'aorte f.
Aortenklappe f. valvule aortique f.
Aortenplastik f. aortoplastie f.
Aortenstenose f. sténose de l'aorte f.
Aortitis f. aortite f.
aortofemoral aortofémoral
Aortographie f. aortographie f.
aortoiliakal aortoiliaque
aortoiliofemoral aortoiliofémoral
aortokoronar aortocoronaire
Apalcillin n. apalcilline f.
apallisch apallique
aparalytisch aparalytique
Apareunie f. apareunie f.
Apathie f. apathie f.
apathisch apathique
apathogen non pathogène
Apatit m. apatite f.
Apepsie f. apepsie f.
apeptisch apeptique
aperiodisch apériodique
Apertur f. ouverture f.
Apexkardiogramm (AKG) n. apexcardiogramme m. (ACG), apexogramme m.
Apexkardiographie f. apexcardiographie f.
apexkardiographisch apexographique
Aphagie f. aphagie f.
Aphakie f. aphakie f.

Aphasie f. aphasie f.
Aphasiologie f. aphasiologie f.
aphasisch aphasique
Aphonie f. aphonie f.
aphonisch aphone
Aphrodisiakum n. aphrodiasique m.
Aphthe f. aphte m.
apikal apical
Apikogramm n. apicogramme m.
Apikolyse f. apicolyse f.
Apikostomie f. apicostomie f.
Apikotomie f. apicotomie f.
Apiol n. apiol m.
Apizitis f. apicite f.
Aplanat m. aplanat m.
aplanatisch aplanétique
Aplanozytose f. aplanocytose f.
Aplasie f. aplasie f.
aplastisch aplasique
aplastische Anämie f. anémie aplasique f.
Apnoe f. apnée f.
apnoisch apnéique
Apoenzym n. apoenzyme f.
Apoferritin n. apoferritine f.
apokrin apocrine
Apolipoprotein n. apolipoprotéine f.
Apomorphin n. apomorphine f.
Aponeurose f. aponévrose f.
apophysär apophysaire
Apophyse f. apophyse f.
Apophysitis f. apophysite f.
apoplektiform apoplectiforme
apoplektisch apoplectique
Apoplexie f. apoplexie f.
Apoprotein n. apoprotéine f.
Apotheke f. pharmacie f.
Apotheker m. pharmacien m.
Apothekerin f. pharmacienne f.
Apotoxin n. anaphylatoxine f., apotoxine f.
Apparat m. appareil m.
Apparatur f. appareillage m.
Appendektomie f. appendectomie f.
Appendizitis f. appendicite f.
appendizitisch d' appendicite
Apperzeption f. distinction f., perception f.
apperzeptiv distinctif
Appetit m. appétit m.
appetitanregendes Mittel n. stimulant de l'appétit m.

**Appetitlosigkeit f.** inappétence f., manque d'appétit m.
**Appetitzügler m.** anorexiant m.
**Applanation f.** aplanation f.
**Applikation f.** administration f., application f.
**Applikator m.** applicateur m.
**applizieren** administrer, appliquer
**Apposition f.** apposition f.
**appositional** appositionnel
**Approbation f.** examen final (univ.) m.
**approximal** proximal
**Approximalfläche f.** surface proximale f.
**Approximalklammer f.** clamp proximal m.
**apraktisch** apraxique
**Apraxie f.** apraxie f.
**Aprindin n.** aprindine f.
**Aprobarbital n.** aprobarbital m.
**Aprosexie f.** aprosexie f.
**Aprotinin n.** aprotinine f.
**Aptyalismus m.** aptyalisme m.
**APUD-System n.** système APUD m.
**Apudom n.** apudome m.
**aqua distillata f.** eau distillée f.
**Aquaeductus Sylvii m.** aqueduc de Sylvius m., aqueduc du mésencéphale m.
**Aquaedukt m.** aqueduc m.
**aquaeduktal** aqueduc, de l'
**äquilibrieren** équilibrer
**Äquilibrierung f.** équilibration f.
**Äquilibriometrie f.** équilibrométrie f.
**äquimolar** équimolaire
**äquimolekular** équimoléculaire
**äquivalent** équivalent
**Äquivalent n.** équivalent m.
**Äquivalenz f.** équivalence f.
**Aquokobalamin n.** aquocobalamine f.
**Arabinofuranose f.** arabinofuranose m.
**Arabinofuranosidase f.** arabinofuranosidase f.
**Arabinogalaktan n.** arabinogalactane m.
**Arabinose f.** arabinose m.
**Arabinosid n.** arabinoside m.
**Arabinosurie f.** arabinosurie f.
**Arabinoxylan n.** arabinoxylane m.

**Arabit (Alkohol) m.** arabitol m.
**Arachidonat n.** arachidonate m.
**Arachnida n. pl.** arachnides m. pl.
**Arachnitis f.** arachnite f., arachnoïdite f.
**Arachnodaktylie f.** arachnodactylie f.
**Arachnoiditis f.** arachnoïdite f.
**Aragonit m.** aragonite f.
**Arbeit f.** travail m.
**arbeitsfähig** apte au travail
**Arbeitsfähigkeit f.** aptitude au travail f.
**Arbeitsmedizin f.** médecine du travail f.
**Arbeitsraum m.** pièce de travail f.
**Arbeitstemperatur f.** température de travail f.
**Arbeitstherapie f.** ergothérapie f.
**Arbeitstisch m.** table de travail f.
**arbeitsunfähig** inapte au travail
**Arbeitsunfähigkeit f.** arrêt de travail m., incapacité de travailler f.
**Arbeitsunfall m.** accident de travail (AT) m.
**Arborisation f.** arborisation f.
**Arbutin n.** arbutine f.
**archaisch** archaïque
**Archetyp m.** archétype m.
**Architektonik f.** architectonie f.
**architektonisch** architectonique
**Archiv n.** archive f.
**Arcus senilis m.** arc sénile de la cornée m., gérontoxon m.
**Arecaidin n.** arécaïdine f.
**Arecolin n.** arécoline f.
**Areflexie f.** aréflexie f.
**aregenerativ** arégénératif
**ateolär** aréolaire
**argentaffin** argentaffine
**Argentaffinom n.** argentaffinome m.
**Argentamin n.** argentamine f.
**argentophil** argentophile
**argentum proteinicum n.** argentum proteinicum m.
**Arginase f.** arginase f.
**Arginin n.** arginine f.
**Argininosukzinase f.** argininosuccinase f.
**Argininosukzinat n.** argininosuccinate m.
**Argon n.** argon m.
**Argyrie f.** argyrie f., argyrose f.

**argyrophil**   argyrophile
**Ariboflavinose f.**   ariboflavinose f.
**Arithmomanie f.**   arithmomanie f.
**Arkade f.**   arcade f.
**Arkansasabziehstein m.**   pierre d'Arkansas f.
**Arm m.**   bras m.
**Armbad n.**   bain de bras m.
**Armstütze f.**   brassard m.
**Armtonusreaktion f.**   réaction de tonus brachial f.
**Armtrageschlinge f.**   écharpe f.
**Armut f.**   pauvreté f.
**Arndt-Schulzsches Gesetz n.**   loi d'Arndt-Schulz f.
**Arningsche Tinktur f.**   teinture d'Arning f.
**Aroma n.**   arome m.
**aromatisch**   aromatique
**aromatischer Alkohol m.**   alcool aromatique m.
**Arretierung f.**   système d'arrêt m.
**Arrhenoblastom n.**   arrhénoblastome m.
**Arrhythmie f.**   arythmie f.
**arrhythmieerzeugend**   arythmisant
**arrhythmisch**   arythmique
**Arrosion f.**   arrosion f.
**Arsanilat n.**   arsanilate m.
**Arsen n.**   arsenic m.
**Arsenat n.**   arsenate m.
**Arsenbehandlung f.**   traitement arsenical m.
**arsenhaltig (dreiwertig)**   arsénieux
**arsenhaltig (fünfwertig)**   arsénical
**Arsenik n.**   arsenic trioxydé m.
**Arsenit n.**   arsenite f.
**Arsin n.**   arsine f.
**Arsonat n.**   arsonate m.
**Art f.**   espèce f., manière f., sorte f.
**Artefakt n.**   artefact m.
**Arteria anonyma f.**   tronc brachiocéphalique m.
**Arteria axillaris f.**   artère axillaire f.
**Arteria basilaris f.**   artère basilaire f.
**Arteria brachialis f.**   artère brachiale f., artère humérale f.
**Arteria carotis communis f.**   artère carotide primitive f.
**Arteria carotis externa f.**   artère carotide externe f.

**Arteria carotis interna f.**   artère carotide interne f.
**Arteria centralis retinae f.**   artère centrale de la rétine f.
**Arteria cerebelli f.**   artère cérébelleuse f.
**Arteria cerebri f.**   artère cérébrale f.
**Arteria circumflexa femoris f.**   artère circonflexe fémorale f.
**Arteria communicans f.**   artère communicante f.
**Arteria coronaris f.**   artère coronaire f.
**Arteria epigastrica f.**   artère épigastrique f.
**Arteria femoralis f.**   artère crurale f., artère fémorale f.
**Arteria fibularis f.**   artère péronière f.
**Arteria frontalis f.**   artère frontale f.
**Arteria gastrica f.**   artère gastrique f.
**Arteria gastroepiploica f.**   artère gastro épiploïque f.
**Arteria haemorrhoidalis f.**   artère hémor roïdale f.
**Arteria hepatica f.**   artère hépatique f.
**Arteria hypogastrica f.**   artère hypogastrique f.
**Arteria ileocolica f.**   artère iléocolique f. Arteria iliaca f. artère iliaque f.
**Arteria infraorbitalis f.**   artère sousorbitaire f.
**Arteria intercostalis f.**   artère intercostale f.
**Artetia labialis f.**   artère labiale f.
**Arteria lacrimalis f.**   artère lacrymale f.
**Arteria laryngea f.**   artère laryngée f.
**Arteria lienalis f.**   artère splénique f.
**Arteria lingualis f.**   artère linguale f.
**Arteria mammaria f.**   artère mammaire f.
**Arteria meningica f.**   artère méningée f.
**Arteria mesenterica f.**   artère mésentérique f.
**Arteria obturatoria f.**   artère obturatrice f.
**Arteria occipitalis f.**   artère occipitale f.
**Arteria ophthalmica f.**   artère ophtalmi que f.
**Arteria ovarica f.**   artère ovarienne f.
**Arteria palatina f.**   artère palatine f.
**Arteria pancreaticoduodenalis f.**   artère pancréatico-duodénale f.

Arteria perinealis f.   artère périnéale f.
Arteria peronea f.   artère péronière f.
Arteria phrenica f.   artère diaphragmati que f.
Arteria poplitea f.   artère poplitée f.
Arteria profunda femoris f.   artère fémorale profonde f.
Arteria pudendalis f.   artère honteuse f.
Arteria pulmonalis f.   artère pulmonaire f.
Arteria radialis f.   artère radiale f.
Arteria renalis f.   artère rénale f.
Arteria spermatica f.   artère spermatique f.
Arteria subclavia f.   artère sousclavière f.
Arteria supraorbitalis f.   artère susorbitaire f.
Arteria temporalis f.   artère temporale f.
Arteria thoracalis f.   artère thoracique f.
Arteria thyreoidea f.   artère thyroïdienne f.
Arteria tibialis f.   artère tibiale f.
Arteria umbilicalis f.   artère ombilicale f.
Arteria uterina f.   artère utérine f.
Arteria vertebralis f.   artère vertébrale f.
arterialisieren   artérialiser
Arterialisierung f.   artérialisation f., hématose f.
arteriell   artériel
arterielle Verschlußkrankheit (AVK) f.   maladie artérielle oblitérante f.
Arterienklemme f.   pince hémostatique f.
Arteriennaht f.   suture artérielle f.
Arteriitis f.   artérite f.
Arteriogramm n.   artériogramme m.
Arteriographie f.   artériographie f.
arteriographisch   artériographique
arteriokapillär   artériocapjllaire
arteriolär   artériolaire
Arteriole f.   artériole f.
arteriolosklerotisch   artérioloscléreux
Arteriosklerose f.   artériosclérose f.
arteriosklerotisch   artérioscléreux
arteriovenös   artérioveneux
Arthralgie f.   arthralgie f.

arthralgisch   arthralgique
Arthrektomie f.   arthrectomie f.
Arthritis f.   arthrite f.
arthritisch   arthritique
Arthritismus m.   arthritisme m.
Arthrodese f.   arthrodèse f.
Arthrogramm n.   radiographie articulaire f.
Arthrographie f.   arthrographie f.
arthrographisch   arthrographique
Arthrogrypose f.   arthrogrypose f.
Arthrolyse f.   arthrolyse f.
Arthropathie f.   arthropathie f.
Arthropathie, klimakterische f.   arthropathie climactérique f.
Arthropoda n. pl.   arthropodes m. pl.
Arthrosis deformans f.   arthrose déformante f.
Arthroskop n.   arthroscope m.
arthroskopisch   arthroscopique
Arthrotomie f.   arthrotomie f.
Arthus-Phänomen n.   phénomène d'Arthus m.
artifiziell   artificiel
artikulär   articulaire
Artikulation f.   articulation f.
Artikulator m.   articulateur m.
artikulieren   articuler
aryepiglottisch   aryépiglottique
Aryknorpel m.   cartilage aryténoïde m., cartilage aryténoïdien m.
Aryl n.   aryle m.
Arylamidase f.   arylamidase f.
Arylarsonat n.   arylarsonate m.
Arylierung f.   arylation f.
Arylsulfat n.   arylsulfate m.
Arylsulfatase f.   arylsulfatase f.
Arylzyklohexylamin n.   arylcyclohexylamine f.
Arznei f.   remède m.
Arzneibuch n.   Pharmacopée f.
Arzneibuchpräparat n.   médicament inscrit à la Pharmacopée m.
Arzneimittel n.   médicament m.
Arzneimittelabhängigkeit f.   dépendance médicamenteuse f.
arzneimittelbedingt   d'origine médicamenteuse
Arzneimittelprüfung f.   essai thérapeutique médicamenteux m.

**Arzneimittelprüfung am lebenden Tier f.** essai médicamenteux in vivo chez l'animal m.
**Arzneimittelreaktion f.** réaction médicamenteuse f.
**Arzneimittelresistenz f.** résistance au médicamènt f.
**Arzneimittelspezialität f.** spécialité médicamenteuse f.
**Arzneimittelsucht f.** toxicomanie médicamenteuse f.
**Arzneimitteltherapie f.** thérapeutique médicamenteuse f.
**Arzneiwaage f.** trébuchet m.
**Arzneiware f.** produit médicamenteux m.
**Arzt m.** docteur m., médecin m.
**Arzt, beratender m.** médecin consultant m.
**Ärztemuster n.** échantillon médical m.
**Ärztetasche f.** valise de médecin f.
**Ärzteverein m.** association médicale f.
**Arztgeheimnis n.** secret médical m.
**Arzthelfer m.** assistant médical m.
**Arzthelferin f.** assistante médicale f.
**Ärztin f.** médecin, (Madame le) m.
**ärztlich** médical
**ärztliche Berufsordnung f.** code d'éthique juridique f., code de déontologie médicale m.
**ärztlicher Rat m.** avis médical m.
**Arztpraxis f.** cabinet de consultation m., cabinet médical m.
**Arzttasche f.** valise de médecin f.
**asa foetida f.** asa foetida f.
**Asbest m.** amiante f.
**Asbestose f.** asbestose f.
**Asche f.** cendre f.
**Aschheim-Zondek-Test m.** test d'Aschheim et Zondek m.
**Aschoff Tawara-Knoten m.** noeud d'Aschoff Tawara m.
**Aschoffsches Knötchen n.** nodule d'Aschoff m.
**Ascites-Agar m.** agar-liquide d'ascite m.
**Ascorbat n.** ascorbate m.
**Asculetin n.** esculétine f.
**Asculin n.** esculine f.
**Asemie f.** asémie f.
**Asepsis f.** asepsie f.
**aseptisch** aseptique

**Asesamie f.** asésamie f.
**Ash-Geschiebe n.** attachement de Ash m. (dent.)
**Ashman-Phänomen n.** phénomène de Ashman m.
**Asialie f.** asialie f.
**asiatische Grippe f.** grippe asiatique f.
**Asiderose f.** asidérose f.
**Askaridiasis f.** ascaridiase f.
**Askaris m.** ascaris m.
**Askorbat n.** ascorbate m.
**Asocainol n.** asocaïnol m.
**asozial** asocial
**Asparagin n.** asparagine f.
**Asparaginase f.** asparaginase f.
**Asparaginat n.** asparaginate m.
**Aspartat n.** aspartate m.
**Aspartylglycosylamin n.** aspartylglycosylamine f.
**Aspergillose f.** aspergillose f.
**Aspermatismus m.** aspermatisme m., aspermie f.
**Aspermie f.** aspermie f.
**asphyktisch** asphyxique
**Asphyxie f.** asphyxie f.
**Aspidinol n.** aspidinol m.
**Aspirat n.** produit aspiré m.
**Aspiration f.** aspiration f.
**Aspirationspneumonie f.** pneumonie de déglutition f.
**Aspirationsrohr n.** tube d'aspiration m.
**Aspirationszytologie f.** cytologie d'aspiration f.
**Aspirator m.** aspirateur m.
**aspirieren** aspirer
**ASR (=Achilessehnenreflex) m.** réflexe du tendon d' Achille (RTA)
**ASS (Acetylsalizylsäure) f.** ASA (acide acétylsalicylique)
**Assembly (virol)** assembly
**asservieren** sauvegarder
**Asservierung f.** sauvegarde f.
**Assimilation f.** assimilation f.
**Assimilationsbecken n.** bassin dystrophique m.
**assimilieren** assimiler
**Assistent m.** assistant m.
**Assistenz f.** assistance f.
**Assistenzarzt m.** médecin hospitalier m.

**Assistenzärztin f.** médecin hospitalier m.
**assistieren** assister
**assistierte Beatmung f.** ventilation assistée f.
**Assoziation f.** association f.
**assoziativ** associatif
**assoziieren** associer
**Ast m.** branche f.
**AST (Antistreptolysintiter) m.** ASL (titre d'antistreptolysine) m.
**Astasie f.** astasie f.
**Astat n.** astatine f.
**Asteatose f.** astéatose f.
**Astemizol n.** astémizole m.
**Aster m.** aster m.
**Astereognosie f.** agnosie tactile f., astéréognosie f.
**Asthenie f.** asthénie f.
**asthenisch** asthénique
**Asthenopie f.** asthénopie f.
**Ästhesioneuroblastom n.** esthésioneuroblastome m.
**ästhetisch** esthétique
**Asthma n.** asthme m.
**Asthma bronchiale n.** asthme bronchique m.
**Asthma cardiale n.** asthme cardiaque m.
**asthmatisch** asthmatique
**astigmatisch** astigmatique
**Astigmatismus m.** astigmatisme m.
**Astigmometer n.** astigmomètre m.
**Astroblastom n.** astroblastome m.
**Astronautik f.** astronautique f.
**Astrozyt m.** astrocyte m.
**Astrozytom n.** astrocytome m.
**Asyl n.** asile m.
**Asymmetrie f.** asymétrie f.
**asymmetrisch** asymétrique
**Asymmetrogammagramm n.** asymétrogammagramme m.
**asymptomatisch** asymptomatique
**asynchron** asynchrone
**Asynchronie f.** asynchronie f.
**Asynergie f.** asynergie f.
**asynergisch** asynergique
**asynklitisch** asynclitique
**Asynklitismus m.** asynclitisme m.
**Asystolie f.** asystolie f.
**aszendierend** ascendant
**Aszites m.** ascite f.

**Aszitesabflußrohr n.** tuyau de drainage d'ascite m.
**ataktisch** ataxique
**Ataraktikum n.** ataractique m.
**Ataraxie f.** ataraxie f.
**Atavismus m.** atavisme m.
**atavistisch** atavique
**Ataxie f.** ataxie f.
**Atelektase f.** atélectasie f.
**atelektatisch** atélectasique
**Atem m.** respiration f.
**Atem, schwerer m.** respiration pénible f.
**Atemäquivalent n.** équivalent respiratoire m.
**Atembeutel m.** masque respiratoire à ballon m.
**Atemgeräusch n.** bruit respiratoire m.
**Atemgeräusch, bronchovesikuläres n.** bruit respiratoire bronchovésiculaire m.
**Atemgrenzwert m.** capacité respiratoire maximum f.
**atemlos** essoufflé, hors d'haleine
**Atemlosigkeit f.** essoufflement m.
**Atemminutenvolumen n.** volume respiratoire/minute m.
**Atemnot f.** détresse respiratoire f.
**Atemreserve f.** réserve respiratoire f.
**Atemschutz m.** protection respiratoire f.
**Atemschutzgerät n.** masque à gaz m.
**Atemstromstärke, exspiratorische f.** volume expiratoire maximum/seconde (VEMS) m.
**Atemstromstärke, inspiratorische f.** volume inspiratoire maximum/seconde (VIMS) m.
**Atemübung f.** exercice respiratoire m.
**Atemvolumen n.** volume respiratoire m.
**Atemzentrum n.** centre respiratoire m.
**Atenolol n.** aténolol m.
**Äthambutol n.** éthambutol m.
**Äthan n.** éthane m.
**Äthanol m.** éthanol m.
**Äthanolamin n.** éthanolamine f.
**Äthanolat n.** éthanolate m.
**Äther m.** éther m.
**atherogen** athérogène
**Atherom n.** athérome m.

atheromatös   athéromateux
Atherosklerose f.   athérosclérose f.
Athetose f.   athétose f.
athetotisch   athétosique
Äthinyl n.   éthinyle m.
Äthionamid n.   éthionamide m.
Äthionat n.   éthionate m.
Athlet m.   athlète m.
athletisch   athlétique
athmosphärisch   athmosphérique
Äthyl n.   éthyle m.
Äthylalkohol m.   alcool éthylique m.,
   éthanol m.
Äthylamid n.   éthylamide m.
Äthylen n.   éthylène m.
Äthylendiamin n.   éthylènediamine f.
Äthylenimino-Gruppe f.   groupe éthy-
   lène-imine m.
Äthylester rn.   éthylester m.
Äthylierung f.   éthylation f.
Äthylismus m.   éthylisme m.
Äthylmorphinhydrochlorid n.   hydro-
   chlorure d'éthylmorphine f.
Äthylsukzinat n.   éthylsuccinate m.
Athyreose f.   athyréose f., athyroïdie f.
Ätiandiolon n.   étiandiolone f.
Ätioanolon n.   étioanolone f.
Ätiocholanolonfieber n.   fièvre étio-
   cholanoloseptique f.
Ätiologie f.   étiologie f.
ätiologisch   étiologique
Ätioporphyrin n.   étioporphyrine f.
atlantoepistropheal   atlantoaxial
atlantomastoidal   atlantomastoïdien
atlantookzipital   atlantooccipital
Atlas m.   atlas m.
atmen   respirer
Atmen n.   souffle m.
Atmen, pueriles n.   respiration puérile
   f.
Atmen, unbestimmtes n.   respiration
   indéfinie f.
Atmokausis f.   atmokausis f.
Atmosphere f.   atmosphère f.
Atmung f.   respiration f.
Atmungsgeräusch n.   bruit respiratoire
   m., murmure respiratoire m.
Atom n.   atome m.
atomar   atomique
Atomgewicht n.   poids atomique m.
Atomisierung f.   atomisation f.
Atonie f.   atonie f.

atopisch   atopique
Atoxyl n.   atoxyle m.
ATP (Adenosintriphosphat) n.   ATP
   (acide adénosine triphosphorique) m.
Atransferrinämie f.   atransferrinémie f.
atraumatisch   atraumatique
Atresie f.   atrésie f.
atresisch   atrésique
atrial   atrial
Atrichie f.   atrichie f.
Atrioseptostomie f.   atrioseptostomie
   f.
atrioventrikulär   atrioventriculaire,
   auriculoventriculaire (A. V.)
Atrophie f.   atrophie f.
atrophisch   atrophique
Atrophoderma n.   atrophoderma m.
Atropin n.   atropine f.
Atropinisierung f.   atropinisation f.
Attacke f.   attaque f.
Attest n.   attestation f., certificat m.
attestieren   attester
Atticoantrotomie f.   atticoantrotomie
   f.
Atypie f.   atypie f.
atypisch   atypique
ätzen   cautériser, corroder
ätzend   caustique, corrosif
ätzendes Mittel n.   caustique m., corrosif m.
Ätzkali n.   hydrate de potasse m., po-
   tasse caustique f.
Ätzmittel n.   caustique m., cautère m.
Ätznatron n.   soude caustique f.
AU (Arbeitsunfähigkeit) f.   arrêt de
   travail m.
Audiologie f.   audiologie f.
audiologisch   audiologique
Audiometer n.   audiomètre m.
Audiometrie f.   audiométrie f.
audiometrisch   audiométrique
audiopsychisch   audiopsychique
audiovisuell   audiovisuel
auditorisch   auditif
Auerbachscher Plexus m.   plexus
   d'Auerbach m.
Auerstäbchen n.   corps d'Auer m.
Aufbewahrung f.   conservation f.
Aufbiß m. (dent.)   occlusion f.
Aufbißkrone f.   couronne occlusale f.
Aufblasballon m.   ballon gonflable m.
aufblasen   gonfler, insuffler

**Aufblasung f.** gonflage m., insufflation f.
**Aufbrauch m.** consomption f., usure f.
**aufbrennen** faire un alliage par fusion (dent.)
**Aufbrenntechnik f.** alliage en fusion (dent.)
**Aufeinanderfolge f.** séquence f., succession f.
**auffällig** remarquable
**Auffassung f.** compréhension f.
**aufflackern** exacerber
**Aufflackern n.** exacerbation f.
**Auffrischimpfung f.** vaccination de rappel f.
**aufgedunsen** bouffi, gonflé
**aufgehobenes Atmen n.** absence de bruit respiratoire f.
**aufgeregt sein** être excité
**aufgetrieben** distendu, gonflé
**aufhalten** arrêter
**aufhellen** éclairer, élucider
**Aufhellschirm m.** écran d'éclairage m.
**Aufhellung f.** éclaircissement m.
**aufhören** cesser, finir
**Aufhören n.** cessation f.
**Aufklärung f.** information f.
**Auflage f.** revêtement m. (dent.)
**Auflagefläche f.** surface d'appui f.
**Auflageklammer f.** agrafe d'appui f.
**auflösen** dissoudre
**Auflösung f.** dissolution f.
**Auflösungsvermögen n.** pouvoir séparateur m.
**Aufmerksamkeit f.** attention f.
**Aufnahme f.** incorporation f.
**Aufnahme ins Krankenhaus f.** admission f.
**Aufnahmebefund m.** observations à l'admission f. pl.
**Aufnahmestation f.** service des entrées m.
**aufpfropfen** greffer
**aufputschen** doper
**Aufputschen n.** dopage m.
**Aufputschmittel n.** doping m.
**aufrauhen** rendre rugueux
**aufrecht** debout, droit
**Aufrechterhaltung f.** maintien m.
**Aufregung f.** excitation f.
**aufreizend** irritant

**aufrichten** redresser
**aufsaugen** absorber, résorber
**aufschneiden** inciser
**aufspalten** fendre, séparer
**Aufspaltung f.** scissure f.
**Aufsplitterung f.** éclatement m.
**aufsteigen** monter
**aufsteigendes aktivierendes System n.** système facilitateur ascendant m.
**Aufstellplatte f.** plaque de base f. (dent.)
**Aufstellung f.** base f. (dent.)
**Aufstiegsneurose f.** névrose de carrière f.
**aufstoßen (rülpsen)** éructer, faire un renvoi
**Aufstoßen n.** éructation f.
**Aufstoßen, saures n.** régurgitation acide f.
**Auftauen n.** dégel m.
**aufwachen** s'éveiller
**Aufwachen n.** réveil m.
**Aufwachepilepsie f.** épilepsie matinale f.
**Aufwachraum m.** salle de réveil f.
**Aufwand m.** dépense f.
**aufwecken** éveiller
**aufwickeln** enrouler
**aufzeichnen** noter
**Aufzeichnung f.** notes f. pl.
**Aufzucht f.** élevage m.
**Augapfel m.** globe oculaire m.
**Auge n.** œil m.
**Augenabteilung f.** service d'ophtalmologie m.
**Augenarzt m.** oculiste m., ophtalmologue m.
**Augenärztin f.** oculiste f., ophtalmologue m.
**Augenbindehautentzündung f.** conjonctivite f.
**augenblicklich** instantanément
**Augenbraue f.** sourcil m.
**Augenchirurgie f.** chirurgie optique f.
**Augendiagnose f.** iridodiagnostic m.
**Augenhintergrund m.** fond d'œil m.
**Augenhöhle f.** orbite f.
**Augeninnendruck m.** pression intraoculaire f.
**Augenkammer, hintere f.** chambre postérieure de l'œil f.
**Augenklappe f.** œillère f.

**Augenlanzette f.**  lancette ophtalmique f.
**Augenlid n.**  paupière f.
**Augenlid, fehlendes n.**  ablépharie f.
**Augenlidhalter m.**  blépharostat m.
**Augenlupe f.**  loupe oculaire f.
**Augenmagnet m.**  aimant oculaire m.
**Augenmuskel m.**  muscle oculomoteur m.
**Augensalbe f.**  pommade ophtalmique f.
**Augenschlinge f.**  anse oculaire f.
**Augenschutz m.**  protection de l'aeil f.
**Augenspezialist m.**  spécialiste des yeux m.
**Augenspezialistin f.**  spécialiste des yeux f.
**Augenspülflüssigkeit f.**  lotion oculaire f.
**Augentropfen f.**  collyre m.
**Augentrübung f.**  vue trouble f.
**Augenwasser n.**  humeur aqueuse f.
**Augenwimper f.**  cil m.
**Augenwinkel m.**  angle de l'oeil m.
**Aujeszkysche Krankheit f.**  pseudorage bovine f.
**Aura f.**  aura f.
**Auranofin n.**  auranofine f.
**aurikulär**  auriculaire
**aurikuloventrikulär**  auriculoventriculaire
**Auroallylthioureidobenzoat n.**  auroallylthiouréidobenzoate m.
**Aurothioglukose f.**  aurothioglucose m.
**Aurothiomalat n.**  aurothiomalate m.
**ausagieren**  réaliser
**ausatmen**  expirer
**Ausatmung f.**  expiration f.
**ausbalancieren**  équilibrer
**ausbessern**  améliorer
**ausbilden**  former, développer
**Ausbildung f.**  formation f., développement n.
**ausblasen**  souffler
**ausbleiben**  manquer
**ausblenden**  collimater
**Ausblendung f.**  collimation f.
**ausblocken**  bloquer
**ausbluten**  exsanguiner, perdre son sang
**ausbreiten**  étendre, propager

**Ausbreiter m.**  étendeur m.
**Ausbreitung f.**  étendue f., propagation f.
**ausbrennen**  cautériser
**Ausbruch m.**  envahissement m., éruption f.
**Ausbruch einer Krankheit m.**  moment où la maladie éclate m.
**ausbrüten**  incuber
**Ausdauer f.**  endurance f.
**ausdehnen**  dilater, distendre
**Ausdehnung f.**  dilatation f., distension f.
**Ausdruck m.**  expression f.
**ausdrücken**  exprimer
**Ausdrücken n.**  expression f.
**Ausdrucksmangel m.**  manque d'expressivité m.
**ausdünsten**  exhaler, perspirer
**Ausdünstung f.**  exhalaison f., perspiration f.
**Ausfallquote f.**  taux de perte m.
**Ausflockung f.**  floculation f.
**Ausfluß m.**  écoulement m.
**Ausflußröhrchen n.**  tubule d'écoulement m.
**Ausgang m.**  issue f., sortie f.
**Ausgangspunkt m.**  point de départ m.
**Ausgangsspannung f.**  voltage m.
**ausgeblutet**  exsangue
**ausgedehnt**  étendu
**ausgießen**  verser
**ausgleichen**  compenser, égaliser, équilibrer
**ausglühen**  consumer, se, flamber
**Ausgußkörper m.**  forme f.
**aushöhlen**  évider, excaver
**Auskleidung f.**  déshabillage m., revêtement m.
**Auskratzung f.**  curettage m., curage m.
**Auskultation f.**  auscultation f.
**auskultatorisch**  auscultatoire
**auskultieren**  ausculter
**ausküvettieren**  verser
**auslöschen**  effacer, éteindre
**Auslöschphänomen n.**  réaction de Schultz-Charlton f.
**auslösen**  causer, déclancher, provoquer
**Auslöser m.**  facteur déclanchant m.

**Ausnahmezustand m.** état d'exception m.
**ausnutzen** exploiter
**Ausnutzung f.** exploitation f.
**auspressen** exprimer, presser
**auspumpen** pomper
**Ausräucherung f.** fumigation f.
**ausrenken** disloquer
**ausrotten** éliminer, extirper
**Ausrottung f.** éradication f.
**Ausrüstung f.** équipement m.
**aussaugen** vider en suçant
**ausschaben** abraser
**Ausschabung f.** abrasion f., curettage m.
**ausschälen** décortiquer, énucléer
**ausschalten** exclure
**Ausschaltung f.** coupure f., exclusion f.
**Ausschälung f.** décortication f., énucléation f.
**ausscheiden** excréter
**Ausscheidung f.** excrétion f.
**Ausscheidungsurographie f.** urographie par voie intraveineuse f.
**Ausschlag m.** éruption f., exanthème m.
**ausschleichen** diminuer progressivement
**ausschleichend behandeln** traitement dégressif
**Ausschluß m.** exclusion f.
**Ausschlußprinzip n.** principe d'exclusion m.
**Ausschneidung f.** excision f.
**Ausschuhen n.** exongulation f.
**Ausschußwunde f.** blessure de sortie du projectile f.
**ausschütten** renverser
**Ausschüttung f.** vidage m.
**Ausschwemmung f.** élimination de liquide f.
**Ausschwitzung f.** exsudation f.
**Außenfürsorge f.** assistance externe f.
**Außenmaß n.** dimension externe f.
**außerehelich** hors mariage
**außersinnlich** extrasensoriel
**Aussparung f.** cavité f.
**ausspritzen** injecter pour déboucher
**ausspucken** cracher, expectorer
**ausspülen** laver, rincer
**Ausstattung f.** équipement m.

**ausstopfen** bourrer, tamponner
**Ausstopfung f.** bourrage m.
**Ausstoß m.** output m., production f.
**ausstoßen** éliminer
**Ausstoßung f.** expulsion f.
**Ausstrahlung f.** émission f., radiation f.
**Ausstülpung f.** protrusion f.
**Austausch m.** échange m.
**austauschbar** interchangeable
**Austauscher m.** échangeur m.
**Austauschtransfusion f.** exsanguino-transfusion f.
**Australiaantigen n.** antigène Australie m.
**austreiben** expulser
**Austreibung f.** expulsion f.
**Austreibungszeit (kardiol.) f.** période d'évacuation f., période d'expulsion f.
**Austreibungszeit (obstetr.) f.** période d'expulsion f.
**Austrittsblock m.** bloc complet m., bloc de branche m.
**Austrittsdosis f.** dose de sortie f.
**austrocknen** dessécher
**Austrocknung f.** déssèchement m., séchage m.
**austupfen** tamponner
**Auswahlfragen-Examen n.** examen par questions à choix multiples (QCM) m.
**Auswärtsdrehung f.** rotation externe f.
**Auswaschmethode f.** méthode de lavage à épuisement f., méthode de wash out f.
**auswechselbar** interchangeable
**Auswechseloptik f.** lentilles échangeables f. pl.
**auswerfen** expectorer
**auswerten** évaluer
**Auswertung f.** évaluation f.
**auswischen** effacer
**Auswuchs m.** excroissance f.
**Auswurf m.** crachat m., expectoration f.
**Auszählung f.** dénombrement m.
**Auszehrung f.** consomption f.
**Auszubildende f.** apprentie f.
**Auszubildender m.** apprenti m.
**Autismus m.** autisme m.

autistisch autiste, autistique
autistisches Denken n. pensée autistique f.
Autoabgas n. gaz d'échappement m.
Autoagglutination f. autoagglutination f.
Autoagression f. autoagression f.
Autoanalyse f. autoanalyse f.
Autoanalyzer m. autoanalyseur m.
Autoantigen n. autoantigène m.
Autoantikörper m. autoanticorps m.
autochthon autochtone
autoerotisch autoérotique
Autofahren n. conduite automobile f.
autogen autogène
autogenes Training n. training autogène de Schulz m.
Autohämolyse f. autohémolyse f.
Autohämolysin n. autohémolysine f.
autohämolytisch autohémolytique
Autohypnose f. autohypnose f.
autoimmun autoimmun
Autoimmunglobulin n. globuline autoimmune f.
Autoimmunisation f. autoimmunisation f.
Autoimmunität f. autoimmunité f.
Autoimmunkrankheit f. maladie autoimmune f.
Autoinfektion f. autoinfection f.
Autointoxikation f. autointoxication
Autoisolysin n. autoisolysine f.
Autokannibalismus m. autocannibalisme m.
Autokastration f. autocastration f.
Autoklav m. autoclave m.
Autokrankheit f. maladie des transports f.
autolog autologue
Autolysat n. autolysat m.
Autolyse f. autolyse f.
autolysieren autolyser
Autolysin n. autohémolysine f ., autolysine f.
autolytisch autolytique
Automatik f. automatisme m.
Automatisation f. automatisation f.
automatisch automatique
automatisieren automatiser
Automatisierung f. automatisation f.
Automatismus m. automatisme m.
autonom autonome

Autonomie f. autonomie f.
autopharmakologisch autopharmacologique
Autophonie f. autophonie f.
Autoplastik f. autoplastie f.
Autopolymerisat n. autopolymère m.
Autopräzipitin n. autoprécipitine f.
autopsychisch autopsychique
Autopsychose f. autopsychose f.
Autor m. auteur m.
Autoradiographie f. autoradiographie f.
autoradiographisch autoradiographique
Autoregulation f. autorégulation f.
Autorezeptor m. autorécepteur m.
Autorin f. auteur f.
Autoskopie f. autoscopie f.
Autosom n. autosome m.
autosomal autosomique
Autosomie f. autosomie f.
Autosuggestion f. autosuggestion f.
Autotoxin n. autotoxine f.
Autotransfusion f. autotransfusion f.
Autotransplantat n. autogreffe f.
Autotransplantation f. autotransplantation f.
autotroph autotrophique
Autovakzination f. autovaccination f.
Autovakzine f. autovaccin m.
auxiliär auxiliaire
Auxin n. auxine f.
Avenin n. avenine f.
aviär aviaire
Avidität f. avidité f.
Avitaminose f. avitaminose f.
AVK (=arterielle Verschlusskrankheit) f. maladie artérielle obstructive f.
Avogadrosches Gesetz n. loi d'Avogadro f.
Axanthopsie f. axanthopsie f.
axenisch axenique
Axerophthol n. axérophtol m.
axial axial, axile
Axialrotationsgelenk n. articulation à rotation axiale f.
axillar axillaire
Axillarlinie, vordere/hintere f. ligne axillaire antérieure/postérieure f.
axillobilateral axillobilatéral
axillofemoral axillofémoral
axillounilateral axillounilatéral

axiobukkogingival   axiobuccogingival
axiobukkolingual   axiobuccolingual
axiobukkozervikal   axiobuccocervical
axiodistal   axiodistal
axiodistogingival   axiodistogingival
axiodistoinzisal   axiodistoincisal
axiodistookklusal   axiodistoocclusal
axiodistozervikal   axiodistocervical
axiogingival   axiogingival
axioinzisal   axioincisal
axiomesiodistal   axiomésiodistal
axiomesiozervikal   axiomésiocervical
axiopulpal   axiopulpaire
Axioversion f.   axioversion f.
Axolotl m.   axolotl m.
Axolotleinheit f.   unité axolotl f.
Axon n.   axone m.
Axonreflex m.   réflexe d'axone m.
Axoplasma n.   axoplasme m.
Ayerzasche Krankheit f.   syndrome
   d'Ayersa m.
Azaadenin n.   azaadénine f.
Azaconazol n.   azaconazole m.
Azahypoxanthin n.   azahypoxanthine
   f.
Azapetin n.   azapétine f.
Azapropazon n.   azapropazone f.
Azarabin n.   azarabine f.
Azathioprin n.   azathioprine f.
Azauracil n.   azauracil m.
Azauridin n.   azauridine f.
Azebutolol n.   acébutolol m.
Azephalie f.   acéphalie f.
Azetabuloplastik f.   acétabuloplastie f.
Azetal n.   acétal m.
Azetaldehyd m.   acétaldéhyde m.
Azetamid n.   acétamide m.
Azetamidin n.   acétamidine f.
Azetaminofluoren n.   acétaminofluo-
   réne m.
Azetanilid n.   acétanilide m.
Azetarson n.   acétarsone f.
Azetat n.   acétate m.
Azetazetat n.   acétacétate m.
Azetazetyl n.   acétacétyle m.
Azetazolamid n.   acétazolamide m.
Azetessigsäure f.   acide diacétique m.
Azetidin n.   acétidine f.
Azetobromanilid n.   acétobromanilide
   m.
Azetobutolol n.   acétobutolol m.
Azetoglykosurie f.   acétoglycosurie f.

Azetohexamid n.   acétohexamide m.
Azetol n.   acétol m.
Azetolase f.   acétolase f.
Azetomenadion n.   acétoménaphtone
   f.
Azetonämie f.   acétonémie f.
azetonämisch   acétonémique
Azetonaphthon n.   acétonaphtone f.
Azetonid n.   acétonide m.
Azetonitrat n.   acétonitrate m.
Azetonitril n.   acétonitrile m.
Azetonkörper m.   corps acétonique m.
Azetonresorzin n.   acétonorésorcinol
   m.
Azetonurie f.   acétonurie f.
Azetonyl n.   acétonyle m.
Azetophenazin n.   acétophénazine f.
Azetophenitidin n.   acétophénétidine f.
Azetophenon n.   acétophénone f.
Azetopyrin n.   acétopyrine f.
Azetosal n.   acétosal m.
Azetylazeton n.   acétylacétone f.
Azetylcholin n.   acétylcholine f.
Azetylcholinesterase f.   acétylcholines-
   térase f.
Azetyldigitoxin n.   acétyldigitoxine f.
Azetyldigoxin n.   acétyldigoxine f.
Azetylen n.   acétylène m.
Azetylglucosamin n.   acétylglucosa-
   mine f.
Azetylglyzin n.   acétylglycine f.
Azetylhistidin n.   acétylhistidine f.
Azetylhydrazin n.   acétylhydrazine f.
azetylieren   acétyler
Azetylierung f.   acétylation f.
Azetyllysin n.   acétyllysine f.
Azetylmethadol n.   acétylméthadol m.
Azetylphenylhydrazin n.   acétylphén-
   ylhydrazine f.
Azetylsalizylamid n.   acétylsalicyla-
   mide m.
Azetylserotonin n.   acétylsérotonine f.
Azetyltannin n.   acétyltannin m.
Azetylthymol n.   acétylthymol m.
Azetyltransferase f.   acétyltransférase
   f.
Azetylzystein n.   acétylcystéine f.
Azetylzytidin n.   acétylcytidine f.
Azidalbumin n.   acidalbumine f.
Azidämie f.   acidémie f.
azidämisch   acidémique
Azidimeter n.   acidomètre m.

**Azidodesoxythymidin n.** acidodéox-
   ythymidine f.
**azidophil** acidophile
**Azidose f.** acidose f.
**Azidothymidin n.** acidothymidine f.
**azidotisch** en état d'acidose
**azinös** acineux
**azinotubulär** acinotubulaire
**Azipramin n.** azipramine f.
**Azo-Farbstoff m.** colorant azoïque m.
**Azo-Gruppe f.** groupe azoïque m.
**Azo-Verbindung f.** combinaison azoï-
   que f.
**Azobenzen n.** azobenzène m.
**Azol n.** azole m.
**Azolitmin n.** azolitmine f.
**Azoospermie f.** azoospermie f.
**Azorubinprobe f.** épreuve à l'azoru-
   bine f.

**Azosemid n.** azosémide m.
**Azotämie f.** azotémie f.
**azotämisch** azotémique
**Azouridin n.** azouridine f.
**Aztreonam n.** azthréonam m.
**Azulen n.** azulène m.
**Azur m.** azur m.
**Azurgranulom n.** élément figuré azu-
   rophile m.
**azurophil** azurophile
**Azurophilie f.** azurophilie f.
**Azygographie f.** azygographie f.
**azyklisch** acyclique
**Azyl siehe /** voir aussi acyl.
**Azyl n.** acyle m.
**Azylase f.** acylase f.
**Azyldehydrogenase f.** acyldéhydroge-
   nase f.

# B

Baastrupsche Krankheit f.   arthrose interépineuse f., maladie de Baastrup f.
Babesiose f.   babésiose f.
Babinski-Reflex m.   réflexe de Babinski m.
Babinskisches Zeichen n.   signe de Babinski m.
Babymulde f.   creux de la fontanelle m.
Bacampicillin n.   bacampicilline f.
Bacillus m. siehe auch /   voir aussi Bazillus m.
Bacillus anthracis m.   bacillus anthracis m.
Bacillus botulinus m.   Clostridium botulinum m.
Bacillus Calmette-Guérin m.   bacille de Calmette et Guérin m.
Bacillus coli communis m.   Escherichia coli m.
Bacillus enteridis Gärtner m.   Salmonella enteridis m.
Bacillus faecalis alcaligenes m.   Alcaligenes faecalis m.
Bacillus lactis aerogenes m.   Aerobacter aerogenes m.
Bacillus oedematis maligni m.   Clostridium oedematis maligni m.
Bacillus pneumoniae m.   Klebsiella pneumoniae f.
Bacillus putrificus m.   Clostridium putrificum m.
Bacillus pyoceaneus m.   Pseudomonas aeruginosa m.
Bacillus tetani m.   Clostridium tetani m.
Bacillus typhi murium m.   Salmonella typhimurium f.
Bacitracin n.   bacitracine f.
Backe f.   joue f.
Backenhalter m.   écarteur des joues m.
Backenschützer m.   protection de la joue m.
Backentasche f.   cavité vestibulaire f.
Backenzahn m.   molaire f.
Baclofen n.   baclofène m.

Bacterium n. siehe auch /   voir aussi Bakterium n., Bakterie f.
Bacterium ozenae n.   Klebsiella ozenae m.
Bacterium tularense n.   pasteurella tularensis m.
Bad n.   bain m.
baden   baigner, prendre un bain
Bäderabteilung f.   bains m. pl.
Badetuch n.   serviette de bain f.
Badewanne f.   baignoire f.
Bagasoße f.   bagasosse f.
Bahn f.   voie f.
bahnen   désinhiber une voie
Bahnung f.   désinhibition d'une voie f.
Bainbridge-Reflex m.   réflexe de Bainbridge m.
Bajonettverschluß m.   fermeture baïonnette f.
BAK (=blutalkohlkonzentration) f.   concentration d' alcool dans le sang f.
Bakteriämie f.   bactériémie f.
bakteriämisch   bactériémique
Bakterie f.   bactérie f.
bakteriell   bactérien
Bakteriocholie f.   bactériocholie f.
Bakteriologe m.   bactériologue m.
Bakteriologie f.   bactériologie f.
Bakteriologin f.   bactériologue f.
bakteriologisch   bactériologique
Bakteriolyse f.   bactériolyse f.
bakteriolytisch   bactériolytique
Bakteriophage m.   bactériophage m.
Bakteriophagie f.   bactériophagie f.
Bakteriophobie f.   bactériophobie f.
bakteriostatisch   bactériostatique
bakteriotropisch   bactériotrope
Bakterium n.   bactérie f.
Bakteriurie f.   bactériurie f.
bakterizid   bactéricide
bakterizides Mittel n.   bactéricide m.
Bakterizidin n.   substance bactéricide f.
Bakteroides n.   Bacteroïdes m.
Balanitis f.   balanite f.
balanitisch   balanitique

**Balanoposthitis f.** balanoposthite f.
**Balantidiasis f.** balantidiase f.
**Balantidium coli n.** Balantidium coli m.
**Baldrian n.** valériane f.
**Baldriantinktur f.** teinture de valériane f.
**Balkenblase f.** vessie à colonnes f.
**Ballastmaterial n.** matière de lest f.
**Ballen (Paket) m.** paquet m.
**Ballismus m.** ballisme m.
**Ballistokardiogramm n.** balistocardiogramme m.
**Ballistokardiographie f.** balistocardiographie f.
**ballistokardiographisch** balistocardiographique
**Ballon m.** ballon m.
**Ballonkanüle f.** canule à ballonnet f.
**Ballonkatheter m.** cathéter à ballonnet m.
**Ballottement n.** ballottement m.
**Balneologie f.** balnéologie f.
**balneologisch** balnéologique
**Balneotherapie f.** balnéothérapie f.
**Balsam m.** baume m.
**Bambusstabwirbelsäule f.** image de colonne vertébrale „en bambou" f.
**Band n.** bande f., bride f., ligament m.
**Bandage f.** bandage m.
**bandagieren** bandager
**Bandagist m.** bandagiste m.
**Bandanpassung f.** adaptation d'un bandeau f.
**Bändelung f.** attache f.
**Bändererschlaffung f.** laxité ligamentaire m.
**Bänderriß m.** déchirure des ligaments f.
**Bänderzerrung f.** froissement ligamentaire m.
**Bandkeratitis f.** kératite en bandelette f.
**Bandkrone f.** couronne à bandeau f.
**Bandlsche Furche f.** anneau de Bandl m.
**Bandmaß n.** mètre à ruban m.
**Bandscheibe f.** disque intervértebral m.
**Bandscheibenprolaps m.** hernie discale f.

**Bandspeicherelektrokardiogramm n.** électrocardiogramme enregistré sur bande m.
**Bandtreiber m.** repoussoir pour bandeau m. (dent.)
**Bandwurm m.** ténia m., ver solitaire m.
**Bandwurmbefall m.** téniase f.
**Bandwurmglied n.** anneau de ténia m., cucurbitin m., proglottis m.
**Bandwurmmittel n.** produit de traitement du ténia m.
**bandwurmtötend** ténicide
**bandwurmtötendes Mittel n.** ténicide m.
**bandwurmtreibend** ténifuge
**bandwurmtreibendes Mittel n.** ténifuge m.
**Bangsche Krankheit f.** brucellose f., maladie de Bang f.
**Banisterin n.** banistérine f.
**Banthin n.** banthine f.
**Bantisches Syndrom n.** maladie de Banti m.
**BAO (=basale Magensäuresekretion) f.** sécrétion basale d'acide gastrique f.
**Bar m.** Bar m.
**Baragnosie f.** baragnosie f.
**Baranyscher Versuch m.** épreuve de Barany f.
**Barbiturat n.** barbiturique m.
**Baresthesie f.** baresthésie f.
**Barium n.** baryum m.
**Bariumsulfat n.** sulfate de baryum m.
**Bärlappsamen m.** poudre de lycopode f.
**Barodontalgie f.** barodontalgie f.
**Baroreflex m.** baroréflexe m.
**Barorezeptor m.** baro-récepteur m.
**Barosinusitis f.** sinusite baro-traumatique f.
**Barotitis f.** otite baro-traumatique f.
**Barotrauma n.** baro-traumatisme m.
**Barriere f.** barrière f.
**Bart m.** barbe f.
**Bartholinitis f.** bartholinite f.
**Bartholinsche Drüse f.** glande de Bartholin f.
**Bartonella f.** bartonella m.
**Bartonelliasis f.** bartonellose f.
**Barylalie f.** barylalie f.

basal basal
basale Magensäuresekretion (BAO) f.
sécrétion de base d'acide gastrique f.
Basaliom n. basaliome m.
Basalkörperchen n. corpuscule basal
m.
Basalmembran f. membrane basale f.
Basalzelle f. cellule basale f.
Basalzellenepitheliom n. épithélioma
basocellulaire m.
Basalzellenkarzinom n. épithélioma
basocellulaire m.
Base f. (chem.) base f.
Basedowsche Krankheit f. goitre exo-
phtalmique m., maladie de Basedow
f.
basenbildend basifiant
Basenüberschuß m. base excess (BE)
m.
Basidie f. baside f.
Basidiospore f. basidiospore m.
basilär basilaire
basinasal basinasal
Basion n. basion m.
Basiotripsie f. basiotripsie f.
Basis f. base f.
basisch alcalin, basique
Basisfläche f. surface de base f.
Basisnarkose f. narcose de base f.
Basisplatte f. plaque de base f.
basitemporal basitemporal
basivertebral basivertébral
Basizität f. basicité f.
basophil basophile
Basophilie f. basophilie f.
Basophobie f. basophobie f.
Bassini-Operation f. opération de
Bassini f.
Bastard m. bâtard m., hybride m.
Bataviafieber n. fièvre des rizières f.
bathmotrop bathmotrope
Batist m. batiste f.
Batterie f. batterie f., pile f.
Bau m. construction f., local m.
Bauch m. abdomen m., ventre m.
Bauchatmung f. respiration abdomi-
nale f.
Bauchbinde f. bandage abdominal m.
Bauchchirurgie f. chirurgie abdomi-
nale f.
Bauchdecke f. paroi abdominale f.

Bauchdeckenreflex m. reflexe cutané
abdominal m.
Bauchdeckenspannung f. tension de
défense abdominale f.
Bauchdeckenspannung, brettharte f.
abdomen dur m.
Bauchfell n. péritoine m.
Bauchgrimmen n. tranchées abdomi-
nales f. pl.
Bauchhalter m. ceinture abdominale
f.
Bauchhöhle f. cavité abdominale f.
Bauchhöhlenschwangerschaft f. gros-
sesse abdominale f.
Bauchlage f. position de décubitus
ventral f.
Bauchschmerz m. douleur abdomi-
nale f.
Bauchspeicheldrüse f. pancréas m.
Bauchspeicheldrüsenentzündung f.
pancréatite f.
Bauchwand f. paroi abdominale f.
Bauhinsche Klappe f. valvule iléo-co-
lique de Bauhin f.
Baumwollbinde f. bande en coton f.
Baumwolle f. coton m.
Baumwollsamenöl n. huile de graine
de cotonnier f.
Bausch m. pelote f., tampon m.
Bayonett n. baïonnette f.
Bazillämie f. bacillémie f.
bazillär bacillaire
Bazillenruhr f. dysenterie bacillaire f.
bazilliform bacilliforme
bazillogen bacillogène
Bazillophobie f. bacillophobie f.
Bazillose f. bacillose f.
Bazillurie f. bacillurie f.
Bazillus m. bacille m.
BCG-Impfung f. vaccination BCG f.
BCG-Vakzine f. vaccin BCG m.
beabsichtigt intentionnel
beamteter Arzt m. médecin fonction-
naire m.
Beatin m. béate f.
Beatmung f. ventilation f.
Beatmung, kontrollierte f. ventilation
côntrolée f.
Beatmung, künstliche f. respiration
artificielle f.
Beatmungsgerät n. respirateur m.
Beatmungsmaschine f. respirateur m.

**Beau-Reilsche Linie f.**   sillon inguéal de Beau m.
**beaufsichtigen**   surveiller
**Beaufsichtigung f.**   surveillance f.
**bebrüten**   incuber
**Bebrütung f.**   incubation f.
**Becherglas n.**   gobelet m.
**Becherzelle f.**   cellule calciforme f.
**Bechterewsche Krankheit f.**   maladie de Bechterew f.
**Bechterewscher Reflex m.**   réflexe de Bechterew m.
**Becken n.**   bassin m.
**Becken n. (anat.)**   bassin m., pelvis m.
**Becken der Niere n.**   bassinet m.
**Becken, allgemein erweitertes n.**   bassin généralement élargi m.
**Becken, allgemein verengtes n.**   bassin généralement rétréci m.
**Beckenachse f.**   axe du bassin m.
**Beckenausgang m.**   détroit inférieur du bassin m.
**Beckenboden m.**   plancher pelvien m.
**Beckendurchmesser m.**   diamètre du bassin m.
**Beckenebene f.**   plan pelvien m.
**Beckeneingang m.**   détroit supérieur du bassin m.
**Beckenkamm m.**   crête iliaque f.
**Beckenmessung f.**   pelvigraphie f., pelvimétrie f.
**Beckenniere f.**   ectopie rénale pelvienne f.
**Beckenobliquität f.**   obliquité pelvienne f.
**Beckenöffnung f.**   détroit du bassin m.
**Beckenring m.**   anneau du bassin m.
**Beckenvenenthrombose f.**   thrombose veineuse iliaque f.
**Beckenverengung f.**   rétrécissement du bassin m.
**Beckenzirkel m.**   pelvimètre à compas m.
**Beclomethason n.**   béclométhasone f.
**Becquerel n.**   Becquerel m.
**bedachen**   couvrir
**Bedarf m.**   besoin m., demande f., nécessaire m.
**bedecken**   couvrir
**bedeckt**   couvert
**Bedeckung f.**   couverture f.

**bedingt**   conditionné, conditionnel, dépendant
**Bedingtheit f.**   dépendance f.
**Bedingung f.**   condition f.
**Bedrängnis f.**   embarras m.
**Bedürfnis n.**   besoin m., exigence f.
**Bedürfnis verrichten, ein**   satisfaire un besoin
**Bedürfnisanstalt f.**   toilettes publiques f. pl.
**beeinflussen**   influencer
**Beeinflussung f.**   influence f.
**Beeinflussungswahn m.**   syndrome délirant d'action extérieure m.
**beendigen**   achever, finir
**Beendigung f.**   achèvement m.
**Befähigung f.**   qualification f.
**Befall m.**   affection f., atteinte f.
**befallen**   attaquer, atteindre
**befallen sein**   être atteint
**Befestigung f.**   attache f., attachement m. (dent.), fixation f.
**Befestigungsklammer f.**   agrafe de fixation f.
**Befestigungsschraube f.**   écrou de fixation m.
**befeuchten**   humecter, mouiller
**Befeuchtung f.**   humidification f.
**Befinden n.**   état de santé m.
**befriedigen**   satisfaire
**befriedigend**   satisfaisant
**Befriedigung f.**   satisfaction f.
**Befriedigung, sexuelle f.**   satisfaction sexuelle f.
**befruchten**   féconder
**Befruchtung f.**   fécondation f.
**Befruchtung, extrakorporale f.**   fécondation in vitro f.
**Befund m.**   observations f. pl., résultat de l'examen m.
**Befund, ohne (oB)**   RAS
**Befund, psychischer m.**   état mental m.
**begasen**   gazer
**Begehrungsneurose f.**   névrose de revendication f.
**begleitend**   associé, concomitant
**Begleiterscheinung f.**   manifestation associée f.
**begrenzen**   limiter
**Begrenzung f.**   limitation f.
**begutachten**   faire une expertise
**Behälter m.**   réservoir m.

behandeln   traiter
**Behandlung f.**   traitement m.
**Behandlung, eine – absetzen**   interrompe un traitement
**Behandlungsdauer f.**   durée du traitement m.
**Behandlungskosten f.**   coût du traitement m.
**Behandlungsraum m.**   salle de soins f.
**Behandlungsschema n.**   schéma de traitement m.
**Behandlungsstation f.**   service des soins m.
**Behandlungsvorschrift f.**   prescriptions thérapeutiques f. pl.
**Behandlungszentrum n.**   centre de soins m.
**Behandlungszone f.**   zone de traitement f.
**Behcet-Syndrom n.**   syndrome de Behcet m.
**behelfsmäßig**   de fortune, improvisé, palliatif
**Behelfsprothese f.**   prothèse provisoire f.
**Behenat n.**   béhénate m.
**behindern**   empêcher, géner
**behindert**   gêné, handicapé
**Behinderung f.**   handicap m.
**beiderseitig**   bilatéral, réciproque
**beidseitig**   bilatéral
**Beidseitigkeit f.**   bilatéralité f.
**Beikost f.**   régime additionnel m.
**Beil n.**   hachette f.
**Beilexkavator m.**   excavateur m.
**Beimischung f.**   addition f.
**Bein n. (Extremität)**   jambe f.
**Beinhalter m.**   jambière f.
**Beinstütze f.**   appui à la marche m.
**Beinverkürzung f.**   racourcissement du membre inférieur m.
**Beißblock m.**   mordus en cire m.
**beißen**   mordre
**Beitrag m.**   contribution f.
**beizen**   appliquer un mordant (dent.)
**Bekehrungswahn m.**   syndrome délirant de conversion m.
**Beklemmung f.**   oppression f.
**bekömmlich**   digeste
**beladen**   charger
**Belag m.**   dépôt m., revêtement m.

**Belastbarkeit f.**   résistance à l'épreuve f.
**belasten**   charger
**Belastung f.**   charge f., épreuve f., stress m.
**Belastung, körperliche f.**   effort physique m.
**Belastungs-EKG n.**   ECG après épreuve d'effort m.
**Belastungsangina f.**   angor d'effort m.
**Belastungsdyspnoe f.**   dyspnée d'effort f.
**Belastungszone f.**   zone de stress f.
**beleben**   animer
**belebt**   animé
**Belegarzt m.**   médecin libéral et hospitalier m.
**Belegärztin f.**   médecin libéral et hospitalier f.
**Belegkrankenhaus n.**   clinique dépendante de médecins libéraux f.
**belegt (bedeckt)**   recouvert
**Belegzelle f.**   cellule de revêtement f., cellule délomorphe f.
**beleuchten**   éclairer
**Beleuchtung f.**   éclairage m.
**Belichtung f.**   exposition radiologique f.
**Belichtungsautomatik f.**   automatisme de la prise de cliché m.
**Belichtungsdosis f.**   dose d'exposition f.
**Belichtungsspielraum m.**   latitude d'exposition f.
**Belichtungstabelle f.**   table des expositions f.
**Belichtungszeit m.**   temps de pose m.
**Belladonna f.**   belladone f.
**Bellocqsche Röhre f.**   canule de Belloc f.
**Bellsches Phänomen n.**   signe de Charles Bell m.
**belüften**   aérer
**Belüftung f.**   aération f.
**Bemegrid n.**   bémégride m.
**Bemetizid n.**   bémétizide m.
**benachbart**   voisin
**Benazin n.**   bénazine f.
**Bence-Jonesscher Eiweißkörper m.**   protéines de Bence-Jones f. pl.
**Bendazol n.**   bendazol m.
**Bendrofluazid n.**   bendrofluazide m.

**Bendroflumethiazid n.** bendroflumét-
hiazide m.
**Benedictsche Probe f.** test de Benedict
m.
**Benehmen n.** comportement m.
**Benetonid n.** bénétonide m.
**benetzen** asperger
**Benetzung f.** aspersion f.
**Benfotiamin n.** benfotiamine f.
**Bengalrot n.** rouge de bengale m.
**Bennettsche Fraktur f.** fracture de
Bennett f.
**Benommenheit f.** obnubilation f., tor-
peur m.
**Benorilat n.** bénorilate m.
**Benoxaprofen n.** benoxaprofène m.
**Benserazid n.** bensérazide f.
**Bentyl n.** bentyl m.
**Benzaldehyd m.** benzaldéhyde f.
**Benzalkonium n.** benzalkonium m.
**Benzanilid n.** benzanilide m.
**Benzanthren n.** benzanthrène m.
**Benzatropin n.** benzatropine f.
**Benzbromaron n.** benzbromarone f.
**Benzethonium n.** benzéthonium m.
**Benzidin n.** benzidine f.
**Benzilat n.** benzilate m.
**Benzimidazol n.** benzimidazole m.
**Benzin (chem.) n.** benzine f.
**Benziodaron n.** benziodarone f.
**Benznidazol n.** benznidazole m.
**Benzoat n.** benzoate m.
**Benzocain n.** benzocaïne f.
**Benzochinon n.** benzoquinone f.
**Benzodiazepin n.** benzodiazépine f.
**Benzodioxan n.** benzodioxane m.
**Benzoe n.** benjoin m.
**Benzofuran n.** benzofurane m.
**Benzol n.** benzol m.
**Benzonaphthol n.** benzonaphtol m.
**Benzonitril n.** benzonitrile m.
**Benzophenon n.** benzophénone f.
**Benzothiazidin n.** benzothiazidine f.
**Benzoyl n.** benzoyle m.
**Benzozykloheptathiophen n.** benzoc-
ycloheptathiophène m.
**Benzphetamin n.** benzphétamine f.
**Benzpyren n.** benzopyrène m.
**Benztropin n.** benzotropine f.
**Benzydamin n.** benzydamine f.
**Benzyl n.** benzyle m.
**Benzylmorphin n.** benzylmorphine f.

**Benzylorange n.** benzylorange m.
**Benzylpyrimidin n.** benzylpyrimidine
f.
**Beobachtung f.** observation f.
**Beobachtungsfenster n.** fenêtre d'ob-
servation f.
**Beobachtungswahn m.** syndrome dé-
lirant d'observation m.
**Beobachtungszeitraum m.** période
d'observation f.
**Bephenium n.** béphénium m.
**Bepridil n.** bépridil m.
**beratender Arzt m.** médecin consul-
tant m.
**Beratung f.** conseil m., consultation f.
**Beratungsstelle f.** centre d'informa-
tion m.
**Beraubung f.** spoliation f.
**berauschen** énivrer
**Berauschungsprüfung f.** test d'ivresse
m.
**Berechnung f.** calcul m.
**Bereich m.** domaine m., ordre m.
**bereinigen** assainir
**Bereitschaft f.** disposition f.
**Bereitschaftsdienst m.** garde f.
**bergen** mettre en sûreté
**Bergkrankheit f.** mal de montagne m.
**Bergmannsnystagmus m.** nystagmus
des mineurs m.
**Bergung f.** sauvetage m.
**Bergungsmannschaft f.** équipe de
sauvetage f.
**Beriberi f.** béribéri m.
**Bericht m.** compte rendu m., rapport
m.
**Berkefeldfilter m.** bougie Berkefeld f.
**Berkelium n.** berkélium m.
**Berlinblau n.** bleu de Berlin m.
**Beruf m.** métier m., profession f.
**beruflich** professionnel
**berufsbedingt** professionnel
**Berufskrankheit f.** maladie professi-
onnelle f.
**Berufung f.** vocation f.
**beruhigen** calmer
**beruhigend** calmant, sédatif
**Beruhigung f.** apaisement m.
**Beruhigungsmittel n.** calmant m., sé-
datif m.
**berühren** toucher
**Berührung f.** contact m., toucher m.

**Berührungsempfindlichkeit f.** sensibilité au toucher f.
**Berührungshalluzination f.** hallucination tactile f.
**Berührungssinn m.** sens du toucher m.
**Berylliose f.** bérylliose f.
**Beryllium n.** béryllium m., glucinium m.
**Besamung f.** insémination f.
**beschädigen** détériorer, endommager
**Beschaffenheit f.** constitution f., qualité f.
**Beschäftigung f.** occupation f.
**Beschäftigungsneurose f.** névrose professionnelle f.
**Beschäftigungstherapie f.** traitement par l'activité m.
**beschälen** saillir
**beschallen** sonorifier
**Beschälseuche f.** dourine f., mal du coït m.
**Beschleunigung f.** accélération f.
**Beschneidung f.** circoncision f.
**beschreiben** décrire
**Beschreibung f.** description f.
**Beschriftung f.** inscription f.
**beschwerdefrei** ne se plaint de rien
**Beschwerden f. pl.** doléances f. pl.
**Beschwerden f. pl.** mal m., maux m. pl., plaintes f. pl.
**Besessenheit f.** obsession f.
**Besilat n.** bésilate m.
**Besinnung f.** réflexion f.
**besonnen (bestrahlen)** ensoleiller
**Besonnung f.** ensoleillement m., hélioexposition f.
**bessern** améliorer
**Besserung f.** amélioration f., progrès m.
**Bestandteil m.** élément m.
**Besteck n.** instruments m. pl.
**Besteckkasten m.** boite à instruments f.
**Bestellpraxis f.** consultations sur rendezvous f. pl.
**Bestimmung f.** définition f., destination f., dosage m.
**bestrahlen** irradier
**Bestrahlung f.** irradiation f.
**Bestrahlungsdosis f.** dose d' exposition f.

**Besuch m.** visite f.
**Besuchszeit f.** heures de visite f. pl.
**beta-adrenerg** béta-adrénergique
**Beta-Zelle f.** cellule bêta f.
**Betaglobulin n.** bétaglobuline f.
**Betain n.** bétaïne f.
**Betalactam n.** bétalactame m.
**Betalactamase f.** bétalactamase f.
**Betamethason n.** bétaméthasone f.
**Betaoxybuttersäure f.** acide bétaoxybutyrique m.
**Betarezeptor m.** récepteur béta m., récepteur béta-adrénergique m.
**Betarezeptorenblocker m.** bétabloquant m.
**Betastrahl m.** rayon béta m.
**Betastrahler m.** émetteur béta m.
**Betatron n.** bétatron m.
**Betatron-Therapie f.** bétathérapie f., électronothérapie f.
**Betäubung f.** anesthésie f., narcose f.
**Betäubungsmittel n.** anesthésique m., narcotique m., stupéfiant m.
**Betawelle f.** onde béta f.
**Betaxolol n.** bétatoxol m.
**Betazol n.** bétazole m.
**Beteiligung f.** participation f.
**Betelnuß f.** noix de bétel f.
**Bethanidin n.** béthanidine f.
**Betrachtungsweise f.** façon de voir f.
**Betriebsamkeit f.** acticité f.
**Betriebsanleitung f.** consigne d'emploi f.
**Betriebsarzt m.** médecin du travail m.
**Betriebsmaterial n.** équipement m.
**Betriebsspannung f.** voltage d'utilisation m.
**betrunken** en état d'ébriété, ivre
**Bett n.** lit m.
**betten** coucher, mettre au lit
**Betten n.** mise au lit f.
**Bettenaufzug m.** ascenseur réservé aux lits m.
**Bettenbelegung f.** occupation des lits f.
**Bettenkapazität f.** nombre de lits m.
**Bettensterilisierraum m.** salle de désinfection f.
**Bettenzentrale f.** réserve centrale de lits f.
**Bettgalgen m.** potence f.
**bettlägerig** alité

**Bettnässen n.** énurésie f.
**Bettnässer m.** énurésique m.
**Bettnässerin f.** énurésique f.
**Bettruhe f.** repos au lit m.
**Bettschüssel f.** bassin m.
**Bettwanze f.** punaise f.
**Bettzeug n.** literie f.
**Beugekontraktur f.** contracture de flexion f.
**beugen** fléchir
**Beugung (opt.) f.** diffraction f.
**Beugung f.** courbure f., flexion f.
**Beule f.** bosse f., voussure f.
**Beulenpest f.** peste bubonique f.
**Beutelbeatmung f.** insufflations avec un masque à ballon f. pl.
**Beuteltier n.** marsupial m.
**Bevantolol n.** bévantolol m.
**bewegen** mobiliser
**beweglich** mobile
**Beweglichkeit f.** mobilité f.
**Bewegung f.** mouvement m.
**Bewegungsapparat m.** appareil locomoteur m.
**Bewegungsbahn f.** voie motrice f.
**Bewegungsbestrahlung f.** irradiation à champs mobile f.
**Bewegungstherapeut m.** kinésithérapeute m.
**Bewegungstherapeutin f.** kinésithérapeute f.
**Bewegungstherapie f.** kinésithérapie f.
**Bewegungsunschärfe f.** perte de précision f.
**Bewerber m.** candidat m.
**Bewerberin f.** candidate f.
**Bewerbung f.** candidature f.
**Bewertung f.** évaluation f.
**bewirken** causer
**Bewußtheit f.** conscience intentionnelle f.
**bewußtlos** inconscient, sans connaissance
**Bewußtlosigkeit f.** inconscience f.
**Bewußtsein n.** conscience f.
**Bewußtseinserweiterung f.** élargissement du champ de conscience m.
**bewußtseinsgetrübt** désorienté
**Bewußtseinslücke f.** lacune circonscripte de la conscience f.
**Bewußtseinsspaltung f.** division de la conscience f.

**Bewußtseinstrübung f.** désorientation f., obnubilation f.
**Bewußtseinsverlust m.** perte de conscience f.
**Bezafibrat n.** bézafibrate m.
**Beziehung f.** référence f., relation f.
**Beziehungswahn m.** délire d'interprétation m.
**Bezirk m.** région f.
**Bezirkskrankenhaus n.** hôpital régional m.
**Bezold-Jarisch-Reflex m.** réflexe de Bezold-Jarisch m.
**Bezoldsche Mastoiditis f.** mastoïdite de Bezold f.
**Bezugsperson f.** personne de référence f.
**Bibliothek f.** bibliothèque f.
**Bibliotherapie f.** bibliothérapie f.
**Bichlorid n.** bichlorure m.
**bidirektional** bidirectionnel
**biegen** courber
**Biegungsfraktur f.** fracture d'hyperextension f.
**Bienengift n.** venin d'abeille m.
**Bienenstich m.** piqûre d'abeille f.
**Bienenwachs m.** cire d'abeille f.
**Biermersche perniziöse Anämie f.** maladie de Biermer f.
**bifazikulär** bifasciculaire
**Bifidusbakterium n.** bacillus bifidus m.
**Bifidusfaktor m.** bifidus facteur m.
**bifokal** bifocal
**Bifonazol n.** bifonazole m.
**Bifurkation f.** bifurcation f.
**Bigeminie f.** bigéminisme m.
**Biguanid n.** biguanide m.
**Bikarbonat n.** bicarbonate m.
**bikonkav** biconcave
**bikonvex** biconvexe
**bilabial** bilabial
**Bilanzselbstmord m.** suicide rationnel m.
**bilateral** bilatéral
**Bild n.** image f.
**bildgebendes System, medizinisches n.** système de médicographie m.
**Bildgeber m.** source d'images f.
**Bildqualität f.** qualité d'image f.
**Bildung (Entstehung) f.** formation f.

Bildverstärker m.   écran amplificateur d'image m.

Bildwandler .m.   convertisseur d'image m.

Bildwinkel m.   angle de prise de vue m.

Bilharziom n.   bilharzie f.

Bilharziose f.   bilharziose f.

biliär   biliaire

Biliflavin n.   biliflavine f.

Bilifuszin n.   bilifuscine f.

biliös   bilieux

Bilirubin n.   bilirubine f.

Bilirubin, direkt reagierendes n.   bilirubine directe f.

Bilirubin, indirekt reagierendes n.   bilirubine indirecte f.

Bilirubinämie f.   bilirubinémie f.

Bilirubinurie f.   bilirubinurie f.

Biliverdin n.   biliverdine f.

Billroth I/II Operation f.   opération de Billroth I/II f.

bilophodont   bilophodonte

bimanuell   bimanuel

bimaxillär   bimaxillaire

Bimetall n.   bimétal m.

Bimsstein m.   pierre ponce f.

binär   binaire

binaural   binaural

Binde f.   bandage m., bande f.

Bindegewebe n.   tissu conjonctif m.

Bindehaut f.   conjonctive f.

Bindehautentzündung f.   conjonctivite f.

Bindehautplastik f.   conjonctivoplastie f.

Bindemittel n.   liant m.

Bindenwickler m.   enrouleur m.

Bindung f.   fixation f., liaison f., linkage m.

Bindungskapazität f.   capacité de fixation f.

Bindungsstelle f.   site de fixation m.

Binet-Simon-Test m.   test de Binet-Simon m.

binokulär   binoculaire

Bioassay m.   bio-essai m.

Biochemie f.   biochimie f.

Biochemiker m.   biochimiste m.

Biochemikerin f.   biochimiste f.

biochemisch   biochimique

bioelektrisch   bioélectrique

Bioethik f.   bioéthique f.

bioethisch   bioéthique

Biofeedback m.   biofeedback m.

biogen   biogène

Biogenese f.   biogenèse f.

biogenetisch   biogénétique

Biokatalysator m.   biocatalyseur m.

Bioklimatologie f.   bioclimatologie f.

Biologe m.   biologiste m.

Biologie f.   biologie f.

Biologie, angewandte f.   biologie appliquée f.

Biologin f.   biologiste f.

biologisch   biologique

Biolumineszenz f.   bioluminiscence f.

biomechanisch   biomécanique

Biomedizin f.   biomédecine f.

biomedizinisch   biomédical

Biometeorologie f.   biométéorologie f.

biometeorologisch   biométéorologique

Biometrik f.   biométrique f.

biometrisch   biométrique

Bionator m.   bionateur m.

Bionik f.   bionique f.

Biopharmazie f.   biopharmacie f.

Biophor n.   biophore m.

Biophysik f.   biophysique f.

Bioprothese f.   bioprothèse f.

Biopsie f.   biopsie f.

Biopsiezange f.   pince à biopsie f.

bioptisch   bioptique

Bioskopie f.   bioscopie f.

Biosphäre f.   biosphère f.

Biostabilität f.   biostabilité f.

Biostatistik f.   biostatistique f.

biostatistisch   biostatistique

Biosynthese f.   biosynthèse f.

biosynthetisch   biosynthétique

Biotelemetrie f.   biotélémétrie f.

Biotin n.   biotine f.

Biotonus m.   énergie vitale f.

Biotransformation f.   biotransformation f.

biotrop   bitropique

Biotropie f.   biotropisme m.

Biotsche Atmung f.   respiration de Biot f.

Biotsches Atmen n.   respiration de Biot f.

Bioxidation f.   bioxydation f.

biparietal   bipariétal

Biperiden n. bipéridène m.
biphasisch biphasique
Biphenyl n. biphényle m.
biplan biplan
bipolar bipolaire
bipupillär bipupillaire
Bipyridin n. bipyridine f.
birnenförmig piriforme
Bisacodyl n. bisacodyl m.
Bisamratte f. rat musqué m.
Bis-Chlorethyl-Nitroso-Harnstoff m.
bischloréthyl-nitroso-urée f.
bisdiazotiert bisazoté
bisexuell bisexuel
Bishydroxycoumarin n. bishydroxy-
coumarine f., dicoumarol m.
Biskuit m. biscuit m.
Bismarckbraun n. brun de Bismarck
m.
Bismut n. bismuth m.
Bismutum subgallicum n. bismuth
subgallique m.
Bismutum subnitricum n. bismuth
subnitrique m.
Bismutum subsalicylicum n. subsali-
cylate de bismuth m.
Bison m. bison m.
bispezifisch bispécifique
Biß m. articulé dentaire m. (dent.),
morsure f., occlusion f. (dent.)
Bißabdruck m. empreinte sur cire
mordue f. (dent.)
Bißanalyse f. bilan occlusif m. (dent.)
Bißanomalie f. malocclusion dentaire
f.
Bißflügel m. mandibule f.
Bißform f. forme occlusale f.
Bißgerät n. articulateur m.
Bißlage f. position occlusale f.
Bißnahme f. prise d'empreinte sur cire
mordue f. (dent.)
Bißplatte f. plaque d'occlusion f.
(dent.)
Bißwachswall m. bord de cire mordue
f. (dent.)
Bißwall m. bord occlusal m. (dent.)
Bißwunde f. plaie par morsure f.
bistabil bistable
Bistouri m. bistouri m.
Bisulfat n. bisulfate m.
Bisulfid n. bisulfure m.
Bisulfit n. bisulfite m.

Bitartrat n. bitartrate m.
bitemporal bitemporal
bitemporale Abblassung f. décolora-
tion bitemporale f.
Bithionat n. bithionate m.
Bitionolat n. bitionolate m.
bitter amer
Bittersalz n. sulfate de magnésie m.
Bitterstoff m. substance amère f.
Bituminat n. bituminate m.
Biuret n. biuret m.
Biuretprobe f. réaction du biuret f.
bivalent bivalent
Bivalenz f. bivalence f.
biventral biventral
biventrikulär biventriculaire
bizentrisch bicentrique
Bizeps m. biceps m.
Bizepsreflex m. réflexe bicipital m.
bizyklisch bicyclique
BKS (=Blutkörpörchensenkungsge-
schwindigkeit) f. VS f.
Blähbauch m. abdomen météorisé m.
Blähdruck m. pression météorique f.
blähend flatulent
Blähluft f. air météorisant m.
Blähung f. flatulence f., météorisme
m.
blähungswidrig carminatif
blähungswidriges Mittel n. carminatif
m.
Bläschen n. vésicule f.
Bläschenatemgeräusch n. murmure
vésiculaire respiratoire m.
Bläschenatmung f. murmure vésicu-
laire respiratoire m.
Bläschenausschlag m. exanthème vé-
siculaire m.
Bläschenbildung f. formation vésicu-
laire f.
Blase f. ampoule f., bulle f., vessie f.
Blasenbildung f. vésiculation f.
Blasenbruch m. cystocèle f.
Blasendarmfistel f. fistule recto-vési-
cale f.
Blasenfixation f. cystopexie f.
blasenfrei sans vésicules
Blasenhals m. col de la vessie m.
Blasenmole f. môle hydatiforme f.
Blasennaht f. cystorraphie f.
Blasenplastik f. cystoplastie f.
Blasenreflex m. réflexe vésical m.

**Blasenscheidenfistel f.** fistule vésicovaginale f.
**Blasenscheidenplastik f.** colpocystoplastie f.
**Blasensprung m.** rupture de la poche
des eaux f.
**Blasenstein m.** calcul vésical m.
**blasentreibend** pustulant
**blasentreibendes Mittel n.** produit
pustulant m.
**blasenziehend** vésicant
**blasenziehendes Mittel n.** produit vé-
sicant m.
**blaß** pâle
**Blässe f.** pâleur f.
**Blässe-Hyperthermie-Syndrom n.**
syndrome de pâleur-hyperthermie m.
**Blast m.** blaste m.
**Blastem n.** blastème m.
**Blastoderm n.** blastoderme m.
**Blastogenese f.** blastogenèse f.
**blastogenetisch** blastogénétique
**Blastom n.** blastome m.
**blastomatös** blastomateux
**Blastomatose f.** blastomatose f.
**Blastomere f.** blastomère m.
**Blastomykose f.** blastomykose f.
**Blastopathie f.** blastopathie f.
**Blastophthorie f.** blastophthorie f.
**Blastozyste f.** blastocyste m.
**Blastula f.** blastula f.
**Blastulation f.** blastulation f.
**Blastzelle f.** blaste m., cellule jeune f.
**Blatter f.** pustule variolique f.
**Blattern f.** variole f.
**Blatternvakzine f.** vaccine variolique
f.
**Blätterpilz m.** agaric m.
**blau** bleu
**Blaublindheit f.** acyanoblepsie f.
**Blaudsche Pillen f. pl.** pilules de Blaud
f. pl.
**Blechschere f.** ciseaux à métal m. pl.
**Blei n.** plomb m.
**Bleiazetat n.** acétate de plomb m.
**bleich** pâle
**Bleichmittel n.** blanchissant m.
**bleichsüchtig** chlorotique
**bleihaltig** saturnin
**Bleihandschuh m.** gant de plomb m.
**Bleiplattennaht f.** suture plaques de
plomb f.

**Bleisaum (am Zahnfleisch) m.** liseré
gingival saturnin m.
**Bleischürze f.** tablier en caoutchouc
plombifèxe m.
**Bleischutz m.** protection plombée f.
**Bleistiftkot m.** selles en forme de
crayon f. pl.
**Bleivergiftung f.** intoxication satur-
nine f.
**Blende (röntg.) f.** diaphragme m.
**blenden** éblouir
**Blendung f.** éblouissement m.
**Blennorhagie f.** blennorragie f.
**blennorrhagisch** blennorragique
**Blennorrhöe f.** conjonctivite blennor-
ragique f.
**Bleomycin n.** bléomycine m.
**Blepharektomie f.** blépharectomie f.
**Blepharitis f.** blépharite f.
**Blepharoplastik f.** blépharoplastie f.
**Blepharoptose f.** blépharoptose f.
**Blephatospasmus m.** blépharospasme
m.
**Blickkrampf m.** spasme visuel m.
**Blickwinkel m.** angle visuel m.
**blind** aveugle
**Blinddarm m.** caecum m.
**Blinde f.** aveugle f.
**blinde Schlinge f.** anse aveugle f.
**Blindenschrift f.** braille m.
**blinder Fleck m.** tache aveugle f.
**Blinder m.** aveugle m.
**Blindheit f.** cécité f.
**Blindversuch, einfacher/doppelter m.**
essai en simple/double aveugle m.
**blinzeln** cligner, clignoter
**Blinzelreflex m.** clignement réflexe m.
**blitzartig** fulgurant
**Blitzschlag m.** fulguration f.
**Bloch-Sulzberger-Syndrom n.** maladie
de Bloch et Sulzberger m.
**Block m.** bloc m.
**Block, Austritts- m.** bloc de sortie m.
**Block, His-Bündel- m.** bloc de bran-
che m.
**Block, tri-faszikulärer m.** bloc trifasci-
culaire m.
**Blockade f.** blocage m.
**blockieren** bloquer
**blockierendes Mittel n.** produit bloquant m.
**Blockierung** blocage m.

**Blockpolymerisat n.**   bloc de polymérisation m.
**Blockwirbel m.**   bloc vertébral m.
**Blockzahn m.**   dent retenue f.
**blond**   blond
**Bloom-Syndrom n.**   syndrome de Bloom m.
**Blumbergsches Zeichen n.**   signe de Blumberg m.
**Blumenkohltumor m.**   tumeur en chou fleur f.
**Blut n.**   sang m.
**Blut stillen**   étancher le sang
**Blut, konserviertes n.**   sang conservé m.
**Blutableitung f.**   révulsion f.
**Blutalkoholbestimmung f.**   dosage de l'alcoolémie f.
**Blut-Agar m.**   agar-sang m.
**Blutandrang m.**   congestion f.
**blutarm**   anémique
**Blutarmut f.**   anémie f.
**Blutausstrich m.**   frottis sanguin m.
**Blutaustausch m.**   exsanguino-transfusion f.
**Blutaustritt m.**   épanchement de sang m., extravasation f.
**Blutbank f.**   banque du sang f.
**Blutbild (BB) n.**   formule sanguine f., hémogramme f.
**Blutbild, rotes n.**   formule érythrocytaire f.
**Blutbild, weißes n.**   formule leucocytaire f.
**blutbildend**   hématopoïétique
**Blutbildung f.**   hématopoïèse f.
**Blutblase f.**   vésicule hématique f.
**Blutdruck m.**   pression sanguine f., tension f.
**Blutdruckabfall m.**   chute de tension f.
**Blutdruckanstieg m.**   augmentation de la tension f.
**Blutdruckapparat m.**   appareil à tension m., sphygmomanomètre m., tonomètre m.
**Blutegel m.**   sangsue f.
**Bluteindickung f.**   hémoconcentration f.
**Blutempfänger m.**   transfusé m.
**Blutempfängerin f.**   transfusée f.
**bluten**   saigner

**Blutentnahme f.**   prélèvement de sang m., prise de sang f.
**Blutentnahmekanüle f.**   canule pour le prélèvement de sang f.
**Blutentnahmelanzette f.**   lancette f.
**Bluter m.**   hémophile m.
**Bluterbrechen n.**   hématémèse f., vomissement de sang m.
**Bluterguß m.**   épanchement sanguin m.
**Blutersatz m.**   succédané du sang m.
**Blutgas n.**   gaz du sang m.
**Blutgasmessung f.**   dosage des gaz du sang m.
**Blutgefäß n.**   vaisseau sanguin m.
**Blutgerinnung f.**   coagulation sanguine f.
**Blutgift n.**   hémotoxine f.
**Blutgruppe f.**   groupe sanguin m.
**Blutgruppenbestimmung f.**   détermination du groupe sanguin f.
**bluthaltig**   hématique
**Blutharnstoff m.**   urée sanguine f.
**blutig (blutbefleckt)**   sanglant
**Blutkonserve f.**   conserve de sang f.
**Blutkörperchen n.**   élément figuré du sang m.
**Blutkörperchensenkungsgeschwindigkeit f. (BKS)**   vitesse de sédimentation des hématies f. (VS)
**Blutkreislauf m.**   circulation sanguine f.
**Blutkultur f.**   hémoculture f.
**blutleer**   exsangue
**blutleer machen**   exsanguiner
**Blut-Liquorschranke f.**   barrière hématoencéphalique f.
**Blutmole f.**   môle sanglante f.
**Blutplättchen n.**   plaquette (sanguine) f., thrombocyte m.
**Blutprobe f.**   échantillon de sang m.
**Blutprobenentnahme f.**   prise de sang f.
**blutreich**   pléthorique
**blutreinigend**   dépuratif
**Blutschwamm m.**   hémangiome m.
**Blutsenkung f.**   sédimentation du sang f.
**Blutsenkungsgeschwindigkeit f.**   vitesse de sédimentation du sang f.
**Blutserum n.**   sérum (sanguin) m.
**Blutspender m.**   donneur de sang m.

B

**Blutspenderin f.** donneuse de sang f.
**blutstillend** styptique
**blutstillendes Mittel n.** hémostatique
m., styptique m.
**blutstrotzend** sanguin
**Blutsturz m.** hémoptysie violente f.
**Bluttransfusion f.** transfusion sanguine f.
**Bluttransfusion, Apparat zur indirekten m.** appareillage pour transfusion indirecte m.
**Bluttransfusionsreaktion f.** réaction de transfusion f.
**Blutung f.** hémorragie f., saignement m.
**Blutung, punktförmige f.** points hémorragiques m. pl.
**Blutungsneigung f.** diathèse hémorragique f.
**Blutungsrückfall m.** récidive hémorragique f.
**Blutungszeit f.** temps de saignement m.
**Blutuntersuchung f.** examen du sang m.
**Blutvergiftung f.** empoisonnement du sang m.
**Blutverlust m;** perte de sang f.
**Blutversackung f.** congestion f.
**Blutversorgung f.** apport de sang m.
**Blutverwandtschaft f.** consanguinité f., parenté f.
**Blutvolumen n.** volume sanguin m.
**Blutzucker (BZ) m.** sucre sanguin m.
**Boasscher Druckpunkt m.** point de Boas m.
**Bock m.** bouc m.
**Boecksches Sarkoid n.** sarcoïde de Boeck f.
**Bogen m.** arc m.
**Bogen (Gewölbe) m.** arcade f.
**Bogengang m.** canal semicirculaire m.
**Bogenschnitt m.** incision semicirculaire f.
**bogig** arciforme, arqué
**Böhler-Schiene f.** gouttière de Boehler f.
**bohren** percer
**Bohren n.** forage m.
**Bohrer m.** fraise f., trépan m., vrille f.
**Bohrmaschine, zahnärztliche f.** tour à fraiser m.

**Bohrstaub m.** poussière de freisage f.
**Boldin n.** boldine f.
**Bolometer n.** bolomètre m.
**Boltonscher Punkt m.** point de Bolton m.
**Bolus m.** bolus m.
**Bolzen m.** cheville f.
**bombardieren** bombarder
**Bombardierung f.** bombardement m.
**Bombesin n.** bombésine f.
**Bopindolol n.** bopindolol m.
**Bor n.** bore m.
**Boran n.** borane m.
**Borat n.** borate m.
**Borax n.** borate de soude m.
**Bordet-Gengouscher Keuchhustenbazillus m.** bacille de Bordet-Gengou m.
**Bordetelle f.** bordetella m.
**Borglyzerin n.** borglycérine f.
**Borke (botan.) f.** écorce f.
**Borke (med.) f.** croute f.
**Bornasche Krankheit f.** maladie de Borna m.
**Borneol n.** bornéol m.
**Bornholmkrankheit f.** maladie de Bornholm f.
**Bornyval n.** bornyval m.
**Borsalbe f.** pommade boriquée f.
**bösartig** malin
**Botallischer Gang m.** canal artériel de Botal m.
**Botanik f.** botanique f.
**Botaniker m.** botaniste m.
**Botanikerin f.** botaniste f.
**botanisch** botanique
**Bothriocephalus latus m.** Diphyllobothrium latum m.
**Botryomykose f.** botryomykose f.
**Botschafter-RNS f.** ARN messager m.
**Botulismus m.** botulisme m.
**Bougie m.** bougie m.
**Bougierung f.** bougirage m., cathétérisme par bougie m.
**Bouillon f.** bouillon m.
**Boutonneuse-Fieber n.** fièvre boutonneuse méditérranéenne f.
**bovin** bovin
**Bowmansche Kapsel f.** capsule de Bowman f.
**Boxerenzephalopathie f.** encéphalopathie traumatique du boxeur f.

**Boydenkammer f.** chambre de Boyden f.

**Bozemanscher Katheter m.** cathéter de Bozeman m.

**Brachialgie f.** brachialgie f.

**brachiozephal** brachiocéphale

**Brachydaktylie f.** brachydactylie f.

**Brachygnathie f.** brachygnathie f.

**Brachymetropie f.** brachymétropie f.

**brachyzephal** brachycéphale

**Brachyzephalie f.** brachycéphalie f.

**Bradsot m.** bradsot m.

**Bradyarrhythmie f.** brady-arythmie f.

**bradykard** bradycardique

**Bradykardie f.** bradycardie f.

**Bradykardie-Tachykardie-Syndrom n.** syndrome de bradycardie-tachycardie m.

**Bradykinesie f.** bradykinésie f., cinésie paradoxale f.

**bradykinetisch** bradycinétique

**Bradykinin n.** bradykinine f.

**Bradylalie f.** bradylalie f.

**Bradyphrasie f.** bradyphrasie f.

**Bradyphrenie f.** bradyphrénie f.

**Bradypnoe f.** bradypnée f.

**Bradyteleokinese f.** bradytéléocinèse f.

**bradytroph** bradytrophique

**Bradytrophie f.** bradytrophie f.

**Bradyurie f.** bradyurie f.

**Branche (med.) f.** branche f.

**Branche f.** mâchoire f.

**branchial** branchial

**branchiogen** branchial

**Brandblase f.** phlyctène de brûlure f.

**brandig** gangréneux

**Brandigwerden n.** sphacélation f.

**Brandschorf m.** escarre de brûlure f.

**Brandverletztenklinik f.** clinique des brulûres f.

**Branntwein m.** eau de vie f.

**braten** rôtir

**Braue f.** sourcil m.

**Braune (vet.) f.** cheval bai m.

**Bräune f.** bronzage f., couleur brune f.

**bräunen** bronzer, brunir

**Braunsche Anastomose f.** jéjuno-jéjunostomie complémentaire f.

**Brausepulver n.** poudre effervescente f.

**Brechdurchfall m.** association de diarrhée et vomissements, f.

**Brechkraft f.** puissance réfringente f.

**Brechmittel n.** émétique m., vomitif m.

**Brechreiz m.** nausée f.

**Brechschale f.** cuvette f., haricot m.

**Brechwurzel f.** ipéca m.

**Bregma n.** bregma m.

**Brei m.** bouillie f., purée f.

**Breikost f.** alimentation par purées f.

**breitbasig aufsitzend** sessile

**Breite f.** largeur f.

**Breite, therapeutische f.** marge de sécurité thérapeutique f.

**Breitspektrum n.** spectre large m.

**Breiumschlag m.** cataplasme m.

**Bremse (Fliege) f.** taon m.

**Bremse f.** frein m.

**Bremsstrahlung f.** rayonnement de freinage m.

**Brenner m.** bec à gaz m.

**Brenner-Tumor m.** tumeur de Brenner f.

**Brennfleck m.** spot focal m.

**Brennpunkt m.** foyer m.

**Brennstoff m.** combustible m.

**Brenntechnik f.** technique de cuisson f.

**Brennweite f.** distance focale f.

**Brennwert m.** valeur thermique f.

**Brenzkatechin n.** oxyphénol m., pyroctéchine f.

**Brenzkatechinamin n.** catécholamine f.

**Brenztraubensäure f.** acide pyruvique m.

**Brenztraubensäureschwachsinn m.** oligophrénie phénylpyruvique f.

**Brett n.** planche f.

**brettharte Bauchdeckenspannung f.** abdomen dur m.

**Bretyliumtosilat n.** tosylate de brétylium m.

**Bride f.** bride f., adhérence f.

**Brill-Symmerssche Krankheit f.** maladie de Brill-Symmers f.

**brillantgrün** coloré au vert brillant

**Brillantgrün n.** vert brillant m.

**Brillantgrün-Agar m.** agar-vert brillant m.

**Brille f.** lunettes f. pl.

**Brille, Bifokal- f.** lunettes bifocales f. pl.

**Brille, getönte f.** lunettes teintées f. pl.

**Brille, Schutz- f.** lunettes de protection f. pl.

**Brillenanpassen n.** adaptation des lunettes f.

**Brillenbestimmung f.** examen pour prescription des verres m.

**Brillengestell n.** monture de lunettes f.

**Brillenglas n.** verre de lunettes m.

**Brillenhämatom n.** hématome en lunettes m.

**Brillsche Krankheit f.** maladie de Brill Zinsser f.

**Brittle-Diabetes m.** diabète de Brittle m.

**Broadbentsches Zeichen n.** signe de Broadbent m.

**Brocasches Zentrum n.** centre moteur du langage de Broca m.

**Brocqsche Krankheit f.** affection de Brocq f.

**Brodiescher Abszeß m.** abcès de Brodie m.

**Brom n.** brome m.

**Bromat n.** bromate m.

**Bromazepam n.** bromazépam m.

**Bromazeton n.** bromacétone f.

**Brombenzol n.** bromobenzène m.

**Bromelain n.** bromélaïne f.

**Bromelin n.** broméline f.

**bromhaltig** bromique

**Bromhexin n.** bromhexine f.

**Bromid n.** bromure m.

**Bromindion n.** bromindione f.

**Bromismus m.** bromisme m.

**Bromkresolgrün n.** vert de bromocrésol m.

**Bromkresolpurpur m.** pourpre de bromocrésol m.

**Bromocriptin n.** bromocriptine f.

**bromoform** bromoforme

**Bromoprid n.** bromopride m.

**Brompheniramin n.** bromphéniramine f.

**Bromphenolblau n.** bleu de bromophénol m.

**Bromphenolrot n.** rouge de bromophénol m.

**Bromsalizylat n.** bromosalicylate m.

**Bromsulfaleintest m.** épreuve à la bromosulfonephtaléine f.

**Bromthymolblau n.** bleu de bromothymol m.

**Bronchadenitis f.** bronchadénite f.

**bronchial** bronchial

**Bronchialasthma n.** asthme bronchique m.

**Bronchialatmen n.** bruit respiratoire bronchique m.

**Bronchialbaum m.** arbre bronchique m.

**Bronchialkarzinom n.** cancer bronchique m.

**Bronchialkatarrh m.** bronchite f.

**Bronchialspasmus m.** spasme bronchique m.

**Bronchialstenose f.** sténose bronchique f.

**Bronchiektase f.** bronchiectasie f.

**bronchiektatisch** bronchiectasique

**Bronchiloquie f.** bronchiloquie f.

**bronchioalveolär** bronchioalvéolaire

**bronchiolär** bronchiolaire

**Bronchiolitis f.** bronchiolite f.

**bronchitisch** bronchitique

**Bronchoadenitis f.** bronchoadénite f.

**bronchoalveolär** bronchoalvéolaire

**Bronchoblenorrhöe f.** broncho-pyorrhée m.

**bronchogen** de genèse bronchique

**Bronchogramm n.** bronchogramme m.

**Bronchographie f.** bronchographie f.

**bronchographisch** bronchographique

**Bronchokonstriktion f.** bronchoconstriction f.

**Broncholithiasis f.** broncholithiase f.

**Bronchologie f.** bronchologie f.

**bronchologisch** bronchologique

**bronchomotorisch** bronchomoteur

**Bronchophonie f.** bronchophonie f.

**Bronchoplastik f.** bronchoplastie f.

**bronchopleural** bronchopleural

**Bronchopleuropneumonie f.** bronchopleuropneumonie f.

**Bronchopneumonie f.** bronchopneumonie f.

**bronchopneumonisch** bronchopneumonique

**Bronchoskop n.** bronchoscope m.

**Bronchoskopie f.** bronchoscopie f.

**bronchoskopisch** bronchoscopique
**Bronchospirometrie f.** bronchospirométrie f.
**Bronchostenose f.** bronchosténose f.
**bronchostenotisch** de bronchosténose
**Bronchotomie f.** bronchotomie f.
**bronchovesikulär** bronchovésiculaire
**bronchovesikuläres Atemgeräusch n.**
bruit respiratoire bronchovésiculaire
m.
**Bronchusklemme f.** clamp bronchi-
que m.
**Bronzediabetes m.** cirrhose pigmen-
taire diabétique f.
**Broschüre f.** brochure f.
**Brown-Séquardsche Halbseitenläh-
mung f.** syndrome d'hémisection de
la moelle de Brown-Séquard m.
**Brownsche Molekularbewegung f.**
mouvement brownien m.
**Broxuridin n.** broxuridine f.
**Brucella abortus f.** Brucella abortus f.
**Brucella melitensis f.** Brucella meliten-
sis m.
**Brucelle f.** brucella f.
**Brucellose f.** brucellose f.
**Bruch (Fraktur) m.** fracture f.
**Bruch (Hernie) m.** hernie f.
**Bruchband n.** bandage herniaire f.
**brüchig** fragile
**Brüchigkeit f.** fragilité f.
**Bruchkanal m.** canal herniaire m.
**Bruchpforte f.** orifice herniaire m.
**Bruchsack m.** sac herniaire m.
**Brücke (anat.) f.** pont de Varole m.
**Brücke f.** bridge m. (dent.)
**Brücke, abnehmbare f.** bridge amovi-
ble m.
**Brücke, Ausleger- f.** bridge cantilever
m.
**Brücke, Bügel- f.** bridge arc m.
**Brücke, festsitzende f.** bridge fixé m.
**Brücke, Fingerhut- f.** thimble bridge
m.
**Brücke, Freiend- f.** bridge „free-end"
m.
**Brücke, Front- f.** bridge antérieure m.
**Brücke, Gold- f.** bridge en or m.
**Brücke, Hänge- f.** bridge-suspension
m.
**Brücke, Jacketkronen- f.** bridge-cou-
ronne jacket m.

**Brücke, Krag- f.** bridge-cantilever m.
**Brücke, Kunststoff f.** bridge en ma-
tière synthétique m.
**Brücke, Kurzspann- f.** bridge à inter-
court m.
**Brücke, mehrspannige f.** bridge à plu-
sieurs inters m.
**Brücke, Pontic- f.** bridge pontique m.
**Brücke, Schwebe- f.** bridge cantilever
m.
**Brücke, Vollguß- f.** bridge coulé mo-
nolithique m.
**Brücke, Zweipfeiler- f.** bridge à deux
piliers m.
**Brückenanker m.** ancrage de bridge
m.
**Brückenarbeit f.** élaboration du
bridge m.
**Brückenbefestigung f.** fixation du
bridge m.
**Brückengerüst n.** armature du bridge
f.
**Brückenguß m.** moulage du bridge m.
**Brückenkörper m.** corps du bridge m.
**Brückenpfeiler m.** pilier de bridge m.
**Brückensattel m.** selle f.
**Brückenscharnier n.** charnière du
bridge m.
**Brückenträger m.** pilier du bridge m.
**Brückenverankerung f.** ancrage du
bridge m.
**Brudzinskisches Zeichen n.** signe de
Brudzinski m.
**Brühe f.** bouillon m.
**Brunnen (Mineralwasser) m.** eau mi-
nérale f.
**Brunnersche Drüse f.** glande de Brun-
ner m.
**Brunst f.** oestrus m., rut m.
**Brushit m.** brushite f.
**Brust f.** poitrine f., sein m.
**Brustabtragung f.** mastectomie f.
**Brustatmung f.** respiration thoracique
f.
**Brustbein n.** sternum m.
**Brustdrüse f.** glande mammaire f.
**Brustfell n.** plèvre f.
**Brustfellentzündung f.** pleurésie f.
**Brusthalter m.** soutien gorge m.
**Brusthöhle f.** cavité thoracique f.
**Brustkasten m.** cage thoracique f.
**Brustkind n.** nourrisson m.

B

**Brustkrebs m.** cancer du sein m.
**Brustmuskel m.** muscle pectoral m.
**Brustpulver n.** poudre de réglisse composée f.
**Brustumfang m.** périmètre thoracique m., tour de poitrine m.
**Brustwand f.** paroi thoracique f.
**Brustwandelektrode f.** électrode thoracique f.
**Brustwandelektrokardiogramm n.** électrocardiogramme précordial m.
**Brustwarze f.** mamelon m.
**Brustwarzenentzündung f.** thélite f.
**Brustwarzenhütchen n.** bout de sein m.
**Brustwirbel m.** vertèbre dorsale m.
**Brustwirbelkörper (BWK) m.** vertèbre thoracique (corps) m.
**Brustwirbelsäule (BWS) f.** colonne vertébrale thoracique f.
**Brut f.** couvée f.
**Brutapparat m.** incubateur m.
**brüten** couver
**Bruxomanie f.** bruxomanie f.
**Bryantsches Dreieck n.** triangle de Bryant m.
**BSE (=bovine spongiforme Enzephalopathie) f.** encéphalopathie spongiforme bovine f.
**BSG (Blutsenkungsgeschwindigkeit) f.** VS (vitesse de sédimentation des hématies) f.
**Bubo m.** bubon m.
**Bubonenpest f.** peste bubonique f.
**Bücherei f.** librairie f.
**Buchweizenvergiftung f.** intoxication par le blé sarasin f.
**Buckyblende f.** diaphragme de Bucky m.
**Buclosamid n.** buclosamide f.
**Budd-Chiari-Syndrom n.** syndrome de Budd-Chiari m.
**Budinsche Regel f.** règle de Budin f.
**Bufetolol n.** bufétolol m.
**Bufetonin n.** bufétonine f.
**Bufexamac n.** buféxamac m.
**Buformin n.** buformine f.
**Bügel m.** barre f.
**bukkal** buccal
**bukkoaxial** buccoaxial
**bukkoaxiozervikal** buccoaxiocervical
**bukkodistal** buccodistal

**bukkogingival** buccogingival
**bukkolabial** buccolabial
**bukkolingual** buccolingual
**bukkomesial** buccomésial
**bukkonasal** bucconasal
**bukkookklusal** bucco-occlusal
**bukkopharyngeal** buccopharyngé
**bukkopulpal** buccopulpaire
**Bülausche Drainage f.** drainage de Buelau m.
**bulbär** bulbaire
**Bulbärparalyse, progressive f.** paralysie bulbo-spinale progressive f.
**Bulbitis f.** bulbite f.
**Bulbogastron n.** bulbogastrone f.
**bulbomimisch** bulbomimique
**Bulboskop n.** bulboscope m.
**Bulboskopie f.** bulboscopie f.
**bulboskopisch** bulboscopique
**bulbourethral** bulbo-uréthral
**bulboventrikulär** bulboventriculaire
**Bulimie f.** boulimie f.
**Bulldogklemme f.** pince à papier f.
**bullös** bulleux
**Bullose f.** bullose f.
**Bumerangnadel f.** aiguille boomerang f.
**Bumetanid n.** bumétanide m.
**Bündel n.** faisceau m.
**Bungarotoxin n.** bungarotoxine f.
**Bunitrolol n.** bunitrolol m.
**bunodont** bunodonte
**Bunolol n.** bunolol m.
**bunolophodont** bunolophodonte
**bunoselenodont** bunosélénodonte
**Bunsenbrenner m.** bec Bunsen m.
**Buphenin n.** buphénine f.
**Buphthalmus m.** buphtalmie f.
**Bupivacain n.** bupivacaïne f.
**Bupranolol n.** bupranolol m.
**Buprenorphin n.** buprénorphine f.
**Burdachscher Strang m.** faisceau de Burdach m.
**Bürette f.** burette f.
**Bürgersche Krankheit f.** maladie de Léo Buerger f.
**Burimamid n.** burimamide m.
**Burkitt-Tumor m.** lymphome de Burkitt m.
**Burning-feet-Syndrom n.** burning feet syndrome m.
**Burritusche f.** colorant de Burri m.

**Bursa f.**  bourse f.
**Bursektomie f.**  bursectomie f.
**bursektomieren**  pratiquer une bur-
sectomie
**Bursitis f.**  bursite f.
**Bursopathie f.**  bursopathie f.
**Bürstenabstrich m.**  prélevement à la
brosse m.
**Buschfleckfieber n.**  typhus tacheté tro-
pical m.
**Buschgelbfieber n.**  fièvre jaune tropi-
cale f.
**Busen m.**  sein m.
**Buserelin n.**  buséréline f.
**Busulfan n.**  busulfan m.
**Butaclamol n.**  butaclamol m.
**Butadien n.**  butadiène m.
**Butalamin n.**  butalamine f.
**Butamben n.**  butambène m.
**Butamin n.**  butamine f.
**Butan n.**  butane m.
**Butandiol n.**  butandiol m.
**Butaperazin n.**  butapérazine f.
**Butazon n.**  butazone f.

**Butoprozin n.**  butoprozine f.
**Buttermilch f.**  babeurre m.
**Butylalkohol m.**  alcool butylique m.
**Butyldopamin n.**  butyldopamine f.
**Butylen n.**  butylène m.
**Butylparaben n.**  butylparabène m.
**Butylpiperidin n.**  butylpipéridine m.
**Butyramid n.**  butyramide m.
**Butyrat n.**  butyrate m.
**Butyrocholinesterase f.**  butyrocholi-
nestérase f.
**Butyrolakton n.**  butyrolactone f.
**Butyrophenon n.**  butyrophénone f.
**Butyryldehydrogenase f.**  butyryldéhy-
drogénase f.
**BWK (=Brustwirbelkörper) m.**  corps
vertébral dorsal m.
**BWS (=Brustwirbelsäule) f.**  colonne
vertébrale dorsale (ou thoracique) f.
**Bypaß m.**  by-pass m.
**Byssinose f.**  byssinose f.
**B-Zelle f.**  cellule B f.
**BZ (=Blutzucker) m.**  glycémie f.

# C

C-Zelle f.   cellule C f.
Cabotscher Ring m.   anneau de Cabot m.
Cadaverin n.   cadavérine f.
Cadmium n.   cadmium m.
Caerulein n.   céruléine f.
Caesium n.   césium m.
Caissonkrankheit f.   aérémie des caissons f.
Calabarbeule f.   oedème de Calabar m.
Calabarbohne f.   fève de Calabar f.
calcaneoplantar   calcanéoplantaire
Calciductin n.   calciductine f.
Calcifediol n.   calcifédiol m.
Calciferol n.   calciférol m.
Calcinose f.   calcinose f.
Calcitonin n.   calcitonine f.
Calcitoninom n.   calcitoninom f.
Calcitriol n.   calcitriol m.
Calcium n., siehe auch /   voir aussi Kalzium m.
calciumbindendes Protein (CaBP) n.   calciprotéine f.
Calciumcarbonat n.   carbonate de calcium m.
Calciumchlorid n.   chlorure de calcium m.
Calciumglukonat n.   gluconate de calcium m.
Calciumhydroxid n.   hydroxyde de calcium m.
Calciumlaktat n.   lactate de calcium m.
Caldwell-Luc-Operation f.   opération de Caldwell-Luc f.
Californium n.   californium m.
Callositas f.   callosité f.
Calmodulin n.   calmoduline f.
Calorose f.   dermatite calorique f.
Camazepam n.   camazépam m.
cAMP (cyclisches Adenosinmonophosphat) n.   AMP cyclique (acide adénosine monophosphate cyclique) m.
Campher m.   camphre m.
Campylobacter m.   Campylobacter m.
Camsilat n.   camsilate m.
Camsylat n.   camsylate m.
Canadabalsam m.   baume de Canada m.
Canalis pterygoideus m.   canal vidien m.
Candela f.   candela f.
Candicidin n.   candicidine f.
Cannabin n.   cannabine f.
Cannabinol n.   cannabinol m.
Cannabiosis f.   fièvre du chanvre f.
Cantharidin n.   cantharidine f.
Capistrum n.   chevêtre m.
Capobenat n.   capobénate m.
Capreomycin n.   capréomycine f.
caprinisieren   faire un apport caprinique
Caproat n.   caproate m.
Caprofen n.   caprofene m.
Caprylat n.   caprylate m.
Caprylsäure f.   acide caprylique m.
Capsicum n.   capsicum m.
Capsid n.   capside f.
Captodiamin n.   captodiamine f.
Captopril n.   captopril m.
Caput femoris n.   tête du fémur f.
Caput medusae n.   tête de méduse f.
Carbachol m.   carbachol m.
Carbamazepin n.   carbamazépine f.
Carbamazin n.   carbamazine f.
Carbamidsäure f.   acide carbamique m.
Carbamylphosphat n.   carbamylphosphate m.
Carbapenem n.   carbapénem m.
Carbaril n.   carbaril m.
Carbecillin n.   carbécilline f.
Carbenoxolon n.   carbénoxolone f.
Carbidopa n.   carbidopa f.
Carbimazol n.   carbimazol m.
Carbinol n.   carbinol m.
Carbo medicinalis f.   charbon activé m.
Carboanhydrase f.   anhydrase carbonique f.
Carboanhydrasehemmer m.   inhibiteur de l'anhydrase carbonique m.
Carbomycin n.   carbomycine f.

Carbonyl n.   carbonyle m.
carbophil   carbophile
Carboxamid n.   carboxamide m.
Carboxy... siehe auch / voir aussi
  Karboxy...
Carboxylase f.   carboxylase f.
Carboxypeptidase f.   carboxypepti-
  dase f.
Carbromal n.   carbromal m.
Carbutamid n.   carbutamide m.
Carbuterol n.   carbutérol m.
carcinoembryogenes Antigen n.   anti-
  gène carcino-embryonnaire m.
carcinoembryonal   carcinoembryon-
  naire
Cardiolipin n.   cardiolipine f.
Cardiospasmus m.   cardiospasme m.
Carenon n.   carénone f.
Careonat n.   caréonate m.
Carfluzepat n.   carfluzépate m.
carinal   carinoïde
Carinamid n.   carinamide m.
Carindacillin n.   carindacilline f.
Carisoprodol n.   carisoprodol m.
carminativ   carminatif
Carminativum n.   carminatif m.
Carmustin n.   carmustine f.
Carnitin n.   carnitine f.
Carnosin n.   carnosine f.
Carotissinus m.   sinus carotidien m.
Carrageen n.   carragheen m.
Carteolol n.   catéolol m.
Cartrizoat n.   cartrizoate m.
Cascara Sagrada-Extrakt m.   extrait
  de nerprun m., de casara sagrada
Castle-Faktor m.   facteur intrinsèque
  de Castle m.
Catalase f.   catalase f.
Cataracta f.   cataracte f.
Cataracta acereta f.   cataracte adhé-
  rente f.
Cataracta capsularis f.   cataracte cap-
  sulaire m.
Cataracta corticalis f.   cataracte corti-
  cale f.
Cataraeta fusiformis f.   cataracte fusi-
  forme m.
Cataracta hypermatura f.   cataracte
  hypermûre f.
Cataracta incipiens f.   cataracte débu-
  tante m.

Cataracta intumescens f.   cataracte tu-
  mescente f.
Cataracta lamellaris f.   cataracte la-
  mellaire m.
Cataracta lenticularis   cataracte lenti-
  culaire f.
Cataracta matura f.   cataracte mûre f.
Cataracta nuclearis f.   cataracte nu-
  cléaire m.
Cataracta polaris f.   cataracte polaire
  f.
Cataracta punctata f.   cataracte
  ponctuée f.
Cataracta zonularis f.   cataracte zonu-
  laire m.
Catechin n.   catéchine f.
Catgut n.   catgut m.
Cavographie f.   cavographie f.
CCK (=Cholecystokinin) n.   cholécys-
  tokinine f.
CEA (carcioembryogenes Antigen) n.
  CEA (antigène carcino-embryon-
  naire) m.
Cefa... siehe auch / voir aussi Cepha...
Cefacetril n.   céfacétrile m.
Cefaclor m.   céfaclor m.
Cefadroxil n.   céfadroxil m.
Cefalexin n.   céfalexine f.
Cefaloridin n.   céfaloridine f.
Cefamandol n.   céfamandole m.
Cefapyrin n.   céfapirine f.
Cefazolin n.   céfazoline f.
Cefmenoxim n.   céfménoxime m.
Cefoperazon n.   céfopérazone f.
Cefotaxin n.   céfotaxine f.
Cefotetan n.   céfotétane m.
Cefotiam n.   céfotiam m.
Cefoxitin n.   céfoxitine f.
Cefradin n.   céfradine f.
Ceftazidim n.   céftazidime m.
Ceftisoxim n.   céftisoxime m.
Ceftriaxon n.   céftriaxone f.
Cefuroxim n.   céfuroxime m.
Cephadrin n.   céphadrine f.
Cephalalgie f.   céphalalgie f.
Cephalexin n.   céphalexine f.
Cephalhämatom n.   hématome cépha-
  lique m.
Cephalin n.   céphaline f.
Cephaloridin n.   céphaloridine f.
Cephalosporin n.   céphalosporine f.

**Cephalosporinase f.** céphalosporinase f.
**Cephalotin n.** céphalotine f.
**Cephalozin n.** céphalozine f.
**Cer n.** cérium m.
**Ceramid n.** céramide f.
**cerebral** cérébral
**Cerebralthrombose f.** thrombose cérébrale f.
**Ceruletid n.** cérulétide m.
**Cerumen obturans n.** bouchon de cérumen m.
**Cervix m.** col m.
**Cestode m.** cestode m.
**Cetiprolol n.** cétiprolol m.
**Cetobemidon n.** cétobémidone f.
**Cetylalkohol m.** alcool cétylique m.
**Cetylpyridinium n.** cétylpyridinium m.
**CG (Chondrogonadotropin) n.** hCG (gonadotrophine chorioniquc) f.
**cGMP (=cyclisches Guanosin Monophosphat) n.** guanosine monophosphate cyclique f.
**Chagas-Krankheit f.** maladie de Chagas f.
**Chalarose f.** chalarose f.
**Chalazion n.** chalazion m.
**Chalazionpinzette f.** pince à chalazion f.
**Chalikose f.** chalicose f.
**Chaoulsche Nahbestrahlung f.** traitement de Chaoul m.
**Charakter m.** caractère m.
**charakterisieren** caractériser
**charakteristisch** caractéristique
**Charakterkunde f.** caractérologie f.
**Charcot-Leydenscher Kristall m.** cristal de Charcot-Leyden m.
**Charge, Herstellungs- f.** charge de production f.
**Charrièresche Skala f.** filière Charrière f.
**Chaulmoograöl n.** huile de Chaulmoogra f.
**Chefarzt m., Chefärztin f.** chef de clinique m., chef de service m.
**Chefchirurg m.** chirurgien chef du service m.
**Cheilektomie f.** chéilectomie f.
**Cheilitis f.** chéilite f.
**Cheilose f.** chéilose f.

**Chelat n.** chélate m.
**Chelatase f.** chélatase f.
**Chelatbildner m.** chélateur m.
**Chelidonium n.** chélidoine f.
**Chelometrie f.** complexométrie f., dosage par chélation m.
**Chemie f.** chimie f.
**Chemie, physiologische f.** chimie physiologique f.
**Chemikalie f.** produit chimique m.
**Chemiker m.** chimiste m.
**Chemikerin f.** chimiste f.
**chemisch** chimique
**Chemismus m.** chimisme m.
**Chemodektom n.** chémodectome m.
**Chemokinetik f.** chimiocinétique f.
**chemokinetisch** chimiocinétique
**Chemonukleolyse f.** chémonucléolyse f.
**Chemoprophylaxe f.** chémoprophylaxie f.
**chemoresistent** chémorésistant
**Chemoresistenz f.** chémorésistance f.
**Chemorezeptor m.** chémorécepteur m.
**Chemosis f.** chémosis m.
**chemotaktisch** chimiotactique
**Chemotaxis f.** chimiotactisme m., chimiotaxie f.
**chemotherapeutisch** chimiothérapeutique
**Chemotherapie f.** chimiothérapie f.
**Chenotherapie f.** chenothérapie f.
**Cheoplastik f.** chéoplastie f.
**cheoplastisch** chéoplastique
**Cherubismus m.** chérubinisme m.
**Cheyne-Stokessche Atmung f.** respiration de Cheyne-Stokes f.
**Cheyne-Stokessches Atmen n.** dyspnée de Cheyne-Stokes f.
**Chiasma n.** chiasma m.
**chiasmatisch** chiasmatique
**Chilaiditi-Syndrom n.** déplacement subphrénique du colon m.
**Chilifolin n.** quilifoline f.
**Chinaldin n.** quinaldine f.
**Chinarinde f.** écorce de quinquina f.
**Chinestrol n.** quinestrol m.
**Chinethazon n.** quinéthazone f.
**Chinidin n.** quinidine f.
**Chinin n.** quinine f.

**Chininbisulfat n.** bisulfate de quinine m.
**Chininhydrochlorid n.** hydrochlorure de quinine m.
**Chininsulfat n.** sulfate de quinine m.
**Chinon n.** chinone f., quinone f.
**Chinosid n.** chinoside m.
**Chinosol n.** chinosol m.
**Chiropraktiker m.** chiropraticien m.
**chiropraktisch** chiropraxique
**Chiropraxis f.** chiropraxie f.
**Chirurg m.** chirurgien m.
**Chirurgie f.** chirurgie f.
**Chirurgie am offenen Herzen f.** chirurgie à coeur ouvert f.
**Chirurgie, allgemeine f.** chirurgie générale f.
**Chirurgie, Bauch- f.** chirurgie abdominale f.
**Chirurgie, große f.** chirurgie majeure f.
**Chirurgie, Kiefer- f.** chirurgie maxillaire f.
**Chirurgie, kleine f.** petite chirurgie f.
**Chirurgie, plastische f.** chirurgie esthétique f.
**Chirurgie, Thorax- f.** chirurgie thoracique f.
**Chirurgie, Wiederherstellungs- f.** chirurgie reconstructive f.
**Chirurgin f.** chirurgienne f.
**chirurgisch** chirurgical
**Chitin n.** chitine f.
**Chitosamin n.** chitosamine f.
**Chlamydie f.** Chlamydia f.
**Chloasma n.** chloasma m.
**Chlor n.** chlore m.
**Chlorakne f.** acné chlorique f.
**Chloral n.** chloral m.
**Chloralamid n.** amide de chloral m.
**Chloralhydrat n.** hydrate de chloral m.
**Chloralose f.** chloralose f.
**Chlorambucil n.** chlorambucil m.
**Chloramin n.** chloramine f.
**Chloramphenicol n.** chloramphénicol m.
**Chlorat n.** chlorate m.
**Chlorazetat n.** chloracétate m.
**Chlordan n.** chlordane m.
**Chlordantoin n.** chlordantoïne f.
**Chlordecon n.** chlordécone f.

**Chlordiazepoxid n.** chlordiazépoxide m.
**Chlordinitrobenzol n.** chlordinitrobenzène m.
**Chlorethyl n.** chloréthyle m., chlorure d'éthyle m.
**Chlorethyl-cyclohexyl-nitroso-harnstoff m.** chloréthyl-cyclohexyl-nitroso-urée f.
**Chlorhexadol n.** chlorhexadol m.
**Chlorhexidin n.** chlorhexidine f.
**Chlorid n.** chlorure m.
**chlorieren** chlorer
**Chlorit n.** chlorite f.
**Chlorkalium n.** chlorure de potassium m.
**Chlorkalk m.** chlorure calcique m., chlorure de chaux m.
**Chlorkalzium n.** chlorure de calcium m.
**Chlormadinon n.** chlormadinone f.
**Chlormethiazol n.** chlorméthiazole m.
**Chlorodontie f.** chlorodontie f.
**Chloroform n.** chloroforme m.
**Chloroformierung f.** chloroformisation f.
**Chloroguanid n.** chloroguanide m.
**Chlorolymphosarkom n.** chlorolymphosarcome m.
**Chlorom n.** chlorome m.
**Chloromyelom n.** chloromyélome m.
**Chlorophenol n.** chlorophénol m.
**Chloropren n.** chloroprène m.
**chloropriv** chloroprive
**Chloropurin n.** chloropurine f.
**Chloroquin n.** chloroquine f.
**Chlorose f.** chlorose f.
**Chlorthiazid n.** chlorothiazide m.
**chlorotisch** chlorotique
**Chlorotrianisen n.** chlorotrianisène m.
**Chloroxazon n.** chloroxazone f.
**Chlorozyt m.** chlorocyte m.
**Chlorphenesin n.** chlorphénésine f.
**Chlorpheniramin n.** chlorphéniramine f.
**Chlorphenol n.** chlorphénol m.
**Chlorphenolrot n.** rouge de chlorphénol m.
**Chlorphenoxamin n.** chlorphénoxamine f.

Chlorphentermin n.   chlorphenter-
mine f.
Chlorpromazin n.   chlorpromazine f.
Chlorpropamid n.   chlorpropamide
m.
Chlorprotixen n.   chlorprotixène m.
Chlortalidon n.   chlortalidone f.
Chlortetracyclin n.   chlortétracycline f.
Chlorwasserstoff m.   hydrogène chlo-
ruré m.
Chlorzotocin n.   chlorzotocine f.
Chlorzoxazon n.   chlorzoxazone f.
Chlumskysche Lösung f.   solution de
Chlumsky f.
choanal   choanal
Choane f.   choane f.
cholagog   cholagogue
Cholagogum n.   cholagogue m.
Cholämie f.   cholémie f.
cholämisch   cholémique
Cholan n.   cholane m.
Cholangiogramm n.   cholangio-
gramme m.
Cholangiographie f.   cholangiographie
f.
cholangiographisch   cholangiographi-
que
Cholangiolitis f.   cholangiolite f.
Cholangiom n.   cholangiome m.
Cholangiometrie f.   cholangiométrie f.
Cholangiopankreatikographie f.   cho-
langiopancréaticographie f.
Cholangioskopie f.   cholangioscopie f.
Cholangiostomie f.   cholangiostomie
f.
Cholangiotomie f.   cholangiotomie f.
Cholangitis f.   cholangite f.
cholangitisch   cholangitique
Cholanthren n.   cholanthrène m.
Cholat n.   cholate m.
Cholecalciferol n.   cholécalciférol m.
Cholecystokinin (CCK) n.   cholécysto-
kinine f.
Choledochektomie f.   cholédochoecto-
mie m.
Choledochoduodenostomie f.   cholé-
dochoduodénostomie f.
Choledochoenterostomie f.   cholédo-
choentérostomie f.
Choledochojejunostomie f.   cholédo-
chojéjunostomie f.

Choledocholithiasis f.   cholédocholit-
hiase m.
Choledocholithotomie f.   cholédocho-
lithotomie f.
Choledochorrhaphie f.   cholédochor-
raphie f.
Choledochoskopie f.   cholédochosco-
pie f.
Choledochostomie f.   cholédochosto-
mie f.
Choledochotomie f.   cholédochotomie
f.
Choledochusplastik f.   cholédochop-
lastie m.
Cholelithiasis f.   cholélithiase f.
Cholelitholyse f.   cholélitholyse f.
Cholera asiatica f.   choléra asiatique
m.
Cholerese f.   cholérèse f.
Choleretikum n.   cholérétique m.
choleretisch   cholérétique
cholerisch   coléreux, colérique
Cholestase f.   cholestase f.
cholestatisch   cholestatique
Cholesteatom n.   cholestéatome m.
Cholesterase f.   cholestérase f.
Cholesterin n.   cholestérol m.
Cholestyramin n.   cholestyramine f.
Cholezystektomie f.   cholécystectomie
f.
Cholezystitis f.   cholécystite f.
cholezystitisch   cholécystitique
Cholezystoduodenostomie f.   cholé-
cystoduodénostomie f.
Cholezystogastrostomie f.   cholécysto-
gastrostomie f.
Cholezystogramm n.   cholécysto-
gramme m.
Cholezystographie f.   cholécystogra-
phie f.
cholezystographisch   cholécystogra-
phique
Cholezystoileostomie f.   cholécystoilé-
ostomie f.
Cholezystojejunostomie f.   cholécystojéjunostomie f.
Cholezystolithiasis f.   cholécystolithiase f.
Cholezystopathie f.   cholécystopathie
f.
Cholezystopexie f.   cholécystopexie f.

Cholezystostomie f.  cholécystostomie f.

Cholin n.  choline f.

cholinergisch  cholinergique

Cholinesterase f.  cholinestérase f.

cholinesterasehemmend  inhibant la cholinestérase

Cholostase f.  cholostase f.

cholostatisch  choléstatique

Cholurie f.  cholurie f.

Chondrin n.  chondrine f.

Chondriom n.  chondriome m., mitochondries f. pl.

Chondritis f.  chondrite f.

Chondroadenom n.  chondroadénome m.

Chondroangiom n.  chondroangiome m.

Chondroblast m.  chondroblaste m.

Chondroblastom n.  chondroblastome m.

Chondrodysplasie f.  chondrodysplasie f.

Chondrodystrophie f.  chondrodystrophie f.

chondroektodermal  chondroectodermique

chondrogen  chondrogène

Chondrogenese f.  chondrogenèse f.

Chondroitin n.  chondroïtine f.

Chondroitinase f.  chondroïtinase f.

Chondrokalzinose f.  chondrocalcinose f.

Chondroklast m.  chondroclaste m.

Chondrolyse f.  chondrolyse f.

Chondrom n.  chondrome m.

Chondromalazie f.  chondromalacie f.

Chondromatose f.  chondromatose f.

Chondromyxom n.  chondromyxome m.

Chondroosteodystrophie f.  chondroostéodystrophie f.

Chondroplastik f.  chondroplastie f.

chondroplastisch  chondroplastique

Chondrosarkom n.  chondrosarcome m.

Chondrotomie f.  chondrotomie f.

Chondrozyt m.  chondrocyte m.

Chopartsche Amputation f.  opération de Chopart

Chorda f.  corde f., cordon m., ligament m.

Chordata n. pl.  chordés m. pl.

Chorditis f.  chordite f.

Chordoblastom n.  chordoblastome m.

Chordom n.  chordome m.

Chordotomie f.  chordotomie f., cordotomie f.

Chorea Sydenham f.  „danse de saint Guy" f., chorée de Sydenham f.

choreatisch  choréique

choreiform  choréiforme

choreoathetoid  choréo-athétoïde

Choreoathetose f.  choréo-athétose f.

Choreomanie f.  choréomanie f.

chorial  chorial

Chorioallantois f.  chorio-allantoïde m.

Chorioangiom n.  chorioangiome m.

Chorioidea f.  choroïde f.

Chorioidektomie f.  chorioïdectomie f.

Chorioiditis f.  chorioïdite f.

Chorioidopathie f.  chorioïdopathie f.

chorioidopathisch  chorioïdopathique

Choriom n.  chorio-épithéliome m.

Choriomeningitis f.  chorioméningite f.

Chorion n.  chorion m.

Choriongonadotropin n.  gonadotropine chorionique f.

Chorionkarzinom n.  chorio-épithéliome m., choriocarcinome m.

Chorioptesräude f.  gale chorioptique f.

Chorioretinitis f.  choriorétinite f.

Choristie f.  choristie f.

Choristom n.  choristome m.

choroidal  choroïdien

Christchurch-Chromosom n.  chromosome de Christchurch m.

Christmas-Faktor m.  facteur de Christmas m.

Chrom n.  chrome m.

chromaffin  chromaffine

Chromaffinom n.  chromaffinome m.

chromargentaffin  chromargentaffine

Chromat n.  chromate m.

Chromatekzem n.  eczéma aux sels de chrome m.

Chromatide f.  chromatide f.

Chromatin n.  chromatine f.

chromatisch  chromatique

chromatogen  chromatogène

**Chromatographie f.** chromatographie f.

**chromatographisch** chromatographique

**Chromatolyse f.** chromatolyse f.

**chromatophil** chromatophile

**Chromatophilie f.** chromatophilie f.

**Chromatophor n.** chromatophore m.

**Chromatopsie f.** chromatopsie f.

**Chromatose f.** chromatose f.

**Chromatoskiameter n.** chromatoskiamètre m.

**Chromhidrose f.** chromhidrose f.

**chromogen** chromogène

**Chromogen n.** chromogén m.

**Chromomer n.** chromomère m.

**Chromonema n.** chromonéma m.

**chromophil** chromophile

**chromophob** chromophobe

**Chtomoskop n.** chromoscope m.

**Chromoskopie f.** chromoscopie f.

**chromoskopisch** chromoscopique

**Chromosom n.** chromosome m.

**chromotrop** chromotrope

**Chromozym n.** chromozyme m.

**Chromozystoskopie f.** chromocystoscopie m.

**chromozystoskopisch** chromocystoscopique

**Chromsäure f.** acide chromique m.

**Chronaxie f.** chronaxie f.

**Chronaximeter n.** chronaximètre m.

**Chronaximetrie f.** chronaximétrie f.

**chronaximetrisch** chronaximétrique

**chronische lymphatische Leukämie (CLL) f.** leucémie lymphoïde chronique m.

**chronische myeloische Leukämie (CML) f.** leucémie myéloïde chronique m.

**Chronopharmakologie f.** chronopharmacologie f.

**chronopharmakologisch** chronopharmacologique

**chronotrop** chronotrope

**Chrysarobin n.** chrysarobine f.

**Chrysen n.** chrysène m.

**Chrysoidin n.** chrysoïdine f.

**Chrysophanat n.** chrysophanate m.

**Chrysotoxin n.** chrysotoxine f.

**Chvosteksches Zeichen n.** signe de Chvostek m.

**Chylomicron n.** chylomicron m.

**Chyloperikard n.** chylopéricarde m.

**Chyloperitoneum n.** chylopéritoine m.

**chylös** chyleux

**Chylothorax m.** chylothorax m.

**Chylurie f.** chylurie f.

**Chylus m.** chyle m.

**Chymase f.** présure f.

**Chymopapain n.** chymopapaïne f.

**chymös** chymeux

**Chymotrypsin n.** chymotrypsine f.

**Chymus m.** chyme m.

**Cibenzolin n.** cibenzoline f.

**Ciclacillin n.** ciclacilline f.

**Ciclosporin n.** cyclosporine f.

**Cilastatin n.** cilastatine f.

**Ciliarkörper m.** corps ciliaire m.

**Ciliata n. pl.** infusoire cilié m.

**Cimetidin n.** cimétidine f.

**Cimex lectularius m.** Cimex lectularius m.

**Cinnamat n.** cinnamate m.

**Cinnarizin n.** cinnarizine f.

**Cinoxacin n.** cinoxacine f.

**Cipionat n.** cipionate m.

**Ciprofloxacin n.** ciprofloxacine f.

**Ciproximid n.** ciproximide m.

**Circulus arteriosus m.** hexagone artériel de Willis m.

**Circulus vitiosus m.** cercle vicieux m.

**Cirrhose f.** cirrhose f.

**cirrhotisch** cirrhotidue

**Cis-Platinum n.** cisplatine m.

**Cistron n.** cistron m.

**Citalopram n.** citalopram m.

**Citrochlorid n.** citrochlorure m.

**Citrovorum-Faktor m.** facteur citrovorum m.

**Citrullin n.** citrulline f.

**Citrullinämie f.** citrullinémie f.

**Citrullinurie f.** citrullinurie f.

**CK (=Creatinkinase) n.** creatine kinase f.

**Cladosporiose f.** cladosporiose f.

**Cladotrichose f.** cladotrichose f.

**Clara-Zelle f.** cellule de Clara f.

**Clarkesche Säule f.** colonne de Clarke f.

**Claubergscher Nährboden m.** milieu de culture de Clauberg m.

**Claudicatio intermittens f.**   claudication intermittente f.
**Claustrophilie f.**   claustrophilie f.
**Claustrophobie f.**   claustrophobie f.
**Clavicepsin n.**   clavicepsine f.
**Clavulanat n.**   clavulanate m.
**Clavus m.**   cor m., oeil de perdrix m.
**Clemizol n.**   clémizole m.
**Clenbuterol n.**   clenbutérol m.
**Clidinium n.**   clidinium m.
**Clindamycin n.**   clindamycine f.
**Clioquinol n.**   clioquinol m.
**Clobazam n.**   clobazam m.
**Clobetason n.**   clobétasone f.
**Clodantoin n.**   clodantoïne f.
**Clofazimin n.**   clofazimine f.
**Clofenapat n.**   clofénapate m.
**Clofenotan n.**   clofénotane m.
**Clofibrat n.**   clofibrate m.
**Clomethiazol n.**   clométhiazole m.
**Clomifen n.**   clomifène m.
**Clomipramin n.**   clomipramine f.
**Clonazepam n.**   clonazépam m.
**Clonidin n.**   clonidine f.
**Cloning n.**   clonage m.
**Clonorchiose f.**   clonorchiase f.
**Clonorchis sinensis m.**   Clonorchis sinensis m.
**Clopamid n.**   clopamide m.
**Clopenthixol n.**   clopenthixol m.
**Clorazepat n.**   clorazépate m.
**Clorgylin n.**   clorgyline f.
**Clorindion n.**   clorindione f.
**Clorophyll n.**   chlorophylle f.
**Clortermin n.**   clortermine f.
**Closilat n.**   closilate m.
**Clostridie f.**   clostridie f.
**Clostridiopeptidase f.**   clostridiopeptidase f.
**Clostridium botulinum n.**   Clostridium botulinum m.
**Clostridium oedematis maligni n.**   Clostridium oedematis maligni m.
**Clostridium putrificum n.**   Clostridium putrificum m.
**Clostridium tetani n.**   Clostridium tetani m.
**Clostridium welchü n.**   Clostridium welchü m.
**Clothixamid n.**   clothixamide m.
**Clotiazepam n.**   clotiazépam m.
**Clotrimazol n.**   clotrimazole m.

**Clownismus m.**   clownisme m.
**Cloxacillin n.**   cloxacilline f.
**Clozapin n.**   clozapine f.
**Clusterkopfschmerz m.**   céphalée de Cluster f.
**CML (=chronische myeloische Leukose) f.**   leucémie myéloide chronique) f.
**CMT (Cardiolipin-Mikroflockungstest) m.**   VDRL (réaction d'agglutination syphilitique) f.
**Co-Agglutination f.**   coagglutination f.
**Cobalamin n.**   cobalamine f.
**Cobalt n.**   cobalt m.
**Cobamid n.**   cobamide m.
**Cocain n.**   cocaïne f.
**Cocarboxylase f.**   cocarboxylase f.
**Coccidioidomykose f.**   coccidioïdomycose f.
**Coccidiose f.**   coccidiose f.
**Coccidiostaticum n.**   coccidiostatique m.
**coccidiostatisch**   coccidiostatique
**Coccidium n.**   coccidie f.
**Coccygodynie f.**   coccygodynie f.
**cochleär**   cochléaire
**Cochleitis f.**   cochléite f.
**Cochleographie f.**   cochléographie f.
**cochleovestibulär**   cochléovestibulaire
**Code m.**   code m.
**Codehydrogenase f.**   codéhydrogénase f.
**Codein n.**   codéïne f.
**codieren**   coder
**Codierung f.**   codage m.
**Codon n.**   codon m.
**Coecum n.**   caecum m.
**Coelenterata n. pl.**   coelentéré m.
**Coeliakie f.**   maladie coeliaque f.
**Coenurose f.**   taeniase f.
**Coenzym n.**   coenzyme m.
**Coeruloplasmin n.**   céruloplasmine f.
**Coffein n.**   caféine f.
**Coffeinum benzoicum n.**   caféinebenzoate de sodium f.
**Coffeinum citricum n.**   caféine citratée f.
**Coformycin n.**   coformycine f.
**Cohydrogenase f.**   cohydrogénase f.
**Coitus m.**   coït m.
**Colchizin n.**   colchicine f.
**Colektomie f.**   colectomie f.

Colestipol n.   colestipol m.
Colestyramin n.   coléstyramine f.
Colibazillus m.   colibacille m., Fscheri-
chiacoli m.
Colica mucosa f.   colica mucosa f.
Colipyelitis f.   colipyélite f.
Colistin n.   colistine f.
Colistinmethansulfonat-Natrium n.
colistiméthanesulfonate de sodium
m.
Colitis f.   colite f.
Colitis ulcerosa f.   colite ulcéreuse f.
colitisch   colitique
Collagenose f.   collagénose f.
Colliculitis seminalis f.   inflammation
du veru montanum f.
Collip-Einheit f.   unité de Collip f.
Collodium n.   collodion m.
Colloid n.   colloïde m.
colloidal   colloïdal
Colocynthe f.   coloquinte f.
Colonoskop n.   colonoscope m.
Colonoskopie f.   colonoscopie f.
colonoskopisch   colonoscopique
Colopexie f.   colopexie f.
Coloplicatio f.   coloplication f.
Coloptose f.   coloptose f.
Coloradozeckenfieber n.   fièvre rouge
f.
colorektal   colorectal
Coloskop n.   coloscope m.
Coloskopie f.   coloscopie f.
coloskopisch   coloscopique
Colostomie f.   colostomie f.
Colotomie f.   colotomie f.
Coma n.   coma m.
comatös   comateux
Commotio cerebri f.   commotion céré-
brale f.
Computer m.   ordinateur m.
Computer-Tomographie f.   tomoden-
sitométrie f.
computerassistiert   avec contrôle in-
formatisée
Conchotom n.   conchotome m.
Conchotomie f.   conchotomie f.
Concretio pericardii f.   péricardite
constrictive f.
Condurango f.   condurango m.
Condyloma acuminatum n.   condy-
lome acuminé m.
Conglutinin n.   conglutinine f.

Coniin n.   conine f.
Conjugata diagonalis f.   diamètre pro-
monto-sous pubien m.
Conjugata externa f.   diamètre externe
du bassin m.
Conjugata vera f.   diamètre antéropos-
térieur du détroit supérieur m.
conjunctival   conjonctival
Conjunctivitis f.   conjonctivite f.
Conn-Syndrom n.   syndrome de Conn
m.
Connorrhinus majestus m.   triatome
m.
Continentia alvi f.   continence intesti-
nale f.
Contrecoup m.   contrecoup m.
Contusio cerebri f.   contusion céré-
brale f.
Convallamarin n.   convallamaroside
m.
Convallarin n.   convallarine f .
Convallatoxin n.   convallatoxine f.
Convertase f.   convertase f.
Cooleysche Anämie f.   anémie de Coo-
ley f.
Coombs-Test m.   test de Coombs m.
Cooper-Fraktur f.   fracture de Cooper
f.
Cor nervosum n.   neurose cardiaque f.
Cordektomie f.   cordectomie f.
Cordotomie f.   cordotomie f.
Corea Huntington f.   chorée de Hun-
tington f.
Corepressor m.   corépresseur m.
Cornutin n.   cornutine f.
coronar   coronaire
Coronarinfarkt m.   infarctus corona-
rien m.
Coronarsklerose f.   sclérose corona-
rienne f.
Coronarthrombose f.   thrombose co-
ronarienne f.
Coronarverschluß m.   oblitération co-
ronarienne f.
Corpus callosum n.   corps calleux m.
Corpus luteum n.   corps jaune m.
Corpus luteum-Hormon n.   progesté-
rone f.
Corpus striatum n.   corps strié m.
Corrin n.   corrine f.
Corrinoid n.   corrinoïde m.
Cortexolon n.   cortexolone f.

**Cortexon n.**  cortexone f.
**Corticoliberin n.**  corticolibérine f.
**Corticosteroid n.**  corticoïde m., corti-costéroïde m.
**Corticosteron n.**  corticostérone f.
**Corticotropin (ACTH) n.**  ACTH (hormone corticotrope) f., corticotrophine f.
**Corticotropin-freisetzender Faktor m.**  CRF (corticotrophin-releasing factor) m.
**Cortin n.**  cortine f.
**Cortisches Organ n.**  organe de Corti m.
**Cortisol n.**  cortisol m.
**Cortison n.**  cortisone f.
**Cortodoxon n.**  cortodoxone f.
**Corynebakterie f.**  corynébactérie f.
**Costa fluctuans f.**  côte flottante f.
**Costen-Syndrom n.**  syndrome de Costen m.
**Cosynthase f.**  cosynthase f.
**Cotarnin n.**  cotarnine f.
**Cotrimaxol n.**  cotrimaxole m.
**Coulomb n.**  Coulomb m.
**Coumarin n.**  coumarine f.
**Coumaryl n.**  coumaryl m.
**Courvoisiersches Zeichen n.**  loi de Courvoisier f.
**Couveuse f.**  couveuse f.
**Cover denture m.**  cover denture f. (dent.)
**Cowperitis f.**  cowpérite f.
**Cowpersche Drüse f.**  glande bulbo-urétrale de Méry f.
**Coxa valga f.**  coxa valga f.
**Coxa vara f.**  coxa vara f.
**Coxiella f.**  Coxiella f.
**Coxitis f.**  coxite f.
**coxitisch**  coxitique
**Coxsackievirus m.**  coxsackie virus m.
**Cozymase f.**  cozymase f.
**CPK (Creatininphosphokinase) f.**  CPK (créatininephosphokinase) f.
**C-reaktives Protein n.**  protéine C réactive m.
**Cramer-Schiene f.**  attelle de Cramer f.
**Crataegin n.**  crataegine f.
**Crataegus oxyacantha m.**  aubépine f.
**Creatin n.**  créatine f.
**Creatinin n.**  créatinine f.

**Creatininkinase (CK) f.**  créatinine kinase (CK) f.
**Creatinkinase f.**  créatine kinase f.
**Crédéscher Handgriff m.**  méthode de Gibson-Crédé f.
**Cremasterreflex m.**  réflexe crémastérien m.
**Crepitatio f.**  crépitation f.
**Crescendo n.**  crescendo m.
**CREST Syndrom n.**  CREST Syndrome m.
**Creutzfeldt-Jakobsche Krankheit f.**  maladie de Kreutzfeldt-Jacob f.
**CRF (Corticotropin-freisetzender Faktor) m.**  CRF (corticotropin releasing factor) m.
**Cristobalit n.**  cristobalite f.
**Cristothermographie f.**  cristothermographie f.
**cristothermographisch**  cristothermographique
**Crohnsche Krankheit f.**  maladie de Crohn f.
**Cromesilat n.**  cromesilate m.
**Cromoglykat n.**  cromoglycate m.
**Crotonyl n.**  crotonyle m.
**Croup m.**  croup m.
**croupös**  croupal
**Cruorgerinnsel n.**  caillot cruorique m.
**Crush-Syndrom n.**  syndrome de Bywatter m.
**Crustacea n. pl.**  crustacés m. pl.
**Cryoglobulin n.**  cryoglobuline f.
**Cryopräzipitat n.**  cryoprécipité m.
**Cryotherapie f.**  cryothérapie f.
**CT (Computer-Tomographie) f.**  scanographie f.
**Culdoskopie f.**  culdoscopie f.
**Cumarin n.**  coumarine f.
**Cunnilingus m.**  cunnilingus m.
**Cuprein n.**  cupréine f.
**Cuproxilin n.**  cuproxiline f.
**Curarin n.**  curarine f.
**Curarisierung f.**  curarisation f.
**Curettage f.**  curettage f.
**Curette f.**  curette f.
**Curie n.**  Curie m.
**Curium n.**  curium m.
**Curschmannsche Spirale f.**  spirale de Curschmann m.
**Cushingsche Krankheit f.**  maladie de Cushing f.

Cyanamid n.  cyanamide m.
Cyanoacrylat n.  cyanoacrylate m.
Cyanoformat n.  cyanoformate m.
Cyanose f.  cyanose f.
cyanotisch  cyanotique
Cyclamat n.  cyclamate m.
Cyclandelat n.  cyclandélate m.
Cyclase f.  cyclase f.
Cyclazocin n.  cyclazocine f.
cyclisch  cyclique
Cyclitis f.  cyclite f.
Cyclizin n.  cyclizine f.
Cyclobenzaprin n.  cyclobenzaprine m.
Cyclodien n.  cyclodiène m.
Cyclohexan n.  cyclohexane m.
Cyclopenthiazid n.  cyclopenthiazide m.
Cyclopentolat n.  cyclopentolate m.
Cyclophosphamid n.  cyclophosphamide m.
Cyclopropan n.  cyclopropane m.
Cycloserin n.  cyclosérine f.
Cyclosporin n.  cyclosporine f.
Cyclothiazid n.  cyclothiazide m.
Cyclotron n.  cyclotron m.
Cynarin n.  cynarine f.
Cypionat n.  cypionate m.
Cyproheptadin n.  cyproheptadine f.

Cyproteron n.  cyprotérone f.
Cyproximid n.  cyproximide m.
Cystadenom n.  cystadénome m.
Cyste f.  kyste m., vésicule f.
Cystenniere f.  rein kystique m.
Cysticercosis f.  cysticercose f.
cystisch  cystique, kystique, vésiculeux
Cystitis f.  cystite f.
cystitisch  cystitique
Cystocele f.  cystocèle f.
Cystom n.  cystome m.
Cystoskop n.  cystoscope m.
Cystoskopie f.  cystoscopie f.
cystoskopisch  cystoscopique
Cytarabin n.  cytarabine f.
Cytase f.  cytase f.
Cytidin n.  cytidine f.
Cytidylat n.  cytidylate m.
Cytochalasin n.  cytochalasine f.
Cytochrom n.  cytochrome m.
Cytoglobin n.  cytoglobine f.
Cytokin n;  cytokine f.
Cytokinin n.  cytokinine f.
Cytoplasma n.  cytoplasme m.
Cytosin n.  cytosine f.
Cytosin-Arabinosid n.  cytosine-arabinoside f.
cytotoxisch  cytotoxique
Cytotoxizität f.  cytotoxicitée f.

# D

**Dacarbazin n.** dacarbazine f.
**Dach des vierten Ventrikels n.** toit du quatrième ventricule m.
**Dachziegelverband m.** bandage imbriqué m.
**Dactinomycin n.** dactinomycine f.
**Dactylolysis f.** dactylolysis f.
**Dacuronium n.** dacuronium m.
**Daidzein n.** daïdcéine f.
**Dakarbazin n.** dacarbazine f.
**Dakinsche Lösung f.** liqueur de Dakin m.
**Dakryoadenitis f.** dacryo-adénite f.
**Dakryographie f.** dacryographie f.
**Dakryokanalikulitis f.** dacryocanaliculite f.
**Dakryozystektomie f.** dacryocystectomie f.
**Dakryozystitis f.** dacryocystite f.
**Dakryozystotomie f.** dacryocystotomie f.
**Daktyloskopie f.** dactyloscopie f.
**Dalton n.** dalton m.
**Damm (anat.) m.** périnée m.
**Dammar n.** dammar m.
**Dämmerschlaf m.** somnolence f.
**Dämmerungssehen n.** vision scotopique f.
**Dämmerzustand m.** état crépusculaire m.
**Dammnaht f.** suture du périnée f.
**Dammplastik f.** périnéoplastie f.
**Dammschnitt m.** épisiotomie f.
**Dampf m.** buée f., vapeur f.
**Dampfbad n.** bain de vapeur m.
**Dämpfigkeit f.** poussivité f. (vet.)
**Dampfsterilisation f.** stérilisation à l'autoclave f.
**Danazol n.** danazol m.
**Dane-Partikel f.** particule de Dane f.
**Dantrolen n.** dantrolène m.
**Dantron n.** dantrone m.
**Dapson n.** dapsone m.
**Darm m.** entrailles f. pl., intestin m.
**Darmbein n.** aile iliaque f., ilion m.
**Darmbeinkamm m.** crête iliaque f.

**Darmblutung f.** hémorragie intestinale f.
**Darmfaßzange f.** pince dentée d'Asch f.
**Darmgeräusch n.** bruits intestinaux m. pl.
**Darmgrimmen n.** irritation intestinale f.
**Darmklemme f.** clamp intestinal m.
**Darmkolik f.** colique intestinale f.
**Darmnaht f.** entérorraphie f.
**Darmreizung f.** irritation intestinale f.
**Darmrohr n.** tube intestinal m.
**Darmschere f.** entérotome m.
**Darmverschlingung f.** torsion de l'intestin f.
**Darreichung f.** administration f.
**Darreichungsform f.** forme d'administration f.
**Darstellung, bildliche f.** expression graphique f., graphique m.
**darunterliegend** subjacent
**Dasein n.** existence f.
**Daseinsanalyse f.** ontoanalyse f.
**Dasselfliege f.** mouche du varron f.
**Datei f.** fichier m.
**Datenverarbeitung f.** télétraitement m.
**Dauer f.** durée f.
**Dauerausscheider m.** porteur de germes chronique m.
**Dauerbad n.** bain permanent m.
**Dauerbehandlung f.** traitement à long terme m.
**Dauerbelastung f.** charge permanente f.
**dauerhaft** durable
**Dauerheilung f.** guérison définitive f.
**Dauerkatheter m.** sonde à demeure f.
**Dauerprothese f.** prothèse définitive f.
**Dauerschaden m.** détérioration permanente f.
**Dauerschmerz m.** douleur permanente f.
**Dauerspülkatheter m.** sonde d'irrigation à demeure f.

**Dauertropfinfusion, intravenöse f.**
perfusion intraveineuse continue f.
**Daumen m.** pouce m.
**Daumenballen m.** éminence thénar m.
**Daumenlutscher m.** sujet qui suce son pouce m.
**Daunomycin n.** daunomycine f.
**Dazadrol n.** dazadrol m.
**Dazilamin n.** dazilamine f.
**Dazolicin n.** dazolicine f.
**Deafferentierung f.** désafférence f.
**Deazetyl n.** déacétyle m.
**Deazetylase f.** déacétylase f.
**Deboxamet n.** déboxamet m.
**Debrisochin n.** débrisoquine f.
**Decanoat n.** décanoate m.
**Decidua f.** caduque f.
**Decidua basalis f.** caduque utéro-placentaire f.
**Decidua capsularis f.** caduque foetale f.
**Decidua graviditis f.** caduque gravidique f.
**Decidua marginalis f.** caduque marginale f.
**Decidua menstruationis f.** caduque menstruelle f.
**Decidua parietalis f.** caduque pariétale f.
**decidual** caduque
**Decimemid n.** décimémide m.
**Decitropin n.** décitropine f.
**Deckbiß m.** occlusion attritionnelle f. (dent.)
**Decke f.** couverture f.
**decken** couvrir
**Deckglas n.** couvre-objet m., lamelle f.
**Deckglaspinzette f.** pince de Cornet f.
**Deckprothese f.** prothèse de couverture f.
**Deckzellenepitheliom n.** épithélioma squameux m.
**Decloxizin n.** décloxicine f.
**Decominol n.** décominol m.
**Decrescendo n.** decrescendo m.
**Dectaflur n.** dectaflur m.
**Deditonium n.** déditonium m.
**Defäkation f.** défécation f.
**defäkieren** évacuer les fèces
**defensiv** défensif
**Defensor m.** défenseur m.

**Deferentitis f.** déférentite f.
**Deferoxamin n.** déféroxamine f.
**Deferveszenz f.** défervescence f.
**Defibrillation f.** défibrillation f.
**Defibrillator m.** défibrillateur m.
**defibrillieren** défibriller
**Defibrillierung f.** défibrillation f.
**Defibrination f.** défibrination f.
**Defibrotid n.** défibrotide m.
**Definition f.** définition f.
**Defizit n.** déficit m.
**Deflazacort n.** déflazacort m.
**Deflexion f.** déflexion f.
**Defloration f.** défloration f.
**Deformität f.** difformité f.
**Defosfamid n.** défosfamide m.
**defribinieren** défibriner
**Degeneration f.** dégénérescence f.
**degenerativ** dégénératif
**degradieren** dégrader
**Degradierung f.** dégradation f.
**Degranulation f.** dégranulation f.
**Degranulator m.** dégranulateur m.
**degranulieren** dégranuler
**Dehiszenz f.** déhiscence f.
**Dehnbarkeit f.** extensibilité f.
**dehnen** distendre, étendre
**Dehnschraube f.** vis d'extension f.
**Dehnung f.** élargissement m., extension f.
**Dehnungsbogen m.** arc d'extension f. (dent.)
**Dehnungsfraktur f.** fracture par hyperextension f.
**Dehnungsreflex m.** réflexe de dilatation m.
**Dehnungsrezeptor m.** récepteur de l'étirement m.
**Dehnungschraube f.** jackscrew m. (dent.)
**Dehnzange f.** pince d'alaisage f.
**Dehydrase f.** déhydrase f., déhydrogénase m.
**dehydrierter Alkohol m.** alcool déshydraté m.
**Dehydrierung** déshydrogénation f.
**Dehydrocholat n.** déhydrocholate m.
**Dehydroemetin n.** déhydroémétine f.
**Dehydroepiandrosteron (DHA) n.** déhydroépiandrostérone f.
**Dehydrogenase f.** déhydrogénase f.

Dehydrokortikosteron n. déhydrocorticostérone f.
Dehydropeptidase f. déhydropeptidase f.
Dehydrostilböstrol n. déhydrostilboestrol m.
Dehydroxylierung f. déhydroxylation f.
Deitersscher Kern m. noyau de Deiters m.
déjà vu déjà vu
Dejerinesches Zeichen n. signe de Dejerine m.
Dejodinase f. déiodinase f.
Dekamethonium n. décaméthonium m.
Dekan m. doyen m.
dekantieren décanter
Dekantierung f. décantation f.
Dekapeptid n. décapeptide m.
Dekapitation f. décapitation f.
Dekapsulation f. décapsulation f., décortication f.
dekapsulieren décapsuler
Dekarboxylase f. décarboxylase f.
dekarboxylieren décarboxyler
Dekarboxylierung f. décarboxylation f.
Deklinierung f. déclinaison f.
Dekompensation f. décompensation f., insuffisance f.
dekompensieren décompenser
Dekomplementierung f. décomplémentation f.
Dekompression f. décompression f.
dekomprimieren décomprimer
Dekontamination f. décontamination f.
dekontaminieren décontaminer
Dekortikation f. décortication f.
Dekrudeszenz f. décroissance f.
Dekubitalgeschwür n. escarre f., escarre de décubitus f.
Dekubitus m. décubitus (attitude de) m.
Delanteron n. délantérone f.
Delergotril n. délergotrile m.
deletär délétère
Deletion f. délétion f.
delirant délirant
Delirium n. délire m.

Delirium tremens n. délirium tremens m.
Delle f. fossette f.
Dellwarze f. molluscum contagiosum m.
Délormesche Operation f. opération de Délorme f.
Delprostenat n. delprosténate m.
Deltawelle f. onde delta f.
Demand-Schrittmacher m. stimulateur cardiaque à la demande m.
Demarkation f. démarcation f.
Demarkationslinie f. ligne de démarcation f.
Demecarium n. démécarium m.
Demeclocyclin n. déméclocycline f.
Demecolein n. démécoléine f.
Demecyclin n. démécycline f.
dement dément
demente Person f. dément (e) m., f.
Dementia paralytica f. paralysie générale de Bayle f.
Demenz f. démence f.
Demetasin n. démétasine f.
Demethylation f. déméthylation f.
Demethylchlortetrazyklin n. déméthylchlortétracycline f.
demethylieren déméthyler
Demethylierung f. déméthylation f.
Demethylimipramin n. déméthylimipramine f.
Demexiptilin n. démexiptiline f.
Demineralisation f. déminéralisation f.
Democonazol n. démoconazole m.
Demodexausschlag m. dermite à Demodex folliculorum f.
Demodulation f. démodulation f.
demodulieren démoduler
Demonstration f. démonstration f.
demonstrieren démontrer
Demoxepam n. démoxépam m.
Demoxytocin n. démoxytocine f.
Denatonium n. dénatonium m.
denaturieren dénaturer
Denaturierung f. dénaturation f.
Denaverin n. dénavérine f.
Dendrit m. dendrite f.
Denervierung f. dénervation f.
Dengue f. dengue f., fièvre rouge f.
Denken n. pensée f.
Denpidazon n. denpidazone f.

**Densiographie f.** densigraphie f.
**Densimetrie f.** densimétrie f.
**Densitometer n.** densitomètre m.
**Densitometrie f.** densitométrie f.
**densitometrisch** densitométrique
**dental** dentaire, dental
**Dentalartikel m.** article dentaire m.
**Dentaldepot n.** dépot dentaire m.
**Dentalfilm m.** radiopellicule dentaire f.
**Dentalgie f.** douleur dentaire f.
**dentatorubral** dentatorubral
**Dentimeter n.** dentimètre m.
**Dentin n.** dentine f., ivoire m.
**Dentinoblast m.** dentinoblaste m.
**Dentinoblastom n.** dentinoblastome m.
**Dentinom n.** dentinome m.
**dentinozemental** dentinocémentaire
**Dentist m.** dentiste m.
**Dentistin f.** dentiste m.
**dentoalveolär** alvéolodentaire
**dentobukkal** buccodentaire
**dentofazial** dentofacial
**dentogen** odontogène
**dentogingival** dentogingival
**dentolabial** labiodentaire
**Denudation f.** dénudation f.
**Deoxyglucose f.** désoxyglucose f.
**Deoxypyridoxin n.** déoxypyridoxine f.
**Depersonalisation f.** dépersonnalisation f.
**Depersonalisationssyndrom n.** syndrome de dépersonnalisation m.
**Dephosphamid n.** déphosphamide m.
**Dephosphorylation f.** déphosphorylation f.
**dephosphorylieren** déphosphoryler
**Dephosphorylierung f.** déphosphorylation f.
**depigmentieren** dépigmenter
**Depigmentierung f.** dépigmentation f.
**Depolarisation f.** dépolarisation f.
**depolarisieren** dépolariser
**Depolymerase f.** dépolymérase f.
**depolymerisieren** dépolymériser
**Depolymerisierung f.** dépolymérisation f.
**Depot n.** dépot m.
**Depotform eines Arzneimittels f.** forme retard d'un médicament f.

**Depotinsulin n.** insuline retard f.
**Depotpenicillin n.** penicilline retard f.
**Depramin n.** dépramine f.
**Depression f.** dépression f.
**Depression, reaktive f.** dépression réactionnelle f.
**depressiv** dépressif
**Deprodon n.** déprodone f.
**Deprostil n.** déprostil m.
**Deptropin n.** deptropine f.
**Dequalinium n.** déqualinium m.
**Dercumsche Krankheit f.** maladie de Dercum f.
**Dereismus m.** déréisme m.
**Derepression f.** dérépression f.
**Derivat n.** dérivé m.
**Dermatan n.** dermatane m.
**Dermatitis f.** dermatite f.
**Dermatitis actinica f.** dermatite actinique f.
**Dermatitis exfoliativa f.** dermatite exfoliative f.
**Dermatitis herpetiformis f.** dermatite herpétiforme f.
**dermatitisch** dermatitique
**Dermatofibrom n.** dermatofibrome m.
**Dermatofibrosarkom n.** dermatofibrosarcome m.
**Dermatologe m.** dermatologue m.
**Dermatologie f.** dermatologie f.
**Dermatologin f.** dermatologue f.
**dermatologisch** dermatologique
**Dermatolyse f.** dermatolyse f.
**Dermatom n.** dermatome m.
**Dermatomanie f.** dermatomanie f.
**Dermatomykose f.** dermatomycose f.
**Dermatomyositis f.** dermatomyosite f.
**Dermatophiliasis f.** streptotrichose f.
**Dermatophobie f.** dermatophobie f.
**Dermatophyt m.** dermatophyte m.
**Dermatophytie f.** dermatophytose f., teigne f.
**Dermatose f.** dermatose f.
**Dermatosklerose f.** dermatosclérose f.
**dermatotrop** dermatotrope
**Dermatozoenwahn m.** névrose d'infestation f.
**dermochondrokorneal** dermochondrocornéen
**Dermographismus m.** dermographisme m.

Dermoidzyste f.  kyste dermoïde m.
desalanieren  désalaniser
Desamidase f.  désamidase f.
Desamidierung f.  désamidation f.
Desaminase f.  désaminase f.
Desaminierung f.  désamination f.
Desandrogenisierung f.  désandrogéni-
sation f.
Desaturase f.  désaturase f.
Desault-Verband m.  bandage de De-
sault m.
Desazetyl n.  désacétyle m.
Desazetylase f.  désacétylase f.
Desazylase f.  désacylase f.
Descemetitis f.  descémétite f., kératite
ponctuée f.
Descemetsche Membran f.  membrane
(lame élastique postérieure) de Des-
cemet f.
Descensus testis m.  migration testicu-
laire f.
Deschamps-Nadel f.  passe-fil de De-
schamps m.
Descinolon n.  descinolone f.
desensibilisieren  désensibiliser
Desensibilisierung f.  désensibilisation
f.
Deserpidin n.  déserpidine f.
Desferrioxamin n.  desferrioxamine f.
Desglugastrin n.  desglugastrine f.
Desinfektion f.  désinfection f.
Desinfektionsmittel n.  désinfectant m.
desinfizieren  désinfecter
desinfizierend  désinfectant
Desintegration f.  désintégration f.
Desipramin n.  désipramine f.
Deslanosid n.  deslanoside m.
Desmodont m.  desmodonte m.
desmodontal  desmodontal
Desmolase f.  desmolase f.
Desmologie f.  desmologie f.
desmoplastisch  desmoplastique
Desmopressin n.  desmopressine f.
Desmosom n.  desmosome m.
Desmozyt m.  desmocyte m.
Desobliteration f.  désoblitération f.
desodorieren  déodoriser
desodorierend  déodorant
desodorierendes Mittel n.  déodorant
m.
Desodorierung f.  déodorisation f.
Desogestrel n.  désogestrel m.

Desomorphin n.  désomorphine f.
Desonid n.  désonide m.
Desorganisation f.  désorganisation f.
desorientiert  désorienté
Desorientierung f.  désorientation f.
Desoxycholat n.  désoxycholate m.
Desoxydation f.  désoxydation f.
desoxydieren  désoxyder
Desoxyglukose f.  désoxyglucose m.
Desoxykortikosteron n.  désoxycorti-
costérone f.
Desoxypyridoxin n.  désoxypyrido-
xine f.
Desoxyribonuklease f.  désoxyribonu-
cléase f.
Desoxyribonukleotid n.  désoxyribo-
nucléotide m.
Desoxyribose f.  désoxyribose m.
Desoxyribosid n.  désoxyriboside m.
Desoxystreptamin n.  désoxystrepta-
mine f.
Desoxyuridin n.  désoxyuridine f.
Despezifizierung f.  déspécification f.
Despiralisierung f.  déspiralisation f.
Desquamation f.  desquamation f.
desquamativ  desquamatif
Destillat n.  distillat m.
Destillierapparat m.  appareil à distil-
ler m.
destillieren  distiller
deszendierend  descendant
Deterenol n.  détérénol m.
Detergens n.  détersif m.
Detergentien n. pl.  détersifs m. pl.
Determinante f.  déterminant m.
Detorubicin n.  détorubicine f.
Detralfat n.  détralfate m.
Detritus m.  détritus m.
Deuteranopie f.  deutéranopie f.
Deuterium n.  deutérium m.
Deuteron n.  deutéron m.
devaskularisieren  dévasculariser
Deviation f.  déviation f.
devitalisieren  dévitaliser
Devitalisierung f.  dévitalisation f.
Dexamethason n.  dexaméthasone f.
Dexamisol n.  dexamisole m.
Dexbrompheniramin n.  dexbromphé-
niramine f.
Dexivacain n.  dexivacaïne f.
Dexoxadrol n.  dexoxadrol m.
Dexpanthenol n.  dexpanthénol m.

**Dexpropanolol** n.   dexpropanolol m.
**Dextilidin** n.   dextilidine f.
**Dextran** n.   dextran m.
**Dextranomer** n.   dextranomère m.
**Dextrin** n.   dextrine f.
**Dextroamphetamin** n.   dextroamphé-
tamine f.
**Dextrofemin** n.   dextrofémine f.
**Dextrokardie** f.   dextrocardie f.
**Dextromethorphan** n.   dextromé-
thorphane m.
**Dextromoramid** n.   dextromoramide
m.
**dextroponiert**   en dextroposition
**Dextroposition** f.   dextroposition f.
**Dextropropoxyphen** n.   dextropro-
poxyphène m.
**Dextrorphan** n.   dextrorphane m.
**Dextrose** f.   dextrose m.
**Dextrose-Agar** m.   agar-dextrose m.
**Dextrothyroxin** n.   dextrothyroxine f.
**Dextroversion** f.   dextroversion f.
**dextrovertiert**   en dextroversion
**Dezibel** n.   décibel m.
**Dezidua** f.   caduque f.
**dezidual**   décidual
**Deziliter** m.   décilitre m.
**Dezimeter** n.   décimètre m.
**DHA (=dehydroepiandrosteron)** n.
DHA (=déshydroépiandrostérone) f.
**Diabetes insipidus** m.   diabète insipide
m.
**Diabetes mellitus** m.   diabète sucré m.
**Diabetes, Phosphat-** m.   diabète rénal
des phosphates m.
**Diabetes renalis** m.   diabète rénal m.
**Diabetes, einen D. einstellen**   stabiliser
un diabète
**Diabetes, Einstellung eines** f.   stabilisa-
tion d'un diabète f.
**Diabetiker** m.   diabétique m.
**Diabetikerin** f.   diabétique f.
**diabetisch**   diabétique
**diabetogen**   diabétogène
**Diacetamat** n.   diacétamate m.
**Diacetolol** n.   diacétolol m.
**Diacyl** n.   diacyle m.
**Diadochokinese** f.   diadococinésie f.
**Diagnose** f.   diagnostic m.
**Diagnose, endgültige** f.   diagnostic dé-
finitif m.

**Diagnose, vorläufige** f.   diagnostic pro-
visoire m.
**Diagnostik** f.   art du diagnostic m.
**Diagnostiker** m.   médecin qui diagnos-
tique m.
**Diagnostikerin** f.   médecin qui diag-
nostique m.
**diagnostisch**   diagnostique
**diagnostizieren**   diagnostiquer
**diagonal**   diagonal
**Diagramm** n.   diagramme m.
**Diakinese** f.   diacinèse f., diakinèse f.
**diakoptisch**   diacoptique
**Dialdehyd** m.   dialdéhyde f.
**Diallyl** n.   diallyle m.
**Dialysat** n.   produit dialysé m.
**Dialysator** m.   dialyseur m.
**Dialyse** f.   dialyse f.
**Dialysestation** f.   service de dialyse m.
**dialysieren**   dialyser
**Diamantbohrer** m.   foret diamanté m.
**Diamid** n.   diamide m.
**Diamidin** n.   diamidine f.
**Diamidomonoester** m.   diamidomo-
noester m.
**Diamin** n.   diamine f.
**Diaminobenzidin** n.   diaminobenzi-
dine f.
**Diaminodiphosphatid** n.   diaminodi-
phosphatide m.
**Diaminomonophosphatid** n.   diami-
nomonophosphatide m.
**Diaminozyklohexan** n.   diaminocyclo-
hexane m.
**Diamocain** n.   diamocaïne f.
**Diamotphin** n.   diamorphine f.
**Diampromid** n.   diampromide m.
**Dianhydrogalaktikol** n.   dianhydroga-
lacticol m.
**Dianisidin** n.   dianisidine f.
**Dianisyl** n.   dianisyl m.
**Diapedese** f.   diapédèse f.
**Diaphanoskopie** f.   diaphanoscopie f.
**Diaphorase** f.   diaphorase f.
**Diaphorese** f.   diaphorèse f., transpira-
tion m.
**Diaphoretikum** n.   diaphorétique m.,
sudorifique m.
**diaphoretisch**   diaphorétique
**diaphragmatisch**   diaphragmatique
**diaphysär**   diaphysaire
**Diaphyse** f.   diaphyse f.

diaplazentar   diaplacentaire
Diaquoferrat n.   diaquoferrate m.
Diarginyl n.   diarginyl m.
Diarrhöe f.   diarrhée f.
Diarrhose f.   maladie diarrhéique f.
Diaskopie f.   diascopie f.
Diastase (anat.) f.   diastasis m.
Diastase (enzymol.) f.   amylase f.
Diastema n.   diastème m.
diastereoisomer   diastéréo-isomérique
Diastereoisomer n.   diastéréo-isomère m.
Diastereoisomerie f.   diastéréo-isomérie f.
Diastole f.   diastole f.
diastolisch   diastolique
Diät f.   diète f., régime m.
Diät, eiweißarme f.   régime hypoprotidique m.
Diät, eiweißreiche f.   régime riche en protéines m.
Diät, glutenarme f.   régime pauvre en gluten m.
Diät, glutenfreie f.   régime sans gluten m.
Diät, kalziumreiche f.   régime hypercalcique m.
Diät, vitaminreiche f.   régime hypervitaminé m.
Diätbehandlung f.   traitement diététique m.
Diätetik f.   diététique f.
Diätetiker m.   diététicien m.
Diätetikerin f.   diététicienne f.
diätetisch   diététique
Diätfehler m.   faute de régime f.
Diathermie f.   diathermie f.
Diathese f.   diathèse f.
diathetisch   diathétique
Diätküche f.   cuisine de régime f.
Diatrizoat n.   diatrizoate m.
Diätschema n.   plan de régime m.
Diaveridin n.   diavéridine f.
Diazepam n.   diazépam m.
Diazepin n.   diazépine f.
Diazepoxid n.   diazépoxide m.
Diazetamat n.   diacétamate m.
Diazetat n.   diacétate m.
Diazethylmorphin n.   diacétylmorphine f.
Diazetolol n.   diacétolol m.
Diazetyl n.   diacétyle m.

Diazin n.   diazine f.
Diazoreaktion f.   diazoréaction f.
diazotieren   diazoter
Diazoverbindung f.   diazocomposé m.
Diazoxid n.   diazoxide m.
Diazyl n.   diacyle m.
Dibemethin n.   dibéméthine f.
Dibenamin n.   dibénamine f.
Dibenzanthracen n.   dibenzanthracéne m.
Dibenzazepin n.   dibenzazépine f.
Dibenzodiazepin n.   dibenzodiazépine f.
Dibenzoxazepin n.   dibenzoxazépine f.
Dibromchlorpropan n.   dibromochloropropane m.
Dibromid n.   dibromure m.
Dibrompropamidin n.   dibrompropamidine f.
Dibromsalan n.   dibromsalan m.
Dibudinat n.   dibudinate m.
Dibutyl n.   dibutyle m.
Dibutyryladenosinmonophosphat n.   monophosphate de dibutyryladénosine m.
Dichloramin n.   dichloramine f.
Dichloräthan n.   dichloréthane m.
Dichlorazetat n.   dichloracétate m.
Dichlorbenzol n.   dichlorbenzène m.
Dichlorid n.   dichlorure m.
Dichlorphenamid n.   dichlorphénamide m.
Dichotomie f.   dichotomie f.
Dichroismus m.   dichromasie f.
dichromatisch   dichromatique
Dichromatopsie f.   dichromatopsie f.
dicht   dense
Dichte f.   densité f.
Dichtegradientelektrophorese f.   électrophorèse de gradient de densité f.
Dichtung (techn.) f.   joint m.
Diciferron n.   diciferrone f.
Dick-Test m.   réaction de Dick f.
Dickdarm m.   côlon m., gros intestin m.
Dickdarmscheide f.   colpoplastie colique f.
Dickdarmwand f.   paroi colique f.
dickleibig   corpulent
Diclofenac n.   diclofénac m.
Diclofensin n.   diclofensine f.
Diclofurim n.   diclofurime m.

Diclometid n.   diclométide m.
Diclonixin n.   diclonixine f.
Dicloxacillin n.   dicloxacilline f.
Dicumarin n.   dicoumarine f.
Dicumarol n.   dicoumarol m.
Dicyandiamid n.   dicyandiamide m.
Dicycloverin n.   dicyclovérine f.
didaktisch   didactique
Didrovaldrat n.   didrovaldrate m.
Dieldrin n.   dieldrine f.
dielektrisch   diélectrique
Dielektrizitätskonstante f.   constante diélectrique f.
Dien n.   diène m.
Dienestrol n.   diénoestrol m.
diensttuender Arzt m.   médecin de service m.
dienzephal   diencéphalique
Diester m.   diester m.
Diesterase f.   diestérase f.
Diethazin n.   diéthazine f.
Diethylamid n.   diéthylamide m.
Diethylenglykol n.   diéthylèneglycol m.
Diethylkarbamazin n.   diéthylcarbamazine f.
Diethylpropionat n.   diéthylpropionate m.
Diethylstilböstrol n.   diéthylstilboestrol m.
Dietroxin n.   diéthadione f.
Dieudonné-Agar m.   agar de Dieudonné m.
Difenoxin n.   difénoxine f.
different   différent
differential   différentiel
Differentialdiagnose (DD) f.   diagnostic différentiel m.
Differenz f.   différence f.
differenzieren   différencier
Differenzierung f.   différenciation f.
Diffraktion f.   diffraction f.
Diffraktometrie f.   diffractométrie f.
diffundieren   diffuser
diffus   diffus
Diffusion f.   diffusion f.
Diffusionskammer f.   chambre de diffusion f.
Diffusionskapazität f.   capacité de diffusion f.
Diflorason n.   diflorasone f.
Difluanazin n.   difluanazine f.

Difluprednat n.   difluprednate m.
digestiv   digestif
Digestivum n.   digestif m.
Diginatigenin n.   diginatigénine f.
digital   digital
Digitalanzeige f.   affichage numérique m.
digitale Subtraktionsangiographie (DAS) f.   soustractionangiographie digitale f.
Digitalin n.   digitaline f.
Digitalis n.   digitale f.
digitalisieren   digitaliser
Digitalisierung f.   digitalisation f.
Digitaloid n.   cardiotonique accessoire m.
Digitalose f.   digitalisme m.
Digitogenin n.   digitogénine f.
Digitonin n.   digitonine f.
Digitoxigenin n.   digitoxigénine f.
Digitoxin n.   digitaline f.
Digitoxose f.   digitoxose m.
Diglukonat n.   digluconate m.
Diglukosid n.   diglucoside m.
Dignität f.   dignité f.
Digoxigenin n.   digoxigénine f.
Digoxin n.   digoxine f.
Diguanidin n.   diguanidine f.
Dihexyverin n.   dihexyvérine f.
Dihydralazin n.   dihydralazine f.
Dihydrat n.   dihydrate m.
Dihydroalprenol n.   dihydroalprénol m.
Dihydrocodein n.   dihydrocodéine f.
Dihydrocodeinon n.   dihydrocodéinone f.
Dihydrodigoxin n.   dihydrodigoxine f.
Dihydroergotamin n.   dihydroergotamine f.
Dihydrofolat n.   dihydrofolate m.
Dihydrophenylalanin n.   dihydrophénylalanine f.
Dihydropyridin n.   dihydropyridine f.
Dihydrostreptomycin n.   dihydrostreptomycine f.
Dihydrotachysterin n.   dihydrotachystérol m.
Dihydrotestosteron n.   dihydrotestostérone f.
Dihydroxycholcalciferol n.   dihydroxycholcalciférol m.
Diimid n.   diimide m.

Diisozyanat n. diisocyanate m.
Dijodid n. diiodide m.
Dijodthyronin n. diiodothyronine f.
Dijodthyrosin n. diiodothyrosine f.
Dikarbamat n. dicarbamate m.
dikrot dicrote
Dikrotie f. dicrotisme m.
diktieren dicter
Diktiergerät n. dictaphone f.
Dikumarin n. dicoumarine f.
Dikumarol n. dicoumarol m.
Dilatation f. dilatation f.
dilatativ dilatant, dilatateur
Dilatator m. dilatateur m.
dilatieren dilater
Dilaurat n. dilaurate m.
Dilazep n. dilazep m.
Diloxanid n. diloxanide m.
Diltiazem n. diltiazem m.
Dimalcat n. dimalcate m.
Dimenhydrinat n. dimenhydrinate m.
Dimension f. dimension f.
dimer dimère
Dimercaprol n. dimercaprol m.
Dimethoxyamphetamin n. dimé-
thoxyamphétamine f.
Dimethylamin n. diméthylamine f.
Dimethylaminoazobenzol n. diméthy-
laminoazobenzène m.
Dimethylaminophenazon n. amino-
pyrine f.
Dimethylaminophenol n. diméthyla-
minophénol m.
Dimethylarginin n. diméthylarginine
f.
Dimethylbiguanid n. diméthylbigua-
nide m.
Dimethyldithiokarbamat n. diméthyl-
dithiocarbamate m.
Dimethylguanidin n. diméthylguani-
dine f.
Dimethylnitrosamin n. diméthylnitro-
samine f.
Dimethylsulfoxid n. diméthylsulf-
oxide m.
Dimethyltriazen n. diméthyltriazène
m.
Dimethylzystein n. diméthylcystéine f.
dimorph dimorphe
Dimorphismus m. dimorphisme m.
Dinatriumsalz n. sel disodique m.
Dinikotinat n. dinicotinate m.

Dinitrat n. dinitrate m.
Dinitrobenzol m. dinitrobenzène m.
Dinitrofluorbenzol n. fluorodinitro-
benzène m.
Dinitrophenol n. dinitrophénol m.
Dinoproston n. dinoprostone f.
Dinukleotid n. dinucléotide m.
Dinukleotidase f. dinucléotidase f.
Dioctyl n. dioctyle m.
Diode f. diode f.
Diodon n. diodone f.
Dion n. dione f.
Dioptrie f. dioptrie f.
diotisch binauriculaire
Dioxadrol n. dioxadrol m.
Dioxamat n. dioxamate m.
Dioxan n. dioxane f.
Dioxanon n. dioxanone f.
Dioxin n. dioxine f.
Dioxyd n. dioxyde m.
Dioxygenase f. dioxygénase f.
Dipantoylferrat n. dipantoylferrate m.
Dipeptid n. dipeptide m.
Dipeptidase f. dipeptidase f.
diphasisch diphasique
Diphenhydramin n. diphénydramine
f.
Diphenicillin n. diphénicilline f.
Diphenoxylat n. diphénoxylate m.
Diphenyl n. diphényle m.
Diphenylamin n. diphénylamine f.
Diphenylhydantoin n. diphénylhy-
dantoïne f.
Diphenylmethan n. diphénylméthane
m.
Diphosphat n. diphosphate m.
Diphosphatase f. diphosphatase f.
Diphosphoglyzerat n. diphosphogly-
cérate m.
Diphosphoglyzeromutase f. diphos-
phoglycéromutase f.
Diphosphonat n. diphosphonate m.
Diphosphonukleosid n. diphospho-
nucléoside m.
Diphosphoramidat n. diphosphora-
midate m.
Diphosphorodithioat n. diphosphoro-
dithioate m.
Diphoxazid n. diphoxazide m.
Diphtherie f. diphtérie f.
Diphtherieantitoxin n. antitoxine
diphtérique f.

Diphtheriebazillus m.   bacille diphtéri-
que m., Corynebacterium diphteriae
m.
diphtherisch   diphtérique
diphtheroid   diphtéroïde
Dipikrylamin n.   dipicrylamine f.
Dipipanon n.   dipipanone f.
Dipiproverin n.   dipiprovérine f.
Diplakusis f.   diplacousie f.
Diplegie f.   diplégie f.
diplegisch   diplégique
Diplobazillus m.   diplobacille m.
Diploe f.   diploé f.
diploid   diploïde
Diplokokkus m.   diplococcus m., di-
plocoque m.
Diplokokkus Morax-Axenfeld m.   ba-
cille de Morax et Axenfeld m., Mora-
xella lacunata f.
Diplophonie f.   diplophonie f.
Diplopie f.   diplopie f.
dipolar   dipolaire
Diponium n.   diponium m.
Diprenorphin n.   diprénorphine f.
Diprobutin n.   diprobutine f.
Diprophyllin n.   diprophylline f.
Dipropionat n.   dipropionate m.
Diprotrizoat n.   diprotrizoate m.
Diproxadol n.   diproxadol m.
Dipsomanie f.   dipsomanie f.
Dipyridamol n.   dipyridamole f.
Dipyron n.   dipyrone f.
direkt   direct
direkt reagierendes Bilirubin n.   biliru-
bine directe f.
Disaccharid n.   disaccharide m.
Disaccharidase f.   disaccharidase f.
diskordant   discordant
Diskordanz f.   discordance f.
Diskrepanz f.   divergence f.
diskret   discret
Diskussion f.   discussion f.
Dislokation f.   dislocation f.
Dismutase f.   dismutase f.
Disobutamid n.   disobutamide m.
Disopyramid n.   disopyramide m.
Dispensarium n.   dispensaire m.
dispensieren   dispenser
dispers   dispersé
Dispersion f.   dispersion f.
Disposition f.   disposition f.
Disproportion f.   disproportion f.

disproportional   disproportionnel
disseminiert   disséminé
Disseminierung f.   dissémination f.
Dissertation f.   dissertation f.
Dissescher Raum m.   espace de Disse
m.
Dissimilation f.   dissimilation f.
dissimilieren   dissimiler
Dissoziation f.   dissociation f.
dissoziieren   dissocier
distal   distal
Distalbiß m.   distocclusion f.
Distalfeder f.   ressort distal m.
Distalneigung f.   inclinaison distale f.
distalwärts   en direction distale
Distanz f.   distance f.
Distigmin n.   distigmine f.
distoangulär   distoangulaire
distobukkal   distobuccal
distobukkookklusal   distobuccooclu-
sal
distobukkopulpal   distobuccopulpaire
Distokklusion f.   distocclusion f.
distolabial   distolabial
distolingual   distolingual
Distomiasis f.   distomatose f.
distomolar   distomolaire
Distomum haematobium n.   Schisto-
soma haematobium m.
Distomum hepaticum n.   Fasciola he-
patica f.
Distomum pulmonale n.   Paragoni-
mus westermani m.
Distorsion f.   distorsion f.
Distoversion f.   distoversion f.
Disulergin n.   disulergine f.
Disulfat n.   disulfate m.
Disulfid n.   disulfure m.
Diszission f.   clivage m.
Ditazepat n.   ditazépate m.
Dithiokarbamat n.   dithiocarbamate
m.
Dithiokarbamoylhydrazin n.   dithio-
carbamoylhydrazine f.
Dithiokarbonat n.   dithiocarbonate m
Dithiol n.   dithiol m.
Dithionat n.   dithionate m.
Dithizon n.   dithizone f.
Dithranol n.   dithranol m.
Dithymol n.   dithymol m.
Ditolamid n.   ditolamide m.

**Dittrichscher Pfropf m.**   bouchon de Dittrich m.
**Diurese f.**   diurèse f.
**Diuretikum n.**   diurétique m.
**diuretisch**   diurétique
**divergent**   divergent
**Divergenz f.**   divergence f.
**Diversion f.**   diversion f.
**Divertikel n.**   diverticule m.
**Divertikulektomie f.**   diverticulectomie f.
**Divertikulitis f.**   diverticulite f.
**Divertikulose f.**   diverticulose f.
**Dixanthogen n.**   dixanthogène m.
**Dizyandiamid n.**   dicyandiamide m.
**dizygot**   dizygote
**Dizyklovetin n.**   dicyclomine f.
**DL (dosis letalis) f.**   DL (dose létale) f.
**DNS (Desoxyribonukleinsäure) f.**   ADN (acide désoxyribonucléique) m.
**Dobesilat n.**   dobésilate m.
**Dobutamin n.**   dubutamine f.
**DOC (Desoxycorticosteron) n.**   DOC (désoxycorticostérone) f.
**DOCA (Desoxycorticosteronazetat) n.**   DOCti (désoxycortone) f.
**Docetrizoat n.**   docétrizoate m.
**Doconazol n.**   doconazole m.
**Döderleinscher Bazillus m.**   bacille de Doederlein m.
**Dodezyl n.**   dodécyl m.
**Dofamium n.**   dofamium m.
**Dogma n.**   dogme m.
**dogmatisch**   dogmatique
**Döhlesches Einschlußkörperchen n.**   corps de Doehle m.
**Doktor m.**   docteur m.
**Dokument n.**   document m.
**Doldscher Test m.**   test de Dold m.
**Dolichomelie f.**   dolichomélie f.
**dolichozephal**   dolichocéphale
**Dolichozephalie f.**   dolichocéphalie f.
**dominant**   dominant
**Dominanz f.**   dominance f.
**Domiphen n.**   domiphène m.
**Domperidon n.**   dompéridone f.
**Donath-Landsteinerscher Test m.**   test de Donath et Landsteiner m.
**Donovanie f.**   donovanie f.
**Dopa n.**   dopa f.
**Dopamin n.**   dopamine f.

**dopaminergisch**   dopaminergique
**Dopaoxydase f.**   dopaoxydase f.
**Doping n.**   dopage m.
**Doppelarmklammer f.**   agrafe double f.
**Doppelbelichtung f.**   double exposition f.
**Doppelbild n.**   double image f.
**Doppelbindung f.**   double liaison f.
**Doppelblindversuch m.**   essai en double aveugle m., essai en double insu m.
**doppelbrechend**   biréfracteur, biréfringent
**Doppeldiffusion f.**   double diffusion f.
**Doppelelektrode f.**   double électrode f.
**Doppelfärbung f.**   coloration double f.
**Doppelinstrument n.**   instrument à double usage m.
**Doppelkinn n.**   double menton m.
**Doppelkontrasteinlauf m.**   lavement baryté double m.
**Doppellappenverschluß m.**   double fermeture de Collin f.
**Doppelmembranstethoskop n.**   stéthoscope à double membrane m.
**Doppelmißbildung f.**   double malformation f.
**doppelseitig**   bilatéral
**Doppelstrang m.**   double bride f.
**doppelt**   double
**Doppeltsehen n.**   diplopie f.
**Doppelung f.**   dédoublement m., duplication f.
**Doppler-Effekt m.**   effet Doppler m.
**Doppler-Sonographie mit kontinuierlicher Schallemission f.**   Doppler-sonographie à émission continue m.
**Doppler-Sonographie, gepulste f.**   Doppler-sonographie pulsé m.
**Dornase f.**   dornase f.
**Dornfortsatz m.**   apophyse épineuse f.
**dorsal**   dorsal
**dorsalwärts**   en direction dorsale
**dorsoanterior**   dorsoantérieur
**dorsolumbal**   dorsolombaire
**dorsoposterior**   dorsopostérieur
**dorsoventral**   dorsoventral
**dorsovolar**   dorsopalmaire
**Dosiergerät n.**   doseur m.
**Dosierung f.**   dosage m., posologie f.

D

**Dosierung, erhöhte f.**   dosage augmenté m.
**Dosierung, erniedrigte f.**   dosage diminué m.
**Dosierung, hohe f.**   dosage élevé m.
**Dosierung, niedrige f.**   dosage faible m.
**Dosimeter n.**   dosimètre m.
**Dosimetrie f.**   dosimétrie f.
**dosimetrisch**   dosimétrique
**Dosis f.**   dose f.
**dosisabhängig**   dépendant de la dose
**Dosulepin n.**   dosulépine f.
**Dotefonium n.**   dotéfonium m.
**doublieren**   doubler
**Douglasseher Raum m.**   cul-de-sac de Douglas m.
**Doversches Puder n.**   poudre de Dover f.
**Down-Syndrom n.**   syndrome de Down m.
**Doxapram n.**   doxapram m.
**Doxepin n.**   doxépine f.
**Doxibetasol n.**   doxibétasol m.
**Doxifluridin n.**   doxifluridine f.
**Doxorubicin n.**   doxorubicine f.
**Doxycyclin n.**   doxycycline f.
**Doxylamin n.**   doxylamine f.
**Dozent m.**   maître de conférences m., professeur d'université m.
**Dozentin f.**   chargée de cours f., enseignante universitaire f.
**Dragée n.**   dragée m.
**Draht m.**   fil métallique m.
**Drahtbiegezange f.**   pince tord-fil f.
**Drahtbogen m.**   arc métallique m.
**Dtahtextension f.**   extension par broche m.
**Drahtklammer f.**   agrafe métallique f.
**Drahtligatur f.**   ligature par fil métallique f.
**Drahtnaht f.**   suture métallique f.
**Drahtschere f.**   coupe fil m.
**Drahtschiene f.**   attelle métallique f.
**Drahtschlinge f.**   anse métallique f.
**Drahtschneider m.**   cutter-fil métallique m.
**Drahtspanner m.**   tendeur de la broche m.
**Drahtspannzange f.**   pince de tension f.

**Drahtumschlingung f.**   boucle métallique m.
**Drahtzug m.**   broche d' extension f.
**Drain m.**   drain m.
**Drainage f.**   drainage m.
**Drainageklammer f.**   agrafe drainage f.
**Drainagerohr n.**   tube de drainage m.
**drainieren**   drainer
**Drakunkulose f.**   dracontiase f., dracunculose f.
**Drall m.**   torsion f.
**dramatisch**   dramatique
**Drän m.**   drain m.
**Dränage f.**   drainage m.
**Dränageklammer f.**   agrafe drainage f.
**Dränagerohr n.**   tube de drainage m.
**Drang m.**   besoin m., pression f.
**drängen**   presser
**drängend**   urgent
**dränieren**   drainer
**drastisch**   drastique, énergique
**drastisches Mittel n.**   drastique m.
**Drehanode f.**   anode tournante f.
**drehen**   tordre, tourner
**drehen, sich**   s'enrouler, se tourner
**Drehgelenk n.**   articulation en pivot f.
**Drehkraft f.**   force de rotation f.
**Drehkrankheit f.**   tournis m.
**Drehkurbel f.**   manivelle tournante f.
**Drehmeißel m.**   ciseau rotatif m.
**Drehmoment n.**   couple de rotation m.
**Drehschwindel m.**   vertige rotatoire m.
**Drehstrom m.**   courant triphasé m.
**Drehung f.**   rotation f.
**Drehung, optische f.**   polarisation f.
**Drehzahlregler m.**   régulateur de vitesse m.
**dreibasig**   tribasique
**dreidimensional**   à trois dimensions
**Dreieck n.**   triangle m.
**dreieckig**   triangulaire
**Dreifach-Impfstoff m.**   triple vaccin m.
**Dreifuß m.**   trépied m.
**Dreifußzeichen n.**   signe d'Amoss m ., signe du trépied m.
**Dreigefäßerkrankung f.**   trivasculopathie m.
**dreigeteilt**   tripartite
**Dreigläserprobe f.**   épreuve des trois verres f.
**dreikernig**   trinuclé

**dreilappig**  trilobé
**dreiphasig**  triphasé
**Dreitagefieber n.**  fièvre des trois jours des jeunes enfants f.
**Dreiviertelkrone f.**  couronne trois quarts m.
**Dreiwegehahn m.**  robinet à trois voies m.
**Dreiwegespritze f.**  seringue à trois voies m.
**dreiwertig**  trivalent
**dreiwertiges Element n.**  élément trivalent m.
**Dreiwertigkeit f.**  trivalence f.
**dreizellig**  tricellulaire
**dreizipfelig**  tricuspidien
**Drepanozyt m.**  drépanocyte m.
**Drigalski-Agar m.**  agar de Drigalski m.
**Drigalski-Nährboden m.**  milieu de Drigalski m.
**Drillbohret m.**  foret m.
**Drilling m.**  trijumeau m.
**dringlich**  urgent
**Dringlichkeit f.**  urgence f.
**drittgebärend**  tripare
**Drittgebärende f.**  tripare f.
**Droge f.**  drogue f.
**drogenabhängig**  drogué
**Drogenabhängigkeit f.**  toxicomanie f.
**Drogist m.**  droguiste m.
**Drogistin f.**  droguiste f.
**drohend (bevorstehend)**  imminent
**Drometrizol n.**  drométrizole m.
**Dromostanolon n.**  dromostanolone f.
**dromotrop**  dromotrope
**Droperidol n.**  dropéridol m.
**Dropropizin n.**  dropropizine f.
**Drossel (techn.) f.**  blocage m.
**drosseln (verengen)**  étrangler, réduire
**drosseln (verlangsamen)**  freiner
**Drostanolon n.**  drostanolone f.
**Drotaverin n.**  drotavérine f.
**Drotebanol n.**  drotébanol m.
**Droxypropin n.**  droxypropine f.
**Druck m.**  compression f., pression f., tension f.
**Druckabfall m.**  baisse de pression f.
**Druckanstieg m.**  augmentation de pression f.
**Druckatrophie f.**  atrophie de compression m.

**Drückeberger m.**  tire au flanc m.
**Drückebergerin f.**  lâcheuse f.
**druckempfindlich**  sensible à la pression
**Druckgeschwulst n.**  tuméfaction de compression f. (vet.)
**Druckgeschwür n.**  ulcération de compression f.
**Druckgußgerät n.**  appareil à couler sous pression m.
**Druckklemme f.**  pince de forcipressure f.
**Drucklähmung f.**  paralysie par compression f.
**Druckluft f.**  air comprimé m.
**Dtuckluftbeatmungsgerät n.**  respirateur hyperbare m.
**Druckpuls m.**  pouls dur d'hypertension intracranienne m.
**Druckpunkt m.**  point de pression m.
**Druckregler m.**  régulateur de pression m.
**Druckschmerz m.**  douleur à la pression f.
**druckschmerzhaft**  douloureux à la pres sion
**Druckschwankung f.**  variation de pres sion f.
**Drucksensibilität f.**  piézoesthésie f.
**Drucktaste f.**  touche-poussoir f.
**Druckverband m.**  pansement compressif m.
**Drüse f.**  glande f., gourme f. (vet.)
**Druse f. (med.)**  druse f., verrucosité hyaline f.
**Drüsenepithel n.**  épithélium glandulaire m.
**Drüsengewebe n.**  tissu glandulaire m.
**drüsig**  glandulaire
**dual**  binaire
**Dualismus m.**  dualisme m.
**dualistisch**  dualiste
**Duazomycin n.**  duazomycine f.
**Dübel m.**  cheville f.
**Dübelkrone f.**  couronne à tenon f.
**Dubin-Johnson-Syndrom n.**  maladie de Dubin-Johnson f.
**dubiös**  douteux
**Ductographie f.**  ductographie f.
**Ductus arteriosus m.**  canal artériel m.
**Ductus arteriosus Botalli m.**  canal artériel de Botal m.

**Ductus choledochus m.** canal cholé-
doque m.
**Ductus cysticus m.** canal cystique m.
**Ductus hepaticus m.** canal hépatique
m.
**Ductus lacrimalis m.** canal lacrymal
m.
**Ductus pancreaticus m.** canal pan-
créatique m.
**Ductus thoracicus rn.** canal thoraci-
que m.
**Ductus thyreoglossus m.** canal thyré-
oglosse m.
**Ductus wirsungianus m.** canal de
Wirsung m.
**Duft m.** odeur f., parfum m.
**Duftlockstoff m.** odeur attirante f.
**dulden** tolérer
**Dulofibrat n.** dulofibrate m.
**dumm** bête, stupide
**Dummheit f.** stupidité f.
**Dumpingsyndrom n.** dumping syn-
drome m.
**Dunkelanpassung f.** adaptation à
l'obscurité f.
**Dunkelfeld n.** champ obscur m.
**dunkelgelb** jaune foncé
**Dunkelkammer f.** chambre noire f.
**Dünndarm m.** intestin grêle m.
**Dünndarmspiegelbildung f.** niveaux
liquides intestinaux m. pl.
**Dünnschichtelektrophorese f.** électro-
phorèse en couche mince f.
**Dunst m.** vapeur f.
**dünsten** étuver
**duodenal** duodénal
**Duodenalgeschwür n.** ulcère duodé-
nal m.
**Duodenalsonde f.** sonde duodénale f.
**Duodenitis f.** duodénite f.
**duodenobiliär** duodénobiliaire
**Duodenocholedochotomie f.** duodé-
nocholédochotomie f.
**Duodenocholezystostomie f.** duodé-
nocholécystostomie f.
**duodenojejunal** duodénojéjunal
**Duodenopankreatektomie f.** duodé-
nopancréatectomie f.
**Duodenostomie f.** duodénostomie f.
**Duodenum n.** duodénum m.
**Duplexsystem n.** procédé duplex m.
**Duplikation f.** duplication f.

**Dupracetam n.** dupracétam m.
**Dupuytrensche Kontraktur f.** maladie
de Dupuytren f.
**dural** dural
**Duraplastik f.** duraplastie f.
**Durcharbeitung f.** travail approfondi
m.
**durchblutet, gut/schlecht** bien/mal
vascularisé
**Durchblutung f.** irrigation sanguine f.,
vascularisation f.
**durchbohren** perforer
**Durchbruch m.** éruption f., perfora-
tion f., rupture f.
**Durchdringung f.** pénétration f.
**Durchflußelektrophorese f.** électro-
phorèse à flux continu f.
**Durchflußmesser m.** débitmètre m.
**Durchgang m.** passage m.
**durchgängig** perméable
**Durchgängigkeit f.** perméabilité f.
**Durchgangsarzt m.** médecin habilité à
traiter les accidents, du travail m.
**Durchgangssyndrom n.** syndrome
psychique transitoire tumoral m.
**Durchlässigkeit f.** perméabilité f.
**Durchleuchtung, röntgenologische f.**
radioscopie f.
**Durchmesser m.** diamètre m.
**durchmischen** mélanger
**Durchschlafmittel n.** somnifère à
action prolongée m.
**durchschlagend** décisif
**durchschneiden** sectionner
**durchschneidend** tranchant
**Durchschnitt (Mittelwert) m.** moyenne f.
**Durchschnittswert m.** valeur moyenne f.
**durchsichtig** transparent
**durchstechen** percer
**Durchsteckverschluß m.** fermeture à
verrou f.
**durchtrennen** détacher par trans-
section
**Durchtrennung f.** séparation f.
**Durchtreten des Kopfes sub partu n.**
émergence de la tête f.
**Durchwanderung f.** transmigration f
**Duroziezsches Doppelgeräusch n.**
signe de Duroziez m.
**Durst m.** soif f.

durstig   assoiffé
Dusche f.   douche f.
Düse f.   injecteur m.
Dydrogesteron n.   dydrogestérone f.
Dynamik f.   dynamique f.
dynamisch   dynamique
Dynamo m.   dynamo f.
Dynamometer n.   dynamomètre m.
Dynorphin n.   dynorphine f.
Dysakusis f.   dysacousie f.
Dysarthrie f.   dysarthrie f.
Dysautonomie f.   dysautonomie f.
Dysbasia f.   dysbasie f.
Dysbasia intermittens f.   claudication
   intermittente f.
Dyschezie f.   dyschézie f.
Dyschondroplasie f.   dyschondropla-
   sie f.
Dyschromie f.   dyschromie f.
Dysdiadochokinese f.   dysdiadococi-
   nésie f.
Dysenterie f.   dysenterie f.
dysenterisch   dysentérique
Dysenzephalie f.   dysencéphalie f.
Dysergie f.   dysergie f.
dysergisch   dysergique
Dysfunktion f.   dysfonction f.
Dysgenese f.   dysgénésie f.
Dysgerminom n.   séminiome m.
Dysgeusie f.   dysgeusie f.
Dysglossie f.   dysglossie f.
Dysgnathie f.   dysgnathie f.
Dysgrammatismus m.   dysgramma-
   tisme m.
Dyshidrie f.   dyshidrie f.
Dyshidrose f.   dyshidrose f.
Dyskeratose f.   dyskératose f.
Dyskinesie f.   dyskinésie f.
dyskinetisch   dyscinétique
Dyskranie f.   dyscranie f.
Dyskrasie f.   dyscrasie f.
dyskrasisch   dyscrasique
Dyslalie f.   dyslalie f.
Dyslexie f.   dyslexie f.
Dyslogomathie f.   dyslogomathie f.
Dysmelie f.   dysmélie f.
Dysmenorhöe f.   dysménorrhée f.
Dysmnesie f.   dysmnésie f.
Dysmorphie f.   dysmorphie f.

Dysopsie f.   dysopsie f.
Dysostose f.   dysostose f.
Dysovarismus m.   dysovarisme m.
Dyspareunie f.   dyspareunie f.
Dyspepsie f.   dyspepsie f.
dyspeptisch   dyspeptique
Dysphagie f.   dysphagie f.
Dysphasie f.   dysphasie f.
Dysphonie f.   dysphonie f.
Dysphorie f.   dysphorie f.
dysphorisch   dysphorique
Dysplasie f.   dysplasie f.
dysplastisch   dysplasique
Dyspnoe f.   dyspnée f.
Dyspnoe, paroxysmale f.   halètement
   m. (vet.)
dyspnoisch   dyspnéique
Dyspraxie f.   dyspraxie f.
dysprosium n.   dysprosium m.
Dysproteinämie f.   dysprotéinémie f.
Dysrhaphie f.   dysraphie f.
dysrhaphisch   dysraphique
Dysrhythmie f.   dysrythmie f.
dysrhythmisch   dysrythmique
Dyssynergie f.   dyssynergie f.
Dystelektase f.   dystélectasie f.
dystelektatisch   dystélectasique
Dysthymie f.   dysthymie f.
Dysthyreose f.   dysthyroïdie f.
Dystokie f.   dystocie f.
Dystonie f.   dystonie f.
Dystonie, vegetative f.   dystonie neu-
   rovégétative f.
dystonisch   dystonique
Dystopie f.   dystopie f.
dystopisch   dystopique
Dystrophia adiposogenitalis f.   syn-
   drome hypophysaire adiposogénital
   m.
Dystrophia musculorum ptogressiva
   (Erb.) f.   dystrophie musculaire pro-
   gressive f.
Dystrophie f.   dystrophie f.
Dystrophie, reflektorische sympathi-
   sche f.   dystrophie sympathique ré-
   flexe f.
dystrophisch   dystrophique
Dysurie f.   dysurie f.
dysurisch   dysurique

# E

Eales-Syndrom n. syndrome d' Eales
EAR (=Entartungsreaktion) f. réaction de dégénération (RD) f.
eben plan
Ebene f. plan m.
EBK (=Eisenbindungkapazität) f. capacité de fixation du fer f.
ebnen aplanir
Ebola-Fieber m. fièvre Ebola (virus) f.
Ebsteinsche Anomalie f. maladie d'Ebstein f.
Ebullismus m; ébullisme m.
Eburnisation f. éburnation f.
Ecarteur m. écarteur m.
Ecdyson n; ecdysone f.
ECF (=extracelluläre Flüssigkeit) f. liquide extracellulaire m.
Ecgonin n. ecgonine f.
Echinococcus cysticus m. Echinococcus cysticus m.
Echinokokkenkrankheit f. affection à échinocoque f.
Echinostomiasis f. échinostomiase f.
Echinuriose f. échinuriose f.
Echo n. écho m.
ECHO-Virus n. ECHO-virus m.
Echoakusis f. échoacousie f.
Echoenzephalograh m; échoencéphalographe m.
Echoenzephalographie f. échoencéphalographie f.
echoenzephalographish échoencéphalographique
echofrei sans écho
Echographie f. échographie f.
Echographie, eindimensionale f. échographie en mode M f.
Echographie, zweidimensionale f. échographie bidimensionnelle f.
echographisch échographique
Echokardiographie f. échocardiographie m.
echokardiographisch échocardiographique
Echolalie f. écholalie f.
Echomammographie f; échomammographie f.

Echoophthalmographie f; échoophtalmographie f;
Echopraxie f; échopraxie f.
Echoskopie f. échoscopie f.
echoskopisch échoscopique
echosonisch échosonique
Echothiopat n. échothiopate m.
Echotomographie f. échotomographie f.
Echoventrikulographie f. échoventriculographie f.
echoventrikulographisch échoventriculographique
Echtzeit f. temps réel m.
eckig angulaire
Ecksche Fistel f. fistule d'Eck f.
Eckzahn m. canine f.
Econazol n. éconazole m.
Ecothiopat n; écothiopate m.
ECT (=Emissionscomputertomographie) f. ECT (tomographie informatisée) f.
Ecthyma n. ecthyma m.
Eczema vaccinatum n. eczéma vaccinatoire m.
Edelgas n. gaz rare m.
Edelmetall n. métal précieux m.
Edelstahl n. acier spécial m.
Edelstein m. pierre précieuse f.
Edetat n. édétate m.
Edingerscher Kern m. noyau d'Edinger Westphal m.
Edisylat n. édisylate m.
Edoxudin n. édoxudine f.
EDTA (=Ethylendiamintetraazetat) n. EDTA (éthylènediaminetétraacétate) m;
EEG (=Elektroenzephalogramm) n; EEG (électroencéphalogramme) m.
EEG-Überwachung f. EEG monitoring m.
Edrophonium n. édrophonium m.
Edwardsielle f. Edwardsielle f.
Effektorzelle f. cellule effectrice f.
efferent efférent
Effloreszenz f. efflorescence f.

**Effort-Syndrom n.** syndrome d'Effort m.

**Efloxat n.** éfloxate m.

**egozentrisch** égocentrique

**Ehe f.** mariage m.

**Eheberatung f.** consultation du conseiller conjugal f.

**ehelich** conjugal

**Ehrendoktor m.** docteur honoris causa m.

**Ehrenmitglied n.** membre honoraire m.

**Ehrlichsche Reaktion f.** diazoréaction d'Ehrlich f.

**Ei (med.) n.** ovule m.

**Ei n.** œuf m.

**Eichel (med.) f.** gland m.

**eichen** étalonner

**Eichkurve f.** courbe d'étalonnage f.

**Eichmaß n.** étalon m., jauge f.

**Eichung f.** calibrage m., étalonnage m.

**Eicosanoid n.** eicosanoïde m.

**Eid des Hippokrates m.** serment d'Hippocrate m.

**eidetisch** éidétique

**Eierschalenfraktur f.** fracture esquilleuse m.

**Eierstock m.** ovaire m.

**Eierstockentfernung f.** ovarectomie f.

**Eierstockschwangerschaft f;** grossesse ovarienne f;

**Eifersucht f.** jalousie f.

**Eifersuchtswahn m.** jalousie maniaque f.

**Eigelb n.** jaune d'œuf m.

**Eigenblut n.** propre sang m.

**Eigenreflex m.** réflexe proprioceptif m.

**Eigenschaft f.** propriété f., qualité f.

**Eigentum n.** propriété f.

**eigentümlich** caractéristique

**Eigentümlichkeit f.** particularité f.

**Eihaut f.** membrane ovulaire f.

**Eiklar n.** blanc de l'œuf m.

**Eileiter m.** trompe de Fallope f., trompe utérine f.

**Eileiterschwangerschaft f.** grossesse tubaire f.

**Eimer m.** seau m.

**einarmig** manchot

**Einäscherung f.** incinération f.

**einatmen** inhaler, inspirer

**Einatmung f.** inhalation f., inspiration f.

**einäugig** borgne

**einbalsamieren** embaumer

**Einbalsamierung f.** embaumement m.

**einbetten** enrober

**Einbettung f.** implantation f., inclusion f.

**Einbeziehung f.** implication f.

**einbilden, sich** s' imaginer

**Einbildung f.** imagination f.

**einblasen** insuffler

**Einblasung f.** insufflation f.

**einbrennen** brûler, recuire

**eindicken** épaissir

**eindimensional** à une dimension

**eindringen** pénétrer

**Eindringungsvermögen n.** invasivité f.

**Eindruck m.** impression f.

**einiig** uniovulaire

**einengen** rétrécir

**Einengung f.** rétrécissement m.

**einfach** simple

**Einfalldosis f.** dose incidente f.

**Einfassung f.** bordure f.

**einfetten** graisser

**einführen** introduire

**Einführgerät n.** appareil d'insertion m.

**Einführung f.** introduction f.

**Eingabe f.** entrée f.

**Eingangsspannung f.** voltage d'entrée m.

**eingeben** donner

**eingedrückt** déprimé

**Eingefäßerkrankung f.** monovasculopathie f.

**eingekeilt** enclavé

**eingeklemmt** pincé

**eingeklemmt (Bruch)** étranglé

**Eingeschlafensein n.** état de sommeil m.

**eingewachsen** incarné

**Eingeweide n. pl.** entrailles f. pl., viscères m. pl.

**Eingeweideparasit m.** parasite intestinal m.

**Eingeweidewurm m.** ver intestinal m.

**Eingriff m.** intervention chirurgicale f.

**Einheit f.** unité f.

**Einhufer m.** équidés m. pl.

einhüllen  envelopper
einimpfen  inoculer
einkapseln  encapsuler
Einkapselung f.  enkystement m.
einkeilen  coincer
Einkeilung f.  coincement m.
einkernig  mononucléé
einklemmen  étrangler, incarcérer, serrer
Einklemmung f.  étranglement m.
Einkohlenstoff Fragment n.  unité monocarbonique f.
Einlage (Zahneinlage) f.  obturation temporaire f.
Einlage (Stütze) f.  support m.
Einlauf m.  clystère m., lavement m.
Einmalartikel m.  article à usage unique m.
Einmalspritze f.  seringue à usage unique f.
Einmündung f.  embouchure f., entrée f.
Einnahme f.  prise f.
einnehmen  prendre
einreiben  frictionner
Einreibung f.  friction f.
einrenken  réduire, remettre
einrichten (z. b. eine Verrenkung)  réduire
Einrichtung f.  réduction f.
Einriegelgeschiebe n.  attachement à verrou f.
Einrollkatheter m.  cathéter enroulable m.
einsaugen  aspirer
einschalten  mettre en circuit
einschlafen  s'endormir
Einschlafmittel n.  somnifère à effet de courte durée m.
einschleifen  meuler
Einschleifen n.  meulage m.
Einschluß m.  inclusion f.
Einschluß, zytomegaler m.  inclusion cytomégalique f.
Einschlußkörperchen n.  inclusion f.
einschmelzen  fondre
Einschmelzung f.  liquéfaction f., raréfaction f.
einschneiden  inciser
Einschneiden (obstetr.) n.  tête fixée à la vulve f.
Einschnitt m.  incision f.

Einschnürung f.  constriction f., étranglement m.
Einschußwunde f.  blessure d' entrée du projectile f.
Einschwemmkatheter m.  cathéter flottant m.
einseitig  unilatéral
Einsichtsfähigkeit f.  capacité de discernement f.
Einsichtsfähigkeit, mangelnde f.  manque de discernement m.
einsparen  économiser
Einsparung f.  compression f., économie f.
einspeicheln  insaliver
Einspeichelung f.  insalivation f.
einspritzen  injecter
einstechen  ponctionner
einstechen (Nadel)  planter
Einsteinium n.  einsteinium m.
einstellen, einen Diabetes  stabiliser un diabète
Einstellnystagmus m.  nystagmus de fixation m.
Einstich m.  piqûre f., ponction f.
eintragen  enregistrer, porter
Eintragung f.  inscription f.
einträufeln  instiller
Eintritt m.  entrée f.
Eintrittspforte f.  porte d'entrée f.
einverleiben  incorporer
Einverleibung f.  incorporation f.
Einverständniserklärung f.  consentement m.
Einverständniserklärung nach Aufklärung f.  consentement informé m.
einwandern  immigrer
Einwanderung f.  immigration f.
Einwegartikel m.  article à usage unique m.
Einweisung, stationäre f.  hospitalisation m.
Einweisungsschein m.  lettre pour hospitalisation f.
einwertig  univalent
einwickeln  envelopper
Einwilligung f.  consentement m.
einzählig  unique
Einzeldosis f.  dose simple f.
einzellig  unicellulaire
Einzelnaht f.  suture point par point f.
Einzelstrang m.  bride isolée f.

einzipfelig  unicuspide
**Eis n.**  glace f.
**Eisbeutel m.**  vessie de glace f.
**Eisen n.**  fer m.
**Eisenammoniumsulfat n.**  sulfate d'ammonium ferrique m.
**Eisenbahnkrankheit f.**  mal des transports m.
**Eisenbindungskapazität (EBK) f.**  capacité de fixation en fer de sérum f.
**Eisendraht m.**  fil métallique m.
eisenhaltig  ferrugineux
eisenhaltig (dreiwertig)  ferrique
eisenhaltig (zweiwertig)  ferreux
**Eisenmangel m.**  carence en fer f., sidéropénie f.
**Eisenmengerkomplex m.**  complexe d'Eisenmenger m.
**Eisentherapie f.**  ferrothérapie f.
**Eisenverbindung, dreiwertige f.**  composé ferrique m.
**Eisenverbindung, zweiwertige f.**  composé ferreux m.
**Eiserne Lunge f.**  poumon d'acier m.
**Eisessig m.**  acide acétique glacial m.
**Eiteil, vorangehender m.**  présentation f.
**Eiter m.**  pus m.
**Eiterbildung f.**  suppuration f.
eiterig  purulent
eitern  suppurer
**Eiterung f.**  suppuration f.
**Eiterzelle f.**  pyocyte m.
**Eiweiß (Protein) n.**  protéine f., protide m.
**Eiweiß n.**  albumine f., blanc d'oeuf m.
**eiweißarme Kost f.**  régime hypoprotidique m.
**Eiweißfraktion f.**  fraction protéique f.
eiweißfrei  sans protéines
eiweißgebunden  protéino-composé
**Eiweißharnen n.**  protéinurie f.
eiweißspaltend  décomposant les protéines
**Eiweißstoffwechsel m.**  métabolisme protidique m.
**Eizelle f.**  aeuf m., ovule m.
**Ejakulat n.**  éjaculation f.
**Ejakulation f.**  éjaculation f.
ejakulieren  éjaculer
**Ekchondrom n.**  ecchondrome m.
**Ekchymose f.**  ecchymose f.

**Ekel m.**  dégoût m., nausée f.
ekelhaft  répugnant
ekeln  provoquer le dégoût
ekeln, sich  être dégoûté
**EKG (Elektrokardiogramm) n.**  ECG (électrocardiogramme) m.
**EKG, Ableitung I, II, III f.**  ECG, dérivation I, II, III f.
**EKG, Brustwandableitung f.**  ECG, dérivation précordiale f.
**EKG, Extremitätenableitung f.**  ECG, dérivation périphérique f.
**EKG, P-Zacke f.**  ECG, onde P f.
**EKG, QRS-Komplex m.**  ECG, complexe QRS m.
**EKG, T-Welle f.**  ECG, onde T f.
**EKG, U-Welle f.**  ECG, onde U f.
**EKG-Bandspeichergerät n.**  appareil d'électrocardiographie à enregistrement sur bande m.
**Ekgonin n.**  ecgonine f.
ekkrin  eccrine
**Eklampsie f.**  éclampsie f.
eklamptisch  éclamptique
**Ekmnesie f.**  ecmnésie f.
**Ekstase f.**  extase f.
**Ektasie f.**  ectasie f.
ektatisch  ectatique
**Ektebin n.**  ektébine f.
**Ekthym n.**  ecthyma m.
**Ektoderm n.**  ectoderme m.
ektodermal  ectodermique
**Ektodermaldysplasie f.**  dysplasie ectodermale f.
**Ektodermose f.**  ectodermose f.
**Ektoglia f.**  ectoglie f.
**Ektomie f.**  ectomie f.
**Ektoparasit m.**  ectoparasite m.
**Ektopie f.**  ectopie f.
ektopisch  ectopique
**Ektoplasma n.**  ectoplasme m.
**Ektropion n.**  ectropion m.
ektropionieren  s'éverser
**Ekzem n.**  eczéma m.
**Ekzem, allergisches n.**  eczéma allergique m.
**Ekzem, endogenes n.**  eczéma atopique m.
**Ekzematisierung f.**  eczématisation f.
ekzematös  eczémateux
ekzentrisch  excentrique
**Elaidin n.**  élaïdine f.

elaidinisieren  élaïdiniser
**Elastanz f.**  élastance f.
**Elastase f.**  élastase f.
**Elastin n.**  élastine f.
**Elastinase f.**  élastinase f.
**elastisch**  élastique
**Elastizität f.**  élasticité f., tissu élastique m.
**Elastogenese f.**  élastogenèse f.
**Elastolysat n.**  élastolysat m.
**Elastomer n.**  élastomère m.
**Elastoproteinase f.**  élastoprotéinase f.
**Elastorrhexis f.**  élastorrhexie f.
**Elastose f.**  élastose f.
**elektiv**  électif
**elektrifizieren**  électrifier
**elektrisch**  électrique
**elektrisieren**  électriser
**Elektrisierung f.**  électrisation f.
**Elektrizität f.**  électricité f.
**Elektroakustik f.**  électroacoustique f.
**elektroakustisch**  électroacoustique
**Elektroanalyse f.**  électroanalyse f.
**elektroanalytisch**  électroanalytique
**Elektroatriogramm n.**  électroatriogramme m.
**Elektrobiologie f.**  électrobiologie f.
**elektrobiologisch**  électrobiologique
**elektrochemisch**  électrochimique
**Elektrochirurgie f.**  électrochirurgie f.
**elektrochirurgisch**  électrochirurgique
**Elektrode f.**  électrode f.
**Elektrodenhalter m.**  fixation de l'électrode f.
**Elektrodenstrom m.**  courant d'électrode m.
**Elektroendosmose f.**  électroendosmose f.
**elektroendosmotisch**  électroendosmotique
**Elektroenterographie f.**  électroentérographie f.
**Elektroenzephalogramm (EEG) n.**  électroencéphalogramme (EEG) m.
**Elektroenzephalograph m.**  électroencéphalographe m.
**Elektroenzephalographie f.**  électroencéphalographie f.
**elektroenzephalographisch**  électroencéphalographique
**Elektrofokussierung f.**  électrofocalisation f.

**Elektrogramm n.**  électrogramme m.
**Elektrokardiogramm (EKG) n.**  électrocardiogramme (FCG) m.
**Elektrokardiograph m.**  électrocardiographe m.
**Elektrokardiographie f.**  électrocardiographie f.
**elektrokardiographisch**  électrocardiographique
**Elektrokardiophonographie f.**  électrocardiophonographie f.
**Elektrokaustik f.**  diathermie f.
**Elektrokauterisation f.**  électrocautérisation f.
**Elektrokoagulation f.**  électrocoagulation f.
**Elektrokoagulator m.**  électrocoagulateur m.
**Elektrokochleographie f.**  électrocochléographie f.
**Elektrokortikographie f.**  électrocorticographie f.
**elektrokortikographisch**  électrocorticographique
**Elektrokrampfbehandlung f.**  électrochoc m.
**Elektrokyrnographie f.**  électrokymographie f.
**Elektrolyse f.**  électrolyse f.
**Elektrolyt m.**  électrolyte m.
**elektrolytisch**  électrolytique
**Elektromagnet m.**  électroaimant m.
**elektromagnetisch**  électromagnétique
**Elektromassage f.**  électromassage m.
**elektromechanisch**  électromécanique
**elektromedizinisch**  électromédical
**Elektrometer n.**  électromètre m.
**Elektromyogramm n.**  électromyogramme m.
**Elektromyographie f.**  électromyographie m.
**elektromyographisch**  électromyographique
**Elektron n.**  électron m.
**Elektron, schnelles n.**  électron accéléré m.
**Elektronarkose f.**  électronarcose f.
**elektronegativ**  électronégatif
**Elektronenbeschleuniger m.**  accélérateur d'électrons m.
**Elektronengehirn n.**  cerveau électronique m.

Elektronenmikroskop n.   microscope
électronique m.
Elektroneurolyse f.   électroneurolyse f.
elektronisch   électronique
Elektronystagmographie f.   électronystagmographie f.
Elektropharmakologie f.   électropharmacologie f.
Elektropherogramm n;   électrophéro-
gramme m.
elektrophil   électrophile
Elektrophorese f.   électrophorèse f.
Elektrophotometer n.   électrophotomètre m.
Elektrophotometrie f.   électrophotométrie m.
Elektrophysiologie f.   électrophysiologie m.
elektrophysiologisch   électrophysiologique
elektropositiv   électropositif
Elektropupillographie f.   électropupillographie f.
elektropupillographisch   électropupillographique
Elektroretinographie f.   électrorétinographie f.
Elektrorezeptor m.   électrorécepteur
m.
Elektroschock m.   électrochoc m.
Elektrospektographie f.   électrospecto-
graphie f.
elektrostatisch   électrostatique
elektrotechnisch   éléctrotechnique
Elektrothalamographie f.   électrotha-
lamographie f.
Elektrotherapeut m.   électrothérapeute
m.
elektrotherapeutisch   électrothérapeutique
Elektrotherapie f.   électrothérapie f.
Elektrothermometer n.   thermomè-
treélectrique m.
Elektrotokographie f.   électrotocographie f.
elektrotokographisch   électrotocographique
elektrotonisch   électrotonique
Elektrotonus m.   électrotonus m.
Elektroventrikulogramm n.   électroventriculogramme m.

Elektrozytochemie f.   électrocytochi-
mie f.
elektrozytochemisch   électrocytochi-
mique
Elektuarium n.   électuaire m.
Element n.   élément m.
Element, dreiwertiges n.   élément tri-
valent m.
elementar   élémentaire
Elemicin n.   élémicine f.
Elephantiasis f.   éléphantiasis m.
elephantiastisch   éléphantiasique
Elevation f.   élévation f.
Elevator m.   élévateur m.
Elevatorium n.   élévateur m., levier m.
Eliminase f.   éliminase f.
eliminieren   éliminer
ELISA (Enzymimmunoassay) m.
ELISA (titrage immunoenzymatique
utilisant un antigène adsorbé) m.
Elixier n.   élixir m.
Ellbogen m.   coude m.
Ellenbogen m.   coude m.
Ellenbogenhygrom n.   hygrome du
coude m. (vet.)
Ellipsoidgelenk n.   articulation éllip-
soïde f.
elliptisch   elliptique
Elliptozyt m.   elliptocyte m.
Elliptozytose f.   elliptocytose f.
Ellis-Garlandsche Linie f.   ligne d'Ellis-
Garland f.
elterlich   parental
Eltern n. pl.   parents m. pl.
Eluat n.   éluat m.
eluieren   éluer
Elution f.   élution f.
Emanation f.   émanation f.
Embolalie f.   embolalie f.
Embolektomie f.   embolectomie f.
Embolie f.   embolie f.
Embolie, Zustand nach m.   état pos-
tembolique m.
embolisch   embolique
Embolus m.   caillot m., embole m.,
embolus m.
Embonat n.   embonate m.
Embramin n.   embramine f.
Embrutamid n.   embutramide m.
Embryogenese f.   embryogenèse f.
Embryokardie f.   embryocardie f.,
rythme foetal m.

Embryologie f. embryologie f.
embryologisch embryologique
Embryon n. embryon m.
embryonal embryonnaire
Embryotomie f. embryotomie f.
Emepronium n. émépronium m.
Emesis f. vomissement m.
Emetin n. émétine f.
Emetomanie f. émétomanie f.
EMG (Elektromyogramm) n. EMG (électromyogramme) m.
Emilium n. émilium m.
Emission f. émission f.
Emissionscomputertomographie (ECT) f. tomodensitométrie f.
emmenagog emménagogue
Emmenagogum n. emménagogue m.
emmetrop emmétrope
Emmetropie f. emmétropie f.
Emodin n. émodine f.
Emorfazon n. émorfazone f.
Emotionalität f. émotivité f.
emotionell émotionnel
Empfänger m. hôte m., receveur m.
empfänglich réceptif
Empfänglichkeit f. réceptivité f.
Empfängnis f. conception f.
empfängnisfähig en état de concevoir
empfängnisverhütend anticonceptionnel
Empfängnisverhütung f. contraception f.
empfinden éprouver, ressentir
empfindlich sensible
empfindsam émotif
Empfindung f. sensation f., sentiment m.
Emphysem n. emphysème m.
emphysematös emphysémateux
Empirie f. empirisme m.
Empyem n. empyème m.
Emulgator m. émulsifiant m.
emulgieren émulsionner
Emulsion f. émulsion f.
Emulsionssalbe f. pommade émulsifiée f.
en bloc en bloc
Enalapril n. énalapril m.
Enantat n. énantate m.
Enanthem n. énanthème m.
enanthemathös enanthémateux
enanthiomorph énanthiomorphe

Enarthrose f. énarthrose f.
Enbucrilat n. enbucrilate m.
Encainid n. encaïnide m.
Encephal... siehe / voir Enzephal...
Enchondrom n. enchondrome m.
Enciprazin n. enciprazine f.
Enclomifen n. enclomifène m.
Encyprat n. encyprate m.
End-zu-End-Anastomose f. anastomose termino-terminale f.
End-zu-Seit-Anastomose f. anastomose termino-latérale f.
Endabdruck m. empreinte finale f. (dent.)
Endangiitis f. endangéite f.
Endangiitis obliterans f. endangéite oblitérante f.
endangiitisch endangéitique
Endarterektomie f. endartériectomie f.
Endarterie f. artère terminale f.
enddiastolisch télédiastolique
Endemie f. endémie f.
endemisch endémique
endexpiratorisch en fin d' expiration
Endhirn n. télencéphale m.
Endigung f. terminaison f.
Endkontrolle f. contrôle final m.
Endoamnioskopie f. endoamnioscopie f.
endoamnioskopisch endoamnioscopique
Endoaneurysmorrhaphie f. endoanévrismorraphie f.
Endoantitoxin n. endoantitoxine f.
endobronchial endobronchique
Endocard... siehe / voir Endokard...
endochondral endochondral
Endodontie f. endodontie f.
endodontisch endodontique
Endoenzym n. endoenzyme f.
endogen endogène
Endognathion n. endognathion m.
Endokard n. endocarde m.
endokardisch endocardique
Endokarditis f. endocardite f.
Endokarditis lenta f. endocardite bactérienne f., endocardite d'Osler f.
endokarditisch d' endocardite
Endokardkissen n. bourrelet endocardique m.
endokochleär endocochléaire

**endokranial** endocranien
**endokrin** endocrine
**Endokrinologie f.** endocrinologie f.
**endokrinologisch** endocrinologique
**Endokrinopathie f.** endocrinopathie f.
**Endolabyrinthitis f.** endolabyrinthite f.
**endolaryngeal** endolaryngé
**endolumbal** endolombaire
**Endolymphe f.** endolymphe f.
**endometrial** de l' endomètre
**Endometriose f.** endométriose f.
**Endometritis f.** endométrite f.
**Endometrium n.** endomètre m.
**Endomitose f.** endomitose f.
**endomyokardial** endomyocardiaque
**Endomyokarditis f.** endomyocardite f.
**Endonährboden m.** milieu d'Endo m.
**endonasal** endonasal
**endoneural** endoneural
**Endonuklease f.** endonucléase f.
**endonukleolytisch** endonucléolytique
**endoperitoneal** endopéritonéal
**Endoperoxid n.** endoperoxyde m.
**Endophasie f.** endophasie f.
**Endophlebitis f.** endophlébite f.
**Endophotographie f.** endophotographie f.
**Endophthalmitis f.** endophtalmite f.
**Endophyt m.** endophyte m.
**Endoplasma n.** endoplasme m.
**endoplasmatisch** endoplasmatique
**Endoprothese f.** endoprothèse f.
**endoprothetisch** endoprothétique
**endoreaktiv** endoréactif
**Endorgan n.** organe terminal m.
**Endorphin n.** endorphine f.
**Endosalpingitis f.** endosalpingite f.
**Endoskop n.** endoscope m.
**Endoskopie f.** endoscopie f.
**endoskopisch** endoscopique
**Endosmose f.** endosmose f.
**endosmotisch** endosmotique
**endostal** endostal
**Endosteom n.** endostéome m.
**Endostitis f.** endostite f.
**Endothel n.** endothélium m.
**endothelial** endothélial
**Endotheliitis f.** endothéliite f.
**Endothelioblastom n.** endothélioblastome m.

**Endotheliom n.** endothéliome m.
**Endotheliose f.** endothéliose f.
**endotherm** endothermique
**endothym** endothyme
**Endotoxin n.** endotoxine f.
**endotoxisch** endotoxique
**endotracheal** endotrachéal
**Endotrachealnarkose f.** anesthésie endotrachéale f.
**endourethral** endouréthral
**endouterin** endoutérin
**endovesikal** endovésical
**endozervikal** endocervical
**Endozytose f.** endocytose f.
**Endpfeiler m.** butée f.
**Endplatte f.** plaque terminale f:
**Endralazin n.** endralazine f.
**Endrison n.** endrisone f.
**endsystolisch** télésystolique
**Endverstärker m.** amplificateur terminal m.
**endwärts** en direction terminale
**Endzahn m.** dernière dent f.
**energetisch** énergétique
**Energie f.** énergie f.
**Energielehre f.** énergétique f.
**energiereiches Phosphat n.** phosphate à haute énergie m.
**Enestebol n.** énestébol m.
**Enfluran n.** enflurane m.
**eng** étroit
**ENG (Elektronystagmogramm) n.** ENG (électronystagmogramme) m.
**engbrüstig** à thorax étroit
**Englische Krankheit f.** rachitisme m.
**engmaschig** à mailles serrées
**Engramm n.** empreinte mnésique f., engramme m.
**Eniclobrat n.** éniclobrate m.
**Enilconazol n.** énilconazole m.
**Enkephalin n.** enképhaline f.
**Enkephalinamid n.** enképhalinamide m.
**Enkopresis f.** encoprésie f.
**Enol n.** énol m.
**Enolase f.** énolase f.
**Enolicam n.** énolicam m.
**Enophthalmie f.** énophtalmie f.
**Enostose f.** énostose f.
**Enoxacin n.** énoxacine f.
**Enoxolon n.** énoxolone f.
**Enpiprazol n.** enpiprazole m.

Enprazepin n. enprazépine f.
Entamoeba histolytica f. Entamoeba histolytca f.
entarten dégénérer
Entartung f. dégénérescence f.
Entartungsreaktion (EAR) f. réaction de dégénérescence f.
entbinden accoucher
Entbindung f. accouchement m.
Entbindungsabteilung f. service d'obstétrique m.
Entbindungsanstalt f. maternité f.
entbleien déplomber
entblocken débloquer
entbluten exsanguiner
Entblutung f. exsanguination f.
Entchlorung f. déchloration f.
entcholesterinisieren décholestériniser
Entdeckung f. découverte f.
entdifferenzieren dédifférencier
Entdifferenzierung f. dédifférenciation f.
Entelechie f. entéléchie f.
enteral entéral
Enteritis f. entérite f.
enteritisch entéritique
Enteroanastomose f. entéroanastomose f.
enterobiliär entérobiliaire
Enterocholezystostomie f. entérocholécystostomie f.
Enterocholezystotomie f. entérocholécystotomie f.
enterochromaffin entérochromaffine
Enterogastron n. entérogastrone f.
Enteroglukagon n. entéroglucagon m.
enterohepatisch entérohépatique
Enterohepatitis f. entérohépatite f.
Enterohormon n. entérohormone f.
Enterokinase f. entérokinase f.
Enteroklyse f. entéroclyse f.
Enterokokkus m. entérocoque m.
Enterokolitis f. entérocolite f.
Enterokolostomie f. entérocolostomie f.
Enterolithiasis f. entérolithiase f.
Enterologie f. entérologie f.
Enteropathie f. entéropathie f.
Enteropathie, eiweißverlierende f. entéropathie exsudative f.
Enteropexie f. entéropexie f.
Enteroptose f. entéroptose f.

Enterorezeptor m. entérorécepteur m.
enterostomal entérostomal
Enterostomie f. entérostomie f.
Enterotomie f. entérotomie f.
Enterotoxämie f. entérotoxémie f.
Enterotoxin n. entérotoxine f.
Enterovirus n. entérovirus m.
Enterozele f. entérocèle f.
Enterozyste f. entérokystome m.
Enterozyt m. entérocyte m.
entfärben décolorer
entfermentieren dézymotiser
entfernen enlever
Entfernung (Abstand) f. distance f., éloignement m.
Entfernung (Beseitigung) f. ablation f., élimination f.
entfetten dégraisser
Entfettungskur f. cure d'amaigrissement f.
entfremden détourner
Entfremdung f. désaffection f.
entgasen dégazer
Entgasung f. dégazage m.
entgegengesetzt opposé
entgiften désintoxiquer
Entgiftung f. désintoxication f.
Entgranulierung f. dégranulation f.
enthaaren épiler
Enthaarung f. épilation f.
Enthaarungsmittel n. dépilatoire m.
enthalten contenir
enthalten, sich s' abstenir
enthaltsam abstinent
Enthaltsamkeit f. tempérance f., abstinence f.
Enthärtungsmittel n. adoucisseur m.
enthaupten décapiter
Enthauptung f. décollation f.
enthemmen désinhiber
Enthemmung f. désinhibition f.
enthirnen décérébrer
Enthirnung f. décérébration f.
Entität f. entité f.
Entjodierung f. déiodation f.
entkalken décalcifier
Entkalkung f. décalcification f.
entkleiden déshabiller
entkoppeln découpler
entkräften débiliter
entladen décharger
entlassen congédier, laisser sortir

entlassen (kündigen) licencier
**Entlassung f.** sortie f.
**Entlassung (Kündigung) f.** licencie-
ment m.
**Entlassungsschein m.** bulletin de sor-
tie m.
entlasten soulager
**Entlastung f.** soulagement m.
**Entlastungszone f.** zone de décharge f.
**Entlausung f.** épouillage m.
**Entlausungsmittel n.** pédiculicide m.
entleeren évacuer, vider
**Entleerung f.** évacuation f.
entleiben, sich se suicider
entlüften ventiler
**Entlüftung f.** évacuation de l'air f.
entmannen émasculer
**Entmännlichung f.** démasculinisation
f.
**Entmannung f.** castration f., émascu-
lation f.
entmarken extraire la moelle
**Entmarkung f.** émédullation f.
**Entmethylierung f.** déméthylation f.
**Entmündigung f.** mise sous tutelle f.
entmyelinisieren démyéliniser
**Entmyelinisierung f.** démyélinisation
f.
entnerven dénerver, énerver
**Entnervung f.** dénervation f.
**Entoderm n.** endoderme m., ento-
derme m.
**Entokon n.** entocone m.
**Entokonid n.** pointe interne et posté-
rieure de la molaire inférieure f.
**Entomologie f.** entomologie f.
**Entomophthoramykose f.** mycose à
entomophtora f.
**Entpersönlichung f.** dépersonnalisa-
tion f.
**Entropion n.** entropion m.
**Entropionpinzette f.** pince à entropion f.
entrunded irrégulier
entsalzen déssaler
**Entsalzung f.** déssalinisation f.
entsäuern désacidifier
**Entsäuerung f.** désacidification f.
**Entschädigungsneurose f.** névrose
d'indemnisation f.
entspannen se détendre
entspannend décontractant, relaxant

**Entspannung f.** détente f.
**Entspannungsmittel n.** relaxant m.
**Entspannungszeit (cardiol.) f.** temps
de relâchement postsphygmique m.
entstellen défigurer
**Entstellung f.** déformation f.
entstören dépanner
entvaskularisieren dévasculariser
entwässern déhydrater
**Entwässerung f.** déhydratation f.
**Entweiblichung f.** perte de fémininité
f.
entwickeln développer
**Entwickler m.** révélateur m.
**Entwicklung f.** développement m.,
évolution f.
entwicklungsmäßig selon l' évolution
entwöhnen désintoxiquer, sevrer
**Entwurf m.** ébauche f.
**Entwurzelung f.** déracinement m.
entziehen retirer
**Entziehung f.** privation f.
**Entziehungsbeschwerden f. pl.** symp-
tomes de privation m. pl.
**Entziehungsmethode f.** méthode de
sevrage f.
**Entzug m.** désintoxication f., privation f.
**Entzugsblutung f.** hémorragie de privation f.
entzünden, sich développer une inflammation
entzündlich inflammatoire
**Entzündung f.** inflammation f.
entzündungshemmend antiinflammatoire
entzündungswidrig antiinflammatoire
**Entzweigungsenzym n.** enzyme débranchante f.
**Enukleation f.** énucléation f.
enukleieren énucléer
**Enuresis f.** énurésie f.
**Environtologe m.** écologiste m.
**Environtologie f.** écologie f.
**Environtologin f.** écologiste f.
environtologisch écologique, concernant l' environnement
**Enviroxim n.** enviroxime m.
**Enzephalitis f.** encéphalite f.
**Enzephalitis lethargica f.** encéphalite
léthargique de Von Economo f.
enzephalitisch encéphalitique

enzephalitogen   à l'origine d' encéphalites
Enzephaloarteriographie f.   encéphaloartériographie f.
Enzephalogramm n.   encéphalogramme m.
Enzephalograph m.   encéphalographe
m.
enzephalographisch   encéphalographique
Enzephalomalazie f.   encéphalomalacie f.
Enzephalomeningitis f.   encéphaloméningite f.
Enzephalomeningitis, disseminata f.
encéphaloméningite disséminée f.
Enzephalomyelopathie f.   encéphalo-
myélopathie f.
enzephalo-ophthalmisch   encéphalo-
ophthalmique
Enzephalopathie f;   encéphalopathie f;
Enzephalose f;   encéphalose f.
enzephalotrigeminal   encéphalotrigé-
minal
enzootisch   enzootique
enzygot   enzygote
Enzym n.   enzyme f.
Enzymblock m.   blocage enzymatique
m.
Enzymdefekt n.   anomalie enzymatique f.
Enzymimmunoassay n.   épreuve im-
muno-enzymatique f;
Enzymmuster m.   modèle enzymati-
que m.
Enzymologie f.   enzymologie f.
Enzymolyse f.   enzymolyse f.
Enzymopathie f.   enzymopathie f.
Enzymregulation f.   enzymo-régula-
tion f.
EOG-Gerät n.   électro-oculographe m;
Eosin n;   éosine f.
Eosinopenie f.   éosinopénie f.
eosinophil   éosinophile
eosinophiler Leukozyt n.   leucocyte
éosinophile m.
Eosinophilie f.   éosinophilie f.
Eosinophilie-Myalgie-Syndrom n.
syndrome d'éosinophilie-myalgie m.
Ependym m.   épendyme m.
ependymal   épendymal
Ependymitis f.   épendymite f;

Ependymom m.   épendymome m.
Ependymzelle f.   cellule épendymère f.
EPF (=exophthalmus-produzierender
Faktor) m.   facteur ophthalmo-in-
ducteur m.
Ephapse f.   éphapse f;
Ephedrin n.   éphédrine f.
ephemer   éphémère
Ephetonin n.   éphétonine f.
Epicainid n.   épicainide f;
Epicanthus m.   épicanthus m.
Epicardia f.   épicardia f.
Epicillin n.   épicilline f;
Epicondylitis f.   épicondylite f.
Epidemie f.   épidémie f.
Epidemiologie f.   épidémiologie f.
epidemiologisch   épidémiologique
epidemisch   épidémique
epidemische mukopurulente Konjunk-
tivitis f.   conjonctivite épidémique
mucopurulente f.
epidermal   épidermique
Epidermis f.   épiderme m.
Epidermolysis bullosa f.   épidermolyse
bulleuse f.
Epidermophytid m.   épidermophytide
f.
Epidermophytie f.   épidermophytose f.
Epidiaskop m.   épidiascope m;
Epididymitis f.   épididymite f.
Epididymoorchitis f.   épididymo-or-
chite f.
epidural   épidural
epifaszial   épifascial
epigastrisch   épigastrique
Epigastrium n.   région épigastrique f.
epigenetisch   épigénétique
Epiglottis f.   épiglotte f.
epiglottisch   épiglottique
Epiglottitis f.   épiglottite f.
Epignathus m.   épignathe m.
Epikanthus m.   épicanthus m.
Epikard n.   épicarde m.
Epikardektomie f.   épicardectomie f.
Epikardia f.   épicardia m.
epikardial   épicardial
Epikarin n.   épicarine f.
Epikondylitis f.   épicondylite f.
Epikonus m.   épicône médullaire m.
epikranial   épicranien
Epikrise f.   épicrise f.
epikritisch   épicritique

**Epikutantest m.** test épicutané m.
**Epilation f.** épilation f.
**Epilationspinzette f.** pince à épiler f.
**Epilepsie f.** épilepsie f.
**Epilepsie, Aufwach- f.** épilepsie de réveil f.
**Epilepsie, genuine f.** épilepsie essentielle f., mal comitial m.
**Epilepsie, Jacksonsche f.** épilepsie jacksonienne f.
**Epilepsie, morgendliche f.** épilepsie matinale f.
**Epilepsie, nächtliche f.** épilepsie nocturne f.
**Epilepsie, Reflex- f.** épilepsie réflexe f., épilepsie tardive f.
**Epilepsie, traumatische f.** épilepsie secondaire traumatique f.
**epileptiform** épileptiforme
**Epileptiker m.** épileptique m.
**Epileptikerin f.** épileptique f.
**epileptisch** épileptique
**epileptisches Äquivalent n.** équivalent d'épilepsie m.
**epileptoid** épileptoïde
**epilieren** épiler
**Epimer n.** épimère m.
**Epimerase f.** épimérase f.
**Epimerie f.** épimérie f.
**Epimerisation f.** épimérisation f.
**Epimestrol n.** épimestrol m.
**Epinephrin n.** épinéphrine f.
**epineural** épineural
**Epineurium n.** épinèvre f.
**Epipharyngitis f.** épipharyngite f.
**Epipharynx m.** rhino-pharynx m.
**Epiphora f.** épiphora f.
**epiphysär** épiphysaire
**Epiphyse (endokrinol.) f.** épiphyse f., glande pinéale f.
**Epiphyse (osteol.) f.** épiphyse f.
**Epiphysenlinie f.** ligne épiphysaire f.
**Epiphysenlösung f.** épiphysiolyse f.
**Epiphysiodese f.** épiphysiodèse f.
**Epiphysitis f.** épiphysite f.
**Epiploon n.** épiploon m.
**Epiplopexie f.** épiplopexie f.
**Epiplozele f.** épiplocèle f.
**Epipodophyllotoxin n.** épipodophyllotoxine f.
**Epirizol n.** épirizole m.
**Epirubicin n.** épirubicine f.

**Episiotomie f.** épisiotomie f.
**episkleral** épiscléreux
**Episkleritis f.** épisclérite f.
**Episkop n.** épiscope m.
**Epispadie f.** épispadias m.
**Epistase f.** épistasis m.
**epistatisch** épistatique
**Epistaxis f.** épistaxis f.
**Epitarsus m.** épitarse m.
**Epitestosteron n.** épitestostérone f.
**epithalamisch** épithalamique
**Epithalamus m.** épithalamus m.
**Epithalaxie f.** desquamation épithéliale f.
**Epithel n.** épithélium m.
**Epithel, kubisches n.** épithélium cubique m.
**Epithel, mehrschichtiges n.** épithélium stratifié m.
**epithelial** épithélial
**Epitheliose f.** épithéliose f.
**epithelisieren** épithéliser
**Epithelisierung f.** épithélisation f.
**Epithelknospe f.** bourgeon épithélial m.
**Epithelkörperchen n.** glande parathyroïde f.
**Epithelkörperchenüberfunktion f.** hyperparathyroïdie f.
**Epithelkörperchenunterfunktion f.** hypoparathyroïdie f.
**epitheloid** épithéloïde
**Epithem n.** épithème m.
**Epithese f.** correction chirurgicale de la difformité f.
**Epitizid n.** épitizide m.
**Epitop n.** épitope m.
**Epitrochlea f.** épitrochlée f.
**epitrochlear** épitrochléaire
**Epitrochleitis f.** épitrochléite f.
**Epituberkulose f.** épituberculose f.
**epitympanal** épitympanal
**Epitympanitis f.** épitympanite f.
**Epitympanum n.** attique f., étage supérieur de la cavité tympanique m.
**Epityp m.** épitype m.
**Epizoonose f.** épizoonose f.
**epizootisch** épizootique
**Eponychium n.** éponychium m.
**Eponym n.** éponyme m.
**Epoprostenol n.** époprosténol m.
**Epoxid n.** époxyde m.

E

Epoxidation f. époxydation f.
Epoxidharz n. époxyrésine f.
Eprazinon n. éprazinone f.
Eptazocin n. eptazocine f.
Epulis f. épulide f.
equin équin
Eradikation f. éradication f.
Erbanlage f. disposition héréditaire f.
Erbgang m. héritage m.
Erbgrind m. favus m.
Erbium n. erbium m.
Erbkrankheit f. maladie héréditaire f.
erblich héréditaire
Erblichkeit f. hérédité f.
erblinden devenir aveugle
Erblindung f. cécité f., perte de la vue f.
erbrechen vomir
Erbrechen n. vomissement m.
Erbrechen, blutiges n. hématémèse f.
Erbrechen, galliges n. vomissement bilieux m.
Erbschaden m. défaut génétique m.
Erbsche Lähmung f. paraplégie d'Erb f.
Erbscher Punkt m. point sus-claviculaire d'Erb m.
Erbsches Zeichen n. signe d'Erb m.
Erbsensuppenstuhl m. diarrhée en purée de pois f.
ERCP (endoskopische retrograde Cholangiopankreatikographie) f. cholangiopancréatographie endoscopique par voie rétrograde f.
Erdalkalie f. terre alcaline f.
Erdbeerzunge f. langue framboisée f.
Erde, seltene f. terre rare f.
erden mettre la prise de terre
erdig terreux
Erdnußöl n. huile d'arachide f.
Erdphosphat n. phosphate terreux m.
erdrosseln étrangler
Erdrosselung f. strangulation f.
erdulden subir
Erdung f. mise à la masse f., prise de terre f.
erektil érectile
Erektion f. érection f.
Erepsin n. érepsine f.
erethisch irritable
Erethismus m. éréthisme m.

erfahren apprendre, faire l'expérience subir
erfahren (adject.) expérimenté, expert
Erfahrung f. expérience f.
Erfolg m. succès m.
erfolglos en vain, sans succès
erfolgreich avec succès
Erforschung f. exploration f., investigation f.
erfrieren geler, périr de froid
Erfrierung f. gelure f.
erfrischen rafraîchir
erfroren gelé
ERG (Elektroretinogramm) n. ERG (éléctrorétinogramme) m.
Erg n. erg m.
ergänzend complémentaire
Ergänzung f. complément m.
Ergasiomanie f. manie hyperactive f.
Ergastoplasma n. ergastoplasme m.
ergiebig productif
Ergobasin n. ergométrine f.
Ergochrysin n. ergochrysine f.
Ergoclavin n. ergoclavine f.
Ergocornin n. ergocornine f.
Ergocristin n. ergocristine f.
Ergograph m. ergographe m.
Ergographie f. ergographie f.
ergographisch ergographique
Ergokryptin n. ergocryptine f.
Ergometer n. ergomètre m.
Ergometrie f. ergométrie f.
Ergometrin n. ergométrine f.
ergometrisch ergométrique
Ergomonamin n. ergomonamine f.
Ergonomie f. ergonomie f.
Ergosin n. ergosine f.
Ergosinin n. ergosinine f.
Ergospirometrie f. ergospirométrie f.
ergospirometrisch ergospirométrique
Ergosterin n. ergostérol m.
Ergosterin, bestrahltes n. viostérol m.
Ergotamin n. ergotamine f.
Ergotaminin n. ergotaminine f.
Ergotherapie f. ergothérapie f.
Ergothionein n. ergothionéine f.
Ergotin n. ergotine f.
Ergotinin n. ergotinine f.
Ergotismus m. ergotisme m.
Ergotoxin n. ergotoxine f.
ergotrop ergotrope
Erguß m. épanchement m.

**Erguß, Samen-** m.   éjaculation f.
**Erhaltung** f.   conservation f.
**Erhaltungsdosis** f.   dose d'entretien f.
**Erhaltungstherapie** f.   traitement d'entretien m.
**erhitzen**   chauffer
**erhöhen**   augmenter, surélever
**Erhöhung** f.   élévation f., majoration f.
**Erholung** f.   rétablissement m.
**Erholungsheim** n.   maison de repos f.
**erigieren**   ériger
**Erinnerung** f.   mémoire f., souvenir m.
**Erinnerungsfälschung** f.   paramnésie de certitude f.
**Eriodictin** n.   ériodictine f.
**Eriodictyol** n.   ériodictyol m.
**erkälten, sich**   prendre froid
**Erkältung** f.   refroidissement m., rhume m.
**Erkältungsinfekt** m.   rhume m.
**Erkenntnis** f.   cognition f., constatation f.
**Erkenntniskritik** f.   épistémiologie f.
**Erkenntnistheorie** f.   théorie de la connaissance f.
**Erkennung** f.   dépistage m., identification f.
**Erkennungsstelle** f.   site d' identiocation m.
**Erklärungswahn** m.   délire d'explication m.
**Erkrankung** f.   affection f., maladie f.
**Erlebnis** n.   événement m., expérience f.
**Erleichterung** f.   soulagement m.
**Erlenmeyerkolben** m.   flacon d'Erlenmeyer m.
**Erlöschen** n.   extinction f.
**Ermattung** f.   fatigue f.
**Ermüdbarkeit** f.   fatigabilité f.
**ermüden**   fatiguer
**Ermüdung** f.   fatigue f., lassitude f.
**Ermüdungsfraktur** f.   fracture de fatigue f.
**Ermüdungssyndrom** n.   syndrome de fatigue m.
**ernähren**   nourrir
**Ernährung** f.   alimentation f., nutrition f.
**ernährungsbedingt**   d'origine alimentaire

**Ernährungsfistel** f.   fistule alimentaire f.
**Ernährungskrankheit** f.   maladie nutritionnelle f.
**Ernährungslehre** f.   diététique f.
**ernährungsmäßig**   concernant l' alimentation
**Ernährungssonde** f.   sonde d'alimentation f.
**Ernährungsstörung** f.   trophopathie f., trouble alimentaire m.
**Ernährungswissenschaftler** m.   spécialiste de diététique f.
**Ernährungswissenschaftlerin** f.   spécialiste de l'alimentation f.
**Ernährungszustand** m.   état nutritionnel m.
**erneuern**   renouveler
**Erneuerung** f.   renouvellement m.
**Eröffnungsperiode (obstetr)** f.   période de dilatation du col f.
**erogen**   érotogène
**Erosion** f.   érosion f.
**Erotik** f.   érotisme m.
**erotisch**   érotique
**Erotomanie** f.   érotomanie f.
**Erprobung** f.   épreuve f., essai m., test m.
**erregbar**   excitable
**Erregbarkeit** f.   excitabilité f.
**erregen**   exciter, stimuler
**erregend**   excitant
**Erregung** f.   excitation f.
**Erregung, kreisende** f.   tournoiement m.
**Erregungsleitungssystem** n.   système de conduction cardiaque m.
**Erregungsmittel** n.   excitant m.
**Erregungsrückbildung** f.   repolarisation f.
**erröten**   rougir
**Erröten** n.   rougissement m.
**Ersatz** m.   compensation f., prothèse f., remplacement m., succédané m.
**Ersatzhandlung** f.   action de remplacement f.
**Ersatzrhythmus** m.   rythme d'échappement m.
**Ersatzschlag** m.   échappement m.
**Ersatzstoff** m.   matériau de substitution m.
**Ersatzteil** n.   élément de rechange m.

**Erscheinungszeit f.** temps d'apparition m.
**erschlaffen** s' affaiblir, relâcher
**Erschlaffung f.** atonie f., relâchement m.
**erschöpft** épuisé
**Erschöpfung f.** épuisement m., exténuation f.
**erschrecken** effrayer
**erschüttern** secouer
**Erschütterung f.** secousse f.
**erschweren** aggraver, compliquer
**ersetzen** remplacer
**erstarken** se fortifier
**Erste Hilfe f.** secourisme m.
**erstechen** percer
**erstgebärend** primipare
**Erstgebärende f.** primipare f.
**ersticken** étouffer
**Erstickung f.** asphyxie f., suffocation f.
**Erstickungsanfall m.** accès d'étouffement m.
**Ertaubung f.** perte d'acuité auditive f.
**ertragen** supporter
**Ertragen n.** endurance f., tolérance f.
**erträglich** tolérable
**ertränken** noyer
**ertrinken** se noyer
**Ertrinken n.** noyade f.
**Eruption f.** éruption f.
**eruptiv** éruptif
**erwachen** s' éveiller
**Erwachen n.** réveil m.
**erwachsen** adulte
**erwachsene Person f.** adulte m.
**Erwachsenenalter n.** âge adulte m.
**Erwartungsneurose f.** névrose d'appréhension f.
**Erweiterer m.** dilatateur m.
**erweitern** dilater
**Erweiterung f.** dilatation f., élargissement m.
**erweiterungsfähig** extensible
**erwerbsfähig** capable de gagner sa vie
**Erwerbsfähigkeit f.** capacité de gagner sa vie f.
**erwerbsunfähig** incapable de gagner sa vie
**Erwinie f.** Erwinia f.
**erworben** acquis
**erwürgen** étrangler

**Erysipel n.** érysipèle m.
**Erysipeloid n.** érysipéloïde f.
**Erysipelothrix insidiosa f.** Erysipelothrix insidiosa f.
**Erythem n.** érythème m.
**Erythema arthriticum epidemicum n.** érythème arthritique épidémique m.
**Erythema exsudativum multiforme n.** érythème polymorphe m.
**Erythema induratum n.** érythème induré de Bazin m.
**Etythema infectiosum n.** érythème infectieux m.
**Erythema nodosum n.** érythème noueux m.
**Erythematodes m.** lupus érythémateux m.
**Erythemdosis f.** dose érythème f.
**Erythrämie f.** érythrémie f., maladie de Vaquez f.
**erythrämisch** érythrémique
**Erythrit n.** érythritol m.
**Erythroblast m.** érythroblaste m.
**Erythroblastenanämie f.** anémie érythroblastique f.
**erythroblastisch** érythroblastique
**Erythroblastom n.** érythroblastome m.
**Erythroblastose f.** érythroblastose f.
**Erythrodermie f.** érythrodermie f.
**Erythrodontie f.** érythrodontie f.
**Erythrogenese f.** érythrogenèse f.
**erythrogenetisch** érythrogénétique
**erythrohepatisch** érythrohépatique
**Erythrokeratodermie f.** érythrokératodermie f.
**erythrokinetisch** érythrokinétique
**Erythrokont m.** érythroconte m.
**Erythroleukämie f.** érythroleucémie f.
**Erythroltetranitrat n.** érythroltétranitrate m.
**Erythrom n.** hémorragie traumatique du cerveau moyen, f.
**Erythromelalgie f.** érythromélalgie f.
**Erythromelie f.** érythromélie f.
**Erythromycin n.** érythromycine f.
**Erythrophagozytose f.** érythrophagocytose f.
**Erythrophobie f.** érythrophobie f.
**Erythroplakie f.** plaque érythémateuse f.
**Erythroplasie f.** érythroplasie f.

Erythropoese f. érythropoïèse f.
erythropoetisch érythropoïétique
Erythroprosopalgie f. érythroproso-
palgie f.
Erythropsie f. érythropsie f.
Erythropsin n. pourpre visuel m.
Erythrose (chem.) f. érythrose f.
Erythrose (dermatol.) f. érythrose f.
Erythrotrichie f. érythrotrichie f.
Erythrozyanose f. érythrocyanose f.
Erythrozyt m. érythrocyte m., globule
rouge m., hématie f.
erythrozytär érythrocytaire
Erythrozytenresistenz f. résistance
globulaire f.
Erythrozytenvolumen n. volume glo-
bulaire m.
Erythrozytose f. érythrocytose f.
Erythrulose f. érythrulose f.
Erythrurie f. érythrurie f.
erzeugen fabriquer, produire
erzeugen (zeugen) engendrer
Escherichia Escherichia
Escherichie f. Escherichia m.
Escherichiose f. infection à Escheri-
chia f.
Esculetin n. esculétine f.
Eserinium sulfuricum n. sulfate d'ésé-
rine m.
Esmarchsche Binde f. bande élastique
d'Esmarch f.
Esmolol n. esmolol m.
Esophorie f. ésophorie f.
esoterisch ésotérique
Espine (d')-Zeichen n. signe de
d'Espine m.
eßbar comestible
essen manger
essentiell essentiel
Essenz f. essence f.
Essig m. vinaigre m.
essigsaure Tonerde f. acétate d'alumi-
nium m.
Eßkastanie f. marron m.
Eßlöffel m. cuillère f.
Esteolat n. estéolate m.
Ester m. ester m.
Esterase f. estérase f.
Esterolyse f. estérolyse f.
esterolytisch estérolytique
Estradiol n. estradiol m.
Estramustin n. estramustine f.

Estran n. oestrane f.
Estriol n. oestriol m.
estrogen estrogénique
Estrogen n. estrogène m.
Estron n. oestrone f.
Etacrynat n. étacrynate m.
Etafedrin n. étafédrine f.
Etamiran n. étamirane f.
Eth... siehe auch / voir aussi Äth...
Ethambutol n. éthambutol m.
Ethamoxytriphetol n. éthamoxytri-
phétol m.
Ethan n. éthane m.
Ethanol n. éthanol m.
Ethanolamin n. éthanolamine f.
Ethanolaminose f. éthanolaminose f.
Ethanolat n. éthanolate m.
Etharin n. étharine f.
Ethazolat n. étazolate m.
Ether m. éther m.
Ethik f. éthique f.
Ethinamat n. éthinamate m.
Ethinodioldiazetat n. diacétate d'éthi-
nodiol m.
Ethinyl n. éthinyle m.
Ethinylestradiol n. éthinyloestradiol
m.
Ethionamid n. éthionamide m.
ethisch éthique
Ethisteron n. éthistérone f.
ethmoidal ethmoïdal
Ethmoidektomie f. ethmoïdectomie f.
Ethmoiditis f. sinusite ethmoïdale f.
ethnisch ethnique
Ethnographie f. ethnographie f.
ethnographisch ethnographique
Ethnologie f. ethnologie f.
ethnologisch ethnologique
Ethoheptazin n. éthoheptazine f.
Ethologie f. éthologie f.
Ethosuximid n. éthosuximide m.
Ethyl n. éthyle m.
Ethyl siehe auch / voir aussi Äthyl
Ethylamid n. éthylamide m.
Ethylen n. éthylène m.
Ethylester m. ester éthylique m.
Ethylierung f. éthylation f.
Ethylismus m. éthylisme m.
Etidocain n. étidocaïne f.
Etidronat n. étidronate m.
etikettieren étiqueter
Etodimat n. étodimate m.

Etofibrat n.   étofibrate m.
Etoposid n.   étoposide m.
Etoprin n.   étoprine m.
Etorphin n.   étorphine f.
Etoxadrol n.   étoxadrol m.
Etozolin n.   étozoline f.
Etretinat n.   étrétinate m.
Eubiotik f.   eubiotique f.
Euchinin n.   euchinine f.
Euchromatin n.   euchromatine f.
Euchromatopsie f.   euchromatopsie f.
Euchylie f.   euchylie f.
Euchymie f.   euchymie f.
Eugenik f.   eugénisme m.
eugenisch   eugénique
Eugenol n.   eugénol m.
Eugenolat n.   eugénolate m.
Euglobulin n.   euglobuline f.
Euglobulinlysistest m.   test de lyse des euglobulines m.
eugnath   eugnathe
Eukain n.   eucaïne f.
Eukalyptusöl n.   essence d'eucalyptus f.
Eukapnie f.   eucapnie f.
eumetabolisch   eumétabolique
Eumydrin n.   eumydrine f.
Eunuch m.   eunuque m.
eunuchoid   eunuchoïde
Eunuchoidismus m.   eunuchoïdisme m.
Eupareunie f.   eupareunie f.
Eupatorin n.   eupatorine f.
eupeptisch   eupeptique
Euphorie f.   euphorie f.
euphorisch   euphorique
euphorisierend   euphorisant
euploid   euploïde
Euploidie f.   euploïdie f.
Eupocrin n.   eupocrine f.
Eurhythmie f.   eurythmie f.
eurhythmisch   eurythmique
Europium n.   europium m.
Euryopie f.   euryopie f.
eurytherm   eurytherme
Eusomie f.   eusomie f.
Eustachische Röhre f.   trompe d'Eustache f.
eutektisch   eutectique
Euter n.   pis m.
Euthanasie f.   euthanasie f.
euthyreot   euthyroïdien

Eutrophie f.   eutrophie f.
eutrophisch   eutrophique
Evakuation f.   évacuation f.
Evans-Blau n.   bleu Evans m.
Eventration f.   éventration f.
Eversion f.   éversion f.
Eviration f.   émasculation f.
Eviszeration f.   éviscération f.
Evolution f.   évolution f.
evolutiv   évolutif
evozieren   évoquer
Ewing-Tumor m.   sarcome d'Ewing m.
exakt   exact
exaltiert   exalté
Exaltiertheit f.   exaltation f.
examinieren   examiner
Examinierung f.   examen m.
Exanthem n.   exanthème m.
Exanthema subitum n.   exanthème subit m.
Exanthema vesiculosum n.   exanthème vésiculaire m.
exanthematisch   exanthémateux
Exartikulation f.   exarticulation f.
exartikulieren   désarticuler
Exazerbation f.   exacerbation f.
Exenteration f.   exentération f.
exergonisch   exergue
Exerzierknochen m.   myostéome traumatique m.
Exfoliation f.   exfoliation f.
Exhairese f.   exérèse f.
Exhalation f.   exhalation f., perspiration f.
exhumieren   exhumer
Exhumierung f.   exhumation f.
existentiell   existentiel
Existenz f.   existence f.
existieren   exister
Exkavation f.   excavation f.
Exkavator m.   excavateur m.
exkavieren   excaver
Exkochleation f.   excochléation f.
Exkoriation f.   excoriation f.
Exkret n.   excreta m. pl.
Exkretion f.   excrétion f.
exkretorisch   excrétoire
Exkursion f.   excursion f.
Exoantigen n.   exoantigène m.
Exodontie f.   exodontie f.
Exoenzym n.   enzyme exocellulaire f.

exogen   exogène
Exognathie f.   exognathie f.
exokrin   exocrine
Exon n.   exon m.
Exonuklease f.   exonucléase f.
exonukleolytisch   exonucléolytique
Exophorie f.   exophorie f.
exophthalmisch   exophtalmique
Exophthalmus m.   exophtalmie f.
exophytisch   exophytique
Exosmose f.   exosmose f.
exosmotisch   exosmotique
Exospore f.   conidiospore f.
Exostose f.   exostose f.
Exozytose f.   exocytose f.
Expander m.   extenseur m., remplis-
   sage volumique m.
expandieren   faire une expansion
Expansion f.   expansion f.
Expansionsdraht m.   broche d'exten-
   sion f.
Expansionsguss m.   moulage d'expan-
   sion m.
expansiv   expansif
Expektorans n.   expectorant m.
Expektoration f.   expectoration f.
expektorieren   expectorer
Experiment n.   expérience f.
Experimentator m.   expérimentateur
   m.
experimentell   expérimental
experimentieren   expérimenter
Explantat n.   explant m.
Explantation f.   explantation f.
explantieren   explanter
explodieren   exploser
Exploration f.   exploration f.
exploratorisch   exploratoire
Explosion f.   explosion f.
Explosionsschock m.   choc d'explo-
   sion m.
explosiv   explosif
Explosivität f.   explosibilité f.
Exponent m.   exposant m.
Expression f.   expression f.
exprimieren   exprimer
Exsikkation f.   dessication f., exsicca-
   tion f.
Exsikkose f.   exsiccose f.
Exspiration f.   expiration f.
Exspirationsvolumen n.   volume expi-
   ratoire m.

exspiratorisch   expiratoire
exspiratorische Atemstromstärke f.
   volume expiratoire maximum/se-
   conde (VEMS) m.
exspirieren   expirer
Exspirium n.   expiration f.
Exstirpation f.   extirpation f.
exstirpieren   extirper
Exsudat n.   exsudat m.
Exsudation f.   exsudation f., suintement m.
Extension f.   extension f.
Extensionsbügel m.   arc d'extension
   m.
Extensionsvorrichtung f.   appareil extenseur m.
Extensor m.   extenseur m.
extern   externe
exterozeptiv   extérocepteur
Extinktion f.   extinction f.
Extorsion f.   extorsion f.
extraalveolär   extraalvéolaire
extraamniotisch   extraamniotique
extraartikulär   extraarticulaire
extrabulbär   extrabulbaire
extrachromosomal   extrachromosomique
Extractum Filicis n.   oléorésine d'aspidium f.
Extractum secalis cornuti fluidum n.
   extrait fluide d'ergot m.
extraduktal   extracanalaire
extradural   extradural
extrafaszial   extrafascial
extrafokal   extrafocal
extrafoveal   extrafovéal
extragastral   extragastrique
extragenital   extragénital
extrahepatisch   extrahépatique
extrahierbar   extractible
extrahieren   extraire
extrahypophysär   extrahypophysaire
extraintestinal   extraintestinal
extrakanalikulär   extracanaliculaire
extrakapillär   extracapillaire
extrakapsulär   extracapsulaire
extrakardial   extracardiaque
extrakavitär   extracavitaire
extrakoronal   extracoronal
extrakorporal   extracorporel
extrakranial   extracranien
Extrakt m.   extrait m.

E

**Extraktion f.** extraction f.
**Extraktionszange f.** pince à extraction f.
**Extraktor m.** extracteur m.
**extralobär** extralobaire
**extralymphatisch** extralymphatique
**extramaxillär** extramaxillaire
**extramedullär** extramédullaire
**extramitochondrial** extramitochondrique
**extramural** extramural
**extranodal** extranodal
**extranodulär** extranodulaire
**extranukleär** extranucléaire
**extraoral** extraoral
**extraorbital** extraorbitaire
**extraossär** extraosseux
**extraovariell** extraovarien
**extrapankreatisch** extrapancréatique
**extrapapillär** extrapapillaire
**extrapelvin** extrapelvien
**extraperitoneal** extrapéritonéal
**extrapleural** extrapleural
**extrapolieren** extrapoler
**Extrapolierung f.** extrapolation f.
**extrapulmonal** extrapulmonaire
**extrapyramidal** extrapyramidal
**Extrareiz m.** extrastimulation f.
**extrarenal** extrarénal
**extraserös** extraséreux
**extrasphinkterisch** extrasphinctérien
**extrasynovial** extrasynovial
**Extrasystole f.** extrasystole f.
**Extrasystole, supraventrikuläre f.** extrasystole supraventriculaire f.
**Extrasystole, ventrikuläre f.** extrasystole ventriculaire f.

**Extrasystole, Vorhof f.** extrasystole auriculaire f.
**extratracheal** extratrachéal
**extrauterin** extrautérin
**Extrauteringravidität f.** grossesse extrautérine f.
**extravaginal** extravaginal
**Extravasat n.** extravasation f.
**extravaskulär** extravasculaire
**extraventrikulär** extraventriculaire
**extravertebral** extravertébral
**extravertieren** faire une extraversion
**extravesikal** extravésical
**extrazellulär** extracellulaire
**extrazelluläre Flüssigkeit (ECF) f.** liquide extracellulaire m.
**extraziliär** extraciliaire
**extrem** extrème
**Extremität f.** extrémité f.
**Extremitätenelektrode f.** électrode périphérique f.
**extrinsic factor m.** facteur extrinsèque m.
**extrophie f.** extrophie f.
**Extroversion f.** extroversion f.
**extrudieren** réaliser une extrusion
**Extrusion f.** extrusion f.
**Extubation f.** extubation f.
**Extubator m.** extubateur m.
**extubieren** extuber
**exzéntrisch** excentrique
**Exzeß m.** excès m.
**exzessiv** excessif
**exzidieren** exciser
**Exzipiens n.** excipient m.
**Exzision f.** excision f.
**Exzyklophorie f.** excyclophorie f.

# F

**Fab n.**  fab m.
**Fabella f.**  fabella f.
**Fabrysche Krankheit f.**  maladie de Fabry f.
**Facette f.**  facette f.
**Facettenkrone f.**  couronne à facette f.
**facettiert**  facetté
**Fachgebietsarzt m.**  spécialiste m.
**Fachgebietsarzt für Anästhesie m.**  anesthésiste m.
**Fachgebietsarzt für Augenkrankheiten m.**  ophtalmologue m.
**Fachgebietsarzt für Bakteriologie m.**  bactériologue m.
**Fachgebietsarzt für Chirurgie m.**  chirurgien m.
**Fachgebietsarzt für Frauenkrankheiten m.**  gynécologue m.
**Fachgebietsarzt für Geschlechtskrankheiten m.**  vénérologue m.
**Fachgebietsarzt für Gynäkologie m.**  gynécologue m.
**Fachgebietsarzt für Hals-Nasen-Ohrenleiden m.**  oto-rhino-laryngologiste (ORL) m.
**Fachgebietsarzt für Hygiene m.**  spécialiste d'hygiène et médecine préventive m.
**Fachgebietsarzt für innere Medizin m.**  spécialiste de médecine interne m.
**Fachgebietsarzt für Kinderkrankheiten m.**  pédiatre m.
**Fachgebietsarzt für Neurologie m.**  neurologue m.
**Fachgebietsarzt für Orthopädie m.**  orthopède m.
**Fachgebietsarzt für Pathologie m.**  spécialiste d'anatomo-pathologie m.
**Fachgebietsarzt für Psychiatrie m.**  psychiatre m.
**Fachgebietsarzt für Radiologie m.**  radiologue m.
**Fachgebietsarzt für Röntgenologie m.**  roentgenologue m.
**Fachgebietsarzt für Urologie m.**  urologue m.
**Fachgebietsärztin f.**  spécialiste f.

**Fachgebietsweiterbildung f.**  spécialisation f.
**Fachzeitschrift f.**  revue spécialisée f.
**FAD (Flavin-Adenin-Dinukleotid) n.**  FAD (flavine adéninedinucléotide) f.
**Faden m.**  fil m., filament m.
**Fadenabschneider m.**  coupe-fil m.
**fadenbildend**  filamenteux
**Fadeneiterung f.**  suppuration d'une suture f.
**Fadenfänger m.**  pêche-fil m.
**fadenförmig**  filiforme
**Fadenführer m.**  porte-fil m.
**Fadengabel f.**  griffe f.
**Fagopyrismus m.**  fagopyrisme m.
**fähig**  capable
**Fähigkeit f.**  aptitude f., capacité f., faculté f.
**Fahrrad-Ergometrie f.**  ergométrie (bicyclette) f.
**Fahrstuhlschwindel m.**  vertige d'ascension m.
**Fahrtauglichkeit f.**  aptitude à conduire f.
**fäkal**  fécal
**Faktor m.**  facteur m.
**Faktor, pathogener m.**  facteur pathogène m.
**Faktor, thrombozytenaktivierender m.**  facteur d'activation des plaquettes (PAF) m.
**fäkulent**  féculent
**Fakultät f.**  faculté f.
**fakultativ**  facultatif
**Fall (Casus) m.**  cas m.
**Fall (Sturz) m.**  chute f.
**fällen (chem.)**  précipiter
**Fallfuß m.**  pied ballant m.
**Fallhand f.**  main ballante f.
**Fallotsche Pentalogie f.**  pentalogie de Fallot f.
**Fallotsche Tetralogie f.**  tétralogie de Fallot f.
**Fallotsche Trilogie f.**  trilogie de Fallot f.
**Fallstudie f.**  étude de cas f.
**Fallsucht f.**  épilepsie f.

**fallsüchtig** épileptique
**falsch** artificiel, érroné, faux
**falsch-negativ** faussement négatif
**falsch-positiv** faussement positif
**Faltapparat m.** plieuse f.
**Falte f.** pli m., repli m.
**falten** froncer, plier
**Faltung f.** pliage m., plissement m.
**familiär** familier
**Familienplanung f.** planing familial m.
**Famotidin n.** famotidine f.
**fanatisch** fanatique
**Fango m.** fango m.
**Fangzahn m.** dent qui saisit la proie f.
**Farad n.** farad m.
**Faradayscher Käfig m.** cage de Faraday f.
**Faradisation f.** faradisation f.
**faradisch** faradique
**faradisieren** faradiser
**Farbanpassung f.** adaptation de la teinte f. (dent.)
**färbbar** colorable
**Farbe f.** couleur f., teinte f.
**Färbeindex m.** index globulaire m.
**Färbemethode f.** méthode de coloration f.
**färben** colorer, teindre
**Färben n.** coloration f.
**farbenblind** daltonien
**farbenblinde Person f.** daltonien m., personne ayant une achromasie f.
**Farbenblindheit f.** achromasie f., daltonisme m.
**Farbensinn m.** sens des couleurs m.
**Farbentüchtigkeit f.** bonne vision des couleurs f.
**Färbeschale f.** coupelle de coloration f.
**Farbstoff m.** colorant m., teinture f.
**Farbstoffverdünnungskurve f.** courbe de dilution du colorant f.
**Färbung f.** coloration f., teinture f.
**Farmerhaut f.** dermatite du fermier f.
**Farmerlunge f.** poumon du fermier m.
**Farn m.** fougère f.
**Farnesyldiphosphat n.** farnésyldiphosphate m.
**Farren m.** jeune taureau m.
**Färse f.** génisse f.

**Fasciola hepatica f.** Fasciola hepatica f.
**Fasciolopsiasis f.** affection à Fasciolopsis f.
**Faser f.** fibre f.
**Faserknorpel m.** fibrocartilage m.
**Fasernetz n.** réseau fibreux m.
**Faserwerk n.** réseau fibreux m.
**Fassungsvermögen n.** contenance f.
**Faßzange f.** davier m., pince à séquestre f.
**fasten** jeûner
**Faszie f.** aponévrose f., fascia m.
**Fasziektomie f.** fasciectomie f.
**Fasziendoppelung f.** duplication aponévrotique f.
**Faszienfensterung f.** fistule aponévrotique f.
**Faszienplastik f.** aponévroplastie f.
**Fasziitis f.** fasciite f.
**faszikulär** fasciculé
**Fasziodese f.** fasciodèse f.
**Faszioliasis f.** atteinte par Fasciola f.
**Fasziotomie f.** fasciotomie f.
**Faulbrut f.** couvée putride f. (vet.)
**Faulecke f.** perlèche f.
**faulen** se corrompre
**faulig** putride
**Fäulnis f.** pourriture f., putréfaction f.
**Fäulnisstuhl m.** selles putrides f. pl.
**Faulschlamm m.** boue sapropélique f.
**Fauna f.** faune f.
**Faust f.** poing m.
**Faustregel f.** règle approximative f.
**Favismus m.** favisme m.
**Favus m.** favus m.
**Fazadinium n.** fazadinium m.
**Fazette f.** facette f.
**fazettiert** facetté
**Fazialis-Nerv m.** nerf facial m.
**Fazialislähmung f.** paralysie faciale de Bell f.
**faziobrachial** faciobrachial
**faziolingual** faciolingual
**fazioskapulohumeral** facioscapulohuméral
**Fazioversion f.** facioversion f.
**faziozervikal** faciocervical
**Febantel n.** fébantel m.
**Febarbamat n.** fébarbamate m.
**Febris undulans f.** fièvre ondulante f.

**Fechterstellung f.**   projection droite antérieure oblique f.
**Feder (Tierfeder) f.**   plume f.
**Feder (z. B. Uhrfeder) f.**   ressort m.
**Federallergie f.**   allergie à la plume f.
**Federklemme f.**   clamp à ressort m.
**Federschloß n.**   fermeture à ressort f.
**Fedrilat n.**   fédrilate m.
**Feersche Krankheit f.**   acrodynie infantile de Selter-Swift-Feer f.
**Fehlbehandlung f.**   traitement inadéquat m.
**Fehlbelichtung f.**   mauvaise exposition f.
**Fehldiagnose f.**   diagnostic erroné m.
**fehlen**   manquer
**Fehlen des Augenlides n.**   ablépharie f.
**Fehlentwicklung f.**   trouble du développement m.
**Fehler m.**   défaut m., faute f.
**Fehlerbereich m.**   zone d' erreur f.
**fehlerhaft**   défectueux, incorrect
**Fehlernährung f.**   malnutrition f.
**Fehlfunktion f.**   dysfonction f.
**Fehlgeburt f.**   avortement m., fausse couche f.
**Fehlgeburt, drohende f.**   avortement imminent m.
**Fehlgeburt, künstliche f.**   avortement artificiel m.
**Fehlgeburt, septische f.**   avortement septique m.
**Fehlgeburt, verhaltene f.**   missed abortion m.
**Fehlguß m.**   moulage défectueux m. (dent.)
**Fehlhaltung, psychische f.**   mauvaise attitude psychique f.
**Fehlingsche Probe f.**   test de Fehling m.
**Fehllage (obstetr.) f.**   présentation pathologique f.
**Fehlleistung f.**   acte manqué m.
**Fehlstellung f.**   malposition f.
**feien (gegen)**   immuniser (contre)
**Feigwarze f.**   condylome acuminé m.
**Feile f.**   lime f.
**feilen**   limer
**Feineinstellung f.**   adaptation exacte f.
**Feinfokus m.**   foyer précis m.
**Feinnadelbiopsie f.**   biopsie à l'aiguille fine f.

**Feinstfokus m.**   foyer de haute précision m.
**Feinstruktur f.**   structure fine f.
**Felbinac n.**   felbinac m.
**Feldbestrahlung f.**   radiothérapie de champ f.
**Feldemission f.**   émission de champ f.
**Feldstärke f.**   intensité du champ f.
**Feldversuch m.**   essai sur le terrain m.
**Fell n.**   pelage m.
**Felodipin n.**   félodipine f.
**Felsenbein n.**   rocher m.
**Felty-Syndrom n.**   syndrome de Felty m.
**Felypressin n.**   félypressine f.
**feminisieren**   féminiser
**Feminisierung f.**   féminisation f.
**femoral**   fémoral
**femorofemoral**   fémorofémoral
**femoropopliteal**   fémoropoplité
**Fenchel m.**   fenouil m.
**Fendilin n.**   fendiline f.
**Fenetyllin n.**   fénétylline f.
**Fenfluramin n.**   fenfluramine f.
**Fenofibrat n.**   fénofibrate m.
**Fenoverin n.**   fénovérine f.
**Fenoxypropazin n.**   fénoxypropazine f.
**Fenozolon n.**   fénozolone f.
**Fenpipramid n.**   fenpipramide m.
**Fenquizon n.**   fenquizone f.
**fenstern**   pratiquer une fénestration
**Fensterung f.**   fénestration f., trépanation f.
**Feredetat n.**   férédétate m.
**Ferkel n.**   porcelet m.
**Ferment n.**   enzyme m. oder f., ferment m.
**fermentativ**   fermentaire
**fermentieren**   fermenter
**Fermentlehre f.**   enzymologie f.
**Fermium n.**   fermium m.
**Fernbedienung f.**   télécommande f.
**Fernbehandlung f.**   traitement à distance m.
**Fernbestrahlung f.**   téléradiothérapie f.
**Fernbrille f.**   lunettes pour la vision à distance f. pl.
**Fernmessung f.**   mesure télémétrique f.
**Fernmetastase f.**   métastase à distance f.
**Fernschmerz m.**   douleur rapportée f.

Fernsehen n. télévision f.
Fernsehkette f. chaîne de télévision f.
fernsichtig hypermétrope
Fernthermometer n. téléthermomètre m.
Ferratazelle f. cellule de Ferrata f.
Ferricytochrom n. ferricytochrome m.
Ferrioxamin n. ferrioxamine f.
Ferrit n. ferrite f.
Ferritin n. ferritine f.
Ferrizyanid n. ferricyanure m.
Ferrizytochrom n. ferricytochrome m.
Ferrochelat n. ferrochélate m.
Ferrocholinat n. ferrocholinate m.
Ferroglyzin n. ferroglycine f.
Ferrokinetik f. ferrocinétique f.
ferrokinetisch ferrocinétique
Ferrolaktat n. ferrolactate m.
Ferrum reductum n. fer réduit m.
Ferse f. talon m.
Fersensporn m. éperon du calcanéum m.
Fertigkrone f. couronne préformée f.
Ferulat n. férulate m.
Fessel f. entrave f. (vet.)
Fesselgelenk n. paturon m.
fest ferme
festhaftend adhésif
Festphase f. phase solide f.
festsitzend fixé
feststehend établi, fixé
Fetischismus m. fétichisme m.
fetofetal foetofoetal
fetomaternal foetomaternel
Fetopathie f. foetopathie f.
fetoplazentar foetoplacentaire
Fetoprotein n. foetoprotéine f.
Fetoskopie f. foetoscopie f.
fetotoxisch foetotoxique
fett adipeux, gras
Fett n. graisse f.
Fettdepot n. dépot de graisse m.
Fettembolie f. embolie graisseuse f.
Fettgewebe n. tissu adipeux m.
Fettgewebeentzündung f. inflammation du tissu adipeux f.
Fettherz n. coeur gras m.
fettig adipeux, graisseux
Fettleber f. stéatose du foie f.
fettleibig obèse
Fettleibigkeit f. embonpoint m., obésité f.

fettlöslich liposoluble
Fettphanerose f. lipophanérose f.
Fettpneumonie f. lipopneumopathie f.
fettspaltend dissociant les graisses
Fettspeicherzelle f. cellule chargée en lipide f.
Fettstoffwechsel m. métabolisme lipidique m.
Fettstuhl m. stéatorrhée f.
Fettsucht f. adipose f., obésité f.
Fettzelle f. adipocyte m.
Fettzirrhose f. cirrhose adipeuse f.
Fettzylinder m. cylindre adipeux m.
Fetuin n. glycoprotéine foetale f.
feucht humide, mouillé
Feuchtigkeit f. humidité f.
Feuchtigkeitsgrad m. degré hygrométrique m.
feuerfest résistant au feu
feuergefährlich inflammable
Feuersteinleber f. foie silex m.
FFS (freie Fettsäuren) f. pl. NEFA (acides gras non estérifiés) m. pl.
FI (Färbeindex) m. index de coloration m.
Fiberoptik f. fibro-optique f.
fibrillär fibrillaire
Fibrille f. fibrille f.
fibrillieren fibriller
Fibrillose f. fibrillose f.
Fibrin n. fibrine f.
fibrinogen fibrinogène
Fibrinogen n. fibrinogène m.
Fibrinogenopenie f. fibrinogénopénie f.
fibrinoid fibrinoïde
Fibrinokinase f. fibrinokinase f.
Fibrinolyse f. fibrinolyse f.
Fibrinolysin n. fibrinolysine f.
Fibrinolysokinase f. fibrinolysokinase f.
fibrinolytisch fibrinolytique
Fibrinopenie f. fibrinopénie f.
Fibrinopeptid n. fibrinopeptide m.
fibrinös fibrineux
Fibroadenie f. fibroadénie f.
Fibroadenom n. fibroadénome m.
fibroareolär fibroaréolaire
Fibroblast m. fibroblaste m.
Fibroblastom n. fibroblastome m.
Fibroelastose f. fibroélastose f.
Fibroendoskopie f. fibroscopie f.

fibroendoskopisch  fibroscopique
Fibroepitheliom n.  fibroépithéliome
m.
Fibrogliom n.  fibrogliome m.
Fibrohistiozytom n.  fibrohistiocytome
m.
fibrohyalin  fibrohyalin
fibroid  fibroïde
fibrokartilaginös  fibrocartilagineux
Fibrokarzinom n.  fibrocarcinome m.
Fibrokeratom n.  fibrokératome m.
Fibrolipom n.  fibrolipome m.
Fibrolysin n.  fibrolysine f.
Fibrom n.  fibrome m.
fibromatös  fibromateux
Fibromatose f.  fibromatose f.
fibromuskulär  fibromusculaire
Fibromyom n.  fibromyome m.
Fibromyxom n.  fibromyxome m.
Fibromyxosarkom n.  fibromyxosar-
come m.
Fibronectin n.  fibronectine f.
Fibroosteoklasie f.  fibro-ostéoclasie f.
Fibroostitis f.  fibro-ostéite f.
Fibroplasie f.  fibroplasie f.
Fibroplastin n.  fibroplastine f.
fibroplastisch  fibroplastique
fibrös  fibreux
Fibrosarkom n.  fibrosarcome m.
Fibrose f.  fibrose f.
Fibrositis f.  fibrosite f.
fibrozystisch  fibrocystique
Fibrozyt m.  fibrocyte m.
fibulär  fibulaire
Fichtennadelbad n.  bain aux extraits
de pin m.
Fieber n.  fièvre f.
Fieber der Mittelmeerländer, gehäuft
auftretendes n.  fièvre méditerra-
néenne familiale (FMF) f.
Fieber, hitziges n.  hyperthermie avec
frisson f.
Fieber, undulierendes n.  fièvre ondulante f.
Fieber ungeklärter Ursache n.  fièvre
d'étiologie inconnue f.
Fieberanfall m.  accès de fièvre m.
febererzeugend  pyrétogène
fieberhaft  fébrile
Fieberhitze f.  chaleur fébrile f.
fieberkrank  fiévreux

Fieberkurve f.  courbe de température
f.
Fiebermittel n.  antipyrétique m.
fiebern  fièvre, avoir la
fiebersenkend  antipyrétique
Fiebertherapie f.  pyrétothérapie f.
Fieberthermometer n.  thermomètre
médical m.
Fiebertraum m.  rêve fébrile m.
fiebrig  fébrile
Filaria bancrofti f.  Wucheria bancrofti
f.
Filaria loa f.  loa-loa f.
Filariasis f.  filariose f.
Filarie f.  filaire f.
filial  filial
filiform  filiforme
Film m.  film m., film radiographique
m.
Filmbeschriftung f.  marquage du film
m.
Filmbetrachtungsgerät n.  vidéoécran
(radiologique) m.
Filmdosimeter n.  dosimètre (de film
radiographique) m.
Filmempfindlichkeit f.  sensibilité du
film f.
Filmentwicklung f.  développement du
film m.
Filmentwicklungsmaschine f.  système
de développement des films radiogra-
phiques m.
Filmformat n.  format du film m.
Filmhalter m.  porte film m.
Filmtrockengestell n.  support de sé-
chage m.
Filmtrockner m.  sèche-film m.
Filmwechsler m.  changeur de film m.
Filter n.  filtre m.
Filterpapier n.  papier filtre m.
filtrabel  filtrable
Filtrat n.  produit filtré m.
Filtration f.  filtration f.
filtrierbar  filtrable
filtrieren  filtrer
Filtrierpumpe f.  pompe de filtrage f.
Filtrierung f.  filtration f.
Filzlaus f.  pou du pubis m.
Filzlausbefall m.  phtiriase inguinale f.
Fimbria f.  fimbria f.
Fimbriolyse f.  fimbriolyse f.
**final**  final

Finder m. chercheur m.

Finger m. doigt m.

Finger, schnellender m. doigt à ressort m.

Fingerabdruck m. dactylogramme m., empreinte digitale f.

Fingergelenk n. articulation du doigt f.

Fingerhutkrone f. couronne „thimble crown" f.

Fingerknöchelpolster n. bourrelet des jointures des doigts m.

Fingerling m. doigtier m.

Fingernagel m. ongle du doigt m.

Fingernägelbeißen n. rongement des ongles m.

Finger-Nasen-Versuch m. épreuve doigt-nez f.

Fingerschützer m. protection du doigt f.

Fingerspitze f. bout du doigt m.

Fingerverwachsung f. syndactylie f.

fingieren simuler

Finierbohrer m. fraise de finition f.

finieren réaliser la finition

Finierer m. moyen de finition m.

Finierfeile f. polissoir de finition m.

Finierinstrument n. instrument de finition m.

Finne f. bouton m. (dermatol.), cysticerque m. (parasitol.)

Fipexid n. fipexide m.

Fischbandwurm m. ténia du poisson m.

Fischmaulschnitt m. incision en „bouche de poisson" f.

Fischwirbel m. vertèbre aplatie-concave f.

Fissur f. fissure f.

Fissurenbohrer m. fraise à fissure f.

Fistel f. fistule f.

Fistel, arteriovenöse f. fistule artérioveineuse f.

Fistelbildung f. formation d'une fistule f.

Fistulektomie f. fistulectomie f.

Fistulographie f. fistulographie f.

fistulös fistuleux

Fistulotomie f. fistulotomie f.

Fixationsnystagmus m. nystagmus optocinétique m.

Fixator m. fixateur m.

Fixierbad n. bain de fixage m.

fixieren fixer

Fixiermittel n. fixateur m.

Fixierpinzette f. pince à fixation f.

Fixierung f. fixation f.

Fixiervorrichtung f. système de contention m.

Flachbrust f. poitrine plate f.

Fläche f. surface f.

Flächenvektor m. vecteur de surface m.

Flachmeißel m. ciseau plat m.

Flachrücken m. dos plat m.

Flachschraube f. vis plate f.

flachzellig planocellulaire

Flagellation f. flagellation f.

Flagellin n. flagelline f.

Flaggellata n. pl. flagellés m. pl.

Flammenphotometer n. photomètre de flamme m.

Flammenphotometrie f. photométrie de flamme f.

flammig d'aspect flammé

Flanellbinde f. bande de flanelle f.

Flanke f. flanc m.

Flankenschnitt m. incision dorso-lombaire f.

Fläschchen n. flacon m.

Flasche f. bouteille f.

Flaschenkind n. enfant au biberon m.

Flaschenverschluß m. fermeture de bouteille f.

Flattern n. battement m., flutter m.

Flatulenz f. flatulence f.

Flavan n. flavane f.

Flavanon n. flavanone f.

Flavin n. flavine f.

Flavin-Adenin-Dinukleotid n. flavine adénine dinucléotide f.

Flavobacterium n. Flavobacterium m.

Flavon n. flavone f.

Flavonat n. flavonate m.

flavonoid flavonoïde

Flavonolignan n. flavonolignane m.

Flavoprotein n. flavoprotéine f.

Flavoxat n. flavoxate m.

Flecainid n. flécäinide m.

Flechsigsches Bündel n. faisceau de Flechsig m.

Flechte f. dartre m., lichen m.

Fleck m. macule f., plaque f., tache f.

Fleck, blinder m. papille optique f., tache aveugle f., tache de Mariotte f.
Fleckfieber n. typhus pétéchial m.
fleckfieberartig typhoïde
fleckfieberförmig typhoïdiforme
fleckig maculé, tacheté
Flecktyphus m. fièvre typhoïde f.
Fleisch n. chair f.
Fleisch, wildes n. bourgeon charnu m., granulation f.
Fleischbeschauer m. inspecteur sanitaire des abattoirs m.
Fleischbrühe f. bouillon de viande m.
fleischfressend carnivore
fleischig charnu
Fleischkost f. régime carné m.
Fleischmole f. môle charnue f.
Flexibilität f. flexibilité f.
Flexion f. flexion f.
Flexner-Bazillus m. bacille de Flexner m.
Flexor m. muscle fléchisseur m.
Flexur f. angle m.
Fliege f. mouche f.
Fliegenpilz m. agaric tue-mouche m.
Fliegerkrankheit f. mal des aviateurs m.
fliegertauglich apte au vol
Fließeigenschaft f. tendance à couler f.
Fließgleichgewicht n. état d'équilibre „steady state" m.
Fließmittel (chromatogr.) n. système solvant m.
Fließpapier n. papier buvard m.
Flimmerepithel n. épithélium vibratile m.
Flimmerflattern n. fibrillo-flutter m.
flimmern fibriller (card.), scintiller
Flimmern n. fibrillation f., scintillation f., scintillement m.
Flimmerskotom n. scotome scintillant m.
Flintsches Geräusch n. roulement de Flint m.
Floccilegium n. carphologie f.
Flocke f. flocon m.
Flockenlesen n. carphologie f., crocidisme m.
flockig floconneux
Flockung f. floculation f.
Flockungsreaktion f. réaction de floculation f.

Floh m. puce f.
floppy valve prolapsus mitral du syndrome de Barlow m.
Flora f. flore f.
Florenal n. fluorénal m.
Flotation f. flottation f.
Flottieren n. flottation f.
Floxacin n. floxacine f.
Fluacizin n. fluacizine f.
Flubendazol n. flubendazole m.
flüchtig volatil
flüchtig, leicht très volatil
flüchtig, schwer peu volatil
Fluchtreflex m. réflexe de défense m.
Fluclorolon n. fluclorolone f.
Fluconazol n. fluconazole m.
Flucytosin n. flucytosine f.
Fludrocortison n. fludrocortisone f.
Fludroxycortid n. flurandrénolide m.
Flufenamat n. fluénamate m.
Flügel m. aile f., lobe m.
Flügelbißfilm m. „bitewing" m.
Flügelfell n. ptérygion m.
Flügelkanüle f. canule à ailettes f.
Flügelplatte f. plaque ailiforme f.
Fluidextrakt m. extrait liquidien m.
Fluidographie f. fluidographie f.
fluidographisch fluidographique
Fluktuation f. fluctuation f.
fluktuieren fluctuer
fluktuierend fluctuant
Flumazenil n. flumazénil m.
Flumethason n. fluméthasone f.
Flumethiazid n. fluméthiazide m.
Flunarizin n. flunarizine f.
Flunisolid n. flunisolide m.
Flunitrazepam n. flunitrazepam m.
Fluocinolon n. fluocinolone f.
Fluocortolon n. fluocortolone f.
Fluor m. écoulement m., fluor m., flux m.
Fluor albus m. leucorrhée f.
Fluoranil n. fluoranile m.
Fluorapatit m. fluoroapatite f.
Fluorazetat n. fluoroacétate m.
Fluorbenzid n. fluorbenside m.
Fluorchinolon n. fluoroquinolone f.
Fluorchlorkohlenwasserstoff m. fluorochlorohydrocarbone m.
Fluorchromierung f. coloration fluorescente f.

**Fluordesoxithymidin n.** fluordésoxithymidine f.
**Fluoren n.** fluorène m.
**Fluorenal n.** fluorénal m.
**Fluorenon n.** fluorénone f.
**Fluorenylazetamid n.** fluorénylacétamide m.
**Fluoreszein n.** fluorescéine f.
**Fluoreszenz f.** fluorescence f.
**Fluorid n.** fluorure m.
**fluorieren** fluorer
**Fluorierung f.** fluoration f.
**Fluorit n.** fluorite f.
**Fluoroborat n.** fluoroborate m.
**Fluorohydrocortison n.** fluorohydrocortisone f.
**Fluorometholon n.** fluorométholone f.
**Fluorophosphat n.** fluorophosphate m.
**Fluoroprednisolon n.** fluoroprednisolone f.
**Fluoropyrimidin n.** fluoropyrimidine f.
**Fluorose f.** fluorose f.
**Fluoroskopie f.** fluoroscopie f.
**fluoroskopisch** fluoroscopique
**Fluorouracil n.** fluorouracile m.
**Fluorozyt m.** fluorocyte m.
**Fluorozytosin n.** fluorocytosine f.
**Fluorvergiftung f.** intoxication fluorée f.
**Fluoxetin n.** fluoxétine f.
**Fluran n.** flurane m.
**Flurocitabin n.** flurocitabine f.
**Flurophat n.** flurophate m.
**Flurotyl n.** flurotyle m.
**Fluroxen n.** fluroxène m.
**Flush m.** flush m.
**Fluspirilen n.** fluspirilène m.
**Fluß m.** flux m., rhume m.
**flüssig** fluide, liquide
**Flüssigkeit f.** fluide m., liquide m.
**Flüssigkeit, extrazelluläre f.** liquide extracellulaire m.
**Flüssigkeitsansammlung f.** collection liquide f.
**Flüssigkeitschromatograph m.** chromatographe à phase liquidienne
**Flüssigkeitschromatographie f.** chromatographie à phase liquidienne f.

**Flüssigkeitsersatz m.** remplissage liquidien m.
**Flüssigkeitslunge f.** poumon oedémateux m.
**Flüssigkeitsretention f.** rétention liquidienne f.
**Flüssigkeitsspiegel m.** niveau liquidien m.
**Flüssigkeitsverlust m.** perte liquidienne f.
**Flüssigkristallthermographie f.** cristothermographie liquide f.
**Flußmesser m.** débimètre m.
**Flußmittel n.** flux m., fondant m.
**flüstern** chuchoter
**Flüsterprobe f.** test de chuchotement m.
**Flüstersprache f.** voix chuchotée f.
**Flutamid n.** flutamide m.
**Flutwelle f.** raz de marée m.
**Fluvograph m.** fluviographe m.
**fluvographisch** fluviographique
**Fluzytosin n.** flucytosine f.
**Fogarty-Katheter m.** cathéter de Fogarty m.
**fohlen** pouliner
**fokal** focal
**Fokalinfektion f.** infection focale f.
**Fokaltoxikose f.** toxicose focale f.
**Fokus m.** foyer m.
**Fokus-Filmabstand m.** distance foyer-film f.
**Fokus-Objektabstand m.** distance foyer-objet f.
**Fokus-Schirmabstand m.** distance foyer-écran f.
**fokussieren** focaliser
**Fokussierung f.** focalisation f.
**Folat n.** folate m.
**Folgeerscheinung f.** séquelle f., suite f
**Folgerung f.** déduction f., implication f.
**Folie f.** feuille f.
**Folienabdruck m.** impression sur feuille f.
**Folienträger m.** porteur de feuille m.
**Folinat n.** folinate m.
**Folinerin n.** folinérine f.
**Folliculitis decalvans f.** folliculite épilante f.
**Follikel m.** follicule m.

**Follikelhormon n.**  folliculine f., oestrone f.

**Follikelphase f.**  phase folliculaire proliférative f.

**Follikelreifungshormon n.**  hormone de maturation folliculaire f.

**follikulär**  folliculaire

**Follikulitis f.**  folliculite f.

**Fontanelle f.**  fontanelle f.

**Forage f.**  forage m.

**Foraminotomie f.**  foraminotomie f.

**forbidden clones**  forbidden clones

**forciert**  forcé

**forcierte Vitalkapazität f.**  capacité vitale forcée f.

**Förderung f.**  facilitation f., favorisation f.

**forensisch**  médico-légal

**Form f.**  forme f., moule m.

**Formaldehyd m.**  formaldéhyde f.

**Formamid n.**  formamide m.

**Formamidase f.**  formamidase f.

**Formamidin n.**  formamidine f.

**Format n.**  format m.

**Formband n.**  liseré matriciel m. (dent.)

**Formebolon n.**  formébolone f.

**Formel f.**  formule f.

**Formelsammlung f.**  formulaire m.

**Formiat n.**  formiate m.

**Formiminotransferase f.**  formiminotransférase f.

**Forminitrazol n.**  forminitrazole f.

**Formolgelreaktion f.**  formol-gélification f.

**Formothion n.**  formothione f.

**Formyl n.**  formyle m.

**Formylase f.**  formylase f.

**Formylglutamat n.**  formylglutamate m.

**Formylkynurenin n.**  formylkynurénine f.

**Formyltransferase f.**  formyltransférase f.

**Fornikotomie f.**  fornicotomie f.

**forschen**  explorer, rechercher

**Forscher m.**  chercheur m.

**Forschung f.**  investigation f., recherche f.

**Forschungslabor n.**  laboratoire de recherche m.

**Förstersche Operation f.**  rhizotomie postérieure de Foerster f.

**Fortbewegung f.**  locomotion f.

**Fortbildung f.**  formation continue f., perfectionnement m.

**fortdauernd**  perpétuel

**fortpflanzen**  propager, reproduire

**Fortpflanzung f.**  reproduction f.

**Fortpflanzungs…**  reproducteur

**Fortsatz m.**  prolongement m.

**fortschreiten**  progresser

**Fortschritt m.**  progrès m.

**Fortschritte m. pl.**  progrès m. pl.

**Foscarnet**  foscarnet

**Fosfat n.**  phosphate m.

**Fosfomycin n.**  fosfomycine f.

**fötal**  foetal

**Fotemustin n.**  fotemustine f.

**fötid**  fétide

**fötomaternal**  foetomaternel

**Fötopathie f.**  foetopathie f.

**fotoplazentar**  foetoplacentaire

**Fötoprotein n.**  faetoprotéine f.

**Fötor m.**  foetor m.

**Fötoskopie f.**  foetoscopie f.

**fötotoxisch**  foetotoxique

**Fötus m.**  foetus m.

**Fovea f.**  fovea f.

**foveal**  fovéal

**Fowlersche Lösung f.**  soluté de Fowler m.

**Fox-Fordycesche Krankheit f.**  hidrosadénomes de Fox-Fordyce m. pl.

**Fragilität f.**  fragilité f.

**Fragilozyt m.**  fragilocyte m.

**Fragment n.**  fragment m.

**Fragmentation f.**  fragmentation f.

**Fraktion f.**  fraction f.

**fraktionieren**  fractionner

**fraktioniert**  fractionné

**Fraktionierung f.**  fractionnement m.

**Fraktur f.**  fracture f.

**Fraktur, Abschälungs- f.**  fracture clivée f.

**Fraktur, Bennettsche f.**  fracture de Bennett f.

**Fraktut, Biegungs- f.**  fracture d'hyperextension f.

**Fraktur, Cooper- f.**  fracture de Cooper f.

**Fraktur, Eierschalen- f.**  fracture esquilleuse f.

**F**

**Fraktur, einfache f.** fracture simple f.

**Fraktur, eingekeilte f.** fracture impactée f.

**Fraktur, Ermüdungs- f.** fracture de fatigue f.

**Fraktur, extraartikuläre f.** fracture extraarticulaire f.

**Fraktur, extrakapsuläre f.** fracture extra capsulaire f.

**Fraktur, Gelenk- f.** fracture articulaire f.

**Fraktur, Gosselinsche f.** fracture de Gosselin f.

**Fraktur, Impressions- f.** fracture du crâne avec enfoncement de la table interne f.

**Fraktur, intrakapsuläre f.** fracture intracapsulaire f.

**Fraktur, komplizierte f.** fracture complexe f.

**Fraktur, komplizierte Splitter- f.** fracture ouverte comminutive f.

**Fraktur, Längs- f.** fracture longitudinale f.

**Fraktur, Loch- f.** fracture en boutonnière f.

**Fraktur, Marsch- f.** fracture de marche f.

**Fraktur, Monteggia- f.** fracture de Monteggia f.

**Fraktur, offene f.** fracture ouverte f.

**Fraktur, periartikuläre f.** fracture périarticulaire f.

**Fraktur, pertrochantere f.** fracture pertrochantérienne f.

**Fraktur, Quer- f.** fracture transversale f.

**Fraktur, Quetsch- f.** fracture par contusion f.

**Fraktut, Schipper- f.** fracture des marins f.

**Fraktur, Schuß- f.** fracture par projectile f.

**Fraktur, Spiral- f.** fracture spiroïde f.

**Fraktur, Splitter- f.** fracture comminutive f.

**Fraktur, Spontan- f.** fracture spontanée f.

**Fraktur, Stieda- f.** fracture de Stieda f.

**Fraktur, subkapitale f.** fracture subcapitale f.

**Fraktur, suprakondyläre f.** fracture supracondylaire f.

**Frambösie f.** framboesia f., pian m.

**Frambösie-Exanthem n.** framboesia cutanée f.

**Framycetin n.** framycétine f.

**Franceschetti-Zwahlen-Syndrom n.** syndrome de Franceschetti-Zwahlen m.

**Francisella f.** francisella f.

**Francium n.** francium m.

**Frangulin n.** franguloside m.

**Frankenhäusersches Ganglion n.** ganglion de Frankenhäuser m.

**Frankfurter Horizontale f.** plan otoorbital de Francfort m.

**fräsen** fraiser

**Fraß m. (med.)** carie f.

**Frauenarzt m.** gynécologue m.

**Frauenärztin f.** gynécologue f.

**Frauenklinik f.** clinique gynécologique f.

**Frauenkrankheit f.** affection gynécologique f.

**Frauenmilch f.** lait humain m.

**Fraunhofersche Linie f.** ligne de Fraunhofer f.

**Fra-X-Syndrom n.** fragile X syndrome m.

**Fraxiparin n.** fraxiparine f.

**Freiendprothese f.** prothèse dentaire „free-end" f. (dent.)

**freigeben** libérer

**freilegen** décrouvrir, dénuder

**Freilegung f.** dénudation f.

**freiliegend** exposé

**Freiluft f.** plein air m.

**Freiname (eines Medikamentes) m.** dénomination commune f.

**Freische Probe f.** réaction de Frei f.

**freisetzen** libérer, produire

**Freisetzung f.** excrétion f., libération f

**freiwillig** volontaire

**Fremdkörper m.** corps étranger m.

**Fremdkörperzange f.** pince à extraction f.

**Fremdneurose f.** névrose exogène f.

**Fremdreflex m.** réflexe extérorécepteur m.

**Fremdstoff m.** substance étrangère f.

**Fremitus m.** frémissement m.

**Frenulotomie f.** frénulotomie f.

**Frenzelbrille f.** lunettes d'exploration du nystagmus f. pl.
**frequent** fréquent
**Frequenz f.** fréquence f.
**frequenzabhängig** dépendant de la fréquence
**Freßreflex m.** mouvement réflexe de mastication m.
**Frettchen n.** furet m.
**Freudscher Versprecher m.** lapsus (Freud) m.
**Friedländerscher Bazillus m.** Klebsiella pneumoniae f.
**frieren** avoir froid
**frigid** frigide
**Frigidität f.** frigidité f.
**Friktion f.** friction f.
**Friktionismus m.** perversion de frottement d'étoffes f.
**Frischblut n.** sang frais m.
**Frischzelle f.** cellule nouvelle f.
**Fröhlichsches Syndrom n.** dystrophie adiposo-génitale de Babinski-Froehlich f.
**frontal** frontal
**Frontalebene f.** plan frontal m.
**Frontallappen m.** lobe frontal m.
**frontobasal** frontobasal
**frontonasal** frontonasal
**frontookzipital** frontooccipital
**frontoparietal** frontopariétal
**frontotemporal** frontotemporal
**frontozygomatisch** frontozygomatique
**Frontzahn m.** dent de devant f.
**Frosch m.** grenouille f.
**Froschbauch m.** ventre de batracien m.
**Froschgesicht n.** face de grenouille f.
**Froschherz n.** coeur de grenouille m.
**Frostbeule f.** engelure f., érythème pernio m.
**frösteln** avoir des frissons
**frösteln n.** frissonnement m.
**fröstelnd** frissonnant
**frottieren** frotter
**Frucht (obstetr.) f.** embryon m., foetus m.
**Frucht f.** fruit m.
**fruchtbar** fertile
**fruchtbar machen** fertiliser
**Fruchtbarkeit f.** fécondité f., fertilité f.

**Fruchtblase f.** membranes de l'oeuf m. pl.
**Fruchteinstellung f.** présentation foetale f.
**Fruchthaltung f.** attitude intra-utérine f.
**Fruchtschädigung f.** embryopathie f.
**Fruchttod m.** mort foetale f.
**Fruchttötung f.** embryocide m.
**Fruchtwasser n.** liquide amniotique m.
**Fruchtzucker m.** fructose m.
**früh** prématuré, tôt
**Frühantigen n.** antigène précoce m.
**Frühbehandlung f.** traitement précoce m.
**Frühentdeckung f.** détection précoce f.
**Früherkennung f.** diagnostic précoce m.
**frühgeborenes Kind n.** enfant né avant terme m., prématuré m.
**Frühgeburt f.** naissance prématurée f.
**Frühjahrskonjunktivitis f.** conjonctivite printanière f.
**frühkindlich** de la petite enfance
**Frühoperation f.** opération réalisée tôt f.
**frühreif** précoce
**Frühreife f.** maturité précoce f.
**Frühschwangerschaft f.** début de grossesse m.
**Frühsommermeningoenzephalitis f.** méningo-encéphalite verno-estivale f.
**Frühstadium n.** stade précoce m.
**Frühsyphilis, latente f.** syphilis précoce latente f.
**Fruktofuranosidase f.** fructofuranosidase f.
**Fruktokinase f.** fructokinase f.
**Fruktolyse f.** fructolyse f.
**Fruktose f.** fructose m.
**Fruktosurie f.** fructosurie f.
**frustran** frustrant
**Frustration f.** frustration f.
**FSH (follikelstimulierendes Hormon) n.** FSH (hormone folliculo-stimulante) f.
**FSME (Frühsommermeningoenzephalitis) f.** méningo-encéphalite verno-estivale f.

FTA-Abs-Test (Fluoreszenz Treponema pallidum-Antikörper-Absorptionstest) m.   FTA-ABS (fluorescent treponemal antibody adsorbed serum) m.
Ftalofyn n.   ftalofyne f.
Fuadin n.   fuadine f.
Fuberidazol n.   fubéridazole m.
Fuchsbandwurm m.   ténia du renard m.
Fuchsin n.   fuchsine f.
Fuchsin-Agar m.   agar-fuchsine m.
fuchsinophil   fuchsinophile
Fuconat n.   fuconate m.
Fucopentaose f.   fucopentaose m.
Fucosamin n.   fucosamine f.
Fucose f.   fucose f.
Fucosedehydrogenase f.   fucosedéhydrogénase f.
Fucosid n.   fucoside m.
Fucosidase f.   fucosidase f.
Fucosidose f.   fucosidose m.
Fucosyllaktose f.   fucosyllactose m.
Fucosyltransferase f.   fucosyltransférase f.
Fuge f.   jointure f.
Fugue f.   fugue f.
fühlen   ressentir, sentir
Fühler m.   antenne f., tentacule (zool.) m.
Führungsdraht m.   guide métallique m.
Fukos…siehe /   voir Fucos
Fulguration f.   fulguration f.
füllen   remplir
Füllkörper m.   cellule de remplissage f.
Füllung f.   obturation f., plombage m., remplissage m.
Füllungsdefekt m.   défaut de remplissage m.
Füllungsdruck m.   pression de remplissage f.
Füllungszeit f.   temps de remplissage m.
fulminant   fulminant
Fumarase f.   fumarase f.
Fumarat n.   fumarate m.
Fumigation f.   fumigation f.
Fundament n.   fondement m.
fundamental   fondamental
Fundektomie f.   fundusectomie f.
Fundoplicatio f.   gastroplication f.

Fundus m.   fond m., fundus m.
Funduskop n.   ophtalmoscope m.
Funduskopie f.   ophtalmoscopie f.
funduskopisch   ophtalmoscopique
Fungämie f.   fongémie f.
Fünfling m.   quintuplé m.
Fünftagefieber n.   fièvre de cinq jours f.
fünfwertig   pentavalent
fungistatisch   fungistatique
fungizid   fungicide
fungös   fongueux, spongieux
Fungus m.   fungus m.
Funiculus spermaticus m.   cordon spermatique m.
funikulär   funiculaire
funikuläre Myelose f.   myélose funiculaire f.
Funikulitis f.   funiculite f.
Funikulus m.   cordon m., funiculus m.
Funktion f.   fonction f.
funktionell   fonctionnel
Funktionsdiagnostik f.   diagnostic fonctionnel m.
Funktionskreis m.   circuit fonctionnel m.
Funktionspfleger m.   infirmier spécialisé m.
Funktionsschwester f.   infirmière spécialisée f.
Funktionsstörung f.   trouble fonctionnel m.
Furaltadon n.   furaltadone f.
Furan n.   furane m.
Furanocumarin n.   furanocoumarine f.
Furanose f.   furanose m.
Furanosid n.   furanoside m.
Furazon n.   furazone f.
Furche f.   fente f., scissure f., sillon m.
furchen   se segmenter
Furcht f.   crainte f., peur f.
Furchung f.   clivage m., segmentation f.
Furetonid n.   furétonide m.
Furoat n.   furoate m.
Furosemid n.   furosémide m.
Fürsorge f.   assistance f.
Fürsorgeerziehung f.   éducation disciplinaire f.
Fürsorger m.   assistant social m.
Fürsorgerin f.   assistante sociale f.
Furunkel n.   furoncle m.

**furunkulös**  furonculaire
**Furunkulose f.**  furonculose f.
**Furylalanin n.**  furylalanine f.
**Fuscin n.**  fuscine f.
**Fuselöl n.**  alcool amylique m.
**Fusidat n.**  fusidate m.
**fusiform**  fusiforme
**Fusion f.**  fusion f.
**Fusobacterium fusiforme n.**  Fusob-
  acterium fusiforme m.
**Fusoborreliose f.**  fusoborréliose f.
**fusospirillär**  fusospirillaire
**Fuß m.**  pied m.
**Fuß- und Handpflege f.**  pédicure-ma-
  nicure f.
**Fuß verstauchen, den**  fouler le pied
**Fußbad n.**  bain de pied m.
**Fußballen m. pl.**  éminences du gros et
  du petit orteil f. pl.
**Fußekzem n.**  eczéma du pied m. (vet.)

**Fußgelenk n.**  cheville f.
**Fußgewölbe n.**  voûte plantaire f.
**Fußhebel m.**  levier à pédale m.
**Fußklonus m.**  clonus du pied m.
**Fußpflege f.**  pédicure f.
**Fußpfleger m.**  pédicure m.
**Fußpflegerin f.**  pédicure f.
**Fußpuder n.**  poudre pour les pieds f.
**Fußpuls m.**  pouls pédieux m.
**Fußrücken m.**  dos du pied m.
**Fußschalter m.**  commande à pied f.
**Fußsohle f.**  plante du pied f.
**Fußstütze f.**  repose-pied m.
**Fußwurzel f.**  tarse m.
**Fuszin n.**  fuscine f.
**Futter n.**  mandrin m. (dent.), fourri-
  ture f. (vet.)
**Fütterung f.**  distribution de nourriture
  f.
**Futurologie f.**  futurologie f.

**F**

# G

Gabel f. fourche f., fourchette f.
Gabelrippe f. côtes soudées f. pl.
Gabelung f. bifurcation f.
GABS (Gammaaminobuttersäure) f.
GABA (acide gamma-aminobutyri-
que) m.
Gadolinium n. gadolinium m.
gähnen bâiller
Gähnen n. bâillement m.
Gähnkrampf m. bâillement convulsif
m.
galaktagog galactagogue
Galaktagogum n. galactagogue m.
Galaktan n. galactane m.
Galaktase f. galactase f.
Galaktit n. dulcitol m.
Galaktoflavin n. galactoflavine f.
Galaktokinase f. galaktokinase f.
Galaktolipid n. galactolipide m.
Galaktopoese f. galactogenèse f.
Galaktorrhöe f. galactorrhée f.
Galaktosämie f. galactosémie f.
Galaktosamin n. galactosamine f.
Galaktosaminyltransferase f. galacto-
saminyltransférase f.
Galaktose f. galactose m.
Galaktosebelastungsprobe f. épreuve
de galactosurie provoquée f.
Galaktosetoleranz f. tolérance au ga-
lactose f.
Galaktosid n. galactoside m.
Galaktosidase f. galactosidase f.
Galaktosurie f. galactosurie f.
Galaktosyl n. galactosyle m.
Galaktosylhydroxylysyl n. galacto-
sylhy droxylysyle m.
Galaktosyltransferase f. galactosyl-
transférase f.
Galaktozerebrosid n. galactocérébro-
side m.
Galaktozerebrosidose f. galactocéré-
brosidose m.
Galanthamin n. galantamine f.
Galenik f. galénique f.
galenisch galénique
galenisches Mittel n. produit galéni-
que m.

Galeotomie f. galéotomie f.
Gallamin n. gallamine f.
Gallat n. gallate m.
Galle f. bile f.
Gallen f.pl. vessignon m. (vet.)
Gallenbildung f. formation de la bile
f.
Gallenblase f. vésicule biliaire f.
Gallenfarbstoff m. pigment biliaire m.
Gallenfieber n. fièvre bilieuse f.
Gallenfistel f. fistule biliaire f.
Gallengang m. canal biliaire m., canal
cholédoque m.
Gallengangsdränage f. drainage cho-
lédoque m.
Gallenkolik f. colique hépatique f.
Gallenpulver n. poudre biliaire f.
Gallensalz n. sel biliaire m.
Gallensalz-Agar m. agar-sel biliaire m.
Gallenstein m. calcul biliaire m.
Gallensteinfaßzange f. pince à mors
fenêtré (pour calculs biliaires) f.
Gallentrakt m. tractus biliaire m.
Gallenwege f. pl. voies biliaires f. pl.
Gallerte f. gélatine f., pulpe f.
gallertig gélatineux
Gallertkrebs m. épithélioma mucipare
m.
gallig biliaire, bilieux
galliges Erbrechen n. vomissement bi-
lieux m.
Gallium n. gallium m.
Gallone f. gallon m.
Gallopamil n. gallopamil m.
Galmei m. calamine f.
Galopprhythmus m. bruit de galop m.
Galtonsche Pfeife f. sifflet de Galton
m.
galvanisch galvanique
Galvanokaustik f. galvanocautérisa-
tion f.
Galvanometer n. galvanomètre m.
galvanotaktisch galvanotactique
Gambiafieber n. fièvre à Trypano-
soma gambiense f.
Gamet m. gamète m.
Gametogonie f. gamétogonie f.

**Gametopathie f.**  gamétopathie f.

**Gametozyt m.**  gamétocyte m.

**Gamma-GT (Gamma-Glutamyltransferase) f.**  gamma-GT (gammaglutamyltransférase) f.

**Gammaglobulin n.**  gammaglobuline f.

**Gammakamera f.**  gammacaméra f.

**Gammaspektrometrie f.**  gammaspectrométrie f.

**Gammastrahl m.**  rayon gamma m.

**Gammastrahler m.**  émetteur gamma m.

**Gammatron n.**  gammatron m.

**Gammawelle f.**  onde gamma f.

**Gammopathie f.**  gammopathie f.

**Gamon n.**  gamone f.

**Ganciclovir n.**  ganciclovir m.

**Gang (Durchgang) m.**  canal m., conduit m., méat m.

**Gang (Gehen) m.**  démarche f., marche f.

**Gang, ataktischer m.**  démarche atactique f.

**Gang, schlurfender m.**  marche en trainant les pieds f.

**Gang, schwankender m.**  démarche titubante f.

**Gang, Stepper- m.**  steppage m.

**Gang, watschelnder m.**  dandinement m.

**Gang, zirkulärer m.**  marche en cercle f.

**Gangart f.**  démarche f.

**Gangliektomie f.**  gangliectomie f.

**Ganglienblocker m.**  ganglioplégique m.

**Ganglienzelle f.**  cellule ganglionnaire f.

**Gangliogliom n.**  gangliogliome m.

**Gangliom n.**  gangliome m.

**Ganglion Gasseri n.**  ganglion de Gasser m.

**Ganglion stellatum n.**  ganglion stellaire m.

**Ganglionektomie f.**  ganglionectomie f.

**Ganglioneuroblastom n.**  ganglioneuroblastome m.

**Ganglioneurom n.**  ganglioneurome m.

**Ganglionitis f.**  ganglionite f.

**Ganglioplegikum n.**  ganglioplégique rn.

**Gangliosid n.**  ganglioside m.

**Gangliosidose f.**  gangliosidose f.

**Gangliozyt m.**  gangliocyte m.

**Gangosa f.**  gangosa f.

**Gangrän n.**  gangrène f.

**gangränös**  gangréneux

**Gangsystem n.**  système de passage m.

**Gänsehaut f.**  chair de poule f.

**Gänsehautreflex m.**  réflexe pilomoteur m.

**Ganzglasspritze f.**  seringue tout verre f.

**Ganzheit f.**  intégralité f.

**Ganzkörper-Computertomographie f.**  scanographie générale f.

**ganzkörperbestrahlt**  totalement irradié

**Ganzkörperbestrahlung f.**  irradiation totale f.

**Ganzmetallkrone f.**  couronne métallique f.

**Gapicomin n.**  gapicomine f.

**Gardnerelle f.**  Gardnerella f.

**Gargoylismus m.**  gargoylisme m.

**Garlandsches Dreieck n.**  angle de Garland m.

**Garn n.**  fil m.

**Gärung f.**  fermentation f.

**Gärungsdyspepsie f.**  dyspepsie de fermentation f.

**Gärungsprobe f.**  réaction de fermentation f.

**Gas n.**  gaz m.

**Gasanalysator m.**  gazoanalyseur m.

**Gasanalyse f.**  analyse de gaz f.

**gasartig**  gazeux

**Gasaustausch m.**  échange gazeux m.

**Gasbazillus m.**  Clostridium welchü m.

**Gasbrand m.**  gangréne gazeuse f.

**Gaschromatograph m.**  chromatographe en phase gazeuse m.

**Gaschromatographie f.**  chromatographie gazeuse f.

**Gasflasche f.**  bouteille de gaz f.

**gasförmig**  gazeux

**Gasrangrän n.**  gangréne gazeuse f.

**Gasgangränantitoxin n.**  antitoxine de gangréne gazeuse f.

**gasgefüllt**  rempli de gaz

**Gassersches Ganglion n.** ganglion de Gasser m.
**Gastralgie f.** gastralgie f.
**gastralgisch** gastralgique
**Gastrektasie f.** gastrectasie f.
**Gastrektomie f.** gastrectomie f.
**Gastrin n.** gastrine f.
**Gastrinom n.** gastrinome m.
**gastrisch** gastrique
**Gastritis f.** gastrite f.
**gastritisch** gastritique
**Gastrocamera f.** gastrocaméra f.
**Gastrodisciasis f.** entérite à Gastrodiscoïdes hominis f.
**Gastrodiscoides m.** gastrodiscoïdes m.
**gastroduodenal** gastroduodénal
**Gastroduodenitis f.** gastroduodénite f.
**Gastroduodenostomie f.** gastroduodénostomie f.
**Gastroenteritis f.** gastroentérite f.
**Gastroenterokolitis f.** gastroentérocolite f.
**Gastroenterologe m.** gastroentérologue m.
**Gastroenterologie f.** gastroentérologie f.
**Gastroenterologin f.** gastroentérologue f.
**gastroenterologisch** gastroentérologique
**Gastroenteroptose f.** gastroentéroptose f.
**Gastrogastrostomie f.** gastrogastrostomie f.
**gastrogen** gastrogène
**gastrojejunal** gastrojéjunal
**Gastrojejunostomie f.** gastrojéjunostomie f.
**Gastrokamera f.** gastrocaméra f.
**gastrokardial** gastrocardiaque
**gastrokinetisch** gastrocinétique
**gastrokolisch** gastrocolique
**Gastrokolostomie f.** gastrocolostomie f.
**gastrolienal** gastrosplénique
**Gastron n.** gastrone f.
**Gastropathie f.** gastropathie f.
**gastropathisch** de gastropathie
**Gastropexie f.** gastropexie f.
**Gastrophiliasis f.** gastrophiliase f.
**gastrophrenisch** gastrophrénique

**Gastroplastik f.** gastroplastie f.
**Gastroplegie f.** gastroplégie f.
**Gastroptose f.** gastroptose f.
**Gastroskop n.** gastroscope m.
**Gastroskopie f.** gastroscopie f.
**gastroskopisch** gastroscopique
**Gastrostomie f.** gastrostomie f.
**Gastrosukkorrhöe f.** gastrosuccorrhée de Reichmann f.
**Gastrotomie f.** gastrotomie f.
**Gastrula f.** gastrula f.
**Gastrulation f.** gastrulation f.
**Gatte m.** époux m., mari m.
**Gattin f.** épouse f., femme f.
**Gattung f.** espèce f., genre m., sorte f.
**Gauchersche Krankheit f.** maladie de Gaucher f.
**Gaumen m.** palais m.
**Gaumen, harter m.** voute palatine osseuse f.
**Gaumen, weicher m.** voile du palais m.
**Gaumenbogen m.** pilier du voile du palais m.
**Gaumengeschwulst n.** lampas m. (vet.)
**Gaumengewölbe n.** voute du palais f.
**Gaumenindex m.** indice palatin m.
**Gaumenmandel f.** amygdale palatine f.
**Gaumenplastik f.** uranoplastie f.
**Gaumenplatte (eines künstlichen Gebisses) f.** base (d'une prothèse dentaire) f.
**Gaumensegel n.** voile du palais m.
**Gaumensegellähmung f.** paralysie du voile du palais f.
**Gaumenspalte f.** palatoschizis m.
**Gay-Lussacsches Gesetz n.** loi de Gay-Lussac f.
**Gaze f.** gaze f.
**Gazestreifen m.** mèche de gaze f.
**GE (Gastroenterostomie) f.** gastroentérostomie f.
**Gebärde f.** geste m.
**gebären** enfanter, mettre au monde
**Gebären n.** accouchement m.
**gebärend** en cours d' accouchement
**Gebärende f.** parturiente f.
**Gebärmutter f.** matrice f., utérus m.
**Gebärmutterhals m.** col de l'utérus m.
**Gebärmutterplastik f.** utéroplastie f.

**Gebiet n.**   région f.
**Gebietsarzt m. siehe auch /**   voir aussi
  **Fachgebietsarzt**   spécialiste m.
**Gebietsärztin f.**   spécialiste f.
**Gebilde n.**   formation f.
**Gebiß n.**   dentier m., denture f.
**Gebiß, bleibendes n.**   dents définitives
  f. pl.
**Gebiß, festsitzendes künstliches n.**
  dentier fixé m.
**Gebiß, herausnehmbares n.**   dentier
  enlevable m.
**Gebiß, künstliches n.**   dentier m., pro-
  thèse dentaire f.
**Gebiß, Milch- n.**   dents de lait f. pl.
**Gebiß, natürliches n.**   dents f. pl.
**gebläht**   tympanisé
**Gebläse n.**   soufflerie f.
**gebogen**   courbé
**Gebrechen n.**   infirmité f.
**gebrechlich**   infirme, invalide
**Gebrechlichkeit f.**   caducité f., infir-
  mité f.
**Gebühr f.**   taxe f.
**Geburt f.**   accouchement m., déliv-
  rance f., naissance f.
**Geburt, schmerzlose f.**   accouchement
  sans douleur m.
**Geburtenhäufigkeit f.**   natalité f.
**Geburtenkontrolle f.**   contrôle des
  naissances m.
**Geburtenrückgang m.**   baisse de la na-
  talité f.
**Geburtenüberschuß m.**   natalité trop
  élevée f.
**Geburtenziffer f.**   taux des naissances
  m.
**Geburtsakt m.**   acte d'accoucher m.
**Geburtsanzeigepflicht f.**   obligation de
  déclarer la naissance f.
**Geburtsbeginn m.**   engagement m.
**Geburtseinleitung f.**   provocation de l'
  accouchement f.
**Geburtsfehler m.**   malformation con-
  génitale f.
**Geburtsgewicht n.**   poids à la nais-
  sance m.
**Geburtshelfer m.**   obstétricien m.
**Geburtshelferhand f.**   main d'accou-
  cheur f.
**Geburtshelferin f.**   obstétricienne f.
**Geburtshilfe f.**   obstétrique f.

**geburtshilflich**   obstétrical
**Geburtshindernis n.**   dystocie f.
**Geburtsjahr n.**   année de naissance f.
**Geburtskanal m.**   filière pelvienne f.
**Geburtslähmung f.**   paralysie obstétri-
  cale f.
**Geburtstermin m.**   date de l'accouche-
  ment f.
**Geburtstrauma n.**   traumatisme obsté-
  trical m.
**Geburtsvorgang m.**   déroulement de l'
  accouchement m.
**Geburtswehe f.**   douleur (de l'accou-
  chement) f.
**Geburtszange f.**   forceps m.
**Geburtsziffer f.**   taux de naissance m.
**Gedächtnis n.**   mémoire f.
**Gedächtnislücke f.**   amnésie ponctu-
  elle f.
**Gedächtnisschwäche f.**   défaillance de
  la mémoire f.
**Gedächtnisstörung f.**   trouble de la
  mémoire m.
**Gedächtnisverlust m.**   amnésie f.
**Gedächtniszelle f.**   cellule mémorisante
  f.
**Gedanke m.**   idée f., pensée f.
**Gedankenflucht f.**   fuite des idées f.
**Gedankenlesen n.**   lecture de la pensée
  f.
**Gedankenlosigkeit f.**   irréflexion f.
**Gedankenübertragung f.**   transmission
  de la pensée f.
**gedeihen**   se développer
**gedrückt**   déprimé
**Geduld f.**   patience f.
**gedunsen**   bouffi, boursouflé
**Gefängniskrankenhaus n.**   hôpital de
  prison m.
**Gefäß (Behälter) n.**   réceptacle m.
**Gefäß n.**   vaisseau m.
**Gefäßanordnung f.**   répartition vascu-
  laire f.
**Gefäßbaum m.**   arbre vasculaire m.
**Gefäßbeweglichkeit f.**   vasomotricité f.
**Gefäßbewegung f.**   vasomotricité f
**Gefäßchirurgie f.**   chirurgie vasculaire
  f.
**Gefäßerkrankung f.**   vasculopathie f.
**Gefäßerweiterer m.**   vasodilatateur m.
**gefäßerweiternd**   vasodilatateur

G

**Gefäßerweiterung f.** angiectasie f., vasodilatation f.
**Gefäßklemme f.** pince hémostatique f.
**Gefäßkrampf m.** spasme vasculaire m.
**Gefäßkrankheit f.** maladie vasculaire f.
**Gefäßlähmung f.** paralysie vasculaire f., vasoplégie f.
**gefäßneutral** vaso-inerte
**Gefäßpermeabilität f.** perméabilité vasculaire f.
**Gefäßplastik f.** angioplastie f.
**Gefäßreichtum m.** degré de vascularisation m.
**Gefäßschwäche f.** insuffisance vasculaire f.
**Gefäßspasmus m.** angiospasme m.
**Gefäßsystem n.** système vasculaire m.
**Gefäßton m.** bruit vasculaire m.
**gefäßverengend** vasoconstricteur
**Gefäßverschluß m.** occlusion vasculaire f.
**Gefäßversorgung f.** vascularisation f.
**Gefäßversorgung, kapilläre f.** microvascularisation f.
**Gefäßwand f.** paroi vasculaire f.
**Gefäßwiderstand m.** résistance vasculaire f.
**gefäßwirksam** vasoactif
**Gefäßzerreißung f.** déchirure vasculaire f.
**Gefieder n.** plumage m.
**gefiedert** penné
**Geflecht n.** plexus m., réseau m.
**Geflügel n.** volaille f.
**Geflügelcholera f.** choléra des volailles m.
**Geflügelpasteurellose f.** pasteurellose aviaire f.
**Geflügelpest, atypische f.** peste atypique de la volaille f.
**Geflügelpest, klassische f.** peste classique de la volaille f.
**Geflügelpockendiphtherie f.** diphtérie des volailles f.
**geformt** formé
**Gefrierapparat m.** appareil frigorifique m.
**gefrieren** geler
**gefrieren lassen** faire geler

**Gefriermikrotom n.** microtome à congélation m.
**Gefrierplasma n.** plasma congelé m.
**Gefrierpunkt m.** point de congélation m.
**Gefrierschnitt m.** coupe à la congélation f.
**Gefriertrocknung f.** lyophilisation f.
**Gefüge n.** assemblage m., structure f.
**Gefühl n.** sensation f., sentiment m.
**Gefühl, brennendes n.** sensation de brûlure f.
**gefühllos** insensible
**Gefühllosigkeit f.** insensibilité f.
**Gefühlsverarmung f.** manque de réponse émotionnelle m.
**gefurcht** sillonné
**Gegenanzeige f.** contre-indication f.
**Gegenbesetzung f.** contre-occupation f.
**Gegenextension f.** contre-extension f.
**gegenfärben** faire une coloration différentielle
**Gegenfärbung f.** coloration différentielle f.
**gegengeschlechtlich** contrasexuel
**Gegengift n.** antidote m., antivéneux m.
**Gegeninzision f.** contre-incision f.
**Gegenlicht n.** contre-jour m.
**Gegenmaßnahme f.** contre-mesure f.
**Gegenöffnung f.** contre-ouverture f.
**Gegenpulsation f.** contre-pulsation f.
**Gegenregulation f.** contre-régulation f.
**gegenregulatorisch** controrégulateur
**gegenseitig** mutuel, réciproque
**Gegenstrom m.** contre-courant m., courant inverse m.
**Gegenstromelektrophorese f.** contreélectrophorèse f.
**gegenüberliegend** en position opposée
**Gegenübertragung f.** contre-transfert m.
**Gegenzug m.** contre-traction f.
**gegliedert** articulé
**Gehalt m. (physik.)** contenance f., teneur f.
**gehemmt** inhibé
**Gehen n.** marche f.
**Gehgipsverband m.** plâtre de marche m.

**Gehilfe m.** aide m.
**Gehilfin f.** aide f.
**Gehirn n.** cerveau m.
**Gehirnerschütterung f.** commotion cérébrale f.
**Gehirnerweichung f.** cérébromalacie f.
**Gehirnprellung f.** contusion cérébrale f.
**Gehirnschlag m.** apoplexie cérébrale f.
**Gehirnstiel m.** pédoncule cérébral m.
**Gehirnwindung f.** circonvolution cérébrale f.
**Gehör n.** ouïe f.
**Gehörgang m.** conduit auditif m.
**Gehörshalluzination f.** hallucination auditive f.
**Gehschiene f.** attelle de marche f.
**Gehwagen m.** appareil d'aide à la marche m.
**Geiger-Zählrohr n.** compteur Geiger m.
**Geißel f. (biol.)** cil vibratile m., flagelle m.
**Geist m.** esprit m.
**geistesgestört** aliéné, malade mentalement
**Geistesgestörtheit f.** trouble mental m.
**Geisteskranke f.** malade mentale f.
**Geisteskranker m.** malade mental m.
**Geisteskrankheit f.** maladie mentale f.
**geistesschwach** faible d'esprit
**Geistesschwäche f.** déficience mentale f.
**Geistesstörung f.** aliénation mentale f.
**Geistesverwirrung f.** confusion mentale f.
**geistig** mental
**geistig behindert** handicapé mentalement
**geistige Arbeit f.** travail intellectuel m.
**geistiger Abbau rn.** détérioration mentale f.
**gekreuzt** croisé
**Gekröse n.** mésentère m.
**Gel n.** gel m.
**Gel-Chromatographie f.** gel chromatographie f.
**Gel-Diffusion f.** gel diffusion f.
**Gel-Filtration f.** gel filtration f.

**Gel-Kunstharz n.** gel-résine artificielle m.
**gelähmt** paralytique
**gelähmte Person f.** paralytique m./f.
**gelappt** lobé
**Gelatine f.** gélatine f.
**Gelatine-Agar m.** agar-gélatine m.
**Gelatinekapsel f.** capsule gélatineuse f.
**gelatinieren** gélatiniser
**gelatinös** gélatineux
**Gelbblindheit f.** axanthopsie f.
**Gelbfieber n.** fièvre jaune f.
**Gelbgold n.** or jaune m.
**Gelbkörper m.** corps jaune m.
**Gelbkörperhormon n.** progestérone f.
**Gelbkörperphase f.** phase progestative f.
**Gelbsehen n.** xanthopsie f.
**Gelbsucht f.** ictère m., jaunisse f.
**gelbsüchtig** ictérique
**Geldrollenbildung f.** hématies empilées f. pl.
**gelegentlich** occasionnel, occasionnellement
**Gelenk n.** articulation f.
**Gelenkarm m.** bras ballant m.
**Gelenkerguß, blutiger m.** hémarthrose f.
**Gelenkerguß, wässeriger m.** hydarthrose f.
**Gelenkersatz m.** prothèse articulaire f.
**Gelenkfraktur f.** fracture articulaire f.
**Gelenkfortsatz m.** apophyse articulaire f.
**Gelenkhöhle f.** cavité articulaire f.
**gelenkig** souple
**Gelenkigkeit f.** souplesse f.
**Gelenkkapsel f.** capsule articulaire f.
**Gelenkknacken n.** craquement articulaire m.
**Gelenkkontraktur f.** contracture articulaire f.
**Gelenkmaus f.** arthrophyte m., souris articulaire f.
**Gelenkpfanne f.** cavité glénoïde f.
**Gelenkprothese f.** prothèse articulaire f.
**Gelenkrheumatismus m.** rhumatisme articulaire m.
**Gelenkrheumatismus, akuter m.** rhumatisme articulaire aigu (R. A. A.) m.

G

Gelenkrheumatismus, primär chronischer m.   arthrite rhumatoïde f.
Gelenkrheumatismus, sekundär chronischer m.   rhumatisme articulaire secondaire chronique m.
Gelenkschiene f.   attelle articulaire f.
Gelenkschmerz m.   arthralgie f.
Gelenkschmiere f.   synovie f.
Gelenkspalt m.   interligne articulaire m.
Gelenktuberkulose f.   tuberculose articulaire f.
Gelierung f.   gélification f.
Gelose f.   gélose f.
Gelotripsie f.   gélotripsie f.
Gelsemin n.   gelsémine f.
Geltungstrieb m.   tendance impulsive à se faire valoir f.
Gemazocin n.   gémazocine f.
Gemeindeschwester f.   infirmière de la commune f.
Gemeingefährlichkeit f.   danger public m.
Gemeinschaftsarbeit, wissenschaftliche, mehrerer Kliniken f.   étude multicentrique f.
Gemeinschaftspraxis f.   cabinet de groupe m.
Gemenge n.   agrégat m., mélange m.
Gemeprost n.   géméprost m.
Gemisch n.   mixture f.
Gemüt n.   âme f., coeur m., sentiment m.
Gemütsarmut f.   hypo-affectivité f.
gemütskrank   aliéné
Gemütskrankheit f.   maladie mentale f.
Gemütslage f.   situation émotionnelle f.
Gemütsverfassung f.   disposition d'esprit f.
Gemütsverfassung, ausgeglichene f.   stabilité émotionnelle f.
Gemütsverfassung, unausgeglichene f.   instabilité émotionnelle f.
Gemütsverstimmung f.   humeur triste f.
Gen n.   gène m.
Gen, stilles n.   gène inexprimé m.
genau   exact, précis
Genauigkeit f.   exactitude f., précision f., rigueur f.

Genauigkeitsprüfung f.   contrôle de la précision f.
Generalisation f.   généralisation f.
generalisiert   généralisé
Generation f.   génération f.
Generator m.   générateur m.
generell   général
Genese f.   genèse f.
genesen   se rétablir
genesende Person f.   personne convalescente f.
Genesung f.   convalescence f.
Genetik f.   génétique f.
Genetiker m.   généticien m.
Genetikerin f.   généticienne f.
genetisch   génétique
Genick n.   nuque f.
genikulokalkarin   géniculocalcarinien
geniohyoidal   géniohyoïdien
genital   génital
Genitalien f. pl.   organes génitaux m. pl.
genitopelvisch   gémtopelvien
genitospinal   génitospinal
Genoblast m.   génoblaste m.
Genom n.   génome m.
Genopathie f.   génopathie f.
Genosse m.   camarade m.
Genossin f.   compagne f.
genotoxisch   génotoxique
Gentamycin n.   gentamycine f.
Gentechnologie f.   génie génétique m.
Gentianaviolett n.   violet de gentiane m.
Gentiobiose f.   gentiobiose f.
Gentisat n.   gentisate m.
Genu recurvatum n.   genu recurvatum m.
Genu valgum n.   genu valgum m.
Genu varum n.   genu varum m.
Genuß m.   jouissance f.
Genußmittel n.   produit de luxe m.
Genußsucht f.   goût du plaisir m.
genußsüchtig   avide de plaisir
Geomedizin f.   géomédecine f.
geomedizinisch   géomédical
Geometrie f.   géométrie f.
geometrisch   géométrique
Geophagie f.   géophagisme m.
Geotrichose f.   géotrichose f.
gepaart   conjugué, couplé

**Geradblickoptik f.** système optique en vision linéaire m.

**gerade** droit, juste

**Geradeausblick m.** vision en ligne droite f.

**Gerät n.** appareil m., équipement m., instrument m.

**Geräusch n.** bruit m., murmure m., râle m.

**Geräusch, blasendes n.** souffle m.

**Geräusch, Herz- n.** bruit du coeur m.

**Geräusch, schnurrendes n.** frémissement m.

**gerben** tanner

**Gerbillus m.** gerbille f.

**Gerbsäure f.** acide tannique m.

**Gerbstoff m.** tannin m.

**gereinigt** purifié

**Gerhardtsche Probe f.** réaction de Gerhardt f.

**Geriater m.** spécialiste de gériatrie m.

**Geriaterin f.** spécialiste de gériatrie f.

**Geriatrie f.** gériatrie f.

**geriatrisch** gériatrique

**Gerichtsmedizin f.** médecine légale f.

**gerichtsmedizinisch** médicolégal

**geringgradig** peu important

**gerinnen** coaguler

**Gerinnsel n.** caillot m.

**Gerinnung f.** coagulation f.

**Gerinnungsmeßgerät n.** appareil de mesure de coagulation m.

**Gerinnungsstörung f.** coagulopathie f.

**Gerinnungszeit f.** temps de coagulation m.

**Gerippe n.** squelette m.

**Germanium n.** germanium m.

**germinal** germinal

**germinativ** germinatif

**germinoblastisch** germinoblastique

**Germinoblastom n.** germinoblastome m.

**Germinom n.** germinome m.

**Geröllzyste f.** kyste subchondral m.

**Gerontologe m.** gérontologue m.

**Gerontologie f.** gérontologie f.

**gerontologisch** gérontologique

**Gerstenkorn n. (med.)** orgelet m.

**Gerstmann-Syndrom n.** syndrome de Gerstmann m.

**Geruch m.** odeur f.

**geruchlos** inodore

**Geruchshalluzination f.** hallucination olfactive f.

**Geruchsinn m.** odorat m.

**Geruchsorgan n.** organe olfactif m.

**Geruchsvermögen n.** capacités olfactives f. pl.

**Gerüst n.** structure f., trame f.

**Gesamtazidität f.** acidité totale f.

**Gesamtbilirubin n.** bilirubine totale f.

**Gesamtcholesterin n.** cholestérol total m.

**Gesamteiweiß n.** protéines totales f. pl.

**Gesäß n.** fesses f. pl.

**Gesäßbacke f.** fesse f.

**gesättigt** saturé

**Geschäftsfähigkeit f.** capacité de contracter une affaire f.

**Geschäftsunfähigkeit f.** incapacité de contracter une affaire f.

**geschichtet** stratifié

**Geschiebe n.** attachement m. (dent.)

**Geschiebetechnik f.** technique d'attachement f. (dent.)

**Geschlecht n.** sexe m.

**geschlechtlich** sexuel

**Geschlechtsbestimmung f.** détermination du sexe f.

**Geschlechtschromatinkörper m.** chromatine sexuelle f., corpuscule chromatinien de Moore m.

**Geschlechtschromosom n.** hétérochromosome m.

**Geschlechtsdrüse f.** glande génitale f., gonade f.

**geschlechtsgebunden** lié au sexe

**Geschlechtshormon n.** hormone sexuelle f.

**Geschlechtskrankheit f.** maladie vénérienne f.

**Geschlechtskrankheit, vierte f.** maladie de Nicolas-Favre f.

**geschlechtslos** asexué

**geschlechtsloses Lebewesen n.** être asexué m.

**Geschlechtsmerkmal n.** caractère sexuel m.

**Geschlechtsorgan n.** organe génital m.

**Geschlechtsreife f.** maturité sexuelle f., puberté f.

**Geschlechtsteile n. pl.** organes génitaux m. pl.

G

**Geschlechtstrieb m.** désir sexuel m., libido f.

**Geschlechtsverkehr m.** rapport sexuel m.

**geschlossen** fermé

**geschlossene Abteilung f.** service fermé m.

**Geschmack m.** goût m., saveur f.

**geschmacklich** gustatif

**geschmacklos** insipide

**Geschmacklosigkeit f.** insipidité f., manque de goût m.

**Geschmackshalluzination f.** hallucination gustative f.

**Geschmackssinn m.** sens du goût m.

**Geschmacksknospe f.** papille gustative f.

**Geschmacksorgan n.** organe du goût m.

**Geschmackstoff m.** arome m.

**Geschmackszelle f.** cellule gustative f.

**Geschmackszentrum n.** centre gustatif m.

**geschmackwidrig** contraire au goût

**geschmiedet** forgé

**Geschwätzigkeit f.** loquacité f.

**Geschwindigkeit f.** rapidité f., vitesse f.

**Geschwindigkeitsmessung f.** tachymétrie f.

**Geschwindigkeitsregler m.** régulateur de vitesse m.

**Geschwister (biol.) n.** frères et soeurs m. pl.

**Geschwulst n.** tuméfaction f., tumeur f.

**Geschwulstbildung f.** oncogenèse f.

**Geschwür n.** ulcère m.

**geschwürig** ulcéreux

**Gesellschaft f.** assemblée f., société f.

**Gesicht n.** face f., visage m.

**Gesichtsausdruck m.** expression du visage f.

**Gesichtsbogen m.** arc facial m.

**Gesichtsfarbe f.** teint m.

**Gesichtsfeld n.** champ visuel m.

**Gesichtskreis m.** horizon m.

**Gesichtslähmung f.** paralysie faciale f., prosoplégie f.

**Gesichtsmaske f.** masque facial m.

**Gesichtsmuskel m.** muscle facial m.

**Gesichtsplastik f.** facioplastie f.

**Gesichtsrötung f.** rougeur du visage f.

**Gesichtswinkel m.** angle visuel m.

**Gesichtszug m.** trait du visage m.

**Gestagen n.** progestatif m.

**Gestalt f.** figure f., forme f., stature f.

**gestaltisch** formel, statural

**Gestalttherapie f.** gestaltisme m., morphothérapie f.

**Gestank m.** mauvaise odeur f., puanteur f.

**Gestation f.** gestation f.

**gestielt** pédonculé

**Gestoden n.** gestodène m.

**Gestose f.** gestose f.

**Gestose mit Ödemen, Proteinurie und Hochdruck f.** grossesse avec oedèmes, protéinurie et hypertension f.

**gestreift** strié

**gesund** bien portant, sain

**gesunden** guérir

**Gesundheit f.** santé f.

**Gesundheitsamt n.** service de santé publique m.

**Gesundheitsbeamter m.** fonctionnaire de santé publique m.

**Gesundheitsbehörde f.** services de santé publique m. pl.

**Gesundheitsfürsorge f.** médecine préventive f.

**Gesundheitsfürsorger m.** employé des services de médecine préventive m.

**Gesundheitsfürsorgerin f.** employée des services de médecine préventive f.

**Gesundheitsministerium n.** ministère de la santé publique m.

**Gesundheitspflege f.** hygiène f.

**Gesundheitspflegerin f.** employée des services d'hygiène f.

**Gesundheitspolizei f.** police sanitaire f.

**Gesundheitsrisiko n.** risque sanitaire m.

**gesundheitsschädlich** insalubre, malsain

**Gesundheitsschutz m.** protection de la santé f.

**Gesundheitsüberwachung f.** contrôle de santé m.

**Gesundheitswesen, öffentliches n.** santé publique f.

**Gesundheitszustand m.** état de santé m.

**Gesundschreiben n.** faire un certificat d'aptitude au travail

**Gesundung f.** guérison f.

**getönt** teinté

**Getränk n.** boisson f.

**Getränk, alkoholisches n.** boisson alcoolisée f.

**Getränk, hochprozentiges n.** spiritueux m.

**Gewalttätigkeit f.** violence f.

**Gewebe n.** tissu m.

**Gewebe-Halbwerttiefe f.** couche de demi-absorption du tissu f.

**Gewebe-Klebstoff m.** histoadhésif m.

**Gewebe, Binde- n.** tissu conjonctif m.

**Gewebe, Drüsen- n.** tissu glandulaire m.

**Gewebe, Fett- n.** tissu adipeux m.

**Gewebe, interstitielles n.** tissu interstiel m.

**Gewebe, Narben- n.** tissu cicatriciel m.

**Gewebe, Stütz- n.** tissu de soutien m.

**Gewebebank f.** banque de greffons tissulaires f.

**Gewebehaken m.** écarteur m.

**Gewebelymphe f.** lymphe tissulaire f.

**gewebeverträglich** histocompatible

**Gewebeverträglichkeit f.** histocompatibilité f.

**geweblich** tissulaire

**Gewebshormon n.** hormone tissulaire f.

**Gewebskultur f.** culture de tissu f.

**Gewebslappen m.** lambeau de tissu m.

**Gewebsplasminogenaktivator m.** activateur tissulaire du plasminogène m.

**Gewebspolypeptidantigen n.** antigène nepolypeptide tissulaire m.

**Gewebsthrombokinase f.** thromboplastine tissulaire f.

**gewerbeärztlicher Dienst m.** service de médecine du travail m.

**Gewerbemedizin f.** médecine industrielle f.

**Gewicht n.** poids m.

**Gewicht, spezifisches n.** poids spécifique m.

**Gewichtsabnahme f.** amaigrissement m.

**Gewichtsverlust m.** perte de poids f.

**Gewichtsverminderung f.** réduction du poids f.

**Gewichtszunahme f.** gain du poids m.

**Gewinde n.** pas de vis m.

**Gewindestift m.** broche vissée f.

**Gewissen n.** conscience f.

**gewissenhaft** consciencieux

**gewöhnen** accoutumer

**gewöhnen, sich** s' accoutumer

**Gewohnheit f.** habitude f.

**Gewöhnung f.** accoutumance f.

**Gewölbe n.** arceau m., voûte f.

**Gewölbe n. (anatom.)** trigone cérébral m.

**gewölbt** cintré

**Gewürz n.** épice f.

**gezackt** crénelé, déchiqueté, denté

**gezahnt** pourvu de dents

**Gezeitenwelle f.** marée f.

**GFR (glomeruläre Filtrationsrate) f.** GFR (filtration glomérulaire) f.

**Ghonscher Tuberkel m.** tubercule de Ghon m.

**GHRIH (Hemmhormon der Wachstumshormonfreisetzung) n.** GHRIH (somatostatine) f.

**Gibbus m.** gibbosité pottique f.

**Gicht f.** goutte f.

**gichtig** goutteux

**Gichtniere f.** rein des goutteux m.

**Giemen n.** rhonchus m.

**Giemsafärbung f.** coloration de Giemsa f.

**Gierkesche Krankheit f.** maladie glycogénique de Gierke f.

**Gieson-Färbung f.** coloration de van Gieson f.

**gießen** faire un moulage

**Gießerfieber n.** fièvre des fondeurs f.

**GIF (Hemmfaktor für Somatotropin) m.** facteur inhibiteur de la somatotropine m.

**Gift n.** poison m.

**Gift n. (tierisches)** venin m.

**giftbildend** toxique, vénéneux, venimeux

**Giftgas n.** gaz toxique m.

**giftig** toxique

**Giftigkeit f.** toxicité f.

**Giftmord m.** meurtre par empoisonnement m.

**Giftpflanze f.** plante vénéneuse f.

Giftpilz m. champignon vénéneux m.
Giftschlange f. serpent venimeux m.
Giftspinne f. araignée venimeuse f.
Giftzahn m. dent à venin f.
Gigantismus m. gigantisme m.
Gigantoblast m. gigantoblaste m.
Gigantozyt m. gigantocyte m.
Giglische Säge f. fil-scie de Gigli m.
Gilchristische Krankheit f. maladie de Gilchrist f.
Gimbernatsches Band n. ligament de Gimbernat m.
gingival gingival
Gingivaspalte f. sillon gingival m.
Gingivektomie f. gingivectomie f.
Gingivitis f. gingivite f.
gingivitisch de gingivite
gingivodental dentogingival
gingivolabial gingivolabial
Gingivoplastik f. gingivoplastie f.
Gingivostomatitis f. gingivostomatite f.
Gingko biloba-Extrakt m. extrait de Gingko biloba m.
Ginseng-Wurzel f. racine de ginseng f.
GIP (gastrisch inhibierendes Polypeptid) n. GIP (gastric inhibitory peptide) m.
Gipfel m. pic m.
Gipfelzeit f. moment du pic m.
Gipom n. gipome m.
Gips m. plâtre m.
Gipsabdruck m. empreinte en plâtre f.
Gipsbett n. lit plâtré m.
Gipsbohrer m. vrille à plâtre f.
gipsen plâtrer
Gipsmesser n. couteau à plâtre m.
Gipsmodell n. modèle en plâtre m.
Gipsraum m. salle des plâtres f.
Gipssäge f. scie à plâtre f.
Gipsschere f. cisailles à plâtre f. pl.
Gipsspat m. gypse-spath m.
Gipsspreitzer m. écarteur m.
Gipstisch m. table à plâtrer f.
Gipsverband m. bandage plâtré m.
Gitalin n. gitaline f.
Gitaloxigenin n. gitaloxigénine f.
Gitaloxin n. gitaloxine f.
Gitoformat n. gitoformate m.
Gitogenin n. gitogénine f.
Gitoxigenin n. gitoxigénine f.
Gitoxin n. gitoxine f.

Gitter n. grille f.
Gitterbett n. lit à barreaux m.
Gitterfaser f. fibre grillagée f.
Glafenin n. glafénine f.
glandotrop glandotrope
glandulär glandulaire
Glanzauge n. oeil luisant m.
Glanzhaut f. „glossy-skin" m., peau vernie f.
Glanzstreifen m. striation brillante f.
Glarometer n. glaromètre m.
Glarometrie f. glarométrie f.
glarometrisch glarométrique
Glas n. verre m.
Glasbläserstar m. cataracte des souffleurs de verre f.
Glaselektrode f. électrode en verre f.
Glasfaser f. fibre optique f.
glasieren émailler, vernir
glasig vitreux
Glaskörper m. corps vitré m.
Glaskörperentzündung f. hyalite f.
Glaskörpertrübung f. opacité du corps vitreux f.
Glasschale f. coupe en verre f.
Glasspatel m. spatule en plexiglas f.
Glasspritze f. seringue en verre f.
Glasstange f. bâtonnet en verre m.
Glastrichter m. entonnoir en verre m.
Glasur f. émail m.
Glasurbrand m. émaillage m. (dent.)
Glaszylinder m. cylindre en verre m.
glatt lisse
Glatze f. tête chauve f.
Glaubersalz n. sel de Glauber m., sulfate de soude m.
glaubhaft convaincant, croyable
Glaukarubin n. glaucarubine f.
Glaukobilin n. glaucobiline f.
Glaukom n. glaucome m.
Glaukomanfall m. accès de glaucome aigu m.
glaukomatös glaucomateux
Glaziovin n. glaziovine f.
GLDH (Glutamatdehydrogenase) f. glutamate déhydrogénase f.
gleichartig homogène
gleichgeschlechtlich homosexuel
Gleichgewicht n. équilibre m.
Gleichgewicht, ins – bringen équilibrer

**Gleichgewichtsprüfung f.** examen de l'équilibre m.

**Gleichgewichtssinn m.** sens statique m.

**Gleichgewichtsstörung f.** trouble de l'équilibration m.

**gleichmäßig** homogène, régulier

**Gleichrichter m.** rectificateur m.

**gleichseitig** équilatéral

**Gleichstrom m.** courant direct m.

**Gleichung f.** équation f.

**Gleitbiß m.** occlusion variable f.

**Gleitbruch m.** hernie adhérente avec glissement f.

**Gleithernie f.** hernie de glissement f.

**Glenardsche Krankheit f.** viscéroptose f.

**glenoidal** glénoïde

**Gleptoferron n.** gleptoferrone f.

**Gletscherbrand m.** dermite des neiges f.

**Glia f.** névroglie f.

**Gliadin n.** gliadine f.

**Gliaknötchen n.** glionodule m.

**Gliastift m.** cylindre astrocytaire m.

**Gliazelle f.** cellule de la névroglie f.

**Glibenclamid n.** glibenclamide m.

**Glibutimin n.** glibutimine f.

**Gliclazid n.** gliclazide m.

**Glied n.** membre m.

**Glied, ein – absetzen** amputer un membre

**Glied, männliches n.** penis m., verge f.

**Gliederung f.** classification f.

**Gliedmaßen f. pl.** membres m. pl.

**Glioblast m.** cellule épendymaire f.

**Glioblastom n.** glioblastome m.

**Glioblastose f.** glioblastose f.

**Gliom n.** gliome m.

**Gliomatose f.** gliomatose f.

**Gliosarkom n.** gliosarcome m.

**Gliose f.** gliose f.

**Glipentid n.** glipentide m.

**Glipizid n.** glipizide m.

**Gliquidon n.** gliquidone f.

**Glisoxepid n.** glisoxépide m.

**Glissonsche Kapsel f.** capsule de Glisson f.

**Glissonsche Schlinge f.** appareillage d'extension de la colonne vertébrale de Glisson m.

**Glitzerzelle f.** cellule brillante f.

**Glockenkrone f.** couronne creuse de revêtement f.

**global** global

**Globin n.** globine f.

**Globoidzelle f.** cellule globoïde f.

**Globosid n.** globoside m.

**Globulin n.** globuline f.

**Globusgefühl n.** impression de boule f.

**Glomangiom n.** glomangiome m.

**Glomangiose f.** glomangiose f.

**Glomektomie f.** glomectomie f.

**glomerulär** glomérulaire

**Glomerulitis f.** glomérulite f.

**Glomerulonephritis f.** glomérulo-néphrite f.

**Glomerulopathie f.** glomérulopathie f.

**Glomerulosklerose f.** glomérulosclé-rose f.

**Glomus caroticurn n.** glande intercarotidienne f.

**Glomustumor m.** tumeur glomique f.

**Glossektomie f.** glossectomie f.

**Glossina morsitans f.** Glossina morsitans f.

**Glossina palpalis f.** Glossina palpalis f.

**Glossitis f.** glossite f.

**glossitisch** de glossite

**Glossodynie f.** glossodynie f.

**glossoepiglottisch** glossoépiglottique

**glossolabial** glossolabial

**Glossolalie f.** glossolalie f.

**Glossomanie f.** glossomanie f.

**glossopalatinal** glossopalatin

**glossopharyngeal** glossopharyngien

**Glossoplegie f.** glossoplégie f.

**Glossoptose f.** glossoptose f.

**Glossospasmus m.** glossospasme m.

**Glossotomie f.** glossotomie f.

**Glottis f.** glotte f.

**glottisch** glottique

**Glotzauge n.** exophtalmie f.

**Gloxazon n.** gloxazone f.

**Glucaldrat n.** glucaldrate m.

**Glucaspaldrat n.** glucaspaldrate m.

**Glühapparat m.** appareil de recuit m.

**Glühdraht m.** filament à incandescence m.

**Glüheisen n.** fer rouge m. (vet.)

**Glüheisen n. (med.)** cautère m.

Glühkathode f. cathode incande-
scente f.
Glühlampe f. ampoule f.
Glühofen m. four de recuit m. (dent.)
Glukagon n. glucagon m.
Glukagonom n. glucagonome m.
Glukamin n. glucamine f.
Glukan n. glucane m.
Glukeptat n. gluceptate m.
Glukogenese f. glucogenèse f.
Glukokinase f. glucokinase f.
Glukokinin n. glucokinine f.
Glukokortikoid n. glucocorticoïde m.
Glukometer n. glucomètre m.
Glukonat n. gluconate m.
Glukoneogenese f. gluconéogenèse f.
glukoplastisch glucoplastique
Glukoprotein n. glucoprotéine f.
Glukopyranose f. glucopyranose m.
Glukosamin n. glucosamine f.
Glukosaminidase f. glucosaminidase
f.
Glukosazon n. glucosazone f.
Glukose f. glucose m.
Glukose-Agar m. agar-glucose m.
Glukosebelastung f. hyperglycémie
provoquée f.
Glukosephosphat n. glucose phos-
phate m.
Glukosephosphatase f. glucose phos-
phatase f.'
Glukosid n. glucoside m.
Glukosidase f. glucosidase f.
Glukosurie f. glucosurie f.
Glukosyltransferase f. glucosyltrans-
férase f.
Glukozerebrosid n. glucocérébroside
m.
Glukozerebrosidase f. glucocérébrosi-
dase f.
Glukozerebrosidose f. glucocérébrosi-
dose f.
Glukurolakton n. glucurolactone f.
Glukuronat n. glucuronate m.
Glukuronid n. glucuronide m.
Glukuronidase f. glucuronidase f.
Glukuronosyltransferase f. glucuro-
nosyltransférase f.
Glukuronosylzyklotransferase f. glu-
curonosylcyclotransférase f.
glutäal fessier
Glutamat n. glutamate m.

Glutamin n. glutamine f.
Glutaminase f. glutaminase f.
Glutaminsäure f. acide glutamique m.
Glutaminsäure-Brenztraubensäure-
Transaminase f. transaminase glu-
tamo-pyruvique f.
Glutaminsäure-Oxalessigsäure-Trans-
aminase f. transaminase glutamo-
oxa-loacétique f.
Glutamyl n. glutamyl m.
Glutamyltransferase f. glutamyltrans-
férase f.
Glutamylzyklotransferase f. glutamyl-
cyclotransférase f.
Glutamylzystein n. glutamylcystéine f.
glutäofemoral fémoro-fessier
glutäoinguinal inguino-fessier
Glutaral n. glutaral m.
Glutaraldehyd m. glutaraldéhyde m.
Glutarat n. glutarate m.
Glutardialdehyd m. glutardialdéhyde
f.
Glutathion n. glutathion m.
Glutelin n. glutéline f.
Gluten n. gluten m.
glutenfrei sans gluten
Gluthetimid n. gluthétimide m.
Glyc...siehe auch / voir aussi Glyz.../
Glyk...
Glycan n. glycane m.
Glycerin n. glycérol m.
Glycerol n. glycérol m.
Glycin n. glycine f.
Glycodiazin n. glycodiazine f.
Glykämie f. glycémie f.
glykämisch glycémique
Glykodiazin n. glycodiazine f.
Glykogen n. glycogène m.
Glykogenase f. glycogénase f.
Glykogenese f. glycogenèse f.
Glykogenie f. glycogenèse f.
Glykogenolyse f. glycogénolyse f.
glykogenolytisch glycogénolytique
Glykogenose f. glycogénose f.
Glykogenspeicherkrankheit f. glyco-
génose f.
Glykogeusie f. glycémie f.
Glykokalix m. glycocalyx m.
Glykokoll n. glycine f., glycocolle m .
Glykol n. glycol m.
Glykolipid n. glycolipide m.
Glykolyse f. glycolyse f.

glykolytisch  glycolytique
Glykoneogenese f.  glyconéogenèse f.
Glykopeptid n.  glycopeptide m.
Glykophorin n.  glycophorine f.
glykopriv  glycoprive
Glykoprotein n.  glycoprotéine f.
Glykopyrrolat n.  glycopyrrolate m.
Glykosaminoglykan n.  glycosamino-
  glycane m.
Glykosid n.  glycoside m.
Glykosidase f.  glycosidase f.
Glykosyltransferase f.  glycosyltransfé-
  rase f.
Glykozeramidose f.  glycocéramidose
  f.
Glykozyamin n.  glycocyamine f.
Glymidin n.  glymidine f.
Glyoxal n.  glyoxal m.
Glyoxalase f.  glyoxalase f.
Glyoxalat n.  glyoxalate m.
Glyoxalylharnstoff m.  glyoxalyl urée
  f.
Glysobuzol n.  glysobuzole m.
Glyzeraldehyd m.  glycéraldéhyde m.
Glyzerat n.  glycérate m.
Glyzeratämie f.  glycératémie f.
Glyzerid n.  glycéride m.
Glyzerin n.  glycérine f.
Glyzerinaldehyd m.  aldéhyde de gly-
  cérine m.
Glyzerit n.  glycérite m.
Glyzerokinase f.  glycérokinase f.
Glyzerol n.  glycérol m.
Glyzerophosphat n.  glycérophosphate
  m.
Glyzerophosphatase f.  glycérophos-
  phatase f.
Glyzerophosphatdehydrogenase f.
  glycérophosphate déhydrogénase f.
Glyzerophosphatid n.  glycérophos-
  phatide m.
Glyzerophosphorylcholin n.  glycéro-
  phosphoryl choline f.
Glyzeryl n.  glycéryl m.
Glyzidaldehyd m.  glycidaldéhyde f.
Glyzin n.  glycine f.
Glyzinamid n.  glycinamide m.
Glyzinat n.  glycinate m.
Glyzinose f.  glycinose f.
Glyzinurie f.  glycinurie f.
Glyzyl n.  glycyle m.
Glyzylglyzin n.  glycylglycine f.

Glyzylhistidin n.  glycylhistidine f.
Glyzylleuzin n.  glycylleucine f.
Glyzylnorleuzin n.  glycylnorleucine f .
Glyzylserin n.  glycylsérine f.
Glyzyrrhizin n.  glycyrrhizine f.
Gmelinsche Probe f.  réaction de Gme-
  lin f.
Gnathion n.  gnathion m.
Gnathometrie f.  gnathométric f.
Gneiß m.  eczéma séborrhéique m.
gnotobiotisch  gnotobiotique
GnRH (Gonadotropin-Releasing-Hor-
  mon) n.  GnRH (lulibérine) f .
Go (Gonorrhöe) f.  gonorrhée f.
Gold n.  or m.
Goldbehandlung f.  chrysothérapie f.
Goldblat-Hypertonie f.  hypertension
  artérielle de type Goldblat f.
Goldhamster m.  hamster doré m.
Goldlegierung f.  alliage d'or m.
Goldsalz n.  sel d'or m.
Goldsolreaktion f.  réaction à l'or col-
  loïdal f.
Goldzahn m.  dent en or f.
Golfspielerarm m.  syndrome du bras
  des joueurs de golf m.
Golgi-Apparat m.  appareil de Golgi
  m.
Golgi-Körper m.  corpuscule de Golgi
  m.
Gomphose f.  gomphose f.
Gon m.  degré m., gon m.
Gonadektomie f.  gonadectomie f.
Gonadendysgenesie f.  dysgénésie go-
  nadique f.
Gonadenschutz m.  protection des go-
  nades f.
Gonadoblastom n.  gonadoblastome
  m.
Gonadoliberin n.  gonadolibérine
  (LH-RH) f.
Gonadorelin n.  gonadoréline f.
gonadotrop  gonadotrope
Gonadotropin n.  gonadotropine f.
Gonadotropin-releasing-Hormon n.
  hormone de stimulation gonadotro-
  pique f.
Gonarthritis f.  gonarthrite f.
Gongylonemiasis f.  gongylonémose f.
Goniometer n.  gonimètre m.
Gonion n.  gonion m.
Gonioskop n.  gonioscope m.

**Gonioskopie f.** gonioscopie f.
**gonioskopisch** gonioscopique
**Goniotomie f.** goniotomie f.
**Gonitis f.** gonarthrite f.
**Gonoblennorrhöe f.** conjonctivite blennorragique f.
**Gonokokkeninfektion f.** infection à gonocoque f.
**Gonokokkus m.** gonocoque m., Neisseria gonorrhoeae f.
**Gonomerie f.** gonomérie f.
**Gonorrhöe f.** gonorrhée f.
**gonorrhoisch** gonorrhéique
**Gonosom n.** gonosome m.
**gonosomal** gonosomal
**Gonozyt m.** gonocyte m.
**Gonozytom n.** gonocytome m.
**Goodpasture-Syndrom n.** syndrome de Goodpasture m.
**Gordonscher Reflex m.** réflexe pyramidal de Gordon m.
**Gordonsches Zeichen n.** signe de Gordon m.
**Goserelin n.** goséréline f.
**Gosselinsche Fraktur f.** fracture de Gosselin f.
**GOT (Glutaminsäure-Oxalessigsäure-Transaminase) f.** SGOT (sérum glutamo-oxaloacétique transaminase) f.
**Gowersches Bündel n.** faisceau de Gowers m.
**GPT (Glutaminsäure-Brenztrauben-säure-Transaminase) f.** SGPT (sérum glutamopyruvique transaminase) f.
**Graafscher Follikel m.** follicule de Graaf m.
**Grad m.** degré m.
**Gradenigo-Syndrom n.** syndrome de Gradenigo m.
**Gradient m.** gradient m.
**Gradierung f.** graduation f.
**graduell** graduel
**graduieren** graduer
**Graduierung f.** graduation f.
**Graefesches Zeichen n.** signe de Graefe m.
**Gramfärbung f.** coloration de Gram f.
**Gramicidin n.** gramicidine f.
**Graminol n.** graminol m.
**Gramm n.** gramme m.

**Grammäquivalent n.** équivalent-gramme m.
**gramnegativ** Gram négatif
**grampositiv** Gram positiv
**granulär** granuleux
**Granularatrophie f.** atrophie granuleuse f.
**Granularzelle f.** cellule granuleuse f.
**Granulation f.** bourgeon charnu m., granulation f.
**Granulationsgewebe n.** tissu de granulation m.
**granulieren** granuler
**Granulom n.** granulome m.
**Granuloma annulare n.** granulome annulaire m.
**Granuloma venereum n.** granulome ulcéreux des organes génitaux m.
**granulomatös** granulomateux
**Granulomatose f.** granulomatose f.
**Granulomer n.** granulomère m.
**Granulosazelltumor m.** tumeur de la granulosa f.
**Granulose f.** granulose f.
**Granulozyt m.** granulocyte m.
**Granulozytopenie f.** granulopénie f.
**granulozytopenisch** granulopénique
**Granulozytopoese f.** granulopoïèse f.
**granulozytopoetisch** granulopoïétique
**graphisch** graphique
**graphische Darstellung f.** représentation graphique f.
**Graphitose f.** mélanodermie f.
**Graphologie f.** graphologie f.
**graphologisch** graphologique
**Graphomanie f.** graphomanie f.
**Graskrankheit f.** maladie des herbes f.
**Grat m.** arête f.
**Gratioletsche Sehstrahlung f.** radiation optique de Gratiolet f.
**grau** gris
**graue Salbe f.** onguent gris m.
**graue Substanz des Nervensystems f.** substance grise du système nerveux f.
**grauhaarig** aux cheveux gris
**Grauschleier m.** brouillard m.
**Gravimeter n.** gravimètre m.
**Gravimetrie f.** gravimétrie f.
**gravimetrisch** gravimétrique
**Gravitation f.** gravitation f.

**Grawitztumor m.** hypernéphrome m., tumeur de Grawitz f.

**grazil** gracile

**Greifreflex m.** réflexe de saisie m.

**Greifzange f.** pince à séquestre f.

**Grenze f.** limite f., lisière f.

**Grenze (Abgrenzung) f.** délimitation f.

**Grenzfall m.** cas limite m.

**Grenzgebiet n.** région limitrophe f.

**Grenzlinie f.** ligne de démarcation f., limite f.

**Grenzstrahl m.** rayons limites de Bucky m. pl.

**Grenzstrang m.** tronc du nerf grand sympathique m.

**GRF (wachstumshormonfreisetzender Faktor) m.** GH-RF (growth hormone releasing factor) m.

**Griesingersches Zeichen n.** signe de Griesinger m.

**Grieß m.** gravier m., semoule f.

**Grieß, Nieren- m.** gravelle f.

**Griff m.** poignée f., prise f.

**Grimassieren n.** fait de grimacer m.

**grippal** grippal

**Grippe f.** grippe f.

**Griseofulvin n.** griséofulvine f.

**Grittische Amputation f.** amputation du membre inférieur d'après Gritti f.

**Grocco-Rauchfußsches Dreieck n.** triangle de Grocco m.

**Größe f.** grandeur f.

**Größenordnung f.** ordre de grandeur m.

**Größenwahn m.** mégalomanie f.

**Großfleckenkrankheit f.** mégalérythème épidémique m.

**großfollikulär** macrofolliculaire

**Großwuchs m.** macrosomie f.

**großzellig** macrocellulaire

**Grübchen n.** fossette f.

**Grube f.** cavité f., fosse f.

**Gruber-Widalsche Reaktion f.** sérodiagnostic de Widal-Felix m.

**Grünblindheit f.** daltonisme m., deutéranopsie f.

**Grundangst f.** anxiété de base f.

**Grundgeräusch n.** bruit de fond m.

**Grundlinie f.** ligne de base f.

**Grundpflege f.** soins de base m. pl.

**Grundstrahlung f.** radiation de fond f.

**Grundsubstanz f.** substance fondamentale f.

**Grundumsatz m.** métabolisme basal m.

**Grundversorgung, medizinische f.** soins médicaux de base m. pl.

**Grünholzfraktur f.** fracture en bois vert f.

**Gruppe f.** groupe m.

**Gruppenpflege f.** soins de groupe m. pl.

**Gruppenpraxis f.** cabinet de groupe m.

**Gruppenpsychotherapie f.** psychothérapie de groupe f.

**gruppenspezifisch** spécifique du groupe

**Gruppentherapie f.** thérapeutique de groupe f.

**Gruppierung f.** classification f., groupement m.

**GU (Grundumsatz) m.** métabolisme basal m.

**Guabenxan n.** guabenxane m.

**Guaiakol n.** guaïacol m.

**Guaiazulen n.** guaïazulène m.

**Guamecyclin n.** guamécycline f.

**Guanase f.** guanase f.

**Guanethidin n.** guanéthidine f.

**Guanfacin n.** guanfacine f.

**Guanid n.** guanide m.

**Guanidase f.** guanidase f.

**Guanidin n.** guanidine f.

**Guanin n.** guanine f.

**Guanosin n.** guanosine f.

**Guanoxan n.** guanoxan m.

**Guanyl n.** guanyle m.

**Guanylat n.** guanylate m.

**Guanylhistamin n.** guanylhistamine f.

**Guanylyl n.** guanylyl m.

**Guargummi m.** gomme de protection f.

**Guarnierisches Körperchen n.** corpuscule de Guarnieri m.

**Güdel-Tubus m.** tube pharyngien de Güdel m.

**Guillain-Barré-Syndrom n.** syndrome de Guillain et Barré m.

**Gullstrandsche Spaltlampe f.** lampe de Gullstrand f.

**Gulose f.** gulose m.

**Gumma f.** gomme f.

G

**Gummi m.** caoutchouc m.

**Gummi arabicum n.** gomme arabique f.

**Gummihandschuh m.** gant en caoutchouc m.

**Gummikeil m.** ouvre-bouche en caoutchouc m.

**Gummisaugnapf m.** ventouse en caoutchouc f.

**Gummischlauch m.** tuyau en caoutchouc m.

**Gummischürze f.** tablier en caoutchouc m.

**Gummischutz (Kondom) m.** préservatif m.

**Gummischwamm m.** éponge en caoutchouc f.

**Gummistöpsel m.** bouchon en caoutchouc m.

**Gummistrumpf m.** bas élastique m.

**Gummituch n.** tissu caoutchouté m.

**gummös** gommeux

**Gummose f.** lésions gommeuses f. pl.

**Gumprechtsche Scholle f.** lambeaux leucocytaires de Gumprecht m. pl.

**Gunnsches Zeichen n.** signe de Gunn m.

**günstig** favorable, propice

**Günzburgsche Probe f.** test de Günzburg m.

**Gurgel f.** gorge f.

**gurgeln** gargariser

**Gurgelwasser n.** gargarisme m.

**Gurren n.** roucoulement m.

**Gürtel m.** ceinture f.

**Gürtelrose f.** zona m.

**Guß (nach Kneipp) m.** affusion (d'après Kneipp) f.

**Gussenbauersche Naht f.** suture de Gussenbauer f.

**Gußform f.** forme f., moule m.

**Gußfüllung f.** inlay m.

**Gußkanal m.** canal de coulée m. (dent.)

**Gußkanal, zentraler m.** canal central de coulée m.

**Gußkrone f.** couronne coulée f.

**Gußmaschine f.** appareil à moulage m.

**Gußprothese f.** prothèse coulée f.

**Gußschleuder f.** vibrateur (matériau coulé) m.

**Gustometer n.** gustomètre m.

**gustometrisch** gustométrique

**Gutachten, ärztliches n.** expertise médicale f.

**Gutachten, ärztliches – abgeben** faire une expertise médicale

**Gutachten, ärztliches – einholen** demander une expertise médicale

**Gutachter m.** expert m.

**Gutachterin f.** experte f.

**Gutachtertätigkeit f.** expertise f.

**gutachtlich** d' expertise

**gutartig** bénin

**Gutartigkeit f.** bénignité f.

**Guttapercha f.** guttapercha f.

**guttural** guttural

**Gymnastik f.** gymnastique f.

**Gymnophobie f.** gymnophobie f.

**Gynäkologe m.** gynécologue m.

**Gynäkologie f.** gynécologie f.

**Gynäkologin f.** gynécologue f.

**gynäkologisch** gynécologique

**Gynäkomastie f.** gynécomastie f.

**Gynandroblastom n.** gynandroblastome m.

**Gynatresie f.** gynatrésie f.

**Gyrase f.** gyrase f.

**Gyrasehemmer m.** inhibiteur de la gyrase m.

**Gyrus m.** circonvolution f.

**Gyrus paracentralis m.** circonvolution frontale ascendante f.

# H

Haar n. cheveu m., poil m.
Haarausfall m. alopécie f., chute des cheveux f.
Haarbalg m. follicule pileux m.
Haarbalgdrüse f. glande pilosébacée f.
haarentfernend dépilatoire
Haarentfernung f. épilation f.
Haarentfernungsmittel n. dépilatoire m.
Haargefäß n. vaisseau capillaire m.
haarlos chauve, glabre
Haarnadelklammer f. agrafe en épingle à cheveux f.
Haarschneidemaschine f. tondeuse f.
Haarschuppenkrankheit f. pelliculose f.
Haarverlust m. chute de cheveux f.
Haarzelle des Cortischen Organes f. cellule auditive de l'organe de Corti f.
Haarzelle, pathologisehe f. cellule chevelue f.
Haarzunge f. langue hirsute f.
Haarzunge, schwarze f. langue noire pileuse f.
habenulär habénulaire
Habichtschnabel m. bec crochu m.
habituell habituel
Habronemiasis f. habronémose f.
Hachimycin n. hachimycine f.
Hacke (Ferse) f. talon m.
Hackenfuß m. pied bot talus m.
Hadernkrankheit f. maladie des chiffonniers f.
Hafermehl n. farine d'avoine f.
Haferschleim m. crème d'avoine f.
Haferzelle f. petite cellule épithéliomateuse f.
Haffkrankheit f. maladie du Haff f.
Hafnie f. hafnia m.
Hafnium n. hafnium m.
Haftbarkeit f. responsabilité f.
Haftfestigkeit f. pouvoir adhésif m.
Haftlack m. apprêt m. (dent.)
Haftpflicht f. responsabilité civile f.
Haftpflichtversicherung f. assurance responsabilité civile f.
Haftprothese f. prothèse adhésive f.

Haftpsychose f. psychose par incarcération prolongée f.
Haftschale f. lentilles de contact f. pl.
Haftstiel m. pédoncule d'attache m.
Haftzone f. zone d'adhésion f.
Hagelkorn n. chalazion m.
Hageman-Faktor m. facteur Hageman m.
hager maigre
Hahnentritt m. chalaze f. (vet.)
Häkchen n. petit crochet m.
Haken m. crochet m.
Haken, scharfer m. crochet pointu m.
hakenförmig crochu
Hakenpinzette f. pince à griffes f.
Hakenwurm m. ankylostome m.
Hakenzange f. pince à crochets f.
Halbantigen n. haptène m.
halbautomatisch semi-automatique
Halbbad n. demi-bain m.
Halbedelmetall n. métal semi-précieux m.
halbfest semi-solide
Halbleiter m. semi-conducteur m.
Halbmilch f. lait dilué à 50 % m.
halbmondförmig semi-lunaire
halboffen à demi ouvert
halbquantitativ semi-quantitatif
Halbsättigung f. demi-saturation f.
Halbseitenchorea f. hémichorée f.
Halbseitenepilepsie f. hémi-épilepsie f.
Halbseitenhypertrophie f. hémihypertrophie f.
Halbseitenlähmung f. hémiplégie f.
Halbseitensyndrom n. syndrome u.nilatéral m.
halbsynthetisch semisynthétique
halbverhungert à demi mort de faim
halbwach à demi éveillé
Halbwelle f. demi onde f.
Halbwertzeit f. demi vie f.
Halfterverband m. chevêtre m.
Halid n. sel haloïde m.
Halisterese f. halistérèse f.
Hallervorden-Spatzsche Krankheit f. maladie de Hallervorden-Spatz f.
Hallux valgus m. hallux valgus m.

Hallux varus m.   hallux varus m.
Halluzination f.   hallucination f.
Halluzination, Berührungs- f.   hallucination tactile f.
Halluzination, Gehörs- f.   hallucination auditive f.
Halluzination, Geruchs- f.   hallucination olfactive f.
Halluzination, Geschmacks- f.   hallucination gustative f.
Halluzination, optische f.   hallucination optique f.
halluzinogen   hallucinogène
Halluzinogen n.   hallucinogéne m.
Halluzinose f.   délire hallucinatoire m.
Halofantrin n.   halofantrine f.
Halofenat n.   halofénate m.
Halogen n.   halogène m.
Halogenid n.   sel haloïde m.
halogenieren   halogéner
Halogenkohlenwasserstoff m.   hydrocarbone halogéné m.
Halometer n.   halomètre m.
Halometrie f.   halométrie f.
halometrisch   halométrique
Haloperidol n.   halopéridol m.
Halopredon n.   haloprédone f.
Haloprogesteron n.   haloprogestérone f.
Halothan n.   halothane m.
Hals m.   cou m.
Hals, rauher m.   enrouement m.
Hals-Nasen-Ohrenarzt m.   otorhinolaryngologue m.
Hals-Nasen-Ohrenärztin f.   otorhinolaryngologue f.
hals-nasen-ohrenärztlich   otorhinolaryngologique
Hals-Nasen-Ohrenheilkunde f.   otorhinolaryngologie f.
Halsentzündung f.   pharyngite f.
Halslymphknotenschwellung f.   adénopathie cervicale f.
Halsmark n.   moelle cervicale f.
Halsrippe f.   côte cervicale f.
Halsstütze f.   appui cervical m.
Halstedsche Operation f.   opération de Halsted f.
Halsvenenstauung f.   congestion veineuse cervicale f.
Halswirbel m.   vertèbre cervicale f.

Halswirbelsäule f.   colonne vertébrale cervicale f.
Haltbarkeitsdauer (bei Lagerung) f.   durée de conservation f.
Halteapparart m.   appareil de contention m.
Haltefaden m.   suture de consolidation f.
Halter m.   clamp m., porte… m.
Halteschraube f.   vis de serrage f.
Haltung f.   attitude f., posture f.
haltungsbedingt   dû à l' attitude
haltungsmäßig   postural
Haltungsreflex m.   réflexe de posture m.
Haltungsschaden m.   lésion d'origine posturale f.
Häm n.   hème m.
Hämagglutination f.   hémagglutination f.
Hämagglutinin n.   hémagglutinine f.
Hamamelin n.   hamaméline f.
Hamamelis f.   hamamélis m.
Hämangioendotheliom n.   hémangio-endothéliome m.
Hämangiom n.   hémangiome m.
Hämarthrose f.   hémarthrose f.
Hamartie f.   dysembryoplasie f.
Hamartom n.   hamartome m.
Hämatemesis f.   hématémèse f.
Hämatin n.   hématine f.
Hämatinurie f.   hématinurie f.
Hämatoblast m.   hématoblaste m.
hämatogen   hématogène
Hämatogonie f.   hématogonie f.
Hämatoidin n.   hématoïdine f.
Hämatokolpos m.   hématocolpos m.
Hämatokrit m.   hématocrite m.
Hämatologe m.   hématologue m.
Hämatologie f.   hématologie f.
Hämatologin f.   hématologue f.
hämatologisch   hématologique
Hämatom n.   hématome m.
Hämatom, subdurales n.   hématome sousdural m.
Hämatomyelie f.   hématomyélie f.
Hämatoporphyrin n.   hématoporphyrine f.
Hämatothorax m.   hémothorax m.
hämatotoxisch   hématotoxique
Hämatoxylin n.   hématoxyline f.
Hämatozele f.   hématocèle f.

**Hämatozyturie f.** hématocyturie f.
**Hämaturie f.** hématurie f.
**Hämazytometer n.** hématimètre m.
**Hamburg-Wechsler-Test m.** test de Wechsler m.
**Hämin n.** hémine f.
**Hamman-Rich-Syndrom n.** syndrome de Hamman et Rich m.
**Hammarstensche Probe f.** épreuve de Hammarsten f.
**Hammer (aus Holz) m.** maillet m.
**Hammer (aus Metall) m.** marteau m.
**Hammer (Ohr) m.** marteau de l'oreille moyenne m.
**Hammerzehe f.** orteil en marteau m.
**Hämobilie f.** hémobilie f.
**Hämoblast m.** hémoblaste m.
**Hämoblastose f.** hémoblastose f.
**Hämochromatose f.** hémochromatose f.
**Hämochromometer n.** hémochromomètre m.
**Hämodialyse f.** hémodialyse f.
**Hämodialysegerät n.** hémodialyseur m.
**Hämodilution f.** hémodilution f.
**Hämodynamik f.** hémodynamique f.
**hämodynamisch** hémodynamique
**Hämoglobin n.** hémoglobine f.
**Hämoglobinolyse f.** hémoglobinolyse f.
**Hämoglobinometer n.** hemoglobinomètre m.
**Hämoglobinopathie f.** hémoglobinopathie f.
**Hämoglobinurie f.** hémoglobinurie f.
**Hämolysat n.** produit d'hémolyse m.
**Hämolyse f.** hémolyse f.
**hämolysieren** hémolyser
**Hämolysierung f.** processus d'hémolyse m.
**Hämolysin n.** hémolysine f.
**hämolytisch** hémolytique
**Hämometer n.** hémomètre m.
**Hämoperfusion f.** hémoperfusion f.
**Hämoperikard n.** hémopéricarde m.
**hämophil** hémophile
**hämophile Person f.** hémophile m. f.
**Hämophilie f.** hémophilie f.
**Hämophthalmus m.** hémophtalmie f.
**Hämopoese f.** hématopoïèse f.
**hämopoetisch** hématopoïétique

**Hämoptoe f.** hémoptysie f.
**Hämoptyse f.** hémoptysie f.
**Hämopyrrol n.** hémopyrrol m.
**Hämorrhagie f.** hémorragie f.
**hämorrhagisch** hémorragique
**hämorrhoidal** hémorroïdal
**Hämorrhoide f.** hémorroïde f.
**Hämorrhoidektomie f.** hémorroïdectomie f.
**Hämosiderin n.** hémosidérine f.
**Hämosiderose f.** hémosidérose f.
**Hämostase f.** hémostase f.
**Hämostatikum n.** hémostatique m.
**hämostatisch** hémostatique
**Hämostyptikum n.** hémostyptique m.
**hämostyptisch** hémostyptique
**Hämothorax m.** hémothorax m.
**Hämotoxin n.** hémotoxine f.
**hämotoxisch** hémotoxique
**Hämozytoblast m.** hémocytoblaste m.
**Hamster m.** hamster m.
**Hand f.** main f.
**Hand-Schüller-Christiansche Krankheit f.** maladie de Hand-Schüller-Christian f.
**Hand-und-Fußpflege f.** manicure-pédicure f.
**Handballen m.** éminences thénar et hypothénar f. pl.
**Handbeatmungsgerät n.** insufflateur manuel m.
**Handbohrer m.** perceuse à main f., tourniquet m.
**Handbuch n.** manuel m.
**Händedesinfektion f.** désinfection des mains f.
**Handelsform f.** forme commercialisée f., présentation f.
**Handelsname m.** nom commercial m., nom de spécialité m.
**Handfläche f.** paume de la main f.
**Handfurche f.** pli palmaire m.
**Handgelenk n.** poignet m.
**Handgelenkmanschette f.** manchette f.
**Handgriff m.** poignée f.
**Handgriff (Manipulation) m.** manoeuvre f.
**Handharmonika-Phänomen n.** phénomène d'harmonica m.

**Handinstrument n.** instrument manuel m.
**Handlungsweise f.** procédure f.
**Handrücken m.** dos de la main m.
**Handstück n.** réalisation manuelle f.
**Handteller m.** région palmaire de la main f.
**Handverkaufsmedikament n.** médicament en vente libre m.
**Handwaschbecken n.** lave-main m.
**Handwurzel f.** carpe m.
**Hanf m.** chanvre m.
**Hanganatziu-Deicher-Test m.** réaction de Paul-Bunnell f.
**Hängebauch m.** ventre en besace m.
**hängen** pendre
**hängender Tropfen m.** goutte en suspension f.
**Hanotsche Zirrhose f.** maladie de Hanot f.
**Haphalgesie f.** haphalgésie f.
**haplodont** à dent cônique
**haploid** haploïde
**Haploidie f.** haploïdie f.
**Haplotyp m.** haplotype m.
**Hapten n.** haptène m.
**haptisch** tangible
**Haptoglobin n.** haptoglobine f.
**Haptophor n.** haptophore m.
**Harada-Syndrom n.** syndrome de Harada m.
**Harmin n.** harmine f.
**Harn- und Geschlechtsorgane n. pl.** organes génito-urinaires m. pl.
**Harnanalyse f.** analyse d'urine f.
**Harnauffangbeutel m.** poche d'urine f.
**Harnausscheidung f.** excrétion urinaire f.
**harnbildend** urinogène
**Harnbildung f.** urinogénèse f.
**Harnblase f.** vessie f.
**harnen** uriner
**harnfähig** urinable
**Harnglas n.** urinal m.
**Harngrieß m.** gravelle f.
**Harninkontinenz f.** incontinence urinaire f.
**Harnkanälchen n.** tubule rénal m.
**Harnkanälchen, gestrecktes n.** tubule rénal droit m.

**Harnkanälchen, gewundenes n.** tubule rénale contourné m.
**Harnkanälchen, Schaltstück- n.** tubule rénal collecteur m.
**harnleitend** urinifère
**Harnleiter m.** uretère m.
**Harnleiterkatheter m.** cathéter urétéral m.
**Harnleiterplastik f.** urétéroplastie f.
**Harnleiterstein m.** calcul de l'urétère m.
**harnpflichtig** élimination urinaire, à
**Harnretention f.** rétention urinaire f.
**Harnröhre f.** urètre m.
**Harnröhrenplastik f.** urétroplastie f.
**Harnsammelperiode f.** période de collecte des urines f.
**harnsäurespaltend** uricolytique
**harnsäuretreibend** uricosurique
**harnsäuretreibendes Mittel n.** uricosurique m.
**Harnsperre f.** anurie f.
**Harnstein m.** calcul urinaire m.
**Harnstoff m.** urée f.
**Harnstoffbildung f.** uréopoïèse f.
**Harnstoffclearance f.** clearance de l'urée f.
**Harnstoffstickstoff m.** azote de l'urée m.
**Harntrakt m.** appareil urinaire m.
**Harnverhaltung f.** rétention urinaire f.
**Harnwegsinfektion f.** infection des voies urinaires f.
**Harnzucker m.** sucre urinaire m.
**Harnzwang m.** strangurie f., ténesme vésical m.
**Harnzylinder m.** cylindre urinaire m.
**Harpune f.** harpon m.
**Hartalabaster n.** enduit dur de finition m. (dent.)
**Härte f.** dureté f.
**Härten** durcir, tremper
**Härten n.** durcissement m., trempe f.
**Härter m.** durcisseur m.
**Härterlösung f.** solution durcissante f.
**Hartgips m.** plâtre dur m.
**Hartgummi m.** caoutchouc vulcanisé m.
**Hartleibigkeit f.** constipation f.
**Hartlot n.** brasure f. (dent.)
**Hartnup-Syndrom n.** syndrome de Hartnup m.

**Hartstrahltechnik f.** technique des rayons pénétrants f.
**Harz n.** résine f.
**harzartig** rêsinoïde
**harzig** résineux
**Haschisch m.** haschisch m.
**Haschischsucht f.** cannabisme m.
**Hase m.** lièvre m.
**Hasenscharte f.** bec-de-lièvre m.
**Hashimoto-Thyreoiditis f.** thyroïdite chronique de Hashimoto f.
**Hassalsches Körperchen n.** corpuscule de Hassal m.
**Haudeksche Nische f.** niche de Haudek f.
**Häufigkeitsquote f.** fréquence f., incidence f.
**Haupt n.** tête f.
**Hauptgußkanal m.** canal central de coulée m.
**Hauptlot n.** brasure majeure f. (dent.)
**Hauptschalter m.** commutateur central m.
**Hauptverbandplatz m.** centre de pansements m.
**Hauptwirt m.** hôte de prédilection m.
**Hauptzelle f.** cellule adélomorphe f., cellule de Heidenhain f., cellule principale f.
**Hausarzt m.** médecin de famille m.
**häuslich** domestique, sédentaire
**Hauspflege f.** soins domestiques m. pl.
**Hausstaub m.** poussières domestiques f. pl.
**Haustier n.** animal domestique m.
**Haustrierung f.** haustration f.
**Haut f.** peau f., tégument m.
**Hautabschürfung f.** écorchure f.
**Hautarzt m.** dermatologue m.
**Hautärztin f.** dermatologue f.
**Hautatrophie f.** atrophie cutanée f.
**Hautausschlag m.** éruption cutanée f., exanthème m.
**Hautausschlag, flüchtiger m.** rash m.
**Hautbank f.** banque de peau f.
**Häutchen n.** cuticule f.
**Hautdosis f.** dose érythème f.
**häuten, sich** se peler
**Hautfenster n.** fenêtre cutanée f.
**hautfreundlich** eudermique
**Hautgrieß m.** acné miliaire f.

**Hautinnervationsbezirk, segmentaler m.** dermatome m.
**Hautkrankheit f.** dermatose f.
**Hautkrebs m.** cancer cutané m.
**Hautlappen (für plastische Chirurgie) m.** lambeau (de peau pour chirurgie plastique) m.
**Hautlappen, doppelt gestielter m.** lambeau bipédiculé m.
**Hautlappen, freier m.** lambeau ouvert m.
**Hautlappen, gestielter m.** lambeau pédiculé m.
**Hautlappen, Insel- m.** lambeau insulaire m.
**Hautlappen, Roll- m.** lambeau cylindrique m.
**Hautlappen, Rotations- m.** lambeau de rotation m.
**Hautlappen, Verschiebe- m.** lambeau de glissement m.
**Hautleishmaniose f.** leishmaniose cutanée f.
**Hautmadenfraß m.** myiase cutanée f.
**Hautplastik f.** dermatoplastie f.
**Hautreaktion f.** réaction cutanée f.
**Hautreflex m.** réflexe cutané m.
**hautrötend** rubéfiant
**hautrötendes Mittel n.** rubéfiant m.
**Hautschaden durch Kälte m.** engelure f., érythème pernio m.
**Hautschwiele f.** callosité f.
**Hauttemperaturmeßgerät n.** thermomètre cutané m.
**Hauttest m.** test cutané m.
**Hautverträglichkeit f.** tolérance cutanée f.
**Hautwiderstand m.** résistance cutanée f.
**Hautwiderstandsmeßgerät n.** appareil de mesure de la résistance cutanée m.
**HAV (Hepatitis-A-Virus) n.** HAV (virus de l'hépatite A) m.
**Haverssches Kanälchen n.** canal de Havers m.
**Hayemsche Lösung f.** solution de Hayem f.
**Hb (Hämoglobin) n.** Hb (hémoglobine) f.
**HBDH (Hydroxybutyratdehydrogenase) f.** hydroxybutyrate déshydrogénase f.

**HBV (=HepatitisB-virus) m.** virus de l'hépatite B m.

**HCG (humanes Choriongonadotropin) n.** hCG (hormone chorionique gonadotrophique) f.

**HCS (=humanes Chorionsomatomammotropin) f.** chorionsomatomammotropine humaine (HCS) f.

**HCV (=Hepatitis C-Virus) m;** virus de l'hépatite C m.

**HDV (Hepatitis Delta-Virus) n.** HDV (virus de l'hépatite delta) m.

**Headsche Zone f.** zone de Head f.

**Hebamme f.** sage-femme f.

**Hebammenschule f.** école de sagefemmes f.

**Hebel m.** levier m.

**Hebelkraft f.** effet levier m., moment (physikal.) m.

**Hebelwirkung f.** effet de levier m.

**heben** lever, soulever

**hebephren** hébéphrène

**Hebephrenie f.** hébéphrénie f.

**Heber m.** élévateur m., siphon m.

**Heberdenscher Knoten m.** nodosité d'Eberden f.

**Heboidie f.** héboïdie f.

**Hebosteotomie f.** opération de Gigli f., pubiotomie f.

**Hedingersches Syndrom n.** syndrome carcmoïde intestinal m.

**Heerfordtsche Krankheit f.** syndrome de Heerfordt m.

**Hefe f.** levure f.

**Hefter m.** classeur m.

**Heftigkeit f.** intensité f.

**Heftpflastet n.** adhésif m., emplâtre m., leucoplaste m., sparadrap m.

**Hegarstift m.** bougie de Hegar f.

**Heilanstalt f.** sanatorium m.

**heilbar** curable

**Heilbarkeit f.** curabilité f.

**heilbringend** bénéfique, salutaire

**heilen (intransitiv)** guérir

**heilen (transitiv)** guérir

**Heilfürsorge f.** soins médicaux m. pl.

**Heilgymnastik f.** gymnastique médicale f.

**Heilkraft f.** pouvoir curatif m.

**Heilkunde f.** thérapeutique f.

**Heilkunst f.** art de guérir m.

**Heilmittel n.** médicament m., remède m.

**heilpädagogisch** médico-pédagogique

**Heilpraktiker m.** guérisseur m.

**Heilquelle f.** source médicinale f.

**heilsam** salutaire

**Heilschlaf m.** cure de sommeil f., sommeil réparateur m.

**Heilschlafgerät n.** équipement pour cure de sommeil f.

**Heilserum n.** sérum antitoxique m.

**Heilung f.** cure f., guérison f.

**Heilung per primam intentionem f.** guérison de première intention f.

**Heilung per secundam intentionem f.** guérison de seconde intention f.

**heilungsfördernd** favorisant la guérison

**Heilungsprozeß m.** processus de guérison m.

**Heilverfahren n.** traitement m.

**Heimdialyse f.** dialyse à domicile f.

**Heimweh n.** mal du pays m.

**Heinzsches Innenkörperchen n.** corps de Heinz m.

**heiser** enroué

**Heiserkeit f.** enrouement m.

**heißer Abszeß m.** abcès chaud m.

**Heißhunger m.** faim dévorante f.

**Heißluft f.** air chaud m.

**Heizgerät n.** appareil de chauffage m.

**Heizkissen n.** coussin électrique m.

**Heizstrom m.** courant de chauffage m.

**hektisch** hectique

**Hektoliter n.** hectolitre m.

**Helferin, zahnärztliche f.** assistante dentaire f.

**Helferzelle f.** cellule T helper f.

**Helicobacter m.** hélicobacter m.

**Heliotherapie f.** héliothérapie f.

**Helium n.** hélium m.

**Helix f.** hélix m.

**Helleborus m.** hellébore f.

**hellgelb** jaune clair

**Helligkeitsumfang m.** intervalle de contraste m.

**Helmholtzsche Theorie f.** théorie de Helmholtz f.

**Helminthiasis f.** helminthiase f.

**Helminthologie f.** helminthologie f.

**helminthologisch** helminthologique

**Hemeralopie f.** héméralopie f.
**Hemiachromatopsie f.** hémiachromatopsie f.
**Hemialgie f.** hémialgie f.
**Hemiamblyopie f.** hémiamblyopie f.
**Hemianästhesie f.** hémianesthésie f.
**Hemianopsie f.** hémianopsie f.
**Hemianopsie, binasale f.** hémianopsie binasale f.
**Hemianopsie, bitemporale f.** hémianopsie bitemporale f.
**Hemianopsie, heteronyme f.** hémianopsie hétéronyme f.
**Hemianopsie, homonyme f.** hémianopsie homonyme f.
**Hemianopsie, Quadranten- f.** hémianopsie en quadrant f.
**hemianoptisch** hémianoptique
**Hemiapraxie f.** hémiapraxie f.
**Hemiataxie f.** hémiataxie f.
**Hemiathetose f.** hémiathétose f.
**Hemiatrophie f.** hémiatrophie f.
**Hemiazetal n.** hémiacétal m.
**Hemiballismus m.** hémiballisme m.
**Hemiblock m.** hémibloc m.
**Hemichorea f.** hémichorée f.
**Hemidesmosom n.** hémidesmosome m.
**Hemiepilepsie f.** hémiépilepsie f.
**Hemigastrektomie f.** hémigastrectomie f.
**Hemignathie f.** hémignathie f.
**Hemihydrat n.** hémihydrate m.
**Hemihydrochlorid n.** hémihydrochlorure m.
**Hemihyperhidrose f.** hémihyperhidrose f.
**Hemihypertrophie f.** hémihypertrophie f.
**Hemikorporektomie f.** hémicorporectomie f.
**Hemilaminektomie f.** hémilaminectomie f.
**Hemilaryngektomie f.** hémilaryngectomie f.
**Hemilumbalisation f.** hémilombalisation f.
**Hemiparästhesie f.** hémiparesthésie f.
**Hemiparese f.** hémiparésie f.
**hemiparetisch** hémiparésique
**Hemipelvektomie f.** hémipelvectomie f.

**Hemiplegie f.** hémiplégie f.
**hemiplegisch** hémiplégique
**Hemisakralisation f.** hémisacralisation f.
**Hemispasmus m.** hémispasme m.
**Hemisphäre f.** hémisphère f.
**Hemisphärektomie f.** hémisphérectomie f.
**Hemisukzinat n.** hémisuccinate m.
**Hemizellulase f.** hémicellulase f.
**Hemizellulose f.** hémicellulose f.
**hemizygot** hémizygote
**hemmen** inhiber
**hemmend** génant, inhibiteur
**Hemmer m.** inhibiteur m.
**Hemmkörper m.** substance inhibitrice f.
**Hemmstoff m.** agent inhibiteur m.
**Hemmung f.** inhibition f.
**Hemmungsmißbildung f.** défaut par inhibition m.
**Henlesche Schleife f.** anse de Henle f.
**Hennaöl n.** huile de henné f.
**Henry n.** henry m.
**Heparan n.** héparane m.
**Heparin n.** héparine f.
**heparinisieren** hépariniser
**Heparinisierung f.** héparinisation f.
**Hepatargie f.** insuffisance héphatique f.
**Hepatikocholezystojejunostomie f.** hépaticocholécystojéjunostomie f.
**Hepatikoduodenostomie f.** hépaticoduodénostomie f.
**Hepatikogastrostomie f.** hépaticogastrostomie f.
**Hepatikojejunal** hépaticojéjunal
**Hepatikojejunostomie f.** hépaticojéjunostomie f.
**Hepatikostomie f.** hépaticostomie f.
**Hepatikotomie f.** hépaticotomie f.
**Hepatisation f.** hépatisation f.
**hepatisch** hépatique
**hepatisiert** hépatisé
**Hepatitis f.** hépatite f.
**Hepatitis A/B/nonA/nonB f.** hépatite A/B/nonA/nonB f.
**Hepatitis B-Impfstoff m.** vaccin anti-hépatite B m.
**hepatobiliär** hépatobiliaire
**Hepatocholangioduodenostomie f.** hépatocholangioduodénostomie f.

Hepatocholangitis f. hépatocholangite f.
Hepatogastrisch hépatogastrique
hepatogen hépatogène
Hepatographie f. hépatographie f.
hepatolentikulär hépatolenticulaire
hepatolienal hépatosplénique
Hepatomegalie f. hépatomégalie f.
Hepatopathie f. hépatopathie f.
hepatorenal hépatorénal
Hepatose f. hépatose f.
Hepatosplenomegalie f. hépatosplénomégalie f.
hepatotoxisch hépatotoxique
Hepatotoxizität f. hépatotoxicité f.
hepatotrop hépatotrope
hepatozellulär hépatocellulaire
Hepatozyt m. hépatocyte m.
Heptachlor n. heptachlore m.
Heptadecyl... heptadécyl...
Heptaen n. heptaène m.
Heptahydrat n. heptahydrate m.
Heptaminol n. heptaminol m.
Heptan n. heptane m.
Heptanoat n. heptanoate m.
Heptathiophen n. heptathiophène m.
Heptaverin n. heptavérine f.
Heptolamid n. heptolamide m.
Heptose f. heptose m.
Heptulose f. heptulose m.
Heptyl n. heptyle m.
Herausgeberartikel m. éditorial m.
heraustreiben expulser
herb acerbe, âpre
herbizid herbicide
Herbizid n. herbicide m.
Herd (med.) m. foyer m.
Herdentrieb m. instinct de troupeau m.
Herdinfektion f. infection focale f.
Herdnephritis f. néphrite en foyer f.
Heredität f. hérédité f.
Heredoataxie f. hérédoataxie f.
Heredodegeneration f. hérédodégénérescence f.
Herkunft f. origine f.
Hermaphroditismus m. hermaphrodisme m.
hermetisch hermétique
Hernia obturatoria f. hernie obturatrice f.
Hernie f. hernie f.

Hernie, direkte f. hernie directe f.
Hernie, eingeklemmte f. hernie étranglée f.
Hernie, epigastrische f. hernie épigastrique f.
Hernie, Gleit- f. hernie de glissement f.
Hernie, Hiatus- f. hernie hiatale f.
Hernie, indirekte f. hernie indirecte f.
Hernie, inkarzerierte f. hernie incarcérée f.
Hernie, innere f. hernie interne f.
Hernie, irreponible f. hernie irréductible f.
Hernie, Leisten- f. hernie inguinale f.
Hernie, Littresche f. hernie de Littre f.
Hernie, Nabel- f. hernie ombilicale f.
Hernie, Narben- f. hernie cicatricielle f.
Hernie, reponible f. hernie réductible f.
Hernie, Schenkel- f. hernie crurale f., hernie fémorale f.
Hernie, skrotale f. hernie scrotale f.
Hernie, Spieghelsche f. hernie de Spieghel f.
Hernie, Treitzsche f. hernie de Treitz f.
Hernie, unvollständige f. herniation incomplète f.
Hernie, Zwerchfell- f. hernie diaphragmatique f.
Hernienbildung f. herniation f.
Herniorrhaphie f. herniorrhaphie f.
Herniotomie f. herniotomie f.
Heroin n. héroïne f.
Heroinsucht f. héroïnomanie f.
heroisch héroïque
Herpangina f. herpangine f.
Herpes m. herpès m.
Herpes labialis f. herpès labial m.
Herpes progenitalis m. herpès cutanéomuqueux génital m.
Herpes simplex m. herpès simplex m.
Herpes tonsurans m. tinea tonsurans f.
Herpes zoster m. zona m.
herpetiform herpétiforme
herpetisch herpétique
Herpetismus m. affection herpétique f.
Herstellungscharge f. série de production f.

**Herter-Heubnerscher Krankheit f.** maladie coeliaque de Herter f.

**Hertz n.** hertz m.

**HERV (humanes endogenes Retrovirus) m.** rétrovirus endogène humain m.

**hervorrufen** causer, rappeler

**Herxheimersche Reaktion f.** réaction de Herxheimer f.

**Herz n.** cœur m.

**Herz-Lungen-Maschine f.** appareil cardiorespiratoire m.

**Herz- und Kreislaufkrankheit f.** maladie cardio-vasculaire f.

**Herzachse f.** axe électrique du coeur m.

**Herzaneurysma n.** anévrisme cardiaque m.

**Herzangst f.** cardiophobie f.

**Herzarbeit f.** activité cardiaque f.

**Herzasthma n.** asthme cardiaque m.

**Herzattacke f.** attaque cardiaque f.

**Herzautomatismus m.** automatisme cardiaque m.

**Herzbehandlung f.** cardiothérapie f.

**Herzbeklemmung f.** oppression cardiaque f.

**Herzbeschleunigung f.** cardioaccélération f.

**Herzbeutel m.** péricarde m.

**Herzbeutelerguß m.** épanchement péricardique m.

**Herzblock m.** bloc cardiaque m.

**Herzchirurgie f.** chirurgie cardiaque f.

**Herzdilatation f.** dilatation cardiaque f.

**Herzerkrankung f.** maladie cardiaque f.

**Herzerweichung f.** cardiomalacie f.

**Herzfehler m.** affection valvulaire du coeur f.

**Herzfehlerzelle f.** cellule cardiaque de lésion f.

**Herzfernaufnahme f.** téléradiographie cardiaque f.

**herzförmig** en forme de coeur

**Herzfrequenz f.** fréquence cardiaque f.

**Herzfunktionsprüfung f.** exploration cardiaque fonctionnelle f.

**Herzgegend f.** région cardiaque f.

**Herzgeräusch n.** bruit pathologique du coeur m., souffle cardiaque m.

**Herzglykosid n.** glucoside cardiotonique m.

**Herzgrube f.** creux épigastrique m.

**Herzhypertrophie f.** hypertrophie cardiaque f.

**Herzinfarkt m.** infarctus du myocarde m.

**Herzinfarkt-Intensivstation f.** unité de soins intensifs cardiologiques: infarctus f.

**Herzinsuffizienz f.** insuffisance cardiaque f.

**Herzinsuffizienz, dekompensierte Rechts- f.** insuffisance cardiaque droite décompensée f.

**Herzinsuffizienz, muskuläre f.** insuffisance myocardique f.

**Herzkatheter m.** cathéter cardiaque m.

**Herzkatheterisierung f.** cathétérisme cardiaque m.

**Herzklappe f.** valvule cardiaque f.

**Herzklappenerkrankung f.** valvulopathie cardiaque f.

**Herzklappenfehler m.** affection valvulaire cardiaque f.

**Herzklappengeräusch n.** bruit valvulaire m.

**Herzklopfen n.** palpitation cardiaque f.

**Herzkrankheit f.** cardiopathie f.

**Herzkrankheit, hyperthyreotische f.** cardiotoxicose hyperthyroidienne f.

**Herzkrankheit, rheumatische f.** rhumatisme cardiaque m.

**Herzleiden n.** affection cardiaque f., maladie cardiaque f.

**Herzleistung f.** débit cardiaque m.

**Herzleistungsmeßgerät n.** appareil de mesure du débit cardiaque m.

**Herzmassage f.** massage cardiaque m.

**Herzmassage, äußere f.** massage cardiaque à thorax fermé m.

**Herzmassage, direkte f.** massage cardiaque direct m.

**Herzminutenvolumen n.** volume-minute (coeur) m.

**Herzmuskel m.** muscle cardiaque m., myocarde m.

**Herzmuskelinfarkt m.** infarctus du myocarde m.
**Herzmuskelinsuffizienz f.** insuffisance myocardique f.
**Herzmuskelschaden m.** lésion myocardique f.
**Herzneurose f.** névrose cardiaque f.
**Herzohr n.** appendice auriculaire cardiaque m.
**Herzrhythmus m.** rythme cardiaque m.
**Herzruptur f.** rupture cardiaque f.
**Herzschallschreibung f.** phonocardiographie f.
**Herzschatten m.** ombre cardiaque f.
**Herzschlag m.** battement cardiaque m.
**Herzschlag m. (pathol.)** cardioplégie f.
**Herzschlagen n.** battement cardiaque m.
**Herzschrittmacher m.** stimulateur cardiaque m.
**Herzsilhouette f.** silhouette cardiaque f.
**Herzspezialist (in) m., f.** cardiologue m., f.
**herzstärkend** cardiotonique
**Herzstillstand m.** arrêt cardiaque m.
**Herzsyndrom, hyperkinetisches n.** syndrome cardiaque hyperkinétique m.
**Herztod m.** mort par arrêt cardiaque f.
**Herzton m.** bruit du coeur m.
**Herzton, gespaltener m.** bruit dédoublé m.
**Herzuntersuchung f.** examen cardiaque m.
**Herzvergrößerung f.** cardiomégalie f.
**Herzversagen n.** défaillance cardiaque f.
**Herzvorhof m.** oreillette cardiaque f.
**Hesperidin n.** hespéridine f.
**Hetacillin n.** hétacilline f.
**Hetaflur n.** hétaflur m.
**Heteroagglutination f.** hétéroagglutination f.
**Heteroantigen n.** hétéroantigène m.
**Heteroantikörper m.** hétéroanticorps m.
**Heteroautoplastik f.** hétéroautoplastie f.

**heterochrom** hétérochrome
**Heterochromatin n.** hétérochromatine f.
**heterochromatisch** hétérochromatique
**Heterochromie f.** hétérochromie f.
**Heterochromosom n.** hétérochromosome m.
**heterodesmotisch** hétérodesmotique
**heterodont** hétérodonte
**heterogen** hétérogène
**Heterogonie f.** hétérogonie f.
**Hetetoimmunität f.** hétéroimmunité f.
**Heteroinfektion f.** hétéroinfection f.
**Heteroinokulation f.** hétéroinoculation f.
**Heterointoxikation f.** hétérointoxication f.
**Heterokinese f.** hétérokinèse f.
**Heterokomplement n.** hétérocomplément m.
**Heterolalie f.** hétérolalie f.
**heterolog** hétérologue
**Heterologie f.** hétérologie f.
**heteromorph** hétéromorphe
**Heteromorphie f.** hétéromorphie f.
**Heteronium n.** hétéronium m.
**heteronom** hétéronome
**heteronym** hétéronyme
**Heterophagie f.** hétérophagie f.
**heterophil** hétérophile
**heterophon** hétérophonique
**Heterophorie f.** hétérophorie f.
**Heteroplasie f.** hétéroplasie f.
**Heteroplastik f.** hétéroplasie f.
**heteroplastisch** hétéroplastique
**heteroploid** hétéroploïde
**Heteropolysaccharid n.** hétéropolysaccharide m.
**heterosexuell** hétérosexuel
**Heteroskopie f.** hétéroscopie f.
**Heterosom n.** hétérosome m.
**heterospezifisch** hétérospécifique
**Heterosuggestion f.** hétérosuggestion f.
**Heterotoxin n.** hétérotoxine f.
**Heterotransplantat n.** hétrogreffe f.
**Heterotransplantation f.** hétérotransplantation f.
**heterotrop** hétérotrope
**heterotroph** hétérotrophe
**Heterotrophie f.** hétérotrophie f.

**Heterotropie f.** hétérotropie f.
**heterotypisch** hétérotypique
**heteroxen** hétéroxène
**heterozentrisch** hétérocentrique
**heterozygot** hétérozygote
**heterozyklisch** hétérocyclique
**heterogenetisch** hétérogénétique
**Hetzseuche f.** adénomatose pulmonaire f. (vet.)
**Heubnersche Krankheit f.** maladie de Heubner f.
**Heufieber n.** rhume des foins m.
**HEV (Hepatitis E virus) m.** virus de l'hépatite E (HEV) m.
**Hexacetonid n.** hexacétonide m.
**Hexachlorid n.** hexachlorure m.
**Hexachlorophen n.** hexachlorophène m.
**Hexachlorozyklohexan n.** hexachlorocyclohexane m.
**Hexafluorid n.** hexafluorure m.
**Hexafluronium n.** hexafluronium m.
**Hexahydrat n.** hexahydrate m.
**Hexahydrobenzoat n.** hexahydrobenzoate m.
**hexamer** hexamérique
**Hexamer n.** hexamère m.
**Hexamethonium n.** hexaméthonium m.
**Hexamethoniumbromid n.** bromure d'hexaméthonium m.
**Hexamethylen n.** cyclohexane m., hexaméthylène m.
**Hexamethylendiamin n.** hexaméthylènediamine f.
**Hexamethylentetramin n.** hexaméthylènetétramine f.
**Hexamethylmelamin n.** hexaméthylmélamine f.
**Hexamethylphosphamid n.** hexaméthylphosphamide m.
**Hexamethylpropylenaminoxim n.** hexaméthylpropylène-aminoxime m.
**Hexamid n.** hexamide m.
**Hexan n.** hexane m.
**Hexanikotinat n.** hexanicotinate m.
**Hexanitrat n.** hexanitrate m.
**Hexanoat n.** hexanoate m.
**Hexanol n.** hexanol m.
**Hexaose f.** hexaose m.
**Hexapeptid n.** hexapeptide m.
**hexaploid** hexaploïde

**Hexapropymat n.** hexapropymate m.
**Hexazyklonat n.** hexacyclonate m.
**Hexedrin n.** hexédrine f.
**Hexenmilch f.** lait de sorcière m.
**Hexenschuß m.** lumbago m.
**Hexestrol n.** hexoestrol m.
**Hexetidin n.** hexétidine f.
**Hexidin n.** hexidine f.
**Heximid n.** heximide m.
**Hexit n.** hexitol m.
**Hexobarbital n.** hexobarbital m.
**Hexobendin n.** hexobendine f.
**Hexokinase f.** hexokinase f.
**Hexon n.** hexon m.
**Hexopeptidase f.** hexopeptidase f.
**Hexoprenalin n.** hexoprénaline f.
**Hexopyrronium n.** hexopyrronium m.
**Hexosamin n.** hexosamine f.
**Hexosaminidase f.** hexosaminidase f.
**Hexosan n.** hexosane m.
**Hexosazon n.** hexosazone f.
**Hexose f.** hexose m.
**Hexosediphosphat n.** hexosediphosphate m.
**Hexosediphosphatase f.** hexosediphosphatase f.
**Hexosidase f.** hexosidase f.
**Hexosyltransferase f.** hexosyltransférase f.
**Hexuronat n.** hexuronate m.
**Hexyl n.** hexyle m.
**Hexylamin n.** hexylamine f.
**Hexylcain n.** hexylcäine f.
**Hexylresorzin n.** hexylrésorcine f.
**HHL (Hypophysenhinterlappen) m.** lobe postérieur de l'hypophyse m.
**HF (Herzfrequenz) f.** fréquence cardiaque f.
**HHL (Hypophysenhinterlappen) m.** lobe postérieur de l'hypophyse m.
**HHR (Hinterherzraum) m.** espace rétrocardiaque m.
**Hiatushernie f.** hernie hiatale f.
**Hibernom n.** hibernome m.
**Hidradenitis f.** hidradénite f.
**Hidradenom n.** hidradénome m.
**Hidrose f.** hidrose f.
**hidrotisch** hidrotique
**Hierarchie f.** hiérarchie f.
**hierarchisch** hiérarchique

**H**

**HIES** (Hydroxyindolessigsäure) f. acide hydroxyindolacétique m.

**hilär** hilaire

**Hilfe, erste f.** secourisme m.

**hilflos** impuissant

**Hilflosigkeit f.** impuissance f.

**Hilfsschule f.** école pour enfants inadaptés f.

**hilfsweise** auxiliairement

**hilifugal** hilifuge

**hilipetal** hilipète

**Hilitis f.** hilite f.

**Hilus m.** hile m.

**Hiluslymphknotenerkrankung f.** adénopathie hilaire f.

**Himbeerzunge f.** langue framboisée f.

**hindern** empêcher, encombrer

**hinken** boiter

**Hinken n.** claudication f.

**hintere Augenkammer f.** chambre postérieure de l'oeil f.

**Hintergrund m.** arrière-plan m.

**Hinterhauptshaltung, hintere f.** position occipitale postérieure f.

**Hinterhauptshaltung, vordere f.** positionoccipitale antérieure f.

**Hinterhirn n.** métencéphale m.

**Hinterhorn n.** corne occipitale des ventricules latéraux du cerveau f.

**Hinterkopf m.** occiput m.

**Hinterstrang m.** cordon postérieur m.

**Hinterteil n.** derrière m.

**Hinterwand f.** paroi postérieure f.

**Hinterwandinfarkt m.** infarctus du myocarde postérieur m.

**Hinterwurzel f.** racine postérieure f.

**Hiob-Syndrom n.** syndrome de Job m.

**Hippokrates, Eid des m.** serment d'Hippocrate m.

**Hippotherapie f.** hippothérapie f.

**Hippurat n.** hippurate m.

**Hippurie f.** hippurie f.

**Hirn n.** cerveau m.

**Hirnaktionsstrom m.** courant d'activité électrique cérébrale m.

**Hirnanhangdrüse f.** hypophyse f.

**Hirnblutung f.** hémorragie cérébrale f.

**Hirnforschung f.** recherche sur le cerveau f.

**Hirnhaut f.** méninge f.

**Hirnhautentzündung f.** méningite f.

**Hirnmantel m.** manteau des hémisphères m., pallium m.

**Hirnmasse f.** substance cérébrale f.

**Hirnnerv m.** nerf cranien m.

**Hirnrinde f.** cortex cérébral m.

**Hirnrindenatrophie f.** atrophie du cortex cérébral f.

**Hirnschale, knöcherne f.** crâne osseux m.

**Hirnstamm m.** tronc cérébral m.

**Hirnstromkurve f.** tracé électrique cérébral m.

**Hirntätigkeit f.** activité cérébrale f.

**Hirntod m.** mort cérébrale f.

**hirnverletzt** ayant une lésion cérébrale

**Hirnverletzung f.** lésion cérébrale f.

**Hirschhornsalz n.** carbonate d'ammoniaque m.

**Hirschsprungsche Krankheit f.** maladie de Hirschsprung f.

**Hirsutismus m.** hirsutisme m.

**Hirudin n.** hirudine f.

**Hirudinea f.** hirudinea f.

**His-Bündel n.** faisceau de His m.

**His-Bündel-Ablation f.** ablation du faisceau de His f.

**His-Bündel-Block m.** bloc de branche m.

**His-Bündels, oberhalb des** sus-hissien

**His-Bündels, unterhalb des** sous-hissien

**Hissches Bündel n.** faisceau de His m.

**Histamin n.** histamine f.

**Histaminase f.** histaminase f.

**histaminergisch** histaminergique

**Histidase f.** histidase f.

**Histidin n.** histidine f.

**Histidinämie f.** histidinémie f.

**Histidinase f.** histidinase f.

**Histidyl n.** histidyle m.

**Histidylglyzin n.** histidylglycine f.

**Histioblast m.** histioblaste m.

**Histiochemie f.** histiochimie f.

**histiochemisch** histochimique

**histiotrop** histiotrope

**Histiozyt m.** histiocyte m.

**histiozytär** histiocytaire

**Histiozytom n.** histiocytome m.

**Histiozytose f.** histiocytose f.

**Histogenese f.** histogenèse f.

**Histogramm n.** histogramme m.

**Histokompatibilität f.** histocompatibilité f.

**Histologe m.** histologue m.

**Histologie f.** histologie f.

**histologisch** histologique

**Histolyse f.** histolyse f.

**histolytisch** histolytique

**Histomorphologie f.** histomorphologie f.

**histomorphologisch** histomorphologique

**Histomorphometrie f.** histomorphométrie f.

**histomorphometrisch** histomorphométrique

**Histon n.** histone f.

**Histopathologie f.** histopathologie f.

**histopathologisch** histopathologique

**Histoplasmose f.** histoplasmose f.

**Histotomographie f.** histotomographie f.

**histotomographisch** histotomographique

**histotoxisch** histotoxique

**histotrop** histotrope

**Hitze f.** chaleur f.

**Hitze-Schockprotein n.** protéine du choc thermique f.

**hitzebeständig** thermorésistant

**Hitzekoagulation f.** thermocoagulation f.

**Hitzekollaps m.** collapsus circulatoire dû à la chaleur m.

**Hitzesterilisation f.** stérilisation par la chaleur f.

**Hitzestrahlung f.** thermoradiation f.

**Hitzewallung f.** bouffée de chaleur f.

**Hitzschlag m.** coup de chaleur m., insolation f.

**HIV (humanes Immundefekt-Virus) n.** HIV (Human Immunodeficiency Virus) m.

**HK (Hämatokrit) m.** Ht (hématocrite) f.

**HLA-Histokompatibilitätssystem n.** système HLA d'histocompatibilité m.

**HMG (menschliches Menopausen-Gonadotropin) n.** HMG (human menopausal gonadotropin) f.

**HMG-CoA-Reduktase f;** réductase du HMG-CoA f.

**HNO (Hals, Nase, Ohren)** ORL (oreille, nez, gorge)

**Hochdruck m.** hypertension f., hypertonie f.

**Hochdruck, blasser m.** hypertension avec pâleur f.

**Hochdruck, roter m.** hypertension avec rougeur congestive f.

**Hochdruckflüssigkeitschromatographie f.** chromatographie liquidienne de pression élevée f.

**Hochfrequenz f.** haute fréquence f.

**Hochfrequenzstrom m.** courant de haute fréquence m.

**hochlagern** surélever

**Hochlagerung f.** mise en position surélevée f.

**hochmolekular** polymoléculaire

**hochprozentig** spiritueux

**hochprozentiges Getränk n.** spiritueux m.

**hochschwanger** en état de grossesse avancée

**Hochsingersches Zeichen n.** phénomène de Hochsinger m.

**Hochspannung f. (elektr.)** haute tension f.

**Hochspannungselektrophorese f.** électrophorèse à haute tension f.

**Hochstand (des Zwerchfells) m.** position haute du diaphragme f.

**Höchstwert m.** valeur maximum f.

**Hochtourenbohrer m.** fraise de haute fréquence rotative f.

**Hochvakuum-Sterilisationsapparat m.** stérilisateur sous vide m.

**Hochvolt-Röntgentherapie f.** roentgenthérapie à haute tension f.

**Hocken** être accroupi

**Höcker m.** bosse f., protubérance f., tubérosité f.

**Hoden m.** testicule m.

**Hodenentfernung f.** orchidectomie f.

**Hodenkrebs m.** cancer testiculaire m.

**Hodensack m.** bourses f. pl., scrotum m.

**Hodge-Pessar n.** pessaire de Hodge m.

**Hodgkinsche Krankheit f.** maladie de Hodgkin f.

**hohe Abklingquote f.** quotient d'élimination élevé m.

Höhenangst f. dinophobie f.
Höhenkrankheit f. mal d'altitude m.
Höhenkurort m. station climatique en altitude f.
Höhenverstellung f. changement de hauteur m.
Höhepunkt m. paroxysme m., point culminant m.
höheres Alter n. âge avancé m.
hohl concave, creux
hohläugig aux yeux enfoncés
Hohlbohrer m. évidoir m.
Höhle f. cavité f., creux m., sinus m.
Höhlenbildung f. formation de cavité f.
Hohlfuß m. pied creux m.
Hohlguß m. moulage cannelé m.
Hohlkreuz n. hyperlordose f.
Hohlkrone f. demi couronne f.
Hohlmeißel m. gouge f.
Hohlmeißelzange f. pince-gouge f.
Hohlrücken m. dos creux m.
Hohlsonde f. sonde cannelée f.
Hohlspiegel m. miroir concave m.
holandrisch holandrique
Höllenstein m. nitrate d'argent m.
Holmium n. holmium m.
holoblastisch holoblastique
holodiastolisch holodiastolique
Hologamie f. hologamie f.
Holographie f. holographie f.
hologyn hologynique
holokrin holocrine
Holoparasit m. holoparasite m.
holosystolisch holosystolique
Holotyp m. holotype m.
holoxenisch holoxénique
Holozellulose f. holocellulose f.
Holzknechtscher Raum m. espace de Holzknecht m.
Holzkohle f. charbon de bois m.
Holzspatel m. spatule en bois f.
Homalographie f. homalographie f.
Homarginin n. homarginine f.
Homatropin n. homatropine f.
Homescher Lappen m. lobe de Home m.
Homochlorcyclizin n. homochlorcyclisine f.
Homocitrullin n. homocitrulline f.
Homodesmotisch homodesmotique
homoerotisch homoérotique

Homofenazin n. homofénazine f.
homogen homogène
Homogenat n. produit homogénéisé m.
homogenisieren homogénéiser
Homogenisierung f. homogénéisation f.
Homogenität f. homogénéité f.
Homogentisat n. homogentisate m.
homoioplastisch homoïoplastique
homolateral homolatéral
homolog homologue
Homolog n. homologue m.
Homologie f. homologie f.
Homomerie f. homomérie f.
homonom homonome
homonym homonyme
Homöopath m. homéopathe m.
Homöopathie f. homéopathie f.
Homöopathin f. homéopathe f.
homöopathisch homéopathique
Homöostase f. homéostase f.
Homöotransplantat n. homéogreffe f.
Homöotransplantation f. homéotransplantation f.
homöotypisch homéotypique
Homophenazin n. homophénazine f.
Homoplastik f. homoplastie f.
homoplastisch homoplastique
Homoprolin n. homoproline f.
Homosalat n. homosalate m.
Homoserin n. homosérine f.
Homosexualität f. homosexualité f.
homosexuell homosexuel
Homotaurin n. homotaurine f.
homothermisch homothermique
Homotransplantat n. allogreffe f., homogreffe f.
Homotransplantation f. homotransplantation f.
homozentrisch homocentrique
homozygot homozygote
Homozygotie f. homozygotie f.
homozyklisch homocyclique
Homozystein n. homocystéine f.
Homozysteinurie f. homocystéinurie f.
homozytotrop homocytotrope
Honorar n. honoraire m.
honorieren (Honorar bezahlen) payer l'honoraire
Hopfen m. houblon m.

Hörapparat m. appareil acoustique m.
Hörbahn f. voie acoustique f.
hörbar audible
Hörbarkeit f. audibilité f.
Hörbereich m. champ auditif m.
Hörbrille f. lunettes acoustiques f. pl.
Hordein n. hordéine f.
Hordenin n. hordénine f.
Hordeolum n. orgelet m.
hören entendre
Hören n. audition f., ouïe f.
Hörgerät n. prothèse auditive f.
Hörgrenze f. limite d'audibilité f.
Hörigkeit f. sujétion f.
Hörinsel f. reste auditif m.
Horizont m. horizon m.
horizontal horizontal
Hormon n. hormone f.
Hormon, aglanduläres n. substance autacoïde f.
Hormonbehandlung f. hormonothérapie f., traitement hormonal m.
hormonell hormonal
Horn n. corne f
hornartig corné
Hornersches Syndrom n. syndrome de Horner m.
hornförmig corniculé
Hornhaut (der Oberhaut) f. couche cornée de la peau f.
Hornhaut (des Auges) f. cornée f.
Hornhautgeschwür n. ulcère de la cornée m.
Hornhautmikroskop n. microscope cornéen m.
Hornhautreflex m. réflexe cornéen m.
Hornhautstaphylom n. staphylome de la cornée m.
Hornhauttrübung f. opacité de la cornée f.
hornig calleux, corné
Hornisse f. frelon m.
Hornperle f. perle épithéliale f.
Horopter m. horoptère f.
Hörprüfung f. examen de l'ouïe m.
Hörrest m. résidu auditif m.
Hörrohr n. stéthoscope m.
Hörschwelle f. seuil auditif m.
Hörstörung f. trouble auditif m.
Hörsturz m. perte brutale de l'audition f.

Hörvermögen n. capacité auditive f.
Hörzentrum n. centre de l'audition m.
Hospitalismus m. hospitalisme m.
Hottentottenschürze f. tablier m.
HPL (menschliches Plazentalaktogen) n. hPL (hormone lactogène placentaire) f.
HSV (Herpes-simplex-Virus) n. HSV (virus de l'Herpès simplex) m.
HTLV (Humanes T-Zell-Leukämie-Virus) n. HTLV (Human T Leucémia Virus) m.
Huf m. ongle m., sabot m.
Hufabszeß m. abcès du pied m.
Hufballen m. bourrelet périoplique m.
Hufbein n. os du pied m.
Hufeisen n. fer à cheval m.
Hufeisenniere f. rein en fer à cheval m.
Huffett n. périople m.
Hufgelenk n. articulation du pied f.
Hufgeschwür n. ulcération du pied f.
Hufhaar n. fanon m.
Hufknorpelfistel f. fistule du cartilage du sabot f.
Hufkrebs m. pododermatite verruqueuse f.
Hufkrone f. couronne du sabot f.
Hufpolster n. coussinet plantaire m.
Hufrehe f. inflammation du tissu feuilleté f.
Hufrollenentzündung f. podotrochilite f.
Hufspalte f. fente du sabot f.
Hufstiefel m. guêtre f.
Hufstrahl m. fourchette du sabot f.
Hüfte f. hanche f.
Hüfte, schnappende f. hanche à ressort de Morel-Lavalée f.
Hüftgelenk n. articulation de la hanche f.
Hüftgelenkspfanne f. cavité cotyloïde f.
Hüftgelenkspfannendach n. toit du cotyle m.
Huftier n. ongulé m.
Hüftknochen n. os iliaque m.
Hüftprothese f. prothèse de la hanche f.
Hühnerauge n. cor m., oeil-de-perdrix m.

H

**Hühnerbrust f.** thorax en carène m.
**Hühnerei n.** œuf de poule m.
**Hühnerpest f.** peste aviaire f.
**Hühnerpest, atypische f.** maladie de
Newcastle f.
**Hülle f.** enveloppe f., gaine f.
**Hülse f.** gousse f.
**Hülsenkrone f.** couronne de revête-
ment f.
**Humanalbumin n.** albumine humaine
f.
**Humaninsulin n.** insuline humaine f.
**Humanplasma n.** plasma humain m.
**humeroskapulär** huméroscapulaire
**humoral** humoral
**humpeln** boiter
**Hundebandwurm m.** Taenia echino-
coccus m., ténia du chien m.
**Hundebiß m.** morsure de chien f.
**Hundestaupe f.** morve des chiens f.
**Hunger m.** faim f.
**Hungerazidose f.** acidose de jeûne f.
**Hungerkur f.** cure de diète absolue f.
**Hungerödem n.** oedème de dénutri-
tion m.
**Hungerzustand m.** état de dénutrition
m.
**hungrig** affamé
**Hunt-Test m.** test de Hunt m.
**Huntersche Glossitis f.** glossite de
Hunter f.
**Huntingtonsche Chorea f.** chorée de
Huntington f.
**Hurler-Syndrom n.** maladie de Hurler
f.
**Hürthlezelle f.** cellule de Hürthle f.
**hüsteln** toussoter
**husten** tousser
**Husten m.** toux f.
**hustenlindernd** antitussif
**Hustenreflex m.** réflexe tussigène m.
**hustenstillend** antitussif, béchique,
pectoral
**hustenstillendes Mittel n.** antitussif m.
**Hustensynkope f.** syncope de toux f.
**Hutchinsonsche Trias f.** triade de
Hutchinson f.
**HVL (Hypophysenvorderlappen) m.**
lobe antérieur de l'hypophyse m.
**HWK (Halswirbelkörper) m.** vertèbre
cervicale f.

**HWS (Halswirbelsäule) f.** colonne
vertébrale cervicale f.
**HWZ (Halbwertzeit) f.** demi-vie f.
**hyalin** hyalin
**Hyalin n.** substance hyaline f.
**hyaliner Zylinder m.** cylindre hyalin
m.
**hyalinisieren** hyaliniser
**Hyalinisierung f.** hyalinisation f.
**Hyalinose f.** hyalinose f.
**Hyalitis f.** hyalite f.
**hyaloid** hyaloïde
**Hyalomer n.** hyalomère m.
**Hyaloplasma n.** hyaloplasme m.
**Hyaluronat n.** hyaluronate m.
**Hyaluronidase f.** hyaluronidase f.
**Hybridation f.** hybridation f.
**Hybride m.** hybride m.
**Hybridom n.** hybridome m.
**Hycanthon n.** hycanthone f.
**Hyclat n.** hyclate m.
**Hydantoin n.** hydantoïne f.
**Hydantoinat n.** hydantoïnate m.
**Hydarthrose f.** hydarthrose f.
**Hydatide f.** hydatide f.
**Hydatidenschwirren n.** frémissement
hydatique m.
**Hydrabamin n.** hydrabamine f.
**Hydracarbazin n.** hydracarbazine f.
**hydragog** hydragogue
**Hydralazin n.** hydralazine f.
**Hydrämie f.** hydrémie f.
**Hydramin n.** hydramine f.
**hydrämisch** hydrémique
**Hydramnion n.** hydramnion m.
**hydramniotisch** hydramniotique
**Hydrargyrum oxydatum flavum n.**
précipité d'oxyde jaune de mercure
m.
**Hydrargyrum praecipitatum album n.**
précipité de chlorure mercureuse m.
**Hydrase f.** hydrase f.
**Hydrastin n.** hydrastine f.
**Hydrat n.** hydrate m.
**Hydratase f.** hydratase f.
**Hydration f.** hydration f.
**hydraulisch** hydraulique
**Hydrazid n.** hydrazide m.
**Hydrazin n.** hydrazine f.
**Hydrazinophthalazin n.** hydrazinoph
thalazine f.
**Hydrazon n.** hydrazone f.

Hydrid n. hydride m.
hydrieren hydrogéner
Hydrierung f. hydrogénation f.
Hydriodat n. hydriodate m.
Hydroa vacciniforme n. hydroa vacciniforme m.
Hydrobilirubin n. hydrobilirubine f.
Hydrobromat n. hydrobromate m.
Hydrobromid n. hydrobromure m.
Hydrobulbie f. hydrobulbie f.
Hydrocephalus externus m. hydrocéphalie externe f.
Hydrochinon n. hydroquinone f.
Hydrochlorid n. hydrochlorure m.
Hydrochlorothiazid n. hydrochlorothiazide m.
Hydrocholesterin n. hydrocholestérol m.
Hydrocodon n. hydrocodone f.
Hydrocortison n. hydrocortisone f.
Hydrocuprein n. hydrocupréine f.
Hydrodynamik f. hydrodynamique f.
Hydrodynamisch hydrodynamique
hydroelektrisch hydroélectrique
Hydroflumethiazid n. hydrofluméthiazide m.
Hydrogenase f. hydrogénase f.
Hydrogenlyase f. hydrogènelyase f.
Hydrokolloid n. hydrocolloïde m.
hydrokolloidal hydrocolloïdal
Hydrokuprein n. hydrocupréine f.
hydrolabil hydrolabile
Hydrolabilität f. hydrolabilité f.
Hydrolase f. hydrolase f.
hydrolysabel hydrolysable
Hydrolysat n. produit d'hydrolyse m.
Hydrolyse f. hydrolyse f.
hydrolysieren hydrolyser
hydrolytisch hydrolytique
Hydromediastinum n. hydromediastin m.
Hydromelie f. hydromélie f.
Hydtometra f. hydrométrie f.
Hydromorphon n. hydromorphone f.
Hydronephrose f. hydronéphrose f.
Hydronephrotisch hydronéphrotique
Hydronium n. hydronium m.
Hydropathie f. hydropathie f.
hydropektisch hydropectique
Hydroperikard n. hydropéricarde m.
hydrophil hydrophile
Hydrophilie f. hydrophilie f.

hydrophob hydrophobe
Hydrophobie f. hydrophobie f.
Hydrophthalmie f. hydrophtalmie f.
hydropisch hydropique
Hydrops m. hydrops m.
Hydrorrhöe f. hydrorrhée f.
Hydrosalpinx f. hydrosalpinx m.
hydrostatisch hydrostatique
Hydrotalcit n. hydrotalcite m.
hydrotherapeutisch hydrothérapeutique
Hydrotherapie f. hydrothérapie f.
Hydrothorax m. hydrothorax m.
Hydrotomie f. hydrotomie f.
Hydrotropie f. hydrotropie f.
Hydrotubation f. hydrotubation f.
Hydroureter m. hydrouretère m.
Hydroxid n. hydroxyde m.
Hydroxindasol m. hydroxindasol m.
Hydroxonium n. hydroxonium m.
Hydroxybutyrat n. hydroxybutyrate m.
Hydroxycalciferol n. hydroxicalciférol m.
Hydroxychinolin n. hydroxyquinoléine f.
Hydroxychlorochin n. hydroxychloroquine f.
Hydroxycholecalciferol n. hydroxycholécalciférol m.
Hydroxyd n. hydroxyde m.
Hydroxydopamin n. hydroxydopamine f.
Hydroxyethylstärke f. hydroxyéthylamidon m.
Hydroxykarbamid n. hydroxyurée f.
Hydroxykobalamin n. hydroxycobalamine f.
Hydroxykodein n. hydroxycodéine f.
Hydroxykortikosteroid n. hydroxycorticostéroïde m.
Hydroxyl n. hydroxyle m.
Hydroxylamin n. hydroxylamine f.
Hydroxylapatit m. hydroxylapatite f.
Hydroxylase f. hydroxylase f.
hydroxylieren hydroxyler
Hydroxylierung f. hydroxylation f.
Hydroxylysin n. hydroxylysine f.
Hydroxymethyl-Glutaryl-Coenzym-A-Reduktase f. hydroxyméthyl-glutaryl-Coenzyme-A-réductase f.
Hydroxynervon n. hydroxynervone f.

Hydroxynitril n.   hydroxynitrile m.
Hydroxyprogesteron n.   hydroxypro-
gestérone f.
Hydroxyprolin n.   hydroxyproline f.
Hydroxyprolinämie f.   hydroxyproli-
némie f.
Hydroxyprolinurie f.   hydroxyproli-
nurie f.
Hydroxypropyliden n.   hydroxypro-
pylidène m.
Hydroxypropylmethylzellulose f.   hy-
droxypropylméthylcellulose f.
Hydroxysteroid n.   hydroxystéroïde
m.
Hydroxytoluol n.   hydroxytoluène m.
Hydroxytryptamin n.   hydroxytrypta-
mine f.
Hydroxytryptophan n.   hydroxytryp-
tophane m.
Hydroxyzin n.   hydroxyzine f.
Hydrozele f.   hydrocèle f.
Hygiene f. (= Gesundheitspflege f.)
hygiène corporelle f.
Hygiene f. (Lehrfach)   hygiène f.
Hygieniker m.   spécialiste d'hygiène et
médecine préventive m.
Hygienikerin f.   spécialiste d'hygiène
et de médecine préventive f.
hygienisch   hygiénique, sanitaire
Hygrom n.   hygrome m.
Hygromatose f.   hygromatose f.
Hygrometer n.   hygromètre m.
Hygrometrie f.   hygrométrie f.
hygrometrisch   hygrométrique
Hygronium n.   hygronium m.
hygroskopisch   hygroscopique
Hymecromon n.   hymécromone f.
Hymen n.   hymen m.
hymenal   hyménal
Hymenektomie f.   hymenectomie f.
Hymenitis f.   hyménite f.
Hymenolepsiasis f.   hyménolepsiase f.
hyobranchial   hyobranchial
hyoglossal   hyoglossique
Hyoscin n.   hyoscine f.
Hyoscyamin n.   hyoscyamine f.
Hyoscyamus m.   hyoscyamus m.
hyothyroidal   hyothyroïdien
Hypakusis f.   hypacousie f.
Hypalbuminämie f.   hypoprotidémie
f.
Hypalgesie f.   hypoalgésie f.

hypalgetisch   hypoalgésique
Hypästhesie f.   hypoesthésie f.
hypästhetisch   hypoesthétique
hypazid   hypoacide, hypochlorhydri-
que
Hypazidität f.   hypoacidité f.
Hyperabduktion f.   hyperabduction f.
Hyperadrenalismus m.   hyperadréna-
lisme m.
Hyperaktivität f.   hyperactivité f.
Hyperakusis f.   hyperacousie f.
hyperakut   hyperaigu
Hyperalbuminämie f.   hyperalbuminémie f.
Hyperaldosteronismus m.   hyperal-
dostéronisme m.
Hyperalgesie f.   hyperalgésie f.
hyperalgetisch   hyperalgésique
Hyperalgie f.   hyperalgie f.
Hyperämie f.   hyperémie f.
Hyperaminoazidurie f.   hyperaminoa-
cidurie f.
hyperämisch   hyperémique, hyperhé-
mique
Hyperammoniämie f.   hyperammonié-
mie f.
Hyperargininämie f.   hyperargininémie f.
Hyperästhesie f.   hyperesthésie f.
hyperästhetisch   hyperesthétique
hyperazid   hyperacide
Hyperazidität f.   hyperacidité f.
hyperbar   hyperbare
Hyperbel f.   hyperbole f.
Hyperbetalipoproteinämie f.   hyperbétalipoprotéinémie f.
Hyperbilirubinämie f.   hyperbilirubinémie f.
hyperbilirubinämisch   hyperbilirubinémique
Hypercalcämie f.   hypercalcémie f.
Hypercalcitonismus m.   état d'hypercalcitonie m.
Hyperchlorämie f.   hyperchlorémie f.
hyperchlorämisch   hyperchlorémique
Hyperchlorhydrie f.   hyperchlorhydrie
f.
hyperchlorhydrisch   hyperchlorhydrique
Hypercholesterinämie f.   hypercholestérolémie f.
hyperchrom   hyperchrome

**Hyperchromasie f.**  hyperchromie f.
**hyperchromatisch**  hyperchromatique
**Hypercuprämie f.**  hypercuprémie f.
**hyperdens**  hyperdense
**Hyperdikrotie f.**  hyperdicrotisme m.
**hyperdiploid**  hyperdiploïde
**Hyperemesis f.**  hyperémèse f.
**Hypereosinophilie f.**  hyperéosinophi-
lie f.
**Hyperergie f.**  hyperergie f.
**hypetergisch**  hyperergique
**Hyperexie f.**  hyperexie f.
**Hyperextension f.**  hyperextension f.
**Hyperfibrinolyse f.**  hyperfibrinolyse f.
**hyperfibrinolytisch**  hyperfibrinolyti-
que
**Hyperflexibilität f.**  hyperflexibilité f.
**Hyperflexion f.**  hyperflexion f.
**Hyperfunktion f.**  hyperfonction f.
**Hypergalaktie f.**  hypergalactie f.
**Hypergenitalismus m.**  hypergénita-
lisme m.
**Hyperglobulie f.**  hyperglobulie f.
**Hyperglobulinämie f.**  hyperglobuliné-
mie f.
**Hyperglukagonämie f.**  hyperglucago-
némie f.
**Hyperglykämie f.**  hyperglycémie f.
**hyperglykämisch**  hyperglycémique
**Hyperglyzinämie f.**  hyperglycinémie f.
**Hyperhidration f.**  hidrorrhée f.
**Hyperhidrose f.**  hyperhidrose f.
**Hypericin n.**  hypéricine f.
**hyperimmun**  hyperimmun
**Hyperimmunglobulin n.**  hyperimmu-
noglobuline f.
**Hyperinsulinismus m.**  hyperinsuli-
nisme m.
**Hyperkaliämie f.**  hyperkaliémie f.
**hyperkalorisch**  hypercalorique
**Hyperkalzitoninismus m.**  hypercalci-
tonisme m.
**Hyperkalziurie f.**  hypercalciurie f.
**Hyperkapnie f.**  hypercapnie f.
**hyperkapnisch**  hypercapnique
**Hyperkeratose f.**  hyperkératose f.
**Hyperkinesie f.**  hypercinésie f., hyper-
kinésie f.
**hyperkinetisch**  hyperkinétique
**Hyperkoagulabilität f.**  hypercoagulabilité f.

**Hyperkortizismus m.**  hypercorticisme
m.
**Hyperkuprämie f.**  hypercuprémie f.
**Hyperleukozytose f.**  hyperleucocytose
f.
**Hyperlipämie f.**  hyperlipémie f.
**Hyperlipidämie f.**  hyperlipidémie f.
**Hyperluteinisierung f.**  hyperlutéinisa-
tion f.
**Hyperlysinämie f.**  hyperlysinémie f.
**Hypermagnesiämie f.**  hypermagnésié-
mie f.
**Hypermenorrhöe f.**  hyperménorrhée
f.
**Hypermethioninämie f.**  hyperméthio-
ninémie f.
**hypermetrop**  hypermétrope
**Hypermetropie f.**  hypermétropie f.
**Hypermineralisation f.**  hyperminérali-
sation f.
**Hypermotilität f.**  hypermotilité f.
**Hypernasalität f.**  hypernasalité f.
**Hypernatriämie f.**  hypernatriémie f.
**Hypernephrom n.**  hypernéphrome m.
**hypernormal**  hypernormal
**Hyperopie f.**  hyperopie f.
**hyperopisch**  hypermétrope
**Hyperornithinämie f.**  hyperornithiné-
mie f.
**hyperorthognath**  hyperorthognathe
**hyperosmolar**  hyperosmolaire
**Hyperosmolarität f.**  hyperosmolarité
f.
**Hyperosmose f.**  hyperosmose f.
**Hyperostose f.**  hyperostose f.
**Hyperovarie f.**  point ovarien hyper-
sensible m.
**Hyperoxalurie f.**  hyperoxalurie f.
**hyperoxalurisch**  hyperoxalurique
**Hyperoxie f.**  hyperoxémie f., hyper-
oxie f.
**Hyperparathyreoidismus m.**  hyperpa-
rathyroïdisme m.
**Hyperparathyreoidismus, krisenhafter,
akuter m.**  crise parathyroïdienne f.
**Hyperpathie f.**  hyperpathie f.
**Hyperperistaltik f.**  hyperpéristaltique
f.
**Hyperphagie f.**  hyperphagie f.
**Hyperphenylalaninämie f.**  hyperphé-
nylalaninémie f.

Hyperphosphatämie f. hyperphosphatémie f.
Hyperpigmentation f. hyperpigmentation f.
Hyperplasie f. hyperplasie f.
hyperplastisch hyperplastique
hyperploid hyperploïde
Hyperpnoe f. hyperpnée f.
Hyperpolarisation f. hyperpolarisation f.
Hyperproinsulinämie f. hyperproinsulinémie f.
Hyperprolaktinämie f. hyperprolactinémie f.
Hyperprolinämie f. hyperprolinémie f.
Hyperproteinämie f. hyperprotéinémie f.
hyperpyretisch hyperpyrétique
Hyperreaktivität f. hyperréactivité f.
Hyperreflexie f. hyperréflexie f.
Hypersalivation f. hypersalivation f.
Hypersarkosinämie f. hypersarcosinémie f.
Hypersegmentation f. hypersegmentation f.
hypersegmentiert hypersegmenté
Hypersekretion f. hypersécrétion f.
hypersekretorisch hypersécréteur, hypersécrétoire
hypersensibel hypersensible
Hypersensibilität f. hypersensibilité f.
Hypersexualität f. hypersexualité f.
Hypersomnie f. hypersomnie f.
Hypersplenie f. hypersplénisme m.
Hypersthenurie f. hypersthénurie f.
Hypersystole f. hypersystole f.
Hypertelorismus m. hypertélorisme m.
Hypertensin n. angiotensine f., hypertensine f.
Hypertension f. hypertension f.
hypertensiv hypertensif
Hyperthermie f. hyperthermie f.
hyperthym hyperthymique
Hyperthymie f. hyperthymie f.
Hyperthyreose f. hyperthyréose f., hyperthyroïdie f.
hyperthyreotisch hyperthyroïdien
Hypertonie f. hypertonie f.
Hypertonie, essentielle f. hypertension essentielle f.

Hypertonie, nephrogene f. hypertension néphrogène f.
Hypertonie, portale f. hypertension portale f.
hypertonisch hypertonique
Hypertrichose f. hypertrichose f.
Hypertriglyzeridämie f. hypertriglycéridémie f.
hypertriploid hypertriploïde
Hypertrophie f. hypertrophie f.
hypertrophisch hypertrophique
Hyperurikämie f. hyperuricémie f.
Hypervalinämie f. hypervalinémie f.
hypervariabel hypervariable
Hyperventilation f. hyperventilation f.
hyperviskös hypervisqueux
Hyperviskosität f. hyperviscosité f.
Hypervitaminose f. hypervitaminose f.
Hypervolämie f. hypervolémie f.
Hyperzementose f. hypercémentose f.
Hyphäma n. hyphéma m., hypohéma m.
Hyphe f. hyphe f.
Hyphomykose f. hyphomycose f.
Hyphomyzet m. hyphomycète m.
Hypinose f. hypinose f.
hypnagog hypnagogique
Hypnoanalyse f. hypnoanalyse f.
hypnoanalytisch hypnoanalytique
hypnogen hypnogène
hypnoid hypnoïde
Hypnokatharsis f. hypnocatharsis f.
hypnopomp hypnopompique
Hypnose f. hypnose f.
Hypnotherapie f. hypnothérapie f.
Hypnoticum n. hypnotique m.
hypnotisch hypnotique
Hypnotiseur m. hypnotiseur m.
hypnotisieren hypnotiser
Hypnotisierung f. hypnotisation f.
Hypnotismus m. hypnotisme m.
Hypoaldosteronismus m. hypoaldostéronisme m.
Hypoalphalipoproteinämie f. hypoalphalipoprotéinémie f.
Hypoandrogenismus m. hypoandrogénie f.
hypobar hypobare
Hypobarismus m. hypobarie f.
Hypobetalipoproteinämie f. hypobétalipoprotéinémie f.

**Hypobromit** n.  hypobromite m.
**Hypobulie** f.  hypoboulie f.
**Hypochlorämie** f.  hypochlorémie f.
hypochlorämisch  hypochlorémique
**Hypochlorhydrie** f.  hypochlorhydrie f.
hypochlorhydrisch  hypochlorhydrique
**Hypochlorit** n.  hypochlorite m.
**Hypocholesterinämie** f.  hypocholestérolémie f.
**Hypochonder** m.  hypocondriaque m.
**Hypochondrie** f.  hypocondrie f.
hypochondrisch  hypocondriaque
**Hypochondrium** n.  hypocondre m.
hypochrom  hypochrome
**Hypochromasie** f.  hypochromasie f.
hypochromatisch  hypochromatique
**Hypochromie** f.  hypochromie f.
**Hypochylie** f.  hypochylie f.
hypodens  hypodense
**Hypodermose** f.  hypodermose f.
**Hypodipsie** f.  hypodipsie f.
**Hypodontie** f.  hypodontie f.
hypodynamisch  hypodynamique
**Hypoestrogenämie** f.  hypo-oestrogénémie f.
**Hypofunktion** f.  hypofonction f.
**Hypogalaktie** f.  hypogalactie f.
**Hypogammaglobulinämie** f.  hypogammaglobulinémie f.
hypogastrisch  hypogastrique
**Hypogastrium** n.  région hypogastrique f.
**Hypogenesie** f.  hypogénésie f.
**Hypogenie** f.  hypogénie f.
**Hypogenitalismus** m.  hypogénitalisme m.
**Hypogeusie** f.  hypogueusie f.
**Hypoglykämie** f.  hypoglycémie f.
hypoglykämisch  hypoglycémique
hypognath  hypognathe
**Hypognathie** f.  hypognathie f.
hypogonadal  hypogonadique
**Hypogonadismus** m.  hypogonadisme m.
**Hypokaliämie** f.  hypokaliémie f.
hypokalorisch  hypocalorique
**Hypokalzämie** f.  hypocalcémie f.
hypokalzämisch  hypocalcémique
**Hypokapnie** f.  hypocapnie f.
**Hypokinese** f.  hypocinésie f.

hypokinetisch  hypocinétique
**Hypokoagulabilität** f.  hypocoagulabilité f.
**Hypokomplementämie** f.  hypocomplémentémie f.
**Hypokonid** n.  hypoconide m.
**Hypokonulid** n.  hypoconulide m.
**Hypokonvertinämie** f.  hypoconvertinémie f.
**Hypolipidämie** f.  hypolipidémie f.
**Hypolipoproteinämie** f.  hypolipoproteinémie f.
**Hypoliquorrhöe** f.  hypoliquorrhée f.
**Hypologie** f.  hypologie f.
**Hypomagnesiämie** f.  hypomagnésémie f.
**Hypomanie** f.  hypomanie f.
hypomanisch  hypomane
**Hypomastie** f.  hypomastie f.
**Hypomelanose** f.  hypomélanose f.
**Hypomenorrhöe** f.  hypoménorrhée f.
**Hypometrie** f.  hypométrie f.
**Hypometropie** f.  hypométropie f.
**Hypomimie** f.  hypomimie f.
**Hypomineralisation** f.  hypominéralisation f.
**Hypomnesie** f.  hypomnésie f.
**Hypomotilität** f.  hypomotilité f.
**Hyponasalität** f.  hyponasalité f.
**Hyponatriämie** f.  hyponatrémie f.
**Hyponatriurie** f.  hyponatriurie f.
**Hyponoia** f.  hyponoïa f.
hypoosmotisch  hypo-osmotique
**Hypopallästhesie** f.  hypopallesthésie f.
**Hypoparathyreoidismus** m.  hypoparathyroïdie f.
**Hypophalangie** f.  hypophalangie f.
hypopharyngeal  hypopharyngien
**Hypopharyngoskopie** f.  hypopharyngoscopie f.
**Hypopharynx** m.  partie laryngienne du pharynx f.
**Hypophonie** f.  hypophonie f.
**Hypophosphat** n.  hypophosphate m.
**Hypophosphatämie** f.  hypophosphatémie f.
**Hypophosphatasie** f.  hypophosphatasie f.
**Hypophosphaturie** f.  hypophosphaturie f.
**Hypophosphit** n.  hypophosphite m.

**Hypophrasie f.** hypophrasie f.
**hypophysär** hypophysaire
**Hypophyse f.** hypophyse f.
**Hypophysektomie f.** hypophysectomie f.
**hypophysektomieren** hypophysectomiser
**Hypophysenfunktionsstörung f.** trouble de la fonction hypophysaire m.
**Hypophysenhinterlappen m.** lobe
postérieur de l'hypophyse m., neurohypophyse f.
**Hypophysenhinterlappenhormon n.**
hormone du lobe postérieur de l'hy-
pohyse f.
**Hypophysenhinterlappenüberfunktion
f.** hyperfonction neurohypophysaire f.
**Hypophysenhinterlappenunterfunk-
tion f.** hypofonction neurohypophysaire f.
**Hypophysenstiel m.** tige pituitaire f.
**Hypophysenüberfunktion f.** hyperfonction hypophysaire f.
**Hypophysenunterfunktion f.** hypofonction hypophysaire f.
**Hypophysenvorderlappen m.** adénohypophyse f., lobe antérieur de l'hypophyse m.
**Hypophysenvorderlappenextrakt m.**
extrait hypophysaire du lobe antérieur m.
**Hypophysenvorderlappenüberfunk-
tion f.** hyperfonction adénohypophysaire f.
**Hypophysenvorderlappenunterfunk-
tion f.** hypofonction adénohypophysaire f.
**Hypophysin n.** extrait total du lobe
postérieur de l'hypophyse m.
**hypophysio-sphenoidal** hypophy-
siosphénoïdien
**Hypophysitis f.** hypophysite f.
**Hypopion n.** hypopion m.
**Hypoplasie f.** hypoplasie f., hypoplas-
tie f.
**hypoplastisch** hypoplasique, hypoplastique
**Hypoploidie f.** hypoploïdie f.
**Hypopraxie f.** hypopraxie f.
**Hypoproteinämie f.** hypoprotéinémie
f.

**Hypoprothrombinämie f.** hypopro-
thrombinémie f.
**Hyporchidie f.** hypo-orchidie f.
**Hyporeaktivität f.** hyporéactivité f.
**Hyporeflexie f.** hyporéflexie f.
**Hyposalie f.** hyposalie f.
**Hyposalivation f.** hyposalivation f.
**Hyposensibilisierung f.** hyposensibili-
sation f.
**Hyposiderämie f.** hyposidérémie f.
**Hyposmie f.** hypoosmie f.
**hyposmotisch** hypoosmotique
**Hyposomie f.** hyposomie f.
**Hypospadie f.** hypospadias m.
**Hypospermie f.** hypospermie f.
**Hypostase f.** hypostase f.
**hypostatisch** hypostatique
**Hyposthenurie f.** hyposthénurie f.
**Hypotaxie f.** hypotaxie f.
**Hypotelorismus m.** hypotélorisme m.
**Hypotension f.** hypotension f.
**hypotensiv** hypotenseur
**hypothalamisch** hypothalamique
**hypothalamo-hypophysiogonadal** hy-
pothalamo-hypophysiogonadique
**Hypothalamotomie f.** hypothalamo-
tomie f.
**Hypothermie f.** hypothermie f.
**hypothermisch** hypothermique
**Hypothese f.** hypothèse f.
**hypothetisch** hypothétique
**Hypothyreose f.** hypothyréose f., hy-
pothyroïdie f., hypothyroïdisme m.
**hypothyreotisch** hypothyroïdien
**Hypotonie f.** hypotonie f.
**hypotonisch** hypotonique
**Hypotrichose f.** hypotrichose f.
**hypotroph** hypotrophique
**Hypotrophie f.** hypotrophie f.
**Hypotympanotomie f.** hypotympano-
tomie f.
**Hypotympanum n.** récessus hypo-
tympanique m.
**Hypoventilation f.** hypoventilation f.
**Hypovitaminose f.** hypovitaminose f.
**Hypovolämie f.** hypovolémie f.
**hypovolämisch** hypovolémique
**Hypovolie f.** hypovolition f.
**Hypoxämie f.** hypoxémie f., hypoxie
f.
**hypoxämisch** hypoxémique
**Hypoxanthin n.** hypoxanthine f.

**Hypoxie f.**  hypoxie f.
**Hypozoospermie f.**  hypozoospermie
f.
**Hypromellose f.**  hypromellose f.
**Hypsarrhythmie f.**  hypsarythmie f.
**Hypsochromie f.**  hypsochromie f.
**hypsodont**  hypsodonte
**Hypsophobie f.**  hypsophobie f.
**Hysterektomie f.**  hystérectomie f.
**Hysterektomie, abdominale f.**  hystér-
ectomie par voie abdominale f.
**Hysterese f.**  hystérésis f.
**Hysterie f.**  hystérie f.
**Hysterieanfall m.**  crise d'hystérie f.
**Hysteriker m.**  hystérique m.
**Hystetikerin f.**  hystérique f.
**hysterisch**  hystérique
**Hysteroepilepsie f.**  hystéroépilepsie f.
**Hysterographie f.**  hystérographie f.
**hysterographisch**  hystérographique
**Hysteromukographie f.**  hystéromuco-
graphie f.

**Hysteronarkolepsie f.**  hystéronarco-
lepsie f.
**Hysteropexie f.**  hystéropexie f.
**Hysteroptose f.**  hystéroptose f.
**Hysterosalpingektomie f.**  hystérosal-
pingectomie f.
**Hysterosalpingographie f.**  hystérosal-
pingographie f.
**Hysterosalpingostomie f.**  hystérosal-
pingostomie f.
**Hysterosalpingotomie f.**  hystérosal-
pingotomie f.
**Hysteroskop n.**  hystéroscope m.
**hysteroskopisch**  hystéroscopique
**Hysterostomatotomie f.**  hystérosto-
matotomie f.
**Hysterotomie f.**  hystérotomie f.
**Hysterotomie, abdominale f.**  hystéro-
tomie abdominale f.
**Hysterotonin n.**  hystérotonine f.
**Hysterozele f.**  hystérocèle f.
**Hysterozervikotomie f.**  hystérocervi-
cotomie f.

**H**

# I

**i. a. (intraarteriell)** intraartériel
**IABP (intra-aortale Ballonpumpe) f.** pompe à ballon intraaortique f.
**Ianthinopsie f.** ianthinopsie f.
**iatrogen** iatrogène
**Ibudilast n.** ibudilast m.
**Ibuverin n.** ibuvérine f.
**ICF (intracelluläre Flüssigkeit) f.** liquide intracellulaire m.
**Ich-Komplex m.** égo-complexe m.
**Ichbewusstsein n.** conscience de Soi f.
**Ichthyosarkotoxismus m.** ichtyosarcotoxisme m.
**Ichthyose f.** ichthyose f.
**ichthyosiform** ichthyosiforme, ichthyotique
**ichthyotisch** ichthyotique
**Icosanoat n.** icosanoate m.
**Icosanoid n.** icosanoïde m.
**ICR (Intercostalraum) m.** espace intercostal m.
**ICSH (Leydigzellstimulierendes Hormon) n.** ICSH (interstitial cell stimulation hormone) f.
**ideal** idéal
**Ideal n.** idéal m.
**Ideation f.** idéation f.
**ideatorisch** idéel
**Idee f.** idée f.
**Ideenflucht f.** fuite des idées f.
**identifizieren** identifier
**Identifizierung f.** identification f.
**identisch** identique
**Identität f.** identité f.
**ideogenetisch** idéogène
**ideokinetisch** psycho-moteur
**ideomotorisch** psycho-moteur
**Idioagglutinin n.** idioagglutinine f.
**Idiochromatin n.** idiochromatine f.
**idiochromatisch** idiochromatique
**Idiochromidie f.** idiochromidie f.
**idioelektrisch** idioélectrique
**Idiogramm n.** idiogramme m.
**Idioisoagglutinin n.** idioisoagglutinine f.
**Idioisolysin n.** idioisolysine f.
**idiokinetisch** idiocinétique

**idiokratisch** idiocratique
**Idiolalie f.** idiolalie f.
**Idiologismus m.** idiologisme m.
**Idiolysin n.** idiolysine f.
**idiomuskulär** idiomusculaire
**idiopathisch** idiopathique
**Idiophrasie f.** idiophrasie f.
**Idiosynkrasie f.** idiosyncrasie f.
**idiosynkratisch** idiosyncrasique
**Idiot m.** idiot m.
**Idiotie f.** idiotie f.
**Idiotopie f.** idiotopie f.
**idiotopisch** idiotopique
**idiotrop** idiotrope
**Idiotyp m.** idiotype m.
**idiotypisch** idiotypique
**idioventrikulär** idioventriculaire
**Idit n.** idite f., iditol m.
**Idose f.** idose m.
**Iduronat n.** iduronate m.
**Iduronidase f.** iduronidase f.
**IE (Internationale Einheit) f.** unité internationale (IU) f.
**Ifosfamid n.** ifosfamide m.
**IFT (Immunfluoreszenztest) m.** test d'immunofluorescence m.
**IG (Immunglobulin) n.** Ig (immunoglobuline) f.
**Ignipunktur f.** ignipuncture f.
**IHSS (idiopathische hypertrophische Subaortenstenose) f.** rétrécissement subaortique hypertrophique congénital m.
**ikterisch** ictérique
**Ikterus m.** ictère m., jaunisse f.
**ILA (insulinartige Aktivität) f.** activité insulinoïde f.
**Ileitis f.** iléite f.
**Ileitis terminalis f.** iléite terminale f.
**ileoanal** iléoanal
**Ileoileostomie f.** iléoiléostomie f.
**Ileojejunostomie f.** iléojéjunostomie f.
**ileokolisch** iléocolique
**Ileokolitis f.** iléocolite f.
**Ileokolostomie f.** iléocolostomie f.
**Ileokolotomie f.** iléocolotomie f.

Ileoproktostomie f.   iléoproctostomie
f.
ileorektal   iléorectal
Ileorrhaphie f.   iléorraphie f.
Ileosigmoidostomie f.   iléosigmoïdostomie f.
Ileostomie f.   iléostomie f.
Ileotomie f.   iléotomie f.
Ileotransversostomie f.   iléotransversostomie f.
ileozökal   iléocaecal
Ileozystoplastie f.   iléocystoplastie f.
Ileozystostomie f.   iléocystostomie f.
Ileozystotomie f.   iléocystotomie f.
Ileum n.   iléon m.
Ileus m.   iléus m.
iliakal   iliaque
iliofemoral   iliofémoral
ilioinguinal   ilioinguinal
iliokokzygeal   iliococcygien
iliopelvin   iliopelvien
iliopubisch   iliopubien
iliosakral   iliosacré
iliotibial   iliotibial
Illaqueation f.   correction chirurgicale
de la direction des cils f.
Illusion f.   illusion f.
illusionär   illusoire
Iloprost n.   iloprost m.
i. m. (intramuskulär)   i. m. (intramusculaire)
imaginär   imaginaire
Imiclopazin n.   imiclopazine f.
Imid n.   imide n.
Imidazol n.   imidazol m.
Iminodipeptidurie f.   iminodipeptidurie f.
Iminoglycinurie f.   iminoglycinurie f.
Iminophenimid n.   iminophénimide
m.
Iminostilben n.   iminostilbène m.
Imipramin n.   imipramine f.
Imitation f.   imitation f.
imitatorisch   imitatif
Immatrikulation f.   immatriculation f.
immatrikulieren   immatriculer
Immediatgedächtnis n.   mémoire im-
médiate f.
Immediatprothese f.   prothèse dentaire
immédiate f. (dent.)
Immission f.   immission f.
immobil   immobile

immobilisieren   immobiliser
Immobilität f.   immobilité f.
immun   immun
Immunadhärenz f.   immunoadhérence
f.
Immunadsorption f.   immunoadsorption f.
Immunantwort f.   réponse immunitaire f.
Immunchemie f.   immunochimie f.
immunchemisch   immunochimique
Immundermatologie f.   immunodermatologie f.
immundermatologisch   immunodermatologique
Immunelektrophorese f.   immunoélectrophorèse f.
Immunfluoreszenz f.   immunofluorescence f.
Immunglobulin n.   immunoglobuline
f.
Immunhämatologie f.   immunohématologie f.
Imrnunhistochemie f.   immunohisto-
chimie f.
Immunhistopathologie f.   immunohis-
topathologie f.
immunisieren   immuniser
Immunisierung f.   immunisation f.
Immunität f.   immunité f.
Immunitätslehre f.   immunologie f.
immunkompetent   immunocompétent
Immunkomplex m.   complexe immun
m.
Immunmangel m.   déficience immuni-
taire f.
Immunmodulation f.   immunomodu-
lation f.
Immunmodulator m.   immunomodu-
lateur m.
Immunoassay m.   immunoessai m.
Immunoblast m.   immunoblaste m.
immunoblastisch   immunoblastique
Immunoblot m.   immunoblot m.
Immunochromatographie f.   immuno-
chromatographie f.
Immunodiffusion f.   immunodiffusion
f.
Immunofluoreszenz f.   immunofluo-
rescence f.
Immunologie f.   immunologie f.
immunologisch   immunologique

Immunonephelometrie f. immunonéphélométrie f.
immunonephelometrisch immunonéphélométrique
Immunoperoxidase f. immunoperoxydase f.
Immunopharmakologie f. immunopharmacologie f.
immunopharmakologisch immunopharmacologique
immunoproliferativ immunoprolifératif
Immunoradiometrie f. immunoradiométrie f.
immunoradiometrisch immunoradiométrique
Immunoreaktion f. immunoréaction
f.
Immunosuppression f. immunosuppression f.
Immunotherapie f. immunothérapie f.
Immunozyt m. immunocyte m.
Immunozytom n. immunocytome m.
Immunreaktionsfähigkeit f. immunoréactivité f.
immunreaktiv immunoréactif
Immunreaktivität f. immunoréactivité
f.
Immunstimulans n. immunostimulant
m.
Immunstimulation f. stimulation immunitaire f.
immunstimulierend immunostimu-
lant
immunsuppressiv immunosuppressif
Immunsystem n. système immunitaire
m.
Immuntechnik f. immunotechnique f.
immuntherapeutisch immunothéra-
peutique
Immuntherapie f. immunothérapie f.
Imolamin n. imolamine f.
Imparcazin n. imparcazine f.
Impedanz f. impédance f.
Imperativ m. impératif m.
Impetiginisierung f. impétiginisation
f.
impetiginös impétigineux
Impetigo m. impétigo m.
Impfarzt m. vaccinateur m.
Impfbesteck n. nécessaire de vaccina-
tion m.

impfen vacciner
impffähig vaccinable
Impffeder f. scarificateur m.
Impffederhalter m. porte lancette m.
Impffieber n. fièvre vaccinale f.
Impfgegner m. personne s'opposant à
la vaccination f.
Impfliste f. registre de vaccination m.
Impfpustel f. pustule vaccinale f.
Impfschein m. certificat de vaccina-
tion m.
Impfstoff m. vaccin m.
Impfung f. vaccination f.
implantabel implantable
Implantat n. greffe f., implant m.
Implantation f. implantation f.
implantieren greffer, implanter
Implantologie f. implantologie f.
impotent impuissant
Impotenz f. impuissance f.
Imprägnation f. imprégnation f.
imprägnieren imprégner
Impression f. impression f.
Impressionsfraktur f. fracture du
crâne avec enfoncement de la table
interne f.
Impromidin n. impromidine f.
Impuls f. impulsion f.
Impulsator m. générateur d'impulsi-
ons m.
Impulsbetrieb m. réalisation en pul-
sion f.
impulsiv impulsif
in vitro in vitro
in vivo in vivo
Inadäquanz f. caractère inadéquat m.
inadäquat inadéquat
inaktiv inactif
Inaktivator m. inactivateur m.
inaktivieren inactiver
Inaktivierung f. inactivation f.
Inaktivität f. inactivité f.
Inaktivitätsatrophie f. atrophie par
inactivité f.
Inanition f. inanition f.
Inappetenz f. inappétence f.
Indandion n. indanedione f.
Indapamid n. indapamide m.
Indenolol n. indénolol m.
Index m. index m., indice m.
indifferent indifférent
Indifferenz f. indifférence f.

**Indigestion f.** indigestion f.
**Indigo n.** indigo m.
**Indigoblau n.** bleu d'indigo m.
**Indigokarmin n.** indigocarmine f.
**Indigotin n.** indigotine f.
**Indikan n.** indican m.
**Indikanurie f.** indicanurie f.
**Indikation f.** indication f.
**Indikator m.** indicateur m.
**Indikatorverdünnung f.** dilution de l'indicateur f.
**indirekt** indirect
**indirekt reagierendes Bilirubin n.** bilirubine indirecte f.
**Indium n.** indium m.
**individualisieren** individualiser
**Individualität f.** individualité f.
**Individuation f.** individuation f.
**individuell** individuel
**indizieren** indiquer
**Indol n.** indol m.
**Indolamin n.** indolamine f.
**Indolazeturie f.** indolacéturie f.
**indolent** indolent
**Indolenz f.** indolence f.
**Indolon n.** indolone f.
**Indomethacin n.** indométacine f.
**Indoxyl n.** indoxyle m.
**Indoxylurie f.** indoxylurie f.
**Indozyaningrün n.** vert d'indocyanine m.
**Indrilin n.** indriline f.
**Inducer m.** inducteur m.
**Induktion f.** induction f.
**Induktionsspule f.** bobine d' induction f.
**induktiv** inductif
**Induktor m.** inducteur m.
**Induration f.** induration f.
**indurativ** induré
**indurieren** indurer
**induzieren** induire
**ineinandergreifen** avoir des domaines communs
**inert** inerte
**infantil** infantile
**Infantilismus m.** infantilisme m.
**Infarkt m.** infarctus m.
**Infarkt, frischer m.** infarctus récent m.
**Infarkt, stummer m.** infarctus asymptomatique m.

**Infarkt, Zustand nach m.** état de postinfarctus m.
**Infarktpneumonie f.** pneumonie secondaire à l'infarctus pulmonaire f.
**infarzieren** infarcir
**Infarzierung f.** infarcissement m.
**Infarzierung, stumme f.** infarctus asymptomatique m.
**infaust** défavorable, mauvais
**Infekt m.** infection f.
**Infektanämie f.** anémie infectieuse f.
**Infektarthritis f.** arthrite infectieuse f.
**Infektion f.** infection f.
**Infektionsabteilung f.** service des maladies contagieuses m.
**Infektionskrankheit f.** maladie infectieuse f.
**infektiös** infectieux
**Infektiosität f.** caractère infectieux m., contagiosité f.
**inferolateral** inférolatéral
**inferomedian** inféromédian
**inferoposterior** inféropostérieur
**Infiltrat n.** infiltrat m.
**Infiltration f.** infiltration f.
**infiltrieren** infiltrer
**Infiltrierung f.** infiltration f.
**infinitesimal** infinitésimal
**infizieren** infecter
**Influenza f.** influenza f.
**Influenzabazillus m.** bacille de Pfeiffer m.
**Information f.** information f.
**Informosom n.** informosome m.
**infraaurikulär** infraauriculaire
**infraaxillär** sousaxillaire
**infrachiasmatisch** infrachiasmatique
**Infraduktion f.** infraduction f.
**infraglottisch** infraglottique
**infrahyoidal** infrahyoïdien
**infrakapsulär** infracapsulaire
**infraklavikulär** sousclaviculaire
**inframammär** inframammaire
**inframandibulär** inframandibulaire
**inframaxillär** sousmaxillaire
**infranukleär** infranucléaire
**Infraokklusion f.** infraclusion f., infraocclusion f.
**infraorbital** sousorbitaire
**infrapatellär** infrapatellaire
**infrarot** infrarouge
**Infrarot n.** infrarouge m.

**Infrarotstrahl m.** rayon infrarouge m.
**Infrarotthermographie f.** thermographie infrarouge f.
**infrasellär** infrasellaire
**infraspinal** infraspinal
**infrasternal** infrasternal
**Infrastruktur f.** infrastructure f.
**infratemporal** infratemporal
**infratentoriell** sous la tente du cervelet
**infratonsillär** sousamygdalien
**infratracheal** infratrachéal
**infratrochleär** infratrochléen
**infratubar** infratubaire
**infraturbinal** infraturbinal
**infraumbilikal** infraombilical
**infravalvulär** infravalvulaire
**Infravergenz f.** infravergence f.
**Infraversion f.** infraversion f.
**infundibulär** infundibulaire
**Infundibulektomie f.** infundibulectomie f.
**infundieren** infuser, perfuser
**Infus m.** infusion f.
**Infusion f.** infusion f., perfusion f.
**Infusion, subkutane f.** perfusion par voie sous-cutanée f.
**Infusionsbeutel m.** poche de perfusion f.
**Infusionsflasche f.** bouteille de perfusion f.
**Infusionsgerät n.** appareil à perfusion m.
**Infusionspumpe f.** pompe à perfusion f.
**Infusionsständer m.** support de la perfusion m.
**Infusorien f. pl.** infusoires m. pl.
**Ingangkommen n.** mise en train f.
**ingangsetzen** mettre en marche
**Ingangsetzen n.** mise en marche f.
**Ingestion f.** ingestion f.
**Ingestionstuberkulose f.** tuberculose par ingestion f.
**inguinal** inguinal
**Inguinalring m.** anneau inguinal m.
**inguinoabdominal** inguinoabdominal
**inguinokrural** inguinocrural
**inguinolabial** inguinolabial
**inguinoskrotal** inguinoscrotal
**INH (Isoniazid) n.** INH (isoniazide) f.
**Inhalation f.** inhalation f.

**Inhalationsapparat m.** appareil à inhalations m.
**Inhalationsnarkose f.** anesthésie par inhalation f.
**inhalieren** inhaler
**Inhalt m.** capacité f., contenu m.
**Inhibin n.** inhibine f.
**Inhibition f.** inhibition f.
**Inhibitor m.** inhibiteur m.
**inhomogen** inhomogène
**Inhomogenität f.** inhomogénité f.
**Inion n.** inion m., protubérance occipitale externe f.
**initial** initial
**Initialstadium n.** stade initial m.
**Initiation f.** initiation f., provocation f.
**Initiator m.** promoteur m.
**Injektion f.** injection f., piqûre f.
**Injektor m.** injecteur m.
**injizierbar** injectable
**injizieren** injecter
**Inkarzeration f.** incarcération f.
**inkarzerieren** incarcérer
**Inklination f.** inclinaison f.
**inkohärent** incohérent
**Inkohärenz f.** incohérence f.
**inkompatibel** incompatible
**Inkompatibilität f.** incompatibilité f.
**inkongruent** incongruent
**inkontinent** incontinent
**Inkontinenz f.** incontinence f.
**Inkorporation f.** incorporation f.
**inkorporieren** incorporer
**Inkrement n.** incrément m.
**Inkretion f.** incrétion f., sécrétion interne f.
**inkretorisch** endocrine
**Inkubation f.** incubation f.
**Inkubationszeit f.** période d'incubation f.
**Inkubator m.** incubateur m.
**inkubieren** incuber
**Inkudektomie f.** incudectomie f.
**inkudomalleal** incudomalléaire
**inkudostapedial** incudostapédien
**Inlay n.** inlay m.
**Inlayabdruck m.** empreinte pour inlay f.
**Inlayeinbettung f.** pose de l'inlay f.
**Inlayguß m.** incrustation coulée f.
**Inlayhalter m.** porte inlay m.

**Inlaytechnik f.**   technique de l'inlay f.
**Innenband (siehe auch: Binnenband) n.**   ligament collatéral médial m.
**Innenohr n.**   oreille interne f.
**Innenohrprothese, elektronische f.**   implant cochléaire m.
**Innenschichtinfarkt m.**   infarctus endocardique m.
**Innere Medizin f.**   médecine interne f.
**Inneres n.**   intérieur m.
**innerlich**   interne
**innersekretorisch**   endocrine
**Innervation f.**   innervation f.
**innervieren**   innerver
**Inodilatator m.**   inodilatateur m.
**Inokulation f.**   inoculation f.
**inokulieren**   inoculer
**ionisieren**   ioniser
**inoperabel**   inopérable
**Inoperabilität f.**   inopérabilité f.
**Inosin n.**   inosine f.
**Inosit n.**   inositol m.
**inotrop**   inotrope
**Inotropie f.**   inotropie f.
**Inozyt m.**   cellule conjonctive f., fibrocyte m.
**Inproquon n.**   inproquone f.
**Insalivation f.**   insalivation f.
**Insekt n.**   insecte m.
**Insektenpulver n.**   poudre insecticide f.
**Insektenvernichtung f.**   élimination des insectes f.
**Insektenvertilgungsmittel n.**   insecticide m.
**insektizid**   insecticide
**Insektizid n.**   insecticide m.
**Insel, Langerhanssche f.**   îlot pancréatique de Langerhans m.
**Inselgewebe n.**   tissu des îlots pancréatiques m.
**Inselhautlappen m.**   lambeau insulaire m.
**Insemination f.**   insémination f.
**Insertion f.**   insertion f.
**Insertionstendinitis f.**   tendinite d'insertion f.
**Inskription f.**   inscription f.
**Insomnie f.**   insomnie f.
**Inspektion f.**   inspection f.
**Inspiration f.**   inspiration f.
**inspiratorisch**   inspiratoire

**inspiratorische Atemstromstärke f.**   volume inspiratoire maximum/seconde (VIMS) m.
**inspirieren**   inspirer
**instabil**   instable
**Instabilität f.**   instabilité f.
**instandsetzen**   mettre en état
**Instandsetzung f.**   mise en état f.
**Instillation f.**   instillation f.
**instillieren**   instiller
**Instinkt m.**   instinct m.
**instinktiv**   instinctif
**Institut n.**   institut m.
**Instrument n.**   instrument m.
**instrumentell**   instrumental
**Instrumentenhalter m.**   porte instruments m.
**Instrumentenkorb m.**   plateau à instruments m.
**Instrumentenschrank m.**   armoire à instruments f.
**Instrumentierschwester f.**   infirmière assistante opératoire f.
**Instrumentierung f.**   instrumentation f.
**Insudation f.**   exsudation dans la tunique interne f.
**insuffizient**   insuffisant
**Insuffizienz f.**   insuffisance f.
**Insufflation f.**   insufflation f.
**insulär**   insulaire
**Insulin n.**   insuline f.
**Insulin, Alt- n.**   insuline ordinaire f.
**Insulin, Depot- n.**   insuline retard f.
**Insulin, Human- n.**   insuline humaine f.
**Insulin, Rinder- n.**   insuline bovine f.
**Insulin, Schweine- n.**   insuline de porc f.
**Insulin-Zinksuspension f.**   suspension d'insuline-zinc f.
**Insulinase f.**   insulinase f.
**insulinbedürftig**   insulinodépendant
**insulinisieren**   insuliniser
**Insulinisierung f.**   insulinisation f.
**Insulinmangeldiabetes m.**   diabète insulinoprive m.
**Insulinom n.**   insulinome m.
**insulinotrop**   insulinotrope
**Insulintherapie f.**   insulinothérapie f.
**integral**   intégral
**Integration f.**   intégration f.
**integrieren**   intégrer

Integrität f.   integrité f.
Intellekt m.   intellect m.
intelligent   intelligent
Intelligenz f.   intelligence f.
Intelligenzquotient (IQ) m.   quotient
   intellectuel (QI) m.
Intelligenztest m.   test d'intelligence m.
Intensimeter n.   intensimètre m.
Intensimetrie f.   intensimétrie f.
intensimetrisch   intensimétrique
Intensität f.   intensité f.
intensiv   intensif
Intensivbehandlung f.   réanimation f.,
   traitement intensif m.
intensivieren   intensifier
Intensivierung f.   intensification f.
Intensivpflege f.   soins intensifs m. pl.
Intensivpflegestation f.   service des
   soins intensifs m.
Intensivstation, Herzinfarkt- f.   unité
   de soins intensifs cardiologiques: infarctus f.
Intentionstremor m.   tremblement intentionnel m.
Interaktion f.   interaction f.
interalveolär   interalvéolaire
Interalveolarraum m.   espace interalvéolaire m. (dent.)
interaural   interauriculaire
interchromosomal   interchromosomique
interdental   interdental
Interdentaleinziehung f.   embrasure interdentaire f.
Interdentalraum m.   interligne dentaire m.
Interdentium n.   espace interdentaire
   m.
interdigital   interdigital
interdisziplinär   interdisciplinaire
interfazial   interfacial
Interferenz f.   interférence f.
interferieren   interférer
Interferometer n.   interféromètre m.
Interferometrie f.   interférométrie f.
Interferon n.   interféron m.
interganglionär   interganglionnaire
interglobulär   interglobulaire
Interimprothese f.   prothèse provisoire
   f.
interindividuell   interindividuel
interkalär   intercalaire

interkarpal   intercarpien
Interkinese f.   intercinésie f.
interkolumnär   intercolumnaire
interkondylär   intercondylaire
Interkonversion f.   interconversion f.
interkostal   intercostal
Interkostalneuralgie f.   névralgie intercostale f.
Interkostalraum m.   espace intercostal
   m.
interkostobrachial   intercostobrachial
interkostohumeral   intercostohuméral
Interkrikothyreotomie f.   intercricothyréotomie f.
interkurrent   intercurrent
Interkuspidation f.   intercuspidation f.
interlabial   interlabial
Interleukin n.   interleukine f.
interlobär   interlobaire
interlobulär   interlobulaire
intermaxillär   intermaxillaire
intermediär   intermédiaire
Intermediärstoffwechsel m.   métabolisme intermédiaire m.
Intermedin n.   hormone dilatatrice des
   mélanophores f., intermédine f.
intermediolateral   intermédiolatéral
Intermenstruum n.   période intermenstruelle f.
Intermission f.   intermission f., intermittence f.
intermittieren   être en intermittence
intermittierend   intermittent
intermolekular   intermoléculaire
intern   interne
interneuronal   interneuronal
Internist m.   interniste m.
Internistin f.   interniste f.
internodal   internodal
internukleär   internucléaire
interokklusal   interocclusal
interparietal   interpariétal
interpedikulär   interpédiculaire
interpedunkulär   interpédonculaire
interphalangeal   interphalangien
Interphase f.   intraphase f.
interpolieren   interpoler
interponieren   interposer
Interposition f.   interposition f.
interprismatisch   interprismatique
interproximal   interproximal
interradikulär   interradiculaire

Interrenalismus m.   interrénalisme m.
intersegmentär   intersegmentaire
Intersex m.   intersexué m.
Intersexualität f.   intersexualité f.
Interstitium n.   interstice m., interstitium m.
intertarsal   intertarsien
interthalamisch   interthalamique
intertrabekulär   intertrabéculaire
intertransversal   intertransversal
intertriginös   intertrigineux
Intertrigo m.   intertrigo m.
intertrochanterisch   intertrochantérien
Intervall n.   intervalle m.
intervalvulär   intervalvulaire
Intervention f.   intervention f.
interventionell   d' intervention
interventrikulär   interventriculaire
intervertebral   intervertébral
intervillös   intervilleux
interzellulär   intercellulaire
Interzeptor m.   intercepteur m.
intestinal   intestinal
intim   intime
Intima f.   intima f., tunique interne f.
intimal   de l' intima
Intimitis f.   inflammation de l'intima f.
intolerant   intolérant
Intoleranz f.   intolérance f.
Intonation f.   intonation f.
Intorsion f.   intorsion f.
Intoxikation f.   intoxication f.
Intoxikation, septische f.   intoxication
   septique f.
intraabdominell   intra-abdominal
intraalveolär   intra-alvéolaire
intraamniotisch   intra-amniotique
iritraaortal   intra-aortique
intraarteriel   intra-artériel
intraartikulär   intra-articulaire
intraatrial   intra-auriculaire
intraazinös   intraacineux
intrabronchial   intrabronchique
intrachromosomal   intrachromosomique
intradermal   intradermique
intraduktal   intracanalaire
intraduodenal   intraduodénal
intradural   intradural
intraepithelial   intraépithélial
intrafokal   intrafocal
intragastral   intragastrique

intraglandulär   intraglandulaire
intrahepatisch   intrahépatique
intrahypophysär   intrahypophysaire
intraindividuell   intraindividuel
intrakanalikulär   intracanaliculaire
intrakapillär   intracapillaire
intrakapsulär   intracapsulaire
intrakardial   intracardiaque
intrakavitär   intracavitaire
intrakoronal   intracoronal
intrakoronar   intracoronaire
intrakorporal   intracorporel
intrakraniell   intracrânien
intrakutan   intracutané
intralaryngeal   intralaryngé
intralienal   intrasplénique
intralingual   intralingual
intralobär   intralobaire
intralobulär   intralobulaire
intralumbal   intralombaire
intraluminal   intraluminaire
intramammär   intramammaire
intramaxillär   intramaxillaire
intramedullär   intramédullaire
intrameningeal   intraméningé
intramitochondrial   intramitochondrique
intramukosal   intramuqueux
intramural   intramural
intramuskulär   intramusculaire
intramyokardial   intramyocardique
intranasal   intranasal
intraneural   intraneural
intranodal   intranodal
intranodulär   intranodulaire
intranukleär   intranucléaire
intraokulär   intraoculaire
intraoral   intraoral
intraorbital   intraorbital
intraossal   intraosseux
intraossär   intraosseux
intrapankreatisch   intrapancréatique
intrapapillär   intrapapillaire
intrapartal   intrapartal
intrapelvin   intrapelvien
intraperikardial   intrapéricardique
intraperitoneal   intrapéritonéal
intraplazentar   intraplacentaire
intrapleural   intrapleural
intrapulmonal   intrapulmonaire
intrarektal   intrarectal
intrarenal   intrarénal

**intraskrotal**  intrascrotal
**intrasphinkterisch**  intrasphinctérien
**Intraspinal m.**  intraspinal
**intrasplenisch**  intrasplénique
**intrasternal**  intrasternal
**intrasynovial**  intrasynovial
**intrathekal**  intrathécal
**intrathorakal**  intrathoracique
**intrathyreoidal**  intrathyroïdien
**intratracheal**  intratrachéal
**inttaurethral**  intrauréthral
**intrauterin**  intrautérin
**Intrauterinspirale f.**  stérilet m.
**intravaginal**  intravaginal
**intravalvulär**  intravalvulaire
**intravasal**  intravasculaire
**intravenös**  intraveineux
**intraventrikulär**  intraventriculaire
**intravesikal**  intravésical
**intravital**  in vivo
**intravitreal**  intravitreux
**intrazellulär**  intracellulaire
**intrazerebellar**  intracérébelleux
**intrazerebral**  intracérébral
**intrazervikal**  intracervical
**intraziliär**  intraciliaire
**intrazisternal**  intracisternal
**intrinsic factor m.**  facteur intrinsèque m.
**Intriptylin n.**  intriptyline f.
**Introduktion f.**  introduction f.
**Introjektion f.**  introjection f.
**Intron (intervenierende Region) n.**  intron m.
**Introversion f.**  introversion f.
**introvertieren**  introvertir
**Intrusion f.**  intrusion f.
**Intubation f.**  cathétérisme laryngé m., intubation f., tubage m.
**Intubationsbesteck n.**  nécessaire pour intubation m.
**Intubationsnarkose f.**  narcose par intubation f.
**intubieren**  intuber
**Intumeszenz f.**  gonflement m., intumescence f.
**Intussuszeption f.**  intussusception f., invagination f.
**Inulase f.**  inulase f.
**Inulin n.**  inuline f.
**Inunktion f.**  friction f.
**Invagination f.**  invagination f.

**invalid**  invalide
**Invalide m.**  invalide m.
**Invalidenrente f.**  pension d'invalidité f.
**Invalidenversicherung f.**  assurance invalidité f.
**Invalidität f.**  invalidité f.
**Invasion f.**  invasion f.
**Invasionsvermögen n.**  invasivité f.
**invasiv**  invasif
**invers**  inverse
**Inversion f.**  inversion f.
**Invertin n.**  invertase f., invertine f.
**Invertzucker m.**  sucre interverti m.
**inveteriert**  invétéré
**Involution f.**  involution f.
**Involutionspsychose f.**  psychose régressive f.
**involutiv**  régressif
**Inzest m.**  inceste m.
**Inzidenz f.**  incidence f.
**inzisal**  incisif
**Inzision f.**  incision f.
**Inzisur f.**  incisure f.
**Inzucht f.**  consanguinité f.
**Inzyklophorie f.**  incyclophorie f.
**Inzyklovergenz f.**  incyclovergence f.
**Iod n.**  iode m.
**Iod… siehe auch /**  voir aussi Jod…
**Iodamid n.**  jodamide m.
**Iodamphetamin n.**  iodamphétamine f.
**Iodat n.**  iodate m.
**Iodchloroxychinolin n.**  chloroiodoquine f., clioquinol m.
**Iodhippurat n.**  iodohippurate m.
**Iodid n.**  iodure m.
**Iodobenzylguanidin n.**  iodobenzylguanidine f.
**Iodostearat n.**  iodostéarate m.
**Iodthiouracil n.**  iodothiouracile m.
**Ion n.**  ion m.
**Ionenautauscher m.**  échangeur d'ions m.
**Ionisation f.**  ionisation f.
**ionisieren**  ioniser
**Ionium n.**  ionium m.
**Ionogramm n.**  ionogramme m.
**Ionometer n.**  ionomètre m.
**Ionometrie f.**  ionométrie f.
**ionometrisch**  ionométrique
**Iontophorese f.**  iontothérapie f.
**iontophoretisch**  ionothérapeutique

Iopamidol n.  iopamidol m.
Iophendylat n.  iophendylate m.
Iopodat n.  iopodate m.
Iopydol n.  iopydol m.
Iopydon n.  iopydone f.
Iosulamid n.  iosulamide m.
Iothalamat n.  iotalamate m.
Iotrolan n.  iotrolane m.
Ipexidin n.  ipexidine f.
Ipragratin n.  ipragratine f.
Ipratropiumbromid n.  bromure
  d'ipratropium m.
Iprazochrom n.  iprazochrome m.
Iprindol n.  iprindole m.
Ipronidazol n.  ipronidazole m.
Iproxamin n.  iproxamine f.
Iprozilamin n.  iprozilamine f.
Ipsation f.  onanie f.
ipsilateral  ipsolatéral
ipsiversiv  ipsoversé
IQ (Intelligenzquotient) m.  quotient
  intellectuel (QI) m.
Iridektomie f.  iridectomie f.
Iridektomiemesser n.  bistouri m.
iridektomieren  pratiquer une iridecto-
  mie
Iridektropium n.  iridectropion m.
Iridenkleisis f.  iridencleisis m.
Iridentropion n.  iridentropion m.
Iridesis f.  moditication chirurgicale de
  la position de la pupille f.
Iridium n.  iridium m.
Iridochoroiditis f.  iridochoroïdite f.
Iridodialyse f.  iridodialyse f.
iridokorneal  iridocornéen
Iridonesis f.  iridonésis f.
Iridoplegie f.  iridoplégie f.
Iridosklerotomie f.  iridosclérotomie f.
Iridoskop n.  iridoscope m.
iridoskopisch  iridoscopique
Iridotomie f.  iridotomie f.
Iridozele f.  iridocèle f.
Iridozyklitis f.  iridocyclite f.
Iris f.  iris m.
Irisblende f.  diaphragme de l'iris m.
Irisdiagnose f.  iridodiagnostic m.
Irispinzette f.  pince-ciseaux f.
Irisprolaps m.  prolapsus de l'iris m.
Irisschlottern n.  hippus pupillaire m.,
  iridonesis m.
Iritis f.  irite f.
irrational  irrationnel

irre  aliéné, fou
irregulär  irrégulier
Irregularität f.  irrégularité f.
Irremazol n.  irrémazole m.
irreversibel  irréversible
Irrigation f.  irrigation f.
Irrigator m.  irrigateur m.
irritieren  irriter
irritierend  irritant
Irrsinn m.  aliénation mentale f., dé-
  mence f., folie f.
ISA (intravenöse Subtraktionsangiogra-
  phie) f.  angiographie intraveneuse
  avec soustraction osseuse f.
Ischämie f.  ischémie f.
Ischämie, Zustand nach m.  état-posti-
  schémique m.
ischämisch  ischémique
Ischiassyndrom n.  sciatique f.
ischiokrural  ischiocrural
ischiopubisch  ischiopubien
ischiorektal  ischiorectal
Ischuria paradoxa f.  ischurie parado-
  xale f.
Isetionat n.  isétionate m.
Isoagglutination f.  isoagglutination f.
Isoagglutinin n.  isoagglutinine f.
Isoalloxazin n.  isoalloxazine f.
Isoamylamin n.  isoamylamine f.
Isoantigen n.  isoantigène m.
Isoantikörper m.  isoanticorps m.
Isoarecaidin n.  isoarécaïdine f.
Isoäthionat n.  isétionate m.
Isobornyl n.  isobornyle m.
Isobutyrat n.  isobutyrate m.
Isocarboxazid n.  isocarboxacide m.
Isochinolin n.  isoquinoline f.
Isochromatide n.  isochromatide m.
isochromatisch  isochromatique
Isochromosom n.  isochromosome m.
isochron  isochrone
Isochronie f.  isochronie f.
isodens  isodense
isodontisch  isodontique
Isodosis f.  isodose f.
isodynamisch  isodynamique
isoelektrisch  isoélectrique
isoenergetisch  isoénergétique
Isoenzym n.  isoenzyme f.
Isoetarin n.  isoétarine f.
Isoethionat n.  isoéthionate m.
Isofluran n.  isoflurane m.

isogam isogame
Isohämolysin n. isohémolysine f.
Isohydrie f. isohydrie f.
Isoikonie f. iso-iconie f.
Isoimmunisation f. iso-immunisation f.
Isoionie f. iso-ionie f.
Isokaproat n. isocaproate m.
Isolat n. isolat m.
Isolezithal n. isolécithal m.
Isoliereinheit f. unité d'isolement en milieu stérile f.
isolieren . isoler
Isolierstation f. service d'isolement m.
Isolierung f. isolement m.
isolog isologue
Isolysin n. isolysine f.
Isomaltase f. isomaltase f.
Isomaltose f. isomaltose m.
isomer isomère
Isomer n. isomère m.
Isomerase f. isomèrase f.
Isomerie f. isomérie f.
Isomethadon n. isométhadone f.
Isomethepten n. isométheptène m.
Isometrie f. isométrie f.
isometrisch isométrique
Isometropie f. isométropie f.
isomorph isomorphe
Isomylamin n. isomylamine f.
Isomyosin n. isomyosine f.
Isoniazid n. isoniazide f.
Isonitril n. isonitrile m.
isoosmotisch isoosmotique
Isopentenyl n. isopentényle m.
isoperistaltisch isopéristaltique
Isophorie f. isophorie f.
Isophosphamid n. isophosphamide m.
Isopie f. isopie f.
isoplastisch isoplastique
Isopotential n. isopotentiel m.
Isopren n. isoprène m.
Isoprenalin n. isoprénaline f.
Isoprinosin n. isoprinosine f.
Isopropamid n. isopropamide m.
Isopropanol n. isoproponal m.
Isopropyl n. isopropyle m.
Isopropylarterenol n. isopropylartérénol m.
Isopropylhydrazin n. isopropylhydrazine f.

Isopropylnoradrenalin n. isoprénaline f., isopropylnoradrénaline f.
Isoptere f. isoptère m.
isopyknose f. isopyknose f.
isopyknotisch isopyknotique
isorhythmisch isorythmique
Isoserum n. isosérum m.
isosexuell isosexuel
Isosorbiddinitrat n. dinitrate d'isosorbide m.
Isosorbidmononitrat n. mononitrate d'isosorbide m.
Isospora belli f. Isospora belli f.
Isospora hominis f. Ispospora hominis f.
Isosporiasis f. isosporiase f.
Isosterie f. isostérie f.
isosterisch isostérique
Isosthenurie f. isosthénurie f.
isosthenurisch isosthénurique
Isostimulation f. isostimulation f.
Isosulprid n. isosulpride m.
Isotachophorese f. isotachophorèse f.
isotachophoretisch isotachophorétique
isothermisch isotherme
Isothiazin n. isothiazine f.
Isothiazol n. isothiazole m.
Isothiozyanat n. isothiocyanate m.
Isothiphendyl n. isothiphendyl m.
isoton isotone
Isotonie f. isotonie f.
isotonisch isotonique
Isotop n. isotope m.
Isotopennephrogramm n. néphrogramme isotopique m.
Isotransplantation f. isotransplantation f.
isotrop isotrope
Isotyp m. isotype m.
isotypisch isotypique
Isovalerylglyzin n. isovalérylglycine f.
Isovolämie f. isovolémie f.
isovolumetrisch isovolumétrique
isovolumisch isovolumique
Isoxazol n. isoxazole m.
Isoxazolidon n. isoxazolidone f.
lsoxsuprin n. isoxsuprine f.
Isozitrat n. isocitrate m.
Isozyanat n. isocyanate m.
Isozyanid n. isocyanure m.
isozygot isozygote

**Isozym n.**   isozyme m.
**Isozytose f.**   isocytose f.
**Israpidin n.**   israpidine f.
**Isthmektomie f.**   isthmectomie f.
**isthmisch**   isthmique
**Isthmus m.**   détroit m., isthme m.
**Istwert m.**   valeur réelle f.
**Itanoxon n.**   itanoxone f.

**Iteration f.**   itération f.
**iterativ**   itératif
**Itraconazol n.**   itraconazole m.
**i.v. (intravenös)**   i.v. (intraveineux)
**Ivermectin n.**   ivermectine f.
**Ixodes m.**   ixodidé m.
**Ixodiasis f.**   affection à ixodidés f.

# J

Jaborin n.  extrait de jaborandi m.
Jacketkrone f.  couronne jacket f.
Jacksonepilepsie f.  épilepsie corticale de Bravais-Jackson f.
Jakob-Creutzfeldsche Krankheit f. maladie de Creutzfeld-Jacob f.
Jacobsonsche Anastomose f.  anastomose du nerf de Jacobson f.
Jaktation f.  jactation f.
Jalapin n.  extrait de jalap m.
Janusgrün n.  vert de Janus m.
Jarisch-Herxheimersche Reaktion f. réaction de Herxheimer f.
jauchig  putride
Javal-Opthalmometer n.  kératomètre de Javal m.
jejunal  jéjunal
Jejunitis f.  jéjunite f.
jejunoileal  iléojéjunal
Jejunoileostomie f.  jéjunoiléostomie f.
Jejunojejunostomie f.  jéjunojéjunostomie f.
Jejunokolostomie f.  jéjunocolostomie f.
Jejunostomie f.  jéjunostomie f.
Jejunum n.  jéjunum m.
Jendrassikscher Handgriff m.  manoeuvre de Jendrassik f.
Jochbogen m.  arcade zygomatique f.
Jochfortsatz m.  apophyse zygomatique f.
Jod n.  iode m.
Jod... siehe auch /  voir aussi Iod...
Jod, proteingebundenes n.  iode fixé aux protéines m.
Jodamid n.  iodamide m.
Jodamphetamin n.  iodoamphétamine f.
Jodat n.  iodate m.
Jodchloroxychinolin n.  clioquinol m.
jodhaltig  iodé
Jodhippurat n.  iodohippurate m.
Jodid n.  iodide m.
jodieren  ioder
Jodierung f.  iodation f.
Jodobenzylguanidin n.  iodobenzyl-guanidine f.

Jododermie f.  iodide f., toxidermie iodée f.
Jodoform n.  iodoforme m.
Jodöl n.  huile iodée f.
Jodometrie f.  iodométrie f.
jodometrisch  iodométrique
Jodopsin n.  iodopsine f.
Jodostearat n.  iodostéarate m.
Jodothiouracil n.  iodothio-uracile m.
Jodtinktur f.  teinture d'iode f.
Johanniskraut n.  millepertuis m.
Jokastekomplex m.  complexe de Jokaste m.
Jollykörper m. pl.  corps de Jolly m. pl.
Josamycin n.  josamycine f.
Joule n.  joule m.
jucken  démanger
Jucken n.  démangeaison f., prurit m.
juckreizstillend  antiprurigineux
jugendlich  juvénile
jugendlicher Leukozyt m.  cellule leucocytaire jeune f.
Juglon n.  juglon m.
jugomaxillär  jugulomaxillaire
jugulär  jugulaire
Jungfrau f.  vierge f.
jungfräulich  virginal
Jungfräulichkeit f.  virginité f.
Jünglingsalter n.  adolescence f.
Jünglingsche Krankheit f.  maladie de Jüngling f.
justieren  ajuster
Justierung f.  ajustement m., réglage m.
juvenil  juvénile
juxtaartikulär  juxtaarticulaire
juxtaepiphysär  juxtaépiphysaire
juxtaglomerulär  juxtaglomérulaire
juxtamedullär  juxtamédullaire
juxtaoral  juxtaoral
juxtapapillär  juxtapapillaire
Juxtaposition f.  juxtaposition f.
juxtapylorisch  juxtapylorique
juxtaspinal  juxtaspinal

# K

**Kabel n.** câble m.
**Kabelgriff m.** poignée (du câble) f.
**Kabine f.** cabine f.
**kachektisch** cachectique
**Kachexie f.** cachexie f.
**Kadaverin n.** cadavérine f.
**kaffeesatzartig** en marc de café
**kahl** chauve
**Kahlersche Krankheit f.** maladie de Kahler f.
**Kahlkopf m.** tête chauve f.
**kahlköpfig** chauve
**Kahnbauch m.** ventre en bateau m.
**Kahnbein n.** os scaphoïde m.
**kahnförmig** scaphoïde
**Kaiserschnitt m.** césarienne f.
**Kakao m.** cacao m.
**Kakaobutter f.** beurre de cacao m.
**Kakodyl n.** cacodyle m.
**Kakodylat n.** cacodylate m.
**Kala-Azar f.** Kala-Azar m.
**Kalabarbeule f.** oedème de Calabar m.
**Kalabarbohne f.** fève de Calabar f.
**kalben** vêler
**Kälberruhr, weiße f.** diarrhée blanche du veau f.
**Kaliber n.** calibre m.
**kalibrieren** calibrer
**Kalibrierung f.** calibration f.
**Kalium n.** potassium m.
**Kaliumazetat n.** acétate de potassium m.
**Kaliumbikarbonat n.** bicarbonate de potassium m.
**Kaliumbitartrat n.** bitartrate de potassium m.
**Kaliumbromid n.** bromide de potassium m., bromure de potassium m.
**Kaliumchlorid n.** chlorure de potassium m.
**kaliumhaltig** contenant du potassium
**Kaliumhydroxyd n.** hydroxyde de potassium m.
**Kaliumjodid n.** iodure de potassium m.

**Kaliumkarbonat n.** carbonate de potassium m.
**Kaliumnatriumtartrat n.** tartrate de potassium et de sodium m.
**Kaliumnitrat n.** nitrate de potassium m.
**Kaliumpermanganat n.** permanganate de potassium m.
**kaliumsparend** retenant le potassium
**Kaliumsulfat n.** sulfate de potassium m.
**kaliumverlierend** perdant le potassium
**Kaliurese f.** kaliurie f.
**kaliuretisch** de kaliurie
**Kalk m.** chaux f.
**kalkaneal** calcanéen
**Kalkaneodynie f.** calcanéodynie f.
**kalkaneofibular** calcanéopéronéen
**kalkaneokuboid** calacanéocuboïdien
**kalkaneonavikular** calcanéonaviculaire
**kalkaneoplantar** calcanéoplantaire
**Kalkaneussporn m.** éperon du calcanéum m.
**Kalkarina-Rinde f.** cortex de la scissure calcarine m., cortex visuel m.
**kalkarme Kost f.** régime pauvre en calcium m.
**Kalkgicht f.** goutte calcique f.
**Kalkmangel m.** calcipéme f.
**kalkreiche Kost f.** régime riche en calcium m.
**Kalkwasser n.** eau de chaux f.
**Kallidin n.** kallidine f.
**Kallidinogen n.** kallidinogène m.
**Kallidinogenase f.** kallidinogénase f.
**Kallikrein n.** kallicréine f.
**Kallikreinogen n.** kallicréinogéne m.
**kallös** calleux
**Kallosotomie f.** callosotomie f.
**Kallus m.** cal m.
**Kallusbildung f.** formation calleuse f.
**Kalomel n.** calomel m., chlorure mercureux m.
**Kalorie, große f.** kilocalorie f.
**Kalorie, kleine f.** calorie f.

kalorigen  calorigène
Kalorimeter n.  calorimètre m.
Kalorimetrie f.  calorimétrie f.
kalorimetrisch  calorimétrique
kalorisch  calorique
Kalotte f.  calotte f., voûte crânienne f.
kalt  froid
Kaltblüter m.  animal à sang froid m.
Kälteagglutination f.  agglutination froide f.
Kälteagglutinin n.  agglutinine froide f.
Kälteanästhesie f.  anesthésie par le froid f.
Kälteantikörper m.  anticorps froid m.
Kälteanwendung f.  cryothérapie f.
Kälteempfindlichkeit f.  sénsibilité au froid f.
Kälteglobulin n.  cryoglobuline f.
Kältegrad m.  degré de froid m:.
kalter Abszeß m.  abcès froid m.
Kältesonde f.  cryosonde f.
kaltgehärtet  durci à froid (dent.)
kalthärtend  durcissant à froid (dent.)
Kaltlicht n:  lumière froide f.
Kaltwasserbehandlung f.  traitement par l'eau froide m:
Kalzifikation f.  calcification f.
kalzifizieren  calcifier
Kalzination f.  calcination f.
Kalzinöse f.  calcinose f.
kalzipriv  calciprive
Kalzium n.  calcium m.
Kalzium… siehe auch /  voir aussi Calcium
Kalziumantagonist m.  antagoniste du calcium m.
Kalziumchlorid n.  chlorure de calcium
Kalziumglukonat n.  gluconate de calcium m.
Kalziumhydroxid n.  chaux éteinte f., hydrate de calcium m.
Kalziumkarbonat n.  carbonate de calcium m.
Kalziumlaktat n.  lactate de calcium m.
Kalziumoxalat n.  oxalate de calcium m.
Kalziumoxid n.  oxyde de calcium m.
Kalziurie f.  calciurie f.
Kambium n.  cambium m.
Kamille f.  camomille f.

Kamillentee m.  tisane de camomille f.
Kammer f.  chambre f., ventricule m.
Kammeranfangsschwankung f.  complexe QRS m., onde rapide f., ondes initiales du complexe ventriculaire f. pl.
Kammerendschwankung f.  onde T f., phase terminale f.
Kammerflattern n.  flutter ventriculaire m.
Kammerflimmern n.  fibrillation ventriculaire f.
Kammerscheidewand f.  septum interventriculaire m.
Kammerwasser des Auges n.  humeur aqueuse f.
Kammerwinkel des Auges m.  angle de la chambre antérieure m., angle iridocornéen m.
Kampfer m.  camphre m.
Kampferöl n.  huile camphrée f.
Kampimeter n.  campimètre m.
Kampimetrie f.  campimétrie f.
kampimetrisch  campimétrique
Kamptodaktylie f.  camptodactylie f.
Kanal m.  canal m., conduit m.
kanalikulär  canaliculaire
Kanalisation f.  canalisation f.
Kanamycin n.  kanamycine f.
kankroid  cancroïde
Kankroid n.  cancroïde m.
Kanne f.  pichet m., pot m.
kannelieren  canneler
Kannibalismus m.  cannibalisme m.
Kantenbogen m.  arc Edgewise m.
Kantharide f.  mouche cantharide f.
Kanthoplastie f.  canthoplastie f.
Kanüle f.  canule f.
Kanülenentfernung f.  décanulation f.
Kanülenhalter m.  porteur de canule m.
kanzerogen  cancérogène
Kanzerostasemittel n.  cancérostatique m.
kanzerostatisch  caricérostatique
kanzerotoxisch  cancérotoxique
Kaolin n.  kaolin m.
Kaolinose f.  kaolinose f.
Kapazität f:  capacité f.
Kapazitation f.  capacitation f.
kapillär  capillaire
Kapillare f.  capillaire m.

**Kapillarität f.**   capillarité f.
**Kapillarmikroskopie f.**   capillaroscopie f.
**kapillarmikroskopisch**   capillaroscopique
**Kapillarpuls m.**   pouls capillaire m.
**Kapnometer n.**   capnimètre m.
**Kapnometrie f.**   capnimétrie f., carbométrie f.
**kapnometrisch**   capnimétrique
**Kaposi-Syndrom n.**   acrosarcomatose de Kaposi f.
**Kappe f.**   bonnet m.
**Kappenbildung f.**   capping m.
**Kaproat n.**   caproate m.
**Kaprylat n.**   caprylate m.
**Kapsel f.**   capsule f.
**Kapselbazillus m.**   bacille encapsulé m.
**Kapselblutung f.**   hémorrhagie capsulaire f.
**Kapselfärbung f.**   coloration capsulaire f.
**Kapselmesser n.**   capsulotome m.
**Kapselstar m.**   cataracte capsulaire f.
**Kapselzelle f.**   amphicyte m.
**Kapsid n.**   capside f.
**Kapsomer n.**   capsomère m.
**Kapsulektomie f.**   capsulectomie f.
**Kapsulotomie f.**   capsulotomie f.
**Karayagummi m.**   gomme de Karaya f.
**Karbachol n.**   carbachol m.
**Karbakrylamin n.**   carbacrylamine f.
**Karbamat n.**   carbamate m.
**Karbamazepin n.**   carbamazépine f.
**Karbamazin n.**   carbamazine f.
**Karbamoylbetamethylcholin n.**   carbamoylbétaméthylcholine f.
**Karbamoylphosphat n.**   carbamoylphosphate m.
**Karbamoyltransferase f.**   carbamoyltransférase f.
**Karbamyl n.**   carbamyle m.
**Karbamylase f.**   carbamylase f.
**Karbaryl n.**   carbaryle m.
**Karbazid n.**   carbazide m.
**Karbazon n.**   carbazone f.
**Karbenicillin n.**   carbénicilline f.
**Karbenoxolon n.**   carbénoxolone f.
**Karbid n.**   carbide m.
**Karbimazol n.**   carbimazol m.
**Karbimid n.**   carbimide m.

**Karbinol n.**   carbinol m.
**Karboanhydrase f.**   anhydrase carbonique f.
**Karboanhydrasehemmer m.**   inhibiteur de l'anhydrase carbonique m.
**Karbodiimid n.**   diimide carbonique m.
**Karbohydrase f.**   carbohydrase f.
**Karbolfuchsin n.**   fuchsine phéniquée f.
**Karboligase f.**   carboligase f.
**Karbolin n.**   carboline f.
**Karbonat n.**   carbonate m.
**Karbonyl n.**   carbonyle m.
**karbophil**   carbophile
**Karborund n.**   carborundum m.
**Karboxamid n.**   carboxamide m.
**Karboxy… siehe auch /   voir aussi** Carboxy…
**Karboxyhämoglobin n.**   carboxyhémoglobine f.
**Karboxyl n.**   carboxyle m.
**Karboxylase f.**   carboxylase f.
**karboxylieren**   carboxyler
**Karboxylierung f.**   carboxylation f.
**Karboxymethylzellulose f.**   carboxyméthylcellulose f.
**Karboxypeptidase f.**   carboxypeptidase f.
**Karbunkel m.**   anthrax m.
**Karbutamid n.**   carbutamide m.
**Kardamom n.**   cardamome f.
**Kardia f.**   cardia m.
**kardial**   cardiaque
**kardinal**   cardinal
**kardiogen**   cardiogénique
**Kardiogramm n.**   cardiogramme m.
**Kardiographie f.**   cardiographie f.
**kardiographisch**   cardiographique
**Kardiologe m.**   cardiologue m.
**Kardiologie f.**   cardiologie f.
**Kardiologin f.**   cardiologue f.
**kardiologisch**   cardiologique
**Kardiolyse f.**   cardiolyse f.
**Kardiomalazie f.**   cardiomalacie f.
**Kardiomegalie f.**   cardiomégalie f.
**Kardiomyopathie f.**   cardiomyopathie f.
**Kardioomentopexie f.**   cardiooméntopexie f.
**kardioösophageal**   cardiooesophagien
**Kardiopathie f.**   cardiopathie f.

K

kardiopathisch   cardiopathique
Kardiophobie f.   phobie cardiaque f.
Kardioplegie f.   cardioplégie f.
kardioportal   cardioportal
kardioprotektiv   cardioprotecteur
kardiopulmonal   cardiopulmonaire
kardiorespiratorisch   cardiorespiratoire
kardioselektiv   cardiosélectif
Kardioselektivität f.   cardiosélectivité f.
Kardiosklerose f.   cardiosclérose f.
Kardiothermographie f.   cardiothermographie f.
Kardiotokograph m.   cardiotocographe m.
Kardiotokographie f.   cardiotocographie f:
kardiotokographisch   cardiotocographique
kardiotonisch   cardiotonique
kardiotoxisch   cardiotoxique
Kardiotoxizität f.   cardiotoxicité f.
kardiovaskulär   cardiovasculaire
Kardioversion f.   cardioversion f.
Karditis f.   cardite f.
Karies f.   carie f.
karieserzeugend   provoquant des caries
kariesverhütend   anticaries
Karina f.   carène f.
karinal   carénal
Kariogramm n.   caryogramme m.
kariös   carié
Karlsbader Salz n.   sel de Carlsbad m.
Karmin n.   carmin m.
Karnifikation f.   carnification f., carnisation f.
karnifizieren   carnifier
Karnitin n.   carnitine f.
Karnosin n.   carnosine f.
Karnosinase f.   carnosinase f.
Karotin n.   carotène m.
Karotinase f.   caroténase f.
Karotinoid n.   caroténoïde m.
Karotisgabel f.   bifurcation carotidienne f.
Karotispuls m.   pouls carotidien m.
Karotispulskurve f.   carotidogramme m.
Karotissinus m.   sinus carotidien m.

Karotissinusreflex m.   réflexe sinocarotidien m.
Karotte f.   carotte f.
karpal   carpien
Karpaltunnelsyndrom n.   syndrome du tunnel carpien m.
karpometakarpal   carpométacarpien
karpopedal   carpopédal
Kartagenersches Syndrom n.   syndrome de Kartagener m.
Kartei f.   fichier m.
Kartierung der elektrischen Hirntätigkeit f.   carte de l'activité électrique cérébrale f.
kartilaginär   cartilagineux
Kartoffel-Blut-Agar m.   agar-pomme de terre-sang m.
Kartoffelkultur f.   culture de pomme de terre f.
Kartothek f.   cartothèque f.
Karunkel m.   caroncule f.
Karyoblast m.   caryoblaste m.
Karyogamie f.   caryogamie f.
Karyokinese f.   caryocinèse f., mitose f.
Karyoklasie f.   caryoclasie f.
Karyolyse f.   caryolyse f.
karyolytisch   caryolytique
Karyometrie f.   caryométrie f.
Karyoplasma n.   nucléoplasme m.
Karyorrhexis f.   caryorrhexis m.
Karyosom n.   caryosome m.
karyotrop   caryotrope
Karyotyp m.   caryotype m.
karyotypisch   caryotypique
karzinoembryogenes Antigen n.   antigène carcino-embryonnaire (CEA) m., antigène de Gold m.
karzinoembryonal   carcino-embryonnaire
karzinogen   cancérigène
Karzinogen n.   produit cancérigène m.
Karzinoid n.   carcinoïde m.
Karzinolyse f.   carcinolyse f.
karzinolytisch   carcinolytique
Karzinom n.   carcinome m., épithélioma m.
Karzinom, Basalzellen- n.   épithélioma basocellulaire m.
Karzinom, kleinzelliges n.   épithélioma à petites cellules m.

**Karzinom, Kolloid- n.** épithélioma colloïde m.
**Karzinom, Riesenzellen n.** épithélioma à cellules géantes m.
**Karzinom, szirrhöses n.** carcinome cirrhotique m.
**Karzinom, zystisches n.** épithélioma cystique m.
**karzinomatös** carcinomateux
**Karzinomatose f.** carcinomatose f.
**Karzinophobie f.** cancérophobie f.
**Karzinosarkom n.** carcinosarcome m.
**Karzinose f.** carcinose f.
**Karzinostase f.** cancérostase f.
**Kasein n.** caséine f.
**Kaseinat n.** caséinate m.
**Kaseinogen n.** caséinogène m.
**Kaseinogenat n.** caséinogénate m.
**käsig** caséeux
**Kaskade f.** cascade f.
**Kaskadenmagen m.** estomac en cascade m.
**Kassenarzt m.** médecin conventionné m.
**Kassenärztin f.** médecin conventionné m.
**Kassenpatienten m. pl.** patients assurés sociaux m. pl.
**kassenzulässig** conventionné
**Kassette f. (radiol)** cassette f.
**Kassettenhalter m.** support de cassette m.
**Kassettenwagen m.** glissière f.
**Kassettenwechsler m. c** changeur de cassette m.
**Kastanie f.** châtaigne f.
**Kastrat m.** castrat m., eunuque m.
**Kastration f.** castration f.
**kastrieren** châtrer
**kasuistisch** casuistique
**Katabiose f.** catabiose f.
**katabiotisch** catabiotique
**Katabolikum n.** catabolisant m.
**katabolisch** catabolique
**katabolisieren** cataboliser
**Katabolismus m.** catabolisme m.
**Katabolit m.** catabolite m.
**Katal n.** katal m.
**Katalase f.** catalase f.
**Katalepsie f.** catalepsie f.
**kataleptisch** cataleptique
**Katalog m.** catalogue m.

**Katalysator m.** catalyseur m.
**Katalyse f.** catalyse f.
**katalysieren** catalyser
**katalytisch** catalytique
**Katamnese f.** catamnèse f.
**katamnestisch** catamnestique
**Kataphorese f.** cataphorèse f., électrophorèse f.
**kataphoretisch** cataphorétique
**Kataphorie f.** strabisme inférieur m.
**Kataplasie f.** cataplasie f.
**Kataplasma n.** cataplasme m.
**kataplastisch** cataplastique
**Kataplexie f.** cataplexie f.
**Katarakt m.** cataracte f.
**Katarrh m.** catarrhe m.
**katarrhalisch** catarrhal
**Katatonie f.** catatonie f.
**katatonisch** catatonique
**Katechin n.** catéchine f.
**Katechol n.** catéchol m.
**Katecholamin n.** catécholamine f.
**Katechu n.** cachou m.
**Kategorie f.** catégorie f.
**Kater m. (schlechtes Befinden)** état de malaise m.
**Kater m. (Tier)** matou m.
**Katgut m.** catgut m.
**Katharsis f.** catharsis f.
**kathartisch** cathartique
**Kathepsin n.** cathepsine f.
**Katheter m.** cathéter m.
**Katheter, Ballon- m.** sonde à ballonnet f.
**Katheter, Bozemanscher m.** cathéter de Bozeman m.
**Katheter, Dauer- m.** cathéter à demeure m.
**Katheter, Einroll- m.** cathéter enroulable m.
**Katheter, Einschwemm- m.** cathéter flottant m.
**Katheter, Fogarty- m.** cathéter Fogarty m.
**Katheter, Harnleiter- m.** cathéter urétéral m.
**Katheter, Herz- m.** cathéter cardiaque m.
**Katheter, Mercierscher m.** cathéter de Mercier m.
**Katheter, Nélatonscher m.** cathéter de Nélaton m.

K

**Katheter, Pezzerscher m.** cathéter de Pezzer m.
**Katheter, Spül- m.** cathéter d'irrigation m.
**Katheter, Zentralvenen- m.** cathéter veineux central m.
**Katheterfieber n.** fièvre secondaire au cathétérisme f.
**katheterisieren** cathétériser
**Katheterismus m.** cathétérisme m.
**Katheterspanner m.** tendeur du cathéter m.
**Kathode f.** cathode f.
**Kathodenöffnungszuckung f.** secousse d'ouverture cathodique f.
**Kathodenschließungszuckung f.** secousse de fermeture cathodique f.
**Kathodenstrahl m.** rayon cathodique m.
**Kation n.** cation m.
**Kationenaustausch m.** échange cationique m.
**kationisch** cationique
**Katzenbandwurm m.** ténia du chat m.
**Katzenkratzkrankheit f.** lymphadénite virale f.
**Katzenschrei-Syndrom n.** maladie du cri du chat f.
**Kauakt m.** mastication f.
**Kauapparat m.** masticateur m.
**kaudal** caudal
**kaudalwärts** en direction caudale
**Kaudasyndrom n.** syndrome de la queue de cheval m.
**Kaudruck m.** pression masticatoire f.
**kauen** mastiquer
**Kauen n.** mastication f.
**Kaufläche f.** surface occlusale f.
**Kaufmannscher Versuch m.** test de Kaufmann m.
**Kaufunktion f.** fonction de mastication f.
**Kaugelenk n.** articulation temporo-mandibulaire f.
**Kaulquappe f.** têtard m.
**kausal** causal, étiologique
**Kausalgie f.** causalgie f.
**kausalgisch** causalgique
**Kaustik f.** cautérisation f.
**Kaustikum n.** cautérisant m.
**kaustisch** caustique
**Kautablette f.** comprimé à mâcher m.

**Kauter m.** cautère m.
**Kauterisation f.** cautérisation f.
**kauterisieren** cautériser
**Kautschuk m.** caoutchouc m.
**Kautüchtigkeit f.** efficacité masticatoire f.
**Kavaligatur f.** cavoligature f.
**Kaverne f.** caverne f.
**Kavernisierung f.** formation de caverne f.
**Kavernom n.** cavernome m.
**kavernös** caverneux
**Kavernoskopie f.** cavernoscopie f.
**Kavernosographie f.** cavernosographie f.
**Kavernostomie f.** cavernostomie f.
**kavitär** cavitaire
**Kavität f.** cavité f.
**Kavitätenbohrer m.** fraise pour cavité f.
**Kavitätenlack m.** fond de cavité m.
**Kavitätenschutzlack m.** protecteur fond de cavité m.
**Kavographie f.** cavographie f.
**Kawasaki-Syndrom n.** maladie de Kawasaki f.
**KBR (Komplementbindungsreaktion) f.** réaction de fixation du complément f.
**KE (Kontrasteinlauf) m.** lavement opaque m.
**Kefir m.** kéfir m.
**Kegel m.** cône m.
**Kegelbohrer m.** fraise conique f.
**Kegelfinierer m.** fraise conique à finir f.
**Kegelkrone f.** couronne cônique f.
**Kehlkopf m.** larynx m.
**Kehlkopflähmung f.** paralysie laryngée f.
**Kehlkopfplastik f.** laryngoplastie f.
**Kéhlkopfreflex m.** réflexe laryngé m.
**Kehlkopfspiegel m.** laryngoscope m.
**Kehlkopfstenose f.** sténose laryngée f.
**Keil m.** cale f., coin m.
**Keilbein (Fuß, Hand) n.** os cunéiforme m.
**Keilbein (Kopf) n.** os sphénoïde m.
**Keilbeinhöhle f.** sinus sphénoïdal m.
**Keilbeinhöhlenentzündung f.** sinusite sphénoïdale f.
**Keilexzision f.** excision cunéiforme f.

keilförmig   cunéiforme
Keilwirbelbildung f.   vertèbre cunéiforme f.
Keim m.   embryon m., germe m.
Keim, Pflanzen- m.   cotylédon m.
Keimblatt n.   feuillet blastodermique
m.
Keimdrüse f.   glande génitale f., go-
nade f.
Keimdrüsenentfernung f.   gonadecto-
mie f.
Keimdrüsenhormon, männliches n.
hormone testiculaire f.
Keimdrüsenhormon, weibliches n.
hormone ovarienne f.
Keimdrüsenüberfunktion f.   hypergo-
nadisme m.
Keimdrüsenunterfunktion f.   hypogo-
nadisme m.
keimen   germer
Keimepithel n.   épithélium germinatif
m.
keimfrei   stérile
keimfrei machen   stériliser
Keimgehalt m.   teneur en germe f.
Keimplasma n.   plasma germinatif m.
Keimscheibe f.   blastoderme m.
Keimschicht f.   couche de Malpighi f.
keimtötend   antiseptique, germicide
keimtötendes Mittel n.   germicide m.
Keimträger m.   porteur de germe m.
Keimzahl f.   nombre de germes m.
Keimzelle f.   cellule germinative f.
Keimzentrum n.   centre germinal m.
Keith-Flackscher Knoten m.   noeud de
Keith et Flack m.
Kelch m.   calice m.
Kelchstein m.   calcul du calice m.
Keloid n.   chéloïde f.
Kelotomie f.   kélotomie f.
Kelvin n.   kelvin m.
Kennzeichen n.   marque f., signe m.,
symptôme m.
kennzeichnend   caractéristique
Kentsches Bündel n.   faisceau de Kent
Kephalhämatom n.   céphalhématome
m.
Kephalin n.   céphaline f.
Kephalometer n.   céphalomètre m.
Kephalometrie f.   céphalométrie f.
kephalometrisch   céphalométrique

Kephalopagus m.   craniopage m.
Kephalotomie f.   céphalotomie f.
Kephalotripsie f.   céphalotripsie f.
Kephalozele f.   céphalocèle f.
Keramik f.   céramique f.
Keramik-Metall-Krone f.   couronne
céramo-métallique f.
Keramiker m.   céramiste m.
Keramikerin f.   céramiste f.
Keramikkrone f.   couronne en cérami-
que f.
keramisch   en céramique
Kerasin n.   cérasine f.
Keratan n.   kératane m.
Keratin n.   kératine f.
Keratinisierung f.   kératinisation f.
Keratitis f.   kératite f.
Keratitis, Band- f.   kératite en bande-
lette f.
Keratitis intersticialis f.   kératite inter-
stitielle f.
Keratitis neuroparalytica f.   kératite
neuroparalytique f.
Keratitis phlyctaenulosa f.   kératite
phlycténulaire f.
keratitisch   de kératite
Keratodermie f.   kératodermie f.
keratohyalin   kératohyalin
Keratoiritis f.   kératoiritis f.
keratokochleär   kératocochléaire
Keratokonjunktivitis f.   kératocon-
jonctive f.
Keratokonus m.   kératocône m.
Keratolyse f.   kératolyse f.
keratolytisch   kératolytique
Keratom n.   kératome m.
Keratomalazie f.   kératomalacie f.
Keratoprothese f.   kératoprothèse f.
Keratose f.   kératose f.
Keratoskop n.   kératoscope m.
keratoskopisch   kératoscopique
keratotisch   de kératose
Keratotomie f.   kératotomie f.
Keratozentese f.   kératocentèse f.
Kerckringsche Falte f.   valvule conni-
vente f.
Kerion Celci n.   kérion m.
Kerma n.   kerma m.
Kermesbeere f.   kermès m.
Kern m.   noyau m.
Kernantigen n.   antigène nucléaire m.
Kernfärbung f.   coloration du noyau f.

**K**

kerngesund plein de santé
kernhaltig nucléé
Kernigsches Zeichen n: signe de Kernig m.
Kernikterus m. ictère nucléaire m.
Kernladungszahl f. nombre atomique m.
kernlos anucléé
kernmagnetisch nucléomagnétiqne
Kernmembran f. membrane nucléaire f.
Kernphysik f. physique nucléaire f.
Kernreaktor m. réacteur nucléaire m.
Kernspaltung f. fission nucléaire f.
Kernspin m. spin nucléaire m.
Kernspinresonanztomographie f. remnographie f.
Kernstar m. cataracte nucléaire f.
Kernteilung f. division nucléäire f.
Kerntemperatur f. température centrale f.
Ketamin n. kétamine f.
Ketanserin n. kétansérine f.
Ketazocin n. kétazocine f.
Ketazolam n. kétazolam m.
Ketimipramin n. kétimipramine f.
Ketoazidose f. acéto-acidose f.
Ketobemidon n. kétobémidone f.
Ketobutyrat n. kétobutyrate m.
Ketoconazol n. kétoconazole m.
ketogen cétogène
Ketoglutarat n. cétoglutarate m.
Ketoheptose f. cétoheptose m.
Ketohexokinase f. céthohexokinase f.
Ketohexose f. cétohexose m.
Ketoisokaproat n. cétoisocaproate m.
Ketoisovaleriat n. cétoisovalériate m.
Ketolaurat n. cétolaurate m.
ketolytisch cétolytique
Keton n. cétone f.
Ketonämie f. acétonémie f., cétonémie f.
Ketonkörper m. corps cétonique m.
Ketonurie f. acétonurie f., cétonurie f.
Ketopiperazin n. cétopipérazine f.
ketoplastisch cétoplastique
Ketoprofen n. kétoprofène m.
Ketorolaktromethamin n. kétorolactrométhaminé f.
Ketose (Azidose) f. cétose (acidocétose} f.

Ketose (Ketozucker) f. cétose m., sucre cétonique m.
Ketosteroid n. cétostéroïde m.
Ketotetrose f. cétotétrose m.
Ketothiolase-f. céthothiolasé f.
Ketotifen n: kétotifen m.
ketotisch cétosique
Ketoverbindung f. cétocomposé m.
Ketoxal n: kétoxal m.
Ketozucker m. cétose m.
Kette f. chaîne f.
Kette, geschlossene f. chaîne fermée f.
Kette, kurze f. chaîne courte f.
Kette, lange f. chaîne longue f.
Kette, leichte f. chaîne légère f.
Kette, offene f. chaîne ouverte f.
Kette, schwere f. chaîne lourde f.
kettenartig en chaîne
Kettenhaken m. crochet chaîne m.
Kettenreaktion f. réaction en chaîne f.
Kettenreflex m. châine réflexe f.
Kettensäge f: scie de Gigli f:
keuchen haleter
Keuchhusten m. coqueluche f.
Keuchhustenanfall m. quinte coquelucheuse f.
KH (Kohlenhydrat) n. hydrate de carbone m.
Khellidin n. khellidine f.
Khellin n. khelline f.
Khellinin n. khellinine f.
KHK f. (koronare Herzkrankheit) cardiopathie coronarièenne f.
Kiefer m. mâchoire f.
Kieferchirurgie f. chirurgie maxillaire f.
Kieferfraktur f. fracture maxillaire f.
Kieferfrakturschiene f. attelle pour fracture maxillaire f.
Kiefergelenk n. articulation temporo-maxillaire f.
Kieferhöhle f. antre de Highmore m., sinus maxillaire m.
Kieferkamm m. procès alvéolaire m.
Kieferklemme f. trismus m.
Kieferknebel m. baîllon m.
Kieferplastik f. plastie de la mâchoire f.
Kieferspalte f. gnathoschisis m.
Kiefersperre f. trismus m.
Kieferwinkel m. angle de la mâchoire m.

Kieferzyste f.  kyste maxillaire m.
Kielbrust f.  thorax en carène m.
Kielschädel m.  scaphocéphalie f.
Kieme f.  branchie f.
Kiemenbogen m.  arc branchial m.
Kiemengang m.  fente branchiale f.
Kienböcksche Krankheit f.  maladie de Kienböck f.
Kieselgur m.  terre d'infusoires f.
Kiesselbachscher Ort m.  zone de Kiesselbach f.
Killerzelle f.  cellule NK (natural killer cell) f.
Killiansche Operation f.  opération de Killian f.
Kilobase f.  kilobase f.
Kilocurie n.  kilocurie m.
Kilogramm n.  kilogramme m.
Kilohertz n.  kilohertz m.
Kilokalorie f.  kilocalorie f.
Kiloliter m./n.  kilolitre m.
Kilometer m./n.  kilomètre m.
Kilometergeld n.  indemnité kilométrique f.
Kilovolt n.  kilovolt m.
Kilowatt n.  kilowatt m.
Kinase f.  kinase f.
Kinästhesie f.  cinesthésie f.
kinästhetisch  kinesthésique
Kindbett n.  couches f. pl.
Kindbettfieber n.  fièvre puerpérale f.
Kinderarzt m.  pédiatre m.
Kinderärztin f.  pédiatre f.
Kinderbeihilfe f.  allocation familiale f.
Kindergarten m.  école maternelle f., jardin d'enfants m.
Kindergärtnerin f.  jardinière d'enfants f.
Kindergeld n.  allocation familiales f.
Kinderheilkunde f.  pédiatrie f.
Kinderklinik f.  clinique pédiatrique f.
Kinderkrankenschwester f.  infirmière de puériculture f.
Kinderkrippe f.  crèche f.
Kinderlähmung f.  poliomyélite f.
Kinderpflegerin f.  aide puéricultrice f.
Kindesalter n.  enfance f.
Kindheit f.  enfance f.
kindisch  enfantin
kindlich  infantile
Kindsbewegung f.  (obstetr.) mouvement foetal m.

Kindslage f.  présentation du foetus f.
Kindslage: Beckenendlage f.  présentation du siège f.
Kindslage: Fußvorlagerung f.  procidence du pied f.
Kindslage: Geradstand m.  présentation droite f.
Kindslage: Gesichtslage f.  présentation de la face f.
Kindslage: Hinterhauptslage f.  présentation du sommet f.
Kindslage: Kopflage f.  présentation de la tête f.
Kindslage: Längslage f.  présentation droite f.
Kindslage: Nabelschnurvorlagerung f.  procidence du cordon f.
Kindslage: Querlage f.  présentation transversale f.
Kindslage: Schädellage f.  présentation céphalique f.
Kindslage: Schulterlage f.  présentation de l'épaule f.
Kindslage: Steißlage f.  présentation du siège f.
Kindslage: Stirnlage f.  présentation du front f.
Kindsmißhandlungsfolgen f. pl.  syndrome des enfants battus m.
Kindstod, plötzlicher m.  mort subite du nourrisson f.
Kindsvernachlässigungsfolgen f. pl.  suites d'insuffisance de soin de l'enfant f. pl.
Kineangiographie f.  cinéangiographie f.
kineangiographisch  cinéangiographique
Kinematographie f.  cinématographie f.
Kineradiographie f.  cinéradiographie f.
Kineröntgenographie f.  cinéradiographie f.
Kinesiologie f.  cinésiologie f.
kinesiologisch  cinésiologique
Kinetik f.  cinétique f.
kinetisch  cinétique
Kinetochor n.  centromère m., kinétochore m.
Kinetoplasma n.  ergastoplasme m.
Kinetose f.  cinétose f.

K

**Kinetoskopie f.** kinétoscopie f.
**Kinin n.** kinine f.
**Kininase f.** kininase f.
**Kininogen n.** kininogène m.
**Kininogenase f.** kininogénase f.
**Kinn n.** menton m.
**Kinn, Doppel- n.** double menton m.
**Kinnschleuder f.** bandage mentonnière m.
**Kinnstütze f.** mentonnière f.
**kippen** pencher
**Kippschalter m.** interrupteur culbuteur m.
**Kipptisch m.** table basculante f.
**Kissen n.** coussin m.
**Kittniere f.** rein mastic m.
**kitzeln** chatouiller
**Kitzeln n.** chatouillement m.
**Kitzler m.** clitoris m.
**Kjelandzange f.** pince de Kjeland f.
**Kjeldahlverfahren n.** méthode de mesure de l'azotémie de Kjeldahl f.
**Kladosporiose f.** cladosporiose f.
**Kladotrichose f.** cladotrichose f.
**klagen über** se plaindre de
**Klammer f.** agrafe f., clamp m., clip m.
**Klammer-Zahnteilprothese f.** prothèse à crochet f.
**Klammeranlegezange f.** pince à poser les agrafes f.
**Klammerentfernungszange f.** pince à enlever les agrafes f.
**klammern** agrafer
**Klammernahtinstrument n.** appareil de suture par agrafe m.
**Klang m.** son m.
**Klangfarbe f.** tonalité f.
**Klappe f.** couvercle m., valvule f.
**Klappenerkrankung f.** valvulopathie f.
**Klappenersatz m.** prothèse valvulaire f.
**Klappenfehler m.** affection valvulaire f.
**klappenförmig** valviforme
**Klappenplastik f.** valvuloplastie f.
**Klappentasche f.** poche valvulaire f.
**Klapperschlange f.** serpent à sonnettes m.
**klar** clair
**klären** clarifier, dépurer, élucider

**Klärung f.** clarification f., décantation f., éclaircissement m.
**Klarzelle f.** cellule claire f.
**Klasmatozyt m.** clasmatocyte m.
**Klasse f.** classe f.
**Klassifikation f.** classification f.
**klassifizierbar** se prêtant à la classification
**klassifizieren** classifier
**klassisch** classique
**klastisch** clastique
**Klaue f.** griffe f.
**Klauenfuß m.** pied en griffe m.
**Klauengeschwür n.** ulcère de l'ongle m.
**Klauenhand f.** main en griffe f.
**Klaustrophilie f.** claustrophilie f.
**Klaustrophobie f.** claustrophobie f.
**klavipektoral** clavipectoral
**Klebeband n.** ruban adhésif m.
**Klebepflaster n.** emplâtre adhésif m.
**Kleber (Gluten) m.** gluten m.
**Kleber (Klebematerial) m.** colle f., glue f.
**klebrig** collant, visqueux
**Klebsiella f.** klebsiella f.
**Kleeblattschädel m.** oxycéphalie f.
**Kleiderlaus f.** pou du corps m.
**kleidokranial** cléidocrânien
**Kleidotomie f.** cléidotomie f.
**Kleie f.** son m.
**Kleine-Levinsches Syndrom n.** syndrome de Kleine-Levin m.
**Kleinheitswahn m.** micromanie f.
**Kleinhirn n.** cervelet m.
**Kleinhirnbrückenwinkel m.** angle ponto-cérébelleux m.
**Kleinkind n.** petit enfant m.
**Kleinwuchs m.** microsomie f.
**kleinzellig** microcellulaire
**Kleinzotte f.** microvillosité f.
**kleinzystisch** microcystique
**Klemme f.** clamp m., pince f.
**klemmen** pincer, serrer
**Klemmring m.** anneau de serrage m.
**Klemmrolle f.** rouleau de compression m.
**Kleptomane m.** kleptomane m.
**Kleptomanie f.** kleptomanie f.
**Kleptomanin f.** kleptomane f.
**kleptomanisch** kleptomaniaque
**Kletterfaser f.** fibre ascendante f.

**Klick m.**   bruit d'éjection protosystolique m.
**Klient m.**   client m.
**Klientel n.**   clientèle f.
**Klientin f.**   cliente f.
**Klima n.**   climat m.
**Klimaanlage f.**   climatiseur m., condionnement de l'air m.
**Klimabehandlung f.**   climatothérapie f.
**Klimakammer f.**   chambre climatique f.
**klimakterisch**   climactérique
**klimakterische Arthropathie f.**   arthropathie climactérique f.
**Klimakterium n.**   ménopause f.
**klimatisch**   climatique
**klimatisieren**   climatiser
**Klimatologie f.**   climatologie f.
**klimatologisch**   climatologique
**Klinefelter-Syndrom n.**   syndrome de Klinefelter m.
**Klingen n.**   tintement m.
**Klinik f.**   clinique f.
**Kliniker m.**   clinicien m.
**Klinikerin f.**   clinicienne f.
**klinisch**   clinique
**klinisch-pathologisch**   clinico-pathologique
**klinischer Verlauf m.**   évolution clinique f.
**klinisches Bild n.**   tableau clinique m.
**Klinodaktylie f.**   clinodactylie f.
**Klippel-Feilsche Krankheit f.**   syndrome de Klippel-Feil m.
**Klistier n.**   clystère m., lavement m.
**klitoral**   clitoridien
**Klitoris f.**   clitoris m.
**kloakal**   cloacal
**Kloake f.**   cloaque m.
**kloakogen**   cloacogène
**Klon m.**   clone m.
**klonieren**   isoler en clone
**Klonierung f.**   clonage m.
**klonisch**   clonique
**klonisch-tonisch**   clono-tonique
**Klonus m.**   clonus m.
**klopfend**   palpitant
**klopfend (Abszeß)**   avec lancements
**Klopfschall m.**   bruit à la percussion m.
**Klosettbett n.**   lit sanitaire m.

**Klosettmatratze f.**   matelat sanitaire m.
**Kloßgefühl n.**   sensation de globe f.
**Klumpfuß m.**   pied bot m.
**Klumphand f.**   main bote f.
**Klumpkesche Lähmung f.**   syndrome de Déjerine-Klumpke m.
**Kneifzange f.**   pince f., tenailles f. pl.
**Kneippbehandlung f.**   cure Kneipp f.
**Knemidokoptiasis f.**   affection à knémidokoptes f.
**kneten**   malaxer, masser
**Knetung f.**   massage m., pétrissage m.
**Knick m.**   coude m., brisure f., pliure f.
**Knickfuß m.**   cheville en valgus f.
**Knickung f.**   angulation f., flexion f.
**Knidariasis f.**   urticaire f.
**Knie-Ellenbogen-Lage f.**   position genucubitale f.
**Knie-Hackenversuch m.**   épreuve talongenou f.
**Kniebeuge f.**   jarret m.
**Kniegelenk n.**   articulation du genou f.
**Kniegelenkentzündung f.**   gonarthrite f.
**Kniehöcker m.**   corps genouillé m.
**Kniekehle f.**   creux poplité m.
**knien**   s' agenouiller
**Kniescheibe f.**   rotule f.
**Knieschiene f.**   attelle du genou f.
**Kniesehne f.**   tendon du genou m.
**knirschen**   craquer, grincer
**Knirschen n.**   crissement m.
**Knoblauch n.**   ail m.
**Knöchel, äußerer m.**   malléole externe f.
**Knöchel, innerer m.**   malléole interne f.
**Knochen m.**   os m.
**Knochenbank f.**   banque des os f.
**knochenbildend**   ostéogénique
**Knochenbildung f.**   ostéogénèse f.
**Knochenbohrer m.**   foret m., perforateur m.
**Knochenbruch m.**   fracture f.
**Knochenfaßzange f.**   davier m., pince à os f.
**Knochengerüst n.**   charpente osseuse f., ossature f.
**Knochenhörer m.**   vibrateur (conduction osseuse) m.

K

Knochenleitung des Schalls f. conduction osseuse du son f.

Knochenleitung f. conduction osseuse f.

Knochenlöffel, scharfer m. curette à os f.

Knochenmark n. moelle osseuse f.

Knochenmarkinsuffizienz f. insuffisance médullaire f.

Knochenmarkskultur f. culture de moelle osseuse f.

Knochenmarksnagel m. clou intramédullaire pour ostéosynthèse m.

Knochenmarkstransplantation f. greffe de moelle osseuse f.

Knochenmeißel m. ostéotome m.

Knochennagel m. clou d'ostéosynthèse m.

Knochenplastik f. plastie osseuse f.

Knochenplatte f. plaque pour ostéosynthése f.

Knochenschaber m. grattoir m.

Knochenschraube f. vis pour fracture osseuse f.

Knochenschraubenhaltezange f. pince porte-vis f.

Knochenspan m. éclat osseux m., esquille f.

Knochensplitter m. fragment osseux m.

Knochenvorsprung m. apophyse f.

Knochenwachs n. cire osseuse f.

Knochenzange f. gouge f., pince à os f.

knöchern osseux

knochig décharné

Knollenblätterpilz m. amanite phalloïde f.

Knopf m. bouton m., noeud m.

Knopflochstenose f. sténose en boutonnière f.

Knopfnaht f. suture en boutonnière f.

Knopfsonde f. sonde boutonnée f.

Knorpel m. cartilage m.

Knorpelbildung f. chondrification f., chondrogenèse f.

knorpelig cartilagineux

Knorpelmesser n. couteau à cartilage m.

Knorpelplastik f. plastie cartilagineuse f.

Knorpelverkalkung f. calcification cartilagineuse f.

Knospe f. bourgeon m.

Knospung f. blastogénèse f. ; bourgeonnement m.

Knötchen n. nodule m.

Knoten m. nodosité f., noeud m., tubercule m.

Knoten, chirurgischer m. noeud chirurgical m.

Knoten, kalter m. nodule froid m.

Knoten, Schiffer- m. noeud plat m.

Knoten, warmer m. nodule toxique m,

Knoten, Weiber- m. noeud d'ajust m.

Knotenkropf m. goitre nodulaire m.

Knotenrhythmus m. rythme nodal m.

knotig nodulaire, noueux

Ko-Faktor m. cofacteur m.

Koagel n. caillot m.

Koagglutination f. coagglutination f.

Koagglutinin n. coagglutinine f.

Koagulabilität f. coagulabilité f.

Koagulans n. coagulant m.

Koagulase f. coagulase f.

Koagulation f. coagulation f.

Koagulationsélektrode f. éléctrode de coagulation f.

Koagulationsgerät n. coagulateur m.

koagulativ coagulateur

koagulieren coaguler

koagulierend coagulant

Koagulogramm n. coagulogramme m.

Koagulopathie f. coagulopäthie f.

Koaktivation f. coactivation f.

koaktivieren coactiver

Koartikulation f. coarticulation f.

koaxial coaxial

Kobalamin n. cobalamine f.

Kobalt m. cobalt m.

Kobaltbestrahlung f. irradiation au cobalt f.

Kobra f. cobra m.

Kobragift n. venin de cobra m.

Koch-Weecks-Bazillus m. Haemophilus conjunctivitidis m.

kochen cuire

Köcherfliege f. trichoptera f.

Kocherklemme f. pince artérielle de Kocher f.

Kocherrinne f. gouttière de Kocher f.

Kochkessel m. bouilloire f.

kochleär cochléaire

**Kochleographie f.** cochléographie f.
**kochleovestibulär** cochléovestibulaire
**Kochprobe f.** épreuve de chauffage des urines f.
**Kochsalz n.** chlorure de sodium m.
**kochsalzähnlich** haloïde
**Kochsalzlösung, physiologische f.** sérum physiologique m.
**Kochscher Bazillus m.** bacille de Koch m.
**Kode m.** code m.
**Kodehydrase f.** codéhydrase f.
**Kodehydrogenase f.** codéhydrogénase f.
**Kodein n.** codéine f.
**kodieren** coder
**Kodierung f.** codage m.
**kodominant** codominant
**Kodominanz f.** codominance f.
**Koeffizient m.** coefficient m.
**Koenzynn n.** coenzyme m.
**koexistieren** coexister
**Koferment n.** coferment m.
**Koffein n.** caféine . f.
**Kofferdam m.** digue caoutchouc f.
**Kofferdam-Instrument n.** instrument pour pose de digue en caoutchouc m. (dent.)
**kognitiv** cognitif
**Kohabitation f.** cohabitation f., coït m.
**kohärent** cohérent
**Kohäsion f.** cohésion f.
**Kohäsionsvermögen n.** capacité de cohésion f.
**Kohlenbogenlampe f.** lampe à arc f.
**Kohlendioxid n.** dioxyde de carbone m.
**Kohlendioxidbad n.** bain carbo-gazeux m.
**Kohlenhydrat n.** hydrate de carbone m.
**Kohlenmonoxid n.** monoxyde de carbone m., oxyde de carbone m.
**Kohlensäureschnee m.** neige carbonique f.
**Kohlenstoff m.** carbone m.
**Kohlenwasserstoff m.** carbure d'hydrogène m., hydrocarbure m.
**Köhlerscher Krankheit f.** maladie de Köhler f.

**Kohlrauschsche Falte f.** valvule de Kohlrausch f.
**Koilonychie f.** coïlonychie f.
**Koilozytose f.** coïlocytose f.
**Koinzidenz f.** coïncidence f.
**Koitus m.** coït m.
**Kokain n.** cocaïne f.
**kokainisieren** cocaïniser
**Kokainisierung f.** apport de cocaïne m.
**Kokainismus m.** cocaïnomanie f.
**Kokainist m.** cocaïnomane m.
**Kokainistin f.** cocaïnomane f.
**Kokarzinogenese f.** cocancérogenèse f.
**Kokon m.** cocon m.
**Kokosnuß f.** noix de coco f.
**Kokzidie f.** coccidie f.
**Kokzidioidomykose f.** coccidioïdomycose f.
**Kokzidiose f.** coccidiose f.
**Kokzidiostatikum n.** coccidiostatique m.
**kokzidiostatisch** coccidiostatique
**Kokzygodynie f.** coccygodynie f.
**Kola f.** cola m.
**Kolation f.** colation f., colature f.
**Kolben (Flasche) m.** ballon en verre m., flacon m.
**Kolchizin n.** colchicine f.
**Kolektomie f.** colectomie f.
**Kolibazillus m.** colibacille m.
**Kolik f.** colique f.
**Kolipyelitis f.** pyélite à colibacille f.
**Kolitis f.** colite f.
**Kolizin n.** colicine f.
**kollagen** collagène
**Kollagen n.** collagène m.
**Kollagenase f.** collagénase f.
**Kollagenfaser f.** fibre collagène f.
**Kollagenose f.** collagénose f.
**Kollaps m.** collapsus m.
**Kollapstherapie f.** collapsothérapie f.
**kollateral** collatéral
**Kollateralkreislauf m.** circulation collatérale f.
**Kollege m.** collègue m.
**Kollege XY , Sehr geehrter Herr - m.** cher collègue XY m.
**Kollegin f.** collègue f.
**Kollegin XY , Sehr geehrte Frau - f.** chère collègue XY f.

**K**

Kollektivneurose f. névrose collective f.
Kollermühle f. broyeur m.
Kollimator m. collimateur m.
Kolliquation f. liquéfaction f.
kolliquativ colliquatif
Kollmanndilatator m. dilatateur de Kollmann m.
Kollodium n. collodion m.
Kolloid n. colloïde m.
kolloidal colloïdal
Kolloidchemie f. chimie des colloïdes f.
Kolloidkarzinom n. épithélioma colloïde m.
Kolloidkropf m. goitre colloïdal m.
kolloidosmotisch colloïdoosmotique
Kollumkarzinom n. cancer du col de l'utérus m.
koloanal coloanal
Kolobom n. coloboma m.
Kolocynthe f. coloquinte f.
Kologastrostomie f. cologastrostomie f.
Kolokolostomie f. colocolostomie f.
Kolonfaltung f. coloplication f.
Kolonie f. colonie f.
koloniestimulierender Faktor m. facteur stimulant une colonie m.
Kolonoskop n. colonoscope m.
Kolonoskopie f. colonoscopie f.
kolonoskopisch colonoscopique
Kolopexie f. colopexie f.
Kolophonium n. colophane f.
Koloptose f. coloptose f.
kolorektal colorectal
Kolorimeter n. colorimètre m.
Kolorimetrie f. colorimétrie f.
kolorimetrisch colorimétrique
Koloskop n. coloscope m.
Koloskopie f. coloscopie f.
koloskopisch coloscopique
Kolostomie f. colostomie f.
Kolostrum n. colostrum m.
Kolotomie f. colotomie f.
Kolozynthe f. coloquinte f.
Kolpeurynter m. colpeurynter m.
Kolpitis f. cervicite f.
kolpitisch de cervicite
Kolpodynie f. colpodynie f.
Kolpokleisis f. colpocléisis f.

Kolpoperineoplatik f. colpopérinéoplastie f.
Kolpophotographie f. colpophotographie f.
Kolporrhaphie f. colporraphie f.
Kolposkop n. colposcope m.
Kolposkopie f. colposcopie f.
kolposkopisch colposcopique
Kolpostat m. colpostat m.
Kolpotomie f. colpotomie f.
Kolpozele f. colpocèle f.
Kolpozöliotomie f. colpocoeliotomie f.
Kolpozystozele f. colpocystocèle f.
Koma n. coma m.
komatös comateux
Komazylinder m. cylindre de Külz m.
Kombinationszange f. pince universelle f.
Komedo m. comédon m.
Komitee n. comité m.
Kommensalismus m. commensalisme m.
Kommissur f. commissure f.
kommissural commissural
Kommissurotomie f. commissurotomie f.
Kommunikation f. communication f.
kommunizieren communiquer
kompakt compact
Kompartiment n. compartiment m.
kompatibel compatible
Kompatibilität f. compatibilité f.
Kompensation f. compensation f.
kompensatorisch compensateur, compensatoire
kompensieren compenser
kompetent compétent
Kompetenz f. compétence f.
kompetitiv compétitif
Komplement n. complément m.
komplementär complémentaire
Komplementärfarbe f. couleur complémentaire f.
Komplementärluft f. air complémentaire m.
Komplementbildung f. formation du complément f.
komplex complexe
Komplex m. complexe m.
Komplexbildner m. formateur de complexe m.

**Komplexometrie f.**   complexométrie f.
**komplexometrisch**   complexométrique
**Komplikation f.**   complication f.
**komplikationslos**   sans complications
**kompliziert**   compliqué
**Komponente f.**   composante f.
**Kompresse f.**   compresse f.
**Kompression f.**   compression f.
**Kompressionsfraktur f.**   fracture par compression f.
**Kompressionslähmung f.**   paralysie par compression f.
**Kompressionsstrumpf m.**   bas élastique compressif m.
**Kompressionsverband m.**   bandage compressif m.
**Kompressor m.**   compresseur m.
**Kompressorium n.**   presse f.
**komprimieren**   comprimer
**Konchektomie f.**   turbinectomie f.
**Konchoskopie f.**   conchoscopie f.
**Konchotom n.**   conchotome m.
**Konchotomie f.**   conchotomie f.
**Kondensat n.**   concentré m., condensé m.
**Kondensation f.**   condensation f.
**Kondensor m.**   condensateur m.
**Kondition f.**   condition f.
**konditional**   conditionnel
**konditionell**   conditionnel
**Konditionierung f.**   conditionnement m.
**Kondom n.**   condom m.
**Konduktion f.**   conduction f.
**Konduktometrie f.**   conductométrie f.
**kondylär**   condylaire
**Kondylom n.**   condylome m.
**kondylomatös**   condylomateux
**Kondylomatose f.**   condylomatose f.
**Konfabulation f.**   confabulation f.
**konfabulatorisch**   confabulatoire
**konfabulieren**   confabuler
**Konferenz f.**   conférence f.
**Konfiguration f.**   configuration f.
**Konfiguration des fötalen Kopfes sub partu f.**   forme de la tête à la naissance f.
**konfigurieren**   configurer
**Konflikt m.**   conflit m.
**Konfluenz f.**   confluence f.
**konfluierend**   confluent

**Konfusion f.**   confusion f.
**kongenital**   congénital
**Kongestion f.**   congestion f.
**kongestiv**   congestif
**Konglomerat n.**   conglomérat m.
**Konglutination f.**   conglutination f.
**Konglutinin n.**   conglutinine f.
**Konglutinogen n.**   conglutinogène m.
**Kongorot n.**   rouge congo m.
**Kongreß m.**   congrès m.
**kongruent**   congruent
**Konidie f.**   conidie f.
**Königswasser n.**   acide nitromuriatique m.
**Koniin n.**   conine f.
**Koniometer n.**   coniomètre m.
**Koniosporose f.**   coniosporose f.
**Koniotomie f.**   coniotomie f.
**Konisation f.**   conisation f.
**konisch**   conique
**Konjugase f.**   conjugase f.
**Konjugat n.**   conjugué m.
**Konjugata f.**   diamètre du bassin m.
**Konjugation f.**   conjugaison f.
**konjugieren**   conjuguer
**konjugiert**   conjugué
**Konjunktiva f.**   conjonctive f.
**konjunktival**   conjonctival
**Konjunktivalreflex m.**   réflexe conjonctival m.
**Konjunktivalsack m.**   cul-de-sac conjonctival m.
**Konjunktivitis f.**   conjonctivite f.
**konjunktivitisch**   de conjonctivite
**konjunktivoglandulär**   conjonctivoglandulaire
**konkav**   concave
**Konkavität f.**   concavité f.
**konkavkonvex**   concavoconvexe
**Konklination f.**   conclinaison f.
**konkordant**   concordant
**Konkordanz f.**   concordance f.
**Konkrement n.**   concrétion f.
**konkret**   concret
**Konkretion f.**   concrétion f.
**konotrunkal**   conotronculaire
**Konsens m.**   consensus m.
**konsensuell**   consensuel
**konservativ**   conservateur
**Konserve f.**   conserve f.
**Konservenblut n.**   sang conservé m.
**konservieren**   conserver

K

Konservierungsmittel n. conservateur m.
Konsiliararzt m. consultant m.
Konsiliarärztin f. consultante f.
Konsilium n. consultation f., tenue d'un conseil f.
Konsistenz f. consistance f.
Konsistometrie f. consistométrie f.
konsistometrisch consistométrique
konsolidieren consolider
Konsolidierung f. consolidation f.
Konsonant m. consonne f.
konstant constant
Konstante f. constante f.
Konstitution f. constitution f.
konstitutionell constitutionnel
konstitutiv constitutif
Konstriktion f. constriction f.
Konstriktor m. constricteur m.
konstriktorisch constricteur, constrictif
konstruktiv constructif
Konsultation f. consultation f.
Kontakt m. contact m.
Kontaktbestrahlung f. irradiation de contact f.
Kontaktfläche f. surface de contact f.
Kontaktlinse f. lentille de contact f.
Kontaktperson f. personne de contact f.
Kontamination f. contamination f.
kontaminieren contaminer
Kontiguität f. contiguïté f.
kontinent continent
Kontinenz f. continence f.
kontinuierlich continuellement
Koritinuität f. continuité f.
kontrahieren contracter
Kontraindikation f. contreindication f.
kontraindiziert contreindiqué
kontrainsulär contrainsulaire
kontraktil contractile
Kontraktilität f. contractilité f.
Kontraktion f. contraction f.
Kontraktur f. contracture f.
kontralateral controlatéral
Kontrast m. contraste m.
Kontrastdarstellung f. (röntg.) radiographie de contraste f.
Kontrasteinlauf m. lavement opaque m.

Kontrastflüssigkeit f. liquide de contraste m.
kontrastgebend opacifiant
Kontrastmittel n. substance de contraste f.
kontraversiv en contraversion
Kontrazeptivum n. contraceptif m.
Kontrazeptivum, orales n. contraceptif oral m.
Kontrolle f. contrôle m.
kontrollieren contrôler
kontrollierte Beatmung f. ventilation côntrolée f.
Kontrollperson f. sujet contrôle m.
Kontrolluntersuchung f. examen de contrôle m.
Kontrollzwang rn. obligation de contrôle f.
kontrovers controversé
Kontur f. contour m.
konturiert contourné, défini
Kontusion f. contusion f.
Konus m. cône m.
konvergent convergent
Konvergenz f. convergence f.
Konvergenzbestrahlung f. irradiation convergente f.
konvergieren converger
Konversion f. conversion f.
Konvertase f. convertase f.
konvertieren convertir
Konvertin n. convertine f.
konvex convexe
Konvexität f. convexité f.
konvexokonkav convexoconcave
Konvulsion f. convulsion f.
konvulsiv convulsif
Konzentrat n. concentré m.
Konzentration f. concentration f.
Konzentration, maximal zulässige f. concentration maximale admissible f.
Konzentrationsvermögen n. capacité de concentration f.
Konzentrationsversuch m. épreuve de concentration f.
konzentrieren concentrer
konzentrisch concentrique
Kooperation f. coopération f.
Kooperationsbereitschaft f. compliance f., observance f.
kooperativ coopératif
kooperieren coopérer

Koordinate f. coordonnée f.

Koordination f. coordination f.

koordinieren coordonner

Kopf m. tête f.

Kopf, fötaler, Konfiguration sub partu forme de la tète à la naissance f.

Kopfbiß m. occlusion bout à bout f. (dent.), occlusion centrique f. (dent.), rétroclusion f. (dent.)

Kopfhalter m. appui tête m.

Kopfhaube f. coiffe f. (dent.)

Kopfhaut, behaarte f. cuir chevelu m.

Kopfhautelektrode f. électrode céphalique f.

Kopfhochstand m. (obstetr.) absence de descente de la tête f.

Kopfhörer m. écouteur m.

Kopflage f. présentation céphalique f.

Kopflaus f. pou de la tête m.

Kopflicht n. éclairage céphalique m.

Kopflichtbad n. bain électrolumineux de la tête m.

Kopfschmerz m. céphalée f., mal de tête m.

Kopftieflage f. position de Trendelenburg f.

kopfverletzt blessé à la tête

Kopfverletzung f. blessure de la tête f.

Kopie-DNS f. ADN complémentaire (ADNc) m.

kopiös copieux

Kopliksche Flecken m. pl. énanthème de Koplik m.

Kopolymer n. copolymère m.

Kopolymerisation f. copolymérisation f.

koppeln coupler

Koprämie f. coprémie f., stercorémie f.

Kopräzipitation f. coprécipitation f.

Koprolagnie f. coprolagnie f.

Koprolalie f. coprolalie f.

Koprophagie f. coprophagie f.

koprophil coprophile

Koprophilie f. coprophilie f.

Koproporphyrin n. coproporphyrine f.

Koprostan n. coprostane m.

Koprostase f. coprostase f.

Koprosterin n. coprostanol m.

korakoakromial coraco-acromial

korakobrachial coraco-brachial

korakoklavikulär coraco-claviculaire

Korallenstein m. calcul en corail m.

Korbzelle f. cellule en panier f.

kören inspecter vet.

Koriander m. coriandre m.

Korkzieherarterie f. artère hélicine f.

Kornährenverband m. spica m.

Körnchen n. granule m.

korneal cornéen

Kornealreflex m. réflexe cornéen m.

Körnelung f. granulation f.

korneoskleral cornéoscléreux

Körnerschicht f. couche granuleuse f.

Körnigkeit f. caractère grenu m.

Körnung f. granulation f., grenure f.

Kornutin n. cornutine f.

Kornzange f. pince à pansement f.

koronal coronaire, coronal

koronar coronarien

Koronarinfarkt m. infarctus coronarien m.

Koronaritis f. coronarite f.

Koronarographie f. coronarographie f.

koronarographisch coronarographique

Koronarsklerose f. artériosclérose coronaire f.

Koronarthrombose f. thrombose coronaire f.

Koronarverschluß m. occlusion coronaire f.

Korotkoff-Ton m. bruit de Korotkoff m.

Körper m. corps m., substance f.

Körperbau m. conformation physique f.

körperbehindert physiquement handicapé

körperbehinderte Person f. handicapé (e) m., f.

Körperbeschaffenheit f. caractères physiques m. pl.

Körperchen n. corpuscule m.

Körperebene f. plan corporel m.

Körperflüssigkeit f. volume humoral m.

Körpergewicht n. poids du corps m.

Körperhaltung f. tenue f.

Körperlänge f. longueur f., taille f.

körperlich physiquement

körperliche Belastung f. effort physique m.

Körperoberfläche f. surface corporelle f.

Körperpflege f. hygiène corporelle f.

Körperpflegemittel n. produit de soins corporels m.

Körperschwäche f. faiblesse physique f.

Körpersprache f. expression du corps f.

Körperteile, edle n. pl. parties vitales f. pl.

Körpertemperatur f. température du corps f.

Körperverfassung f. constitution f.

Körperwärme f. chaleur du corps f.

korpulent corpulent

Korpulenz f. corpulence f.

Korpuskarzinom n. cancer du corps de l'utérus m.

Korpuskel n. corpuscule m.

korpuskulät corpusculaire

Korrektur f. correction f.

Korrelat n. état de corrélation m.

Korrelation f. corrélation f.

korrelativ corrélatif

korrespondieren correspondre

Korrigens n. correctif m.

korrigieren corriger

korrigierend correctif

Korrosion f. corrosion f.

korrosiv corrosif

Korsakoffsche Psychose f. syndrome de Korsakoff m.

Korsett n. corset m.

kortikal cortical

kortikofugal corticofuge

kortikomedullär corticomédullaire

kortikopetal corticopète

kortikospinal corticospinal

Kortikosteroid n. corticostéroïde m.

Kortikosteron n. corticostérone f.

kortikostriatospinal corticostriatospinal

kortikotrop corticotrope

Kortikotropin n. adrénocorticotrophine (ACTH) f. corticotrophine f., hormone corticotrope f.

Korund n. corindon m.

korymbiform corymbé

Kosmetik f. cosmétique f.

kosmetisch cosmétique

kosmetisches Mittel n. cosmétique m.

kosmisch cosmique

Kost f. alimentation f., régime m.

Kost, eiweißarme f. régime hypoprotidique m.

Kost, kalkarme f. régime pauvre en calcium m.

Kost, kalkreiche f. régime riche en calcium m.

kostal costal

Kostenanalyse f. analyses des dépenses f.

kostoklavikulär costoclaviculaire

Kostotomie f. costectomie f.

kostovertebral costovertébral

kostozervikal costocervical

Kosynthase f. cosynthase f.

Kot m. excrément m., fèces f. pl., selle f.

Kotabszeß m. abcès stercoral m.

Kotarnin n. cotarnine f.

Koteinklemmung f. incarcération stercorale f.

Koterbrechen n. vomissement fécaloïde m.

Kotfistel f. fistule intestinale f., fistule stercorale f.

kotig fécal, stercoral

Kotstein m. coprolithe m.

Kotyledone f. cotylédon m.

kovalent covalent

Kovalenz f. covalence f.

Kovarianz f. covariance f.

Kox… siehe / voir Cox…

Kozymase f. cozymase f.

Kraft f. force f.

kräftig fort, solide

kräftigen fortifier

Kräftigung f. réconfortement m.

Kraftmesser m. ergomètre m.

Kraftsteigerung f. augmentation des forces f.

Kraftstoff m. carburant m., essence f.

Kragenschnitt m. incision en cravatte f.

Kralle f. griffe f.

Krallenhand f. main en griffe f.

Krallenheber m. cale griffe m.

Krallenzehe f. orteil en griffe m.

Kramerschiene f. attelle métallique f.

**Krampf m.**   convulsion f., crampe f., spasme m.
**Krampfader f.**   varice f.
**Krampfaderverödung f.**   injections intravariqueuses sclérosantes f. pl.
**Krampfanfall m.**   crise de convulsions f.
**krampfauslösend**   convulsivant
**krampfauslösendes Mittel n.**   convulsivant m.
**krampfhaft**   convulsif, spasmodique
**krampflösend**   antispasmodique, spasmolytique
**Krampfreflex m.**   réflexe convulsif m.
**Krampusneurose f.**   névrose à crampes douloureuses f.
**kranial**   crânial, crânien
**Kraniektomie f.**   crâniectomie f.
**kraniofazial**   crâniofacial
**Kraniofenestrie f.**   trépanation crânienne f.
**kraniohypophysär**   crâniohypophysaire
**kraniokarpotarsal**   crâniocarpotarsien
**kraniokaudal**   crâniocaudal
**Kranioklast m.**   crânioclaste m.
**kraniokleidal**   crânioclaviculaire
**kraniometaphysär**   crâniométaphysaire
**Kraniometrie f.**   crâniométrie f.
**kraniometrisch**   crâniométrique
**kraniopharyngeal**   crâniopharyngé
**Kraniopharyngiom n.**   crâniopharyngiome m.
**kraniosakral**   crâniosacral
**Kraniosynostose f.**   crâniosynostose f.
**Kraniotabes f.**   crâniotabès m.
**Kraniotomie f.**   crâniotomie f.
**kraniozerebral**   crâniocérébral
**krank (attributiv)**   malade
**krank (prädikativ)**   malade
**krank (von Körperteilen)**   malade
**krank werden**   tomber malade
**Kranke m., f.**   malade m., f., patient (e) m., f.
**kränkeln**   être maladif
**kranken**   souffrir
**Krankenabteilung f.**   infirmerie f.
**Krankenakten f. pl.**   dossier médical m.
**Krankenanstalt f.**   hôpital m.
**Krankenanstalt f. (private)**   clinique f.

**Krankenbericht m.**   rapport médical m.
**Krankenbett n.**   lit du malade m.
**Krankenblatt n.**   fiche de maladie f.
**Krankenfahrstuhl m.**   fauteuil roulant m.
**Krankengeld n.**   prestation de maladie f.
**Krankengeschichte f.**   anamnèse f.
**Krankengut n.**   ensemble de cas cliniques m.
**Krankengymnastik f.**   gymnastique thérapeutique f.
**Krankenhaus n.**   hôpital m.
**Krankenhaus, einliefern in ein**   faire hospitaliser
**Krankenhaus, gemeinnütziges n.**   hôpital (financé par la communauté publique) m.
**Krankenhausabteilung f.**   service hospitalier m.
**Krankenhaus-Apotheke f.**   pharmacie de l'hôpital f.
**Krankenhausapotheker (in) m., f.**   pharmacien (ne) de l'hôpital m., f.
**Krankenhausarzt m.**   médecin hospitalier m.
**Krankenhausärztin f.**   médecin hospitalier m.
**Krankenhausaufenthalt m.**   séjour à l'hôpital m.
**Krankenhausaufnahme f.**   admission à l'hôpital f., hospitalisation f.
**Krankenhausausschuß m.**   comité de gestion de l'hôpital m.
**Krankenhausbelegarzt m.**   médecin libéral et hospitalier m.
**Krankenhausbelegärztin f.**   médecin libéral et hospitalier m.
**Krankenhausbibliothek f.**   bibliothèque de l'hôpital f.
**Krankenhausdirektor m.**   directeur de l'hôpital m.
**Krankenhauseinzugsgebiet n.**   zone desservie par l'hôpital f.
**Krankenhausgesellschaft f.**   association hospitalière f.
**Krankenhaushebamme f.**   sage-femme hospitalière f.
**Krankenhaushilfsarzt m.**   interne m.
**Krankenhaushilfsärztin f.**   interne f.

**K**

**Krankenhausküche f.**  cuisine de l'hôpital f.

**Krankenhauspersonal n.**  personnel de l'hôpital m.

**Krankenhauspflege f.**  soins hospitaliers m. pl.

**Krankenhausseelsorge f.**  aumônerie de l'hôpital f.

**Krankenhaussozialarbeiter m.**  travailleur social à l'hôpital m.

**Krankenhausversicherung f.**  assurance de l'hôpital f.

**Krankenhausverwaltung f.**  administration hospitalière f.

**Krankenhausverweildauer f.**  durée de l'hospitalisation f.

**Krankenhausvorstand m.**  comité de direction de l'hôpital m.

**Krankenkasse f.**  caisse d'assurance maladie f.

**Krankenpflege f.**  soins aux malades m. pl.

**Krankenpflegeausbildung f.**  formation pour profession soignante f.

**Krankenpflegehelfer m.**  aide soignant m.

**Krankenpflegehelferin f.**  aide soignante f.

**Krankenpflegeperson f.**  personne soignante f.

**Krankenpflegepraktikant f.**  infirmier stagiaire m.

**Krankenpflegepraktikantin f.**  infirmière stagiaire f.

**Krankenpfleger m.**  infirmier m.

**Krankenpflegerin f.**  infirmière f.

**Krankenpflegeschule f.**  école d'infirmières f.

**Krankenpflegeschüler m.**  élève infirmier m.

**Krankenpflegeschülerin f.**  élève infirmière f.

**Krankenpflegevorschule f.**  préparation à l'entrée à l'école d'infirmière f.

**Krankensaal m.**  salle d'hôpital f.

**Krankenschein m.**  feuille de maladie f.

**Krankenschwester f.**  infirmière f.

**Krankenstation f.**  service hospitalier m.

**Krankentransport m.**  transport des malades m.

**Krankentransportwagen m.**  chariot (pour le transport des malades) m.

**Krankenunterlage f.**  alèze f.

**Krankenversicherung f.**  assurance maladie f.

**Krankenwagen m.**  ambulance f.

**Krankenwärter m.**  infirmier m.

**Krankenzimmer n.**  chambre du patient f.

**Kranker m.**  malade m., patient m.

**kranker Sinusknoten-Syndrom n.**  syndrome sinusal m.

**Krankheit f.**  maladie f.

**Krankheit f. (Gebrechen, Siechtum)**  état maladif m., infirmité f.

**Krankheit f. (leichte Gesundheitsstörung)**  indisposition f.

**Krankheit f. (Leiden, Leidenszustand)**  maladie f., affection f.

**Krankheit f. (mit näherer Bezeichnung)**  maladie f., syndrome m.

**Krankheit zuziehen, sich eine**  contracter une maladie

**Krankheit, fünfte f.**  cinquième maladie f., mégalérythème épidémique m.

**Krankheit, vierte f.**  parascarlatine f.

**Krankheitsbericht m.**  rapport médical m.

**Krankheitserreger m.**  agent pathogène m.

**Krankheitserscheinung f.**  aspect clinique m.

**Krankheitsgewinn m.**  indemnité f.

**Krankheitsstoff m.**  élément pathogène m.

**Krankheitsverlauf m.**  évolution clinique f.

**krankheitsverursachender Faktor m.**  facteur pathogène m.

**Krankheitszeichen n.**  signe m., symptôme m.

**kränklich**  maladif

**krankmachend**  pathogène

**krankschreiben**  faire un arrêt de travail

**Krater m.**  cratère m.

**Kratometer n.**  cratomètre rn.

**Krätze f.**  gale f.

**Krätzeheilmittel n.**  médicament antipsorique m.

**Krätzemilbe f.**  acare m., sarcopte de la gale m.

kratzen   égratigner, gratter
**Krätzephobie f.**   acarophobie f.
**Kratzer m.**   égratignure f.
**Kraurose f.**   kraurosis f.
**Kraut n.**   herbe f.
**Kräuterbuch n.**   herbier m.
**Kreatin n.**   créatine f.
**Kreatinin n.**   créatinine f.
**Kreatinkinase f.**   créatine kinase f.
**Kreatinphosphat n.**   créatine phosphate f.
kreativ   créatif
**Kreativität f.**   créativité f.
**Kreatur f.**   créature f.
**Krebs m. (med.)**   cancer m.
krebsartig   cancéreux
krebserzeugend   cancérogène
**Krebsklinik f.**   centre anticancéreux m.
**Krebsmilch f.**   suc cancéreux m.
**Krebszyklus m.**   cycle de Krebs m.
**Kreide f.**   craie f.
**Kreis m.**   cercle m.
kreisförmig   circulaire
**Kreiskrankenhaus n.**   hôpital régional m.
**Kreislauf m.**   circulation f.
**Kreislauf, großer m.**   circulation systémique f.
**Kreislauf, kleiner m.**   circulation pulmonaire f.
**Kreislauffunktion f.**   fonction circulatoire f.
**Kreislaufkollaps m.**   collapsus circulatoirc m.
**Kreislaufschock m.**   choc par insuffisance circulatoire aigue m.
**Kreislaufstillstand m.**   arrêt circulatoire m.
**Kreislaufstörung f.**   trouble circulatoire m.
**Kreislaufversagen n.**   décompensation circulatoire f.
**Kreislaufzeit f.**   temps de circulation m.
**Kreislaufzentralisierung f.**   centralisation circulatoire f.
kreißen   être en période de travail
**Kreißende f.**   parturiente f.
**Kreißsaal m.**   salle d'accouchement f.
**Krematorium n.**   crématorium m.
**Kreosol n.**   créosol m.
**Kreosot n.**   créosote f.

**Krepitation f.**   crépitation f.
krepitierend   crépitant
**Kresol n.**   crésol m.
**Kresolphthalein n.**   crésol phtaléine f.
**Kresolpurpur m.**   pourpre de crésol m.
**Kresolrot n.**   rouge de crésol m.
**Kresolseifenlösung f.**   solution de crésol savonneux f.
**Kresyl n.**   crésyle m.
**Kretin m.**   crétin m.
**Kretinismus m.**   crétinisme m.
kretinoid   crétinoïde
**Kreuzallergie f.**   allergie croisée f.
**Kreuzband n.**   ligament croisé m.
**Kreuzbiß m.**   morsure cruciale f.
kreuzen   croiser
kreuzlahm   éreinté
**Kreuzotter f.**   vipère commune f.
**Kreuzprobe f.**   épreuve croisée donneur receveur f.
**Kreuzreaktion f.**   réaction croisée f.
**Kreuzschmerz m.**   mal aux reins m.
**Kreuzschnitt m.**   incision cruciale f.
**Kreuzung f.**   croisement m., décussation f.
**Kreuzungsphänomen n.**   signe de croisement m.
kriechen   ramper
**Kriechtier n.**   animal rampant m.
krikoarytänoid   cricoaryténoïde
**Krikoidektomie f.**   cricoïdectomie f.
krikopharyngeal   cricopharyngé
krikothyreoidal   cricothyroïdien
**Krikothyreoidotomie f.**   cricothyrotomie f.
**Krikotomie f.**   cricotomie f.
kriminell   criminel
**Krise f.**   crise f.
**Krisis f.**   crise f.
**Kristall m.**   cristal m.
**Kristallampulle f.**   ampoule cristalline f.
**Kristallgitter n.**   grille de cristal f.
**Kristallisation f.**   cristallisation f.
kristallisch   cristallin
kristallisieren   cristalliser
**Kristallographie f.**   cristallographie f.
kristallographisch   cristallographique
kristalloid   cristalloïde
**Kristalloid n.**   cristalloïde m.
**Kristallthermographie f.**   cristalthermographie f.

**Kristallurie f.** cristallurie f.
**Kristallviolett n.** violet cristal m.
**Kristellerscher Handgriff m.** manœuvre de pression du fond de l'utérus de Kristeller f.
**Kritik f.** critique f.
**Kritikschwäche f.** manque de sens critique m.
**kritisch** critique
**Kromayerlampe f.** lampe de dermothérapie de Kromayer f.
**Krone f.** couronne f. (dent.)
**Krone, Acrylat- f.** couronne acrylique f.
**Krone, Aufbiß- f.** couronne occlusale f.
**Krone, Band- f.** couronne à bandeau f.
**Krone, Dreiviertel- f.** couronne trois quarts f.
**Krone, Dübel- f.** couronne à tenon f.
**Krone, Facetten- f.** couronne à facette f.
**Krone, Fertig- f.** couronne préformée f.
**Krone, Fingerhut- f.** couronne „thimble crown" f.
**Krone, Ganzmetall- f.** couronne métallique f.
**Krone, gefensterte f.** couronne avec évent f.
**Krone, Glocken- f.** couronne creuse de revêtement f.
**Krone, Guß- f.** couronne coulée f.
**Krone, Hohl- f.** demi couronne f.
**Krone, Hülsen- f.** couronne de revêtement f.
**Krone, Kegel- f.** couronne cônique f:
**Krone, Keramik- f.** couronne en céramique f.
**Krone, Keramik-Metall- f.** couronne céramo-métallique f.
**Krone, Kunststoff f.** couronne en matière synthétique f.
**Krone, Mantel- f.** couronne jacket f.
**Krone, Metall- f.** couronne métallique f.
**Krone, Pfeiler- f.** couronne à pilier f.
**Krone, Plastik- f.** couronne en plastique f.
**Krone, Porzellan- f.** couronne en porcelaine f.

**Krone, Primär- f.** couronne primaire f.
**Krone, Schulter- f.** couronne à épaulement f.
**Krone, schulterlose f.** couronne sans épaulement f.
**Krone, sekundäre f.** couronne secondaire f.
**Krone, Stift- f.** couronne à pivot f.
**Krone, Teleskop- f.** couronne téléscope f.
**Krone, Vollguß- f.** couronne coulée en un seul temps f.
**Kronenabdruck m.** empreinte f.
**Kronenband n.** bandeau m.
**Kronenbasis f.** base de la couronne f.
**Kronendeckel m.** faces de la couronne f. pl.
**Kronenkern m.** core de la couronne m.
**Kronenmantel m.** jacket m.
**Kronenpulpa f.** pulpe f.
**Kronenrand m.** collet gingival m.
**Kronenschiene f.** attelle péricoronaire f.
**Kronenschlitzer m.** ciseaux à couronne m. pl.
**Kronensetzer m.** pousse couronne en buis m.
**Krönleinsche Operation f.** gastrectomie de Krönlein f.
**Kropf m.** goitre m.
**Kropf, Adoleszenten- m.** goitre pubertaire m.
**Kropf, Knoten- m.** goitre nodulaire m.
**Kropf, Kolloid- m.** goitre colloïde m.
**Kropf, Parenchym- m.** goitre parenchymateux m.
**Kropf, Tauch- m.** goitre plongeant m.
**Kropf, toxischer m.** goitre toxique m.
**kropferzeugend** strumigène
**kropfig** goitreux
**Kröte f.** crapaud m.
**Krotonase f.** crotonase f.
**Krotonat n.** crotonate m.
**Krotonöl n.** huile de croton f.
**Krotonyl n.** crotonyle m.
**Krozidismus m.** carphologie f., crocidisme m.
**Krücke f.** béquille f.
**Krukenbergarm m.** amputation du bras d'après Krukenberg f.

**Krümmung f.** courbure f., incurvation f.

**Krupp m.** croup m.

**Krüppel m.** estropié m.

**kruppös** croupal

**krural** crural

**Kruste f.** croûte f.

**Krustenbildung f.** formation de croûtes f.

**Krustenentfernung f.** ablation de la croûte f.

**Kryästhesie f.** cryesthésie f.

**Kryochirurgie f.** cryochirurgie f.

**kryochirurgisch** cryochirurgical

**Kryodessikation f.** cryodessication f.

**kryogen** cryogène

**Kryoglobulin n.** cryoglobuline f.

**Kryoglobulinämie f.** cryoglobulinémie f.

**Kryopräzipitat n.** cryoprécipité f.

**Kryoskopie f.** cryoscopie f.

**Kryothalamotomie f.** cryothalamotomie f.

**Kryotherapie f.** cryothérapie f.

**Kryptantigen n.** antigène cryptique m.

**Krypte f.** crypte f.

**kryptisch** cryptique

**Kryptitis f.** cryptite f.

**kryptogenetisch** cryptogénétique

**Kryptokokkose f.** cryptococcose f.

**Kryptomerie f.** cryptomérie f.

**Krypton n.** krypton m.

**Kryptorchismus m.** cryptorchidie f.

**Kryptospermie f.** cryptospermie f.

**Kryptosporidiose f.** cryptosporidiose f.

**KST f. (Kernspintomographie)** remnographie (RMN) f.

**Kübel m.** baquet m.

**Kubikmeter m.** mètre cube m.

**kubital** cubital

**Kuchenniere f.** rein en galette m.

**Kügelchen n.** globule m.

**Kugelgelenk n.** articulation orbiculaire f.

**kugelig** globulaire, sphérique

**Kugelschiene f.** attachement à boule m. dent.

**Kugelthrombose f.** caillot rond m.

**Kuhhornschnabel m.** bec en corne de vache m.

**kühl** frais

**Kühle f.** fraîcheur f.

**kühlen** refroidir .

**Kühlmittel n.** réfrigérant m.

**Kühlsalbe f.** pommade réfrigérante f.

**Kühlschrank m.** réfrigérateur m.

**Kühlung f.** réfrigération f.

**Kühlwasser n.** eau de refroidissement f.

**Kuhmilch f.** lait de vache m.

**Kuhnsche Maske f.** masque facial à valve de Kuhn m.

**Kuhpocken f.** vaccine f.

**Küken n.** poussin m.

**Kükenruhr f.** diarrhée bacillaire des poussins f.

**Kuldoskop n.** culdoscope m.

**Kuldoskopie f.** culdoscopie f.

**kuldoskopisch** culdoscopique

**Kuldotomie f.** culdotomie f.

**kultivieren** cultiver

**Kultivierung f.** mise en culture f.

**Kultur f.** culture f.

**Kultur, bakteriologische f.** culture bactérienne f.

**kulturell** culturel

**Kumarin n.** coumarine f.

**Kümmel m.** carvi m.

**Kümmel, römischer m.** cumin m.

**Kumulation f.** cumulation f.

**kumulativ** cumulatif

**kumulieren** cumuler

**Kundendienst m.** service après vente m.

**Kunstafter m.** anus artificiel m.

**Kunstafterbandage f.** bandage pour anus artificiel m.

**Kunstfehler m.** faute professionnelle f.

**Kunstglied n.** membre artificiel m.

**Kunstgriff m.** manoeuvre f.

**Kunstharz n.** résine artificielle f.

**Kunstherz n.** coeur artificiel m.

**künstliche Beatmung f.** respiration artificielle f.

**Kunstprodukt n.** artéfact m.

**Kunststoff m.** matière plastique f.

**Kunststoffkrone f.** couronne en matière synthétique f.

**Kunstzahn m.** dent artificielle f.

**Kupfer n.** cuivre m.

**Kupferazetat n.** acétate de cuivre m.

**Kupferdraht m.** fil de cuivre m.

**K**

**Kupferdrahtarterie f.**   image d'artér-
iosclérose en fil de cuivre (FO) f.
**kupferhaltig (einwertig/univalent)**
cuivreux
**Kupferoxyphosphat n.**   oxyphosphate
de cuivre m.
**Kupferphosphat n.**   phosphate de
cuivre m.
**Kupfersulfat n.**   sulfate de cuivre m.
**Kupffersche Sternzelle f.**   cellule étoilée
de Kupffer f.
**Kuprein n.**   cupréine f.
**Kupulogramm n.**   cupulogramme m.
**Kupulolithiasis f.**   cupulolithiase f.
**Kupulometrie f.**   cupulométrie f.
**Kur f.**   cure f.
**Kuranstalt f.**   établissement de cure m.
**Kurare n.**   curare m.
**Kurarin n.**   curarine f.
**Kurarisierung f.**   curarisation f.
**kurativ**   curatif
**Kürbis m.**   courge f.
**Kürette f.**   curette f.
**kürettieren**   curetter
**Kürettierung f.**   curettage m.
**Kurmittel n.**   moyen curatif m.
**Kurort m.**   station climatique f.
**Kurs m.**   cours m.
**Kurs für Anfänger m.**   cours pour dé-
butants m.
**Kurs für Fortgeschrittene m.**   cours de
perfectionnement m.
**Kursivanfall m.**   crise épiléptique cur-
sive f.
**Kuru-Syndrom n.**   syndrome de kuru
m.
**Kurvatur, große f.**   grande courbure de
l'estomac f.
**Kurvatur, kleine f.**   petite courbure de
l'estomac f.
**Kurve f.**   courbe f.
**kurzatmig**   dyspnéique, essoufflé
**Kurzatmigkeit f.**   essoufflement m.
**Kurzbehandlung f.**   traitement de
courte durée m.
**kurzkettige Verbindung f.**   complexe à
chaîne courte m.

**Kurznarkotikum n.**   narcotique à effet
de courte durée m.
**Kurzschluß m.**   court circuit m.
**kurzsichtig**   myope
**Kurzsichtigkeit f.**   myopie f.
**Kurzwelle f.**   onde courte f.
**Kurzwellentherapiegerät n.**   appareil à
ondes courtes m.
**kurzwirkend**   à effet court
**Kurzzeitbehandlung f.**   traitement de
courte durée m.
**Kurzzeitgedächtnis n.**   mémoire à
court terme f.
**Kußmaulsche Atmung f.**   dyspnée de
Kußmaul f.
**Kußmaulsches Atmen n.**   dyspnée de
Kußmaul f.
**Küstersche Operation f.**   opération de
Küster f.
**Küstnersches Zeichen n.**   signe de
Küstner m.
**Kutikularsaum m.**   plateau strié m.
**Kutislappen m.**   lambeau de peau m.
**kutiviszeral**   dermatoviscéral
**Küvette f.**   cuvette f.
**küvettieren**   verser dans un ballon
**Kwashiorkor m.**   kwashiorkor m.
**Kybernetik f.**   cybernétique f.
**kybernetisch**   cybernétique
**Kymogramm n.**   kymogramme m.
**Kymograph m.**   kymographe m.
**Kymographie f.**   kymographie f.
**kymographisch**   kymographique
**Kynurenin n.**   kynurénine f.
**Kynureninase f.**   kynuréninase f.
**Kyphose f.**   cyphose f.
**Kyphoskoliose f.**   cyphoscoliose f.
**kyphoskoliotisch**   cyphoscoliotique
**kyphotisch**   cyphosique
**Kyrlesche Hyperkeratose f.**   hyperké-
ratose de Kyrle f.
**Kyst... siehe auch /**   voir aussi Zyst...
**Kystadenom n.**   cystadénome m.
**Kystom n.**   kystitome m.

# L

**L.A. (linkes Atrium) n.**   OG (oreillette gauche) f.
**Labferment n.**   chymosine f., lab-ferment m.
**labial**   labial
**Labialverschiebung f.**   déplacement labial m.
**labil**   labile
**Labilität f.**   labilité f.
**labioalveolar**   labioalvéolaire
**labiodental**   labiodentaire
**labioglossolaryngeal**   labioglossolaryngé
**labiomental**   labiomentonnier
**labionasal**   labionasal
**labiopalatinal**   labiopalatin
**Labmagen m.**   abomasus m.
**Labmagenentzündung f.**   abomasite f.
**Labor n.**   laboratoire m.
**Labor, zahntechnisches n.**   laboratoire de prothèse dentaire m.
**Laborant m.**   laborantin m.
**Laborantin f.**   laborantine f.
**Laborassistent, medizinisch-technischer m.**   technicien assistent de laboratoire médical m.
**Laborassistentin, medizinisch-technische f.**   technicienne assistante de laboratoire médical f.
**Laboratorium n.**   laboratoire m.
**Labotbefund m.**   résultat de laboratoire m.
**Labortisch m.**   table de laboratoire f.
**Labung f.**   rafraîchissement m., réconfort m.
**Labyrinth n.**   labyrinthe m.
**labyrinthär**   labyrinthique
**Labyrinthektomie f.**   labyrinthectomie f.
**Labyrinthitis f.**   labyrinthite f.
**Labyrinthotomie f.**   labyrinthotomie f.
**Labyrinthschwerhörigkeit f.**   surdité labyrinthique f.
**Labyrinthschwindel m.**   vertige labyrinthique m.
**Labyrinthstörung f.**   trouble labyrinthique m.

**lachen**   rire
**Lachen n.**   rire m.
**Lachesin n.**   lachésine f.
**Lachgas n.**   gaz hilarant m.
**Lack m.**   laque f.
**Lackmus m.**   tournesol m.
**Lactam n.**   lactame m.
**Lactamase f.**   lactamase f.
**Lactobacillus acidophilus m.**   Lactobacillus acidophilus m.
**Lactobacillus bifidus m.**   Lactobacillus bifidus m.
**Lactobacillus bulgaricus m.**   Lactobacillus bulgaricus m.
**Lactulose f.**   lactulose m.
**laden**   charger
**Ladung f.**   charge f.
**Laennecsche Zirrhose f.**   cirrhose de Laennec f.
**Lage f.**   position f., situation f.
**Lageanomalie f.**   anomalie de position f.
**lagemäßig**   d' attitude
**Lagenystagmus m.**   nystagmus aux changements de position de la tête m.
**Lagerung (Aufbewahrung) f.**   stockage m.
**Lagerung f. (in eine Lage bringen)**   positionnement m.
**Lagerungsregel f. (obstetr.)**   règle de positionnement f.
**Lageveränderung f.**   changement de position m.
**Lagophthalmus m.**   lagophtalmie f.
**lahm**   paralytique
**lahmen**   boiter, paralyser
**Lahmheit f.**   lenteur f., paralysie f.
**Lähmung f.**   paralysie f.
**Lähmungswut f.**   rage f. (vet.)
**Laich m.**   frai m.
**Laie m.**   laïque m., profane m.
**laienhaft**   en amateur
**Lakrimotomie f.**   lacrymotomie f.
**Lakritze f.**   réglisse f.
**laktagog**   galactagogue
**Laktagogum n.**   galactagogue m.
**Laktalbumin n.**   lactalbumine f.

Laktamase f. lactamase f.
Laktase f. lactase f.
Laktat n. lactate m.
Laktatazidose f. acidose lactique f.
Laktation f. lactation f.
Laktationshormon n. prolactine f.
Laktazidogen n. lactacidogène m.
Laktazidose f. acidose lactique f.
Laktodensimeter n. lactodensimètre m.
Laktoferrin n. lactoferrine f.
Laktoflavin n. lactoflavine f.
laktogen lactogène
Lakton n. lactone f.
Laktose f. lactose m.
Laktosidose f. lactosidose f.
Laktosurie f. lactosurie f.
laktotrop lactotrope
laktovegetabil lactovégétarien
Laktulose f. lactulose m.
lakunär lacunaire
Lakune f. lacune f.
Lallen n. balbutiement infantile m., lallation f.
Lalopathie f. lalopathie f.
Lalophobie f. lalophobie f.
Laloplegie f. laloplégie f.
Lambdanaht f. suture lambdoïde f.
Lambdawelle f. onde lambda f.
Lambdazismus m. lambdacisme m.
Lambert n. lambert m.
Lamblia intestinalis m. Lamblia intestinalis f.
Lambliasis f. giardiase f., lambliase f.
Lamdazismus m. lallation f.
lamellär lamellaire
Lamellenluftstrom m. courant d'air lamellaire m.
laminar laminaire
Laminarstift m. laminaire f.
Laminektomie f. laminectomie f.
Laminographie f. tomographie f.
laminographisch tomographique
Laminotomie f. laminotomie f.
Lamm n. agneau m.
lammen agneler
Lampe f. lampe f.
Lamziekte f. lamziekte f.
Lanatosid n. lanatoside m.
Landbevölkerung f. population rurale f.

Landkartenzunge f. langue géographique f.
ländlich rural
Landrysche Paralyse f. syndrome de Landry m.
langdauernd de longue durée
Langenbecksche Operation f. opération de Langenbeck f.
Längenverstellung f. réglage de longueur m.
Langerhanssche Insel f. ilot pancréatique de Langerhans m.
Langerhanssche Zelle f. cellule de Langerhans f.
langkettige Verbindung f. complexe à chaîne longue m.
Langlebigkeit f. longévité f.
langsam wachsend à croissance lente
Längsband n. ligament longitudinal m.
Längsfraktur f. fracture longitudinale f.
Längslage (gebh.) f. présentation droite f.
Langwelle f. onde longue f.
langwirkend à effet prolongé
Langzeitbeatmung f. assistance respiratoire de longue durée f.
Langzeitbehandlung f. traitement de longue durée m.
Langzeitdialyse f. dialyse à long terme f.
Langzeitelektrokardiogramm n. monitoring électrocardiographique prolongé m.
Langzeitgedächtnis n. mémoire à long terme f.
Langzeitpatient (in) m., f. patient (e) chronique m., f.
Langzeitpflege f. soins à long terme m. pl.
Langzeitschreibung f. enregistrement graphique prolongé m.
Lanolin n. lanoline f.
Lanolol n. lanolol m.
Lanosterin n. lanostérol m.
Lanthan n. lanthane m.
Lanthanid n. lanthanide m.
Lanthionin n. lanthionine f.
Lanugo n. lanugo m.
Lanzette f. lancette f.
lanzinierend lancinant

**LAP (Leucin-Aminopeptidase) f.** LAP (leucine aminopeptidase) f.
**Laparoskop n.** laparoscope m.
**Laparoskopie f.** laparoscopie f.
**laparoskopisch** laparoscopique
**Laparotomie f.** laparotomie f.
**laparotomieren** laparotomiser
**Läppchen n.** lobule m.
**Läppchenkrankheit f.** maladie du barbillon f. (vet.)
**Läppchenprobe f.** test d'allergie m.
**Lappen m.** lambeau m., lobe m.
**Lappen, gestielter m.** lambeau pédiculé m.
**Lappenatelektase f.** atélectasie lobaire f.
**Lappenmesser n.** bistouri m.
**Lappenplastik f.** plastie par lambeau f.
**Lappenverschluß m.** occlusion par lambeau f.
**Lappung f.** lobulation f.
**Lärchenschwamm m.** agaric du mélèze m.
**Lärmapparat m.** appareil d'alarme m.
**Lärmtrauma n.** traumatisme acoustique m.
**Larva migrans f.** larva migrans f.
**Larve f.** larve f.
**Larvenvertilgungsmittel n.** larvicide m.
**larvieren** prendre une forme larvée
**larviert** larvé
**laryngeal** laryngé
**Laryngektomie f.** laryngectomie f.
**laryngektomieren** laryngectomiser
**Laryngitis f.** laryngite f.
**laryngitisch** de laryngite
**Laryngographie f.** laryngographie f.
**laryngographisch** laryngographique
**Laryngologe m.** laryngologue m.
**Laryngologie f.** laryngologie f.
**Laryngologin f.** laryngologue f.
**laryngologisch** laryngologique
**Laryngomalazie f.** laryngomalacie f.
**laryngopharyngeal** laryngopharyngien
**Laryngopharyngitis f.** laryngopharyngite f.
**Laryngoskop n.** laryngoscope m.
**Laryngoskopie f.** laryngoscopie f.
**laryngoskopisch** laryngoscopique

**Laryngospasmus m.** laryngospasme m.
**Laryngostomie f.** laryngostomie f.
**Laryngotomie f.** laryngotomie f.
**Laryngotracheitis f.** laryngotrachéite f.
**Laryngotracheobronchitis f.** laryngotrachéobronchite f.
**Laryngotracheoskopie f.** laryngotrachéoscopie f.
**Laryngozele f.** laryngocèle f.
**Larynx m.** larynx m.
**Larynxspasmus m.** spasme du larynx m.
**Lasalocid n.** lasalocide m.
**Lasche f.** languette f.
**Laséguesches Zeichen n.** signe de Lasègue m.
**LASER-Koagulation f.** coagulation au LASER f.
**LASER-Koagulationsgerät n.** coagulateur LASER m.
**LASER-Stimulation f.** stimulation localisée au LASER f.
**LASER-Strahl m.** rayon LASER m.
**Läsion f.** lésion f.
**Lassarsche Paste f.** pâte de Lassar f.
**Last f.** charge f.
**Latamoxef n.** latamoxam m.
**latent** latent
**Latenz f.** latence f.
**Latenzzeit f.** phase de latence f.
**lateral** latéral
**Lateralinfarkt m.** infarctus du myocarde latéral m.
**Lateralisation f.** latéralisation f.
**Lateralität f.** latéralité f.
**Lateralsklerose f.** sclérose latérale f.
**Lateroflexion f.** latéroflexion f.
**Laterognathie f.** latérognathie f.
**Lateroposition f.** latéroposition f.
**Lateropulsion f.** latéropulsion f.
**Laterotorsion f.** latérotorsion f.
**Laterotrusion f.** latérotrusion f.
**lateroventral** latéroventral
**Lateroversion f.** latéroversion f.
**Latex-Tropfentest m.** réaction au latex f.
**Lathyrismus m.** lathyrisme m.
**Latrine f.** latrines f. pl.
**Latrodectismus m.** lactrodectisme m.

LATS (langwirkender Schilddrüsenstimulator) m.  LATS (long acting thyroïd stimulator) m.
Latwerge f.  électuaire m.
Laufgestell n.  cadre d'aide à la marche m.
Laufzeit f.  durée f.
Lauge f.  lessive f.
Lauralkonium n.  lauralkonium m.
Laurat n.  laurate m.
Laurence-Moon-Biedl-Syndrom n.  syndrome de Laurence-Moon-Bardet-Biedl m.
Lauroguadin n.  lauroguadine f.
Lauryl n.  lauryle m.
Laus f.  pou m.
läusetötend  pédiculicide
läusetötendes Mittel n.  pédiculicide m.
LAV (lymphadenopathieassoziiertes Virus) n.  LAV (Lymphadenopathy Associated Virus) m.
Läv... siehe auch /  voir aussi Lev...
Lävallorphan n.  lévallorphane m.
Lavendel m.  lavande f.
Laveransches Körperchen n.  hématozoaire de Laveran m.
Lävokardiogramm n.  lévocardiogramme m.
Lävorotation f.  lévorotation f.
Lävoversion f.  lévoversion f.
Lävulinat n.  lévulinate m.
Lävulose f.  lévulose m.
Lävulosurie f.  lévulosurie f.
Laxans n.  laxatif m.
Laxativum n.  laxatif m.
laxierend  laxatif
Lazarett n.  hôpital militaire m.
Lazarettzug m.  train sanitaire m.
LDH (Laktatdehydrogenase) f.  LDH (lacticodéshydrogénase) f.
LE (Lupus erythematodes) m.  LE (lupus érythémateux) m.
LE-Zelle f.  cellule de Hargrave f., cellule LE f.
leben  vivre
Leben n.  vie f.
lebend  vivant
Lebendgeburt f.  naissance d'un enfant viable f.
Lebendimpfstoff m.  vaccin vivant m.
Lebensalter n.  âge m.

lebensbedrohlich  mettant la vie en danger
Lebensdauer f.  durée de vie f.
Lebenserwartung f.  espoir de vie m.
lebensfähig  viable
Lebensfähigkeit f.  viabilité f., vitalité f.
Lebensgefahr f.  danger mortel m.
Lebensmitte f.  midi de la vie m.
Lebensmittel n. pl.  produits alimentaires m. pl.
Lebensmittelvergiftung f.  intoxication alimentaire f.
lebensrettend  qui sauve la vie
Lebensverlängerung f.  prolongement de la vie m.
Lebensversicherung f.  assurance vie f.
Lebensweise f.  mode de vie m.
Lebenszeichen n.  signe de vie m.
Leber f.  foie m.
Leber- und Gallenwege m. pl.  voie hépatiques et biliaires f. pl.
Leberabszeß m.  abcès du foie m.
Leberbiopsie f.  biopsie hépatique f.
Leberegel m.  douve du foie f.
Leberegelbefall m.  distomatose f.
Leberextrakt m.  extrait de foie m.
Leberextraktinjektion f.  injection d'extrait de foie f.
Leberfleck m.  tache hépatique f.
Leberfunktionsprüfung f.  examen de la fonction hépatique m.
leberkrank  malade du foie
Lebertherapie f.  traitement du foie m.
Lebertran m.  huile de foie de morue f.
Leberzirrhose f.  cirrhose du foie f.
Leblosigkeit f.  absence de vie f.
Lecksein n.  fuite f.
Lederersche Anämie f.  maladie de Brill-Lederer f.
Lederhaut f.  derme m.
Lederhaut f. (opthalm.)  sclérotique f.
Lederhaut des Hufs f.  derme du pied m.
Lederknarren n.  bruit de cuir neuf m.
leer  vide
Leeraufnahme (röntg.) f.  cliché sans préparation f.
Leerversuch m.  test blanc m.
Legalsche Probe f.  réaction de Legal f.
Legasthenie f.  dyslexie f.
legieren  faire un alliage

**Legierung f.** alliage m.
**Legionärskrankheit f.** maladie des légionnaires f.
**Legionella pneumophila f.** Legionella pneumophila f.
**Legionellose f.** légionellose f.
**Legumin n.** légumine f.
**leguminös** légumineux
**Lehrkrankenhaus n.** hôpital avec enseignement universitaire m.
**Lehrling m.** apprenti m.
**Leib m.** corps m.
**Leibarzt m.** médecin personnel m.
**Leibbinde f.** ceinture médicale f.
**Leibesbeschaffenheit f.** caractéristiques physiques f. pl.
**Leibesfrucht f.** embryon m., foetus m.
**Leibesgestalt f.** stature f.
**Leibesgröße f.** taille f.
**Leibesübung f.** exercice physique m.
**Leibschmerzen m. pl.** mal au ventre m.
**Leibwäsche f.** linge de corps m.
**Leichdorn m.** durillon m.
**Leiche f.** cadavre m.
**Leichenablegetisch m.** table où l'on dépose les cadavres f.
**Leichenbeschauer m.** médecin légiste m.
**Leichenblut n.** sang de cadavre m.
**Leichenfleck m.** tache cadavérique f.
**Leichengeburt f.** délivrance post mortem f.
**Leichengeruch m.** odeur de cadavre f.
**Leichengift n.** ptomaïne f.
**Leichenhalle f.** maison mortuaire f.
**Leichenkühlraum m.** chambre froide pour les corps f.
**Leichenmulde f.** chariot pour les corps m.
**Leichennadel f.** aiguille f.
**Leichenöffnung f.** autopsie f.
**Leichenschau f.** examen du cadavre m.
**Leichenschauhaus n.** morgue f.
**Leichenstarre f.** rigidité cadavérique f.
**Leichentuch n.** linceul m.
**Leichenverbrennung f.** incinération f.
**Leichenwachs n.** adipocire f.
**Leichtkette f.** chaîne légère f.
**leiden** endurer, souffrir
**Leiden n.** mal m., maladie f.

**Leinöl n.** huile de lin f.
**Leinsamen m.** graines de lin f. pl.
**Leiomyom n.** léiomyome m.
**Leiomyosarkom n.** léiomyosarcome m.
**Leiopyrrol n.** léiopyrrole m.
**Leishmania donovani f.** Leishmania donovani f.
**Leishmaniose f.** leishmaniose f.
**Leiste f.** aine f., bordure f., crête f.
**Leistenband n.** arcade fémorale f.
**Leistenbruch m.** hernie inguinale f.
**Leistenhernie f.** hernie inguinale f.
**Leistenhoden m.** ectopie inguinale du testicule f.
**Leistenkanal m.** canal inguinal m.
**Leistenlymphknoten m.** ganglion inguinal m.
**Leistenring m.** anneau inguinal m.
**Leistung f.** débit m., efficience f., performance f., réalisation f.
**leistungsfähig** efficace
**Leistungsfähigkeit f.** capacité de réalisation f.
**leitfähig** conductible
**Leitfähigkeit f.** pouvoir conducteur m.
**Leitgeschwindigkeit f.** vitesse de conduction f.
**Leitmaterial n.** matériel de conduction m.
**Leitsymptom n.** symptome majeur m.
**Leitung f. (Direktion)** direction f.
**Leitung f.** (physik.) conduction f.
**Leitungsanästhesie f.** anesthésie régionale f.
**Leitungsbahn f.** voie de conduction f.
**Leitungsstörung f.** trouble de la conduction m.
**Lektin n.** lectine f.
**Lembertnaht f.** suture de Lembert f.
**Lemnozyt m.** lemnocyte m.
**Lende f.** lombes f. pl.
**Lendengegend f.** région lombaire f.
**Lendenrippe f.** côte lombaire f.
**Lendenwirbel m.** vertèbre lombaire m.
**Lendenwirbelsäule f.** colonne vertébrale
**Lentiginose f.** lentiginose f.
**Lentigo m.** lentigo m.
**Lentikonus m.** lenticône m.

lentikulothalamisch  lenticulothalami-
que
Leontiasis f.  léontiasis m.
Lepidose f.  lépidose f.
Lepra f.  lèpre f.
Lepra anaesthetica f.  lèpre anesthési-
que f.
Lepra tuberosa f.  lèpre nodulaire f.
Lepra, Mittel gegen n.  médicament
contre la lèpre m.
Leprabazillus m.  bacille de Hansen m.
leprakranke Person f.  personne at-
teinte de la lèpre f.
Leprid n.  lépride f.
Leprologe m.  léprologue m.
Leprologie f.  léprologie f.
Leprologin f.  léprologue f.
Leprom n.  léprome m.
Lepromin n.  lépromine f.
leprös  lépreux
Leprosorium n.  léproserie f.
Leptaclin n.  leptacline f.
Leptodaktylie f.  leptodactylie f.
Leptomeningitis f.  léptoméningite f.
Leptomeningitis, Staphylokokken- f.
léptoméningite à staphylocoque f.
leptomeningitisch  leptoméningitique
Leptophos m.  leptophos m.
leptosom  longiligne
Leptospira autumnalis f.  Leptospira
autumnalis f.
Leptospira canicola f.  Leptospira ca-
nicola f.
Leptospira grippotyphosa f.  Lepto-
spira grippotyphosa f.
Leptospira icterogenes f.  Leptospira
icterohaemorrhagiae f.
Leptospirose f.  leptospirose f.
Leptotän n.  leptotène m.
Leptothrikose f.  leptothricose f.
Leptothrix m.  leptothrix m.
Leptozyt m.  leptocyte m.
Lergotril n.  lergotrile m.
lesbisch  lesbien
lesbische Liebe f.  relation lesbienne f.
Lesebrille f.  lunettes pour la lecture f.
pl.
LET (linearer Energietransfer) m.
TLE (transfert linéaire d'énergie) m.
letal  létal
Letalität f.  létalité f.
Lethargie f.  léthargie f.

Letimid n.  létimide m.
Letterer-Siwesche Krankheit f.  mala-
die de Letterer-Siwe f.
Leuchtfeld n.  champ lumineux m.
Leuchtkraft f.  luminosité f.
Leuchtschirm m.  écran fluoroscopi-
que m.
Leucin n.  leucine f.
Leucin-Aminopeptidase f.  leucine
aminopeptidase f.
Leucinose f.  leucinose f.
Leucocianidol n.  leucocianidol m.
Leucomycin n.  leucomycine f.
Leucosin n.  leucosine f.
Leukämie f.  leucémie f.
Leukämie, lymphatische f.  leucémie
lymphoïde f.
Leukämie, Monozyten- f.  leucémie
monoblastique f.
Leukämie, myeloische f.  leucémie
myéloïde f.
Leukämie, Plasmazellen- f.  leucémie
plasmocytaire f.
leukämisch  leucémique
leukämoid  leucémoïde
Leukanemie f.  leucanémie f.
Leukin n.  leukine f.
Leukoblast m.  leucoblaste m.
Leukodermie f.  leucodermie f.
Leukodystrophie f.  leucodystrophie f.
Leukoenzephalitis f.  leucoencéphalite
f.
Leukoenzephalopathie f.  leucoencé-
phalopathie f.
Leukolysin n.  leucolysine f.
Leukom n.  leucome m.
Leukomain n.  leucomaïne f.
Leukomalazie f.  leucomalacie f.
Leukomyelitis f.  leucomyélite f.
Leukonychie f.  leuconychie f.
Leukopenie f.  leucopénie f.
leukopenisch  leucopénique
Leukopherese f.  leucophérèse f.
Leukoplakie f.  leucokératose f., leuco-
plasie f.
Leukopoese f.  leucopoïèse f.
leukopoetisch  leucopoïétique
Leukopsin n.  leucopsine f.
Leukorrhöe f.  leucorrhée f.
Leukosarkomatose f.  leucosarcoma-
tose f.
Leukose f.  leucose f.

**Leukotaxin n.** leucotaxine f.
**Leukotaxis f.** leucotaxie f.
**Leukotoxin n.** leucotoxine f.
**leukotoxisch** leucotoxique
**Leukotrichie f.** leucotrichie f.
**Leukotrien n.** leucotriène f.
**Leukozidin n.** leucocidine f.
**Leukozyt m.** globule blanc m., leuco-
cyte m.
**Leukozyt, basophiler m.** polynu-
cléaire basophile m.
**Leukozyt, eosinophiler m.** polynu-
cléaire éosinophile m.
**Leukozyt, granulierter m.** granulocyte
m.
**Leukozyt, jugendlicher m.** cellule leu-
cocytaire jeune f.
**Leukozyt, neutrophiler m.** polynu-
cléaire neutrophile m.
**Leukozyt, polymorphkerniger m.**
leuco cyte à noyau polymorphe m.,
leucocyte polymorphonucléaire m.
**Leukozyt, segmentkerniger m.** poly-
nucléaire m.
**Leukozyt, stabkerniger m.** leucocyte à
noyau en bàtonnet m.
**Leukozyt, ungranulierter m.** leucocyte
non granulé m.
**leukozytär** leucocytaire
**leukozytoklastisch** leucocytoclasique
**Leukozytolyse f.** leucocytolyse f.
**Leukozytopenie f.** leucocytopénie f.
**Leukozytose f.** leucocytose f.
**leukozytotoxisch** leucocytotoxique
**Leukozyturie f.** leucocyturie f.
**Leuzin n.** leucine f.
**Leuzinose f.** leucinose f.
**Lev… siehe auch /** voir aussi Läv…
**Levallorphan n.** lévallorphan m.
**Levamisol n.** lévamisole m.
**Levamphetamin n.** lévamphétamine f.
**Levarterenol n.** lévartérénol m.
**Levitation f.** lévitation f.
**Levodopa n.** lévodopa f.
**Levofacetoperan n.** lévophacétopé-
rane m.
**Levofuraltadon n.** lévofuraltadone f.
**Levomepromazin n.** lévoméproma-
zine f.
**Levomethadon n.** lévométhadone f.
**Levometioprazin n.** lévométiomépra-
zine f.

**Levothyroxin n.** lévothyroxine f.
**Levulinat n.** lévulinate m.
**Leydigsche Zwischenzelle f.** cellule in-
terstitielle de Leydig f.
**Lezithin n.** lécithine f.
**Lezithinase f.** lécithinase f.
**LGL-Syndrom n. (Lown-Ganong-Le-
vine Syndrom)** syndrome de Lown-
Ganong Levine m.
**LH (luteinisierendes Hormon) n.** LH
(hormone lutéinisante) f.
**LHRH (LH-freisetzendes Hormon) n.**
LH-RH (LH Releasing Hormon) f.
**Libecillid n.** libécillide m.
**libidinös** libidineux
**Libido f.** libido f.
**Libidobesetzung f.** investissement de
la libido m.
**Libman-Sacks-Syndrom n.** syndrome
de Libman-Sacks m.
**Lichen m.** lichen m.
**Lichen chronicus simplex m.** Lichen
chronicus simplex m.
**Lichen niditus m.** Lichen niditus m.
**Lichen ruber planus m.** Lichen ruber
planus m.
**Lichen scrofulosus m.** Lichen scrofu-
losus m.
**Lichenifizierung f.** lichénification f.
**lichenoid** lichénoïde
**Licht n.** lumière f.
**Lichtbad n.** bain de lumière m.
**lichtempfindlich** photosensible
**Lichtempfindlichkeit f.** photosensibi-
lité f.
**Lichtgeschwindigkeit f.** vitesse de la
lumière f.
**Lichtkoagulation f.** photocoagulation
f.
**Lichtreflex m.** réflexe photomoteur m.
**Lichtreflex, konsensueller m.** réflexe
pupillaire consensuel m.
**Lichtscheu f.** photophobie f.
**Lichtschwelle f.** seuil lumineux m.
**Lichtstimulation f.** photostimulation
f.
**Lichtstrahl m.** rayon lumineux m.
**lichtundurchlässig** opaque à la lu-
mière
**Lid n.** paupière f.
**Lidamidin n.** lidamidine f.

**Liddrüsenentzündung f.** blépharo-
adénite f.
**Lidhalter m.** blépharostat m.
**Lidknorpel m.** tarse (de la paupière)
m.
**Lidocain n.** lidocaïne f.
**Lidoflazin n.** lidoflazine f.
**Lidspalte f.** fente palpébrale f.
**Lidwinkel m.** angle de la paupière m.
**Liebensche Probe f.** test de Lieben m.
**Lieberkühnsche Krypte f.** glande de
Lieberkühn f.
**Liebesvorspiel n.** rituel amoureux m.
**Liegekur f.** cure de repos f.
**Liegen n.** position allongée f.
**liegend** allongé
**lienal** splénique
**lienopankreatisch** liénopancréatique
**lienorenal** liénorénal
**Lienterie f.** lientérie f.
**Ligament n.** ligament m.
**Ligamentum Gimbernati n.** ligament
de Gimbernat m.
**Ligand m.** ligand m.
**Ligase f.** ligase f.
**Ligatur f.** ligature f.
**Ligaturenführer m.** guide ligature m.
**Ligaturenhalter m.** porte ligature m.
**Ligaturmesser n.** bistouri (coupe liga-
ture) m.
**ligieren** faire une ligature
**Lignin n.** lignine f.
**Lignocain n.** lignocaïne f.
**limbisch** limbique
**Lime-Krankheit f.** borreliose de Lime
f.
**limitieren** limiter
**Lincomycin n.** lincomycine f.
**Lindan n.** lindane m.
**Lindenblütentee m.** infusion de tilleul
f.
**lindern** adoucir, atténuer, calmer
**Linderung f.** soulagement m.
**Linderungsmittel n.** lénitif m.
**linear** linéaire
**Linearbeschleuniger m.** accélérateur
linéaire m.
**Lingua geographica f.** langue géographique f.
**Lingua scrotalis f.** langue plicaturée f.
**lingua-alveolär** linguoalvéolaire
**linguadental** linguodentaire

**lingual** lingual
**Linguatula serrata f.** linguatula serrata f.
**Linguaversion f.** linguoversion f.
**Linguistik f.** linguistique f.
**linguistisch** linguistique
**Lingula f.** lingula f.
**linguoaxial** linguoaxial
**linguodental** linguodental
**linguodistal** linguodistal
**linguofazial** linguofacial
**linguogingival** linguogingival
**Linguokklusion f.** linguocclusion f.
**linguolabial** linguolabial
**Linie f.** ligne f.
**Liniment n.** liniment m.
**Linitis f.** linite f.
**Links-Rechts-Shunt m.** shunt gauche-
droite m.
**linksdrehend** lévogyre
**Linksdrehung f.** lévorotation f.
**linkshändig** gaucher
**Linkshändigkeit f.** fait d'être gaucher
m.
**Linksherzinsuffizienz f.** insuffisance
cardiaque gauche f.
**Linksschenkelbloek m.** bloc de bran-
che gauche m.
**Linkstyp m.** type gauche m.
**linksventrikulär** ventriculaire gauche
**Linksverschiebung f.** déviation à gau-
che f.
**Linksverspätung f.** (kardiol.) retard
de la conduction ventriculaire gauche
m.
**Linoleat n.** linoléate m.
**Linolein n.** linoléine f.
**Linse f.** lentille f.
**Linse f.** (anatom.) cristallin m.
**Linsenaufhängeapparat m.** zonule de
Zinn f.
**Linsenentzündung f.** phacite f.
**Linsenerweichung f.** phacomalacie f.
**Linsenoptik f.** système de lentilles op-
tiques m.
**Linsenschlottern n.** iridodonésis m.
**Linsenstar m.** cataracte lenticulaire f.
**Linsentrübung f.** opacité du cristallin
f.
**Linsenverhärtung f.** phacosclérose f.
**Liothyronin n.** liothyronine f.
**Lipamid n.** lipoamide m.

**Lipämie f.**  lipémie f.
**lipämisch**  lipémique
**Lipatrophie f.**  lipoatrophie f.
**Lipazidurie f.**  lipacidurie f.
**Lipid n.**  lipide m.
**Lipidose f.**  lipidose f.
**Lipoat n.**  lipoate m.
**Lipoatrophie f.**  lipoatrophie f.
**lipoatrophisch**  lipoatrophique
**Lipoblast m.**  lipoblaste m.
**Lipoblastom n.**  lipoblastome m.
**Lipocaic-Faktor m.**  facteur clarifiant m.
**Lipochondrodystrophie f.**  lipochondrodystrophie f.
**Lipochondrom n.**  lipochondrome m.
**Lipochrom n.**  lipochrome m.
**Lipodystrophie f.**  lipodystrophie f.
**Lipofuscin n.**  lipofuscine f.
**Lipofuscinose f.**  lipofuscinose f.
**lipogen**  lipogène
**Lipoglykoproteinose f.**  lipoglucoprotéinose f.
**Lipogranulomatose f.**  lipogranulomatose f.
**Lipoid n.**  lipoïde m.
**lipoidal**  lipoïdique
**Lipoidkalzinogranulomatose f.**  lipoïdocalcinogranulomatose f.
**Lipoidnephrose f.**  néphrose lipoïdique f.
**Lipoidose f.**  lipoïdose f.
**Lipoidproteinose f.**  lipoïdoprotéinose f.
**Lipoidurie f.**  lipoïdurie f.
**Lipolyse f.**  lipolyse f.
**lipolytisch**  lipolytique
**Lipom n.**  lipome m.
**lipomatös**  lipomateux
**Lipomatose f.**  lipomatose f.
**Lipomukopolysaccharidose f.**  lipomucopolysaccharidose f.
**Lipomyom n.**  lipomyome m.
**Lipomyxom n.**  lipomyxome m.
**Lipopeptid n.**  lipopeptide m.
**Lipopexie f.**  lipopexie f.
**Lipophagie f.**  lipophagie f.
**Lipophagozytose f.**  lipophagocytose f.
**lipophil**  lipophile
**Lipopolysaccharid n.**  lipopolysaccharide m.
**Lipoprotein n.**  lipoprotéine f.

**Lipoprotein mit hoher/niedriger/sehr niedriger Dichte n.**  lipoprotéine de haute/basse/très basse densité f.
**Lipoproteinämie f.**  lipoprotéinémie f.
**Lipoproteinlipase f.**  lipoprotéine lipase f.
**Liposarkom n.**  liposarcome m.
**Liposom n.**  gouttelette lipidique intracellulaire f.
**lipotrop**  lipotrope
**Lipotropin n.**  lipotropine f.
**Lipoxygenase f.**  lipoxygénase f.
**Lipozyt m.**  adipocyte m.
**Lippe (obere/untere) f.**  lèvre (supérieure/inférieure) f.
**Lippen-Kieferspalte f.**  bec de lièvre m.
**Lippenfurunkel n.**  furoncle de la lèvre m.
**Lippenhalter m.**  écarteur labial m.
**Lippenlaut m.**  labiale f.
**Lippenlesen n.**  lecture sur les lèvres f.
**Lippenplastik f.**  chéiloplastie f.
**Lippenspalte f.**  chéiloschizis m.
**Lippitudo f.**  œil qui coule m.
**Lipurie f.**  lipurie f.
**lipurisch**  lipurique
**Liquidum n. (galen.)**  solution orale f.
**Liquor cerebrospinalis m.**  liquide céphalorachidien m. (LCR)
**Liquordruck m.**  pression du liquide céphalorachidien f.
**Liquoreiweiß n.**  protéines du liquide céphalorachidien f.
**Liquorrhöe f.**  liquorrhée f.
**Lisfrancsches Gelenk n.**  articulation de Lisfranc f.
**Lisinopril n.**  lisinopril m.
**lispeln**  zézayer
**Lispeln n.**  zézaiement m.
**Listeria monocytogenes f.**  Listeria monocytogenes m.
**Listeriose f.**  listériose f.
**Lisurid n.**  lisuride m.
**Liter m.**  litre m.
**Literatur f.**  littérature f.
**Literaturquelle f.**  source bibliographique f.
**Literaturübersicht f.**  revue de la littérature f.
**Lithium n.**  lithium m.
**Lithiumoxalat n.**  oxalate de lithium m.

Lithocholat n. lithocholate m.
lithogen lithogène
Lithogenese f. lithogenèse f.
lithogenetisch de lithogenèse
Litholapaxie f. litholapaxie f.
Litholyse f. litholyse f.
litholytisch litholytique
Lithotripsie f. lithotripsie f:, lithotritie f.
Lithotripter m. lithotriteur m.
Lithozystotomie f. lithocystotomie f.
Lithurie f. élimination urinaire de concrétion f.
Littlesche Krankheit f. maladie de Little f.
Littresche Hernie f. hernie de Littre f.
Litzmannsche Obliquität f. asynclitisme postérieur m.
Livedo f. livedo m.
livid livide
Lividomycin n. lividomycine f.
Lizenz f. licence f.
lobär lobaire
Lobärpneumonie f. pneumonie lobaire f.
Lobektomie f. lobectomie f.
Lobelin n. lobéline f.
Lobendazol n. lobendazole m.
Lobostomie f. lobostomie f.
Lobotomie f. lobotomie f.
lobulär lobulaire
Loch n. foramen m., trou m.
Lochbrille f. lunettes sténopéiques f. pl.
Locheisen n. emporte-pièce m.
Lochfraktur f. fracture en boutonnière f.
lochial de lochies
Lochien f. pl. lochies f. pl.
Lochienstauung f. lochiostase f.
Lochiometra f. lochiométrie f.
Lochkarte f. carte perforée f.
Lochkartenverfahren n. technique de cartes perforées f.
Lochlöffel m. porte empreinte perforé m.
löchrig troué
locker détendu
lockern relâcher
Lodiperon n. lodipérone f.
Lodoxamid n. lodoxamide m.
Lofepramin n. lofépramine f.

Lofexidin n. loféxidine f.
Löffel m. cuillère f.
Löffel, scharfer m. curette f.
Löffelabdruck m. empreinte au porte-empreinte f.
Löffelplatte f. porte-empreinte métallique non perforé m.
Löffelzange f. pince-gouge f.
Löffler-Agar m. agar de Löffler m.
Löfflerfärbung f. coloration de Löffler f.
Loflazepat n. loflazépate m.
Logasthenie f. logasthénie f.
logisch logique
Logoklonie f. logoclonie f.
Logopäde m. logopédiste m.
Logopädie f. logopédie f.
logopädisch logopédique
Logopathie f. logopathie f.
Logophobie f. logophobie f.
Logorrhöe f. logorrhée f.
logosemantisch logosémantique
Loiasis f. loase f.
lokal local
Lokalanästhesie f. anesthésie locale f.
Lokalhormon n. autacoïde m.
Lokalisation f. localisation f.
Lokalisator m. localisateur m.
lokalisieren localiser
lokomotorisch locomoteur
Lomustin n. lomustine f.
longitudinal longitudinal
Longuette f. long morceau de bandage m.
Lonidamin n. lonidamine f.
Lopagnosie f. lopagnosie f.
Loperamid n. lopéramide m.
Loraprid n. lorapride m.
Loratadin n. loratadine f.
Lorbamat n. lorbamate m.
Lordose f. lordose f.
lordotisch lordotique
Lormetazepam n. lormétazépam m.
Loschmidtsche Konstante f. constante d'Avogadro f.
Löschung f. annulation f.
lösen dissoudre, solubiliser
Losindol n. losindole f.
Loslaßschmerz m. douleur au relâchement f.
löslich soluble
Löslichkeit f. solubilité f.

loslösen   détacher
Lösung f.   solution f.
Lösung, in – bringen   mettre en solution
Lösungsmittel n.   solvant m.
Lösungsvermittler m.   dissolvant m.
löten   souder
Lötgerät n.   appareil à soudure m.
Lotifazol n:   lotifazole m.
Lötmittel n.   métal à souder
Lotucain n.   lotucaïne f.
Lötwasser n.   liquide de soudure m.
Lötzinn n.   étain à souder m.
Lovastatin n.   lovastatine f.
Loxapin n.   loxapine f.
LP (Lumbalpunktion) f.   PL (ponction lombaire) f.
LSD (Lysergsäurediethylamid) n.   LSD (lysergide) m.
LTH (luteotropes Hormon) n.   hormone lutéotrope f.
Lucanthon n.   lucanthone f.
Luciferase f.   luciférase f.
Luciferin n.   luciférine f.
Lücke f.   brèche f., hiatus m., lacune f.
Lückenhalter m.   maintenance d'espace f. (dent.)
Lückenöffner m.   ouverture d'espace f. (dent.)
Lückenschädel m.   dysplasie cranienne f.
Lückenschluß m.   fermeture d'un espasce f. (dent.)
Luer-Ansatz m.   cône de Luer m.
Lues f.   syphilis f.
Luetiker m.   syphilitique m.
Luetikerin f.   syphilitique f.
luetisch   syphilitique
Luft f.   air m.
Luftbad n.   bain d'air m.
Luftblase f.   bulle d'air f.
luftdicht   hermétique
Luftdruck m.   pression de l'air f.
Lufteinblasung f.   insufflation d'air f.
Luftembolie f.   embolie gazeuse f.
lüften   aérer
Luftfahrtmedizin f.   médecine de l'aviation f.
luftfahrtmedizinisch   médico-aéronautique
Luftfeuchtigkeit f.   humidité atmosphérique f.

Luftfilter m.   filtre à air m.
luftgekühlt   refroidi à l'air
lufthaltig   contenant de l'air
Lufthunger m.   besoin d'air m.
Luftkissen n.   coussin d'air m.
Luftleitung f.   conduite d'air f.
Luftröhre f.   trachée f., trachée-artère f.
Luftröhrenplastik f.   trachéoplastie f.
Luftschlucken n.   aérophagie f.
Luftstrom m.   courant d'air m.
Lüftung f.   aération f.
Luftverunreinigung f.   pollution de l'air f.
Luftweg m.   voie aérienne f.
Lugolsche Lösung f.   soluté de Lugol f.
Lumbago m.   lumbago m.
lumbal   lombaire
Lumbalisation f.   lombalisation f.
Lumbalpunktion f.   ponction lombaire f.
Lumbalpunktionsnadel f.   aiguille de ponction lombaire f.
lumbodorsal   lombodorsal
lumbosakral   lombosacré
Lumen n.   lumen m.
Luminal n.   phénobarbital m.
Lumineszenz f.   luminescence f.
Luminometer n.   luminomètre m.
Lunge f.   poumon m.
Lunge, eiserne f.   poumon d' acier m.
Lungenabszeß m.   abcès du poumon m.
Lungenbiopsie f.   biopsie pulmonaire f.
Lungenblutung f.   hémorragie pulmonaire f.
Lungenchirurgie f.   chirurgie pulmonaire f.
Lungenegel m.   Paragonimus westermani m.
Lungenembolie f.   embolie pulmonaire f.
Lungenemphysem n.   emphysème pulmonaire m.
Lungenentzündung f.   pneumonie f.
Lungenfaßzange f.   pince dentée pour saisir le poumon f.
Lungenfeld n.   champ pulmonaire m.
Lungenfunktionsprüfung f.   épreuve fonctionnelle pulmonaire f.

L

Lungengangrän n.   gangréne pulmo-
naire f.
Lungeninfarkt m.   infarctus pulmo-
naire m.
Lungenkreislauf m.   circulation pul-
monaire f.
Lungenlappen m.   lobe pulmonaire m.
Lurigenmalaria f.   paludisme pulmo-
naire m.
Lungenmittellappen m.   champ pulmo
naire moyen m.
Lungenoberfeld n.   champ pulmonaire
supérieur m.
Lungenödem n.   oedème pulmonaire
m.
Lungenpest f.   peste pneumonique f.
Lungenschwindsucht f.   phtisie pul-
monaire f.
Lungenspitzenfeld n.   champ pulmo-
naire apical m.
Lungenstauung f.   congestion pulmo-
naire f.
Lungentuberkulose f.   tuberculose pul-
monaire f.
Lungenunterfeld n.   champ pulmo-
naire inférieur m.
Lungenunterlappen m.   lobe pulmo-
naire inférieur m.
Lungenvenentransposition f.   transpo-
sition des veines pulmonaires f.
Lungenvolumen n.   volume pulmo-
naire m.
Lunker m.   retassure f.
Lupe f.   loupe f.
lupoid   lupoïde
Lupom n.   lupome m.
Lupus m.   lupus m.
Lupus erythematodes m.   lupus éry-
thémateux m.
Lupus erythematodes, generalisierter
m.   lupus érythémateux disséminé
m.
Lupus pernio m.   lupus pernio m.
Lupus vulgaris m.   lupus tuberculeux
m.
Lutealphase f.   phase progestative f.
Lutein n.   progestérone f.
luteinisieren   lutéiniser
Luteinisierung f.   lutéinisation f.
Luteinisierungshormon n.   hormon
lutéinisante f. (LH)

Lutenbachersyndrom n.   syndrome de
Lutenbacher m.
Luteohormon n.   progestérone f.
luteotrop   lutéotrope
Lutetium n.   lutétium m.
Lux n.   lux m.
Luxation f.   luxation f.
luxieren   luxer
luzid   lucide
LV (linker Ventrikel) m.   ventricule
gauche m. (VG)
LWK (Lendenwirbelkörper) m.   corps
vertébral lombaire m.
LWS (Lendenwirbelsäule) f.   colonne
vertébrale lombaire f.
Lyase f.   lyase f.
Lycopodium n.   lycopode m.
Lydase f.   lydase f.
Lykopin n.   lykopène m.
Lyme-Krankheit f.   arthrite de Lyme f.
Lymphadenektomie f.   lymphadén-
ectomie f.
Lymphadenitis f.   lymphadénite f.
lymphadenitisch   lymphadénitique
Lymphadenom n.   lymphadénome m.
Lymphadenose f.   lymphadénose m.
Lymphadenose, aleukämische f.   lym-
phadénose aleucémique f.
Lymphadenose, leukämische f.   lym-
phadénose leucémique f.
Lymphangiektasie f.   lymphangiectasie
f.
Lymphangioendotheliom n.   lymphan-
gio-endothéliome m.
Lymphangiom n.   lymphangiome m.
Lymphangiomyomatose f.   lymphan-
giomyomatose f.
Lymphangiosarkom n.   lymphangio-
sarcome m.
Lymphangitis f.   lymphangite f.
lymphangitisch   lymphangitique
lymphatisch   lymphatique
Lymphatismus m.   tempérament lym-
phatique m.
Lymphe f.   lymphe f.
Lymphgang m.   canal lymphatique m.
Lymphgefäß n.   vaisseau lymphatique
m.
Lymphknoten m.   ganglion lymphati-
que m.
Lymphknotenerkrankung f.   lympha-
dénopathie f.

**Lymphoblast m.** lymphoblaste m.
**lymphoblastisch** lymphoblastique
**Lymphoblastom n.** lymphoblastome m.
**lymphogen** lymphogène
**Lymphogranulom n.** lymph‚ ogranulome m.
**Lymphogranuloma inguinale n.** lymphogranulomatose vénérienne f.
**lymphogranulomatös** lymphogranulomateux
**Lymphogranulomatose f.** lymphogranulomatose f., maladie de Hodgkin m.
**Lymphogranulomatosis X f.** syndrome lymphoprolifératif lié au chromosome X m.
**lymphoid** lymphoïde
**Lymphoidzelle f.** cellule lymphoïde f.
**Lymphokin n.** lymphokine f.
**Lymphologie f.** lymphologie f.
**Lymphom n.** lymphome m.
**Lymphom, gemischtzelliges n.** lymphome à cellules polymorphes m.
**Lymphom, nicht lymphogranulomatöses n.** lymphome non hodgkinien m.
**lymphomatös** lymphomateux
**Lymphomatose f.** lymphomatose f.
**Lymphopenie f.** lymphopénie f.
**lymphopenisch** lymphopénique
**Lymphoplasmapherese f.** lymphoplasmaphérèse f.
**lymphoplasmozytär** lymphoplasmocytaire
**lymphoplasmozytoid** lymphoplasmocytoïde
**Lymphopoese f.** lymphopoïèse f.
**lymphopoetisch** lymphopoïétique
**lymphoproliferativ** lymphoprolifératif
**lymphoretikulär** lymphoréticulaire
**Lymphoretikulose f.** lymphoréticulose f.
**Lymphorrhöe f.** lymphorragie f.
**Lymphosarkom n.** lymphosarcome m.
**Lymphosarkomatose f.** lymphosarcomatose f.
**Lymphotoxin n.** lymphotoxine f.
**Lymphozele f.** lymphocèle f.
**Lymphozyt m.** lymphocyte m.
**lymphozytär** lymphocytaire

**Lymphozytopenie f.** lymphocytopénie f.
**Lymphozytophthise f.** lymphocytophtisie f.
**Lymphozytopoese f.** lymphocytopoïèse f.
**Lymphozytose f.** lymphocytose f.
**Lymphozytotoxin n.** lymphocytotoxine f.
**lymphozytotrop** lymphocytotrope
**Lymphsinus m.** sinus lymphatique m.
**Lymphspalte f.** espace lymphatique m.
**Lymphstauung f.** stase lymphatique f.
**Lymphzyste f.** lymphocèle f.
**Lynestrenol n.** lynestrénol m.
**Lyonisierung f.** fluidification f.
**lyophil** lyophile
**lyophilisieren** lyophiliser
**Lyophilisierung f.** lyophilisation f.
**lyophob** lyophobe
**lyotrop** lyotrope
**Lypressin n.** lypressine f.
**Lysat n.** lysate m.
**Lyse f.** lysis f.
**Lysergamid n.** lysergamide f.
**Lysergid n.** lysergide m.
**Lysin (Antikörper) n.** lysine (anticorps) f.
**Lysin n. (Aminosäure)** lysine f.
**Lysinhydroxylase f.** lysine hydroxylase f.
**Lysis f.** lysis f.
**Lysoform n.** lysoforme m.
**lysogen** lysogène
**Lysogenie f.** lysogénie f.
**Lysokinase f.** lysokinase f.
**Lysolezithin n.** lysolécithine f.
**Lysolipid n.** lysolipide m.
**Lysophosphoglyzerid n.** lysophosphoglycéride m.
**Lysophospholipid n.** lysophospholipide m.
**Lysosom n.** lysosome m.
**lysosomal** lysosomal
**Lysozym n.** lysozyme m.
**Lysyl n.** lysyle m.
**Lysyllysin n.** lysyllysine f.
**Lysyloxidase f.** lysyloxidase f.
**lytisch** lytique
**lyxoketose f.** lyxokétose f.
**Lyxulose f.** lyxylose m.

# M

Machtstreben n.  ambition f.
Macrogol n;  macrogol m.
Made f.  asticot m.
Madelungscher Fetthals m.  lipoma-
tose cervicale de Madelung f.
Madenwurm m.  oxyure m.
madig  plein de vers
Madurafuß m.  pied de Madura m.
MAF (makrophagenaktivierender Fak-
tor) m.  MAF (facteur d'activation
des macrophages) m.
Mafenid n.  maténide m.
Magaldrat n.  magaldrate m.
Magen m.  estomac m.
Magen-Darm-Passage f. (röntg.)  pas-
sage baryté m.
Magenatonie f.  atonie gastrique f.
Magenausheberung f.  siphonage de
l'estomac m.
Magenausheberung, fraktionierte f.
siphonage fractionné de l'estomac m.
Magenauspumpung, f.  siphonage de
l'estomac m.
Magenbeschwerden f. pl.  trouble gas-
trique m.
Magenblase f.  poche à air de l'esto-
mac f.
Magendarmkanal m.  tube digestif m.
Magendrücken n.  sensation de lour-
deur épigastrique f.
Magenfistel f.  fistule gastrique f.
Magenfistelernährung f.  apport ali-
mentaire par gastrostomie f.
Magenfunktionsprüfung f.  test de la
fonction gastrique m.
Magengeschwür n.  ulcère gastrique
m.
Magengrube f.  creux épigastrique m.
Magenkrampf m.  gastrospasme m.
Magenkrebs m.  cancer de l'estomac
m.
Magenleiden n.  gastropathie f.
Magenneurose f.  névrose gastrique f.
Magenpararauschbrand m.  bradsot
m.
Magenplastik f.  gastroplastie f.
Magenresektion f.  gastrorésection f.

Magensaft m.  suc gastrique m.
Magensäure f.  acidité gastrique f.
Magensäuresekretion, basale f.  sécré-
tion de base d'acide gastrique f.
Magenspülung f.  lavage d'estomac m.
Magenta n.  magenta m.
Magentropfen m. pl.  gouttes pour
l'estomac f. pl.
Magenverträglichkeit f.  tolérance gas-
trique f.
Magenverwachsung f.  adhérences
gastriques f. pl.
mager  maigre
Magerkeit f.  maigreur f.
Magermilch f.  lait écrémé m.
magistral  magistral
Magnesia f.  magnésie f.
Magnesiamilch f.  lait de magnésie m.
Magnesium n.  magnésium m.
Magnesiumkarbonat n.  carbonate de
magnésium m.
Magnesiumoxid n.  magnésium cal-
ciné m., oxyde de magnésium m.
Magnesiumperoxid n.  peroxyde de
magnésium m.
Magnesiumsulfat n.  sulfate de magné-
sium m.
Magnet m.  aimant m.
Magnetelektrophorese f.  magnétoé-
lectrophorèse f.
Magnetenzephalographie f.  magnéto-
encéphalographie f.
Magnetfeld n.  champ magnétique m.
magnetisch  magnétique
magnetisieren  magnétiser
Magnetokardiographie f.  cardiogra-
phie magnétoscopique f.
Magnetopneumographie f.  pneumo-
graphie magnétoscopique f.
Magnetprothese f.  prothèse magnéti-
que f.
Magnetschließvorrichtung f.  ferme-
ture magnétique f.
Magnetsonde f.  sonde magnétique f.
Mahl n.  repas m.
Mahlersches Zeichen n:  signe de
Mahler m.

**Mahlzahn m.** molaire f. (dent.)
**Mahlzeit f.** repas m.
**Mähne f.** crinière f. (vet.)
**Maische f.** trempe f.
**MAK (maximale Arbeitsplatzkonzentration) f.** concentration maximale permise sur le lieux de travail f.
**Makake m.** macaque m.
**Makroamylase f.** macroamylase f.
**Makroblast m.** macroblaste m.
**Makrocheilie f.** macrochéilie f.
**Makrocreatinkinase f.** macrocréatinekinase f.
**Makrodontie f.** macrodontie f.
**Makroenzym n.** macroenzyme f.
**Makrogamet rn.** macrogamète m.
**Makrogenitalismus m.** macrogénitosomie f.
**Makroglobulin n.** macroglobuline f.
**Makroglobulinämie f.** macroglobulinémie f.
**Makroglossie f.** macroglossie f.
**Makrognathie f.** macrognathie f.
**Makrogol n.** condensat éthylène-eau m.
**Makrogyrie f.** macrogyrie f.
**Makrohämaturie f.** macrohématurie f.
**makrolezithal** macrolécithiné
**Makrolid m.** macrolide m.
**Makrolymphozyt m.** macrolymphocyte m.
**Makromelie f.** macromélie f.
**Makromolekül n.** macromolécule f.
**makromolekular** macromoléculaire
**Makronukleus m.** macronucleus m.
**Makrophage m.** macrophage m.
**Makrophagenmigrationstest m.** test de migration des manophages m.
**Makrophthalmie f.** macrophtalmie f.
**Makroprolaktinom n.** macroprolactinome m.
**Makropsie f.** macropsie f.
**Makrosigmoid n.** mégasigmoïde m.
**makroskopisch** macroscopique
**Makrosomie f.** macrosomie f.
**Makrostomie f.** macrostomie f.
**Makrothrombozyt m.** macrothrombocyte m.
**Makrotie f.** macrotie f.
**Makrotraumatismus m.** macrotraumatisme m.

**makrozephal** macrocéphalique
**Makrozirkulation f.** macrocirculation f.
**Makrozyt m.** macrocyte m.
**makrozytär** macrocytaire
**makulär** maculaire
**makulopapulös** maculopapuleux
**Makulopathie f.** maculopathie f.
**makulös** maculaire
**makulovesikulär** maculovésiculaire
**makulozerebral** maculocérébral
**Mal n.** stigmate m., tache f.
**Mal de Caderas n.** mal de Cadeiras m.
**Malabsorption f.** malabsorption f.
**Malachit m.** malachite f.
**Malakoplakie f.** cystite en plaque f.
**malakotisch** malacotique
**Malaria f.** malaria f., paludisme m.
**Malaria quartana f.** fièvre quarte f.
**Malaria quotidiana f.** paludisme à accès quotidiens m.
**Malaria subtertiana f.** fièvre subtierce f.
**Malaria tertiana f.** fièvre tierce f.
**Malaria tropica f.** paludisme tropical m.
**Malariafieber n.** fièvre paludéenne f.
**Malariakachexie f.** cachexie palustre f.
**Malariamittel n.** antipaludéen m.
**Malariatherapie f.** malariathérapie f.
**Malat n.** malonate m.
**Malatenzym n.** enzyme malique f.
**Malatestasyndrom n.** syndrome de l'apex orbitaire de Rollet m.
**Malathion n.** malathion m.
**Malazie f.** malacie f.
**malazisch** malacique, ramolli
**Maldigestion f.** maldigestion f.
**Maleat n.** maléate m.
**Maleimid n.** maléimide m.
**Malgaignesche Hernie f.** hernie de Malgaigne f.
**maligne** malin
**Malignität f.** malignité f.
**Malignolipin n.** malignolipine f.
**Malignom n.** tumeur maligne f.
**malleal** malléaire
**Mallein n.** malléine f.
**malleolär** malléollaire
**Malleolus m.** malléole f.

**M**

**Malleus m.** marteau de l'oreille moyenne m.
**Mallory-Weiß-Syndrom n.** syndrome de Mallory-Weiss m.
**Malokklusion f.** malocclusion f.
**Malondialdehyd m.** malonyldialdéhyde f.
**Malonyl n.** malonyle m.
**Malotilat n.** malotilate m.
**Malpighisches Körperchen n.** corps de Malpighi m.
**Malrotation f.** malrotation f.
**Maltafieber n.** fièvre de Malte f.
**Maltase f.** maltase f.
**Malthusianismus m.** malthusianisme m.
**Maltose f.** maltose m.
**Malum perforans pedis n.** mal perforant plantaire m.
**Malum Potti n.** mal de Pott m.
**Malz n.** malt m.
**Malzzucker m.** maltose m.
**mamillär** mamillaire
**Mamille f.** mamelle f.
**mamillotegmental** mamillotêctal
**mamillothalamisch** mamillothalamique
**Mamma f.** glande mammaire f., sein m.
**Mammaabtragung f.** mammectomie f., mastectomie f.
**Mammakarzinom n.** cancer du sein m.
**Mammaplastik f.** mammoplastie f.
**mammär** mammaire
**Mammographie f.** mammographie f.
**Mammographiegerät n.** mammographe m.
**mammographisch** mammographique
**Mammotropin n.** mammotropine f.
**Manchester-Einteilung f.** classification de Manchester f.
**Mandel f. (med.)** amygdale f.
**Mandelabszeß m.** abcès amygdalien m.
**Mandelat n.** mandélate m.
**Mandelöl n.** huile d'amande f.
**Mandibula f.** mandibule f.
**mandibulär** mandibulaire
**mandibulofazial** mandibulofacial
**mandibulookulofazial** mandibulooculofacial

**mandibulopharyngeal** mandibulopharyngien
**Mandlsche Lösung f.** solution de Mandl f.
**Mandrell m.** mandrill m.
**Mandrin m.** mandrin m.
**Mangan n.** manganèse m.
**Manganismus m.** manganisme m.
**Mangel m.** carence f., déficience f.
**Mangelernährung f.** malnutrition f.
**Mangelkrankheit f.** maladie carencielle f.
**mangeln** faire défaut, manquer
**Manie f.** manie f.
**Manieriertheit f.** maniérisme m.
**manifest** manifeste
**Manifestation f.** manifestation f.
**Manipulation f.** manipulation f.
**manisch** maniaque
**manisch-depressive Psychose f.** psychose maniacodépressive f.
**Mann m.** homme m.
**Mannan n.** mannane m.
**mannbar** pubère
**Mannbarkeit f.** puberté f.
**Männchen n. (Tier)** mâle m.
**Mannit n.** mannitol m.
**männlich** mâle, masculin, viril
**Männlichkeit f.** virilité f.
**Mannokinase f.** mannokinase f.
**Mannosamin n.** mannosamine f.
**Mannose f.** mannose m.
**Mannosid n.** mannoside m.
**Mannosidase f.** mannosidase f.
**Mannosidose f.** mannosidose m.
**Mannweib n.** virago f.
**Manometer n.** manomètre m.
**Manometrie f.** manométrie f.
**manometrisch** manométrique
**Manöver n.** manoeuvre f.
**Manschette f.** manchette f.
**Mansonelle f.** mansonella f.
**Mansonelliasis f.** filariose à mansonella f.
**Mantelantigen n.** antigène d'enveloppe m.
**Mantelkrone f.** couronne jacket f.
**Mantelzelle f.** cellule capsulaire f.
**Mantoux-Probe f.** réaction de Mantoux f.
**manubriosternal** manubriosternal
**manuell** manuel

**MAO (Monoaminooxydase) f.** MAO (monoamine oxydase) f.
**Maprotilin n.** maprotiline f.
**marantisch** marastique
**Marasmus m.** marasme m.
**Mareksche Krankheit f.** maladie de Marek f. (vet.)
**Marfan-Syndrom n.** syndrome de Marfan m.
**marginal** marginal
**Margination f.** margination f.
**Marihuana n.** marihuana f.
**Mark n.** moelle f.
**Marke f.** marque f., repère m.
**Markenpräparat n.** produit de marque m.
**Marker m.** marqueur m.
**Markfibrose f.** myélofibrose f.
**markhaltig** myélinisé
**markieren** marquer
**Markierung f.** marquage m.
**Markierung, radioaktive f.** marquage radioactif m.
**Markknochen m.** os à moelle m.
**Markkultur f.** culture de moelle f.
**marklos** sans moelle
**Marknagel m.** clou d'ostéosynthèse intramédullaire m.
**Marksinus m.** cavité médullaire f.
**Markstrang m.** cordon médullaire m.
**Marmorgips m.** plâtre dur m.
**Marmorierung f.** marbrure f.
**Marmorisierung f.** marbrure f.
**Marmorknochenkrankheit f.** maladie d'Albers-Schönberg f.
**Marmorpulver n.** poudre de marbre f.
**Maronage f.** craquelure f.
**Marsch-Probe f.** épreuve de Marsch f.
**Marschfraktur f.** fracture de marche f.
**Marsupialisation f.** marsupialisation f.
**MASA (Morgagni-Adams-Stokesscher Anfall) m.** syndrome de Morgagni‑Adams‑Stokes m.
**Masche f.** maille f.
**Maschentransplantat n.** greffe de réseau de peau f.
**MASER-Strahl m.** rayon MASER m.
**Masern f.** rougeole f.
**Maske f.** masque m.
**Maskengesicht n.** facies myopathique m.

**maskieren** masquer
**maskiert** masqué
**maskulin** masculin
**maskulinisieren** masculiniser
**Maskulinisierung f.** virilisation f.
**Masochismus m.** masochisme m.
**Masochist m.** masochiste m.
**Masochistin f.** masochiste f.
**masochistisch** masochiste
**Maß n.** mesure f.
**Massage f.** massage m.
**Massagebank f.** banc de massage m.
**Masse f.** masse f.
**Massenbewegung f.** mouvement de masse m.
**Massenblutung f.** hémorragie massive f.
**massenhaft** en masse
**Massenpsychose f.** psychose de foule f.
**Massenreflex m.** réflexe de masse m.
**Massenspektrometer n.** spectromètre de masse m.
**massenspektrometrisch** spectométrie de masse, en
**Massenwirkungsgesetz n.** loi d'action de masse f.
**Masseur m.** masseur m.
**Masseuse f.** masseuse f.
**massieren** masser
**mäßig** modéré
**massiv** massif
**Mastdarm m.** rectum m.
**Mastdarmbiopsie f.** biopsie rectale f.
**Mastdarmbiopsiezange f.** pince à biopsie rectale f.
**Mastektomie f.** mastectomie f.
**Mastfettsucht f.** obésité alimentaire f.
**mastikatorisch** masticatoire
**Mastitis f.** mastite f.
**mastitisch** mastitique
**Mastix m.** mastic m.
**Mastixreaktion f.** réaction de mastix f.
**Mastkur f.** cure de suralimentation f.
**Mastodynie f.** mastodynie f.
**Mastoid n.** apophyse mastoïde f.
**mastoidal** mastoïdien
**Mastoidektomie f.** mastoïdectomie f.
**Mastoiditis f.** mastoïdite f.
**Mastoidotomie f.** mastoïdotomie f.

Mastoidotympanektomie f. mastoï-
dotympanectomie f.
Mastopathie f. mastopathie f.
Mastoptose f. mastoptose f.
Mastose f. mastose f.
Mastotomie f. mastotomie f.
Mastozyt m. mastocyte m.
Mastozytom n. mastocytome m.
Mastozytose f. mastocytose f.
Masturbation f. masturbation f.
masturbatorisch de masturbation
masturbieren masturber
Mastzelle f. mastocyte m.
Material n. matériel m.
materiell matériel
maternofötal maternofoetal
mathematisch mathématique
Matratzennaht f. suture en capiton f.
Matrize f. matrice f.
matt faible
Mattigkeit f. lassitude f.
Mauke f. malandre f.
Maul- und Klauenseuche f. fièvre aph-
teuse f.
Maulbeerstein m. calcul mûriforme
m.
Maulbeerzelle f. cellule mûriforme f.
Maultier n. mulet m.
Mauserung f. mue f.
Maxilla f. maxillaire m.
maxillär maxillaire
maxillofazial maxillofacial
maxillomandibulär maxillomandibu-
laire
maximal maximal, maximum
maximal zulässige Konzentration f.
concentration maximale admissible
(CMA) f.
Maximalversorgung f. (med.) soins
maximum m. pl.
maximieren maximaliser
Maximum n. maximum m.
Mayerscher Grundreflex m. réflexe de
Mayer de la phalange basale m.
Mazerat n. macération f.
Mazeration f. macération f.
mazerieren macérer
Mazipredon n. maziprédone f.
MB-Isoenzym n. isoenzyme-MB f.
McBurneyscher Punkt m. point de
Mac Burney m.

MCL (Medioclavicularlinie) f. ligne
médioclaviculaire f.
MdE (Minderung der Erwerbsfähig-
keit) f. restriction de l'aptitude au
travail f.
MDP (Röntgen-Magen-Darm-Passage)
f. transit gastro-intestinal m. (ra-
diol.)
Meatotom n. méatotome m.
Meatotomie f. méatotomie f.
Mebanazin n. mébanazine f.
Mebendazol n. mébendazole m.
Mebenosid n. mébénoside m.
Mebeverin n. mébévérine f.
Mebolazin n. mébolazine f.
Mebutamat n. mébutamate m.
Mebutizid n. mébutizide m.
Mecamylamin n. mécamylamine f.
Mecarbinat n. mécarbinate m.
Mechanik f. mécanique f.
Mechanismus m. mécanisme m.
Mechanokardiographie f. mécanocar-
diographie f.
Mechanorezeptor m. mécanorécep-
teur m.
Mechanotherapie f. mécanothérapie
f.
Mecillinam n. mécilinam m.
Meckelsches Divertikel n. diverticule
de Meckel m.
Meclizin n. méclizine f.
Meclocyclin n. méclocycline f.
Meclofénoxat n. méclofénoxate m.
Meclorison n. méclorisone f.
Mecloxamin n. mécloxamine f.
Mecrylat n. mécrylate m.
medial interne, médial
medialwärts dirigé vers l'intérieur
median médian
Medianekrose f. médianécrose f.
medianwärts en direction médiane
Mediasklerose f. médiasclérose f.
mediastinal médiastinal
Mediastinitis f. médiastinite f.
Mediastinoperikarditis f. médiastin-
opéricardite f.
Mediastinoskop n. médiastinoscope
m.
Mediastinoskopie f. médiastinoscopie
f.
Mediastinotomie f. médiastinotomie
f.

**Mediastinum** n.   médiastin m.
**Mediator** m.   médiateur m.
**Medifoxamin** n.   médifoxamine f.
**Medikament** n.   médicament m., remède m.
**Medikation** f.   médication f.
**medikolegal**   médicolégal
**medikomechanisch**   mécanothérapeutique
**medioaxillär**   médioaxillaire
**mediokarpal**   médiocarpien
**Medioklavikularlinie** f.   ligne médioclaviculaire f.
**mediolateral**   médiolatéral
**mediosagittal**   médiosagittal
**Medium** n.   milieu m.
**Medizin** f.   médecine f.
**Medizinalassistent (in)** m., f.   médecin
assistant des hôpitaux en stage m.
**Medizinalbad** n.   bain traitant m.
**Medizingeschichte** f.   histoire de la
médecine f.
**medizinisch**   médical
**medizinisch-technisch**   médicotechnique
**medizinisches bildgebendes System** n.
système de médicographie m.
**Medizinstudent (in)** m., f.   étudiant (e)
en médecine m., f.
**Medizintechnik** f.   technique médicale
f.
**Medrogeston** n.   médrogestone f.
**Medronat** n.   médronate m.
**Medroxyprogesteron** n.   médroxypro-
gestérone f.
**Medrylamin** n.   médrylamine f.
**Medryson** n.   médrysone f.
**Medulla** f.   moelle f.
**medullär**   médullaire
**Medulloblast** m.   médulloblaste m.
**Medulloblastom** n.   médulloblastome
m.
**Medullographie** f.   médullographie f.
**Medusenhaupt** n.   tête de méduse f.
**Meerschweinchen** n.   cobaye m.
**Mefenamat** n.   méfénamate m.
**Mefentidin** n.   méfentidine f.
**Mefloquin** n.   méfloquine f.
**Mefrusid** n.   méfruside m.
**MEG (Magneto-Enzephalogramm)** n.
magnétoencéphalogramme m.
**Megabulbus** m.   mégabulbe m.

**Megahertz** n.   mégahertz m.
**Megakaryoblast** m.   mégacaryoblaste
m.
**Megakaryozyt** m.   mégacaryocyte m.
**Megakolon** n.   mégacôlon m.
**Megalerythema epidemicum** n.   méga-
lérythème épidémique m.
**megalezithal**   mégalécithique
**Megaloblast** m.   mégaloblaste m.
**Megaloblastenanämie** f.   anémie mé-
galoblastique f.
**Megaloblastose** f.   mégaloblastose f.
**Megalozyt** m.   mégalocyte m.
**megalozytär**   mégalocytaire
**Megalozytose** f.   mégalocytose f.
**Megaösophagus** m.   mégaoesophage
m.
**Megasigma** n.   mégasigmoïde m.
**Megavolt-Strahlentherapie** f.   radio-
thérapie en mégavoltage f.
**Megestrol** n.   mégestrol m.
**Meglitinid** n.   méglitinide m.
**Meglumin** n.   méglumine f.
**Mehl** n.   farine f.
**Mehlallergie** f.   allergie à la farine f.
**mehlig**   farineux
**Mehlnährschaden** m.   dystrophie fari-
neuse f.
**Mehltau** m.   mildiou m.
**mehrdimensional**   multidimensionnel
**mehrfach transfundiert**   polytransfusé
**mehrfach ungesättigt**   polyinsaturé
**Mehrfachimpfstoff** m.   vaccin polyvalent m.
**Mehrgebärende** f.   multipare f.
**Mehrgefäßerkrankung** f.   maladie polyvasculaire f.
**Mehrkammerig**   pluriloculaire
**Mehrkanalsystem** n.   système pluricanalaire m.
**mehrkernig**   polynucléaire
**Mehrlingsschwangerschaft** f.   grossesse pluriembryonnaire f.
**mehrphasig**   multiphasique
**Mehrpunktkontakt** m.   multicontacts
m. pl.
**Mehrschichtfilm** m.   film à plusieurs
couches m.
**mehrschichtig**   à plusieurs couches
**mehrtorig**   à plusieurs entrées
**Mehrzweck** m.   objet à usages multiples m.

**M**

Meibomsche Drüse f. glande de Meibomius f.
Meigs-Syndrom n. syndrome de Meigs m.
Meile f. lieue f., mile m.
Meinickereaktion f. réaction de Meinicke f.
Meiose f. méiose f.
Meißel m. burin m., ciseau m.
meißeln travailler au ciseau
Meissnerscher Plexus m. plexus de Meissner m.
Mekkabalsam m. baume d'Algérie m.
Mekonium n. méconium m.
Meladrazin n. méladrazine f.
Melaena f. méléna m.
Melamin n. mélamine f.
Melancholie f. mélancolie f.
Melancholiker m. mélancolique m.
Melancholikerin f. mélancolique f.
melancholisch mélancolique
Melanin n. mélanine f.
Melanoblast m. mélanoblaste m.
Melanoblastom m. mélanome m.
Melanodendrozyt m. mélanodendrocyte m.
Melanodermie f. mélanodermie f.
Melanodontie f. mélanodontie f.
Melanogen n. mélanogène m.
Melanoglossie f. mélanoglossie f.
Melanokarzinom n. mélanocarcinome m.
Melanoliberin n. hormone mélanostimulante (MSH) f.
Melanom n. mélanome m.
Melanophage m. mélanophage m.
Melanophor m. mélanophore m.
Melanoplakie f. mélanokératose f.
Melanosarkom n. mélanosarcome m.
Melanose f. mélanose f.
Melanostatin n. mélatonine f.
melanotisch mélanique
Melanotrichia f. mélanotrichie f.
Melanotrichia linguae f. langue noire pileuse f.
Melanotropin n. hormone mélanotrope f.
Melanozyt m. mélanocyte m.
melanozytenstimulierendes Hotmon n. hormone mélanostimulante f.
Melanurie f. mélanurie f.
Melarsonyl n. mélarsonyl m.

Melasma n. mélasme m.
Melatonin n. mélatonine f.
Meldepflicht f. obligation de déclarer f.
meldepflichtig à déclaration obligatoire
Meletimid n. mélétimide m.
Melibiose f. mélibiose f.
Melinamid n. mélinamide m.
Melioidose f. mélioïdose f.
Melisse f. mélisse f.
melken traire
Melkerknoten m. nodule des trayeurs m.
Meloplastik f. méloplastie f.
Melorheostose f. mélorhéostose f.
Melperon n. melpérone f.
Melphalan n. melphalan m.
Memantin n. mémantine f.
Membran f. membrane f.
Membranfilter m. filtre de membrane m.
membranös membraneux
membranprolifertaiv membranoprolifératif
Menadiol n. ménadiol m.
Menadion n. ménadione f.
Menarche f. ménarché f.
Menatetrenon n. ménatétrénone f.
Menbuton n. menbutone f.
Mendel-Bechterewscher Reflex m. réflexe de Mendel-Bechterew m.
Mendel-Mantoux-Probe f. test de Mantoux m.
Mendelevium n. mendélévium m.
mendeln se conformer aux lois de Mendel
Mendelsches Gesetz n. loi de Mendel f.
Menge f. quantité f.
Menge-Pessar m. pessaire en massue m.
Menhidrose f. menhidrose f.
Ménièrescher Symptomenkomplex m. maladie de Ménière f.
meningeal méningé
Meningeom n. méningiome m.
Meningiom n. méningiome m.
Meningiose f. affection méningée f.
Meningismus m. méningisme m.
Meningitis f. méningite f.

**Meningitis, akute aseptische f.** méningite aigue à liquide clair f.
**Meningitis, eitrige f.** méningite purulente f.
**Meningitis, epidemische f.** méningite épidémique f.
**Meningitis, lymphozytäre f.** méningite lymphocytaire f.
**Meningitis, tuberkulöse f.** méningite tuberculeuse f.
**Meningitis, Virus- f.** méningite virale f.
**meningitisch** méningitique
**Meningoenzephalitis f.** méningoencéphalite f.
**Meningoenzephalomyelitis f.** méningoencéphalomyélite f.
**Meningokokkenserum n.** sérum antiméningococcique m.
**Meningokokkus m.** méningocoque m.
**Meningomyelozele f.** myélomémngocèle f.
**Meningoradikuloneuritis f.** méningoradiculonévrite f.
**Meningose f.** méningiopathie f.
**Meningovaskulär** méningovasculaire
**Meningozele f.** méningocèle f.
**Meniskektomie f.** méniscectomie f.
**Meniskotomie f.** méniscotomie f.
**Meniskus m.** ménisque m.
**Meniskusdislokation am Knie f.** dislocation du ménisque (genou) f.
**Meniskusmesser n.** méniscotome m.
**Menitrazepam n.** ménitrazépam m.
**Menkes-Syndrom n.** maladie de Menkes f.
**Menocton n.** ménoctone f.
**Menolyse f.** ménolyse f.
**Menometrorrhagie f.** ménométrorragie f.
**Menopause f.** ménopause f.
**Menorrhagie f.** ménorragie f.
**menschlich** humain
**Menschlichkeit f.** humanité f.
**Mensingapessar m.** pessaire occlusif de Mensinga m.
**Menstruation f.** menstruation f.
**Menstruationszyklus m.** cycle menstruel m.
**menstruell** menstruel
**menstruieren** avoir les règles

**mental** mental
**Mentalität f.** mentalité f.
**Menthol n.** menthol m.
**mentoanterior** mentoantérieur
**mentodorsoposterior** mentodorsopostérieur
**mentolabial** mentolabial
**mentoposterior** mentopostérieur
**Meobentin n.** méobentine f.
**Mepacrin n.** quinacrine f.
**Mepazin n.** mépazine f.
**Mepenzolat n.** mépenzolate m.
**Meperidin n.** mépéridine f.
**Mephentermin n.** méphentermine f.
**Mepivacain n.** mépivacaïne f.
**Meprobamat n.** méprobamate m.
**Mepyramin n.** mépyramine f.
**Mequitazin n.** méquitazine f.
**Meralgie f.** méralgie f.
**Meralgia paraesthetica f.** méralgie paresthésique f.
**Merbromin n.** merbromine f.
**Mercierscher Katheter m.** cathéter de Mercier m.
**Mercurobutol n.** mercurobutol m.
**Meridian m.** méridien m.
**meridional** méridien
**Meristom n.** cytoblastome néoplasique m.
**Merkaptan n.** mercaptan m.
**Merkaptoethylalkohol m.** mercaptoéthanol m.
**Merkaptopurin n.** mercaptopurine f.
**Merkaptovalin n.** mercaptovaline f.
**Merkmal n.** signe caractéristique m.
**Merkschwäche f.** manque de mémoire m.
**Merkurialismus m.** hydrargyrisme m.
**Merkurochlorid n.** chlorure mercuriel m.
**Merkursalizylat n.** salicylate mercuriel m.
**meroblastisch** méroblastique
**Merogonie f.** mérogonie f.
**merokrin** mérocrine
**Merozoit m.** mérozoïte m.
**Merseburger Trias f.** triade symptomatique de la maladie de Basedow f.
**Merzbacher-Pelizaeussche Krankheit f.** maladie de Pelizaeus-Merzbacher f.
**Mesabolon n.** mésabolone f.

M

mesangial   du mésangium
mesangiokapillär   mésangiocapillaire
mesangioproliferativ   mésangioproliferatif
Mesangium n.   mésangium m.
Mesaortitis f.   mésaortite f.
Meseclazon n.   méséclazone f.
Mesenchym n.   mésenchyme m.
mesenchymal   mésenchymateux
Mesenchymom n.   mésenchymome m.
mesenterial   mésentérique
Mesenterikographie f.   mésentérographie f.
mesenterisch   mésentérique
Mesenterium n.   mésentère m.
mesenzephal   mésencéphalique
Mesenzephalitis f.   mésencéphalite f.
mesial   mésial
Mesialbiß m.   articulé mésiodistal m.
Mesialstellung f.   mésioposition f.
Mesialwinkel m.   angle mésial m.
mesioangulär   mésioangulaire
mesiobukkal   mésiobuccal
mesiodistal   mésiodistal
Mesiokklusion f.   mésiocclusion f.
mesiolingual   mésiolingual
mesiookklusal   mésocclusif
mesiookklusodistal   mésiocclusodistal
Mesioversion f.   mésioversion f.
Meskalin n.   mescaline f.
Mesna n.   mesna m.
Mesobilifuscin n.   mésobilifuscine f.
Mesobilirubin n.   mésobilirubine f.
Mesobilirubinogen n.   mésobilirubinogène m.
Mesoblast m.   mésoblaste m.
Mesoderm n.   mésoderme m.
mesodiastolisch   mésodiastolique
mesodienzephal   mésodiencéphalique
Mesogastrium n.   mésogastre m.
Mesoinosit n.   mésoinositol m.
mesokaval   mésocaval
mesomel   mésogénien
Mesomerie f.   mésomérie f.
Mesometritis f.   annexite juxta-utérine f.
Mesopharynx m.   mésopharynx m.
Mesoridazin n.   mésoridazine f.
mesosystolisch   mésosystolique
Mesotheliom n.   mésothéliome m.
Mesothelium n.   mésothélium m.
Mesotil n.   mésotil m.

mesotympanisch   mésotympanal
Mesotympanum n.   caisse du tympan f.
Meßanordnung f.   technique de mesure f.
Meßband n.   ruban métrique m.
Meßbecher m.   verre gradué m.
Meßbereich m.   intervalle de mesure m.
messen   mesurer
Messenger-RNS f.   ARN messager m.
Messer n.   bistouri m., couteau m., scalpel m.
Messerbänkchen n.   pose-bistouri m.
Meßergebnis n.   résultat de mesure m.
Messerstich m.   coup de couteau m.
Meßfehler m.   erreur de mesure f.
Meßfühler m.   capteur m.
Meßgenauigkeit f.   précision de la mesure f.
Meßgerät n.   instrument de mesure m.
Messing m.   laiton m.
Meßkammer f.   cellule de comptage f.
Meßlöffel m.   cuillère mesure f.
Meßmethode f.   méthode de mesure f.
Meßplatz m.   endroit de mesure m.
Meßpunkt m.   point de mesure m.
Meßstelle f.   localisation de la mesure f.
Messung f.   mensuration f., mesure f.
Meßvorrichtung f.   appareil de mesure m.
Meßzylinder m.   cylindre gradué m.
Mestanolol n.   mestanolol m.
Mesterolon n.   mestérolone f.
Mestranol n.   mestranol m.
Mesuprin n.   mésuprine f.
Mesuximid n.   mésuximide m.
Mesylat n.   mésylate m.
Meta-Stellung f.   paraposition f.
metabolisch   métabolique
metabolisierbar   métabolisable
metabolisieren   métaboliser
Metabolit m.   métabolite m.
Metacholin n.   métacholine f., métacholinium m.
Metachromasie f.   métachromasie f.
metachromatisch   métachromatique
Metaclazepam n.   métaclazépam m.
Metahexamid n.   métahexamide m.
metakarpal   métacarpien
Metakinese f.   métacinèse f.

**Metall n.** métal m.
**Metallchelatchromatographie f.** métal chélate chromatographie f.
**Metallfüllung, gegossene f.** inlay métal m. (dent.)
**metallisch** métallique
**Metallkeramik f.** métallocéramique f. (dent.)
**Metallkrone f.** couronne métallique f.
**metallophil** métallophile
**Metallspritze f.** seringue métallique f.
**Metallständer m.** support en métal m.
**Metallurgie f.** métallurgie f.
**Metamfazon n.** métamfazone f.
**Metamizol n.** métamizole m.
**Metamorphopsie f.** métamorphopsie f.
**Metamorphose f.** métamorphose f.
**Metamphetamin n.** métamphétamine f.
**Metamyelozyt m.** métamyélocyte m.
**Metanephrin n.** métanéphrine f.
**Metanilgelb n.** jaune de paranilinium m.
**Metaphase f.** métaphase f.
**Metaphylaxe f.** métaphylaxie f.
**metaphysär** métaphysaire
**Metaphyse f.** métaphyse f.
**Metapiprilen n.** méthapiprilène m.
**Metaplasie f.** métaplasie f.
**metaplastisch** métaplasique
**metapneumonisch** métapneumonique
**Metarteriole f.** métartériole f.
**Metastase f.** métastase f.
**Metastasenbildung f.** production de métastases f.
**metastasieren** métastasier
**metastatisch** métastatique
**Metastrongylus m.** métastrongylus m.
**Metasyphilis f.** parasyphilis f.
**metasyphilitisch** parasyphilitique
**metatarsal** métatarsien
**Metatarsalgie f.** métarsalgie f.
**Metatarsalköpfchen n.** tête métatarsienne f.
**Metaxalen n.** métaxalène m.
**Metaxenie f.** métaxénie f.
**metazentrisch** métacentrique
**Metazerkarie f.** métacercaire f.
**Metazid n.** métazide m.
**Metazocin n.** métazocine f.
**Metazoon n.** métazoaire m.

**Meteneprost n.** méténéprost m.
**Metenolon n.** méténolone f.
**Meteorologie f.** météorologie f.
**meteorologisch** météorologique
**meteorotrop** météorotrope
**Meter n.** mètre m.
**Metergolin n.** métergoline f.
**Metescufyllin n.** métescufylline f.
**Methadol n.** méthadol m.
**Methadon n.** méthadone f.
**Methakrylat n.** méthacrylate m.
**Methämoglobin n.** methémoglobine f.
**Methan n.** méthane m.
**Methananthelin n.** méthananthéline f.
**Methandrostenolon n.** méthandrosténolone f.
**Methansulfonat n.** sulfonate de méthane m.
**Methaqualon n.** méthaqualone f.
**Methergolin n.** méthergoline f.
**Methiaminodiazepoxid n.** méthaminodiazépoxide m.
**Methiazid n.** méthiazide m.
**Methiazol n.** méthiazole m.
**Methimazol n.** méthimazole m.
**Methionin n.** méthionine f.
**Methobromid n.** méthobromure m.
**Methode f.** méthode f.
**Methodologie f.** méthodologie f.
**methodologisch** méthodologique
**Methomanie f.** dipsomanie f.
**Methopterin n.** méthoptérine f.
**Methopyrapon n.** méthopyrapone f.
**Methotrexat n.** méthotrexate m.
**Methoxalen n.** méthoxalène m.
**Methoxamin n.** méthoxamine f.
**Methoxyfluran n.** méthoxyflurane m.
**Methoxypsoralen n.** méthoxalène m.
**Methylalkohol n.** alcool méthylique m., méthanol m.
**Methylamin n.** méthylamine f.
**Methylarginin n.** méthylarginine f.
**Methylat n.** méthylate m.
**Methylbenzethonium n.** méthylbenzéthonium m.
**Methylbromid n.** méthylbromure m.
**Methylcholantren n.** méthylcholantrène m.
**Methylcholin n.** méthylcholine f.
**Methyldigoxin n.** méthyldigoxine f.

**M**

**Methyldimethoxyamphetamin n.** méthyldiméthoxyamphétamine f.
**Methyldiphenhydramin n.** méthyldiphenhydramine f.
**Methyldopa n.** méthyldopa f.
**Methyldopat n.** méthyldopate m.
**Methylen n.** méthylène m.
**Methylenblau n.** bleu de méthylène m.
**Methylester m.** ester méthylique m.
**Methylglykosid n.** méthylglycoside m.
**Methylhistamin n.** méthylhistamine f.
**Methylhistidin n.** méthylhistidine f.
**Methylhydrocortison n.** méthylhydrocortisone f.
**methylieren** méthyler
**Methylierung f.** méthylation f.
**Methyliodid n.** méthyliodure m.
**Methylkrotonylglyzin n.** méthylcrotonylglycine f.
**Methylnitrat n.** nitrate de méthyle m.
**Methylnitrosoharnstoff m.** méthylnitroso-urée f.
**Methylorange n.** orange méthylique m.
**Methylphenidat n.** méthylphénidate m.
**Methylphenylhydrazin n.** méthylphénylhydrazine f.
**Methylprednisolon n.** méthylprednisolone f.
**Methylrosanilin n.** méthylrosanilinium m.
**Methylrot n.** rouge méthylique m.
**Methylsufat n.** sulfate de méthyle m.
**Methyltertbutylether n.** méthyltertbutyléther m.
**Methylthiouracil n.** méthylthiouracile m.
**Methyltransferase f.** méthyltransférase f.
**Methylvalerat n.** valérate de méthyle m.
**Methylviolett n.** violet méthylique m.
**Methysergid n.** méthysergide m.
**Metiamid n.** métiamide m.
**Metil n.** méthyle m.
**Metixen n.** métixène m.
**Metizolin n.** métizoline f.
**Metmyoglobin n.** myoglobine oxydée f.

**Metoclopramid n.** métoclopramide m.
**Metolazon n.** métolazone f.
**Metopismus m.** métopisme m.
**Metreurynter m.** ballon intra-utérin m., métreurynter m.
**Metrifonat n.** métrifonate m.
**metrisch** métrique
**Metritis f.** métrite f.
**Metrizoat n.** métrizoate m.
**Metronidazol n.** métronidazole m.
**Metropathia haemorrhagica f.** métropathie hémorragique f.
**metropathisch** métropathologique
**Metrorrhagie f.** métrorragie f.
**Metrosalpingographie f.** hystérosalpingographie f.
**Mettaloid n.** métalloïde m.
**Metypranol n.** métypranol m.
**Metyrapon n.** métyrapone f.
**Metyrosin n.** métyrosine f.
**MEV (mittleres Erythrozytenvolumen) n.** MCV (volume globulaire moyen) m.
**Mevalonat n.** mévalonate m.
**Mexiletin n.** mexilétine f.
**Mexreonat n.** mexréonate m.
**Meynertsches Bündel n.** faisceau de Meynert m.
**Mezepin n.** mézépine f.
**MF (maximale Flußrate) f.** PEF (pic du volume expiratoire maximal/seconde) m.
**MHK (minimale Hemmkonzentration) f.** concentration minimale inhibitrice (MIC) f.
**Mianserin n.** miansérine f.
**Miboleron n.** mibolérone f.
**Micelle f.** micelle f.
**Michaelische Raute f.** losange de Michaélis m.
**Miconazol n.** miconazole m.
**Midrodin n.** midodrine f.
**Mieder n.** corset m.
**MIF (migrationsinhibierender Faktor) m.** MIF (facteur inhibiteur de la migration) m.
**MIF (MSH-hemmender Faktor) m.** facteur inhibiteur de la MSH m.
**Mifepriston n.** mifépristone f.
**Migerose f.** migérose m.
**Migräne f.** migraine f.

**Migration f.**  migration f.
**Mikroabszeß m.**  microabscès m.
**Mikroaggregat n.**  microagrégat m.
**Mikroanalyse f.**  microanalyse f.
**mikroanalytisch**  microanalytique
**Mikroaneurysma n.**  microanévrisme m.
**Mikroangiopathie f.**  microangiopathie f.
**Mikrobe m.**  microbe m.
**Mikrobestimmung f.**  microdétermination f.
**mikrobiell**  microbien
**Mikrobiologe m.**  microbiologiste m.
**Mikrobiologie f.**  microbiologie f.
**Mikrobiologin f.**  microbiologiste f.
**mikrobiologisch**  microbiologique
**mikrobizid**  microbicide
**Mikroblast m.**  microblaste m.
**Mikrobohrer m.**  microfraise f.
**Mikrobulbus m.**  microbulbe m.
**Mikrochemie f.**  microchimie f.
**mikrochemisch**  microchimique
**Mikrochirurgie f.**  microchirurgie f.
**mikrochirurgisch**  microchirurgique
**Mikrocomputer m.**  microordinateur m.
**Mikrocurie n.**  microcurie m.
**Mikrodaktylie f.**  microdactylie f.
**Mikrodensitometer n.**  microdensitomètre m.
**Mikrodensitometrie f.**  microdensitométrie f.
**mikrodensitometrisch**  microdensitométrique
**Mikrodontie f.**  microdontie f.
**Mikrodosiergerät n.**  appareil de microdosage m.
**Mikroeinheit f.**  micro unité f.
**Mikroelektrode f.**  microélectrode f.
**Mikroelektrophorese f.**  microélectrophorèse f.
**Mikroelement n.**  microélément m.
**Mikroembolus m.**  microembole m.
**Mikrofibrille f.**  microfibrille f.
**Mikrofilament n.**  microfilament m.
**Mikrofilarie f.**  microfilaire f.
**Mikrofilm m.**  microfilm m.
**Mikrofilter m.**  microfiltre m.
**Mikrofiltration f.**  microfiltration f.
**Mikroflockung f.**  microfloculation f.
**Mikrogamet m.**  microgamète m.

**Mikrogenie f.**  microgénie f.
**Mikroglia f.**  microglie f.
**Mikrogliomatose f.**  microgliomatose f.
**Mikroglobulin n.**  microglobuline f.
**Mikroglossie f.**  microglossie f.
**Miktognathie f.**  micrognathie f.
**Mikrogramm n.**  microgramme m.
**Mikrogyrie f.**  microgyrie f.
**Mikrohärte f.**  microiinduration f.
**Mikroheiztisch m.**  microplaque de chauffe f.
**Mikroinfarkt m.**  microiinfarctus m.
**Mikroinjektion f.**  microiinjection f.
**Mikrokalorimeter n.**  microcalorimètre m.
**Mikrokalorimetrie f.**  microcalorimétrie f.
**mikrokalorimetrisch**  microcalorimétrique
**Mikrokapsel f.**  microcapsule f.
**Miktokern m.**  micronucléus m.
**Mikroklima n.**  microclima m.
**Mikrokokkus m.**  microcoque m.
**Mikrokokkus tetragenus m.**  Gaffkya tetragena m.
**Mikrokorie f.**  microcorie f.
**Mikrokorn n.**  micrograin m.
**Mikrokörper m.**  corps microscopique m.
**Mikrokranie f.**  microcrânie f.
**Mikrokristall m.**  microcristal m.
**mikrokristallinisch**  microcristallin
**Mikrokultur f.**  microculture f.
**Mikrolaryngoskopie f.**  Microlaryngoscopie f.
**mikrolezithal**  microlécithique
**Mikroliter m.**  microlitre m.
**Mikromanie f.**  micromanie f.
**Mikromanipulator m.**  micromanipulateur m.
**Mikromanometer n.**  micromanomètre m.
**Mikromanometrie f.**  micromanométrie f.
**mikromanometrisch**  micromanométrique
**Mikromastie f.**  micromastie f.
**Mikromelie f.**  micromélie f.
**Mikromessung f.**  micromesure f.
**Mikrometer m.**  micromètre m.
**Mikromethode f.**  microméthode f.

**Mikromol n.** micromole f.
**Mikromolekül n.** micromolécule f.
**mikromolekular** micromoléculaire
**Mikromyelie f.** micromyélie f.
**Mikromyeloblast m.** micromyéloblaste m.
**Mikromyelozyt m.** micromyélocyte m.
**Mikron n.** micron m.
**Mikroneurochirurgie f.** microneurochirurgie f.
**mikroneurochirurgisch** microneuro chirurgical
**Mikroorchidie f.** microrchidie f.
**Mikroorganismus m.** microorganisme m.
**Mikroparaproteinose f.** microparaprotéinose f.
**Mikropartikel f.** microparticule f.
**Mikroperfusion f.** microperfusion f.
**Mikrophage m.** microphage m.
**Mikrophakie f.** microphakie f.
**Mikrophon n.** microphone m.
**Mikrophthalmie f.** microphtalmie f.
**Mikrophysik f.** microphysique f.
**Mikrophyt m.** microphyte m.
**Mikropinozytose f.** micropinocytose f.
**Mikropolyadenie f.** micropolyadénie f.
**Mikropolygyrie f.** micropolygyrie f.
**Mikropsie f.** micropsie f.
**Mikropunktion f.** microponction f.
**Mikroquantität f.** microquantité f.
**Mikroradiographie f.** microradiographie f.
**mikroradiographisch** microradiographique
**Mikroradiologie f.** microradiologie f.
**mikroradiologisch** microradiologique
**Mikroreaktion f.** microréaction f.
**Mikrorheologie f.** microrhéologie f.
**mikrorheologisch** microrhéologique
**Mikroskop (binokuläres/monokuläres) n.** microscope (binoculaire/monoculaire) m.
**Mikroskopie f.** microscopie f.
**Mikroskopiebesteck n.** nécessaire de microscopie m.
**mikroskopisch** microscopique
**mikroskopisch untersuchen** examiner au microscope

**Mikrosom n.** microsome m.
**mikrosomal** microsomique
**mikrosomatisch** microsomatique
**Mikrosomie f.** microsomie f.
**Mikrospektrophotometer n.** microspectrophotomètre m.
**Mikrospektrophotometrie f.** microspectrophotométrie f.
**mikrospektrophotometrisch** microspectrophotométrique
**Mikrosporie f.** microsporie f.
**Mikrosporon Audouini n.** Microsporon audouini m.
**Mikrosporon furfur n.** Microsporon furfur m., Pityrosporum orbiculare m.
**Mikrosporon mentagrophytes n.** Microsporon mentagrophytes m.
**Mikrosporon minutissimum n.** Microsporon minutissimum m.
**Mikrostomie f.** microstomie f.
**Mikrothelie f.** microthélie f.
**Mikrothrombose f.** microthrombose f.
**mikrothrombotisch** microthrombosé
**Mikrothrombus m.** microcaillot m.
**Mikrotie f.** microtie f.
**Mikrotiter m.** microtitrage m.
**Mikrotom n.** microtome m.
**mikrotoxisch** microtoxique
**Mikrotoxizität f.** microtoxicité f.
**Mikrotrabekel m.** microtrabécule m.
**Mikrotransfusion f.** microtransfusion f.
**Mikrotrauma n.** microtraumatisme m.
**mikrotubulär** microtubulaire
**Mikroverkapselung f.** microencapsulement m.
**Mikrowelle f.** microonde f.
**Mikrowellentherapiegerät n.** appareil à micro-ondes m.
**Mikrozentrifuge f.** microcentrifugeuse f.
**mikrozephal** microcéphalique
**Mikrozephalie f.** microcéphalie f.
**Mikrozirkulation f.** microcirculation f.
**mikrozirkulatorisch** microcirculatoire
**Mikrozyt m.** microcyte m.
**mikrozytär** microcytaire
**Mikrozytose f.** microcytose f.

**Miktion f.**  miction f.
**Miktionsstörung f.**  trouble de la miction m.
**Mikuliczsche Krankheit f.**  syndrome de Mikulicz m.
**Mikuliczsche Zelle f.**  cellule vacuolo-chromatique du rhinosclérome f.
**Milbe f.**  acare m., mite f.
**Milbenfleckfieber n.**  typhus des broussailles m.
**Milbenseuche der Biene f.**  maladie acarienne de l' abeille
**Milch f.**  lait m.
**Milch-Alkali-Syndrom n.**  syndrome de Burnett m.
**milchbildend**  galactogène
**Milchbrustgang m.**  canal thoracique m.
**Milchfieber n.**  fièvre de la montée de lait f.
**Milchfistel f.**  fistule mammaire f.
**Milchgangentzündung f.**  galactopho-rite f.
**Milchgebiß n.**  première dentition f.
**Milchglaszelle f.**  cellule vitreuse f.
**milchig**  laiteux
**Milchkrankheit f.**  milksickness f. (vet.), tremblante f. (vet.)
**Milchleiste f.**  crête mammaire f.
**Milchpumpe f.**  téterelle f.
**Milchschorf m.**  croûte de lait f.
**Milchstauung f.**  galactostase f.
**milchtreibend**  galactogogue
**milchtreibendes Mittel n.**  galactogo-gue m.
**Milchzahn m.**  dent de lait f.
**Milchzucker m.**  lactose m.
**Milchzyste f.**  galactocèle f.
**miliar**  miliaire
**Miliaria cristallina f.**  miliaire à bulles claires f.
**Miliaria rubra f.**  miliaire sur fond éry-thémateux f.
**Miliartuberkulose f.**  tuberculose mi-liaire f.
**Milieu n.**  milieu m.
**Milipertin n.**  milipertine f.
**Militärkrankenhaus n.**  hôpital mili-taire m.
**Militracen n.**  militracène m.
**Milium n.**  milium m.

**Milkman-Syndrom n.**  syndrome de Milkman m.
**Miller-Abbott-Sonde f.**  sonde intesti-nale à ballon de Miller-Abbott f.
**Milliamper n.**  milliampère m.
**Milliäquivalent n.**  milliéquivalent (mEq) m.
**Millibar n.**  millibar m.
**Millicurie n.**  millicurie m.
**Milligramm n.**  milligramme m.
**Milliliter n.**  millilitre m.
**Millimeter n.**  millimètre m.
**Millimikron n.**  millimicron m.
**Millimol n.**  millimole f.
**Millisievert n.**  millisievert m.
**Millivolt n.**  millivolt m.
**Millonsche Probe f.**  test de la tyrosine urinaire de Millon m.
**Milrinon n.**  milrinone f.
**Milz f.**  rate f.
**Milzbrand m.**  charbon m.
**milzlos**  sans rate
**Milzruptur f.**  rupture de la rate f.
**Milzvene f.**  veine splénique f.
**Mimban n.**  mimbane m.
**Mimetikum n.**  mimétique m.
**mimetisch**  mimétique
**Mimikry n.**  mimétisme m.
**Minaprin n.**  minaprine m.
**Minaxolon n.**  minaxolone f.
**Minderwertigkeitskomplex m.**  com-plexe d'infériorité m.
**Mindestwert m.**  valeur minimum f.
**Mindoperon n.**  mindopérone f.
**Minepentat n.**  minépentate m.
**Mineral n.**  minéral m.
**Mineralbad n.**  bain minéral m.
**mineralisch**  minéral
**Mineralisierung f.**  minéralisation f.
**Mineralokortikoid n.**  minéralocorti-coïde m.
**Mineralöl n.**  huile minérale f.
**Mineralsalz n.**  sel minéral m.
**Mineralwachs n.**  cire minérale f.
**Mineralwasser n.**  eau minérale f.
**Miniaturbohrer m.**  miniforet m.
**minimal**  minimal, minimum
**minimieren**  minimiser
**Minimum n.**  minimum m.
**Minute-Chromosom n.**  chromosome de duplication m.

**M**

Minutenvolumen n. volume minute m.

miolezithal miolécithique

Miosis f. myosis m.

Miotikum n. myotique m.

miotisch myotique

Miristalkonium n. miristalkonium m.

mischbar miscible

Mischbarkeit f. miscibilité f.

Mischblock m. composite de calage m. (dent).

mischen mélanger

Mischer m. mélangeur m.

Mischinfektion f. infection mixte f.

Mischinsulin n. complexe insulinique m.

Mischkollagenose f. collagénose mixte f.

Mischplatte f. plaque de mélange f. dent.

Mischpolymerisat n. complexe poly- mère m.

Mischpolymerisation f. copolymérisa- tion f.

Mischpsychose f. psychose atypique f.

Mischscan m. scanner complexe m.

Mischtumor m. tumeur mixte f.

Mischung f. mélange m.

Mischzyanose f. cyanose de shunt f.

Miserere n. colique de miséréré f.

Misonidazol n. misonidazole m.

Mißbildung f. difformité f., malfor- mation f.

Mißbrauch m. abus m.

Mißerfolg m. échec m.

Mißgeburt f. monstre m.

mißhandeln maltraiter

Mißhandlung f. mauvais traitement m.

mißtrauisch méfiant

Mißverhältnis n. disproportion f.

Mistel f. gui m.

Mitarbeiter m. collaborateur m.

Mitarbeiterin f. collaboratrice f.

Mitbewegung f. syncinésie f.

Mitella f. écharpe f.

Mitesser m. comédon m.

Mitglied n. membre m.

mitochondrial mitochondrique

Mitochondrien n. pl. mitochondries f. pl.

mitogen mitogène

Mitogen n. mitogène m.

Mitogenese f. mitogenèse f.

Mitoguazon n. mitoguazone f.

Mitom n. mitome m.

Mitomycin n. mitomycine f.

Mitoplasma n. mitoplasme m.

Mitopodozid n. mitopodozide m.

Mitose f. mitose f.

Mitosegift n. toxique mitotique m.

Mitosehemmstoff m. antimitotique m.

Mitosespindel f. fuseau mitotique m.

Mitosom n. mitosome m.

Mitostatikum n. mitostatique m.

mitostatisch mitostatique

Mitotan n. mitotane m.

Mitotenamin n. mitoténamine f.

mitotisch mitotique

Mitoxantron n. mitoxantrone f.

Mitralinsuffizienz f. insuffisance mit- rale f.

Mitralisation f. mitralisation f.

Mitralklappe f. valvule mitrale f.

Mitralklappenprolaps m. ptose mit- rale f.

Mitralklappensehnenfadenabriß m. déchirure mitrale des cordages f.

Mitralsegel n. valvule mitrale f.

Mitralstenose f. rétrécissement mitral m.

Mitralzelle f. cellule mitrale f.

Mitteilung, persönliche f. communi- cation personnelle f.

Mittelbauch m. région mésogastrique f.

mittelexspiratorisch mésoexpiratoire

Mittelfell n. médiastin m.

Mittelfinger m. médius m.

Mittelfuß m. métatarse m.

mittelgelb jaune moyen

Mittelhand f. métacarpe m.

Mittelhirn n. mésencéphale m.

mittelinspiratorisch méso-inspiratoire

Mittellage f. position moyenne f.

Mittellappen m. lobe moyen m.

Mittellinie f. ligne médiane f.

Mittelmeeranämie f. anémie érythro- blastique f.

Mittelohr n. oreille moyenne f.

Mittelpunkt m. centre m.

Mittelschmerz m. syndrome du quin- zième jour m.

Mittelschnitt m.   incision médiane f.
Mittelstrahlharn m.   jet moyen d'urine m.
Mittelwert m.   moyenne f.
Mixidin n.   mixidine f.
Mixoplasma n.   plasma sec m.
Mixoskopie f.   mixoscopie f.
Mixtur f.   mixture f.
Miyagawanella f.   Miyagawanella f.
Mizelle f.   micelle f.
M-Mode-Echographie f.   échographie en mode M f.
Mnemotechnik f.   mnémotechnique f.
mnestisch   mnésique
Mobecarb n.   mobécarb m.
Mobentoxamin n.   mobentoxamine f.
mobil   mobile
mobilisieren   mobiliser
Mobilisierung f.   mobilisation f.
Mobilität f.   mobilité f.
Mobitz-Block m.   bloc cardiaque fonctionnel dissocié de Mobitz m.
Möbiussches Zeichen n.   signe de Moebius m.
Moctamid n.   moctamide m.
modal   modal
Modalität f.   modalité f.
Modell n.   modèle m.
Modell, anatomisches n.   modèle anatomique d'étude m.
Modellgußtechnik f.   technique de coulage des modèles f.
modellieren   modeler
Modellierinstrument n.   instrument de modelage m.
Modifikation f.   modification f.
Modifikator m.   modificateur m.
modifizieren   modifier
Modiolus m.   columelle f.
Modul m.   module m.
Modulation f.   modulation f.
modulieren   moduler
Moeller-Barlowsche Krankheit f.   maladie de Barlow f.
Mofebutazon n.   mofébutazone f.
Mofloverin n.   moflovérine f.
Mofoxim n.   mofoxime m.
Mohnkapsel f.   tête de pavot f.
Mol n.   mol (mole) f.
Mol. Gew. (Molekulargewicht) n.   poids moléculaire (PM) m.
Molalität f.   molalité f.

molar   molaire
Molar m.   molaire f.
Molarität f.   molarité f.
Moldine f.   moldine f.
Mole f.   môle f.
Mole, Blasen- f.   môle hydatiforme f.
Mole, Blut- f.   môle sanglante f.
Mole, Fleisch- f.   môle charnue f.
Molekül n.   molécule f.
molekular   moléculaire
Molekularbiologie f.   biologie moléculaire f.
Molekulargewicht n.   poids moléculaire m.
Molindon n.   molindone f.
Molke f.   petit-lait m.
Mollsche Drüse f.   glande de Moll f.
Molluscum contagiosum n.   Molluscum contagiosum m.
Molluske f.   mollusque m.
molluskizid   détruisant les mollusques
Molsidomin n.   molsidomine f.
Molybdän n.   molybdène m.
molybdänhaltig (dreiwertig)   molybdéneux
molybdänhaltig (sechswertig)   molybdénique
Molybdat n.   molybdate m.
momentan   momentanément
Monakowsches Bündel n.   faisceau rubrospinal de von Monakow m.
Monalazon n.   monalazone f.
Monaldidrainage f.   drainage pariétal de Monaldi m.
Monamid n.   monoamide m.
Monamin n.   monoamine f.
Monaminoxidase n.   monoamine oxydase f.
monamniotisch   monoamniotique
monartikulär   monoarticulaire
Monaster n.   couronne équatoriale f.
monatlich   mensuel
Monatsbinde f.   protection périodique f.
Monatsblutung f.   règles f. pl.
monaural   monaural
Mönckebergsche Sklerose f.   médiasclérose f.
mondförmig   lunaire
Mondgesicht n.   visage lunaire m.
Mondorsche Krankheit f.   syndrome de Mondor m.

M

**mondsüchtig** lunatique
**Mongolismus m.** mongolisme m.
**mongoloid** mongoloïde
**Monilethrix f.** moniléthrix m.
**Monilia f.** candida m.
**Moniliasis f.** moniliase f.
**Monitor m.** moniteur m.
**Monoamin n.** monoamine f.
**monoaminergisch** monoaminergique
**Monoarthritis f.** monoarthrite f.
**Monoazetat n.** monoacétate m.
**monobasisch** monobasique
**Monobenzon n.** monobenzone f.
**Monoblast m.** monoblaste m.
**Monobrachie f.** monobrachie f.
**monochromatisch** monochromatique
**monochromatophil** monochromato-
phile
**monochromatophile Zelle f.** cellule
monochromatophile f.
**Monochromator m.** monochroma-
teur m.
**Monodaktylie f.** monodactylie f.
**monofaszikulär** monofasciculaire
**monogen** monogénique
**Monohybride f.** monohybride m.
**Monohydrat n.** monohydrate m.
**Monohydrolase f.** monohydrolase f.
**Monojodtyrosin n.** tyrosine mono-io-
dée f.
**Monokin n.** monokine f.
**monoklonal** monoclonal
**monokrotisch** monocrote
**monokulär** monoculaire
**Monolaurat n.** monolaurate m.
**Monomanie f.** monomanie f.
**monomer** monomère
**Monomer n.** monomère m.
**monomolekulat** monomoléculaire
**monomorph** monomorphe
**Monomorphie f.** monomorphie f.
**Monomphalus m.** monomphalien m.
**Mononatriumurat n.** urate monosodé
m.
**Mononeuritis f.** mononévrite f.
**Mononitrat n.** mononitrate m.
**mononukleär** mononucléaire
**Mononukleose f.** mononucléose f.
**Mononukleotid n.** mononucléotide
m.
**monoovulatorisch** monoovulatoire
**Monooxygenase f.** monooxygénase f.

**Monoparese f.** monoparésie f.
**monophasisch** monophasique
**Monophenol n.** monophénol m.
**Monophobie f.** monophobie f.
**Monophosphat n.** monophosphate
m.
**Monophosphothiamin n.** monophos-
phothiamine f.
**Monophthalmie f.** monophtalmie f.
**Monopie f.** monophtalmie f.
**monoplasmatisch** monoplasmatique
**Monoplegie f.** monoplégie f.
**Monorchismus m.** monorchidie f.
**Monosaccharid n.** monosaccharide
m.
**Monosialogangliosid n.** monosialoganglioside m.
**Monosom n.** monosome m.
**monosomal** monosomal
**Monosomie f.** monosomie f.
**Monospeziesinsulin n.** monoinsuline
f.
**monospezifisch** monospécifique
**Monosporiose f.** monosporiose f.
**monostotisch** monostotique
**Monosulfat n.** monosulfate m.
**monosymptomatisch** monosymptomatique
**monosynaptisch** monosynaptique
**Monothioglyzerin n.** monothioglycérol m.
**Monothiopyrophosphat n.** monothiopyrophosphate m.
**monotisch** monaural
**monotrich** monotriche
**monotrop** monotrope
**Monoureid n.** monouréide m.
**monovalent** monovalent
**monoxen** monoxène
**Monoxid n.** monoxyde m.
**monozygot** monozygote
**monozyklisch** monocyclique
**Monozyt m.** monocyte m.
**monozytär** monocytaire
**Monozytenleukämie f.** leucémie monoblastique f.
**Monozytose f.** monocytose f.
**Monro-Richtersche Linie f.** ligne iléoombilicale de Monro f.
**Monteggia-Fraktur f.** fracture de
Monteggia f.

Montgomerysche Drüse f. tubercule de Montgomery m.
montieren monter
Moorbad n. bain de boue m.
Moos n. mousse f.
Moos, Irländisches n. carragéen m.
Moos, Isländisches n. lichen d'Islande m.
Moperon n. mopérone f.
Mopidamol n. mopidamol m.
Moprolol n. moprolol m.
moralisch moral
Morax-Axenfeldscher Bazillus m. bacille de Morax m.
Moraxella f. moraxella f.
Morazon n. morazone f.
morbid morbide
Morbidität f. morbidité f.
morbiliform morbiliforme
Morbus Addison m. maladie d' Addison f.
Morbus Bang m. maladie de Bang f.
Morbus Basedow m. maladie de Basedow f.
Morbus Boeck m. syndrome de Boeck m.
Morbus Crohn m. maladie de Crohn f.
Morbus Hodgkin m. maladie de Hodgkin f.
Morbus maculosus Werlhofi m. purpura thrombopénique de Werlhof m.
Morbus Parkinson m. maladie de Parkinson f.
Morbus Roger m. maladie de Roger f.
Morcellement n. morcellement m.
Mord m. meurtre m.
Morgagnisches Syndrom m. syndrome de Morgagni m.
morgendlich matinal
Morgensteifigkeit f. rigidité matinale f.
moribund moribond
Moroprobe f. test de Moro m.
Mororeflex m. reflexe de Moro m., reflexe d'étreinte m.
Moroxydin n. moroxydine f.
Morphem n. morphème m.
Morphin n. morphine f.
Morphinbehandlung f. traitement morphinique m.
Morphinismus m. morphinisme m.

Morphinsucht f. morphinomanie f.
Morphium n. morphine f.
Morphogenese f. morphogenèse f.
morphogenetisch morphogénétique
Morphologie f. morphologie f.
morphologisch morphologique
Morphometrie f. morphométrie f.
morphometrisch morphométrique
Morphopsie f. morphopsie f.
Morquio-Syndrom n. maladie de Morquio f.
Morrhuat n. morrhuate m.
Mörser m. mortier m.
Morsuximid n. morsuximide m.
mortal mortel
Mortalamputation f. nécrorésection f.
Mortalität f. mortalité f.
Morula f. morula f.
Morulation f. morulation f.
Mosaik n. mosaïque f.
Moschcowitz-Syndrom n. syndrome de Moschcowitz m.
Moschus m. musc m.
Moskito m. moustique m.
Moskitoklemme f. pince à drap f.
Motilin n. motiline f.
Motilität f. motilité f.
motivieren motiver
Motivierung f. motivation f.
Motoneuron n. neurone moteur m.
Motor m. moteur m.
Motorik f. motricité f.
motorisch moteur
Motretinid n. motrétinide m.
Mott-Zelle f. cellule de Mott f.
Mottenfraßnekrose f. nécrose parcellaire f.
Moulage m. moulage m.
Mövenschrei-Geräusch n. bruit de caille m.
Moxa m. moxa m.
Moxalactam n. moxalactam m.
Moxaprindin n. moxaprindine f.
Moxastin n. moxastine f.
Moxaverin n. moxavérine f.
Moxazocin n. moxazocine f.
Moxibustion f. moxibustion f.
Moxipraquin n. moxipraquine f.
Moxisylyt n. moxisylyte m.
Moxnidazol n. moxnidazole m.

**M**

MRF (MSH-freisetzender Faktor) m. MSF (facteur stimulant de la MSH) m.

MS (multiple Sklerose) f. sclérose en plaques (SEP) f.

MSH (melanozytenstimulierendes Hormon) n. MSH (hormone mélanotrope) f.

Mucilago n. mucilage m.

Mucin n. mucine f.

Mucinose f. mucinose f.

Mückensehen n. myodésopsie f.

Mückenvergiltungsmittel n. insecticide m.

Mucosa f. muqueuse f.

müde fatigué

Müdigkeit f. fatigue f.

Muffel f. moufle f.

mukoepidermoid mucoépidermoïde

mukogingival mucogingival

Mukoglobulin n. mucoglobuline f.

mukoid mucoïde

Mukoid n. mucoïde m.

Mukoitin n. mucoïtine f.

mukokutan mucocutané

Mukolipidose f. mucolipidose f.

Mukolyse f. mucolyse f.

Mukolytikum n. mucolytique m.

Mukopeptid n. mucopeptide m.

mukoperiostal mucopériostal

Mukopolysaccharid n. mucopolysaccharide m.

Mukopolysaccharidose f. mucopolysaccharidose f.

Mukoprotein n. mucoprotéine f.

Mukormycose f. mucormycose f.

mukös muqueux

Mukosa f. muqueuse f.

Mukosa-Block m. bloc muqueux m.

Mukosaccharid n. mucosaccharide m.

Mukostatikum n. mucostatique m.

mukostatisch mucostatique

Mukosulfatidose f. mucosulfatidose f.

Mukoviszidose f. mucoviscidose f.

Mukozele f. mucocèle f.

mukoziliar mucociliaire

Mukozyt m. mucocyte m.

Mulde f. dépression f.

Mull m. gaze f.

Mullbinde f. bande de gaze f.

Mülldeponie f. dépôt d'ordures m.

multiartikulär multiarticulaire

multiaxial multiaxial

multidisziplinär multidisciplinaire

multifaktoriell multifactoriel

Multifidus-Dreieck-Syndrom n. neuralgie du muscle multifide f.

multifokal multifocal

multiglandulär multiglandulaire

multikapsulär multicapsulaire

multilobulär multilobulaire

multilokulär pluriloculaire

Multimorbidität f. multimorbidité f.

multinodulär multinodulaire

multinukleär multinucléaire

Multipara f. multipare f.

multipel multiple

multiphasisch multiphasique

Multiple Sklerose f. sclérose en plaques f.

multipolar multipolaire

multisensorisch multisensoriel

multivalent multivalent

multivalvulär multivalvulaire

Multivitamin n. multivitaminé m.

multizellulär multicellulaire

multizentrisch multicentrique

multizentrische wissenschaftliche Arbeit f. étude multicentrique f.

multizystisch multicystique

Mumifizierung f. momification f.

Münchmeyer-Syndrom n. syndrome de Münchmeyer m.

Mund m. bouche f.

Mundatmung f. respiration buccale f.

Mundboden m. plancher de la bouche m.

Mundchirurgie f. chirurgie buccale f.

Mundduschengerät n. appareil pour rinçage de bouche m.

Mundflora f. flore buccale f.

Mundgeruch m. mauvaise haleine f.

Mundhöhle f. cavité buccale f.

Mundhygiene f. hygiène buccale f.

Mundkeil m. coin ouvre-bouche m.

Mundlampe f. lampe pour examiner la bouche f.

mündlich oral

Mundpflege f. soin de la bouche m.

Mundschleimhaut f. muqueuse buccale f.

Mundschutztuch n. masque buccal m.

Mundsepsis f. stomatite f.

**Mundspatel f.** abaisse-langue m.
**Mundsperrer m.** ouvre-bouche m.
**Mundspiegel m.** miroir buccal m.
**Mundspülung f.** bain de bouche m.
**Mundspülwasser n.** lotion buccale f.
**Mundstück n.** embouchure f.
**Mundtrockenheit f.** sécheresse de la bouche f.
**Mundulzeration f.** ulcération buccale f.
**Mündung f.** orifice m.
**Mundwinkel m.** commissure des lèvres f.
**Mund-zu-Mund-Beatmung f.** bouche à bouche m.
**Mund-zu-Nase-Beatmung f.** insufflation bucconasale f.
**münzenartig** nummulaire
**münzenförmig** nummuliforme
**münzenförmige Lungenverschattung f.** opacité pulmonaire en pièce de monnaie f.
**mural** mural
**Muramidase f.** muramidase f.
**Muraminidase f.** muraminidase f.
**Muramyldipeptid n.** muramyldipeptide m.
**Murein n.** muréine f.
**Murexid n.** murexide m.
**Murexidprobe f.** test au murexide m.
**muriatisch** chlorhydrique
**Muschelvergiftung f.** intoxication par les coquillages f.
**Muscimol n.** muscimol m.
**musikalisch** musical
**Muskarin n.** muscarine f.
**Muskatnuß f.** noix muscade f.
**Muskel m.** muscle m.
**Muskel, glatter m.** muscle lisse m.
**Muskel, quergestreifter m.** muscle strié m.
**Muskelatrophie f.** amyotrophie f.
**Muskelatrophie, progressive f.** atrophie musculaire progressive f.
**Muskelbiopsie f.** biopsie musculaire f.
**Muskeldehnungsreflex m.** réflexe d' extension musculaire m.
**Muskeldystrophie f.** myodystrophie f.
**muskelelektrisch** myoélectrique
**Muskelfaser f.** fibre musculaire f.
**Muskelflimmern n.** fibrillation musculaire f.

**Muskelgruppe f.** groupe de muscles m.
**Muskelhaken m.** écarteur du muscle m.
**Muskelhernie f.** hernie musculaire f.
**Muskelkraft f.** force musculaire f.
**Muskelkrampf m.** spasme musculaire m.
**Muskelplastik f.** myoplastie f.
**Muskelreflex m.** réflexe musculaire m.
**Muskelrelaxans n.** myorelaxant m.
**Muskelrheumatismus m.** rhumatisme musculaire m.
**Muskelriß m.** déchirure musculaire f.
**Muskelschwund m.** myoatrophie f.
**Muskelspannung f.** tension musculaire f.
**Muskelspasmus m.** spasme musculaire m.
**Muskelwogen n.** myokymie f.
**Muskelzelle f.** cellule musculaire f.
**Muskelzerrung f.** distorsion musculaire f.
**muskulär** musculaire
**Muskulatur f.** musculature f.
**Muskulatur, glatte f.** système musculaire lisse m.
**Muskulatur, quergestreifte f.** système musculaire strié m.
**muskulokutan** musculocutané
**muskulomembranös** musculomembraneux
**muskulös** musculeux
**muskuloskeletal** musculosquelétaire
**muskulotrop** musculotrope
**Musselin m.** mousseline f.
**Musselinbinde f.** bande de gaze f.
**Muster n.** modèle m.
**mutagen** mutagène
**Mutagen n.** mutagène m.
**Mutagenese f.** mutagénèse f.
**Mutagenität f.** caractère mutagène m.
**Mutante** mutant m.
**Mutarotase f.** mutarotase f.
**Mutarotation f.** mutarotation f.
**Mutase f.** mutase f.
**Mutation f.** mutation f.
**Mutatorgen n.** gène mutateur m.
**Mutismus m.** mutisme m.
**Muton n.** muton m.
**Mutter f.** mère f.
**Mutter, werdende f.** future maman f.

**M**

**Mutterband, breites n.** ligament large de l'utérus m.
**Mutterband, rundes n.** ligament rond de l'utérus m.
**Mutterberatungszentrum n.** centre de consultation maternelle m.
**Mutterbindung f.** attachement à la mère m.
**Muttergewebe n.** tissu maternel m.
**Mutterinstinkt m.** instinct maternel m.
**Mutterkomplex m.** complexe maternel m.
**Mutterkorn n.** ergot de seigle m.
**Mutterkuchen m.** placenta m.
**Mutterlauge f.** eau mère f.
**mütterlich** maternel
**Muttermal n.** naevus m.
**Muttermilch f.** lait maternel m.
**Muttermund, äußerer m.** orifice externe de l'utérus m.
**Muttermund, innerer m.** orifice interne de l'utérus m.
**Mutterschaft f.** maternité f.
**Mutterschutz m.** protection maternelle f.
**Muttersubstanz f.** substance mère f.
**Mutterzelle f.** cellule mère f.
**Mutualismus m.** mutualisme m.
**Muzin n.** mucine f.
**Muzinase f.** mucinase f.
**muzinös** mucineux
**Muzinose f.** mucinose f.
**Muzolimin n.** muzolimine f.
**Myalgie f.** myalgie f.
**Myasthenia gravis pseudoparalytica f.** myasthénie d'Erb-Goldflam f.
**myasthenisch** myasthénique
**Myatonie f.** myatonie f.
**Myatrophie f.** myatrophie f.
**myatrophisch** myatrophique
**Mycobacterium n.** Mycobactérium m.
**Mycobacterium avium n.** Mycobactérium avium m.
**Mycobacterium bovis n.** Mycobactérium bovis m.
**Mycobacterium leprae n.** Mycobactérium leprae m.
**Mycobacterium smegmatis n.** Mycobactérium smegmatis m.

**Mycobacterium tuberculosis n.** Mycobactérium tuberculosis m.
**Mycoplasma n.** mycoplasma m.
**Mycosis fungoides f.** mycosis fongoïde f.
**Mydriasis f.** mydriase f.
**Mydriatikum n.** mydriatique m.
**mydriatisch** mydriatique
**Myektomie f.** myotomie f.
**Myelin n.** myéline f.
**myelinfrei** non myélinisé
**Myelinisierung f.** myélinisation f.
**Myelinolyse f.** myélinolyse f.
**Myelinopathie f.** myélinopathie f.
**Myelinose f.** dégénérescence protoplasmatique myéliniforme f.
**Myelinscheide f.** gaine de myéline f.
**Myelitis f.** myélite f.
**myelitisch** myélitique
**Myeloarchitektonik f.** myéloarchitectonie f.
**Myeloblast m.** myéloblaste m.
**Myeloblastom n.** myéloblastome m.
**Myeloblastose f.** myéloblastose f.
**Myelodysplasie f.** myélodysplasie f.
**Myelofibrose f.** myélofibrose f.
**myelogen** myélogène
**Myelogenese f.** myélogenèse f.
**Myelogramm m.** myélogramme m.
**Myelographie f.** myélographie f.
**myelographisch** myélographique
**myeloid** myéloïde
**Myelokathexis f.** myélocathexis f.
**Myelolipom n.** myélolipome m.
**Myelolyse f.** myélolyse f.
**Myelom n.** myélome m.
**Myelomalazie f.** myélomalacie f.
**Myelomatose f.** myélomatose f.
**Myelooptikoneuropathie f.** myéloopticoneuropathie f.
**Myelopathie f.** myélopathie f.
**Myeloperoxidase f.** myéloperoxydase f.
**Myelophthise f.** myélophtisie f.
**myeloproliferativ** myéloprolifératif
**Myeloradikulopathie f.** myéloradiculopathie f.
**Myelosarkom n.** myélosarcome m.
**Myelose f.** myélose f.
**Myelose, aleukämische f.** myélose aleucémique f.

**Myelose, funikuläre f.** myélose funi-
culaire f.
**Myelose, leukämische f.** myélose éry-
thrémique aigue f.
**Myelosklerose f.** myélosclérose f.
**Myeloszintigraphie f.** myéloscintigra-
phie f.
**Myelotomie f.** myélotomie f.
**Myelozele f.** myélocèle f.
**Myelozyt m.** myélocyte m.
**Myiasis f.** myiase f.
**Mykobakterie f.** mycobactérie f.
**mykobakteriell** mycobactérien
**Mykologe m.** mycologue m.
**Mykologie f.** mycologie f.
**Mykologin f.** mycologue f.
**mykologisch** mycologique
**Mykose f.** mycose f.
**mykotisch** mycétique
**Mykotoxikose f.** mycotoxicose f.
**Mykotoxin f.** mycotoxine f.
**mykotoxisch** mycotoxique
**Mykotoxizität f.** mycotoxicité f.
**mylohyoidal** mylohyoïdien
**Myoadenylat n.** myoadénylate m.
**myoarchitektonisch** myoarchitectoni-
que
**Myoblast m.** myoblaste m.
**Myoblastom n.** myoblastome m.
**Myodegeneration f.** myodégénéres-
cence f.
**myoendokardial** myoendocardiaque
**Myofibrille f.** myofibrille f.
**Myofibrom n.** myofibrome m.
**Myofibrose f.** myofibrose f.
**Myogelose f.** myogélose f.
**myogen** myogène
**Myoglobin n.** myoglobine f.
**Myoglobinämie f.** myoglobinémie f.
**Myoglobinurie f.** myoglobinurie f.
**Myoglobulin n.** myoglobuline f.
**Myograph m.** myographe m.
**Myographie f.** myographie f.
**myographisch** myographique
**Myohämoglobin n.** myohémoglobine
f.
**myoid** myoïde
**Myokard n.** myocarde m.
**myokardial** myocardique
**Myokarditis f.** myocardite f.
**myokarditisch** myocarditique
**Myokardose f.** myocardopathie f.

**Myokardschaden m.** lésion myocardi-
que f.
**Myokardszintigraphie f.** scintigraphie
myocardique f.
**Myokinase f.** myokinase f.
**Myoklonie f.** myoclonie f.
**myoklonisch** myoclonique
**Myoklonusepilepsie f.** épilepsie myo-
clonique f.
**Myokulator m.** myoculateur m.
**Myokymie f.** myokymie f.
**Myolipom n.** myolipome m.
**Myologie f.** myologie f.
**Myolyse f.** myolyse f.
**Myom n.** myome m.
**Myomalazie f.** myomalacie f.
**myomatös** myomateux
**Myomektomie f.** myomectomie f.
**Myometritis f.** myométrite f.
**Myometrium n.** myomètre m.
**Myomheber m.** vis calante f.
**Myon n.** myone f.
**Myonekrose f.** myonécrose f.
**Myonem n.** myonème m.
**myoneural** myoneural
**Myoneurom n.** myoneurome m.
**myop** myope
**Myopathie f.** myopathie f.
**myopathisch** myopathique
**myope Person f.** personne myope f.
**Myopie f.** myopie f.
**myopisch** myope
**Myoplasma n.** myoplasma m.
**Myosalpingitis f.** myosalpingite f.
**Myosarkom n.** myosarcome m.
**Myosin n.** myosine f.
**Myositis f.** myosite f.
**Myositis ossificans f.** myosite ossifi-
ante f.
**Myotenotomie f.** myoténotomie f.
**myothermal** myothermique
**Myotom n.** myotome m.
**Myotomie f.** myotomie f.
**Myotonia congenita (Thomsen) f.**
myotonie congénitale de Thomsen f.
**Myotonie f.** myotonie f.
**myotonisch** myotonique
**Myotonometer n.** myotonomètre m.
**myotrop** myotrope
**myovaskulär** myovasculaire

M

**Myozyt m.** myocyte m.
**Myringitis f.** myringite f.
**Myringoplastik f.** myringoplastie f.
**Myringostomie f.** myringostomie f.
**Myringotom n.** myringotome f.
**Myringotomie f.** myringotomie f.
**Myristat n.** myristate m.
**Myristicin n.** myristicine f.
**Myristin n.** myristine f.
**Myristizismus m.** intoxication myristique f.
**Myrophin n.** myrophine f.
**Myrrhe f.** myrrhe f.
**Myrtecain n.** myrtécaïne f.
**Mysophobie f.** mysophobie f.
**Mythomanie f.** mythomanie f.
**Mytilotoxin n.** mytilotoxine f.
**Myxadenom n.** adénome myxoïde m.
**Myxoblastom n.** myxoblastome m.
**Myxochondrofibrosarkom n.** myxochondrofibrosarcome m.
**Myxochondrom n.** myxochondrome m.

**Myxochondrosarkom n.** myxochondrosarcome m.
**Myxödem n.** myxoedème m.
**myxödematös** myxcedémateux
**Myxoendotheliom n.** endothéliome myxoïde m.
**Myxofibrom n.** myxofibrome m.
**Myxofibrosarkom n.** myxofibrosarcome m.
**Myxogliom n.** gliome muqueux m.
**Myxolipom n.** myxolipome m.
**Myxom n.** myxome m.
**myxomatös** myxomateux
**Myxomatose f.** myxomatose f.
**Myxomyom n.** myxomyome m.
**Myxoneurom n.** myxonévrome m.
**Myxoneurose f.** myxonévrose f.
**Myxosarkom n.** myxosarcome m.
**Myxovirus n.** myxovirus m.
**Myxozyt m.** myxocyte m.
**Myzel n.** mycélium m.

# N

**Nabel m.**  nombril m.
**Nabelbinde f.**  bande ombilicale f.
**Nabelbruch m.**  omphalocèle f.
**Nabelhernie f.**  hernie ombilicale f.
**Nabelschnur f.**  cordon ombilical m.
**Nabelschnurblut n.**  sang du cordon m.
**Nabelschnurschere f.**  ciseaux pour couper le cordon m. pl.
**Nabelschnurvorfall m.**  procidence du cordon f.
**Nabothsches Ei n.**  oeuf de Naboth m.
**Nabumeton n.**  nabumétone m.
**Nachamputation f.**  réamputation f.
**Nachbarorgan n.**  organe voisin m.
**Nachbehandlung f.**  traitement consécutif m.
**Nachbelastung f.**  charge consécutive f.
**Nachbeobachtung f.**  suivi m.
**Nachbestrahlung f.**  irradiation consécutive f.
**Nachbild n.**  image consécutive f.
**Nachblutung f.**  hémorragie secondaire f.
**nachdenklich**  pensif
**Nachdenklichkeit f.**  préoccupation f.
**Nacherregung f.**  postdécharge f.
**Nachfolge f.**  succession f.
**nachfolgend**  subséquent
**Nachfüllpackung f.**  recharge f.
**Nachgeburt f.**  délivrance f.
**Nachgeburtsblutung f.**  hémorragie de la délivrance f.
**Nachgeburtsperiode f.**  période de la délivrance f.
**Nachgiebigkeit f.**  flexibilité f.
**Nachhinken n.**  retardement m.
**Nachhirn n.**  bulbe rachidien m.
**Nachkomme m.**  descendant m.
**Nachkommenschaft f.**  descendance f.
**Nachkondensation f.**  postcondensation f.
**Nachkur f.**  postcure f.
**Nachlassen n.**  diminution f.
**Nachlast f.**  résistance vasculaire f.
**Nachlot n.**  soudure de réparation f.

**Nachniere f.**  métanéphros m.
**Nachoperation f.**  réopération f.
**nachoperieren**  réopérer
**Nachpotential n.**  postpotentiel m.
**Nachprüfung f.**  vérification f.
**Nachreflex m.**  réflexe secondaire m.
**Nachsorge f.**  suivi de postcure m.
**Nachsorgekrankenhaus n.**  centre de soins de postcure m.
**Nachstar m.**  cataracte secondaire f.
**nachstationäre Behandlung f.**  traitement
**Nachtangst f.**  peur de la nuit f.
**Nachtarbeit f.**  travail de nuit m.
**Nachtblindheit f.**  héméralopie f.
**Nachtessersyndrom n.**  syndrome d'orexie nocturne m.
**Nachtklinik f.**  hôpital de nuit m.
**nächtlich**  nocturne
**Nachtmyopie f.**  myopie crépusculaire f.
**Nachträufeln (des Harns) n.**  goutte à goutte postmictionnel m.
**Nachtschiene f.**  attelle de nuit f.
**Nachtschmerz m.**  douleur nocturne f.
**Nachtschweiß m.**  sueur nocturne f.
**Nachtstuhl m.**  chaise percée f.
**Nachtwache f.**  garde de nuit f.
**nachuntersuchen**  faire un examen de contrôle
**Nachuntersuchung f.**  examen de contrôle m.
**Nachwehen f. pl.**  douleurs postpartales f. pl.
**Nachwirkung f.**  effet tardif m.
**Nachwuchs m.**  rejeton m.
**Nachwuchserzeugung f.**  procréation f.
**Nachwuchsgeneration f.**  jeune génération f.
**Nacken m.**  nuque f.
**Nackenrolle f.**  repose tête m.
**Nackensteife f.**  raideur de la nuque f.
**Nackenstütze f.**  support pour la nuque m.
**nackt**  nu
**Nacktheit f.**  nudité f.

**NAD (Nikotinamid-Adenin-Dinukleo-tid) n.** NAD (nicotinamideadénine-dinucléotide) m.

**Nadel f.** aiguille f.

**Nadel, chirurgische f.** aiguille de suture f.

**Nadel, Untersuchungs- f.** aiguille d'exploration f.

**Nadelbiopsie f.** biopsie à l'aiguille f.

**Nadelhalter m.** pince porte-aiguille f.

**Nadid n.** nadide m.

**Nadolol n.** nadolol m.

**Nadoxolol n.** nadoxolol m.

**Naepain n.** naépaïne f.

**naevoid** naevoïde

**Naevolipom n.** naevolipome m.

**Naevoxanthoepitheliom n.** naevo-xanthoépithéliome m.

**Naevozyt m.** cellule naevique f.

**Naevus m.** naevus m.

**Naevuszelle f.** cellule naevique f.

**Nafarelin n;** nafaréline , LHRH f.

**Nafiverin n.** nafivérine f.

**Nafomin n.** nafomine f.

**Nafoxidin n.** nafoxidine f.

**Nafronyl n.** nafronyl m.

**Naftalin n.** naphtaline f.

**Naftazon n.** naphtazone f.

**Naftifin n.** naftifine f.

**Naftypramid n.** naftypramide m.

**Nagana f.** maladie de la mouche tsé-tsé f.

**Nagel m. (anat.)** ongle m.

**Nagel, (Stift)** clou m.

**Nagel, eingewachsener m.** ongle incarné m.

**Nagelbett n.** lit de l'ongle m.

**Nagelbrüchigkeit f.** onychorrhexis m.

**Nägelebecken n.** bassin de Nägele m.

**Nägelesche Obliquität f.** obliquité du bassin de Nägele f.

**Nagelextraktionszange f.** pince pour ablation de l'ongle f.

**Nagelfalz m.** sillon latéral de l'ongle m.

**Nagelfeile f.** lime à ongles f.

**Nagelhaut f.** éponychium m.

**Nagelkauen n.** onychophagie f.

**Nagelmatrix f.** matrice unguéale f.

**nageln** clouer

**Nagelplatte f.** corps de l'ongle m.

**Nagelpuls m.** pouls capillaire sur l'ongle m.

**Nagelreiniger m.** cure-ongles m.

**Nagelschere f.** ciseaux à ongles m. pl.

**Nageltritt m.** ongle piqueté m. (vet.)

**Nagelung f.** fixation par clou f.

**Nagelwall m.** repli unguéal m.

**Nagelwurzel f.** racine unguéale f.

**Nagelzange f.** pince à ongles f.

**Nagelzieher m.** tire-clou m.

**nagen** ronger

**Nagetier n.** rongeur m.

**Nähapparat m.** appareil de suture m.

**Nahaufnahme (röntg.) f.** cliché en gros plan m.

**Nahbestrahlung f.** radiothérapie de contact f.

**nähen** coudre, faire une suture

**Nähen n.** suture f.

**Nahesehen n.** vision rapprochée f.

**Nährboden m.** milieu de culture m.

**nähren** nourrir

**nährend** nourrissant

**nahrhaft** nourrissant

**Nahrhaftigkeit f.** qualités nutritives f. pl.

**Nährklistier n.** lavement alimentaire m.

**Nährkraft f.** efficacité nutritive f.

**Nährstoff m.** substance nutritive f.

**Nahrung f.** nourriture f.

**Nahrungsaufnahme f.** ingestion de nourriture f.

**Nahrungsmittel n.** produit alimentaire m.

**Nahrungsmittelallergie f.** allergie alimentaire f.

**Nahrungsmittelentzug m.** privation de nourriture f.

**Nährwert m.** valeur nutritive f.

**Nähseide, chirurgische f.** fil de suture en soie m.

**Naht f.** couture f., suture f.

**Naht, Bleiplatten- f.** suture plaques de plomb f.

**Naht, Einzel- f.** suture point par point f.

**Naht, evertierende f.** suture en éversion f.

**Naht, fortlaufende f.** suture continue f.

**Naht, Gussenbauersche f.** suture de Gussenbauer f.
**Naht, invertierende f.** suture en inversion f.
**Naht, Knopf f.** suture en boutonnière f.
**Naht, Lembert- f.** suture de Lembert f.
**Naht, Nerven- f.** suture d'un nerf f.
**Naht, Primär- f.** suture primaire f.
**Naht, Sekundär- f.** suture secondaire f.
**Naht, Tabakbeutel- f.** suture en bourse f.
**Naht, versenkte f.** suture à points perdus f.
**Nahtinsuffizienz f.** déficience de la suture f.
**nahtlos** sans suture
**Nahtmaterial n.** matériel de suture m.
**Nalbuphin n.** nalbuphine f.
**Naled n.** naled m.
**Nalidixin n.** nalidixine f.
**Nalmexon n.** nalmexone m.
**Nalorphin n.** nalorphine f.
**Naloxan n.** naloxane m.
**Naloxon n.** naloxone f.
**Naltrexon n.** naltrexone f.
**Nandrolon n.** nandrolone f.
**Nanogramm n.** nanogramme m.
**Nanomelie f.** nanomélie f.
**Nanopartikel f.** nanoparticule f.
**Nanosomie f.** nanisme m.
**NAP (Nervenaustrittspunkt) m.** point de sortie du nerf m.
**Napfkucheniris f.** iris bombé m.
**Naphazolin n.** naphazoline f.
**Naphtalin n.** naphtaline f.
**Naphthochinon n.** naphtoquinone f.
**Naphtholat n.** naphtolate m.
**Naphtholphthalein n.** naphtolphtaléine f.
**Naphtholviolett n.** violet de naphtol m.
**Naphthonon n.** naphtonone f.
**Naphthyl n.** naphtyle m.
**Naphtidin n.** naphtidine f.
**Naphtoat n.** naphtoate m.
**Naprodoxim n.** naprodoxime m.
**Naproxol n.** naproxol m.
**Napsilat n.** napsilate m.
**Napsylat n.** napsylate m.

**Narbe f.** cicatrice f.
**narbenähnlich** d'aspect cicatriciel
**Narbenbildung f.** cicatrisation f.
**Narbenbruch m.** hernie cicatricielle f.
**Narbengewebe n.** tissu cicatriciel m.
**Narbenhernie f.** hernie cicatricielle f.
**Narbenkeloid n.** chéloïde cicatricielle f.
**Narbenkontraktur f.** contracture cicatricielle f.
**Narbenverunstaltung f.** difformité cicatricielle f.
**narbig** cicatriciel
**Narcotin n.** noscapine f.
**Narcylen n.** narcyléne m.
**Narkoanalyse f.** narcoanalyse f.
**Narkolepsie f.** narcolepsie f.
**narkoleptisch** narcoleptique
**Narkose f.** narcose f.
**Narkose, Allgemein- f.** anesthésie générale f.
**Narkose, endotracheale f.** anesthésie endotrachéale f.
**Narkoseapparat m.** appareil d'anesthésie m.
**Narkoseeinleitung f.** induction de l'anesthésie f.
**Narkoseether m.** éther pour narcose m.
**Narkosegemisch n.** mélange anesthésique m.
**Narkosemaske f.** masque d'anesthésie m.
**Narkosetiefe f.** profondeur de l'anesthésie f.
**Narkosetubus m.** tube d'anesthésie
**Narkosewagen m.** chariot d'anesthésie m.
**Narkotikum n.** narcotique m.
**narkotisch** narcotique
**Narkotiseur m.** narcotiseur m.
**narkotisieren** narcotiser
**Narzißmus m.** narcissisme m.
**narzißtisch** narcistique
**nasal** nasal
**Nase f.** nez m.
**Näseln n.** nasillement m.
**Nasenatmung f.** respiration nasale f.
**Nasenbein n.** os propre du nez m.
**Nasenbluten n.** épistaxis f.
**Nasendeformität f.** difformité du nez f.

N

**Nasenelevatorium n.** élévateur nasal m.
**Nasenflügel m.** aile du nez f.
**Nasenhöhle f.** fosse nasale f.
**Nasenknochenhautelevator m.** élévateur périostique nasal m.
**Nasenloch n.** narine f.
**Nasenmuschel f.** cornet nasal m.
**Nasennebenhöhle f.** sinus nasal m.
**Nasenplastik f.** rhinoplastie f.
**Nasenrachenraum m.** région rhinopharyngée f.
**Nasenrücken m.** dos du nez m.
**Nasensalbe f.** pommade nasale f.
**Nasenscheidewand f.** cloison nasale f.
**Nasenschiene f.** attelle nasale f.
**Nasenschleim m.** mucus nasal m.
**Nasenschleimhautpolyp m.** polype de la muqueuse nasale m.
**Nasenschlinge f.** anse nasale f.
**Nasenseptum n.** cloison nasale f.
**Nasensonde f.** sonde nasale f.
**Nasenspekulum n.** spéculum nasal m.
**Nasenspiegel m.** rhinoscope m.
**Nasenspitze f.** bout du nez m.
**Nasentamponpinzette f.** pincette à tampon nasal f.
**Nasentropfen f. pl.** gouttes pour le nez f. pl.
**Nasenwurzel f.** racine du nez f.
**Nasion n.** nasion m.
**nasoalveolär** nosoalvéolaire
**nasofrontal** nasofrontal
**nasolabial** nasolabial
**nasolakrimal** nasolacrymal
**nasookular** nasooculaire
**nasooral** nasooral
**nasopalatinal** nasopalatin
**nasopalpebral** nasopalpébral
**nasopharyngeal** nasopharyngien
**Nasopharyngitis f.** rhinopharyngite f.
**Nasopharynx m.** rhinopharynx m.
**nasotracheal** nasotrachéal
**nasoziliar** nasociliaire
**naß** mouillé
**Naßbohren n.** hydrofraisage m.
**nässen** mouiller
**Naßschleifen n.** hydromeulage m.
**nativ** natif
**Natrium n.** sodium m.
**Natrium, indigosulfonsaures n.** indigo tinedisulfonate de sodium m.

**Natriumbenzoat n.** benzoate de sodium m.
**Natriumbikarbonat n.** bicarbonate de sodium m.
**Natriumbiphosphat n.** biphosphate de sodium m.
**Natriumbisulfat n.** bisulfate de sodium m.
**Natriumbisulfit n.** bisulfite de sodium m.
**Natriumborat n.** borate de sodium m.
**Natriumbromid n.** bromure de sodium m.
**Natriumchlorid n.** chlorure de sodium m.
**Natriumdioctylsulfosukzinat n.** dioctylsulfosuccinate de sodium m.
**Natriumfluoreszein n.** fluorescéine de sodium f.
**Natriumhydroxid n.** hydroxyde de sodium m.
**Natriumhypochlorit n.** hypochlorite de sodium m.
**Natriumhyposulfit n.** hyposulfite de sodium m.
**Natriumjodid n.** iodure de sodium m.
**Natriumkakodylat n.** cacodylate de sodium m.
**Natriumkarbonat n.** carbonate de sodium m.
**Natriummolybdat n.** molybdate de sodium m.
**Natriumnitrat n.** nitrate de sodium m.
**Natriumnitrit n.** nitrite de sodium m.
**Natriumperborat n.** perborate de sodium m.
**Natriumphosphat n.** phosphate de sodium m.
**Natriumpyrophosphat n.** pyrophosphate de sodium m.
**Natriumsalizylat n.** salicylate de sodium m.
**Natriumsulfat n.** sulfate de sodium m.
**Natriumthiosulfat n.** thiosulfate de sodium m.
**natriumverlierend** perdant du sodium
**Natriumzitrat n.** citrate de sodium m.
**Natriurese f.** natriurèse f.
**natriuretisch** natriurique
**Natron, doppeltkohlensaures n.** bicarbonate de soude m.

**Natron, kaustisches n.**   soude caustique f.
**Natronkalk n.**   chaux sodée f.
**Natronlauge f.**   lessive de soude f.
**Naturarznei f.**   médicament naturel m.
**naturgemäß**   conforme à la nature
**Naturgesetz n.**   loi naturelle f.
**Naturheilkunde f.**   médecine naturiste f.
**Naturheilkundige f.**   médecin naturopathe m.
**Naturheilkundiger m.**   médecin naturopathe m.
**natürlich**   naturel
**Naturwissenschaft f.**   sciences naturelles f. pl.
**Naupathie f.**   mal de mer m.
**Nausea f.**   nausée f.
**navikular**   naviculaire
**Nebel m.**   brume f.
**Nebel mit Rauch m.**   brouillard avec fumée m.
**Nebel, dichter m.**   brouillard épais m.
**Nebelfieber m.**   fièvre dûe au froid humide f.
**Nebenbefund m.**   observation accessoire f.
**Nebenhoden m.**   épididyme m.
**Nebenhöhle, Nasen- f.**   sinus nasal m.
**Nebenleitung f.**   shunt m.
**Nebenniere f.**   glande surrénale f.
**Nebennierenblutung f.**   hémorragie surrénale f.
**Nebennierenentfernung f.**   surrénalectomie f.
**Nebenniereninsuffizienz f.**   insuffisance surrénalienne f.
**Nebennierenmark n.**   médullosurrénale f.
**Nebennierenrinde f.**   corticosurrénale f.
**Nebennierenrindenhormon n.**   hormone corticosurrénale f.
**Nebennierenrindenüberfunktion f.**   hyperfonction corticosurrénale f.
**Nebennierenrindenunterfunktion f.**   hypocorticisme m.
**Nebenreaktion f.**   réaction secondaire f.
**Nebenschilddrüse f.**   glande parathyroïde f.

**Nebenschilddrüsenextrakt m.**   extrait parathyroïdien m.
**Nebenschluß m.**   shunt m.
**Nebenschlußreaktion f.**   effet shunt m.
**Nebenwirkung f.**   effet secondaire m.
**Nebenwirt m.**   hôte paraténique m.
**Nebidrazin n.**   nébidrazine f.
**Necator americanus m.**   Necator americanus m.
**Nedocromil n.**   nédocromil m.
**Neenzephalon n.**   néencéphale m.
**Negation f.**   négation f.
**negativ**   négatif
**Negativismus m.**   négativisme m.
**Negrisches Körperchen n.**   corps de Negri m. pl.
**Nehbsches Dreieck n.**   dérivation ECG de Nehb f.
**Neigung f.**   inclinaison f., tendance f.
**Nekrobiose f.**   nécrobiose f.
**nekrobiotisch**   nécrobiotique
**Nekrolyse f.**   nécrolyse f.
**nekrolytisch**   nécrolytique
**nekrophil**   nécrophile
**Nekrophilie f.**   nécrophilie f.
**Nekropsie f.**   nécropsie f.
**Nekrose f.**   nécrose f.
**Nekrospermie f.**   nécrospermie f.
**nekrotisch**   nécrotique
**nekrotisieren**   nécroser
**Nekrotomie f.**   nécrotomie f.
**Nélatonkatheter m.**   cathéter de Nélaton m.
**Nélatonsche Linie f.**   ligne de Nélaton f.
**Nelkenöl n.**   essence de girofle f.
**Nelson-Test m.**   test de Nelson m.
**Nemalin n.**   némaline f.
**Nemathelminth m.**   némathelminthe m.
**Nematode m.**   nématode m.
**Nematodenbefall m.**   affection par nématodes f.
**Nennwert m.**   valeur nominale f.
**Neoantigen n.**   néoantigène m.
**Neoarsphenamin n.**   novarsénobenzol m.
**Neodym n.**   néodymium m.
**Neogenese f.**   néogenèse f.
**Neohexaose f.**   néohexaose m.
**neokortikal**   néocortical
**Neologismus m.**   néologisme m.

Neon n. néon m.
neonatal néonatal
Neonatologie f. néonatologie f.
neonatologisch néonatologique
Neophobie f. néophobie f.
Neoplasie f. néoplasie f.
Neoplasma n. néoplasme m.
neoplastisch n. néoplastique
Neopterin n. néoptérine f.
Neostigmin n. néostigmine f.
Neostomie f. néostomie f.
neostriatal néostriatal
Neostriatum n. néostriatum m.
Neotenie f. néoténie f.
Neotetraose f. néotétraose m.
Neothalamus m. néothalamus m.
Nephalometer n. néphalomètre m.
Nephalometrie f. néphalométrie f.
nephalometrisch néphalométrique
Nephelopsie f. néphélopsie f.
Nephrektomie f. néphrectomie f.
nephrektomieren néphrectomiser
Nephritis f. néphrite f.
Nephritis mit nephrotischem Einschlag
  f. néphrosonéphrite f.
nephritisch néphritique
Nephroblastom n. néphroblastome
  m.
nephrogen néphrogène
Nephrographie f. néphrographie f.
Nephrokalzinose f. néphrocalcinose f.
Nephrokapsektomie f. exérèse du rein
  et de la capsule rénale f.
Nephrolithiasis f. lithiase rénale f.
Nephrologe m. néphrologue m.
Nephrologie f. néphrologie f.
Nephrologin f. néphrologue f.
nephrologisch néphrologique
Nephron n. néphron m.
Nephronophthise f. néphronophthise
  f.
Nephropathie f. néphropathie f.
Nephropexie f. néphropexie f.
nephroprotektiv néphroprotecteur
Nephroptose f. néphroptose f.
Nephrose f. néphrose f.
Nephrosklerose f. néphrosclérose f.
nephrosklerotisch néphrosclérotique
Nephrostomie f. néphrostomie f.
nephrotisch néphrotique
Nephrotomie f. néphrotomie f.
nephrotoxisch néphrotoxique

Nephrotoxizität f. néphrotoxicité f.
nephrotrop néphrotrope
Nephroureterektomie f. néphro-uré-
  térectomie f.
Neptunium n. neptunium m.
Nerium n. nérium m.
Nerv m. nerf m.
nerval nerveux
Nervenaustritt m. sortie du nerf f.
Nervenbahn f. voie nerveuse f.
Nervendehnung f. élongation d'un
  nerf f.
Nervenendigung f. terminaison ner-
  veuse f.
Nervenfaser f. fibre nerveuse f.
Nervenfieber f. fièvre typhoïde f.
Nervengewebe n. tissu nerveux m.
Nervengift n. neurotoxine f.
Nervenkanalerweiterer m. élargisseur
  du canal de passage du nerf m.
nervenkrank neuropathique
Nervenkrankheit f. maladie nerveuse
  f.
Nervenleiden n. névropathie f.
nervenleidend névropathe
Nervenleitgeschwindigkeit f. vitesse
  de transmission nerveuse f.
Nervennaht f. neurorraphie f., suture
  d' un nerf f.
Nervenplastik f. neuroplastie f.
Nervenreizung f. stimulation nerveuse
  f.
Nervenschmerz m. neuralgie f.
Nervenschock m. choc nerveux m.
Nervenschwäche f. neurasthénie f.
Nervenstamm m. tronc nerveux m.
Nervensystem m. système nerveux m.
Nervensystem, vegetatives n. système
  nerveux autonome m., système nerv-
  eux végétatif m.
Nervenwachstumsfaktor m. facteur
  de croissance des cellules nerveuses
  (NGF) m.
Nervenwurzel f. racine d'un nerf f.
Nervenwurzelreizung f. radiculite f.
Nervenzelle f. cellule nerveuse f.
Nervenzentrum n. centre nerveux m.
Nervenzusammenbruch m. épuise-
  ment nerveux m.
Nervnadel f. aiguille neurologique f.
Nervon n. nervone f.
nervös nerveux

**Nervosität f.**  nervosité f.
**Nervus m.**  nerf m.
**Nervus abducens m.**  nerf moteur oculaire externe m.
**Nervus accelerans m.**  nerf cardiaque sympathique accélérateur m.
**Nervus acusticus m.**  nerf auditif m.
**Nervus cochlearis m.**  nerf cochléen m.
**Nervus facialis m.**  nerf facial m.
**Nervus femoralis m.**  nerf crural m.
**Nervus genitofemoralis m.**  nerf génitocrural m.
**Nervus glossopharyngeus m.**  nerf glossopharyngien m.
**Nervus hypoglossus m.**  nerf grand hypoglosse m.
**Nervus iliohypogastricus m.**  nerf iliohypogastrique m.
**Nervus ilioinguinalis m.**  nerf petit abdominoscrotal m.
**Nervus infraorbitalis m.**  nerf sousorbitaire m.
**Nervus intercostalis m.**  nerf intercostal m.
**Nervus intermedius m.**  nerf intermédiaire de Wrisberg m.
**Nervus ischiadicus m.**  nerf grand sciatique m.
**Nervus medianus m.**  nerf médian m.
**Nervus obturatorius m.**  nerf obturateur m.
**Nervus oculomotorius m.**  nerf moteur oculaire commun m.
**Nervus olfactorius m.**  nerf olfactif m.
**Nervus opticus m.**  nerf optique m.
**Nervus peronaeus m.**  nerf péronier m.
**Nervus phrenicus m.**  nerf phrénique m.
**Nervus radialis m.**  nerf radial m.
**Nervus recurrens m.**  nerf récurrent du pneumogastrique m.
**Nervus splanchnicus m.**  nerf splanchnique m.
**Nervus sympathicus m.**  nerf grand sympathique m.
**Nervus tibialis m.**  nerf sciatique poplité interne avec le nerf tibial postérieur m.
**Nervus trigeminus m.**  nerf trijumeau m.
**Nervus trochlearis m.**  nerf pathétique m.

**Nervus ulnaris m.**  nerf cubital m.
**Nervus vagus m.**  nerf pneumogastrique m.
**Nervus vestibulocochlearis m.**  nerf vestibulocochléaire m.
**Nesidioblastom n.**  nésidioblastome m.
**Nesselsucht f.**  urticaire f.
**Netilmycin n.**  nétilmicine f.
**Netz (electr.) n.**  secteur m.
**Netz (med.) n.**  épiploon m.
**Netzanheftung f.**  omentopexie f.
**Netzanschluß m.**  branchement m.
**netzartig**  réticulaire
**Netzeinklemmung f.**  incarcération épiploïque f.
**netzförmig**  réticuliforme
**Netzhaut f.**  rétine f.
**Netzhautablösung f.**  décollement de la rétine m.
**Netzhautangiomatose f.**  angiomatose de la rétine de von Hippel f.
**Netzhautbild n.**  image rétinienne f.
**Netzhernie f.**  hernie épiploïque f.
**Netzkabel m.**  cable de secteur m.
**Netzmittel n.**  produit humidifiant m.
**Netzplastik f.**  omentoplastie f.
**Netzstecker m.**  prise de secteur f.
**Neubildung f.**  néoformation f.
**neugeboren**  venant de naitre
**Neugeborenenbettchen n.**  petit lit du nouveau-né m.
**Neugeborenendiabetes m.**  diabète néonatal m.
**Neugeborenenikterus m.**  ictère néonatal m.
**Neugeborenenperiode f.**  période néonatale f.
**Neugeborenes n.**  nouveau-né m.
**Neugedächtnis n.**  mémoire à court terme m.
**Neugrad m.**  grade m.
**neural**  neural
**Neuralgie f.**  névralgie f.
**neuralgiform**  névralgique
**neuralgisch**  névralgique
**Neuralleiste f.**  crête neurale f.
**Neuralplatte f.**  plaque neurale f.
**Neuralrinne f.**  sillon neural m.
**Neuralrohr n.**  tube neural m.
**Neuralsegment n.**  segment nerveux m.

Neuralwulst m. renflement netveux m.
Neuraminidase f. neuraminidase f.
Neurapraxie f. neurapraxie f.
Neurasthenie f. neurasthénie f.
Neurastheniker m. neurasthénique m.
Neurasthenikerin f. neurasthénique f.
neurasthenisch neurasthénique
neuraxonal cylindraxile
Neurektomie f. névrectomie f.
Neurilemm n. gaine de Schwann f.
Neurin n. neurine f.
Neurinom n. neurinome m.
Neurit m. neurite m.
Neuritis f. névrite f.
Neuritis nervi optici f. névrite optique f.
Neuritis, alkoholische f. névrite alcoolique f.
Neuritis, diphtherische f. névrite diphtérique f.
Neuritis, retrobulbäre f. névrite rétrobulbaire f.
neuritisch névritique
Neuroblast m. neuroblaste m.
Neuroblastom n. neuroblastome m.
Neurochirurg m. neurochirurgien m.
Neurochirurgie f. neurochirurgie f.
neurochirurgisch neurochirurgical
Neurodermatitis f. lichen simplex m.
Neurodermatose f. neurodermatose f.
Neurodermitis f. neurodermatite f.
Neurodystrophie f. neurodystrophie f.
neurodystrophisch neurodystrophique
neuroektodermal neuroectodermique
neuroendokrin neuroendocrinien
Neuroendokrinium n. neuroendocrinium m.
Neuroendokrinologie f. neuroendocrinologie f.
neuroenterochordal neuroentérochordal
Neuroepithel n. neuroépithélium m.
neuroepithelial neuroépithélial
Neuroepitheliom n. neuroépithéliome m.
neurofibrillär neurofibrillaire
Neurofibrille f. neurofibrille f.
Neurofibrom n. neurofibrome m.

Neurofibromatose f. neurofibromatose f.
Neurofibrosarkom n. neurofibrosarcome m.
Neurofilament n. neurofilament m.
neurogen neurogène
Neuroglia f. névroglie f.
Neurogliom n. neurogliome m.
Neurogliomatose f. neurogliomatose f.
Neurogliozytom n. neurogliocytome m.
Neurographie f. neurographie f.
Neurohormon n. hormone neurocrine f.
neurohormonal neurohormonal
neurohumoral neurohumoral
neurohypophysär neurohypophysaire
Neurohypophyse f. neurohypophyse f.
Neuroimmunologie f. neuro-immunologie f.
neuroimmunologisch neuro-immunologique
neuroinsulär neuro-insulaire
Neurokeratin n. neurokératine f.
Neurokinin n. neurokinine f.
neurokutan neurocutané
Neurolabyrinthitis f. neurolabyrinthite f.
Neurolemm n. neurilecnme f.
Neuroleptanalgesie f. neuroleptanalgésie f.
Neuroleptanästhesie f. neuroleptanalgésie f.
Neuroleptikum n. neuroleptique m.
neuroleptisch neuroleptique
Neurologe m. neurologue m.
Neurologie f. neurologie f.
Neurologin f. neurologue f.
neurologisch neurologique
Neurolues f. neurosyphilis f.
Neurolyse f. neurolyse f.
Neurom n. névrome m.
Neuromikrochirurgie f. neuromicrochirurgie f.
neuromikrochirurgisch neuromicrochirurgical
neuromuskulär neuromusculaire
Neuromyelitis f. neuromyélite f.
Neuromyositis f. neuromyosite f.
Neuron n. neurone m.

Neuron, motorisches n.   neurone moteur m.

Neuron, sensorisches n.   neurone sensitif m.

neuronal   neuronal

Neuronitis f.   polyneuroradiculoganglionite f.

Neuronophagie f.   neuronophagie f.

Neuroophtalmologie f.   neuroophtalmologie f.

Neurootologie f.   neurootologie f.

Neuropapillitis f.   neuropapilite f.

Neuroparalyse f.   neuroparalysie f.

neuroparalytisch   neuroparalytique

Neuropath m.   névropathe m.

Neuropathie f.   neuropathie f.

Neuropathin f.   névropathe f.

neuropathisch   neuropathique

Neuropathologie f.   neuropathologie f.

neuropathologisch   neuropathologique

Neuropeptid n.   neuropeptide m.

Neuropharmakologie f.   neuropharmacologie f.

Neurophonie f.   délire des aboyeurs m.

Neurophrenie f.   neurophrénie f.

Neurophysin n.   neurophysine f.

Neurophysiologie f.   neurophysiologie f.

neurophysiologisch   neurophysiologique

Neuropilem m.   neuropile m.

Neuroplasma n.   neuroplasme m.

Neuroplegikum n.   neuroplégique m.

neuroplegisch   neuroplégique

Neuroporus m.   neuropore m.

Neuropsychiatrie f.   neurospychiatrie f.

Neuropsychopharmakologie f.   neuropsychopharmacologie f.

Neuroradiologie f.   neuroradiologie f.

neuroradiologisch   neuroradiologique

Neuroretinitis f.   neurorétinite f.

Neurorezeptor m.   neurorécepteur m.

Neurose f.   névrose f.

Neurosekretion f.   neurosécrétion f.

neurosekretomotorisch   neurocrinomoteur

neurosekretorisch   neurosécrétoire

Neurosom n.   neurosome m.

Neurospora f.   neurospore m.

Neurostimulation f.   neurostimulation f.

Neurosyphilis f.   neurosyphilis f.

neurosyphilitisch   neurosyphilitique

Neurotensin n.   neurotensine f.

Neurotiker m.   névrosé m.

Neurotikerin f.   névrosée f.

neurotisch   névropathique

Neurotmesis f.   neurotmésis f.

Neurotomie f.   neurotomie f.

Neurotoxin n.   neurotoxine f.

neurotoxisch   neurotoxique

Neurotransducer m.   neurotransducteur m.

Neurotransmission f.   neurotransmission f.

Neurotransmitter m.   neurotransmetteur m.

neurotrop   neurotrope

neurotroph   neurotrophique

Neurotrophie f.   neurotrophie f.

Neurotropie f.   neurotropisme m.

Neurotubulus m.   neurotubule m.

Neurovakzine f.   neurovaccine f.

neurovaskulär   neurovasculaire

neurovegetativ   neurovégétatif

neuroviszeral   neuroviscéral

neurozirkulatorisch   neurocirculatoire

Neurozyt m.   neurone m.

Neurula f.   neurula f.

Neusilber n.   maillechort m.

neutral   neutre

Neutralbiß m.   occlusion normale f.

Neutralfett n.   corps gras neutre m.

neutralisieren   neutraliser

Neutralisierung f.   neutralisation f.

Neutralrot n.   rouge neutre m.

Neutramycin n.   neutramycine f.

Neutrino n.   neutrino m.

Neutron n.   neutron m.

Neutropenie f.   neutropénie f.

neutropenisch   neutropénique

neutrophil   neutrophile

neutrophiler Leukozyt m.   neutrophile m.

Neutrophilie f.   neutrophilie f.

Neutrozyt m.   neutrocyte m.

Neutrozytose f.   neutrocytose f.

Nevritis, retrobulbäre f.   névrite rétrobulbaire f.

Newcastle-Krankheit f.   maladie de Newcastle f.

Newton (N) n.   newton (N) m.
Newtonscher Ring m.   anneau de Newton m.
Nexin n.   nexine f.
Nialamid n.   nialamide m.
Niaprazin n.   niaprazine f.
Nicametat n.   nicamétate m.
Nicardipin n.   nicardipine f.
Nicergolin n.   nicergoline f.
Niceverin n.   nicévérine f.
nicht lebensfähig   non-viable
nicht resezierbar   pas de résection possible
nicht reversibel   non-réversible
nicht tastbar   non-palpable
nicht unterdrückbar   non-supprimable
nichtanginös   non-angineux
nichteitrig   non-purulent
nichtidentisch   non-identique
Nichtigkeitswahn m.   psychose nihiliste f.
nichtinfarziert   sans infarctus
nichtinvasiv   non-invasif
Nichtleiter m.   non-conducteur m.
nichtlinear   non-linéaire
Nichtmetall n.   métalloïde m.
Nichtraucher m.   non-fumeur m.
Nichtraucherin f.   non-fumeuse f.
nichtsedierend   non-sédatif
nichtspezifisch   non-spécifique
nichtsteroidal   non-stéroïdien
nichttropisch   non-tropical
nichtvenerisch   non-vénérien
nichtverestert   non-estérifié
Nickel n.   nickel m.
Nickkrampf m.   tic de salaam m.
Niclosamin n.   niclosamine f.
Nicoclonat n.   nicoclonate m.
Nicocortonid n.   nicocortonide m.
Nicofuranose n.   nicofuranose f.
Nicofurat n.   nicofurate m.
Nicolsches Prisma n.   prisme de Nicol m.
Nicomorphin n.   nicomorphine f.
Niconazol n.   niconazole m.
Nicothiazon n.   nicothiazone f.
Nictindol n.   nictindole m.
Nidation f.   nidation f.
Nidroxyzon n.   nidroxyzone f.
Niederdruck m.   basse pression f.
Niederfrequenz f.   basse fréquence f.
Niederkunft f.   accouchement m.

niedermolekular   de basse molécularité
niederschlagen   précipiter
Niederspannung f.   faible voltage m.
Niedervolt-Röntgentherapie f.   roentgenthéraphie à faible tension f.
Niednagel m.   envie f.
Niemann-Picksche Krankheit f.   maladie de Niemann-Pick f.
Niere f.   rein m.
Niere, künstliche f.   rein artificiel m.
Nierenbank f.   banque d'organes: reins f.
Nierenbecken n.   bassinet m.
Nierenbeckenausgußstein m.   calcul en bois de cerf m.
Nierenbiopsie f.   biopsie rénale f.
Nierendekapsulation f.   décortication du rein f.
Nierenentfernung f.   néphrectomie f.
Nierenfunktionsprüfung f.   test de fonction rénale m.
Nierengrieß m.   gravelle f.
Nierenkolik f.   colique néphrétique f.
Nierenkrankheit f.   maladie du rein f.
Nierenlager n.   loge rénale f.
Nierenschaden m.   lésion rénale f.
Nierenschale f.   haricot m.
Nierenstein m.   calcul rénal m.
Nierentuberkulose f.   tuberculose rénale f.
Nierenversagen n.   insuffisance rénale f.
niesen   éternuer
Niesen n.   éternuement m.
Nieswurz f.   hellébore m.
Nifedipin n.   nifédipine f.
Nifenazon n.   nifénazone f.
nigrostriär   nigrostrié
Nihilismus m.   nihilisme m.
Nikethamid n.   nikéthamide m.
Nikonazol n.   niconazole m.
Nikotin n.   nicotine f.
Nikotinamid n.   nicotinamide m.
Nikotinamid-Adenin-Dinukleotid n.   nicotinamide adénine dinucléotide (NAD) m.
Nikotinat n.   nicotinate m.
Nikotinoyl n.   nicotinoyle m.
Nikotinsäureamid n.   nicotinamide m.
Nikotinsäuresalz n.   nicotinate m.

**Nikotinvergiftung f.**  intoxication nicotinique f.
**Niktitation f.**  nictitation f.
**Niludipin n.**  niludipine f.
**Nimesulid n.**  nimésulide m.
**Nimidan n.**  nimidane m.
**Nimodipin n.**  nimodipine f.
**Nimorazol n.**  nimorazole m.
**Nimustin n.**  nimustine f.
**Niob n.**  niobium m.
**Niprofazon n.**  niprofazone f.
**Niridazol n.**  niridazole m.
**Nische f.**  niche f.
**Nisobamat n.**  nisobamate m.
**Nisoldipin n.**  nisoldipine f.
**Nisoxetin n.**  nisoxétine f.
**Nisse f.**  lente f.
**Nisslsches Körperchen n.**  corps de Nissl m.
**Nitabuch-Streifen m.**  strie de Nitabuch f.
**Nitacrin n.**  nitacrine f.
**Nitarson n.**  nitarsone f.
**Nitavirus n.**  nitavirus m.
**Nitazoxanid n.**  nitazoxanide m.
**Niträmie f.**  nitrémie f.
**Nitramin n.**  nitramine f.
**Nitramisol n.**  nitramisol m.
**Nitrat n.**  nitrate m.
**Nitrazepat n.**  nitrazépate m.
**Nitrendipin n.**  nitrendipine f.
**Nitrid n.**  nitride m.
**Nitrifikation f.**  nitrification f.
**nitrifizieren**  nitrifier
**Nitril n.**  nitrile m.
**Nitrit n.**  nitrite m.
**Nitroalkyl n.**  nitroalkyle m.
**Nitroanilin n.**  nitroaniline f.
**Nitroaryl n.**  nitroaryle m.
**Nitrobenzol n.**  nitrobenzène m.
**Nitrobenzylthioinosin n.**  nitrobenzyl-thio-inosine f.
**Nitroblau n.**  nitrobleu m.
**Nitrocholin n.**  nitrocholine f.
**Nitrofuran n.**  nitrofurane m.
**Nitrofurantoin n.**  nitrofurantoïne f.
**Nitrofurazon n.**  nitrofurazone m.
**Nitroglyzerin n.**  nitroglycérine f.
**Nitroimidazol n.**  nitroïmidazole m.
**Nitromannit**  mannitol hexanitrate m.
**Nitrophenol n.**  nitrophénol m.
**Nitroprussid n.**  nitroprusside m.

**Nitroreduktase f.**  nitroréductase f.
**nitros**  nitreux
**Nitrosamin n.**  nitrosamine f.
**Nitrosoharnstoff m.**  nitrosourée f.
**Nitrostigmin n.**  nitrostigmine f.
**Niveau n.**  niveau m.
**Niveaubett n.**  lit réglable m.
**Nizatidin n.**  nizatidine f.
**Nizofenon n.**  nizofénone f.
**NLA (Neuroleptanalgesie) f.**  neuroleptanalgésie f.
**NNH (Nasennebenhöhlen) f. pl.**  cavités pneumatiques paranasales f. pl.
**NNR (Nebennierenrinde) f.**  corticosurrénale f.
**Nobelium n.**  nobélium m.
**Nobelpreis m.**  prix Nobel m.
**Nocardia f.**  Nocardia f.
**Nocardiose f.**  nocardiose f.
**nozizeptiv**  nociceptif
**Nozizeptor m.**  stimulus nociceptif m.
**Nocodazol n.**  nocodazole m.
**nodal**  nodal
**Nodoc n.**  nodoc m.
**nodoventrikulär**  nodoventriculaire
**nodulär**  nodulaire
**noëtisch**  noétien
**Nofecainid n.**  nofécaïnide m.
**Noguchia f.**  Noguchia f.
**Noguchia granulosis f.**  Bacterium granulosis m.
**Noktambulismus m.**  noctambulisme m.
**Noma n.**  noma m.
**Nomenklatur f.**  nomenclature f.
**Nomogramm m.**  nomogramme m.
**nomothetisch**  nomothétique
**nomotrop**  nomotrope
**Nonapeptid n.**  nonapeptide m.
**Nonaperon n.**  nonapérone f.
**Nonapyrimin n.**  nonapyrimine f.
**Nonivamid n.**  nonivamide m.
**Nonne-Apeltsche Reaktion f.**  réaction de Nonne-Apelt f.
**Nonnensausen n.**  bruit veineux de nonnes m.
**Nonoxinol n.**  nonoxynol m.
**Noopsyche f.**  noopsyché f.
**nootrop**  nootrope
**nootropes Mittel n.**  produit nootrope m.

**N**

**Noracimethadol n.** noraciméthadol m.
**Noradrenalin n.** noradrénaline f.
**Noramidopyrin n.** noramidopyrine f.
**Norandrostenolon n.** norandrosténolone f.
**Noräthandrolon n.** noréthandrolone f.
**Norboleton n.** norbolétone f.
**Norbornen n.** norbornène m.
**Norbudrin n.** norbudrine f.
**Norcodein n.** norcodéine f.
**Nordirion n.** nordinone f.
**Norephedrin n.** noréphédrine f.
**Norepinephrin n.** norépinéphrine f.
**Norethandrolon n.** noréthandrolone f.
**Norethiridron n.** noréthindrone f.
**Norethisteron n.** noréthistérone f.
**Norgestimat n.** norgestimate m.
**Norleucin n.** norleucine f.
**Norm f.** norme f.
**normal** normal
**Normalbiß m.** normocclusion f.
**normalisieren** normaliser
**Normalisierung f.** normalisation f.
**Normalität f.** normalité f.
**Normalmaß n.** étalon m.
**Normalsichtigkeit f.** emmétropie f.
**Normalwert m.** valeur normale f.
**normergisch** normergique
**Normethadon n.** norméthadone f.
**Normoblast m.** normoblaste m.
**normochrom** normochrome
**Normochromasie f.** normochromasie f.
**Normochromie f.** normochromie f.
**normoglykämisch** normoglycémique
**Normorphin n.** normorphine f.
**Normospermie f.** normospermie f.
**Normothermie f.** normothermie f.
**normothermisch** normothermique
**normoton** normotensif
**Normovolämie f.** normovolémie f.
**normoxisch** normoxique
**Normozyt n.** normocyte m.
**Normwert m.** valeur normale de référence f.
**Norpipanon n.** norpipanone f.
**Norprogesteron n.** norprogestérone f.
**Norpseudoephedrin n.** norpseudoéphédrine f.

**Nortestosteron n.** nortestostérone f.
**Nortriptylin n.** nortriptyline f.
**Noscapin n.** noscapine f.
**Nosematose f.** nosémose f.
**Nosiheptid n.** nosiheptide m.
**nosokomial** nosocomial
**Nosologie f.** nosologie f.
**nosologisch** nosologique
**Not f.** nécessité urgente f.
**Notarzt m.** médecin des urgences m.
**Notärztin f.** médecin des urgences m.
**Notarztwagen m.** ambulance médicalisée f. (SAMU) m.
**Notatin n.** notatine f.
**Notenblindheit f.** cécité musicale f.
**Notfallbesteck n.** trousse d'urgence f.
**Notfallchirurgie f.** chirurgie d'urgence f.
**Notfallendoskopie f.** endoscopie d'urgence f.
**Notfallmedizin f.** médecine des urgences f.
**Notfallversorgung f.** soins d'urgence m. pl.
**Notlage f.** situation d'urgence f.
**Notverband m.** pansement d'urgence m.
**Notzucht f.** viol m.
**Noxe f.** agent nocif m.
**Noxiptilin n.** noxiptiline f.
**NSAR (nichtsteroidales Antirheumatikum) n.** antirhumatismal non-stéroïdien m.
**NSE (neuronenspezifische Enolase) f.** énolase spécifique des neurones f.
**NSILA (nicht unterdrückbare insulinartige Aktivität) f.** NSILA (nonsuppressible insulinlike activity) f.
**Nubecula f.** effet de nébulosité m.
**nuchal** nucal
**nüchtern (mit leerem Magen)** à jeun
**nüchtern (nicht trunken)** sobre
**Nüchternblutzucker m.** glycémie à jeun f.
**Nucleon n.** nucléon m.
**Nucleus caudatus m.** noyau caudé m.
**Nuclotixen n.** nuclotixène m.
**Nudophobie f.** phobie de la nudité f.
**Nuhnsche Drüse f.** glande de Nuhn f.
**nukleär** nucléaire
**nuklearmedizinisch** de médecine nucléaire

Nuklease f.   nucléase f.
Nuklein n.   nucléine f.
Nukleinat n.   nucléinate m.
Nukleoalbumin n.   nucléoalbumine f.
Nukleohiston n.   nucléohistone f.
nukleoid   nucléoïde
Nukleoid n.   nucléoïde m.
Nukleokapsid n.   nucléocapside f.
nukleolär   nucléolaire
Nukleolonema n.   nucléolonème m.
Nukleolus m.   nucléole m.
Nukleolyse f.   nucléolyse f.
Nukleon n.   nucléon m.
nukleophil   nucléophile
Nukleophosphatase f.   nucléotidase f.
Nukleoplasma n.   nucléoplasme m.
Nukleoproteid n.   nucléoprotéine f.
Nukleoprotein n.   nucléoprotéine f.
Nukleosid n.   nucléoside m.
Nukleosidase f.   nucléosidase f.
Nukleosom n.   nucléosome m.
Nukleotid n.   nucléotide m.
Nukleotidase f.   nucléotidase f.
Nukleotidyltransferase f.   nucléotide
   transférase f.
Nuklid n.   nuclide m.
Null f.   zéro m.
Nullipara f.   nullipare f.
Nullisomie f.   nullisomie f.
Nullpunktabweichung f.   erreur au
   point zéro f.
Nullpunkteinstellung f.   réglage du
   point zéro m.
Nullstrich m.   ligne zéro f.
Nullzelle f.   cellule lymphoïde nulle f.
nummulär   nummulaire
Nußgelenk n.   articulation orbiculaire
   f.

nutritionell   nutritionnel
nutritiv   nutritif
Nutzlast f.   charge utile f.
Nutzstrahlenbündel n.   faisceau de ra-
   diation utile m.
Nux vomica f.   noix vomique f.
Nyktalopie f.   nyctalopie f.
Nyktometer n.   nyctomètre m.
Nyktometrie f.   nyctométrie f.
nyktometrisch   nyctométrique
Nykturie f.   nycturie f.
Nylandersche Probe f.   mise en évi-
   dence de glucosurie d'après Nylander
   f.
Nylidrin n.   nylidrine f.
nympholabial   nympholabial
Nymphomanie f.   nymphomanie f.
nystagmogen   nystagmogène
Nystagmogramm n.   nystagmo-
   gramme m.
Nystagmograph m.   nystagmographe
   m.
Nystagmographie f.   nystagmographie
   f.
nystagmographisch   nystagmogra-
   phique
Nystagmus m.   nystagmus m.
Nystagmus, Bergmanns- m.   nystagmus des mineurs m.
Nystagmus, Fixation- m.   nystagmus
   optocinétique m.
Nystagmus, Pendel- m.   nystagmus
   pendulaire m.
Nystagmus, rotatorischer m.   nystagmus rotatoire m.
Nystagmus, Ruck- m.   nystagmus saccadé m.
Nystatin n.   nystatine f.

**N**

# O

**OAF (Osteoklastenaktivierender Faktor)m.** facteur d'activation des ostéoclastes m.
**o.B. (ohne Befund)** sans particularités
**O-Bein n.** jambe arquée f., genu varum m.
**Obduktion f.** autopsie f.
**Obduktionsbesteck n.** matériel d'autopsie m.
**obduzieren** autopsier
**Obelion n.** obélion m.
**Oberarm m.** bras m.
**Oberarzt m.** chef de clinique m.
**Oberärztin f.** chef de clinique m.
**Oberbauch m.** épigastre m.
**Oberfläche f.** surface f.
**Oberfläche, auf der – schwimmend** sur nageant
**oberflächenaktiv** actif en surface
**Oberflächenanästhesie f.** anesthésie superficielle f.
**Oberflächenantigen n.** antigène de surface m.
**Oberflächenspannung f.** tension de surface f.
**Oberflächentemperatur f.** température superficielle f.
**Oberflächentherapie f.** traitement de surface f.
**oberflächlich** superficiel
**Oberhaut f.** épiderme m.
**Oberin f.** infirmière chef du personnel soignant f.
**Oberkiefer m.** mâchoire supérieure f.
**Oberkiefer-Teilprothese f.** prothèse partielle supérieure
**Oberkiefer-Vollprothese f.** prothèse totale supérieure f.
**Oberkörper m.** partie supérieure du corps f.
**Oberlappen m.** lobe supérieur m.
**Obermayersche Probe f.** test d'Obermayer m.
**Oberpfleger m.** infirmier chef m.
**Oberschenkel m.** cuisse f.
**Oberschenkelbruch m.** fracture du fémur f.

**Oberschwester f.** infirmière chef f.
**Obertischröntgenaufnahme f.** radiographie sur plaque f.
**Oberton m.** son dominant m.
**Obex m.** obex m.
**Obidoxim n.** obidoxime m.
**Objekt n.** objet m.
**Objektbesetzung f.** investissement de l'objet m.
**Objektebene f.** plan de l'objet m.
**objektiv** objectif
**Objektiv n.** objectif m.
**Objektträger m.** lame (porte-objet) f.
**Objektträgerpinzette f.** pince de Cornet f.
**Objektverlust m.** perte d'objet (psych.) f.
**Objektwahl f.** choix de l'objet m.
**Oblativität f.** oblativité f.
**Obliteration f.** oblitération f.
**obliterieren** oblitérer
**Oblongata f.** medulla oblongata f.
**obsolet** obsolète
**Obstipation f.** constipation f.
**obstipiert** constipé
**Obstruktion f.** obstruction f.
**obstruktiv** obstructif
**Obturation f.** obturation f.
**Obturator m.** obturateur m.
**Obtusion f.** obtusion f.
**Ochratoxin f.** ochratoxine f.
**Ochronose f.** ochronose f.
**Ocker n.** ocre m.
**Ocrase f.** ocrase f.
**Ocrilat n.** ocrilate m.
**Octabenzon n.** octabenzone f.
**Octamylamin n.** octamylamine f.
**Octan n.** octane m.
**Octana f.** fièvre octane f.
**Octanoat n.** octanoate m.
**Octastin n.** octastine f.
**Octatropin n.** octatropine f.
**Octaverin n.** octavérine f.
**Octazamid n.** octazamide m.
**Octenidin n.** octénidine f.
**Octocrilen n.** octocriléne m.
**Octodrin n.** octodrine f.

Octopamin n. octopamine f.
Octotiamin n. octotiamine f.
Octriptylin n. octriptyline f.
Octrizol n. octrizole m.
Odditis f. oddite f.
Ödem n. oedème m.
Ödem, Quinckesches n. oedème de Quincke m.
ödematös oedémateux
Ödipismus m. oedipisme m.
Ödipuskomplex m. complexe d' Oedipe m.
Odontalgie f. odontalgie f.
Odontoameloblastome n. odontoaméloblastome m.
Odontoblast m. odontoblaste m.
Odontoblastom n. odontoblastome m.
odontogen odontogène
Odontograph m. odontographe m.
Odontoid n. odontoïde m.
Odontoklast m. odontoclaste m.
Odontom n. odontome m.
Odontotomie f. odontotomie f.
OES (Oxalessigsäure) f. acide oxalacétique m.
offen ouvert
Offenbarungswahn m. délire de révélation m.
offene Abteilung f. service ouvert m.
offener Biß m. inocclusion dentaire f.
Offenstehen n. ouverture f.
offenstehend être ouvert, être béant
Öffentliches Gesundheitswesen n. Santé Publique f.
offiziell officiel
offizinell officinal
Öffnung f. ouverture f.
Öffnungsachse f. axe d'ouverture m.
Öffnungston m. bruit d'ouverture m.
Oftascein n. oftascéine f.
Ohm n. ohm m.
ohne Befund (o. B.) sans anomalie
Ohnmacht f. évanouissement m.
ohnmächtig évanoui
ohnmächtig werden s' évanouir
Ohnmachtsanfall m. syncope f.
Ohr n. oreille f.
Ohr, abstehendes n. oreille décollée f.
Ohr n. trou m.
Ohr-Augen-Ebene f. plan œil-oreille m.

Ohrblock m. bloc auriculaire m.
Ohrenarzt spécialiste des oreilles m.
Ohrenärztin f. spécialiste des oreilles f.
Ohrenfluß m. otorrhée f.
Ohrenklappe f. couvre-oreille m.
Ohrenleiden n. affection des oreilles f.
Ohrensausen n. bourdonnements d'oreilles m. pl.
Ohrenschmalz m. cérumen m.
Ohrenspiegel m. otoscope m.
Ohrenzeckenkrankheit f. affection auriculaire par les tiques f.
Ohrläppchen n. lobule de l'oreille m.
Ohrloch n. orifice externe de l'oreille m.
Ohrlöffel m. cure-oreille m.
Ohrlupe f. loupe otologique f.
Ohrmuschel f. pavillon de l'oreille m.
Ohrplastik f. otoplastie f.
Ohrpolypenschlinge f. anse pour ablation de polypes de l'oreille f.
Ohrschmalz m. cérumen m.
Ohrschmalzpfropf m. bouchon de cérumen m.
Ohrspeicheldrüse f. glande parotide f.
Ohrspiegel m. otoscope m.
Ohrspritze f. seringue otologique f.
Ohrtoilette f. lavage d'oreille m.
Ohrtrichter m. spéculum de l'oreille m.
Ohrtrompete f. trompe d'Eustache f.
Oidiomykose f. oïdiomycose f.
Oidium n. oïdium m.
Oikologie f. écologie f.
Okkludator m. occluseur m.
okklusal occlusal
Okklusalfläche f. surface occlusale f.
Okklusallage f. position occlusale f.
okklusif occlusif
Okklusion f. occlusion f.
Okklusion, laterale f. occlusion latérale f.
Okklusion, protrale f. occlusion protrusive f.
Okklusion, retrale f. occlusion en rétropulsion f.
Okklusionsabdruck m. empreinte occlusale f.
Okklusionsausgleich m. occlusion balancée f.

Okklusionsbereich m. zone d'occlusion f.
Okklusionsebene f. plan d'occlusion m.
Okklusionskontakt m. contact des faces occlusales m.
Okklusionslage f. position occlusale f.
Okklusionszone f. aire d'occlusion f.
Okklusivverband m. pansement occlusif m.
Okklusometer n. occlusomètre m.
Okklusometrie f. occlusométrie f.
okklusometrisch occlusométrique
Ökologie f. écologie f.
Ökonomie économie f.
Ökotaxis f. écotaxie f.
Oktan n. octane m.
Oktana f. fièvre octane f.
Oktanoat n. octanoate m.
oktavalent octavalent
Oktopamin n. octopamine f.
Oktyl... siehe / voir Octyl...
okulär oculaire
Okular n. oculaire m.
okuloaurikulär oculoauriculaire
okulodental oculodental
okulodentodigital oculodentodigital
okulokardial oculocardiaque
okulokutan oculocutané
okulomandibulofazial oculomandibulofacial
okulomotorisch oculomoteur
okulootokutan oculootocutané
okulopharyngeal oculopharyngien
okulopupillär oculopupillaire
okulovaskulär oculovasculaire
okulovertebral oculovertébral
okulozerebtal oculocérébral
okzipital occipital
okzipitoanterior occipitoantérieur
okzipitobregmatisch occipitobregmatique
okzipitofrontal occipitofrontal
okzipitomental mentooccipital
okzipitoparietal occipitopariétal
okzipitoposterior occipitopostérieur
okzipitotemporal occipitotemporal
okzipitozervikal occipitocervical
Öl n. huile f.
Öl, ätherisches n. huile essentielle f.
Öl-in-Wasser-Emulsion f. émulsion hydro-huileuse f.

Olamin n. éthanolamine f.
Ölbad n. bain d'huile m.
Öldiffusionspumpe f. pompe à diffusion d'huile f.
Oleander m. laurier-rose m.
Oleandrin n. oléandrine f.
Oleat n. oléate m.
Olefin n. oléfine f.
Olein n. oléine f.
Oleom n. oléome m.
Oleoresin n. oléorésine f.
Oleothorax m. oléothorax m.
Oleum Chenopodü anthelminthici n. huile de chénopode f.
Oleum Ricini n. huile de ricin f.
Olfaktometer n. olfactomètre m.
olfaktorisch olfactif
Oligämie f. oligémie f.
oligämisch oligémique
Oligoanurie f. oligoanurie f.
Oligodaktylie f. oligodactylie f.
Oligodendroblastom n. oligodendroblastome m.
Oligodendroglia f. oligodendroglie f.
Oligodendrozyt m. oligodendrocyte m.
Oligodipsie f. oligodipsie f.
Oligodontie f. oligodontie f.
oligodynamisch oligodynamique
Oligoepilepsie f. oligoépilepsie f.
oligoklonal oligoclonal
oligolezithal oligolécithique
Oligomenorrhöe f. oligoménorrhée f.
oligomer oligomérique
Oligomer n. oligomère m.
Oligomerie f. oligomérie
oligomorph oligomorphe
Oligonukleotid n. oligonucléotide m.
Oligopeptid n. oligopeptide m.
Oligophrenia phenylpyruvica f. oligophrénie phénylpyruvique f.
Oligophrenie f. oligophrénie f.
Oligosaccharid n. oligosaccharide m.
Oligosaccharidose f. oligosaccharidose f.
Oligosialie f. oligosialie f.
Oligospermie f. oligospermie f.
oligosymptomatisch oligosymptomatique
Oligotrichie f. oligotrichie f.
oligotroph oligotrophique

**Oligozoospermie f.** oligozoospermie f.
**Oligozythämie f.** oligocytémie f.
**Oligurie f.** oligurie f.
**oligurisch** oligurique
**Ölimmersion f.** immersion huileuse f.
**Olive f.** olive (bulbaire) f.
**Olivenöl n.** huile d'olive f.
**Oliver-Cardarellisches Zeichen n.** signe de Cardarelli m.
**olivopontozerebellar** olivopontocérébelleux
**olivozerebellat** olivocérébelleux
**öllöslich** liposoluble
**Olmersche Krankheit f.** maladie d' Olmer f.
**Ölpumpstuhl m.** fauteuil à hydraulique à huile m. (dent.)
**Olsalazin n.** olsalazine f.
**Omagra f.** goutte localisée à l'épaule f.
**Omalgie f.** omalgie f.
**Omarthritis f.** omarthrite f.
**Omasitis f.** omasite f.
**Ombrédanne-Maske f.** masque d' Ombrédanne m.
**omental** épiploïque
**Omentitis f.** épiploïte f.
**Omentopexie f.** omentopexie f.
**omnipotent** omnipotent
**Omoconazol n.** omoconazole m.
**omohyoidal** omohyoïdien
**omoklavikulär** omoclaviculaire
**Omonastein n.** omonastéine f.
**Omphalektomie f.** omphalectomie f.
**Omphalitis f.** omphalite f.
**Omphalocele f.** omphalocèle f.
**Omphalopagus m.** omphalopage m.
**Omphalophlebitis f.** omphalophlébite f.
**Omphalotomie f.** omphalotomie f.
**Omphalotripsie f.** omphalotripsie f.
**Omphalozele f.** omphalocèle f.
**Onanie f.** onanisme m.
**onanieren** se masturber
**Önanthat n.** énanthate m.
**Önanthotoxin n.** énanthotoxine f.
**Onchozerkiasis f.** onchocercose f.
**Onchozerkom n.** onchocercome m.
**Ondiriitis f.** maladie d' Ondiri f.
**Oneirismus m.** onirisme m.
**oneirogen** onirogène

**oneiroid** oniroïde
**Oneirophrenie f.** onirophrénie f.
**onkofetal** oncofœtal
**onkofötal** oncofœtal
**onkogen** oncogène
**Onkogen n.** facteur oncogène m.
**Onkogenese f.** oncogenèse f.
**onkogenetisch** oncogénétique
**Onkologie f.** oncologie f.
**onkologisch** oncologique
**Onkolyse f.** oncolyse f.
**onkolytisch** oncolytique
**onkotisch** oncotique
**Onkozyt m.** oncocyte m.
**Onlay n.** onlay m.
**Ontogenese f.** ontogenèse f.
**ontogenetisch** ontogénétique
**Onychauxis f.** onychauxis f.
**Onychie f.** onychie f.
**Onychogrypose f.** onychogrypose f.
**Onychoklasie f.** onychoclasie f.
**Onycholyse f.** onycholyse f.
**Onychomalazie f.** onychomalacie f.
**Onychomykose f.** onychomycose f.
**Onychophagie f.** onychophagie f.
**Onychopathie f.** onychopathie f.
**Onychophym n.** épaississement d'un ongle m.
**Onychorrhexis f.** onychorrhexie f.
**Onychoschisis f.** onychoschizis m.
**Onychose f.** onychose f.
**Onychotillomanie f.** mutilation névrotique des ongles f.
**Onyx m.** onyx m.
**Ooblast m.** ooblaste m.
**Oogamie f.** oogamie f.
**Oogenese f.** oogenèse f.
**Oogonie f.** oogonie f.
**Ookinet m.** oocinète m.
**Oolemmn n.** membrane ovocytaire f.
**Oophorektomie f.** oophorectomie f.
**oophorektomieren** ovarectomier
**Oophoritis f.** ovarite f.
**Oophorohysterektomie f.** ovarohystérectomie f.
**Oophyt m.** oophyte m.
**Oosporose f.** oosporose f.
**Oozephalus m.** oocéphale m.
**Oozyste f.** oocyste m.
**Oozyt m.** oocyte m.
**opak** opaque
**Opaleszenz f.** opalescence f.

opaleszierend opalescent
Opalgie f. névralgie faciale f.
Opazität f. opacité f.
operant opérant
Operateur m. opérateur m.
Operation f. opération f.
Operation, eine – vornehmen opérer
Operation, sich einer – unterziehen
subir une opération
Operation, Zustand nach m. état
postopératif m.
Operationsbesteck n. instruments chirurgicaux m. pl.
Operationsbesteckkasten m. boite à
instruments chirurgicaux f.
Operationsgastroskop n. gastroscope-
peropératoire m.
Operationsgebiet n. champ opératoire
m.
Operationshandschuhe m. pl. gants
de chirurgie m. pl.
Operationshemd n. blouse d'OP f.
Operationskleidung f. vêtements
d'OP m. pl.
Operationslampe f. scialytique m.
Operationsmikroskop n. microscope
chirurgical m.
Operationsmütze f. calot d'OP m.
Operationsnarbe f. cicatrice postopératoire f.
Operationssaal m. salle d'opération f.
Operationsschere f. ciseaux de chirurgie m. pl.
Operationsschwester f. imirmière assistante opératoire f.
Operationsskalpell n. scalpel chirurgical m.
Operationsstuhl m. fauteuil d'opération m.
Operationstisch m. table d'opération
f.
operativ opératif, opératoire
Operator-Gen n. opérateur (gène) m.
operieren opérer
operieren, den Finger opérer le doigt
operieren, einen Patienten opérer un
patient
operieren, einen Patienten wegen Appendizitis opérer un patient de l'appendicite
operieren, sich – lassen se faire opérer
Operon n. opéron m.

Ophiasis f. ophiase f.
Ophidismus m. ophidisme m.
Ophryon n. ophryon m.
ophryospinal ophryospinal
Ophthalmie f. ophtalmie f.
Ophthalmitis f. ophtalmite f.
Ophthalmoangiotonometer n. oph-
talmoangiotonomètre m.
Ophthalmodiaphanoskop n. ophtal-
modiaphanoscope m.
Ophthalmodiaphanoskopie f. ophtal-
modiaphanoscopie f.
Ophthalmodynamometer n. ophtal-
modynamomètre m.
Ophthalmodynamometrie f. ophtal-
modynamométrie f.
Ophthalmologe m. ophtalmologiste
m.
Ophthalmologie f. ophtalmologie f.
Ophthalmologin f. ophtalmologiste f.
ophthalmologisch ophtalmologique
Ophthalmometer n. ophtalmomètre
m.
Ophthalmomyiasis f. ophtalmomyase
f.
Ophthalmopathie f. ophtalmopathie
f.
Ophthalmophakometer n. ophtalmo-
phacomètre m.
Ophthalmophakometrie f. ophtalmo-
phacométrie f.
Ophthalmophantom n. ophtalmofan-
tôme m.
Ophthalmoplastie f. ophtalmoplastie
f.
Ophthalmoplegie f. ophtalmoplégie f.
ophthalmoplegisch ophtalmoplégique
Ophthalmoskop n. ophtalmoscope
m.
Ophthalmoskopie f. ophtalmoscopie
f.
ophthalmoskopisch ophtalmoscopi-
que
Ophthalmospektroskop n. ophtalmo-
spectroscope m.
Ophthalmospektroskopie f. ophtal-
mospectroscopie f.
Ophthalmostat m. ophtalmostat m.
Ophthalmotomie f. ophtalmotomie f.
Opiat n. opiate m.
Opiniazid n. opiniazide m.
Opioid n. opioïde m.

opisthiobasal   opisthiobasal
Opisthion n.   opisthion m.
opisthionasal   opisthionasal
Opisthogenie f.   opisthogénie f.
Opisthognathie f.   opisthognathie f.
Opisthorchiasis f.   opistorchiase f.
Opisthorchis m.   opistorchis m.
Opisthotonus m.   opisthotonus m.
Opium n.   opium m.
Opiumsucht f.   opiomanie f.
Opiumtinktur f.   teinture d'opium f.
Opodeldok, fester n.   opodeldoc liniment m.
Opodeldok, flüssiger n.   opodeldoc fluide m.
Oppenheimscher Reflex m.   réflexe d' Oppenheim m.
Oppenheimsches Zeichen n.   signe d' Oppenheim m.
opportun   opportun
opportunistisch   opportuniste
Opsin n.   opsine f.
Opsiurie f.   opsiurie f.
Opsoklonie f.   opsoclonie f.
Opsomanie f.   opsomanie
Opsonin n.   opsonine f.
opsonisieren   opsoniser
Opsonisierung f.   opsonisation f.
Opsonozytophagie f.   opsonocytophagie f.
opsonozytophagisch   opsonocytophagique
Optik f.   optique f.
Optiker m.   opticien m.
Optikerin f.   opticienne f.
optikochiasmatisch   opticochiasmatique
Optikusatrophie f.   atrophie optique f.
Optikusgliom n.   gliome optique m.
Optikuspapille f.   papille optique f.
optimal   optimal
optimieren   optimiser
Optimierung f.   optimalisation f.
optimistisch   optimiste
Optimum n.   optimum m.
optisch   optique
Optodynamometer n.   optodynamomètre m.
Optogramm n.   optogramme m.
optokinetisch   optocinétique
Optometer n.   optomètre m.
Optometrie f.   optométrie f.

optometrisch   optométrique
Optometrist (in) m., f.   spécialiste d'optométrie m., f.
Optotype f.   optotype m.
oral   oral
orales Kontrazeptivum n.   contraceptif oral m.
oralwärts   en direction orale
Orange f.   orange f.
Orange (Farbe) n.   orange m.
orangefarben   orange
Orangenblüte f.   fleur d'oranger f.
Orangenhaut f.   peau d'orange f.
Orazamid n.   orazamide m.
orbikulär   orbiculaire
orbikuloanterokapsulär   orbiculoantérocapsulaire
orbikuloposterokapsulär   orbiculopostérocapsulaire
orbikuloziliär   orbiculociliaire
Orbita f.   orbite f.
orbital   orbitaire
Orbitale f.   orbitale f.
Orbitaspitzensyndrom n.   syndrome de l' apex orbitaire m.
orbitofrontal   orbitofrontal
orbitonasal   orbitonasal
Orbitonometer n.   orbitonomètre m.
Orbitonometrie f.   orbitonométrie f.
Orbitopathie f.   orbitopathie f.
orbitotemporal   orbitotemporal
Orbitotomie f.   orbitotomie f.
Orchidometer n.   orchidomètre m.
Orchiektomie f.   orchidectomie f.
Orchiopexie f.   orchidopexie f.
Orchitis f.   orchite f.
Orcin n.   orcine f.
Orciprenalin n.   orciprénaline f.
Orconazol n.   orconazole m.
Ordinate f.   ordonnée f.
Ordnungszahl f.   nombre atomique (chem.) m.
Organ n.   organe m.
Organ, inneres n.   organe interne m.
Organbildung f.   organogenèse f.
Organell n.   organite m.
Organelle f.   organule m.
Organentwicklung f.   organogenèse f.
Organisation f.   organisation f.
Organisator m.   organisateur m.
organisch   organique
organisieren   organiser

Organismus m. organisme m.
Organkultur f. culture d'organe f.
Organneurose f. névrose viscérale f.
organoid organoïde
Organoid n. organoïde m.
organoleptisch organoleptique
Organon n. manuel m.
Organophosphat n. phosphate organique m.
organotherapeutisch organothérapeutique
Organotherapie f. organothérapie f.
organotrop organotrope
Organotropie f. organotropisme m.
Organspender m. donneur d'organe m.
organspezifisch spécifique de l'organe
Organtherapeutikum n. médicament opothérapeutique m.
Orgasmus m. orgasme m.
orgastisch orgastique
Orgotein n. orgotéine f.
Orientbeule f. bouton d'Alep m.
Orientierung f. orientation f.
Oripavin n. oripavine f.
Ormetoprim n. ormétoprime m.
Ornidazol n. ornidazole m.
Ornipressin n. ornipressine f.
Ornithin n. ornithine f.
Ornithodorus moubata m. Ornithodorus moubata m.
Ornithose f. ornithose f.
orobasal orobasal
orofazial orofacial
orofaziodigital orofaciodigital
Orohypopharynx m. orohypopharynx m.
oropharyngeal oropharyngien
Oropharynx m. oropharynx m.
Orosomukoid n. orosomucoïde m.
Orotase f. orotase f.
Orotat n. orotate m.
Orotidin n. orotidine f.
Orotidylat n. orotidylate m.
Orotidyldekarboxylase f. orotidyldécarboxylase f.
Orotidylpyrophosphorylase f. orotidylpyrophosphorylase f.
orotracheal orotrachéal
Oroyafieber n. fièvre de Oroya f.
Orpanoxin n. orpanoxine f.
Orphenadrin n. orphénadrine f.

Ortenamin n. orténamine f.
Orthese f. orthèse f.
orthochrom orthochrome
Orthochromasie f. orthochromie f.
orthochromatisch orthochrome
Orthochromie f. orthochromie f.
Orthodontie f. orthodontie f.
Orthodontiezange f. pince orthodontique f.
orthodontisch orthodontique
orthodrom orthodromique
Orthogenese f. orthogenèse f.
orthognath orthognathe
orthogonal orthogonal
orthograd orthograde
Orthologie f. orthologie f.
orthologisch orthologique
orthomolekular orthomoléculaire
Orthopäde m. orthopédiste m.
Orthopädie f. orthopédie f.
Orthopädin f. orthopédiste f.
orthopädisch orthopédique
Orthopantomographie f. orthopantomographie f.
Orthophenylphenol n. orthophénylphénol m.
Orthophorie f. orthophorie f.
Orthophosphat n. orthophosphate m.
Orthophrenie f. orthophrénie f.
Orthopnoe f. orthopnée f.
Orthoptik f. orthoptique f.
Orthoptist m. orthoptiste m.
Orthoptistin f. orthoptiste f.
Orthoptoskop n. orthoptoscope m.
Orthoptoskopie f. orthoptoscopie f.
orthorhythmisch orthorythmique
Orthoskop n. orthoscope m.
Orthoskopie f. orthoscopie f.
orthoskopisch orthoscopique
Orthostase f. orthostase f.
orthostatisch orthostatique
Orthostellung f. orthoposition f.
orthotonisch orthotonique
orthotopisch orthotopique
orthotrop orthotrope
Orthovanadat n. orthovanadate m.
örtlich local
Ortsdosis f. dose locale f.
Ortung f. repérage m.
Orzein n. orcéine f.
Orziprenalin n. orciprénaline f.
Osazon n. osazone f.

**Öse f.**  oeillet m.
**Osgood-Schlattersche Erkrankung f.**
maladie de Osgood-Schlatter f.
**Oslersche Krankheit f.**  maladie d'Osler f.
**Osmadizon n.**  osmadizone f.
**Osmat n.**  osmate m.
**osmiophil**  osmiophile
**Osmium n.**  osmium m.
**Osmol n.**  osmole m.
**Osmolalität f.**  osmolalité f.
**Osmolarität f.**  osmolarité f.
**Osmologie f.**  osmologie f.
**Osmometer n.**  osmomètre m.
**Osmometrie f.**  osmométrie f.
**osmometrisch**  osmométrique
**Osmophorese f.**  osmophorèse f.
**Osmoregulation f.**  osmorégulation f.
**Osmorezeptor m.**  osmorécepteur m.
**Osmose f.**  osmose f.
**Osmotherapie f.**  osmothérapie f.
**osmotisch**  osmotique
**ösophagal**  œsophagien
**Ösophagektasie f.**  œsophagectasie f.
**Ösophagitis f.**  œsophagite f.
**Ösophagoduodenostomie f.**  œsophagoduodénostomie f.
**ösophagogastrisch**  œsophagogastrique
**Ösophagogastrostomie f.**  œsophagogastrostomie f.
**Ösophagojejunogastrostomie f.**  œsophagojéjunogastrostomie f.
**ösophagokolisch**  œsophagocolique
**Ösophagoskop n.**  œsophagoscope m.
**Ösophagoskopie f.**  œsophagoscopie f.
**ösophagoskopisch**  œsophagoscopique
**Ösophagostomie f.**  œsophagostomie f.
**Ösophagus m.**  œsophage m.
**Ösophagusplastik f.**  œsophagoplastie f.
**Ösophagusvarizen f. pl.**  varices œsophagiennes f. pl.
**osseofibrös**  osséofibreux
**Ossifikation f.**  ossification f.
**ossifizieren**  s' ossifier
**Ossikulektomie f.**  ossiculectomie f.
**Ostektomie f.**  ostectomie f.
**Osteoangiolathyrismus m.**  ostéoangiolathyrisme m.

**Osteoarthritis f.**  ostéoarthrite f.
**Osteoarthropathie f.**  ostéoarthropathie f.
**Osteoarthrose f.**  ostéoarthrose f.
**Osteoarthrosis interspinalis f.**  ostéoarthrose interépineuse de Baastrup f.
**Osteoblast m.**  ostéoblaste m.
**osteoblastisch**  ostéoblastique
**Osteoblastom n.**  ostéoblastome m.
**Osteocalcin n.**  ostéocalcine f.
**Osteochondritis f.**  ostéochondrite f.
**Osteochondrofibrom n.**  ostéochondrofibrome m.
**Osteochondrom n.**  ostéochondrome m.
**Osteochondromatose f.**  ostéochondromatose f.
**Osteochondrosarkom n.**  ostéochondrosarcome m.
**Osteochondrose f.**  ostéochondrose f.
**Osteochondrosis juvenilis Scheuermann f.**  ostéochondrose vertébrale de Scheuermann f.
**Osteodentin n.**  ostéodentine f.
**Osteodentinom n.**  ostéodentinome m.
**Osteodesmose f.**  formation interosseuse f.
**Osteodynie f.**  ostéodynie f.
**Osteodystrophie f.**  ostéodystrophie f.
**Osteofibrom n.**  ostéofibrome m.
**osteogen**  ostéogénique
**Osteogenese f.**  ostéogenèse f.
**Osteogenesis imperfecta f.**  ostéogenèse imparfaite f.
**osteogenetisch**  ostéogénétique
**osteoid**  ostéoïde
**Osteoid n.**  ostéoïde m.
**Osteokalzin n.**  ostéocalcine f.
**Osteokampsis f.**  redressement osseux chirurgical m.
**Osteoklasie f.**  ostéoclasie f.
**Osteoklast m.**  ostéoclaste m.
**osteoklastenaktivierender Faktor (OAF) m.**  facteur d'activation des ostéoclastes m.
**osteoklastisch**  ostéoclastique
**Osteoklastom n.**  ostéoclastome m.
**Osteologie f.**  ostéologie f.
**osteologisch**  ostéologique
**Osteolyse f.**  ostéolyse f.
**Osteolyse, kryptogenetische progressive f.**  ostéolyse massive idiopathique f.

osteolytisch  ostéolytique
Osteom n.  ostéome m.
Osteomalazie f.  ostéomalacie f.
osteomalazisch  ostéomalacique
Osteomyelitis f.  ostéomyélite f.
osteomyelitisch  ostéomyélitique
Osteomyelofibrose f.  ostéomyélofibrose f.
Osteon n.  ostéon m.
Osteonekrose f.  ostéonécrose f.
osteoneuroendokrin  ostéoneuroendocrine
Osteopathie f.  ostéopathie f.
Osteopetrosis f.  ostéopétrose f.
Osteophyt m.  ostéophyte m.
Osteoplastik f.  ostéoplastie f.
osteoplastisch  ostéoplastique
Osteopoikilie f.  ostéopoïkilie f.
Osteoporose f.  ostéoporose f.
osteoporotisch  ostéoporotique
Osteopsathyrose f.  ostéopsathyrose f.
Osteosarkom n.  ostéosarcome m.
Osteosklerose f.  ostéosclérose f.
osteosklerotisch  ostéosclérotique
Osteosynthese f.  ostéosynthèse f.
Osteotom n.  ostéotome m.
Osteotomie f.  ostéotomie f.
Osteozyt m.  ostéocyte m.
Ostitis f.  ostéite f.
Ostitis deformans f.  ostéite déformante f.
Östradiol n.  oestradiol m.
Östran n.  cestrane f.
Ostreogrycin n.  ostréogrycine f.
Östriol n.  oestriol m.
östrogen  oestrogène
Östrogen n.  oestrogène m.
Östron n.  aestrone f.
Oszillation f.  oscillation f.
Oszillator m.  oscillateur m.
Oszillogramm n.  oscillogramme m.
Oszillograph m.  oscillographe m.
Oszillographie f.  oscillographie f.
oszillographisch  oscillographique
Oszillometer n.  oscillomètre m.
Oszillometrie f.  oscillométrie f.
oszillometrisch  oscillométrique
Oszillopsie f.  oscillopie f.
Otalgie f.  otalgie f.
Otektomie f.  otectomie f.
Othämatom n.  othématome m.
Otiatrie f.  otologie f.

otiatrisch  otologique
Otiobiose f.  otiobiose f.
Otitis f.  otite f.
Otitis externa f.  otite externe f.
Otitis interna f.  otite labyrinthique f.
Otitis media f.  otite moyenne f.
otodental  otodental
Otodynie f.  otodynie f.
otogen  otogène
Otolith m.  otolithe m.
otolithisch  otolithique
Otologe m.  otologiste m.
Otologie f.  otologie f.
Otologin f.  otologiste f.
otologisch  otologique
otomandibulär  otomandibulaire
Otomastoiditis f.  otomastoïdite f.
Otomykose f.  otomycose f.
Otorhinolaryngologie f.  otorhinolaryngologie f.
Otosklerose f.  otosclérose f.
Otoskop n.  otoscope m.
Otoskopie f.  otoscopie f.
otoskopisch  otoscopique
ototoxisch  ototoxique
otovertebral  otovertébral
Otozephalie f.  otocéphalie f.
Ovalbumin n.  ovalbumine f.
Ovalozyt m.  ovalocyte m.
Ovalozytose f.  ovalocytose f.
Ovarektomie f.  ovariectomie f.
Ovarialgeschwulst f.  tumeur ovarienne f.
Ovarialsyndrom, Gonadotropin-resistentes n.  syndrome ovarien gonadotropinerésistant m.
Ovarialzyste f.  kyste ovarien m.
ovatiektomieren  ovariectomier
ovariell  ovarien
Ovariohysterektomie f.  ovariohystérectomie f.
Ovariopexie f.  ovariopexie f.
Ovariosalpingektomie f.  ovariosalpingectomie f.
Ovariotomie f.  ovariotomie f.
ovariotubal  ovariotubaire
Ovariozentese f.  ovariocentèse f.
ovaripriv  ovariprive
Ovarium n.  ovaires f. pl.
overlay  revêtement m.
ovulär  ovulaire
Ovulation f.  ovulation f.

Ovulationshemmer m.  inhibiteur de l'ovulation m.
ovulatorisch  ovulatoire
Ovulum n.  ovule m.
Oxabarzol n.  oxabarzole m.
Oxabolon n.  oxabolone f.
Oxacarbazepin n.  oxacarbazépine f.
Oxadimedin n.  oxadimédine f.
Oxalat n.  oxalate m.
Oxalazetat n.  oxalacétate m.
Oxalose f.  oxalose f.
Oxalosukzinat n.  oxalosuccinate m.
Oxalurie f.  oxalurie f.
Oxanamid n.  oxanamide m.
Oxandrolon n.  oxandrolone f.
Oxaprotilin n.  oxaprotiline f.
Oxazin n.  oxazine f.
Oxazon n.  oxazone f.
Oxdralazin n.  oxdralazine f.
Oxendolon n.  oxendolone f.
Oxetoron n.  oxétorone f.
Oxi… siehe auch /  voir aussi Oxy…
Oxibendazol n.  oxibendazole m.
Oxibenzon n.  oxibenzone f.
Oxichinolin n.  oxiquinoline f.
Oxiclipin n.  oxiclipine f.
Oxiclozanid n.  oxiclozanide m.
Oxiconazol n.  oxyconazole m.
Oxid n.  oxyde m.
Oxidans n.  oxydant m.
Oxidase f.  oxydase f.
oxidasenegativ  oxydase-négatif
oxidasepositiv  oxydase-positif
Oxidation f.  oxydation f.
Oxidationszahl f.  nombre d'oxyda-
tion m.
oxidativ  oxydant
oxidieren  oxyder
Oxidimetrie f.  oxydimétrie f.
Oxidopamin n.  oxidopamine f.
Oxidoreduktase f.  oxydoréductase f.
Oxidose f.  oxydose f.
Oxifedrin n.  oxyfédrine f.
Oxifenamat n.  oxifénamate m.
Oxim n.  oxime f.
Oxiramid n.  oxiramide m.
Oxitriptylin n.  oxitriptyline f.
Oxmetidin n.  oxmétidine f.
Oxogeston n.  oxogestone f.
Oxoglutaramid n.  oxoglutaramide m.
Oxoglutarat n.  oxoglutarate m.
Oxolamin n.  oxolamine f.

Oxomenazin n.  oxoménazine f.
Oxonazin n.  oxonazine f.
Oxophenarsin n.  oxophénarsine f.
oxophil  oxophile
Oxoprolin n.  oxoproline f.
Oxoprolinurie f.  oxoprolinurie f.
Oxosteroid n.  oxostéroïde m.
Oxotremorin n.  oxotrémorine f.
Oxybenzon n.  oxybenzone f.
Oxybuprocain n.  oxybuprocaïne f.
Oxybutinin n.  oxybutinine f.
Oxychinolin n.  oxyquinoline f.
Oxyclipin n.  oxyclipine f.
Oxyclozanid n.  oxyclozanide m.
Oxycodon n.  oxycodone f.
Oxyconazol n.  oxyconazole m.
Oxyd n.  oxyde m.
Oxydase f.  oxydase f.
oxydasenegativ  oxydase-négatif
oxydasepositiv  oxydase-positif
Oxydation f.  oxydation f.
oxydativ  oxydant
oxydieren  oxyder
Oxydipentonium n.  oxydipentonium
m.
Oxyfedrin n.  oxyfédrine f.
Oxyfenamat n.  oxyfénamate m.
Oxygenase f.  oxygénase f.
Oxygenator m.  oxygénant m.
oxygenieren  oxygéner
Oxygenierung f.  oxygénation f.
Oxyhämoglobin n.  oxyhémoglobine
f.
Oxymesteron n.  oxymestérone f.
Oxymetazolin n.  oxymétazoline f.
Oxymeter n.  oxymètre m.
Oxymetholon n.  oxymétholone f.
Oxymetrie f.  oxymétrie f.
oxymetrisch  oxymétrique
Oxynitrilase f.  oxynitrilase f.
Oxypertin n.  oxypertine f.
Oxyphenbutazon n.  oxyphenbuta-
zone f.
Oxyphenylurie f.  oxyphénylurie f.
oxyphil  oxyphile
Oxyphosphat n.  oxyphosphate m.
Oxypurin n.  oxypurine f.
Oxypurinol n.  oxypurinol m.
Oxysulfid n.  oxysulfure m.
Oxytetracyclin n.  oxytétracycline f.
Oxytocin n.  oxytocine f.

**Oxytropiumbromid n.** oxytropiumbromure m.
**Oxyuriasis f.** oxyurose f.
**Oxyuris vermicularis f.** oxyure vermiculaire m.

**Oxyzephalie f.** oxycéphalie f.
**Ozaena f.** ozène f.
**Ozokerit m.** ozocérite f.
**Ozon n.** ozone m.

# P

Paar n. couple m.
Paardenziekte f. peste équine f.
paaren accoupler, apparier
Paarhufer m. pl. artiodactyles m. pl.
Paarung f. accouplement m., apparie-
ment m.
Pacemakerzelle f. cellule pacemaker f.
Pachydaktylie f. pachydactylie f.
Pachydermie f. pachydermie f.
Pachyglossie f. pachyglossie f.
Pachygyrie f. pachygyrie f.
Pachymeningitis f. pachyméningite f.
Pachymeningose f. pachyméningopa-
thie f.
Pachytän n. stade pachytène m.
Pachyzephalie f. pachycéphalie f.
Pacinisches Körperchen n. corpuscule
de Pacini m.
Packet n. paquet m.
Packung f. enveloppement m.
Packung, feuchte f. enveloppement
humide m.
Packung, heiße f. enveloppement
chaud m.
Pacrinolol n. pacrinolol m.
Pädatrophie f. atrophia infantum f.
Päderastie f. pédérastie f.
Pädiater m. pédiatre m.
Pädiaterin f. pédiatre f.
Pädiatrie f. pédiatrie f.
pädiatrisch pédiatrique
Padimat n. padimate m.
Pädoaudiologie f. pédoaudiologie f.
pädoaudiologisch pédoaudiologique
pädophil pédophile
Pädophilie f. pédophilie f.
Pagetsche Krankheit f. maladie de Pa-
get f.
PAH (Paraaminohippursäure) f. PAH
(acide paraaminohippurique) m.
paläokinetisch paléocinétique
Paläoneurologie f. paléoneurologie f.
Paläontologie f. paléontologie f.
Paläopathologie f. paléopathologie f.
Paläostriatum n. paléostriatum m.
Paläothalamus m. paléothalamus m.
palatal palatal

palatin palatin
palatinal palatal
palatoglossal glossopalatin
palatomaxillär palatomaxillaire
palatonasal palatonasal
palatopharyngeal palatopharyngien
Palatoplegie f. palatoplégie f.
palatoproximal palatoproximal
Palilalie f. palilalie f.
Palimpsest m. palimpseste m.
Palindrom n. palindrome m.
palindromisch palindromique
Palingraphie f. palingraphie f.
Palinopsie f. paliopsie f.
Palinphrasie f. palinphrasie f.
Palisade f. palissade f.
Palladium n. palladium m.
Pallanästhesie f. pallanesthésie f.
Pallästhesie f. pallesthésie f.
palliativ palliatif
Palliativum n. palliatif m.
pallidal du pallidum
Pallidektomie f. pallidectomie f.
pallidoansal pallidoansolenticulaire
pallidofugal pallidofuge
pallidostriär pallidostrié
Pallidotomie f. pallidotomie f.
palmar palmaire
Palmitamid n. palmitamide m.
Palmitat n. palmitate m.
Palmitin n. palmitine f.
palmoplantar palmoplantaire
palpabel palpable
Palpation f. palpation f.
palpebral palpébral
palpieren palper
Pamaquin n. pamaquine f.
Pamidronat n. pamidronate m.
Pamoat n. embonate m.
pampiniform en forme de pampre
panagglutinabel panagglutinable
Panagglutination f. panagglutination
f.
Panagglutinin n. panagglutinine f.
Panaritium n. panaris m.
Panarteritis f. panartérite f.
Panästhesie f. panesthésie f.

Panazee f. panacée f.
panchromatisch panchromatique
Pancoasttumor m. cancer de Pancoast m.
pancrea... siehe auch / voir aussi pankrea
Pancreatin n. pancréatine f.
pancreo... siehe auch / voir aussi pankreo
Pandemie f. pandémie f.
pandemisch pandémique
Pandysche Probe f. test d'hyperalbuminorachie de Pandy m.
Panendoskop n. panendoscope m.
Panenzephalitis f. panencéphalite f.
Panethsche Zelle f. cellule de Paneth f.
Panidazol n. panidazole m.
Panik f. panique f.
panisch panique
Pankarditis f. pancardite f.
Pankreas n. pancréas m.
Pankreaskopf m. tête du pancréas f.
Pankreasschwanz m. queue du pancréas f.
Pankreasstein m. calcul pancréatique m.
Pankreatektomie f. pancréatectomie f.
pankreatektomieren pancréatectomiser
Pankreatikocholezystostomie f. pancréaticocholécystostomie f.
pankreatikoduodenal pancréaticoduodénal
Pankreatikoduodenostomie f. pancréaticoduodénostomie f.
Pankreatikographie f. pancréatographie f.
pankreatikojejunal pancréaticojéjunal
pankreatisch pancréatique
Pankreatitis f. pancréatite f.
pankreatitisch pancréatitique
pankreatoduodenal pancréatoduodénal
Pankreatoduodenektomie f. pancréatoduodénectomie f.
Pankreatoenterostomie f. pancréatoentérostomie f.
pankreatogen pancréatogène
Pankreatographie f. pancréatographie f.
pankreatotrop pancréatotrope

Pankreolauryl-Test m. test du pancréolauryl m.
Pankreolithiasis f. pancréolithiase f.
pankreolytisch pancréolytique
pankreotrop pancréotrope
Pankreozymin n. pancréozymine f.
Panleukopenie f. panleucopénie f.
Panmixie f. panmixie f.
Panmyelopathie f. panmyélopathie f.
Panmyelophthise f. panmyélophtisie f.
Pannikulektomie f. panniculectomie f.
Pannikulus m. pannicule f.
Pannus m. pannus m.
Pannusoperation f. péritomie f.
Panophthalmitis f. panophtalmite f.
panoptisch panoptique
Panoramaröntgenaufnahme f. radiographie panoramique f.
Panostitis f. panostéite f.
Panotitis f. panotite f.
Panplegie f. panplégie f.
Pansen m. panse f.
Pansinusitis f. pansinusite f.
Pantalgie f. pantalgie f.
Panthenol n. panthénol m.
Pantograph m. pantographe m.
Pantomographie f. pantomographie f.
Pantomorphie f. pantomorphie f.
pantoskopisch pantoscopique
Pantothenat n. pantothénate m.
pantotrop pantotrope
Pantoyltaurin n. pantoyltaurine f.
Panuveitis f. panuvéite f.
Panzerherz n. péricardite calcifiante f.
Panzerkrebs m. cancer en cuirasse m.
panzootisch panzootique
Panzytopenie f. pancytopénie f.
Papageienkrankheit f. psittacose f.
Papain n. papaïne f.
Papanicolaoufärbung f. coloration de Papanicolaou f.
Papatasi-Fieber n. fièvre papatasi f.
Papaverin n. papavérine f.
Papaverolin n. papavéroline f.
Papayotin n. papayotine f.
Papel f. papule f.
Papelbildung f. formation de papules f.
Papier n. papier m.
Papierelektrophorese f. électrophorèse sur papier f.

**Papilla Vateri f.** papille de l'ampoule de Vater f.
**papillär** papillaire
**Papillarmuskel m.** muscle papillaire m.
**Papille f.** papille f.
**Papillektomie f.** papillectomie f.
**Papillennekrose f.** nécrose papillaire f.
**Papillenödem n.** oedème papillaire m.
**Papillitis f.** papillite f.
**Papillom n.** papillome m.
**papillomakulös** papillomaculaire
**papillomatös** papillomateux
**Papillomatose f.** papillomatose f.
**Papilloretinitis f.** papillorétinite f.
**Papillosphinkterotomie f.** papillosphinctérotomie f.
**Papillotomie f.** papillotomie f.
**Pappatacifieber n.** fièvre à pappataci f.
**Pappenheimfärbung f.** coloration panoptique de Pappenheim f.
**Pappschiene f.** attelle en papier maché f.
**papulär** papuleux
**papuloerythematös** papuloérythémateux
**papulopustulös** papulopustuleux
**papulös** papuleux
**Papulose f.** papulose f.
**papulosquamös** papulosquameux
**papulovesikulär** papulovésiculaire
**Paraaminobenzoat n.** paraaminobenzoate n.
**paraannulär** paraannulaire
**Parabel f.** parabole f.
**Paraben n.** parabène m.
**Parabiose f.** parabiose f.
**parabiotisch** parabiotique
**Parablast m.** parablaste m.
**Parablastom n.** parablastome m.
**Paracentese f.** paracentèse f.
**Paracetamol n.** paracétamol m.
**Parachloromercuribenzoat n.** parachloromercuribenzoate m.
**Parachlorophenol n.** parachlorophénol m.
**Parachromatin n.** parachromatine f.
**Paracoccidioidomykose f.** paracoccidioïdomycose f.
**paradental** paradentaire
**Paradentitis f.** parodontite f.

**Paradentopathie f.** périodontopathie f.
**Paradentose f.** paradentose f.
**Paradesmose f.** paradesmose f.
**Paradigma n.** paradigme m.
**Paradimethylaminobenzaldehyd m.** paradiméthylaminobenzaldéhyde m.
**Paradipsie f.** paradipsie f.
**paradox** paradoxal
**Paradoxon n.** paradoxe m.
**paraduodenal** paraduodénal
**Parafentizid n.** parafentizide m.
**Paraffin n.** paraffine f.
**Paraffinom n.** paraffinome m.
**parafollikulär** parafolliculaire
**Paraform n.** paraforme f.
**Paragammazismus m.** paragammacisme m.
**Paragangliom n.** paragangliome m.
**Paraganglion n.** paraganglion m.
**Parageusie f.** paragueusie f.
**Paragglutination f.** paragglutination f.
**Paraglobulin n.** paraglobuline f.
**Paragonimiasis f.** paragonimiose f.
**Paragonimus Ringeri m.** Paragonimus Ringeri m.
**Paragonimus Westermani m.** Paragonimus Westermani m.
**Paragrammatismus m.** paragrammatisme m.
**Paragraphie f.** paragraphie f.
**Parahämophilie f.** parahémophilie f.
**parahepatisch** parahépatique
**parahiatal** parahiatal
**Parahypnose f.** parahypnose f.
**Parainfektion f.** parainfection f.
**parainfektiös** parainfectieux
**Parainfluenza f.** parainfluenza f.
**parakardial** paracardiaque
**Parakeratose f.** parakératose f.
**Parakinese f.** parakinésie f.
**parakinetisch** parakinésique
**parakortikal** paracortical
**parakrin** paracrine
**Parakusis f.** paracousie f.
**Paralalie f.** paralalie f.
**Paralambdazismus m.** paralambdacisme m.
**Paraldehyd m.** paraldéhyde f.
**Paraleukoblast m.** paraleucoblaste m.
**Paralexie f.** paralexie f.
**paralingual** paralingual

Parallaxe f.  parallaxe f.
parallel  parallèle
Parallelgeschiebe n.  attachement parallèle m.
Parallelschaltung f.  montage en paral-
lèle m.
Parallergie f.  coallergie f.
parallergisch  coallergique
Paralogie f.  paralogie f.
Paralymphoblast m.  paralympho-
blaste m.
Paralyse f.  paralysie f.
Paralyse, progressive f.  paralysie géné-
rale f.
paralysieren  paralyser
Paralysis agitans f.  paralysie extrapy-
ramidale f.
Paralytiker m.  paralytique m.
Paralytikerin f.  paralytique f.
paralytisch  paralytique
paralytogen  paralysant
paramagnetisch  paramagnétique
Paramastitis f.  paramastite f.
Paramastoiditis f.  paramastoïdite f.
paramedian  paramédian
paramedizinisch  paramédical
Parameter n.  paramètre m.
Paramethadion n.  paraméthadione f.
Paramethason n.  paraméthasone f.
parametran  juxtautérin
parametrisch  juxtautérin
Parametritis f.  paramétrite f.
parametritisch  paramétritique
Parametrium n.  paramètre m.
Parametropathie, spastische f.  conges-
tion pelvienne f.
Paramimie f.  paramimie f.
Paramnesie f.  paramnésie f.
paramolar  paramolaire
Paramphistomiasis f.  paramphisto-
mose f.
Paramunisierung f.  paramunition f.
Paramunität f.  paramunition f.
Paramuzin n.  paramucine f.
Paramyelin n.  paramyéline f.
Paramyeloblast m.  paramyéloblaste
m.
paramyeloblastisch  paramyéloblasti-
que
Paramyoklonus multiplex m.  Para-
myoclonus multiplex m.
Paramyotonie f.  paramyotonie f.

paranasal  paranasal
paraneoplastisch  paranéoplasique
paranephrisch  paranéphrétique
paranephritisch  paranéphritique
paraneural  paraneural
Paranitrosulfathiazol n.  paranitrosul-
fathiazole m.
Patanoia f.  paranoïa f.
paranoid  paranoïde
Paranoiker m.  paranoïaque m.
Paranoikerin f.  paranoïaque f.
paranoisch  paranoïaque
Paranomie f.  paranomia f.
paranormal  paranormal
paraösophageal  paraœsophagien
Paraoxon n.  paraoxone f.
Paraoxonase f.  paraoxonase f.
parapankreatisch  parapancréatique
Paraparese f.  paraparésie f.
Parapedese f.  parapédèse f.
Parapemphigus m.  parapemphigus m.
Parapenzolat n.  parapenzolate m.
parapharyngeal  parapharyngien
Paraphasie f.  paraphasie f.
paraphasisch  paraphasique
paraphil  paraphilique
paraphile Person f.  paraphilique m., f.
Paraphilie f.  paraphilie f.
Paraphimose f.  paraphimosis f.
Paraphonie f.  paraphonie f.
Paraphrasie f.  paraphrasie f.
Paraphrenie f.  paraphrénie f.
paraphrenisch  paraphrénique
paraplazentar  paraplacentaire
Paraplegie f.  paraplégie f.
paraplegisch  paraplégique
Patapraxie f.  parapraxie f.
paraprostatisch  paraprostatique
Paraprostatitis f.  périprostatite f.
Paraprotein n.  paraprotéine f.
Paraproteinämie f.  paraprotéinémie f.
Paraproteinurie f.  paraprotéinurie f.
Parapsis f.  trouble tactile m.
Parapsoriasis f.  parapsoriasis m.
Parapsychologie f.  parapsychologie f.
parapsychologisch  parapsychologi-
que
parapulpal  parapulpaire
parapyknomorph  parapycnomorphe
pararektal  périrectal
Pararhizoklasie f.  pararhizoclasie f.

Pararhotazismus m.   pararhotacisme m.

Pararosanilin n.   pararosaniline f.

parasagittal   parasagittal

parasakral   parasacral

Parasalpingitis f.   parasalpingite f.

Parasialom n.   parasialome m.

Parasigmatismus m.   parasigmatisme m.

Parasit m.   parasite m.

parasitär   parasitaire

Parasitenbefall m.   infestation parasitaire f.

parasitentötend   parasiticide

parasitentötendes Mittel n.   parasiticide m.

Parasitismus m.   parasitisme m.

parasitizid   parasiticide

Parasitologie f.   parasitologie f.

parasitologisch   parasitologique

Parasitophobie f.   parasitophobie f.

Parasitose f.   parasitose f.

parasitotrop   parasitotrope

Parasomnie f.   parasomnie f.

Paraspadie f.   paraspadias m.

Paraspastik f.   paraspasme m.

Parastellung f.   paraposition f.

parasternal   parasternal

Parästhesie f.   paresthésie f.

parästhetisch   paresthésique

parasympathikolytisch   parasympatholytique

parasympathikomimetisch   parasympathomimétique

Parasympathikus m.   parasympathique m.

parasympathisch   parasympathique

Parasynapse f.   parasynapse f.

Parasyphilis f.   parasyphilis f.

parasyphilitisch   parasyphilitique

Parasystole f.   parasystolie f.

Parathion n.   parathion m.

Parathormon n.   parathormone f.

Parathymie f.   parathymie f.

parathyreoidal   parathyroïdien

Parathyreoidektomie f.   parathyroïdectomie f.

parathyreopriv   parathyréoprive

parathyreotrop   parathyréotrope

Paratrachom n.   paratrachome m.

paratroph   paratrophique

paratuberkulös   paratuberculeux

Paratuberkulose f.   paratuberculose f.

Paratyp m.   paratype m.

Paratyphlitis f.   paratyphlite f.

paratyphlitisch   paratyphlitique

Paratyphus m.   paratyphus m.

Paratyphus-A-Bazillus m.   bacille paratyphique A m.

Paratyphus-B-Bazillus m.   bacille paratyphique B m.

Paratyphus-C-Bazillus m.   bacille paratyphique C m.

paratypisch   paratypique

paraumbilikal   paraombilical

paraungual   paraunguéal

paraurethral   paraurétral

paravaginal   paravaginal

Paravasat n.   paravasation f.

paravenös   paraveineux

paravertebral   paravertébral

paravesikal   paravésical

Paraxazon n.   paraxazone f.

parazellulär   paracellulaire

Parazentese f.   paracentèse f.

Parazentese des Trommelfells f.   paracentèse tympanique f.

parazentral   paracentral

parazervikal   paracervical

Parazetamol n.   paracétamol m.

parazyklisch   paracyclique

Parazystitis f.   paracystite f.

Parbendazol n.   parbendazole m.

Parconazol n.   parconazole m.

Pardee-Q n.   onde Q de Pardee f.

Pareidolie f.   douleur de la joue f.

Parenchym n.   parenchyme m.

parenchymatös   parenchymateux

Parenchymkropf m.   goitre parenchymateux m.

parental   parental

patenteral   parentéral

Pareptid n.   pareptide m.

Parese f.   parésie f.

Parethoxycain n.   paréthoxycaïne f.

paretisch   parésique

Pargeverin f.   pargévérine f.

Parglyn n.   pargyline f.

Paridocain n.   paridocaïne f.

parietal   pariétal

Parietallappen m.   lobe pariétal m.

parietofrontal   pariétofrontal

parietookzipital   pariétooccipital

parietotemporal   pariétotemporal

P

parietoviszeral pariétoviscéral
**Parinaudsyndrom n.** syndrome de Parinaud m.
**Parkinson, Mittel gegen n.** antiparkinsonien m.
**Parkinson-Patient m.** patient parkinsonien m.
**Parkinson-Patientin f.** patiente parkinsonienne f.
**Parkinsonismus m.** parkinsonisme m.
**Parodont n.** parodonte m.
parodontal parodontal
**Parodontitis f.** parodontite f.
**Parodontium n.** paradentium m.
**Parodontologie f.** paradontologie f.
parodontologisch paradontologique
**Parodontom n.** parodontome m.
**Parodontopathie f.** parodontopathie f.
**Parodontose f.** parodontose f.
**Paromphalozele f.** paromphalocèle f.
**Paronychie f.** paronychose f.
**Paroophoritis f.** paroophorite f.
**Parophthalmie f.** parophtalmie f.
**Parosmie f.** parosmie f.
**Parostitis f.** parostéite f.
**Parotidektomie f.** parotidectomie f.
**Parotis f.** glande parotide f.
**Parotitis f.** parotidite f.
parovarial paraovarien
**Parovarium n.** époophore m.
**Paroxetin n.** paroxétine f.
**Paroxypropion n.** paroxypropione f.
paroxysmal paroxysmal
**paroxysmale Tachykardie f.** tachycardie paroxystique f.
**Paroxysmus m.** paroxysme m.
**Parrotsches Zeichen n.** signe de Parrot m.
**Parsalmid n.** parsalmide m.
**Parthenogenese f.** parthénogenèse f.
**Partialantigen n.** antigène partial m.
**Partialdruck m.** pression partielle f.
**Partikel f.** particule f.
partikulär particulaire
**Partner m.** partenaire m.
**Partnerin f.** partenaire f.
**Parulis f.** parulie f.
parumbilikal parombilical
parungual périunguéa 1
**Parvispermie f.** parvispermie f.

**PAS (Paraaminosalizylsäure) f.** PAS (acide paraaminosalicylique) m.
**Pascal n.** pascal m.
**Paschensches Körperchen n.** corps élémentaire de Paschen-Borrel m.
**Passage f.** passage m.
**Passavantscher Wulst m.** bourrelet de Passavant m.
**Paßgenauigkeit f.** exactitude d' adaptation f.
passierbar perméable
passiv passif
**Passivität f.** passivité f.
**Paste f.** pâte f.
**Pasteurelle f.** pasteurella f.
pasteurisieren pasteuriser
**Pasteurisierung f.** pasteurisation f.
**Pastille f.** pastille f.
**Patching n.** patching m.
patellar patellaire
**Patellarklonus m.** clonus de la rotule m.
**Patellarsehnenreflex m.** réflexe rotulien m.
**Patellektomie f.** patellectomie f.
**Patellitis f.** patellite f.
**Patent n.** brevet de spécialité m.
patentieren breveté
**Pathergie f.** pathergie f.
pathergisch pathergique
pathetisch pathétique
pathoanatomisch pathoanatomique
**Pathobiochemie f.** pathobiochimie f.
**Pathobiologie f.** pathobiologie f.
pathobiologisch pathobiologique
pathogen pathogène
**pathogener Faktor m.** facteur pathogène m.
**Pathogenese f.** pathogénie f.
pathogenetisch pathogénétique
pathogenfrei sans élément pathogène
pathognomonisch pathognomonique
**Pathographie f.** pathographie f.
**Pathologe m.** pathologiste m.
**Pathologie f.** pathologie f.
**Pathologin f.** pathologiste f.
pathologisch pathologique
**Pathomimie f.** pathomimie f.
**Pathomorphose f.** pathomorphologie f.
**Pathophysiologie f.** pathophysiologie f.

**Patient m.** patient m.
**Patient in mittlerem Lebensalter m.** patient d'âge moyen m.
**Patient, ambulanter m.** patient externe m.
**Patient, stationär liegender m.** patient hospitalisé m.
**Patientendurchgang m.** nombre de patients vus m.
**Patientenhebegerät n.** équipement pour soulever le patient m.
**Patientenkartei f.** fichier des patients m.
**patientenorientiert** orienté vers le patient
**Patientenüberwachung, dezentrale f.** monitoring au lit du malade m.
**Patientin f.** patiente f.
**Patrize f.** modèle m. (dent.)
**Paukenboden m.** étage inférieur de la cavité tympanique m.
**Paukendach n.** attique m.
**Paukenhöhle f.** caisse du tympan f.
**Paukenspülröhrchen n.** canule tympanique f.
**Paul-Bunnell-Test m.** réaction de Paul Bunnell f.
**Pause f.** pause f.
**Pause, kompensatorische f.** pause compensatrice f.
**Pawlowscher Reflex m.** réflexe de Pavlov m.
**Payrsches Darmkompressorium n.** clamp intestinal de Payr m.
**PBG (progesteronbindendes Globulin) n.** PBG (progesterone binding globulin) f.
**PCP (primär chronische Polyarthritis) f.** PCE (polyarthrite chronique évolutive) f.
**Péansche Klemme f.** pince de Péan f.
**Pectenitis f.** inflammation périanale f.
**pedal** pédieux
**Pedikulose f.** pédiculose f.
**pedunkulär** pédonculaire
**Pedunkulotomie f.** pédonculotomie f.
**Peitschenwurm m.** trichocéphale m.
**Pektase f.** pectine estérase f.
**Pektin n.** pectine f.
**Pektinase f.** pectinase f.
**pektoral** pectoral
**Pektoriloquie f.** pectoriloquie f.

**Pel-Ebsteinsche Krankheit f.** maladie de Pel-Ebstein f.
**Pelgersche Kernanomalie f.** anomalie nucléaire de Pelger-Hüet f.
**Peliom n.** péliome m.
**Peliosis rheumatica f.** purpura de Schönlein m.
**Pelizaeus-Merzbachersche Krankheit f.** maladie de Pelizaeus-Merzbacher f.
**Pellagra f.** pellagre f.
**pellagragen** pellagrogène
**pellagroid** pellagroïde
**pellagrös** pellagreux
**Pellagrose f.** affection pellagreuse f.
**Pelletierin n.** pelletiérine f.
**pellikulär** pelliculaire
**Pellotin n.** pellotine f.
**peloid** peloïde
**Peloid n.** péloïde m.
**Pelotte f.** pelote f.
**Pelveoperitonitis f.** pelvipéritonite f.
**Pelvigraphie f.** pelvigraphie f.
**Pelvimetrie f.** pelvimétrie f.
**pelvimetrisch** pelvimétrique
**pelvin** pelvien
**Pelviostomie f.** pelvistomie f.
**Pelviotomie f.** pelvitomie f.
**Pelvipathie, spastische f.** pelvipathie spasmodique f.
**Pelviperitonitis f.** pelvipéritonite f.
**pelvirektal** pelvirectal
**pelvisakral** pelvisacré
**Pelviskopie f.** pelviscopie f.
**pelviskopisch** pelviscopique
**pelvitrochanterisch** pelvitrochantérien
**pelviurethral** pelviurétral
**Pemolin n.** pémoline f.
**pemphigoid** pemphigoïde
**Pemphigoide n.** pemphigoïde m.
**Pemphigus m.** pemphigus m.
**Pempidin n.** pempidine f.
**Penalisation f.** pénalisation f.
**Penbutolol n.** penbutolol m.
**Pendelatmungssystem n.** système de haut et bas (narcose) m.
**Pendelbestrahlung f.** irradiation pendulaire f.
**Pendelblut n.** sang en circulation aller-retour m.
**Pendelhoden m.** testicule mobile m.
**Pendelluft f.** air repulsé m.

Pendelnystagmus m. nystagmus pendulaire m.
Pendeltherapie f. traitement en alternance f.
Penektomie f. pénectomie f.
Penetrabilität f. pénétrabilité f.
penetrant pénétrant
Penetranz f. pénétrance f.
Penetration f. pénétration f.
penetrieren pénétrer
Penflutizid n. penflutizide m.
Penicillamin n. pénicillamine f.
Penicillanat n. pénicillanate m.
Penicillin n. pénicilline f.
Penicillinase f. pénicillinase f.
penil pénil m.
Penimepicyclin n. pénimépicycline f.
Penis m. pénis m.
Penis palmatus m. palmure pénienne f.
Penisklemme f. clamp urétral m.
Penisneid m. envie f.
Penisplastik f. phalloplastie f.
Penisschwellung f. enflure du pénis f.
Penitis f. pénitis f.
penoskrotal pénoscrotal
Penprosten n. penprostène m.
Pentabamat n. pentabamate m.
pentabasisch pentabasique
Pentaborat n. pentaborate m.
Pentabromazeton n. pentabromacétone f.
Pentabromid n. pentabromure m.
Pentachlorid n. pentachlorure m.
Pentachlornitrobenzol n. pentachlornitrobenzène m.
Pentagastrin n. pentagastrine f.
Pentagestron n. pentagestrone f.
Pentahydrat n. pentahydrate m.
Pentalamid n. pentalamide m.
Pentalogie f. pentalogie f.
pentamer pentamère
Pentamer n. pentamère m.
Pentamidin n. pentamidine f.
Pentan n. pentane m.
Pentapeptid n. pentapeptide m.
Pentapiperid n. pentapipéride m.
pentaploid pentaploïde
Pentaquin n. pentaquine f.
Pentasaccharid n. pentasaccharide m.
Pentasomie f. pentasomie f.
Pentastomiasis f. pentastomiase f.

Pentatrichomonas m. pentatrichomonas m.
Pentazocin n. pentazocine f.
Pentdyopent n. pentdyopent m.
Pentenoat n. penténoate m.
Pentetat n. pentétate m.
Pentetrazol n. pentétrazol m.
Pentit n. pentitol m.
Pentizidon n. pentizidone f.
Pentolat n. pentolate m.
Pentomon n. pentomone f.
Pentose f. pentose m.
Pentosid n. pentoside m.
Pentosurie f. pentosurie f.
Pentoxid n. pentoxide m.
Pentoxifyllin n. pentoxifylline f.
Pentoxyverin n. pentoxyvérine f.
Pentulose f. pentulose m.
Pentyl n. pentyle m.
Pentylentetrazol n. pentylènetétrazol m.
Peotomie f. péotomie f.
Peplomer n. péplomère m.
Peplos m. peplos m.
Pepsin n. pepsine f.
Pepsinogen n. pepsinogène m.
Pepstatin n. pepstatine f.
Peptase f. peptase f.
Peptid n. peptide m.
Peptidase f. peptidase f.
peptidergisch peptidergique
Peptidhormon n. hormone peptidique f.
Peptidoglykan n. peptidoglycane m.
Peptidyl n. peptidyl m.
peptisch peptique
Peptokokkus m. peptocoque m.
Pepton n. peptone m.
Peptonurie f. peptonurie f.
Peradoxim n. péradoxime m.
Perafensin n. pérafensine f.
perakut hyperaigu
Peraloprid n. péralopride m.
Peratizol n. pératizole m.
Perazetat n. peracétate m.
Perazin n. pérazine f.
Perchlorat n. perchlorate m.
Perchlorethylen n. perchloréthylène m.
Perchlorid n. perchlorure m.
Perchlormethylmerkaptan n. perchlorométhylmercaptane m.

Perflunafen n. perflunafène m.
Perforation f. perforation f.
Perforatorium n. perforateur m.
perforieren perforer
perfundieren perfuser
Perfusat n. perfusé m.
Perfusion f. perfusion f.
Perfusionsfähigkeit f. possibilité de perfusion f.
Perfusionsgerät n. perfuseur m.
Pergolid n. pergolide m.
Perhexilin n. perhexiline f.
Periadenitis f. périadénite f.
periampullär périampullaire
perianal périanal
periapikal périapical
Periappendizitis f. périappendicite f.
periarteriell périartériel
Periarthritis f. périarthrite f.
Periarteritis nodosa f. périartérite noueuse f.
Periarthritis humeroscapularis f. périarthrite scapulo-humérale f.
Periarthropathie f. périarthropathie f.
periaurikulär périauriculaire
periaxial périaxial
periaxillär périaxillaire
periaxonal périaxonial
periazinös périacineux
peribronchial péribronchial
peribronchiektatisch péribronchiectasique
peribronchiolär péribronchiolaire
Peribronchitis f. péribronchite f.
peribulbär péribulbaire
Pericholangitis f. péricholangite f.
pericholezystisch péricholécystique
Pericholezystitis f. péricholécystite f.
pericholezystitisch péricholécystitique
perichondral périchondral
Perichondritis f. périchondrite f.
peridental péridental
Peridivertikulitis f. péridiverticulite f.
Periduodenitis f. périduodénite f.
periduodenitisch de périduodénite
peridural péridural
Periektomie f. péridectomie f.
perifokal périfocal
perifollikulär périfolliculaire
Perifollikulitis f. périfolliculite f.
perigastrisch périgastrique
Perigastritis f. périgastrite f.

periglandulär périglandulaire
perihepatisch périhépathique
Perihepatitis f. périhépatite f.
perikanalikulär péicanaliculaire
perikapillär péricapillaire
perikapsulär péricapsulaire
Perikard n. péricarde m.
Perikardektomie f. péricardectomie f.
Perikarderguß m. épanchement péricardique m.
perikardial péricardique
Perikardiektomie f. péricardiectomie f.
perikardiodiaphragmatisch péricardodiaphragmatique
Perikardiolyse f. péricardiolyse f.
perikardiopleural péricardopleural
Perikardiostomie f. péricardostomie f.
Perikardiotomie f. péricardotomie f.
Perikarditis f. péricardite f.
perikarditisch péricarditique
Perikardreiben n. frottement péricardique m.
Perikolitis f. péricolite f.
Perikolpitis f. périvaginite f.
perikorneal péricornéen
Perikoronitis f. péricoronite f.
Perilabyrinthitis f. périlabyrinthite f.
perilaryngeal périlaryngé
Perilaryngitis f. périlaryngite f.
perilobär périlobaire
perilobulär périlobulaire
Perilymphe f. périlymphe f.
perimandibulär périmandibulaire
Perimastitis f. périmastite f.
perimembranös périmembraneux
Perimetazin n. périmétazine f.
Perimeter n. périmètre m.
Perimetrie f. périmétrie f.
perimetrisch périmétrique
Perimetritis f. périmétrite f.
perimetritisch périmétritique
Perimetrium n. revêtement péritonéal de l'utérus m.
perimuskulär périmusculaire
perimysial du pérymisium
Perimysium n. périmysium m.
perinatal périnatal
Perinatologie f. périnatologie f.
perinatologisch périnatologique
Perindropil n. périndropil m.
perineal périnéal

Perinephritis f. périnéphrite f.
perinephritisch périnéphritique
Perineum n. périnée m.
perineural périneural
Perineuritis f. perinévrite f.
Perineurium n. périnèvre m.
perinukleär périnucléaire
Periode f. période f.
periodisch périodique
Periodizität f. périodicité f.
periodontal périodontaire
Periodontitis f. périodontite f.
Periodontoklasie f. périodontoclasie f.
periokulär périoculaire
perioperativ périopératoire
perioral périoral
periorbital périorbital
Periorchitis périorchite f.
Periost n. périoste m.
periostal périostique
Periostreflex m. réflexe périostal m.
Periostitis f. périostite f.
periostitisch périostitique
Periostose f. périostose f.
peripankreatisch péripancréatique
Peripankreatitis f. péripancréatite f.
peripapillär péripapillaire
peripharyngeal péripharyngien
peripher périphérique
Peripherie f. périphérie f.
Periphlebitis périphlébite f.
peripleural péripleural
Peripleuritis f. péripleurite f.
Peripolese f. péripolèse f.
periportal périporte
periproktisch périrectal
Periproktitis f. périproctite f.
periproktitisch périproctitique
Periprostatitis f. périprostatite f.
periprothetisch périprothétique
peripylorisch péripylorique
periradikulär périradiculaire
perirenal périrénal
Perirhizoklasie f. périrhizoclasie f.
Perisalpingitis f. périsalpingite f.
perisellär périsellaire
Perisigmoiditis f. périsigmoïdite f.
Perisinusitis f. périsinusite f.
perisinusoidal périsinusoïdal
Perisplenitis f. périsplénite f.
perisplenitisch périsplénitique
Peristaltik f. péristaltisme m.

peristaltisch péristaltique
Peristase f. péristase f.
péristatisch péristatique
Peristole f. gastropéristaltisme m.
peristolisch gastropéristaltique
Peritendinitis f. péritendinite f.
peritoneal péritonéal
Peritonealdialyse f. dialyse péritonéale f.
Peritoneoskopie f. péritonéoscopie f.
peritoneovenös péritonéoveineux
Peritoneum n. péritoine m.
Peritonismus m. pseudopéritonite f.
Peritonitis f. péritonite f.
Peritonitis, gallige f. cholépéritonite f.
peritonitisch péritonitique
peritonsillär périamygdalien
Peritonsillarabszeß m. abcès péritonsillaire m.
Peritonsillitis f. périamygdalite f.
peritracheal péritrachéal
Perityphlitis f. périty phlite f.
perityphlitisch périty phlitique
periumbilikal périombilical
periungual périunguéal
periurethral périurétral
perivaginal périvaginal
perivalvulär périvalvulaire
perivaskulär périvasculaire
perivenolär périveinulaire
perivenös périveineux
periventrikulär périventriculaire
perivesikal périvésical
perizellulär péricellulaire
perizemental péricémentique
Perizementitis f. péricémentite f.
Perizementoklasie f. péricémentoclasie f.
perizentral péricentral
Perizystitis f. péricystite f.
Perkolat n. produit de percolation m.
Perkolation f. percolation f.
Perkolator m. percolateur m.
perkolieren percoler
Perkussion f. percussion f.
Perkussionshammer m. marteau de percussion m.
perkutan percutané
perkutieren percuter
Perlapin n. perlapine f.
Perlèche f. perlèche f.
perlingual perlingual

perlschnurartig  moniliforme
Perlsucht f.  tuberculose bovine f.
permanent  permanent
Permanenz f.  permanence f.
permeabel  perméable
Permeabilität f.  perméabilité f.
Permeation f.  perméation f.
Perna n.  dermatose de la perchlor-
naphtaline f.
pernasal  pernasal
Pernio f.  érythème pernio m.
Perniosis f.  engelures f. pl.
perniziös  pernicieux
perniziöse Anämie f.  anémie perni-
cieuse f., maladie de Biermer f.
Peromelie f.  péromélie f.
Peronäusnerv m.  nerf sciatique po-
plité externe m.
peroral  peroral
Peroxid n.  peroxyde m.
Peroxisom n.  peroxysome m.
Peroxydase f.  peroxydase f.
Perphenazin n.  perphénazine f.
Perseveration f.  persévération f.
persistieren  persister
persistierend  persistant
Person f.  personne f.
Personal, medizinisches n.  personnel
médical m.
Persönlichkeit f.  personnalité f.
Persönlichkeitsveränderungen f. pl.
altérations de la personnalité f. pl.
Persorption f.  persorption f.
Perspiration f.  perspiration f.
Persuasion f.  persuasion f.
Persufflation f.  persufflation f.
Persulfat n.  persulfate m.
Pertechnetat n.  pertechnétate m.
Perthessche Krankheit f.  maladie de
Perthes f.
pertrochanter  pertrochantérien
pertuberkulär  pertuberculaire
Perturbation f.  perturbation f.
Pertussis f.  coqueluche f.
Perubalsam m.  baume du Pérou m.
Peruvosid n.  péruvoside m.
Peruwarze f.  verruga du Pérou f.
pervers  pervers
Perversion f.  perversion f.
Perversität f.  perversité f.
Pervigilium n.  insomnie f.
perzeptiv  perceptif

perzeptuell  de perception
Pes calcaneovalgus m.  pied bot talus
valgus m.
Pes calcaneovarus m.  pied bot talus
varus m.
Pes calcaneus m.  pied bot talus m.
Pes cavus m.  pied creux m.
Pes equinovalgus m.  pied bot valgus
équin m.
Pes equinovarus m.  pied bot varus
équin m.
Pes equinus m.  pied bot équin m.
Pes planovalgus m.  pied plat valgus
m.
Pes planus m.  pied plat m.
Pes valgus m.  pied bot valgus m.
Pes varus m.  pied bot varus m.
Pessar n.  pessaire m.
Pessimismus m.  pessimisme m.
Pest f.  peste f.
pestartig  pestilent
Pestbazillus m.  bacille de Yersin m.
Pestbeule f.  bubon de la peste m.
Pestsepsis f.  peste septicémique f.
PET (Positronenemissionstomogra-
phie) f.  positron tomographie f.
petechial  pétéchial
Petechie f.  pétéchie f.
Pethidin n.  péthidine f.
petit mal n.  petit mal épileptique m.
PETN (Pentaerythrityltetranitrat) n.
tétranitrate de pentaérythrityle m.
Petrichloral n.  pétrichloral m.
Petrischale f.  boîte de Petri f.
Petroapizitis f.  pétroapicite f.
Petroleum n.  pétrole m.
petrookzipital  pétrooccipital
Petrositis f.  pétrosite f.
petrosphenoidal  pétrosphénoïdien
petrosquamös  pétrosquameux
petrotympanisch  pétrotympanique
Petruschkysche Lackmusmolke f.  lait
de tournesol de Petruschky m.
Peyerscher Lymphfollikelhaufen m.
plaque de Peyer f.
Peyotl m.  peyotl m.
Pezzerscher Katheter m.  cathéter de
Pezzer m.
Pfählung f.  empalement m.
Pfannengelenk n.  articulation coty-
loïde f.

**Pfannenstielscher Querschnitt m.** incision de Pfannenstiel f.
**Pfaundler-Hurlersche Krankheit f.** maladie de Hurler f.
**Pfeffer m.** poivre m.
**Pfefferminze f.** menthe poivrée f.
**Pfefferminztee m.** tisane de menthe f.
**Pfeife f.** sifflet m.
**Pfeife, Galtonsche f.** sifflet de Galton m.
**Pfeifenraucherkrebs m.** cancer des fumeurs de pipe m.
**Pfeiffersches Drüsenfieber n.** mononucléose infectieuse f.
**Pfeilerkrone f.** couronne à pilier f.
**Pfeilgift n.** curare m.
**Pfeilnaht f.** suture sagittale f.
**Pferdeegel m.** sangsue du cheval f.
**Pferdeenzephalomyelitis f.** encéphalomyélite équine f.
**Pferdeknie m.** genou raide m.
**Pferdepest f.** peste équine f.
**Pferdepocken f. pl.** vaccine du cheval f.
**Pferdeserum n.** sérum de cheval m.
**Pferdestaupe f.** gourme équine f.
**Pflanze f.** plante f.
**pflanzenfressend** herbivore
**Pflanzenkeim m.** germe de plante m.
**Pflanzenöl n.** huile végétale f.
**Pflanzenschutzmittel n.** produit phytosanitaire m.
**pflanzlich** végétal
**Pflaster n.** emplâtre m.
**Pflasterepithel n.** épithélium pavimenteux m.
**Pflasterprobe f.** test d'allergies m.
**Pflasterspatel m.** spatule à plâtre f.
**Pflasterverband m.** sparadrap m.
**Pflasterzelle f.** cellule pavimenteuse f.
**Pflege f.** soins m. pl.
**Pflegeanstalt f.** hospice m.
**Pflegedienst m.** service de soins m.
**Pflegeheim m.** maison de soins f.
**Pflegehelfer m.** aide-soignant m.
**Pflegehelferin f.** aide-soignante f.
**pflegen** soigner
**Pflegeperson f.** personne chargée des soins f.
**Pflegepersonal n.** personnel soignant m.
**Pfleger m.** infirmier m.

**pflegerisches Hilfspersonal n.** auxiliaires soignants m. pl.
**Pflegschaft f.** curatelle f.
**Pflichtimpfung f.** vaccination obligatoire f.
**pflichtversicherte Person f.** personne assurée obligatoirement f.
**Pflock m.** cheville f.
**Pfortader f.** veine porte f.
**Pfortaderhochdruck m.** hypertension portale f.
**Pfortaderkreislauf m.** circulation porte f.
**Pfortaderthrombose f.** thrombose de la veine porte f.
**Pfote f.** patte f.
**Pfropf m.** bouchon m.
**Pfropfhebephrenie f.** hébéphrénie secondaire f.
**Pfropfschizophrenie f.** schizophrénie secondaire f.
**Pfützenphänomen n.** phénomène de flaque m.
**Phagedänismus m.** phagédénisme m.
**Phagolyse f.** phagolyse f.
**Phagophobie f.** phagophobie f.
**Phagosom n.** phagosome m.
**Phagozyt m.** phagocyte m.
**phagozytär** phagocytaire
**phagozytieren** phagocyter
**Phagozytolyse f.** phagocytolyse f.
**Phagozytose f.** phagocytose f.
**Phakitis f.** phakitis f.
**phakogen** phacogénique
**Phakom n.** phacome m.
**Phakomalazie f.** phacomalacie f.
**Phakometer n.** phacomètre m.
**phakometrisch** phacométrique
**Phakoskopie f.** phacoscopie f.
**Phakoskotasmus m.** phacoscotasmus m.
**Phakozele f.** phacocèle f.
**phalangeal** phalangien
**Phalanx f.** phalange f.
**phallisch** phallique
**Phallitis f.** phallite f.
**Phalloidin n.** phalloïdine f.
**Phallotoxin n.** phallotoxine f.
**Phallus m.** verge f.
**Phanerose f.** atteinte des phanères f.
**Phaneroskop n.** diaphanoscope m.
**Phaneroskopie f.** diaphanoscopie f.

phaneroskopisch diaphanoscopique
Phänokopie f.   phénocopie f.
Phänomen n.   phénomène m.
Phänomen der kreisenden Erregung
   n.   phénoméne de réentrée m.
Phänomenologie f.   phénoménologie f.
phänomenologisch phénoménologi-
   que
Phänotyp m.   phénotype m.
phänotypisch phénotypique
Phanquinon n.   phanquinone f.
Phantasie f.   imagination f.
Phantom n.   mannequin m.
Phantomglied n.   membre fantôme m.
Phantomschwangerschaft f.   pseudogrossesse f.
Phäochromozytom n.   phéochromocy-
   tome m.
Pharmakochemie f.   pharmacochimie
   f.
Pharmakochemiker (in) m., f.   pharmacochimiste m., f.
pharmakochemisch pharmacochimique
Pharmakodynamik f.   pharmacodynamie f.
pharmakodynamisch pharmacodyna-
   mique
Pharmakognosie f.   pharmacognosie f.
pharmakognostisch pharmacognosique
Pharmakokinetik f.   pharmacocinétique f.
pharmakokinetisch pharmacocinétique
Pharmakologe m.   pharmacologue m.
Pharmakologie f.   pharmacologie f.
Pharmakologin f.   pharmacologue f.
pharmakologisch pharmacologique
Pharmakomanie f.   pharmacomanie f.
Pharmakon n.   préparation pharmaceutique f.
Pharmakopöe f.   pharmacopée f.
Pharmakopsychiatrie f.   pharmacopsychiatrie f.
Pharmakopsychose f.   pharmacopsychose f.
pharmakotherapeutisch pharmacothérapeutique
Pharmakotherapie f.   pharmacothérapie f.
Pharmazeut m.   pharmacien m.

Pharmazeutik f.   pharmaceutique f.
Pharmazeutin f.   pharmacienne f.
pharmazeutisch pharmaceutique
Pharmazie f.   pharmacie f.
Pharyngitis f.   pharyngite f.
pharyngitisch pharyngitique
pharyngokonjunktival pharyngocon-
   jonctival
pharyngolaryngeal pharyngolaryn-
   gien
pharyngopalatinal pharyngopalatin
Pharyngoskop n.   pharyngoscope m.
Pharyngoskopie f.   pharyngoscopie f.
pharyngoskopisch pharyngoscopique
Pharyngospasmus m.   pharyngo-
   spasme m.
Pharyngotomie f.   pharyngotomie f.
Pharyngotonsillitis f.   pharyngoamyg-
   dalite f.
Pharynx m.   pharynx m.
Phase f.   phase f.
Phase, orale f.   phase orale f.
Phase, postmitotische f.   phase postmi-
   totique f.
Phase, prämitotische f.   phase prémi-
   totique f.
phasengesteuert selon la phase
Phasenkontrastmikroskop n.   micros-
   cope en contraste de phase m.
Phasenverschiebung f.   décalage de
   phase m.
Phasin n.   phasine f.
phasisch phasique
Phenacemid n.   phénacémide m.
Phenadoxon n.   phénadoxone m.
Phenamazolin n.   phénamazoline f.
Phenampromid n.   phénampromide
   m.
Phenanthren n.   phénanthrène m.
Phenanthrolin n.   phénanthroline f.
Phenazapyridin n.   phénazapyridine f.
Phenazetin n.   phénacétine f.
Phenazin n.   phénazine f.
Phenazocin n.   phénazocine f.
Phenazon n.   phénazone f.
Phenazopyridin n.   phénazopyridine f.
Phenbrobamat n.   phenbrobamate m.
Phenbutazon n.   phenbutazone f.
Phencyclidin n.   phencyclidine f.
Phendimetrazin n.   phendimétrazine f.
Phenelzin n.   phénelzine f.
Phenethylamin n.   phénétylamine f.

P

Pheneturid n.   phénéturide m.
Phenglutarimid n.   phenglutarimide m.
Phenicarbazid n.   phénicarbazide m.
Phenidat n.   phénidate m.
Phenindamin n.   phénindamine f.
Phenindion n.   phénindione f.
Pheniprazin n.   phéniprazine f.
Pheniramin n.   phéniramine f.
Phenmetrazin n.   phenmétrazine f.
Phenobarbital n.   phénobarbital m.
Phenol n.   phénol m.
Phenolase f.   phénolase f.
Phenolat n.   phénolate m.
phenolieren   phénoler
Phenolphthalein n.   phénolphtaléine f.
Phenolrot n.   phénolsulfonephtaléine f.
Phenolum liquefactum n.   phénol liquéfié m.
Phenotan n.   phénotane m.
Phenothiazin n.   phénothiazine f.
Phenoxetol n.   phénoxétol m.
Phenoxybenzamin n.   phénoxybenzamine f.
Phenprocoumon n.   phenprocoumone m.
Phenpropionat n.   phenpropionate m.
Phensuximid n.   phensuximide m.
Phentermin n.   phentermine f.
Phentolamin n.   phentolamine f.
Phenyl n.   phényle m.
Phenylalanin n.   phénylalanine f.
Phenylalaninase f.   phénylalaninase f.
Phenyläthanolamin n.   phényléthanolamine f.
Phenyläthyl… siehe / voir Phenylethyl…
Phenylazetylguanidin n.   phénylacétylguanidine f.
Phenylbutazon n.   phénylbutazone f.
Phenylbutyrat n.   phénylbutyrate m.
Phenylchinolin n.   phénylquinoline f.
Phenylen n.   phénylène m.
Phenylendiamin n.   phénylènediamine f.
Phenylephrin n.   phényléphrine f.
Phenylethanolamin n.   phényléthanolamine f.
Phenylethylamin n.   phényléthylamine f.

Phenylethylbiguanid n.   phényléthylbiguanide m.
Phenylethylhydrazin n.   phényléthylhydrazine f.
Phenylhydrazin n.   phénylhydrazine f.
Phenylketonurie f.   phénylcétonurie f.
Phenylmerkuriborat n.   phénylmercuriborate m.
Phenylpyruvat n.   phénylpyruvate m.
Phenylsulfonat n.   phénylsulfonate m.
Phenylthioharnstoff m.   phénylthiourée f.
Phenylzyklopropylamin n.   phénylcyclopropylamine f.
Phenythilon n.   phénythilone f.
Phenytoin n.   phénytoïne f.
Phenzyklidin n.   phencyclidine f.
Pherormon n.   phérormone f.
Phialide f.   phialide f.
Philosophie f.   philosophie f.
philosophisch   philosophique
Philtrum n.   sillon médian sous-nasal m.
Phimose f.   phimosis m.
Phlebektasie f.   phlébectasie f.
Phlebektomie f.   phlébectomie f.
Phlebitis f.   phlébite f.
phlebitisch   phlébitique
Phlébodynamometrie f.   phlébodynamométrie f.
Phlebogramm n.   phlébogramme m.
Phlebographie f.   phlébographie f.
phlebographisch   phlébographique
Phlebolith m.   phlébolithe m.
Phlebothrombose f.   phlébothrombose f.
Phlebotomie f.   phlébotomie f.
Phlebotomus papatasü m.   phlebotomus papatasü m.
Phlegmasie f.   phlegmatia f.
phlegmatisch   flegmatique
Phlegmone f.   phlegmon m.
phlegmonös   phlegmoneux
phlogistisch   phlogistique
Phlorhizin n.   phlorhizine f.
Phlorogluzin n.   phloroglucine f.
Phlorridzin n.   phlorhizine f.
Phloxin n.   phloxine f.
Phlyktäne f.   phlyctène f.
Phobie f.   phobie f.
phobisch   phobique
Phobophobie f.   phobophobie f.

**Phokomelie f.** phocomélie f.
**Pholcodin n.** pholcodine f.
**Phon n.** phon m.
**Phonangiographie f.** pbonoangiographie f.
**Phonasthenie f.** phonasthénie f.
**Phonation f.** phonation f.
**phonatorisch** phonique
**Phonem n.** phonème m.
**Phonetik f.** phonétique f.
**phonetisch** phonétique
**Phoniater m.** spécialiste de phoniatrie m.
**Phoniaterin f.** spécialiste de phoniatrie f.
**Phoniatrie f.** phoniatrie f.
**phonieren** prononcer
**Phonogramm n.** phonogramme m.
**Phonographie f.** phonographie f.
**phonographisch** phonographique
**Phonokardiogramm n.** phonocardiogramme m.
**Phonokardiograph m.** phonocardiographe m.
**Phonokardiographie f.** phonocardiographie f.
**phonokardiographisch** phonocardiographique
**Phonologie f.** phonologie f.
**phonologisch** phonologique
**Phonophobie f.** phonophobie f.
**Phonopsie f.** phonopsie f.
**Phonoskop n.** phonoscope m.
**Phorbol n.** phorbol m.
**Phoropter m.** phoromètre m.
**Phosgen n.** phosgène m.
**Phosphagen n.** phosphagène m.
**Phosphamid n.** phosphamide m.
**Phosphan n.** phosphane m.
**Phosphat n.** phosphate m.
**Phosphat, energiereiches n.** phosphate hautement énergétique m.
**Phosphatase f.** phosphatase f.
**phosphatbildend** phosphatogène
**Phosphatdiabetes m.** diabète rénal des phosphates m.
**phosphathaltig** phosphaté
**Phosphatid n.** phosphatide m.
**Phosphatidat n.** phosphatidate m.
**Phosphatidyl n.** phosphatidyle m.
**Phosphatin n.** phosphatine f.
**Phosphaturie f.** phosphaturie f.

**Phosphid n.** phosphide m.
**Phosphin n.** phosphine f.
**Phosphit n.** phosphite m.
**Phosphoadenosin n.** phosphoadénosine f.
**Phosphodiester m.** phosphodiester m.
**Phosphodiesterase f.** phosphodiestérase f.
**Phosphoenolpyruvat n.** phosphoénolpyruvate m.
**Phosphofruktokinase f.** phosphofructokinase f.
**Phosphoglukomutase f.** phosphoglucomutase f.
**Phosphoglukonat n.** phosphogluconate m.
**Phosphoglukose f.** phosphoglucose m.
**Phosphoglyzerat n.** phosphoglycérate m.
**Phosphoglyzerid n.** phosphoglycéride m.
**Phosphokinase f.** phosphokinase f.
**Phosphokreatin n.** phosphocréatine f.
**Phospholamban n.** phospholambane m.
**Phospholipase f.** phospholipase f.
**Phospholipid n.** phospholipide m.
**Phosphomannoisomerase f.** Phosphomanno-isomérase f.
**Phosphonat n.** phosphonate m.
**Phosphonoformat n.** phosphonoformate m.
**Phosphoprotein n.** phosphoprotéine f.
**Phosphopyridin n.** phosphopyridine f.
**Phosphor m.** phosphore m.
**Phosphor, organischer m.** phosphore organique m.
**Phosphoreszenz f.** phosphorescence f.
**phosphorhaltig (dreiwertig)** phosphoreux
**phosphorhaltig (fünfwertig)** phosphorique
**Phosphoribosylpyrophosphat n.** phosphoribosylpyrophosphate m.
**Phosphoribosyltransferase f.** phosphoribosyltransférase f.
**phosphorieren** phosphorer
**Phosphorofluoridat n.** phosphoroeluoridate m.
**Phosphoryl n.** phosphoryle m.
**Phosphorylase f.** phosphorylase f.

Phosphorylethanolamin n.  phosphoryléthanolamine f.
phosphorylieren  phosphoryler
Phosphorylierung f.  phosphorylation
f.
Phosphoserin n.  phosphosérine f.
Phosphosulfat n.  phosphosulfate m.
Phosphothiamin n.  phosphothiamine
f.
Phosphotransferase f.  phosphotransférase f.
Phosphowolframat n.  phosphowolframate m.
Phot n.  phot m.
photisch  photique
Photoallergie f.  photoallergie f.
photoallergisch  photoallergique
Photobiologie f.  photobiologie f.
photochemisch  photochimique
Photochemotherapie f.  photochimiothérapie f.
photochromogen  photochromogène
Photodermie f.  photodermie f.
photodynamisch  photodynamique
Photodynie f.  photoalgie f.
photoelektrisch  photoélectrique
Photogastroskopie f.  photogastroscopie f.
photogen  photogénique
Photographie f.  photographie f.
photographisch  photographique
Photoheterotrophie f.  photohétéro-
trophie f.
Photoinaktivierung f.  photoinactiva-
tion f.
Photokinese f.  photokinésie f.
photokinetisch  photokinésique
Photokoagulation f.  photocoagula-
tion f.
Photolyse f.  photolyse f.
photolytisch  photolytique
Photometer n.  photomètre m.
Photometrie f.  photométrie f.
photometrisch  photométrique
Photomikroskopie f.  photomicrosco-
pie f.
Photomorphose f.  photomorphose f.
Photon n.  photon m.
Photooxidation f.  photooxydation f.
Photophobie f.  photophobie f.
Photophosphorylierung f.  photophos-
phorylation f.

Photopsie f.  photopsie f.
Photopsin n.  photopsine f.
Photorezeptor m.  photorécepteur m.
photosensibel  photosensible
Photosensibilisierung f.  photosensibi-
lisation f.
Photosensibilität f.  photosensibilité f.
Photosynthese f.  photosynthèse f.
Photoszintigraphie f.  photoscintigra-
phie f.
Phototaxis f.  phototaxie f.
Phototherapie f.  photothérapie f.
Phototimer m.  phototimer m.
phototoxisch  phototoxique
phototrop  phototrope
phototroph  phototrophique
Photozelle f.  photocellule f.
phrenikokolisch  phrénicocolique
Phrenikotomie f.  phrénicotomie f.
Phrenikotripsie f.  phrénicotripsie f.
Phrenikusexairese f.  exérèse du phré-
nique f.
phrenokolisch  phrénocolique
Phrenologe m.  phrénologue m.
Phrenologie f.  phrénologie f.
Phrenologin f.  phrénologue f.
phrenologisch  phrénologique
Phrenosin n.  phrénosine f.
phrygische Mütze f.  bonnet phrygien
m.
Phrynodermie f.  phrynodermie f.
Phthalamat n.  phtalamate m.
Phthalamidin n.  phtalamidine f.
Phthalanilid n.  phtalanilide m.
Phthalat n.  phtalate m.
Phthalazin n.  phtalazine f.
Phthalein n.  phtaléine f.
Phthalidolon n.  phtalidolone f.
Phthalylsulfathiazol n.  phtalylsulfat-
hiazol m.
Phthiriasis inguinalis f.  phtiriase pu-
bienne f.
Phthise f.  phtisie f.
Phthisiogenese f.  phtisiogenèse f.
phthisisch  phtisique
Phykomykose f.  phycomycose f.
Phylaxis f.  phylaxie f.
Phyllochinon n.  phylloquinone f.
Phyllopyrrol n.  phyllopyrrol m.
Phylogenese f.  phylogenèse f.
phylogenetisch  phylogénétique
Phylum n.  phylum m.

**Physalide f.** physalis m.
**Physik f.** physique f.
**physikalisch** physique
**physikalisch-chemisch** physicochimique
**Physiker m.** physicien m.
**Physikerin f.** physicienne f.
**Physiologe m.** physiologiste m.
**Physiologie f.** physiologie f.
**Physiologin f.** physiologiste f.
**physiologisch** physiologique
**physiologisch-chemisch** physiochimique
**physiologische Chemie f.** physiochimie f.
**physiopsychisch** physiopsychique
**Physiotherapeut (in) m., f.** physiothérapeute m., f.
**physiotherapeutisch** physiothérapique
**Physiotherapie f.** physiothérapie f.
**physisch** physique
**Physostigmin n.** physostigmine f.
**Phytase f.** phytase f.
**Phytat n.** phytate m.
**Phytin n.** phytine f.
**Phytoagglutinin n.** phytoagglutinine f.
**Phytoglobulin n.** phytoglobuline f.
**Phytohämagglutinin n.** phytohémagglutinine f.
**Phytohormon n.** phytohormone f.
**Phytomenadion n.** phytoménadione f.
**Phytonose f.** dermatose phytotoxique f.
**Phytosterin n.** phytostérol m.
**Phytotherapie f.** phytothérapie f.
**Phytotoxin n.** phytotoxine f.
**phytotoxisch** phytotoxique
**Pica f.** pica m.
**Picafibrat n.** picafibrate m.
**Pickel (med.) m.** bouton m.
**Picksche Atrophie f.** atrophie cérébrale de Pick f.
**Pickwick-Syndrom n.** syndrome de Pickwick m.
**Piclonidin n.** piclonidine f.
**Picloxydin n.** picloxydine f.
**Picobenzid n.** picobenzide m.
**Picodralazin n.** picodralazine f.
**Picofarad n.** picofarad m.
**Picofosfat n.** picophosphate m.
**Picolamin n.** picolamine f.

**Picoperin n.** picopérine f.
**Picophosphat n.** picophosphate m.
**Picoprazol n.** picoprazole m.
**Picosulfat n.** picosulfate m.
**Pidolat n.** pidolate m.
**Piedra f.** piedra f.
**Piezochemie f.** piézochimie f.
**piezoelektrisch** piézoélectrique
**piezogen** piézogène
**piezokeramisch** piézocéramique
**PIF (prolaktininhibierender Faktor) m.** PIF (prolactin inhibiting factor) m.
**Pifarnin n.** pifarnine f.
**Pifenat n.** pifénate m.
**Pifexol n.** pifexol m.
**Pifoxim n.** pifoxime m.
**Pigment n.** pigment m.
**Pigmentation f.** pigmentation f.
**pigmentationsfördernd** favorisant la pigmentation
**Pigmentatrophie f.** atrophie pigmentaire f.
**Pigmentglaukom n.** glaucome pigmentaire m.
**pigmentieren** pigmenter
**pigmentiert** pigmenté
**Pigmentierung f.** pigmentation f.
**Pigmentinkontinenz f.** incontinence pigmentaire f.
**Pigmentophage m.** macrophage chromophagocytaire m.
**Pigmentzelle f.** cellule pigmentaire f.
**Pigmentzirrhose f.** cirrhose pigmentaire f.
**Pikrat n.** picrate m.
**Pikrin n.** picrine f.
**Pikrogeusie f.** picrogueusie f.
**Pikrotoxin n.** picrotoxine f.
**pilar** pilaire
**Pillchen n.** pellet m.
**Pille f.** pilule f.
**Pillendreherbewegung f.** mouvement parkinsonien de roulement entre le pouce et l'index m.
**Pilojektion f.** pilojection f.
**Pilokarpin n.** pilocarpine f.
**pilomotorisch** pilomoteur
**pilonidal** subsacré
**Pilot-Studie f.** étude pilote f.
**Pilz m.** champignon m.

P

Pilz, eßbarer m.   champignon comestible m.
Pilz, Blätter- m.   agaric m.
Pilz, giftiger m.   champignon vénéneux m.
Pilz, Schimmel- m.   moisissure f.
Pilzfaden m.   hyphe m.
Pimeclon n.   piméclone f.
Pimefyllin n.   piméfylline f.
Pimethixen n.   piméthixène m.
Pimetin n.   pimétine f.
Pimetremid n.   pimétrémide m.
Piminodin n.   piminodine f.
Pimozid n.   pimozide m.
Pimpernelle f.   pimpernelle f.
Pinealektomie f.   pinéalectomie f.
Pinealom n.   pinéalome m.
Pinealozyt m.   pinéalocyte m.
Pinen n.   pinène m.
Pinguecula f.   pinguecula f.
Pinolcain n.   pinolcaïne f.
Pinozyt m.   pinocyte m.
Pinozytose f.   pinocytose f.
Pinta f.   pinta f.
Pinto-Krankheit f.   mal de Pinto m.
Pinzette, anatomische f.   pince à disséquer f.
Pinzette, chirurgische f.   pince chirurgicale f.
Pinzette f.   pincette f.
Pipacyclin n.   pipacycline f.
Pipamazin n.   pipamazine f.
Pipamperon n.   pipampérone f.
Pipebuzon n.   pipébuzone f.
Pipecolat n.   pipécolate m.
Pipemid n.   pipémide m.
Pipenzolat n.   pipenzolate m.
Piperacetazin n.   pipéracétazine f.
Piperamid n.   pipéramide m.
Piperazin n.   pipérazine f.
Piperidin n.   pipéridine f.
Piperidolat n.   pipéridolate m.
Piperin n.   pipérine f.
Piperocain n.   pipérocaïne f.
Pipethamat n.   pipéthamate m.
Pipette f.   pipette f.
Pipettenspülgerät n.   rince-pipettes m.
Pipettenständer m.   statif pour pipettes
pipettieren   pipetter
Pipettiergerät n.   appareil à pipetter m.
Pipoctanon n.   pipoctanone f.
Pipofezin n.   pipofézine f.

Pipotiazin n.   pipothiazine f.
Pipoxizin n.   pipoxizine f.
Piprinhydrinat n.   piprinhydrinate m.
Pirenzepin n.   pirenzépine f.
Piretanid n.   pirétanide m.
Piridocain n.   piridocaïne f.
Pirinidazol n.   pirinidazole m.
Piritramid n.   piritramide m.
Pirlindol n.   pirlindol m.
Pirocton n.   piroctone f.
Piroglirid n.   pirogliride m.
Pirogoffsche Amputation f.   Amputation de Pirogoff f.
Piroheptin n.   piroheptine f.
Pirolat n.   pirolate m.
Pirolazamid n.   pirolazamide m.
Piroplasmose f.   piroplasmose f.
Piroximon n.   piroximone f.
Pirquetsche Probe f.   cutiréaction de Pirguet f.
Piskaceksche Ausladung f.   signe de boursouflure de l'utérus gravide de Piskacek m.
Pistill n.   pilon m.
Pit-Zelle f.   cellule de Pit f.
Pitofenon n.   pitofénonc f.
Pituizyt m.   cellule gliale fusiforme post hypophysaire f.
Pituizytom n.   gliome posthypophysaire m.
Pituxat n.   pituxate m.
Pityrosporum n.   pityrosporum m.
Pivalat n.   pivalate m.
Pivaloylindandion n.   pivaloylindandione f.
Pivenfrin n.   pivenfrine f.
Pix liquida f.   goudron de pin m.
PKG (Phonokardiogramm) n.   phonocardiogramme m.
Placebo n.   placebo m.
Placenta praevia f.   placenta praevia m.
Placidosche Scheibe f.   disque de Placido m.
Plakode f.   placode f.
Planigraphie f.   planigraphie f.
planigraphisch   planigraphique
Planimetrie f.   planimétrie f.
Plankton n.   plancton m.
planokonkav   planconcave
planokonvex   planconvexe
planozellulär   planocellulaire

Planozyt m. planocyte m.
Planozytose f. planocytose f.
plantar plantaire
Plaque f. plaque f.
Plasma n. plasma m.
Plasmaaustausch m. échange plasmatique m.
Plasmablast m. plasmoblaste m.
Plasmaeiweiß n. protide plasmatique m.
Plasmaersatzmittel n. succédané du plasma m.
Plasmaexpander m. liquide de remplissage plasmatique m.
Plasmaglobulin n. globuline plasmatique f.
Plasmakinin n. kinine plasmatique f.
Plasmakonserve f. conserve de plasma f.
Plasmal n. plasmal m.
Plasmalogen n. plasmalogène m.
Plasmapherese f. plasmaphérèse f.
Plasmathrombokinase f. thromboplastine intrinsèque f.
plasmatisch plasmatique
Plasmazelle f. plasmocyte m.
Plasmazellenleukämie f. leucémie plasmocytaire f.
Plasmazellenvermehrung f. plasmocytose f.
plasmazytoid plasmacytoïde
Plasmid n. plasmide m.
Plasmin n. plasmine f.
Plasminogen n. plasminogène m.
Plasmodesma n. plasmodesme m.
plasmodientötend plasmodicide
Plasmodium falciparum n. Plasmodium falciparum m.
Plasmodium immaculatum n. Plasmodium immaculatum m.
Plasmodium malariae n. Plasmodium malariae m.
Plasmodium vivax n. Plasmodium vivax m.
Plasmodizid n. plasmodicide m.
Plasmogamie f. plasmogamie f.
Plasmolyse f. plasmolyse f.
plasmolytisch plasmolytique
Plasmom n. plasmome m.
plasmozytär plasmocytaire
Plasmozytom n. plasmocytome m.
Plastid n. plastide m.

Plastik (Material) n. plastique m.
Plastik (Operation) f. plastie f.
Plastikbeutel m. sac en plastique m.
Plastikkrone f. couronne en plastique f.
plastisch plastique
Plastizität f. plasticité f.
Plastogamie f. plastogamie f.
Plastomer n. plastomère m.
Plastosom n. plastosome m.
Plateau n. plateau m.
Plathelminth m. plathelminthe m.
Platin n. platine m.
Platin-Gold-Legierung f. alliage orplatine m.
Platinat n. platinate m.
Platinektomie f. opération de l'étrier f.
Platinmatrize f. matrice en platine f.
Platinöse f. anse en platine f.
Plätschergeräusch n. clapotement m.
Plättchenaggregationstest m. test d'aggrégation des plaquettes m.
Platte f. plaque f.
Plattenatelektase f. atélectasie en plaque f.
Plattenelektrode f. électrode plaque f.
Plattenepithel n. épithélium pavimenteux m.
Plattenthermographie f. thermographie de plaque f.
plattes Becken n. bassin aplati m.
Plattfuß m. pied plat m.
Plattfußeinlage f. semelle-support f.
Plattwurm m. plathelminthe m.
Platybasie f. platybasie f.
Platykranie f. platycranie f.
Platymorphie f. platymorphisme m.
Platyzephalie f. platycéphalie f.
Platzangst f. agoraphobie f.
Platzbauch m. déhiscence après laparotomie f.
Platzhalter (dent.) m. maintenance d'espace f. dent.
Plazebo n. placebo m.
Plazenta f. placenta m.
Plazenta-Laktationshormon, menschliches n. hormone lactogène-placentaire humaine f.
plazentar placentaire
Plazentaschranke f. barrière placentaire f.
Plazentation f. placentation f.

P

Plazentitis f.   placentite f.
Plazentographie f.   placentographie f.
Plazentom n.   placentome m.
Plazentotoxin n.   placentotoxine f.
pleiochrom   pléiochromique
Pleiochromie f.   pléiochromie f.
pleiotrop   pléiotrope
pleomorph   pléomorphe
Pleomorphie f.   pléomorphisme m.
Pleonexie f.   pléonexie f.
Pleonostose f.   pléonostéose f.
Pleoptik f.   pléoptique f.
Pleozytose f.   pléocytose f.
Plerozerkoid n.   plérocercoïde m.
Plesiomonas f.   plésiomonas m.
Plessimeter n.   plessimètre m.
Plethora f.   pléthore f.
plethorisch   pléthorique
Plethysmogramm n.   pléthysmo-
   gramme m.
Plethysmograph m.   pléthysmographe
   m.
Plethysmographie f.   pléthysmogra-
   phie f.
plethysmographisch   pléthysmogra-
   phique
Pleura f.   plèvre f.
Pleuraadhäsion f.   adhésion pleurale f.
Pleuraerguß m.   épanchement pleural
   m.
Pleurakuppel f.   dôme pleural m.
pleural   pleural
Pleurapunktion f.   ponction pleurale f.
Pleurareiben n.   frottement pleural m.
Pleuraschwarte f.   fibrothorax m.
Pleurektomie f.   pleurectomie f.
Pleuritis f.   pleurésie f.
pleuritisch   pleurésique
Pleurodese f.   pleurodèse f.
Pleurodynie f.   pleurodynie f.
pleurogen   pleurogène
Pleuromulin n.   pleuromuline f.
pleuroperikardial   pleuropéricardique
Pleuroperikarditis f.   pleuropéricardite
   f.
pleuroperitoneal   pleuropéritonéal
Pleuroperitoneostomie f.   pleuropéri-
   tonéostomie f.
Pleuropneumolyse f.   pleuropneumo-
   lyse f.
Pleuropneumonie f.   pleuropneumonie
   f.

Pleuroskopie f.   pleuroscopie f.
Pleurotomie f.   pleurotomie f.
pleuroviszeral   pleuroviscéral
Plexus m.   plexus m.
Plexus brachialis m.   plexus brachial
   m.
Plexus cervicalis m.   plexus cervical m.
Plexus sacralis m.   plexus sacré m.
Plexus solaris m.   plexus solaire m.
Plexuserkrankung f.   atteinte plexique
   f.
Plikation f.   plication f.
Plikotomie f.   plicotomie f.
Ploidie f.   ploïdie f.
Plombe f.   plombage m. (dent.)
plombieren   plomber
Plombierung f.   obturation f.
Plummer-Vinson-Syndrom n.   syn-
   drome de Plummer-Vinson m.
Plummern n.   traitement préopératoire
   iodé de Plummer m.
pluriglandulär   pluriglandulaire
pluriorifiziell   pluriorificiel
Pluripara f.   multipare f.
pluripolar   multipolaire
pluripotent   multipotent
Pluripotenz f.   multicapacité f.
Plutonium n.   plutonium m.
Pneumarthrogramm n.   pneumarthro-
   gramme m.
Pneumarthrographie f.   pneumarthro-
   graphie f.
pneumarthrographisch   pneumarthro-
   graphique
Pneumarthrose f.   pneumarthrose f.
pneumatisch   pneumatique
pneumatisieren   pneumatiser
Pneumatisierung f.   pneumatisation f.
Pneumatose f.   pneumatose f.
Pneumatozele f.   pneumatocèle f.
Pneumaturie f.   pneumaturie f.
Pneumektomie f.   pneumectomie f.
Pneumenzephalographie f.   pneumo-
   encéphalographie f.
Pneumobazillus Friedländer m.
   pneumobacille de Friedländer m.
Pneumocystis carinii f.   Pneumocystis
   carinii f.
Pneumograph m.   pneumographe m.
Pneumographie f.   pneumographie f.
pneumographisch   pneumographique
pneumokardial   cardiopulmonaire

Pneumokokkus m.  pneumocoque m.
Pneumokolon n.  pneumocolon m.
Pneumokoniose f.  pneumoconiose f.
Pneumolith m.  pneumolithe m.
Pneumologie f.  pneumologie f.
pneumologisch  pneumologique
Pneumolyse f.  pneumolyse f.
Pneumomediastinum n.  pneumomé-
    diastin m.
Pneumometer n.  pneumomètre m.
Pneumometrie f.  pneumométrie f.
pneumometrisch  pneumométrique
Pneumonektomie f.  pneumonectomie
    f.
Pneumonie f.  pneumonie f.
Pneumonie, akute interstitielle f.
    pneumonie aigue interstitielle f.
Pneumonie, biliöse f.  pneumonie bi-
    lieuse f.
Pneumonie, Broncho- f.  bronchop-
    neumonie f.
Pneumonie, croupöse f.  pneumonie
    lobaire f.
pneumonie, fibröse f.  pneumonie fi-
    breuse f.
Pneumonie, hypostatische f.  pneumo-
    nie hypostatique f.
Pneumonie, käsige f.  pneumonie ca-
    séeuse f.
pneumonisch  pneumonique
Pneumonose f.  détérioration du pa-
    renchyme pulmonaire f.
Pneumopathie f.  pneumopathie f.
Pneumoperikard n.  pneumopéricarde
    m.
Pneumoperitoneographie f.  pneum-
    opéritonéographie f.
Pneumoperitoneum n.  pneumopéri-
    toine m.
Pneumopyelographie f.  pneumopyé-
    lographie f.
Pneumoradiographie f.  pneumoradio-
    graphie f.
Pneumoretroperitoneum n.  pneumo-
    rétropéritoine m.
Pneumoskrotum n.  pneumoscrotum
    m.
Pneumotachogramm n.  pneumota-
    chogramme m.
Pneumotachograph m.  pneumotacho-
    graphe m.

Pneumotachographie f.  pneumota-
    chographie f.
pneumotachographisch  pneumota-
    chographique
Pneumothorax m.  pneumothorax m.
Pneumothoraxapparat m.  appareil à
    pneumothorax m.
pneumotrop  pneumotrope
Pneumozystographie f.  pneumocysto-
    graphie f.
Pneumozystose f.  pneumocystose f.
Pneumozyt m.  pneumocyte m.
Pocken f. pl.  variole f.
Pockenlymphe f.  vaccin variolique m.
Pockenschutzimpfung f.  vaccination
    antivariolique f.
Podagra n.  podagre f.
Podophyllin n.  podophylline f.
Podophyllotoxin n.  podophyllotoxine
    f.
Podopompholyx m.  dermatose bul-
    leuse f.
Podotrochlitis f.  podotrochléite f.
Podozyt m.  podocyte m.
Poikiloderma f.  poïkilodermie f.
Poikilodermie f.  poïkilodermie f.
Poikiloploidie f.  poïkiloïdie f.
Poikilosmose f.  poïkilosmose f.
Poikilothermismus m.  poïkilothermie
    f.
poikilothym  poïkilothymique
Poikilozyt m.  poïkilocyte m.
Poikilozytose f.  poïkilocytose f.
Poiseuillesches Gesetz n.  loi de Poi-
    seuille f.
Pojektion f.  projection f.
Pol m.  pôle m.
polar  polaire
Polarimeter n.  polarimètre m.
Polarimetrie f.  polarimétrie f.
polarimetrisch  polarimétrique
Polarisation f.  polarisation f.
polarisieren  polariser
Polarisierung f.  polarisation f.
Polariskopie f.  polariscopie f.
Polarität f.  polarité f.
Polarkardiographie f.  cardiographie
    polaire f.
Polarograph m.  polarographe m.
Polarographie f.  polarographie f.
polarographisch  polarographique
polieren  polir

**Polierinstrument n.** brunissoir m.
**Poliermittel n.** agent polisseur m.
**Polihexanid n.** polyhexanide m.
**Poliklinik f.** policlinique f.
**Poliodystrophie f.** poliodystrophie f.
**Polioenzephalitis f.** polioencéphalite f.
**Poliomyelitis anterior acuta f.** polio-
myélite antérieure aigue f.
**Poliomyélitis- Impfstoff m.** vaccin an-
tipoliomyélitique m.
**poliomyelitisch** poliomyélitique
**Poliose f.** poliose f.
**poliradikulär** polyradiculaire
**Polisaponin n.** polisaponine f.
**Politur f.** poli m.
**politzern** faire l'épreuve de Politzer
**Politzerverfahren n.** épreuve d'insuf-
flation naso-otique de Politzer f.
**Polkörperchen n.** globule polaire m.
**Pollakisurie f.** pollakiurie f.
**Pollen m.** pollen m.
**Pollenkrankheit f.** pollinose f.
**Pollinose f.** pollinose f.
**Pollution f.** pollution f.
**Polonium n.** polonium m.
**Poloxalen n.** poloxalène m.
**Polresektion f.** résection polaire f.
**Polstar m.** cataracte polaire f.
**Polster n.** réserve f.
**polstern** rembourrer
**Polya-Operation f.** gastrectomie de
Polya f.
**Polyacryl n.** polyacryl m.
**Polyadenitis f.** polyadénite f.
**Polyagglutination f.** polyagglutination
f.
**Polyakryl n.** polyacryl m.
**Polyakrylamid n.** polyacrylamide m.
**Polyakrylat n.** polyacrylate m.
**Polyakrylonitril n.** polyacrylonitrile
m.
**Polyalgesie f.** polyalgie f.
**Polyamid n.** polyamide m.
**Polyamin n.** polyamine f.
**Polyanionenpräzipitation f.** polyani-
onprécipitation f.
**Polyarteritis f.** polyartérite f.
**Polyarthritis f.** polyarthrite f.
**Polyarthritis, primär chronische f.** po-
lyarthrite chronique rhumatismale f.
**Polyarthritis, sekundär chronische f.**
rhumatisme articulaire chronique m.

**Polyarthritis rheumatica acuta f.** polyarthrite rhumatoide aigue f.
**polyarthritisch** polyarthritique
**polyartikulär** polyarticulaire
**Polyase f.** polyase f.
**Polyästhesie f.** polyesthésie f.
**Polyäthylen n.** polyéthylène m.
**Polyavitaminose f.** polyavitaminose f.
**polyaxial** polyaxial
**polybasisch** polybasique
**polychemotherapeutisch** polychimio-
thérapeutique
**Polychemotherapie f.** polychimiothé-
rapie f.
**polychlorieren** polychlorer
**Polycholie f.** polycholie f.
**Polychondritis f.** polychondrite f.
**Polychromasie f.** polychromasie f.
**polychromatisch** polychrome
**polychromatophil** polychromatophile
**Polychromatophilie f.** polychromato-
philie f.
**Polydaktylie f.** polydactylie f.
**Polydesoxyribonukleotid n.** polydés-
oxyribonucléotide m.
**Polydioxanon n.** polydioxanone f.
**Polydipsie f.** polydipsie f.
**Polyelektrolyt m.** polyélectrolyte m.
**Polyen n.** polyène m.
**polyepiphysär** polyépiphysaire
**polyergisch** polyergique
**Polyetaden n.** polyétadène m.
**Polyethylen n.** polyéthylène m.
**Polygalaktie f.** polygalactie f.
**Polygalakturonase f.** polygalacturo-
nase f.
**Polygalakturonat n.** polygalacturo-
nate m.
**Polygéminie f.** polygéminie f.
**polygen** polygénique
**polyglandulär** polyglandulaire
**Polyglobulie f.** polyglobulie f.
**polygonal** polygonal
**polyhydroxypolyzyklisch** polyhydroxypolycyclique
**Polyhypermenorrhöe f.** polyhyperménorrhée f.
**Polyhypomenorrhöe f.** polyhypomé-
norrhée f.
**Polyisopren n.** polyisoprène m.
**Polykaryozyt m.** polycaryocyte m.
**polyklonal** polyclonal

**Polykrotie f.**   caractère polycrote m.
**Polymenorrhöe f.**   polyménorrhée f.
**polymer**   polymère
**Polymer n.**   polymère m.
**Polymerase f.**   polymérase f.
**Polymerie f.**   polymérie f., polymé-
   risme m.
**Polymerisat n.**   produit de polymérisa-
   tion m.
**Polymerisation f.**   polymérisation f.
**polymerisieren**   polymériser
**Polymerisierung f.**   polymérisation f.
**Polymethylen n.**   polyméthylène m.
**polymorph**   polymorphe
**Polymorphie f.**   polymorphisme m.
**polymorphkerniger Leucozyt m.**   leu-
   cocyte polymorphonucléaire m., leu-
   cocyte à noyau polymorphe m.
**Polymyalgie f.**   polymyalgie f.
**Polymyositis f.**   polymyosite f.
**Polynesie f.**   multiplication des cellules
   de Langerhans f.
**polynesisch**   polyinsulaire
**polyneural**   polyneural
**Polyneuritis f.**   polynévrite f.
**polyneuritisch**   polynévritique
**Polyneuropathie f.**   polyneuropathie f.
**polynukleär**   polynucléaire
**Polynukleotid n.**   polynucléotide m.
**Polyol n.**   polyol m.
**Polyopsie f.**   polyopsie f.
**Polyorchidie f.**   polyorchidie f.
**Polyosteochondritis f.**   polyostéochon-
   drite f.
**Polyostose f.**   polyostose f.
**polyostotisch**   concernant de nom-
   breux os
**Polyöstradiol n.**   polyoestradiol m.
**Polyotie f.**   polyotie f.
**Polyovulation f.**   polyovulation f.
**Polyp m.**   polype m.
**Polypathie f.**   polypathie f.
**Polypektomie f.**   polypectomie f.
**polypektomieren**   enlever le polype
**Polypenzange f.**   pince pour ablation
   de polypes f.
**Polypeptid n.**   polypeptide m.
**Polypeptidase f.**   polypeptidase f.
**Polyphagie f.**   polyphagie f.
**polyphasisch**   polyphasique
**Polyphosphat n.**   polyphosphate m.
**polyploid**   polyploïde

**Polyploidie f.**   polyploïdie f.
**polypoid**   polypoïde
**polypös**   polypeux
**Polypose f.**   polypose f.
**Polypragmasie f.**   polypragmasie f.
**Polyprenyl n.**   polyprényle m.
**Polypropylen n.**   polypropylène m.
**Polyradikulitis f.**   polyradiculite f.
**Polyradikuloneuritis f.**   polyradiculo-
   névrite f.
**Polyribonukleotid n.**   polyribonucléo-
   tide m.
**Polyribosom n.**   polyribosome m.
**Polysaccharid n.**   polysaccharide m.
**Polyserositis f.**   polysérosite f.
**Polysiloxan n.**   polysiloxane m.
**Polyskleradenitis f.**   polyscléradénite f.
**polysom**   polysomique
**Polysomie f.**   polysomie f.
**Polysomnographie f.**   polysomnogra-
   phie f.
**polysomnographisch**   polysomnogra-
   phique
**Polysorbat n.**   polysorbate m.
**Polyspermie f.**   polyspermie f.
**Polystichiasis f.**   polystichiasis f.
**Polystyrol n.**   polystyrène m.
**Polysulfat n.**   polysulfate m.
**polysymptomatisch**   polysymptomati-
   que
**polysynaptisch**   polysynaptique
**Polythelie f.**   polythélie f.
**Polythiazid n.**   polythiazide m.
**Polytopie f.**   polytopie f.
**polytopisch**   polytopique
**Polytoxikomanie f.**   polytoxicomanie
   f.
**polytrop**   polytrope
**Polyurethan n.**   polyuréthane m.
**Polyurie f.**   polyurie f.
**polyvalent**   polyvalent
**Polyvinyl n.**   polyvinyle m.
**polyxen**   polyxène
**polyzentrisch**   polycentrique
**polyzyklisch**   polycyclique
**polyzystisch**   polycystique
**Polyzystographie f.**   polycystographie
   f.
**Polyzythämie f.**   polycythémie f.
**Polyzytose f.**   polycytose f.
**Pomade f.**   pommade f.
**Pompholyx m.**   dermatose bulleuse f.

Poncetsches Rheumatoid n.  polyarthrite tuberculeuse de Poncet f.
Ponfibrat n.  ponfibrate m.
pontin  du pont
pontozerebellär  pontocérébelleux
popliteal  poplité
Population f.  population f.
Poradenitis f.  poradénite f.
Pore f.  pore m.
Porenzephalie f.  porencéphalie f.
Poriomanie f.  automatisme ambulatoire m.
Porokeratose f.  porokératose f.
porös  poreux
Porose f.  porose f.
Porozephalose f.  porose cérébrale f.
Porphin n.  porphine f.
Porphobilinogen n.  porphobilinogène m.
Porphyrie f.  porphyrie f.
Porphyrin n.  porphyrine f.
Porphyrinämie f.  porphyrinémie f.
Porphyrinurie f.  porphyrinurie f.
Porphyrismus m.  porphyrie f.
Porphyrmilz f.  rate porphyre f.
Porphyropsin n.  porphyropsine f.
Porro-Operation f.  césarienne de Porro f.
portal  porte
Portio f.  portion vaginale du col de l'utérus f.
Portion f.  portion f.
Portographie f.  portographie f.
portokaval  portocaval
portokavale Anastomose f.  anastomose portocavale f.
Porzellan n.  porcelaine f.
Porzellangallenblase f.  vésicule porcelaine f.
Porzellanverblendung f.  plaquage en porcelaine m.
Porzellanvollkrone f.  couronne en porcelaine f.
Position f.  position f.
Positioner m.  positionneur m.
positiv  positif
Positron n.  positron m.
Positronencomputertomographie f.  positrontomographie f.
Positrozephalogramm n.  positrocéphalogramme m.

positrozephalographisch  positrocéphalographique
Poskin n.  poskine f.
Posologie f.  posologie f.
postabortiv  postavortif
postaggressiv  postagressif
postakut  après la phase aigue
postalimentär  postalimentaire
postapoplektisch  postapoplectique
Postcholezystektomiesyndrom n.  syndrome postcholécystectomique m.
postdental  postdental
postdiastolisch  postdiastolique
postdiphtherisch  postdiphtérique
postenzephalitisch  postencéphalitique
postepileptisch  postépileptique
posteroinferior  postéroinférieur
posterolateral  postérolatéral
posteromedial  postéromédial
posteromedian  postéromédian
posteroparietal  postéropariétal
posterotemporal  postérotemporal
posterovesikulär  postérovésiculaire
postextrasystolisch  postextrasystolique
postfebril  postfébrile
postganglionär  postganglionnaire
Postgastrektomie-Syndrom n.  syndrome postgastrectomique m.
postglomerulär  postglomérulaire
postgrippal  postgrippal
posthämorrhagisch  posthémorragique
posthepatisch  posthépatique
posthepatitisch  posthépatitique
postherpetisch  postherpétique
Posthitis f.  posthite f.
posthum  posthume
posthypnotisch  posthypnotique
Postikusparese f.  paralysie des abducteurs des cordes vocales f.
postischämisch  postischémique
postjunktional  postjonctionnel
Postkardiotomiesyndrom n.  syndrome postcardiotomique m.
postklimakterisch  postclimactérique
postkoital  postcoïtal
postkommissural  postcommissural
Postkommissurotomie-Syndrom n.  syndrome de postcommissurotomie m.

**Postkommotionssyndrom n.** syndrome postcommotionnel m.
**Postkontusionssyndrom n.** syndrome postcontusionnel m.
**postlaktal** de postlactation
**Postmastektomiesyndromn** syndrome de postmastectomie m.
**postmenopausal** postménopausal
**Postmenstruum n.** période postmenstruelle f.
**postmitotisch** postmitotique
**postmortal** après la mortel
**Postmyokardinfarkt-Syndrom n.** syndrome de postinfarctus du myocarde m.
**postnasal** postnasal
**postnatal** postnatal
**postoperativ** postopératoire
**postorbital** postorbitaire
**postpartal** postpartum
**Postperikardiotomiesyndrom n.** syndrome de postpéricardiotomie m.
**postphlebitisch** postphlébitique
**postpneumonisch** postpneumonique
**postpoliomyelitisch** postpoliomyélitique
**Postposition f.** postposition f.
**postprandial** postprandial
**postpubertär** postpubertaire
**postsinusoidal** postsinusoïdal
**Postsplenektomieinfektion f.** infection postsplénectomique f.
**Postsplenektomiesepsis f.** septicémie postsplénectomique f.
**poststenotisch** poststénosique
**postsynaptisch** postsynaptique
**postthrombotisch** postthrombosique
**posttraumatisch** posttraumatique
**postvakzinal** postvaccinal
**postviral** postviral
**postzentral** postcentral
**postzygotisch** postzygotique
**Potainscher Apparat m.** aspirateur d' épanchement Potain m.
**potent** puissant
**Potential n.** potentiel m.
**Potential, provoziertes n.** potentiel évoqué m.
**potentiell** potentiel
**Potentiometer n.** potentiomètre m.
**Potentiometrie f.** potentiométrie f.
**potentiometrisch** potentiométrique

**Potenz f.** puissance sexuelle f.
**potenzieren** potentialiser
**potenzieren (homöop.)** dynamiser
**Potenzierung (homöop.) f.** dynamisation f.
**Potenzierung (pharm.) f.** potentialisation f.
**Potomanie f.** potomanie f.
**Pottasche f.** potasse f.
**Potter-Syndrom n.** syndrome de Potter m.
**Pottscher Buckel m.** mal vertébral de Pott m.
**Poupartsches Band n.** arcade fémorale f.
**Povidon n.** povidone f.
**präagonal** préagonique
**Präalbumin n.** préalbumine f.
**präanalytisch** préanalytique
**präanaphylaktisch** préanaphylactique
**präaurikulär** préauriculaire
**Präbetalipoprotein n.** prébétalipoprotéine f.
**Prädentin n.** prédentine f.
**Prädiabetes m.** prédiabète m.
**prädiabetisch** prédiabétique
**prädiastolisch** prédiastolique
**Prädilektion f.** préférence f.
**prädisponierend** prédisposant
**Prädisposition f.** prédisposition f.
**prädominieren** prédominer
**Präeklampsie f.** prééclampsie f.
**präeklamptisch** prééclamptique
**präepileptisch** préépileptique
**Präexzitation f.** préexcitation f.
**Präformation f.** préformation f.
**präformieren** préformer
**präfrontal** préfrontal
**präganglionär** préganglionnaire
**Prager Handgriff m.** manoeuvre obstétricale de Prague f.
**Pragmatagnosie f.** pragmatagnosie f.
**pragmatisch** pragmatique
**Pragmatismus m.** pragmatisme m.
**prähepatisch** préhépatique
**prähypertonisch** préhypertonique
**prähypophysär** préhypophysaire
**präinvasiv** préinvasif
**präischämisch** préischémique
**präjunktional** préjonctionnel
**präkanzerös** précancéreux
**Präkanzerose f.** précancérose f.

präkapillär précapillaire
Präkapillare f. précapillaire m.
präkariös précarieux
präkarzinomatös précarcinomateux
präklimakterisch préménopausal
präklinisch préclinique
präkoital précoïtal
Präkoma n. précoma m.
präkomatös précomateux
präkommissural précommissural
präkordial précordial
praktisch pratique
praktischer Arzt m. médecin praticien
  généraliste m., praticien m.
praktizieren pratiquer
prälimbisch prélimbique
prämaxillar prémaxillaire
Prämedikation f. prémédication f.
Prämelanose f. prémélanose f.
prämenstruell prémenstruel
prämitotisch prémitotique
Pramiverin n. pramivérine f.
Pramocain n. pramocaïne f.
Prämolar m. prémolaire f.
prämonitorisch prémonitoire
prämorbid prémorbide
prämortal prémortel
Pramoxin n. pramoxine f.
Prampin n. prampine f.
Prämunität f. prémunition f.
pränatal prénatal
präneoplastisch prénéoplasique
präoperativ préopératoire
präoptisch préoptique
präovulatorisch préovulatoire
präparalytisch préparalytique
Präparat n. préparation f.
Präparat, zusammengesetzes n. préparation composée f.
Präparation f. préparation f.
Präparation (anatom.) f. dissection f.
Präparierbesteck n. étui à dissection
  m.
präparieren préparer
präparieren (anatom.) disséquer
präpatellar prépatellaire
präperitoneal prépéritonéal
Präponderanz f. prépondérance f.
präpontin prépontique
präpsychotisch prépsychotique
präpubertär prépubertaire
Präpubertät f. prébuberté f.

präputial préputial
Präputiotomie f. préputiotomie f.
präpylorisch prépylorique
präpyramidal prépyramidal
prärenal prérénal
präsakral présacré
präsellär présellaire
präsenil présénile
Präsenilität f. présénilité f.
Praseodym n. praséodyme m.
Präservativ n. préservatif m.
präsinusoidal présinusoïdal
Präsklerose f. présclérose f.
präsklerotisch présclérotique
prästenotisch présténosé
Prasteron n. prastérone f.
präsuizidal présuicidaire
präsumptiv présomptif
präsynaptisch présynaptique
präsystolisch présystolique
präthyreoidal préthyroïdien
prätibial prétibial
prätracheal prétrachéal
prävalent prévalent
Prävalenz f. prévalence f.
Pravazsche Spritze f. seringue de Pra-
  vaz f.
Prävention f. prévention f.
prävertebral prévertébral
prävesikal prévésical
Praxadin n. praxadine f.
Praxis, ärztliche f. cabinet médical m.
Praxis, fehlerhafte f. mauvaise prati-
  que f.
Praxisräume des Arztes f. pl. cabinet
  du médecin m.
präzentral précentral
Prazepin n. prazépine f.
Präzipitat n. précipité m.
Präzipitation f. précipitation f.
Präzipitin n. précipitine f.
Präzipitinogen n. précipitinogène m.
Praziquantel n. praziquantel m.
präzirrhotisch précirrhotique
Präzision f. précision f.
präzygotisch prézygotique
Preclotting n. préformation de caillot
  f.
Predigerhand f. main de prédicateur f.
Prednazat n. prednazate m.
Prednazolin n. prednazoline f.
Prednicarbat n. prednicarbate m.

Prednimustin n.   prednimustine f.
Prednisolamat n.   prednisolamate m.
Prednisolon n.   prednisolone f.
Prednison n.   prednisone f.
Prednyliden n.   prednylidène m.
Prefenamat n.   préfénamate m.
Preglsche Lösung f.   solution de Pregl f.
Pregnan n.   prégnane m.
Pregnanolon n.   prégnanolone m.
Pregnen n.   prégnène m.
Pregnenolon n.   prégnénolone f.
Preisträger m.   lauréat m.
Preisträgerin f.   lauréate f.
Prellung f.   contusion f.
Prenistein n.   prénistéine f.
Prenoverin n.   prénovérine f.
Prenylamin n.   prénylamine f.
Presbyakusis f.   presbyacousie f.
presbyop   presbyte
Presbyophrenie f.   presbyophrénie f.
Presbyopie f.   presbyopie f.
Preßatmung f.   respiration forcée f.
Preßluft f.   air comprimé m.
pressorezeptiv   pressorécepetif
Pressorezeptor m.   pressorécepteur m.
Pressorsubstanz f.   substance hyper-
    tensive f.
Preßwehe f.   douleur expulsive f.
Pretiadil n.   prétiadil m.
Preußisch Blau n.   bleu de Prusse m.
PRF (prolaktinfreisetzender Faktor)
    m.   PRF (facteur de libération de la
    prolactine) m.
Priapismus m.   priapisme m.
Pribecain n.   pribécaïne f.
Price-Jonessche Kurve f.   courbe de
    Price-Jones f.
Pridefin n.   pridéfine f.
Prießnitzwickel m.   compresse humide
    d'après Priessnitz f.
Prifurolin n.   prifuroline f.
Prilocain n.   prilocaïne f.
Primaquin n.   primaquine f.
primär   primaire
Primäraffekt, syphilitischer m.   chan-
    cre syphilitique m.
primärer Alkohol m.   alcool primaire
    m.
Primärkrone f.   couronne primaire f.
Primärnaht f.   suture primaire f.
Primärstrahl m.   rayon primaire m.

Primat m.   primate m.
Primidon n.   primidone f.
Primipara f.   primipare f.
Primitivsegment n.   somite m.
Primitivstreifen m.   ligne primitive f.
primordial   primordial
Primverose f.   primvérose f.
Prinzip n.   principe m.
Prinzmetal-Angina f.   syndrome angi-
    neux de Prinzmetal m.
Prion (proteinartige infektiöse Parti-
    kel)f.   Prion (particule protéinique
    infectieuse) m.
Priorität f.   priorité f.
Prisma n.   prisme m.
prismatisch   prismatique
Prismenoptometer n.   prismooptomè-
    tre m.
PRIST (Papier-Radioimmunosorbens-
    test)m.   test sur papier radioimmu-
    nosorbent m.
Pristinamycin n.   pristinamycine f.
privat   privé
Privatbehandlung f.   traitement privé
    m.
Privatklinik f.   clinique privée f.
Privatkrankenversicherung f.   assu-
    rance maladie privée f.
Privatpatient (in) m./f.   client (e) privé
    (e) m./f.
Proaktivator m.   proactivateur m.
Proakzelerin n.   proaccélérine f.
Proband, gesunder, freiwilliger m.   vo-
    lontaire sain m.
Probarbital n.   probarbital m.
Probe (Test) f.   épreuve f.
Probe (Untersuchungsmaterial) f.   pré-
    lèvement-échantillon m.
Probe (Versuch) f.   essai m.
Probeexzision f.   excision exploratrice
    f.
Probeexzisionszange f.   pince à biopsie
    f.
Probefrühstück n.   déjeuner d'épreuve
    m.
Probelaparotomie f.   laparotomie ex-
    ploratrice f.
Probemahlzeit f.   repas d'épreuve m.
Probenecid n.   probénécide m.
Probenwechsler m.   changeur d'échan-
    tillon m.

**Probepunktion f.** ponction explora-
trice f.
**Proberohling m.** préforme test f.
(dent.)
**Probilifuszin n.** probilifuscine f.
**problemorientiert** orienté en fonction
du problème
**Problempatient (in) m., f.** patient (e)
posant des problèmes m., f.
**Procain n.** procaïne f.
**Procainamid n.** procaïnamide m.
**Procarbazin n.** procarbazine f.
**Processus coracoideus m.** apophyse
coracoïde f.
**Processus mastoideus m.** éminence
mastoïdienne f.
**Processus zygomaticus m.** apophyse
zygomatique f.
**Prochlorperazin n.** prochlorpérazine
f.
**Prochromosom n.** prochromosome
m.
**Prochymosin n.** prochymosine f.
**Procinonid n.** procinonide m.
**Procodazol n.** procodazole m.
**Proconvertin n.** proconvertine f.
**Procyclidin n.** procyclidine f.
**Prodilitin n.** prodilitine f.
**Prodrom n.** prodrome m.
**prodromal** prodromique
**Prodromalstadium n.** phase prodro-
male f.
**Produkt n.** produit m.
**Produktion f.** production f.
**produktiv** productif
**Proenzym n.** proenzyme f.
**Proerythroblast m.** proérythroblaste
m.
**Proesterase f.** proestérase f.
**Profenamin n.** profénamine f.
**Proferment n.** proferment m.
**professionell** professionnel
**Professor (in) m., f.** professeur m., f.
**Profibrin n.** profibrine f.
**Profibrinolysin n.** profibrinolysine f.
**Profil n.** profil m.
**profus** profus
**Progabid n.** progabide m.
**progam** progame
**Progastrin n.** progastrine f.
**Progenie f.** progénie f.
**progenital** progénital

**Progerie f.** progérie f.
**Progestagen n.** progestagène m.
**progestativ** progestatif
**Progesteron n.** progestérone f.
**Proglukagon n.** proglucagon m.
**Proglumetacin n.** proglumétacine f.
**Proglumid n.** proglumide m.
**Prognathie f.** prognathie f.
**Prognose f.** pronostic m.
**Prognostiker (in) m., f.** médecin don-
nant un pronostic m., f.
**prognostisch** pronostique
**prognostizieren** faire un pronostic
**programmgesteuert** sous contrôle
programmé
**programmierbar** programmable
**programmieren** programmer
**Programmierer m.** programmateur m.
**Programmiergerät n.** programmateur
m.
**programmiert** programmé
**Programmierung f.** programmation f.
**Programmwähler m.** sélectionneur de
programme m.
**progredient** progressif
**Progredienz f.** progression f.
**Progression f.** progression f.
**progressiv** progressif
**progressive Bulbärparalyse f.** paralysie bulbaire progressive f.
**progressive Muskelatrophie f.** atro-
phie musculaire progressive f.
**progressive Paralyse f.** paralysie géné-
rale syphilitique f.
**Proheptazin n.** proheptazine f.
**Proinsulin n.** proinsuline f.
**Prokain n.** procaïne f.
**Prokainamid n.** procaïnamide m.
**Prokainhydrochlorid n.** hydrochlo-
rure de procaïne m.
**Prokarbazin n.** procarbazine f.
**Prokaryot m.** procaryote m.
**Prokollagen n.** procollagène m.
**Prokonvertin n.** proconvertine f.
**Proktektomie f.** proctectomie f.
**Prokteuryse f.** dilatation de l'intestin
par voie rectale f.
**Proktitis f.** rectite f.
**proktitisch** proctitique
**proktogen** proctogène
**Proktokolektomie f.** proctocolecto-
mie f.

Proktokolitis f.   rectocolite f.
Proktologe m.   proctologue m.
Proktologie f.   proctologie f.
proktologisch   proctologique
Proktopexie f.   proctopexie f.
Proktosigmoidektomie f.   proctosig-
    moïdectomie f.
Proktosigmoidoskopie f.   proctosig-
    moïdoscopie f.
proktosigmoidoskopisch   proctosig-
    moïdoscopique
Proktoskopie f.   proctoscopie f.
proktoskopisch   proctoscopique
Proktostomie f.   proctostomie f.
Proktotomie f.   proctotomie f.
Proktozystotomie f.   proctocystotomie
    f.
Prokursivanfall m.   épilepsie cursive f.
prolabieren   prolaber
Prolaktin n.   prolactine f.
Prolaktinom n.   prolactinome m.
Prolaktoliberin n.   prolactolibérine f.
Prolamin n.   prolamine f.
Prolan n.   prolan m.
Prolaps m.   polapsus m.
Prolidase f.   prolidase f.
Proliferation f.   prolifération f.
proliferativ   prolifératif
proliferieren   proliférer
Proligeston n.   proligestone f.
Prolin n.   proline f.
Prolinamid n.   prolinamide m.
Prolinase f.   prolinase f.
Prolinoxidase f.   proline oxydase f.
Prolintan n.   prolintane m.
Prolinurie f.   prolinurie f.
prolongieren   prolonger
Prolylhydroxylase f.   prolylhydrox-
    ylase f.
Prolylhydroxyprolin n.   prolylhydrox-
    yproline f.
Promazin n.   promazine f.
Promegakaryozyt m.   promégacaryo-
    cyte m.
Promegaloblast n.   promégaloblaste
    m.
Promegeston n.   promégestone f.
Promesobilifuszin n.   promésobilifus-
    cine f.
Prometaphase f.   prométaphase f.
Promethazin n.   prométhazine f.
Promethium n.   prométhium m.

prominent   éminent
Prominenz f.   éminence f.
Promiskuität f.   promiscuité f.
Promolat n.   promolate m.
Promonozyt m.   promonocyte m.
Promontorium n.   promontoire m.
Promotion f.   doctorat m., promotion
    f.
Promotor m.   promoteur m.
promovierte Person f.   personne titu-
    laire d'un doctorat f.
Promoxolan n.   promoxolane m.
prompt   prompt
Promyelozyt m.   promyélocyte m.
promyelozytär   promyélocytaire
Pronation f.   pronation f.
pronieren   mettre en pronation
Propädeutik f.   propédeutique f.
propädeutisch   propédeutique
Propafenon n.   propafénone f.
Propagation f.   propagation f.
Propamid n.   propamide m.
Propamidin n.   propamidine f.
Propan n.   propane m.
Propandiol n.   propanediol m.
Propanocain n.   propanocaïne f.
Propanol n.   propanol m.
Propanolamin n.   propanolamine f.
Propanolol n.   propanolol m.
Propanthelin n.   propanthéline f.
Proparacain n.   proparacaïne f.
Propatylnitrat n.   propatylnitrate m.
Propazolamid n.   propazolamide m.
Propenidazol n.   propénidazole m.
Propentdyopent n.   propentdyopent
    m.
Properdin n.   properdine f.
Prophage m.   prophage m.
Prophase f.   prophase f.
Prophenamin n.   prophénamine f.
prophylaktisch   prophylactique
Prophylaxe f.   prophylaxie f.
Propinetidin n.   propinétidine f.
Propiolakton n.   propiolactone f.
Propiomazin n.   propiomazine f.
Propion n.   propion m.
Propionat n.   propionate m.
Propionazidämie f.   acidémie propio-
    nique f.
Propionibakterium n.   propionibacté-
    rium m.
Propionitril n.   propionitrile m.

Propionyl n.   propionyle m.
Propiophenon n.   propiophénone f.
Propipocain n.   propipocaïne f.
Propisergid n.   propisergide m.
Propiverin n.   propivérine f.
Propizepin n.   propizépine f.
Proportion f.   proportion f.
proportional   proportionnel
Propoxat n.   propoxate m.
Propoxycain n.   propoxycaïne f.
Propoxyphen n.   propoxyphène m.
Propranolol n.   propranolol m.
Propriozeption f.   proprioception f.
propriozeptiv   proprioceptif
Propriozeptor m.   propriocepteur m.
Propulsion f.   propulsion f.
propulsiv   propulsif
Propyl n.   propyle m.
Propyl-Alkohol m.   alcool propylique
   m.
Propylamin n.   propylamine f.
Propylbutyldopamin n.   propylbutyl-
   dopamine f.
Propylen n.   propylène m.
Propylhexedrin n.   propylhexédrine f.
Propyliden n.   propylidène m.
Propyliodon n.   propyliodone f.
Propylrot n.   rouge propyl m.
Propylthiouracil n.   propylthiouracile
   m.
Propyperon n.   propypérone f.
Propyphenazon n.   propyphénazone f.
Propyromazin n.   propyromazine f.
Proquazon n.   proquazone f.
Proquinolat n.   proquinolate m.
Prorenoat n.   prorénoate m.
Proscillaridin n.   proscillaridine f.
Prosekretin n.   prosécrétine f.
Prosektor m.   prosecteur m.
Prosopagnosie f.   prosopagnosie f.
Prosopalgie f.   prosopalgie f.
Prosopoplegie f.   prosopoplégie f.
prospektiv   prospectif
Prostaglandin n.   prostaglandine f.
Prostalen n.   prostalène m.
Prostanoid n.   prostanoïde m.
Prostata f.   prostate f.
Prostataadenom n.   adénome prostati-
   que m.
Prostatahypertrophie f.   hypertrophie
   prostatique f.

Prostatakarzinom n.   cancer de la pro-
   state m.
Prostataphosphatase f.   phosphatase
   acide f.
Prostatektomie f.   prostatectomie f.
prostatikovesikal   vésicoprostatique
prostatisch   prostatique
Prostatitis f.   prostatite f.
prostatitisch   de prostatite
Prostatorrhöe f.   prostatorrhée f.
Prostatotomie f.   prostatotomie f.
Prostatovesikulektomie f.   prostatové-
   siculectomie f.
Prostazyklin n.   prostacycline f.
prosthetisch   prosthétique
Prostitution f.   prostitution f.
Prosulprid n.   prosulpride m.
Prosultiamin n.   prosultiamine f.
Protaktinium n.   protactinium m.
Protamin n.   protamine f.
Protaminase f.   protaminase f.
Protanopie f.   protanopie f.
Protease f.   protéase f.
Proteid n.   protéide m.
Protein n.   protéine f.
Protein, C-reaktives f.   CRP (C-ré-
   active protéine) f.
Proteinase f.   protéinase f.
proteingebundenes Jod n.   iode fixé
   aux protéines m.
Proteinkörpertherapie f.   protéinothé-
   rapie f.
Proteinose f.   protéinose f.
protektiv   protecteur
Protektor m.   protecteur m.
Proteoglykan n.   protéoglycane m.
Proteohormon n.   protéohormone f.
Proteolipid n.   protéolipide m.
Proteolyse f.   protéolyse f.
proteolytisch   protéolytique
Proteose f.   protéose f.
Proteus vulgaris m.   Proteus vulgaris
   m.
Protheobromin n.   prothéobromine f.
Prothese f.   prothèse f.
Prothese, Behelfs- f.   prothèse provi-
   soire f.
Prothese, Dauer- f.   prothèse définitive
   f.
Prothese, Deck- f.   prothèse de couver-
   ture f.
Prothese, festsitzende f.   prothèse fixée

Prothese, Freiend- f.   prothèse free-end f.
Prothese, Guß- f.   prothèse coulée f.
Prothese, herausnehmbare f.   prothèse amovible f.
Prothese, Magnet- f.   prothèse magnétique f.
Prothese, Oberkieferteil- f.   prothèse partielle supérieure f.
Prothese, Oberkiefervoll-   prothèse totale supérieure f.
Prothese, provisorische f.   prothèse temporaire f.
Prothese, Teil- f.   prothèse partielle f.
Prothese, Unterkieferteil- f.   prothèse partielle inférieure f.
Prothese, Unterkiefervoll- f.   prothèse totale inférieure f.
Prothese, Voll- f.   prothèse totale f.
Prothesenanmessung f.   prise de mesures f.
Prothesendruckstelle f.   point de compression dû à la prothèse m.
Prothesenfuß m.   base de prothèse f.
Prothesenhaftung f.   adhèsion de la prothèse f.
Prothesenplatte f.   plaque de prothèse f.
prothesenstützend   renforçant la prothèse
Prothesenträger m.   porteur de prothèse m.
Prothesenträgerin f.   porteuse de prothèse f.
Prothetik f.   prothèse f.
Prothetik, zahnärztliche f.   prothèse dentaire f.
Prothetiker m.   prothésiste m.
Prothetikerin f.   prothésiste f.
prothetisch   prothétique
Prothixen n.   prothixène m.
Prothrombin n.   prothrombine f.
Prothrombinase f.   prothrombinase f.
Prothrombinmangel m.   prothrombinopénie f.
Prothrombinopenie f.   prothrombinopénie f.
Prothrombinzeit f.   temps de prothrombine m.
Protiofat n.   protiofate m.
Protionamid n.   protionamide m.
Protirelin n.   protiréline f.

Protoblast m.   protoblaste m.
protodiastolisch   protodiastolique
Protokoll n.   protocole m.
Protokonus m.   protocône m.
Proton n.   proton m.
Protoplasma n.   protoplasme m.
protoplasmatisch   protoplasmatique
Protoplast m.   protoplaste m.
Protoporphyrin n.   protoporphyrine f.
Protoporphyrinogen n.   protoporphyrinogène m.
protosystolisch   protosystolique
Prototoxin n.   prototoxine f.
Prototyp m.   prototype m.
Protoveratrin n.   protovératrine f.
Protozoon n.   protozoaire m.
Protozoonose f.   protozoose f.
protrahieren   retarder
Protraktion f.   protraction f.
Protriptylin n.   protriptyline f.
Protrusion f.   protrusion f.
Protuberanz f.   protubérance f.
Provirus n.   provirus m.
Provitamin n.   provitamine f.
Provokation f.   provocation f.
provozieren   provoquer
Proxazöl n.   proxazole m.
Proxetil n.   proxétil m.
Proxibuten n.   proxibutène m.
proximal   proximal
proximalwärts   en direction proximale
proximobukkal   buccoproximal
proximolabial   labioproximal
proximolingual   linguoproximal
Proxymetacain n.   proxymétacaïne f.
Proxyphyllin n.   proxyphylline f.
Prozapin n.   prozapine f.
Prozedur f.   procédure f.
Prozent n.   pourcentage m.
Prozentsatz m.   taux pour cent m.
Prozeß m.   procès m.
Prozeßpsychose f.   psychose de plaideur f.
Prozone f.   prozone f.
prüfen   examiner
Prüfer m.   examinateur m.
Prüferin f.   personne pratiquant le contrôle f.
Prüfling m.   candidat m.
Prüfung f.   examen m., test m.
pruriginös   prurigineux

P

**Prurigo mitis/nodularis m.** prurigo nodulaire m.
**Pruritus m.** prurit m.
**Prussiat n.** prussiate m.
**PSA (prostataspezifisches Antigen) n.** PSA (antigène prostatique spécifique) m.
**Psammokarzinom n.** psammocarcinome m.
**Psammom n.** psammome m.
**Psammosarkom n.** psammosarcome m.
**Pseudarthrose f.** pseudarthrose f.
**Pseudoagglutination f.** pseudoagglutination f.
**Pseudoagraphie f.** pseudoagraphie f.
**Pseudoaneurysma n.** pseudoanévrysme m.
**Pseudoangina f.** fausse angine f.
**pseudobinaural** pseudobinaural
**Pseudobradykardie f.** pseudobradycardie f.
**pseudobulbär** pseudobulbaire
**Pseudodemenz f.** pseudodémence f.
**Pseudodiphtherie f.** pseudodiphtérie f.
**Pseudodiphtheriebazillus m.** bacille pseudodiphtérique m.
**Pseudodiploidie f.** pseudodiploïdie f.
**Pseudoephedrin n.** pseudoéphédrine f.
**Pseudofraktur f.** pseudofracture f.
**Pseudogeusie f.** pseudogueusie f.
**Pseudogicht f.** pseudogoutte f.
**Pseudoglaukom n.** pseudoglaucome m.
**Pseudogliom n.** pseudogliome m.
**Pseudoglobulin n.** pseudoglobuline f.
**Pseudogonorrhöe f.** pseudogonorrhée f.
**Pseudographie f.** pseudographie f.
**Pseudohalluzination f.** pseudohallucination f.
**Pseudohermaphroditismus m.** pseudohermaphrodisme m.
**Pseudohernie f.** pseudohernie f.
**Pseudohypertrophie f.** pseudohypertrophie f.
**pseudohypertrophisch** pseudohypertrophique
**Pseudohypoparathyreodismus m.** pseudohypoparathyroïdie f.
**Pseudoikterus m.** faux ictère m.

**pseudoisochromatisch** pseudoisochromatique
**Pseudokokain n.** pseudococaïne f.
**Pseudokrupp m.** faux croup m.
**Pseudoläsion f.** pseudolésion f.
**Pseudoleukämie f.** pseudoleucémie f.
**Pseudologie f.** pseudologie f.
**Pseudolymphom n.** pseudolymphome m.
**Pseudomasturbation f.** pseudomasturbation f.
**Pseudomembran f.** fausse membrane f.
**pseudomembranös** pseudomembraneux
**Pseudomonas m.** pseudomonas m.
**Pseudomonas aeruginosa m.** Pseudomonas aeruginosa m.
**Pseudomyxom n.** pseudomyxome m.
**Pseudoobstruktion f.** pseudoobstruction f.
**Pseudoparalyse f.** pseudoparalysie f.
**Pseudopode f.** pseudopode m.
**pseudoprimär** pseudoprimaire
**Pseudoreaktion f.** pseudoréaction f.
**pseudoserös** pseudoséreux
**Pseudosklerose f.** pseudosclérose f.
**Pseudostruktur f.** pseudostructure f.
**Pseudotabes f.** pseudotabes m.
**Pseudotuberkulose f.** pseudotuberculose f.
**pseudounipolar** pseudounipolaire
**Pseudouridinurie f.** pseudouridinurie f.
**Pseudowut f.** pseudorage bovine f.
**Pseudoxanthom n.** pseudoxanthome m.
**Pseudozyste f.** pseudokyste m.
**Psicain n.** psicaïne f.
**Psilocybin n.** psilocybine f.
**Psilose f.** psilosis m.
**Psoasabszeß m.** abcès du psoas m.
**Psoralen n.** psoralène m.
**psoriasiform** psoriasiforme
**Psoriasis f.** psoriasis m.
**psoriatisch** psoriasique
**PSV (proximale selektive Vagotomie) f.** vagotomie sélective proximale f.
**Psychalgie f.** psychalgie f.
**psychalgisch** psychalgique
**Psychasthenie f.** psychasthénie f.
**psychasthenisch** psychasthénique

Psychataxie f.   psychataxie f.
Psyche f.   psychisme m.
Psyche, Noo- f.   noopsychisme m.
Psyche, Thymo- f.   thymopsychisme m.
psychedelisch   psychédélique
Psychiater m.   psychiatre m.
Psychiaterin f.   psychiatre f.
Psychiatrie f.   psychiatrie f.
psychiatrisch   psychiatrique
psychisch   psychique
psychischer Befund m.   psychisme m.
psychoaktiv   psychoactif
Psychoakustik f.   psychoacoustique f.
psychoakustisch   psychoacoustique
Psychoanalyse f.   psychanalyse f.
Psychoanalytiker m.   psychanalyste m.
psychoanalytisch   psychanalytique
Psychoandrologie f.   psychoandrologie f.
Psychobiologie f.   psychobiologie f.
Psychochemie f.   psychochimie f.
Psychochirurg m.   psychochirurgien m.
Psychochirurgie f.   psychochirurgie f.
psychochirurgisch   psychochirurgical
Psychochromästhesie f.   audition colorée f.
psychodelisch   psychédélique
Psychodiagnostik f.   psychodiagnostic m.
psychodiagnostisch   psychodiagnostique
Psychodrama n.   psychodrame m.
Psychodynamik f.   psychodynamique f.
psychodynamisch   psychodynamique
psychogalvanisch   psychogalvanique
psychogen   psychogène
Psychogenie f.   psychogénèse f.
Psychogynologie f.   psychogynologie f.
Psychokinesie f.   psychocinésie f.
psychokinetisch   psychocinétique
Psycholinguistik f.   psycholinguistique f.
Psychologe m.   psychologue m.
Psychologie f.   psychologie f.
Psychologin f.   psychologue f.
psychologisch   psychologique
Psycholyse f.   psycholyse f.
Psychometrie f.   psychométrie f.
psychometrisch   psychométrique

psychomotorisch   psychomoteur
Psychoneurose f.   psychonévrose f.
psychoneurotisch   psychonévrotique
Psychopath m.   psychopathe m.
Psychopathie f.   psychopathie f.
Psychopathin f.   psychopathe f.
psychopathisch   psychopathique
psychopathische Persönlichkeit f.   personnalité psychopathique f.
Psychopharmakologie f.   psychopharmacologie f.
psychopharmakologisch   psychopharmacologique
Psychopharmakon n.   médicament psychotrope m.
psychophysisch   psychophysique
Psychoprophylaxe f.   psychoprophylaxie f.
Psychoreaktion f.   réaction psychique f.
psychoreaktiv   psychoréactif
Psychose f.   psychose f.
Psychose, manisch-depressive f.   psychose maniacodépressive f.
Psychose, schizophrene f.   psychose schizophrénique f.
psychoseimitierend   psychotomimétique
psychosensorisch   psychosensoriel
psychosexuell   psychosexuel
psychosozial   psychosocial
Psychosyndrom n.   syndrome psychique m.
psychotherapeutisch   psychothérapeutique
Psychotherapie f.   psychothérapie f.
psychotisch   psychotique
psychotogen   psychotogénique
psychotomimetisch   psychotomimétique
psychotrop   psychotrope
psychovegetativ   psychovégétatif
Psychrometer n.   psychromètre m.
Psychrotherapie f.   psychrothérapie f.
Ptarmus m.   crise d'éternuements f.
PTC (perkutane transhepatische Cholangiographie) f.   cholangiographie transhépatique percutanée f.
PTCA (perkutane transluminale coronare Angioplastik) f.   angioplastie coronaire transluminale percutanée f.
Pteridin n.   ptérine f.

**Pterygium n.** ptérygion m.
**pterygomandibulär** ptérygomandibulaire
**pterygomaxillär** ptérygomaxillaire
**pterygopalatin** ptérygopalatin
**pterygotympanisch** ptérygotympanique
**PTH (Parathormon) n.** parathormone f.
**Ptilose f.** ptilosis m.
**Ptomain n.** ptomaïne f.
**Ptose f.** ptose f.
**ptotisch** ptosé
**PTT (partielle Thromboplastinzeit) f.** temps de prothrombine partiel m.
**Ptyalin n.** ptyaline f.
**Ptyalismus m.** ptyalisme m.
**Ptyalolithiasis f.** lithiase salivaire f.
**Ptyalozele f.** ptyalocèle f.
**Pubarche f.** apparition de la pilosité pubienne f.
**puberal** pubertaire
**pubertal** pubertaire
**pubertär** pubertaire
**Pubertas praecox f.** puberté précoce f.
**Pubertät f.** puberté f.
**pubertierend** pubére
**Pubiotomie f.** pubiotomie f.
**pubisch** pubien
**pubofemoral** fémoropubien
**pubokokzygeal** coccygopubien
**puboprostatisch** puboprostatique
**puborektal** puborectal
**pubotibial** pubotibial
**pubovesikal** pubovésical
**pudendal** vulvaire
**Puder n.** poudre f.
**pudern** poudrer
**pueril** puéril
**pueriles Atmen n.** respiration puérile f.
**Puerpera f.** femme accouchée f.
**puerperal** puerpéral
**Puerperalfieber n.** fièvre puerpérale f.
**Puerperalsepsis f.** septicémie puerpérale f.
**Puerperium n.** puerpéralité f.
**Puff (med.) m.** choc m.
**Puffer m.** tampon m.
**puffern** tamponner
**Pufferung f.** action tampon f.

**Pufferungsvermögen n.** valeur tampon f.
**Pulex irritans m.** puce de l'homme f.
**pulmoaortal** pulmoaortique
**Pulmologe m.** pneumologue m.
**Pulmologie f.** pneumologie f.
**Pulmologin f.** pneumologue f.
**pulmologisch** pneumologique
**pulmonal** pulmonaire
**Pulmonalarterienstenose f.** sténose artérielle pulmonaire f.
**Pulmonalinsuffizienz f.** insuffisance pulmonaire f.
**Pulmonalklappe f.** valvule sigmoïde de l'artère pulmonaire f.
**Pulmonalstenose f.** rétrécissement pulmonaire m.
**Pulmonalton m.** bruit de fermeture des valvules pulmonaires m.
**pulmorenal** pulmorénal
**Pulpa f.** pulpe f.
**pulpal** pulpaire
**pulpär** pulpaire
**Pulpektomie f.** pulpectomie f.
**Pulpenhöhle f.** cavité pulpaire f.
**Pulpenkammer f.** chambre pulpaire f.
**Pulpenkanal m.** canal pulpaire m.
**Pulpenprüfgerät n.** appareil d'exploration pulpaire m.
**Pulpentod m.** perte de la vitalité pulpaire f.
**Pulpitis f.** pulpite f.
**Pulpom n.** pulpome m.
**Pulpose f.** pulpose f.
**Pulpotomie f.** pulpotomie f.
**Puls m.** pouls m.
**Puls, fadenförmiger m.** pouls filiforme m.
**Puls, gespannter m.** pouls dur m.
**Puls, Kapillar- m.** pouls capillaire m.
**Puls, Karotis- m.** pouls carotidien m.
**Puls, Nagel- m.** pouls sur l'ongle m.
**Puls, Radialis- m.** pouls radial m.
**Puls, Venen- m.** pouls veineux m.
**Pulsatilla f.** pulsatile f.
**Pulsdefizit n.** pouls déficitaire m.
**Pulsfrequenz f.** fréquence du pouls f.
**pulsieren** battre
**pulsierend** pulsatile
**Pulsionsdivertikel n.** diverticule de pulsion m.
**pulslos** sans pouls

**Pulslosigkeit f.** absence de pouls f.
**Pulsmeßgerät n.** sphygmomètre m.
**Pulsschlag m.** pulsation f.
**Pulsus alternans m.** pouls alternant m.
**Pulsus bigeminus m.** pouls bigéminé m.
**Pulsus paradoxus m.** pouls paradoxal m.
**Pulver n.** poudre f.
**Pulverbläser m.** lance-poudre m.
**pulverisieren** pulvériser
**Pulverisierung f.** pulvérisation f.
**Pulverschmauch m.** poudre brûlée f.
**Pulvis Ipecacuanhae opiatus m.** poudre ipéca-opium f.
**Pumpe f.** pompe f.
**pumpen** pomper
**Pumpfunktion f.** fonction pompe f.
**Pumpoxygenator m.** oxygénateur pompe m.
**punctum maximum m.** point maximum m.
**Punkt m.** point m.
**Punktat n.** liquide obtenu par ponction m.
**Punktelektrode f.** électrode ponctuelle f.
**punktförmig** en forme de point
**punktieren** ponctionner
**Punktion f.** ponction f.
**Punktionsnadel f.** aiguille à ponction f.
**punktuell** ponctuel
**pupillär** pupillaire
**Pupillatonie f.** atonie pupillaire f.
**Pupille f.** pupille f.
**Pupillenreflex m.** réflexe pupillaire m.
**Pupillenstarre f.** aréflexie pupillaire f.
**Pupillographie f.** pupillographie f.
**pupillographisch** pupillographique
**Pupillometer n.** pupillomètre m.
**Purin n.** purine f.
**Purinase f.** purinase f.
**Purkinjesche Faser f.** fibre de Purkinje f.
**Puromycin n.** puromycine f.
**Purpura f.** purpura m.
**Purpura, thrombopenische f.** purpura thrombopénique m.
**Purpureaglykosid n.** glucoside de la digitale pourprée m.
**purulent** purulent

**Pustel f.** pustule f.
**Pustelbildung f.** pustulation f.
**Pustula maligna f.** pustule maligne f.
**pustulös** pustuleux
**Pustulose f.** pustulose f.
**Putreszin n.** putrescine f.
**Putzer m.** nettoyeur m.
**PVC-Gerüst-Tablette f.** comprimé sur PVC m.
**Pyämie f.** pyémie f.
**pyämisch** pyémique
**Pyarthrosis f.** pyarthrose f.
**Pyelektasie f.** pyélectasie f.
**Pyelitis f.** pyélite f.
**pyelitisch** pyélitique
**Pyelogramm n.** pyélogramme m.
**Pyelographie f.** pyélographie f.
**Pyelographie, intravenöse f.** pyélographie intraveineuse f.
**Pyelographie, retrograde f.** pyélographie ascendante f.
**pyelographisch** pyélographique
**Pyelolithotomie f.** pyélolithotomie f.
**Pyeloneostomie f.** pyélonéostomie f.
**Pyelonephritis f.** pyélonéphrite f.
**pyelonephritisch** pyélonéphritique
**Pyeloskopie f.** pyéloscopie f.
**Pyelostomie f.** pyélostomie f.
**Pyelotomie f.** pyélotomie f.
**pyelovenös** pyéloveineux
**pyelovenöser Reflux m.** reflux pyéloveineux m.
**Pygopagus m.** pygopage m.
**pyknisch** pycnoïde
**Pyknolepsie f.** pycnolepsie f.
**pyknomorph** pycnomorphe
**Pyknose f.** pycnose f.
**pyknotisch** pycnotique
**Pyknozyt m.** pycnocyte m.
**Pylephlebitis f.** pyléphlébite f.
**Pylorektomie f.** pylorectomie f.
**pylorisch** pylorique
**Pylorogastrektomie f.** pylorogastrectomie f.
**Pyloromyotomie f.** pylorotomie f.
**Pylorospasmus m.** pylorospasme m.
**Pylorus m.** pylore m.
**Pylorusinsuffizienz f.** insuffisance pylorique f.
**Pylorusplastik f.** pyloroplastie f.
**Pylorusstenose f.** sténose du pylore f.
**Pyodermie f.** pyodermie f.

P

pyogen pyogène
**Pyometra f.** pyométrie f.
**Pyometritis f.** pyométrite f.
**Pyomyositis f.** pyomyosite f.
**Pyonephrose f.** pyonéphrose f.
**Pyopneumothorax m.** pyopneumot-
horax m.
**Pyorrhöe f.** pyorrhée f.
**Pyosalpingitis f.** pyosalpingite f.
**Pyosalpingo-Oophoritis f.** pyosalpin-
goovarite f.
**Pyosalpinx m.** pyosalpinx m.
**Pyospermie f.** pyospermie f.
**Pyothorax m.** pyothorax m.
**Pyozele f.** pyocèle f.
pyramidal pyramidal
**Pyramidenbahn f.** faisceau pyramidal
m.
**Pyramidenbahnzeichen n.** signe pyra-
midal m.
**Pyramidenzelle f.** cellule pyramidale f.
**Pyran n.** pyranne m.
**Pyranose f.** pyrannose m.
**Pyranosid n.** pyranoside m.
**Pyrantel n.** pyrantel m.
**Pyrazin n.** pyrazine f.
**Pyrazionat n.** pyrazionate m.
**Pyrazol n.** pyrazole m.
**Pyrazolon n.** pyrazolone f.
**Pyrethrum n.** pyrèthre m.
**Pyribenzamin n.** pyribenzamine f.
**Pyricarbat n.** pyricarbate m.
**Pyridin n.** pyridine f.
**Pyridinium n.** pyridinium m.
**Pyridofyllin n.** pyridofylline f.
**Pyridostigmin n.** pyridostigmine f.
**Pyridoxal n.** pyridoxal m.
**Pyridoxamin n.** pyridoxamine f.
**Pyridoxin n.** pyridoxine f.
**Pyrilamin n.** pyrilamine f.
**Pyrimethamin n.** pyriméthamine f.
**Pyrimidin n.** pyrimidine f.
**Pyrimidopyrimidin n.** pyrimidopyri-
midine f.

**Pyrithiamin n.** pyrithiamine f.
**Pyrithion n.** pyrithione f.
**Pyrithioxin n.** pyrithioxine f.
**Pyrithyldion n.** pyrithyldione f.
**Pyrogallol n.** pyrogallol m.
pyrogen pyrogène
**Pyrogen n.** pyrogène m.
pyrogenfrei sans pyrogènes
**Pyroglobin n.** pyroglobine f.
**Pyroglobulin n.** pyroglobuline f.
**Pyroglutamylamid n.** pyroglutamyla-
mide m.
**Pyrolagnie f.** pyrolagnie f.
**Pyrolyse f.** pyrolyse f.
**Pyromanie f.** pyromanie f.
**Pyron n.** pyrone f.
**Pyronin n.** pyronine f.
pyroninophil pyroninophile
**Pyrophobie f.** pyrophobie f.
**Pyrophosphat n.** pyrophosphate m.
**Pyrophosphatase f.** pyrophosphatase
f.
**Pyrophosphokinase f.** pyrophospho-
kinase f.
**Pyrophosphorylase f.** pyrophosphory-
lase
**Pyropoikilozytose f.** pyropoïkilocy-
tose f.
**Pyrotoxin n.** pyrotoxine f.
**Pyrovaleron n.** pyrovalérone f.
**Pyroxamin n.** pyroxamine f.
**Pyrrocain n.** pyrrocaïne f.
**Pyrrol n.** pyrrole m.
**Pyrrolase f.** pyrrolase f.
**Pyrrolidin n.** pyrrolidine f.
**Pyrrolidon n.** pyrrolidone f.
**Pyrrolin n.** pyrroline f.
**Pyrrolnitrin n.** pyrrolnitrine f.
**Pyruvat n.** pyruvate m.
**Pyruvatkinase f.** pyruvate kinase f.
**Pyrvinium n.** pyrvinium m.
**Pyurie f.** pyurie f.
pyurisch pyurique

# Q

**Q-Fieber n.**  fièvre Q f.

**QF (querfingerbreit)**  large d'un doigt

**Quacksalber m.**  charlatan m.

**Quacksalberei f.**  charlatanisme m.

**Quacksalberin f.**  charlatane f.

**quacksalbern**  faire le charlatan

**Quaddel f.**  papule f.

**Quadrant m.**  quadrant m.

**Quadrantektomie f.**  exérèse en quadrant f.

**Quadrantenanopsie f.**  quadranopsie f.

**Quadrat n.**  carré m.

**Quadratmeter m.**  mètre carré m.

**Quadratwurzel f.**  racine carrée f.

**Quadripara f.**  quadrupare f.

**Quadriplegie f.**  quadriplégie f.

**quälen**  tourmenter

**Quälerei f.**  tourments m. pl.

**Qualifikation f.**  qualification f.

**qualifizieren**  qualifier

**Qualität f.**  qualité f.

**qualitativ**  qualitatif

**Qualitätskontrolle f.**  contrôle de qualité f.

**Qualitätssicherung f.**  garantie de la qualité f.

**Quallengift n.**  venin cnidaire m.

**Quant n.**  quantum m.

**Quantentheorie f.**  théorie des quanta f.

**quantifizieren**  quantifier

**Quantifizierung f.**  quantification f.

**Quantität f.**  quantité f.

**quantitativ**  quantitatif

**Quantum n.**  quantité f.

**Quarantäne f.**  quarantaine f.

**Quarantäne, in – legen**  mettre en quarantaine

**quartär**  quaternaire

**Quarz m.**  quartz m.

**Quatacain n.**  quatacaïne f.

**quaternär**  quaternaire

**Quazepam n.**  quazépam m.

**Quazodin n.**  quazodine f.

**Quebrachitol n.**  québrachitol m.

**Queckenstedtsches Zeichen n.**  épreuve de Queckenstedt-Stookey f.

**Quecksilber n.**  mercure m.

**Quecksilberbehandlung f.**  traitement mercuriel m.

**Quecksilberbichlorid n.**  bichlorure de mercure m.

**Quecksilberchlorid n.**  chlorure mercureux m.

**Quecksilberdampfquarzlampe f.**  lampe à quartz mercurielle f.

**quecksilberhaltig (einwertig)**  mercureux

**quecksilberhaltig (zweiwertig)**  mercurique

**Quecksilberoxid n.**  oxyde de mercure m.

**quellen**  gonfler

**Quellkraft f.**  pouvoir d'imbibition m.

**Quellstoff m.**  substance expansive f.

**Querbügel (dent.) m.**  barre transversale f. (dent.)

**Quercetin n.**  quercétine f.

**Querdurchmesser m.**  diamètre transverse m.

**querfingerbreit, zwei-**  large de deux doigts

**Querfortsatz m.**  apophyse transverse f.

**Querfraktur f.**  fracture transversale f.

**Querkavitätenbohrer m.**  fraise pour cavités f.

**Querlage (obstetr.) f.**  présentation transversale f.

**Querlagerung f.**  mise en position transversale f.

**Querschnitt m.**  section transversale f.

**Querschnittslähmung f.**  paralysie par section médullaire f.

**Querstand (obstetr.) m.**  position transversale f.

**Querulant m.**  revendicateur m.

**Querulantin f.**  revendicatrice f.

**querulatorisch**  revendicatif

**Querverlagerung f.**  déplacement transversal m.

**quetschen**  écraser

**Quetschfraktur f.**  fracture par contusion f.

Q

Quetschhahn m.   clamp à position ouverte ou fermée m.
Quetschklemme f.   clamp compressif m.
Quetschpinzette f.   pince compressive f.
Quetschpräparat n.   préparation écrasée f.
Quetschung f.   meurtrissure f.
Quetschwunde f.   blessure par contusion f.
Quicktest m.   temps de Quick m.
Quifenadin n.   quifénadine f.
Quilifolin n.   quilifoline f.
Quinaldin n.   quinaldine f.
Quinapril n.   quinapril m.
Quinbolon n.   quinbolone f.

Quinckesche Krankheit f.   maladie de Quincke f.
Quinckesches Ödem m.   oedème de Quincke m.
Quinetalat n.   quinétalate m.
Quinethazon n.   quinéthazone f.
Quinfamid n.   quinfamide m.
Quinisocain n.   quinisocaïne f.
Quinocid n.   quinocide m.
Quinolinol n;   quinolinol m.
Quinprenalin n.   quinprénaline f.
quinquivalent   quinquavalent
Quinupramin n.   quinupramine f.
Quipazin n.   quipazine f.
Quirler (dent.) m.   vibrateur m.
Quote f.   taux m.
Quotient m.   quotient m.

# R

**RA (rechtes Atrium) n.**   oreillette droite f.
**RA-Zelle f.**   ragocyte m.
**rabenschnabelartig**   coracoïde
**Rabies f.**   rage f.
**Racefemin n.**   racéfémine f.
**Racemase f.**   racémase f.
**Racemat n.**   racémate m.
**Racemetirosin n.**   racémétirosine f.
**racemisch**   racémique
**Racemoramid n.**   racémoramide m.
**racemös**   racémeux
**Racepinefrin n.**   racépinéfrine f.
**Rachen m.**   gorge f.
**Rachenmandel f.**   amygdale pharyngienne f.
**Rachenring m.**   anneau de Waldeyer m.
**Rachischisis f.**   rachischisis m.
**Rachitis f.**   rachitisme m.
**rachitisch**   rachitique
**rachitischer Rosenkranz m.**   chapelet rachitique m.
**rachitisches Becken n.**   bassin rachitique m.
**Rad n.**   roue f.
**Rad (radiol.) n.**   rad m.
**Radar m.**   radar m.
**Radgelenk n.**   articulation en pivot f.
**radial**   radial
**Radialispuls m.**   pouls radial m.
**radialwärts**   en direction radiale
**Radiant m.**   radian m.
**radikal**   radical
**Radikal n.**   radical m.
**Radikalität f.**   caractère radical m.
**radikulär**   radiculaire
**Radikulitis f.**   radiculite f.
**Radikulographie f.**   radiculographie f.
**Radikuloneuritis f.**   radiculonévrite f.
**Radikulotomie f.**   radiculotomie f.
**Radioaktinium n.**   radioactinium m.
**radioaktiv**   radioactif
**radioaktiv markieren**   faire un marquage radioactif
**radioaktive Markierung f.**   marquage radioactif m.

**radioaktive Substanz f.**   substance radioactive f.
**Radioaktivität f.**   radioactivité f.
**Radioallergosorbent-Test m.**   RAST (radioallergosorbent-test) m.
**Radioanalyse f.**   radioanalyse f.
**radioanalytisch**   radioanalytique
**Radiobiologie f.**   radiobiologie f.
**Radiochemie f.**   radiochimie f.
**radiochemisch**   radiochimique
**Radiochrom n.**   radiochrome m.
**Radiochromat n.**   radiochromate m.
**Radiochromatographie f.**   radiochromatographie f.
**Radioeisen n.**   fer radioactif m.
**radiogen**   radiogène
**Radioglukose f.**   radioglucose m.
**Radiogold n.**   or radioactif m.
**Radiographie f.**   radiographie f.
**radiographisch**   radiographique
**radiohumeral**   radiohuméral
**Radioimaging n.**   imagerie radiographique f.
**Radioimmunoassay m.**   radioimmunoessai m.
**Radioimmunologie f.**   radioimmunologie f.
**Radioimmunosorbent-Test m.**   RIST (radioimmunosorbent-test) m.
**Radioindikator m.**   radiomarqueur m., radiotraceur m.
**Radioisotop n.**   radioisotope m.
**Radiojod n.**   radioiode m.
**Radiojod, mit – versehen**   radioioder
**Radiokardiographie f.**   radiocardiographie f.
**radiokardiographisch**   radiocardiographique
**radiokarpal**   radiocarpien
**Radiokobalt m.**   radiocobalt m.
**Radiokolloid n.**   radiocolloïde m.
**Radioligand m.**   radioligand m.
**Radiologe, Radiologin m./f.**   radiologue m./f.
**Radiologie f.**   radiologie f.
**radiologisch**   radiologique
**Radiolyse f.**   radiolyse f.

R

**Radiometer** n.   radiomètre m.
**Radionekrose** f.   radionécrose f.
**Radionuklid** n.   radionuclide m.
**Radiopharmakologie** f.   radiopharma-
cologie f.
**Radiopharmakon** n.   produit radio-
pharmaceutique m.
**Radiophosphor** m.   radiophosphore
m.
**Radiophotographie** f.   radiophotogra-
phie f.
**radiophysikalisch**   radiophysique
**Radiorezeptorassay** m.   radiorécepteu-
ressai m.
**Radiostrontium** n.   radiostrontium m.
**Radiothallium** n.   radiothallium m.
**Radiothorium** n.   radiothorium m.
**Radiotracer** m.   radiotraceur m.
**radioulnar**   radiocubital
**Radium** n.   radium m.
**Radium-Ei** n.   radium ovoïde m.
**Radiumbestrahlung** f.   irradiation au
radium f.
**Radiumemanation** f.   émanation du
radium f.
**Radiummenolyse** f.   radiumménolyse
f.
**Radiumnadel** f.   aiguille de radium f.
**Radiumspickung** f.   implantation de
radium f.
**Radiumträger** m.   applicateur de ra-
dium m.
**Radiusperiostreflex** m.   réflexe radial
m.
**Radix Althaeae** f.   racine de guimauve
f.
**Radon** n.   radon m.
**raffinieren**   raffiner
**Raffinose** f.   raffinose m.
**Rafoxanid** n.   rafoxanide m.
**Rahm** m.   crème f.
**Rahmen** m.   cadre m.
**Raman-Effekt** m.   Raman effet m.
**Ramifikation** f.   ramification f.
**Ramikotomie** f.   ramicotomie f.
**Ramipril** n.   ramipril m.
**Ramnodigin** n.   ramnodigine f.
**Ramstedt-Webersche Operation** f.
opération de Ramstedt-Weber f.
**Rand** m.   bord m.
**Randabschluß** m.   liseré marginal m.
(dent.)

**Randatelektase** f.   atélectasie margi-
nale f.
**randomisieren**   randomiser
**Randpsychose** f.   psychose marginale
f.
**Randunschärfe** f.   flou périphérique m.
**Randwulstbildung** f.   bourrelet margi-
nal m.
**Ranitidin** n.   ranitidine f.
**Rankenangiom** n.   angiome cirsoïde
m.
**Ranula** f.   ranule f.
**Ranviersche Einschnürung** f.   étrangle-
ment de Ranvier m.
**Ranviersche Membran** f.   membrane
de Ranvier f.
**ranzig**   rance
**Raphe** f.   raphé m.
**Rapport** m.   rapport m.
**Raptus** m.   raptus m.
**Rarefizierung** f.   raréfaction f.
**rasen**   faire rage
**Raserei** f.   frénésie f.
**rasieren**   raser
**Rasiermesser** m.   lame rasoir f.
**Raspatorium** n.   rugine f.
**Raspel** f.   râpe f.
**Rasse** f.   race f.
**Rasselgeräusch** n.   râle m.
**Rasselgeräusch, feuchtes** n.   râle hu-
mide m.
**Rasselgeräusch, trockenes** n.   râle sec
m.
**rasseln**   râler
**rassisch**   racial
**RAST (Radioallergosorbent-Test)** m.
test de radioallergoadsorption m.
**Raster (röntg.)** m.   grille f.
**Rasterblende** f.   grille antidiffusante f.
**Rasterelektronenmikroskop** n.   mi-
croscope électronique à scintigraphie
f.
**Rastlosigkeit** f.   agitation f.
**Rat** m.   conseil m.
**Rate** f.   proportion f.
**raten**   conseiller
**Rathkesche Tasche** f.   poche de
Rathke f.
**Rathyronin** n.   rathyronine f.
**Ratimeter** n.   proportiomètre m.
**Ration** f.   ration f.
**rational**   rationnel

**Rationalisierung f.**  rationalisation f.
**rationell**  rationnel
**Ratte f.**  rat m.
**Rattenbißkrankheit f.**  sodoku m.
**Rattengift n.**  raticide m.
**Raubmord m.**  vol et assassinat
**Rauch m.**  fumée f.
**rauchen**  fumer
**Raucher m.**  fumeur m.
**Raucherin f.**  fumeuse f.
**räuchern**  faire des fumigations
**Rauchfuß-Groccosches Dreieck n.**  triangle de Grocco m.
**Rauchinhalation f.**  inhalation de fumée f.
**Räude f.**  gale f.
**räudig**  galeux
**Räumahle f.**  alésoir m.
**Raumdesinfektion f.**  désinfection du local f.
**Raumfahrerkrankheit f.**  cinétose des astronautes f.
**Raumfahrtmedizin f.**  médecine spatiale f.
**raumfordernd**  exigeant de l'espace
**Raumgitter n.**  grille de cristal f.
**räumlich**  spatial
**Raumluft f.**  air ambiant m.
**Raumsinn m.**  perception spatiale f.
**Raumtemperatur f.**  température ambiante f.
**Rausch m.**  énivrement m.
**Rauschbrand m.**  charbon symptomatique m.
**Rauschgift n.**  stupéfiant m.
**Rauschmittel n.**  stupéfiant m.
**Räuspern n.**  raclement de gorge m.
**räuspern, sich**  se racler la gorge
**Raute f.**  losange m.
**Rautenhirn n.**  rhombencéphale m.
**Raynaudsches Gangrän n.**  maladie nécrosante de Raynaud f.
**Razemase f.**  racémase f.
**Razemat n.**  racémate m.
**razemisch**  racémique
**razemös**  racémeux
**Razoxan n.**  razoxane f.
**RBP (retinolbindendes Protein) n.**  RBP (retinol binding protein) f.
**Readsche Formel f.**  formule du métabolisme de base de Read f.
**Reafferenz f.**  réafférence f.

**Reagens n.**  réactif m.
**Reagenzglas n.**  éprouvette f.
**Reagenzpapier n.**  papier test m.
**reagieren**  réagir
**reagierend, langsam**  à réaction lente
**reagierend, schnell**  à réaction rapide
**Reagin n.**  réagine f.
**Reaktanz f.**  réactance f.
**Reaktion f.**  réaction f.
**Reaktionsfähigkeit f.**  réactivité f.
**Reaktionsunfähigkeit f.**  aréactivité f.
**Reaktionsvermögen n.**  réactivité f.
**reaktiv**  réactif
**reaktive Depression f.**  dépression réactionnelle f.
**reaktivieren**  réactiver
**Reaktivierung f.**  réactivation f.
**Reaktor m.**  réacteur m.
**Realisator m.**  réalisateur m.
**realisieren**  réaliser
**Realität f.**  réalité f.
**Reamputation f.**  réamputation f.
**Reanimation f.**  réanimation f.
**reanimieren**  réanimer
**Reattachement m.**  réattachement m.
**Rechenmaschine f.**  calculatrice f.
**rechteckig**  rectangulaire
**Rechts-Links-Shunt m.**  shunt droite gauche m.
**rechtsdrehend**  dextrogyre
**Rechtsdrehung f.**  dextrorotation f.
**rechtshändig**  droitier
**Rechtsherzinsuffizienz f.**  insuffisance cardiaque droite f.
**Rechtsherzinsuffizienz, dekompensierte f.**  insuffisance cardiaque droite décompensée f.
**Rechtsschenkelblock m.**  bloc de branche droit m.
**Rechtsstreit m.**  litige m.
**Rechtstyp m.**  type droit m.
**rechtsventrikulär**  ventriculaire droit
**Rechtsverspätung (cardiol.) f.**  retard de la conduction ventriculaire droite m.
**Recklinghausensche Krankheit f.**  maladie de von Recklinghausen f.
**Recon n.**  recon m.
**Recruitment n.**  recrutement m.
**Redestillation f.**  redistillation f.
**Redislokation f.**  redislocation f.

**R**

**Redondrainage f.** drainage aspirant de Redon m.
**Redoxsystem n.** système redox m.
**Redressement n.** redressement m.
**Reduktanz f.** réductance f.
**Reduktase f.** réductase f.
**Reduktion f.** réduction f.
**Reduktionsteilung f.** division réductionnelle f.
**Redundanz f.** excès d'apport m.
**Reduplikation f.** reduplication f.
**reduzieren** réduire
**Reexposition f.** re-exposition f.
**Referat n.** rapport m.
**Referenz f.** référence f.
**Refertilisierung f.** refertilisation f.
**Refixation f.** refixation f.
**reflektieren** refléter
**Reflektometer n.** réflectomètre m.
**Reflektometrie f.** réflectométrie f.
**reflektometrisch** réflectométrique
**Reflektor m.** réflecteur m.
**reflektorisch** réflexe
**reflektorische sympathische Dystrophie f.** dystrophie sympathique réflexe f.
**Reflektoskop n.** réflectoscope m.
**Reflektoskopie f.** réflectoscopie f.
**reflektoskopisch** réflectoscopique
**Reflex m.** réflexe m.
**Reflex, Achillessehnen- m.** réflexe achilléen m.
**Reflex, Akkomodations- m.** réflexe pupillaire à l'accomodation m.
**Reflex, Anal- m.** réflexe anal m.
**Reflex, Axon- m.** réflexe d'axone m.
**Reflex, Babinski- m.** réflexe de Babinski m.
**Reflex, Bainbridge- m.** réflexe de Bainbridge m.
**Reflex, Bauchdecken- m.** réflexe cutané abdominal m.
**Reflex, Bechterewscher m.** réflexe de Bechterew-Mendel m.
**Reflex, bedingter m.** réflexe conditionné m.
**Reflex, Bizeps- m.** réflexe bicipital m.
**Reflex, Blasen- m.** réflexe vésical m.
**Reflex, Cremaster- m.** réflexe crémastérien m.
**Reflex, Dehnungs- m.** réflexe de dilatation m.

**Reflex, Eigen- m.** réflexe proprioceptif m.
**Reflex, erworbener m.** réflexe acquis m.
**Reflex, fehlender m.** réflexe absent m.
**Reflex, Flucht- m.** réflexe de défense m.
**Reflex, Fremd- m.** réflexe extéroceptif m.
**Reflex, Freß- m.** réflexe alimentaire m.
**Reflex, Gänsehaut- m.** réflexe pilomoteur m.
**Reflex, gekreuzter m.** réflexe croisé m.
**Reflex, Gordonscher m.** réflexe pyramidal de Gordon m.
**Reflex, Greif m.** réflexe de saisie m.
**Reflex, Haltungs- m.** réflexe de posture m.
**Reflex, Haut- m.** réflexe cutané m.
**Reflex, Hornhaut- m.** réflexe cornéen m.
**Reflex, Karotissinus- m.** réflexe sinocarotidien m.
**Reflex, Kehlkopf m.** réflexe laryngé m.
**Reflex, Ketten- m.** chaîne réflexe f.
**Reflex, Konjunktival- m.** réflexe conjonctival m.
**Reflex, konsensueller Licht- m.** réflexe pupillaire consensuel m.
**Reflex, koordinierter m.** réflexe coordonné m.
**Reflex, Korneal- m.** réflexe cornéen m.
**Reflex, Krampf- m.** réflexe convulsif m.
**Reflex, Licht- m.** réflexe photomoteur m.
**Reflex, Massen- m.** réflexe de masse m.
**Reflex, Mayerscher Grund- m.** réflexe de Mayer de la phalange basale m.
**Reflex, Mendel-Bechterewscher m.** réflexe de Mendel-Bechterew m.
**Reflex, Muskel- m.** réflexe musculaire m.
**Reflex, Muskeldehnungs- m.** réflexe d'extension musculaire m.
**Reflex, Oppenheimscher m.** réflexe d'Oppenheim m.

**Reflex, Patellarsehnen- m.** réflexe rotulien m.
**Reflex, pathologischer** réflexe pathologique m.
**Reflex, Periost- m.** réflexe périostal m.
**Reflex, psychogalvanischer m.** réflexe psychogalvanique m.
**Reflex, Pupillen- m.** réflexe pupillaire m.
**Reflex, Radiusperiost- m.** réflexe radial m.
**Reflex, renorenaler m.** réflexe rénorénal m.
**Reflex, Rossolimo- m.** réflexe pyramidal de Rossolimo m.
**Reflex, Saug- m.** réflexe de succion m.
**Reflex, Schluck- m.** réflexe de déglutition m.
**Reflex, Schreck- m.** réflexe de frayeur m.
**Reflex, Sehnen- m.** réflexe tendineux m.
**Reflex, Sexual- m.** réflexe sexuel m.
**Reflex, Stell- m.** réflexe d'attitude m.
**Reflex, Strümpellscher m.** phénomène pyramidal de Strümpell m.
**Reflex, Summations- m.** réflexe de sommation m.
**Reflex, Trizeps- m.** réflexe tricipital m.
**Reflex, Umarmungs- m.** réflexe de Moro m.
**Reflex, Vagus- m.** réflexe vagal m.
**Reflex, verzögerter m.** réflexe retardé m.
**Reflex, viszeraler m.** reflexe viscéral m.
**Reflex, Wahrnehmungs- m.** réflexe de perception m.
**Reflex, Würg- m.** réflexe pharyngien m.
**Reflex, Ziliar- m.** réflexe ciliaire m.
**Reflexbewegung f.** mouvement réflexe m.
**Reflexbogen m.** arc réflexe m.
**Reflexepilepsie f.** épilepsie réflexe f., épilepsie tardive f.
**Reflexhammer m.** marteau à réflexes m.
**Reflexion f.** réflexion f.
**reflexlos** aréflexique
**Reflexmuster n.** modalité réflexe f.
**reflexogen** réflexogène

**Reflextherapie f.** réflexothérapie f.
**Reflexzentrum n.** centre réflexe m.
**Reflexzone f.** zone réflexe f.
**Reflux m.** reflux m.
**Refluxösophagitis f.** œsophagite de reflux f.
**refraktär** réfractaire
**Refraktäreigenschaft f.** caractère réfractaire m.
**Refraktion f.** réfraction f.
**refraktiv** réfractif
**Refraktometer n.** réfractomètre m.
**Refraktometrie f.** réfractométrie f.
**refraktometrisch** réfractométrique
**Refraktur f.** refracture f.
**Refsum-Syndrom n.** maladie de Refsum f.
**Regel (Menstruation) f.** règles f. pl.
**Regel f.** règle f.
**Regelbereich m.** ordre de normalité m.
**Regelbetrag m.** valeur régulière f.
**Regelkreis m.** circuit contrôlé m.
**regelmäßig** régulier
**regelrecht** conforme aux règles
**Regelstörung (gyn.) f.** troubles des règles m. pl.
**Regelung f.** règlement f.
**Regelversorgung f.** soins règuliers m. pl.
**regelwidrig** anormal
**Regeneration f.** régénération f.
**regenerativ** régénératif
**regenerieren** régénérer
**Region f.** région f.
**regional** régional
**regionär** régional
**Register n.** registre m.
**registrieren** enregistrer
**Registrierpapier n.** papier enregistreur m.
**Regler m.** régulateur m.
**Regression f.** régression f.
**regressiv** régressif
**regulär** régulier
**Regulation f.** régulation f.
**Regulatorgen n.** gène régulateur m.
**regulatorisch** régulateur
**Regulierdraht m.** fil régulateur m.
**regulieren** régler
**Regulierschraube f.** vis de réglage f.
**Regulierung f.** réglage m.

R

**regungslos** inerte
**Regurgitation f.** régurgitation f.
**Rehabilitation f.** réhabilitation f.
**rehabilitieren** réhabiliter
**Rehe f.** inflammation laminaire f. (vet.)
**Rehydratation f.** réhydratation f.
**Reibahle f.** équarrissoir m.
**reiben** frotter
**Reibgeschiebe n.** attachement-friction m. (dent.)
**Reibung f.** friction f.
**Reibungswiderstand m.** résistance de frottement f.
**Reichmannsche Krankheit f.** maladie de Reichmann f.
**Reichweite f.** rayon d'action m.
**reif** mûr
**Reife f.** maturité f.
**Reifung f.** maturation f.
**Reifungshemmung f.** inhibition de la maturation f.
**Reifungsstillstand m.** arrêt de maturation m.
**Reifungsteilung f.** méiose f.
**reihenmäßig** sériel
**Reihenuntersuchung f.** examen en série m.
**Reilsche Insel f.** insula de Reil f.
**Reimplantation f.** réimplantation f.
**rein** pur
**Reinduktion f.** réinduction f.
**Reinfarkt m.** réinfarctus m.
**Reinfektion f.** réinfection f.
**Reinfusion f.** réinfusion f.
**Reinglykosid n.** glucoside pur m.
**Reinheit f.** pureté f.
**Reinheitsgrad m.** degré de pureté m.
**Reiniger m.** nettoyant m.
**Reinigung f.** nettoyage m.
**Reinigungseinlauf m.** lavement de nettoyage m.
**Reinigungsmittel n.** produit de nettoyage m.
**Reinkultur f.** culture pure f.
**Reinnervation f.** réinnervation f.
**Reintegration f.** réintégration f.
**Reintonaudiometrie f.** audiométrie tonale f.
**Reintubation f.** réintubation f.
**Reis m.** riz m.

**Reisediarrhöe f.** diarrhée des voyageurs f.
**Reisekrankheit f.** mal des transports m.
**Reisfeldfieber n.** fièvre des rizières f.
**Reiskleie f.** son de riz m.
**Reiskörper m.** grain riziforme m.
**Reisschleim m.** soupe de farine de riz f.
**reißen** déchirer
**Reißnersche Membran f.** membrane de Reissner f.
**Reiswasserstuhl m.** selles riziformes f. pl.
**Reiterknochen m.** ossification musculaire des cavaliers f.
**Reitersche Krankheit f.** syndrome de Reiter m.
**Reiterverankerung f.** ancrage cavalier m. (dent.)
**Reithosenanästhesie f.** anesthésie en selle f.
**Reittherapie f.** hippothérapie f.
**Reiz m.** stimulus m.
**reizbar** irritable
**Reizbarkeit f.** excitabilité f.
**Reizblase f.** cystodynie f.
**reizen** irriter
**Reizerscheinung f.** symptome irritatif m.
**Reizgelenk n.** articulation irritée f.
**Reizhusten m.** toux irritative f.
**Reizleitungssystem n.** système de conduction m.
**reizlos** non-irritant
**reizmildernd** adoucissant
**Reizmittel n.** stimulant m.
**Reizschwelle f.** seuil d'excitabilité m.
**Reizstrom m.** courant de stimulation m.
**Reiztherapie f.** stimulation thérapeutique f.
**Reizung f.** irritation f.
**rekalzifizieren** recalcifier
**Rekalzifizierung f.** recalcification f.
**Rekanalisation f.** recanalisation f.
**rekanalisieren** recanaliser
**Reklination f.** réclinaison f.
**rekombinant** recombinant
**Rekombinant m.** recombinant m.
**Rekombinanten-DNS f.** ADN recombinant m.

**Rekombination f.** recombinaison f.
**Rekompensation f.** recompensation f.
**Rekompression f.** recompression f.
**Rekonstruktion f.** reconstruction f.
**rekonstruktiv** reconstructeur
**Rekonvaleszent m.** convalescent m.
**Rekonvaleszentin f.** convalescente f.
**Rekonvaleszenz f.** convalescence f.
**Rekord m.** record m.
**Rekordspritze f.** seringue de Pravaz f.
**Rekristallisation f.** recristallisation f.
**rekristallisieren** recristalliser
**Rekrudeszenz f.** recrudescence f.
**rektal** rectal
**rektifizieren** rectifier
**Rektifizierung f.** rectification f.
**rektoabdominal** rectoabdominal
**Rektoromanoskop n.** proctosigmoïdoscope m.
**Rektoromanoskopie f.** proctosigmoïdoscopie f.
**Rektosigmoid n.** rectosigmoïde m.
**Rektoskop n.** rectoscope m.
**Rektoskopie f.** rectoscopie f.
**rektoskopisch** rectoscopique
**Rektostomie f.** rectostomie f.
**rektoureteral** rectourétéral
**Rektoureteralfistel f.** fistule recto-urétérale f.
**rektouterin** rectoutérin
**rektovaginal** rectovaginal
**rektovesikal** rectovésical
**Rektozele f.** rectocèle f.
**Rektum n.** rectum m.
**Rektumstriktur f.** rétrécissement rectal m.
**Rektusdiastase f.** diastasis des muscles grands droits de l'abdomen m.
**Rektusschnitt m.** incision du grand droit de l'abdomen m.
**Rekurarisierung f.** recurarisation f.
**Rekurrensparese f.** paralysie récurrentielle f.
**rekurrierend** récurrent
**Rekurvation f.** recourbure f.
**Relaparotomie f.** rélaparotomie f.
**Relaps m.** rechute f.
**Relaxans n.** relaxant m.
**relaxieren** relaxer
**Relaxin n.** relaxine f.
**Relief n.** amélioration f., relief m.
**Relikt n.** vestige m.

**rem n.** rem m.
**Remaksches Zeichen n.** signe de Remak m.
**Remineralisation f.** reminéralisation f.
**Remission f.** rémission f.
**remittierend** rémittent
**renal** rénal
**Renin n.** rénine f.
**Reninom n.** réninome m.
**Rennin n.** lab m.
**Rennmaus f.** gerbille f.
**renofazial** rénofacial
**Renographie f.** rénographie f.
**renorenal** rénorénal
**renotrop** néphrotrope
**renovaskulär** rénovasculaire
**Rentenneurose f.** névrose de revendication f.
**Renytolin n.** rénytoline f.
**Reokklusion f.** réocclusion f.
**Reoperation f.** réopération f.
**Reoxidation f.** réoxydation f.
**reoxidieren** réoxyder
**Reparatur f.** réparation f.
**Reparaturenzym n.** enzyme réparante f.
**reparieren** réparer
**Reperfusion f.** reperfusion f.
**Reperkolation f.** repercolation f.
**Replantation f.** réimplantation f.
**replantieren** réimplanter
**Replikase f.** replicase f.
**Replikation f.** replication f.
**Replikon n.** replicon m.
**repolarisieren** repolariser
**Repolarisierung f.** repolarisation f.
**reponieren** réduire
**Reposition f.** réduction f.
**Repression f.** répression f.
**Repressor m.** répresseur m.
**Reproduktion f.** reproduction f.
**Reproduktionsmedizin f.** médecine de la procréation f.
**reproduktiv** reproductif
**reproduzibel** reproductible
**reproduzierbar** reproductible
**Reproduzierbarkeit f.** reproductibilité f.
**Reptil n.** reptile m.
**Repulsion f.** répulsion f.
**RES (retikuloendotheliales System) n.** système réticulo-endothélial m.

**R**

**Rescinnamin n.** rescinnamine f.
**Resektion f.** résection f.
**Resektoskop n.** résectoscope m.
**Reserpin n.** réserpine f.
**Reserve f.** réserve f.
**Reserveluft f.** air de réserve m.
**Reservevolumen n.** volume de réserve m.
**Reservoir n.** réservoir m.
**resezierbar** résection possible
**Resezierbarkeit f.** possibilité de résection f.
**resezieren** pratiquer la résection
**residual** résiduel
**Residualkapazität f.** capacité résiduelle f.
**Residualluft f.** air résiduel m.
**Residualvolumen n.** volume résiduel m.
**Residualwahn m.** psychose résiduelle f.
**resilient** résilient
**Resilienz f.** résilience f.
**Resinat n.** savon de rèsine m.
**Resistance f.** résistance f.
**resistent** résistant
**Resistenz f.** résistance f.
**Resistenz, gekreuzte f.** résistance croisée f.
**Resistenzbestimmung f.** détermination de la résistance f.
**Resonanz f.** résonance f.
**Resonanz, kernmagnetische f.** résonance magnétique nucléaire (RMN) f.
**Resorantel n.** résorantel m.
**resorbierbar** résorbable
**resorbieren** résorber
**Resorption f.** résorption f.
**resorptionsfähig** capable de résorption
**Resorptionsfähigkeit f.** capacité de résorption f.
**Resorptionsstörung, intestinale f.** malabsorption intestinale f.
**Resorzin n.** résorcine f.
**Respiration f.** respiration f.
**Respirationstrakt m.** appareil respiratoire m.
**Respirator m.** respirateur m.
**respiratorisch** respiratoire
**respirieren** respirer

**Respirophonogramm n.** respirophonogramme m.
**Respirophonographie f.** respirophonographie f.
**respirophonographisch** respirophonographique
**Rest m.** reste m.
**Restblutmenge (cardiol.) f.** volume télésystolique m.
**Restchlor n.** chlore résiduel m.
**Restenose f.** resténose f.
**Restgebiß n.** dentition restante f.
**Restharn m.** urine résiduelle f.
**Restitution f.** restitution f.
**Restkreislauf m.** circulation résiduelle f.
**restlich** restant
**Restriktionsendonuklease f.** endodésoxyribonucléase de restriction f.
**restriktiv** restrictif
**Reststickstoff m.** azote restant m.
**Retard-Arzneimittel n.** médicament retard m.
**Retardation f.** retardement m.
**retardiert** retardé
**Retention f.** rétention f.
**Retentionsfestigkeit f.** capacité de rétention f.
**Retentionszyste f.** kyste de rétention m.
**retikulär** réticulaire
**Retikuloendothel n.** réticuloendothélium m.
**retikuloendothelial** réticuloendothélial
**retikuloendotheliales System n.** système réticuloendothélial m.
**Retikuloendotheliom n.** réticuloendothéliome m.
**Retikuloendotheliose f.** réticuloendothéliose f.
**Retikulogranulomatose f.** réticulogranulomatose f.
**retikulohistiozytär** réticulohistiocytaire
**Retikulohistiozytose f.** réticulohistiocytose f.
**Retikulosarkom n.** réticulosarcome m.
**Retikulose f.** réticulose f.
**Retikulozyt m.** réticulocyte m.

Retikulozytenkrise f.   crise réticulocy-
taire f.
Retikulozytose f.   réticulocytose f.
Retikulumzelle f.   cellule du tissu réti-
culé f.
Retina f.   rétine f.
retinal   rétinien
Retinal n.   rétinal m.
Retinalarterie f.   artère rétinienne f.
Retinitis f.   rétinite f.
Retinoblastom n.   rétinoblastome m.
Retinodialyse f.   rétinodialyse f.
Retinographie f.   rétinographie f.
retinoid   rétinoïde
Retinol n.   rétinol m.
Retinopathie f.   rétinopathie f.
Retinoskop n.   rétinoscope m.
Retinoskopie f.   rétinoscopie f.
retinoskopisch   rétinoscopique
Retorte f.   cornue f.
Retothelsarkom n.   réticulosarcome
m.
retraktil   rétractile
Retraktion f.   rétraction f.
Retraktor m.   rétracteur m.
retroaurikulär   rétroauriculaire
retrobulbär   rétrobulbaire
Retrocardialraum m.   espace rétrocardiaque m.
retroflektiert   rétrofléchi
Retroflexion f.   rétroflexion f.
Retrognathie f.   rétrognathie f.
retrograd   rétrograde
retrokardial   rétrocardiaque
retrokaval   rétrocaval
retrokochleär   rétrocochléaire
retrokolisch   rétrocolique
retrokursiv   rétrocursif
retrolabyrinthär   rétrolabyrinthique
retrolental   rétrolental
retromamillär   rétromamillaire
retromammär   rétromammaire
retromandibulär   rétromandibulaire
retromaxillär   rétromaxillaire
retromolar   rétromolaire
retronasal   rétronasal
retroorbital   rétroorbitaire
retropatellar   rétropatellaire
retropelvin   rétropelvien
Retroperfusion f.   rétroperfusion f.
Retroperistaltik f.   péristaltisme rétrograde m.

retroperitoneal   rétropéritonéal
retropharyngeal   rétropharyngien
retroplazentar   rétroplacentaire
Retropneumoperitoneum n.   rétropneumopéritoine m.
retroponiert   en rétroposition
Retroposition f.   rétroposition f.
retropubisch   rétropubien
Retropulsion f.   rétropulsion f.
retropulsiv   rétropulsif
retrospektiv   rétrospectif
Retrospondylolisthese f.   rétrospondylolisthésis m.
retrosternal   rétrosternal
retrotonsillär   rétrotonsillaire
retrotympanal   rétrotympanique
retrouterin   rétroutérin
retrovaginal   rétrovaginal
Retrovakzine f.   rétrovaccin m.
Retroversioflexion f.   rétroversion-flexion f.
Retroversion f.   rétroversion f.
retrovertiert   rétroversé
retrozökal   rétrocaecal
Retrusion f.   rétrusion f.
Rettung f.   secours m.
Rettungsmannschaft f.   équipe de secours f.
Rettungsmaßnahmen f. pl.   mesures
de sauvetage f. pl.
Rettungssanitäter m.   infirmier des ur-
gences m.
Rettungsstation f.   urgences f. pl.
Revaskularisation f.   revascularisation
f.
Reverdinsche Transplantation f.
greffe de Reverdin f.
revers   inverse
reversibel   réversible
Reversibilität f.   réversibilité f.
Reversion f.   réversion f.
Revertase f.   révertase f.
Rezept n.   ordonnance f.
Rezeptgebühr f.   frais d'ordonnance
m. pl.
rezeptieren   prescrire
Rezeptor m.   récepteur m.
Rezeptorassay m.   essai récepteur m.
Rezeptorenblocker m.   inhibiteur des
récepteurs m.
rezeptpflichtig   à prescription obliga-
toire

**R**

**Rezeptur f.** prescription sur ordonnance f.
**Rezepturarznei f.** formule médicamenteuse sur ordonnance f.
**Rezeß m.** récessus m.
**rezessiv** récessif
**Rezessivität f.** récessivité f.
**Rezidiv n.** récidive f.
**rezidivieren** récidiver
**reziprok** réciproque
**Rezirkulation f.** recirculation f.
**rezirkulierend** recirculant
**rezyklieren** recycler
**Rezyklierung f.** recyclage m.
**Rh-Faktor m.** facteur Rh m.
**Rhabarber f.** rhubarbe f.
**Rhabdomyolyse f.** rhabdomyolyse f.
**Rhabdophobie f.** rhabdophobie f.
**Rhabdosarkom n.** rhabdosarcome m.
**Rhachischisis f.** rachischisis m.
**Rhagade f.** rhagade f.
**Rhagozyt m.** ragocyte m.
**Rhamnose f.** rhamnose m.
**Rhamnosid n.** rhamnoside m.
**Rhenium n.** rhénium m.
**Rheobase f.** rhéobase f.
**Rheograph m.** rhéographe m.
**Rheographie f.** rhéographie f.
**rheographisch** rhéographique
**Rheologie f.** rhéologie f.
**rheologisch** rhéologique
**Rheoskop n.** rhéoscope m.
**Rheoskopie f.** rhéoscopie f.
**Rheostat m.** rhéostat m.
**Rheostose f.** rhéostose f.
**Rheotaxis f.** rhéotropisme m.
**Rhesasthenie f.** phonasthénie f.
**Rhesusaffe m.** singe Rhésus m.
**Rhesusfaktor m.** facteur Rhésus m.
**Rhesusunverträglichkeit f.** incompatibilité Rhésus f.
**Rheumafaktor (RF) m.** facteur rhumatoïde m.
**Rheumaknötchen n.** nodule rhumatismal m.
**rheumatisch** rhumatismal
**Rheumatismus m.** rhumatisme m.
**Rheumatismus, fieberhafter akuter m.** rhumatisme aigu fébrile m.
**rheumatoid** rhumatoïde
**Rheumatoid n.** pseudorhumatisme infectieux m.

**Rheumatologe m.** rhumatologue m.
**Rheumatologie f.** rhumatologie f.
**Rheumatologin f.** rhumatologue f.
**rheumatologisch** rhumatologique
**Rhinenzephalie f.** rhinencéphalie f.
**Rhinitis f.** rhinite f.
**Rhinitis atrophicans f.** rhinite atrophique f.
**Rhinitis membranacea f.** rhinite membraneuse f.
**Rhinitis vasomotoria f.** rhinite vasomotrice f.
**rhinobasal** rhinobasal
**rhinogen** rhinogène
**Rhinolalie f.** rhinolalie f.
**Rhinolith m.** rhinolithe m.
**Rhinologe m.** rhinologue m.
**Rhinologie f.** rhinologie f.
**Rhinologin f.** rhinologue f.
**rhinologisch** rhinologique
**Rhinomanometrie f.** rhinomanométrie f.
**rhinomanometrisch** rhinomanométrique
**Rhinomyiasis f.** rhinomyiase f.
**Rhinomykose f.** rhinomycose f.
**Rhinopathie f.** rhinopathie f.
**rhinopharyngeal** rhinopharyngien
**Rhinopharyngitis f.** rhinopharyngite f.
**Rhinopharynx m.** rhinopharynx m.
**Rhinophonie f.** rhinophonie f.
**Rhinophym n.** rhinophyma m.
**Rhinoplastik f.** rhinoplastie f.
**Rhinopneurnonitis f.** infection rhinopulmonaire f.
**Rhinorrhöe f.** rhinorrhée f.
**Rhinosklerom n.** rhinosclérome m.
**Rhinosklerombazillus m.** bacille de Frisch m.
**Rhinoskop m.** rhinoscope m.
**Rhinoskopie f.** rhinoscopie f.
**rhinoskopisch** rhinoscopique
**Rhinosporidiose f.** rhinosporidiose f.
**Rhizobium n.** rhizobium m.
**Rhizom n.** rhizome m.
**Rhizoma filicis** racine d'aspidium f.
**rhizomel** rhizomélique
**Rhizopoda n. pl.** rhizopodes m. pl.
**Rhizotomie f.** rhizotomie f.
**Rhodamin n.** rhodamine f.
**Rhodan n.** rhiocyanate de sodium m.

Rhodanat n.   rhodanate m.
Rhodium n.   rhodium m.
Rhodopsin n.   rhodopsine f.
rhomboid   rhomboïde
Rhythmik f.   rythmique f.
rhythmisch   rythmique
rhythmogen   rythmogène
Rhythmologie f.   rythmologie f.
rhythmologisch   rythmologique
Rhythmus m.   rythme m.
RIA (Radioimmunoassay) m.   radio-
   immunoessai m.
Ribaminol n.   ribaminol m.
Ribit n.   ribitol m.
Riboflavin n.   riboflavine f.
Ribofuranose f.   ribofuranose m.
Ribofuranosid n.   ribofuranoside m.
Ribohexose f.   ribohexose m.
Ribonuklease f.   ribonucléase f.
Ribonukleosid n.   ribonucléoside m.
Ribonukleotid n.   ribonucléotide m.
Riboprin n.   riboprine f.
Ribose f.   ribose m.
Ribosid n.   riboside m.
Ribosom n.   ribosome m.
ribosomal   ribosomal
Ribotid n.   ribotide m.
Riboxin n.   riboxine f.
Ribulose f.   ribulose m.
Richtlinie f.   ligne directrice f.
Richtungshören n.   audition direction-
   nelle f.
Rickettsia Burneti f.   Coxiella burnetii
   f.
Rickettsia Prowazeki f.   Rickettsia
   prowazekii f.
Rickettsie f.   rickettsie f.
Rickettsiose f.   rickettsiose f.
Riechbahn f.   voie olfactive f.
riechen   sentir
Riechepithel n.   neuroépithélium ol-
   factif m.
Riechhirn n.   rhinencéphale m.
Riechsalz n.   sel volatil m.
Riechschwelle f.   seuil olfactif m.
Riechstoff m.   substance odorante f.
Riechzelle f.   cellule olfactive f.
Riechzentrum n.   centre olfactif m.
Riedel-Struma f.   thyroïdite de Riedel
   f.
Riederzelle f.   cellule de Rieder f.

Riegelgeschiebe n.   attachement à glis-
   sière m.
Riese m.   géant m.
Riesenchromosom n.   chromosome
   géant m.
Riesenwuchs m.   gigantisme m.
Riesenzelle f.   cellule géante f.
Riesenzellensarkom n.   sarcome à cel-
   lules géantes m.
Rifapentin n.   rifapentine f.
Rifttalfieber n.   fièvre de la vallée du
   Rift f.
rigid   rigide
Rigidität f.   rigidité f.
Rigor m.   rigidité f.
Rillensonde f.   sonde rainurée f.
Rilmafazon n.   rilmafazone f.
Rimantadin n.   rimantadine f.
Rimexolon n.   rimexolone f.
Rinde (botan.) f.   écorce f.
Rinde (med.) f.   cortex m.
Rindenblindheit f.   cécité corticale f.
Rindenstar m.   cataracte corticale f.
Rindentaubheit f.   surdité corticale f.
Rinderalbumin n.   albumine bovine f.
Rinderbandwurm m.   ténia bovin m.
Rindergalle f.   fiel de boeuf m.
Rinderpest f.   peste bovine f.
Rinderserum n.   sérum bovin m.
Ring m.   anneau m.
Ringanker m.   ancrage annulaire m.
   (dent.)
Ringchromosom n.   chromosome en
   anneau m.
Ringdeckelkrone f.   couronne de Mor-
   rison f.
Ringelröteln f. pl.   érythème infectieux
   m.
Ringerlösung f.   solution de Ringer f.
ringförmig   annulaire
Ringklammer f.   agrafe annulaire f.
Ringknorpel m.   cartilage cricoïde m.
Ringpessar m.   pessaire en anneau m.
Ringstripper m.   extracteur annulaire
   m.
Ringtest m.   test de l'anneau m.
Ringwallkarzinom n.   carcinome an-
   nulaire m.
Rinne f.   gouttière f.
rinnen   couler
Rinnescher Versuch m.   épreuve de
   Rinne f.

R

**Rippe f.** côte f.
**Rippe, echte f.** vraie côte f.
**Rippe, falsche f.** fausse côte f.
**Rippenbogen m.** arc costal m.
**Rippenraspatorium n.** costorugine f.
**Rippenschere f.** costotome m.
**Risiko n.** risque m.
**Risiko, gutes n.** chance f.
**Risiko, schlechtes n.** mauvaise probabilité f.
**Risiko-Faktor m.** facteur de risque m.
**risikoarme Maßnahme f.** mesure à faible risque f.
**risikoreiche Maßnahme f.** mesure à haut risque f.
**Riß m.** arrachement m.
**rissig** crevassé
**Rißwunde f.** lacération f.
**RIST (Radioimmunosorbent-Test) m.** test de radioimmunoadsorption m.
**Rist m.** région dorsale du pied f.
**Ritgenscher Handgriff m.** manoeuvre obstétricale de Ritgen f.
**Ritodrin n.** ritodrine f.
**Ritze f.** fissure f.
**ritzen** érafler
**Ritzhärte f.** dureté (fente) f.
**Riva-Rocci-Blutdtuckmesser m.** sphygmomanomètre de Riva-Rocci m.
**Rivaltaprobe f.** réaction de Rivalta f.
**Rizin n.** ricin m.
**Rizinismus m.** ricinisme m.
**Rizinoleat n.** ricinoléate m.
**Rizinusöl n.** huile de ricin f.
**Rizolipase f.** rizolipase f.
**RNS (Ribonukleinsäure) f.** ARN (acide ribonucléique) m.
**Robenidin n.** robénidine f.
**Roborans n.** fortifiant m.
**roborierend** fortifiant
**Rochellesalz n.** sel de la Rochelle m.
**röcheln** râler
**Rociverin n.** rocivérine f.
**Rocky-Mountain-Fieber n.** fièvre des Montagnes Rocheuses f.
**rodentizid** antirongeurs
**Rodentizid n.** produit contre les rongeurs m.
**Rofluran n.** roflurane m.
**Rogelenk n.** Roarticulation f.
**Rohform f.** ébauche f.

**Rohkost f.** régime cru m.
**Rohmaterial n.** matière première f.
**Rohr n.** tube m.
**Röhrchen n.** tubule m.
**Röhre f.** tube m.
**Röhrensehen n.** vision tubulaire f.
**Röhrenspannung f.** tension de tube f.
**Röhrenstrom m.** courant de tube m.
**Rohrzucker m.** sucre de canne m.
**Roletamid n.** rolétamide m.
**Rolicyprin n.** rolicyprine f.
**Rolitetracyclin n.** rolitétracycline f.
**Rolle (anatom.) f.** trochlée f.
**Rollentherapie f.** thérapeutique de rôle f.
**Rollercoaster-Syndrom n.** syndrome de roulis m.
**Rollhautlappen m.** lambeau cylindrique m.
**Rollkur f.** cure en décubitus alterné f.
**Rollstuhl f.** fauteuil roulant m.
**Rombergsches Zeichen n.** signe de Romberg m.
**Röntgenabteilung f.** service de radiologie m.
**Röntgenanlage f.** équipement radiologique m.
**Röntgenapparat m.** appareil de radiologie m.
**Röntgenarchiv n.** archives radiologiques f. pl.
**Röntgenassistent, medizinisch-technischer m.** technicien assistant de radiologie m.
**Röntgenassistentin, medizinisch-technische f.** technicienne assistante de radiologie f.
**Röntgenaufnahme f.** cliché m., cliché radiologique m., radiogramme m.
**Röntgenaufnahme, eine – anfertigen** faire une radiographie
**Röntgenbefund m.** observations (radiographie) f. pl.
**Röntgenbehandlung f.** radiothérapie f.
**Röntgenbericht m.** compterendu de radiographie m.
**röntgenbestrahlen** irradier
**Röntgenbestrahlung f.** irradiation X f.
**Röntgenbild n.** radiographie f.
**Röntgenbrille f.** lunettes rayons X f. pl.

**Röntgendermatitis f.** radiodermite f.
**Röntgendiagnose f.** radiodiagnostic m.
**Röntgendiagnostik f.** radiodiagnostique f.
**röntgendiagnostisch** radiodiagnostique
**Röntgendurchleuchtung f.** radioscopie f.
**Röntgeneinrichtung f.** équipement radiologique m.
**Röntgenfilm m.** film radiologique m.
**Röntgenfilm-Entwicklungsmaschine f.** développeuse de films radiologiques f.
**Röntgenfilmbetrachter m.** visionneuse (films radiologiques) f.
**Röntgenfilmlager n.** rangement des films radiologiques m.
**Röntgeninstitut n.** institut de radiologie m.
**Röntgenkater m.** mal des rayons m.
**Röntgenkontrastmittel n.** produit de contraste m.
**Röntgenkontrolle f.** contrôle radiologique m.
**Röntgenographie f.** radiographie f.
**Röntgenologe m.** radiologue m.
**Röntgenologie f.** roentgenologie f.
**Röntgenologin f.** radiologue f.
**röntgenologisch** radiologique
**Röntgenpapier n.** papier radiographie m.
**Röntgenphotographie f.** radiographie f.
**Röntgenreihenuntersuchung f.** examen radiologique systématique m.
**Röntgenröhre f.** tube Roentgen m.
**Röntgenschirm m.** écran fluorescent m.
**Röntgenstrahlen m. pl.** rayons X m. pl.
**Röntgenstrahlenschutz m.** protection contre les rayons X f.
**Röntgentherapie f.** roentgenthérapie f.
**Röntgentherapie, Hochvolt- f.** rcentgen thérapie à haute tension f.
**Röntgentherapie, Niedervolt- f.** roentgenthérapie à faible tension f.

**Röntgentiefenbestrahlung f.** radiothérapie profonde f.
**Röntgenüberwachung f.** surveillance radiologique f.
**Röntgenuntersuchung f.** examen radiologique m.
**Rorschachtest m.** test de Rorschach m.
**Rosanilin n.** rosaniline f.
**Rosazea f.** acné rosacée f.
**Rose f.** érysipèle m.
**Rosenbohrer m.** fraise à rosette f. (dent.)
**Rosenkranz rachitischer m.** chapelet rachitique m.
**Rosenmüllersche Drüse f.** ganglion de Cloquet m.
**Roseole f.** roséole f.
**Rosette f.** rosace f., rosette (histol.) f.
**Roßkastanie f.** marron d'Inde m.
**Rossolimo-Reflex m.** signe de Rossolimo m.
**Rost m.** rouille f.
**rostbraun** brun rouille
**rösten** griller
**rostral** rostral
**Rostschutzmittel n.** anti-rouille m.
**Rotation f.** rotation f.
**Rotationsbestrahlung f.** irradiation rotative f.
**Rotationshautlappen m.** lambeau de rotation m.
**rotatorisch** rotatoire
**Rotblindheit f.** anérythropsie f.
**Röte f.** rougeur f.
**Röteln f. pl.** rubéole f.
**röten** rougir
**Rotenon n.** roténone f.
**Rotes Kreuz n.** Croix Rouge f.
**Rotgrünblindheit f.** daltonisme rouge vert m.
**rothaarig** roux
**rotieren** tourner
**Rotkreuzarmbinde f.** brassard de la Croix Rouge m.
**Rotlicht n.** lumière infra-rouge f.
**Rotor m.** rotor m.
**Rotoxamin n.** rotoxamine f.
**Rotsehen n.** érythropsie f.
**Rötung f.** rougissement m.
**Rotz m.** morve f.
**Rotzbazillus m.** bacille de la morve m.

**R**

**Rous-Sarkom n.** sarcome de Rous m.
**Routine f.** routine f.
**routinemäßig** habituel
**Rovsingsches Zeichen n.** signe d'appendicite de Rovsing m.
**Roxarson n.** roxarsone f.
**Roxatidin n.** roxatidine f.
**Roxibolon n.** roxibolone f.
**Roxoperon n.** roxopérone f.
**RR (Blutdruck nach Riva-Rocci) m.** TA (tension artérielle) f.
**Rubefaciens n.** rubéfiant m.
**Rubeola scarlatinosa f.** rubéole scarlatiniforme f.
**Rubeose f.** rubéose f.
**Rubidazon n.** rubidazone f.
**Rubidium n.** rubidium m.
**Rubininstrument n.** instrument en rubis m.
**rubrospinal** rubrospinal
**rubrospinozerebellar** rubrospinocérébelleux
**Rückatmung f.** rebreathing m.
**Rückbildung f.** régression f.
**Rückbildungsmelancholie f.** mélancolie d'involution f.
**Rückbiß m.** occlusion postnormale f.
**Rücken m.** dos m.
**Rückenlage f.** décubitus dorsal m.
**Rückenmark m.** moelle épinière f.
**Rückenschmerz m.** notalgie f.
**Rückenstütze f.** soutien du dos m.
**Rückfall m.** récidive f.
**Rückfallfieber n.** fièvre récurrente f.
**rückfällig** récidivant
**rückfällig werden** rechuter
**Rückfluß m.** reflux m.
**Rückgrat n.** rachis m.
**Rückkopplung f.** rétrocontrôle m.
**Rucknystagmus m.** nystagmus saccadé m.
**Rückprall m.** rebond m.
**rückresorbieren** réabsorber
**Rückresorption f.** réabsorption f.
**Rucksacklähmung f.** paralysie dorsale f.
**Rucksackverband m.** bandage en sac à dos m.
**Rückschritt m.** régression f.
**Rückstand m.** résidu m.
**Rückstoß rn.** recul m.
**Rücktitration f.** rétrotitrage m.

**Rückwärtsbewegung f.** mouvement de retrait m.
**Rückwärtskrümmung f.** rétrocourbure f.
**Rückwärtsverlagerung f.** rétrodéplacement m.
**Rudiment n.** rudiment m.
**rudimentär** rudimentaire
**Rufbereitschaft f.** garde (être de) f.
**Ruhe f.** repos m.
**Ruhe-Angina f.** angor au repos m.
**Ruhe-EKG n.** ECG au repos m.
**Ruhedyspnoe f.** dyspnée au repos f.
**Ruhelage f.** position de repos f.
**Ruhelosigkeit f.** inquiétude f.
**ruhen** reposer, se
**Ruhestadium n.** phase de repos f.
**Ruhestoffwechsel n.** métabolisme de repos m.
**Ruhetätigkeit f.** activité de repos f.
**Ruhetremor m.** tremblement de repos m.
**Ruhezelle f.** cellule en repos f. , resting cell
**ruhigstellen (sedieren)** calmer
**ruhigstellen (fixieren)** immobiliser
**Ruhigstellung (Fixation) f.** immobilisation f.
**Ruhigstellung (Sedierung) f.** sédation f.
**Ruhigstellung, forcierte f.** sédation forcée f.
**Ruhr f.** dysenterie f.
**Ruhr, Amöben- f.** dysenterie amibienne f.
**Ruhr, Bazillen- f.** dysenterie bacillaire f.
**Ruhrbazillus (Flexner) m.** bacille dysentérique (Flexner) m.
**Ruhrbazillus (Shiga-Kruse) m.** bacille de Shiga m.
**Ruhrbazillus (Sonne) m.** Shigella Sonnei f.
**Ruhrbazillus (Strong) m.** Shigella paradysenteriae Strong f.
**Rührmaschine f.** agitateur m.
**rülpsen** éructer, roter
**Rülpsen n.** éructation f.
**Rumination f.** rumination f.
**Rumpel-Leedesches Phänomen n.** phénomène de Rumpel-Leede m.
**Rumpf m.** tronc m.

**Rundherd m.**   foyer rond m.
**Rundrücken m.**   dos rond m.
**Rundzelle f.**   cellule ronde f.
**Rundzellensarkom n.**   sarcome globo-
  cellulaire m.
**Runt-Krankheit f.**   immunodéficience
  expérimentale de l'animal f.
**Runzel f.**   ride f.
**runzelig**   ridé
**Ruptur f.**   rupture f.
**rupturieren**   rompre
**Ruscogenin n.**   ruscogénine f.
**Ruß m.**   suie f.

**Rüssel m.**   trompe f.
**Russellkörperchen n.**   corps de Russell
  m.
**Ruthenium n.**   ruthénium m.
**Rutherford**   Rutherford
**Rutilismus m;**   erythrisme m.
**Rutin n.**   rutoside m;
**Rutinose f.**   rutinose f.
**Rutosid n.**   rutoside m.
**Ruvazon n;**   ruvazone f.
**RV (rechter Ventrikel) n.**   ventricule
  droit m. (RV)

R

# S

S-förmig   en forme de S
SA-Block (sinuatrialer Block) m.   bloc sino-auriculaire m.
Sabadille f.   cévadille f.
Säbelscheidentibia f.   platycnémie f.
Säbelscheidentrachea f.   trachée en fourreau de sabre f.
Sabin-Feldmantest m.   dye-test de Sabin et Feldman m.
Sabinaöl n.   huile de sabine f.
Sabinaölvergiftung f.   intoxication par l'huile de sabine f.
Sabinismus m.   intoxication sabinique f.
Saccharase f.   saccharase f.
Saccharat n.   saccharate m.
Saccharid n.   saccharide m.
Saccharimeter n.   saccharimètre m.
Saccharogalaktorrhöe f.   saccharogalac torrhée f.
Saccharomyces m.   saccharomycète m.
Saccharomykose f.   saccharomycose f.
Saccharopin n.   saccharopine f.
Saccharose f.   saccharose m.
Sacharin n.   saccharine f.
sachverständig   expert
Sachverständige (r) f., m.   expert f., m.
Sack m.   poche f., sac m.
sackartig   en poche
Säckchen n.   saccule m.
sackförmig   en forme de sac
Sacrum acutum n.   malformation du sacrum en pointe f.
Sadismus m.   sadisme m.
Sadist m.   sadique m.
Sadistin f.   sadique f.
sadistisch   sadique
Safran m.   safran m.
Safranin n.   safranine f.
Saft m.   suc m.
Saftfasten n.   diète au jus de fruit f.
Säge f.   scie f.
sagittal   sagittal
Sagomilz f.   rate sagou f.
Sahlische Desmoidreaktion f.   réaction de Sahli f.
Sahne f.   crème f.

Saitengalvanometer n.   galvanomètre à corde m.
sakkulokochleär   sacculocochléaire
sakral   sacré
Sakralisation f.   sacralisation f.
sakralwärts   en direction sacrale
sakroanterior   sacroantérieur
sakroiliakal   sacroiliaque
Sakroiliakalgelenk n.   articulation sacroiliaque f.
Sakroiliitis f.   inflammation sacro-iliaque f.
sakroischiadisch   sacrosciatique
sakrokokzygeal   sacrococcygien
sakrolumbal   sacrolombaire
sakropelvisch   sacropelvien
sakroperineal   sacropérinéal
sakroposterior   sacropostérieur
sakrospinal   sacrospinal
sakrouterin   utérosacral
Saktosalpinx f.   hydrosalpinx m.
Salaamkrampf m.   tic de salaam m.
Salacetamid n.   salacétamide m.
Salafibrat n.   salafibrate m.
Salantel n.   salantel m.
Salazodin n.   salazodine f.
Salazosulfadimidin n.   salazosulfadimidine f.
Salazosulfapyridin n.   salazosulfapyridine f.
Salazosulfathiazol n.   salazosulfathiazole m.
Salbe f.   pommade f.
Salbe, einreiben mit   frictionner avec une pommade
Salbei m.   sauge f.
salben   oindre
Salbenanwendung f.   application de pommade f.
Salbengesicht n.   séborrhée huileuse f.
Salbengrundlage f.   excipient pour pâtes m.
Salbutamol n.   salbutamol m.
Saletamid n.   salétamide m.
Salfluverin n.   salfluvérine f.
Salinazid n.   salinazide m.
Saline f.   saline f.

**salinisch** salin
**Salipyrin n.** salipyrine f.
**Saliuretikum n.** salidiurétique m.
**saliuretisch** salidiurétique
**Salizyl n.** salicyle m.
**Salizylaldehyd n.** salicylaldéhyde m.
**Salizylamid n.** salicylamide m.
**Salizylanilid n.** salicylanilide m.
**Salizylat n.** salicylate m.
**Salizylazosulfapyridin n.** salicylazo-sulfapyridine f.
**Salizyltherapie f.** salicylthérapie f.
**Salmiak m.** hydrochlorate d'ammoniaque m.
**Salmiakgeist m.** alkali volatil m.
**Salmonella f.** salmonella f.
**Salmonelleninfektion f.** salmonellose f.
**Salol n.** salol m.
**Salpeter m.** salpêtre m.
**Salpingektomie f.** salpingectomie f.
**Salpingitis f.** salpingite f.
**salpingitisch** de salpingite
**Salpingographie f.** salpingographie f.
**Salpingolyse f.** salpingolyse f.
**Salpingo-Oophorektomie f.** salpingo-varectomie f.
**Salpingo-Oophoritis f.** salping-ovarite f.
**Salpingostomie f.** salpingostomie f.
**Salpingotomie f.** salpingotomie f.
**Salpingoureterostomie f.** salpingouré-térostomie f.
**Salpinx f.** trompe utérine de Fallope f.
**Salsalat n.** salsalate m.
**saltatorisch** sautant
**Saluretikum n.** salurétique m.
**saluretisch** salurétique
**Salve f.** salve f.
**Salz n.** sel m.
**Salz, kohlensaures n.** carbonate m.
**Salzagglutinin n.** agglutinine saline f.
**Salzfieber n.** fièvre saline f.
**salzhaltig** salé
**Salzmangelsyndrom n.** syndrome de carence sodée m.
**Salzsäure f.** acide chlorhydrique m.
**Salzsäure, freie f.** acide chlorhydrique libre m.
**Salzverlust m.** perte de sels f.
**Salzwasser n.** eau salée f.
**Samarium n.** samarium m.

**Samen (botan.) m.** graine f.
**Samen (med.) m.** sperme m.
**Samenbank f.** banque du sperme f.
**samenbildend** spermatogénique
**Samenblase f.** vésicule séminale f.
**Samenblasenentzündung f.** spermato-cystite f.
**Samenerguß m.** éjaculation f.
**Samenflüssigkeit f.** liquide séminal m.
**Samenleiter m.** canal déférent m.
**Samenstrang m.** cordon spermatique m.
**Sammelgefäß n.** récipient collecteur m.
**sammeln** collecter
**Sammelröhrchen, renales n.** tubule collecteur rénal m.
**Sammelsucht f.** manie de collection f.
**Sanatorium n.** sanatorium m.
**Sandbad n.** arénation f.
**Sandelöl n.** essence de santal f.
**Sandfliegenfieber n.** fièvre à phlébo-tome f.
**Sandfloh m.** chique f.
**Sandsack m.** sac de sable m.
**Sandstrahlgebläse n.** sableuse f.
**Sanduhrmagen m.** estomac bilocu-laire m.
**Sandwiching n.** technique du sand-wich f.
**Sängerknötchen n.** chordite tubéreuse (des chanteurs) f.
**sanguinisch** sanguin
**sanguinolent** sanguinolent
**sanitär** sanitaire
**Sanitäter m.** secouriste m.
**Sanitätseinrichtung f.** infirmerie f.
**Sanitätspolizei f.** police sanitaire f.
**Santalin n.** santaline f.
**Santonin n.** santonine f.
**Santorinischer Knorpel m.** cartilage corniculé m.
**Sapogenin n.** sapogénine f.
**Saponin n.** saponine f.
**Saprophyt m.** saprophyte m.
**saprophytär** saprophytaire
**Saralasin n.** saralasine f.
**Sarcolysin n.** sarcolysine f.
**Sarcoptes f.** sarcopte m.
**Sarcosin n.** sarcosine f.
**sardonisch** sardonique
**Sarg m.** cercueil m.

**S**

**Sargdeckelkristall m.** cristal de sulfate ammoniomagnésien m.
**Sarkoid n.** sarcoïde m.
**Sarkoidose f.** sarcoïdose f.
**Sarkolemm n.** sarcolemme m.
**Sarkom n.** sarcome m.
**sarkomatös** sarcomateux
**Sarkomatose f.** sarcomatose f.
**Sarkomer n.** sarcomère m.
**Sarkoplasma n.** sarcoplasme m.
**sarkoplasmatisch** sarcoplasmatique
**Sarkopsyllosis f.** sarcopsyllose f.
**Sarkosom n.** sarcosome m.
**Sarkosporidiose f.** sarcosporidiose f.
**Sarkozele f.** sarcocèle f.
**Sarkozystose f.** sarcocystose f.
**Sarmentogenin n.** sarmentogénine f.
**Sarmentose f.** sarmentose f.
**Sarmentozymarin n.** sarmentocymarine f.
**Sarpicillin n.** sarpicilline f.
**Sarsaparille f.** salsepareille f.
**Sarzine f.** sarcine f.
**Sassafrasöl n.** huile de sassafras f.
**Satanpilz m.** bolet satan m.
**Satellit m.** satellite m.
**satt** rassasié
**Sattel m.** selle f.
**Sattelblock m.** bloc en selle m.
**Sattelbrücke (dent.) f.** selle (bridge) f. (dent.)
**Satteldruck (vet.) m.** blessure par la selle f. (vet.)
**Sattelgelenk n.** articulation par emboîtement f.
**Sattelnase f.** nez concave m.
**Sattheit f.** satiété f.
**sättigen** saturer
**Sättigung f.** saturation f.
**Sättigungsgefühl n.** rassasiement m.
**Saturnismus m.** saturnisme m.
**Satyriasis f.** satyriasis m.
**sauer** acide
**sauer machen** acidifier
**säuerlich** acidulé
**Sauermilch f.** caillé m.
**säuern** acidifier
**Sauerstoff m.** oxygène m.
**Sauerstoffatmung f.** respiration d'oxygène f.
**Sauerstoffbad m.** bain oxygéné m.
**Sauerstoffbeladung f.** oxygénation f.

**Sauerstoffbrille f.** lunettes à oxygène f. pl.
**Sauerstoffentladung f.** désoxygénation f.
**Sauerstoffflasche f.** bouteille d'oxygène f.
**Sauerstoffflaschenständer m.** statif de la bouteille d'oxygène m.
**sauerstoffhaltig** contenant de l'oxygène
**Sauerstoffsättigung f.** saturation en oxygène f.
**Sauerstoffschuld f.** dette d'oxygène f.
**Sauerstofftherapiegerät n.** appareil d'oxygénothérapie m.
**Sauerstoffverbrauch m.** consommation d'oxygène f.
**Saugapparat m.** aspirateur m.
**Saugbiopsie f.** biopsie par aspiration f.
**Saugdrainage f.** drainage par aspiration m.
**Saugelektrode f.** électrode ventouse f.
**säugen** allaiter, sucer
**Säugen n.** lactation f., succion f.
**Säugetier n.** mammifère m.
**Saugfläschchen n.** biberon m.
**Säugling n.** nourrisson m.
**Säuglingsalter n.** âge d'être allaité m.
**Säuglingsdystrophie f.** dystrophie du nourrisson f.
**Säuglingsekzem n.** eczéma du nourrisson m.
**Säuglingsfürsorge f.** protection du nourrisson f.
**Säuglingsheim m.** pouponnière f.
**Säuglingsmulde f.** creux de la fontanelle m.
**Säuglingspflegerin f.** puéricultrice f.
**Säuglingssterblichkeit f.** mortalité des nourrissons f.
**Säuglingstod, plötzlicher m.** mort subite du nourrisson f.
**Säuglingswaage f.** pèse-bébé m.
**Säuglingswäsche f.** layette f.
**Saugnapf m.** ventouse f.
**Saugplatte f.** plaque aspirante f.
**Saugpumpe f.** pompe aspirante f.
**Saugreflex m.** réflexe de succion m.
**Saugrohr n.** tube d'aspiration m.
**Saugschwäche f.** insuffisance de succion f.
**Säule f.** colonne f.

**Säulenchromatographie f.** chromatographie en colonne f.

**Saum m.** bord m.

**Sauna f.** sauna m.

**Säure f.** acide m.

**Säure, Abietin- f.** acide abiétinique m.

**Säure, Absinth- f.** acide absinthique m.

**Säure, Acylneuramin- f.** acide acylneuraminique m.

**Säure, Adenosindiphosphor- f.** acide adénosine diphosphorique m.

**Säure, Adenosinphosphor- f.** acide adénosine phosphorique m.

**Säure, Adenosintriphosphor- f.** acide adénosine triphosphorique m.

**Säure, Adenyl- f.** acide adénylique m.

**Säure, Adipin- f.** acide adipique m.

**Säure, Aetian- f.** acide aétianique m.

**Säure, Agarizin- f.** acide agaricique m.

**Säure, Akonit- f.** acide aconitique m.

**Säure, Akryl- f.** acide acrylique m.

**Säure, Aldar- f.** acide aldarique m.

**Säure, Aldon-** acide aldonique m.

**Säure, Algin- f.** acide alginique m.

**Säure, aliphatische f.** acide aliphatique m.

**Säure, Allantoxan- f.** acide allantoxanique m.

**Säure, Allantur- f.** acide allanturique m.

**Säure, Alloxan- f.** acide alloxanique m.

**Säure, Ameisen- f.** acide formique m.

**Säure, Amid- f.** acide aminé m.

**Säure, Amidotrizoe- f.** acide amidotrizoïque m.

**Säure, Amino- f.** acide aminé m.

**Säure, Aminoadipin – f.** acide aminoadipique m.

**Säure, Aminoameisen- f.** acide carbamique m.

**Säure, Aminobaldrian- f.** acide aminovalérianique m.

**Säure, Aminobenzoe- f.** acide aminobenzoïque m.

**Säure, Aminobutter- f.** acide aminobutyrique m.

**Säure, Aminoessig- f.** acide aminoacétique m.

**Säure, Aminoglutar- f.** acide aminoglutamique m., acide glutaminique m.

**Säure, Aminohydroxybutter- f.** acide aminohydroxybutyrique m.

**Säure, Aminoisobutter- f.** acide aminoisobutyrique m.

**Säure, Aminokapron- f.** acide aminocaproïque m.

**Säure, Aminolävulin- f.** acide aminolévulinique m.

**Säure, Aminomethylzyklohexankarbon f.** acide aminométhylcyclohexane carboxylique m.

**Säure, Aminopenicillan- f.** acide aminopénicillanique m.

**Säure, Aminosalizyl- f.** acide aminosalicylique m.

**Säure, Anthranil- f.** acide anthranilique m.

**Säure, Äpfel- f.** acide malique m.

**Säure, Arachidon- f.** acide arachidonique m.

**Säure, Arachin- f.** acide arachidique m.

**Säure, Argininbernstein- f.** acide argininosuccinique m.

**Säure, Aristolochia- f.** acide aristolochique m.

**Säure, aromatische f.** acide aromatique m.

**Säure, Arsanil- f.** acide arsanilique m.

**Säure, Arsen- f.** acide arsénique m.

**Säure, arsenige f.** acide arsénieux m.

**Säure, Arsin- f.** acide arsinique m.

**Säure, Arson- f.** acide arsonique m.

**Säure, Aryloxyessig- f.** acide aryloxyacétique m.

**Säure, Askorbin- f.** acide ascorbique m.

**Säure, Asparagin- f.** acide aspartique m.

**Säure, Äthacryn- f.** acide étacrynique m.

**Säure, Äthylendiamintetraessig- f.** acide éthylènediaminetétraacétique m.

**Säure, Äthylmalon- f.** acide éthylmalonique m.

**Säure, Azetamidokapron- f.** acide acéxamique m.

S

Säure, Azetessig- f.   acide acéto-acétique m.

Säure, Azetylaminohydroxyphenylarson- f.   acide acétylaminohydroxyphénylarsonique m.

Säure, Azetylen- f.   acide acétylénique m.

Säure, Azetylepsilonaminokapron- f.   acide acétylepsilonaminocaproïque m.

Säure, Azetylgerb- f.   acide acétyltannique m.

Säure, Azetylneuramin- f.   acide acétylneuraminique m.

Säure, Azetylsalizyl- f.   acide acétylsalicylique m.

Säure, Baldrian- f.   acide valérianique m.

Säure, Barbitur- f.   acide barbiturique m.

Säure, Behen- f.   acide béhénique m.

Säure, Benzil- f.   acide benzilique m.

Säure, Benzoar- f.   acide ellagique m.

Säure, Benzoe- f.   acide benzoïque m.

Säure, Bernstein- f.   acide succinique m.

Säure, Betaoxybutter- f.   acide bétaoxybutyrique m.

Säure, Bichloressig- f.   acide bichloracétique m.

Säure, Blau- f.   acide cyanhydrique m.

Säure, Bor- f.   acide borique m.

Säure, Borsalizyl- f.   acide borosalicylique m.

Säure, Brenzschleim- f.   acide pyromucique m.

Säure, Brenztrauben- f.   acide pyruvique m.

Säure, Bromwasserstoff f.   acide hydrobromique m.

Säure, Butter- f.   acide butyrique m.

Säure, Butylethylbarbitur- f.   acide butyléthylbarbiturique m.

Säure, Caprin- f.   acide caprique m.

Säure, Capron- f.   acide caproïque m.

Säure, Capryl- f.   acide caprylique m.

Säure, Carbaminocarbon- f.   acide carbaminocarboxylique m.

Säure, Carbon- f.   acide carbonique m.

Säure, Cephalin- f.   acide céphalinique m.

Säure, Cephalosporan- f.   acide céphalosporanique m.

Säure, Cerebron- f.   acide cérébronique m.

Säure, Cerotin- f.   acide cérotinique m.

Säure, Cetyl- f.   acide cétylique m.

Säure, Chalmoogra- f.   acide chaulmoogrique m.

Säure, Chelidon- f.   acide chélidonique m.

Säure, Chenodesoxychol- f.   acide chénodésoxycholique m.

Säure, China- f.   acide quinique m.

Säure, Chinolin- f.   acide quinolinique m.

Säure, Chinolinkarbon- f.   acide quinolinecarbonique m.

Säure, Chlor- f.   acide chlorique m.

Säure, Chloressig- f.   acide chloracétique m.

Säure, chlorige f.   acide chloreux m.

Säure, Chlorogen- f.   acide chlorogénique m.

Säure, Chol- f.   acide cholique m.

Säure, Cholal- f.   acide cholatique m.

Säure, Cholan- f.   acide cholanique m.

Säure, Cholesterin- f.   acide cholestérinique m.

Säure, Chondroitin- f.   acide chondroïtique m.

Säure, Chondroitinschwefel- f.   acide chondroïtine-sulfate m.

Säure, Chrom- f.   acide chromique m.

Säure, Chromotrop- f.   acide chromotropique m.

Säure, Chrysophan- f.   acide chrysophanique m.

Säure, Clamidoxin- f.   acide clamidoxique m.

Säure, Clavulan- f.   acide clavulanique m.

Säure, Clofibrin- f.   acide clofibrique m.

Säure, Clupanodon- f.   acide clupanodonique m.

Säure, Cromoglicin- f.   acide cromoglicique m.

Säure, Cyan- f.   acide cyanique m.

Säure, Cyanur- f.   acide cyanurique m.

Säure, Cyclohexansulfamin- f.   acide cyclohexane sulfamique m.

Säure, Cytidyl- f.   acide cytidylique m.

**Säure, Decan- f.** acide décanoïque m.
**Säure, Decen- f.** acide décénoïque m.
**Säure, Decyl- f.** acide décylénique m.
**Säure, Dehydrochol- f.** acide déhydrocholique m.
**Säure, Dehydroessig- f.** acide déhydroacétique m.
**Säure, Deltaaminolävulin- f.** acide deltaaminolévulinique m.
**Säure, Desoxychol- f.** acide désoxycholique m.
**Säure, Desoxyribonuklein- f.** acide désoxyribonucléique m.
**Säure, Dextron- f.** acide dextronique m.
**Säure, Di- f.** diacide m.
**Säure, Diaminoessig- f.** acide diaminoacétique m.
**Säure, Diaminokapron- f.** lysine f.
**Säure, Diaminopimelin- f.** acide diaminopimélique m.
**Säure, Diäthylbarbitur- f.** acide diéthylbarbiturique m.
**Säure, Dichloressig- f.** acide dichloracétique m.
**Säure, Diethylbarbitur- f.** acide diéthylbarbiturique m.
**Säure, Diethylentriaminpentaessig- f.** acide diéthylène triamine pentaacétique m.
**Säure, Dihydrofol- f.** acide dihydrofolique m.
**Säure, Dihydrolipon- f.** acide dihydrolipoïque m.
**Säure, Dihydroxybenzoe- f.** acide dihydroxybenzoïque m.
**Säure, Dihydroxybutter- f.** acide dihydroxybutyrique m.
**Säure, Dihydroxymandel-. f.** acide dihydroxyphényl-glycolique m.
**Säure, Dihydroxypalmitin- f.** acide dihydroxypalmitique m.
**Säure, Dihydroxyphenylessig- f.** acide dihydroxyphénylacétique m.
**Säure, Dihydroxypropion- f.** acide dihydroxypropionique m.
**Säure, Dikarbon- f.** acide dicarboxylique m.
**Säure, Dioxovalerian- f.** acide dioxovalérianique m.
**Säure, Diphenesen- f.** acide xényhéxénique m.

**Säure, Diphosphoglyzerin- f.** acide diphosphoglycérique m.
**Säure, Diphosphon- f.** acide diphosphonique m.
**Säure, Dithion- f.** acide dithionique m.
**Säure, Docosan- f.** acide docosanoïque m.
**Säure, Docosapentaen- f.** acide docosapentaénoïque m.
**Säure, Dodecan- f.** acide dodécanoïque m.
**Säure, dreibasige f.** acide tribasique m.
**Säure, Edetin- f.** acide édétique m.
**Säure, Eicosa- f.** acide icosanique m.
**Säure, einbasige f.** acide monobasique m.
**Säure, Elaidin- f.** acide élaïdique m.
**Säure, Ellag- f.** acide ellagique m.
**Säure, Epsilonaminokapron- f.** acide epsilon-aminocaproïque m.
**Säure, Ergotin- f.** acide ergotinique m.
**Säure, Eruca- f.** acide érucique m.
**Säure, Erythron- f.** acide érythronique m.
**Säure, Essig- f.** acide acétique m.
**Säure, Etacryn- f.** acide étacrynique m.
**Säure, Ethylendiamintetraessig- f.** acide éthylène diamine tétraacétique m.
**Säure, Ethylmalon- f.** acide éthylmalonique m.
**Säure, Etian- f.** acide étianique m.
**Säure, Etidron- f.** acide étidronique m.
**Säure, Eugen- f.** acide eugénique m.
**Säure, Fett- f.** acide gras m.
**Säure, Filix- f.** acide filicique m.
**Säure, Flufenamin- f.** acide flufénamique m.
**Säure, Fluoressig- f.** acide fluoroacétique m.
**Säure, Fluorkarbon- f.** acide fluorocarboxylique m.
**Säure, Fluorwasserstoff f.** acide hydrofluorique m.
**Säure, Fluß- f.** acide hydrofluorique m.
**Säure, Fol- f.** acide folique m.
**Säure, Folin- f.** acide folinique m.

**Säure, Formiminoglutamin-** f.  acide formiminoglutamique m.
**Säure, Formyltetrahydrofol-** f.  acide formyltétrahydrofolique m.
**Säure, Fumar-** f.  acide fumarique m.
**Säure, Fusidin-** f.  acide fusidinique m.
**Säure, Fytin –** f.  acide phytique m.
**Säure, Galakturon-** f.  acide galacturonique m.
**Säure, Gallen-** f.  acide biliaire m.
**Säure, Gallus-** f.  acide gallique m.
**Säure, Gammaaminobutter-** f.  acide-gammaaminobutyrique m.
**Säure, Gentisin-** f.  acide gentisique m.
**Säure, Gerb-** f.  acide tannique m.
**Säure, gesättigte** f.  acide saturé m.
**Säure, Glukon-** f.  acide gluconique m.
**Säure, Glukozucker-** f.  acide glucosaccharique m.
**Säure, Glukuton-** f.  acide glucuronique m.
**Säure, Glutakon-** f.  acide glutaconique m.
**Säure, Glutamin-** f.  acide glutamique m.
**Säure, Glutamylglutamin-** f.  acide glutamylglutaminique m.
**Säure, Glutar-** f.  acide glutarique m.
**Säure, Glutin-** f.  acide glutinique m.
**Säure, Glycolur-** f.  acide glycolurique m.
**Säure, Glycyrrhizin-** f.  acide glycyrrhizique m.
**Säure, Glykochol-** f.  acide glycocholique m.
**Säure, Glykogallus-** f.  acide glycogallique m.
**Säure, Glykol-** f.  acide glycolique m.
**Säure, Glykolithochol-** f.  acide glycolithocholique m.
**Säure, Glyoxyl-** f.  acide glyoxylique m.
**Säure, Glyzerin-** f.  acide glycérique m.
**Säure, Glyzerophosphor-** f.  acide glycérophosphorique m.
**Säure, Gold-** f.  acide aurique m.
**Säure, Guanidinobernstein-** f.  acide guanidinosuccinique m.
**Säure, Guanidinoessig-** f.  acide guanidinoacétique m.
**Säure, Guanyl-** f.  acide guanylique m.
**Säure, Gulon-** f.  acide gulonique m.

**Säure, Harn-** f.  acide urique m.
**Säure, Helvella-** f.  acide helvellique m.
**Säure, Heptacosan-** f.  acide heptacosanoïque m.
**Säure, Heptan-** f.  acide énanthique m.
**Säure, Hexadecan-** f.  acide hexadécanoïque m.
**Säure, Hexadecen-** f.  acide hexadécénoïque m.
**Säure, Hexan-** f.  acide hexanoïque m.
**Säure, Hexon-** f.  acide hexonique m.
**Säure, Hexosediphosphor-** f.  acide hexosédiphosphorique m.
**Säure, Hexuron-** f.  acide hexuronique m.
**Säure, Hippur-** f.  acide hippurique m.
**Säure, Homogentisin-** f.  acide homogentisique m.
**Säure, Homopiperidin-** f.  acide homopipéridinique m.
**Säure, Homovanilin-** f.  acide homovanilique m.
**Säure, Humin-** f.  acide humique m.
**Säure, Hyaluron-** f.  acide hyaluronique m.
**Säure, Hydrakryl-** f.  acide hydracrylique m.
**Säure, Hydroxam-** f.  acide hydroxamique m.
**Säure, Hydroxy-** f.  hydroxyacide m.
**Säure, Hydroxyanthranil-** f.  acide hydroxyanthranilique m.
**Säure, Hydroxybutter-** f.  acide hydroxybutyrique m.
**Säure, Hydroxycholan-** f.  acide hydroxycholanique m.
**Säure, Hydroxyheptadecatrien-** f.  acide hydroxyheptadécatriénoïque m.
**Säure, Hydroxyicosatetraen-** f.  acide hydroxyicosatétraénoïque m.
**Säure, Hydroxyindolessig-** f.  acide hydroxyindolacétique m.
**Säure, Hydroxykarbon-** f.  acide hydroxycarboxylique m.
**Säure, Hydroxymethylglutar-** f.  acide hydoxyméthylglutarique m.
**Säure, Hydroxyoxoadipin-** f.  acide hydroxyoxoadipique m.
**Säure, Hydroxyoxoglutar-** f.  acide hydroxyoxoglutarique m.

**Säure, Hydroxyphenylbrenztrauben- f.** acide hydroxyphénylpyruvique m.

**Säure, Hydroxyphenylessig- f.** acide hydoxyphénylacétique m.

**Säure, Hydroxyphenylmilch- f.** acide hydroxyphényl-lactique m.

**Säure, Hydroxytetradecan- f.** acide hydroxytétradécanoïque m.

**Säure, Hydroxyzyan- f.** acide hydroxycyanique m.

**Säure, Ichiba- f.** acide ichiba m.

**Säure, Icosan- f.** acide icosanique m.

**Säure, Icosapentaen- f.** acide icosapentaénoïque m.

**Säure, Icosatetraen- f.** acide icosatétraénoïque m.

**Säure, Icosatrien- f.** acide icosatriénoïque m.

**Säure, Idon- f.** acide idonique m.

**Säure, Idosamin- f.** acide idosaminique m.

**Säure, Iduron- f.** acide iduronique m.

**Säure, Igasur- f.** acide igasurique m.

**Säure, Imidazolessig- f.** acide imidazolacétique m.

**Säure, Imino- f.** acide iminé m.

**Säure, Indacryn- f.** acide indacrynique m.

**Säure, Indolessig- f.** acide indolacétique m.

**Säure, Inosin- f.** acide inosique m.

**Säure, Iobenzamin- f.** acide iobenzaminique m.

**Säure, Iocarmin- f.** acide iocarmique m.

**Säure, Iocetamin- f.** acide iocétamique m.

**Säure, Iodamino- f.** iodamino acide m.

**Säure, Iodgorgo- f.** acide iodogorgoïque m.

**Säure, Iodoxamin- f.** acide iodoxamique m.

**Säure, Iodwasserstoff f.** acide hydriodé m.

**Säure, Ioglicin- f.** acide ioglicique m.

**Säure, Ioglycamin- f.** acide ioglycamique m.

**Säure, Iopan- f.** acide iopanoïque m.

**Säure, Iophenoxin- f.** acide iophénoxique m.

**Säure, Iopron- f.** acide iopronique m.

**Säure, Iotalamin- f.** acide iotalamique m.

**Säure, Iotroxin- f.** acide iotroxique m.

**Säure, Ioxaglin- f.** acide ioxaglique m.

**Säure, Ioxitalamin- f.** acide ioxitalamique m.

**Säure, Isonikotin- f.** acide isonicotinique m.

**Säure, Isopropylessig- f.** acide isopropylacétique m.

**Säure, Isovalerian- f.** acide isovalérianique m.

**Säure, Isozitronen- f.** acide isocitrique m.

**Säure, Jod- f.** acide iodique m.

**Säure, Jodamino- f.** iodaminoacide m.

**Säure, Jodgorgo- f.** acide iodogorgoïque m.

**Säure, Jodwasserstoff f.** acide hydriodique m.

**Säure, Kakodyl- f.** acide cacodylique m.

**Säure, Kampfer- f.** acide camphorique m.

**Säure, Kamphoglukuron- f.** acide camphoglucuronique m.

**Säure, Kantharidin- f.** acide cantharidique m.

**Säure, Kaprin- f.** acide caprique m.

**Säure, Kapron- f.** acide caproïque m.

**Säure, Kapryl- f.** acide caprylique m.

**Säure, Karbamid- f.** acide carbamique m.

**Säure, Karbol- f.** acide phénique m.

**Säure, Karbon- f.** acide carboxylique m.

**Säure, Karboxylglutamin- f.** acide carboxyglutamique m.

**Säure, Karminessig- f.** acide carminéacétique m.

**Säure, Keto- f.** cétoacide m.

**Säure, Ketobernstein- f.** acide cétosuccinique m.

**Säure, Ketoglutar- f.** acide cétoglutarique m.

**Säure, Ketoisokapron- f.** acide cétoisocaproïque m.

**Säure, Ketolithochol- f.** acide cétolithocholique m.

**Säure, Kiesel- f.** acide silicique m.

**Säure, Klee- f.** acide oxalique m.

**Säure, Kohlen- f.** acide carbonique m.
**Säure, Kresyl- f.** acide crésylique m.
**Säure, Kroton- f.** acide crotonique m.
**Säure, Kynuren- f.** acide kynurique m.
**Säure, Laktobion- f.** acide lactobionique m.
**Säure, Laurin- f.** acide laurique m.
**Säure, Lävulin- f.** acide lévulinique m.
**Säure, Lebertranfett- f.** acide morruique m.
**Säure, Lignocerin- f.** acide lignocérique m.
**Säure, Linol- f.** acide linoléique m.
**Säure, Linolen- f.** acide linolénique m.
**Säure, Lipon- f.** acide lipoïque m.
**Säure, Lithochol- f.** acide lithocholique m.
**Säure, Lyserg- f.** acide lysergique m.
**Säure, Magen- f.** acide gastrique m.
**Säure, Malein- f.** acide maléique m.
**Säure, Malon- f.** acide malonique m.
**Säure, Mandel- f.** acide phénylglycolique m.
**Säure, Mangan- f.** acide manganique m.
**Säure, Mannit- f.** acide mannitique m.
**Säure, Mannuron- f.** acide mannuronique m.
**Säure, Margarin- f.** acide margarique m.
**Säure, Mefenamin- f.** acide méfénamique m.
**Säure, mehrfach ungesättigte f.** acide polyinsaturé m.
**Säure, Mekon- f.** acide méconique m.
**Säure, Melissin- f.** acide mélissique m.
**Säure, Merkaptur- f.** acide mercapturique m.
**Säure, Metaphosphor- f.** acide métaphosphorique m.
**Säure, Methakryl- f.** acide méthacrylique m.
**Säure, Methan- f.** acide méthanoïque m.
**Säure, Methylamino- f.** méthylaminoacide m.
**Säure, Methylmalon- f.** acide méthylmalonique m.
**Säure, Methyloktadecan- f.** acide méthyloctadécanoïque m.
**Säure, Mevalon- f.** acide mévalonique m.

**Säure, Milch- f.** acide lactique m.
**Säure, Monochloressig- f.** acide monochloracétique m.
**Säure, Monokarbon- f.** acide monocarboxylique m.
**Säure, Montan- f.** acide octacosanoïque m.
**Säure, Mukoitinschwefel- f.** acide mucoïtine sulfurique m.
**Säure, Muramin- f.** acide muramique m.
**Säure, Mykoceran- f.** acide mycocéranique m.
**Säure, Myristin- f.** acide myristique m.
**Säure, Nalidixin- f.** acide nalidixique m.
**Säure, Naphthalinsulfon- f.** acide naphtalène sulfonique m.
**Säure, Nervon- f.** acide nervonique m.
**Säure, Neuramin- f.** acide neuraminique m.
**Säure, Niflumin- f.** acide niflumique m.
**Säure, Nikotin- f.** acide nicotinique m.
**Säure, Nonacosan- f.** acide nonacosanoïque m.
**Säure, Nuklein- f.** acide nucléique m.
**Säure, Oktadecadien- f.** acide octadécadiénoïque m.
**Säure, Oktadecan- f.** acide octadécanoïque m.
**Säure, Oktadecatrien- f.** acide octadécatriénoïque m.
**Säure, Oktan- f.** acide octanoïque m.
**Säure, Öl- f.** acide oléique m.
**Säure, Orot- f.** acide orotique m.
**Säure, Orthoaminosalizyl- f.** acideorthoaminosalicylique m.
**Säure, Orthophospor- f.** acide orthophosphorique m.
**Säure, Osmium- f.** acide osmique m.
**Säure, Oxal- f.** acide oxalique m.
**Säure, Oxalbernstein- f.** acide oxalosuccinique m.
**Säure, Oxalessig- f.** acide oxaloacétique m.
**Säure, Oxo- f.** oxoacide m.
**Säure, Oxoadipin- f.** acide oxoadipique m.

**Säure, Oxobernstein- f.**   acide oxosuccinique m.
**Säure, Oxobutter- f.**   acide oxobutyrique m.
**Säure, Oxoisobaldrian- f.**   acide oxoisovalérianique m.
**Säure, Oxoisokapron- f.**   acide oxoisocaproïque m.
**Säure, Oxoisovalerian- f.**   acide oxoisovalérianique m.
**Säure, Oxokarbon- f.**   acide oxocarboxylique m.
**Säure, Oxolin- f.**   acide oxolinique m.
**Säure, Oxyessig- f.**   acide oxyacétique m.
**Säure, Oxymandel- f.**   acide oxyphényl glycolique m.
**Säure, Palmitin- f.**   acide palmitique m.
**Säure, Palmitolein- f.**   acide palmitoléique m.
**Säure, Pantothen- f.**   acide pantothénique m.
**Säure, Paraaminobenzoe- f.**   acide para aminobenzoïque m.
**Säure, Paraaminohippur- f.**   acide para aminohippurique m.
**Säure, Paraaminosalizyl- f.**   acide para aminosalicylique m.
**Säure, Paraffin- f.**   acide paraffinique m.
**Säure, Pelargon- f.**   acide pélargonique m.
**Säure, Penicill- f.**   acide pénicillique m.
**Säure, Penicillan- f.**   acide pénicillanique m.
**Säure, Pentacosan- f.**   acide pentacosanoïque m.
**Säure, Pentadecan- f.**   acide pentadécanoïque m.
**Säure, Pentan- f.**   acide pentanoïque m.
**Säure, Perbor- f.**   acide perborique m.
**Säure, Perchlor- f.**   acide perchlorique m.
**Säure, Peressig- f.**   acide peracétique m.
**Säure, Permangan- f.**   acide permanganique m.
**Säure, Phenylchinolinkarbon- f.**   acide phénylchinolinecarboxylique m.

**Säure, Phenylessig- f.**   acide phénylacétique m.
**Säure, Phenylethylbarbitur- f.**   acide phényléthylbarbiturique m.
**Säure, Phenylsalicyl- f.**   acide phénylsalicylique m.
**Säure, Phosphatid- f.**   acide phosphatidique m.
**Säure, Phosphin- f.**   acide phosphinique m.
**Säure, phosphinige f.**   acide phosphiné m.
**Säure, Phosphon- f.**   acide phosphonique m.
**Säure, Phosphonoameisen- f.**   acide phosphonoformique m.
**Säure, Phosphonoessig- f.**   acide phosphonoacétique m.
**Säure, Phosphor- f.**   acide phosphorique m.
**Säure, Phosphoribosylimidazolessig- f.**   acide phosphoribosylimidazolacétique m.
**Säure, phosphorige f.**   acide phosphoré m.
**Säure, Phosphorwolfram- f.**   acide phosphotungstique m.
**Säure, Phthal- f.**   acide phtalique m.
**Säure, Phytan- f.**   acide phytanique m.
**Säure, Phytin- f.**   acide phytique m.
**Säure, Pikolin- f.**   acide picolinique m.
**Säure, Pikrin- f.**   acide picrique m.
**Säure, Pimelin- f.**   acide pimélique m.
**Säure, Pipecolin- f.**   acide pipécolique m.
**Säure, Pipemid- f.**   acide pipémidique m.
**Säure, Piperidin- f.**   acide pipéridinique m.
**Säure, Plasman- f.**   acide plasmanique m.
**Säure, Polyakryl- f.**   acide polyacrylique m.
**Säure, Polycytidyl- f.**   acide polycytidylique m.
**Säure, Polyen- f.**   acide polyène m.
**Säure, Polythymidyl- f.**   acide polythymidylique m.
**Säure, Propion- f.**   acide propionique m.
**Säure, Propylpentan- f.**   acide propylpentanoïque m.

**S**

**Säure, Prostadien-** f.   acide prostadiénoïque m.
**Säure, Prostan-** f.   acide prostanoïque
m.
**Säure, Pyridintrikarbon-** f.   acide pyri-
dinetricarboxylique m.
**Säure, Pyrogallus-** f.   acide pyrogalli-
que m.
**Säure, Pyroglutamin-** f.   acide pyroglu-
tamique m.
**Säure, Pyrophosphor-** f.   acide pyro-
phosphorique m.
**Säure, rauchende Salpeter-** f.   acide ni-
trosonitrique m.
**Säure, rauchende Schwefel-** f.   acide
pyrosulfurique m.
**Säure, Resorzyl-** f.   acide résorcylique
m.
**Säure, Retin-** f.   acide rétinoïque m.
**Säure, Rhodan-** f.   acide thiocyanique
m.
**Säure, Ribon-** f.   acide ribonique m.
**Säure, Ribonuklein-** f.   acide ribonu-
cléique m.
**Säure, Rizinol-** f.   acide ricinolique m.
**Säure, Rosol-** f.   acide rosolique m.
**Säure, Salizyl-** f.   acide salicylique m.
**Säure, salizylige** f.   acide salicylé m.
**Säure, Salpeter-** f.   acide nitrique m.
**Säure, salpetrige** f.   acide nitré m.
**Säure, Salz-** f.   acide hydrochlorique
m.
**Säure, Santalin-** f.   acide santalinique
m.
**Säure, Santonin-** f.   acide santoninique
m.
**Säure, Schleim-** f.   acide mucique m.
**Säure, schwache** f.   acide faible m.
**Säure, Schwefel-** f.   acide sulfurique m.
**Säure, schwefelige** f.   acide sulfuré m.
**Säure, Sebazin-** f.   acide sébacique m.
**Säure, Selen-** f.   acide sélénique m.
**Säure, selenige** f.   acide séléneux m.
**Säure, Sialin-** f.   acide sialique m.
**Säure, Sorbin-** f.   acide sorbique m.
**Säure, Sozojodol-** f.   acide sozoïodoli-
que m.
**Säure, starke** f.   acide fort m.
**Säure, Stearin-** f.   acide stéarique m.
**Säure, Stickstoffwasserstoff** f.   acide
hydrazoïque m.
**Säure, Suberin-** f.   acide subérique m.

**Säure, Sulfaloxin-** f.   acide sulfaloxi-
que m.
**Säure, Sulfamin-** f.   acide sulfaminique
m.
**Säure, Sulfanil-** f.   acide sulfanilique
m.
**Säure, Sulfin-** f.   acide sulfinique m.
**Säure, Sulfo-** f.   sulfoacide m.
**Säure, Sulfon-** f.   acide sulfonique m.
**Säure, Sulfosalizyl-** f.   acide sulfosali-
cylique m.
**Säute, Taurochol-** f.   acide taurocholi-
que m.
**Säure, Teichon-** f.   acide téichoïque m.
**Säure, Teichuron-** f.   acide téichuroni-
que m.
**Säure, Tellur-** f.   acide tellurique m.
**Säure, Tetracosan-** f.   acide tétracosa-
noïque m.
**Säure, Tetradecan-** f.   acide tétradéca-
noïque m.
**Säure, Tetramethylhexadecan-** f.
acide tétraméthylhexadécanoïque m.
**Säure, Thio-** f.   thioacide m.
**Säure, Thioaminopropion-** f.   acide
thioaminopropionique m.
**Säure, Thioessig-** f.   acide thioacétique
m.
**Säure, Thiokt-** f.   acide thioctique m.
**Säure, Thioschwefel-** f.   acide thiosul-
furique m.
**Säure, Thiozyan-** f.   acide thiocyani-
que m.
**Säure, Threon-** f.   acide thréonique m.
**Säure, Thymidyl-** f.   acide thymidyli-
que m.
**Säure, Tiaprofen-** f.   acide tiaproféni-
que m.
**Säure, Tienyl-** f.   acide tiénylique m.
**Säure, Tranexam-** f.   acide tranexami-
que m.
**Säure, Trichloressig-** f.   acide trichlo-
roacétique m.
**Säure, Tricosan-** f.   acide tricosanoï-
que m.
**Säure, Trijodbenzoe-** f.   acide triiod-
obenzoïque m.
**Säure, Trijodthyroessig-** f.   acide triio-
dothyroacétique m.
**Säure, Trikarbon-** f.   acide tricarboxy-
lique m.

**Säure, Trimethylessig- f.** acide triméthylacétique m.
**Säure, Trimethyloktacosan- f.** acide triméthyloctacosanoïque m.
**Säure, Triphosphor- f.** acide triphosphorique m.
**Säure, Tropa- f.** acide tropique m.
**Säure, Tuberkulostearin- f.** acide tuberculostéarique m.
**Säure, Undecyl- f.** acide undécylique m.
**Säure, Undecylen- f.** acide undécylénique m.
**Säure, ungesättigte f.** acide insaturé m.
**Säure, unterbromige f.** acide hypobromé m.
**Säure, unterchlorige f.** acide hypochloré m.
**Säure, Unterphosphor- f.** acide hypophosphorique m.
**Säure, unterphosphorige f.** acide hypophosphoré m.
**Säure, untersalpetrige f.** acide hyponitré m.
**Säure, unterschwefelige f.** acide hyposulfuré m.
**Säure, Uridindiphosphoglukuron- f.** acide uridinediphosphoglucuronique m.
**Säure, Uridyl- f.** acide uridylique m.
**Säure, Uron- f.** acide uronique m.
**Säure, Ursodesoxychol- f.** acide ursodésoxycholique m.
**Säure, Valerian- f.** acide valérianique m.
**Säure, Valproin- f.** acide valproïque m.
**Säure, Vanadin- f.** acide vanadique m.
**Säure, Vanille- f.** acide vanillique m.
**Säure, Vanillinmandel- f.** acide vanylmandélique m.
**Säure, verzweigtkettige Amino- f.** acide aminé à chaînes ramifiée m.
**Säure, vierbasige f.** acide tétrabasique m.
**Säure, Wein- f.** acide tartrique m.
**Säure, Wolframatokiesel- f.** acide silicowolframique m.
**Säure, Xanoxin- f.** acide xanoxique m.
**Säure, Xanthin- f.** acide xanthique m.

**Säure, Xanthuren- f.** acide xanthurénique m.
**Säure, Xanthyl- f.** acide xanthylique m.
**Säure, Xenazoe- f.** acide xénazoïque m.
**Säure, Xylon- f.** acide xylonique m.
**Säure, Zimt- f.** acide cinnamique m.
**Säure, Zitronen- f.** acide citrique m.
**Säure, Zucker- f.** acide saccharique m.
**Säure, zweibasige f.** acide dibasique m.
**Säure, Zyan- f.** acide cyanique m.
**Säure, Zyanwasserstoff f.** acide cyanhydrique m.
**Säure, Zystein- f.** acide cystéique m.
**Säure, Zysteinsulfon- f.** acide cystéinesulfonique m.
**Säureamid n.** amide acide m.
**Säureanhydrid n.** anhydride acide m.
**Säureäquivalent n.** équivalent acide m.
**Säure-Basen-Gleichgewicht n.** équilibre acido-basique m.
**säurebeständig** acidorésistant
**säurebildend** formant des acides
**säurefest** résistant aux acides
**säurefestes Stäbchen n.** bacille acidorésistant m.
**Säuregehalt m.** acidité f.
**säureresistent** acidorésistant
**Säureresistenz f.** acidorésistance f.
**Säurerest m.** acide résiduel m.
**saures Aufstoßen n.** régurgitation acide f.
**Säurezahl f.** indice d'acide m.
**s.c. (subcutan)** s.c. (sous-cutané)
**Scabies f.** gale f.
**Scadding-Syndrom n.** syndrome de Scadding m.
**Scan m.** balayage m.
**Scandium n.** scandium m.
**Scanner m.** scanner m., scanographie f., tomodensitométrie f.
**Scarpasches Dreieck n.** triangle de Scarpa m.
**Schabemesser n.** racloir m.
**Schaber m.** grattoir m.
**Schablone f.** patron m.
**Schädel m.** crâne m.
**Schädelbasis f.** base du crâne f.

**Schädelbasisfraktur f.** fracture basilaire f.
**Schädelbohrer m.** trépan m.
**Schädelbruch m.** fracture du crâne f.
**Schädeldach n.** voûte crânienne f.
**Schädelhalter m.** support céphalique m.
**Schädelhirntrauma n.** traumatisme craniocérébral m.
**Schädelimpressionsfraktur f.** fracture du crâne avec enfoncement de la table interne f.
**Schädelmessung f.** céphalométrie f.
**Schädelplastik f.** cranioplastie f.
**Schädelzange f.** forceps céphalique m.
**Schaden m.** dommage m.
**schädlich** nuisible
**Schadstoff m.** substance nocive f.
**Schaferythrozyt m.** globule rouge de mouton m.
**Schafgarbe f.** achillée f.
**Schafkotstuhl m.** selles en crottes de mouton f. pl.
**Schafspocken f. pl.** clavelée f.
**Schale (Gefäß) f.** coupe f.
**Schale (Rinde) f.** enveloppe extérieure f.
**schälen** peler
**Schall m.** son m.
**Schalldämpfung f.** insonorisation f.
**schalleitend** conducteur du son
**Schalleitung f.** conduction du son f.
**Schallgeschwindigkeit f.** vitesse du son f.
**Schallkopf m.** phonotransducteur m.
**Schallwahrnehmung f.** perception sonore f.
**Schallwelle f.** onde sonore f.
**schalten** connecter
**Schalter m.** commutateur m.
**Schaltneuron n.** interneurone m.
**Schaltstück (Harnkanälchen) n.** tubule rénal intermédiaire m.
**Schalttisch m.** tableau de distribution m.
**Schaltuhr f.** minuterie f.
**Schambein n.** pubis m.
**Schamhaar n.** pilosité pubienne f.
**Schamhügel m.** pénil m.
**Schamlippe, große f.** grande lèvre de la vulve f.

**Schamlippe, kleine f.** petite lèvre de la vulve f.
**Schamteile f. pl.** parties honteuses f. pl.
**schänden** souiller
**Schanker m.** chancre m.
**Schanker, weicher m.** chancroïde m.
**schankrös** chancreux
**Schapirosches Zeichen n.** signe d'atteinte myocardique de Schapiro m.
**Schärfe (Sinnesorgan) f.** acuité f.
**schärfen** aiguiser
**Scharlach m.** scarlatine f.
**scharlachähnlich** scarlatiforme
**Scharlachrot n.** écarlate m.
**Scharnier n.** charnière f.
**Scharniergelenk n.** articulation en charnière f.
**Schatten m.** ombre f.
**schattengebend** ombrageant
**Schattengebung f.** production d'une ombre f.
**Schätzung f.** estimation f.
**Schauer m.** frisson m.
**schauern** frissonner
**Schaukelbett n.** balancelle f.
**Schaum m.** mousse f.
**Schaumbad n.** bain moussant m.
**schaumbildend** moussant
**Schaumgummi m.** caoutchouc mousse m.
**Schaumprobe f.** test au peroxyde d'hydrogène m.
**Schaumstoff m.** mousse de nylon f.
**Schaumzelle f.** cellule à mucus f.
**Schauta-Operation f.** opération du cancer de l'utérus d'après Schauta f.
**Scheibe f.** disque m.
**Scheibenmeniskus m.** ménisque discoïde m.
**Scheibenschnitt m.** préparation en lamelle f.
**Scheide f.** vagin m.
**Scheiden-Dammplastik f.** colpopérinéoplastie f.
**Scheidenfistel f.** fistule vaginale f.
**Scheidenflora f.** flore vaginale f.
**Scheidenplastik f.** colpoplastie f.
**Scheidenspekulum n.** spéculum vaginal m.
**Scheidenvorfall m.** prolapsus du vagin m.

**Scheidetrichter m.** entonnoir de séparation m.
**Scheidewand f.** cloison f.
**Scheinlähmung f.** pseudoparalysie f.
**Scheinschwangerschaft f.** grossesse nerveuse f.
**Scheintod m.** mort apparente f.
**Scheitel m.** vertex m.
**Schellack m.** gomme laque f.
**Schema n.** schéma m.
**schematisch** schématique
**Schenkel m.** branche f., cuisse f.
**Schenkelblock, linksseitiger m.** bloc de branche gauche m.
**Schenkelblock, rechtsseitiger m.** bloc de branche droit m.
**Schenkelhals m.** col du fémur m.
**Schenkelhernie f.** hernie crurale f., hernie fémorale f.
**Schere f.** ciseaux m. pl.
**Schere, anatomische f.** ciseaux d'anatomie m. pl.
**Schere, chirurgische f.** ciseaux de chirurgie m. pl.
**Scherengang m.** démarche spasmodique f.
**Scheuerdesinfektion f.** désinfection au scrubber f.
**Scheuermannsche Krankheit f.** maladie de Scheuermann f.
**scheuern** frotter
**Scheuerwunde f.** écorchure f.
**Scheuklappenhemianopsie f.** hémianopsie bitemporale f.
**Schi-Unfall m.** accident de ski m.
**Schicht (Lage) f.** couche f.
**Schichtarbeit f.** travail posté m.
**Schichtaufnahmeverfahren n.** méthode tomographique f.
**Schichtebene (röntgenol.) f.** plan tomographique m.
**Schichtstar m.** cataracte zonulaire f.
**Schichtung f.** stratification f.
**Schicktest m.** réaction de Schick f.
**Schiebedeckel m.** couvercle à glissière m.
**Schiebelinse f.** lentille glissante f.
**schief** oblique
**Schiefhals m.** torticolis m.
**Schielamblyopie f.** strabisme amblyopique m.

**Schielbrille f.** lunettes correctrices du strabisme f. pl.
**schielen** loucher
**schielend, auswärts-** avec strabisme divergent
**schielend, einwärts-** avec strabisme convergeant
**Schieloperation f.** strobotomie f.
**Schielpinzette f.** pince pour strabisme f.
**Schienbein n.** tibia m.
**Schienbeinkante f.** crête du tibia f.
**Schiene f.** attelle f.
**schienen** éclisser
**Schienenverband m.** pansement sur éclisse m.
**Schienung f.** éclissage m.
**Schierling m.** ciguë f.
**Schießscheibenzelle f.** cellule-cible f.
**Schiff-Reagens n.** réactif de Schiff m.
**Schifferknoten m.** noeud plat m.
**Schiffsarzt m.** médecin de marine m.
**Schild n.** panneau m.
**Schilddrüse f.** glande thyroïde f.
**Schilddrüsenadenom n.** adénome thyroïdien m.
**Schilddrüsencalcitonin n.** thyrocalcitonine f.
**Schilddrüsenhormon n.** hormone thyroïdienne f.
**Schilddrüsentherapie f.** thyroïdothérapie f.
**Schildknorpel m.** cartilage thyroïde m.
**Schillersche Probe f.** test de Schiller m.
**Schimäre f.** chimère f.
**Schimmel (Pferd) m.** cheval blanc m.
**Schimmel (Pilz) m.** moisissure f.
**Schimmelpilz m.** hyphomycète m.
**Schinkenmilz f.** amyloïdisme splénique m.
**Schipper-Fraktur f.** fracture des marins f.
**Schirm, Röntgen- m.** écran fluorescent m.
**Schirmbild n.** image sur écran f.
**Schistose f.** schistose f.
**Schistosoma haematobium n.** Schistosoma haematobium m.
**Schistosomiasis f.** schistosomiase f.
**Schistozyt m.** schistocyte m.
**schizoaffektiv** schizoaffectif

**S**

Schizogonie f.   schizogonie f.
schizoid   schizoïde
Schizont m.   schizonte m.
schizophren m.   schizophrène
Schizophrene f.   schizophrène f.
Schizophrener m.   schizophrène m.
Schizophrenie f.   schizophrénie f.
Schizophrenie, Hebephrenie f.   schizophrénie hébéphrène f.
Schizophrenie, Katatonie f.   schizophrénie catatonique f.
Schizophrenie, paranoide f.   schizophrénie paranoïaque f.
schizothym   schizothymique
Schizothymie f.   schizothymie f.
Schizotrichie f.   trichoptilose f.
schlachten   abattre
Schlachten n.   abattage m.
Schlachthaus n.   abattoir m.
Schlacke f.   scorie f.
Schlaf m.   sommeil m.
Schlaf Apnoe-Syndrom n.   syndrome d'apnée de sommeil m.
Schlafbehandlung f.   hypnothérapie f.
schlafbringend   somnifère
Schläfe f.   tempe f.
schlafen   dormir
schlaff   atonique
Schlaffheit f.   flaccidité f.
Schlafkrankheit f.   maladie du sommeil f.
Schlafkrankheit, afrikanische f.   léthargie d'Afrique f.
Schlafkrankheit, amerikanische f.   maladie de Chagas f.
Schlafkur f.   cure de sommeil f.
schlaflos   souffrant d'insomnie
Schlaflosigkeit f.   insomnie f.
Schlafmittel n.   somnifère m.
Schlafmohn m.   pavot m.
schläfrig   somnolent
Schläfrigkeit f.   somnolence f.
Schlafstörung f.   trouble du sommeil m.
Schlafsucht f.   hypersomnie f.
Schlafwandeln n.   somnambulisme m.
Schlafwandler (in) m., f.   somnambule m., f.
Schlag m.   battement m., coup m.
Schlaganfall m.   apoplexie cérébrale f.
schlagen   battre
Schlagen n.   battement m.

Schlagvolumen n.   volume systolique m.
Schlamm m.   boue f.
Schlammbad n.   bain de boue m.
Schlammfieber n.   fièvre des boues f.
Schlange f.   serpent m.
Schlangenbiß m.   morsure de serpent f.
Schlangenserum, antitoxisches n.   sérum antivenimeux m.
Schlangesches Zeichen n.   signe de Schlange m.
schlank   mince
schlapp   sans tonus
Schlattersche Krankheit f.   ostéite apophysaire d'Osgood-Schlatter f.
Schlauch m.   tuyau m.
Schlauchklemme f.   clamp tubulaire m.
Schleier (radiol.) m.   voile m.
Schleife f.   anse f.
schleifen   polir
Schleifendiuretikum n.   diurétique de l'anse m.
Schleifgerät n.   meule f.
Schleifmittel n.   abrasif m.
Schleifstein m.   pierre à aiguiser f.
Schleim m.   mucosité f.
Schleimbeutel m.   bourse séreuse f.
Schleimbeutelentzündung f.   bursite f.
schleimbildend   mucigène
Schleimbildung f.   formation de mucus f.
Schleimdrüse f.   glande mucipare f.
Schleimfaden m.   filament muqueux m.
Schleimhaut f.   muqueuse f.
Schleimhautrelief n.   relief de la muqueuse m.
schleimig   muqueux
schleimlösend   mucolytique
Schleimpfropf m.   bouchon muqueux m.
Schleimsuppe f.   soupe de farine de céréales f.
Schlemmscher Kanal m.   canal de Schlemm m.
Schlesingersche Probe f.   test d'urobilinurie de Schlesinger m.
Schleudertrauma n.   traumatisme par projection m.
Schleuse f.   écluse f.
Schließmuskel m.   sphincter m.

**Schließvorrichtung f.**   système de fermeture m.
**Schlinge f.**   anse f.
**Schlinge, blinde f.**   anse aveugle f.
**Schlinge, zuführende f.**   anse afférente f.
**Schlitz m.**   fente f.
**schlitzen**   fendre
**Schlitzer m.**   inciseur m.
**Schlitzgeschiebe n.**   attachement rainuré m.
**Schlottergelenk n.**   articulation ballottante f.
**schlotternd**   tremblant
**Schluckakt m.**   déglutition f.
**Schluckauf m.**   hoquet m.
**Schluckbeschwerden f. pl.**   dysphagie f.
**schlucken**   avaler
**Schlucken n.**   déglutition f.
**Schluckimpfung f.**   vaccination orale f.
**Schlucklähmung f.**   paralysie de la déglutition f.
**Schluckreflex m.**   réflexe de déglutition m.
**Schlußdesinfektion f.**   désinfection finale f.
**Schlüsselbein n.**   clavicule f.
**Schlußleiste f.**   bandelette obturante f.
**Schmalz n.**   graisse f.
**Schmarotzer m.**   parasite m.
**schmecken**   goûter
**Schmecken n.**   sensation gustative f.
**Schmeißfliege f.**   mouche à viande f.
**Schmelz m.**   émail m.
**Schmelz-Zement-Grenze f.**   limite adamanto-cémentale f.
**schmelzbar, leicht**   facilement fusible
**schmelzbar, schwer**   fusible à haute température
**Schmelzbereich m.**   zone de fusion f.
**Schmelzbildung f.**   adamantogenèse f.
**schmelzen**   fondre
**Schmelzepithel n.**   épithélium adamantin m.
**Schmelzmatrix f.**   matrice adamantine f.
**Schmelzmeißel m.**   ciseau à émail m.
**Schmelzmesser n.**   adamantotome m.
**Schmelzpunkt m.**   point de fusion m.
**Schmelzschneider m.**   cutter à émail m.
**Schmelzspalter m.**   adamantotome m.

**Schmerz m.**   douleur f.
**Schmerz, anhaltender**   douleur persistante f.
**Schmerz, ausstrahlender**   douleur irradiante f.
**Schmerz, beständiger m.**   douleur continue f.
**Schmerz, blitzartiger**   douleur fulgurante f.
**Schmerz, bohrender**   douleur perçante f.
**Schmerz, brennender**   douleur brulante f.
**Schmerz, dumpfer**   douleur sourde f.
**Schmerz, fortgeleiteter**   douleur propagée f.
**Schmerz, gürtelförmiger**   douleur en ceinture f.
**Schmerz, klopfender**   douleur avec lancements f.
**Schmerz, lanzinierender**   douleur lancinante f.
**Schmerz, leichter m.**   douleur légère f.
**Schmerz, pochender**   douleur congestive f.
**Schmerz, starker**   douleur intense f.
**Schmerz, stechender**   douleur piquante f.
**Schmerz, wandernder**   douleur mobile f.
**Schmerz, ziehender**   douleur qui tire f.
**Schmerzäusserung f.**   manifestation de la douleur f.
**schmerzempfindlichkeit f.**   sensibilité à la douleur f.
**schmerzen**   faire mal
**schmerzerzeugend**   à l'origine de douleur
**schmerzhaft**   douloureux
**Schmerzhaftigkeit f.**   caractère douloureux m.
**schmerzlindernd**   antalgique
**schmerzlos**   indolore
**Schmerzlosigkeit f.**   absence de douleur f.
**Schmerzpunkt m.**   point douloureux m.
**schmerzstillend**   analgétique
**schmerzstillendes Mittel n.**   antalgique m.
**Schmetterlingswirbel m.**   vertèbre en papillon f.

**S**

schmiedbar  malléable
**Schmierblutung, uterine f.**  petites pertes sanglantes f.
**schmieren**  étaler, graisser
**Schmierinfektion f.**  infection par souillure f.
**Schmirgel m.**  émeri m.
**Schmirgelgeschiebe (dent.) n.**  attachement à poli m.
**schmirgeln**  polir à l'émeri
**schmoren**  étuver
**Schmorlsches Knötchen n.**  nodule de Schmorl m.
**Schmutz m.**  saleté f.
**Schnabel m.**  bec m.
**Schnabelbecken n.**  bassin en bec m.
**Schnabeltasse f.**  canard m.
**Schnappatmung f.**  respiration de suffocation f.
**schnappen (Gelenk)**  faire ressort
**schnappen, nach Luft**  suffoquer
**Schnäpper m.**  scarificateur m.
**schnarchen**  ronfler
**schnarchend**  ronflant
**Schnauze f.**  museau m.
**Schnecke (anatom.) f.**  limaçon m.
**Schnecke (biochem.) f.**  hélice f.
**Schnecke (zoolog.) f.**  gastéropode m.
**Schneeblindheit f.**  ophtalmie des neiges f.
**Schneegestöberlunge f.**  poumon floconneux m.
**schneiden**  couper
**Schneidezahn m.**  incisive f.
**Schnellbestimmung f.**  évaluation immédiate f.
**Schnellentbindung f.**  accouchement accéléré m.
**Schnellfärbung f.**  coloration immédiate f.
**Schnelligkeit f.**  rapidité f.
**Schnellserientechnik f.**  technique des séries accélérées f.
**Schnelltest m.**  test immédiat m.
**Schnellverband m.**  pansement de première urgence m.
**schnellwachsend**  à croissance rapide
**schnellwirkend**  agissant rapidement
**schneuzen**  se moucher
**Schniefen n.**  reniflement m.
**Schnitt m.**  coupe (hist.) f., incision (chir.) f.

**Schnittbild n.**  image de section f.
**Schnittbildechographie f.**  échotomographie f.
**Schnittentbindung f.**  césarienne f.
**Schnittfänger m.**  support de coupe
**Schnittführung f.**  méthode d'incision f.
**Schnittwunde f.**  coupure f.
**schnüffeln**  renifler
**Schnuller m.**  tétine f.
**Schnupfen m.**  corysa m.
**Schnupfpulver m.**  poudre à éternuer f.
**Schnürer m.**  garrot m.
**Schnürnarbe f.**  cicatrice de constriction f.
**Schock m.**  choc m.
**Schockleber f.**  foie de choc m.
**Schocklunge f.**  pneumopathie de choc f.
**Schockniere f.**  néphropathie de choc f.
**Schocksyndrom, toxisches n.**  syndrome de choc toxique m.
**Schoemakersche Linie f.**  ligne de Schoemaker f.
**Schokoladenzyste f.**  kyste hématique de l'ovaire m.
**schonen**  épargner
**Schonkost f.**  régime léger m.
**Schonung f.**  ménagement m.
**Schonungsbehandlung f.**  traitement par mise au repos m.
**Schöpflöffel m.**  louche f.
**Schorf m.**  escarre f.
**schorfig**  escarrifié
**Schornsteinfegerkrebs m.**  cancer des ramoneurs m.
**schräg**  oblique
**Schrägblickoptik f.**  système optique en vision oblique m.
**Schrägdurchmesser, erster m.**  projection oblique antérieure droite f.
**Schrägdurchmesser, zweiter m.**  projection oblique antérieure gauche f.
**Schramme f.**  éraflure f.
**Schranke f.**  barrière f.
**Schraube f.**  vis f.
**Schraubelektrode f.**  électrode vis f.
**schrauben**  visser
**Schraubenverbindung f.**  joint vissé m.
**Schraubenzieher m.**  tournevis m.
**Schraubgelenk n.**  articulation cochléaire f.

**Schraubverschluß m.**   fermeture à vis f.

**Schreck m.**   frayeur f.

**Schrecken m.**   effroi m.

**Schreckreflex m.**   réflexe de frayeur m.

**Schreiberscher Handgriff m.**   manoeuvre de Schreiber f.

**Schreibkrampf m.**   graphospasme m.

**Schreibstörung f.**   dysgraphie f.

**Schreikrampf m.**   cris spasmodique m.

**Schrittmacher m.**   pacemaker m., stimulateur m.

**Schrittmacher, bifokaler m.**   pacemaker bifocal m.

**Schrittmacher, Demand- m.**   pacemaker sentinelle m.

**Schrittmacher, festfrequenter m.**   pacemaker à fréquence fixe m.

**Schrittmacher, sequentieller m.**   pacemaker séquentiel m.

**Schrittmacher, Stand-by- m.**   pacemaker stand-by m.

**Schrittmacher, ventrikelinhibierter m.**   pacemaker à impulsions auriculaires m.

**Schrittmacher, ventrikelsynchronisierter m.**   pacemaker à synchronisation ventriculaire m.

**Schrittmacher, wandernder m.**   pacemaker mobile m.

**Schrittmacherbehandlung des Herzens f.**   traitement par stimulation cardiaque m.

**Schrittmacherbehandlung, Periode nach f.**   période post stimulation cardiaque f.

**Schrittmacherbehandlung, vorhofgesteuerte f.**   stimulation cardiaque auriculaire f.

**schroff**   rude

**schröpfen**   ventouser

**Schröpfkopf m.**   ventouse f.

**Schrotkornlunge f.**   lésion miliaire du poumon f.

**Schrumpfblase f.**   vessie rétrécie f.

**schrumpfen**   se réduire

**Schrumpfgallenblase f.**   vésicule biliaire fibroatrophique f.

**Schrumpfleber f.**   cirrhose atrophique du foie f.

**Schrumpfniere f.**   néphrosclérose f.

**Schrumpfung f.**   rapetissement m.

**Schrunde f.**   crevasse f.

**Schub m.**   poussée f.

**Schub, schizophrener m.**   épisode schizophrénique m.

**Schubladenphänomen n.**   signe du tiroir m.

**Schublehre f.**   pied à coulisse m.

**Schüffnersche Tüpfelung f.**   granulations de Schüffner f. pl.

**Schulalter n.**   âge scolaire m.

**Schulangst f.**   peur de l'école f.

**Schularzt m.**   médecin scolaire m.

**Schulärztin f.**   médecin scolaire m.

**Schuldgefühl n.**   sensation de culpabilité f.

**Schulkind n.**   écolier m.

**Schulmedizin f.**   médecine scolaire f.

**Schulpfleger m.**   infirmier enseignant m.

**Schulschwester f.**   infirmière enseignante f.

**Schulter f.**   épaule f.

**Schulter-Arm-Syndrom n.**   syndrome cervicobrachial m.

**Schulterblatt n.**   omoplate f.

**Schultergelenk n.**   articulation scapulohumérale f.

**Schultergürtel m.**   ceinture scapulaire f.

**Schulterkrone f.**   couronne à épaulement f.

**Schulterlage f.**   présentation de l'épaule f.

**Schultersteife f.**   ankylose de l'épaule f.

**Schulterstütze f.**   soutien de l'épaule m.

**Schultz-Charltonsches Auslöschphänomen n.**   phénomène de Schultz-Charlton m.

**Schulzahnpflege f.**   hygiène dentaire à l'école f.

**Schuppe f.**   pellicule f.

**Schuppenausschlag m.**   eczéma squameux m.

**Schuppenflechte f.**   psoriasis m.

**Schuppenhaut f.**   peau squameuse f.

**schuppig**   écailleux

**Schuppung f.**   desquamation f.

**Schürfwunde f.**   excoriation f.

**Schurz m.**   tablier m.

**Schürze f.**   tablier m.

**Schußbruch m.**   fracture par arme à feu f.

S

**Schußfraktur f.** fracture par projectile f.

**Schußwunde f.** blessure par arme à feu f.

**Schusterbrust f.** thorax en entonnoir m.

**Schüttelapparat m.** agitateur m.

**Schüttelfrost m.** frisson m.

**Schüttellähmung f.** paralysie tremblante f.

**Schüttelmixtur f.** mixture à agiter f.

**schütten** verser

**Schüttler m.** shaker m.

**Schutz m.** protection f.

**Schutzbrille f.** lunettes de protection f. pl.

**Schutzdosis f.** dose protectrice f.

**Schutzfilm m.** film protecteur m.

**Schutzhemmung f.** inhibition protectrice f.

**Schutzhülle f.** enveloppe protectrice f.

**Schutzimpfung f.** immunisation préventive f.

**Schutzklappe f.** couvercle de protection m.

**Schutzschiene f.** attelle protectrice f.

**Schutzverband m.** bandage protecteur m.

**Schutzwirkung f.** effet protecteur m.

**Schwabachscher Versuch m.** épreuve de Schwabach f.

**schwach** faible

**schwach werden** faiblir

**Schwäche f.** faiblesse f.

**schwächen** affaiblir

**schwächlich** délicat

**Schwachsinn m.** imbécilité f.

**schwachsinnig** faible d'esprit

**Schwachstrom m.** courant à basse tension m.

**Schwächung f.** affaiblissement m.

**Schwalbenschwanz (dent.) m.** queue d'aronde f. (dent.)

**Schwamm m.** éponge f.

**Schwammbiopsie f.** prélèvement à l'éponge m.

**schwammförmig** spongiforme

**schwammig** spongieux

**Schwammniere f.** rein spongieux m.

**Schwammschale f.** coupelle à éponge f.

**schwanger** enceinte

**Schwangerengymnastik f.** gymnastique de préparation à l'accouchement f.

**Schwangerenvorsorgeuntersuchung f.** examen prénatal m.

**schwängern** rendre enceinte

**Schwangerschaft f.** gestation f.

**Schwangerschaft, fortgeschrittene f.** grossesse avancée f.

**Schwangerschaftsabbruch m.** interruption de grossesse f.

**Schwangerschaftsblutung f.** hémorragie de grossesse f.

**Schwangerschaftserbrechen n.** hyperémèse de la femme enceinte f.

**Schwangerschaftsmitte f.** moitié du temps de gestation f.

**Schwangerschaftsniere f.** rein de la femme enceinte m.

**Schwangerschaftspsychose f.** psychose gestationnelle f.

**Schwangerschaftstest m.** test de grossesse m.

**Schwangerschaftstoxikose f.** gestose f.

**Schwangerschaftszeichen n.** signe de grossesse m.

**schwanken** varier

**Schwankschwindel m.** vertige oscillant m.

**Schwannom n.** schwannome m.

**Schwannsche Scheide f.** gaine de Schwann f.

**Schwanz m.** queue f.

**Schwarte f.** couenne f.

**schwarzhaarig** brun

**Schwärzung (röntgenol.) f.** obscurcissement m.

**Schwarzwasserfieber n.** fièvre bilieuse hémoglobinurique f.

**Schwebebrücke (dent.) f.** bridge free end m. (dent.)

**Schwebelaryngoskopie f.** laryngoscopie en suspension f.

**Schwebstoff m.** substance en suspension f.

**Schwefel m.** soufre m.

**Schwefelbad n.** bain sulfureux m.

**Schwefelblüte f.** fleur de soufre f.

**schwefelhaltig** sulfuré

**schwefelhaltig (sechswertig, vierwertig)** sulfurique

**schwefelhaltig (zweiwertig)** sulfureux

**Schwefelleber f.** sulfure de potasse m.
**Schwefelmilch f.** lait de souffre m.
**Schwefelsäureester m.** ester de l'acide sulfurique m.
**Schwefelwasserstoff m.** hydrogène sulfuré m.
**Schweigepflicht f.** secret professionnel m.
**Schweinebandwurm m.** ténia du porc m.
**Schweinefett n.** lard m.
**Schweinepest f.** choléra du porc
**Schweinepest, afrikanische f.** maladie de Montgomery f.
**Schweinerotlauf m.** érysipéloïde m.
**Schweinfurter Grün n.** vert de Paris m.
**Schweinsberger Krankheit f.** maladie de Schweinsberger f.
**Schweiß m.** sueur f.
**Schweißabsonderung f.** sudation f.
**schweißbildend** sudoripare
**Schweißbläschen n. pl.** éruptions sudorales miliaires f. pl.
**Schweißdrüse f.** glande sudoripare f.
**Schweißdrüsenabszeß m.** adénite sudoripare f.
**schweißen** souder
**Schweißerophthalmie f.** ophtalmopathie des soudeurs f.
**Schweißflechte f.** sudamina f.
**Schweißfriesel m.** miliaire f.
**schweißtreibend** diaphorétique
**schweißtreibendes Mittel n.** diaphorétique m.
**Schweißzyste f.** hydrocyste m.
**schwelen** couver
**Schwelle f.** seuil m.
**schwellen** gonfler
**Schwellendosis f.** dose seuil f.
**Schwellenwert m.** valeur seuil f.
**Schwellkörper m.** corps caverneux m.
**Schwellstrom m.** courant seuil m.
**Schwellung f.** tuméfaction f.
**schwer** lourd
**schwer (ernst)** sérieux
**schwerbehindert** gravement handicapé
**schwerbehinderte Person f.** personne gravement handicapée f.
**schwerelos** sans poids
**Schwerelosigkeit f.** apesanteur f.

**schweres Wasser n.** eau lourde f.
**schwerhörig** dur d'oreille
**Schwerhörigkeit f.** surdité f.
**Schwerkettenkrankheit f.** maladie des chaînes lourdes f.
**schwerlöslich** peu soluble
**Schwermetall n.** métal lourd m.
**Schwermut f.** mélancolie f.
**Schwerpunktkrankenhaus n.** hôpital central m.
**Schwerspat m.** spath m.
**Schwertfortsatz m.** appendice xiphoïde m.
**schwerverletzt** gravement blessé
**schwerverletzte Person f.** blessé grave m.
**Schwesternausbildung f.** formation d'infirmière f.
**Schwesternkleidung f.** vêtements d'infirmière m. pl.
**Schwesternschule f.** école d'infirmière f.
**Schwesternschülerin f.** élève infirmière f.
**Schwesternwohnheim n.** batiment de logement des infirmières m.
**Schwiele f.** callosité f.
**Schwimmbadkonjunktivitis f.** conjonctivite épidémique des piscines f.
**Schwimmblase f.** vessie natatoire f.
**schwimmen** nager
**Schwimmhaut f.** palmure f.
**Schwimmprobe f.** test hydrostatique m.
**Schwindel (med.) m.** vertige m.
**Schwindel, leichter m.** malaise m.
**Schwindel, otogener m.** vertige auditif m.
**Schwindelanfall m.** crise de vertige f.
**Schwindelgefühl m.** sensation de vertige f.
**Schwindsucht f.** consomption f.
**schwindsüchtig** phtisique
**schwingen** vibrer
**Schwingung (elektr.) f.** oscillation f.
**Schwirren n.** frémissement m.
**Schwitzbad n.** bain d'étuve m.
**schwitzen** suer
**Schwitzen n.** transpiration f.
**Schwitzkur f.** traitement par la sudation m.
**Schwitzmittel n.** sudorifique m.

**S**

**Schwund m.** atrophie f.
**Scilla f.** scille f.
**Scimitarsyndrom n.** anomalie vasculopulmonaire de Scimitar f.
**Scirrhus m.** cancer squirrheux m.
**Scopolaminum hydrobromicum n.** bromhydrate de scopolamine m.
**Score m.** score m.
**Scoresystem n.** système de scores m.
**Screening n.** dépistage m.
**SDH (Sorbit-Dehydrogenase) f.** SDH (sorbitol-déhydrogénase) f.
**Seborrhöe f.** séborrhée f.
**seborrhoisch** séborrhéique
**seborrhoische Alopezie f.** alopécie séborrhéique f.
**Sebostase f.** sébostase f.
**sebotrop** sébotrope
**Secale cornutum n.** ergot de seigle m.
**sechseckig** hexagonal
**Sechsventilgerät n.** appareil à six valves m.
**sechswertig** hexavalent
**Seclazon n.** séclazone f.
**Secoverin n.** sécovérine f.
**Secretagogum n.** sécrétogogue m.
**Secretin n.** sécrétine f.
**Securinin n.** sécurinine f.
**sedativ** sédatif
**Sedativum n.** sédatif m.
**sedieren** calmer
**Sedierung f.** sédation f.
**Sediment n.** sédiment m.
**Sedimentierung f.** sédimentation f.
**Sedoheptulose f.** sédoheptulose m.
**Seebad n.** bain de mer m.
**Seekrankheit f.** mal de mer m.
**Seele f.** âme f.
**Seelenblindheit f.** agnosie visuelle f.
**Seelentaubheit f.** agnosie auditive f.
**seelisch** psychique
**seelische Störung f.** trouble psychique m.
**Segment n.** segment m.
**segmental** segmentaire
**Segmentdegeneration f.** dégénérescence segmentaire f.
**segmentiert** segmenté
**Segmentierung f.** segmentation f.
**Segmentresektion f.** résection segmentaire f.
**Segregation f.** ségrégation f.

**Sehachse f.** axe visuel m.
**Sehbahn f.** voie visuelle f.
**sehen** voir
**Sehen n.** vision f.
**Sehen, verschwommenes n.** vue trouble f.
**Sehhügel m.** thalamus m.
**Sehkraft f.** aptitude visuelle f.
**Sehleistung f.** capacités visuelles f. pl.
**Sehne f.** tendon m.
**Sehnennaht f.** ténorraphie f.
**Sehnenplastik f.** ténoplastie f.
**Sehnenreflex m.** réflexe tendineux m.
**Sehnenscheide f.** gaine synoviale tendineuse f.
**Sehnenscheidenentzündung f.** tendovaginite f.
**Sehnenzerrung f.** foulure tendineuse f.
**Sehnervpapille f.** papille optique f.
**sehnig** tendineux
**Sehprüfung f.** examen de la vue m.
**Sehpurpur m.** pourpre visuel m.
**Sehrtsches Kompressorium n.** pince de compression aortique de Sehrt f.
**Sehschärfe f.** acuité visuelle f.
**Sehstörung f.** problème de vision m.
**Sehtest m.** test d'acuité visuelle m.
**Sehvermögen n.** aptitude visuelle f.
**Sehweite f.** distance de vision f.
**Sehzeichen n.** optotype m.
**Sehzentrum n.** centre visuel m.
**Seide, chirurgische f.** fil de suture en soie m.
**Seife f.** savon m.
**Seifenstuhl m.** selles savonneuses f. pl.
**Seifenwasser n.** eau savonneuse f.
**seifig** savonneux
**Seignettesalz n.** sel de la Rochelle m.
**Seiher m.** filtre m.
**Sein n.** être m.
**Seit- zu Endanastomose f.** anastomose latéroterminale f.
**Seit- zu Seitanastomose f.** anastomose latérolatérale f.
**Seitblickoptik f.** système optique en vision latérale m.
**Seite f.** côté m.
**Seitenband m.** ligament collatéral m.
**Seitenbiß m.** occlusion latérale f.
**Seitenhorn n.** corne latérale f.
**Seitenkette f.** chaîne latérale f.
**Seitenlage f.** décubitus latéral m.

**Seitenstechen n.** point de côté m.
**Seitenstrang (neurol.) m.** cordon latéral m.
**Seitenstrangangina f.** pharyngite latérale f.
**Seitenventrikel m.** ventricule latéral m.
**Seitenzahnokklusionszone f.** zone d'occlusion latérale f.
**seitlich** latéral
**Seitwärtsbewegung f.** mouvement latéral m.
**Seitzfilter m.** filtre de Seitz m.
**Sekret n.** sécrétion f.
**sekretagog** sécrétagogue
**Sekretär m.** secrétaire m.
**Sekretärin f.** secrétaire f.
**Sekretin n.** sécrétine f.
**Sekretinom n.** sécrétinome m.
**Sekretion f.** sécrétion f.
**Sekretion, innere f.** sécrétion interne f.
**sekretionsfördernd** favorisant la sécrétion
**sekretionshemmend** inhibant la sécrétion
**Sekretolytikum n.** sécrétolytique m.
**sekretolytisch** sécrétolytique
**Sekretor m.** sécréteur m.
**sekretorisch** sécrétoire
**Sekretsammelgefäß n.** poche recevant les sécrétions f.
**Sektion f.** section f.
**Sektion (anatom.) f.** dissection anatomique f.
**Sektionsbesteck n.** instruments de dissection m. pl.
**Sektionshandschuhe f. pl.** gants d'anatomie m. pl.
**Sektionsnadel f.** aiguille d'autopsie f.
**Sektionsraum m.** salle d'anatomie pathologique f.
**Sektor m.** secteur m.
**sekundär** secondaire
**Sekundärdentin n.** dentine secondaire f.
**Sekundärelektron n.** émission électron m.
**sekundärer Alkohol m.** alcool secondaire m.
**Sekundärheilung f.** guérison secondaire f.

**Sekundärinfektion f.** infection secondaire f.
**Sekundärnaht f.** suture secondaire f.
**Sekundenherztod m.** mort par syncope cardique brusque f.
**Selbstbeobachtung f.** introspection f.
**Selbstbeschädigung f.** automutilation f.
**Selbstentspannung f.** autorelaxation f.
**Selbstentwicklung f.** évolution spontanée f.
**Selbsterhaltung f.** autopréservation f.
**selbsthärtend (dent.)** autodurcissant (dent.)
**Selbstheilung f.** autoguérison f.
**Selbstimmunisierung f.** autoimmunisation f.
**Selbstinduktion f.** autoinduction f.
**Selbstkastration f.** autocastration f.
**Selbstkritik f.** autocritique f.
**Selbstmord m.** suicide m.
**Selbstmord verüben** se suicider
**Selbstmordversuch m.** tentative de suicide f.
**Selbstregulierung f.** autorégulation f.
**Selbstreinigung f.** autonettoyage m.
**Selbstschutz m.** autoprotection f.
**Selbsttötung f.** suicide m.
**Selbstverdauung f.** autodigestion f.
**Selbstverstümmelung f.** automutilation f.
**Selbstwertgefühl n.** sentiment de sa propre valeur m.
**Selegenin n.** sélégénine f.
**Selektion f.** sélection f.
**selektiv** sélectif
**Selektivität f.** sélectivité f.
**Selen n.** sélénium m.
**Selenat n.** sélénate m.
**Selenid n.** sélénide m.
**Selenit n.** sélénite m.
**selenodont** sélénodonte
**Selenomethylcholesterin n.** sélénométhylcholestérol m.
**Selenvergiftung f.** empoisonnement au sélénium m.
**Seliwanowsche Probe f.** réaction de Selivanoff f.
**Sella turcica f.** selle turcique f.
**sellär** sellaire
**Seltene Erde f.** terre rare f.
**Semantik f.** sémantique f.

**S**

**semantisch** sémantique
**Semenurie f.** spermaturie f.
**Semester n.** semestre m.
**Semialdehyd m.** semialdéhyde m.
**Semidekussation f.** semidécussation f.
**semiessentiell** semiessentiel
**Semiethanolat n.** semiéthanolate m.
**Semihydrat n.** semihydrate m.
**Semikarbazid n.** semicarbazide m.
**Semikarbazon n.** semicarbazone f.
**Semikastration f.** castration unilaté-
rale f.
**semimaligne** semimalin
**semimembranös** semimembraneux
**Seminar n.** cours m., séminaire m.
**Seminom n.** séminome m.
**Seminurie f.** spermaturie f.
**Semiologie f.** séméiologie f.
**semiologisch** séméiologique
**Semiotik f.** symptomatologie f.
**semioval** semiovale
**semipermeabel** semiperméable
**semiquantitativ** semiquantitatif
**semisynthetisch** semisynthétique
**Semithiokarbazon n.** semithiocarba-
zone f.
**semivertikal** semivertical
**semizirkulär** semicirculaire
**Semliki-Wald-Fieber n.** fièvre virale de
Semliki f.
**Semustin n.** sémustine f.
**Sendungswahn m.** délire messianique
m.
**Seneszenz f.** sénescence f.
**Senfmehl n.** farine de moutarde f.
**Senföl n.** huile de moutarde f.
**Senfpapier n.** sinapisme m.
**Senfpflaster n.** cataplasme de mou-
tarde m.
**senil** sénile
**Senilität f.** sénilité f.
**Senkfuß m.** pied plat m.
**Senkfußeinlage f.** cambrillon m.
**Senkung (BSG) f.** vitesse de sédimen-
tation f.
**Senkung (Tiefertreten) f.** descente f.
**Senkungsabszeß m.** abcès hypostati-
que m.
**Senna f.** séné m.
**Sennosid n.** sennoside m.
**Sensation f.** sensation f.
**sensibel** sensible

**sensibilisieren** sensibiliser
**Sensibilisierung f.** sensibilisation f.
**Sensibilität f.** sensibilité f.
**Sensibilität, unterschwellige f.** subsen-
sibilité f.
**Sensibilitätsstörung f.** trouble sensitif
m.
**Sensing n.** sensing m.
**sensitiv** sensitif
**Sensitivität f.** sensitivité f.
**Sensitometrie f.** sensitométrie f.
**sensitometrisch** sensitométrique
**sensomotorisch** sensorimoteur
**Sensor m.** capteur m.
**sensoriell** sensoriel
**sensorisch** sensoriel
**Sensorium n.** sensorium m.
**Separation f.** séparation f.
**Separator m.** séparateur m.
**separieren** séparer
**Separierinstrument n.** instrument de
séparation m.
**Separiermittel n.** moyen de séparation
m.
**Sepharose f.** sépharose m.
**Sepsis f.** septicémie f.
**Sepsis lenta f.** septicémie lente f.
**Sepsis, orale f.** septicémie orale f.
**Sepsis, puerperale f.** septicémie puer-
pérale f.
**septal** septal
**septieren** cloisonner
**septiert** cloisonné
**Septierung f.** cloisonnement m.
**Septikämie f.** septicémie f.
**Septikopyämie f.** pyohémie f.
**septisch** septique
**septonasal** septonasal
**septooptisch** septooptique
**Septostomie f.** septostomie f.
**Septum n.** septum m.
**Septum nasi n.** cloison nasale f.
**Septum pellucidum n.** septum luci-
dum m.
**Septumdefekt, kardialer m.** anomalie
septale cardiaque f.
**Septumdeviation f.** déviation septale f.
**sequentiell** séquentiel
**Sequenz f.** séquence f.
**Sequester m.** séquestre m.
**Sequesterbildung f.** séquestration f.
**Sequesterzange f.** pince à séquestre f.

**Sequestrektomie f.**   séquestrectomie f.
**Sequestrotomie f.**   séquestrotomie f.
**Serfibrat n.**   serfibrate m.
**Serie f.**   série f.
**Serienfraktur f.**   fracture en série f.
**Serienkassette f.**   cassette sériée f.
**serienmäßig**   en série
**Serienschnitt m.**   coupe en série f.
**Serin n.**   sérine f.
**Sermetacin n.**   sermétacine f.
**Sermorelin n.**   sermoréline f.
**Serodiagnose f.**   sérodiagnostic m.
**serofibrinös**   sérofibrineux
**serofibrös**   sérofibreux
**Serologie f.**   sérologie f.
**serologisch**   sérologique
**seromembranös**   séromembraneux
**seromukös**   séromuqueux
**seronegativ**   séronégatif
**Seropneumothorax m.**   hydropneu-
  mothorax m.
**seropositiv**   séropositif
**seropurulent**   séropurulent
**Seroreaktion f.**   séroréaction f.
**Serorezidiv n.**   récidive sérologique f.
**serös**   séreux
**serosanguinolent**   sérosanguinolent
**seroserös**   séroséreux
**Serositis f.**   sérosite f.
**Serosynovitis f.**   sérosynovite f.
**Serothorax m.**   hydrothorax m.
**Serotonin n.**   sérotonine f.
**Serotoninom n.**   sérotoninome m.
**Serotympanum n.**   sérotympan m.
**Serotyp m.**   type sérologique m.
**Serovakzination f.**   sérovaccination f.
**serpiginös**   serpigineux
**Serrapeptase f.**   serrapeptase f.
**Serratie f.**   serratia f.
**Serratuslähmung f.**   paralysie du mus-
  cle grand dentelé f.
**Serresche Drüse f.**   glande de Serre f.
**Sertolische Zelle f.**   cellule de Sertoli f.
**Serum n.**   sérum m.
**Serum-Agar m.**   agar-sérum m.
**Serum-Glutaminsäure-Brenztrauben-**
  **säure-Transaminase f.**   transami-
  nase glutamo-pyruvique sérique f.
**Serum-Glutaminsäure-Oxalessigsäure-**
  **Transaminase f.**   transaminase glu-
  tamo-oxaloacétique sérique f.
**Serumbehandlung f.**   sérothérapie f.

**Serumeiweiß n.**   protéine sérique f.
**Serumkonversion f.**   séroconversion f.
**Serumkrankheit f.**   maladie du sérum
  f.
**Serumprophylaxe f.**   séroprophylaxie
  f.
**Serumvergiftung f.**   intoxication séri-
  que f.
**Serviettenhalter m.**   porte-serviettes m.
**Sesambein n.**   os sésamoïde m.
**Sesamöl n.**   huile de sésame f.
**Sesquichlorid n.**   sesquichlorure m.
**Sesquioleat n.**   sesquioléate m.
**Sesquiterpen n.**   sesquiterpène m.
**sessil**   sessile
**Setariasis f.**   sétariase f.
**Setazindol n.**   sétazindol m.
**Setiptilin n.**   sétiptiline f.
**Seuche f.**   épidémie f.
**Seuchenherd n.**   foyer épidémique m.
**seufzen**   soupirer
**Sevofluran n.**   sévoflurane m.
**Sexchromatin n.**   chromatine sexuelle
  f.
**sexchromosomal**   des chromosomes
  sexuels
**Sexologe m.**   sexologue m.
**Sexologie f.**   sexologie f.
**Sexologin f.**   sexologue f.
**sexologisch**   sexologique
**Sexualhormon n.**   hormone sexuelle f.
**Sexualität f.**   sexualité f.
**Sexualneurose f.**   névrose sexuelle f.
**Sexualreflex m.**   réflexe sexuel m.
**Sexualwissenschaft f.**   sexologie f.
**sexuell**   sexuel
**Sézary-Syndrom n.**   syndrome de Sé-
  zary m.
**sezernieren**   sécréter
**sezernierend**   sécrétant
**sezieren**   disséquer
**Sfericase f.**   sféricase f.
**SHBG (sexualhormonbindendes Glo-**
  **bulin) n.**   SHBG (sex hormone bin-
  ding globulin) f.
**Sheehan-Syndrom n.**   syndrome de
  Sheehan m.
**Shiga-Kruse-Bazillus m.**   bacille de
  Shiga m.
**Shigelle f.**   shigella f.
**Shigellose f.**   shigellose f.

S

**Shrapnellsche Membran f.** membrane flaccide de Shrapnell f.
**Shunt m.** shunt m.
**Shuntvolumen n.** volume shunt m.
**Sia-Test m.** test de floculation de Sia m.
**Sialadenitis f.** sialadénite f.
**Sialadenographie f.** sialadénographie f.
**sialagog** sialagogue
**Sialagogum n.** sialagogue m.
**Sialogramm n.** sialogramme m.
**Sialographie f.** sialographie f.
**sialographisch** sialographique
**Sialolithiasis f.** sialolithiase f.
**Sialom n.** sialome m.
**Sialopenie f.** sialopénie f.
**Sialorrhöe f.** sialorrhée f.
**Sialose f.** sialose f.
**Sialyltransferase f.** sialyltransférase f.
**Siamesische Zwillinge m. pl.** frères siamois m. pl.
**Sicca-Syndrom n.** syndrome de Sjögren m.
**sich aufregen** s' inquiéter
**Sichel f.** faux f.
**sichelförmig** falciforme
**Sichelzelle f.** drépanocyte m.
**Sicherheit f.** sécurité f.
**Sicherheitsabstand m.** distance de sécurité f.
**Sicherheitsgurt m.** ceinture de sécurité f.
**sichern** assurer
**Sicherung f.** protection f.
**Sicherung (electr.) f.** fusible m.
**Sichtanzeigegerät n.** appareil à affichage visuel m.
**sichtbar** visible
**sichtbar machen** visualiser
**Sichtbarkeit f.** visibilité f.
**Sick-Sinus-Syndrom n.** syndrome sinusal m.
**Sickerblutung f.** microhémorragie f.
**Sideramin n.** sidéramine f.
**sideroachrestisch** sidéroachrestique
**Sideroblast m.** sidéroblaste m.
**sideroblastisch** sidéroblastique
**Siderochrom n.** sidérochrome m.
**Sideropenie f.** sidéropénie f.
**sideropenisch** sidéropénique
**siderophil** sidérophile

**Siderose f.** sidérose f.
**siderotisch** sidérotique
**Siderozyt m.** sidérocyte m.
**Sieb n.** crible m.
**Siebbein n.** os ethmoïde m.
**Siebbeinhöhle f.** sinus ethmoïdal m.
**Siebbeinhöhlenausräumung f.** ethmoïdectomie f.
**Siebbestrahlung f.** irradiation sous lamelles de plomb f.
**siebenwertig** heptavalent
**Siebtest m.** test de dépistage m.
**siechen** dépérir
**Siechenhaus n.** hôpital pour incurables m.
**sieden** bouillir
**Siedepunkt m.** point d'ébulition m.
**Siegelringzelle f.** cellule en bague à sceau f.
**Siemens n.** siemens m.
**Sievert n.** sievert m.
**Sigmatismus m.** sigmatisme m.
**Sigmoid n.** anse sigmoïde f.
**Sigmoidanheftung f.** sigmoïdopexie f.
**Sigmoidektomie f.** sigmoïdectomie f.
**Sigmoiditis f.** sigmoïdite f.
**Sigmoidoproktostomie f.** sigmoïdoproctostomie f.
**Sigmoidoskopie f.** sigmoïdoscopie f.
**Sigmoidostomie f.** sigmoïdostomie f.
**Signal n.** signal m.
**Signallampe f.** lampe de signalisation f.
**Signatur f.** signature f.
**signifikant** significatif
**Signifikanz f.** significativité f.
**Silandron n.** silandrone f.
**Silbenstolpern n.** achoppement syllabique f.
**Silber n.** argent m.
**Silber-Palladium-Legierung f.** alliage argent-palladium m.
**Silberdraht m.** fil d'argent m.
**Silberdrahtarterie f.** artère rétinienne angiospastique argentée f.
**Silberfolie f.** feuille d'argent f.
**Silberimprägnation f.** imprégnation argyrique f.
**Silberimprägnierung f.** imprégnation argyrique f.
**Silberlegierung f.** alliage d'argent m.
**Silbernitrat n.** nitrate d'argent m.

Silhouette f. silhouette f.
Silikat n. silicate m.
Silikatose f. silicatose f.
Silikatzement m. ciment de silicate m.
Silikoanthrakose f. silicoanthracose f.
Silikofluorid n. silicofluorure m.
Silikon n. silicone f.
Silikongummi m. gomme de silicone f.
Silikose f. silicose f.
Silikosiderose f. silicosidérose f.
silikotisch silicotique
Silikotuberkulose f. silicotuberculose f.
Silizium n. silicium m., silicone f.
Siliziumdioxid n. silice f.
Siliziumfluorid n. fluorure de silicium m.
Siliziumkarbid n. carbure de silicium m.
Silkwormgut n. fil de Florence m.
Silofüllerkrankheit f. maladie des ouvriers des silos f.
Silydianin n. silydianine f.
Silymarin n. silymarine f.
Simfibrat n. simfibrate m.
Simmondssche Krankheit f. maladie de Simmonds f.
Simonartscher Strang m. adhérence foetomembraneuse f.
Simssches Spekulum n. spéculum de Sims m.
Simtrazen n. simtrazène m.
Simulant m. simulateur m.
Simulantin f. simulatrice f.
Simulation f. simulation f.
Simulator m. simulateur m.
simulieren simuler
simultan simultané
Simvastatin simvastatine f.
Sincalid n. sincalide m.
Sindbisfieber n. fièvre de Sindbis f.
Sinefungin n. sinéfungine f.
Single-Photon-Emissionscomputertomographie (SPECT) f. single photon emission computed tomographie (SPECT) f.
Singulettsauerstoff m. oxygène atome m.
Singultus m. hoquet m.
Sinistrokardie f. sinistrocardie f.
sinistroponiert en sinistroposition

Sinistroposition f. sinistroposition f.
Sinn m. sens m.
Sinnesepithel n. neuroépithélium m.
Sinnesorgan n. organe sensoriel m.
Sinnesphysiologie f. physiologie sensorielle f.
Sinnesreiz m. stimulus sensoriel m.
Sinnestäuschung f. hallucination sensorielle f.
Sinneswahrnehmung f. perception sensorielle f.
Sinneszelle f. cellule sensorielle f.
sinobronchial sinobronchique
Sinobronchitis f. sinobronchite f.
sinuatrial sinoauriculaire
sinubronchial sinobronchique
Sinus m. sinus m.
Sinus cavernosus m. sinus caverneux m.
sinusal sinusal
Sinusarrhythmie f. arythmie sinusienne f.
sinusförmig sinusoïdal
Sinusitis f. sinusite f.
Sinusitis ethmoidalis f. sinusite ethmoïdale f.
Sinusitis frontalis f. sinusite frontale f.
Sinusitis maxillaris f. sinusite maxillaire f.
Sinusitis sphenoidalis f. sinusite sphénoïdale f.
Sinusknoten m. noeud sinusal de Keith et Flack m.
Sinusknotensyndrom n. maladie du sinus f.
Sinusoid n. sinusoïde f.
sinusoidal sinusoïdal
sinuspiral sinospiral
Sinusrhythmus m. rythme sinusal m.
Sinustachykardie f. tachycardie sinusale f.
sinuventrikulär sinoventriculaire
Siphon m. siphon m.
Sipple-Syndrom n. syndrome de Sipple m.
Sippykur f. traitement de l'ulcère gastrique d'après Sippy m.
Sirenomelie f. sirénomélie f.
Site, aktiver m. site actif m.
Sitofibrat n. sitofibrate m.
Sitoglusid n. sitogluside m.
Sitosterin n. sitostérine f.

S

sittlich  éthique
**Situation f.**  situation f.
**Situationsangst f.**  phobie de situation f.
**Situationsnaht f.**  suture de rétention f.
**Situs m.**  situs m.
**Situs inversus m.**  situs inversus m.
**Situs transversus m.**  situs transversus m.
**Sitzbad n.**  bain de siège m.
**sitzend**  assis
**Sitzgurt m.**  ceinture f.
**Sitzung f.**  séance f.
**Sitzwagen m.**  fauteuil roulant m.
**Sjögren-Syndrom n.**  syndrome de Sjögren m.
**Skabies f.**  gale f.
**Skala f.**  échelle graduée f.
**Skalenektomie f.**  scalénectomie f.
**Skalenus-Lymphknotenbiopsie f.**  biopsie ganglionnaire scalénique f.
**Skalenusdurchtrennung f.**  scalénotomie f.
**Skalenuslücke f.**  espace scalénique m.
**Skalenussyndrom n.**  syndrome du scalène m.
**Skalpell n.**  scalpel m.
**Skalpell, anatomisches n.**  scalpel de dissection m.
**Skalpell, Operations- n.**  scalpel chirurgical m.
**Skalpierung f.**  scalp m.
**Skammonium n.**  gomme de scammonée f.
**skandieren**  scander
**skandierende Sprache f.**  parole saccadée f.
**Skandium n.**  scandium m.
**Skaphozephalie f.**  scaphocéphalie f.
**skapular**  scapulaire
**skapulohumeral**  scapulohuméral
**skapuloklavikular**  scapuloclaviculaire
**skapuloperoneal**  scapulopéronier
**Skarifikation f.**  scarification f.
**skarlatiniform**  scarlatiniforme
**Skarlatinoid n.**  rubéole scarlatiniforme f.
**Skatol n.**  scatole m.
**Skelett n.**  squelette m.
**skelettieren**  isoler un organe
**Skelettierung f.**  isolement d'un organe m.

**Skelettmuskel m.**  muscle strié m.
**Skenesche Drüse f.**  glande paraurétrale de Skene f.
**Skiaskop n.**  rétinoscope m.
**Skiaskopie f.**  rétinoscopie f., skiascopie f.
**skiaskopisch**  rétinoscopique
**Sklera f.**  sclérotique f.
**skleral**  scléreux
**Skleralschale f.**  enveloppe scléreuse f.
**Sklerektomie f.**  sclérectomie f.
**Sklerem n.**  sclérème m.
**Skleritis anterior f.**  sclérite antérieure f.
**Skleritis posterior f.**  sclérite postérieure f.
**skleritisch**  scléritique
**Sklerodaktylie f.**  sclérodactylie f.
**Sklerödem n.**  scléroedème m.
**Sklerodermie f.**  sclérodermie f.
**sklerokonjunktival**  scléroconjonctival
**sklerokorneal**  sclérocornéen
**Sklerom n.**  sclérome m.
**Sklerophthalmie f.**  sclérophtalmie f.
**Sklerose f.**  sclérose f.
**Sklerose, multiple f.**  multiple sclérose f.
**Sklerose, progressive System - f.**  sclérose systémique progressive f.
**Sklerose, tuberöse f.**  sclérose tubéreuse f.
**sklerosieren**  scléroser
**Sklerosierung f.**  sclérose f.
**sklerotisch**  sclérotique
**Sklerotom n.**  sclérotome m.
**Sklerotomie f.**  sclérotomie f.
**Sklerozone f.**  zone scléreuse f.
**Skolex m.**  scolex m.
**Skoliose f.**  scoliose f.
**skoliotisch**  scoliotique
**Skopolamin n.**  scopolamine f.
**Skopulariopsidose f.**  scopulariopsidose f.
**Skorbut m.**  scorbut m.
**skorbutisch**  scorbutique
**Skorpion m.**  scorpion m.
**Skotom n.**  scotome m.
**Skotom, Flimmer- n.**  scotome scintillant m.
**Skotom, zentrales n.**  scotome central m.
**Skotometrie f.**  scotométrie f.

**Skotophobie f.** scotophobie f.
**Skotopie f.** vision scotopique f.
**Skotopsin n.** scotopsine f.
**Skrofeln f. pl.** scrofule f.
**Skrofuloderm n.** scrofuloderme m.
**skrofulös** scrofuleux
**Skrofulose f.** scrofule f.
**skrotal** scrotal
**Skrotum n.** scrotum m.
**Skybalum n.** scybale f.
**Slice cut m.** préparation en coupes f.
**Sluder-Syndrom n.** syndrome de Sluder du ganglion ptérygopalatin m.
**Smegma n.** smegma m.
**Smegmabazillus m.** bacille du smegma m.
**Snellensche Sehprobe f.** test visuel de Snellen m.
**Soda f.** soude f.
**Sodbrennen n.** aigreurs f. pl.
**Sodoku m.** sodoku m.
**Sodomie f.** sodomie f.
**Sofortmaßnahme f.** mesure d'urgence f.
**Sofortprothese (dent.) f.** prothèse immédiate f. (dent.)
**Sofortreaktion f.** réaction immédiate f.
**Sog m.** aspiration f.
**sogenannt** dit, prétendu
**Sohlengänger m.** plantigrade m.
**Sol n.** sol m.
**Solanin n.** solanine f.
**Solaninvergiftung f.** intoxication par la solanine f.
**solat** solaire
**Solarium n.** solarium m.
**Solbad n.** bain salé m.
**Sole f.** eau salée f.
**solid** solide
**solitär** solitaire
**Sollwert m.** valeur souhaitée f.
**Solubilisierung f.** solubilisation f.
**Solvation f.** solvation f.
**Solypertin n.** solypertine f.
**somatisch** somatique
**somatogen** somatogénique
**Somatogramm n.** somatogramme m.
**Somatoliberin n.** somatolibérine f.
**Somatologie f.** somatologie f.
**Somatomammotropin n.** somatomammotropine f.

**Somatomedin n.** somatomédine f.
**somatosensorisch** somatosensoriel
**Somatostatin n.** somatostatine f.
**Somatostatinom n.** somatostatinome m.
**somatotrop** somatotrope
**Somatotropin n.** somatotrophine f.
**Sommerbrechdurchfall m.** gastroentérite estivale f.
**Sommersprosse f.** tache de rousseur f.
**somnambul** somnambule
**Somnambulismus m.** somnambulisme m.
**Somnographie f.** somnographie f.
**somnographisch** somnographique
**somnolent** somnolent
**Somnolenz f.** somnolence f.
**Sonde f.** sonde f.
**Sondenernährung f.** gavage par sonde oesophagienne m.
**Sonderkrankenpflege f.** soins infirmiers spéciaux m. pl.
**sondieren** sonder
**Sonnenbad n.** bain de soleil m.
**Sonnenbestrahlung f.** irradiation solaire f.
**Sonnenbestrahlung, der – aussetzen** exposer aux rayons solaires
**Sonnenbrand m.** coup de soleil m.
**Sonnenbräune f.** bronzage solaire m.
**Sonnenenergie f.** énergie solaire f.
**Sonnenschutzmittel n.** protection solaire f.
**Sonnenstich m.** insolation f.
**Sonographie f.** sonographie f.
**sonographisch** sonographique
**sonor** sonore
**Sonotomographie f.** sonotomographie f.
**Soor m.** muguet m.
**SOP (Subokzipitalpunktion) f.** ponction sous-occipitale f.
**Sophomanie f.** sophomanie f.
**Sopitazin n.** sopitazine f.
**soporös** soporeux
**Sorbinicat n.** sorbinicate m.
**Sorbit n.** sorbitol m.
**Sorbitan n.** sorbitane m.
**Sorbitdehydrogenase f.** sorbitol déhydrogénase f.
**Sorbose f.** sorbose m.
**sorgen, sich** se soucier

**S**

**Sortiment n.** assortiment m.
**Soyabohne f.** haricot soja m.
**sozial** social
**Sozialarbeiter m.** travailleur social m.
**Sozialarbeiterin f.** travailleuse sociale f.
**Sozialhilfe f.** aide sociale f.
**Sozialstation f.** centre de médecine sociale m.
**Sozialversicherung f.** assurance sociale f.
**Soziologie f.** sociologie f.
**soziosexual** sociosexuel
**Sozojodolat n.** sozoiodolate m.
**Spalt m.** fente f., scissure f.
**spaltbar** clivable
**Spalte f.** fente f.
**spalten** décomposer (chem.), fendre
**Spalter m.** instrument de clivage m.
**Spaltfuß m.** pied fendu m.
**Spalthand f.** main fourche f.
**Spaltlampe f.** lampe à fente f.
**Spaltprodukt m.** produit de fission (atom.) m.
**Spaltung f.** dissociation f.
**Spaltung eines Atomkerns f.** fission nucléaire f.
**Spaltung eines Herztones f.** dédoublement d'un bruit du coeur m.
**Spaltvakzine f.** vaccin fractions antigéniques m.
**Spaltwirbel m.** spondyloschisis m.
**Span m.** éclat m.
**Spange f.** agrafe f.
**Spannung f.** tension f.
**Spannung, elektrische f.** voltage m.
**Spannungskopfschmerz m.** céphalée de tension f.
**Spannungspneumothorax m.** pneumothorax sous tension m.
**Spannungszustand m.** état de tension m.
**Sparganose f.** sparganose f.
**Spartein n.** spartéine f.
**Spasmoanalgetikum n.** spasmoanalgésique m.
**spasmoanalgetisch** spasmoanalgésique
**Spasmolyse f.** spasmolyse f.
**Spasmolytikum n.** antispasmodique m.
**spasmolytisch** spasmolytique

**spasmophil** spasmophile
**Spasmophilie f.** spasmophilie f.
**Spasmus m.** spasme m.
**Spastik f.** spasticité f.
**Spastiker (in) m./f.** sujet avec hypertonie spastique m.
**spastisch** spastique
**spastisch-ataktisch** spasticoataxique
**Spastizität f.** spasticité f.
**Spat (vet.) m.** éparvin m. (vet.)
**Spätabszeß m.** abcès tardif m.
**Spatel m.** spatule f.
**Spätepilepsie f.** épilepsie tardive f.
**Spätergebnis n.** résultat postérieur m.
**Spätfolgen f. pl.** séquelles tardives f. pl.
**Spätgeburt f.** naissance après terme f.
**Spätkomplikation f.** complication tardive f.
**Spätmanifestation f.** manifestation tardive
**Spätrachitis f.** rachitisme tardif m.
**Spätresultat n.** résultat tardif m.
**Spätschaden m.** lésion tardive f.
**Spätstadium n.** stade avancé m.
**Species diureticae f. pl.** tisane diurétique f.
**Speckhaut f.** couenne f.
**SPECT (Single-Photon-EmissionsComputertomographie) f.** SPECT (single photon emission computed tomographie) f.
**Spectinomycin n.** spectinomycine f.
**Speichel m.** salive f.
**Speicheldrüse f.** glande salivaire f.
**Speicheldrüsenentzündung f.** sialadénite f.
**Speicheldurchmischung f.** insalivation f.
**Speichelfistel f.** fistule salivaire f.
**Speichelfluß m.** salivation f.
**speichelhemmend** antisialogogue
**Speichelsaugrohr n.** tube d'aspiration salivaire m.
**Speichelstein m.** calcul salivaire m.
**speicheltreibend** sialogogue
**Speichelzieher m.** sialoéjecteur m.
**Speicher m.** entrepôt m.
**Speicherkrankheit f.** thésaurismose f.
**speichern** stocker
**Speicherung f.** stockage m.
**speien** cracher

**Speise f.** aliment m.
**Speiseröhre f.** oesophage m.
**Speiseröhrenektasie f.** ectasie oesophagienne f.
**Speiseröhrenentzündung f.** oesophagite f.
**Speiseröhrenplastik f.** oesophagoplastie f.
**Speisezwiebel f.** oignon m.
**spektral** spectral
**Spektralanalyse f.** analyse spectrale f.
**Spektrallinie f.** ligne spectrale f.
**Spektrin n.** spectrine f.
**Spektrochemie f.** spectrochimie f.
**Spektrographie f.** spectrographie f.
**Spektrometer n.** spectromètre m.
**Spektrometrie f.** spectrométrie f.
**spektrometrisch** spectrométrique
**Spektrophotometer n.** spectrophotomètre m.
**Spektrophotometrie f.** spectrophotométrie f.
**spektrophotometrisch** spectrophotométrique
**Spektroskop n.** spectroscope m.
**Spektroskopie f.** spectroscopie f.
**spektroskopisch** spectroscopique
**Spektrum n.** spectre m.
**Spekulum n.** spéculum m.
**Spender m.** donneur m.
**Spenderin f.** donneuse f.
**Sperma n.** sperme m.
**Spermarche f.** spermarché f.
**Spermase f.** spermase f.
**Spermatin n.** spermatine f.
**Spermatoblast m.** spermatoblaste m.
**Spermatogenese f.** spermatogenèse f.
**Spermatogonium n.** spermatogonie f.
**Spermatolyse f.** spermatolyse f.
**spermatolytisch** spermatolytique
**Spermatorrhöe f.** spermatorrhée f.
**Spermatozele f.** spermatocèle f.
**spermatozid** spermicide
**Spermatozoon n.** spermatozoïde m.
**Spermatozystitis f.** spermatocystite f.
**Spermatozyt m.** spermatocyte m.
**Spermaturie f.** spermaturie f.
**Spermidin n.** spermidine f.
**Spermin n.** spermine f.
**Spermiogenese f.** spermiogénèse f.
**Spermiozyt m.** spermatocyte de premier ordre m.

**spermizid** spermicide
**Sperrfilter n.** filtre barrière m.
**Sperrung f.** blocage m.
**Spezialgebiet n.** spécialité f.
**spezialisieren** spécialiser
**Spezialismus m.** spécialisation f.
**Spezialist (in) m./f.** spécialiste m./f.
**Spezialität f.** spécialité f.
**speziell** spécial
**spezifisch** spécifique
**spezifisch-dynamische Wirkung f.** effet dynamique spécifique m.
**spezifisches Gewicht n.** poids spécifique m.
**Spezifität f.** spécificité f.
**Sphaerophorus m.** Sphaerophorus m.
**Sphagiasmus m.** épilepsie mineure f.
**Sphakelismus m.** présence de sphacèles f.
**sphärisch** sphérique
**Sphärozyt m.** sphérocyte
**Sphärozytose f.** sphérocytose f.
**sphenofrontal** sphénofrontal
**sphenoidal** sphénoïdal
**sphenomaxillär** sphénomaxillaire
**sphenookzipital** sphénooccipital
**sphenoorbital** sphénoorbital
**sphenoparietal** sphénopariétal
**sphenotemporal** sphénotemporal
**sphenozygomatisch** sphénozygomatique
**Sphincter Oddi m.** sphincter d' Oddi m.
**Sphingogalaktosid n.** sphingogalactoside m.
**Sphingoglykolipid n.** sphingoglucolipide m.
**Sphingolipid n.** sphingolipide m.
**Sphingolipidose f.** sphingolipidose f.
**Sphingomyelin n.** sphingomyéline
**Sphingomyelinase f.** sphingomyélinase f.
**Sphingomyelinose f.** sphingomyélinose f.
**Sphingophospholipid n.** sphingophospholipide m.
**Sphingosin n.** sphingosine f.
**Sphinkter m.** sphincter m.
**Sphintkerektomie f.** sphinctérectomie f.
**Sphinkterotomie f.** sphinctérotomie f.
**Sphinkterplastik f.** sphinctéroplastie f.

S

sphinkterschonend  épargnant le sphincter

Sphinktersklerose f.  sclérose sphinctérienne f.

Sphygmobolometer n.  sphygmobolomètre m.

Sphygmogramm n.  sphygmogramme m.

Sphygmograph m.  sphygmographe m.

Sphygmographie f.  sphygmographie f.

sphygmographisch  sphygmographique

Sphygmomanometer n.  sphygmomanomètre m.

Sphygmometer n.  sphygmomètre m.

Sphygmotonometer n.  sphygmotonomètre m.

Spica f.  spica m.

Spiclomazin n.  spiclomazine f.

Spiegel m.  miroir m.

Spiegel (z. B. einer Flüssigkeit) m.  niveau m.

Spiegelbildung im Darm (radiol.) f.  image de niveaux liquides intestinaux f.

Spiegeloptik f.  système optique à miroirs m.

Spieghelsche Hernie f.  hernie de Spieghel f.

Spielmeyer-Vogt-Syndrom n.  syndrome de Spielmeyer-Vogt m.

Spielraum m.  marge f.

Spigelia f.  spigélia f.

Spigelin n.  spigéline f.

Spina bifida f.  spina bifida f.

spinal  spinal

Spinalerkrankung, funikuläre f.  myélose funiculaire f.

Spinalparalyse, spastische f.  paraplégie spastique familiale f.

Spindel f.  fuseau m.

Spindelstar m.  cataracte fusiforme f.

Spindelzelle f.  cellule fusiforme f.

Spindelzellensarkom n.  sarcome à cellules fusiformes m.

Spinne f.  araignée f.

Spinnengift n.  venin d'araignée m.

Spinngewebe n.  toile d'araignée f.

spinobulbär  spinobulbaire

spinokortikal  spinocortical

spinothalamisch  spinothalamique

spinozellulär  spinocellulaire

spinozerebellar  spinocérébelleux

Spiperon n.  spipérone f.

Spiralbohrer m.  foret hélicoïdal m.

Spirale f.  spirale f.

Spiralfraktur f.  fracture en spirale f., fracture spiroïde f.

Spiralisation f.  spiralisation f.

Spiramid n.  spiramide m.

Spirgetin n.  spirgétine f.

Spirille f.  spirille f.

Spirillolyse f.  spirillolyse f.

Spirillose f.  affection à spirillum f.

Spirillum n.  spirillum m.

Spirillum buccale n.  Spirillum buccale m.

Spirillum minus n.  Spirillum minus m.

Spirillum morsus muris n.  Spirillum morsus muris m.

Spirillum Vincenti n.  Borrelia vincenti f.

Spirituose m.  spiritueux

Spiritus m.  alcool éthylique m.

Spirochaeta f.  Spirochaeta f.

Spirochaeta berbera f.  Spirochaeta berbera f.

Spirochaeta bronchialis f.  Spirochaeta bronchialis f.

Spirochaeta dentium f.  spirochaeta dentium f.

Spirochaeta Duttoni f.  Borrelia duttonii f.

Spirochaeta forans f.  Spirochaeta forans f.

Spirochaeta morsus muris f.  Spirochaeta morsus muris f.

Spirochaeta Novyi f.  Borrelia novyi f.

Spirochaeta Obermeieri f.  Borrelia recurrentis f.

Spirochaeta pallida f.  Treponema pallidum f.

Spirochaeta pertenuis f.  Treponema pertenue f.

Spirochaeta refringens f.  Spirochaeta refringens f.

Spirochäte f.  spirochète f.

Spirochätose f.  spirochétose f.

Spirogermanium n.  spirogermanium m.

Spirographie f.  spirographie f.

spirographisch  spirographique

Spirolakton n.   spirolactone f.
Spirometer n.   spiromètre m.
Spirometrie f.   spirométrie f.
spirometrisch   spirométrique
Spironema f.   spirochète m.
Spironolakton n.   spironolactone f.
Spirorenon n.   spirorénone f.
Spirosaxon n.   spiroxasone f.
Spiroxatrin n.   spiroxatrine f.
Spitze f.   pointe f.
Spitzenbelastung f.   pic de charge m.
Spitzenbeschneidung f.   incision de la
   pointe f.
Spitzenpotential (EKG) n.   potentiel de
   pointe m.
Spitzenstoß m.   choc de la pointe du
   coeur m.
Spitzenstoß, hebender m.   choc en
   dôme m.
Spitzenwert m.   valeur maximum f.
Spitzfuß m.   pied bot équin m.
Splanchnikotomie f.   splanchnicoto-
   mie f.
splanchnisch   splanchnique
Splanchnoptose f.   splanchnoptose f.
splanchnozystisch   splanchnocystique
Splenektomie f.   splénectomie f.
splenektomieren   splénectomiser
Splenisation f.   splénisation f.
splenisch   splénique
Splenitis f.   splénite f.
splenogen   splénogène
Splenomegalie f.   splénomégalie f.
Splenoportogramm n.   splénoporto-
   gramme m.
Splenoportographie f.   splénoporto-
   graphie f.
splenoportographisch   splénoporto-
   graphique
Splenoptose f.   splénoptose f.
splenorenal   splénorénal
Splenorrhaphie f.   splénorrhaphie f.
Splitter m.   éclat m.
Splitterfraktur f.   fracture comminu-
   tive f.
Splitterfraktur, komplizierte f.
   fracture ouverte comminùtive f.
Splitterpinzette f.   pince à esquille f.
Splitterung f.   éclatement m.
spodogen   spodogène
Spondwenifieber n.   fièvre Spondweni
   f.

Spondylarthritis f.   spondylarthrite f.
Spondylarthritis ankylopoetica f.
   spondylarthrite ankylosante f.
Spondylarthrose f.   spondylarthrose f.
Spondylarthrosis deformans f.   spondylarthrose hypertrophique f.
Spondylitis f.   spondylite f.
Spondylitis ankylopoetica f.   spondy-
   lite ankylosante f.
Spondylitis tuberculosa f.   spondylite
   tuberculeuse f.
spondylitisch   spondylitique
Spondylodese f.   spondylodèse f.
spondyloepiphysär   spondyloépiphy-
   saire
spondylogen   spondylogène
Spondylolisthese f.   spondylolisthésis
   m.
Spondylolyse f.   spondylolyse f.
spondylometaphysär   spondylométa-
   physaire
Spondylopathie f.   spondylopathie f.
Spondylose f.   spondylose f.
Spondylosis deformans f.   spondylite
   hypertrophique f.
Spondylosis hyperostotica f.   hyperos-
   tose ankylosante vertébrale f.
spongiform   spongiforme
Spongioblast m.   spongioblaste m.
Spongioblastom n.   spongioblastome
   m.
Spongioplasma n.   spongioplasma m.
Spongiose f.   spongiose f.
Spongiozyt m.   spongiocyte m.
spontan   spontané
Spontanatmung f.   respiration sponta-
   née f.
Spontanbewegung f.   mouvement
   spontané m.
Spontaneität f.   spontanéité f.
Spontanfraktur f.   fracture spontanée
   f.
Spontangeburt f.   naissance spontanée
   f.
Spontanheilung f.   guérison spontanée
   f.
Spontanhypoglykämie f.   hypoglycé-
   mie spontanée f.
Spontanhypothermie f.   hypothermie
   spontanée f.
Spontanpneumothorax m.   pneumo-
   thorax spontané m.

S

Spontanstrukturierung f. structuration spontanée f.
Spontanverlauf m. évolution spontanée f.
sporadisch sporadique
Sporangium n. sporange m.
Spore f. spore f.
sporenabtötend sporicide
Sporn m. éperon m.
Sporoblast m. sporoblaste m.
Sporogenie f. sporogénèse f.
Sporogonie f. sporogonie f.
Sporomykose f. sporomycose f.
Sporont m. sporocyste m.
Sporotrichon n. sporotrichum m.
Sporotrichose f. sporotrichose f.
Sporozoit m. sporozoïte m.
Sporozoon n. sporozoaire m.
Sportarzt m. spécialiste de médecine sportive m.
Sportärztin f. spécialiste de médecine sportive f.
Sportherz n. coeur d'athléte m.
Sportmedizin f. médecine sportive f.
Sportverletzung f. blessure sportive f.
Sporulation f. sporulation f.
Sprache (Sprechweise) f. langage m.
Sprache, skandierende f. parole saccadée f.
Sprache, verwaschene f. parole mal articulée f.
Sprachfehler m. défaut de la parole m.
Sprachstörung f. trouble de la parole m.
Sprachverständnis n. compréhension verbale f.
Sprachzentrum n. centre cérébral du langage m.
Spray m. spray m.
Sprechen n. langage m.
Sprechkanüle f. canule de conversation f.
Sprechmechanismus m. mécanisme de la parole m.
Sprechstunde f. moment des consultations m.
Sprechventilkanüle f. canule larynx artificiel f.
Sprechzimmer n. cabinet de consultation m.
spreizen, die Beine écarter les jambes
Spreizfuß m. pied étalé m.

Spreizschritt m. jambes pas écartés m.
Springkrankheit der Schafe f. maladie motrice du mouton f.
spritzbereit prêt à injecter
Spritze f. seringue f.
spritzen injecter
spritzfertig prêt à injecter
Sproßpilz m. blastomycète m.
Sprue f. sprue f.
sprunghaft incohérent
Spülbecher n. gobelet de rinçage m.
Spule f. bobine f.
Spule, Induktions- f. bobine d'induction f.
spülen laver
Spulenniere f. rein artificiel en bobine m.
Spülflüssigkeit f. liquide de lavage m.
Spülinstrument n. instrument d'irrigation m.
Spülkanüle f. canule de lavage f.
Spülkatheter m. cathéter d'irrigation m.
Spüllösung f. solution de lavage f.
Spülung f. lavage m.
Spulwurm m. ascaride m.
Spur f. trace f.
Spurenanalyse f. oligoanalyse f.
Spurenelement n. oligoélément m.
Spürsubstanz f. traceur m.
Sputum n. crachat m.
Sputumbecher m. crachoir m.
Squalen n. squalène m.
squamomastoidal squamomastoïdien
squamoparietal squamopariétal
squamös syuameux
squamosphenoidal syuamosphénoïdal
squamotympanisch squamotympanique
SRIF (Hemmfaktor für Somatotropin) m. SRIF (somatostatine) f.
Staatsexamen n. examen d'Etat m.
Stab m. bâtonnet m.
Stäbchen (bakteriol.) n. bacille m.
Stäbchen und Zapfen der Netzhaut des Auges pl. bâtonnets et cônes de la rétine m. pl.
Stäbchenmyopathie f. myopathie congénitale á bâtonnets f.
stabförmig en forme de bâtonnet
stabil stable

Stabilisation f.   stabilisation f.
Stabilisator m.   stabilisateur m.
stabilisieren   stabiliser
stabkerniger Leucozyt m.   leucocyte à bâtonnet m.
Stabsichtigkeit f.   astigmatisme m.
Stachel m.   épine f.
Stacheldrahtkrankheit f.   psychose du fil barbelé f.
Stachelzelle f.   cellule de l'épiderme filamenteux f.
stachelzellig   spinocellulaire
Stachyose f.   stachyose f.
Stadieneinteilung f.   classification par stades f.
Stadium n.   stade m.
Stadtbevölkerung f.   population urbaine f.
städtisch   urbain
Stagnation f.   stagnation f.
stagnieren   stagner
Stahl m.   acier m.
Stahl, rostfreier m.   acier inoxydable m.
Stalagmometer n.   stalagmomètre m.
Stalagmometrie f.   stalagmométrie f.
Stamm (anatom.)   tronc m.
Stamm (botan., zoolog.) m.   lignée f.
Stamm (genet.) m.   clone m.
Stammbaum m.   arbre généalogique m.
Stammbaum (biol.) m.   pédigree m.
Stammbronchus m.   tronc bronchique m.
Stammeln n.   balbutiement m.
Stammfettsucht f.   obésité du tronc f.
Stammganglion n.   ganglion du tronc cérébral m.
Stammlösung f.   solution d'origine f.
Stammzelle f.   cellule souche f.
Stanazol n.   stanazol m.
Stand-by-Schrittmacher m.   pacemaker stand-by m.
Standard m.   standard m.
Standardableitung f.   dérivation standard f.
Standardabweichung f.   déviation standard f.
standardisieren   standardiser
Standardisierung f.   standardisation f.
Standardlösung f.   solution standard f.
Ständer m.   support m.

Standeskunde f.   déontologie f.
Stangerbad n.   bain hydroélectrique m.
Stannat n.   stannate m.
Stanniussche Ligatur f.   ligature de Stannius f.
Stanolon n.   stanolone f.
Stanozolol n.   stanozolol m.
Stanzbiopsie f.   biopsie à l'emporte-pièce f.
Stanze f.   emporte-pièce m.
Stapedektomie f.   stapédectomie f.
stapedial   stapédien
Stapediotenotomie f.   stapédioténotomie f.
stapediovestibulär   stapédiovestibulaire
Stapedolyse f.   stapédolyse f.
Stapes m.   étrier m.
Staphylococcus m.   staphylocoque m.
Staphylococcus albus m.   Staphylococcus albus m.
Staphylococcus aureus m.   staphylococcus aureus m.
Staphylococcus citreus m.   Staphylococcus citreus m.
Staphylococcus tetragenus m.   Staphylococcus tetragenus m.
Staphylodermie f.   staphylodermie f.
Staphylokinase f.   staphylokinase f.
Staphylokoagulase f.   staphylocoagulase f.
Staphylokokkus m.   staphylocoque m.
Staphylom n.   staphylome m.
staphylomatös   staphylomateux
staphyloplastisch   staphyloplastique
Staphylotoxin n.   staphylotoxine f.
Star (med.) m.   cataracte f.
Star, grauer m.   cataracte f.
Star, grüner m.   glaucome m.
Star, punktförmiger m.   cataracte punctiforme f.
stark wirksam   très efficace
Stärke (chem.) f.   amidon m.
Stärke-Gel n.   gel amidon m.
Stärkeagar m.   agar amidon m.
Stärkebinde f.   bande amidonnée f.
stärken   fortifier
Stärkeverband m.   bandage amidonné m.
Starkstrom m.   courant force m.
Stärkung f.   gain de force m.

S

Starlöffel m. curette f.
Starmesser n. scalpel à cataracte m.
Starre f. rigidité f.
Starter m. starter m.
Starterlösung f. solution starter f.
Stase f. stase f.
Statik f. statique f.
Station f. station f., unité de soins f.
stationär stationnaire
stationäre Behandlung f. traitement à
l'hôpital m.
stationärer Patient, stationäre Patientin
m./f. patient (e) hospitalisé (e) m./f.
Stationsschwester f. infirmière respon-
sable de l'unité de soins f.
statisch statique
Statistik f. statistique f.
statistisch statistique
Stativ n. pied m.
statokinetisch statocinétique
Statolith m. otolithe m.
Status m. état m.
Status lymphaticus m. constitution
lymphatique f.
Staub m. poussière f.
Staubfilter n. filtre anti-poussière m.
Staubinde f. garrot m.
Stauchung f. compression f.
stauen congestionner
Staupe, Hunde- f. morve des chiens f.
Staupe, Pferde- f. gourme équine f.
Stauung f. congestion f.
Stauungsgastritis f. gastrite congestive
f.
Stauungshyperämie f. hyperémie pas-
sive f.
Stauungsinsuffizienz, kardiale f. insuf-
fisance cardiaque congestive f.
Stauungsleber f. foie cardiaque m.
Stauungslunge f. poumon congestif
m.
Stauungspapille f. stase papillaire f.
Stauungszirrhose f. cirrhose conges-
tive f.
Steal-Syndrom n. syndrome de l'ar-
tère voleuse m.
Steapsin n. lipase pancréatique f.
Steapsinogen n. stéapsinogène m.
Stearat n. stéarate m.
Stearin n. stéarine f.
Stearyl n. stéaryle m.
Steatadenom n. stéatadénome m.

Steatom n. stéatome m.
Steatorrhöe f. stéatorrhée f.
Steatose f. stéatose f.
Stechapfelerythrozyt m. kératocyte m.
Stechmücke f. moustique m.
Steckbecken n. bassin m.
Steckschuß m. blessure avec rétention
de la balle f.
Steffimycin n. steffimycine f.
Steg (dent.) m. barre de connexion f.
(dent.)
Steggeschiebe (dent.) n. attachement
barre conjonctrice m. (dent.)
Steh-EKG n. ECG orthostatique m.
stehend debout
Stehfeld n. champ fixé m.
steif raide
Steifheit f. rigidité f.
Steigbügel m. étrier m.
steigern élever
Steigerung f. accroissement m.
Steiltyp (EKG) m. position verticale
(ECG) f.
Stein m. calcul m., pierre f.
Stein-Leventhal-Syndrom n. syn-
drome de Stein-Leventhal m.
Steinabsaugung f. aspiration de calcul
f.
Steinauflösung f. litholyse f.
steinbildend formant des concrétions
Steinbildung f. formation de concréti-
ons f.
Steineinklemmung f. calcul bloqué m.
Steinkohlenteer m. coaltar m.
Steinmole f. concrétion môlaire f.
Steinschnitt m. lithotomie f.
Steinschnittlage f. positionnement
pour vésicotomie m.
Steinzertrümmerung f. lithotritie f.
Steiß m. siège m.
Steißbeinfistel f. fistule coccygienne f.
Steißgeburt f. accouchement par le
siège m.
Steißlage f. présentation du siège f.
Stellatumblockade f. blocage du gan-
glion stellaire m.
Stellenwert m. valeur f.
Stellit n. stellite m.
Stellreflex m. réflexe d'attitude m.
Stellung f. posture f.
stellungsmäßig positionnel

**Stellwagsches Zeichen n.**   signe de Stellwag m.
**stemmen**   appuyer
**Stenbolon n.**   stenbolone f.
**Stengel m.**   tige f.
**stenographieren**   sténographier
**Stenokardie f.**   sténocardie f.
**stenopäisch**   sténopéique
**Stenose f.**   sténose f.
**stenosieren**   sténoser
**stenotherm**   sténothermique
**stenotisch**   sténosé
**stenoxen**   sténoxénique
**Steppergang m.**   steppage m.
**sterben**   mourir
**sterblich**   mortel
**Sterblichkeit f.**   mortalité f.
**Sterblichkeitsquote f.**   taux de mortalité m.
**Stercuronium n.**   stercuronium m.
**Stereoauskultation f.**   stéréoauscultation f.
**Stereochemie f.**   stéréochimie f.
**stereochemisch**   stéréochimique
**Stereoelektroenzephalographie f.**   stéréoélectroencéphalographie f.
**Stereoenzephalotom n.**   stéréoencéphalotome m.
**Stereognosie f.**   stéréognosie f.
**stereognostisch**   stéréognosique
**Stereogramm n.**   stéréogramme m.
**stereoisomer**   stéréoisomérique
**Stereoisomer n.**   stéréoisomère m.
**Stereoisomerie f.**   stéréoisomérie f.
**Stereomerie f.**   stéréomérie f.
**Stereomikroskop n.**   stéréomicroscope m.
**Stereomikroskopie f.**   stéréomicroscopie f.
**stereomikroskopisch**   stéréomicroscopique
**Stereophotographie f.**   stéréophotographie f.
**Stereopsis f.**   stéréopsie f.
**Stereoröntgenographie f.**   stéréoradiographie f.
**Stereoskop n.**   stéréoscope m.
**Stereoskopie f.**   stéréoscopie f.
**stereoskopisch**   stéréoscopique
**stereospezifisch**   stéréospécifique
**stereotaktisch**   stéréotactique
**Stereotaxie f.**   stéréotaxie f.

**stereotyp**   stéréotype
**Stereotypie f.**   stéréotypie f.
**Stereozilie f.**   stéréocil m.
**steril**   stérile
**Sterilisation f.**   stérilisation f.
**Sterilisationsapparat m.**   stérilisateur m.
**Sterilisationsmittel n.**   stérilisant m.
**Sterilisator m.**   stérilisateur m.
**sterilisieren**   stériliser
**Sterilisierpinzette f.**   pince à stérilisation f.
**Sterilität f.**   stérilité f.
**Sterin n.**   stéride m.
**sterisch**   stérique
**Sterkobilin n.**   stercobiline f.
**Sterkobilinogen n.**   stercobilinogène m.
**sterkoral**   stercoral
**Sterkorom n.**   tumeur stercorale f.
**sterkorös**   stercoral
**Stern m.**   étoile f.
**sternal**   sternal
**Sternalmark n.**   moelle sternale f.
**Sternalpunktion f.**   ponction sternale f.
**sternalwärts**   vers le sternum
**Sternbergsche Riesenzelle f.**   cellule de Sternberg f.
**sternoklavikular**   sternoclaviculaire
**sternokostal**   sternocostal
**sternoperikardial**   sternopéricardiaque
**sternothyreoidal**   sternothyroïdien
**Sternotomie f.**   sternotomie f.
**Sternum n.**   sternum m.
**Steroid n.**   stéroïde m.
**steroidal**   stéroïdien
**Steroidhormon n.**   hormone stéroïdienne f.
**Steroidulkus m.**   ulcère par traitement stéroïdien m.
**stertorös**   stertoreux
**Stethophon n.**   stéthophone m.
**Stethoskop n.**   stéthoscope m.
**steuerbar**   contrôlable
**Steuerbarkeit f.**   contrôlabilité f.
**steuern**   diriger
**steuern, biologisch**   biocontrôler
**Steuerung f.**   régulation f.
**Steuerung, biologische f.**   biocontrôle m.
**Stevaladit n.**   stévaladite m.

STH (somatotropes Hormon) n. STH (hormone somatotrope) f.
sthenisch sthénique
Stibamin n. stibamine f.
Stibialismus m. intoxication stibiée f.
Stibocaptat n. stibocaptate m.
Stiboglukonat n. stibogluconate m.
Stich m. piqûre f.
Stich, giftiger m. piqûre venimeuse f.
Stichinzision f. incision perforante f.
Stichkultur f. culture par piqûre f.
Stichwunde f. blessure perforante f.
Stickoxid n. oxyde d'azote m.
Stickoxidul n. peroxyde d'azote m.
Stickstoff m. azote m.
Stickstoffdioxid n. dioxyde d'azote m.
stickstofffrei non azoté
stickstoffhaltig azoté
stickstoffhaltig (dreiwertig) nitreux
stickstoffhaltig (fünfwertig) nitrique
Stickstofflost m. moutarde à l'azote f.
Stieda-Fraktur f. fracture de Stieda f.
Stiel m. pédicule m.
Stieldrehung f. torsion axiale f.
Stiellappen m. lambeau pédiculé m.
Stielwarze f. verrue pédiculée f.
Stierhornmagen m. estomac en corne m.
Stierlinsches Zeichen n. signe de Stierlin m.
Stiernacken m. cou épaissi m.
Stift m. pivot m.
Stifthülse f. tube à pivot m.
Stiftkrone f. couronne à pivot f.
Stiftzieher m. extracteur de pivot m.
Stigma n. stigmate m.
stigmatisch stigmatique
stigmatisieren stigmatiser
Stigmatisierung f. stigmatisation f.
Stigmatometer n. stigmatomètre m.
Stilbamidin n. stilbamidine f.
Stilben n. stilbène m.
Stilbestrol n. stilboestrol m.
Stilett n. stylet m.
stillen (an der Brust ernähren) allaiter
stillen (beruhigen) apaiser
Stillersches Zeichen n. stigmate costal de Stiller m.
Stillfähigkeit f. capacité d'allaiter f.
Stillhindernis n. empêchement d'allaiter m.

Stillingscher Kern m. noyau de Stilling m.
Stillperiode f. période d'allaitement f.
Stillsche Krankheit f. maladie de Still f.
Stillstand m. arrêt m.
Stillstand, zum – bringen arrêter
Stimmband n. corde vocale f.
Stimmbruch m. mue f.
Stimme f. voix f.
Stimme, innere f. voix intérieure f.
Stimmenhören n. fait d'entendre des voix m.
Stimmfremitus m. vibrations thoraciques f. pl.
Stimmgabel f. diapason m.
stimmhaft sonore
Stimmlippe f. corde vocale f.
stimmlos aphone
Stimmritze f. glotte f.
Stimmung f. humeur f.
Stimmungsaufhellung f. amélioration de l'humeur f.
Stimmungslage f. état d esprit m.
Stimmungsschwankung f. variations d'humeur f. pl.
Stimulans n. stimulant m.
Stimulation f. stimulation f.
Stimulator m. stimulateur m.
stimulieren stimuler
stimulierend stimulant
Stimulierung f. stimulation f.
stinken sentir mauvais
Stinknase f. ozène m.
Stintzingsche Tafel f. table de Stintzing f.
Stirimazol n. stirimazole m.
Stirn f. front m.
Stirnader f. veine frontale f.
Stirnhöhle f. sinus frontal m.
Stirnlage f. présentation du front f.
Stirnlampe f. lampe frontale f.
Stirnlappen m. lobe frontal m.
Stirnreflektor m. miroir frontal m.
Stöchiometrie f. stoechiométrie f.
Stockschnupfen m. nez bouché m.
Stoffwechsel m. métabolisme m.
stoffwechselgestört dysmétabolique
stoffwechselgesund eumétabolique
stoffwechselmäßig métaboliquement
Stoffwechselprodukt n. métabolite m.
stöhnen gémir

**Stokes-Reagens n.** réactif de Stokes m.
**Stollbeule (vet.) f.** furoncle du pied m. vet.
**stomachal** stomacal
**Stomachikum n.** stomachique m.
**Stomatitis f.** stomatite f.
**Stomatitis aphthosa f.** stomatite à aphtes f.
**Stomatitis catarrhalis f.** stomatite catarrhale f.
**Stomatitis fusospirillaris f.** stomatite fusospirillaire f.
**Stomatitis mercurialis f.** stomatite mercurielle f.
**Stomatitis syphilitica f.** stomatite syphilitique f.
**Stomatitis ulcerosa f.** stomatite ulcéreuse f.
**stomatitisch** stomatitique
**stomatogen** stomatogène
**Stomatologie f.** stomatologie f.
**Stomatozytose f.** stomatocytose f.
**stopfen, den Stuhlgang** constiper
**Stopfer m.** fouloir m.
**Stoppuhr f.** chronomètre m.
**Stöpsel m.** bouchon m.
**stören** déranger, perturber
**Störung f.** perturbation f.
**Stoß m.** choc m.
**Stoßbehandlung f.** traitement à dose massive m.
**Stoßeisen (dent.) n.** poussoir m. (dent.)
**Stoßwellentherapie f.** traitement par ondes de choc m.
**Stoßzahn m.** défense (zool.) f.
**stottern** bégayer
**Stottern n.** bégaiement m.
**Strabismus m.** strabisme m.
**Strabismus convergens m.** strabisme convergent m.
**Strabismus divergens m.** strabisme divergent m.
**Strabometrie f.** strabométrie f.
**Strabotomie f.** strabotomie f.
**straff** serré
**Straffheit f.** raideur f.
**Strahl m.** rayon m.
**Strahl (vet.) m.** fourchette f. (vet.)
**Strahlbeinlahmheit f.** podotrochléite f.
**strahlen** rayonner

**Strahlenbehandlung f.** traitement par irradiation m.
**Strahlenbelastung f.** radioexposition f.
**Strahlenbiologie f.** radiobiologie f.
**Strahlenbrechung f.** réfraction des rayons f.
**Strahlendermatitis f.** radiodermite f.
**Strahlendosierung f.** dosage de l'irradiation m.
**strahlendurchgängig, partiell** partiellement radiotransparent
**Strahlendurchgängigkeit, partielle f.** radiotransparence partielle f.
**strahlendurchlässig** radiotransparent
**Strahlendurchlässigkeit f.** radiotransparence f.
**strahlenempfindlich** radiosensible
**Strahlenempfindlichkeit f.** radiosensibilité f.
**Strahlenexposition f.** exposition aux rayons f.
**Strahlenfibrose f.** radiofibrose f.
**Strahlenheilkunde f.** radiologie f.
**Strahlenkastration f.** castration par irradiation f.
**Strahlenkatarakt f.** cataracte d'irradiation f.
**Strahlenkater m.** mal des rayons m.
**Strahlenkunde f.** science des rayonnements f.
**strahlenkundlich** actinologique
**Strahlennekrose f.** radionécrose f.
**strahlenresistent** radiorésistant
**Strahlenresistenz f.** radiorésistance f.
**Strahlenschaden m.** lésion d'irradiation f.
**Strahlenschutz m.** radioprotection f.
**Strahlenschutzplakette f.** plaquette de protection f.
**Strahlenschutzwirkung f.** effet radioprotecteur m.
**Strahlentherapie f.** actinothérapie f., radiothérapie f.
**Strahlentoxizität f.** radiotoxicité f.
**strahlenundurchlässig f.** radioopaque
**Strahlenundurchlässigkeit f.** radioopacité f.
**Strahlfäule (vet.) f.** nécrose de la fourchette f. (vet.)
**Strahlgebläse m.** soufflerie à jet f.
**strahlig** radiaire

**Strahlung f.** radiation f.
**Stramonium n.** stramoine m.
**Strang m.** bride f.
**Strangulation f.** étranglement m.
**strangulieren** étrangler
**Strangurie f.** ténèsme vésical m.
**Stratigraphie f.** stratigraphie f.
**Straußsche Kanüle f.** canule de saignée de Strauß f.
**Streblodaktylie f.** stréblodactylie f.
**Streckbett n.** lit orthopédique à extension m.
**strecken** allonger
**Strecker m.** extenseur m.
**Streckmuskel m.** muscle extenseur m.
**Streckung f.** extension f.
**Streifen m.** bande f.
**Streifenzeichnung f.** striation f.
**streifig** strié
**Streifschuß m.** éraflure de balle f.
**Streitfrage f.** différend m.
**Strenge f.** sévérité f.
**Strephosymbolie f.** strephosymbolie f.
**Streptamin n.** streptamine f.
**Streptidin n.** streptidine f.
**Streptobacillus Ducrey-Unna m.** Haemophilus ducreyi m.
**Streptobacterium ulceris mollis n.** Haemophilus ducreyi m.
**Streptococcus acidi lactici m.** Streptococcus acidi lactici m.
**Streptococcus anhaemolyticus m.** Streptococcus anhaemolyticus m.
**Streptococcus brevis m.** Streptococcus brevis m.
**Streptococcus erysipelatis m.** Streptococcus erysipelatis m.
**Streptococcus haemolyticus m.** Streptococcus haemolyticus m.
**Streptococcus longus m.** Streptococcus longus m.
**Streptococcus mitior m.** Streptococcus mitior m.
**Streptococcus mutans m.** Streptococcus mutans m.
**Streptococcus puerperalis m.** Streptococcus puerperalis m.
**Streptococcus pyogenes m.** Streptococcus pyogenes m.
**Streptococcus salivarius m.** Streptococcus salivarius m.

**Streptococcus scarlatinae m.** Streptococcus scarlatinae m.
**Streptococcus viridans m.** Streptococcus viridans m.
**Streptodermie f.** dermatite streptococcique f.
**Streptodornase f.** streptodornase f.
**Streptokinase f.** streptokinase f.
**Streptokokkus m.** streptocoque m.
**Streptolysin n.** streptolysine f.
**Streptomycin n.** streptomycine f.
**Streptomykose f.** streptomykose f.
**Streptothrikose f.** streptothricose f.
**Streptothrix f.** streptothrix m.
**Streptotrichose f.** streptothricose f.
**Streß m.** stress m.
**Streu f.** litière f.
**Streudose f.** saupoudreuse f.
**streuen** répandre
**Streustrahlen m. pl.** rayons diffusés m. pl.
**Streuung f.** dispersion f.
**striär** striaire
**striatal** striaire
**striatonigral** nigrostriaire
**Striatoxin n.** striatoxine f.
**Strichkultur f.** ensemencement en stries m.
**Stridor m.** stridor m.
**stridorös** stridoreux
**Strieme f.** sugillation f.
**Striemen m.** vergeture f.
**Striktur f.** stricture f.
**Strinolin n.** strinoline f.
**striozerebellar** cérébellostriaire
**Stripping n.** stripping m.
**Stroboskop m.** stroboscope m.
**Stroboskopie f.** stroboscopie f.
**stroboskopisch** stroboscopique
**Stroganoffsche Behandlung f.** traitement de Stroganoff m.
**Strom m.** flux m.
**Strom, Drehstrom m.** courant triphasé m.
**Strom, elektrischer m.** courant électrique m.
**Strom, faradischer Strom m.** courant faradique m.
**Strom, galvanischer Strom m.** courant galvanique m.
**Strom, Wechselstrom m.** courant alternatif m.

**Stroma n.** stroma m.
**Stromatose f.** stromatose f.
**Stromausfall m.** panne de courant f.
**Strombahn, terminale f.** système vasculaire terminal m.
**Stromkreis m.** circuit m.
**Strommarke f.** brûlure électrique f.
**Stromuhr f.** compteur du débit sanguin m.
**Strömung f.** courant m.
**Strömungsgeschwindigkeit f.** vitesse d'écoulement f.
**Strömungswiderstand m.** résistance d'écoulement f.
**Stromversorgung f.** électrification f.
**Strongyloides stercoralis** Strongyloides stercoralis
**Strongyloidose f.** strongyloïdose f.
**Strontium n.** strontium m.
**Strophanthidin n.** strophanthidine f.
**Strophanthin (g-Stroph.) n.** ouabaïne f.
**Strophanthin (k-Stroph.) n.** strophantine f.
**Strophotnyzet m.** strophomycète m.
**Strophulus m.** strophulus m.
**Struktur f.** structure f.
**strukturell** structural
**Strukturformel f.** formule structurale f.
**Struma f.** goitre m.
**Strumektomie f.** strumectomie f.
**strumigen** strumigène
**strumipriv** strumiprive
**Strumitis f.** strumite f.
**Strümpellsche Krankheit f.** paraplègie de Strümpell-Lorrain f.
**Strümpellscher Reflex m.** phénomène pyramidal de Strümpell m.
**Strumpf, elastischer m.** bas élastique m.
**Strumpf, Gummi- m.** bas en caoutchouc m.
**Strumpf, Kompressions- m.** bas de compression m.
**Struvit m.** struvite f.
**Strychnin n.** strychnine f.
**Strychninsulfat n.** sulfate de strychnine m.
**Strychninvergiftung f.** strychnisme m.
**Stuart-Prower-Faktor m.** facteur Stuart m.

**Student m.** étudiant m.
**Studentin f.** étudiante f.
**Stufe f.** degré m.
**stufenlos** sans paliers
**Stufenphotometer n.** photomètre à degrés m.
**Stufenschalter m.** commutateur séquentiel m.
**Stuhldrang m.** ténesme m.
**Stuhlgang m.** défécation f.
**Stuhlinkontinenz f.** incontinence fécale f.
**Stuhlverstopfung f.** constipation f.
**stumm** silencieux
**Stummel m.** moignon m.
**Stummheit f.** mutisme m.
**stumpf** émoussé
**Stumpf m.** moignon m.
**Stumpfheit f.** indifférence f.
**Stumpfkarzinom n.** carcinome d'amputation m.
**Stumpfpräparation (dent.) f.** préparation du moignon f. (dent.)
**Stumpfschmerz m.** douleur du moignon f.
**stündlich** par heure
**Stupor m.** stupeur f.
**stuporös** stuporeux
**Sturge-Webersches Syndrom n.** angiomatose encéphalotrigéminée f.
**Sturzanfall m.** crise avec chute f.
**Sturzgeburt f.** accouchement précipité m.
**Stuttgarter Hundeseuche f.** maladie épidémique des chiens f.
**Stütze f.** soutien m.
**stützen** soutenir
**stützend** soutenant
**Stützgewebe n.** tissu de soutien m.
**Stützkorsett n.** corset de soutien m.
**Stützzahn m.** dent d'ancrage f.
**styloid** styloïde
**Styloiditis f.** inflammation péristyloïdienne f.
**stylomaxillär** stylomaxillaire
**Styptikum n.** styptique m.
**styptisch** styptique
**Styptol n.** styptol m.
**Styramat n.** styramate m.
**Styrol n.** styrène m.
**subacid** subacide
**Subacidität f.** hypoacidité f.

**S**

subakromial  subacromial
subakut  subaigu
subaortal  subaortique
subapikal  subapical
subaponeurotisch  subaponévrotique
subarachnoidal  subarachnoïdien
Subarachnoidalblutung f.  hémorragie
  sousarachnoïdienne f.
Subarachnoidalraum m.  espace sousarachnoïdien m.
subareolär  subaréolaire
Subathizon n.  subathizone f.
subaurikulär  subauriculaire
subaxillär  subaxillaire
Subazetat n.  subacétate m.
subazid  subacide
Subazidität f.  hypoacidité f.
subcarinal  subcaréné
subchondral  subchondral
subchorioidal  subchoroïdien
subchronisch  subchronique
subcutan  hypodermique
Subcutis f.  tissu cellulaire sous-cutané
  m.
subdermal  hypodermique
subdiaphragmatisch  subdiaphragmatique
subdural  sousdural
subdurales Hämatom n.  hématome
  sousdural m.
Subduralraum m.  espace sousdural
  m.
subendokardial  subendocardiaque
subendothelial  subendothélial
subepikardial  subépicardiaque
subepithelial  subépithélial
Suberat n.  subérate m.
Suberose f.  subérose f.
subfaszial  subfascial
subfebril  subfébrile
subfertil  subfertile
Subfragment n.  subfragment m.
Subfraktion f.  subfraction f.
subfrontal  subfrontal
subgingival  subgingival
Subgingivalspalt m.  sillon subgingival
  m.
subglottisch  subglottique
subhepatisch  subhépatique
subikterisch  subictérique
Subinfektion f.  subinfection f.
subintimal  subintimal

Subinvolution f.  subinvolution f.
Subjekt n.  sujet m.
subjektiv  subjectif
subkapital  souscrânien
subkapsulär  subcapsulaire
subkarinal  souscaréné
Subkategorie f.  souscatégorie f.
Subklasse f.  sousclasse f.
subklavikulär  subclaviculaire
subklinisch  subclinique
subkortikal  souscortical
Subkortikographie f.  souscorticographie f.
subkostal  souscostal
Subkultur f.  subculture f.
subkutan  souscutané
Subkutis f.  tissu cellulaire sous-cutané
  m.
subletal  sublétal
Sublimat n.  sublimé m.
Sublimation f.  sublimation f.
sublimieren  sublimer
Sublimierung f.  sublimation f.
sublingual  sublingual
Subluxation f.  subluxation f.
submammär  submammaire
submandibulär  submandibulaire
submarin  sousmarin
submaxillär  submaxillaire
submetazentrisch  submétacentrique
submikroskopisch  submicroscopique
submitochondrial  submitochondrique
submukös  sousmuqueux
subnarkotisch  subnarcotique
subnormal  subnormal
subokzipital  sousoccipital
Subokzipitalpunktion f.  ponction cisternale f.
suborbital  suborbitaire
subparietal  subpariétal
subpatellar  souspatellaire
subpektoral  subpectoral
subperikardial  subpéricardique
subperiostal  souspériostal
subperitoneal  souspéritonéal
subphrenisch  subphrénique
subpleural  souspleural
Subpopulation f.  sous-population f.
subserös  subséreux
subskapulär  sousscapulaire
subskleral  subscléreux
subspezifisch  subspécifique

**Substantia reticulofilamentosa f.** substance granulofilamenteuse des réticulocytes f.
**substantiell** substantiel
**Substanz f.** substance f.
**Substanz, graue f.** substance grise f.
**Substanz, oberflächenaktive f.** surfactant m.
**Substanz, weiße f.** substance blanche f.
**substernal** sousternal
**substituieren** substituer
**Substitution f.** substitution f.
**Substrat n.** substrat m.
**Substruktur f.** substructure f.
**subsynaptisch** subsynaptique
**subtarsal** subtarsien
**subtemporal** soustemporal
**subtentorial** sous la tente du cervelet
**subthalamisch** hypothalamique
**subtil** subtil
**subtotal** subtotal
**Subtraktionsangiographie f.** soustraction angiographique f.
**subtrochanterisch** subtrochantérien
**Subtypus m.** soustype m.
**subungual** sousunguéal
**suburethral** suburétral
**subvaginal** subvaginal
**subvalvulär** subvalvulaire
**subvisuell** subvisuel
**subxiphoidal** sousxiphoïdien
**subzellulär** subcellulaire
**Subzitrat n.** subcitrate m.
**Succi… siehe auch /** voir aussi Sukzi…
**Succinase f.** succinase f.
**Succinat n.** succinate m.
**Successio Hippocratis f.** succussion hippocratique f.
**Sucht (krankhafte Begierde) f.** manie f.
**Sucht (Krankheit) f.** état pathologique m.
**Sucht, Arzneimittel- f.** pharmacodépendance f.
**Suchtest m.** test de détection m.
**süchtig** drogue-dépendant
**suchtkranke Person f.** sujet toxicomane m.
**Suchtkrankheit f.** toxicomanie f.
**Suchtmittel n.** drogue f.
**Suclofenid n.** suclofénide m.

**Sucralfat n.** sucralfate m.
**Sudan n.** soudan m.
**Sudanophilie f.** soudanophilie f.
**Sudecksche Atrophie f.** atrophie de Sudeck-Leriche f.
**suffizient** suffisant
**Suffizienz f.** suffisance f.
**Suffokation f.** suffocation f.
**Suffusion f.** suffusion f.
**Sufosfamid n.** sufosfamide m.
**suggerieren** suggérer
**suggestibel** suggestible
**Suggestibilität f.** suggestibilité f.
**Suggestion f.** suggestion f.
**suggestiv** suggestif
**Sugillation f.** sugillation f.
**Suizid m.** suicide m.
**suizidal** suicidaire
**Suizidneigung f.** tendance suicidaire f.
**Suizidversuch m.** tentative de suicide f.
**Sukkorrhöe f.** sécrétion abondante f.
**sukkulent** succulent
**Sukkulenz f.** succulence f.
**Sukrase f.** sucrase f.
**Sukrose f.** saccharose m.
**sukzedan** succédané
**sukzessiv** successif
**Sukzinase f.** succinase f.
**Sukzinat n.** succinate m.
**Sukzinimid n.** succinimide m.
**Sukzinyl n.** succinyle m.
**Sukzinyltransferase f.** succinyltransférase f.
**Sulbutiamin n.** sulbutiamine f.
**Sulclamid n.** sulclamide m.
**Sulfabenz n.** sulfabenz m.
**Sulfacetamid n.** sulfacétamide m.
**Sulfadiazin n.** sulfadiazine f.
**Sulfadimethoxin n.** sulfadiméthoxine f.
**Sulfadimidin n.** sulfadimidine f.
**Sulfadoxin n.** sulfadoxine f.
**Sulfaguanidin n.** sulfaguanidine f.
**Sulfamat n.** sulfamate m.
**Sulfamerazin n.** sulfamérazine f.
**Sulfamethoxazol n.** sulfaméthoxazole m.
**Sulfamethoxydiazin n.** sulfaméthoxydiazine f.
**Sulfamethoxypyrazin n.** sulfaméthoxypyrazine f.

**Sulfamethoxypyridazin n.** sulfaméthoxypyridazine f.
**Sulfamezathin n.** sulfamézathine f.
**Sulfanilamid n.** sulfanilamide m.
**Sulfanilat n.** sulfanilate m.
**Sulfaphenazol n.** sulfaphénazol m.
**Sulfapyridin n.** sulfapyridine f.
**Sulfapyrimidin n.** sulfapyrimidine f.
**Sulfasalazin n.** sulfasalazine f.
**Sulfasomidin n.** sulfasomidine f.
**Sulfasukzinat n.** sulfasuccinate m.
**Sulfat n.** sulfate m.
**Sulfatase f.** sulfatase f.
**Sulfathiazol n.** sulfathiazol m.
**Sulfatid n.** sulfatide m.
**Sulfatidose f.** sulfatidose f.
**Sulfhämoglobin n.** sulfhémoglobine f.
**Sulfhydrat n.** sulfhydrate m.
**Sulfhydryl n.** sulfhydryle m.
**Sulfid n.** sulfure m.
**Sulfinpyrazon n.** sulfinpyrazone f.
**Sulfisoxazol n.** sulfisoxazol m.
**Sulfit n.** sulfure m.
**Sulfitolyse f.** sulfurolyse f.
**Sulfitoxidase f.** oxydase sulfurée f.
**Sulfmethämoglobin n.** sulfméthémoglobine f.
**Sulfobituminat n.** sulfobituminate m.
**Sulfoglykoprotein n.** sulfoglycoprotéine f.
**Sulfokinase f.** sulfokinase f.
**Sulfomuzin n.** sulfomucine f.
**Sulfon n.** sulfone m.
**Sulfonamid n.** sulfonamide m.
**sulfonamidresistent** résistant aux sulfonamides
**Sulfonat n.** sulfonate m.
**Sulfonyl n.** sulfonyle m.
**Sulfonylharnstoff m.** sulfonylurée f.
**Sulformethoxin n.** sulforméthoxine f.
**Sulfosukzinat n.** sulfosuccinate m.
**Sulfotransferase f.** sulfotransférase f.
**Sulfoxid n.** sulfoxyde m.
**Sulfoximin n.** sulfoximine f.
**Sulfoxon n.** sulfoxone f.
**Sulfozystein n.** sulfocystéine f.
**Sulfur praecipitatum n.** soufre précipité m.
**Sulfur sublimatum n.** soufre sublimé m.
**Sulfurylase f.** sulfurylase f.
**Sulpirid n.** sulpiride m.

**Sultam-Verbindung f.** composé sultam m.
**Summation f.** sommation f.
**Summationsreflex m.** réflexe de sommation m.
**Summer m.** vibrateur m.
**Summierung f.** sommation f.
**Sumpffieber n.** paludisme m.
**Super-Ego n.** surmoi m.
**Superaktivität f.** hyperactivité f.
**superazid** hyperacide
**Superazidität f.** hyperacidité f.
**Superfekundation f.** superfécondation f.
**superfiziell** superficiel
**Superfötitation f.** superfoetation f.
**superfrontal** suprafrontal
**Supergen n.** supergène m.
**Superhelix f.** superhélice f.
**Superhochfrequenz f.** hyperhaute fréquence f.
**Superinfektion f.** surinfection f.
**superinfizieren** surinfecter
**superletal** supralétal
**Supermobilität f.** hypermobilité f.
**supernormal** hypernormal
**Superovulation f.** superovulation f.
**Superoxid n.** superoxyde m.
**Superphosphat n.** superphosphate m.
**Supersekretion f.** hypersécrétion f.
**superselektiv** hypersélectif
**supervirulent** hypervirulent
**Supination f.** supination f.
**supinieren** mettre en supination
**supplementär** supplémentaire
**supportiv** supportant
**Suppositorium n.** suppositoire m.
**Suppression f.** suppression f.
**Suppressor m.** suppresseur m.
**supprimieren** supprimer
**supraanal** supraanal
**supraaortal** supraaortique
**supraaurikulär** supraauriculaire
**supraaxillär** supraaxillaire
**supracarinal** supracaréné
**suprachiasmatisch** suprachiasmatique
**supradiaphragmatisch** susdiaphragmatique
**Supraduktion f.** supraconduction f.
**suprafaszial** suprafascial
**supraglottisch** supraglottique
**suprahepatisch** sushépatique

**suprahyoidal** suprahyoïdien
**suprailiakal** suprailiaque
**suprainguinal** susinguinal
**supraklavikulär** supraclaviculaire
**suprakondylär** supracondylaire
**supramalleolär** supramalléolaire
**supramammär** supramammaire
**supramandibulär** supramandibulaire
**supramarginal** supramarginal
**supramaxillär** supramaxillaire
**supramolekular** supramoléculaire
**supranasal** supranasal
**supranukleär** supranucléaire
**Supraokklusion f.** supraclusion f.
**supraoptikohypophysär** supraopticohypophysaire
**supraorbital** susorbitaire
**suprapatellär** suprapatellaire
**suprapubisch** suspubien
**suprarenal** suprarénal
**suprasegmental** suprasegmentaire
**suprasellär** suprasellaire
**supraskapulär** suprascapulaire
**supraskleral** suprascléreux
**supraspinal** supraspinal
**suprasternal** suprasternal
**supratemporal** sustemporal
**supratentoriell** au dessus de la tente
du cervelet
**suprathorakal** suprathoracique
**supratonsillär** supratonsillaire
**supratrochleär** supratrochléen
**supraumbilikal** susombilical
**supravaginal** supravaginal
**supravalvulär** supravalvulaire
**supraventrikulär** supraventriculaire
**Supravergenz f.** supravergence f.
**Supraversion f.** supraversion f.
**supravital** supravital
**Suramin n.** suramine f.
**Surfactant n.** surfactant m.
**Surra f.** surre m.
**Surrogat n.** succédané m.
**Sursumduktion f.** sursumduction f.
**Sursumvergenz f.** sursumvergence f.
**Sursumversion f.** sursumversion f.
**Suspension f.** suspension f.
**Suspensorium n.** suspensoir m.
**süßen** sucrer
**Süßholzwurzel f.** racine de réglisse f.
**Süßstoff m.** édulcorant m.
**Sutur f.** suture f.

**Sycosis vulgaris f.** sycosis vulgaire m.
**Sykose f.** sycosis m.
**Symbiont m.** symbiote m.
**Symbiose f.** symbiose f.
**symbiotisch** symbiotique
**Symblepharon n.** symblépharon m.
**Symbol n.** symbole m.
**Symbolagnosie f.** agnosie symbolique
f.
**Symbolisation f.** symbolisation f.
**symbolisch** symbolique
**symbolisieren** symbolyser
**Symbolisierung f.** symbolisation f.
**Symbolophobie f.** symbolophobie f.
**Symbolsprache f.** langage symbolique
m.
**Symmelie f.** symélie f.
**Symmetrie f.** symétrie f.
**symmetrisch** symétrique
**Sympathektomie f.** sympathectomie f.
**Sympathikoblastom n.** sympathico-
blastome m.
**sympathikolytisch** sympathicolytique
**sympathikomimetisch** sympathicomimétique
**Sympathikotonie f.** sympathicotonie
f.
**sympathikotonisch** sympathicotoni-
que
**sympathikotrop** sympathicotrope
**Sympathikus m.** nerf grand sympathi-
que m., système sympathique m.
**Sympathikusblockade f.** bloc sympathique m.
**Sympathin f.** sympathine f.
**sympathisch (anat.)** sympathique
(anat.)
**Sympathogonie f.** sympathogonie f.
**Symphalangie f.** symphalangisme m.
**Symphyse f.** symphyse f.
**Symphyseotomie f.** symphyséotomie
f.
**Sympodie f.** sympodie f.
**Symposium n.** symposium m.
**Symptom n.** symptôme m.
**symptomatisch** symptomatique
**Symptomatologie f.** symptomatologie
f.
**Symptomenkomplex m.** complexe
symptomatique m.
**symptomlos** asymptomatique
**Sympus m.** monstre sympodique m.

S

Synapse f. synapse f.
synaptisch synaptique
Synaptologie f. synaptologie f.
synarthrodial synarthrosique
Synarthrose f. synarthrose f.
Syncheilie f. syncheilie f.
Synchondrose f. synchondrose f.
synchron synchrone
Synchronie f. synchronisme m.
Synchronisation f. synchronisation f.
synchronisieren synchroniser
Synchrotron n. synchrotron m.
Synchrozyklotron m. synchrocyclotron m.
Synchyse f. synchysis f.
Syndaktylie f. syndactylie f.
Syndese f. syndèse f.
Syndesmose f. synfibrose f.
Syndesmotom n. syndesmotome m.
Syndesmotomie f. syndesmotomie f.
Syndrom n. syndrome m.
Syndrom der eingedickten Galle n. syndrome de cholostase hémolytique m.
Syndrom der grauen Farbe n. syndrome gris m.
syndromisch syndromique
Syndromwechsel m. changement de syndrome m.
Synechie, hintere f. synéchie postérieure f.
Synechie, vordere f. synéchie antérieure f.
Synechotomie f. synéchotomie f.
synergetisch synergique
Synergie f. synergie f.
synergisch synergique
synergistisch synergique
syngam syngame
Syngamie f. syngamie f.
syngen syngénique
syngenesioplastisch syngénésioplastique
synkardial syncardiaque
Synkarzinogenese f. syncarcinogenèse f.
Synkinese f. syncinésie f.
synkinetisch syncinétique
synklitisch synclitique
Synklitismus m. synclitisme m.
synkopal syncopal
Synkope f. syncope f.

synonym synonyme
Synonym n. synonyme m.
Synophthalmie f. synophtalmie f.
Synoptoskop n. synoptoscope m.
Synorchidie f. synorchidie f.
Synostose f. synostose f.
Synovektomie f. synovectomie f.
synovektomieren synovectomier
Synovia f. synovie f.
synovial synovial
Synovialom n. synovialome m.
Synoviom n. synoviome m.
Synoviorthese f. synoviorthèse f.
Synovitis f. synovite f.
Synsialom n. synsialome m.
syntaktisch syntaxique
Syntaxis f. syntaxe f.
Synthase f. synthase f.
Synthetase f. synthétase f.
synthetisch synthétique
synthetisieren synthétiser
synton syntonique
syntonisch syntonique
Syntropie f. syntropie f.
synzytial syncytial
Synzytiotrophoblast m. syncytiotrophoblaste m.
Synzytium n. syncytium m.
Syphilid n. syphilide f.
Syphilis f. syphilis f.
Syphilis, konnatale f. syphilis congénitale f.
Syphilis, latente Früh- f. syphilis précoce latente f.
Syphilis, primäre f. syphilis primaire f.
Syphilis, sekundäre f. syphilis secondaire
Syphilis, tertiäre f. syphilis tertiaire f.
syphilitisch syphilitique
Syphiloderma n. syphilide f.
syphilogen syphilogène
Syphilologe m. syphilologue m.
Syphilologie f. syphiligraphie f.
Syphilologin (oder -graphe) f. syphilologue (ou -graphe) f.
syphilologisch syphilologique
Syphilom n. syphilome m.
Syphilophobie f. syphilophobie f.
Syphilose f. affection syphilitique f.
Syphon m. syphon m.
Syringektomie f. syringectomie f.
Syringitis f. catarrhe tubaire m.

**Syringobulbie f.**   syringobulbie f.
**Syringom n.**   syringome m.
**Syringomyelie f.**   syringomyélie f.
**Syringotomie f.**   syringotomie f.
**Syssarkose f.**   syssarcose f.
**System n.**   système m.
**System, retikuläres Aktivierungs- n.**
   système réticulé activateur m.
**Systematik f.**   systématique f.
**systematisch**   systématique
**systematisieren**   systématiser
**Systematisierung f.**   systématisation f.
**Systematologie f.**   systématologie f.
**Systemerkrankung f.**   affection systé-
   mique f.
**systemisch**   systémique
**Systemsklerose, progressive f.**   sclérose
   systémique progressive f.
**Systole f.**   systole f.

**Systole nichtsinusalen Ursprungs f.**
   contraction cardiaque ectopique f.
**systolisch**   systolique
**Szilla f.**   scilla f.
**Szillaridin n.**   scillaridine f.
**Szillin n.**   scilline f.
**Szillitoxin n.**   scillitoxine f.
**Szintigramm n.**   scintigramme m.
**Szintigraphie f.**   scintigraphie f.
**szintigraphisch**   scintigraphique
**Szintillation f.**   scintillation f.
**Szintillationszähler m.**   compteur à
   scintillation m.
**Szintillator m.**   scintillateur m.
**Szintiphotographie f.**   scintiphotogra-
   phie f.
**szirrhös**   squirrheux
**Szirrhus m.**   squirrhe m.

S

# T

T-Lymphozyt m.  lymphocyte T m.
T-Zelle f.  cellule T f.
Tabacose f.  tabacosis m.
Tabak m.  tabac m.
Tabak-Mosaikkrankheit f.  mosaïque du tabac f.
Tabakangina f.  angine tabagique f.
Tabakbeutelnaht f.  suture en bourse f.
Tabakstaubvergiftung f.  tabacosis m.
Tabakvergiftung f.  tabagisme m.
Tabelle f.  tableau m.
Tabes dorsalis f.  tabes dorsal m.
Tabes mesaraica f.  tabes mésentérique f.
Tabiker m.  tabétique m.
Tabikerin f.  tabétique f.
tabisch  tabétique
Tablett n.  plateau m.
Tablette f.  comprimé m.
Taboparalyse f.  taboparalysie f.
Tabu n.  tabou m.
Tacazolat n.  tacazolate m.
Tachitoskop n.  tachitoscope m.
Tachitoskopie f.  tachitoscopie f.
tachitoskopisch  tachitoscopique
Tachophorese f.  tachophorèse f.
Tachyarrhythmie f.  tachyarythmie f.
tachykard  tachycardique
Tachykardie f.  tachycardie f.
Tachykinin n.  tachykinine f.
Tachylalie f.  tachylalie f.
Tachyphagie f.  tachyphagie f.
Tachyphylaxie f.  tachyphylaxie f.
Tachypnoe f.  tachypnée f.
Tachysterin n.  tachystérol m.
Tachysystolie f.  tachysystolie f.
tachytroph  tachytrophique
Taenia echinococcus  Taenia echino-coccus
Taenia saginata  Taenia saginata
Taenia solium  Taenia solium
Tafel f.  table f.
Täfelchen n.  plaquette f.
Tagangst f.  anxiété diurne f.
Tagblindheit f.  nyctalopie f.
Tagesdosis f.  dose journalière f.
Tagesklinik f.  hôpital de jour m.

Tageslicht n.  lumière du jour f.
Tagespflegesatz m.  coût de la journée d'hôpital m.
Tagesprofil n.  courbe dans la journée f.
Tagesschwankung f.  variation dans la journée f.
Tagessedativum n.  sédatif de jour m.
Tagung f.  congrès m.
Taille f.  taille f.
taktil  tactile
Talalgie f.  talalgie f.
Talampicillin n.  talampicilline f.
talar  du talon
Talbutal n.  talbutal m.
Talg m.  suif m.
Talgdrüse f.  glande sébacée f.
talgig  sébacé
Talinolol n.  talinolol m.
Talk m.  talc m.
talofibular  talofibulaire
talonavikular  talonaviculaire
Talose f.  talose m.
talotibial  talotibial
Tamarinde f.  tamarin m.
Tampon m.  tampon m.
Tamponade f.  tamponnement m.
Tamponstopfer m.  tampon occlusif m.
Tamponträger m.  porte tampon m.
Tamponzange f.  pince à tampon f.
Tanacetum n.  tanaisie f.
Tandemduplikation f.  duplication tandem f.
Tangente f.  tangente f.
tangential  tangentiel
Tänie f.  taenia m.
Tank m.  réservoir m.
Tannase f.  tannase f.
Tannat n.  tannate m.
tanniert  tanné
Tannin n.  tannin m.
Tantal n.  tantale m.
tapetochorioidal  tapétochoroïdien
tapetochoroidal  tapétochoroïdien
tapetoretinal  tapétorétinien
Tapirlippe f.  bouche de tapir f.

Tarantel f.   tarentule f.
Taraxein n.   taraxéine f.
Tardieuscher Fleck m.   tache de Tardieu f.
Tarniersche Zange f.   pince de Tarnier f.
tarsal   tarsien
Tarsalgie f.   tarsalgie f.
Tarsaltunnelsyndrom n.   syndrome du tunnel tarsien m.
Tarsitis f.   tarsite f.
tarsometatarsal   tarsométatarsien
Tarsotomie f.   tarsotomie f.
Tart-Zelle f.   tart-cell f.
Tartarus stibiatus m.   tartrate d'antimoine et de potassium m.
Tartrat n.   tartrate m.
Tasche f.   poche f.
Tasche (anat.) f.   poche f.
Taschenapotheke f.   trousse de pharmacie f.
Taschenband n.   corde vocale supérieure f.
Taschenbesteck n.   équipement de poche m.
Taschenfalte f.   corde vocale supérieure f.
Taschenformat n.   format de poche m.
Tascheninhalator m.   inhalateur de poche m.
Taschenklappe des Herzens f.   valvule semilunaire f.
tastbar   palpable
Tastbarkeit f.   palpabilité f.
tasten   palper
Tasten n.   palpation f.
Tastkörperchen n.   corpuscule du tact m.
Tastleistenmuster der Haut n.   dermatoglyphes m. pl.
Tastsinn m.   sens du toucher m.
Tastzirkel m.   esthésiomètre m.
Tätigkeit f.   activité f.
Tätowierung f.   tatouage m.
taub (gehörlos)   sourd
taub (hypästhetisch)   insensible
Taubenzüchterlunge f.   pseudotuberculose aspergillaire f.
Taubheit (Gefühl) f.   insensibilité f.
Taubheit (Gehör) f.   surdité f.
taubstumm   sourd-muet
Taubstummheit f.   surdimutité f.

Taucherkrankheit f.   maladie des caissons f.
Tauchkropf m.   goitre plongeant m.
taumeln   chanceler
Taupunkt m.   point de fonte m.
Taurin n.   taurine f.
Taurocholat n.   taurocholate m.
Taurodontismus m.   taurodontisme m.
Taurolidin n.   taurolidine f.
täuschen   tromper
Taussig-Syndrom n.   syndrome de Taussig m.
Tautologie f.   tautologie f.
tautomer   tautomérique
Tautomerie f.   tautomérie f.
Tawara-Knoten m.   noeud atrio-ventriculaire de Tawara m.
Taxin n.   taxine f.
Taxon n.   taxon m.
Taxonomie f.   taxonomie f.
taxonomisch   taxonomique
Tay-Sachssche Krankheit f.   maladie de Tay-Sachs f.
TBG (thyroxinbindendes Globulin) n.   TBG (globuline fixant la thyroxine) f.
TE (Tonsillektomie) f.   amygdalectomie f.
Tebutat n.   tébutate m.
Technetat n.   technétate m.
Technetium n.   technétium m.
Technik (Verfahren) f.   technique f.
Technik (Wissenschaft) f.   technologie f.
Techniker m.   technicien m.
technisch   technique
Technologie f.   technologie f.
technologisch   technologique
Tee m.   infusion f., thé m.
Teelöffel m.   cuillère à thé f.
Teer m.   goudron m.
Teerkrebs m.   cancer du goudron m.
Teeröl n.   huile de goudron f.
Teerstuhl m.   selles couleur bitume f. pl.
Tefazolin n.   téfazoline f.
Tefluran n.   téflurane m.
Tegafur n.   tégafur m.
tegmental   de la calotte
Teichmannscher Kristall m.   cristal de Teichmann m.

Teichopsie f. teichopsie f.
Teil m. partie f.
Teilabdruck m. empreinte partielle f. (dent.)
Teilabdrucklöffel m. porte empreinte partielle m.
Teilbad n. bain local m.
Teilchen n. particule f.
Teilchenbeschleuniger m. accélérateur de particules m.
Teilchengröße f. taille des particules f.
Teilchenzähler m. compteur de particules m.
Teilnehmer m. participant m.
Teilnehmerin f. participante f.
Teilprothese f. prothèse partielle f. (dent.)
Teilung f. division f.
Teilursache f. cause partielle f.
tektonisch tectonique
Teleangiektasie f. télangiectasie f.
teleangiektatisch télangiectasique
telediastolisch télédiastolique
Telegamma-Therapie f. télégamma-thérapie f.
Telegonie f. télégonie f.
Telekobaltbestrahlung f. télécobalto-thérapie f.
Telemetrie f. télémétrie f.
telemetrisch télémétrique
Teleologie f. téléologie f.
teleologisch téléologique
Teleopsie f. téléopsie f.
Telepathie f. télépathie f.
Teleröntgenogramm n. téléradio-gramme m.
Teleröntgenographie f. téléradiogra-phie f.
Teleskop n. téléscope m.
Teleskopkrone f. couronne téléscope f.
Teleskopoptik f. système téléscopique m.
telesystolisch télésystolique
Teletherapie f. téléthérapie f.
telezentrisch télécentrique
Tellur n. tellure m.
Tellurat n. tellurate m.
Tellurit n. tellurite m.
Teloblast m. téloblaste m.
Telodendron n. télodendrion m.
telolezithal télolécithique

Telomer n. télomère m.
Telophase f. télophase f.
Telosynapse f. télosynapse f.
telozentrisch télocentrique
Temperament n. tempérament m.
Temperatur f. température f.
Temperaturmessung f. thermométrie f.
Temperatursinn m. sens thermique m.
temporal temporal
Temporallappen m. lobe temporal m.
temporär temporaire
temporoaurikulär temporoauriculaire
temporofrontal temporofrontal
temporomandibulär temporomandi-bulaire
temporomaxillär temporomaxillaire
temporookzipital temporooccipital
temporoparietal temporopariétal
Tenazität f. ténacité f.
Tendinitis f. tendinite f.
tendinös tendineux
Tendovaginitis f. tendovaginite f.
Tenesmus m. ténesme m.
Teniposid n. téniposide m.
Tennisellenbogen m. tennis elbow m.
Tenocyclidin n. ténocyclidine f.
Tenodese f. ténodèse f.
Tenonitis f. capsulite f.
Tenonsche Kapsel f. capsule de Tenon f.
Tenorrhaphie f. ténorraphie f.
Tenotom n. ténotome m.
Tenotomie f. ténotomie f.
tenotomieren ténotomiser
Tensid n. tenside m.
tentoriell de la tente du cervelet
Tenylidon n. ténylidone f.
Teoclat n. téoclate m.
Teoprolol n. téoprolol m.
TEP (Totalendoprothese) f. endopro-thèse totale f.
Teprotid n. téprotide m.
teratisch tératoïde
Teratoblastom n. tératoblastome m.
teratogen tératogène
Teratogenese f. tératogenèse f.
teratogenetisch tératogénétique
Teratogenität f. effet tératogène m.
Teratom n. tératome m.
Teratose f. affection tératoïde f.
Terbutalin n. terbutaline f.

Terciprazin n.  terciprazine f.
Terconazol n.  terconazole m.
Terfenadin n.  terfénadine f.
Terizidon n.  térizidone f.
Termin m.  date fixée f., rendezvous
  m.
terminal  terminal
Terminal m.  terminal m.
Terminatorcodon n.  codon non sens
  m.
Terminologie f.  terminologie f.
terminologisch  terminologique
terminoterminal  termino-terminal
Terminwahl f.  choix des dates m.
Termon n.  termone f.
ternär  ternaire
Terodilin n.  térodiline f.
Terofenamat n.  térofénamate m.
Teroxalen n.  téroxalène m.
Terpen n.  terpène m.
Terpentin n.  térébenthine f.
Terpentinöl n.  essence de térébenthine
  f.
Terpinen n.  terpinène m.
tertiär  tertiaire
Tesimid n.  tésimide m.
Tesla n.  tesla m.
Test m.  test m.
testieren  attester, tester
Testierfähigkeit f.  capacité de tester f.
Testikel m.  testicule m.
testikulär  testiculaire
Testolakton n.  testolactone f.
Testosteron n.  testostérone f.
Testovarium n.  ovotestis m.
Teststreifenverfahren n.  papier test m.
Tetanie f.  tétanie f.
tetaniform  tétaniforme
tetanisch  tétanique
tetanoid  tétanoïde
Tetanus n.  tétanos m.
Tetanusantitoxin n.  antitoxine tétani-
  que f.
Tetanusserum n.  sérum antitétanique
  m.
Tetanustoxoid n.  toxoïde tétanique
  m.
Tetrabarbital n.  tétrabarbital m.
tetrabasisch  tétrabasique
Tetrabenazin n.  tétrabénazine f.
Tetraborat n.  tétraborate m.
Tetrabutyl n.  tétrabutyle m.

Tetracain n.  tétracaïne f.
Tetrachlorethylen n.  tétrachloréthy-
  lène m.
Tetrachlorid n.  tétrachlorure m.
Tetrachlorkohlenstoff m.  tétrachlo-
  rure de carbone m.
Tetrachlorodibenzodioxin n.  tétra-
  chlorodibenzodioxine f.
Tetracosactid n.  tétracosactide m.
Tetracosapeptid n.  tétracosapeptide
  m.
Tetracyclin n.  tétracycline f.
Tetrade f.  tétrade f.
Tetradecanoat n.  tétradécanoate m.
Tetradecapeptid n.  tétradécapeptide
  m.
Tetradecylamin n.  tétradécylamine f.
Tetradonium n.  tétradonium m.
Tetraethylammoniumbromid n.  bro-
  mure de tétraéthylammonium m.
Tetraethylblei n.  tétraéthyle de plomb
  m.
Tetraethylpyrophosphat n.  tétraéthyl-
  pyrophosphate m.
Tetrafluorid n.  tétrafluorure m.
Tetrafluormethan n.  tétrafluoromé-
  thane m.
Tetrafluoroborat n.  tétrafluoroborate
  m.
Tetrahydrocannabinol n.  tétrahydro-
  cannabinol m.
Tetrahydrofluran n.  tétrahydroflurane
  m.
Tetrahydrofolat n.  tétrahydrofolate
  m.
Tetrahydrofurfuryldisulfid n.  tétrahy-
  drofurfuryldisulfure m.
Tetrahydropteridin n.  tétrahydropté-
  ridine f.
Tetrahydrouridin n.  tétrahydrouri-
  dine f.
Tetrajodthyronin n.  tétraiodothyro-
  nine f.
Tetralogie f.  tétralogie f.
tetralogisch  tétralogique
tetramer  tétramérique
Tetramethylammonium n.  tétramé-
  thylammonium m.
Tetramisol n.  tétramisol m.
Tetranikotinat n.  tétranicotinate m.
Tetranitrat n.  tétranitrate m.
Tetranitrol n.  tétranitrol m.

Tetranitromethan n. tétranitromé-
thane m.
Tetraose f. tétraose m.
tetraparental tétraparental
Tetrapeptid n. tétrapeptide m.
Tetraplegie f. tétraplégie f.
tetraploid tétraploïde
Tetraploidie f. tétraploïdie f.
Tetrapyrrol n. tétrapyrrol m.
Tetrasaccharid n. tétrasaccharide m.
tetrasom tétrasomique
Tetrasomie f. tétrasomie f.
Tetrazol n. tétrazole m.
tetrazyklisch tétracyclique
Tetridamin n. tétridamine f.
Tetrochinon n. tétroquinone f.
Tetrodotoxin n. tétrodotoxine f.
Tetroquinon n. tétrochinone f.
Tetrose f. tétrose m.
Tetroxid n. tétroxyde m.
Tetrylammonium n. tétrylammonium
m.
Tetryzolin n. tétryzoline f.
Textur f. texture f.
TGA (totale gonadotrope Aktivität) f.
activité gonadotropique totale f.
thalamisch thalamique
thalamokortikal thalamocortical
thalamolentikulär thalamolenticulaire
thalamomamillär thalamomamillaire
thalamotegmental thalamotectal
Thalamotomie f. thalamotomie f.
Thalamus m. thalamus m.
Thalassämie f. thalassémie f.
Thalassanämie f. thalassémie f.
Thalassotherapie f. thalassothérapie f.
Thalidomid n. thalidomide m.
Thallium n. thallium m.
Thalliumszintigraphie f. scintigraphie
au thallium f.
Thalliumvergiftung f. intoxication au
thallium f.
THAM (Trishydroxymethylaminome-
than) n. THAM (trishydroxymé-
thylaminométhane) m.
Thanatologie f. thanatologie f.
Thanatophobie f. thanatophobie f.
Thebacon n. thébacone f.
Thebain n. thébaïne f.
Thein n. théine f.
thekal thécal
Thekazelle f. cellule thécale f.

Thekazellentumor m. thécome m.
Thekom n. thécome m.
Thelalgie f. thélalgie f.
Thelarche f. thélarché f.
Thelitis f. thélite f.
thelytokisch thélytoquien
Thenalidin n. thénalidine f.
Thenium n. thénium m.
Theobromin n. théobromine f.
Theoclat n. théoclate m.
Theodrenalin n. théodrénaline f.
Theomanie f. théomanie f.
Theophyllin n. théophylline f.
Theophyllinat n. théophyllinate m.
Theorem n. théorème m.
theoretisch théorique
Theorie f. théorie f.
Therapeut m. thérapeute m.
Therapeutin n. thérapeute f.
therapeutisch thérapeutique
Therapie f. thérapie f.
Therapie der Wahl f. traitement de
choix m.
Therapie, gezielte f. traitement spécifi-
que m.
therapieresistent résistant au traite-
ment
thermal thermal
Thermalgesie f. thermoalgésie f.
Thermalgie f. thermalgie f.
Thermalquelle f. source thermale f.
Thermanästhesie f. thermoanesthésie
f.
Thermästhesie f. thermoesthésie f.
Therme f. thermes m. pl.
thermisch thermique
Thermoanalgesie f. thermoanalgésie
f.
Thermochemie f. thermochimie f.
Thermochemotherapie f. thermochi-
miothérapie f.
Thermodilution f. thermodilution f.
Thermodynamik f. thermodynamique f.
thermodynamisch thermodynamique
thermoelektrisch thermoélectrique
Thermoelement n. thermocouple m.
thermogen thermogène
Thermographie f. thermographie f.
thermographisch thermographique
Thermokaustik f. thermocautértsa-
tion f.

Thermokoagulation f.   thermocoagulation f.
thermolabil   thermolabile
Thermolabilität f.   thermolabilité f.
Thermolumineszenz f.   thermoluminescence f.
Thermometer n.   thermomètre m.
Thermometrie f.   thermométrie f.
thermometrisch   thermométrique
thermophil   thermophile
Thermophobie f.   thermophobie f.
Thermophor m.   thermophore m.
thermoplastisch   thermoplastique
Thermoplazentographie f.   thermoplacentographie f.
Thermopräzipitation f.   thermoprécipitation f.
Thermoregulation f.   thermorégulation f.
thermoregulatorisch   thermorégulateur
thermoresistent   thermorésistant
Thermorezeptor m.   thermorécepteur m.
thermostabil   thermostable
Thermostat m.   thermostat m.
Thermotropie f.   thermotropisme m.
Thesaurismose f.   thésaurismose f.
Thetawelle f.   onde thêta f.
Thiabendazol n.   thiabendazole m.
Thiabutazid n.   thiabutazide m.
Thiadiazol n.   thiadiazole m.
Thiamazol n.   thiamazole m.
Thiambuten n.   thiambutène m.
Thiambutosin n.   thiambutosine f.
Thiamin n.   thiamine f.
Thiaxanthen n.   thiaxanthène m.
Thiazetarsamid n.   thiacétarsamide m.
Thiazid n.   thiazide m.
Thiazin n.   thiazine f.
Thiazinium n.   thiazinium m.
Thiazol n.   thiazole m.
Thiazosulfon n.   thiazosulfone f.
Thienodiazepin n.   thiénodiazépine f.
Thiersch-Transplantation f.   greffe épidermique de Thiersch f.
Thiethylperazin n.   thiéthylpérazine f.
Thigenol n.   thigénol m.
thio... siehe auch /   voir aussi tio…
Thioalkohol n.   thioalcool m.
Thioarsenit n.   thioarsénite m.
Thioat n.   thioate m.

Thioäther m.   thioéther m.
Thioazetal n.   thioacétal m.
Thioazetazon n.   amithiazone f.
Thiobarbiturat n.   thiobarbiturate m.
Thiocarlid n.   thiocarlide m.
Thiocetamid n.   thiocétamide m.
Thiochrom n.   thiochrome m.
Thiodeoxyguanosin n.   thiodésoxyguanosine f.
Thiodeoxyinosin n.   thiodésoxyinosine f.
Thiodiglykol n.   thiodiglycol m.
Thiodiphosphat n.   thiodiphosphate m.
Thioester m.   thioester m.
Thioether m.   thioéther m.
Thiofuraden n.   thiofuradène m.
Thioglukose f.   thioglucose m.
Thioglykolat n.   thioglycolate m.
Thioguanin n.   thioguanine f.
Thioharnstoff m.   thiourée f.
Thiohexamid n.   thiohexamide m.
Thioinosin n.   thioinosine f.
Thiokinase f.   thiokinase f.
Thiol n.   thiol m.
Thiolase f.   thiolase f.
Thiomalat n.   thiomalate m.
Thionein n.   thionéine f.
Thionin n.   thionine f.
Thiopenton n.   thiopentone f.
Thiophen n.   tiophène m.
Thiophosphoramid n.   thiophosphoramide m.
Thiopropazat n.   thiopropazate m.
Thioproperazin n.   thiopropérazine f.
Thiopurin n.   thiopurine f.
Thiopyrophosphat n.   thiopyrophosphate m.
Thioredoxin n.   thiorédoxine f.
Thioridazin n.   thioridazine f.
Thiosemikarbazon n.   thiosemicarbazone f.
Thiosulfat n.   thiosulfate m.
Thiotepa n.   thiotépa m.
Thiotetrabarbital n.   thiotétrabarbital m.
Thiotixen n.   thiotixène f.
Thiouracil n.   thiouracil m.
Thiozyanat n.   thiocyanate m.
Thiozyanoazetat n.   thiocyanoacétate m.
Thixotropie f.   thixotropie f.

**Thoma-Zeiss-Zählkammer f.** hémocytomètre de Thoma-Zeiss m.
**Thomas-Pessar n.** pessaire utérin de Thomas m.
**Thomsensche Krankheit f.** maladie de Thomsen f.
**Thonzylamin n.** thonzylamine f.
**thorakal** thoracique
**thorakoabdominal** thoracoabdominal
**thorakoakromial** thoracoacromial
**thorakodorsal** thoracodorsal
**Thorakokaustik f.** thoracocaustie f.
**thorakolumbal** thoracolombaire
**Thorakolyse f.** thoracolyse f.
**Thorakoplastik f.** thoracoplastie f.
**Thorakoskopie f.** thoracoscopie f.
**Thorakostomie f.** thoracostomie f.
**Thorakotomie f.** thoracotomie f.
**Thorax m.** thorax m.
**Thorax-Röntgenaufnahme f.** radiographie thoracique f.
**Thorax, faßförmiger m.** thorax en tonneau m.
**Thoraxdurchleuchtung f.** fluoroscopie thoracique f.
**Thorium n.** thorium m.
**Thormählensche Probe f.** test de mélaninurie de Thormählen m.
**Threonin n.** thréonine f.
**Threose f.** thréose m.
**Thrombangitis f.** thromboangéite f.
**Thrombangitis obliterans f.** thromboangéite oblitérante f.
**thrombangitisch** thromboangéitique
**Thrombasthenie f.** thrombasthénie f.
**Thrombektomie f.** thrombectomie f.
**Thrombelastogramm n.** thromboélastogramme m.
**Thrombelastographie f.** thromboélastographie f.
**thrombelastographisch** thromboélastographique
**Thrombendarterektomie f.** thromboendartériectomie f.
**Thrombin n.** thrombine f.
**Thrombocytopenie f.** thrombocytopénie f.
**Thromboembolie f.** thromboembolie f.
**thromboembolisch** thromboembolique

**Thrombogenese f.** thrombogenèse f.
**Thromboglobulin n.** thromboglobulin m.
**Thrombokinase f.** thrombokinase f.
**Thrombolyse f.** thrombolyse f.
**thrombolytisch** thrombolytique
**Thrombopathie f.** thrombopathie f.
**Thrombopenie f.** thrombopénie f.
**thrombopenisch** thrombopénique
**Thrombophilie f.** thrombophilie f.
**Thrombophlebitis f.** thrombophlébite f.
**thrombophlebitisch** thrombophlébitique
**Thromboplastin n.** thromboplastine f.
**thromboplastisch** thromboplastique
**Thrombopoese f.** thrombopoïèse f.
**thrombopoetisch** thrombopoïétique
**Thrombose f.** thrombose f.
**Thromboseneigung f.** thrombophilie f.
**thrombosieren** thromboser
**Thrombospondin n.** thrombospondine f.
**Thrombosthenin n.** thrombosthénine f.
**thrombotisch** thrombosé
**Thromboxan n.** thromboxane f.
**Thrombozyt m.** thrombocyte m.
**Thrombozythämie f.** thrombocytémie f.
**Thrombozytolyse f.** thrombocytolyse f.
**Thrombozytopathie f.** thrombocytopathie f.
**thrombozytopenisch** thrombopénique
**Thrombozytopherese f.** thrombocytophérèse f.
**Thrombozytose f.** thrombocytose f.
**Thrombus m.** thrombus m.
**Thujaöl n.** huile de thuya f.
**Thulium n.** thulium m.
**Thymektomie f.** thymectomie f.
**thymektomieren** thymectomiser
**Thymian m.** thym m.
**Thymidin n.** thymidine f.
**Thymidinkinase f.** thymidine kinase f.
**Thymidylat n.** thymidylate m.
**Thymidylyl n.** thymidylyle m.
**Thymin n.** thymine f.

**Thymitis f.** inflammation du thymus f.
**Thymol n.** thymol m.
**Thymolblau n.** bleu de thymol m.
**Thymoleptikum n.** thymoanaleptique m.
**thymoleptisch** thymoanaleptique
**Thymolphthalein n.** thymolphtaléine f.
**Thymom n.** thymome m.
**Thymopentin n.** thymopentine f.
**Thymopoetin n.** thymopoïétine f.
**thymopriv** thymoprive
**Thymopsyche f.** affectivité f.
**Thymosin n.** thymosine f.
**Thymostimulin n.** thymostimuline f.
**Thymotoxin n.** thymotoxine f.
**Thymotropie f.** thymotropisme m.
**Thymozyt m.** thymocyte m.
**Thymusdrüse f.** thymus m.
**Thymusdrüsenentfernung f.** thymectomie f.
**Thymusdrüsenüberfunktion f.** hyperfonction du thymus f.
**Thymushyperplasie f.** hyperplasie du thymus f.
**Thymuszyste f.** kyste du thymus m.
**thyreoarytänoidal** thyroaryténoïdien
**Thyreocalcitonin n.** thyrocalcitonine f.
**thyreoepiglottisch** thyroépiglottique
**Thyreoglobulin n.** thyroglobuline f.
**thyreohyoidal** thyrohyoïdien
**Thyreoidea f.** glande thyroïde f.
**Thyreoidektomie f.** thyroïdectomie f.
**thyreoidektomieren** thyroïdectomiser
**Thyreoidin n.** thyroïdine f.
**Thyreoiditis f.** thyroïdite f.
**thyreopriv** thyréoprive
**Thyreostatikum n.** thyréostatique m.
**thyréostatique** thyréostatique
**Thyreotoxikose f.** thyréotoxicose f.
**thyreotoxisch** thyréotoxique
**thyreotrop** thyréotrope
**thyreotropes Hormon n.** hormone thyréotrope f.
**Thyreotropin n.** thyréotrophine f.
**Thyreotropin-freisetzender Faktor m.** thyréolibérine f.
**thyreozervikal** thyrocervical
**Thyrotrophin n.** thyrotrophine f.
**Thyroxin n.** thyroxine f.

**TIA (transitorische ischämische Attacke) f.** ischémie cérébrale transitoire f.
**Tiafibrat n.** tiafibrate m.
**Tiamenidin n.** tiaménidine f.
**Tiamiprin n.** tiamiprine f.
**Tianeptin n.** tianeptine f.
**Tiaprid n.** tiapride m.
**Tiaramid n.** tiaramide m.
**tibial** tibial
**Tibialgie f.** tibialgie f.
**tibiofemoral** tibiofémoral
**tibiofibular** tibiopéronéen
**Tibolon n.** tibolone f.
**Tic m.** tic m.
**Ticlaton n.** ticlatone f.
**Ticlopidin n.** ticlopidine f.
**Tidaldränage f.** remplissage-drainage de la vessie m.
**Tiefbiß m.** occlusion profonde f.
**Tiefdruck m.** basse pression f.
**Tiefenblende f.** collimateur m.
**Tiefendosis f.** dose en profondeur f.
**Tiefenpsychologie f.** psychologie du subconscient f.
**Tiefenrausch m.** ivresse de profondeur f., narcose d'azote f.
**Tiefenschärfe f.** profondeur de champ f.
**Tiefensensibilität f.** sensibilité profonde f.
**Tiefentherapie f.** traitement en profondeur m.
**Tiefenwirkung f.** effet en profondeur m.
**tiefgefroren** surgelé
**Tiefkühlfrischplasma n.** plasma frais surgelé m.
**Tiefsinn n.** mélancolie f.
**tiefsinnig** pensif
**tiefsitzend** localisé en profondeur
**Tiefstand (des Zwerchfells) m.** phrénoptose f.
**Tiegel m.** creuset m.
**Tienopramin n.** tienopramine f.
**Tierarznei f.** préparation vétérinaire f.
**Tierarzt m.** vétérinaire m.
**Tierärztin f.** vétérinaire m.
**Tierchirurg (in) m./f.** chirurgien vétérinaire m.
**Tierchirurgie f.** chirurgie vétérinaire f.

**Tierexperiment n.**   expérience sur l'animal f.
**Tierheilkunde f.**   médecine vétérinaire f.
**tierisch**   animal
**Tierkohle f.**   charbon animal m.
**Tierkörperbeseitigungsanstalt f.**   service d'équarrissage m.
**Tierpassage f.**   passage d'animaux m.
**Tierpathologie f.**   pathologie animale f.
**Tierphysiologie f.**   zoophysiologie f.
**tierphysiologisch**   zoophysiologique
**Tierpsychologie f.**   psychologie animale f.
**Tierreich n.**   règne animal m.
**Tierstall m.**   logement des animaux m.
**Tierversuch m.**   expérience sur l'animal f.
**Tietze-Syndrom n.**   syndrome de Tietze m.
**Tifemoxon n.**   tifémoxone f.
**Tiffeneautest m.**   épreuve de Tiffeneau f.
**Tiflamizol n.**   tiflamizole m.
**Tigerfellherz n.**   coeur tigré m.
**Tigerung f.**   tigrure f.
**Tigloidin n.**   tigloïdine f.
**tigroid**   tigroïde
**Tigrolyse f.**   lyse des corps de Nissl f.
**Tilichinol n.**   tiliquinol m.
**Tilidin n.**   tilidine f.
**Tiliquinol n.**   tiliquinol m.
**Tiloron n.**   tilorone f
**Tilozepin n.**   tilozépine f.
**Timegadin n.**   timégadine f.
**Timerfonat n.**   timerfonate m.
**Timiperon n.**   timipérone f.
**Timofibrat n.**   timofibrate m.
**Timoprazol n.**   timoprazole m.
**Tinctura Belladonnae f.**   teinture de belladone f.
**Tinctura Benzoes f.**   teinture de benjoin f.
**Tinctura Opii f.**   teinture d'opium f.
**Tinctura Opii camphorata f.**   élixir parégorique m.
**Tinctura Strychni f.**   teinture de noix vomique f.
**Tinctura Valerianae f.**   teinture de valériane f.
**Tinea nodosa f.**   piedra f.

**tingible**   colorable
**tingieren**   colorer
**Tinidazol n.**   tinidazole m.
**Tinisulprid n.**   tinisulpride m.
**Tinktion f.**   coloration f.
**Tinktur f.**   teinture f.
**Tinnitus m.**   bourdonnements m. pl.
**Tinofedrin n.**   tinofédrine f.
**Tinoridin n.**   Tinoridine f.
**Tinte f.**   encre f.
**tio… siehe auch /**   voir aussi thio…
**Tiocarlid n.**   tiocarlide m.
**Tioconazol n.**   tioconazole m.
**Tioctilat n.**   tioctilate m.
**Tioguanin n.**   tioguanine f.
**Tiomergin n.**   tiomergine f.
**Tiomesteron n.**   tiomésterone f.
**Tiopropamin n.**   tiopropamine f.
**Tiosinamin n.**   tiosinamine f.
**Tiotidin n.**   tiotidine f.
**Tiotixen n.**   tiotixène m.
**Tioxidazol n.**   tioxidazole m.
**Tioxolon n.**   tioxolone f.
**Tipepidin n.**   tipépidine f.
**Tipindol n.**   tipindole f.
**Tiquinamid n.**   tiquinamide m.
**Tiropramid n.**   tiropramide m.
**Tisocromid n.**   tisocromide m.
**Tisopurin n.**   tisopurine f.
**Tisoquon n.**   tisoquone f.
**Titan n.**   titane m.
**Titer m.**   titre m.
**Titration f.**   titrage m.
**titrieren**   titrer
**Titriergerät n.**   appareil de titrage m.
**Titrimetrie f.**   volumétrie f.
**titrimetrisch**   volumétrique
**Tizanidin n.**   tizanidine f.
**Tizolemid n.**   tizolémide m.
**TNF (Tumornekrosefaktor) m.**   facteur de nécrose tumorale (TNF) m.
**toben**   rager
**Tobsucht f.**   agitation violente f.
**Tocainid n.**   tocaïnide m.
**Tochterblase f.**   vésicule fille f.
**Tochterzelle f.**   cellule fille f.
**Tocofenoxat n.**   tocofénoxate m.
**Tocofibrat n.**   tocofibrate m.
**Tocometrie f.**   tocométrie f.
**Tod m.**   mort f.
**todbringend**   mortel

**Todesangst f.**  angoisse de la mort f.
**Todesart f.**  mort (genre de) f.
**Todesfall m.**  décès m.
**Todesgefahr f.**  danger mortel m.
**Todeskampf m.**  agonie f.
**Todesstunde f.**  dernière heure f.
**Todeszeichen n.**  signe de mort m.
**Todeszeitpunktbestimmung f.**  détermination du moment de la mort f.
**todkrank**  gravement malade
**tödlich**  mortel
**tödliches Ende n.**  issue fatale f.
**Toilette f.**  toilette f.
**Toilette (Klosett) f.**  toilettes f. pl.
**Toilettenstuhl m.**  fauteuil percé m.
**Tokograph m.**  tocographe m.
**Tokographie f.**  tocographie f.
**tokographisch**  tocographique
**Tokologie f.**  tocologie f.
**tokologisch**  tocologique
**Tokolyse f.**  tocolyse f.
**tokolytisch**  tocolytique
**Tokometrie f.**  tocométrie f.
**Tokopherol n.**  tocophérol m.
**Tokophobie f.**  tocophobie f.
**Tolazamid n.**  tolazamide m.
**Tolazolin n.**  tolazoline f.
**Tolboxan n.**  tolboxane m.
**Tolbutamid n.**  tolbutamide m.
**Tolciclat n.**  tolciclate m.
**tolerant**  tolérant
**Toleranz f.**  tolérance f.
**tolerogen**  favorisant l'immunotolérance
**Tolfamid n.**  tolfamide m.
**Tolindat n.**  tolindate m.
**Tollens-Probe f.**  test de glucuronoacidurie de Tollens m.
**Tollkirsche f.**  belladone f.
**Tollwut f.**  rage f.
**tollwütig**  rabique
**Tollwutschutzimpfung f.**  vaccin antirabique m.
**Tolmesoxid n.**  tolmésoxide m.
**Tolmetin n.**  tolmétine f.
**Tolnaftat n.**  tolnaftate m.
**Tolnidamin n.**  tolnidamine f.
**Tolonidin n.**  tolonidine f.
**Toloxamin n.**  toloxamine f.
**Tolpentamid n.**  tolpentamide m.
**Tolperison n.**  tolpérisone f.
**Tolpiprazol n.**  tolpiprazole m.

**Tolpronin n.**  tolpronine f.
**Tolpropamin n.**  tolpropamine f.
**Tolpyrramid n.**  tolpyrramide m.
**Tolquinzol n.**  tolquinzole m.
**Tolubalsam m.**  baume de tolu m.
**Toluid n.**  toluide m.
**Toluidin n.**  toluidine f.
**Toluidinblau n.**  bleu de toluidine m.
**Toluol n.**  toluène m.
**Toluyl n.**  toluyle m.
**Toluylen n.**  toluylène m.
**Tolycain n.**  tolycaïne f.
**Tolyl n.**  tolyle m.
**Tomessche Faser f.**  fibre de Tomes f.
**Tomessche Körnerschicht f.**  couche granuleuse de Tomes f.
**Tomocholangiographie f.**  tomocholangiographie f.
**Tomogramm n.**  tomogramme m.
**Tomograph m.**  tomographe m.
**Tomographie f.**  tomographie f.
**tomographisch**  tomographique
**Tomoszintigraphie f.**  tomoscintigraphie f.
**Ton (Laut) m.**  son m.
**Tonbandgerät n.**  magnétophone m.
**Tonblende f.**  filtre acoustique m.
**Tonerde f.**  alumine f.
**Tonfrequenz f.**  audiofréquence f.
**Tonikum n.**  tonique m.
**tonisch**  tonique
**tonisch-klonisch**  tonoclonique
**tonisieren**  tonifier
**Tonizität f.**  tonicité f.
**Tonofibrille f.**  tonofibrille f.
**Tonogramm n.**  tonogramme m.
**Tonograph m.**  tonographe m.
**Tonographie f.**  tonographie f.
**tonographisch**  tonographique
**Tonometer n.**  tonomètre m.
**Tonometrie f.**  tonométrie f.
**tonometrisch**  tonométrique
**Tonsilla lingualis f.**  amygdale linguale f.
**Tonsilla palatina f.**  amygdale palatine f.
**Tonsilla pharyngea f.**  amygdale pharyngienne f.
**tonsillär**  tonsillaire
**Tonsille f.**  amygdale f.
**Tonsillektomie f.**  tonsillectomie f.
**tonsillektomieren**  amygdalectomiser

**Tonsillenfaßzange f.** pince dentée amygdalienne f.
**Tonsillenschlinge f.** anse à amygdales f.
**Tonsillenstein m.** calcul tonsillaire m.
**Tonsillitis f.** amygdalite f.
**Tonsillotom n.** amygdalotome m.
**Tonsillotomie f.** amygdalotomie f.
**Tonus m.** tonus m.
**Tonusverlust, affektiver m.** cataplexie affective f.
**Topektomie f.** topectomie f.
**Tophus m.** tophus m.
**tophusartig** tophacé
**topisch** topique
**Topographie f.** topographie f.
**topographisch** topographique
**Topologie f.** topologie f.
**Toprilidin n.** toprilidine f.
**Torasemid n.** torasémide m.
**Torf m.** tourbe f.
**Tormentille f.** tormentille f.
**Torontoeinheit f.** unité Toronto f.
**torpid** torpide
**Torpidität f.** torpeur f.
**Torricelli n.** torricelli m.
**Torsion f.** torsion f.
**Torsionswiderstand m.** résistance torsionnelle f.
**Torsiversion f.** torsiversion f.
**Tortikollis f.** torticolis m.
**Torulopsis f.** torulopsis m.
**Torulose f.** torulose f.
**Tosactid n.** tosactide m.
**Tosilat n.** tosilate m.
**Tosylat n.** tosylate m.
**Tosylchloramid n.** tosylchloramide m.
**tot** mort
**töten** tuer
**töten (abtöten)** détruire
**Totenbahre f.** bière f.
**totenblaß** livide
**Totenfleck m.** tache cadavérique f.
**Totenkopf m.** tête de mort f.
**Totenlade f.** séquestre osseux inclus m.
**Totenschein m.** certificat de décès m.
**Totenstarre f.** rigidité cadavérique f.
**totgeboren** mort-né
**Totgeburt f.** mort-né (enfant) m.
**Totgeburt, verhaltene f.** rétention de foetus mort f.

**Totische Operation f.** dacryorhinostomie de Toti f.
**Totraum m.** espace mort m.
**Totschlag m.** homicide m.
**Tötung f.** mise à mort f.
**Toxämie f.** toxémie f.
**toxämisch** toxémique
**Toxikodendrol n.** toxicodendrol m.
**Toxikodermatitis f.** toxicodermatite f.
**Toxikodermatose f.** toxicodermatose f.
**Toxikodermie f.** toxicodermie f.
**Toxikogenetik f.** toxicogénétique f.
**toxikogenetisch** toxicogénétique
**Toxikologe m.** toxicologue m.
**Toxikologie f.** toxicologie f.
**Toxikologin f.** toxicologue f.
**toxikologisch** toxicologique
**Toxikomanie f.** toxicomanie f.
**Toxikose f.** toxicose f.
**Toxin n.** toxine f.
**Toxinschocksyndrom n.** syndrome de choc toxique m.
**toxisch** toxique
**Toxisterin n.** toxistérol m.
**Toxizität f.** toxicité f.
**Toxocariasis f.** toxocarose f.
**Toxoid n.** toxoïde m.
**Toxonem n.** rhoptrie f.
**toxophor** toxophore
**Toxoplasma n.** toxoplasma m.
**Toxoplasmose f.** toxoplasmose f.
**Tozalinon n.** tozalinone f.
**TPHA (Treponema pallidumHämagglutinationstest) m.** TPHA (treponemal hemagglutination) f.
**Trabekel n.** trabécule m.
**trabekulär** trabéculaire
**Traberkrankheit f.** tremblante f.
**Tracer m.** traceur m.
**Trachea f.** trachée f.
**tracheal** trachéal
**Trachealkanüle f.** canule trachéale f.
**Trachealkatheter m.** cathéter trachéal m.
**Trachealstenose f.** sténose trachéale f.
**Tracheitis f.** trachéite f.
**Trachelismus m.** trachélisme m.
**trachelobregmatisch** trachélobregmatique
**Trachelopexie f.** trachélopexie f.
**Tracheloplastik f.** trachéloplastie f.

Trachelotomie f.    trachélotomie f.
tracheobronchial    trachéobronchique
Tracheobronchitis f.    trachéobronchite
f.
tracheolaryngeal    trachéolaryngé
Tracheomalazie f.    trachéomalacie f.
tracheopharyngeal    trachéopharyngien
Tracheoskopie f.    trachéoscopie f.
tracheoskopisch    trachéoscopique
Tracheostomie f.    trachéostomie f.
Tracheotomie f.    trachéotomie f.
tracheotomieren    trachéotomiser
Trachom n.    trachome m.
trachomatös    trachomateux
Trachtenwand f.    sole f. (vet.)
trächtig    gravide
traditionell    traditionnel
Traganth m.    adragant m.
tragbar    portatif
träge    paresseux
Trage f.    brancard m., civière f.
tragen    porter
Tragen n.    port m.
Träger m.    porteur m.
Trägerprotein n.    protéine de transport
f.
Tragezeit f.    gestation f.
Tragus m.    tragus m.
trainieren    s'entrainer
Training n.    entraînement m.
Training, autogenes n.    relaxation au-
togène f.
Trakt m.    système m.
Traktionsdivertikel n.    diverticule de
traction m.
Traktotomie f.    tractotomie f.
Tralonid n.    tralonide m.
Tramazolin n.    tramazoline f.
Trance f.    trance f.
Träne f.    larme f.
tränen    larmoyer
Tränen n.    larmoiement m.
Tränendrüse f.    glande lacrymale f.
Tränendrüsenentzündung f.    dacryoa-
dénite f.
Tränenfluß m.    écoulement de larmes
m.
Tränenflüssigkeit f.    liquide lacrymal
m.
Tränengang m.    conduit lacrymal m.

Tränengangentzündung f.    dacryoca-
naliculite f.
Tränenpunkt m.    point lacrymal m.
Tränensack m.    sac lacrymal m.
Tränensackentzündung f.    dacryocys-
tite f.
Tränensee m.    lac lacrymal m.
Trank m.    potion f.
Trank (vet.) m.    breuvage m. (vet.)
Tranquilizer m.    tranquillisant m.
transabdominal    transabdominal
Transaldolase f.    transaldolase f.
Transaminase f.    transaminase f.
Transamination f.    transamination f.
transatrial    transatrial
transaurikulär    transauriculaire
transaxial    transaxial
Transazetylase f.    transacétylase f.
Transazetylierung f.    transacétylation
f.
transbronchial    transbronchique
Transcortin n.    transcortine f.
Transcriptase f.    transcriptase f.
Transcription f.    transcription f.
transdermal    transdermique
transdiaphragmatisch    transdiaphrag-
matique
Transducer m.    transducteur m.
Transduktion f.    transduction f.
transduodenal    transduodénal
transethmoidal    transethmoïdal
transfemoral    transfémoral
Transfer m.    transfert m.
Transfer-RNS f.    ARN de transfert m.
Transferase f.    transférase f.
Transferkappe f.    couverture de trans-
fert f.
Transferrin n.    transferrine f.
Transformation f.    transformation f.
Transformator m.    transformateur m.
transformieren    transformer
Transformylase f.    transformylase f.
transfundieren    transfuser
transfundiert, mehrfach    polytransfusé
Transfusion f.    transfusion f.
Transfusionszwischenfall m.    accident
transfusionnel m.
transgen    transgénique
Transglukosidase f.    transglucosidase
f.
Transglutaminase f.    transglutaminase
f.

**T**

transhepatisch  transhépathique
transhiatal  transhiatal
**Transhydrase f.**  transhydrogénase f.
**Transhydrogenase f.**  transhydrogénase f.
**Transhydroxymethylase f.**  transhydroxyméthylase f.
**Transillumination f.**  transillumination f.
**Transistor m.**  transistor m.
transistorisieren  transistoriser
transitorisch  transitoire
transjugulär  transjugulaire
transkapillär  transcapillaire
**Transkarbamoylase f.**  transcarbamoylase f.
transkardial  transcardiaque
**Transketolase f.**  transcétolase f.
**Transkobalamin n.**  transcobalamine f.
**Transkonfiguration f.**  transconfiguration f.
transkortikal  transcortical
transkranial  transcranien
**Transkriptase f.**  transcriptase f.
**Transkription f.**  transcription f.
transkutan  transcutané
**Translation f.**  translation f.
**Translokase f.**  translocase f.
**Translokation f.**  translocation f.
transluminal  transluminaire
**Transmethylase f.**  transméthylase f.
**Transmethylierung f.**  transméthylation f.
**Transmineralisation f.**  transminéralisation f.
**Transmissionscomputertomographie f.**  transmission-tomodensitographie f.
**Transmitter m.**  transmetteur m.
transmural  transmural
**Transmutation f.**  transmutation f.
transneuronal  transneuronal
transorbital  transorbitaire
transösophageal  transoesophagien
transpalatal  transpalatin
transpapillär  transpapillaire
transparent  transparent
**Transparenz f.**  transparence f.
**Transpeptidase f.**  transpeptidase f.
**Transpeptidation f.**  transpeptidation f.

**Transperitoneal**  transpéritonéal
**Transpiration f.**  transpiration f.
transpirieren  transpirer
transplantabel  transplantable
**Transplantat n.**  greffon m.
**Transplantat, exenogenes n.**  xénogreffe f.
**Transplantat, synthetisches n.**  greffon synthétique m.
**Transplantation f.**  transplantation f.
transplantieren  greffer
transplazentar  transplacentaire
transpleural  transpleural
**Transportform f.**  forme de transport f.
**Transportgriff m.**  manoeuvre de transport f.
**Transportmetabolit n.**  métabolite de transport m.
**Transportprotein n.**  protéine de transport f.
**Transportwagen m.**  chariot m.
**Transposition f.**  transposition f.
**Transposition der großen Gefäße f.**  transposition des gros vaisseaux f.
**Transposon n.**  transposon m.
transrektal  transrectal
transsexuell  transsexuel
transsonisch  transsonore
**Transsudat n.**  transsudat m.
**Transsudation f.**  transsudation f.
transthorakal  transthoracique
transtracheal  transtrachéal
transumbilikal  transombilical
transurethral  transuréthral
transuterin  transutérin
transvaginal  transvaginal
transvalvulär  transvalvulaire
transvenös  transveineux
transventrikulär  transventriculaire
transversal  transversal
**Transversostomie f.**  tranversostomie f.
**Transversotomie f.**  transversotomie f.
transvesikal  transvésical
transvesikulär  transvésiculaire
**Transvestit m.**  travesti m.
**Transvestitin f.**  travestie f.
**Transvestitismus m.**  transvestisme m.
transzellulär  transcellulaire
transzervikal  transcervical
**Trantelinium n.**  trantélinium m.

Tranylcypromin n.   tranylcypromine f.
trapezähnlich   trapézoïde
Trapezmuskel m.   trapèze (muscle) m.
Traubenzucker m.   glucose m.
Traubescher Raum m.   espace de
  Traube m.
Trauer f.   deuil m.
Trauerarbeit f.   ouvrage funèbre m.
trauern   être affligé
Traum m.   rêve m., songe m.
Trauma n.   traumatisme m.
Traumarbeit f.   travail onirique m.
traumatisch   traumatique
traumatisieren   traumatiser
traumatisieren, mehrfach   polytrau-
  matiser
Traumatisierung f.   événement trau-
  matisant m.
Traumatologie f.   traumatologie f.
Traumatophilie f.   traumatophilie f.
Traumdenken n.   pensée onirique f.
träumen   rêver
Traumzustand m.   état de rêve m.
traurig   triste
Traurigkeit f.   tristesse f.
Traxanox n.   traxanox m.
Trazitilin n.   trazitiline f.
Trazodon n.   trazodone f.
Trehalase f.   tréhalase f.
Trehalose f.   tréhalose m.
Treibgas m.   gaz propulsif m.
Treitzsche Hernie f.   hernie de Treitz f.
Treloxinat n.   tréloxinate m.
Trematode m.   trématode m.
Tremor m.   tremblement m.
Tremor, feinschlägiger m.   petit trem-
  blement m.
Tremor, grobschlägiger m.   tremble-
  ment de grande amplitude m.
Trenbolon n.   trenbolone f.
Trendelenburgscher Versuch m.   ma-
  noeuvre de Trendelenburg f.
Trengeston n.   trengestone f.
Trennung f.   séparation f.
Treosulfan n.   tréosulfan m.
Trepan m.   trépan m.
Trepanation f.   trépanation f.
trepanieren   trépaner
Trephine f.   trépan m.
Trepibuton n.   trépibutone f.
Trepidation f.   trépidation f.

Treponema pallidum n.   Treponema
  pallidum m.
Treponema pertenue n.   Treponema
  pertenue m.
Treponematose f.   tréponématose f.
Treptilamin n.   treptilamine f.
Tretamin n.   trétamine f.
Tretinoin n.   trétinoïne f.
TRF (thyreotropinfreisetzender Faktor)
  m.   TRH (hormone de libération de
  la thyréostimuline) f.
Triacetin n.   triacétine f.
Triacyl n.   triacyle m.
Triade f.   triade f.
Triallyl n.   triallyle m.
Triamcinolon n.   triamcinolone f.
Triamid n.   triamide m.
Triamin n.   triamine f.
Triaminophosphin n.   triaminophos-
  phine f.
Triampyzin n.   triampyzine f.
Triamteren n.   triamtérène m.
Triangel m.   triangle m.
Triarylboran n.   triarylborane m.
Triarylphosphat n.   triarylphosphate
  m.
Trias f.   triade f.
Triäthanol n.   triéthanol m.
Triäthylen n.   triéthylène m.
Triatoma f.   triatome m.
Triazetat n.   triacétate m.
Triazetyloleandomycin n.   triacétylolé-
  andomycine f.
Triazin n.   triazine f.
Triaziquon n.   triaziquone f.
Triazolam n.   triazolam m.
Triazylglyzerin n.   triacylglycérol m.
Tribade f.   tribade f.
Tribadismus m.   tribadisme m.
Tribenosid n.   tribénoside m.
Triborat n.   triborate m.
Tribromethylalkohol m.   tribromoét-
  hanol m.
Tribromid n.   tribromure m.
Tribrommethan n.   tribromométhane
  m.
Tribromphenol n.   tribromophénol m.
Tribromsalan n.   tribromsalan m.
Tributyl n.   tributyle m.
Tributyrinase f.   tributyrinase f.
Trichauxis f.   trichauxis f.
Trichiasis f.   trichiasis m.

Trichine f.   trichine f.
Trichinella spiralis f.   Trichinella spiralis f.
trichinös   trichineux
Trichinose f.   trichinose f.
Trichlorethanol n.   trichloréthanol m.
Trichlorethylen n.   trichloréthylène m.
Trichlorid n.   trichlorure m.
Trichlorisobutylalkohol m.   chlorobutanol m.
Trichlormethiazid n.   trichlorméthiazide m.
Trichlormethin n.   trichlorméthine f.
Trichlorphenol n.   trichlorphénol m.
Trichobezoar n.   trichobézoard m.
Trichocephalus dispar m.   trichocéphale m.
trichodentoossär   trichodento-osseux
Trichoepitheliom n.   trichoépithéliome m.
Trichoglossie f.   trichoglossie f.
Tricholeukozyt m.   tricholeucocyte m.
Trichom n.   trichome m.
Trichomonadeninfektion f.   trichomonase f.
Trichomonadenmittel n.   antitrichomonas m.
Trichomonas f.   trichomonas m.
Trichomonas vaginalis f.   Trichomonas vaginalis m.
Trichomoniasis f.   trichomonase f.
Trichomykose f.   trichomycose f.
Trichonose f.   affection du système pilaire f.
Trichophytia barbae/capitis/corporis f.   trichophytie de la barbe/de la tête/du corps f.
Trichophytid n.   trichophytide f.
Trichophytie f.   trichophytie f.
Trichophytin n.   trichophytine f.
Trichophyton acuminatum n.   Trichophyton acuminatum m.
Trichophyton gypseum n.   Trichophyton gypseum m.
Trichophyton violaceum n.   Trichophyton violaceum m.
Trichopoliodystrophie f.   trichopoliodystrophie f.
Trichoptilose f.   trichoptilose f.
Trichorrhexis nodosa f.   trichorrhexie noueuse f.
Trichose f.   trichosis m.

Trichosporie f.   trichosporie f.
Trichosporon n.   trichosporon m.
Trichosporose f.   trichosporie f.
Trichostrongyliasis f.   trichostrongylose f.
Trichostrongylose f.   trichostrongylose f.
Trichotillomanie f.   trichotillomanie f.
Trichophyton tonsurans n.   Trichophyton tonsurans m.
Trichromasie f.   trichromasie f.
trichromatisch   trichromatique
Trichter m.   entonnoir m.
Trichterbrust f.   thorax en entonnoir m.
trichterförmig   infundibiliforme
Trichuriasis f.   trichocéphalose f.
Trichuris trichiura f.   Trichuris trichiura f.
Triclabendazol n.   triclabendazole m.
Triclazat n.   triclazate m.
Triclofenat n.   triclofénate m.
Triclofyllin n.   triclofylline f.
Tricosactid n.   tricosactide m.
Tricresol n.   tricrésol m.
Tricyclamol n.   tricyclamol m.
Tridihexethyl n.   tridihexéthyl m.
Trieb m.   instinct m.
Triebkraft f.   force d'impulsion f.
Triefauge n.   oeil chassieux m.
Trienol n.   triénol m.
Trientin n.   trientine f.
Triethanolamin n.   triéthanolamine f.
Triethylenmelamin n.   triéthylènemélamine f.
Triethylenphosphoramid n.   triéthylènephosphoramide m.
Triethylenthiophosphamid n.   triéthylènethiophosphamide m.
trifaszikulär   trifasciculaire
trifaszikulärer Block m.   bloc trifasciculaire m.
Triflumidat n.   triflumidate m.
Trifluomeprazin n.   trifluoméprazine f.
Trifluoperazin n.   trifluopérazine f.
Trifluopromazin n.   trifluopromazine f.
Trifluridin n.   trifluridine f.
trifokal   trifocal
Trifurkation f.   trifurcation f.
Trigeminie f.   trigéminisme m.

**Trigeminus, Nervus m.** nerf trijumeau m.
**Trigeminusneuralgie f.** névralgie faciale f.
**Triggerzone f.** zone détente f.
**Triglyzerid n.** triglycéride m.
**trigonal** trigonal
**Trigonitis f.** trigonite f.
**trigonometrisch** trigonométrique
**Trihexosid n.** trihexose m.
**Trihexosidase f.** trihexosidase f.
**Trihexyphenidyl n.** trihexyphénidyle m.
**Trihydrat n.** trihydrate m.
**Trihydroxymethylaminomethan n.** trihydroxyméthylaminométhane m.
**Trijodid n.** triiodure m.
**Trijodthyronin n.** triiodothyronine f.
**Triketohydrindenhydrat n.** hydrate de trikétohydrindène m.
**Trikresol n.** tricrésol m.
**Trikresolamin n.** tricrésolamine f.
**Trikresolformalin n.** tricrésolformaline f.
**Trikresyl n.** tricrésyl m.
**Trikrotie f.** tricrotie f.
**Trikuspidalinsuffizienz f.** insuffisance tricuspide f.
**Trikuspidalklappe f.** valvule tricuspide f.
**Trikuspidalstenose f.** sténose tricuspide f.
**Trilaktat n.** trilactate m.
**trimalleolär** trimalléolaire
**Trimebutim n.** trimébutime m.
**Trimedoxim n.** trimédoxime m.
**Trimenon n.** triménone f.
**Trimeperidin n.** trimépéridine f.
**Trimeprazin n.** triméprazine f.
**Trimepropimin n.** trimépropimine f.
**trimer** trimère
**Trimer n.** trimère m.
**Trimester n.** trimestre m.
**Trimetamid n.** trimétamide m.
**Trimetazidin n.** trimétazidine f.
**Trimethadion n.** triméthadione f.
**Trimethobenzamid n.** triméthobenzamide m.
**Trimethylamin n.** triméthylamine f.
**Trimethylendiamin n.** triméthylènediamine f.

**Trimethylpsoralen n.** triméthylpsoralène m.
**Trimetotin n.** trimétotine f.
**Trimipramin n.** trimipramine f.
**Trimoxamin n.** trimoxamine f.
**Trinitrat n.** trinitrate m.
**Trinitrobenzol n.** trinitrobenzène m.
**Trinitrophenol n.** trinitrophénol m.
**Trinitrotoluol n.** trinitrotoluol m.
**trinkbar** buvable
**Trinkerheilstätte f.** clinique de désintoxication f.
**trinkfaul** buvant mal
**Trinkwasser n.** eau potable f.
**Triokinase f.** triokinase f.
**Trioleat n.** trioléate m.
**Triolein n.** trioléine m.
**Triolismus m.** triolisme m.
**Triorthokresylphosphat n.** triorthocrésylphosphate m.
**Triose f.** triose m.
**Triosephosphat n.** triosephosphate m.
**Trioxid n.** trioxyde m.
**Trioxifen n.** trioxifène m.
**Trioxopurin n.** trioxopurine f.
**Trioxsalen n.** trioxsalène m.
**Trioxymethylen n.** trioxyméthylène m.
**Trioxypurin n.** trioxypurine f.
**Tripamid n.** tripamide m.
**Tripelennamin n.** tripélennamine f.
**Tripelphosphat n.** phosphate triple m.
**Tripelvakzine f.** triple vaccin m.
**Tripeptid n.** tripeptide m.
**Triphenylethylen n.** triphényléthylène m.
**Triphenylmethan n.** triphénylméthane m.
**Triphosphat n.** triphosphate m.
**Triphosphatase f.** triphosphatase f.
**Triphosphonukleosid n.** triphosphonucléoside m.
**Triphosphopyridin n.** triphosphopyridine f.
**Triphosphopyridinnukleotid n.** triphosphopyridinenucléotide m.
**Triplegie f.** triplégie f.
**Triplett m.** triplé m.
**triploid** triploïde
**Triploidie f.** triploïdie f.
**Triplopie f.** triplopie f.
**Tripper m.** gonorrhée f.

T

**Triprolidin n.** triprolidine f.
**Tripropylen n.** tripropylène m.
**Tris-Puffer m.** trométamol m.
**Trisaccharid n.** trisaccharide m.
**Trishydroxymethylaminomethan n.** trishydroxyméthylaminométhane m.
**Trisialogangliosid n.** trisialoganglioside m.
**Trisilikat n.** trisilicate m.
**Trismaleat n.** trismaléate m.
**Trismus m.** trismus m.
**trisom** trisomique
**Trisomie f.** trisomie f.
**Trisulfid n.** trisulfure m.
**Tritanomalie f.** tritanomalie f.
**Tritanopie f.** tritanopie f.
**Tritiozin n.** tritiozine f.
**Tritium n.** tritium m.
**Triton n.** triton m.
**Tritoqualin n.** tritoqualine f.
**Trituration f.** trituration f.
**triturieren** triturer
**Trityl n.** trityl m.
**trivalent** trivalent
**Trivialbezeichnung (eines Medikamentes) f.** dénomination commune f.
**trizentrisch** tricentrique
**Trizepsreflex m.** réflexe tricipital m.
**Trizoat** trizoate m.
**Trizoxim n.** trizoxime m.
**trizyklisch** tricyclique
**trochanterisch** trochantérien
**trochleär** trochléen
**trocken** sec
**Trockenbohren n.** excavation à sec f.
**Trockengerät n.** séchoir m.
**Trockenhitzesterilisation f.** stérilisation par chaleur sèche f.
**Trockenofen m.** four de séchage m.
**Trockenschleifen n.** meulage à sec m.
**Trockenschrank m.** séchoir armoire m.
**trocknen** sécher
**Troclosen n.** troclosène m.
**Trofosfamid n.** trofosfamide m.
**Trog m.** auge f.
**Trokar m.** trocart m.
**Troleandomycin n.** troléandomycine f.
**Trolnitrat n.** trolnitrate m.
**Tromantadin n.** tromantadine f.
**Trombicula f.** trombicula f.

**Tromethamin n.** tromethamine f.
**Trommel f.** tympan m.
**Trommelbauch m.** ventre ballonné m.
**Trommelfell n.** membrane du tympan f.
**Trommelfellplastik f.** tympanoplastie f.
**Trommelschlägelfinger m.** doigt hippocratique m.
**Trommersche Probe f.** test de glucosurie de Trommer m.
**Tropa-Alkaloid n.** alcaloïde tropa m.
**Tropabazat n.** tropabazate m.
**Tropakokain n.** cocaïne tropa f.
**Tropäolin n.** tropéoline f.
**Tropatepin n.** tropatépine f.
**Tropein n.** tropéine f.
**Tropen f. pl.** tropiques m. pl.
**Tropenkoller m.** cafard tropical m.
**Tropenkrankheit f.** maladie tropicale f.
**Tropenmedizin n.** médecine tropicale f.
**tropentauglich** supportant les conditions tropicales
**tropenuntauglich** inadapté aux conditions tropicales
**Tropenzilin n.** tropenziline f.
**Tröpfchen n.** gouttelette f.
**tröpfeln** instiller
**tropfen** goutter
**Tropfen m.** goutte f.
**Tropfen, dicker m.** goutte épaisse f.
**Tropfenherz n.** coeur en goutte m.
**tropfenweise** goutte à goutte
**Tropfenzähler m.** compte-gouttes m.
**Tropfer m.** compte-gouttes m.
**Tropfflasche f.** flacon compte-gouttes m.
**Tropfrohr n.** tube goutte à goutte m.
**Trophik f.** trophisme m.
**trophisch** trophique
**Trophoblast m.** plastide m.
**Trophochromidie f.** trophochromidie f.
**Trophödem n.** oedème trophique m.
**Trophoneurose f.** trophonévrose f.
**trophoneurotisch** trophoneurotique
**Trophonose f.** trouble trophique m.
**Trophopathie f.** trophopathie f.
**Trophoplasma n.** trophoplasma m.
**Trophoplast m.** trophoplaste m.

**trophotrop**   trophotrope
**Trophozoit m.**   trophozoïte m.
**Tropicamid n.**   tropicamide m.
**Tropiglin n.**   tropigline f.
**Tropin n.**   tropine f.
**Tropirin n.**   tropirine f.
**tropisch**   tropique
**Tropodifen n.**   tropodifène m.
**Tropokollagen n.**   tropocollagène m.
**Tropomyosin n.**   tropomyosine f.
**Troponin n.**   troponine f.
**Trotzreaktion f.**   réaction d'opposition f.
**Trousseausches Zeichen n.**   phénomène de Trousseau m.
**Troxypyrrolium n.**   troxypyrrolium m.
**trüb**   brouillé
**Trübung f.**   état trouble m., opacité f.
**Trugschluß m.**   fausse conclusion f.
**Trümmerfraktur f.**   fracture comminutive f.
**Truncus brachiocephalicus m.**   tronc brachiocéphalique m.
**trunkal**   tronculaire
**Trunkenheit f.**   ivresse f.
**Trunksucht f.**   dipsomanie f.
**trunksüchtige Person f.**   ivrogne m.
**Trypaflavin n.**   trypaflavine f.
**Trypanblau n.**   bleu trypane m.
**Trypanosoma brucei n.**   Trypanosoma brucei m.
**Trypanosoma cruzi n.**   Trypanosoma cruzi m.
**Trypanosoma equiperdum n.**   Trypanosoma equiperdum m.
**Trypanosoma rhodesiense n.**   Trypanosoma rhodesiense m.
**Trypanosomiasis f.**   trypanosomiase f.
**Trypanrot n.**   rouge trypane m.
**Tryparsamid n.**   tryparsamide m.
**Trypsin n.**   trypsine f.
**Trypsinogen n.**   trypsinogène m.
**Tryptamin n.**   tryptamine f.
**Tryptase f.**   tryptase f.
**tryptisch**   tryptique
**Tryptophan n.**   tryptophane m.
**Tryptophanmalabsorptionssyndrom n.**   syndrome de malabsorption du tryptophane m.
**Tryptophanurie f.**   tryptophanurie f.
**Tsetsefliege f.**   mouche tsé-tsé f.

**TSH (thyreoideastimulierendes Hormon) n.**   TSH (hormone thyréotrope) f.
**Tsutsugamusfieber n.**   fièvre fluviale du Japon f.
**TTC (Triphenyltetrazoliumchlorid) n.**   chlorure de triphényltétrazolium m.
**Tuaminoheptan n.**   tuaminoheptane m.
**tubar**   tubaire
**Tubarabort m.**   avortement tubaire m.
**Tubargravidität f.**   grossesse tubaire f.
**Tube (Eileiter) f.**   trompe de Fallope f.
**Tube (Eustachische Röhre) f.**   trompe d'Eustache f.
**Tubektomie f.**   salpingectomie f.
**Tubenligatur f.**   ligature des trompes f.
**Tubenruptur f.**   rupture de la trompe f.
**Tuberculum majus n.**   trochiter m.
**Tuberculum minus n.**   trochin m.
**Tuberkel m.**   tubercule m.
**Tuberkelbazillus m.**   bacille tuberculeux m.
**Tuberkelbildung f.**   formation de tubercule f.
**tuberkulär**   tuberculaire
**Tuberkulid n.**   tuberculide m.
**Tuberkulin n.**   tuberculine f.
**Tuberkulinanwendung f.**   tuberculinisation f.
**Tuberkuloderm n.**   tuberculoderme m.
**Tuberkulofibrose f.**   tuberculofibrose f.
**Tuberkulom n.**   tuberculome m.
**Tuberkulomanie f.**   tuberculomanie f.
**Tuberkulophobie f.**   tuberculophobie f.
**tuberkulös**   tuberculeux
**Tuberkulose f.**   tuberculose f.
**Tuberkulose, fortschreitende f.**   tuberculose progressive f.
**Tuberkulose, geschlossene f.**   tuberculose fermée f.
**Tuberkulose, miliare f.**   tuberculose miliaire f.
**Tuberkulose, zum Stillstand gekommene f.**   tuberculose ancienne non évolutive f.
**tuberkulosekranke Person f.**   sujet tuberculeux m.
**Tuberkulosilikose f.**   tuberculosilicose f.

**Tuberkulostatikum n.** tuberculostatique m.
**tuberkulostatisch** tuberculostatique
**Tuberkulotoxin n.** toxine tuberculeuse f.
**tuberkulotoxisch** tuberculotoxique
**tuberkulozid** tuberculocide
**tuberoeruptiv** tubéroéruptif
**tuberohypophysär** tubérohypophysaire
**tuberoinfundibulär** tubéroinfundibulaire
**tuberös** tubéreux
**Tuberosität f.** tubérosité f.
**Tubocurarin n.** tubocurarine f.
**tuboovarial** tuboovarien
**tubulär** tubulaire
**Tubuli contorti m. pl.** tubes contournés m. pl.
**Tubulonekrose f.** tubulonécrose f.
**Tubulopathie f.** tubulopathie f.
**tubulovaskulär** tubulovasculaire
**Tubulus m.** tubule m.
**Tubus m.** tube m.
**Tuchklemme f.** pince à drap f.
**Tuclazepam n.** tuclazépam m.
**Tuftsin n.** tuftsine f.
**Tularämie f.** tularémie f.
**Tumenol n.** tuménol m.
**Tumor m.** tumeur f.
**tumorizid** détruisant la tumeur
**Tumornekrosefaktor m.** facteur de nécrose tumorale m.
**tumorös** tumoral
**Tüpfelung f.** moucheture f.
**tupfen** tamponner
**Tupfer m.** tampon m.
**Tupfpräparat n.** préparation par tamponnement f.
**Turbellaria n. pl.** turbellariés m. pl.
**Turbidimeter n.** turbidimètre m.
**Turbidimetrie f.** turbidimétrie f.
**turbidimetrisch** turbidimétrique
**turbinal** turbinal
**Turbine f.** turbine f.
**Turbinenbohrer m.** turbofraise f.
**turbulent** turbulent
**Turbulenz f.** turbulence f.
**Türcksches Bündel n.** faisceau de Türck-Meynert m.
**Turgeszenz f.** turgescence f.
**Turgor m.** turgor m.

**Türkensattel m.** selle turcique f.
**Turmschädel m.** hypsocéphalie f.
**Turnbullblau n.** bleu de Turnbull m.
**Turner-Syndrom n.** syndrome de Turner m.
**Tutocain n.** tutocaïne f.
**Tybamat n.** tybamate m.
**Tylektomie f.** tylectomie f.
**Tylom n.** tylome m.
**Tylosin n.** tylosine f.
**Tylosis f.** tylosis m.
**tympanal** tympanal
**Tympanektomie f.** tympanectomie f.
**Tympanie f.** tympanisme m., tympanite f.
**Tympanie des Pansens f.** météorisme de la panse m.
**tympanisch** tympanique
**Tympanitis f.** tympanite f.
**tympanitisch** de tympanite
**tympanitischer Schall m.** son tympanique m.
**tympanoeustachisch** tympanoeustachien
**Tympanogramm n.** tympanogramme m.
**Tympanograph m.** tympanographe m.
**Tympanographie f.** tympanographie f.
**tympanographisch** tympanographique
**tympanomalleal** tympanomalléaire
**tympanomandibulär** tympanomandibulaire
**tympanomastoidal** tympanomastoïdien
**Tympanomastoiditis f.** tympanomastoïdite f.
**Tympanometrie f.** tympanométrie f.
**Tympanoplastik f.** tympanoplastie f.
**tympanosquamosal** tympanosquameux
**Tympanotomie f.** tympanotomie f.
**Tympanum n.** tympan m.
**Tyndall-Phänomen n.** phénomène de Tyndall m.
**Typ m.** type m.
**Typhlatonie f.** typhlatonie f.
**Typhlitis f.** typhlite f.
**Typhlopexie f.** typhlopexie f.
**Typhlostomie f.** typhlostomie f.

**Typhloureterostomie f.** typhlourété-
rostomie f.
**Typhobazillose f.** typhobacillose f.
**typhös** typhoïde
**Typhus abdominalis m.** typhoïde f.
**Typhusbazillus m.** bacille d'Eberth m.
**Typhusimpfstoff m.** vaccin antityphi-
que m.
**Typhusimpfung f.** vaccination anti-
typhique f.
**typisch** typique
**typisieren** typer
**Typisierung f.** typification f.
**Typologie f.** typologie f.

**typologisch** typologique
**Tyramin n.** tyramine f.
**Tyraminase f.** tyraminase f.
**Tyrodelösung f.** solution de Tyrode f.
**Tyrom n.** adénopathie caséeuse f.
**Tyromedan n.** tyromédane m.
**Tyropanoat n.** tyropanoate m.
**Tyrose f.** caséification f.
**Tyrosin n.** tyrosine f.
**Tyrosinämie f.** tyrosinémie f.
**Tyrosinase f.** tyrosinase f.
**Tyrosinose f.** tyrosinose f.
**Tyrothricin n.** tyrothricine f.
**Tysonsche Drüse f.** glande de Tyson f.

T

# U

U-Welle f. onde U f.
übel (krank) mal
Übel (Krankheit) n. maladie f.
Übelbefinden n. indisposition f.
Übelkeit (Brechreiz) f. nausée f.
übelriechend malodorant
Über-Ich n. surmoi m.
Überaktivität f. hyperactivité f.
Überalterung f. vieillissement m.
überanstrengen surmener
Überanstrengung f. surmenage m.
Überarbeitung f. remaniement m.
Überbeanspruchung f. effort excessif m.
Überbein n. exostose f., kyste synovial m.
überbelichten surexposer
Überbelichtung f. surexposition f.
Überbiß m. surocclusion f.
Überbleibsel n. reste m.
Überblick m. vue d'ensemble f.
überdachen couvrir
überdehnen distendre
Überdehnung f. distension f.
überdosieren surdoser
Überdosierung f. surdosage m.
Überdosis f. surdose f.
Überdruck m. hyperpression f.
Überdruckkammer f. cabine pressurisée f.
Überdruß m. satiété f.
Übereinstimmung f. concordance f.
überempfindlich hypersensible
Überempfindlichkeit f. hypersensibilité f.
überentwickelt surdéveloppé
Überernährung f. suralimentation f.
übererregbar hyperexcitable
Übererregbarkeit f. hyperexcitabilité f.
Übererregung f. surexcitation f.
überfärben recolorer
überfetten graisser
überfließen déborder
Überfließen n. débordement m.
Überfluß m. surabondance f.
überflüssig superflu

überfordern surcharger
Überforderung f. surcharge f.
überführen transférer
überfüllen trop remplir
Überfüllung f. encombrement m.
Überfunktion f. hyperfonction f.
überfüttern suralimenter
Überfütterung f. gavage m.
Übergangsepithel n. épithélium de passage m.
Übergansphase f. phase de transition f.
Übergangsstadium n. stade intermédiaire m.
Übergangswirbel m. vertèbre intermédiaire f.
Übergangszelle f. cellule intermédiaire f.
Übergangszone f. zone de transition f.
übergeben, sich vomir
Übergewicht n. excès de poids m.
Übergreifen n. empiètement m.
Überhäutung f. épidermisation f.
Überholung (Reparatur) f. révision f.
Überkompensation f. surcompensation f.
Überkorrektur f. hypercorrection f.
überkronen couronner
Überkronung f. couronnement m.
überladen surcharger
Überlagerung f. superposition f.
Überlagerung, psychogene f. interférence psychogène f.
Überlappung f. recouvrement m.
überlasten accabler
Überlastung f. surcharge f.
Überlastungsschutz, elektrischer m. coupecircuit m.
Überlauf m. trop-plein m.
Überlaufblase f. miction par regorgement f.
überleben survivre
Überlebende (r) f./m. survivant (e) m. f.
Überlebensdauer f. temps de survie m
Überlebensrate f. taux de survie m.

Überlebensstatistik f. statistique de survie f.
überlegen (nachdenken) considérer
überlegen (prävalierend) prévalent
Überleitung f. conduction f.
Überleitungszeit f. temps de conduction m.
übermangansauer permanganique
Übermaß n. excès m.
übermäßig excessif
übermenschlich surhumain
übermüdet épuisé
übernähen couvrir (par suture)
übernormal hypernormal
Überprotektion f. surprotection f.
Überprüfung f. vérification f.
überregional dépassant la région
überreif hypermature
überreizen surexciter
Überrest m. rémanence f.
übersättigen sursaturer
Übersättigung f. sursaturation f.
übersäuern hyperacidifier
Übersäuerung f. hyperacidité f.
Überschallgeschwindigkeit f. vitesse supersonique f.
überschießend exubérant
Überschuß m. excédent m.
überschwellig supraliminaire
Übersegmentation f. hypersegmentation f.
übersegmentiert hypersegmentaire
Übersichtsaufnahme f. radiographie (d'ensemble) f.
übersinnlich transcendant
Überspanntheit f. exaltation f.
Überspiralisierung f. superspiralisation f.
überstrecken mettre en hyperextension
Überstreckung f. hyperextension f.
Übertisch-Röntgenaufnahme f. cliché sur plaque m.
übertragbar transmissible
Übertragbarkeit f. transmissibilité f.
übertragen transmettre
Überträger m. intermédiaire m.
Übertragung f. transmission f.
übertrainieren surentraîner
Übertransfusion f. surtransfusion f.
übertreiben exagérer
überwachen surveiller

Überwachung f. surveillance f.
Überwachung, technische f. monitoring m.
Überwachungsanlage f. moniteur m.
Überwachungsgerät n. moniteur m.
Überwärmung f. hyperthermie f.
Überwärmungsbad n. bain hyperthermique m.
Überwässerung f. hyperhydratation f.
überweich très mou
überweisen envoyer
überweisen, einen Patienten envoyer un patient m.
Überweisung eines Patienten f. envoi d'un patient m.
überwertig prédominant
überwinden surmonter
Überwindung kosten demander un effort
überzählig surnuméraire
Überzehe f. orteil surnuméraire m.
überzogen (bedeckt) recouvert
Überzug m. revêtement m.
Ubichinon n. ubiquinone f.
ubiquitär ubiquitaire
Ubisindin n. ubisindine f.
üblich usuel
übrigbleiben rester, être de reste
Übung f. exercice m.
Übungsgerät n. appareil d'entraînement m.
Uffelmannsche Probe f. test d'Uffelmann m.
Uhlenhuthsches Verfahren n. méthode de Uhlenhuth f.
Uhrglasnagel m. ongle hippocratique m.
Ulcus corneae n. ulcère de la cornée m.
Ulcus duodeni n. ulcère duodénal m.
Ulcus jejuni pepticum n. ulcère peptique jéjunal m.
Ulcus ventriculi n. ulcère gastrique m.
Ulegyrie f. ulégyrie f.
Ulektomie f. ulectomie f.
Ulerythem n. ulérythème m.
Ulkus n. ulcère m.
Ulkusbildung f. ulcération f.
Ullrich-Syndrom n. syndrome d'Ullrich m.
ulnar cubital

U

**Ulnartunnelsyndrom n.** syndrome du canal cubital m.

**ulnarwärts** vers le cubitus

**ulnokarpal** cubitocarpien

**ulnoradial** cubitoradial

**Ulorrhöe f.** gingivorrhée f.

**ultimobranchial** ultimobranchial

**ultradünn** ultrafin

**ultrafein** ultrafin

**Ultrafilter n.** ultrafiltre m.

**Ultrafiltrat n.** produit d'ultrafiltration m.

**Ultrafiltration f.** ultrafiltration f.

**ultrahart** ultradur

**Ultrahochfrequenz f.** ultrahaute fréquence f.

**Ultrahochtemperatur f.** ultrahaute température f.

**Ultrahochvakuum n.** ultravide m.

**Ultrakurzwelle f.** onde ultracourte f.

**Ultramikroskop n.** ultramicroscope m.

**ultramikroskopisch** ultramicroscopique

**Ultramikrotom n.** ultramicrotome m.

**ultraradikal** ultraradical

**Ultraschall m.** ultrason m.

**Ultraschallbehandlung f.** traitement par ultrasons m.

**Ultraschallwelle f.** onde ultrasonore f.

**Ultrasonographie f.** ultrasonographie f.

**ultrasonographisch** ultrasonographique

**Ultrastruktur f.** ultrastructure f.

**ultrastrukturell** ultrastructural

**ultraviolett** ultraviolet

**ultraviolett bestrahlen** irradier aux ultraviolets

**ultraviolettempfindlich** uviosensible

**Ultraviolettlampe f.** lampe à ultraviolets f.

**ultraviolettresistent** uviorésistant

**Ultravirus n.** ultravirus m.

**ultravisible** au delà du visible

**Ultrazentrifugation f.** ultracentrifugation f.

**Ultrazentrifuge f.** ultracentrifugeuse f.

**ultrazentrifugieren** ultracentrifuger

**Ululation f.** ululation f.

**Ulzeration f.** ulcération f.

**ulzerativ** ulcératif

**ulzerieren** ulcérer

**ulzerogen** ulcérogène

**ulzeroglandulär** ulcéroglandulaire

**ulzeromembranös** ulcéromembraneux

**ulzerös** ulcéreux

**Umarmungsreflex m.** réflexe de Moro m.

**Umbaugastritis f.** gastrite métaplasique f.

**Umbauzone f.** zone métaplasique f.

**Umbelliferon n.** umbelliférone f.

**Umbettvorrichtung f.** équipement pour changement de lit m.

**Umbilektomie f.** omphalectomie f.

**umbilikal** ombilical

**Umdrehung f.** rotation f.

**Umdrehungen pro Minute f. pl.** tours par minute m. pl.

**Umfang m.** circonférence f., étendue f.

**umfänglich** bordant

**umfangreich** volumineux

**umformen** transformer

**Umformung f.** transformation f.

**Umgangssprache f.** langage familier m.

**Umgebung f.** environnement m.

**umgehen** contourner

**Umgehung f.** pontage m.

**umgekehrt** inversement

**Umkehrsystole f.** systole en écho f.

**Umkehrung f.** inversion f.

**Umklammerungsreflex m.** réflexe d'étreinte (Moro) m.

**Umkleideraum m.** cabine (de déshabillage) f.

**Umlauf m.** panaris m.

**Umleitung f.** déviation f.

**Umpolung f.** renversement m.

**Umsatz m.** métabolisme m.

**Umschaltung f.** commutation (electr.) f.

**Umschlag (Änderung) m.** changement m.

**Umschlag (Kataplasma) m.** cataplasme m.

**umschlingen** enlacer

**Umschneidung f.** circoncision f.

**Umstechung f.** ligature périvasculaire f.

**umstellen** permuter

**Umstimmung f.** modification f.
**Umstimmungsbehandlung f.** allassothérapie f.
**umstülpen** retourner
**Umstülpung f.** évagination f., retroussement m.
**umwandeln** convertir
**Umwandlung f.** transformation f.
**Umwandlung, bösartige f.** transformation maligne f.
**Umwelt f.** environnement m., milieu
m.
**Umweltbedingungen f. pl.** conditions
de l'environnement f. pl.
**Umweltschutz m.** protection de l'environnement f.
**Umweltverschmutzung f.** pollution f.
**unabhängig** indépendant
**unauflösbar** insoluble
**unauflöslich** indissoluble
**unausbleiblich** inévitable
**unausgewählt** insélectionné
**unausgewählt verwenden** randomiser
**unbeeinflußt** ininfluencé
**Unbehagen n.** gêne f.
**unbehaglich** incommode
**unbehandelt** intraité
**unbelebt** inanimé
**unberechenbar** imprévisible
**unbeständig** inconstant
**Unbeständigkeit f.** inconstance f.
**unbestimmt** indéterminé
**unbestimmtes Atmen n.** respiration
indéfinie f.
**unbeweglich** immobile
**Unbeweglichkeit f.** immobilité f.
**unbewußt** inconscient
**unblutig** non sanglant
**unbrauchbar** inutile
**Uncinariasis f.** uncinariose f.
**Undecanoat n.** undécanoate m.
**Undecenat n.** undécénate m.
**Undecylat n.** undécylénate m.
**undeutlich** indistinct
**Undichtigkeit f.** fuite f.
**Undichtigkeit, mikroskopische f.** microfuite f.
**undifferenziert** indifférencié
**undissoziiert** indissocié
**Undulation f.** ondulation f.
**undulieren** onduler
**undulierend** ondulant

**undulierendes Fieber n.** fièvre ondulante f.
**undurchdringlich** impénétrable
**Undurchdringlichkeit f.** impénétrabilité f.
**undurchgängig** impénétrable
**undurchlässig** imperméable
**uneben** raboteux
**Uneinsichtigkeit f.** manque de disce-
mement m.
**unempfindlich** insensible
**Unempfindlichkeit f.** insensibilité f.
**unenthaltsam** incontinent
**unerforscht** inexploré
**unergiebig** improductif
**unerkannt** non reconnu
**unerregbar** inexcitable
**unerwartet** inattendu
**unerwünscht** indésirable
**unerziehbar** inéducable
**unfähig** incapable
**Unfall m.** accident m.
**Unfallfolge f.** suite d'accident f.
**Unfallheilkunde f.** traumatologie f.
**Unfallkrankenhaus n.** clinique de
traumatologie f.
**Unfallpatient (in) m./f.** patient (e) accidenté (e) m./f.
**Unfallspezialist m.** spécialiste de traumatologie m.
**Unfallstation f.** service des accidents
m.
**Unfallverhütung f.** prévention des accidents f.
**Unfallversicherung f.** assurance accident f.
**unfreiwillig** involontaire
**unfruchtbar** infertile
**Unfruchtbarkeit f.** infécondité f.
**ungebessert** inamélioré
**ungebraucht** inutilisé
**ungeeignet** impropre
**ungeheilt** non guéri
**ungeimpft** non vacciné
**ungeklärt** inexpliqué
**ungekocht** cru
**ungemildert** non tempéré
**ungenau** imprécis
**ungenießbar** insipide
**ungesalzen** sans sel
**ungesättigt** insaturé
**ungesättigt, mehrfach** polyinsaturé

ungeschickt  maladroit
ungestört  sans dérangement
Ungeziefer n.  vermine f.
ungleichmäßig  irrégulier
Unglücksfall m.  malheur m.
ungual  unguéal
Unguis incarnatus m.  ongle incarné m.
ungünstig  défavorable
unheilbar  incurable
unhygienisch  insalubre
uniaxial  uniaxial
unifaszikulär  unifasciculaire
unifokal  unifocal
Unigravida f.  unigravide f.
unilateral  unilatéral
unilokulär  uniloculaire
unimodal  unimodal
Unipara f.  unipare f.
unipolar  unipolaire
unipotential  unipotentiel
univalent  univalent
Univalenz f.  univalence f.
univentrikulär  univentriculaire
universell  universel
Universität f.  université f.
Universitätsklinik f.  centre hospitalier universitaire (CHU) m.
Universitätslehrer (in)  professeur de faculté m.,f.
unizentrisch  unicentrique
unkompliziert  sans complications
unkontrollierbar  incontrôlable
unkontrolliert  incontrôlé
unlösbar  insoluble
unlöslich  indissoluble
Unlust f.  aversion f.
unmenschlich  inhumain
Unmenschlichkeit f.  inhumanité f.
unmerklich  imperceptible
unmischbar  non miscible
unmittelbar  immédiat
unnötig  inutile
Unordnung f.  désordre m.
unpassend  inopportun
unpäßlich  indisposé
unpäßlich sein  être indisposé
Unpäßlichkeit f.  indisposition f.
unphysiologisch  non physiologique
unpigmentiert  non pigmenté
unpsychologisch  peu psychologique
unregelmäßig  irrégulier

Unregelmäßigkeit f.  irrégularité f.
unreif  immature
Unreife f.  immaturité f.
unrein  impur
Unreinheit f.  impureté f.
unresezierbar  de résection impossible
unrichtig  incorrect
Unruhe f.  agitation f.
Unruhe, motorische f.  agitation motrice f.
unruhig  agité
unsauber  impur (chem.), malpropre
unschädlich  inoffensif
unscharf  flou
Unschärfe f.  flou m.
unsicher (gefährlich)  périlleux
unsicher (ungeschickt)  maladroit
unsicher (zweifelhaft)  incertain
Unsicherheit (Gefahr) f.  péril m.
Unsicherheit (Ungeschicklichkeit) f.  maladresse f.
Unsicherheit (Zweifel) f.  doute m.
unsichtbar  invisible
unsittlich  immoral
unspezifisch  aspécifique
unstabil  instable
unstet  changeant
unstillbar  inapaisable
unsympathisch  antipathique
Unterarm m.  avant bras m.
Unterart f.  sousespèce f.
Unterbauch m.  région hypogastrique f.
unterbelichten  sousexposer
unterbewußt  subconscient
Unterbewußtsein n.  subconscient m.
unterbinden  ligaturer
Unterbindung f.  ligature f.
Unterbindungsdraht m.  ligature métallique f.
Unterbindungsfaden m.  fil de ligature m.
unterbrechen  interrompre
unterbrechen, eine Behandlung  interrompre un traitement
Unterbrechung f.  interruption f.
Unterbrechung einer Behandlung f.  interruption d'un traitement f.
unterdosieren  sousdoser
Unterdosierung f.  sousdosage m.
Unterdruck m.  hypotension f., pression négative f.

**unterdrückbar** répressible
**unterdrücken** réprimer
**unterdrückend** inhibant
**unterdrückendes Mittel n.** suppressif m.
**Unterdruckkammer f.** chambre hypobare f.
**Unterdrückung f.** inhibition f.
**Untereinheit f.** sousunité f.
**unterentwickelt** sousdéveloppé
**Unterentwicklung f.** sousdéveloppement m.
**unterernährt** sousalimenté
**Unterernährung f.** sousalimentation f.
**untererregen** substimuler
**Unterfamilie f.** sousfamille f.
**unterfarben** souscolorer
**Unterfeld n.** champ inférieur m.
**Unterfüllung (dent.) f.** protection pulpaire f. (dent.)
**Unterfunktion f.** hypofonction f.
**unterfüttern (dent.)** rebaser (dent.)
**Unterfütterungsmaterial n.** rebasage m.
**Untergewicht m.** manque de poids m.
**Untergruppe f.** sousgroupe m.
**Unterhaut f.** tissu souscutané m.
**Unterhautfettgewebe n.** tissu adipeux souscutané m.
**unterhöhlen** miner
**unterkalorisch** hypocalorique
**Unterkiefer m.** maxillaire inférieur m.
**Unterkiefer-Teilprothese f.** prothèse partielle inférieure f.
**Unterkiefer-Vollprothese f.** prothèse totale inférieure f.
**Unterkiefergelenk n.** articulation temporomandibulaire f.
**Unterklasse f.** sousclasse f.
**Unterkühlung f.** hypothermie f.
**Unterlappen m.** lobe inférieur m.
**unterlassen** omettre
**Unterlippe f.** lèvre inférieure f.
**unterminieren** miner
**unternormal** subnormal
**Unterricht m.** enseignement m.
**Unterricht am Krankenbett m.** enseignement au chevet du malade m.
**Unterricht, programmierter m.** enseignement programmé m.
**Unterrichtsschwester f.** infirmière enseignante f.

**unterscheiden** distinguer
**Unterscheidung f.** distinction f.
**Unterschenkel m.** jambe f.
**Unterschenkelgeschwür n.** ulcère crural m.
**Unterschnitt (dent.) m.** sousincision f. (dent.)
**unterschwellig** subliminaire
**unterstützen** soutenir
**unterstützend** soutenant
**untersuchen** examiner
**untersuchen, einen Patienten gründlich** faire un examen complet (du malade)
**Untersuchende f.** investigatrice f.
**Untersuchender m.** investigateur m.
**Untersuchung f.** examen m.
**Untersuchungsbefund m.** résultat d'examen m.
**Untersuchungsliege f.** banquette (d'examen) f.
**Untersuchungsnadel f.** aiguille d'exploration f.
**Untersuchungsstuhl m.** fauteuil gynécologique m.
**Untersuchungstisch m.** table d'examen f.
**untertauchen** plonger
**Untertauchen n.** immersion f.
**Untertemperatur f.** hypothermie f.
**Untertisch-Röntgenaufnahme f.** radiographie sous plaque f.
**Untertischröhre f.** tube sous plaque m.
**Unterwassergymnastik f.** gymnastique dans l'eau f.
**unumkehrbar** irréversible
**ununterdrückbar** irréductible
**unverändert** inchangé
**unverdächtig** non suspect
**unverdaulich** indigeste
**unverdauliche Nahrungsbestandteile m. pl.** aliments de lest m. pl.
**Unverdaulichkeit f.** indigestibilité f.
**unverdaut** indigéré
**unverdünnt** non dilué
**unverestert** non estérifié
**unverletzt** indemne
**unvermischt** pur
**unveröffentlicht** inédit
**unversehrt** intact
**unverträglich** incompatible

Unverträglichkeit f.   incompatibilité f.
unverwundbar   invulnérable
unvollständig   incomplet
unvorhersehbar   imprévisible
unweiblich   peu féminin
unwiderruflich   irrévocable
unwillkürlich   involontaire
unwirksam   inefficace
Unwohlsein n.   malaise m.
unzerbrechlich   incassable
unzerstörbar   indestructible
unzugänglich   inaccessible
unzurechnungsfähig   irresponsable
Unzurechnungsfähigkeit f.   irrespon-
  sabilité f.
unzureichend   insuffisant
UpM (Umdrehungen pro Minute)
  nombre de tours par minute m.
urachal   de l' ouraque
Uracil n.   uracile m.
Uracil-Lost n.   moutarde-uracile f.
Urämie f.   urémie f.
urämisch   urémique
Uramustin n.   uramustine f.
Uran n.   uranium m.
Uranoschisis f.   uranoschisis f.
Uranyl n.   uranyle m.
Urat n.   urate m.
uratisch   urique
Uratose f.   uratose f.
Uratstein m.   calcul uratique m.
Urea f.   urée f.
Urease f.   uréase f.
Urefibrat n.   uréfibrate m.
Ureid n.   uréide m.
Ureter m.   uretère m.
ureteral   urétéral
Ureterektomie f.   urétérectomie f.
Ureterenge f.   sténose urétérale f.
Ureteritis f.   urétérite f.
Ureterkatheter m.   sonde urétérale f.
Ureterknickung f.   angulation urété-
  rale f.
Ureterkolik f.   colique urétérale f.
Ureterographie f.   urétérographie f.
Ureterokolostomie f.   urétérocolosto-
  mie f.
Ureterolithiasis f.   lithiase urétérale f.
ureteropelvin   urétéropelvien
Ureteropyeloneostomie f.   urétéropyé-
  lonéostomie f.

Ureteropyelonephrostomie f.   urétéro-
  pyélonéphrostomie f.
Ureterorektoneostomie f.   urétérorectonéostomie f.
Ureterosigmoidostomie f.   urétérosig-
  moïdostomie f.
Ureterostomie f.   urétérostomie f.
Ureterotomie f.   urétérotomie f.
ureterotrigonal   urétérotrigonal
ureterotubar   urétérotubaire
ureteroureteral   urétérourétéral
ureterovaginal   urétérovaginal
ureterovesikal   urétérovésical
Ureterozele f.   urétérocèle f.
Ureterozystoneostomie f.   urétérocy-
  stonéostomie f.
Urethan n.   uréthane m.
Urethra f.   urèthre f., urètre m.
urethral   urétral
Urethritis f.   urétrite f.
Urethrographie f.   urétrographie f.
Urethrometrie f.   urétrométrie f.
urethrookuloartikulär   urétroooculoar-
  ticulaire
Urethroskop n.   urétroscope m.
Urethroskopie f.   urétroscopie f.
urethroskopisch   urétroscopique
Urethrostomie f.   urétrostomie f.
Urethrotomie f.   urétrotomie f.
Urethrozele f.   urétrocèle f.
Urethrozystographie f.   urétrocysto-
  graphie f.
Uridin n.   uridine f.
Uridinurie f.   uridinurie f.
Uridyltransferase f.   uridyltransférase
  f.
Uridylyl n.   uridylyle m.
Urikosurikum n.   uricosurique m.
Urimeter n.   urimètre m.
Urin m.   urine f.
Urinal n.   urinal m.
Urinanalyse f.   analyse d'urine f.
urinär   urinaire
Urinauffangbeutel m.   poche à urines
  f.
Urinflasche f.   urinal m.
urinieren   uriner
Urinieren n.   miction f.
Urinom n.   urinome m.
urinös   urineux
Urinsammelperiode f.   temps de col-
  lecte des urines m.

**Urinverhaltung f.**   rétention urinaire f.
**Urinzucker m.**   sucre urinaire m.
**Urne f.**   urne f.
**Urniere f.**   mésonéphros m.
**Urning m.**   homosexuel m.
**Urobilin n.**   urobiline f.
**Urobilinämie f.**   urobilinémie f.
**Urobilinikterus m.**   ictère hyperurobi-linémique m.
**Urobilinogen n.**   urobilinogène m.
**Urobilinogenurie f.**   urobilinogénurie f.
**Urobilinutie f.**   urobilinurie f.
**Urochrom n.**   urochrome m.
**Urodynamik f.**   urodynamique f.
**urodynamisch**   urodynamique
**Uroerythrin n.**   uroérythrine f.
**urogenital**   urogénital
**Urographie f.**   urographie f.
**urographisch**   urographique
**Urokinase f.**   urokinase f.
**Urokinin n.**   urokinine f.
**Urolagnie f.**   urolagnie f.
**Urolith m.**   urolithe m.
**Urolithiasis f.**   urolithiase f.
**Urologe m.**   urologue m.
**Urologie f.**   urologie f.
**Urologin f.**   urologue f.
**urologisch**   urologique
**Urometer n.**   urinomètre m.
**Uropepsin n.**   uropepsine f.
**Uropepsinogen n.**   uropepsinogène m.
**Uropoese f.**   uropoïèse f.
**uropoetisch**   uropoiétique
**Uroporphyrie f.**   uroporphyrie f.
**Uroporphyrin n.**   uroporphyrine f.
**Uroporphyrinogen n.**   uroporphyrino-gène m.
**Urosein n.**   urorhodine f.
**Urosepsis f.**   fièvre urineuse f.
**Urothel n.**   urothélium m.
**Ursache f.**   cause f.
**ursächlich**   causal
**Urschmerz m.**   douleur primaire f.
**Ursegment n.**   segment primordial m.
**Ursotherapie f.**   ursothérapie f.
**Ursprung m.**   origine f.
**Urtikaria f.**   urticaire f.
**urtikariell**   urticarien
**Urtyp m.**   archétype m.

**Urwirbelsäule f.**   notochorde f.
**Urzeugung f.**   génération spontanée f.
**Ustilagismus m.**   ustilaginisme m.
**uterin**   utérin
**Uterinsegment n.**   isthme de l'utérus m.
**uteroabdominal**   utéroabdominal
**Uterographie f.**   hystérographie f.
**uteroovariell**   utéroovarien
**Uteropelvioplastik f.**   hystéropelvio-plastie f.
**uteroplazentar**   utéroplacentaire
**uterosakral**   utérosacré
**Uterothermographie f.**   hystérother-mographie f.
**uterovaginal**   utérovaginal
**uterovesikal**   utérovésical
**uterozervikal**   utérocervical
**Uterus m.**   matrice f., utérus m.
**Uterusblutung f.**   hémorragie utérine f.
**Uterusfixation f.**   fixation utérine f.
**Uteruskürette f.**   curette utérine f.
**Uterusruptur f.**   rupture utérine f.
**Uterussonde f.**   sonde utérine f.
**Uterustamponzange f.**   pince à tam-ponnement utérin f.
**Uterusverlagerung f.**   déviation de l'utérus f.
**Utilisation f.**   utilisation f.
**utilisieren**   utiliser
**utrikulär**   utriculaire
**utrikulosakkulär**   utriculosacculaire
**Utrikulus m.**   utricule m.
**Uvea f.**   uvée f.
**Uveakolobom n.**   colobome uvéal m.
**uveal**   uvéal
**Uveaplastik f.**   uvéoplastie f.
**Uveitis f.**   uvéite f.
**uveomeningeal**   uvéoméningé
**uveoparotisch**   uvéoparotidien
**Uveoparotitis f.**   uvéoparotidite f.
**Uvula (vermis.) f.**   uvula f.
**Uvula f.**   luette f., uvule f.
**Uvulaödem n.**   oedème de la luette m.
**Uvulaspalte f.**   staphyloschisis f.
**Uvulitis f.**   uvulite f.
**Uvulotomie f.**   uvulotomie f.
**Uzara f.**   Gomphocarpus uzarae m.
**Uzarin n.**   uzarine f.

# V

Vagabund m. vagabond m.
vagabundieren vagabonder
vagal parasympathique
Vagina f. vagin m.
vaginal vaginal
Vaginalspekulum n. spéculum vaginal
m.
Vaginalzäpfchen n. ovule (pharmacol.) m.
Vaginismus m. vaginisme m.
Vaginitis f. vaginite f.
vaginolabial vaginolabial
vaginoperineal vaginopérinéal
Vaginopexie f. vaginopexie f.
vaginovesikal vaginovésical
vagoglossopharyngeal vagoglossopharyngien
Vagolyse f. vagolyse f.
vagolytisch vagolytique
Vagotomie f. vagotomie f.
Vagotonie f. vagotonie f.
vagotonisch vagotonique
vagotrop vagotrope
vagovagal vagovagal
Vagus m. vague (nerf) m.
Vagusreflex m. réflexe vagal m.
vakuolär vacuolaire
Vakuole f. vacuole f.
vakuolisieren vacuoliser
Vakuolisierung f. vacuolisation f.
Vakuum n. vacuum m., vide m.
Vakuumbrennverfahren n. cuisson
sous vide f. (dent.)
Vakuumextraktion f. extraction par
ventouse obstétricale f.
Vakuumextraktor m. vacuum extractor m.
Vakuumguß m. moulage sous vide m.
(dent.)
Vakuumkürettage f. curettage aspiratif m.
Vakuummischer m. mixeur sous vide
m.
Vakuumpumpe f. pompe à vide f.
vakzinal vaccinal
Vakzination f. vaccination f.
Vakzine f. vaccine f.

Vakzinebehandlung f. vaccinothérapie f.
Vakzinid n. vaccinide m.
vakziniform vacciniforme
Valamin n. valamine f.
Valconazol n. valconazole m.
Valdipromid n. valdipromide m.
valent valentiel
Valenz f. valence f.
Valeramid n. valéramide m.
Valeranilid n. valéranilide m.
Valerat n. valérate m.
Valerianat n. valérianate m.
Valethamat n. valéthamate m.
Validität f. validité f.
Valin n. valine f.
Valleixscher Punkt m. point de Valleix
m.
vallekulär valléculaire
Valnoctamid n. valnoctamide m.
Valofan n. valofane m.
Valperinol n. valpérinol m.
Valproat n. valproate m.
Valproinat n. valproïnate m.
Valpromid n. valpromide m.
valviform valviforme
Valvotom n. valvotome m.
Valvotomie f. valvotomie f.
valvulär valvulaire
Valvulitis f. valvulite f.
Valvulopathie f. valvulopathie f.
Valvuloplastie f. valvuloplastie f.
Valvulotom n. valvulotome m.
Valvulotomie f. valvulotomie f.
Valvyl n. valvyle m.
Vanadat n. vanadate m.
Vanadium n. vanadium m.
Vanillin n. vanilline f.
Vanitiolid n. vanitiolide m.
Vanyldisulfamid n. vanyldisulfamide
m.
Vaquez-Oslersche Krankheit f. maladie de Vaquez f.
variabel variable
Variabilität f. variabilité f.
variant variant
Varianz f. variance f.

**Variation f.** variation f.
**Varietät f.** variété f.
**variieren** varier
**varikös** variqueux
**Varikose f.** maladie variqueuse f.
**Varikosität f.** varicosité f.
**Varikotomie f.** varicotomie f.
**Varikozele f.** varicocèle f.
**Variola vera f.** variole f.
**variolär** varioleux
**varioliform** varioliforme
**Variolois f.** varioloïde f.
**variolös** varioleux
**Varize f.** varice f.
**Varizellen f. pl.** varicelle f.
**varizenähnlich** cirsoïde
**Varizenbildung f.** formation de varices f.
**Varizenverödung f.** injections intra-variqueuses sclérosantes f. pl.
**Vas deferens n.** canal déférent m.
**vasal** vasal
**Vasalvascher Versuch m.** épreuve de Vasalva f.
**Vasektomie f.** vasectomie f.
**vasektomieren** vasectomiser
**Vaselin n.** vaseline f.
**Vaselin, gelbes n.** vaseline jaune f.
**Vaselin, weißes n.** vaseline blanche f.
**Vaskularisation f.** vascularisation f.
**vaskularisieren** vasculariser
**Vaskularisierung f.** vascularisation f.
**Vaskulitis f.** angéite f.
**Vaskulopathie f.** vasculopathie f.
**vaskulotoxisch** vasculotoxique
**vasoaktiv** vasoactif
**Vasodilatation f.** vasodilatation f.
**Vasodilation f.** vasodilation f.
**vasodilativ** vasodilateur
**Vasoepididymographie f.** vasoépididymographie f.
**Vasoepididymostomie f.** vasoépididymostomie f.
**vasogen** vasogène
**Vasographie f.** vangiographie f.
**Vasokonstriktion f.** vasoconstriction f.
**vasokonstriktiv** vasoconstricteur
**Vasokonstriktor m.** vasoconstricteur m.
**Vasolabilität f.** vasolabilité f.
**vasomotorisch** vasomoteur

**Vasoneurose f.** névrose vasculaire f.
**vasoneurotisch** vasoneuropathologique
**vasookklusiv** vasoocclusif
**Vasoorchidostomie f.** vasoorchidostomie f.
**Vasopressin n.** vasopressine f.
**Vasopressor m.** vasopresseur m.
**vasopressorisch** vasopresseur
**Vasospasmus m.** angiospasme m.
**vasospastisch** angiospastique
**Vasostomie f.** angiostomie f.
**Vasotocin n.** vasotocine f.
**Vasotomie f.** vasotomie f.
**vasovagal** vasovagal
**Vasovesikulektomie f.** vasovésiculectomie f.
**Vater m.** père m.
**Vaterbindung f.** fixation paternelle f.
**väterlich** paternel
**Vaterschaft f.** paternité f.
**Vaterschaftsblutgruppenbestimmung f.** recherche de paternité par le groupe sanguin f.
**Vatersche Papille f.** caroncule duodénale f.
**Vegetarier (in) m./f.** végétarien (ne) m./f.
**vegetarisch** végétarien
**Vegetation f.** végétation f.
**vegetativ** végétatif
**vegetative Dystonie f.** dystonie neuro-végétative f.
**vegetatives Nervensystem n.** système nerveux autonome m., système nerveux végétatif m.
**Vehikel n.** véhicule m.
**Veit-Smelliescher Handgriff m.** manœuvre de Smellie f.
**Veitstanz m.** danse de Saint-Guy f.
**Vektor m.** vecteur m.
**vektoriell** vectoriel
**Vektorkardiogramm n.** vectocardiogramme m.
**Vektorkardiographie f.** vectocardiographie f.
**velamentös** vélamenteux
**velopharyngeal** vélopharyngien
**Velpeauscher Verband m.** bandage de Velpeau m.
**Vena anonyma f.** tronc brachiocéphalique m.

**Vena azygos f.**  veine azygos f.
**Vena basilica f.**  veine basilique f.
**Vena cephalica f.**  veine céphalique f.
**Vena circumflexa femoralis f.**  veine circonflexe fémorale f.
**Vena epigastrica f.**  vcine épigastrique f.
**Vena femoralis f.**  veine fémorale f.
**Vena perforans f.**  branche perforante de la veine fémorale f.
**Vena pulmonalis f.**  veine pulmonaire f.
**Vena saphena f.**  veine saphène f.
**Vena thyreoidea f.**  veine thyroïdienne f.
**Vena umbilicalis f.**  veine ombilicale f.
**Venasectio f.**  phlébotomie f.
**Vene f.**  veine f.
**Venektasie f.**  phlébectasie f.
**Venendruck m.**  pression veineuse f.
**Venenkatheter m.**  cathéter veineux m.
**Venenklappe f.**  valvule veineuse f.
**Venenpuls m.**  pouls veineux m.
**Venenpunktion f.**  ponction veineuse f.
**Venensektion f.**  phlébotomie f.
**Venenstauung f.**  congestion veineuse f.
**Venenthrombose, oberflächliche/tiefe f.**  thrombose veineuse superficielle/ profonde f.
**Venereologe m.**  vénéréologue m.
**Venereologie f.**  vénéréologie f.
**Venereologin f.**  vénéréologue f.
**venereologisch**  vénéréologique
**venerisch**  vénérien
**venoarteriell**  veinoartériel
**Venographie f.**  phlébographie f.
**venographisch**  veinographiyue
**Venokonstriktion f.**  veinoconstriction f.
**Venole f.**  veinule f.
**venös**  veineux
**Ventil n.**  valve f.
**Ventilation f.**  ventilation f.
**Ventilation, maximale willkürliche f.**  ventilation volontaire maximum f.
**Ventilator m.**  ventilateur m.
**ventilatorisch**  ventilatoire
**Ventilball m.**  valve (bulbe) f.
**ventilieren**  ventiler
**Ventilpneumothorax m.**  pneumothorax à soupape m.

**ventral**  ventral
**ventralwärts**  vers le ventre
**Ventrikel m.**  ventricule m.
**Ventrikel, dritter m.**  troisième ventricule m.
**Ventrikel, linker m.**  ventricule gauche m.
**Ventrikel, rechter m.**  ventricule droit m.
**Ventrikel, vierter m.**  quatrième ventricule m.
**Ventrikeldruck m.**  pression intraventriculaire f.
**Ventrikelpunktion f.**  ponction ventriculaire f.
**Ventrikelseptum n.**  septum interventriculaire m.
**Ventrikelseptumdefekt m.**  anomalie du septum interventriculaire f.
**ventrikulär**  ventriculaire
**ventrikuloarteriell**  ventriculoartériel
**ventrikuloatrial**  ventriculoauriculaire
**Ventrikuloatriostomie f.**  ventriculoatriostomie f.
**Ventrikulogramm n.**  ventriculogramme m.
**Ventrikulographie f.**  ventriculographie f.
**ventrikulographisch**  ventriculographique
**Ventrikulometrie f.**  ventriculométrie f.
**Ventrikulomyotomie f.**  ventriculomyotomie f.
**Ventrikuloplastik f.**  ventriculoplastie f.
**Ventrikuloskop n.**  ventriculoscope m.
**Ventrikuloskopie f.**  ventriculoscopie f.
**Ventrikulostomie f.**  ventriculostomie f.
**ventrikulozisternal**  ventriculocisternal
**Ventrikulozisternostomie f.**  ventriculocisternostomie f.
**ventrodorsal**  ventrodorsal
**ventrodorsalwärts**  en direction ventrodorsale
**Ventrofixation f.**  ventrofixation de l'utérus f.
**Ventrohysteropexie f.**  ventrohystéropexie f.
**ventroinguinal**  abdominoinguinal
**ventrokaudal**  ventrocaudal
**ventrolateral**  ventrolatéral

ventromedial   ventromédial
ventromedian   abdominomédian
ventroposterior   abdominopostérieur
verabreichen   administrer
Verabreichung f.   administration f.
Veralipid n.   véralipide m.
Veränderung f.   changement m.
verankern   ancrer
Verankerung f.   ancrage m.
Veranlagung f.   disposition f.
Verapamil n.   vérapamil m.
Verarbeitung f.   assimilation f., traite-
   ment m.
Verarmung f.   appauvrissement m.
Verarmungswahn m.   névrose d'ap-
   pauvrissement f.
veraschen   incinérer
Veraschung f.   incinération f.
Veraschungsgerät n.   incinérateur m.
verästeln   ramifier
Verästelung f.   ramification f.
Veratmungspyelographie f.   pyélogra-
   phie en inspiration-expiration f.
Veratrin n.   vératrine f.
Veratrum album n.   vératre blanc m.
Veratrum viride n.   vératre viride m.
Verätzung (therap.) f.   cautérisation f.
Verätzung (traumatol.) f.   brûlure par
   un acide f.
Verazid n.   vérazide m.
verbal   verbal
Verbalsuggestion f.   suggestion verbale
   f.
Verband m. (Binde)   bandage m., pan-
   sement m.
Verbandplatz m.   poste de pansement
   m.
Verbandraum rn.   salle de pansement
   f.
Verbandschere f.   ciseaux à pansement
   m. pl.
Verbandstoff m.   gaze hydrophile f.
Verbandstofftrommel f.   cylindre de
   gaze m.
Verbandsstoffeimer m.   poubelle des
   pansements f.
Verbascum thapsus n.   verbascum m.
Verbenon n.   verbenone f.
verbessern   améliorer
Verbesserung f.   amélioration f.
Verbigeration f.   verbigération f.
verbilden   déformer

Verbildung f.   déformation f.
verbinden (Verband anlegen)   bander,
   panser
verbinden (vereinigen)   relier
Verbindung f.   liaison f.
Verbindung (chem.) f.   composé m.
Verbindung, aliphatische f.   composé
   aliphatique m.
Verbindung, eine – betreffend   con-
   nectif
Verbindung, ungesättigte f.   composé
   insaturé m.
Verbindung, zyklische f.   composé cy-
   clique m.
Verbindungskabel n.   câble de raccor-
   dement m.
Verbindungsschlauch m.   tuyau de
   jonction m.
Verbindungsstelle f.   jonction f.
verblenden   revêtir (dent.)
Verblendkrone f.   revêtement (cou-
   ronne) f.
Verblockung f.   blocage m.
verbluten   mourir d'hémorragie
Verblutung f.   hémorragie massive f.
Verbomanie f.   verbomanie f.
Verbrauch m.   consommation f.
Verbrechen n.   méfait m.
Verbrecher (in) m./f.   criminel (le) m./f.
verbreitern   élargir
Verbreiterung f.   propagation f.
verbrennen   brûler
verbrennen, Leichen   incinérer
Verbrennung f.   brûlure f., combustion
   f.
Verbrennungen (ersten/zweiten/dritten
   Grades) f. pl.   brûlures (premier/se-
   cond/troisième degré) f. pl.
Verbrennungshalle f.   crématoire m.
Verbrennungsofen m.   incinérateur m.
verbrühen   ébouillanter
Verbundkeramik f.   fusion céramo-
   métallique f. (dent.)
Verdacht m.   soupçon m.
verdächtig   suspect
Verdachtsdiagnose f.   diagnostic supposé f.
verdampfen   évaporer
Verdampfung f.   évaporation f.
verdauen   digérer
verdaulich   digestible
Verdaulichkeit f.   digestibilité f.

V

Verdauung f. digestion f.
Verdauungsapparat m. appareil digestif m.
Verdauungsmittel n. digestif m.
Verdauungsstörung f. troubles digestifs m. pl.
Verdauungstrakt m. tube digestif m.
verderben gâter
verderblich destructif, périssable
verdichten concentrer
Verdichtung f. condensation f.
verdicken épaissir
Verdoglobin n. verdoglobine f.
Verdoppelung f. duplication f.
Verdrahtung f. pose de broche f.
verdrängen repousser
Verdrängung f. refoulement m.
verdummen (intrans.) s' abêtir
verdummen (trans.) abêtir
Verdunkelung f. obscurcissement m.
verdünnen diluer
Verdünnung f. dilution f.
Verdünnungskurve f. courbe de dilution f.
Verdünnungsmittel n. diluant m.
Verdünnungsversuch, renaler m. épreuve de dilution (Volhard) f.
verdunsten se volatiliser
Verdunstung f. évaporation f., volatilisation f.
verdursten mourir de soif
vereinfachen simplifier
vereinheitlichen unifier
Vereinheitlichung f. unification f.
vereinigen unir
Vereinigung f. union f.
vereinzelt isolé
vereisen geler
Vereisung f. givrage m.
vereitern suppurer
Vereiterung f. suppuration f.
verenden mourir
verengen rétrécir
Verengung f. resserrement m.
vererbbar héréditaire
vererben transmettre héréditairement
vererbt hérité
Vererbung f. hérédité f.
verestern estérifier
Veresterung f. estérification f.
Verfahren n. procédure f.
Verfall m. dégradation f.

verfallen déchoir
Verfallsdatum n. date limite d'utilisation f.
verfärben changer de couleur
Verfärbung f. altération de la couleur f.
Verfassung f. état m.
verfaulen pourrir
verfestigen solidifier
Verfestigung f. consolidation f.
Verfettung f. dégénérescence graisseuse f.
Verflachung f. aplatissement m.
verflüchtigen s' évaporer
Verflüchtigung f. volatilisation f.
verflüssigen liquéfier
Verflüssigung f. liquéfaction f.
Verfolgungswahn m. délire de persécution m.
Verformung f. déformation f.
Verformungswiderstand m. résistance à la déformation f.
verfügbar disponible
Verfügbarkeit f. disponibilité f.
Verfügbarkeit, biologische f. biodisponibilité f.
vergällen dénaturer
Vergenz f. vergence f.
vergeßlich oublieux
Vergeßlichkeit f. manque de mémoire m.
vergewaltigen violer
Vergewaltigung f. viol m.
vergiften empoisonner
Vergiftung f. empoisonnement m.
vergleichbar comparable
vergleichen comparer
Vergleichsmessung f. mesure comparative f.
vergolden dorer
Vergreisung f. vieillissement m.
vergrößern agrandir
Vergrößerung f. agrandissement m.
Vergrößerungsglas n. loupe f.
vergüten traiter à chaud (dent.)
verhalten (zurückhalten) retenir
verhalten sich se conduire
Verhalten n. conduite f.
Verhaltensstörung f. trouble du comportement m.
Verhaltenstherapie f. thérapeutique de comportement f.

**Verhältnis** n.   rapport m.
**Verhaltung** f.   rétention f.
**Verhärtung** f.   durcissement m.
**verheben, sich**   se donner un tour de reins
**verhindern**   empêcher
**verhornen**   kératiniser
**Verhornung** f.   kératinisation f.
**Verhungern** n.   inanition f.
**verhütbar**   évitable
**verhüten**   prévenir
**Verhütung** f.   prévention f.
**verifizieren**   vérifier
**Verinnerlichung** f.   intériorisation f.
**verjüngen**   rajeunir
**Verjüngung** f.   rajeunissement m.
**verkalken**   calcifier
**Verkalkung** f.   calcification f., sclérose f.
**Verkammerung** f.   cramponnement m.
**verkanten**   pencher
**verkapseln**   encapsuler
**Verkapselung** f.   enkystement m.
**verkäsen**   caséifier
**Verkäsung** f.   caséification f.
**Verkehr** m.   circulation f., relation f.
**Verkehr, geschlechtlicher** m.   rapports (sexuels) m. pl.
**verkehren, geschlechtlich**   avoir des rapports sexuels
**Verkehrsunfall** m.   accident de la circulation m.
**Verkeilungsdruck** m.   pression d'insertion f.
**Verklammerung** f.   agrafage m.
**verkleben**   coller
**verklebend**   adhésif
**verknöchern**   ossifier
**Verknöcherung** f.   ossification f.
**verknorpeln**   devenir cartilagineux
**Verknorpelung** f.   chondrification f.
**verkohlen**   carboniser
**Verkohlung** f.   carbonisation f.
**verkrüppeln**   s' atrophier
**verkühlen, sich**   prendre froid
**verkümmern**   dépérir
**verkupfern**   cuivrer
**verkürzen**   raccourcir
**Verkürzung** f.   réduction f.
**Verlagerung** f.   déplacement m.
**Verlagerungsoperation** f.   opération de transposition f.

**verlängern**   allonger
**Verlängerung** f.   prolongation f.
**verlangsamen**   ralentir
**Verlangsamung** f.   ralentissement m.
**Verlauf** m.   évolution f.
**Verlauf, klinischer** m.   évolution clinique
**Verlaufsstudie** f.   étude en suivi f.
**Verlausung** f.   présence de poux f.
**verlegen (perplex)**   embarrassé
**verlegen (verstopfen)**   barrer
**verlegen (weiterleiten)**   déplacer
**Verlegung (Obstruktion)** f.   obstruction f.
**Verlegung (Weiterleitung)** f.   transfert m.
**verletzen**   blesser
**verletzen, mehrfach**   polytraumatiser
**Verletzung** f.   blessure f.
**Verlust** m.   perte f.
**vermännlichen**   viriliser
**Vermännlichung** f.   virilisation f.
**vermehren**   accroître, multiplier
**vermeiden**   éviter
**Vermeidung** f.   renoncement m.
**vermengen**   mélanger
**vermessen (messen)**   relever les mesures
**vermindern**   amoindrir
**Verminderung** f.   diminution f.
**vermitteln**   servir d'intermédiaire
**Vermittler** m.   intermédiaire m.
**Vermittlung** f.   médiation f.
**vermuten**   supposer
**Vermutungsdiagnose** f.   diagnostic supposé m.
**vernageln**   clouer
**vernähen**   suturer
**vernarben**   cicatriser
**Vernarbung** f.   cicatrisation f.
**vernebeln**   embrouiller
**Vernebelung** f.   nébulisation f.
**Vernebler** m.   nébulisateur m.
**Verneinung** f.   négation f.
**Verneinungswahn** m.   délire de négation m.
**Verner-Morrison-Syndrom** n.   syndrome de Verner-Morrison m.
**vernichten**   anéantir
**Vernichtung** f.   destruction f.
**vernickelt**   nickelé
**veröden**   scléroser

**V**

Verödung f. oblitération f.
Verödungstherapie f. sclérothérapie f.
Verofyllin n. vérofylline f.
verordnen prescrire
Verordnung f. prescription f.
Verordnung, einmalige f. prescription non-renouvelable f.
verpflanzen transplanter
Verpflanzung f. transplantation f.
Verpflegung f. approvisionnement m., nourriture f.
verpfuschen gâter
verreiben broyer
Verreibung f. trituration (pharm.) f.
verrenken luxer
Verrenkung f. dislocation f., entorse f.
Verruca peruviana f. verruga du Pérou f.
verrückt fou
Verrücktheit f. folie f.
Versammlung f. rassemblement m.
Versandgefäß n. boite pour expédition f.
Versandgefäß für bakteriologische Zwecke n. matériel pour expédition bactériologique m.
Verschattung f. opacité f.
Verschiebung f. décalage m.
Verschiebehautlappen m. lambeau de glissement m.
verschlacken se scorifier
Verschlafenheit f. état de demi-sommeil m.
verschlechtern détériorer
verschlechtern, sich empirer
Verschlechterung f. détérioration f.
verschleimen faire une obstruction muqueuse
verschleißen user
Verschleppung (Verzögerung) f. retardement m.
verschließen clore
verschlimmern aggraver
verschlimmern, sich aller plus mal
Verschlimmerung f. aggravation f.
verschlingen dévorer
verschlucken avaler
verschlucken, sich avaler de travers
Verschluß m. fermeture f.
Verschluß (Okklusion) m. occlusion f.
Verschluß (Schloß) m. fermoir m.
Verschluß (fotogr.) m. obturateur m.

Verschlußglas n. verre de fermeture m.
Verschlußikterus m. ictère rétentionnel m.
Verschlußkrankheit, arterielle f. maladie artérielle oblitérante f.
Verschmächtigung f. consumption f.
Verschmelzung f. fusion f.
Verschmelzungskern m. noyau en fusion m.
verschmutzen souiller
Verschmutzung f. souillure f.
verschorfen escarrifier
verschrauben visser
Verschraubung f. fixation par vis f.
verschreiben ordonner
Verschreibung f. ordonnance f.
verschwinden disparaître
verschwommen flou
versehrt invalide
verseifen saponifier
Verseifung f. saponification f.
versengen flamber
Versenkbohrer m. fraise cylindrique f. (dent.)
verseuchen contaminer
versiegeln cacheter
versilbern argenter
Versorgung f. apport m., soins m. pl.
Versorgung, ärztliche f. soins médicaux m. pl.
Versorgungsbehörde, militärische f. services sociaux militaires m. pl.
Versorgungsgebiet n. aire déservie f.
Verspätung f. retard m.
verspüren sentir
Verstädterung f. urbanisation f.
Verstand m. compréhension f.
Verstärker m. amplificateur m.
Verstärkerröhre f. tube amplificateur m.
Verstärkung f. renforcement m.
Verstärkungsregelung f. régulation d'amplification f.
verstauchen fouler
Verstauchung f. entorse f.
verstehen comprendre
Verstehen n. entendement m.
versteifen raidir
Versteifung f. enraidissement m.
versteinern pétrifier
Versteinerung f. pétrification f.

verstellbar  réglable
**Verstimmung f.**  maussaderie f.
**verstoffwechseln**  métaboliser
**Verstoffwechselung f.**  métabolisation f.
**verstopfen**  obstruer
**verstopft (obstipiert)**  constipé
**Verstopfung (Obstipation) f.**  constipation f.
**verstümmeln**  mutiler
**Verstümmelung f.**  mutilation f.
**Versuch m.**  essai m.
**Versuchsanordnung f.**  montage expérimental m.
**Versuchsbedingung f.**  condition du test f.
**Versuchsdauer f.**  durée de l'essai f.
**Versuchsergebnis n.**  résultat de l'expérience m.
**Versuchsperson f.**  sujet test m.
**Versuchsperson, freiwillige gesunde f.**  volontaire sain m.
**Versuchstier n.**  animal utilisé en expérience m.
**Versündigungswahn m.**  délire de culpabilité m.
**Vertebra f.**  vertèbre f.
**vertebral**  vertébral
**vertebroarterial**  vertébroartériel
**vertebrobasiliär**  vertébrobasilaire
**vertebrochondral**  vertébrochondral
**vertebrofemoral**  vertébrofémoral
**vertebrokostal**  vertébrocostal
**vertebrosakral**  vertébrosacré
**vertebrosternal**  vertébrosternal
**Vertebrotomie f.**  vertébrotomie f.
**Verteiler m.**  distributeur m.
**Verteilung f.**  distribution f.
**Verteilungskurve f.**  courbe de distribution f.
**vertiefen**  approfondir
**Vertiefung f.**  approfondissement m.
**Vertigo f.**  vertige m.
**Vertigo ab aure laesa f.**  vertige auriculaire m.
**vertikal**  vertical
**vertikomental**  verticomentonnier
**verträglich**  compatible
**Verträglichkeit f.**  compatibilité f., tolérance f.
**Vertrauensarzt m.**  médecin-conseil m.

**Vertrauensärztin f.**  médecin-conseil m.
**vertraulich**  confidentiel
**vertraut (mit)**  expérimenté
**verunglücken**  avoir un accident
**verunreinigen**  souiller
**Verunreinigung f.**  impureté f.
**verunstalten**  défigurer
**Verunstaltung f.**  déformation f.
**verursachen**  provoquer
**verursachend**  causal
**Verursachung f.**  provocation f.
**Vervollständigung f.**  complément m.
**verwachsen**  cicatriser, s' entregreffer
**Verwachsung f.**  adhérence f.
**Verwahrlosung f.**  abandon m.
**verwalten**  gérer
**Verwalter m.**  administrateur m.
**Verwaltung f.**  gestion f.
**Verwandlung f.**  métamorphose f.
**verwandt**  apparenté
**Verwandte f.**  parente f.
**Verwandter m.**  parent m.
**Verwandtschaft f.**  affinité (chem.) f., parenté f.
**verweiblichen**  féminiser
**Verweiblichung f.**  effémination f.
**Verweilkatheter m.**  sonde à demeure f.
**verwenden**  employer
**verwerfen**  avorter
**verwerten**  utiliser
**Verwertung f.**  exploitation f.
**verwesen**  se décomposer
**verwesend**  putrescent
**Verwesung f.**  décomposition f.
**Verwindung f.**  torsion f.
**Verwindungswiderstand m.**  résistance à la torsion f.
**verwirrt**  confus
**Verwirrung f.**  confusion f.
**verwischt**  brouillé
**Verwischung f.**  brouillage m.
**verwundbar**  vulnérable
**Verwundbarkeit f.**  vulnérabilité f.
**verwunden**  blesser
**verwundet**  blessé
**verwundet, schwer**  gravement blessé
**Verwundung f.**  blessure f.
**Verwurmung f.**  état vermineux m.
**Verzeichnung f.**  déformation f.
**Verzerrung f.**  distorsion f.

**V**

verzögern ralentir
verzögert différé
**Verzögerung f.** délai m., retard m.
**Verzuckerung f.** saccharification f.
verzweigen se ramifier
verzweigt ramifié
**verzweigtkettige Aminosäure f.** acide
aminé à chaîne ramifiée m.
**Verzweigung f.** ramification f.
**Verzweigungsblock m.** bloc d'arborisation m.
**Verzweigungsenzym n.** enzyme branchante f.
**Vesicans n.** vésicant m.
vesikal vésical
vesikoabdominal vésicoabdominal
vesikoperineal vésicopérinéal
vesikoprostatisch vésicoprostatique
vesikopubisch vésicopubien
vesikorektal vésicorectal
vesikorektovaginal vésicorectovaginal
vesikorenal vésicorénal
**Vesikosigmoidostomie f.** vésicosig-
moïdostomie f.
vesikospinal vésicospinal
**Vesikotomie f.** vésicotomie f.
vesikoumbilikal vésicoombilical
vesikoureteral urétérovésical
vesikourethral vésicouréthral, vésicourétral
vesikouterin vésicoutérin
vesikovaginal vésicovaginal
**Vesikozele f.** cystocèle f.
vesikozervikal vésicocervical
vesikulär vésiculaire
**Vesikulektomie f.** vésiculectomie f.
**Vesikulitis f.** vésiculite f.
vesikulobronchial vésiculobronchique
vesikulobulbös vésiculobulbeux
**Vesikulographie f.** vésiculographie f.
vesikulopapulär vésiculopapuleux
**Vesikuloprostatitis f.** vésiculoprostatite f.
vesikulopustulär vésiculopustuleux
**Vesikulotomie f.** vésiculotomie f.
vestibulär vestibulaire
vestibulokochleär vestibulocochléaire
vestibulookulär vestibulooculaire
**Vestibuloplastik f.** vestibuloplastie f.
vestibulospinal vestibulospinal
**Vestibulotomie f.** vestibulotomie f.
vestibulourethral vestibulourétral

vestibulozerebellär vestibulocérébel-
leux
**Vestibulum n.** vestibule m.
**Veterinär m.** vétérinaire m.
**Veterinärin f.** vétérinaire m.
**Veterinärmedizin f.** médecine vétéri-
naire f.
**Vetrabutin n.** vétrabutine f.
**Vibration f.** vibration f.
**Vibrator m.** vibrateur m.
vibratorisch vibratoire
vibrieren vibrer
**Vibrio comma n.** vibrio comma m.
**Vibrissa f.** vibrisse f.
**Viburnum prunifolium n.** Viburnum
prunifolium m.
**Vicq d'Azyrsches Bündel n.** faisceau
de Vicq d'Azyr m.
**Vidarabin n.** vidarabine f.
**Videoangiographie f.** vidéoangiogra-
phie f.
videoangiographisch vidéoangiogra-
phique
**Videoband n.** bande vidéo f.
**Videodensitometrie f.** vidéodensito-
métrie f.
**Videographie f.** vidéographie f.
videographisch vidéographique
**Vieh n.** bétail m.
**Viehbremse f.** taon m.
vielkammerig multiloculaire
**Vielsystembefall m.** atteinte polysystémique f.
vielzipfelig multicuspidien
vierbeinig quadrupède
viereckig quadrangulaire
**Vierfüßer m.** quadrupède m.
vierfüßig quadrupède
**Vierhügelplatte f.** lame quadrijumelle
f.
**Vierhügelsyndrom n.** syndrome des
tubercules quadrijumeaux m.
**Vierling m.** quadruplé m.
**Vierstoffamalgam n.** amalgame quaternaire m.
**vierte Geschlechtskrankheit f.** quatrième maladie vénérienne f.
**vierte Krankheit f.** rubéole scarlatiforme f.
**Vierventilgerät n.** appareil à quatre
valves m.
vierwertig quadrivalent

**Vierzellenbad n.**  bain à quatre cellules m.
**vierzipfelig**  quadricuspidien
**Vigilambulismus m.**  vigilambulisme m.
**Vigilanz f.**  vigilance f.
**Vilikinin n.**  vilikinine f.
**villonodulär**  villonodulaire
**villös**  villeux
**Viloxazin n.**  viloxazine f.
**Vim-Silverman-Nadel f.**  aiguille à biopsie de Silverman f.
**Viminol n.**  viminol m.
**Vinbarbital n.**  vinbarbital m.
**Vinblastin n.**  vinblastine f.
**Vinburnin n.**  vinburnine f.
**Vincaalkaloid n.**  alcaloïde de la pervenche m.
**Vincaleukoblastin n.**  vincaleucoblastine f.
**Vincamin n.**  vincamine f.
**Vincristin n.**  vincristine f.
**Vindesin n.**  vindésine f.
**Vinformid n.**  vinformide m.
**Vinglyzinat n.**  vinglycinate m.
**Vinleurosin n.**  vinleurosine f.
**Vinorelbin n.**  vinorelbine f.
**vinös**  vineux
**Vinpocetin n.**  vinpocétine f.
**Vinpolin n.**  vinpoline f.
**Vinrosidin n.**  vinrosidine f.
**Vinyl n.**  vinyle m.
**Vinylpyridin n.**  vinylpyridine f.
**VIP (vasoaktives intestinales Polypeptid) n.**  VIP (vasoactive intestinal polypeptide) m.
**Viper f.**  vipère f.
**Vipom n.**  vipome m.
**viral**  viral
**Virämie f.**  virémie f.
**Virchowsche Drüse f.**  glande de Virchow f.
**virginell**  virginal
**Virginität f.**  virginité f.
**Viridofulvin n.**  viridofulvine f.
**viril**  viril
**virilisieren**  viriliser
**Virilisierung f.**  virilisation f.
**Virilismus m.**  virilisme m.
**Virion n.**  virion m.
**Virogen n.**  virogène m.
**Virologe m.**  virologue m.

**Virologie f.**  virologie f.
**Virologin f.**  virologue f.
**virologisch**  virologique
**virostatisch**  virostatique
**virozid**  virulicide
**virtuell**  virtuel
**virulent**  virulent
**Virulenz f.**  virulence f.
**Virus n.**  virus m.
**Virus, Adeno- n.**  adénovirus m.
**Virus, AIDS- n.**  virus HIV m.
**Virus, Arbo- n.**  arbovirus m.
**Virus, Arena- n.**  arénavirus m.
**Virus, Astro- n.**  astrovirus m.
**Virus, Baculo- n.**  baculovirus m.
**Virus, Bunya- n.**  bunyavirus m.
**Virus, Corona- n.**  coronavirus m.
**Virus, Coxsackie- n.**  coxsackie virus m.
**Virus, Delta- n.**  deltavirus m.
**Virus , Ebola n.**  Ebola virus m.
**Virus, ECHO- n.**  ECHO virus m.
**Virus, Entero- n.**  entérovirus m.
**Virus, Enzephalitis- n.**  virus de l'encéphalite m.
**Virus, Epstein-Barr- n.**  virus d'Epstein-Barr m.
**Virus, Flavi- n.**  flavivirus m.
**Virus, Gelbfieber- n.**  virus de la fièvre jaune m.
**Virus, Grippe- n.**  Myxovirus influenzae m.
**Virus, Hanta- n.**  Hantaanvirus m.
**Virus, Hepatitis- n.**  virus de l'hépatite m.
**Virus, Herpes- n.**  herpèsvirus m.
**Virus, humanes Immundefekt- n.**  virus d'immunodéficience humaine m.
**Virus, Influenza- n.**  influenzavirus m.
**Virus, Katzenkratz- n.**  virus de la maladie des griffures de chat m.
**Virus, LAV/HTLV-III- n.**  virus LAV/HTLV-III m.
**Virus, Lenti- n.**  lentivirus m.
**Virus, lymphozytäres Choriomeningitis n.**  virus de la chorioméningite lymphocytaire m.
**Virus , Marburg n.**  virus de Marburg m.
**Virus, Masern- n.**  virus de la rougeole m.

V

**Virus, Molluscum contagiosum- n.** virus du molluscum contagiosum m.

**Virus, Mumps- n.** virus des oreillons m.

**Virus, Myxo- n.** myxovirus m.

**Virus, Nita- n.** nitavirus m.

**Virus, Oncorna- n.** oncornavirus m.

**Virus, Orbi- n.** orbivirus m.

**Virus, Orf n.** orfvirus m.

**Virus, Orphan- n.** orphanvirus m.

**Virus, Orthomyxo- n.** orthomyxovirus m.

**Virus, Orthopox- n.** orthopoxvirus m.

**Virus, Papillom- n.** papillomavirus m.

**Virus, Papova- n.** papovavirus m.

**Virus, Paramyxo- n.** paramyxovirus m.

**Virus, Parvo- n.** parvovirus m.

**Virus, Phlebo- n.** phlébovirus m.

**Virus, Picorna- n.** picornavirus m.

**Virus, Pocken- n.** virus de la variole m.

**Virus, Poliomyelitis- n.** virus de la polio myélite m.

**Virus, Polyoma- n.** polyomavirus m.

**Virus, Reo- n.** réovirus m.

**Virus, respiratorisches Synzytium- n.** virus syncytial respiratoire m.

**Virus, Retro- n.** rétrovirus m.

**Virus, Rhabdo- n.** rhabdovirus m.

**Virus, Rhino- n.** rhinovirus m.

**Virus, Rota- n.** rotavirus m.

**Virus, Röteln- n.** virus de la rubéole m.

**Virus, Simian- n.** virus simien m.

**Virus, Spuma- n.** virus spumeux m.

**Virus, Toga- n.** togavirus m.

**Virus, Tollwut- n.** virus de la rage m.

**Virus, Vaccinia- n.** vaccine (virus) f.

**Virus, Varizellen-Zoster- n.** virus de la varicelle et du zona m.

**Virus, Visna-Maedi- n.** virus visna-maedi m.

**Virus, Warzen- n.** virus des verrues m.

**Virus, Zytomegalie- n.** cytomégalovirus m.

**Virusforscher (in) m./f.** virologue m./f.

**Virushepatitis f.** hépatite virale f.

**Viruskrankheit f.** maladie virale f.

**Virusmeningitis f.** meningite virale f.

**Viruspneumonie f.** pneumonie virale f.

**viruzid** virulicide

**Vision f.** vision f.

**Visite (klinisch) f.** visite f.

**viskoelastisch** viscoélastique

**viskös** visqueux

**Viskosimeter n.** viscosimètre m.

**Viskosimetrie f.** viscosimétrie f.

**viskosimetrisch** viscosimétrique

**Viskosität f.** viscosité f.

**Visnadin n.** visnadine f.

**Visnafyllin n.** visnafylline f.

**visuakustisch** visioacoustique

**visuell** visuel

**visuomotorisch** visiomoteur

**visuosensorisch** visiosensoriel

**Visuskop n.** visuscope m.

**viszeral** viscéral

**viszerokutan** viscérocutané

**viszeromotorisch** viscéromoteur

**viszeroparietal** viscéropariétal

**viszeropleural** viscéropleural

**Viszeroptose f.** viscéroptose f.

**viszerosensorisch** viscérosensoriel

**viszerotrop** viscérotrope

**Viszin n.** viscine f.

**vital** vital

**Vitalamputation f.** amputation vitale f.

**Vitalfärbung f.** coloration vitale f.

**Vitalgranulation f.** granulation vitale f.

**Vitalismus m.** vitalisme m.

**vitalistisch** vitaliste

**Vitalität f.** vitalité f.

**Vitalitätsprüfung f.** test de la vitalité pulpaire f. (dent.)

**Vitalkapazität f.** capacité vitale f.

**Vitalkapazität, forcierte f.** capacité vitale forcée f.

**Vitallium n.** vitallium m.

**Vitamer n.** forme (d'une vitamine) f.

**Vitamin (A/B/C/D/E/K) n.** vitamine (A/B/C/D/E/K) f.

**Vitamin B 12 n.** vitamine B 12 f.

**Vitamin-B-Komplex m.** complexe vitamine B m.

**vitaminarme Kost f.** régime hypovitaminé m.

**Vitaminmangelkrankheit f.** maladie paravitaminose f.

**Vitaminoid n.** vitaminoïde m.
**Vitaminologie f.** vitaminologie f.
**vitaminreiche Kost f.** régime riche en vitamines m.
**Vitaminträger m.** porteur de vitamine m.
**Vitellin n.** vitelline f.
**Vitellolutein n.** vitellolutéine f.
**vitiliginös** vitiligineux
**Vitiligo m.** vitiligo m.
**Vitrektomie f.** vitrectomie f.
**Vitriol n.** vitriol m.
**Vitronectin f.** vitronectine f.
**Vividialyse f.** vividialyse f.
**Vividiffusion f.** vividiffusion f.
**Vivisektion f.** vivisection f.
**VK (Vitalkapazität) f.** CV (capacité vitale) f.
**VKG (Vektorkardiogramm) n.** VCG (vectocardiogramme) m.
**Vleminckxsche Lösung f.** solution de Vleminckx f.
**vogelartig** ornithoïde
**Vogelgesicht n.** profil d'oiseau m.
**Vogelmilbe f.** acare des oiseaux m.
**Vogelmilbenkrätze f.** gamasoïdose f.
**Vogelpocken f.** variole aviaire f.
**Vogeltuberkulose f.** tuberculose aviaire f.
**Vögtlin-Einheit f.** unité d'hormone posthypophysaire Vögtlin f.
**vokal** vocal
**Vokalisation f.** vocalisation f.
**volar** palmaire
**volatil** volatil
**Volazocin n.** volazocine f.
**Volkmannschiene f.** attelle de Volkmann f.
**voll** plein
**Vollantigen n.** antigène complet m.
**Vollbad n.** bain complet m.
**vollblütig** pléthorique
**Vollblütigkeit f.** pléthore f.
**Vollbluttransfusion f.** transfusion de sang complet f.
**vollbrüstig** à poitrine développée
**Völle f.** réplétion f.
**Völlegefühl n.** sentiment de réplétion m.
**Vollgußkrone f.** couronne coulée en un seul temps f.
**Vollkost f.** alimentation normale f.

**Vollmondgesicht n.** visage lunaire m.
**Vollprothese f.** prothèse totale f. (dent.)
**vollständig** complet
**Volt n.** volt m.
**Voltmeter n.** voltmètre m.
**Volumen n.** volume m.
**Volumenbelastung f.** charge volumique f.
**Volumenersatz m.** remplissage volumique m.
**Volumenexpander m.** succédané du plasma m.
**Volumetrie f.** volumétrie f.
**volumetrisch** volumétrique
**voluminös** volumineux
**Volumprozent n.** pourcentage volumique m.
**Volutin n.** volutine f.
**Volvulus m.** volvulus m.
**vomerobasilär** vomérobasilaire
**vomeronasal** voméronasal
**von Willebrand-Jürgenssche Krankheit f.** maladie de von Willebrand f.
**vorangehend** avant
**vorangehender Eiteil m.** présentation du foetus f.
**vorausgehend** précédant
**vorbehandeln** prémédiquer
**Vorbehandlung f.** prémédication f., traitement préliminaire m.
**vorbeireden** éviter
**Vorbereitung f.** préparation f.
**vorbestehend** préexistant
**vorbeugen** prévenir
**vorbeugend** prophylactique
**Vorbeugung f.** prophylaxie f.
**vorbewußt** préconscient
**Vorbißstellung f.** antérocclusion f.
**Vorbote m.** signe précurseur m.
**Vordergrund m.** premier plan m.
**Vorderhaupt n.** sinciput m.
**Vorderhauptshaltung f.** présentation frontale f.
**Vorderhorn n.** corne frontale f.
**Vorderkammer f.** chambre antérieure f.
**Vorderstrang m.** cordon antérieur m.
**Vorderwand f.** paroi antérieure f.
**Vorderwandinfarkt m.** infarctus du myocarde antérieur m.
**Vorderwurzel f.** racine antérieure f.

V

vorehelich prénuptial
Vorfall (Ereignis) m. événement m.
Vorfall (Prolaps) m. prolapsus m.
Vorfuß m. partie antérieure du pied f.
vorgeburtlich anténatal
Vorgeburtsperiode f. période anténatale f.
vorgeschädigt préaltéré
Vorgeschichte f. anamnèse f., antécédants m. pl.
vorglasieren préémailler
Vorhaut f. prépuce m.
Vorhaut, überhängende f. prépuce pendant m.
vorherbestehend préexistant
Vorherbestimmung f. prédestination f.
vorhergehend précédent
vorherrschen prédominer
vorherrschend prédominant
vorhersagen prévoir
vorhersehbar prévisible
Vorhirn n. encéphale antérieur m.
Vorhof des Herzens, linker m. oreillette gauche f.
Vorhof des Herzens, rechter m. oreillette droite f.
Vorhofdruck m. pression auriculaire f.
Vorhofextrasystole f. extrasystole auriculaire f.
Vorhofflattern n. flutter auriculaire m.
Vorhofflimmern n. fibrillation auriculaire f.
Vorhofscheidewand f. septum auriculaire m.
Vorhofseptum n. septum auriculaire m.
Vorhofseptumdefekt m. anomalie du septum auriculaire f.
Vorhofseptumdefekt, Primumtyp eines m. anomalie primaire du septum auriculaire f.
Vorhofseptumdefekt, Secundumtyp eines m. anomalie secondaire du septum auriculaire f.
Vorkehrungen treffen prendre des précautions
Vorkern m. pronucléus m.
vorklinisch préclinique
Vorkommen n. présence f.

Vorkrankheit f. maladie préliminaire f.
Vorlagerung f. antéposition f.
Vorlast f. précharge f.
Vorläufer m. précurseur m.
vorläufig provisoirement
Vorlagerung f. antéposition f.
Vorlast f; précharge f.
Vorlesung f. cours m.
Vorlust f. plaisir anticipé m.
Vormilch f. colostrum m.
Vormundschaft f. tutelle f.
Vorniere f. pronéphros m.
Vorpolieren n. prépolissage m.
vorprogrammiert programmé à l'avance
vorreinigen prénettoyer
Vorrichtung f. dispositif m.
Vorsatzlinse f. lentille d'approche f.
Vorschlag m. suggestion f.
vorschlagen suggérer
Vorschulalter n. âge préscolaire m.
Vorsichtsmaßregel f. mesure de précaution f.
Vorspiel n. prologue m.
vorstationäre Behandlung f. traitement avant hospitalisation m.
Vorsteherdrüse f. prostate f.
Vorstellung, geistige f. idée f.
Vorstellungsbild n. concept m.
Vorstufe f. stade précurseur m.
Vortreibung f. protrusion f.
vorübergehend passager
Vorverdauung f. prédigestion f.
Vorverstärker m. préamplificateur m.
Vorversuch m. essai préliminaire m.
Vorwärtsbeugung f. inclinaison en avant f.
Vorwärtsbewegung f. mouvement en avant m.
Vorwärtsverlagerung f. déplacement en avant m.
Vorwasser n. liquide de la poche des eaux m.
Vorwehe f. contraction prémonitoire f.
Vorwölbung f. proéminence f.
Vorwort n. préface f.
Vorzeichen (med.) n. prodrome m.
vorzeitig prématuré
Vulkanisator m. vulcanisateur m.
vulkanisieren vulcaniser

**vulnerabel**  vulnérable
**Vulnerabilität f.**  vulnérabilité f.
**Vulsellum n.**  pince à griffes f.
**vulvär**  vulvaire
**Vulvektomie f.**  vulvectomie f.
**Vulvitis f.**  vulvite, f.

**vulvitisch**  de vulvite
**vulvokrural**  vulvocrural
**vulvovaginal**  vulvovaginal
**Vulvovaginitis f.**  vulvovaginite f.
**Vuzin n.**  vuzine f.

# W

**Waage f.**  balance f.
**Waaler-Rose-Test m.**  réaction de Waaler-Rose f.
**Wabe f.**  rayon de miel m.
**Wabenlunge f.**  poumon aréolaire m.
**Wabenschädel m.**  crâne perforé m.
**wabig**  alvéolé
**Wachanfall m.**  crise éveillé f.
**wachen**  veiller
**wachen, bei jemandem**  veiller une personne
**Wacholder m.**  genièvre m.
**Wachs m.**  cire f.
**Wachsabdruck m.**  empreinte sur cire f.
**Wachsarbeit f.**  travail de la cire m.
**Wachsausbrennen n.**  cire brûlée f.
**Wachsbad n.**  bain de cire m.
**Wachsbasis f.**  base cire f.
**wachsbeschichtet**  recouvert de cire
**Wachsbiß m.**  cire perdue f.
**wachsen**  pousser
**wächsern**  cireux
**Wachsfließer m.**  spatule à modeler la cire f.
**Wachsgebiß n.**  modèle de prothèse en cire m.
**Wachsgußkanal m.**  canal de coulée m.
**Wachsinlay n.**  inlay cire m.
**Wachsinlayabdruck m.**  empreinte inlay cire f.
**Wachsmilz f.**  amyloïdisme splénique m.
**Wachsmodell n.**  modèle en cire m.
**Wachsschablone f.**  modèle en cire m.
**Wachsschmelzer m.**  appareil pour fusion de la cire m.
**Wachsstab m.**  bâton de cire m.
**Wachstation f.**  salle de réveil f.
**Wachstum n.**  croissance f.
**Wachstumsfaktor m;**  facteur de croissance m.
**Wachstumshormon n.**  hormone de croissance f.
**wachstumsregulierend**  contrôlant la croissance

**Wachstumszone f.**  zone de croissance f.
**Wachswall m.**  rebord en cire m. (dent.)
**Wachszange f.**  pinces à cire f. pl.
**Wachszylinder m.**  cylindre cireux m.
**Wachtraum m.**  rêve éveillé m.
**Wackelgelenk n.**  articulation ballottante f.
**Wackelkontakt m.**  faux contact m.
**Wade f.**  mollet m.
**Wadenbein n.**  péroné m.
**Wadenschmerz m.**  douleur du mollet f.
**Waffel f.**  cachet m. (dent.)
**Wahlsches Zeichen n.**  signe d'occlusion intestinale de Wahl m.
**Wahn m.**  folie f.
**wahnhaft**  hallucinatoire
**Wahnidee f.**  idée délirante f.
**Wahnsinn m.**  folie f.
**wahnsinnig**  insensé
**wahrnehmbar**  perceptible
**wahrnehmen**  percevoir
**Wahrnehmung f.**  perception f.
**Wahrnehmungsreflex m.**  réflexe de perception m.
**Wahrnehmungsvermögen n.**  capacité de perception f.
**Wahrscheinlichkeit f.**  probabilité f.
**Walchersche Hängelage f.**  position de Walcher f.
**Waldeyerscher Rachenring m.**  anneau de Waldeyer m.
**Wallenbergsches Syndrom n.**  syndrome de Wallenberg m.
**Wallersche Degeneration f.**  dégénérescence wallérienne f.
**Wallung f.**  bouffée f., rush m.
**Walrat m.**  spermaceti m.
**Walzgold n.**  or laminé m.
**Wand f.**  mur m.
**Wandermilz f.**  rate mobile f.
**wandern**  migrer
**wandernd**  migrateur
**Wanderniere f.**  rein flottant m.

**Wanderpneumonie f.** pneumonie migratrice f.
**Wanderung f.** migration f.
**Wanderzelle f.** cellule migratrice f.
**Wandler m.** transformateur m.
**wandlos** sans paroi
**wandständig** mural, pariétal
**Wange f.** joue f.
**Wangenhalter m.** écarte-joues m.
**Wangenschützer m.** protège-joues m.
**Wangentasche f.** poche génienne f.
**wanken** branler
**Wanze f.** punaise f.
**Wanzenstich m.** piqure de punaise f.
**Warburgsches Atmungsferment n.** enzyme de Warburg f.
**Warfarin n.** warfarine f.
**warm** chaud
**Warmblüter m.** animal à sang chaud m.
**warmblütig** à sang chaud
**Wärme f.** chaleur f.
**Wärmeaustauscher m.** échangeur thermique m.
**wärmebildend** producteur de chaleur
**Wärmebildung f.** thermogénèse f.
**Wärmeempfindlichkeit f.** thermosensibilité f.
**Wärmegrad m.** degré de température m. huileuse f.
**Wärmeleiter m.** conducteur thermique m
**Wärmeleitfähigkeit f.** conductibilité thermique f.
**wärmen** chauffer
**Wärmeregulation f.** thermorégulation f.
**Wärmestrahlung f.** radiation thermique f.
**Wärmflasche f.** bouillotte f.
**Warnsignal n.** signal d'avertissement m.
**Warteliste f.** liste d'attente f.
**warten (pflegen)** prendre soin de
**Wartenbergsches Zeichen n.** signe du pouce de Wartenberg m.
**Wärter m.** garde m.
**Wartezeit f.** délai d'attente m.
**Wartezimmer n.** salle d'attente f.
**Wartung f.** entretien m.
**Warze f.** verrue f.

**Warzenfortsatz m.** apophyse mastoïde f.
**Warzenfortsatzzelle f.** cellule mastoïdienne f.
**warzig** verruqueux
**waschbar** lavable
**Wäsche f.** linge m.
**waschen** laver
**Waschflüssigkeit f.** liquide de lavage m.
**Waschmittel n.** produit de lavage m.
**Waschung f.** lavage m.
**Waschzwang m.** ablutiomanie f.
**Wasser n.** eau f.
**wasserabstoßend** hydrophobe
**wasseranziehend** hydrophile
**Wasseraufnahme f.** absorption d'eau f.
**Wasserausscheidung f.** élimination d'eau
**Watt n.** watt m. f.
**Wasserbad n.** bain-marie m.
**Wasserbett n.** matelas d'eau m.
**wasserbindend** hydroabsorbant
**Wasserbruch m.** hydrocèle f.
**Wasserdampf m.** vapeur d'eau f.
**wasserdicht** imperméable
**Wasserdruck m.** pression hydrauliyue f.
**Wasserfilter n.** filtre à eau m.
**wassergekühlt** refroidi à l'eau
**wasserhaltig** hydrique
**Wasserhaushalt m.** équilibre hydrique m.
**wässerig** aqueux
**Wasserklosett n.** W.-C. m.
**Wasserkopf m.** hydrocéphalie f.
**Wasserkrebs m.** noma m.
**Wasserlassen n.** miction f.
**Wasserleiche f.** noyé m.
**Wasserleitung f.** conduite d'eau f.
**wasserlöslich** hydrosoluble
**wässern** humecter
**Wasser-Öl-Emulsion f.** émulsion hydro
**Wasserpocken f. pl.** varicelle f.
**Wasserretention f.** rétention d'eau f.
**Wasserstoff m.** hydrogène m.
**Wasserstoff, schwerer m.** hydrogène lourd m.
**Wasserstoff, überschwerer m.** tritium m.

**Wasserstoffionenkonzentration f.** concentration d'ions hydrogène f.

**Wasserstoffsuperoxid n.** eau oxygénée f.

**Wasserstrahlgebläse n.** soufflerie à jet d'eau f.

**Wasserstrahlpumpe f.** pompe à jet d'eau f.

**Wasserstrahlschnitt m.** coupure au jet d'eau f.

**Wassersucht f.** hydrops m.

**wassersüchtig** hydropique

**Wasserturbine f.** turbine hydraulique f.

**Wasserverbrauch m.** consommation d'eau f.

**Wasservergiftung f.** empoisonnement de l'eau m.

**Wasserverlust m.** perte d'eau f.

**Wasserversuch m.** épreuve de dilution f.

**wäßrig** aqueux

**Waterhouse-Friderichsen-Syndrom n.** syndrome de Waterhouse-Friderichsen m.

**Watschelgang m.** démarche dandinante f.

**watschelig** dandinant

**watscheln** se dandiner

**Watson-Schwartz-Test m.** test de Watson-Schwartz m.

**Watte f.** coton m.

**Watterolle f.** rouleau de coton m.

**Wattestäbchen n.** coton tige m.

**Watteträger m.** tige porte-coton f.

**Webe f.** tissu m.

**Weber-Ramstedtsche Operation f.** opération de l'hypertrophie pylorique de Weber-Ramstedt f.

**Weberscher Versuch m.** épreuve de Weber f.

**Webersches Syndrom n.** syndrome de Weber m.

**Wechseldruckbeatmung f.** ventilation en pression alternée f.

**Wechselfieber n.** fièvre intermittente f.

**Wechselfußbad n.** bain de pieds alterné m.

**Wechselstrom m.** courant alternatif m.

**Wechselwirkung f.** interaction f.

**Wechsler-Skala f.** échelle d'intelligence de Wechsler-Bellevue f.

**wecken** éveiller

**Weckmittel n.** excitant m.

**Weckreaktion f.** réaction de réveil f.

**Weddellit m.** weddellite m.

**wegbrennen** cautériser

**Wegegeld n.** indemnité de déplacement f.

**Wegenersche Granulomatose f.** granulomatose de Wegener f.

**wegführen** emmener

**Wehen f. pl.** douleurs de l'accouchement f. pl.

**Wehen, Eröffnungs- f. pl.** douleurs de la dilatation f. pl.

**Wehen, Preß- f. pl.** douleurs d'expulsion f. pl.

**Wehenhemmung f.** tocolyse f.

**Wehenmittel n.** ocytocique m.

**Wehenschwäche f.** inertie utérine f.

**Weiberknoten m.** noeud d' ajust m.

**weiblich** féminin

**Weiblichkeit f.** féminité f.

**Weichgold n.** or doux m.

**weichmachend** émollient

**weichmachendes Mittel n.** émollient m.

**Weichmetall n.** métal doux m.

**Weichstrahltechnik f.** rayonnement mou (technique du) m.

**Weichteile f. pl.** parties molles f. pl.

**Weigertsche Färbemethode f.** coloration de Weigert f.

**Weil-Felixsche Reaktion f.** réaction de Weil-Felix f.

**Weilsche Krankheit f.** maladie de Weil f.

**Weinstein m.** tartre m.

**Weisel m.** reine des abeilles f.

**Weisheitszahn m.** dent de sagesse f.

**Weißdorn m.** aubépine f.

**weißen** blanchir

**Weißgold n.** platine m.

**weißhaarig** aux cheveux blancs

**Weiterbehandlung f.** traitement ultérieur m.

**Weiterbeobachtung f.** suivi m.

**Weiterbildung, ärztliche f.** formation médicale post-universitaire f.

**weitschweifig** prolixe

**weitsichtig** hypermétrope

**Weitsichtigkeit f.** presbytie f.
**weitverbreitet** très répandu
**Weitwinkel m.** grand angle m.
**Weizenkeimöl n.** huile de germe de blé f.
**Weizenkleie f.** son de blé m.
**welk** flasque
**Welle f.** onde f.
**Welle, steile (EEG) f.** onde aigue f.
**Wellenbereich m.** gamme d'ondes f.
**Wellenform f.** forme de l'onde f.
**Wellenlänge f.** longueur d'onde f.
**Weltgesundheitsorganisation f.** OMS (Organisation Mondiale de la Santé) f.
**Weltraumkrankheit f.** mal de l'espace m.
**Wenckebachsche Periode f.** période de Wenckebach f.
**wenden** tourner
**Wendepunkt m.** point d'inflexion m., tournant m.
**Wendung f.** tour m., version f.
**Wendung auf den Kopf f.** version céphalique f.
**Wendung nach Braxton Hicks f.** manoeuvre de Braxton-Hicks f.
**Wendung, äußere f.** version parmanoeuvre externe f.
**Wendung, innere f.** version parmanoeuvre interne f.
**Werdnig-Hoffmannscher Typ m.** type de Werdnig-Hoffmann m.
**werfen** mettre bas (vet.)
**Werksarzt m.** médecin de l'entreprise m.
**Werkstätte, beschützende f. pl.** ateliers protégés m. pl.
**Werkzeug n.** outil m.
**Werlhofsche Purpura f.** maladie de Werlhof f.
**Wermersches Syndrom n.** syndrome de Wermer m.
**Wermut m.** vermouth m.
**Wert m.** valeur f.
**Wertheimsche Operation f.** opération de Wertheim f.
**wertig (einwertig/zweiwertig/dreiwertig/vierwertig/fünfwertig/sechswertig/siebenwertig/achtwertig)** valent (monovalent/bivalent/trivalent/tétra-valent/pentavalent/hexavalent/hepta-valent/octavalent)
**Wertigkeit f.** valence f.
**Wesensänderung f.** altération de la personnalité f.
**Wespe f.** guêpe f.
**Westphalsches Zeichen n.** signe de Westphal m.
**Wettbewerb m.** compétition f.
**wettbewerbsfähig** apte à participer à la compétition
**wettbewerbsmäßig** compétitivement
**wetterfühlig** sensible aux changements de temps
**Wetterfühligkeit f.** sensibilité aux changements de temps f.
**Whartonsche Sulze f.** gelée de Wharton f.
**Wheatstonesche Brücke f.** pont de Wheatstone m.
**Whewellit m.** whewellite f.
**Whiteheadsche Operation f.** intervention de Whitehead f.
**Whitlockit m.** whitlockite f.
**Wickel m.** enveloppement m.
**Wickel, feuchter m.** enveloppement humide m.
**Wickel, feuchtwarmer m.** enveloppement humide chaud m.
**wickeln** emmailloter, rouler
**Widder m.** bélier m.
**Widerlager n.** butée f.
**widerlich** repoussant
**Widerrist m.** garrot (vet.) m.
**Widerstand m.** résistance f.
**Widerstandsfähigkeit f.** capacité de résistance f.
**Widerstandshochdruck m.** hypertension d'impédance f.
**widerstehen** résister
**Widerwille m.** répugnance f.
**Wiederanbindung f.** réattachement m.
**Wiederanfügung f.** réemboîtement m.
**Wiederanheftung f.** refixation f.
**wiederaufbereiten** recycler
**Wiederaufbereitung f.** recyclage m.
**wiederauffinden** retrouver
**Wiederauffindung f.** recouvrement m.
**Wiederaufleben n.** renaissance f.
**Wiederaufnahme f.** reprise f.
**Wiederauswertung f.** réévaluation f.
**wiederbeleben** réanimer

**W**

Wiederbelebung f. réanimation f.
Wiederbesiedelung f. repopulation f., repeuplement m.
Wiedereinpflanzung f. réimplantation f.
Wiedereinrichtung f. réinstallation f.
Wiedereintritt m. rentrée f.
Wiedererwärmung f. réchauffement m.
Wiedererweckung f. retour à la vie m.
wiedergewinnen regagner
Wiedergewinnung f. récupération f.
wiederherstellbar réparable
wiederherstellen rétablir
Wiederherstellung f. rétablissement m.
Wiederholungsblutung f. hémorragie récidivante f.
Wiederholungsimpfung f. rappel de vaccination m.
Wiederimpfung f. revaccination f.
Wiederinbesitznahme f. recouvrement m.
Wiederkäuen n. rumination f.
Wiederkäuer m. ruminant m.
Wiederverschlimmerung f. redégradation f.
Wiege f. berceau m.
Wiegentod m. mort subite du nourrisson f.
Wiener-Spektrum n. spectre de Wiener m.
Wiesendermatitis f. dermatite des herbes f.
Wigandscher Handgriff m. manoeuvre obstétricale de Wigand f.
Wille m. volonté f.
Willebrand (von)-Jürgenssche Krankheit f. maladie de von Willebrand f.
Willensmangel m. aboulie f.
willensmäßig volitionnel
willentlich volitionnel
willkürlich arbitraire
Wilms-Tumor m. tumeur de Wilms f.
Wilsonsche Krankheit f. maladie de Wilson f.
Wimper f. cil m.
Windei n. oeuf sans coquille m.
Windel f. lange m.
Windkessel m. cellule de compression f.
Windpocken f. pl. varicelle f.

Windung f. enroulement m.
Winiwarter-Buergersche Krankheit f. maladie de Buerger f.
Winkel m. angle m.
Winkelbildung f. angulation f.
winkelig angulaire
Winkelstück n. coin m.
Wintergrünöl n. essence de wintergreen f.
Winterschlaf m. hibernation f.
Winterschlaf, künstlicher m. hibernation artificielle f.
Wintrischer Schallwechsel m. signe du changement de son de Wintrich (percussion) m.
Wipplesche Krankheit f. maladie de Wipple f.
Wirbel m. tourbillon m., vertèbre f.
Wirbelbogen m. arc vertébral m.
Wirbelbogenwurzel f. pédicule vertébral m.
Wirbelextraktion f. turboextraction f.
Wirbelgelenk n. articulation intervertébrale f.
Wirbelkanal m. canal rachidien m.
Wirbelkörper m. corps vertébral m.
wirbellos invertébré
Wirbelsäule f. colonne vertébrale f.
Wirbelsäulensäge f. rhachitome m.
Wirbelsäulenverbiegung f. scoliose f.
Wirbeltier n. vértébré m.
Wirbeltuberkulose f. tuberculose vertébrale f.
wirken agir
Wirkgruppe f. groupe fonctionnel m.
wirksam efficace
wirksam, stark (pharmacol.) puissant
Wirksamkeit f. efficacité f.
Wirkstoff m. principe actif m.
Wirkung f. effet m.
Wirkung, unerwünschte f. effet indésirable m.
Wirkungsdauer f. durée d'action f.
Wirkungsdosis f. dose efficace f.
wirkungslos inopérant
Wirkungsmechanismus m. mécanisme d'action m.
Wirkungsort m. localisation de l'effet f.
Wirkungsspektrum n. spectre d'action m.

**Wirkungsverlust m.**   perte d'efficacité f.
**Wirkungsweise f.**   mode d'action m.
**Wirt m.**   hôte m.
**Wirtsorganismus m.**   organisme hôte m., organisme receveur m.
**Wirtswechsel m.**   changement d'hôte m.
**wischen**   essuyer
**Wischer m.**   effaceur m.
**Wiskott-Aldrich-Syndrom n.**   syndrome de Wiskott-Aldrich m.
**Wismut n.**   bismuth m.
**Wismutvergiftung f.**   intoxication par le bismuth f.
**Wissenschaft f.**   science f.
**Wissenschaftler (in) m., f.**   scientifique m., f.
**wissenschaftlich**   scientifique
**Wistar-Ratte f.**   rat Wistar m.
**Wittepepton n.**   peptone de Witte f.
**Witterungsumschlag m.**   changement de temps m.
**Witzelfistel f.**   fistule d'alimentation de Witzel f.
**Witzelsucht f.**   moria f.
**Wochenbett n.**   couches f. pl.
**Wochenbettgymnastik f.**   gymnastique postpartale f.
**Wochenfieber n.**   fièvre puerpérale f.
**Wochenfluß m.**   lochies f. pl.
**Wochenpflege f.**   soins en période postpartale m. pl.
**Wochenpflegerin f.**   infirmière du service de maternité f.
**Wöchnerin f.**   femme en couches f.
**Wohlbefinden n.**   bonne santé f.
**Wohlfahrt f.**   aide sociale f.
**Wohlgemuthsche Probe f.**   test de la diastase urinaire de Wohlgemuth m.
**Wolf (med.) m.**   intertrigo périnéal m.
**Wolff Parkinson-White Syndrom n.**   syndrome de Wolff Parkinson-White m.
**Wolffscher Gang m.**   canal de Wolff m.
**Wolffscher Körper m.**   corps de Wolff m.
**Wolfram m.**   tungstène m.
**Wolframat n.**   wolframate m.
**Wolfsrachen m.**   cheilognathouranoschizis m.

**Wolhynisches Fieber n.**   fièvre de Wolhynie f.
**Wollfett n.**   graisse de laine anhydre f.
**Wollust f.**   volupté f.
**wollüstig**   voluptueux
**Wortblindheit f.**   cécité verbale f.
**Wortfindungsstörung f.**   aphasie nominale f.
**Worttaubheit f.**   surdité verbale f.
**WPW-Syndrom n.**   syndrome de Wolff Parkinson-White (WPW) m.
**Wrisbergscher Knorpel m.**   cartilage cunéiforme de Wrisberg m.
**Wucheria bancrofti f.**   filaire de Bancroft f.
**wuchernd**   proliférant
**Wucherung f.**   prolifération f.
**Wuchs m.**   croissance f.
**Wulst m.**   bourrelet m.
**wund**   écorché
**Wundauschneidung f.**   excision d'une plaie f.
**Wundbehandlung f.**   traitement d'une blessure f.
**Wunddiphtherie f.**   infection diphtérique d'une blessure f.
**Wunde f.**   blessure f.
**Wunde, Ausschuß- f.**   blessure de sortie du projectile f.
**Wunde, Einschuß- f.**   blessure d'entrée du projectile f.
**Wunde, Quetsch- f.**   blessure par contusion f.
**Wunde, Riß- f.**   blessure lacérée f.
**Wunde, Schnitt- f.**   coupure f.
**Wunde, Schuß- f.**   blessure par arme à feu f.
**Wunde, Stich- f.**   blessure perforante f.
**Wundfieber n.**   fièvre traumatique f.
**Wundhaken m.**   écarteur m.
**Wundheilung (primäre/sekundäre) f.**   cicatrisation (primaire/secondaire) f.
**Wundhöhle f.**   plaie cavitaire f.
**Wundinfektion f.**   infection de la blessure f.
**Wundklammer f.**   agrafe f.
**Wundklammerpinzette f.**   pince de Michel f.
**Wundliegen n.**   escarre f.
**Wundmittel m.**   produit pour les blessures m.
**Wundrand m.**   bord d'une plaie m.

**W**

**Wundrandpinzette f.** pince de Bernhard f.

**wundreiben** excorier

**Wundreinigung f.** nettoyage de la plaie m.

**Wundschorf m.** plaie escarrifiée f.

**Wundsepsis f.** septicémie traumatique f.

**Wundsperrer m.** écarteur automatique m.

**Wundstarrkrampf m.** tétanos m.

**Wundtoilette f.** toilette d'une plaie f.

**Wundverband m.** pansement d'une plaie m.

**Wundversorgung f.** soin de la plaie m.

**Wunschdenken n.** illusions f. pl.

**Wurf (zool.) m.** portée f.

**Würgemal n.** marque de strangulation f.

**würgen** étrangler/ (s'), faire des efforts de vomissement

**Würgreflex m.** réflexe pharyngien m.

**Wurm m.** ver m.

**wurmartig** vermiculaire

**Wurmbefall m.** helminthiase f.

**wurmförmig** vermiforme

**Wurmfortsatz m.** appendice vermiculaire f.

**wurmig** véreux

**wurmkrank** souffrant d'une helminthiase

**Wurmkur f.** traitement vermifuge m.

**Wurmmittel n.** anthelmintique m.

**Wurmsamen m.** semen-contra m.

**Wurmsamenöl n.** huile de chénopode f.

**wurmtötend** vermicide

**wurmtötendes Mittel n.** vermicide m.

**wurmtreibend** vermifuge

**wurmtreibendes Mittel n.** vermifuge m.

**Wurstvergiftung f.** botulisme m.

**Würze f.** arôme m.

**Wurzel f.** racine f.

**Wurzelbehandlung f.** traitement de la racine m.

**Wurzelfragment n.** fragment de racine m.

**Wurzelfräse f.** fraise pour racine f.

**Wurzelfüllung f.** obturation du canal radiculaire f.

**Wurzelglättung f.** nivellement de la racine m.

**Wurzelhaut f.** membrane alvéolodentaire f.

**Wurzelhautabszeß m.** périodontite abcédée f.

**Wurzelheber m.** élévateur (pour racine) m.

**Wurzelkanal m.** canal radiculaire m.

**Wurzelkanalerweiterer m.** alaisoir (pour canal radiculaire) m.

**Wurzelkanalfüllung f.** obturation du canal radiculaire f.

**Wurzelkanalinstrument m.** instrument pour canal radiculaire m.

**Wurzelkappe f.** recouvrement radiculaire m.

**wurzellos** déraciné

**Wurzelnadel f.** aiguille (radiculaire) f.

**Wurzelschmerz m.** douleur radiculaire f.

**Wurzelschraube f.** vis radiculaire f.

**Wurzelspitze f.** apex radiculaire m.

**Wurzelspitzenabszeß m.** abcès apical m.

**Wurzelspitzenamputation f.** résection apicale f.

**Wurzelspitzengranulom n.** granulome apical m.

**Wurzelspitzenheber m.** élévateur pour fragment apical m.

**Wurzelspitzenresektion f.** résection apicale f.

**Wurzelsplitter m.** fragment radiculaire m.

**Wurzelstumpf m.** moignon de racine m.

**Wurzelsyndrom n.** syndrome radiculaire m.

**Wut f.** fureur f., rage f.

# X

**X-Beine n. pl.**  genoux cagneux m. pl.
**Xamoterol n.**  xamotérol m.
**Xanthat n.**  xanthate m.
**Xanthelasma n.**  xanthélasma m.
**Xanthen n.**  xanthène m.
**Xanthin n.**  xanthine f.
**Xanthinoxidase f.**  xanthineoxydase f.
**Xanthinoxidasenhemmer m.**  inhibiteur de la xanthineoxydase m.
**Xanthinurie f.**  xanthinurie f.
**Xanthiol n.**  xanthiol m.
**xanthochrom**  xanthochrome
**Xanthochromie f.**  xanthochromie f.
**Xanthodermie f.**  xanthodermie f.
**Xanthodontie f.**  xanthodontie f.
**Xanthofibrom n.**  xanthofibrome m.
**Xanthofibrosarkom n.**  xanthofibrosarcome m.
**Xanthogenat n.**  xanthogénate m.
**Xanthogranulom n.**  xanthogranulome m.
**Xanthom n.**  xanthome m.
**xanthomatös**  xanthomateux
**Xanthomatose f.**  xanthomatose f.
**Xanthomonas m.**  xanthomonas m.
**Xanthon n.**  xanthone f.
**Xanthophyll n.**  xanthophylle f.
**Xanthoprotein n.**  xanthoprotéine f.
**Xanthopsie f.**  xanthopsie f.
**Xanthopterin n.**  xanthoptérine f.
**Xanthosarkom n.**  xanthosarcome m.
**Xanthose f.**  xanthosis m.
**Xanthosin n.**  xanthosine f.
**Xanthotoxin n.**  xanthotoxine f.
**Xanthozyanopsie f.**  xanthocyanopsie f.
**Xantinol n.**  xantinol m.
**Xantocillin n.**  xantocilline f.
**Xenipenton n.**  xénipentone f.
**Xenoantigen n.**  xénoantigène m.
**Xenobioticum n.**  xénobiotique m.
**xenobiotisch**  xénobiotique
**Xenodiagnose f.**  xénodiagnostic m.
**xenodiagnostisch**  xénodiagnostique
**xenogen**  xénogénique
**Xenogenese f.**  xénogenèse f.
**xenogenetisch**  xénogénique

**Xenologie f.**  xénologie f.
**xenologisch**  xénologique
**Xenon n.**  xénon m.
**Xenoparasit m.**  xénoparasite m.
**Xenophobie f.**  xénophobie f.
**Xenoplastie f.**  xénoplastie f.
**Xenopsylla f.**  xénopsylla f.
**Xenotransplantat n.**  xénogreffe f.
**Xenotyp m.**  xénotype m.
**Xenthiorat n.**  xenthiorate m.
**Xenygloxal n.**  xénygloxal m.
**Xenyrat n.**  xényrate m.
**Xenysalat n.**  xénysalate m.
**Xenytropium n.**  xénytropium m.
**Xeroderma n.**  xérodermie f.
**xerodermisch**  xérodermique
**Xerographie f.**  xérographie f.
**xerographisch**  xérographique
**Xerophthalmie f.**  xérophtalmie f.
**Xeroradiographie f.**  xéroradiographie f.
**xeroradiographisch**  xéroradiographique
**Xerose f.**  xérose f.
**Xerosebazillus m.**  Corynebacterium xerosis m.
**Xerostomie f.**  xérostomie f.
**Xerotomographie f.**  xérotomographie f.
**xerotomographisch**  xérotomographique
**Xinomilin n.**  xinomiline f.
**Xipamid n.**  xipamide m.
**Xiphodynie f.**  xiphodynie f.
**Xiphoid n.**  appendice xiphoïde m.
**xiphokostal**  xiphocostal
**Xylamidin n.**  xylamidine f.
**Xylan n.**  xylane m.
**Xylenol n.**  xylénol m.
**Xylidin n.**  xylidine f.
**Xylit m.**  xylite f.
**Xylocoumarol n.**  xylocoumarol m.
**Xyloketose f.**  xylocétose m.
**Xylol n.**  xylol m.
**Xylometazolin n.**  xylométazoline f.
**Xylopyranose f.**  xylopyranose m.
**Xylose f.**  xylose m.

**Xyloseisomerase f.** xyloseisomérase f.
**Xylosereduktase f.** xyloseréductase f.
**Xylosurie f.** xylosurie f .
**Xylosyltransferase f.** xylosyltransférase f.

**Xylosurie f.** xylosurie f.
**Xylulokinase f.** xylulokinase f.
**Xylulose f.** xylulose m.
**Xylulosurie f.** xylulosurie f.

# Y

**Yamwurzel f.** igname f.
**Yersinia enterocolitica f.** Yersinia enterocolitica f.
**Yersinie f.** yersinie f.
**Yersiniose f.** yersiniose f.
**Yoga m.** yoga m.

**Yoghurt n.** yaourt m.
**Yohimban n.** Yohimbane m.
**Yohimbin n.** yohimbine f.
**Ytterbium n.** ytterbium m.
**Yttrium n.** yttrium m.

# Z

**zackig** denté
**Zähler m.** compteur m.
**Zählkammer f.** cellule de comptage f.
**Zählzwang m.** arithmomanie f.
**Zahn m.** dent f.
**Zahn-Röntgenuntersuchung f.** radiographie dentaire f.
**Zahn, ausgeschlagener m.** dent arrachée f.
**Zahn, eingeklemmter m.** dent incluse f.
**Zahn, verlagerter m.** dent mal placée f.
**Zahnabdruck m.** empreinte dentaire f.
**Zahnachse f.** axe de la dent m.
**Zahnalveole f.** alvéole dentaire f.
**Zahnarzt m.** dentiste m.
**Zahnarzthelferin f.** assistante en chirurgie dentaire f.
**Zahnärztin f.** dentiste m.
**zahnärztlicher Stuhl m.** fauteuil dentaire m.
**Zahnarztpraxisraum m.** cabinet du dentiste m.
**Zahnausfall m.** manque de dents m.
**Zahnausrichtung, normale f.** alignement normal des dents m.
**Zahnbelag m.** tartre m.
**Zahnbett n.** périodonte m.
**Zahnbildung f.** odontogenèse f.
**Zahnbogen m.** arcade dentaire f.
**Zahnbohrer m.** fraise f.
**Zahnbrücke f.** bridge m.
**Zahndurchbruch m.** éruption dentaire f.
**Zahneinlage f.** obturation dentaire f.
**Zähneknirschen n.** grincement de dents m.
**Zähnelung f.** aspect denté m.
**Zahnersatz m.** prothèse dentaire f.
**Zahnextraktion f.** avulsion d'une dent f.
**Zahnextraktionslehre f.** science de l'avulsion dentaire f.
**Zahnfarbenschlüssel m.** échantillonnier des couleurs d'émail m.

**Zahnfäule f.** carie dentaire f.
**Zahnfistel f.** fistule dentaire f.
**Zahnfleisch n.** gencive f.
**Zahnfleischabszeß m.** abcès gingival m.
**Zahnfleischblutung f.** gingivorragie f.
**Zahnfleischentzündung f.** gingivite f.
**Zahnfleischfistel f.** fistule gingivale f.
**Zahnfleischkappenstanze f.** gingivotome m.
**Zahnfleischmesser n.** lancette gingivale f.
**Zahnfleischrand m.** bord gingival m.
**Zahnfleischrandwulst m.** bourrelet gingival m.
**Zahnfleischsaum m.** liseré gingival m.
**Zahnfleischschere f.** ciseaux à gencive m. pl.
**Zahnfleischtasche f.** poche gingivale f.
**Zahnfleischtaschensonde f.** sonde d'exploration (de la poche gingivale) f.
**Zahnfokus m.** foyer dentaire m.
**Zahnformel f.** formule dentaire f.
**Zahnfüllung f.** obturation (dentaire) f.
**Zahnfüllung, gegossene f.** inlay m.
**Zahngold n.** or dentaire m.
**Zahnhals m.** collet m.
**Zahnhalteapparat m.** ligament alvéolo dentaire m.
**Zahnheilkunde f.** chirurgie dentaire f., odontologie f.
**Zahnheilkunde, konservierende f.** chirurgie dentaire conservatrice f.
**Zahnheilkunde, prothetische f.** prothétique f.
**Zahnklinik f.** clinique dentaire f.
**Zahnkrone f.** couronne (de la dent.) f.
**Zahnleiste f.** lame dentaire f.
**Zahnlockerung f.** dents branlantes f. pl.
**zahnlos** édenté
**Zahnnerv m.** nerf dentaire m.
**Zahnpapille f.** papille dentaire f.
**Zahnpflege f.** hygiène dentaire f.
**Zahnpflegemittel n.** dentifrice m.
**Zahnpoliergerät n.** brunissoir m.

**Zahnprothese f.**   prothèse dentaire f.
**Zahnprothese, Oberkiefer- f.**   prothèse dentaire supérieure f.
**Zahnprothese, provisorische f.**   prothèse dentaire provisoire f.
**Zahnprothese, Teil- f.**   prothèse dentaire partielle f.
**Zahnprothese, Unterkiefer- f.**   prothèse dentaire inférieure f.
**Zahnprothese, Voll- f.**   prothèse dentaire complète f.
**Zahnprothesenanpassung f.**   adaptation de la prothèse f.
**Zahnprothesenplatte f.**   plaque de prothèse dentaire f.
**Zahnprothetik f.**   prothétique (dentaire) f.
**Zahnpulpa f.**   pulpe dentaire f.
**Zahnpulver n.**   poudre dentifrice f.
**Zahnregulierung f.**   correction de l'alignement des dents f.
**Zahnregulierungsapparat m.**   appareil d'orthodontie m.
**Zahnreihe f.**   rangée de dents f.
**Zahnreihenschluß m.**   occlusion f.
**Zahnsäckchen n.**   enveloppe conjonctive f.
**Zahnschmelz, gesprenkelter m.**   émail fendillé m.
**Zahnschmelz m.**   émail (des dents) m.
**Zahnschmerz m.**   mal aux dents m., odontalgie f.
**Zahnsequester m.**   séquestre dentaire m.
**Zahnspiegel m.**   miroir dentaire m.
**Zahnstein m.**   tartre dentaire m.
**Zahnsteinentferner m.**   détartrant m.
**Zahnsteinentfernung f.**   détartrage m.
**Zahnstellung f.**   position de la dent f.
**Zahnstellungsanomalie f.**   position anormale de la dent f.
**Zahnstumpf m.**   chicot m.
**Zahntechniker m.**   mécanicien dentiste m.
**zahntragend**   portant des dents
**Zahntrepanation f.**   odontotomie f.
**Zahnung f.**   dentition f.
**Zahnunregelmäßigkeit f.**   dents irrégulières f. pl.
**Zahnwinkel m.**   coin de la dent m.
**Zahnwurzel f.**   racine de la dent f.

**Zahnwurzelhaut f.**   membrane alvéolodentaire f.
**Zahnwurzelkanal m.**   canal radiculaire m.
**Zahnwurzelspitze f.**   apex radiculaire (dent.) m.
**Zahnzange f.**   davier m.
**Zahnziehen n.**   extraction d'une dent f.
**Zäk... siehe auch /**   voir aussi Zök...
**Zanderapparat m.**   appareil de Zander m.
**Zange f.**   pince f.
**Zange (obstetr.) f.**   forceps m.
**Zange, hohe f.**   forceps au détroit supérieur m.
**Zangemeisterscher Handgriff m.**   manoeuvre de Zangemeister f.
**Zangenentbindung f.**   accouchement au forceps m.
**Zäpfchen (anat.) n.**   luette f.
**Zäpfchen (pharmacol.) n.**   suppositoire m.
**Zapfen m.**   pivot m. (dent.)
**Zapfen und Stäbchen (der Retina) pl.**   cônes et bâtonnets (de la rétine) m. pl.
**Zapizolam n.**   zapizolam m.
**zart**   délicat
**Zäsium n.**   césium m.
**z. B. (zum Beispiel)**   par exemple
**z. B. (zur Beobachtung)**   pour observation
**ZE-Syndrom (Zollinger-Ellison syndrom) n.**   syndrome de Zollinger-Ellison m.
**Zeatin n.**   zéatine f.
**Zeaxanthin n.**   zéaxanthine f.
**Zebozephalie f.**   cébocéphalie f.
**Zecke f.**   tique f.
**Zeckenbefall m.**   affection à ixodidé f.
**Zeckenbiß m.**   piqûre de tique f.
**Zeckenfieber n.**   fièvre à tique f.
**Zeckenlähme f.**   paralysie à tiques f.
**Zedernholzöl n.**   huile de cèdre f.
**Zehe f.**   orteil m.
**Zehe, schnellende f.**   orteil à ressort m.
**Zehen, übereinanderstehende f. pl.**   orteils se recouvrant m. pl.
**Zehenballen m.**   éminence de l'orteil f.
**Zehennagel m.**   ongle du pied m.

**Zehenverwachsung f.** adhésion des orteils f.
**Zehntagefieber n.** fièvre à tiques d'Afrique du Sud f.
**zehntelnormal** décinormal
**Zeichen n.** signe m., symptôme m.
**Zeichensprache f.** langage gestuel m.
**Zeichnung, streifige f.** striation f.
**Zeigefinger m.** index m.
**Zeigeversuch m.** épreuve de l' index f.
**Zein n.** zéine f.
**Zeit f.** temps m.
**zeitabhängig** dépendant du temps
**zeitraubend** long
**Zeitschalter m.** minuterie f.
**Zeitschrift f.** revue f.
**Zeitsinn m.** sentiment du temps m.
**zeitsparend** économisant du temps
**Zellantigen n.** antigène cellulaire m.
**zellarm** pauvre en cellules
**Zellatmung f.** respiration cellulaire f.
**Zellatypie f.** atypie cellulaire f.
**Zelle f.** cellule f.
**Zelle, monochromatophile f.** cellule monochromatophile f.
**Zelleinschluß m.** enclave cellulaire f.
**Zellelektrophorese f.** électrophorèse cellulaire f.
**zellenförmig** cellulaire
**Zellenzym n.** enzyme cellulaire f.
**zellfrei** dépourvu de cellules
**Zellgewebe n.** tissu cellulaire m.
**Zellgewebsentzündung f.** cellulite f.
**Zellgift n.** cytotoxine f.
**Zellhormon n.** hormone cellulaire f.
**Zellkern m.** noyau (cellulaire) m.
**Zellklonierung f;** clonage cellulaire m.
**Zellkultur f.** culture cellulaire f.
**Zellmembran f.** membrane cellulaire f.
**Zellmetaplasie f.** cytométaplasie f.
**Zellmorphologie f.** cytomorphologie f.
**Zellnest n.** nid de Betz m.
**Zellobiase f.** cellobiase f.
**Zelloidin n.** celloïdine f.
**Zellpathologie f.** cytopathologie f.
**Zellphysiologie f.** cytophysiologie f.
**Zellplasma n.** cytoplasme m.
**zellreich** riche en cellules
**Zellskelett n.** cytosquelette m.
**zellständig** cellulairement stable

**Zellstoff m.** cellulose f.
**Zellteilung** division cellulaire f.
**zellulär** cellulaire
**Zellularchemie f.** cytochimie f.
**Zellularpathologie f.** cytopathologie f.
**Zellularphysiologie f.** physiologie cellulaire f.
**Zellulartherapie f.** cytothérapie f.
**Zellulase f.** cellulase f.
**Zellulose f.** cellulose f.
**Zellverband m.** agglomération cellulaire f.
**zellvermittelt** à médiation cellulaire
**Zellwand f.** membrane cellulaire f.
**Zellwolle f.** fibranne f.
**Zement m.** cément (Zahn) m., ciment m.
**Zementbildung f.** cémentification f.
**zementieren** cémenter, cimenter
**Zementitis f.** cémentite f.
**Zementoblast m.** cémentoblaste m.
**zementodentinal** cémentodentinien
**Zementoklasie f.** cémentoclasie f.
**Zementoklast m.** cémentoclaste m.
**Zementom n.** cémentome m.
**Zementose f.** atteinte du cément f.
**Zementozyt m.** cémentocyte m.
**Zenkersches Divertikel n.** diverticule de Zenker m.
**Zentigramm n.** centigramme m.
**Zentiliter n.** centilitre m.
**Zentimeter n.** centimètre m.
**zentral** central
**Zentralarchiv n.** archives centrales f. pl.
**zentrales Grau n.** substance grise centrale f.
**Zentralfibrillenmyopathie f.** myopathie congénitale à axe central f.
**Zentralisation f.** centralisation f.
**Zentralisierung f.** centralisation f.
**Zentralkanal m.** canal central m.
**Zentralkörper m.** centrosome m.
**Zentralkörperchen n.** centriole m.
**Zentralnervensystem n.** système nerveux central m.
**Zentralskotom n.** scotome central m.
**Zentralspindel f.** fuseau achromatique m.
**Zentralstar m.** cataracte centrale f.
**Zentralstrahl m.** rayon central m.
**Zentralvene f.** veine centrale f.

Z

**Zentralvenenkatheter m.**   cathéter veineux central m.
**Zentralversorgung (med.) f.**   soins médicaux centraux m. pl.
**zentralwärts**   dirigé vers le centre
**Zentralwindung, vordere f.**   circonvolution frontale ascendante f.
**zentrenzephal**   centroencéphalique
**Zentrierkonus m.**   cône focalisant m. (dent.)
**zentrifugal**   centrifuge
**Zentrifugat n.**   centrifugé m.
**Zentrifuge f.**   centrifugeuse f.
**zentrifugieren**   centrifuger
**Zentrifugierung f.**   centrifugation f.
**zentrilobulär**   centrolobulaire
**Zentriol n.**   centriole m.
**zentripetal**   centripète
**Zentroblast m.**   centroblaste m.
**zentroblastisch**   centroblastique
**zentrolezithal**   centrolécithique
**zentrolobär**   centrolobaire
**Zentromer n.**   centromère m.
**Zentroplasma n.**   centroplasme m.
**Zentrosom n.**   centrosome m.
**Zentrozyt m.**   centrocyte m.
**zentrozytär**   centrocytaire
**Zentrum n.**   centre m.
**Zentrum, motorisches n.**   centre moteur m.
**Zentrumsdialyse f.**   dialyse centrale f.
**Zeolit n.**   zéolite f.
**Zepastin n.**   zépastine f.
**Zephalalgie f**   céphalalgie f;
**Zephalo...**   céphalo....
**Zephalopankreatektomie f.**   céphalopancréatectomie f.
**zephalomedullär**   céphalomédullaire
**Zer n.**   cérium m.
**Zeramid n.**   céramide f.
**Zeramidase f.**   céramidase f.
**Zeramidose f.**   neurolipidose f.
**Zeranol n.**   zéranol m.
**zerbeißen**   déchiqueter (avec les dents)
**Zerbröckelung f.**   effritement m.
**zerebellar**   cérébelleux
**zerebellopontin**   pontocérébelleux
**zerebellorubrospinal**   cérébellorubrospinal
**zerebellovestibulär**   cérébellovestibulaire
**zerebral**   cérébral

**Zerebralsklerose f.**   cérébrosclérose f.
**zerebromakulär**   cérébromaculaire
**zerebromeningeal**   cérébroméningé
**Zerebron n.**   cérébrone f.
**Zerebrosid**   cérébroside m.
**Zerebrosidase f.**   cérébrosidase f.
**Zerebrosidlipoidose f.**   sphingolipoïdose f.
**Zerebrosidose f.**   cérébrosidose f.
**zerebrospinal**   cérébrospinal
**Zerebrospinalflüssigkeit f.**   liquide céphalo-rachidien m.
**zerebrotendinös**   cérébrotendineux
**zerebrovaskulär**   cérébrovasculaire
**Zerfahrenheit f.**   distraction f.
**Zerfall m.**   délabrement m.
**zerfressen**   ronger
**Zerkarie f.**   cercaire f.
**Zerklage f.**   cerclage m.
**Zerkosporose f.**   cercosporose f.
**zermahlen**   écraser
**zermalmen**   écraser
**Zeroid n.**   céroïde m.
**zerreissen**   lacérer
**Zerreissung f.**   déchirement m.
**Zerrung f.**   distorsion f.
**Zerrüttung f.**   altération f.
**zerschneiden**   découper
**Zersetzung f.**   décomposition f.
**Zerstäuber m.**   atomiseur m.
**zerstörbar**   destructible
**zerstören**   détruire
**Zerstörung f.**   destruction f.
**zerstreuen (phys.)**   disperser
**zerstreuen (psych.)**   distraire
**zerstreut**   distrait
**Zerstreutheit f.**   inattention f.
**Zerstreuung (phys.) f.**   dispersion f.
**Zerstreuung (psych.) f.**   distraction f.
**Zerstückelung f.**   morcellement m.
**Zertation f.**   avance des spermatozoïdes Y sur les X f.
**Zerumen n.**   cérumen m.
**zeruminal**   cérumineux
**zervikal**   cervical
**Zervikalmatrize f.**   diaphragme cervical m.
**Zervikalpolyp m.**   polype cervical m.
**Zervikalsyndrom n.**   syndrome cervical m.
**zervikoaxial**   cervicoaxial
**zervikobrachial**   cervicobrachial

**zervikobukkal** cervicobuccal
**zervikolingual** cervicolingual
**Zervikoskopie f.** cervicoscopie f.
**zervikovaginal** cervicovaginal
**Zervix f.** col (de l'utérus) m.
**Zervixschleim m.** glaire cervicale f.
**Zervixstumpf m.** moignon cervical m.
**zerzupfen** pincer
**Zestode f.** cestode m.
**Zetawelle f.** onde zêta f.
**Zetidolin n.** zétidoline f.
**Zetobemidon n.** cétobémidone f.
**zeugen** engendrer
**Zeugmatographie f.** zeugmatographie f.
**Zeugnis n.** certificat m.
**Zeugung f.** procréation f.
**zeugungsfähig** capable de procréer
**Zeugungsfähigkeit f.** capacité de procréer
**Zeugungskraft f.** puissance génératrice f.
**Zeugungsorgane n. pl.** organes génitaux m. pl.
**Zeugungsunfähigkeit f.** stérilité f.
**Zidometacin n.** zidométacine f.
**Zidovudin n.** zidovudine f.
**Ziegelmehlsediment n.** dépôt urinaire couleur de briques m.
**Ziegenmilch f.** lait de chèvre m.
**Ziegenpeter m.** oreillons m. pl.
**ziehen** tirer
**Ziehen n.** traction f.
**Zieher m.** extracteur m.
**Ziehl-Neelsen-Färbung f.** coloration de Ziehl-Neelsen f.
**Ziel n.** but m.
**Zielaufnahme f.** radiographie visée f.
**Zielorgan n.** organe cible m.
**Zielscheibe f.** cible f.
**Zielscheibenzelle f.** cellule-cible f.
**Zielvorstellung f.** intention f.
**Zieve-Syndrom n.** syndrome de Zieve m.
**Zilantel n.** zilantel m.
**ziliar** ciliaire
**Ziliarkörper m.** corps ciliaire m.
**Ziliarreflex m.** réflexe ciliaire m.
**Zilie f.** cil m.
**Ziliektomie f.** ciliectomie f.
**ziliospinal** ciliospinal

**Zimmertemperatur f.** température ambiante f.
**Zimt m.** cannelle f.
**Zimtöl n.** essence de cannelle f.
**Zingulektomie f.** cingulectomie f.
**Zink n.** zinc m.
**Zinkazetat n.** acétate de zinc m.
**Zinkchlorid n.** chlorure de zinc m.
**Zinkleim m.** gélatine de zinc f.
**Zinkoxid n.** oxyde de zinc m.
**Zinkoxychlorid n.** oxychlorure de zinc m.
**Zinkpaste f.** pâte de zinc f.
**Zinksalbe f.** pommade d'oxyde de zinc f.
**Zinkschüttelmixtur f.** lotion au zinc f.
**Zinksilikatzement m.** ciment silicate de zinc m.
**Zinksulfat n.** sulfate de zinc m.
**Zinksuspension f.** zinc en suspension m.
**Zinkvergiftung f.** intoxication par le zinc f.
**Zinkzement m.** ciment oxyde de zinc m.
**Zinn n.** étain m.
**zinnhaltig** stannifere
**zinnhaltig (vierwertig)** stannique
**zinnhaltig (zweiwertig)** stanneux
**Zinnober m.** cinabre m.
**Zinostatin n.** zinostatine f.
**Zinviroxim n.** zinviroxime m.
**Zipfel m.** pointe f.
**Zirbeldrüse f.** épiphyse f.
**zirkadian** circadien
**zirkadisch** circadien
**Zirkel m.** compas m.
**Zirkonium n.** zirconium m.
**zirkulär** circulaire
**Zirkulation f.** circulation f.
**zirkulatorisch** circulatoire
**zirkulieren** circuler
**zirkumanal** périanal
**zirkumartikulär** périarticulaire
**zirkumbulbär** péribulbaire
**Zirkumduktion f.** circumduction f.
**Zirkumferenz f.** circonférence f.
**zirkumkorneal** péricornéen
**zirkumokulär** périoculaire
**zirkumoral** périoral
**zirkumorbital** périorbitaire
**zirkumpulpal** péripulpaire

Z

zirkumskript  circonscrit
zirkumvaskulär  périvasculaire
zirkumventrikulär  périventriculaire
Zirkumzision f.  circoncision f.
Zirrhose f.  cirrhose f.
zirrhotisch  cirrhotique
zirzinär  circiné
zischend  sifflant
zisternal  cisternal
Zisterne f.  citerne f.
Zisternographie f.  cisternographie f.
Zisternostomie f.  cisternostomie f.
Zistron n.  cistron m.
zitieren  citer
Zitrat n.  citrate m.
Zitrin n.  citrine f.
Zitrochlorid n.  citrochlorure m.
Zitronensäurezyklus m.  cycle de
  l'acide citrique m.
Zitrullin n.  citrulline f.
Zitterkrankheit, enzootische f.  trem-
  blante f. (vet.)
zittern  trembler
Zittern n.  tremblement m.
Zitze f.  mamelon m.
ZNS (Zentralnervensystem) n.  SNC
  (système nerveux central) m.
Zocainon n.  zocaïnone f.
Zoficonazol n.  zoficonazole m.
zögern  hésiter
zökal  caecal
Zökum n.  caecum m.
Zolamin n.  zolamine f.
Zolertin n.  zolertine f.
Zöliakie f.  maladie coeliaque f.
Zöliakographie f.  coeliacographie f.
Zollinger-Ellison-Syndrom n.  syn-
  drome de Zollinger-Ellison m.
Zölom n.  coelome m.
Zoloperon n.  zolopérone f.
Zomepirac n.  zomépirac m.
zonal  zonal
Zönästhesie f.  cénesthésie f., paresthé-
  sie en ceinture f.
Zone f.  zone f.
Zonenelektrophorese f.  électropho-
  rèse de zone f.
Zonierung f.  zonage m.
Zonisamid n.  zonisamide m.
Zonographie f.  zonographie f.
Zonula Zinni f.  zonule de Zinn f.
zonulär  zonulaire

Zonulitis f.  zonulite f.
Zonulolyse f.  zonulolyse f.
Zönurose f.  tournis m.
Zooanthroponose f.  zooanthropo-
  nose f.
Zoogonie f.  zoogonie f.
Zookinase f.  zookinase f.
Zoologe m.  zoologue m.
Zoologie f.  zoologie f.
Zoologin f.  zoologue f.
zoologisch  zoologique
Zoonose f.  zoonose f.
Zooparasit m.  zooparasite m.
zoophil  zoophile
Zoophilie f.  zoophilie f.
Zoopsie f.  zoopsie f.
Zoospermie f.  zoospermie f.
Zoospore f.  zoospore f.
Zoosterin n.  zoostérol m.
Zootoxin n.  zootoxine f.
Zopfbildung f.  torsade f.
Zopiclon n.  zopiclone f.
Zoster m.  zona m.
zosterartig  zostériforme
Zotepin n.  zotépine f.
Zotte f.  villosité f.
Zottenkarzinom n.  carcinome villeux
  m.
zottig  villeux
Zoxazolamin n.  zoxazolamine f.
zubereiten  préparer
Zubereitung f.  préparation f.
Zucht (Aufzucht) f.  élevage m.
Zuchtbulle m.  taureau étalon m.
Zuchteber m.  verrat étalon m.
Zuchthengst m.  étalon (cheval) m.
Zuchthuhn n.  poule d'élevage f.
Zuchtstute f.  jument d'élevage f.
Zuchtvieh n.  animaux reproducteurs
  m. pl.
zucken  tressaillir
Zucker m.  sucre m.
Zuckerersatz m.  succédané du sucre
  m.
Zuckergußdarm m.  intestin glacé m.
Zuckergußleber f.  foie glacé m.
Zuckerkandlsches Organ n.  corps de
  Zuckerkandl m.
zuckerkrank  diabétique
Zuckerkranke (r) f., m.  diabétique f.,
  m.
zuckern  sucrer

Zuckerrohrfieber n.   fièvre des champs de canne à sucre f.
zuckerspaltend   saccharolytique
Zuckerstoffwechsel n.   métabolisme glucidique m.
Zuckertoleranz f.   tolérance hydrocarbonée f.
Zuckung f.   convulsion f.
Zuclopenthixol m.   zuclopenthixol m.
Zufall m.   hasard m.
zufällig   accidentel
Zufallsauswahlverfahren n.   randomisation f.
Zufallsbefund m.   observation fortuite f.
Zufluß m.   afflux m.
zufriedenstellend   satisfaisant
zufügen   ajouter
zuführend   afférent
Zug m.   traction f.
Zugang m.   abord m.
zugänglich   accessible
Zugänglichkeit f.   accessibilité f.
zügeln   réfréner
Zugfestigkeit f.   résistance à la traction f.
Zugklammer f.   agrafe de tension f.
Zugkraft f.   force de tension f.
Zugluft f.   courant d'air m.
Zugpflaster n.   emplâtre vésicatoire m.
zuheilen   refermer, se
Zukunftserwartung f.   espoirs m. pl.
Zulassung f.   autorisation f.
Zunge f.   langue f.
Zunge, belegte f.   langue chargée f.
Zungenbein n.   os hyoïde m.
Zungenbiß m.   morsure de la langue f.
Zungenbrennen n.   glossopyrosis m.
Zungendrücker m.   abaisse-langue m.
Zungenhalter m.   pince tire-langue f.
Zungenlähmung f.   glossoplégie f.
Zungenmandel f.   amygdale linguale f.
Zungenplastik f.   glossoplastie f.
Zungenspitze f.   pointe de la langue f.
Zungenwurzel f.   racine de la langue f.
Zungenzange f.   pince tire-langue f.
zupfen   tirer
Zurechnungsfähigkeit f.   responsabilité f.
zurückdrängen   repousser
zurückgeblieben   arriéré, retardé
zurückgewinnen   recouvrer

zurückhalten   retenir
zurückspulen   rebobiner
zurückziehen   retirer, rétracter
Zusammenballung f.   conglomération f.
zusammendrücken   comprimer
Zusammendrücken n.   compression f.
Zusammenfassung f.   résumé m.
Zusammenprall m.   collision f.
Zusammensetzung f.   composition f.
zusammenwachsen   se souder
Zusammenwachsen n.   soudure f.
zusammenziehen n.   se contracter
Zusammenziehung f.   contraction f.
zusätzlich   supplémentaire
Zustand m.   condition f., état m.
Zustand nach Ischämie m.   état postischémique m.
Zustimmung f.   consentement m.
Zustimmungserklärung nach Aufklärung f.   consentement informé m.
Zutritt m.   accès m.
Zwang (psych.) m.   compulsion f., obsession f.
zwanghaft   forcé, involontaire
Zwangsdenken n.   pensée obsessionnelle f.
Zwangshandlung f.   acte compulsif m.
Zwangshospitalisierung f.   hospitalisation forcée f.
Zwangsjacke f.   camisole de force f.
Zwangslachen n.   rire convulsif m.
Zwangsmaßnahme f.   mesure de contrainte f.
Zwangsneurose f.   névrose d'obsession f.
Zwangsvorstellung f.   obsession f.
zwangsweise   forcément
Zwangszählen n.   arithmomanie f.
Zweck m.   intention f.
zweckbestimmt   fonctionnel
zwecklos   inutile
zweckmäßig   adéquat, pratique
zweibasig   dibasique
zweibeinig   bipède
zweidimensional   bidimensionnel
zweieiig   biovulaire
zweifach   double
Zweifüßer m.   bipède m.
zweifüßig   bipède
Zweig m.   branche f.

Z

Zweigapotheke pharmacie dépendance f.

Zweigefäßerkrankung f. vasculopathie double f.

zweigeteilt bipartite

Zweigläserprobe f. épreuve des deux verres f.

zweikammerig bicamérisé

Zweikohlenstoff-Fragment n. unité de deux carbones f.

Zweiphasensystem n. système biphasique m.

zweipolig bipolaire

Zweiteilung f. bipartition f.

zweitgebärend secondipare

Zweitgebärende f. secondipare f.

Zweitimpfung f. revaccination f.

Zweiwegehahn m. robinet à deux voies m.

zweiwertig bivalent

Zweiwertigkeit f. bivalence f.

Zwerchfell n. diaphragme m.

Zwerchfellähmung f. phrénoplégie f.

Zwerchfellatmung f. respiration abdominale f.

Zwerchfellhernie f. hernie diaphragmatique f.

Zwerchfellhochstand m. phrénoélévation f.

Zwerchfellkuppel f. voûte diaphragmatique f.

Zwerchfellrippenwinkel m. angle costophrénique m.

Zwerchfelltiefstand m. phrénoptose f.

Zwerg m. nain m.

Zwergbandwurm m. Hymenolepsis nana m.

Zwergwuchs m. nanisme m.

zwergwüchsig nain

Zwickzange f. pince coupante f.

Zwieback m. biscotte f.

Zwiebel f. bulbe m.

Zwiebel, Speise- f. oignon m.

Zwielicht n. demi-jour m.

Zwiemilch f. combinaison de deux laits f.

Zwilling m. jumeau m.

Zwillinge, eineiige m. pl. jumeaux monozygotes m. pl., vrais jumeaux m. pl.

Zwillinge, zweieiige m. pl. faux jumeaux m. pl., jumeaux dizygotes m. pl.

Zwillingsbogen m. arche géminée f.

Zwillingsforschung f. gémellologie f.

Zwillingsschwangerschaft f. grossesse gémellaire f.

Zwillingsspulenniere f. double rein en bobine m.

Zwirn m. fil (retors) m.

Zwischenbiß m. occlusion intermédiaire f.

Zwischenblutung f. hémorragie intermenstruelle f.

Zwischenergebnis n. résultat provisoire m.

Zwischenfall m. complication f., incident m.

Zwischenform f. forme intermédiaire f.

zwischengelagert en position intermédiaire

Zwischenglied n. inter m. (dent.)

Zwischenhirn n. diencéphale m.

Zwischenkiefer m. os intermaxillaire m.

Zwischenmahlzeit f. collation (entre les repas) f.

Zwischenraum m. intervalle m.

Zwischenreaktion f. réaction intermédiaire f.

Zwischenrippenraum m. espace intercostal m.

Zwischenschicht f. couche intermédiaire f.

Zwischenstadium n. stade intermédiaire m.

Zwischenumwandlung f. interconversion f.

Zwischenwirbelloch n. trou de conjugaison m.

Zwischenwirbelscheibe f. disque intervertébral m.

Zwischenwirt m. hôte intermédiaire m.

Zwischenzelle f. cellule interstitielle f.

Zwitter m. hermaphrodite m.

Zwölffingerdarm m. duodénum m.

Zwölffingerdarmgeschwür n. ulcère duodénal m.

Zyanamid n. cyanamide m.

Zyanid n. cyanure m.

Zyanidanol n. cyanidanol m.

Zyankali n. cyanure de potassium m.

Zyanoakrylat n. cyanoacrylate m.

Zyanokobalamin n. cyanocobalamine f.
Zyanopindolol n. cyanopindolol m.
Zyanose f. cyanose f.
zyanotisch cyanosé
Zyclopentanperhydrophenanthren n. cyclopentaneperhydrophénanthrène m.
Zygodaktylie f. zygodactylie f.
zygomatikofazial zygomaticofacial
zygomatikofrontal zygomaticofrontal
zygomatikoorbital zygomaticoorbitaire
zygomatikosphenoidal zygomaticosphénoïdien
zygomatisch zygomatique
zygomaxillär zygomaxillaire
Zygomykose f. zygomycose f.
Zygosporin n. zygosporine f.
Zygotän n. stade zygotène m.
Zygote f. zygote m.
zygotisch zygote
Zykl... siehe auch / voir aussi cycl...
Zyklamat n. cyclamate m.
Zyklase f. cyclase f.
Zyklektomie f. cyclectomie f.
zyklisch cyclique
Zyklitis f. cyclite f.
Zyklodialyse f. cyclodialyse f.
Zykloduktion f. cycloduction f.
Zyklofuramin n. cyclofuramine f.
Zykloguanil n. cycloguanil m.
Zyklohexan n. cyclohexane m.
Zyklooxygenase f. cyclooxygénase f.
Zyklopentan n. cyclopentane m.
Zyklopenthiazid n. cyclopenthiazide m.
Zyklopentolat n. cyclopentolate m.
Zyklophorie f. cyclophorie f.
Zyklophosphamid n. cyclophosphamide m.
Zyklophrenie f. cyclophrénie f.
Zyklopie f. cyclopie f.
Zyklopropan n. cyclopropane m.
Zykloserin n. cyclosérine f.
Zyklospasmus m. cyclospasme m.
Zyklosporin n. cyclosporine f.
Zyklothiazid n. cyclothiazide m.
zyklothym cyclothymique
zyklothyme Person f. cyclothymique m., f.
Zyklothymie f. cyclothymie f.

Zyklotomie f. cyclotomie f.
Zyklotron n. cyclotron m.
Zyklovergenz f. cyclovergence f.
Zyklus m. cycle m.
Zylinder m. cylindre m.
Zylinder, granulierter m. cylindre granuleux m.
Zylinder, Harn- m. cylindre urinaire m.
Zylinder, hyaliner m. cylindre hyalin m.
Zylinder, Koma- m. cylindre de Külz m.
Zylinder, Wachs- m. cylindre cireux m.
Zylinderepithel n. épithélium à cellules cylindriques m.
Zylindermeßglas n. cylindre gradué m.
zylindrisch cylindrique
Zylindrom n. cylindrome m.
Zylindrurie f. cylindrurie f.
Zymarin n. cymarine f.
Zymarose f. cymarose m.
Zymarosid n. cymaroside m.
Zymase f. zymase f.
Zymogen n. zymogène m.
Zymogramm n. zymogramme m.
Zymohexase f. zymohexase f.
Zymolyse f. zymolyse f.
Zymosterin n. zymostérol m.
Zyproteron n. cyprotérone f.
Zystadenokarzinom n. cystadénocarcinome m.
Zystadenolymphom n. cystadénolymphome m.
Zystadenom n. cystadénome m.
Zystathionin n. cystathionine f.
Zystathioninurie f. cystathioninurie f.
Zyste f. kyste m.
Zysteamin n. cystéamine f.
Zystein n. cystéine f.
Zystektomie f. cystectomie f.
Zystenniere f. rein kystique m.
Zystikusverschluß m. occlusion du canal cystique m.
Zystin n. cystine f.
Zystinose f. cystinose f.
Zystinspeicherkrankheit f. thésaurismose cystinique f.
Zystinurie f. cystinurie f.
zystisch cystique, kystique (kystes)

Z

Zystitis f. cystite f.
zystitisch de cystite
Zystitom n. cystotome m.
Zystitomie f. cystotomie f.
Zystizerkose f. cysticercose f.
Zystographie f. cystographie f.
Zystojejunostomie f. cystojéjunosto-
mie f.
Zystomanometer n. cystomanomètre
m.
Zystometer n. cystomètre m.
Zystometrie f. cystométrie f.
Zystopyelitis f. cystopyélite f.
Zystoskop n. cystoscope m.
Zystoskopie f. cystoscopie f.
zystoskopisch cystoscopique
Zystostomie f. cystostomie f.
Zystourethroskop n. cystouréthros-
cope m.
Zystozele f. cystocèle f.
Zytase f. cytase f.
Zytidin n. cytidine f.
Zytoarchitektonik f. cytoarchitecto-
nie f.
zytoarchitektonisch cytoarchitectoni-
que
Zytochalasin n. cytochalasine f.
Zytochemie f. cytochimie f.
zytochemisch cytochimique
Zytochrom n. cytochrome m.
Zytochromperoxidase f. cytochrome
peroxydase f.
Zytodiagnostik f. cytodiagnostic m.
zytodiagnostisch cytodiagnostique
Zytogenese f. cytogenèse f.
Zytogenetik f. cytogénétique f.
zytogenetisch cytogénétique
Zytoglobin n. cytoglobine f.

Zytohistomorphologie f. cytohisto-
morphologie f.
zytohistomorphologisch cytohisto-
morphologique
zytohormonal cytohormonal
Zytokeratin n. cytokératine f.
Zytokin n. cytokine f.
Zytokinetik f. cytocinèse f.
zytokinetisch cytocinétique
Zytokinin n. cytokinine f.
Zytolipin n. cytolipine f.
Zytologie f. cytologie f.
zytologisch cytologique
Zytolyse f. cytolyse f.
zytolytisch cytolytique
Zytomegalie f. cytomégalie f.
Zytomegaliezelle f. cellule cytoméga-
lique f.
Zytometrie f. cytométrie f.
zytopathogen cytopathogène
Zytopathologie f. cytopathologie f.
Zytopempsis f. cytopempsis m.
Zytophage m. cytophage m.
zytophil cytophile
Zytoplasma n. cytoplasme m.
zytoplasmatisch cytoplasmique
zytoprotektiv cytoprotecteur
Zytosin n. cytosine f.
Zytosom n. cytosome m.
Zytosphäre f. cytosphère f.
Zytostase f. stase leucocytaire f.
Zytostatikum n. cytostatique m.
zytostatisch cytostatique
Zytotaxin n. cytotaxine f.
zytotoxisch cytotoxique
Zytotoxizität f. cytotoxicité f.
zytotrop cytotrope
Zytotrophoblast m. cytotrophoblaste
m.